Irmgart Sixt-Heyn · DEUTSCHE KÜCHE

IRMGART SIXT-HEYN
ehem. Fachlehrerin
an der Städtischen
Höheren Frauenfachschule
und dem Hauswirtschaftlichen Institut
in München

Rezepte-Sammlung

DEUTSCHE KÜCHE

Über 3000 erprobte Rezepte
für einfache und feine Küche
mit Koch- und Backzeiten,
Menüs, Einmachen, Diät und Krankenkost,
Nährstoffgehalt und Kalorien- bzw. Joulewerte

Aktualisierte Neuauflage

CARL GERBER VERLAG

ISBN 3 87249 078 8

Umschlagfoto: Frithjof Ewald, München
Umschlaggestaltung: Erwin Huber-Peik, München
Textzeichnungen: Trude Richter, Tegernsee

Alle Rechte vorbehalten
© 1985 und 1956 Carl Gerber Verlag GmbH, München
Gesamtherstellung: Carl Gerber Grafische Betriebe GmbH, München
Printed in Germany 1985

Vorwort

Das Kochen bietet wie kaum eine andere Tätigkeit täglich neue Möglichkeiten bei durchschnittlich gleichem Zeit- und Geldaufwand. Die vielen durch die einschlägige Industrie geschaffenen Erleichterungen tragen dazu bei, daß es vielen Frauen und in zunehmenden Maße auch Männern größtes Vergnügen bereitet, ihre Familie und ihre Gäste immer wieder mit selbst zusammengestellten und zubereiteten Mahlzeiten zu überraschen und zu erfreuen.

Mit meiner umfassenden Rezeptesammlung möchte ich allen Freunden einer guten, gepflegten Küche ein zuverlässiges Nachschlagewerk für den täglichen Gebrauch in die Hand geben. Der betont so niedrig wie nur möglich gehaltene Preis dieser aktualisierten Neuauflage mit über 500 Seiten soll es Kochschülerinnen/schülern und allen Anfängern leicht machen, sich dieses Werk als grundlegende Anleitung und Universalsammlung anzuschaffen.

Bei der Auswahl der Rezepte ist sowohl an erfahrene wie an angehende Hausfrauen gedacht, aber auch an Hobbyköche, an kleinere Gastbetriebe und an Lehrerinnen, die sich beruflich mit diesem Gebiet befassen. Für Frauen, die ins Ausland geheiratet haben, und für Besucher unseres Landes birgt das Buch Erinnerungen an die deutsche Küche. Die Rezeptanleitungen richten sich in allen Fällen nach der günstigsten Arbeitsfolge.

So hoffe ich, daß schon das Lesen der Anleitungen den Wunsch zur Ausführung weckt und die Zubereitung trotz des damit verbundenen Arbeitsaufwandes immer wieder Freude macht.

Irmgart Sixt-Heyn

Inhaltsverzeichnis

Allgemeines	9
Teller-Menüs von A–Z	13
Kochen mit Aluminiumfolie	21
Verschiedene Mahlzeitformen	24
Delikat, dekorativ und schnell	31
Vorspeisen (Hors d'œuvres)	55
Pasteten	68
Kalte Platten	78
Suppen	93
Eier und Eierspeisen	123
Fische	132
Krebse, Muscheln, Froschschenkel, Schnecken	165
Geflügel	172
Fleisch	185
Kalbfleisch	187
Rindfleisch	199
Schweinefleisch	213
Hammelfleisch	222
Kaninchen	230
Wild und Wildgeflügel	232
Grillgerichte	251
Innereien	257
Kleine Fleischgerichte	276
Saure Sulzen, Aspik	287
Würste	296
Gemüse	303
Gemüsegerichte	321
Pilze und Pilzgerichte	329
Salate	342
Besondere Früchte	355
Rohkost	356
Kastanien	369
Beilagen, Knödel	378
Kartoffelgerichte	386
Käse- und Topfengerichte	396
Saucen	401

Inhaltsverzeichnis

Eierkuchen, Pfannkuchen	415
Soufflés	421
Kompotte	424
Warme Milch- und Mehlspeisen	435
Strudel	445
Auflauf	453
Puddinge, Flammeris	467
Kalte Süßspeisen, Fruchtschnee, Fruchtgelee, Cremes	484
Schlagsahnespeisen, Gefrorene Cremes	523
Eis, Eisbomben, Halbgefrorenes	529
Gebäckteige	550
Waffeln	564
Schmalzgebäck	567
Hefegebäck, Brot	579
Salziges zu Bier, Wein und Tee	597
Kuchen und Zwieback	603
Obstkuchen	615
Dessertgebäck	631
Torten, Tortenfüllungen, Glasur und Tortenüberzüge	644
Kleingebäck und Weihnachtsbäckereien	674
Konfekt	721
Verschiedenes für Advent, Weihnachten und Ostern	729
Diät	735
Warme Frühstücksgetränke	765
Milchgetränke	771
Limonaden und Erfrischungsgetränke	778
Punsch und heiße Getränke	781
Bowlen und kalte Weingetränke	785
Liköre	789
Hausweine	796
Haltbarmachen von Obst, Gemüse und Fleisch	802
Tiefgefrieren, Tiefkühlkost, Einfrieren im Haushalt	826
Familie und Gäste	829
Party	854
Mixgetränke	858
Zusammenstellung der Speisenfolge	867
Das Tranchieren	869
Worterklärungen	871
Nährstoffgehalt und Kalorien-/Joulewert der wicht. Nahrungsmittel	875
Sachverzeichnis	881

Allgemeines

Mit Verstand gekocht ernährt es gut
Mit Liebe gekocht schmeckt es gut
Mit Vernunft gegessen bekommt es gut

Wirtschaft und Nahrungsmittelindustrie sind ständig bemüht, der Hausfrau mehr und mehr Erleichterungen für die Speisenzubereitung zu schaffen. Wohldurchdachte Arbeitsgeräte, der weltweite Markt, moderne Methoden des Anbaus, des Transportes, der Lagerung und Konservierung, tragen dazu bei.

Von der Hausfrau verlangt es Informieren und Überlegen, um die gebotenen Möglichkeiten voll auszuschöpfen; mit Geld und Zeit rationell umzugehen. Eine wesentliche Zeitersparnis bedeuten vorbehandelte und küchenfertige Lebensmittel, Fertiggerichte und Tiefkühlprodukte. Bei den vorbehandelten und küchenfertigen Lebensmitteln ist der Hausfrau ein Teil der Vorarbeit abgenommen: reinigen, schälen, enthülsen, schneiden, vorquellen, vorkochen. Spezialbehandlung für eine kürzere Garzeit und vieles andere kommt dazu. Das Lesen der aufgedruckten Anweisungen ist wichtig.

Die Rezepte sind durchschnittlich für 4 Personen berechnet.

Zum besseren Verständnis der Rezepte bitte ich die am Anfang der einzelnen Kapitel stehenden allgemeinen Bemerkungen zu lesen. Das Verstehen wird noch erleichtert, wenn man jeweils einige Rezepte des betreffenden Kapitels liest.

Als Fett ist in den einzelnen Rezepten Butter, Margarine, Fett oder Öl angegeben.

Butter ist dort angegeben, wo es aus Geschmacksgründen wünschenswert ist.
Butter oder *Margarine* dort, wo küchentechnisch beide Fettarten gleich verwendet werden können.

Margarine dort, wo der Geschmack von Butter nicht zur Geltung kommt, daher in diesem Fall unnötig ist.

Fett (100 Prozent reines Fett) als Allgemeinbegriff für Butterschmalz, Schweinefett, Kokosfett, Erdnußfett, Schmelzmargarine und wasserfreie Mischfette.

Öl für Grillgerichte, Salate, Mayonnaisen und bestimmte Rezepte.

Allgemeines

Man rechnet durchschnittlich für 1 Person

    ¼ l Suppe,
1/10–⅛ l Sauce,
   150 g Fleisch mit Knochen,
   100 g Fleisch ohne Knochen,
   250 g Fisch mit Haut, 200 g als Filet,
200–250 g Gemüse,
200–250 g Kartoffeln,
    60 g Reis als Beilage,
 10–15 g Reis, Grieß, Graupen, Teigwaren als Suppeneinlage,
    60 g Teigwaren als Beilage
   100 g Hülsenfrüchte als Gerichte,
    50 g Hülsenfrüchte zur Suppe,
    10 g Mehl für die helle Einbrenne,
    12 g Mehl für die dunkle Einbrenne,
   125 g frisches Obst,
    60 g Trockenobst.

Maße und Gewichte

Um bei einfachen Speisen das Abwiegen zu ersparen, kann man mit Löffeln rechnen.

1 gestrichener Eßlöffel Weizenmehl	10 g
1 gestrichener Eßlöffel Stärkemehl	10 g
1 gestrichener Eßlöffel Reis	15 g
1 gestrichener Eßlöffel Grieß	15 g
1 gestrichener Eßlöffel Salz	10 g
1 gestrichener Eßlöffel Zucker	15 g
1 gehäufter Eßlöffel Zucker	25 g
1 Eßlöffel Öl	20 g
1 gestrichener Teelöffel Kakao	5 g
1 gestrichener Teelöffel Kaffee	5 g
1 gestrichener Teelöffel Backpulver	3 g
1 gestrichener Teelöffel Tee	3 g
1 Liter Mehl	500 g
12 Eßlöffel Milch, Wasser und dgl.	⅛ l
8 Eßlöffel Milch, Wasser und dgl.	1/10 l
6 Eßlöffel Milch, Wasser und dgl.	1/16 l
6 mittelgroße Kartoffeln	500 g
5 mittelgroße Äpfel	500 g
1 Ei	50 g
1 Liter Wasser, Milch, Wein oder Saft	1000 g = 1 kg
1 Tasse Wasser	⅛ l

Allgemeines

Umrechnung von ausländischen Maßen und Gewichten

1 Kilogramm	= 1000 Gramm	= 2.68 Pounds	= 35,27 Unzen
½ Kilogramm	= 500 Gramm	= 1.34 Pounds	= 17,64 Unzen
¼ Kilogramm	= 250 Gramm		= 8,82 Unzen
	200 Gramm		= 7,05 Unzen
	150 Gramm		= 5,29 Unzen
	125 Gramm		= 3,41 Unzen
	100 Gramm		= 3,53 Unzen
	75 Gramm		= 2,65 Unzen
	50 Gramm		= 1,76 Unzen
	10 Gramm		= 0,35 Unzen

1 Pound	= 16 Unzen	= 453,59 Gramm
1 Pint	= 0,47 Liter	
1 Quart	= 0,95 Liter	
1 Gallon	= 3,79 Liter	
1 Liter	= 1,06 Quart	= 2,11 Pints

Umrechnung alter Küchenmaße

1 Lot	=	cirka 17 Gramm
1 Dekagramm	=	10 Gramm

Backtabelle

In den Haushalten wird in verschiedenen Herden gebacken.
Elektroherde: Die Einstellung erfolgt nach Schaltstufen 1 bis 3 evtl. getrennt für Ober- und Unterhitze.
Elektroherde: Die Einstellung geschieht nach Temperaturgraden (1 bis 300 Grad). Wenn die eingestellte Temperatur erreicht ist, erlischt die Kontrolllampe. Die *Backzeit* kann bei modernen Herden ebenfalls eingestellt werden; das Ausschalten erfolgt automatisch.
Gasherde: Die Flammengröße wird nach dem Augenmaß eingestellt; perlgroß, ⅓ groß, ½ groß, ⅔ groß und groß.
Gasherde: Die Flammengröße wird durch einen Regler (1 bis 8) eingestellt.
Kohlenherde: Die Hitzegrade können mit einem Backthermometer gemessen werden.
Die nachstehende Tabelle gibt eine vergleichende Übersicht über die verschiedenen Arten von Herden und deren Einstellung bei gleicher gewünschter Backhitze.

Allgemeines

	Elektroherd Stufenschaltung	Elektroherd Gradschaltung	Gasherd Flammeneinstellung	Gasherd Reglereinstellung
Schwache Hitze	Oberhitze 1 Unterhitze 1–2	125–150 Grad	perlgroß	1–2
Mittelhitze, schwach	Oberhitze 2 Unterhitze 2	150–175 Grad	¹/₃ groß	2–3
Mittelhitze, stark	Oberhitze 2 Unterhitze 3	175–200 Grad	halb groß	4–5
Starke Hitze	Oberhitze 3 Unterhitze 3	200–250 Grad	²/₃ groß	5–7
Brathitze	Oberhitze 3 Unterhitze 3	250–300 Grad	groß	6–8

Durchschnittliche Back- und Kochtemperaturen

Blechkuchen, Brandteig	200 Grad
Kuchen in Formen	180–200 Grad
Blätterteiggebäck	210–220 Grad
Baisers, Makronen	125–150 Grad

Alle Blechkuchen auf die mittlere Schiene einschieben, alle Kuchen in Formen — auf dem Rost stehend — auf die untere Schiene einstellen.
Ankochen auf Stufe 3. Stufe 1 ist die Fortkochstufe. Pfannengerichte bereitet man auf Stufe 2. Stufe ¹/₂–1 genügt zum warmhalten. Die Blitzkochplatte mit eingebautem Regler schaltet stufenlos.

Teller-Menüs von A–Z

Für die Hausfrau, die Familienmitglieder oder auch Gäste ist es zur Abwechslung bequem, zeitsparend und hübsch, zusammenpassende Speisen auf einem Teller angerichtet und serviert zu bekommen. Für das Anrichten der Tellermenüs braucht man flache Teller mit etwas größerem Durchmesser als die normalen, ungefähr 26 cm Durchmesser. In vielen Haushalten gibt es sogenannte Platzteller, diese wären dafür sehr gut geeignet. In jedem guten Porzellan- und Haushaltswarengeschäft kann man diese Teller bekommen.

Beim Anrichten achtet man darauf, daß die Teller sehr gut vorgewärmt sind. Die Speisen bereitet man verhältnismäßig saftarm. Man kann Fleisch oder Fisch mit Gemüse und ein oder mehr Beilagen, fleischlose Gerichte mit passenden Beigaben, süße Hauptgerichte in dieser Form geben. Salat und Kompott richtet man immer eigens an.

Das Anrichten der Teller wird der Hausfrau besondere Freude bereiten. Sie kann die Anordnung immer wieder etwas anders treffen und die Garnitur des Tellers erfreut jeden Gast einzeln. Vor jedem Tellermenü kann man natürlich ein Glas Tomatensaft, etwas Salat, dünne Apfelspalten mit gezuckertem Zitronensaft beträufelt oder ähnliches geben. Im Anschluß an das Tellermenü nach Belieben Käse oder Obst.

Die Rezepte, die nicht in die Textfassung miteinbezogen sind, bitte ich im Kochbuch nachzulesen.

Teller-Menüs von A–Z

A Apfelschnitzl mit gefüllten halben Tomaten

4 Äpfel · 250 g Schinken · 125 g Mehl · 1 Ei · Salz · $1/8$ l Milch · Fett zum Backen · 4 Tomaten · 2 Eier · Petersilie

Mehl mit Ei, Salz und Milch zu einem glatten Pfannkuchenteig rühren. Die Äpfel schälen, das Kernhaus durchstoßen, zu 1 cm dicken Scheiben schneiden. Die Tomaten halbieren, die Eier hart kochen. Zwischen je zwei Apfelscheiben eine Schinkenscheibe legen, im Pfannkuchenteig wenden, in heißem Fett langsam auf beiden Seiten goldgelb backen, auf vorgewärmter Platte anrichten. Den restlichen Schinken, das gekochte Ei und die Petersilie fein schneiden und mischen. Die halbierten Tomaten in das verbliebene Bratfett legen, auf beiden Seiten braten, salzen, die vorbereitete Mischung daraufgeben. Die schuppenförmig angerichteten Apfelschnitzl und die Tomaten auf die Teller legen.

B Brathühnchen in scharfer Sauce, Reis, grüne Erbsen

$1/4$ l Tomatensaft · Saft einer Zitrone · 1 Eßlöffel Rosenpaprika · 1 Eßlöffel Curry · 1 Eßlöffel Senf · 1 Eßlöffel Worcestersauce · 1 Eßlöffel Zucker 1 Teelöffel Knoblauchpulver · 8 Eßlöffel Öl · 1 Brathuhn · 250 g Reis 1 Dose Erbsen

Alle zur Sauce angegebenen Zutaten in einem Topf mischen, das in Portionsstücke geteilte Brathuhn nebst Zwiebelscheiben hineinlegen, zugedeckt in einer Stunde garschmoren. Fleischstücke gelegentlich wenden. Auf den Tellern erst das Fleisch anrichten, dann den gedünsteten Reis. Mit einem Eßlöffel Vertiefungen in den Reis drücken, die heißgemachten Erbsen hineingeben. Grüne und rote Paprikaringe an das Fleisch legen.

Bratwurst mit Blaukraut, Kastanien und Apfelringen

Zwei kleine rote Äpfel mit der Schale zu Scheiben schneiden, das Kernhaus entfernen, in gezuckertem Zitronensaft wenden. Das saftarm gekochte Blaukraut auf die Teller verteilen, die gebratenen Würste darauflegen. Als Kranz außen herum die Apfelringe und in deren Mitte die gebratenen Kastanien (selbst gebraten oder schon gebraten gekauft).

C Champagnerkraut mit geräuchertem Ripperl und Wurst, Kartoffelbrei

Mildes Sauerkraut mit reichlich Wacholderbeeren garschmoren. Fleisch und Wurst in wenig Brühe zugedeckt heißmachen, Kartoffelbrei zubereiten. Vor dem Anrichten an das saftarmgekochte Sauerkraut eine kleine Flasche Champagner gießen, einkochen lassen. Kartoffelbrei, Sauerkraut und Fleisch schön auf den Tellern anrichten. 4 Eßlöffel zurückbehaltenes rohes Sauerkraut mit Sauerrahm mischen, auf die Teller verteilen, mit den im Kraut gekochten Wacholderbeeren bestreuen.

Teller-Menüs von A—Z

Curryfleisch, Makkaroni und gebratene Bananen C

Würfelig geschnittenes Hammelfleisch, Rindfleisch oder Kalbfleisch in Fett mit Zwiebeln anbraten, kräftig mit Curry würzen, aufgießen, garschmoren. Geschälte Bananen in sehr dicke Scheiben schneiden, ganz rasch in Butter braten. 2 Tomaten halbieren, entkernen, in kleine Würfelchen schneiden. Auf den Tellern das Fleisch, die gekochten Makkaroni und die gebratenen Bananenstücke anrichten, mit den vorbereiteten Tomatenwürfeln bestreuen.

Debreciner-Würstchen mit weißen Bohnen und Salat D
in Paprikahälften

Weiße Bohnen aus der Dose heißmachen, mit Paprikapulver, Pfeffer und Brühwürze gut abschmecken. Die Würstchen in Wasser heißmachen. 2 Paprikaschoten halbieren, von Fruchtknoten und Kernen befreien, mit etwas Salz ausstreuen. Essigzwiebeln und Gewürzgurken in kleine Stückchen schneiden, mit süßem Senf mischen und in die 4 Paprikahälften füllen. Auf den Tellern die weißen Bohnen zusammen mit den Würstchen anrichten, die Paprikahälften dazustellen.

Eierspätzle mit geriebenem Käse, Blätterspinat E
und Tomatenhalbscheiben

Selbstgemachte Spätzle oder solche aus der Packung kochen, in heißem Fett schwenken. Frischen Spinat in wenig Salzwasser garen, mit einem Sieblöffel herausnehmen, gut abtropfen lassen, Tomaten zu dicken Spalten schneiden. Über die vorbereiteten Spätzle mit Salz verquirlte Eier gießen, unter Umschaufeln fest werden lassen. Auf die Teller die Eierspätzle geben, den Blätterspinat und in schöner Anordnung die Tomatenachtel. Spätzle und Spinat mit reichlich geriebenem Käse bestreuen, alles mit flüssiger hell gebräunter Butter beträufeln.

Filetbraten, mit Waffelkartoffeln, grünen Bohnen F
und gebratenen Birnen

Schweine- oder Ochsenfilet würzen, englisch oder garbraten oder grillen. Rohe Kartoffeln mit dem Rillenmesser zu 1 cm dicken Scheiben schneiden, in Fett schwimmend goldgelb backen. Geschälte, halbierte, vom Kernhaus befreite Birnen in etwas Butter anbraten, mit Zucker bestreuen, etwas Wasser zugießen und zugedeckt weichdünsten. Auf die Teller das in Scheiben geschnittene Fleisch, die heißgemachten Bohnen (aus der Dose) und die Waffelkartoffeln anrichten. In eine Ecke des Tellers die Birnen, mit der gewölbten Seite nach oben und mit je einer Nelke bespickt.

Gurkengemüse mit Hackfleischklößchen G
und Kartoffeln

Eine Salatgurke in 2 cm große Würfel schneiden. Gut abgeschmeckte Hackfleischmasse bereiten. 4 Eier hart kochen. In heißem Fett die Gurkenwürfel glasig dünsten, mit Mehl überstauben, aufgießen, mit saurer Sahne verbessern, mit Salz, Pfeffer, Brühwürze fertig abschmecken. Die Hackfleischmasse zu kleinen Klößchen formen, auf die Gurken legen, zugedeckt garen.

Auf die Teller das Gemüse mit den Klößchen und die gekochten Kartoffeln geben. Mit den zu Scheiben oder Spalten geschnittenen harten Eiern garnieren und mit gehacktem Dill bestreuen.

G Gegrilltes Hühnchen mit Safranreis und Ananaswürfeln

Gegrilltes Hühnchen (evtl. gekauft) in Portionsstücke teilen. Reis wie gewohnt, aber zusätzlich mit einer beigegebenen kleinen Messerspitze Safran garen. Ananaswürfel aus der Dose im Saft heiß machen. 4 gefüllte Oliven in dünne Blättchen schneiden. Auf die Teller den Reis verteilen, das Fleisch darauf anrichten, die Olivenscheiben gut sichtbar in den Reis drücken. Die Ananaswürfel abgetropft auf den Tellern anrichten.

H Hammelkotelettes geschmort mit Kartoffelbrei und Rosenkohl

Für jede Person zwei Hammelkotelettes mit Salz, Pfeffer und zerdrücktem Pfefferminzkraut würzen, in Mehl wenden, in heißem Fett auf beiden Seiten anbraten, etwas aufgießen, zugedeckt in 30 Minuten garen. Kartoffelbrei bereiten, Rosenkohl kochen, 4 große Zwiebeln zu dicken Scheiben schneiden, ebenfalls in Salzwasser kochen. Den Kartoffelbrei mit den Hammelkoteletts und den in Butter geschwenkten Rosenkohlröschen anrichten. Auf jeden Teller ein Häufchen der gekochten Zwiebelringe geben, mit einem kleinen Tomateneckchen belegen.

I Italienisches Thunfischragout mit Grießklößchen und Finocchi

Aus einer gekauften Packung eine dicke Tomatensauce bereiten. Eine große Dose Thunfisch vorsichtig zerteilen darin heiß werden lassen. Grießklößchen wie zur Suppe kochen. Halbierte Finocchi in Fett ganz hell anbraten, mit Salz und Pfeffer würzen, etwas aufgießen, zugedeckt weichdünsten. Auf die Teller das mit Zitronensaft, Rosmarin und Origano abgeschmeckte Ragout und die Grießklößchen geben, mit den geschmorten Finocchis umlegen. Scheiblettenkäse zu großen Dreiecken schneiden, die Teller damit garnieren, die Grießklößchen mit Schnittlauch bestreuen. An den Tellerrand Weintrauben an der Ranke legen.

J Jägerbraten mit gebratenen Selleriescheiben und gekochten Kartoffelknödeln

Ochsenfleisch zusammen mit vielen Gewürzen einige Tage in Buttermilch beizen. Dann weichbraten. Geschälte, rohe Sellerie in 1 cm dicke Scheiben schneiden, salzen, in einer Stielpfanne mit heißem Fett auf beiden Seiten anbraten und zugedeckt garen. Gekochte Kartoffelknödel bereiten. Auf die Teller das in Scheiben geschnittene Fleisch, die gebratenen Selleriescheiben und die gekochten Kartoffelknödel geben. In jeden Kartoffelknödel ein Pilzchen (Champignons aus der Dose) stecken, mit Petersilie bestreuen. Auf ein Salatblatt einen Eßlöffel Preißelbeerkompott geben, auf den Teller legen.

Karpfen gebacken mit Kartoffelsalat K und Remouladensauce

Die Portionsstücke mit Salz und Pfeffer würzen, in Mehl, Ei und Bröseln wenden, in heißem Fett backen. Kartoffelsalat bereiten, selbstbereitete oder gekaufte Remouladensauce in halbierten ausgehöhlten Tomaten anrichten. Fisch, Kartoffelsalat, Tomatenschälchen zusammen anrichten, mit Zitronenscheiben, die mit Paprika und Petersilie bestreut sind, garnieren.

Kalbsschnitzel mit Butterreis und Apfelgemüse K

In einer großen Stielpfanne Butter flüssig werden lassen. Für jede Person einen geschälten Apfel raspeln, in die Butter geben, mit etwas Zucker überstreuen, zugedeckt in 5 Minuten garen. Den mit Petersilie gemischten Butterreis, die Kalbsschnitzel und das Apfelgemüse auf den Tellern anrichten, mit einer großen Margerite (ohne Stiel) garnieren.

Kaiserschmarren mit Apfelbrei K

2 Eier • 3 Eßlöffel Mehl • 1 Tasse Milch • 1 Eßlöffel Zucker • etwas Salz

Die vorstehenden Zutaten sind für eine Person berechnet. Alles mitsammen verquirlen, evtl. noch Sultaninen zugeben, in eine große Stielpfanne mit flüssiger Margarine gießen, erst auf der einen Seite goldgelb backen, dann auf der anderen, mit 2 Gabeln in große Stücke reißen. Angerichtet mit Zukker bestreuen. Geschälte, in Spalten geschnittene Äpfel mit dem Saft einer Zitrone und Zucker mischen, ohne Wasserzugabe zugedeckt auf kleiner Flamme weichdünsten, noch warm auf demselben Teller wie den Kaiserschmarren anrichten. Eine schöne, lange, rote Apfelschale zur Rosette gedreht als Garnitur auflegen.

Leberscheiben gebraten mit Pilzrisotto L und gekochten Trockenpflaumen

Gekochten Reis mit gedünsteten Pilzen bereiten, zusammen mit den gebratenen Leberscheiben anrichten. Auf eine Seite des Tellers gekochte Trockenpflaumen, auf die andere Seite dicke rohe Gurkenscheiben mit Salz, Pfeffer und Paprika bestreut, legen.

Madeirabraten mit Kartoffelkroketten M und Schwarzwurzeln

Rinderbraten bereiten, die Sauce kräftig mit Madeira abschmecken. Das geschnittene Fleisch zusammen mit den Krokettes und den gekochten Schwarzwurzeln (oder Spargel) anrichten. 4 Löffel fertige Mayonnaise mit einem geraspelten Apfel vermischen, in Chicoréeblättern anrichten und auf die Teller geben.

Nieren geröstet mit Kartoffelschmarren N

Gespaltene Schweinenieren von Haut und Sehnen befreien, waschen, abtrocknen, zu feinen Blättchen schneiden, in Fett mit Zwiebeln braten, etwas stauben und aufgießen, mit Salz und Pfeffer würzen. Gekochte, kalte Kartoffeln durch die Presse drücken, mit der gleichen Menge Mehl mischen, salzen, in eine große Stielpfanne mit Fett geben und rösten. Zwiebeln und Petersilie feinhacken, auf dicke Tomatenscheiben geben und mit auf die angerichteten Teller legen.

O Ochsenschwanz geschmort mit Majorankartoffeln und Kohlrabischeiben

Die Ochsenschwanzstücke in Fett leicht anbraten, Zwiebeln ebenfalls anbraten, aufgießen, eine ganze gelbe Rübe zugeben, zugedeckt gar schmoren. Salzkartoffeln mit etwas Majoran kochen, dicke rohe Kohlrabischeiben in einer großen Stielpfanne zugedeckt gardünsten. Alles auf den Tellern anrichten, auf jede Kohlrabischeibe eine Gelbrübenscheibe legen. Für jeden Teller einen Zahnstocher mit Essigzwiebeln und Scheiben von Gewürzgurke bestecken; darauflegen.

P Preiselbeersteak mit Mais und geschmorten Zwiebeln

Kleine Zwiebeln in Salzwasser weichkochen. Mais aus der Dose im Kochtopf erhitzen. Dicke Schinkenscheiben von je 100 g in Butter oder Fett auf jeder Seite kurz braten, auf den vorgewärmten Tellern anrichten. Die gekochten Zwiebeln mit Bratfett goldgelb glänzend braten und auf die Teller legen. In das Bratfett Preiselbeerkompott geben, saftarm kochen, auf die Schinkenscheiben verteilen, Mais auf die Teller geben. Mit je einer dicken Orangenscheibe mit Schale garnieren.

Qu Quarkauflauf mit Karamelbutter und gebratenen Apfelscheiben

125 g Margarine · 150 g Zucker · 4 Eigelb · 125 g Grieß · $1/4$ l Milch
500 g Topfen · 125 g Sultaninen · 4 Eischnee

Alle angegebenen Zutaten vermischen, in eine gefettete Auflaufform füllen, 1 Stunde bei 180° backen. Zur Sauce 60 g Butter mit 4 Eßlöffeln Zucker goldbraun rösten, mit $1/8$ l Wasser aufgießen, glatt und sirupartig kochen. Die dicken Apfelscheiben beidseitig goldgelb und gar braten. Den angerichteten Auflauf mit der Sauce beträufeln und mit Apfelscheiben garnieren.

R Rehbraten mit gedünsteter Weintraube

Rehbraten oder knochen- und hautfreies Wildragout bereiten, breite Nudeln in Salzwasser garen, in etwas Butter schwenken. $1/8$ l Wasser mit dem Saft 1 Zitrone, 2 Eßlöffel Zucker und einem Stückchen Butter aufkochen. Für jede Person eine kleine Weintraube (mit Ranken und Stiel) hineinlegen und zugedeckt 10 Minuten dünsten; die Traubenbeeren dürfen nicht platzen. Auf den Tellern das Fleisch und die Butternudeln anrichten, an die Seite die heiße Weintraube legen.

Teller-Menüs von A—Z

Rindsrouladen mit Spätzle und Rotweinbirnen R

Rotwein mit Zucker, Zimtrinde und Gewürznelke 10 Minuten kochen, die geschälten, halbierten Birnen darin so lange kochen, bis sie rot sind. Rouladen beliebiger Art bereiten, der Länge nach halbieren, zusammen mit den Spätzle und den Rotweinbirnen anrichten. An einen Teil der Teller ein kleines Häufchen von Gewürzgurkenscheiben legen.

Spinatgemüse, Weißbrotschnitten gebacken, S
Tomatenscheiben mit Champignons

Weißbrotscheiben erst in Milch tauchen, dann in verquirltem gesalzenem Ei wenden, in einer Stielpfanne mit heißem Fett auf beiden Seiten goldbraun backen. Im restlichen Bratfett Champignonscheibchen mit gehackter Petersilie 3 Minuten zugedeckt dünsten. Auf dicke gesalzene Tomatenscheiben verteilen. Auf den Tellern das dicke Spinatgemüse, die Weißbrotschnitten und die Tomatenscheiben anrichten.

Schnitzel Brüsseler Art, Rahmkartoffeln, Sch
geschmorter Chicorée

Kleinwürfelig geschnittene Kartoffeln in Salzwasser garen, abgießen, etwas süße Sahne oder Kondensmilch und gehackte Petersilie zugeben. Mit Salz und Pfeffer gewürzte Kalbsschnitzel erst in verquirltem Ei, dann in geriebenem Käse wenden, in Fett goldgelb backen.
Auf die Platte Schnitzel, Kartoffeln und Chicorée geben, mit einem Kranz von halbierten Weintrauben, die mit je einer Gewürznelke gespickt wurden, umgeben.

Steinbuttschnitten gebraten mit Zitronenbutter, St
Kartoffeln, Apfel-Sellerie-Salat

Mit Salz und Pfeffer gewürzte Steinbuttschnitten in heißem Fett auf beiden Seiten an- und garbraten oder grillen. Das Bratfett mit Butter und Zitronensaft aufkochen, den angerichteten Fisch damit glasieren. In einen Suppenteller ein Tütchen Sauerrahm gießen, einen geschälten Apfel und ein Stückchen Sellerie hineinraspeln. Halbierte Semmeln aushöhlen, mit Butter ausstreichen, den Salat darin anrichten. Mit auf die Teller legen. Als Garnitur je eine Tomatenscheibe mit halbierten Mandeln blütenblattähnlich belegen.

Tomaten-Paprika-Eierkuchen, Weißbrot, T
gebratene Apfelspalten

In einer Stielpfanne mit heißem Fett kleinwürfelig geschnittene Paprika weichdünsten. Dicke Tomatenscheiben darauflegen, mit Salz und Pfeffer würzen, Eier darüberschlagen, fest werden lassen. Auf vorgewärmten Tellern anrichten, in der Stielpfanne Apfelspalten braten, auf die Teller legen.

U Ungarisches Gulyas, Semmelknödel, grüne Paprika

Gulyas und Semmelknödel bereiten. Paprikaschoten halbieren, entkernen, mit etwas Salz ausstreuen. 1 Tütchen Sauerrahm mit entkernten würflig geschnittenen Tomaten, feingehackter Zwiebel, Salz und Pfeffer mischen, in die rohen, halbierten Paprikaschoten füllen. Gulyas, Knödel und Paprikaschoten mitsammen anrichten. Wenn vorhanden, eingelegte, kleine Maiskolben dazulegen.

V Vinaigrette-Eier, Schinken-Bananen, Bratkartoffeln

Mayonnaise mit feingewiegten Kapern und gehackter Petersilie mischen. Eier wachsweich kochen, halbiert auf den Tellern anrichten, mit der Sauce überziehen. Bananen in dicke Scheiben schneiden, Schinkenscheiben zu Blättchen. Beides mitsammen in Butter ganz kurz braten. Neben die vorbereiteten Eier Bratkartoffeln, dann die Schinken-Bananen. Zur Garnitur für jeden Teller eine Ananas-Halbscheibe erst in Eiweiß, dann in gehackter Petersilie wenden und auf die Teller legen.

W Weißbrotscheiben mit Hackfleisch und Sardellengitter, Kartoffelsalat, Tomatenschälchen mit Selleriesahne

Gebutterte Weißbrotscheiben mit gut abgeschmeckter Hackfleischmasse (ohne Semmel) bestreichen. In einer Stielpfanne mit heißem Fett auf beiden Seiten braten, mit einem Gitter von Sardellenstreifen belegen, in die Gittermaschen dünne Olivenscheibchen. In Sauerrahm Sellerie raspeln, in halbierte ausgehöhlte Tomaten füllen. Die Schnitten, den Kartoffelsalat und die Tomatenschälchen zusammen anrichten.

W Wachsweiche Eier auf Salatbett

Reichlich Kopfsalat oder Endiviensalat mit einer dicken Sauerrahmsauce anmengen und auf die Teller verteilen, außen herum einen Kranz von grobgehacktem Schinken. Eier wachsweich kochen, etwas abflachen, auf den Salat stellen. Eine kleine Tomate mit einem scharfen Messer in Scheiben schneiden, dann das Fruchtfleisch herausschneiden, so daß nur die Ringe bleiben; auf jedes Ei einen davon legen. Dazu Weißbrot oder Toast und Butter.

Z Zwiebelrostbraten, Tomatenreis, Dillgurken

Reis in mit Tomatenmark abgeschmeckter Brühe garen. In Öl geraspelte Salatgurke zusammen mit feingehacktem Dill glasig dünsten. Das gebratene Fleisch zusammen mit dem Tomatenreis und den warmen oder kalten Dillgurken anrichten. Als Garnitur kleine Spießchen abwechselnd mit Weintrauben und halben Walnüssen besteckt auf die Teller legen.

Kochen mit Aluminiumfolie

Aluminium-Folie ist ein aus reinem Aluminium hergestelltes, veredeltes Markenerzeugnis und wurde speziell für die Verwendung in der Küche entwickelt.

Aluminium-Folie, kurz genannt Alu-Folie, ist undurchlässig, luft- und fettdicht, hitze- und kältebeständig, schützt gegen Licht, Geruch, Feuchtigkeit und Verdunstung.

In Alu-Folie verpackte Nahrungsmittel verlieren durch den Kochprozeß nichts von ihrem Saft, zerkochen und zerfallen nicht, brennen nicht an. Vitamine und Nährstoffe werden geschont, das Eigenaroma entwickelt und die frischen Farben erhalten.

Mit Alu-Folie lassen sich die Speisen ohne oder unter sparsamster Verwendung von Fett zubereiten; auch die Bildung von Röstprodukten kann man völlig ausschalten. Für Schonkost und Diät von besonderem Wert.

Zur praktischen Durchführung bei den verschiedenen Zubereitungsarten wird das vorbereitete Nahrungsmittel auf die entsprechend große mit Butter oder Öl gefettete Alu-Folie gelegt. Die Alu-Folie wird locker darüber geschlagen — das Nahrungsmittel dehnt sich beim Erwärmen aus —, zweimal umgebogen, so daß das Paket völlig geschlossen ist. Am besten die Enden nach oben biegen, wie zu einem Beutel, damit zuverlässig kein Saft auslaufen oder beim Kochen Wasser eindringen kann. Das Kochgut kann man allein, z. B. Fleisch- oder Fischportionen, einschlagen oder zusammen mit anderen Zutaten, z. B. Pilzen, dicken Tomatenscheiben, dicken Apfelscheiben. Butter und Gewürze gibt man bei, salzen gegebenenfalls nach Fertigstellung. Es gibt verschieden große Alu-Folien: die Normalgröße und solche, um z. B. großes Geflügel einschlagen zu können. Mehrere Portionen legt man nebeneinander auf die gefettete Alu-Folie, schlägt die zweite Hälfte der Alu-Folie darüber, biegt an den Seiten zweimal übereinander und drückt die Alu-Folie etwas nach oben. Einzelportionen werden ebenso verpackt.

Aluverpackte Nahrungsmittel können nach jeder Zubereitungsart gegart werden.

Kochen: 5—6 cm hoch Wasser in den Topf gießen, das vorbereitete Päckchen in das kochende Wasser geben, normale Garzeit. Speisereste kann man gleich in die Alu-Folie geben, nach oben zu verschließen und bei Verwendung nur in das kochende Wasser einlegen.

Dämpfen: Das vorbereitete Päckchen auf dem Einsatz des Kochtopfes, z. B. Kartoffeldämpfer, legen. Durch den strömenden Wasserdampf im zugedeckten Kochtopf wird der Päckcheninhalt erwärmt oder gegart.

Dünsten: Das Päckchen in einen Kochtopf mit wenig Wasser geben und zugedeckt auf kleiner Flamme garen. Hat man viele Portionen zu richten, ist es am praktischsten, das Blech mit Alu-Folie zu belegen, darauf die vorbereiteten Lebensmittel. Mit Alu-Folie abdecken, an den vier Seiten die Folie zweimal übereinanderfalten und hochbiegen. In das stark vorgeheizte Rohr einschieben, Garzeit entsprechend dem Rezept.

Braten auf der Kochplatte: Eingeschlagene Portionsstücke von Fleisch, Fisch, Gemüse, Obst direkt auf der schwach geheizten Elektroplatte, in der trocken erhitzten Grillpfanne oder in einer Normalpfanne mit etwas Öl garen.

Braten im Rohr. Als Regel gilt: auf stärkster Hitze vorheizen und Kochgut einschieben, nach halber Garzeit schwächere Hitze.

Große Braten, besonders Geflügel, werden äußerst zart und bleiben saftig, wenn sie in Alu-Folie eingeschlagen gebraten werden. Man legt das Paket in die Bratpfanne — evtl. etwas Wasser hineingeben —, stellt es ins Rohr und brät die übliche Zeit. Eine Viertelstunde vor Beendigung der Garzeit macht man die Alu-Folie vorsichtig auf oder schneidet mit der Schere ein Fenster heraus, damit der Braten bräunen kann. Nach Belieben große Braten oder auch dicke Steaks *vor* dem Einschlagen in Butter oder Fett auf allen Seiten rasch bräunen.

Grillen. Regel: stark vorheizen bei normalem Grill, Infrarot nicht vorheizen. Das flache Päckchen auf den Grillrost legen, 3—5 Minuten länger grillen als uneingepackt. Zum Bräunen das Päckchen öffnen oder mit der Schere ein entsprechend großes Fenster herausschneiden. Beim Grillen im Freien die Päckchen auf den Holzkohlengrill oder einen Rost über offenem Feuer legen. Entsprechend der Garzeit kann man in einen Topf, auf ein Blech oder einen Grillrost Päckchen verschiedenen Inhalts nacheinander legen, z. B. erst Kartoffeln, dann Fisch, zum Schluß Obst.

Zum Anrichten die geöffneten Päckchen auf die Platte legen oder ausgepackt wie gewöhnt auf gut vorgewärmtes Geschirr.

Alu-Folie kann man auch zu kleinen Schälchen formen. Die Alu-Folie wird dazu quadratisch oder rund ausgeschnitten, darauf eine Flasche oder Glas gestellt und die überstehende Folie an der Flasche oder dem Glas hochgedrückt; überstehende Ecken abschneiden. In den Schälchen warme Vorspeisen oder warme Nachtische backen. Man kann auch ausgerollten Teig auf die gefettete Alu-Folie legen, mit der Schere zu Portionen schneiden, über ein Gefäß hochdrücken oder an den 4 Ecken so zusammendrücken, daß jeweils ein Schüsselchen entsteht. Diese dann auf das Blech stellen, 25 Minuten bei 200° backen, die Alu-Folie entfernen. Die gebackenen Teigschälchen für Ragouts verwenden. Oder mit eingezuckertem, rohem oder eingemachtem Obst, beliebiger Creme oder Schlagsahne füllen.

Um Kuchen oder Braten vor dem Dunkelwerden oder Verbrennen zu schützen, deckt man sie mit Alu-Folie ab. Kuchenformen kann man mit Alu-Folie auslegen. Beim Stürzen können keine Kuchenteilchen an der Form hängen bleiben. Wenn man saftige Obstkuchen bäckt, ist es günstig, die Form oder das Blech mit Alu-Folie auszulegen, und zwar so, daß sie an den Rändern etwas höher ist als der Inhalt der Form oder des Bleches; ein Träufeln des Obstsaftes in das Rohr ist so nicht möglich. Alu-Folie ist auch sehr geeignet zum Frischhalten und Verpacken von Nahrungsmitteln, von Kuchen und belegten Broten, zum Abdecken von Speisen im Kühlschrank, zum Verschließen von Gefäßen, für die kein Deckel vorhanden ist. Um das Auslaufen von gesprungenen Eiern beim Kochen zu vermeiden, wickelt man sie in Alu-Folie ein.

Nahrungsmittel, die man in die Tiefkühltruhe legen will, packt man günstig in Alu-Folie ein. Hier muß die Folie möglichst dicht an das Nahrungsmittel angedrückt werden, damit keine Luft in der Packung bleibt. Für die Tiefkühlung gibt es extra breite und starke Alu-Folien.

Beispiele:

Alu-Kalbsleber

4 Scheiben Kalbsleber · 100 g Speck · 2 Äpfel · 2 Zwiebeln · Salz · Pfeffer Zucker

Die gefettete Alufolie mit der Hälfte der dünnen Speckscheiben belegen, die mit Salz und Pfeffer gewürzten Leberscheiben daraufgeben. Die geschälten Äpfel raspeln, mit der würflig geschnittenen Zwiebel und etwas Zucker mischen. Auf die Leber verteilen, die restlichen Speckscheiben darauflegen, verschließen. Auf das Backblech legen, in das auf 200° vorgeheizte Rohr einschieben, in 20 Minuten garen. Dazu Kartoffelbrei und grüner Salat.

Gedünstete Forellen in Dillbutter

4 Portionsforellen · Salz, Pfeffer · 1 Sträußchen frischer Dill (oder 2 Eßlöffel getrockneter Dill) · 60 g Butter

Alufolie mit Butter bestreichen. Die ausgenommenen Forellen innen und außen mit Küchenkrepp trocken tupfen, innen und außen mit Salz, Pfeffer und gehacktem Dill bestreuen. Auf die vorbereitete Alufolie legen, mit Butterflöckchen belegen. Locker aber gut schließend falzen. Auf ein Backblech oder in eine Bratpfanne legen, im Bratrohr (220°) oder unter dem Grill in 20 Minuten garen.

Grüne Bohnen mit Räucherspeck

³/₄ kg grüne Bohnen · 125 g durchwachsenen oder fetten Räucherspeck · 2 Zwiebeln · Salz, Pfeffer, Bohnenkraut · 8 Eßlöffel Wasser

Die geputzten, gewaschenen Bohnen einmal durchbrechen oder in 3—4 cm lange Stücke schneiden. Speck und Zwiebel in kleine Würfel schneiden, frisches Bohnenkraut klein schneiden. Alle Zutaten in eine Schüssel geben, mit Salz und Pfeffer bestreuen und gut mischen. Ein Backblech mit Alufolie belegen, mit Öl bestreichen, die Mischung darauf verteilen, Wasser darauf gießen, mit beölter Alufolie abdecken, an den Rändern falzen. Das Blech ins Rohr stellen und die Bohnen bei guter Hitze in 45 Minuten garen.

Verschiedene Mahlzeitformen

Frühstück, Mittagsmahlzeit, Abendessen

Die traditionellen Tageszeiten und Formen dieser Mahlzeiten werden immer ihre Gültigkeit behalten. Doch haben Beruf, gebotene Gegebenheiten, persönliche Bedürfnisse und Geschmack in viele Haushalte eine Umstellung gebracht. Geänderte Auswahl der Nahrungsmittel, reichlicheres Frühstück, geringe Mittagsmahlzeit, in die frühen Abendstunden verlegte Hauptmahlzeit und vieles andere gehören dazu. Daneben gibt es auch Mahlzeitformen, die in den Alltag und besonders für Einladungen Abwechslung bringen.

Brunch

Darunter versteht man eine Zusammenziehung von Frühstück und Mittagessen.

(Frühstück = *b*reakfast)
(Mittagessen = *lunch*) = Brunch

Wenn man manchmal an Sonn- und Feiertagen später aufsteht und doch etwas Größeres unternehmen möchte, kann man Frühstück und Mittagessen auf hübsche und unkomplizierte Art zu einer Mahlzeit zusammenziehen. Die sonnigen Mittagstunden, besonders im Winter, können so zu einem schönen Ausflug ausgenützt werden. Oder man hat einen ausgedehnteren Ausstellungsbesuch oder ähnliches vor. Zum Brunch bereitet man wie üblich Kaffee oder Tee, Brot, Butter, Marmelade. Zusätzlich macht man für jedes Familienmitglied ein appetitliches warmes Tellergericht. Z. B. gefüllte Omelettes, Schinken-Käse-Toast, Schinken-Eier, kleine Pfannkuchen (Crepes), Spinat (aus der Tiefkühlpackung), dicke gebratene Tomatenscheiben, mit Salz oder Zucker bestreut. Wenn Waffeleisen vorhanden, frisch zubereitete Waffeln, salzig oder süß. Frisch geraspelte Äpfel mit etwas Zucker oder Honig und ungeschlagener Sahne oder Kondensmilch vermischt. Mit Zucker oder Gewürzen und etwas Kondensmilch verrührter Quark ist ebenfalls geeignet.

Sehr gut und schnell, besonders für eine größere Anzahl von Personen, ist auch folgendes Rezept: Den Boden einer Auflaufform oder eines geschlossenen Blechs mit Butter bestreichen. Zwiebäcke mit Butter bestreichen, in kalte Milch tauchen und den Boden der Form oder des Blechs damit auslegen. Pro Person 1 Ei mit einem Eßlöffel Milch und je nach Geschmack mit Zukker oder Salz verquirlen und diese Masse über die Zwiebäcke gießen. In 10 Minuten im Rohr goldgelb überbacken.

High-Tea

Kommt man vielleicht Sonntagnachmittag von einem ausgedehnten Spaziergang heim und ist es zum Kaffeetrinken schon zu spät, zum Abendessen aber noch zu früh, bereitet man gerne einen High-Tea. Auch im Anschluß an die Bürozeit zu einem gemütlichen Zusammensein ist er geeignet.

Man bereitet dazu reichlich guten kräftigen Tee, als Beigabe außer Zucker, Zitrone und Rum noch Kondensmilch oder süße ungeschlagene Sahne. Zum Essen Weißbrot, Schwarzbrot, Butter, Wurstwaren, Käse, Kresse, Radieschen oder Tomaten, Konfitüre und Honig. Eine Platte mit beliebig belegten heißen Toastschnitten kann man auch auf den Tisch stellen. Jedes Familienmitglied oder Gast bedient sich von Allem nach Appetit und Belieben.

Snack

Snack oder Imbiß ist eine rasche, an keine bestimmte Tageszeit gebundene Mahlzeit. Eine äußerst beliebte Form des „Snack" ist die einer warmen Suppe. Mit einer gehaltvollen Einlage oder rasch zubereiteten Beilagen wird sie zu einem leichten, vollständigen Essen. Für diese Art der Mahlzeit wählt man meist aus dem reichen Angebot der fertigen Suppen eine aus.

Als dekorative gute Einlage eignen sich Scheiben von hartgekochtem Ei, Würfel von entkernten Tomaten, Scheiben von Wienerwürstchen (nicht mitkochen), Kräuter-Schinken- oder Käse-Omelette zu Würfeln geschnitten, kleine Weißbrotwürfel mit verquirltem Ei vermischt und auf der Stielpfanne goldgelb gebraten, gehackte Kräuter. Als Beigabe Semmeln oder belegte Brote mit Wurst, Schinken, Käse, rohen gesalzenen Gurkenscheiben, Tomatenscheiben, rohen Paprikastreifen, fein geraspelten gelben Rüben, Schnittlauch, Kresse, Radieschenscheiben.

Dip

Eine lustige Form für Einladungen ist die zu einem Dip oder Dippen.

Der Gastgeber bereitet dazu eine Anzahl verschiedenartiger dicklicher kalter Saucen, in Würfel geschnittenes gebratenes Fleisch, Würfel von Fleischwurst, Käse, entkernten Tomaten, Gurke, gekochte Blumenkohlröschen, gedünstete Champignons, Paprikastücke, in gezuckertem Zitronensaft gewendete Apfelwürfel und dergleichen. Nebst Würfeln von Weißbrot (mit Rinde) und Graubrot. Dazu stehen bereit: Kleine Tellerchen, kleine Löffel und Holzspieße in genügender Zahl. Die aus Bambus sind besonders schön. Jeder Gast bedient sich von den verschiedenen Zutaten, spießt das von ihm Gewählte auf und wendet es in der Sauce. Als Grundlage für die Saucen ist Mayonnaise oder Sahnequark sehr geeignet.

Fondue

Man braucht dazu einen Rechaud mit regulierbarem Spiritusbrenner, einen Fonduetopf aus Keramik (Caquelon) für Käsefondue, einen Topf aus Kupfer oder Edelstahl für Fleischfondue und Fonduegabeln. Alle aus der kleinen Tischrunde bedienen sich aus dem auf dem Rechaud stehenden Topf. Das ist sehr unterhaltend.

KÄSE-FONDUE

2 Gläser Weißwein · 2 Teelöffel Stärkemehl · 300 g guten Emmentaler-Käse 300 g Greienzer · Salz · Pfeffer · 1 Glas Kirschwasser · ³/₄ kg Weißbrot

Eine feuerfeste Schüssel mit einer angeschnittenen Knoblauchzehe ausreiben, den Wein hineingießen, wenn er kocht das angerührte Stärkemehl einkochen. Den geriebenen Käse zugeben, rühren bis eine glatte Creme entsteht, die man einmal leise aufkochen läßt. Mit Salz und Pfeffer abschmecken, das Kirschwasser zugießen. Mit Weißbrotwürfeln servieren. Man trinkt dazu Weißwein, Kirschwasser oder starken Tee.

FONDUE BOURGUIGNONNE

600 g Ochsenfilet · Salz · Pfeffer · Öl · verschiedene Mayonnaise und pikante Zutaten

Auf den speziellen Fonduetellern die Saucen und Beigaben hübsch anrichten oder in Schüsselchen zum Selbstbedienen auf den gedeckten Tisch stellen. Das haut- und sehnenfreie Fleisch in der Küche zu 2 cm großen Würfeln schneiden, mit etwas Salz und Pfeffer bestreuen. Das Öl in der Küche erhitzen und in den Fonduetopf umgießen. Bei Tisch spießt jeder Gast jeweils einen Fleischwürfel auf seine Fonduegabel und hält ihn solange in das heiße Fett bis das Fleisch außen leicht gebräunt, innen aber noch rosa ist (einige Minuten). Mit einer zweiten Gabel wird es von der heißen Fonduegabel geschoben, in der beliebigen Sauce gewendet und zusammen mit den pikanten Zugaben gegessen. Inzwischen wird der nächste Fleischwürfel im heißen Öl gebraten. Als Getränk schmeckt am besten ein Walliser Wein dazu. An Beigaben, die mit die Hauptsache bei diesem Essen sind, kann man geben: kräftig abgeschmeckte Mayonnaise, Remouladensauce, Sauce Tartar, Sauce Vinaigrette, Ketchup, Preiselbeeren, Essigzwiebeln, Senffrüchte, Cornichons, Mixed Pickles, gehackte Sardellen, kleine Zwiebelwürfelchen, geraspelte Essiggurken, Kapern, Oliven, Radieschen, verschiedene Salate, Salz, Pfeffer, Curry, Paprika und Brötchen stellt man ebenfalls bereit.

FONDUE MIT KALBSLEBER

Kalbsleber zu Würfeln geschnitten und mit Salz und Pfeffer bestreut schmeckt herrlich, wenn sie bei Tisch gebraten wird. Als Beigabe ist eine Cumberlandsauce und pikant gewürztes Apfelmus besonders geeignet.

FONDUE MIT REHFLEISCH

Zartes, würfelig geschnittenes Rehfleisch kann man als besondere Spezialität zum Fondue-Essen nehmen. Als Würzsauce Preiselbeeren mit Senf gemischt, Apfelmayonnaise, feinstgehackte Champignons in dicke saure Sahne eingemengt. Apfelwürfel und Champignons kann man auch im Fett braten.

FONDUE CHINOISE

Für dieses Fleischfondue muß man sehr gut abgehangenes Ochsenfilet oder Lende haben. Es wird in Blättchen geschnitten. Pikante Saucen und Beigaben bereitet man wie zu jedem andern Fleischfondue. Im Fonduetopf bringt man Rindfleisch- oder Hühnerbrühe zum Kochen. Die auf die Fonduegabel gespießten Fleischblättchen einige Minuten hineinhalten, in beliebiger Würzsauce wenden. Die durch das Fleisch köstlich gewordene Brühe, in Täßchen angerichtet, trinkt man zum Schluß.

Flambieren am Tisch

Man braucht dazu: einen Rechaud mit regulierbarem Spiritusbrenner, eine Flambierpfanne mit Deckel, ein Flambierbesteck (Löffel und Gabel mit langem Stiel)
Das Zubereiten von schnellen Speisen und Desserts auf einem kleinen Tischherd, dem Rechaud, ist für Einladungen mit geringer Gästezahl unterhaltend und trägt zu gemütlicher Geselligkeit bei.
Die einzelnen Handgriffe der Hausfrau oder des Hausherrn werden mit Interesse verfolgt und begutachtet, es muß vorher alles gut überlegt, am besten allein ausprobiert sein.

Auf dem Rechaud kann man zubereiten:

Käsefondue	Flambierte Erdbeeren
Fleischfondue	Flambierte Bananen
Flambierte Kalbsnieren	Flambierte Pfirsiche
Flambiertes Kalbsfilet	Flambierte Aprikosen
Flambiertes Ochsenfilet	Flambierte Birnen
Flambiertes, geschnizeltes Kalbfleisch	Flambierte Kirschen
Flambierte Hähnchen	Flambierte Ananas
Flambierte Crepes (kleine Eierkuchen)	Flambierter Fruchtsalat
Flambierte Omelettes	Flambiertes Obst mit Eis
Flambierte Desserts	Feuerzangenbowle

FLAMBIERTE FLEISCHGERICHTE

Das Fleisch dafür wird am besten in der Küche gegrillt und auf einen vorgewärmten Teller gelegt. Vor den Augen der Gäste bereitet man mit Butter, Brühe, evtl. Bratensaucenwürfel, feinstgehackter Zwiebel, geschnittenen Champignons, gehackten Kapern, gehackten Kräutern, süßer oder saurer Sahne, Senf, Pfeffer, Paprika, Worcestersauce, Ketchup, Origano, Rosmarin, Curry, Weißwein, Rotwein, Sherry usw. eine kräftige, sämige Sauce. Das vorbereitete Fleisch hineinlegen. Das heiße Gericht mit einem Glas Weinbrand oder Whisky begießen und anzünden.

FLAMBIERTE CREPES (KLEINE EIERKUCHEN)

Für eine größere Anzahl von Personen bereitet man die Crepes in der Küche, sonst bei Tisch. Für die Sauce bereitet man in der Flambierpfanne aus Butter, Zucker, Orangenzucker (Würfelzuckerstückchen an der Orangenschale abgerieben), Orangensaft und beliebigem Alkohol, z. B. Kirschgeist, Weinbrand, Rum, Grand Marnier usw. eine Sauce. Die zu Vierteln gefalteten Crepes in die leicht sämige Sauce legen, mit Weinbrand begießen und anzünden.

TEIG FÜR CREPES

125 g Mehl · 1/2 Teelöffel Salz · 1 Eßlöffel Zucker · 3 Eier · 1/8 l Milch 1/8 l Wasser · 60 g flüssige Butter

Alle Zutaten sehr gut verquirlen. (Den Teig einige Stunden vor der Verwendung zubereiten.)

FLAMBIERTE OMELETTES

Man bereitet sie immer bei Tisch. Für die Sauce muß man eine zweite Pfanne haben.

Crepes und Omelettes können auch auf den Tellern angerichtet, mit der kochenden Sauce und Alkohol begossen und angezündet werden.

FLAMBIERTES OBST

Man verwendet dafür nur die Bananen und Erdbeeren roh, alle anderen Früchte nimmt man aus der Dose oder dünstet sie vorher weich.

Bei Tisch läßt man in der Flambierpfanne in der flüssigen Butter Zucker und Mandelblättchen goldgelb werden, gießt mit etwas Fruchtsaft auf (für Bananen Orangensaft), schmeckt mit Zucker ab, gießt Alkohol zu, z. B. Weinbrand, Kirschwasser, Rum, Curacao, Williamsbirnengeist, Cointreau, Grand Marnier und dgl. und nach Belieben noch etwas flüssige Sahne zu. In die sämig eingekochte Sauce das Obst legen, 5 Minuten kochen lassen, mit Alkohol begießen und anzünden.

Verschiedene Mahlzeitformen

FLAMBIERTES OBST MIT EIS

Dafür erhitzt man das Obst in der Flambierpfanne (im eigenen Saft oder in der vorstehenden Sauce). Zum Anrichten gibt man das Eis aus der Tiefkühlpackung auf eine Platte (oder Tellerchen), garniert mit dem kochendheißen Obst, überzieht mit der Sauce, begießt mit Alkohol und zündet an. Besonders guter und schöner Nachtisch.

Feuerzangenbowle

*1 Zuckerhut oder Würfelzucker (250 g) • 1/2 Flasche Rum (mindestens 54%)
2 Flaschen leichter Rotwein • Saft von 4 Zitronen oder Orangen*

Den Rotwein in der Küche erhitzen (nicht kochen), in den Bowlentopf gießen, auf den Rechaud stellen. Die Feuerzange passend auf den Bowlentopf legen, die Kerben verhindern ein unbeabsichtigtes Verschieben. Den Zuckerhut darauflegen, und zwar so, daß die Spitze des Zuckerhutes an das runde Ende der Feuerzange gelegt wird. Zitronensaft oder Orangensaft in den heißen Wein gießen. Jetzt soviel Rum über den Zucker gießen, bis er ganz davon durchtränkt ist. Anzünden. Nach und nach mit einem Schöpflöffel den übrigen Rum auf den Zucker gießen, bis dieser geschmolzen in den Wein getropft ist. Umrühren und in die Bowlengläser füllen.

Reis-Essen

Wenn man in einem guten Delikatessengeschäft Sojasauce und noch einige Originalgewürze kauft, kann man die Reistafel in einfacher Form auch bei uns zubereiten.

Ein Beispiel dafür: Für jede Person 100 g Reis körnig-trocken kochen. Abgelöstes hautfreies Hühnerfleisch, Schweinefilet, Ochsenfilet, Kalbfleisch, jedes für sich zu kleinen Würfeln oder Streifen schneiden, in Butter oder Öl mit Zwiebeln anbraten, würzen, etwas aufgießen und weichschmoren. Gemüse verschiedener Art einzeln dünsten und würzen. Ebenso Pilze. Bananen, Apfelspalten, Birnenspalten in etwas Butter oder Öl braten. Alle vorbereiteten Zutaten einzeln in vorgewärmten Schälchen anrichten, rings um die große Reistafel stellen. Sojasauce und scharfe Paprikasauce auf den Tisch stellen. Jeder Gast nimmt nach Belieben zu seinem Reis von den bereitgestellten Genüssen und würzt nach Belieben nach.

Warmes Büfett

Wer viel eingeladen ist, oft nach geschäftlichen Besprechungen, wird es dankenswert begrüßen, wenn es statt des üblichen kalten Büfetts ein solches mit warmen Gerichten gibt. Die Vorbereitungen dazu sind durchaus nicht schwieriger oder zeitraubender wie für ein kaltes Büfett. Für Warmhaltemöglichkeiten muß natürlich gesorgt sein.

Man kann anbieten: Sehr gut abgeschmeckte Suppen in Tassen. Verschiedene Arten von Ragouts, zuverlässig knochen- und hautfrei. Sehr weichgebratenes Filet, Wild, Kaßler, Spanferkel, Wiener Schnitzel, Kalbfilet, Schweinefilet, ausgelöstes Geflügel; alles zu mundgerechten Stückchen geteilt. Pikante kalte Saucen und kalte Salate. Warmes sehr dickliches Apfelmus, warmes Preiselbeer-, Quitten- und Birnenkompott sind ebenfalls als Beigaben geeignet. Dazu Semmeln, Brezen und Brot. Zum warmen Büfett eignet sich sowohl Bier wie alle anderen Getränke.

Barbecue

Die ursprüngliche Art der Fleischzubereitung am Spieß oder Rost im Freien ist als Sommerunterhaltung sehr beliebt und wird Barbecue genannt. Dies kann ganz einfach auf einem schnell zusammengebauten offenen Herd, über den man einen Rost legt oder einen Spieß dreht oder einem einfacheren oder kostbareren gekauften Holzkohlengrill gemacht werden.

Am Rost über offenem Feuer oder Holzkohlenglut grillt man meist portioniertes Fleisch, Steaks, Kotelettes verschiedener Art, portioniertes Geflügel, Fisch, Schaschlik und Würstchen. Hat man einen Spieß, kann man ganze Braten oder ganzes Geflügel aufstecken und unter Drehen (mit der Hand oder elektrisch) gargrillen. Man kann alle Fleischportionen usw. vor dem Grillen in Alu-Folie einwickeln. Es entsteht dann keinerlei Saftverlust.

GRILL-BARBECUE-SAUCE

$1/4$ l Tomatensaft · Saft $1/2$ Zitrone · 1 Eßlöffel Rosenpaprika · 1 Eßlöffel Curry · 1 Eßlöffel Senf · 1 Eßlöffel Worcestersauce · 1 Eßlöffel Zucker 1 Teelöffel Salz · 1 Teelöffel Knoblauchpulver · 8 Eßlöffel Öl

Alle Zutaten mischen, Geflügel oder beliebiges Fleisch während des Grillens öfter mit der Sauce bestreichen.

Gartengrill aus Ziegelsteinen

Aus 18–20 Ziegelsteinen errichtet man 3 ungefähr 30 cm hohe Wände. An die vierte Seite stellt man nur einen Ziegelstein. In die Mitte dieser Höhlung gibt man Holzkohle, am besten in einer alten Bratreine oder auf einem alten Kuchenblech oder ähnlichem. Darüber legt man einen Rost aus Grauguß oder einen Gitterrost. (Holzkohle und Rost bekommt man im Haushaltwarengeschäft.) Die Holzkohle wird mit Brennspiritus befeuchtet und angezündet. Auf den Rost legt man die Fleischscheiben, Würstchen oder dgl. Auf dem Rost kann man noch in Aluminium-Folie verpackte Kartoffeln, frische Maiskolben und als Nachtisch Bratäpfel grillen.

Wenn man einen Blasebalg hat, kann man die Holzkohle damit schneller und stärker zum Glühen bringen.

Eine unterhaltende Spielerei ist es auch, für jeden Teilnehmer der Gartenparty einen leeren Blumentopf (nicht unter 15 cm Durchmesser) zu besorgen, mit Holzkohle zu füllen, mit Brennspiritus zu beträufeln. Auf Spieße gesteckte Würstchen oder Schaschliks kann so jeder Gast selbst grillen.

Delikat, dekorativ und schnell

Eine buntgemischte Folge verschiedener Gerichte. Sie schmecken gut und erfreuen auch das Auge. Teilweise sind sie nur als Beigaben gedacht, das Fleischgericht usw. bitte ich in den entsprechenden Kapiteln des Buches nachzusehen.

Vielleicht besorgen Sie sich noch dieses oder jenes aus den anschließenden Angaben.

Pfeffermühle
Muskatmühle
Käsestreuer
 (großlöcherig,
 für feingeriebenen
 Parmesankäse)
Petersilienstreuer
 (großlöcherig,
 für Trockenpeter-
 silie)
Paprikastreuer
Fondorstreuer
Grillzange
Rechaud
Fonduepfanne aus
 Keramik (Caquelon)
 für Käsefondue

Topf aus Kupfer oder
 Edelstahl für
 Fleischfondue
Stielpfanne aus Kupfer
 oder Edelstahl zum
 Flambieren
Fonduegabeln
Zuckerstreuer
Knoblauchpulver
Ketchup
Worcestersauce
Beliebige andere
 Würzsauce
Madeira
Arrak oder Rum
Cognac

Aluminium-Folie
Eierteiler
Tomatenmesser
Rillenmesser
Gemüseraspel
Apfelausstecher
Küchenschere
Kurze und längere
 Spieße (Holz, Bam-
 bus oder Metall)
Kleine feuerfeste
 Förmchen
Reifform
Schnellkochtopf
Küchenwecker

Shrimps oder Crab meat Cocktail

Aus Dosen oder Tiefkühlpackungen verwendetes Fleisch von Krabben oder Taschenkrebsen mit milder, gut abgeschmeckter Mayonnaise mischen, in weiten Gläsern auf je einem Salatblatt anrichten, mit zurückbehaltenen, schönen roten Stückchen garnieren.

Gefüllte Orangenschälchen

50 g Mayonnaise (¹/₂ Beutel) · 1 Eßlöffel Ketchup · 2 Orangen · 1 Apfel 1 Banane · 8 Cocktailkirschen

Die Orangen waschen, abtrocknen, quer durchschneiden. Das Fruchtfleisch herauslösen und in Würfel schneiden, Häute möglichst zurücklassen. Den geschälten Apfel in kleine Würfelchen, die Banane in Halbscheibchen, die Kirschen in kleine Stückchen schneiden. In die mit Ketchup abgeschmeckte Mayonnaise die Früchte einmengen, hoch in die am Rand etwas eingezackten Orangenhälften füllen.

Lachstüten mit Pfirsichen

4 Pfirsichhälften aus der Dose · 8 Scheibchen Lachsschinken · 4 Eßlöffel Mayonnaise · Petersilie · 4 Salatblätter · Salzkekse

Die Pfirsichhälften mit der ausgehöhlten Seite nach oben auf Salatblättern anrichten. Je ein Schinkenblättchen so in die Höhlung legen, daß es eine Tüte bildet, mit einem kleinen abgebrochenen Zahnstocher evtl. feststecken. Die restlichen 4 Schinkenscheiben kleinwürfelig schneiden und nebst feingehackter Petersilie in die Mayonnaise geben. Die Lachstüten damit füllen. Salzkekse und Tomatensaft dazu reichen.

Hühnerbrüstchen mit französischer Zwiebelcreme

1 Huhn · 500 g Zwiebeln · Salzwasser · 4 Eßlöffel süße Sahne oder Kondensmilch

Das Huhn in Salzwasser weichkochen. Das ausgelöste vollständig hautfreie Fleisch zu schönen Portionen schneiden. Die geschälten Zwiebeln in Salzwasser weichkochen (45 Minuten). Im Mixer pürieren, mit Sahne oder Kondensmilch mischen. Das dickliche Püree auf einer Platte anrichten, die Hühnerbrüstchen daraufgeben, mit wenig Tomatenscheiben garnieren.

Geflügelsalat mit Sultaninen

1 gekochtes Huhn · 125 g helle Sultaninen · 100 g Mayonnaise (1 Beutel) ¹/₁₀ l Sauerrahm (1 Tütchen) · 1 kleine Zwiebel · Petersilie · Salz · Pfeffer

Das weichgekochte Huhn oder Geflügelreste in Streifchen schneiden. Die Sultaninen 10 Minuten in warmem Wasser quellen lassen. Mayonnaise mit den Sultaninen und saurer Sahne mischen, mit den Gewürzen scharf abschmecken, den Salat damit anmengen und durchziehen lassen.

Delikat, dekorativ und schnell

Tomatenscheiben mit Apfel-Schinken-Salat

2 große Tomaten • Salz • Saft ¼ Zitrone • 1 Eßlöffel Zucker • 1 Apfel
50 g Schinken • 1 Eßlöffel Öl

Zitronensaft und Zucker mischen, den geschälten Apfel hineinraspeln. In feine Streifen geschnittenen mageren Schinken und Öl zugeben. Auf dicke, gesalzene Tomatenscheiben verteilen, je auf einer kleinen, gebutterten Weißbrotscheibe anrichten.

Krabben mit Apfelmayonnaise

1 Packung tiefgekühlte Findus-Krabben • 100 g Mayonnaise (1 Beutel)
1 guter Apfel

Auf eine Platte oder in 4 Cocktailschalen gut abgetropfte Salatblätter legen. Den geschälten, entkernten, in Spalten geschnittenen Apfel mit 1 Eßlöffel Zitronensaft und 1 Eßlöffel Zucker zugedeckt auf kleiner Flamme weichdünsten, dann durchstreichen. Die Mayonnaise mit dem dicklichen Apfelpüree mischen, die Hälfte der Krabben einmengen. Auf die Platte oder in die Cocktailschalen füllen, mit den restlichen Krabben garnieren.

Katenschinken

Den gepökelten, luftgetrockneten Schinken dünn aufschneiden, auf einer Platte anrichten. Man reicht dazu kalten marinierten Spargel. Auch Melone, zu schönen Spalten geteilt und leicht mit Zucker bestreut, schmeckt gut dazu. Außerdem Schwarzbrot und Butter.

Bündner-Fleisch

Das gepökelte, luftgetrocknete Rindfleisch zu feinen Scheiben aufschneiden und ohne weitere Beigaben auf einer Platte anrichten. Dazu reicht man Meerrettich-Sahne. Salz, Pfeffer, Schwarzbrot und Butter stellt man ebenfalls auf den Tisch.

Palmenherzensalat

1 Dose Palmenherzen • 1 Beutel Mayonnaise (100 g) • 1 Eßlöffel Ketchup

Das zarte Mark aus den Spitzen brasilianischer Palmen ist eine Delikatesse. Es ist in Geschmack und Preis unserem Spargel ähnlich.
Die Mayonnaise mit Ketchup leicht rosa färben, mildsäuerlich abschmecken, die geschnittenen Palmenherzen vorsichtig untermischen. Auf Salatblättern anrichten, mit wenig Tomatenhalbscheiben und einem Petersiliensträußchen garnieren.

Chicorée-Blätter, gefüllt

Von frischem Chicorée die ganzen Blätter ablösen, waschen, abtropfen lassen, innen mit Butter bestreichen. Darauf Roquefortkäse streichen oder gehackten Schinken streuen oder Ketchup träufeln. Strahlenförmig auf einer Platte anrichten und als Beigabe zu kaltem Abendbrot geben oder als Vorspeise.

Delikat, dekorativ und schnell

Käsewürfel

100 g Emmentaler Käse • 60 g Butter

Frisch geriebenen Käse und die Butter mit einer Gabel mischen, 2 cm hoch auf eine Platte streichen und kühlstellen. In Würfel schneiden. Ein Drittel in gehackter Petersilie, ein Drittel in Pumpernickelbrösel, ein Drittel in geriebenen Nüssen wenden.

Roquefortnüsse

24 Walnußhälften • 50 g Butter • 50 g Roquefortkäse

Butter mit passiertem Roquefort schaumigrühren, zu einer Rolle formen, in 12 Portionen teilen. Je eine Portion auf eine Walnußhälfte geben, die zweite Walnußhälfte auf die andere Seite setzen und zusammendrücken. Auf einer Käseplatte mitanrichten oder allein auf einem mit Spitzenpapier belegten Teller und einigen halben Nußschalen als Garnitur.

Käsemahlzeit

Auf einem runden oder recketkigen Holzbrettchen kleine Mengen verschiedener Käse und ein Stückchen Butter gefällig anrichten. Man kann dafür einen Käseaufschnitt kaufen und jede Käseart, je nach Personenzahl, teilen. Emmentaler kann man mit dem Gurkenhobel zu feinen Blättchen hobeln und davon eine kleine Portion, locker gehäuft, anrichten. Auf eine halbe Scheibe Schwarzbrot, die man mit auf das Brettchen legt, gibt man je $1/2$ Teelöffel Salz, Paprika und etwas Pfeffer. Dazu Brot und Wein oder Bier.

Blumenkohl mit Rahm

1 Blumenkohl • $1/4$ l Milch • Salz • $1/8$ l Schlagrahm • Zitronensaft • Salz Pfeffer • Schnittlauch • Petersilie • 1 Ei • 125 g Schinken

Blumenkohl in Röschen teilen, vorsichtig in gesalzener Milch weichkochen, auf einem Sieb abtropfen lassen. Auf Salatblättern anrichten. Sahne steifschlagen, mit gehacktem Schinken, hartgekochtem gehacktem Ei, Zitronensaft, gehackter Petersilie mischen, mit Salz und Pfeffer abschmecken. Über die Blumenkohlröschen geben, mit Schnittlauch überstreuen.

Thunfisch in Tomatencreme

1 Dose Thunfisch • $1/2$ kg Tomaten • 1 Knoblauchzehe • 1 Lorbeerblatt Salz • Zucker • Fleischwürze • Paprikapulver • 2 Eßlöffel Öl

Die geschnittenen Tomaten mit allen angegebenen Zutaten zu einer dicklichen, gut gewürzten Sauce kochen, durchstreichen. Einen Teil der Sauce auf einer Platte anrichten, die zerteilten Thunfischstücke darauflegen, mit der restlichen Sauce überziehen, mit Eischeiben garnieren.

Paprika-Tomatenplatte

2 Paprikaschoten · 2 Tomaten · Salz · Pfeffer · Öl · 200 g Fleischsalat

Die Paprikaschoten halbieren, vom Fruchtknoten und den Kernen befreien. Die Tomaten quer halbieren, aushöhlen. In die Höhlung der Früchte etwas Salz und Pfeffer streuen und Öl träufeln. 10 Minuten stehenlassen, dann mit Fleischsalat füllen und anrichten.

Matjesfilet in dänischer Remouladensauce

4 Matjesfilets · 1 Beutel Mayonnaise (100 g) · 1 Zwiebel · 1 Apfel · 1 hartgekochtes Ei · 1 Joghurt · Schnittlauch · Salz · Pfeffer

Die Mayonnaise mit der feinstgehackten Zwiebel, dem geraspelten Apfel, dem gewürfelten Ei, Joghurt und Schnittlauch mischen, mit Salz und Pfeffer abschmecken. Die Sauce auf eine Platte gießen, die spiralförmig gedrehten Matjesfilet darauf anrichten, mit Zwiebelringen und Eischeiben garnieren. Vorspeise oder mit Bratkartoffeln als Hauptgericht.

Aspikbecher

$1/4$ l Wasser · 1 Teelöffel Salz · 1 Teelöffel flüssiges Maggi · 1 Eßlöffel Essig 4 Blatt farblose Gelatine · 100 g gekochter Schinken · 2 hartgekochte Eier Petersilie

Wasser mit Salz, Maggi und Essig sehr scharf abschmecken, eingeweichte Gelatine darin auflösen. Schinken und Ei in kleine Würfel schneiden, Petersilie hacken, in die Flüssigkeit geben. Das Aspik in 4 leere Joghurtbecher geben, steif werden lassen. Einige Sekunden in heißes Wasser tauchen, stürzen, mit je einer Tomaten- und daraufgelegten Eischeibe garnieren. Mit gebuttertem Weißbrot oder Toast als Vorspeise oder mit Bratkartoffeln als Hauptgericht.

Gervais-Nestchen mit Eigelb

Ein Karree Gervais mit etwas feingehackter Zwiebel oder Schnittlauch, Sardellenpaste und Pfeffer cremigrühren. Eine rund ausgestochene Scheibe Schwarz- oder Weißbrot mit Butter und dem Gervais bestreichen, in die Mitte eine Vertiefung machen, ein rohes Eigelb hineinschlagen, mit Paprika überpudern. Zusammen mit frischer Milch ein vollwertiges Abendessen.

Champignons, roh

Ganz frische, sorgfältig gereinigte Champignons in Blättchen schneiden, sofort in eine gut abgeschmeckte Sauce aus Mayonnaise und etwas Sahne oder Kondensmilch einmengen. Gehackte Petersilie zugeben. Die rohen Champignonblättchen kann man auch auf gebutterte Weißbrotscheiben legen und mit Salz, Pfeffer und Petersilie bestreuen.

Pfeffersteak; Pfeffersteak mit grünem Pfeffer

Trockene Pfefferkörner ganz grob reiben oder zerquetschen. Die mit Öl bestrichenen Steaks darin wenden; grillen oder braten, salzen. Oder die fertigen Steaks (ohne Pfeffer) mit reichlich grünen (eingelegten) Pfefferkörnern (ganz oder zerquetscht) bestreuen. Dazu pommes frites und Salat mit saurer Sahne angemengt.

Schinkenroulade

4 Eiweiß · 1 Eßlöffel Zucker · 1 Teelöffel Salz · Petersilie · 4 Eigelb · 10 g flüssige Butter — Fülle: 125 g Butter · 1 Beutel mit Mayonnaise (100 g) 150 g roher Schinken · 1 Teelöffel Ketchup

Eiweiß zu steifem Schnee schlagen, Zucker und Salz einschlagen, gehackte Petersilie, Eigelb und flüssige Butter einrühren. Die Masse auf gefettetes, mit Bröseln bestreutes Pergamentpapier streichen und 8 Minuten bei 200° backen. Auf ein Backbrett stürzen, das Papier flach abziehen, das Biskuit darüber aufrollen und abkühlen lassen. Zur Fülle Butter mit Mayonnaise schaumigrühren, den feingehackten Schinken zugeben, mit Ketchup abschmecken, das zurückgerollte Biskuit damit bestreichen, dicht aufrollen, mit zurückbehaltener Masse außen bestreichen, mit Paprika überpudern. Kalt stellen, mit einem scharfen Messer in dünne schräge Scheiben schneiden.

Parmesanstreifen

½ Paket Blätterteig tiefgekühlt · 1 Beutel Parmesankäse oder 100 g frischgeriebener Käse · 1 Ei zum Bestreichen

Blätterteig nicht zu dünn zu einem Rechteck ausrollen, mit verquirltem Ei bestreichen, halbieren. Auf die eine Hälfte den Käse streuen. Die zweite Teighälfte daraufsetzen, mit verquirltem Ei bestreichen und mit restlichem Käse bestreichen. Lange Streifen radeln oder schneiden, auf das Blech legen, bei starker Hitze hellgelb knusprig backen.

Apfelraspel

40 g Butter · Saft 1 Zitrone · 4 Äpfel · 4 Eßlöffel Zucker

In einer großen Stielpfanne Butter flüssig werden lassen. Die geschälten Äpfel in Zitronensaft raspeln, mit Zucker mischen, in die Stielpfanne geben und zugedeckt ohne weitere Flüssigkeitszugabe auf kleiner Flamme in 5 Minuten weich dünsten. Beigabe zu gebratenem Fleisch ohne Sauce, zu gebackenem Fisch oder warmer Nachtisch.

Steaks

Man versteht darunter Fleischstücke mit zarter Faser. Sie benötigen nur kurze Bratzeit. Sie werden aus der Lende oder dem Filet geschnitten. Vor dem Grillen beträufelt man sie mit Öl oder einer Mischung aus Öl, Senf, Pfeffer, Curry (ohne Salz). Das Grillen geschieht auf dem beölten, vorgeheizten Grill oder der trocken erhitzten Spezialpfanne ohne oder mit Fett auf dem Herd. In der Normalpfanne verwendet man zum Braten Fett. Das

Braten muß immer bei starker Hitze unzugedeckt (außer mit Spezialdeckel mit offenem Deckelloch) erfolgen, damit sich die Poren sofort schließen und das Fleisch saftig bleibt. Die Fleischstücke werden nur einmal gewendet. Steaks von 2 cm Dicke brauchen auf jeder Seite etwa 2 Minuten, dickere Steaks entsprechend mehr. Die fertigen Steaks mit Salz und Pfeffer, am besten aus der Pfeffermühle, bestreuen und auf gut vorgewärmter Platte anrichten. Die speziellen Rezepte für Steaks bitte ich in den entsprechenden Kapiteln nachzulesen.

Champignonsalat

500 g Champignons • 1/8 l Wasser • Salz • Essig • Öl • Pfeffer • Petersilie

Die gereinigten Champignons in Blättchen schneiden (kleine ganz lassen, halbieren oder vierteln), in wenig Salzwasser in 5 Minuten garen. Das Kochwasser mit Essig, Öl, Pfeffer, gehackter Petersilie zu kräftiger Salatsauce abschmecken, die Champignons damit anmengen und durchziehen lassen. Die garen, abgetropften Champignons können auch mit einer Kräutermayonnaise angemengt werden.

Mild-Salate

1. *1/2 gekochte Sellerie • 1 Orange • 2 Scheiben Ananas
1 Beutel Mayonnaise (100 g)*

    Die geschälte Sellerie, die Ananas und die aus den Häuten gelöste Orange in kleine Würfel schneiden, mit der Mayonnaise anmachen.

2. *1 kleine Dose Spargel • 1 kleine Dose Champignons • 2 Scheiben Ananas
100 g Mayonnaise*

    Den gut abgetropften Spargel, die Pilze (evtl. frisch gedünstet) und die geschnittene Ananas mit der Mayonnaise mischen.

3. *1 Apfel • 1/2 gekochte Sellerie • 1 Apfelsine • 2 Bananen • 100 g Mayonnaise (1 Beutel) • 2 Eßlöffel Kondensmilch*

Äpfel und Sellerie in schmale Streifen oder kleine Würfel schneiden. Geschälte Apfelsinen würfeln, Bananen in Scheiben schneiden. Die Mayonnaise mit Kondensmilch verdünnen, mit Zucker abschmecken, den Salat damit anmengen.

Die Salate als Beigabe zu gebratenem Fleisch, gebackenem Fisch oder als Vorspeise geben.

Portugiesischer Thunfischsalat

1 Dose Thunfisch • 2 Tomaten • 50 g Essigzwiebeln • 8 gefüllte Oliven

Thunfisch zerteilen, entkernte Tomaten in Würfelchen schneiden, Essig, Zwiebeln und Oliven zu Scheibchen. Mit dem Thunfischöl anmengen, mit gehackter Petersilie bestreuen.

Delikat, dekorativ und schnell

Thunfisch-Tomatensalat

1 Dose Thunfisch • 8 Tomaten • 1 Zwiebel • Salz, Pfeffer, Essig, Öl

Die Tomaten in dicke Halbscheiben schneiden, feingehackte Zwiebel, den zerteilten Thunfisch, Salz, Pfeffer, wenig Essig und Öl zugeben. Jede Portion auf einem Salatblatt anrichten.

Eiersalat

6 Eier, hartgekocht • 125 g Schinken • 1 kleine Dose Champignons • 4 Tomaten • 50 g frischer Spinat • Essig • Öl • Knoblauchpulver • Salz • Pfeffer Senf • Petersilie

Alle Zutaten in Streifchen schneiden. Gewürzzutaten zu einer guten Sauce mischen, den Salat damit anmengen. Dazu Toast und Butter.

Budapester Salat

100 g Mayonnaise • 2 Paprikaschoten • 4 Tomaten • 1 Gewürzgurke • 50 g gekochter Schinken • 100 g Salami

Die Paprikaschoten halbieren, entkernen, zu Streifchen schneiden, evtl. überbrühen. Die Tomaten halbieren, entkernen, zu Streifchen schneiden, die Gurke, Schinken und Salami ebenfalls zu Streifchen. Alles mit der Mayonnaise vermengen, mit Paprika und Pfeffer scharf abschmecken.

Weinsauerkraut-Salat

250 g Weinsauerkraut • 2 Äpfel • 1/2 Sellerie • 125 g Kalbsbraten oder Fleischwurst • 100 g Mayonnaise

Mildes Sauerkraut fein schneiden, Äpfel und Sellerie raspeln, Kalbsbraten oder Fleischwurst in feine Streifchen schneiden, alle Zutaten mischen. Mit normaler Salatsauce, Sauerrahm oder Mayonnaise anmengen.

Frankfurter Wurstsalat

2 Paar Frankfurter Würstchen • 2 hartgekochte Eier • 1 Gewürzgurke 1 Zwiebel • Salz • Essig • Öl • Pfeffer

Die Würstchen in Scheiben, die Gurke in Streifen, die Eier in Würfel schneiden, mit der aus den angegebenen Zutaten hergestellten Salatsauce anmengen. Dazu Bratkartoffeln oder Buttersemmeln.

Stangensellerie, Bleichsellerie

Die gewaschenen Selleriestangen in ein Glas stellen, Salz, Pfeffer, Mayonnaise, Ketchup, Toast und Butter dazu auf den Tisch. Jeder Gast würzt seine Sellerie nach Belieben. Fein gehackte Stangensellerie auf belegte Brötchen oder Salat gestreut schmeckt sehr gut.

Delikat, dekorativ und schnell

Erdartischocken — Stachys

Das feine, nur in Delikateßgeschäften erhältliche Gemüse wird in Salzwasser gekocht, in heißer Butter geschwenkt, als Vorspeise oder Fleischbeilage gegeben. Auch mit holländischer Sauce oder kalt mit Mayonnaise kann man es servieren.

Süßkartoffeln — Topinambur

Die zarte, süßliche Kartoffelart wird wie die normalen Speisekartoffeln verwendet. Oder in dicke Scheiben geschnitten, im Bierteig gewendet, in heißem Fett gebacken und als Fleischbeilage gegeben.

Ungarische Suppe

³/₄ kg Schweinefilet · 1 kg Zwiebel · Olivenöl · 1 l saure Sahne · Salz Curry · Paprika

Schweinefleisch in feine Blättchen, Zwiebel in Halbringe schneiden. In heißem Öl das mit wenig Mehl bestreute Fleisch auf großer Flamme anbraten, die Zwiebeln zugeben, glasig dünsten, mit saurer Sahne aufgießen, mit Salz, Curry und Paprika würzen. Auf kleiner Flamme in ½ Stunde weichschmoren, nochmals scharf abschmecken. Angerichtet mit gehackter Petersilie bestreuen. Dazu Semmeln oder Weißbrot. Besonders geeignet für die Mitternachtspause bei einer Tanzparty.

Russische Rindfleischsuppe; Borschtsch

500 g Rindfleisch · Salzwasser · Suppengrün · Pfefferkörner · 250 g Sauerkraut · 250 g rote Rüben · ¹/₁₀ l Sauerrahm (1 Tütchen)

Das Ochsenfleisch mit Suppengrün und Pfefferkörnern halbweich kochen, das Sauerkraut zugeben und mit dem Fleisch zusammen gar kochen. Das Fleisch in kleine Scheibchen schneiden und wieder in die Suppe geben. Die gekochten roten Rüben ebenfalls in die Suppe geben (hat man konservierte rote Rüben aus dem Glas oder dem Beutel, überbraust man sie vor dem Schneiden). Alles zusammen aufkochen, auf jeden angerichteten Teller 2 Eßlöffel Sauerrahm geben. Die Suppe kann auch mit frischem Weißkraut zubereitet werden.

Alu-Fischfilet

4 Fischfilets · 1 Röhrchen Kapern · Saft einer halben Zitrone · 1 Eßlöffel süßer Senf · 1 Teelöffel Salz · 40 g Butter

Die feingewiegten Kapern, Kapernessig, Zitronensaft, Senf, Salz und flüssige Butter verrühren, die Fischfilets darin wenden. Auf die gefettete Alufolie legen, verschließen, auf das Blech legen. In das vorgeheizte Rohr einschieben, in 20 Minuten bei 180° gardünsten.

Delikat, dekorativ und schnell

Tomateneierkuchen

½ kg Tomaten · 250 g Mehl · 3 Eier · ¼ l Sauerrahm oder Milch · 1 Teelöffel Salz · Fett zum Backen · Schnittlauch zum Bestreuen

Die Tomaten in dicke Scheiben schneiden. Mehl mit Eiern, Sauerrahm oder Milch und Salz glattrühren, die Tomaten einmischen, auf der Stielpfanne in reichlich Fett zu Eierkuchen backen, mit Schnittlauch bestreut anrichten, dazu grünen Salat.

Leberpfannkuchen

250 g Hackfleisch · 250 g Rindsleber · 2 Eier · 1 Zwiebel · Petersilie Majoran · 1 Semmel

Hackfleisch mit durchgedrehter Leber, gehackter Zwiebel, Petersilie, eingeweichter, ausgedrückter Semmel, Salz und Pfeffer vermengen. In einer Stielpfanne mit Fett davon kleine Küchlein backen, angerichtet mit gehackter Petersilie bestreuen. Dazu Kartoffelsalat.

Hackfleischbrote

200 g Hackfleisch · 1 Zwiebel · 1 Ei · 2 Eßlöffel Wasser · Salz · Pfeffer Paprika · geriebener Käse · 8 Weißbrotscheiben

Hackfleisch mit den angegebenen Zutaten mischen, durch Zugabe von Wasser geschmeidig machen, auf gebutterte Weißbrotscheiben streichen. Mit der bestrichenen Seite in eine Stielpfanne mit heißem Fett legen, backen, auf der anderen Seite backen, angerichtet mit geriebenem Käse bestreuen, mit Tomatenscheiben garnieren.

Spinatschnitten

½ kg frischer Spinat · Salzwasser · 40 g Butter · 2 Eier · 8 Scheiben Toast geriebener Käse

Spinat in wenig Salzwasser 5–6 Minuten kochen, mit einem Sieblöffel herausnehmen, sehr gut abtropfen lassen, grob wiegen, mit verquirlten Eiern mischen. Auf gebutterte Weißbrotscheiben die Spinatmasse dick auftragen, mit geriebenem Käse bestreuen, aufs Blech stellen und in 10–15 Minuten backen.

Champignonschnitten

40 g Butter · 200 g Champignons · Salz · Pfeffer · 1 Eßlöffel Mehl · Petersilie · 2 Eier · 8 Scheiben Toastbrot

Die feinblättrig geschnittenen Champignons in Butter, mit etwas Salz und Pfeffer gewürzt, zugedeckt 2–3 Minuten dünsten. Mit Mehl stauben, aufkochen lassen, etwas abgekühlt gehackte Petersilie und 2 verquirlte Eier einrühren. Die weiche Masse auf gebutterte Toastscheiben streichen, mit geriebenem Käse bestreuen und 10 Minuten im heißen Rohr backen.

Bananen-Schinken-Toast

Weißbrotscheiben mit Butter bestreichen. Geschälte Bananen mit Schinkenscheiben umwickeln, in schräge, 1 cm dicke Scheiben schneiden. Die Weißbrote schuppenförmig damit belegen, mit etwas Zucker bestreuen, mit reichlich Butterflöckchen belegen, im heißen Rohr backen oder grillen.

Leberwurst-Apfel-Toast

Weißbrotschnitten dünn mit Butter, dann dick mit feiner Leberwurst bestreichen. Äpfel in dünne Spalten schneiden, darauflegen, etwas Zucker darauf streuen, mit Butterflöckchen belegen, im Rohr rasch backen oder grillen.

Käse-Schinken-Toast

Gebutterte Weißbrotschnitten mit gehacktem Schinken bestreuen, mit einer Käsescheibe überdecken oder dick mit frisch geriebenem Käse bestreuen. Mit Butterflöckchen belegen. Im Rohr, im Grill oder in der zugedeckten Grillpfanne toasten, bis der Käse schmilzt. Tomatenscheiben darauflegen, mit Petersilie bestreuen, sofort servieren.

Bananentoast

Gebutterte Toastschnitten mit Bananenscheiben belegen, mit Zucker bestreuen, reichlich Butterflöckchen daraufgeben. Toasten, bis alles durch, heiß, und die Oberfläche leicht goldgelb ist.

Toastplatte, gemischt

(8 Personen)

16 Scheiben Toastbrot · 125 g Butter

a) *200 g Tatar · 1 Ei · 1/2 Zwiebel · Salz · Pfeffer · 4 Sardellen*

b) *4 Scheiben Schinken · 4 Scheiben Käse · 1 Tomate*

c) *4 Scheiben Schinken · 2 Bananen · 4 Teelöffel Zitronensaft · 4 Teelöffel Zucker*

d) *4 Scheiben Schinken · 4 Aprikosen · 1 Eßlöffel Zucker*

Alle Toastbrote (ungeröstet) mit Butter bestreichen. Vier davon mit einer Mischung von Tatar, Ei, gehackter Zwiebel, Salz und Pfeffer bestreichen, mit je einer Sardelle belegen.

Vier Toastbrote mit je einer Schinkenscheibe, darauf je einer Käsescheibe und einer Tomatenscheibe belegen.

Vier Toastbrote mit je einer Schinkenscheibe belegen und darauf mit Zitronensaft beträufelte Bananenscheiben verteilen, mit Zucker bestreuen.

Vier Toastbrote mit je einer Schinkenscheibe belegen, darauf Scheiben vollausgereifter roher oder eingemachter Aprikosen legen, mit etwas Zucker bestreuen.

Alle vorbereiteten Toastbrote mit reichlich Butterflöckchen belegen, auf den Rost legen und 5 Minuten grillen oder 10 Minuten bei starker Hitze im Rohr überbacken.

Pilzrouladen

4 Rouladen · Salz · Pfeffer — Fülle: 1/2 Semmel · 1 Ei · 100 g Pilze · Salz Pfeffer · Petersilie · 40 g Fett · 1/8 l Wasser oder Brühe · 1 Eßlöffel Mehl 1 Eßlöffel Madeira

Die Rouladen mit Salz und Pfeffer würzen. Die feinblättrig geschnittene Semmel in verquirltem Ei weichwerden lassen, die gedünsteten Pilze zugeben, pikant abschmecken. Die Rouladen mit der weichen Fülle bestreichen, zusammenrollen, mit einem Zahnstocher feststecken, in heißem Fett von allen Seiten braun anbraten. Aufgießen, in 30 Minuten zugedeckt garen. Die Sauce mit angerührtem Mehl binden, mit Madeira abschmecken, über die angerichteten Rouladen geben. Kalt in Scheibchen geschnitten als *Aufschnitt*.

Paprikarouladen

4 Rouladen · Salz · Pfeffer · 100 g Brat- (Bratwurstfülle) oder Hackfleisch 1 rote Paprika, frisch oder eingemacht · 1 Zwiebel · Salz · Pfeffer · 1 Eigelb · 1—2 Eßlöffel Wasser · 40 g Fett · 1/8 l Wasser · 1 Eßlöffel Mehl 2 Teelöffel Worcester-Sauce

Die Rouladen mit Salz und Pfeffer bestreuen. Brat- oder Hackfleisch mit streifig oder würflig geschnittener Paprika (evtl. Gelbrübe) und feingehackter Zwiebel mischen, mit Salz und Pfeffer abschmecken. Mit Eigelb binden, mit etwas Wasser streichfähig machen. Die Masse auf die Rouladen verteilen. Diese zusammenrollen, mit einem Zahnstocher feststecken, in heißem Fett von allen Seiten anbraten, aufgießen und in 30 Minuten garschmoren. Mit Worcester-Sauce kräftig abschmecken. Kalt in Scheiben geschnitten als *Aufschnitt*.

Gedünstete Weintraube

1 schöne helle oder dunkle Weintraube waschen und abtropfen lassen. 1/8 l Wasser mit dem Saft 1 Zitrone, 2 Eßlöffel Zucker und einem Stückchen Butter aufkochen. Die ganze Weintraube mit Ranken und Stiel hineinlegen und zugedeckt 10 Minuten dünsten; die Traubenbeeren dürfen nicht platzen. Die ganze, heiße Traube als Beilage und Garnitur auf eine große Platte mit Fleisch gelegt, sieht sehr schön aus.

Delikat, dekorativ und schnell

Schinkensteak mit Preiselbeeren

4 dicke Scheiben gekochten Schinken • 40 g Butter • 4 Eßlöffel Preiselbeerkompott

Die Schinkenscheiben in Butter rasch auf beiden Seiten hellbraun braten. Die eingemachten Preiselbeeren in das Bratfett geben, heiß und etwas dicklich kochen, auf die angerichteten Schinkenscheiben verteilen. Dazu heißer Mais, Kartoffeln oder Weißbrot.

Schinkensteak mit Orangen

4 Scheiben gekochter Schinken • 2 Orangen • Butter oder Öl zum Braten

Orangen schälen, von allem Weißen befreien, quer zu den Spalten in dicke Scheiben schneiden, Kerne entfernen. Die Schinkenscheiben rasch auf beiden Seiten braten, auf vorgewärmter Platte anrichten. Die Orangenscheiben im Bratfett warm werden lassen, auf die Schinkensteaks geben. Dazu Kartoffelbrei (evtl. aus der Packung bereitet).

Gefüllte Schinkenscheiben

4 Scheiben gekochter Schinken • 60 g Butter • 2 Äpfel • 2 Eßlöffel Ketchup

Die Schinkenscheiben rasch in Butter auf beiden Seiten braten und auf eine vorgewärmte Platte legen. In das Bratfett die grobgeraspelten Äpfel geben, 3 Minuten zugedeckt dünsten, etwas zuckern. Auf die mit Ketchup bestrichenen Schinkenscheiben verteilen, zuklappen, sofort servieren.

Hawaiibananen

60 g Butter • 4 Bananen • 8 dünne Schinkenscheiben • 2 Orangen

Die geschälten Bananen der Länge nach halbieren, mit je einer Schinkenscheibe umhüllen, mit einem Zahnstocher feststecken. In Butter auf beiden Seiten braten, auf vorgewärmter Platte anrichten. Die gewaschenen Orangen der Länge nach halbieren, zu Halbscheiben schneiden, die Bananen damit umlegen.

Sojakeime mit Kalbfleisch

Eine kleine Dose Sojakeime • 60 g Butter oder Margarine • 250 g Kalbfleisch oder mageres Schweinefleisch • 1 Eßlöffel Mehl • $^1/_{10}$ l Sauerrahm (1 Tütchen) Salz • Pfeffer • Ketchup

Das Fleisch in schmale Streifchen schneiden und in Butter oder Margarine bei starker Flamme 5 Minuten braten. Mit Mehl überstauben, mit Sauerrahm aufgießen, die abgetropften Sojakeime zugeben, mit Salz, Pfeffer, Ketchup abschmecken, 5 Minuten dünsten lassen. Angerichtet mit zurückbehaltenem Sauerrahm beträufeln. Dazu Reis oder Semmeln.

Delikat, dekorativ und schnell

Kalte Selleriesauce

1/10 l Sauerrahm · 2 Eßlöffel Öl · 1/4 Teelöffel Salz · 1/2 rohe Sellerie

Sauerrahm mit Öl und Salz in einem Schüsselchen verrühren, die rohe Sellerie hineinraffeln, sofort verrühren. Beigabe zu gebratenem Fisch oder Fleisch.

Gewürzgurkensauce

2 Gewürzgurken · 2 Eßlöffel süßer Senf · 2 Eßlöffel Öl

Die Gurken raspeln, mit Senf und Öl mischen. Beigabe zu gegrilltem oder gebratenem Fleisch, Berner Würstchen, Fleischfondue.

Kalte Tomatensauce

Reife Tomaten klein schneiden, mit Knoblauchzehe, Zwiebel, Lorbeerblatt, etwas Salz und Zucker, 2 Eßlöffel Öl und etwas Fleischwürze zu einer dicklichen Sauce kochen, durchstreichen, mit Paprika, Salz und Zucker nachwürzen.

Safransauce

Aus 30 g Butter, 20 g Mehl und 1 kleinen Dose Kondensmilch eine Sauce kochen, mit Safran leicht würzen und färben, mit Weißwein und Fleischextrakt abschmecken, ein Stückchen frische Butter zugeben. Zu Geflügelreis und Gemüsereis als Beigabe geeignet.

Kopfsalat mit Meerrettich

1 Kopfsalat · 1 Teelöffel Salz · 1 Teelöffel Zucker · 1 Teelöffel Essig · 1 Eßlöffel geriebener Meerrettich · 4 Eßlöffel Öl

Aus den angegebenen Zutaten eine Sauce bereiten, den gut abgetropften Salat damit anmengen.

Kopfsalat mit Roquefort

*1 Kopfsalat · 1 Scheibe Roquefort · 4 Eßlöffel Sauerrahm · 1/2 Teelöffel Salz
1/2 Teelöffel Zucker · 2 Eßlöffel Öl*

Roquefort mit einer Gabel fein zerdrücken, mit den angegebenen Zutaten zu einer glatten Sauce verrühren. Den gut abgetropften Salat damit anmengen.

Rumänischer Reis

4 Eßlöffel Öl · 2 Zwiebeln · 160 g Reis · 1/2 l Brühe · 1 Teelöffel süßen Paprika · 2 große Äpfel · 100 g Sultaninen

In Öl die würfelig geschnittene Zwiebel glasig dünsten, Reis zugeben, nach einigen Minuten mit gut gewürzter Brühe auffüllen. Zugedeckt 15 Minuten kochen, die geschälten, geraspelten Äpfel und gereinigten Sultaninen zugeben, vorsichtig mit einer Gabel mischen, zugedeckt mitsammen gardünsten. Beigabe zu Schaschlik.

Warmes Apfelmus mit Reis

Gekochten Reis in flüssiger Butter schwenken, warmes Apfelmus untermischen, mit Zucker abschmecken. Beilage zu Kalbfleisch.

Gebackene Apfelscheiben

Große Äpfel schälen, das Kernhaus durchstechen, zu 1½ cm dicken Scheiben schneiden, leicht zuckern. In Mehl, verquirltem Ei und Bröseln wenden, in heißem Fett oder Öl rasch goldgelb backen. Vegetarisches Gericht oder Beigabe zu Wild, Leber oder gebratenem Fisch.

Erbsenschälchen

150 g Mehl · 2 Eier · 1 Eßlöffel Öl · ¼ l Milch · Salz · Pfeffer · ½ kleine Dose Erbsen

Kleine feuerfeste Förmchen mit Öl ausstreichen. Aus den angegebenen Zutaten einen Eierkuchenteig bereiten, dreiviertelhoch in die Förmchen füllen, 5 Minuten im Rohr backen, 1 Eßlöffel Erbsen einfüllen. Mit dem restlichen Teig zugießen und in 10 Minuten fertigbacken. Heiß stürzen; feine Fleischbeilage oder mit Salat als Hauptgericht.

Geröstete Eiermilch-Weißbrotwürfel

4 Semmeln · 4 Eier · 4 Eßlöffel Kondensmilch · Fett zum Backen

Semmeln in kleine Würfel schneiden, Eier mit Milch und Salz verquirlen, darübergießen. Portionsweise in die Stielpfanne mit heißem Fett geben, unter Umschaufeln goldgelb backen. Mit Petersilie oder Schnittlauch bestreuen. Fleischbeilage. Oder mit Spinat oder Kopfsalat als Hauptgericht.

Eierspätzle

250 g Spätzle · Salzwasser · 40 g Fett · 2 Eier · 4 Eßlöffel Milch · Salz Pfeffer · Petersilie zum Bestreuen

Die Spätzle in Salzwasser weichkochen, auf einem Sieb abtropfen lassen, in die Stielpfanne mit heißem Fett geben. Die Eier mit Milch, Salz und Pfeffer verquirlen, über die Spätzle gießen, unter Umschaufeln in 5 Minuten steifwerden lassen, angerichtet mit Petersilie bestreuen. Beigabe zu Fleisch. Oder mit Spinat oder Kopfsalat als Hauptgericht.

Schinkenspinat mit Tomatenbutter

250 g Spinat · 100 g gekochter Schinken · 1 kleine Zwiebel · Salz · Pfeffer Muskat · 20 g Butter · 5 Eßlöffel Kondensmilch · 3 Eier · 1 Eßlöffel geriebenen Käse · Salz · Pfeffer · Muskat · 40 g Butter · 4 Weißbrotscheiben

Spinat in wenig Salzwasser in 5 Minuten garen, gut abgetropft fein hacken. Zwiebel und Petersilie in Butter dünsten, Spinat kurz mitdünsten, feinwürfelig geschnittenen Schinken zugeben, mit Salz, Pfeffer, Muskat würzen. Kondensmilch mit Eiern, Käse und Gewürzen verquirlen, mit der Schinkenmasse mischen. In 4 gutgefettete Tassen oder feuerfeste Förmchen füllen, 20 Minuten zugedeckt im Wasserbad kochen. Auf je 1 Weißbrotscheibe stürzen, mit einer Scheibe Tomatenbutter belegen. (Butter mit Tomatenmark und Salz vermischt.)

Schinkenrührei in Tomaten mit italienischem Blätterspinat

100 g Schinken · 4 Eier · 2 Eßlöffel Milch · Salz · 40 g Butter · 4 Tomaten 750 g Spinat · 40 g Butter · 40 g geriebener Käse

Schinken in kleine Würfel schneiden, mit Eiern, Milch und Salz verquirlen. Die Tomaten halbieren, die Kerne und das innere Fruchtfleisch entfernen, mit Salz ausstreuen. Sorgfältig verlesenen Spinat in wenig Salzwasser offen weichkochen (5 Minuten). Mit einem Sieblöffel herausschöpfen, gut abtropfen lassen, auf vorgewärmter Platte anrichten, mit Butterflöckchen belegen, mit geriebenem Käse bestreuen. Butter flüssig werden lassen, die vorbereitete Rühreimasse hineingießen, cremig stocken lassen, in die Tomatenhälften einfüllen, mit feingeschnittenem Schnittlauch bestreuen, rings um den Spinat anrichten. Dieses rasch zubereitete und gute Essen kann sowohl als Vorspeise, wie als leichtes Mittag- oder Abendessen gegeben werden.

Gratinierte Käsetomaten

4 Tomaten · Salz · Pfeffer · 1 Ei · 2 Eßlöffel Sauerrahm · 2 Eßlöffel geriebener Käse · Petersilie · Salz · Muskat · 20 g Butter

Die gewaschenen, abgetrockneten Tomaten halbieren, aushöhlen, mit etwas Salz und Pfeffer ausstreuen. Ei mit Sauerrahm, geriebenem Käse, gehackter Petersilie, Salz und Muskat verrühren, in die Tomatenhälften füllen. Mit geriebenem Käse bestreuen, mit Butterflöckchen belegen. Den Boden einer flachen Auflaufform befetten, die Tomatenhälften hineinstellen. 10–15 Minuten im Rohr bei 200° überbacken, bis die Tomaten gar, die Eimasse gestockt und goldgelb ist. Heiß servieren.

Zucchini mit Parmesankäse

½ kg Zucchini · 40 g Butter oder Öl · 1 Zwiebel · Salz · Petersilie · Basilikum · 2 Eßlöffel Ketchup · Parmesankäse

Die geschälten Zucchini in dicke Scheiben schneiden, in Fett auf beiden Seiten braten, gehackte Zwiebel zugeben, ebenfalls etwas anbraten, mit Salz, gehackten Kräutern und Ketchup würzen, zugedeckt in eigenem Saft garen. Angerichtet mit reichlich geriebenem Käse bestreuen.

Delikat, dekorativ und schnell

Alu-Schinken-Äpfel

4 große Äpfel · 4 Eßlöffel Zucker · 125 g Schinken · 20 g Butter · Petersilie

Die Äpfel schälen, das Kernhaus mit dem Apfelausstecher entfernen, in 4 dicke Scheiben schneiden, mit Zucker bestreuen. Den Schinken kleinwürflig schneiden, auf die Apfelscheiben verteilen, wieder zu einem Apfel zusammensetzen, auf die gebutterte Alufolie setzen, mit Butterflöckchen belegen, einschlagen, auf das Blech geben und in das vorgeheizte Rohr einschieben, 20 Minuten bei 200° dünsten. Warme Vorspeise.

Gefüllte Äpfel auf Weißbrot

Für jede Person einen Apfel schälen, das Kernhaus durchstechen, mit einem Messer die Öffnung vergrößern. Die Äpfel auf gebuttertes Weißbrot setzen. Für 4 Äpfel 100 g durchgedrehtes Kalbfleisch mit einem hartgekochten, gewürfelten Ei, 4 gehackten Sardellen, 2 Eßlöffel saurer Sahne, Salz, Pfeffer, gehackter Petersilie füllen. Mit Butterflöckchen belegen, die gefüllten Äpfel aufs gefettete Blech setzen und in 20 Minuten gar und saftig braten.

Rührei auf Apfelscheiben

Dicke Apfelscheiben, zugedeckt in Butter oder Margarine, auf beiden Seiten hellbraun braten, auf vorgewärmter Platte anrichten. Lockeres Rührei darauf verteilen, sofort servieren.

Mandarinenschälchen

Mandarinen quer durchschneiden, das Fruchtfleisch herauslösen, in Würfelchen schneiden, grobe Häute zurücklassen. Für 4 große Mandarinen 100 g Reis oder Sago in Milch weich kochen, mit Zucker und wenig feingehackter Mandarinenschale abschmecken. Abgekühlt mit den Mandarinenwürfelchen mischen, nach Belieben etwas geschlagene Sahne oder Kondensmilch einrühren, in die Mandarinenschälchen einfüllen, mit je einer zurückbehaltenen Fruchtspalte garnieren. Beigabe zu gebratenem Kalbfleisch oder Nachtisch.

Pikante Zwetschgen

250 g Zwetschgen · ⅛ l Wasser · 50 g Zucker · 2 Gewürznelken · Saft einer halben Zitrone · 2 Eßlöffel Öl · 2 Eßlöffel Ketchup

Wasser mit Zucker, den Gewürzen und Zitronensaft 10 Minuten kochen lassen, die entsteinten Zwetschgen sorgfältig darin garen. Ohne Saft auf Salatblättern anrichten, mit einer Sauce aus Öl und Ketchup überziehen. Beigabe zu Fleisch oder für das kalte Büfett.

Heiße Orangenscheiben

Gute Orangen mit der Schale in 2 cm dicke Scheiben schneiden, mit etwas Cognac oder Likör beträufeln, mit Zucker bestreuen, mit Butterflöckchen belegen, im heißen Rohr 5 Minuten backen oder grillen. Feine Fleischbeilage oder Nachtisch.

Delikat, dekorativ und schnell

Rotweinbirnen

4 Birnen • ¼ l Rotwein • 100 g Zucker • Zitronenschale • 2 Gewürznelken
1 Stückchen Zimtrinde

Wein mit den Gewürzen langsam 10 Minuten kochen lassen. Die geschälten, halbierten (Stiel wenn möglich mithalbieren), mit einem kleinen Löffel vom Kernhaus befreiten Birnen in die Kompottflüssigkeit geben, darin gar und solange weiterkochen lassen, bis sie schön rot sind. Beigabe zu Wild oder anderen dunklen Braten. Auch für kaltes oder warmes Büfett geeignet.

Bananenscheiben

4 Bananen • 4 Eßlöffel Ketchup • 4 Eßlöffel Öl

Ketchup mit Öl mischen, die in dicke Scheiben geschnittenen Bananen damit anmengen. Beigabe zu Fleisch; auf großen Chicoréeblättern anrichten.

Apfelschindeln

Einen geschälten, entkernten Apfel in dünne Spalten schneiden, dachziegelartig in eine Bratpfanne mit etwas Butter geben, leicht mit Zucker bestreuen, zugedeckt in 5 Minuten weichdünsten. Beigabe zu Fleisch.

Cherimoya

Die Frucht mit grüner, schuppenartiger Schale wird zum Verzehr halbiert und ausgelöffelt. Der Geschmack ist sehr fein. Aus dem Fruchtfleisch bereitete Eiscreme wird besonders geschätzt.

Avocados

Die Avocadobirne ist eine tropische, sehr fettreiche Frucht. Ganz leicht gebutterte Toastscheiben mit dünnen Avocadoscheiben belegen, mit Salz und Curry würzen. Oder mit einer Mischung aus Zucker und Zitronensaft beträufeln. Oder die Avocados mit der Schale halbieren, den Kern entfernen und in die entsprechenden Höhlungen scharfe Vinaigrettesauce gießen; als Vorspeise servieren.

Mango

Es ist eine bekannte tropische Frucht, die man bei uns meist eingemacht als Kompott und Sauce kauft. Mango wird hauptsächlich zur Bereitung einer Würzsauce verwendet; sie ist unter dem Namen Mango-Chutney bekannt.

Granatäpfel

Die braunroten bis gelben hartschaligen Früchte mit himbeerrotem Fruchtfleisch und dunklen Kernchen werden wie Zitronen ausgepreßt und der Saft gekühlt gereicht.

Kaktusfeigen

Die eiförmigen, gelblichen oder rötlichen Früchte ißt man wie anderes Obst meist roh.

Delikat, dekorativ und schnell

Zwergorangen-Cumquats

Diese ganz kleinen Orangen werden mit der Schale gegessen. Besonders zum Garnieren sehen sie sehr hübsch aus. Zwergorangen bekommt man selten frisch, meist nur als Konfitüre eingemacht in feinen Delikateßgeschäften.

Bananenfenster

4 Bananen • 4 Eßlöffel Zucker • 4 Teelöffel Zitronensaft • 4 Eßlöffel Cognac

Die Bananen mit der Schale waschen, abtrocknen, ein Blatt einschneiden und so ablösen, daß ein langes Fenster entsteht. Die Bananen auf das Blech oder den Grillrost stellen und im heißen Rohr backen oder grillen, bis die Schale dunkelbraun und das Fruchtfleisch weich ist. Dann das Fruchtfleisch mit Zucker bestreuen, mit Zitronensaft beträufeln, mit Alkohol begießen, anzünden, sofort servieren. Man ißt die Banane mit einem Löffelchen aus der braunen Schale heraus.

Butterbananen mit Himbeersaft

40 g Butter • 4 Bananen • 2 Eßlöffel Zucker • 4 Eßlöffel Himbeersaft • 1 Eßlöffel Zitronensaft

In einer Stielpfanne mit Butter die geschälten, längs und quer geteilten Bananen rasch goldbraun braten. Mit etwas Zucker überstreuen, auf vorgewärmten Tellerchen anrichten. Himbeersaft mit Zitronensaft mischen, darübergießen, heiß servieren.

Roquefortbirnen

4 Birnen • 2 Eßlöffel eingemachte Preiselbeeren • 40 g Roquefort • 40 g Butter

Geschälte, halbierte Birnen vom Kernhaus befreien, in Zuckerwasser mit Zitronensaft weichdünsten oder Birnenhälften aus der Dose verwenden. In eine flache, feuerfeste, am Boden gefettete Form die halbierten Birnen stellen, flache Seite nach oben. In die Höhlung die Preiselbeeren füllen, darüber den Käse und darauf Butterflöckchen. Ins vorgeheizte Rohr einschieben und 10 Minuten bei 200° backen, bis die Birnen durch und durch heiß und der Käse flüssig geworden ist. Zwischengericht oder warmer Nachtisch.

Erdbeerdelikatesse

250 g Erdbeeren • 80 g Zucker • 1 Vanillezucker • 16 Zwiebäcke • 1/4 l Wein 2 Eßlöffel Zucker • 2 Eier • Fett zum Backen

Die gewaschenen, von den Kelchblättern befreiten Erdbeeren mit Zucker und Vanillezucker im Mixer pürieren. Die Zwiebäcke erst in gezuckertem Wein, dann in verquirlten Eiern wenden und in heißem Fett auf beiden Seiten goldbraun backen. Auf vorgewärmter Platte anrichten, zusammen mit dem kalten Erdbeerpüree servieren. Warmer Nachtisch oder süßes Hauptgericht.

Salzburger Nockerl

5 Eiweiß · 1 Eßlöffel Zucker · 3 Eigelb · 1 Eßlöffel Mehl

Eiweiß zu steifem Schnee schlagen, Zucker einschlagen, Eigelb und Mehl leicht einrühren. Eine flache, feuerfeste Form mit Butter ausstreichen, die Masse in Form von drei großen Nocken hineingeben, mit Zucker bestreuen. In das vorgeheizte Rohr stellen und bei 180° in 15 Minuten gar und goldbraun backen. Mit Puderzucker bestreuen, sofort zu Tisch geben. Innen müssen die Nockerl cremig weich sein.

Gezuckerter Eierstich

4 Eier · 4 Eßlöffel Milch · 4 Eßlöffel Zucker · Himbeersaft

Eier mit Milch und Zucker verquirlen, in gefettete Tassen oder feuerfeste Förmchen füllen, ins Wasserbad stellen, den Topf zudecken, langsam 15 Minuten kochen, stürzen, mit Himbeersaft oder Karamellcreme servieren.

Ananasdessert

8 Eier · 8 Eßlöffel Zucker · 4 Eßlöffel Milch · 1 Dose Ananaswürfel · 2 Eßlöffel Erdbeerkonfitüre

Die Eier mit Zucker und Milch verquirlen, in eine gefettete Randform füllen, 20 Minuten zugedeckt im Wasserbad leise kochen lassen. Auf eine glatte Platte mit Rand stürzen. Die Ananas auf ein Sieb gießen, abgetropft mit glattgerührter Konfitüre binden, in die Mitte des Reifes geben, warm oder gut gekühlt servieren.

Heiße Pfirsiche in Alufolie

8 halbe, eingemachte Pfirsiche · 40 g Butter · 8 Cocktailkirschen · 8 Gewürznelken · 2 Eßlöffel Zucker · 2 Eßlöffel Maraschino oder Cognac

Auf die gebutterte Alufolie die Pfirsiche legen, in die Höhlung die mit der Nelke gespickte Kirsche. Butter daraufgeben, mit Zucker bestreuen, mit Alkohol beträufeln, verschließen, auf das Blech geben, 10 Minuten bei 220° dünsten. Fleischbeilage oder warmer Nachtisch.

Apfelförmchen

2 Äpfel · 1/8 l Milch · 1 Kaffeelöffel Stärkemehl · 2 Eier · 2 Eßlöffel Zucker Himbeersaft zum Anrichten

Kleine, feuerfeste Förmchen oder Tassen mit Butter ausfetten. Geschälte Äpfel raspeln, in die Förmchen verteilen. Die angegebenen Zutaten verquirlen, darübergießen. Die Förmchen ins Wasserbad stellen, den Topf zudecken, 15 Minuten kochen lassen, heiß stürzen, mit Himbeersaft servieren.

Apfelomelette

60 g Butter · 4 Äpfel · 4 Eier · Zucker

Die geschälten Äpfel grob raspeln, in eine große Stielpfanne mit der heißen Butter geben, etwas zuckern, zugedeckt 5 Minuten dünsten. Die verquirlten Eier darübergießen, zugedeckt rasch fest werden lassen. Anrichten, mit Zucker bestreuen.

Bananenbrei

Mit der Gabel zerdrückte Bananen mit etwas Honig und Joghurt mischen oder mixen.

Bananenschiffchen

4 schöne Bananen · 2 Eßlöffel Zitronensaft · 1/8 l Schlagrahm · 1 Fläschchen Rumaroma · 2 Eßlöffel Zucker · 20 g Haselnüsse

Die ungeschälten Bananen waschen, halbieren, so daß man zwei gleichmäßige Hälften erhält, die gut stehen. Das Fruchtfleisch vorsichtig herauslösen, in Würfel schneiden, mit Zitronensaft beträufeln. Sahne steifschlagen, Rum, Zucker und die Bananenwürfelchen untermengen, hoch in die Bananenhälften einfüllen, mit grobgehackten Nüssen bestreuen.

Ananascreme

1 kleine Dose Ananaswürfel · 1 Zitrone · 100 g Zucker · 2 Eßlöffel Stärkemehl · 1/4 l Schlagrahm

Die Ananas auf ein Sieb gießen, zum abgelaufenen Saft den Zitronensaft geben, wenn erforderlich mit Wasser auf 1/4 l ergänzen. Das Stärkemehl und Zucker zugeben, unter Schlagen mit dem Schneebesen einmal aufkochen lassen, die Ananaswürfel einmengen. Unter gelegentlichem Durchrühren abkühlen lassen, mit geschlagener Sahne mischen, anrichten, mit zurückbehaltenen Ananasstückchen garnieren.

Ananas-Orangen-Dessert

1 Dose Ananas · 2 Orangen · 4 Eßlöffel Honig · 4 Gewürznelken · Zimtrinde · 1/8 l Schlagrahm · 1 Päckchen Vanillezucker

Die Ananas auf ein Sieb geben. Den abgelaufenen Saft in einem Töpfchen mit Honig und den Gewürzen sirupartig einkochen. Die geschälten, von allem Weißen befreiten Orangen quer zu den Spalten in Viertelscheiben, die Ananas zu Stückchen schneiden. Die Früchte in Glasschälchen oder Cocktailgläser füllen, mit dem kalten Sirup übergießen, geschlagene, mit Vanillezucker abgeschmeckte Sahne daraufgeben.

Englische Stachelbeercreme

250 grüne Stachelbeeren · 250 g Zucker · 1 Vanilleschote · 1/4 l Schlagrahm

Die Stachelbeeren mit Zucker und aufgeschnittener Vanilleschote weichkochen und durchstreichen oder mixen. Erkaltet in 1/4 l geschlagene Sahne einrühren, in Kelchgläsern oder Glasschälchen anrichten.

Sekt mit tiefgekühlten Himbeeren

Sekt in Gläser gießen, tiefgekühlte Himbeeren hineingeben. Beim Auftauen geben sie Kälte und Aroma an den Sekt ab. — Auch in Whisky, Wermut usw. kann man statt Eiswürfel tiefgekühlte Himbeeren geben.

Cocktailkirschen-Obstsalat

250 g Weintrauben • 2 Bananen • 80 g Zucker • 1 kleines Glas Cocktailkirschen

Weintrauben halbieren und entkernen. Geschälte Bananen in Halbscheiben schneiden, zugeben und zuckern. Die Cocktailkirschen in Viertel schneiden, einmengen, 10 Minuten im Kühlschrank durchziehen lassen.

Orangenwürfel mit Eierlikör

Geschälte Orangen einer guten Sorte in Würfel schneiden, anrichten, mit Eierlikör beträufeln, darüber geschlagene Sahne.

Dattelblüten

1 Gervais • 1 Eßlöffel Arrak • 16 Datteln • 16 Pistazien

Gervais mit einer Gabel zerdrücken, Arrak einmengen. Die Datteln auf einer Längsseite einschneiden, den Kern herauslösen, mit Gervaiscreme locker füllen. Mit je zwei Pistazienhälften garnieren.

Aprikosen auf Makronen

12 Aprikosenhälften, eingemacht • 2 Eßlöffel Aprikosenkonfitüre • 2 Eiweiß 100 g Zucker • 100 g geriebene Nüsse • 2 Eigelb

Eiweiß zu steifem Schnee schlagen, Zucker einschlagen, grob geriebene Nüsse und Eigelb einmengen. Die Masse auf 4 große, runde Oblaten flach aufstreichen, hellbraun backen. In die Höhlung der Aprikosenhälften Konfitüre füllen, je 3 Aprikosenhälften mit der gewölbten Seite nach oben auf den Makronen anrichten, mit wenig heißgemachter Konfitüre überglänzen.

Roquefortwürfel mit Johannisbeergelee

60 g Roquefort • 60 g Butter • Johannisbeergelee

Käse und Butter mit einer Gabel zerdrücken und mischen. Auf einem Resopalbrett zu einem Streifen von ungefähr 1½ cm Höhe und Breite mit dem Messer formen. Kühlstellen. Kurz vor Gebrauch kleine Glastellerchen mit einem Salatblatt belegen, die zu Würfeln geschnittene Roquefortbutter daraufgeben, etwas Johannisbeergelee darübergeben. Feiner Nachtisch.

Gefüllte Erdbeeren

½ kg schöne Ananaserdbeeren • 2 Gervaiskäse • 4 Eßlöffel Zucker • 1 Eßlöffel Cognac • Zahnstocher

Schöne Erdbeeren waschen, vom Kelchblatt befreien, quer durchschneiden, die Schnittfläche mit wenig Zucker bestreuen. Gervais mit der Gabel fein zerdrücken, mit Zucker und Cognac mischen. Einen Zahnstocher durch eine Erdbeerhälfte stecken, ungefähr einen Teelöffel der Creme daraufgeben, die zweite Erdbeerhälfte daraufdrücken und den Zahnstocher durchstecken. Auf einer Glasplatte mit einigen Erdbeerblättern als Garnitur gut gekühlt servieren.

Flambiertes Obst

40 g Butter • 1 Orange • 8 Stück Würfelzucker • 50 g Mandeln • 4 Bananen oder Birnen oder Pfirsiche • 1 Glas Cognac

Die Schale der Orange mit Würfelzucker abreiben. Den Orangensaft auspressen. In Butter die abgezogenen, stiftelig geschnittenen Mandeln hell rösten. Orangensaft, Orangenzucker, Cognac zugeben und etwas einkochen lassen. Die halbierten Bananen, weichgekochten Birnen oder Pfirsiche in Puderzucker wenden, in die vorbereitete Sauce geben, 5 Minuten leise kochen lassen. Bei Tisch mit Cognac (60%ig) übergießen und anzünden; flambieren. Man kann nur eine Obstsorte verwenden oder mehrere Arten.

Schnellbiskuit

3 Eiweiß • 3 Eßlöffel kaltes Wasser • 150 g Zucker • 1 Päckchen Vanillezucker 3 Eigelb • 120 g Mehl (oder 60 g Mehl und 60 g Stärkemehl) • 1 gestrichener Teelöffel Backpulver

Eiweiß und kaltes Wasser mitsammen sehr steifschlagen. Zucker und Vanillezucker nach und nach einschlagen, Eigelb und mit Backpulver vermischtes Mehl leicht einrühren. Backzeit für Roulade 12—15 Minuten bei 180 bis 200°, Backzeit für eine große Torte (doppelte Menge) 45 Minuten bei 180°.

Brotlaibtorte

1 runder Brotlaib • Butter • Wurst • Schinken • Käse • hartgekochte Eier Tomatenscheiben usw.

Den Brotlaib mit einem großen Messer wie eine Torte in ungefähr 1½ cm dicke Scheiben schneiden. Diese Scheiben mit Butter bestreichen, mit verschiedensten Aufschnittwaren belegen. Die Scheiben auf flacher Tortenplatte oder Tabletts anrichten, wie zu einer Torte aufschneiden. Jedes Stück kann noch besonders garniert werden, z. B. mit einer Salzbrezel, einem Radieschen, Scheiben von Essiggurken usw. Für eine größere Anzahl von Personen ist diese Art der Zubereitung von belegten Broten sehr rasch durchzuführen, sieht originell aus und bietet viele Variationsmöglichkeiten.

Blätterteig-Mandeltorte

1 Paket tiefgekühlter Blätterteig • 150 g Zucker • 150 g Mandeln oder Nüsse Schale und Saft einer Zitrone • Johannisbeergelee

Mit der Hälfte des ausgerollten Blätterteigs den Boden einer Tortenform belegen. Grobgeriebene Mandeln oder Nüsse und Zucker mit feingehackter

Zitronenschale und Zitronensaft mischen, auf den ungebackenen Tortenboden streichen. Aus dem restlichen Blätterteig ein dichtes Gitter über die Mandelmasse legen und mit verquirltem Ei bestreichen. Die Torte 45 Minuten bei 180° backen, in jede zweite Gittermasche etwas Johannisbeergelee füllen.

Torte „Williamsbirne"

100 g Zucker • 3 ganze Eier • 100 g Mehl • ¼ Teelöffel Backpulver • 50 g Butter • 8 halbe, eingemachte Williamsbirnen • 2 Eßlöffel Williamsgeist ¼ l Birnensaft • 1 Eßlöffel Stärkemehl • 2 ganze Eier • 50 g Zucker • 2 Blatt farblose Gelatine • ¼ l Schlagrahm • 2 Eßlöffel Williamsgeist

Für den Tortenboden den Zucker und die ganzen Eier zusammen sehr schaumigrühren oder schlagen, mit Backpulver gemischtes Mehl und flüssige, lauwarme Butter einrühren. 45 Minuten bei 180° backen. Birnenhälften aus der Dose oder selbst gekochte mit Williamsgeist beträufeln, zugedeckt marinieren lassen. Kalten Kompottsaft mit Stärkemehl, ganzen Eiern und Zucker unter Schlagen mit dem Schneebesen einmal aufkochen lassen, aufgelöste Gelatine zugeben, unter gelegentlichem Umrühren erkalten lassen, mit geschlagener Sahne und Williamsgeist mischen. Den Tortenboden einmal durchschneiden, mit Creme füllen. Auf die Tortenplatte legen, den zweiten Teil der Creme auf die gefüllte Torte geben (Tortenrand nicht bestreichen). Auf dieses Cremebett die Birnenhälften mit der gewölbten Seite nach oben schön anrichten. **Gut durchgekühlt servieren.**

Haustorte „.."

250 g Butter oder Margarine • 250 g Zucker • 200 g Schokolade • 8 Eigelb • 200 g geriebene Nüsse oder Mandeln • 50 g geriebener Zwieback oder Brösel (mit Rum befeuchten) • 8 Eischnee

Fülle: ¼ l Schlagrahm • 50 g Zucker • 1 Eßlöffel Rum
Glasur: 100 g Bitterschokolade • 50 g Butter oder 150 g Überzugschokolade

Butter mit Zucker, Eigelb, geriebener Schokolade und Rum oder Milch sehr schaumigrühren. Grobgeriebene Nüsse oder Mandeln, geriebenen Zwieback, mit Backpulver gemischtes Stärkemehl abwechselnd mit dem steifen Eischnee in die Schaummasse einrühren. In eine nur am Boden gefettete Tortenform einfüllen, 1 Stunde bei 180° backen. Die Torte vorsichtig aus der Form lösen. Am nächsten Tag zweimal durchschneiden, mit geschlagener, mit Zucker und Rum abgeschmeckter Sahne füllen und wieder zusammensetzen. Die Oberseite der Torte dünn mit Aprikosenkonfitüre bestreichen. Die Schokolade zusammen mit der Butter in einem kleinen Töpfchen im Wasserbad flüssig werden lassen und die Torte damit überziehen. Wenn die Glasur steif ist, mit einem Löffel große Schlagrahmflocken daraufsetzen und mit grobgeraspelter oder Borkenschokolade bestreuen.

Die Masse reicht für eine Tortenform von 28–30 cm Durchmesser.

Vorspeisen

Hors d'œuvres

1. Austern

Die sehr kaltgestellten, geöffneten Austern auf einer entsprechenden Platte, womöglich auf Eisstückchen anrichten. Mit Zitronenspalten garnieren. Der Kenner löst die Auster selbst ab, beträufelt mit Zitronensaft, bestreut evtl. leicht mit Pfeffer und schlürft die Auster. Dazu Toast, Butter, schwerer Weißwein oder Sekt.

2. Tatar-Auster

Auf die geöffnete, abgelöste, entbartete Auster ein rohes ganzes Eigelb gleiten lassen, mit Salz und Pfeffer würzen, etwas Ketchup darübergießen. Die Auster zusammen mit dem Eigelb schlürfen.

3. Krebse, Hummer, Languste mit Mayonnaise

Die ausgelösten Krebsschwänze und Scheren oder die ausgelösten, in schöne Stückchen und Scheiben geteilten Scheren und Schwanz von Hummer oder Languste mit gut abgeschmeckter Mayonnaise mischen und mit Tomaten, hartgekochten Eiern und Petersilie schön anrichten.

Vorspeisen

4. Gänseleber mit Aspik

4 Scheiben Gänseleberpastete · 1 Gläschen Aspik · Krauspetersilie

Die auf einer Glasplatte angerichtete Pastete mit schön geschnittenem oder grob gehacktem Aspik umgeben, mit einem Sträußchen Krauspetersilie garnieren.

5. Geflügelsalat

200 g gekochtes Huhn · 4 Scheiben Ananas · 100 g Mayonnaise

Völlig hautfreies Hühnerfleisch in Streifchen schneiden, mit den geschnittenen Ananas mischen, mit mild gewürzter, guter Mayonnaise binden, in Cocktailgläsern oder Glasschälchen auf Salatblatt anrichten.

6. Hummer-Cocktail

1 Dose Hummer · $1/8$ l Schlagrahm · 2 Eßlöffel Cognac · 2 Eßlöffel Ketchup $1/4$ Teelöffel Paprika · $1/4$ Teelöffel Worcestersauce · 4 Zitronenscheiben

Das Hummerfleisch auf 4 Cocktailgläser verteilen. Die geschlagene Sahne mit Cognac, Ketchup, Paprika und Worcestersauce zu einer cremigen, rosa Sauce verrühren, über den angerichteten Hummer verteilen. Mit zurückbehaltenem Hummer und einer eingeschnittenen Zitronenscheibe, die man an den Glasrand steckt, garnieren. — Langustencocktail wird auf dieselbe Weise bereitet.

7. Langustenmayonnaise

Gut gewürzte Mayonnaise von 2 Eigelb und $1/8$ l Öl bereiten. Die Langustenschwänze abwechselnd mit der Mayonnaise pyramidenförmig auf einer Glasplatte oder in Cocktailschalen, die mit einem Salatblatt ausgelegt sind, anrichten. Dazu Butter und Toast, Weißwein oder Sekt. — Hummermayonnaise wird auf dieselbe Weise zubereitet.

8. Hummer-Törtchen

4 Äpfel (Jonathan, Gravensteiner) · $1/4$ l Weißwein · 1 Eßlöffel Zucker · 10 g Butter · $1/4$ gekochte Sellerie · 1 Dose Hummer (Crab meat) · 2 Eßlöffel Mayonnaise · Meerrettich · Ketchup · Worcestersauce · Salz · Paprika

Die Äpfel schälen, quer durchschneiden, das Kernhaus entfernen. In Weißwein mit Zucker und Butter weichdünsten. Gekochte, geschälte Sellerie durch ein Sieb streichen, mit Mayonnaise und geschnittenem Hummerfleisch mischen. Mit Meerrettich, Ketchup, Worcestersauce, Salz, Paprika abschmecken. Die Apfelhälften damit füllen, mit einem zurückbehaltenen Hummerstückchen garnieren, womöglich mit Aspik überglänzen, mit wenig Paprika überpudern. Auf einer Glasplatte anrichten.

Vorspeisen

9. Spargel-Cocktail

½ kg Spargel • 2 Scheiben Ananas • 125 g Ananaserdbeeren • 100 g Mayonnaise • 4 Salatblätter

Den Spargel in 6 cm lange Stücke schneiden und in Salzwasser mit etwas Zucker weichkochen. Die Ananas zu Würfeln schneiden, die Erdbeeren zu Scheiben. Cocktailschalen oder flache Glasschälchen mit Salatblättern auslegen, den Spargel gitterförmig darauf verteilen, Ananaswürfel, Erdbeerscheiben und Mayonnaise dazwischen und darüber geben. Mit einem Spargelkopf und einer schönen Ananaserdbeere garnieren.

10. Matjes-Cocktail

8 kleine Matjesfilets • 1 kleine Dose Ananas • ¼ l Schlagrahm • Paprika 1 Kopfsalat

Die Matjesfilet zu Gabelbissen schneiden, die Ananas zu Würfeln, beides mit der leichtgeschlagenen Sahne mischen. Cocktailgläser oder flache Kompottschälchen mit frischen Salatblättern auslegen, den Matjes-Cocktail darauffüllen und alles leicht mit Paprika überpudern.

11. Krabben-Cocktail

⅛ l Schlagrahm • 1 Eßlöffel Ketchup • 125 g Krabben • 1 Eßlöffel Weinbrand

Geschlagene Sahne mit Ketchup, den Krabben (tiefgefroren oder aus der Dose) und Weinbrand mischen. In Gläsern anrichten, mit je 2 zurückbehaltenen Krabben belegen und einen Ketchup-Tupfen daraufgeben. — Worcestersauce bereitstellen.

12. Sardellen-Cocktail

⅛ l Schlagrahm • 8 Sardellen • 2 Eßlöffel Ketchup • 8 gefüllte Oliven

In geschlagene Sahne gehackte Sardellen, in Scheiben geschnittene Oliven und Ketchup einrühren. Cocktailgläser mit je einem Salatblatt auslegen, den Cocktail darauffüllen, mit Olivenscheiben und Sardellenstreifchen garnieren.

13. Grapefruit-Escorial

2 Grapefruit • 4 Eßlöffel Escorial

Die Grapefruit halbieren, das Fruchtfleisch mit einem Grapefruitmesser etwas lockern. In weite Becher geben, nach Belieben etwas Zucker daraufstreuen, grünen Escorial darübergießen. Man serviert diese Grapefruits als Vorspeise oder Nachtisch (mit Löffelchen herausessen).

Vorspeisen

14. Fruchtcocktail

2 Orangen · 1 Apfel · 1 Banane · 125 g Kirschen · 50 g Mayonnaise · 1 Eßlöffel Ketchup · etwas Fleischwürze und Zucker

Gute Orangen halbieren, das Fruchtfleisch vorsichtig herauslösen, von den Häuten befreien und in Würfel schneiden. Den geschälten Apfel und die Banane in Würfelchen schneiden, zu den Orangen geben und sofort untermischen, dann die in Zuckerwasser gegarten Kirschen zugeben. Die Mayonnaise mit Ketchup, Fleischwürze und Zucker sorgfältig abschmecken, den Salat damit anmengen und in die am Rand leicht ausgezackten Orangenhälften füllen. In Cocktailschalen oder auf Glastellerchen anrichten, gekühlt servieren.

15. Kaviar Canapés

1 kleines Gläschen Kaviar (Malossol, Keta-Kaviar, deutscher Kaviar) · 4 kleine geröstete Weißbrotscheiben · Butter zum Bestreichen · 4 Zitronenscheiben

Die entrindeten, auf einer Seite gerösteten Weißbrotscheibchen mit Butter bestreichen, den Kaviar daraufgeben, mit einer dünnen, in Achtel geschnittenen und wieder zusammengesetzten Zitronenscheibe belegen. Auf einer mit Spitzenpapier oder einer kleinen Serviette belegten Platte anrichten.

16. Crab meat Canapés

Schaumiggerührte Butter mit 2 hartgekochten, feinzerdrückten Eigelb und einer kleinen Dose Crab meat mischen, mit Salz, Pfeffer und Worcestersauce abschmecken, wenn nötig, mit etwas Sahne lockern. Auf geröstete Weißbrotscheiben streichen, mit einem Stückchen Crab meat und einer Eischeibe belegen.

17. Krabben-Vorspeise

150 g Krabben · 1 kleiner Apfel · 1 Orange · 100 g Mayonnaise · 1 Eßlöffel Ketchup

Eine gute Orange in kleine Würfel schneiden (Häute zurücklassen), die Apfelwürfel, die Krabben und die mit Ketchup abgeschmeckte Mayonnaise zugeben. Glastellerchen mit einem Salatblatt belegen und die Vorspeise darauf anrichten.

18. Krabben-Vorspeise

$1/8$ l Schlagrahm · 1 Apfel · $1/4$ Sellerie · 100 g Krabben

In geschlagene Sahne den geschälten Apfel und die rohe geschälte Sellerie hineinreiben, sofort verrühren (Farbe), die Krabben zugeben. In weiten Gläsern oder Schälchen anrichten, mit zurückbehaltenen Krabben garnieren, leicht mit Paprika überpudern.

Vorspeisen

19. Gefüllte Lachstütchen

*16 Scheibchen Lachsschinken oder Räucherlachs • 60 g Butter • 1 Eigelb
1 Teelöffel Cognac • Salz • weißer Pfeffer • 20 g Kaviar*

Butter mit Eigelb und Cognac schaumigrühren, mit Salz und Pfeffer scharf abschmecken. Lachsschinken oder Lachs zu Tüten aufrollen. Die Eiercreme in eine Spritze mit gezackter Tülle füllen, in die Tütchen spritzen, mit einem Tupfen Kaviar garnieren. Auf einer mit Spitzenpapier belegten Glasplatte anrichten.

20. Pikante Pflaumen

*1/2 kg Pflaumen • 1/4 l Wasser • 60 g Zucker • 1 Lorbeerblatt • 4 Eßlöffel Kondensmilch • 2 Eßlöffel Öl • 1 Eßlöffel Worcestersauce • 2 Eßlöffel Ketchup
1 Kopfsalat*

Wasser mit Zucker und Lorbeerblatt 10 Minuten kochen, die entsteinten Pflaumen oder Zwetschgen darin weichkochen, auf einem Sieb abtropfen lassen. Glasteller mit Salatblättern auslegen, die Pflaumen darauf geben, mit nachstehender Sauce überziehen: Kondensmilch mit Öl, Worcestersauce und Ketchup mischen. Mit gebuttertem Toast servieren oder Beigabe zu Fleisch.

21. Cantaloupe

Die besonders aromatische Melone als Vorspeise, Beigabe zu rohem Schinken oder Nachtisch in Spalten schneiden und gut gekühlt servieren, evtl. leicht zuckern. Als gefüllte Melone oder zu Obstsalat ebenfalls hervorragend geeignet.

22. Bleichsellerie; Stangensellerie

Gewaschene Bleichsellerie oder Stangensellerie in ein Glas stellen, Salz, Pfeffer, Mayonnaise, Ketchup dazu auf den Tisch stellen. Jeder Gast würzt seine Sellerie nach Belieben. Feingehackte Stangensellerie, auf belegte Brötchen oder Salat gestreut, schmeckt sehr gut. Man kann auch Roquefort mit Butter mischen, scharf würzen, die Selleriestangen in 6 cm lange Stücke schneiden, auf der Innenseite mit der vorbereiteten Masse bestreichen und auf zerkleinerten Eisstückchen drapiert servieren.

23. Capri-Feigen

8 frische, grüne Feigen • 100 g Salami

Die Feigen der Länge nach vierteln, mit einer Salamischeibe umhüllen, mit einem Zahnstocher feststecken. Auf einer bunten Keramikplatte anrichten, zusammen mit Weißbrot und Wein servieren.

Vorspeisen

24. Rahm-Pfirsiche

8 Pfirsichhälften · 2 Eßlöffel Cognac · 4 Eßlöffel Sauerrahm · 1 Teelöffel geriebener Meerrettich · 2 eingemachte Paprikaschoten

Die gedünsteten, gehäuteten Pfirsiche in Spalten schneiden, in Cocktailschalen anrichten, mit Cognac beträufelt durchziehen lassen. Dicken Sauerrahm mit geriebenem Meerrettich und in feine Streifen geschnittener Paprikaschote mischen, über die Pfirsiche geben. — Aprikosen sind ebenfalls geeignet.

25. Hors d'oeuvres

Verschiedene Salate · feine Fischmarinaden · Thunfisch · Sardinen · eingelegte Essigfrüchte · Oliven · Essigpilze · Cornichons · gefüllte Eier · gefüllte Tomaten · gefüllte Paprika · Pastete · Schinken · Salami u. dgl.

Man benötigt dazu eine Platte mit vielen kleinen Glaseinsätzen oder Muschelschälchen. Man füllt diese mit verschiedenen Salaten und vielerlei pikanten Delikatessen. Dazu gibt man Weißbrot und Butter.

26. Waldorfsalat

250 g Äpfel · 125 g gekochte Sellerie · 125 g Ananas · 125 g Walnußkerne 150 g Mayonnaise

In die leicht süßlich abgeschmeckte Mayonnaise kleinwürfelig geschnittene Äpfel, Sellerie, Ananas und Walnußkerne (womöglich überbrüht und abgezogen) einmischen. Gut gekühlt in Glasschälchen anrichten.

27. Waldorfsalat

$1/4$ gekochte Sellerie · 1 Orange · 2 Scheiben Ananas · 50 g Walnüsse · 100 g Mayonnaise

Die geschälte Sellerie, die Ananas und die aus den Häuten gelöste Orange in kleine Würfel schneiden, die Walnüsse grob hacken. Die Mayonnaise mit Ananassaft abschmecken, mit den vorbereiteten Zutaten mischen, auf Glasteller füllen, die mit einem Salatblatt ausgelegt wurden. Angerichtet mit einer zurückbehaltenen $1/2$ Walnuß garnieren.

28. Zigeunersalat

125 g Mayonnaise · 2 Paprikaschoten · 4 Tomaten · 1 Gewürzgurke · 50 g gekochter Schinken · 125 g Salami

Die Paprikaschoten halbieren, entkernen, zu Streifchen schneiden, mit etwas kochendem Wasser übergießen, 5 Minuten ziehen lassen, auf einem Sieb abtropfen lassen. Die Tomaten halbieren, entkernen, zu Streifchen schneiden, die Gurke, Schinken und Salami ebenfalls zu Streifchen. Alles mit der Mayonnaise vermengen, mit Paprika und Pfeffer scharf abschmecken.

Vorspeisen

29. Birnen-Spalten

In Zuckerwasser mit Zitronensaft gedünstete Birnenhälften (oder aus der Dose) zu Spalten schneiden und in Cocktailschalen oder auf einer Glasplatte anrichten. 2 Eßlöffel Johannisbeermarmelade mit 4 Eßlöffel Sauerrahm glattrühren, mit wenig Madeira oder Cognac abschmecken und über die Birnen geben.

30. Japanischer Salat

2 Ananasscheiben · 2 Tomaten · 2 Orangen · Zitronensaft · Zucker · Salz
1/8 l Schlagsahne · Salatblätter

Die Ananas, die entkernten Tomaten und Orangen mit einem scharfen Messer zu Würfeln schneiden, mischen, mit Zitronensaft, Zucker und Salz würzen, auf Glastellerchen, die mit je einem großen Salatblatt ausgelegt wurden, anrichten. Vor Tisch mit ungeschlagener Sahne übergießen. Vorspeise (kleines Löffelchen als Besteck).

31. Radicchio

Die Salatsorte mit grünen, gelben und roten Blättern wird wie Endiviensalat zubereitet. Die Blätter des roten Radicchio kann man mit etwas Mayonnaise gefüllt als Vorspeise geben. Zum Garnieren ist er sehr dekorativ.

32. Schwedensalat

Eine kleine Dose grüne Bohnen (Haricots verts) · 1 Dose Gabelbissen
4 Tomaten · 2 hartgekochte Eier · 1/4 Zwiebel · Essig · Öl

Die grünen Bohnen mit den geschnittenen Gabelbissen, den entkernten, in Würfel geschnittenen Tomaten und den hartgekochten gewürfelten Eiern mischen, mit Essig, Öl und etwas gehackter Zwiebel anmengen.

33. Veroneser Salat

250 g Spinat · 125 g Pfifferlinge · 4 Tomaten · 1 kleine Zwiebel · Salz
Pfeffer · Öl · Essig

Jungen Spinat in wenig Salzwasser einigemale aufkochen lassen, grobhacken. Die geschnittenen Pfifferlinge in Öl gardünsten, die entkernten Tomaten und die Zwiebel in kleine Würfel schneiden. Alles mischen und mit Salz, Essig und Öl anmengen.

34. Rohkostsalat mit Dill

60 g Topfen · 1 Ei · 1/8 l Öl · 1 Eßlöffel Essig · 1 Eßlöffel kochendes Wasser
Salz · 1/2 Salatgurke · Dill

Vorspeisen

Topfen mit Ei, Öl, Essig und heißem Wasser in der Küchenmaschine oder mit dem Schneebesen verrühren. Die geschälte entkernte Gurke in kleine Würfelchen schneiden oder grob raspeln, nebst dem feingehackten Dill in die Sauce einrühren, mit Salz abschmecken, auf Salatblatt anrichten, sofort servieren.

35. Bananensalat

4 Bananen · ⅛ l Weißwein · Salz · Zucker · Paprika · 1 Eßlöffel Öl

Weißwein mit den Gewürzen gut abschmecken, Öl zugeben, die in dicke Scheiben geschnittenen Bananen damit übergießen, durchziehen lassen. Dazu Toast und Butter oder als Beigabe zu Fleisch.

36. Apfelsalat

2 Äpfel · 1 Eßlöffel Zitronensaft · 2 Eier · 4 Eßlöffel gekochte Erbsen · 4 Eßlöffel gekochte Selleriewürfel · 50 g Mayonnaise

Äpfel schälen, in feine Blättchen schneiden, mit Zitronensaft mischen. Hartgekochte, in Würfel geschnittene Eier, Erbsen und Sellerie zugeben. Mit etwas Mayonnaise binden, auf Salatblättern anrichten.

37. Mais-Salat

1 kleine Dose Gemüsemais mit gebrühten Zwiebelwürfeln, Paprikastreifen und Champignonblättchen mischen. Mit einer Salatsauce aus Öl, Essig, Salz, Pfeffer und Rosenpaprika anmengen.

38. Ananas-Bananen-Salat

4 Scheiben Ananas · 4 Bananen · Saft ½ Zitrone · ⅛ l Schlagrahm · 2 Eßlöffel Kirschwasser

Die Früchte in Würfel oder Scheibchen schneiden, mit Zitronensaft beträufeln, einige Minuten durchziehen lassen, dann mit steifgeschlagener Sahne und Kirschwasser mischen.

39. Überzogene Forellen

4 Forellen · Salzwasser · 1 Zitrone — Sauce: 2 hartgekochte Eier · 2 Tomaten 1 kleine Zwiebel · 4 Eßlöffel Öl · 2 Eßlöffel Essig · 2 Teelöffel Senf · Salz Pfeffer · Paprika

Die Forellen rundbinden und in Salzwasser mit Zitronenscheiben garziehen lassen. Die hartgekochten Eier mit der Gabel fein zerdrücken, mit den entkernten, kleinwürflig geschnittenen Tomaten, der feinstgehackten Zwiebel,

Vorspeisen

Öl, Essig und Senf mischen. Mit Salz, Pfeffer, Paprika abschmecken, die angerichteten kalten Forellen damit überziehen. Statt Forellen kann man auch gegarte Fischfilets mit der Sauce überziehen.

40. Windbeutel mit Spargel

1/8 l Wasser • 30 g Butter oder Margarine • etwas Salz • 75 g Weizenmehl 25 g Stärkemehl • 2 Eier • 1/2 Teelöffel Backpulver — Fülle: 250 g Spargel 150 g gekochter Schinken • 100 g Mayonnaise

Nach den angegebenen Zutaten einen Brandteig bereiten, zu 8 kleinen Windbeuteln formen, backen, Kappe abschneiden. Weichgekochten, abgetropften, in kurze Stückchen geschnittenen Spargel mit würfelig geschnittenem Schinken und Mayonnaise mischen, die Windbeutelchen damit füllen.

41. Gefüllte Paprika

Halbierte, vom Fruchtknoten und den Kernen befreite evtl. überbrühte Paprikaschoten mit etwas Salz bestreuen, mit Fleischsalat füllen und auf einer Glasplatte anrichten.

42. Nuß-Tomaten

4 Tomaten • 4 Eßlöffel Kondensmilch • 4 Eßlöffel geriebene Nüsse • 1 kleine Gewürzgurke • 50 g roher Schinken

Die Tomaten halbieren, Kerne und Fruchtfleisch entfernen, mit etwas Salz ausstreuen. Die Gewürzgurke und den Schinken in feine Streifchen schneiden, mit den grob geriebenen Nüssen und der Kondensmilch mischen. In die Tomatenhälften füllen und mit 1/2 Walnuß garnieren.

43. Gervais-Bananen

1 Karree Gervais zusammen mit einer Banane schaumigrühren, dick auf Weißbrotscheiben oder Crackers streichen, mit einigen Olivenscheiben oder gehacktem Schinken bestreuen.

44. Schweizer Vorgericht

1 Gewürzgurke • 1 Apfel • 1 Tomate • 1/2 kleine Zwiebel • Öl • Zucker Zitronensaft

Die Gewürzgurke in feine Streifchen schneiden, den geschälten, ebenfalls in feine Streifchen geschnittenen Apfel untermischen. Die entkernte, kleinwürfelig geschnittene Tomate und die feingehackte Zwiebel zugeben, mit Öl, Zucker, wenig Zitronensaft abschmecken, auf Salatblatt anrichten.

Vorspeisen

45. Paprikastreifen

4 Paprikaschoten · 50 g roher Schinken · 100 g Champignons oder grüne Bohnen · 2 Eßlöffel Sauerrahm · 1 Eßlöffel Öl · 1 Eigelb · Salz

Die überbrühten Paprikaschoten in schmale Streifchen schneiden, mit ebenso geschnittenem Schinken, gedünsteten Champignons oder grünen Bohnen mischen. Sauerrahm mit Öl, Eigelb und Salz verrühren und den Salat damit anmengen. Auf Glastellerchen anrichten, mit Paprika überpudern.

46. Holländer Tomaten

4 Tomaten · 50 g Schinken oder Schinkenwurst · 50 g jungen Gouda- oder Chesterkäse · 1 hartgekochtes Ei · 1 Paprikaschote · 50 g Mayonnaise

Schinken oder Wurst, Käse, Paprikaschote und Ei in Streifchen oder Würfelchen schneiden, mit Mayonnaise mischen. Von den Tomaten eine Kappe abschneiden, aushöhlen, mit etwas Salz ausstreuen, den Salat einfüllen, das Deckelchen daraufsetzen. Oder die Tomaten blütenblattähnlich einschneiden, die Kerne entfernen, mit etwas Salz bestreuen, den Salat daraufgeben. Auf Salatblatt anrichten.

47. Artischockenböden, überkrustet

1 Glas Artischockenböden · 40 g Butter · 2 Tomaten · Petersilie

Eine feuerfeste Form gut mit Butter ausstreichen, die Artischockenböden hineinlegen, mit geriebenem Käse bestreuen, mit Butterflöckchen belegen und im Rohr bei 220 Grad in 5—10 Minuten goldgelb überbacken. Die gehäuteten, festfleischigen, in Achtel geschnittenen Tomaten in Butter 2 bis 3 Minuten braten, die fertigen Artischocken damit garnieren, mit gehackter Petersilie bestreuen.

48. Spargel mit französischer Eiercreme

250 g Spargel · ⅛ l süße Sahne oder Kondensmilch · 2 Eigelb · 1 Teelöffel Stärkemehl · 10 g Butter · 20 g geriebener Parmesankäse · Salz · Pfeffer Muskat

Frisch gekochten oder Spargel aus der Dose — womöglich Spitzen — gut abgetropft in mit Butter und etwas Bröseln vorbereitete Muscheln oder kleine Porzellanförmchen geben. Die Sahne mit Eigelb und Stärkemehl verrühren, am Feuer zu einer Creme schlagen, kalte Butterflöckchen und geriebenen Käse zugeben, mit Salz, Pfeffer, Muskat abschmecken. Über den Spargel gießen, mit zurückbehaltenem Käse bestreuen, 10 Minuten im gut vorgeheizten Rohr überbacken.

Vorspeisen

49. Ragout fin

*250 g Kalbfleisch · 125 g Kalbsbries · 125 g Champignons · Salzwasser
Pfefferkörner · 1 Lorbeerblatt · 1 Zwiebel · 20 g Butter · 15 g Mehl · ¹/₄ l Brühe
1 Eßlöffel Sahne oder Kondensmilch · 1 Eigelb · Salz · weißer Pfeffer
Zitronensaft · 20 g Parmesankäse*

In Salzwasser mit Gewürzen das Kalbfleisch in 1 Stunde und das Bries in 20 Minuten weichkochen. Die blättrig geschnittenen Pilze 5 Minuten in Butter dünsten. Aus Butter, Mehl, Brühe und Sahne eine helle, mit Zitronensaft säuerlich gewürzte Sauce kochen, das kleinwürfelig geschnittene Fleisch und die Pilze zugeben, mit Eigelb legieren, nochmals pikant abschmecken. Muscheln oder Porzellanförmchen mit Butter ausstreichen, das Ragout einfüllen, mit geriebenem Käse bestreuen, mit Butterflöckchen belegen und in 5—10 Minuten im heißen Rohr goldbraun überbacken oder das Ragout in Blätterteigpastetchen füllen.

50. Champignonragout

*40 g Butter · 100 g Champignons · 1 Apfel · 2 Eier · 1 Teelöffel Stärkemehl
1 Eßlöffel Sahne oder Kondensmilch · Salz · Pfeffer · Petersilie*

Die blättrig geschnittenen Champignons 5 Minuten in Butter dünsten, die würflig geschnittenen Äpfel zugeben. Nach einigen Minuten die mit Stärkemehl und Sahne verquirlten Eier darübergießen und stocken lassen. Mit Salz und Pfeffer abschmecken, sofort in Muscheln oder auf Tellerchen anrichten, mit gehackter Petersilie bestreuen.

51. Gebackene Scampi

Die in Salzwasser gekochten Scampis sorgfältig von den Schalen befreien, in Mehl, Ei und Bröseln oder in einem Backteig (1 Ei, ¹/₈ l Weißwein, 125 g Mehl, Salz) wenden und schwimmend in Öl backen. Mit Remouladensauce servieren.

52. Warme Tortelettes, gefüllt

*125 g Mehl · ¹/₂ Teelöffel Salz · 40 g Butter oder Margarine · 1 Eigelb
1 Eßlöffel Sauerrahm*

Aus den angegebenen Zutaten einen Mürbteig bereiten, kleine Törtchenformen damit auskleiden, blind backen, füllen, warm servieren.
Füllungen:
1. Rohe Tomatenwürfelchen, darüber ein weiches Rührei, mit Schnittlauch bestreuen.
2. Ein halbes gehäutetes Kalbshirn in Butter mit feingehackter Zwiebel 10 Minuten dünsten, mit je 1 Eßlöffel Rahm, Bröseln und Kapern mischen, mit Salz, Pfeffer, Zitronensaft abschmecken. Die Tortelettes damit füllen, mit geriebenem Käse bestreuen, kurz im heißen Rohr überbacken, mit einer kleinen Tomatenscheibe belegen.

3. Eine kleine Dose Zuckererbsen mit 125 g kleinwürflig geschnittenem Hühnerfleisch (evtl. Reste) mischen, mit 1 Teelöffel Stärkemehl binden, mit 1 Eigelb legieren. Die Törtchen damit füllen, mit Bröseln bestreuen, mit Butterflöckchen belegen und 10 Minuten im heißen Rohr überbacken.

53. Champignons in Blätterteigschiffchen

125 g Blätterteig · 150 g Champignons · 20 g Butter · Petersilie · 1 Teelöffel Stärkemehl · 2 Eigelb · 1 Eßlöffel Sahne oder Kondensmilch · Salz · Pfeffer Zitronensaft · 20 g geriebener Käse

Schiffchenformen mit Blätterteig (fertig erhältlich) oder Topfenblätterteig auskleiden und blind backen. Die blättrig geschnittenen Champignons in Butter mit Petersilie dünsten, mit Stärkemehl binden, mit Eigelb und Sahne legieren, mit Salz, Pfeffer und etwas Zitronensaft abschmecken. Die Schiffchen damit füllen, mit geriebenem Käse bestreuen, mit Butterflöckchen belegen und 10 Minuten im heißen Rohr überbacken.

54. Warme gefüllte Tomaten

Große ausgehöhlte Tomaten dick mit geriebenem Käse ausstreuen. Ein frisches Ei hineinschlagen. Sauerrahm mit Muskat würzen, die Tomate damit auffüllen, mit geriebenem Käse bestreuen, mit Butterflöckchen belegen, in eine feuerfeste Form setzen und im Rohr backen, bis das Ei gestockt ist.

55. Chicorée-Schinken

Chicorée der Länge nach halbieren, 10 Minuten in Salzwasser kochen. Abgetropft mit je einer halben Schinkenscheibe umhüllen, mit einem Zahnstocher feststecken, rasch auf beiden Seiten in Butter braten. Zusammen mit gebuttertem Toast und Kopfsalat, der mit Ketchup und Öl angemengt wurde, servieren.

56. Bananentoast

Gebutterten Toast mit Schinkenrührei belegen, darauf in Butter gedünstete Bananenscheiben. Gewiegte Petersilie darauf streuen.

57. American Toast

4 Scheiben Toastbrot · 20 g Butter · 4 Scheiben Ananas · 100 g Schinken 4 Scheiben Chesterkäse

Ananas und Schinken in kleine Würfel schneiden und mischen. Gebutterte Weißbrotscheiben damit bestreichen, mit der Käsescheibe überdecken. Im heißen Ofen überbacken oder grillen, bis der Käse schmilzt. Mit Paprika überpudert sofort servieren.

58. Aprikosen-Toast

4 Scheiben Toastbrot · 20 g Butter · 1 Eßlöffel Ketchup · 8 Aprikosen · 1 Eßlöffel Zucker · 1 Eßlöffel Cognac

Auf einer Seite geröstetes Weißbrot mit Butter und darauf Ketchup bestreichen. Die halbierten, entkernten Aprikosen in Butter gardünsten, enthäuten, auf das vorbereitete warme Weißbrot legen, mit Zucker bestreuen, mit Ketchup und Cognac beträufeln, sofort servieren.

59. Puszta-Schnitten

250 g Mehl · 15 g Hefe (1/2 Päckchen) · 2 Eßlöffel Öl oder Fett · 1 Ei je 1/2 Teelöffel Salz · Thymian und Majoran · 1/8 l Milch (auch Sauermilch oder Buttermilch — Belag: 250 g Käse in Scheiben · 125 g ungarische Salami Paprika und Pfeffer zum Bestreuen

Aus den angegebenen Zutaten einen Hefeteig bereiten, kurz gehen lassen, auf ein befettetes Backblech (30 : 40) geben. Auf diese sehr dünne Teigunterlage die Käsescheiben (Holländer, Chester, Emmentaler u. dgl.) legen und darauf die dünnen Salamischeiben verteilen. Nochmals kurz gehen lassen, dann bei starker Hitze (225 Grad) 12—15 Minuten backen, bis der Teig gar und der Käse geschmolzen ist. Mit Paprika überpudern und Pfeffer darüberstreuen (am besten mit der Pfeffermühle). Den Kuchen mit einem scharfen Messer in Schnitten teilen und sofort heiß servieren.

60. Gänseleberpain mit Weintrauben

1 kleine Dose Gänseleberpain oder feine Kalbsleberwurst · 4 Scheiben Toastbrot · 40 g Butter · 125 g Weintrauben · 10 g Mandelsplitter

Die entrindeten, heißen Toastscheiben erst mit Butter, dann mit Pain oder feiner Kalbsleberwurst bestreichen. In Butter die Mandelsplitter goldgelb rösten, dann die halbierten, entkernten Weintrauben in der Bratbutter schwenken, bis sie durch warm sind, Form und Saft aber nicht verloren haben, mit der Schnittseite auf die vorbereiteten Toastschnitten legen, mit den Mandelsplittern überstreuen. Sofort heiß servieren.

61. Orangen-Medaillon

4 Scheiben Ananas (aus der Dose) · 1 gute Orange · 40 g Butter · 1 Eßlöffel Johannisbeergelee · 4 halbe Walnußkerne

Die Orange schälen, von allem Weißen befreien und quer zu den Spalten in 4 dicke Scheiben schneiden. Die Ananasscheiben in Butter auf beiden Seiten rasch braten, auf vorgewärmter Platte anrichten, die Orangenscheiben daraufflegen. Die Bratbutter mit dem Johannisbeergelee verrühren, die Medaillons damit überglänzen, mit der halben Walnuß belegen und sofort servieren.

Pasteten

1. Blätterteigpasteten

*240 g Butter oder Margarine · 60 g Mehl · 180 g Mehl · 1 Eßlöffel Essig
9 Eßlöffel kaltes Wasser*

Butter und Mehl leicht und rasch zu einem Ziegel verarbeiten und kühlstellen. — Mehl mit Essig und Wasser zu einem glatten Strudelteig kneten. Den Strudelteig zu einem Rechteck ausrollen, den Butterziegel in der Mitte darauflegen, den Strudelteig wie zu einem Paket darüberschlagen. Das ganze nochmals vorsichtig zu einem Rechteck ausrollen, wieder zusammenschlagen, den Teig kühlstellen. Das Ausrollen und Zusammenschlagen noch zweimal wiederholen, jeweils in der Zwischenzeit 20 Minuten rasten lassen. Dann den Teig ¼ cm dick ausrollen, die Hälfte zu Scheiben ausstechen, die andere Hälfte zu auf die Scheiben passenden Ringen. Die Teigscheiben an den Rändern mit Eiweiß oder verquirltem Ei bestreichen, die Teigringe darauflegen. Die Pasteten mit verquirltem Ei bestreichen und auf ein kaltes, naß abgespültes Backblech legen. Die beim Ausstechen der Ringe bleibenden kleinen Scheiben ebenfalls mit Ei bestreichen und mit auf das Backblech legen. Die Pasteten im sehr heißen Rohr backen, beliebig füllen und das Deckelchen daraufsetzen.

2. Mürbteigpasteten

250 g Mehl · 100 g Butter oder Margarine · 2 Eigelb · 1 Teelöffel Salz · 4 Eßlöffel Sauerrahm

Butter oder Margarine mit Eigelb schaumig rühren, Salz, Rahm und die Hälfte des Mehls unterrühren, dann mit dem restlichen Mehl auf dem Brett rasch zu einem Teig kneten. Bis zum Gebrauch in ein Tuch einschlagen, kalt ruhen lassen. — Pastetenförmchen (Ragoutförmchen, Auflaufförmchen, Cocotte) mit diesem Mürbteig auslegen, beliebig füllen, von dem Teig einen Deckel darauflegen, mit verquirltem Ei bestreichen und die Pasteten auf einem Blech oder Drahtrost stehend im Rohr backen. Mit dem ausgerollten Teig können auch Blechförmchen ausgelegt, einigemale mit der Gabel eingestochen und blind (ohne Füllung) gebacken werden. — Die gebackenen Mürbteigpasteten werden beliebig gefüllt und heiß oder kalt serviert. — Diese Art Pasteten können vorgebacken werden.

3. Pasteten mit Stärkemehl

150 g Mehl · 100 g Stärkemehl · 1 Teelöffel Salz · 150 g Butter oder Margarine · 2 Eßlöffel kaltes Wasser

1 Eßlöffel Mehl mit kaltem Wasser in einer Tasse zu einem Brei anrühren. Das übrige Mehl und Stärkemehl mit Butter oder Margarine und Salz abbröseln, dann das angerührte Mehl dazugeben und so lange kneten, bis sich der Teig von den Händen löst. Eine halbe Stunde kühl ruhen lassen, dann Pastetenförmchen damit auslegen, mit Ragout füllen, einen Teigdeckel darauflegen, diesen mit verquirltem Ei bestreichen und die Pasteten im Rohr backen. — Man kann die Förmchen auch — ohne sie mit Teig auszulegen — mit Ragout füllen, von dem angegebenen Teig einen mit Ei bestrichenen Deckel darauflegen und dann im Rohr backen.

4. Wasserteigpastete

³/₄ kg Mehl · 2 Eier · 50 g Butter oder Margarine · 2 Teelöffel Salz · ¹/₄ l kochendes Wasser

Das gesiebte Mehl mit Eiern, Butter oder Margarine und Salz vermischen, dann unter dauerndem Rühren ¹/₄ l kochendes Wasser zugießen und anschließend auf dem Brett den Teig so lange kneten, bis er seidenglatt ist und mit den Fingern in die Höhe gezogen stehen bleibt. Als Brot geformt und leicht mit Mehl bestäubt erkalten lassen. Dann wie Blätterteig dreimal hintereinander ausrollen und wieder zusammenschlagen, in der Zwischenzeit immer 20 Minuten ruhen lassen. Dieser Teig eignet sich besonders zum Auslegen größerer Formen. Er kann auch ausgerollt über eine befettete runde Schüssel gelegt werden, mit Teigstreifen verziert, mit verquirltem Ei bestrichen und im Rohr gebacken werden. Diese Pastetenhülle wird nach dem Backen von der Form abgenommen und über angerichtetes Ragout gegeben.

5. Römische Becherpasteten

80 g Mehl · 2 Eier · Salz · 2 Teelöffel Öl · 2 Eßlöffel Milch · Backfett

Mehl mit Eiern, Salz, Öl und Milch 10 Minuten verquirlen, das Pasteteneisen in Fett erhitzen, vorsichtig in den Teig tauchen (nur bis ³/₄ Höhe des Eisens), rasch ins heiße Fett geben, halbfertig backen, mit der Messerspitze den Rand lösen, die Pastete vom Eisen abstoßen, schwimmend fertig goldgelb backen, warm stellen.

Fülle für Becherpasteten: Feine Fleischragouts, feine gebundene Gemüse, gedünstete Pilze, Fisch- oder Krebsragout.

6. Königinpastetchen

8 Blätterteigpastetchen — Ragout: 250 g Kalbfleisch · Salzwasser · Suppengrün · 30 g Butter · 20 g Mehl · ¹/₈ l Fleischbrühe · Salz · Pfeffer · Weißwein oder Zitronensaft · 125 g gedünstete Champignons · 1 Eigelb

Kalbfleisch oder halb Kalbfleisch und halb Kalbsbries in Salzwasser mit Suppengrün weichkochen, dann das Fleisch von Haut und Sehnen befreien und in kleine Würfel schneiden. Aus Butter und Mehl mit Kochbrühe eine dickliche Sauce bereiten, mit Salz, Pfeffer und Zitronensaft oder Weißwein gut abschmecken, mit Eigelb legieren, die Fleischwürfelchen und die blättriggeschnittenen, in Butter gedünsteten Pilze untermischen. Das dicklich gehaltene Ragout in die fertig gebackenen Pasteten einfüllen, das Deckelchen daraufsetzen und sofort zu Tisch geben.

7. Pastetchen mit Rührei

8 Pastetchen (bereitet nach Rezept 1, 2, 3 oder 5) — Rührei: 8 Eier · 4 Eßlöffel Milch oder Rahm · Salz · 40 g Butter

Die Eier mit Milch oder Rahm und Salz verquirlen, in die Stielpfanne mit nicht zu heißer Butter geben und so lange rühren, bis die Eier leicht geronnen sind. Die Pasteten mit dem heißen Rührei füllen, mit Schnittlauch bestreuen, das Deckelchen daraufsetzen und sofort zu Tisch geben.

8. Pastetchen mit Bratenresten

8 Pastetchen (bereitet nach Rezept 1, 2, 3, 5) — Fülle: 200 g Bratenreste 1 Essiggurke · 1 Eigelb · 2 Teelöffel Mehl · Salz · Pfeffer · Brühwürze Zitronensaft oder Weißwein

Fleischreste und Essiggurke in kleine Würfel schneiden, Eigelb mit Mehl und etwas Flüssigkeit glattrühren, in restlichem Bratensaft oder Brühe einkochen. Die dickliche Sauce gut mit aufgelöster Brühwürze und Zitronensaft ober Weißwein abschmecken, die Fleisch- und Gurkenwürfelchen untermischen, alles mitsammen heiß werden lassen, in die Pasteten einfüllen, das Deckelchen daraufsetzen und sofort zu Tisch geben.

9. Große Blätterteigpastete

240 g Butter oder Margarine · 60 g Mehl . 180 g Mehl · 1 Eßlöffel Essig 9 Eßlöffel kaltes Wasser — Fülle: ¹/₂ kg Kalbfleisch · Salzwasser · Suppengrün · 40 g Butter · 40 g Mehl · ¹/₄ l Brühe · Salz · Pfeffer . Zitronensaft oder Weißwein · 2 Eigelb · 250 g Champignons

Aus den angegebenen Zutaten einen Blätterteig bereiten, in der Größe von 2 Tortenböden ausrollen. Die eine Teigscheibe auf ein naß abgespültes Tortenblech legen, den Rand mit Eiweiß oder verquirltem Ei bestreichen. Die zweite Teigscheibe zu einem Ring ausstechen und diesen auf die bestrichene Teigscheibe legen. Die beim Ausstechen des Ringes zurückgebliebene Teigscheibe ebenfalls auf das Backblech legen. Den Boden mit dem aufgelegten Rand und den Deckel mit verquirltem Ei bestreichen und bei sehr guter Hitze backen. Die fertig gebackene Pastete auf einer Platte anrichten, mit dem sehr dicklich gehaltenen Ragout füllen, den Deckel darauflegen und sofort zu Tisch geben.

Ragout: Das Kalbfleisch (oder halb Kalbfleisch und halb Kalbsbries) in Salzwasser mit Suppengrün weichkochen, von Haut und Sehnen befreien und in kleine Würfel schneiden. Aus Butter und Mehl mit Brühe eine dickliche Sauce kochen, gut abschmecken, mit Eigelb legieren, das geschnittene Fleisch und die gedünsteten Pilze hineingeben, alles mitsammen gut heiß werden lassen.

10. Warme Fleischpastetchen

Teig: 90 g Mehl · 60 g Stärkemehl · ¹/₂ Teelöffel Salz · 3 Teelöffel Wasser Zitronensaft oder Weißwein · 40 g Butter — Fülle: 2 Kalbsbries · Salzwasser 100 g Champignons · ¹/₄ l Brühe · 1 Eigelb · 2 Eßlöffel Mehl

Teig: 2 Teelöffel Mehl mit Wasser in einer Tasse zu einem Brei anrühren. Das übrige Mehl und Stärkemehl auf ein Brett sieben und mit Butter und Salz abbröseln. Dann den angerührten Brei dazugeben und den Teig so lange kneten, bis er sich von den Händen löst. Vor der Weiterverwendung eine halbe Stunde kühl ruhen lassen.

Ragout: Das Bries in Salzwasser kochen (20 Minuten), von der Haut befreien und zu kleinen Würfeln schneiden. Die Champignons blättrig schneiden und in Butter weichdünsten. Eigelb mit Stärkemehl und etwas kalter Brühe glatt rühren, in ¹/₂ l Brühe einkochen. Die Sauce mit Zitronensaft oder Weißwein pikant abschmecken, das geschnittene Fleisch, die gedünsteten Pilze und frische Butter zugeben.

Kleine Auflaufförmchen mit Ragout füllen, einen Teigdeckel darauflegen und diesen mit verquirltem Ei bestreichen. Die Förmchen auf ein Blech oder einen Drahtrost stellen und 25 Minuten bei Mittelhitze im Rohr backen.

11. Warme Schinkenpastetchen

Pastetenteig Nr. 2 oder 3 — Fülle: 250 g gekochter Schinken · ¹/₈ l Sauerrahm · 2 Eigelb · Petersilie

Pastetenförmchen mit Mürbteig auslegen, gewiegten Schinken mit Sauerrahm und Eigelb, gehackter Petersilie mischen, in Förmchen füllen, einen Teigdeckel darauflegen, mit verquirltem Ei bestreichen, 25 Minuten im Rohr backen, stürzen. Warm mit Sauerkraut oder Salat zu Tisch geben.

12. Geflügelpastetchen

*Fülle: Geflügelreste gekocht oder gebraten • 20 g Butter • 1 Eßlöffel Mehl
1/8 l Bratensaft oder Brühe • Salz • Pfeffer • Zitronensaft oder Weißwein*

Aus Butter und Mehl mit Bratensaft oder Brühe eine dickliche Sauce kochen, mit den angegebenen Gewürzen gut abschmecken, von den Knochen gelöstes Geflügelfleisch in kleine Würfel schneiden und in die Sauce geben. Pastetenförmchen mit Mürbteig auslegen, die Geflügelmasse einfüllen, einen mit zurückbehaltenem Ei bestrichenen Teigdeckel darauflegen und die Pasteten im Rohr backen, stürzen. Man kann das Geflügelragout auch in vorgebakkene Pastetchen füllen, mit geriebenem Käse und Semmelbröseln bestreuen, mit flüssiger Butter betropfen und im heißen Rohr überbacken.

13. Römische Pasteten mit Wildragout

*Teig: 80 g Mehl • 2 Eier • Salz • 2 Teelöffel Öl • 2 Eßlöffel Milch — Fülle:
1/4 kg Wildbratenreste • 40 g Fett • 2 Eßlöffel Mehl • 1/4 l Brühe • Salz • Pfeffer
Muskat • gewiegte Zitronenschale • 2 Eßlöffel Johannisbeergelee • 30 g Brösel*

Aus Fett und Mehl mit Brühe eine dunkle dickliche Sauce kochen, mit den angegebenen Gewürzen und Johannisbeergelee abschmecken, das gebratene gewiegte Wildfleisch und die Brösel zugeben. Das heiße Wildragout in die gebackenen Becherpasteten füllen und sofort servieren. Für die Pasteten die angegebenen Zutaten verquirlen, das in Fett erhitzte Pasteteneisen bis 3/4 der Höhe desselben in den Teig tauchen und die Pasteten in schwimmendem Fett backen. Will man die Pasteten dicker, läßt man die Milch bei der Teigbereitung weg.

14. Pastetchen mit Fleischsalat

8 Mürbteigpastetchen (Nr. 2, 3) — 250 g Fleischsalat

Fertige Pasteten knapp vor dem Anrichten mit Fleischsalat füllen und auf einer Glasplatte, die mit Spitzenpapier belegt ist, anrichten. Ein Sträußchen grüne Petersilie mit auf die Platte legen.

15. Pastetchen mit Geflügelmayonnaise

*8 Mürbteigpastetchen (Nr. 2, 3) — gekochte oder gebratene Geflügelreste
100 g Mayonnaise*

Das Geflügelfleisch in feine Streifchen schneiden und mit Mayonnaise mischen. Die Pasteten kurz vor dem Anrichten damit füllen, mit Ketchup beträufeln. Auf einer mit Spitzenpapier belegten Platte anrichten.

16. Warme Bratwurst-Pastete

*Teig: 200 g Mehl • 100 g Margarine • 1 Ei • Butterflöckchen • 2 Eßlöffel Rahm
Milch oder Wasser • Salz — 1/2 kg Bratwurst*

Aus Mehl, Butter oder Margarine, Ei, Flüssigkeit und Salz einen Mürbteig kneten, ausrollen und eine feuerfeste Form damit auslegen. Den Boden der Form mit roher Bratwurst und Butterflöckchen belegen, einen Teigdeckel darübergeben, diesen mit zurückbehaltenem Ei bestreichen, mit einer Gabel mehrmals einstechen, die Pastete im Rohr backen und heiß mit Gemüse oder Salat servieren.

17. Gemüsepastete (Gemüsetimbale)

Pastetenteig Nr. 2 — 3/4 kg fertig zubereitetes, dickliches Gemüse (Blumenkohl, gelbe Rüben mit Erbsen, Rosenkohl, Sauerkraut u. dgl.)

Pastetenteig bereiten, 1/2 Stunde kühl ruhen lassen. Während dieser Zeit ein nicht zu weichgekochtes, dickliches, sehr gut abgeschmecktes Gemüse zubereiten (z. B. Blumenkohl mit holländischer Sauce; mit geriebenem Käse abgeschmeckt, mit Fett und gerösteter Zwiebel gedünstetes Sauerkraut u. dgl.) Eine befettete, mit Bröseln ausgestreute Timbalenform (halbkugelige Form oder halbkugelige Blechschüssel) mit bleistiftstarken, möglichst langen Teigrollen schneckenförmig auslegen, dabei am Boden der Form beginnen. Die ausgelegte Form mit Bröseln ausstreuen, das Gemüse einfüllen, von dem restlichen Teig einen Teigdeckel darauflegen, diesen einige Male mit der Gabel durchstechen und an den Rändern festdrücken. Die Timbale ins Rohr stellen und 1 Stunde bei guter Hitze backen. Dann auf eine Platte stürzen, mit kleinen Hammelkotelettes, Zungenscheiben, kleinen Beefsteaks oder dgl. umlegen. Im Winter füllt man die Timbale gern mit Sauerkraut und umlegt mit Scheiben von gebratener Gänseleber. Die Pastetenmasse reicht für 2—3 Formen.

18. Makkaronischüsselpastete (Bienenkorb)

200 g Makkaroni · Salzwasser — Fülle: 1/2 kg Bratenreste · 2 Semmeln 2 Eier · Zwiebel · Petersilie · Salz · Pfeffer · Muskat · 4 Eßlöffel Sauerrahm

Die unzerbrochenen Makkaroni in Salzwasser weichkochen, kalt überbrausen und gut abtropfen lassen. Die durch die Maschine gedrehten Bratenreste und eingeweichte Semmeln mit gewiegter, gedünsteter Zwiebel und Petersilie, verquirlten Eiern und Sauerrahm mischen und mit Salz, Pfeffer, Muskat, evtl. noch gewiegten Sardellen gut abschmecken. Eine feuerfeste runde Form mit Fett bestreichen, mit Bröseln ausstreuen und mit den Makkaroni schneckenförmig auslegen, am Boden der Form beginnen. Dann die Fleischmasse einfüllen und den Bienenkorb 1 Stunde im Wasserbad kochen oder im Rohr backen. Etwas überkühlt auf eine Platte stürzen und mit Tomatensauce und Salat zu Tisch geben.

19. Fleischpastete

1/2 kg Schweinefleisch · 1/2 kg Kalbfleisch · 100 g Fett · 100 g Speck · 2 Semmeln · 1/8 l Milch · Pastetengewürz und Salz · 4 Eigelb

Die Hälfte des Schweine- und Kalbfleisches braten, das gebratene und das rohe Fleisch zweimal durch die Maschine drehen, die in Milch eingeweichten ausgedrückten Semmeln ebenfalls durchdrehen. Würflig geschnittenen Speck und Eigelb untermischen, mit Pastetengewürz und Salz abschmecken. Eine Pastetenform oder schmalen, hohen Topf mit gut schließendem Deckel mit Speckscheiben auslegen, die Pastetenmasse einfüllen und zwei Stunden im Wasserbad kochen.

20. Kalbsleberpastete

400 g Speck · Zwiebel · Petersilie · ³/₄ kg Kalbsleber · 3 Semmeln · 3 Eigelb Salz · Pfeffer · Majoran · Thymian

Frischen Speck mit gehäuteter Kalbsleber und eingeweichten, ausgedrückten Semmeln zweimal durch die Maschine drehen, mit feinstgewiegter Zwiebel und Petersilie und Eigelb mischen, mit den angegebenen Gewürzen gut abschmecken. Die dickflüssige Masse in eine mit dünnen Speckscheiben ausgelegte Pasteten- oder Kastenform füllen, mit kleinwürflig geschnittenem Speck bestreuen, mit einem Deckel oder Pergamentpapier zudecken und auf dem Herd oder im Rohr 2 Stunden im Wasserbad kochen. Warm oder kalt servieren.

21. Kalbsleberpastete mit Schinken (warm oder kalt)

¹/₂ kg Kalbsleber · ¹/₄ kg Schweinefleisch · 100 g roher Schinken · 1 Semmel 2 Eier · 1 Zwiebel · Salz · Pfeffer

Die gehäutete Kalbsleber mit Schweinefleisch und in Milch eingeweichter, gut ausgedrückter Semmel zweimal durch die Maschine drehen. Feingewiegte, hell gedünstete Zwiebel und die verquirlten Eier zugeben, gut abschmecken. Eine Pastetenform oder feuerfeste Form mit glattem Rand mit dünnen Speckscheiben auslegen, die Fleischmasse einfüllen, die Form mit Pergamentpapier zubinden und 2 Stunden im Wasserbad kochen oder im Rohr backen. Warm mit Kartoffeln und Salat geben. Oder erkaltet zu Scheiben schneiden und als kalten Aufschnitt geben.

22. Schweinsleberpastete (warm oder kalt)

¹/₂ kg Schweinsleber · ¹/₈ l Milch · 1 Zitrone · Salz · Pfeffer · 200 g Schweinefett einige Trüffeln oder Champignons

Die Schweinsleber 2 Stunden in Milch legen, damit sie schön hell wird, dann zweimal durch die Maschine drehen. Schaumig gerührtes Schweinefett mit der Leber, feingewiegter Zitronenschale, Zitronensaft, Salz, Pfeffer und gedünsteten Trüffeln oder Champignons mischen. Die Masse in eine befettete Pastetenform füllen, zubinden und 1 Stunde im Wasserbad kochen. Die Pastete vor dem Stürzen etwas abkühlen lassen, warm oder kalt in Scheiben schneiden.

23. Gänseleber-Pastete

600 g Gänseleber · 300 g frischen Speck · 4 Eier · Salz · Zwiebel Pastetengewürz

Die Leber einige Stunden in Milch legen, dann häuten und mit dem Speck zweimal durch die Maschine drehen. Mit ganzen Eiern, feinstgeschnittener, gedünsteter Zwiebel und Gewürzen mischen, durch ein feines Sieb streichen. Eine schmale hohe Pastetenform oder eine Kastenform mit Speckscheiben auslegen, die Masse hineinfüllen und eine Stunde im Wasserbad kochen. Man kann auch die Hälfte der Leber mit Trüffeln spicken und erst eine Lage Farce, dann Leber und wieder Farce in die Form geben, kochen, erkaltet stürzen. Die Pastete kann in Fett oder Aspik eingegossen werden. Als Belag wird sie in dünne Scheiben geschnitten, als Vorspeise mit Mayonnaise gereicht.

23a. Gänseleber-Pastete

2 größere Gänselebern · 50 g Trüffeln · 1/2 Zitrone · 250 g fettes Schweinefleisch · 40 g Butter · 80 g Gänse- oder Schweinefett · 20 g Mehl · 2 Zwiebeln 1/8 l Brühe · 1 Eßlöffel Madeira · 2 Eigelb · Salz · Pfeffer

Die eine Leber mit Trüffelscheibchen spicken und mit Zitronensaft marinieren. Das Fleisch mit der zweiten Leber dreimal durchdrehen. Aus Butter, Mehl, feingewiegter Zwiebel, Brühe und Madeira eine helle Sauce kochen, zum Fleisch geben, alles mitsammen durch ein feines Sieb streichen. Eigelb zugeben, mit Salz, Pfeffer abschmecken. Eine Pastetenform ausfetten, Farce hineingeben, fest werden lassen, die gespickte Leber und die restliche Farce daraufgeben. Die Form zubinden und 1 1/2 Stunden im Wasserbad kochen.

24. Gänseleberpastete mit Schweinefleisch (kalt)

3 Gänselebern · 625 g mageres Schweinefleisch · 1 Petersilienwurzel · 1 Gelbrübe · 1 Sellerie · Zitronenschale · 1 Teelöffel Kapern · 4 Sardellenfilets · 100 g Butter · Majoran · Thymian · Paprika · Salz · Zitronensaft · 1 Kaffeelöffel Madeira

Die Gänseleber in fingerdicke Scheiben schneiden und die Abfälle fein schaben. Das Fleisch durch die Maschine drehen und mit feingewiegtem Wurzelwerk, Zitronenschale, Sardellenfilets und Kapern in 50 g Butter 5 Minuten dünsten, dann die Gewürze, die feingeschabte Gänseleber zugeben, Zitronensaft und Madeira oder anderen roten Südwein zugeben und alles mitsammen 1/2 Stunde dünsten. Dann die Masse in heißem Zustand löffelweise durch ein feines Sieb streichen. Die vorher in Milch gelegten Gänseleberscheiben mit feinen Trüffelstreifen spicken. Eine hohe Pastetenform mit Butter ausstreichen, fingerdick mit der passierten Masse füllen, eine Gänseleberscheibe darauflegen, darauf wieder Fleischmasse und so weiter, bis alles aufgebraucht und die Form nicht höher als 3/4 voll ist. Die oberste Schicht muß Füllmasse sein. Die Pastete wird gut zugebunden und 2 Stunden im Wasserbad am Herd oder im Rohr gekocht. Das Wasserbad soll halbhoch stehen und muß von Zeit zu Zeit nachgefüllt werden. Am nächsten Tag über die völlig abgekühlte Pastete flüssiges Gänsefett oder Schweinefett geben. Sie ist dann monatelang haltbar, muß aber kühl und trocken aufbewahrt werden. Bei Gebrauch nimmt man das aufgegossene Fett ab, sticht mit einem Silberlöffel, den man immer wieder in kochendes Wasser taucht, gleichmäßige, nicht zu dicke Stücke heraus und richtet sie mit Aspik und Petersilie schön an.

25. Wildpastete

½ kg gebratenes Wildfleisch · 50 g entrindetes Weißbrot · 90 g Sardellen 60 g Zwiebeln · 60 g Butter · 3 Eier · Salz · Pfeffer · 2 Eßlöffel Bratensaft 125 g fetten Speck · 125 g Parmesankäse

Das gebratene Wildfleisch mit entrindeter, eingeweichter, ausgedrückter Semmel zweimal durch die Maschine drehen, feingewiegte Zwiebel, feingewiegte Sardellen, Bratensaft, 2 Eigelb und 1 ganzes Ei zugeben und die Masse durch ein feines Haarsieb streichen oder nochmals durchdrehen. Dann den kleinwürflig geschnittenen Speck, den geriebenen Käse und den Eischnee untermischen. Die Masse in eine befettete Form füllen und 1 Stunde im Wasserbad kochen. Erkaltet zu feinen Scheiben schneiden und mit Aspik garnieren.

26. Wildpastete mit Gänseleber (kalt)

½ kg gebratenes Wildbret · ¼ kg Schinken (gekocht) · 6 Sardellenfilets einige Trüffeln · 1 Zwiebel · 1 Gänseleber · 40 g Butter · ½ l Aspik

Die gebratenen Wildreste mit Schinken, den Sardellenfilets und gedünsteter Zwiebel zweimal durch die Maschine drehen. Die Gänseleber in Butter dünsten, nach dem Erkalten womöglich mit feinen Trüffelstreifchen spicken. In eine Pastetenform gießt man fingerhoch Aspik, läßt es erstarren, gibt die Hälfte der Pastetenmasse darauf, legt die gespickte Gänseleber darauf und gibt die zweite Hälfte der Pastetenmasse darüber. Dann gießt man flüssiges Aspik darüber und stellt kalt. Beim Anrichten hält man die Form einen Augenblick in heißes Wasser und stürzt die Pastete auf eine naß abgespülte Platte.

27. Hasenpastete mit Gänseleber (kalt)

(12 Personen)

Pastetenteig: ½ kg Mehl · 1 Ei · Salz · Wasser — 1 gebratener Hase · 60 g Speck · 60 g gekochter Schinken · 1 Zwiebel · Petersilie · 60 g Butter · 1 Semmel · 1 Gänseleber · 3 Eigelb · Salz · Pfeffer · Piment · Muskat · einige Trüffeln · Speckscheiben

Das Fleisch von einem gebratenen Hasen vorsichtig ablösen und in schöne Stücke teilen. Die Abfälle mit Speck, gekochtem Schinken, gedünsteter Zwiebel und Petersilie und in Brühe eingeweichter, ausgedrückter Semmel zweimal durch die Maschine drehen. Die Gänseleber in Butter weichdünsten, dann zu schönen Scheiben schneiden, die Abfälle derselben zu der durchgedrehten Fleischmasse geben. Will man die Pastetenmasse ganz fein haben, streicht man sie noch durch ein feines Sieb, andernfalls dreht man sie mit den Gänseleberabfällen nochmals durch die Maschine. Dann gibt man das Eigelb und, wenn vorhanden, in Streifchen geschnittene Trüffeln zu und schmeckt pikant ab. Aus den angegebenen Zutaten einen glatten Teig kneten und damit eine befettete Pastetenform oder feuerfeste Form auskleiden, und zwar so, daß sie oben zweifingerbreit über den Rand der Form geht. Auf den Boden der Form legt man erst eine Lage dünne Speckscheiben, darauf ungefähr 1 cm hoch Pastetenmasse, darauf in wechselnder Anordnung Hasen- und Leberscheiben, darauf wieder Pastetenmasse und so weiter, bis die Form voll ist. Die oberste Schicht muß Pastetenmasse sein, darauf legt man noch dünne Speckscheiben, legt ein Teigblatt darauf, macht zweimarkstückgroße Löcher hinein, drückt den vorstehenden Rand darüber und bäckt die Pastete 1½ Stunden im Rohr. Man läßt sie in der Form erkalten, stürzt sie dann, entfernt den Pastetenteig und schneidet zu schönen Scheiben. Diese werden auf einer Glasplatte angerichtet und mit Aspik garniert.

28. Rebhühnerpastete (warm)

2 gedünstete Rebhühner · 40 g Butter · 40 g Mehl · ½ l Brühe · 6 Eigelb Salz

Das Fleisch der gedünsteten Rebhühner ablösen und durch die Maschine drehen, die Knochen kleinhacken und zu Brühe auskochen. Damit eine Einbrenne aus Butter und Mehl aufgießen. Die durchgedrehten Rebhühner mit der heißen Sauce mischen, evtl. alles mitsammen durch ein feines Sieb streichen, dann die Eigelb zugeben, mit Salz abschmecken. Wenn vorhanden, in Streifchen geschnittene Trüffeln untermischen. Die Masse in eine gut gefettete Pasteten- oder Puddingform füllen und verschlossen 1 Stunde im zugedeckten Wasserbad im Rohr kochen. Dann die Pastete vorsichtig auf eine tiefe Platte stürzen und heiß mit Weinkraut und Kartoffeln zu Tisch geben. Geeignete Zubereitungsart für zerschossene Stücke.

29. Fasanenpastete (kalt)

Pastetenteig: Nr. 2 — 1 Fasan · 100 g Speck · Wurzelwerk · Lorbeerblatt Pfefferkörner · ⅛ l Wein · ⅛ l Brühe · 375 g mageres Kalbfleisch · 200 g Speck · Salz · Saft von 2 Zitronen

Den vorbereiteten Fasan mit kleinwürfelig geschnittenem Speck, Wurzelwerk und Gewürzen halb weich braten, dann mit Wein und Brühe aufgießen und gardünsten. Den Fasan herausnehmen, das Fleisch von den Knochen lösen und zu zierlichen Stücken schneiden. Kalbfleisch und Speck zweimal durch die Maschine drehen, Bratensauce und Zitronensaft zugeben, mit Salz abschmecken. Eine befettete Pastetenform mit Pastetenteig auskleiden, abwechselnd Fleischmasse und Fasanenstückchen einlegen, mit Fleischmasse schließen und einen Teigdeckel darauflegen. Die Pastete 1 Stunde im Rohr backen, in der Form abkühlen lassen und erst am nächsten Tag stürzen.

Kalte Platten

Kalte Platten können als kaltes Abendessen für den Familientisch oder in einfacherer oder komplizierterer Ausführung für Einladungen gerichtet werden. Man kann dafür die mannigfaltigsten Dinge verwenden. Bei kalten Platten unterscheidet man:
Belegte Brote, belegte Brötchen, Sandwiches, Toast. Hier ist alles schon fertig gerichtet, die Familienmitglieder oder Gäste haben selbst nichts mehr zu richten. Für größere Einladungen ist diese Form sehr praktisch, da man keine Bestecke braucht und die Brötchen eventuell auch im Stehen gegessen werden können. Für pikante Spießchen trifft dasselbe zu.
Angerichtete Platten mit Aufschnitt, hartgekochten Eiern in verschiedener Form, Tomaten, Fischdelikatessen, verschiedene Käse, verschiedene Mayonnaisensalate usw. Dazu gibt man Butter entweder mit dem Dressiermesser (Buntmesser) zu Portionen geschnitten, mit einem Butterhobel zu Spänen, oder mit 2 Holzbrettchen zu Kugeln geformt, verschiedene Arten von Brot und Brötchen. Zum Garnieren dieser Platten verwendet man Eier, Essiggurken, Tomaten, Zitronen, Salzletten, Salzbrezeln usw. Ein gut gedeckter Tisch mit entsprechenden Sitzgelegenheiten ist für diese Form der Einladung unerläßlich.
Grundregeln für belegte Brote, belegte Brötchen (Teebrötchen), Sandwiches, Toast:
Beim Richten von Brötchen überlegt man erst, wieviel Brötchen man pro Person im Durchschnitt rechnet. Dann werden alle Brote auf einer festen Unterlage mit Butter bestrichen, niemals in der Hand. Die Butter kann dünn muß aber bis an den Rand gestrichen werden. Nach Belieben kann man die schaumig gerührte Butter mit Sardellenpaste, Senf usw. pikant

abschmecken. Nachdem alle Brötchen bestrichen sind, werden alle Brötchen grundiert, z. B. mit Käsescheiben belegt oder mit Schinken oder Lachs, großen Wurstscheiben usw. Man achte darauf, daß der Belag nicht über die Kanten des Brotes steht. Eventuell wird er abgeschnitten, feingehackt und kann dann in dieser Form mit etwas Butter gemischt als Aufstrich verwendet werden. Nachdem alle Brote so vorbereitet sind, werden sie in die entsprechende Größe geschnitten; halbiert, geviertelt oder diagonal durchgeteilt. Jetzt erst werden alle Brötchen mit weiteren Zutaten belegt und verziert. Dies soll verschiedenartig geschehen, aber immer so, daß man niemals den Eindruck hat, es sei daran herumgekünstelt oder es sei besonders viel Zeit dafür verwendet worden. Anrichten kann man schuppenförmig, sternförmig, im Kranz oder versetzt lose übereinander. Die angerichteten Brötchen überdeckt man bis zum Servieren mit einer Schüssel oder Serviette, damit sie nicht austrocknen.

Hat man eine größere Anzahl von Broten zu bestreichen, rührt man die Butter dazu immer schaumig, niemals darf sie dazu erwärmt werden, da sonst Geschmack und Beschaffenheit leiden. Die Butter kann man verschiedenartig abschmecken oder noch mit anderen Zutaten mischen. Der Belag kann dann einfacher gehalten oder auch weggelassen werden. Statt Butter kann man gegebenenfalls auch Delikatessemargarine verwenden.

1. Eierbutter

125 g Butter · 2 gekochte Eigelb · Salz

Schaumig gerührte Butter mit dem passierten Eigelb von 2 hartgekochten Eiern verrühren, mit Salz abschmecken.

2. Käsebutter

125 g Butter · 50 g geriebener Käse · Salz

Schaumig gerührte Butter mit geriebenem Hartkäse mischen, mit Salz abschmecken. Am besten ist geriebener Parmesankäse.

3. Kräuterbutter

125 g Butter · etwas Zwiebel · Petersilie · Schnittlauch · Salz · Zitronensaft

Schaumig gerührte Butter mit feinst gehackter Zwiebel, gewiegter Petersilie und Schnittlauch mischen, mit Salz und Zitronensaft abschmecken.

4. Senfbutter

125 g Butter · 2 gekochte Eigelb · 2 Eßlöffel Senf · Salz

Schaumig gerührte Butter mit dem passierten Eigelb von 2 hartgekochten Eiern und Senf mischen, mit Salz abschmecken.

Kalte Platten

5. Sardellen- oder Anchovisbutter

125 g Butter · 6 Sardellen oder Anchovis

Schaumig gerührte Butter mit feingehackten Sardellen oder Anchovis oder Paste vermischen.

6. Pikanter Brotaufstrich

150 g Butter oder Margarine · 250 g gekochtes mageres Ochsenfleisch · 2 hartgekochte Eier · 1 Zwiebel · 1 Eßlöffel Kapern · 2 Sardellen · 2 Eßlöffel Senf 1 Eßlöffel Öl · Salz · Pfeffer · Zitronensaft

Das Ochsenfleisch mit den Eiern, Zwiebel, Kapern und Sardellen durch die Maschine drehen und in die schaumig gerührte Butter geben. Die Masse noch mit Öl, Senf, Salz, Pfeffer, Zitronensaft fertig abschmecken.

7. Currybutter

125 g Butter · 2 Teelöffel Curry · Salz

Schaumig gerührte Butter mit Currypulver und Salz abschmecken.

8. Topfenbutter

100 g Butter · 100 g Topfen · Zwiebel · Petersilie · 1 Teelöffel Kümmel · Salz

Schaumig gerührte Butter mit passiertem Topfen, feingewiegter Zwiebel, Petersilie und feingewiegtem Kümmel mischen, mit Salz abschmecken.

9. Zitronenbutter

125 g Butter · 2 Eßlöffel Zucker · Saft $1/2$ Zitrone

Butter mit Zucker und Zitronensaft schaumig rühren, als Unterlage für Schinken und Käse besonders geeignet.

10. Nußbutter

125 g Butter · 2 Eßlöffel geriebene Nüsse · 1 Eßlöffel Zucker · $1/2$ Eßlöffel süßer Senf

Schaumig gerührte Butter mit gerösteten, geriebenen Nüssen, Zucker und Senf mischen. — Schinken, Käse, Bananenscheiben sind als Belag darauf geeignet.

11. Bananenbutter

125 g Butter · 1 Banane · 1 Eßlöffel Zucker · 1 Teelöffel Rum · 1 Teelöffel Zitronensaft · 50 g Nüsse zum Bestreuen

Schaumig gerührte Butter mit der feinzerdrückten Banane und den Geschmackszutaten verrühren. Als Unterlage für Käse und Schinken. Oder Weißbrot damit bestreichen und mit gerösteten, gehackten Nüssen bestreuen.

Man kann Weißbrot aushöhlen und mit den verschiedenartigsten Dingen, die durch Butter gebunden sind, füllen. Das über Nacht kaltgestellte Brot läßt sich dann sehr schön aufschneiden und das Richten der Brötchen erfordert keine Arbeit mehr.

12. Belegte Brote

Als *Unterlage* verwendet man Scheiben von Schwarzbrot, Graubrot, Weißbrot, Vollkornbrot oder Pumpernickel. Zum *Bestreichen* verwendet man schaumig gerührte Butter, Sardellen-, Senf- oder Kräuterbutter. Als *Belag* verwendet man Scheiben von gebratenem Fleisch, Wurst, Schinken, Käse, Streichwurst, Liptauerkäse, Essiggurken, hartgekochte Eier, Sardinen u. dgl. Die *Brote* werden nicht zu klein geschnitten, sie sollen sättigend sein.

13. Belegte Brötchen

(Teebrötchen, Canapés)

Als *Unterlage* verwendet man dünne Scheiben von Schwarzbrot, Graubrot, Weißbrot, Pumpernickel, geröstetes oder getoastetes Weißbrot, Salzkeks, Crackers. Zum *Bestreichen* verwendet man schaumig gerührte Butter oder vermischt diese noch mit pikanten Geschmackszutaten. Als *Belag* verwendet man dünne Scheiben von gebratenem Fleisch, feine, dünn aufgeschnittene Wurstsorten, Schinken, Käse, hartgekochte Eier, Lachs, Sardellen, Essiggurken u. dgl., gespritzte Butter oder Mayonnaise, geschnittenes oder gehacktes Aspik. Die *Brötchen* werden zu kleinen, gleichmäßigen Rechtecken, Quadraten oder Dreiecken geschnitten, rund oder oval ausgestochen. Die Auflage muß genau mit den Kanten des Brötchens abschließen und darf nicht überstehen. *Verziert* kann mit allen angegebenen Zutaten werden. Feine Scheibchen von Wurst oder Lachs dreht man gerne zu Tütchen auf. Gespritzte Butter oder Mayonnaise sieht sehr hübsch aus.

14. Sandwiches

Abgerindetes, feinporiges Schwarzbrot oder Weißbrot zu sehr dünnen, gleichmäßigen Quadraten schneiden, mit Butter oder pikant gewürzter Butter bestreichen, ganz glatt und genau bis an die Brotkanten mit beliebigen Zutaten belegen, eine zweite mit Butter bestrichene Brotschnitte mit der Butterseite auf die belegte Schnitte legen, gut andrücken, mit einer Serviette überdeckt vor dem Anrichten kühl stellen.

15. Toast

Feinporiges Weißbrot zu gut 1 cm dicken, gleichmäßigen Scheiben schneiden. In eine Stielpfanne wenig Butter geben und die Schnitten auf beiden Seiten rösten. Sie müssen innen weich bleiben und nur goldbraun geröstet werden. Am besten und frischesten ist der Toast, wenn man zur Bereitung desselben einen elektrischen Toaströster benützt. Ungebutterter oder gebutterter Toast kann verschiedenartig belegt werden.

16. Bunte Brötchen

1 Weißbrot • 125 g Butter • einige Sardellen oder Sardellenpaste • 125 g Schinken • 100 g Lachs • 50 g Roquefort • 1 Bund Radieschen • 1 Gewürzgurke • 2 hartgekochte Eier

Butter schaumig rühren, mit passierten Sardellen oder Sardellenpaste pikant abschmecken. Feinporiges Kastenbrot vom Vortag zu ½ cm dicken Scheiben schneiden. Diese Scheiben zu gleichmäßigen Quadraten von 5 cm Seitenlänge, Scheiben von 5 cm Durchmesser oder ovalen Brötchen von 5 cm Länge schneiden bzw. ausstechen. (Rinde und Ausstechabfälle trocknen und für Brösel verwenden.) Von dem Schinken Scheiben von ungefähr 4 cm Durchmesser ausstechen, die Reste fein wiegen. Die hartgekochten Eier schälen; das Weiße und das Gelbe für sich fein wiegen und etwas salzen. Feinzerdrückten Roquefort mit etwas Butter zu einer streichfähigen Masse rühren. Die Radieschen in feine Scheibchen schneiden, die Hälfte der Gurke fein wiegen. Alle Brötchen gleichmäßig mit der Sardellenbutter bestreichen. Einen Teil der Brötchen mit gehacktem Eigelb, einen anderen mit gehacktem Eiweiß, die nächsten mit gehacktem Schinken und Roquefort bestreichen, die beiden letzten mit Lachs und Radieschenscheiben belegen. Von jeder der Belegmassen hat man sich etwas zurückbehalten und verziert damit die Brötchen. Die Schinkenscheiben werden zu Tütchen gedreht, auf Eiweißbrötchen gelegt und mit gehacktem Eigelb gefüllt. Die Eiweißbrötchen bestreut man mit etwas Paprika, die Eigelbbrötchen mit gehackter Gurke. Die gehackten Massen müssen immer etwas angedrückt werden, damit nichts davon abfällt. Die Radieschenbrote werden ganz zum Schluß mit etwas feinem Salz bestreut, sie werden, ebenso wie die Roquefortbrötchen, nicht weiter verziert. Natürlich können die vorbereiteten Brötchen mit den verschiedensten Fleisch- und Fischfeinkostwaren belegt und verziert werden, je nach persönlichem Geschmack.

17. Kaviar auf Toast

4 Toastscheiben • 40 g Butter • 100 g Kaviar • 4 Zitronenscheiben

Toastscheiben mit Butter bestreichen, mit Kaviar belegen. Die Zitronenscheibe in 4 Teile schneiden und daraufflegen.

Kalte Platten

18. Sardellenbrötchen

Feine Weißbrotscheiben • Sardellenstreifen • Kapern oder gehacktes Eigelb frische Butter

Man bestreicht die Brötchen mit Butter, belegt sie gitterförmig mit Sardellenstreifen und legt dazwischen Kapern hinein. Auch gehacktes Eigelb könnte man dazwischen streuen.

19. Feinschmeckerbrötchen

100 g Butter • 1 Eßlöffel geriebener Kräuterkäse • 1 geriebene Zwiebel etwas Salz • 1 Eßlöffel Sardellenpaste • ¹/₂ Kaffeelöffel Weinessig • 1 Kaffeelöffel Salatöl • Pumpernickel — Verzierung: Tomaten und Eierscheiben

Man mischt die Zutaten nach und nach mit der schaumig gerührten Butter. Auf Pumpernickel- oder Weißbrotscheiben aufgetragen, werden die Brötchen mit einer Tomaten- und Eierscheibe verziert.

20. Teebrötchen mit Schinken

Eine dünne Scheibe Weißbrot wird dünn mit Butter bestrichen und mit einem genau zugeschnittenen Schinkenblatt belegt. In die Mitte legt man eine Eier-, Gurken- oder Tomatenscheibe oder ein Butterröschen. Auch Schinkenabfälle kann man hier zweckmäßig verwenden, indem man sie fein und als Band auf dem Butterbrötchen anrichtet.

21. Pikante Brötchen

50 g Butter • ¹/₂ Matjesfilet • 1 hartgekochtes Ei • 2 Eßlöffel geriebener Parmesankäse • Salz • Pfeffer • 1 kleine Zwiebel • etwas Petersilie • Kapern geriebene Zitronenschale • Muskatnuß • Pumpernickelscheiben — Verzierung: Tomatenscheiben

Matjesfilet, Zwiebel und Petersilie fein wiegen. Das Ei und die gehackten Zutaten mit der schaumig gerührten Butter mischen. Auf Schwarzbrot- und Weißbrotscheiben streichen.

22. Bücklingsbrötchen

100 g Butter • 1 Bückling • Salz • Schwarzbrotscheiben

Schaumig gerührte Butter mit sorgfältigst entgrätetem, feingehacktem Bückling mischen, mit Salz abschmecken. Dünne, viereckige Schwarzbrotschnitten damit bestreichen, 6 Brote übereinanderlegen, das oberste unbestrichen. Die Brote beschweren, kalt stellen und nach einigen Stunden quer in schöne Schnitten teilen.

Kalte Platten

23. Holländische Käsebrötchen

150 g Weichkäse · Schwarzbrotschnitten

Man bestreicht dünne viereckige Schwarzbrotschnitten, von denen man die Rinde entfernt hat, mit Weichkäse und legt immer 6 Brote übereinander, das letzte wird nicht mehr bestrichen. Man beschwert sie einige Stunden recht kalt gestellt und teilt dann quer in schöne Schnitten.

24. Käseschichtschnitten

2 Scheiben Pumpernickel · 2 Scheiben Weißbrot · 2 Scheiben Schwarzbrot 25 g Butter zum Bestreichen · 125 g Käse in Scheiben · Radieschen zum Garnieren

Die Brotscheiben mit Butter bestreichen, mit Käse belegen, aufeinandersetzen, die oberste Scheibe unbestrichen lassen, mit einem Brettchen beschweren und kalt stellen. Dann in längliche Vierecke oder Dreiecke schneiden, auf einer Platte anrichten und mit Radieschen garnieren.

25. Pumpernickelschnitten

18 Scheiben Pumpernickel · 2 Gervaiskäse (125 g) · $1/8$ l süßer oder saurer Rahm · Salz · Paprika · Butter zum Bestreichen · Schnittlauch · 18 Radieschen

Den Gervaiskäse mit Sahne zu einer Paste rühren, mit Salz und Paprika abschmecken. Die Pumpernickelscheiben erst mit Butter, dann mit Paste bestreichen, mit reichlich Schnittlauch bestreuen. In die Mitte jeder Schnitte ein Radieschen setzen, das an der Wurzel glattgeschnitten wurde und dessen Herzblättchen nur gekürzt wurden.

26. Pikante Spießchenplatte

Wiener Würstchen · Gewürzgurke · Käse · Hartgekochte Eier (Eiweiß) Schinken · Kalter Braten · Kaltes Geflügel · Fischgabelbissen · Sardellenringe · Tomaten · Radieschen · Wurst · Champignons · Perlzwiebeln Marinierte Selleriewürfel · Oliven · Obst · Weißbrot und Pumpernickel Butter zum Bestreichen · Runde Zahnstocher

Alle verwendeten Zutaten in mundgerechte Happen schneiden. Weißbrot mit Butter bestreichen, ebenfalls in Häppchen (nicht zu dünn) schneiden. Bananen, Äpfel, Pfirsiche, Aprikosenwürfel in Zitronensaft wenden, damit sie nicht braun werden. Nach Belieben können sie auch noch in geriebenen Nüssen gewendet werden. Auf einen Zahnstocher steckt man in etwas Abstand die vorbereiteten Zutaten auf. Brotwürfel nur einen. Zum Anrichten legt man die Spießchen auf eine Platte oder steckt sie in einen Brotsockel, in eine der Länge nach halbierte Gurke, in halbierte Orangen oder Zitronen oder dergl.

Einige Zusammenstellungen:

1. Wiener Würstchen, Essiggurke, Emmentaler Käse (Chesterkäse bricht beim durchstecken).
2. Bratwürstchen (gebrüht oder gebraten, kalt), Essiggurke, Emmentaler Käse, Radieschen.
3. Bismarckhering oder Matjesfilet, Wiener Würstchen, Gewürzgurke.
4. Schinken, Apfel, Bananen, Käse.

27. Gefülltes Weißbrot

250 g Butter · 250 g Schweinskäse · 250 g Gewürzgurken · 250 g Edamer- oder Tilsiterkäse · 2 Weißbrotwecken

Schweinskäse, Gurken und Käse in kleine Würfelchen schneiden, Butter schaumig rühren, mit den geschnittenen Zutaten gut vermischen und fest in ausgehöhlte Weißbrotwecken füllen. Einige Stunden kühl stellen. Mit einem scharfen dünnen Messer in Scheiben schneiden.

28. Mosaikbrot

375 g Butter · 7 Sardellen · 150 g Bratenreste · 150 g Schinken · 150 g geräucherte, gekochte Zunge · 150 g Essiggurken · 30 g Pistazien · 3 Sandwichwecken

Butter mit entgräteten, passierten Sardellen schaumig rühren. Bratenreste, Schinken, Zunge und Gurken in ganz kleine Würfelchen schneiden, die Pistazien mit kochendem Wasser überbrühen, abziehen und feinwiegen. Alle Zutaten mit der Sardellenbutter mischen, fest in das ausgehöhlte Weißbrot füllen, einige Stunden kühl stellen. Mit einem scharfen dünnen Messer in Scheiben schneiden.

29. Jägerwecken

375 g Butter · 6 Sardellen · 125 g Essiggurken · 300 g geräucherte, gekochte Rindszunge · 300 g gekochten Schinken · 200 g Edamerkäse · 30 g Kaviar 3 Sandwichwecken

Gurke, Zunge, Schinken und Käse in ganz kleine Würfelchen schneiden. Butter mit den passierten Sardellen schaumig rühren, die geschnittenen Zutaten und den Kaviar untermischen, die Weißbrotwecken aushöhlen und die vorbereitete Masse ganz dicht und fest hineinfüllen. Einige Stunden an einem kühlen Ort liegen lassen, dann mit einem dünnen scharfen Messer in Scheiben schneiden.

30. Weißbrot mit Bratenfülle

750 g Bratenreste · 150 g Speck · 100 g Schinken · 50 g geräucherte, gekochte Rindszunge · 100 g Essiggurken · 30 g Pistazien · 60 g Butter · Salz · 3 Sandwichwecken

Restlichen Braten oder gegartes Fleisch mit dem Speck zweimal durch die Maschine drehen und zu der schaumig gerührten Butter geben. Schinken, Zunge, Gurken und Pistazien kleinwürflig schneiden und ebenfalls zugeben. Die Masse gut abschmecken und fest in die ausgehöhlten Weißbrotwecken füllen, einige Stunden kühl stellen. Mit einem dünnen scharfen Messer in Scheiben schneiden.

31. Kalbsleberbrot

½ kg Kalbsleber · Salz · Pfeffer · 50 g Fett · 100 g Butter · 2 Eigelb · 2 Sandwichwecken

Die schwach gesalzene Leber in dicke Scheiben schneiden, rasch in Fett abbraten, dann zweimal durch die Fleischmaschine drehen. Butter mit Eigelb schaumig rühren, die durchgedrehte Leber zugeben, pikant abschmecken. Die Masse fest in ausgehöhlte Weißbrotwecken füllen, einige Stunden kühl stellen. Dann mit einem scharfen dünnen Messer in Scheiben schneiden.

32. Eier als Verzierung zu kalten Platten

1. Man halbiert ein hartgekochtes Ei der Länge nach, nimmt das Eigelb heraus, drückt es durch ein Sieb, mischt mit Kaviar, füllt wieder in die Eiweißhälfte ein und bespritzt mit Anchovisbutter.
2. Man halbiert ein hartgekochtes Ei der Länge nach, nimmt das Eigelb heraus, drückt es durch ein Sieb, mischt es mit etwas Mayonnaise und fein gehacktem Schinken und füllt davon kuppelartig in die Eiweißhälfte ein, die man mit etwas Petersiliengrün verziert.
3. Man halbiert ein hartgekochtes Ei der Länge nach, nimmt das Eigelb heraus, drückt es durch ein Sieb, rührt es mit etwas Butter ab, füllt wieder in die Eiweißhälfte ein, bespritzt mit Sardellenbutter und setzt in die Mitte ein Röschen von einem Radieschen auf.
4. Man halbiert ein hartgekochtes Ei der Länge nach, nimmt das Eigelb heraus, drückt es durch ein Sieb, mischt mit etwas Mayonnaise, füllt wieder ein und verziert das Ei mit kleinen Lachsröllchen und Petersiliengrün.
5. Man halbiert das hartgekochte Ei der Breite nach, nimmt das Eigelb heraus und füllt Kaviar hinein. Außen herum bespritzt man mit Anchovisbutter.
6. Man halbiert das hartgekochte Ei, legt es mit der Schnittfläche auf die Platte, kreuzt Sardellenstreifen darüber und bespritzt mit Anchovisbutter.
7. Man teilt das hartgekochte Ei mit dem Eierteiler in feine Scheiben.

33. Essiggurken als Verzierung zu kalten Platten

1. Essiggurkenfächer: Man schneidet kleine Essiggurken feinblättrig bis ¼ der Länge durch und schiebt die Blättchen dann auseinander.
2. Man schneidet dünne Scheiben von Essiggurken und legt sie mit einem Gurkenstreifchen zu einem Kleeblatt.

3. Essiggurken mit Mayonnaise: Man halbiert eine mittelgroße Essiggurke, höhlt sie etwas aus, füllt sie mit Mayonnaise, unter welche man Kapern gemischt hat und bespritzt sie mit Anchovisbutter.
4. Essiggurken mit Salat: Man halbiert eine mittelgroße Essiggurke, höhlt sie etwas aus, füllt sie mit Gemüsesalat, belegt sie mit Lachsstreifen und bespritzt sie mit Mayonnaise.
5. Man schneidet die Essiggurken zu dünnen Blättchen und richtet diese schuppenförmig an.

34. Zitrone als Verzierung zu kalten Platten

1. Man schneidet die Zitrone in Achtel und belegt in der Mitte derselben mit einem ganz kleinen Petersilienblättchen oder bestreut mit Paprika.
2. Man schneidet schöne Scheiben, zackt sie am Rande aus und gibt in die Mitte eine Sardellen- oder Lachsrolle oder etwas Kaviar.
3. Zitronenkörbchen: Man schneidet vorsichtig ein Körbchen aus, nimmt das Mark der Zitrone heraus und füllt mit Petersiliengrün und Röschen aus Lachs geformt.
4. Zitronenschweinchen: Man nimmt eine längliche Zitrone, die einen schönen „Rüssel" hat, macht mit 4 halbierten Zahnstochern die Füße, steckt vorne zwei kleine Dreiecke von Zitronenschalen als Ohren hinein, Nelken bilden die Augen und ein ganz schmales Zitronenstreifchen steckt man als Schwänzchen ein.

35. Schwedenplatte

150 g Mayonnaise mit Lachs · 4 Zungenscheiben · 4 Bratenscheiben · 4 Schinkenrollen · 4 Lachsrollen · 4 gefüllte Eier · 4 Tomaten mit Mayonnaise gefüllt · 2 Gewürzgurken mit pikanter Mayonnaise gefüllt · 4 Pumpernickelscheiben mit Fisch belegt · 4 Salzkeks mit Leberwurst · 4 Zitronenscheiben mit Kaviar · 6 kleine, in Essig eingelegte Champignons oder Steinpilze · 8 Oliven · 6 Essiggurkenfächer

In die Mitte einer großen, flachen Glasplatte gibt man auf eine Muschel oder in ein Glasschälchen die Mayonnaise. Alle anderen Zutaten richtet man in hübscher Anordnung rings darum an.

36. Kleine Käseplatte

65 g Butter · 200 g Käseaufschnitt · 1 Paket Salzbrezeln · 1 Bund Radieschen

Die Butter mit dem Messer zu Röschen formen oder Butterspäne machen oder die Butter mit dem Dressiermesser zu schönen Scheiben schneiden. Die Butter in der Mitte der Platte anrichten.

Den Käseaufschnitt und die Salzbrezeln sowie die zu Röschen geschnittenen Radieschen geschmackvoll auf die Platte legen, womöglich noch Pumpernickel-Käseschnitten und Käsegebäck mit darauf anrichten.

Kalte Platten

37. Käseplatte

200 g Emmentaler · 200 g Edamer · 200 g Tilsiter · 100 g Gervais · 1 Schachtel rindenlosen Emmentaler ·Pumpernickel · 12 kleine Salzbrezeln · Radieschen · Petersilie

Die Butter dreht man zu kleinen Kugeln oder schneidet sie mit dem Dressiermesser zu gleichmäßigen, schönen Scheiben. In der Mitte einer Glasplatte richtet man die Butter bergartig an, steckt ringsherum die Salzbrezeln hoch hinein. Die einzelnen Käsesorten richtet man ringsherum hübsch an. Den Gervaiskäse streicht man zwischen Pumpernickelscheiben, schneidet zu Schichtbrötchen und richtet diese ebenfalls mit an. Die zu Röschen geschnittenen Radieschen und ein Strauß Krauspetersilie vervollständigen die Platte.

38. Gefüllte Eier

4 hartgekochte Eier · 50 g Butter oder Mayonnaise · Sardellenpaste oder 1 Eßlöffel Schinken oder Gurken oder geriebener Käse oder feingewiegte Kräuter und dergl.

Die hartgekochten Eier der Länge oder Breite nach halbieren, das Eigelb herausnehmen, durchstreichen und mit schaumig gerührter Butter oder Mayonnaise verrühren, mit einer beliebigen Geschmackszutat abschmecken. Diese Masse wieder in die Eihälften mit einem Löffel einfüllen oder hineinspritzen. Die Eier auf einer Platte auf Salatblättern anrichten und mit Tomaten und gerösteten Semmelscheiben garnieren.

39. Russische Eier

4 hartgekochte Eier · 100 g Mayonnaise · 50 g Lachs · 50 g Kaviar

Die hartgekochten Eier der Länge nach halbieren, auf einer Glasplatte anrichten, mit Mayonnaise überziehen, mit Kaviar und Räucherlachs garnieren. Rings um die Eier zu Dreiecken geschnittene, in Butter geröstete Weißbrotschnitten anrichten.

40. Frühlingseier

4 Eier · gesalzenes Essigwaser · 100 g Mayonnaise · Petersilie · Semmelschnitten zum Garnieren

Ganz frische Eier in kochendes, gesalzenes Essigwasser, in das man einen Schöpflöffel hält, zum Poschieren hineinschlagen. Die Eier 5 Minuten kochen lassen, dann schön zuschneiden und auf einer Platte anrichten. Dickliche Mayonnaise mit gehackter Petersilie mischen und die Eier damit spritzen oder überziehen. Die Platte noch mit dreieckig geschnittenen Weißbrotschnitten, die in Fett hell geröstet wurden (Croutons), garnieren.

Kalte Platten

41. Gefüllte Eier mit Krabbenmayonnaise

8 hartgekochte Eier · 200 g Krabbenfleisch · 40 g Reis · 1 kleine Gewürzgurke · 100 g Mayonnaise · grüne Salatblätter zum Anrichten

Die hartgekochten Eier der Länge nach halbieren, das Eigelb herausnehmen. Die Krabben mit dem körnig weichgedünsteten Reis, dem gehackten Eigelb, der feingeschnittenen Gurke und der Mayonnaise mischen. Die Masse in die Eihälften füllen, auf je ein Salatblatt stellen und dann auf einer Glasplatte anrichten. Mit geröstetem Weißbrot servieren.

42. Tomaten, gefüllt mit holländischem Salat

8 schöne Tomaten · Salz · 250 g gekochte Kartoffel · 100 g Räucherlachs 1 kleine Zwiebel · 2 Eßlöffel Kaviar · etwas Schnittlauch · 100 g Mayonnaise

Von den Tomaten eine Kappe abschneiden, aushöhlen und etwas salzen. Die Kartoffeln in kleine Würfel schneiden, den Lachs in Streifchen, die Zwiebel fein wiegen, den Schnittlauch sehr fein schneiden. Alle diese vorbereiteten Zutaten mit der sehr gut abgeschmeckten Mayonnaise mischen und in die Tomaten füllen.

43. Eier in Tomatenaspik

4 hartgekochte Eier · ¹/₂ l Tomatenaspik

In Portionsförmchen etwas Tomatenaspik gießen und steif werden lassen. Die hartgekochten Eier in Scheiben schneiden, darauflegen, Aspik darüber gießen, steif werden lassen, dann wieder Aspik und wieder Eischeiben, bis die Form voll ist. Bei Gebrauch die Förmchen stürzen und auf einem grünen Salatblatt anrichten.
Zum Tomatenaspik 4 Eßlöffel Ketchup mit 1 Eßlöffel Cognac und ¹/₄ l Wasser mischen, mit Salz, Zucker und Zitronensaft abschmecken, 5 Blatt weiße, aufgelöste Gelatine zugeben.

44. Radieschen mit Butter

4 Bund Radieschen · Butter · Vollkornbrot oder Pumpernickel · Salz

Die Wurzel und die äußeren Blätter der Radieschen abschneiden, das Herzblättchen nur kürzen. Einige der Radieschen zu Röschen schneiden. Dazu die rote Haut in Abständen versetzt einschneiden und etwas loslösen, dann in Salzwasser legen, wodurch die Röschen aufgehen. Alle gut abgetropften Radieschen auf einer Platte anrichten, zu Scheiben geschnittene oder zu Röschen geformte Butter mit auf die Platte geben. Vollkornbrot oder Pumpernickel und Salz gesondert dazu reichen.

45. Sardellenplatte

Auf eine Glasplatte schöne Tomatenscheiben legen, auf jede Tomatenscheibe eine Eischeibe und auf diese wieder einen Sardellenring legen.

Kalte Platten

46. Lachsrollenplatte

Geräucherte Lachsscheiben werden beim Anrichten gerne gerollt. Man kann als Einlage entweder eine entsprechend zugeschnittene, vorgekochte Spargelstange, ein Eiviertel oder einen Butterspan verwenden.

47. Schinkenrollenplatte

Rohen oder gekochten Schinken zu ganz feinen Scheiben schneiden. Diese zu Tüten drehen oder zu Rollen formen. Als Fülle der Tüten oder Rollen kann man eine vorgekochte Spargelstange, ein Butterröllchen, Senf- oder Gewürzgurken oder Meerrettich mit Schlagsahne verwenden.

48. Sardellenplatte

Die Salzsardellen werden gewaschen, halbiert, entgrätet und dann entweder schön nebeneinander geschichtet oder als Sardellenrollen mit Eierscheiben und Petersilie zusammen angerichtet.

49. Sardinenplatte

Sardinen werden auf einer Platte schön aufgeschichtet, mit dem Öl übergossen und mit Aspik und Petersiliengrün verziert.

50. Heringsplatte

8 marinierte Heringsfilets · 4 schöne, mittelgroße Essiggurken
8 Butterröllchen

Auf eine Glasplatte gibt man in die Mitte die Butterröllchen, macht außen herum einen Kranz von gerollten Heringen und steckt dazwischen die halbierten Essiggurken.

51. Topfenmayonnaise (gut zum Spritzen geeignet)

2 Eßlöffel Öl · 2 gestrichene Eßlöffel Mehl oder Stärkemehl · $1/8$ l gesalzenes Essigwasser · 1 Ei · 125 g Topfen · $1/8$ l Sauerrahm · Salz · Essig · Zucker
Nach Belieben feingewiegte Kräuter, feingewiegte Kapern oder Tomatenmark

Öl, Mehl und kaltes, gesalzenes Essigwasser verrühren. Dann alles mitsammen unter ständigem Rühren am Feuer dickkochen. In die noch heiße Masse das ganze Ei einrühren. Dann den passierten Topfen zugeben. Die abgekühlte Mayonnaise mit Sauerrahm verdünnen, gut abschmecken. Nach Belieben die eine oder andere Art der angegebenen Zutaten zugeben.

52. Liptauerkäse

200 g Topfen · 2—3 Eßlöffel Sauerrahm · Salz · Pfeffer · Kümmel · Paprika verwiegte Zwiebel

Der echte Liptauer wird aus Topfen von Schafmilch (Primsen) hergestellt. Man kann aber auch anderen Topfen dazu verwenden. Er wird immer zuerst durch ein Sieb gestrichen. Dann kann man auf dreierlei Weise fertigstellen:

1. Man mischt Rahm und etwas Salz unter den Topfen, gibt auf kleine Glasteller je ein Laibchen und ordnet außen herum kleine Häufchen von verwiegter Zwiebel, Pfeffer, Kümmel, Paprika, so daß man sich bei Tisch den Käse beliebig scharf machen kann.
2. Man mischt alle Zutaten unter den durchpassierten Topfen, macht ihn gut würzig und formt einen Stollen, den man mit Essiggurken und Sardellen verziert.
3. Man gibt zum durchpassierten Topfen Rahm, Salz und Zwiebel und teilt dann in 3 Teile. Zum 1. Teil gibt man reichlich Kümmel, zum 2. reichlich Paprika, der 3. Teil bleibt weiß. Nun schichtet man die dreierlei Farben aufeinander und verziert außen mit Pumpernickel, Petersiliengrün und Eierscheiben.

53. Sacherkäse

60 g Butter oder Margarine · 250 g Topfen · 2 hartgekochte Eigelb · 3 Sardellen · 1 kleine Zwiebel · 1 Kaffeelöffel Senf · 1 Kaffeelöffel Öl · Salz Paprika

Schaumig gerührte Butter oder Margarine mit passiertem Topfen, passiertem Eigelb, passierten Sardellen, ganz feingewiegter Zwiebel, Senf und Öl vermengen und mit Salz und Paprika pikant abschmecken. Die Masse auf einem Glastellerchen anrichten und mit Scheiben von hart gekochtem Ei und Essiggurken garnieren.

54. Bierkäse

250 g Topfen · 125 g Butter oder Margarine · 125 g Gorgonzolakäse oder Roquefortkäse

Schaumig gerührte Butter oder Margarine mit passiertem Topfen und Käse gut vermischen. — Guter und preiswerter Brotaufstrich.

55. Gefüllte Pilze

Trockene, große, madenfreie Pilzköpfe salzen und in etwas Butter braten, dann mit Zitronensaft marinieren. Die Pilzstiele fein hacken, in Butter mit feingehackter Zwiebel und Petersilie rösten, erkaltet mit Mayonnaise mischen. Die Pilzköpfe damit füllen und auf mit Butter bestrichenen Weißbrotscheiben oder Salatblättern anrichten.

56. Meerrettichtörtchen

¹/₂ Stange Meerrettich · 1 saurer Apfel · ³/₈ l Milch · Salz · Zucker · 6 Blatt weiße Gelatine · 3 Eßlöffel heißes Wasser · runde Weißbrotscheiben

Den Meerrettich und den Apfel in die Milch reiben, mit Salz und Zucker abschmecken, die in heißem Wasser aufgelöste Gelatine zugeben und die Masse in kleine runde Förmchen füllen. Nach dem Erstarren auf geröstete Weißbrotscheiben stürzen, anrichten und die Platte mit Zitronenscheiben, Sardellenfilets, Kapern und Tomatenscheiben garnieren.

57. Sellerietörtchen

Weichgekochten Sellerie in dicke Scheiben schneiden, mit einer glatten oder gezackten runden Form ausstechen und mit Zitronensaft beträufeln. Feingehackten Schinken mit wenig Mayonnaise und Schnittlauch mischen und daraufgeben oder fertigen Fleischsalat als Auflage verwenden. Die Törtchen noch mit einer kleinen Tomaten-, Gurken- oder Eischeibe belegen und mit feingehacktem Schnittlauch bestreuen.

58. Schwalbennester

4 dünne Kalbsschnitzel · 4 Scheiben roher Schinken · 4 hartgekochte Eier

Die Schnitzel klopfen, salzen, mit der Schinkenscheibe und dem harten Ei belegen, aufrollen, binden, anbraten, etwas aufgießen und weichdünsten. Erkaltet nur halb durchschneiden und auf Salatblättern anrichten oder in Scheiben schneiden und diese als Brötchenbelag verwenden.

59. Waldorftörtchen

4 Weißbrotscheiben · 4 gegarte Selleriescheiben · 8 Schinkenscheiben 12 Bananenscheiben · 4 Walnußhälften · Butter zum Bestreichen

Die Sellerie in Salzwasser weichkochen, schälen, zu ¹/₂ cm dicken Scheiben schneiden, mit einem größeren runden oder gezackten Plätzchenausstecher ausstechen. Auf einen Teller legen, mit Zitronensaft beträufeln, mit Pfeffer bestreuen und gut durchziehen lassen. Abgerindetes Weißbrot zu ebensolchen Scheiben ausstechen, mit Butter bestreichen, eine rund ausgestochene Schinkenscheibe darauflegen, darauf die marinierte Selleriescheibe und als Deckblatt wieder eine ausgestochene Schinkenscheibe. Die Törtchen werden dann noch mit einer halben Walnuß und Bananenscheibchen belegt.

60. Salzmandeln

Schöne, große Mandeln mit kochendem Wasser überbrühen, abziehen, in ungeschlagenem, gesalzenem Eiweiß wenden, auf einem Sieb abtropfen lassen. Ein Blech mit Pergamentpapier oder Alufolie belegen, die Mandeln darauf ausbreiten und im Rohr bei 180° unter gelegentlichem Wenden in 15 Minuten goldgelb rösten.

Suppen

1. Fleischbrühe (Bouillon)

½ kg Ochsenfleisch · 1 Markknochen · 2 Suppenknochen · 1 Stückchen Rindsleber oder Milz · 1 Gelbrübe · ⅛ Sellerie · 1 Petersilienwurzel · ¼ Lauchstange · ½ Zwiebel · 1½ l Wasser · Salz

Die gewaschenen Knochen, Leber oder Milz und das geputzte Gemüse in kaltem, schwach gesalzenem Wasser zusetzen. Wenn das Wasser heiß ist, das gewaschene Fleisch hineingeben. Die halbierte Zwiebel auf der Herdplatte bräunen und ebenfalls zugeben. Die Suppe einige Male stark aufwallen lassen, dann langsam 2 Stunden kochen. Wenn nötig, das an der Oberfläche schwimmende Fett abschöpfen, dann die Suppe durch ein Sieb gießen. Legt man Wert auf besonders gute Brühe, wird das Fleisch in das kalte Wasser gegeben, will man dagegen besonders saftiges Fleisch, so wird dieses in das kochende Wasser gelegt.

Will man dunkle Fleischbrühe haben, so röstet man das geputzte, kleingeschnittene Wurzelwerk vor dem Zusetzen in wenig Fett braun an. Durch Zugabe von Zwiebelschalen wird die Suppe ebenfalls kräftig gefärbt. Legt man Wert auf klare Brühe, muß alles kochend zugesetzt werden.

Man serviert die Bouillon in Tassen oder Tellern, klar oder mit Einlagen, z. B. Eigelb, verlorenes Ei, Markwürfelchen, Eierstich, Backteigerbsen, verschiedenste Arten von Klößchen, Teigwaren, Suppenbiskuit, gekochten feinen Gemüsen usw. oder reicht salziges Gebäck dazu z. B. Toastschnittchen, Salz-Kümmel-Käsegebäck.

Auf angerichtete Fleischbrühsuppen streut man gerne etwas sehr fein geschnittenen Schnittlauch. Kräftige, vollständig fettfreie Boullion kann auch kalt (in Tassen) ohne oder mit entsprechenden Einlagen serviert werden.

2. Kraftbrühe

³/₄ kg Ochsenfleisch oder ¹/₄ Suppenhuhn oder 2 Tauben · 1 Gelbrübe · 1 Petersilienwurzel · ¹/₈ Sellerie · ¹/₂ Lauchstange · ¹/₂ Zwiebel · 1¹/₂ l Wasser Salz

Das gewaschene Fleisch in Stücke schneiden, ebenso das geputzte Gemüse. Alles mitsammen kalt zusetzen, schwach salzen und ganz langsam 2 Stunden kochen, dann durch ein feines Leinentuch gießen.

3. Krankenbrühe (Beeftea)

250 g fettfreies Ochsenfleisch · ¹/₈ l kaltes Wasser

Durch die feinste Lochscheibe gedrehtes Ochsenfleisch mit kaltem Wasser verrühren. In ein Weckglas, das mit Gummiring, Deckel und Klammer oder Einmachglas, das mit Pergamentpapier verschlossen wird, geben und 1 Stunde im Wasserbad kochen. Den Inhalt des Glases auf ein Sieb, das mit einem feinen Tuch ausgelegt ist, gießen und vorsichtig auspressen. Die erhaltene Brühe mit wenig Salz würzen und warm oder gekühlt servieren.

4. Knochenbrühe

¹/₂ kg Rindsknochen · 1 Stückchen Milz · 1 Gelbrübe · 1 Petersilienwurzel ¹/₈ Sellerie · ¹/₂ Lauchstange · ¹/₂ Zwiebel · 1¹/₂ l Wasser · Salz

Die gewaschenen Knochen und Milz mit dem geputzten Suppengrün, der gebräunten Zwiebel und Salz kalt zusetzen, langsam 2 Stunden kochen lassen, durchgießen, evtl. mit Brühwürze verbessern.
Durch Anrösten der kleingehackten Knochen und des geschnittenen Suppengrüns wird der Geschmack der Brühe kräftiger und die Farbe dunkler. Legt man Wert auf klare Brühe, muß alles kochend zugesetzt werden. Außer Rindsknochen können die Knochen aller Schlachttiere, Geflügel und Wild auf dieselbe Weise ausgekocht werden.

5. Gemüsebrühe

20 g Fett · ¹/₈ Sellerie · 2 Gelbrüben · 2 Petersilienwurzeln · 1 Lauchstange 1¹/₂ l Wasser · Salz

In heißem Fett das geputzte, kleingeschnittene Gemüse leicht anrösten, mit kaltem, schwach gesalzenem Wasser zusetzen, langsam 1 Stunde kochen, durch ein Sieb gießen.

6. Würfelbrühe

1 Brühwürfel · 1 l Wasser · 10 g Butter

Den Brühwürfel in kochend heißem Wasser vollständig auflösen. Evtl. mit einem Stückchen frischer Butter anreichern.

7. Bouillon mit Ei

4 Eigelb · 4 Tassen Brühe · Schnittlauch

Frische Eier sorgfältig aufschlagen, je 1 Eigelb in eine Tasse gleiten lassen, die kochend heiße Brühe am Rand vorsichtig zugießen (das Eigelb muß ganz bleiben). Mit wenig feingeschnittenem Schnittlauch bestreuen.

8. Kalte Bouillon

Kräftige, klare, vollständig fettfreie Bouillon kalt stellen. Etwas Cognac zugießen und in Tassen servieren. Dazu schmale, gebutterte Toastschnitten.

9. Kalte Tomatenbouillon

Frische Tomaten klein schneiden, im eigenen Saft weichgaren, mit fettfreier Brühe aufgießen, mit Salz, Zucker, Worcestersauce abschmecken, durchstreichen. Kalt stellen, in Tassen servieren. Hat man keine frischen Tomaten verwendet man solche aus der Dose oder Ketchup.

10. Grießsuppe

$1^{1}/_{4}$ l Brühe · 50 g Grieß · Salz · Muskatnuß · 1 Ei · 2 Eßlöffel Wasser

In die kochende Brühe den Grieß einstreuen, 10 Minuten kochen lassen, mit Salz und Muskat abschmecken, mit verquirltem Ei binden.

11. Geröstete Grießsuppe

40 g Fett · 50 g Grieß · $1^{1}/_{4}$ l Wasser · Salz · Brühwürze · Petersilie

In heißem Fett den Grieß goldgelb rösten, aufgießen, salzen, 15 Minuten kochen lassen, mit Brühwürze abschmecken, feingewiegte Petersilie unterrühren.

12. Reissuppe

$1^{1}/_{4}$ l Brühe · 50 g Reis · $^{1}/_{2}$ Zwiebel mit 2 Nelken · Salz · 1 Eigelb · 2 Eßlöffel Wasser

Gewaschenen Reis, Salz und die mit Nelken besteckte Zwiebel in die Brühe geben, 20 Minuten kochen lassen, die Zwiebel entfernen, mit verquirltem Eigelb legieren.

13. Reisschleimsuppe

$1^{1}/_{2}$ l Wasser · 125 g Reis · Salz

Den gewaschenen Reis mit kaltem Wasser und wenig Salz zusetzen, ganz langsam 1 Stunde kochen, dann durch ein feines Sieb gießen. Die Schleimsuppe evtl. mit einem Stückchen frischer Butter verbessern und legieren, je nach Diät. Den zurückbleibenden Reis anderweitig verwenden.

14. Graupensuppe

1½ l Wasser · 40 g Fett · Suppengrün · 60 g Graupen · Salz, Essig, Brühwürze

In heißem Fett das in feine Streifchen oder kleine Würfelchen geschnittene Suppengrün andünsten, die Graupen und Salz zugeben, aufgießen, die Suppe 1 Stunde kochen lassen, mit Essig und Brühwürze abschmecken. Aus Graupen kann ebenfalls eine Schleimsuppe gekocht werden. Zubereitung wie Reisschleimsuppe.

15. Geröstete Haferflockensuppe

40 g Fett · 1 Zwiebel · 50 g Haferflocken · 1¼ l Wasser · Salz

In heißem Fett die kleingeschnittene Zwiebel hell rösten, die Haferflocken zugeben, beides mitsammen noch etwas rösten, kalt aufgießen, salzen, die Suppe 20 Minuten langsam kochen lassen.

16. Haferschleimsuppe

1½ l Wasser · 125 g Haferflocken · Salz

Die Haferflocken mit kaltem Wasser und wenig Salz zustellen, 30 Minuten langsam kochen lassen, dann durch ein feines Sieb gießen; evtl. durchstreichen. Je nach Verwendungszweck ungewürzt lassen, mit Salz oder mit Zucker und Zitronensaft abschmecken. Gegebenenfalls mit einem Stückchen frischer Butter verbessern oder legieren.

17. Grünkernsuppe

1 l Brühe · 40 g Grünkernmehl · 2 Eßlöffel Kondensmilch · Salz

In die kochende Brühe das mit kalter Flüssigkeit angerührte Grünkernmehl einkochen, 20 Minuten kochen lassen, die Suppe mit Kondensmilch und Salz abschmecken. Verwendet man Grünkernschrot, so röstet man dieses erst in etwas Fett an, gießt auf, salzt und kocht die Suppe in 1 Stunde gar.

18. Sagosuppe

1 l Brühe · 40 g Sago · Salz · Eierstich von 1 Ei

In die kochende Brühe den Sago einstreuen, glasigkochen, die Suppe mit Salz abschmecken und in kleine Würfel geschnittenen Eierstich als Einlage in die Suppe geben.

Suppen

19. Geröstete Semmelsuppe

40 g Butter oder Fett · 2 Semmeln · 1¼ l Brühe · Salz · 1 Ei · Schnittlauch

Die in feine Blättchen geschnittenen Semmeln in Butter oder Fett kurz anrösten, aufgießen, salzen, 5 Minuten kochen lassen, das verquirlte Ei unterrühren, die Suppe noch einige Male aufkochen, mit reichlich Schnittlauch bestreut anrichten.

20. Verkochte Brotsuppe

200 g Schwarzbrot · 1½ l Wasser · 40 g Fett · 1 Zwiebel · 1 Lorbeerblatt Brühwürze · Petersilie

Die trockenen Brotreste in kaltem Wasser, nötigenfalls über Nacht einweichen. In heißem Fett feingeschnittene Zwiebel hellbraun rösten, das eingeweichte Brot, das Einweichwasser, Lorbeerblatt und Salz zugeben. Die Suppe 15 Minuten kochen, durchstreichen, kräftig mit Brühwürze abschmecken, reichlich feingewiegte grüne Petersilie zugeben.

Das eingeweichte, durchgestrichene Brot kann auch mit Korinthen und Milch aufgekocht und die Suppe mit Zucker und etwas Zimt abgeschmeckt werden.

21. Schwarzbrotsuppe mit Bratwürstchen

40 g Fett · 200 g Schwarzbrot · 4 Paar Bratwürstchen · 1½ l Brühe · Salz

Schwarzbrot in dünne Blättchen schneiden, in Fett oder Butter rösten, in die Suppenschüssel legen. Bratwürstchen 15 Minuten in heißem Salzwasser ziehen lassen, in Scheiben schneiden, zu dem Brot in die Suppenschüssel geben. Brühe mit Salz abschmecken, kochend heiß darübergießen, sofort zu Tisch geben.

22. Rahmsuppe

¾ l Wasser · Salz · 2 Teelöffel Kümmel · ¼ l saurer Rahm · 40 g Mehl geröstete oder gebähte Schwarzbrotschnitten

Wasser mit Kümmel 10 Minuten kochen lassen, das mit Sauerrahm angerührte Mehl einkochen, mit Salz abschmecken. Die fertige Suppe durch ein Sieb gießen und mit gerösteten oder gebähten Schwarzbrotschnittchen zu Tisch geben.

23. Buttermilchsuppe

2 Kartoffeln · ¼ l Wasser · ¾ l Buttermilch oder Sauermilch · 40 g Mehl Salz · 40 g Butter

Geschälte, kleinwürflig geschnittene Kartoffeln weichkochen, Butter- oder Sauermilch zugeben, unter Schlagen mit dem Schneebesen aufkochen lassen, angerührtes Mehl einkochen, mit Salz abschmecken, Butter zugeben.

24. Currysuppe, indische

In 2 Eßlöffeln Öl 1 feingeschnittene Zwiebel hell andünsten, 1 geraspelten Apfel, 1 geschnittene Banane, 1 Eßlöffel Sultaninen, 2 Eßlöffel Kokosflocken, ein kleines Stückchen geschnittene Ingwerfrucht, 1–2 Teelöffel Curry, 1 Eßlöffel Mehl und etwas Salz zugeben. Kurz mitsammen durchschmoren, mit $1/2$ l Hühnerbrühe (aus der Packung) aufgießen, 15 Minuten kochen lassen, durchstreichen. Mit etwas flüssiger Sahne oder Kondensmilch verfeinern, nachwürzen. Evtl. als Einlage gekochten Reis und Hühnerfleisch.

25. Käsecremesuppe

40 g Butter oder Margarine · 40 g Mehl · 40 g geriebener Käse · $1^{1}/_{4}$ l Brühe 4 Eßlöffel Milch oder Sahne (Kondensmilch) · Salz · Muskat · Schnittlauch

Helle Einbrenne herstellen, aufgießen, Käse zugeben, 15 Minuten kochen lassen. Milch oder Sahne zugeben, mit Salz und etwas Muskat abschmecken, evtl. legieren, angerichtet mit Schnittlauch bestreuen. Sie kann auch kalt in Tassen serviert werden.

26. Hefesuppe

40 g Fett · 1 große Zwiebel · 40 g Mehl · 60 g Hefe · $1^{1}/_{4}$ l Wasser oder Brühe · Salz · Pfeffer · Petersilie

In heißem Fett kleingeschnittene Zwiebel blaßgelb rösten, das Mehl zugeben, hellgelb werden lassen, die zerbröckelte Hefe zugeben, aufgießen, mit Salz und Pfeffer würzen, die Suppe 15 Minuten kochen lassen. Mit Fleischwürze abschmecken, gewiegte Petersilie zugeben.

27. Brennsuppe

50 g Fett · 60 g Mehl · $1^{1}/_{2}$ l Wasser · 1 Teelöffel Kümmel · 10 Pfefferkörner 2 Lorbeerblätter · 1 Eßlöffel Essig · Salz

Das Mehl in Fett haselnußbraun rösten, aufgießen, die Gewürze zugeben, 1 Stunde kochen lassen. Die Suppe durchgießen und mit gerösteten Brot- oder Semmelwürfeln zu Tisch geben. Der Essig kann auch wegbleiben.

28. Eiergerstensuppe

40 g Butter oder Margarine · 20 g Mehl · 1 kleine Zwiebel · 2 Eier · 1 l Brühe Salz · Muskat · Petersilie

In Butter oder Margarine das Mehl hellgelb rösten, die feingehackte Zwiebel zugeben. Die Eier mit kalter Brühe verquirlen, mit dieser Flüssigkeit aufgießen, unter Schlagen mit dem Schneebesen aufkochen lassen, mit Salz, Muskat, weißem Pfeffer und Fleischwürze abschmecken, gehackte Petersilie zugeben.

Suppen

29. Eierflaumsuppe

4 Eier · 4 Eßlöffel Wasser · Salz · 1 l Brühe · Schnittlauch

Frische Eier mit Salz und etwas Wasser verquirlen, in die kochende Brühe einlaufen lassen, 5 Minuten kochen, anschließend zugedeckt stehen lassen. Auf die angerichtete Suppe Schnittlauch streuen.

30. Einlaufsuppe

1 Ei · 30 g Mehl · Salz; oder 1 Ei · 50 g Mehl · 1 Eßlöffel Wasser · Salz 1¼ l Brühe · Schnittlauch

Die angegebenen Zutaten in einem Schnabeltöpfchen glattrühren, in die kochende Brühe einlaufen lassen, die Suppe 5 Minuten kochen lassen, Schnittlauch daraufstreuen.

31. Leberspätzlesuppe

50 g Rindsleber · 50 g Mehl · 1 Ei · Salz · 1 l Brühe

Durchgedrehte Rindsleber mit Mehl, Ei und Salz vermischen, durch ein Spatzensieb in die gewürzte kochende Brühe drücken. Wenn alle Spatzen schwimmen, ist die Suppe fertig (5 Minuten).

32. Spinatspätzlesuppe

100 g roh gewiegter Spinat · 50 g Mehl · 1 Ei · Salz · 1 l Brühe

Mehl mit Ei, Salz, kaltem Wasser und rohem, feingeschnittenem Spinat zu einem zähen Teig verrühren. Durch ein Spatzensieb in die gesalzene, kochende Suppe drücken. Wenn alle Spatzen schwimmen, ist die Suppe fertig.

33. Nudelsuppe

100 g Mehl · 1 Ei · Salz · 2½ l Brühe · Schnittlauch (selbstgemachte Nudeln)

Mehl mit Ei und Salz zu einem glatten Teig kneten, dünn ausrollen, etwas trocknen lassen, zusammenrollen und zu feinen, gleichmäßigen Nudeln schneiden. In kochendes Salzwasser einstreuen, 10 Minuten kochen lassen, auf ein Sieb gießen, kalt überbrausen, in die Brühe geben und darin garkochen. In die angerichtete Suppe Schnittlauch geben.

34. Teigwarensuppe

1 l Brühe · Salz · 50 g Fadennudeln, Sternchen, Buchstaben und dgl. · Schnittlauch (gekaufte Teigwaren)

Fadennudeln oder dgl. in Salzwasser gar kochen, überbrausen, in die kochende Brühe geben und nochmals darin aufkochen lassen. Schnittlauch in die Suppe geben.

35. Erbsen-, Bohnen- oder Linsensuppe

200 g getrocknete Erbsen, Bohnen oder Linsen · 2 l Wasser · 60 g Fett · 30 g Mehl · 1 Zwiebel · Salz · Pfeffer · Paprika · Majoran · Thymian · Essig

Die Hülsenfrüchte verlesen, waschen, kalt einweichen. Am nächsten Tag im Einweichwasser ohne Salz weichkochen, evtl. durchstreichen. Aus Fett, Mehl und feingeschnittener Zwiebel eine hellbraune Einbrenne herstellen, die Hülsenfrüchte samt dem Kochwasser zugeben, die Suppe salzen und noch 20 Minuten kochen lassen. Die fertige Suppe kann man noch mit in Fett gerösteten Zwiebelwürfeln aufschmälzen. Erbsensuppe schmeckt man mit Salz, Bohnensuppe mit Salz, Paprika, Majoran und Thymian ab, Linsensuppe mit Salz, Pfeffer und Essig. Die Hülsenfrüchte kann man auch weichgekocht in der Dose kaufen.

36. Kräutlsuppe

40 g Butter oder Fett · 40 g Grünkern- oder Weizenmehl · 100 g Kerbel 1 kleine Zwiebel · 1¼ l Brühe · 4 Eßlöffel sauren Rahm · Salz · Pfeffer Zitronensaft

Aus Fett und Mehl mit Zwiebel eine hellgelbe Einbrenne bereiten. Das rohe feingehackte Kerbelkraut zugeben, durchdünsten, aufgießen, 20 Minuten kochen lassen, Sauerrahm zugeben, mit Salz, Pfeffer, Zitronensaft abschmekken (Gründonnerstagsuppe). Statt mit Kerbel kann die Suppe auf dieselbe Weise auch mit Petersilie, Spinat, Endivien, Lauch, Gelbrüben, Sellerie, jungem Wirsing zubereitet werden.

37. Sauerampfersuppe

40 g Butter oder Fett · 40 g Grünkern- oder Weizenmehl · 1 Teller Sauerampferblätter · 1 kleine Zwiebel · 1¼ l Brühe · 4 Eßlöffel Sauerrahm · Salz

In einer hellgelben Einbrenne die feingehackte Zwiebel und die feingehackten Sauerampferblätter dünsten, aufgießen, Rahm zugeben, salzen und die Suppe 20 Minuten kochen lassen. Als Einlage geröstete Semmelwürfel oder Tropfteigerbsen.

38. Frühlingssuppe

40 g Butter oder Fett · 1 Teller Suppenkräuter · 40 g Grünkernmehl · 1¼ l Brühe · 4 Eßlöffel Sauerrahm · Salz · Pfeffer · Zitronensaft

In heißem Fett die feingeschnittenen Suppenkräuter dünsten, mit Mehl überstäuben, aufgießen, würzen, die Suppe 20 Minuten kochen, dann durchstreichen. Nochmals gut abschmecken und geröstete Semmelwürfel oder Tropfteigerbsen als Einlage hineingeben. Als Suppenkräuter verwendet man: Sauerampfer, Lungenkraut, Spitzwegerich, Löwenzahn, Schafgarbe, Fetthenne,

Maßliebchen, Kerbelkraut, Märzveilchenblüten, Majoran, Salbei, Basilikum, Thymian, Lavendel, junge Brennessel, Girsch und Ackerspinat (jeweils in bescheidenen Mengen).

39. Brennesselsuppe

2 Teller junge Brennesseln · Salzwasser · 40 g Fett · 40 g Mehl · 1 kleine Zwiebel · 1 l Brühe · 1 Tasse Milch · Salz · Pfeffer

Junge, zarte Brennesseln in Salzwasser kochen, durch die Fleischmaschine drehen oder pürieren. Aus Fett und Mehl mit feingehackter Zwiebel eine Einbrenne bereiten, den Brennesselspinat zugeben, mit Brühe und Milch aufgießen (das Gemüsewasser vorher kosten, ob es nicht zu scharf ist), mit Salz und Pfeffer würzen, 15 Minuten kochen lassen, geröstete oder gebähte Semmelschnitten als Einlage in die Suppe geben.

40. Blumenkohlsuppe

1 kleiner Blumenkohl · 1¼ l Salzwasser · 40 g Butter · 40 g Mehl · Pfeffer Muskat · 4 Eßlöffel Milch oder Sahne (Kondensmilch)

Den Blumenkohl in kleine Röschen teilen, die Blumenkohlblätter feinnudelig schneiden, den geschälten Strunk in kleine Würfelchen schneiden, alles in kochendes schwach gesalzenes Wasser geben und in 15 Minuten weich garen. Aus Butter und Mehl eine ganz helle Einbrenne bereiten, mit dem Kochwasser aufgießen, das Gemüse zugeben, die Suppe mit Salz, Muskat und weißem Pfeffer abschmecken. Feine Semmelklößchen dazu eingekocht machen die Suppe noch gehaltvoller.

41. Spargelcremesuppe

¼ kg Suppenspargel · 1¼ l Wasser · etwas Salz und Zucker · 40 g Butter 40 g Mehl, 4 Eßlöffel süße Sahne · 1 Eigelb

Spargel sorgfältig schälen, in gleichmäßig lange Stücke schneiden, in schwach gesalzenem Wasser mit etwas Zucker weich garen (30 Minuten). Aus Butter und Mehl eine ganz helle Einbrenne herstellen, mit dem Spargelwasser aufgießen, den Spargel zugeben, die Suppe 20 Minuten kochen lassen, dann mit Sahne und Eigelb legieren. Die Suppe kann auch kalt in Tassen serviert werden.

42. Suppe von grünen Erbsen und Karotten

40 g Butter · 125 g grüne Erbsen · 125 g Karotten · 1 l Wasser oder Brühe 40 g Mehl · 8 Eßlöffel Milch · Petersilie · Salz · Zucker

Die aus den Schalen gelösten grünen Erbsen und die kleinwürfelig geschnittenen Karotten in Butter mit etwas Salz, Zucker, unter Zugabe der notwendigen Flüssigkeit weichdünsten, aufgießen, das mit Milch angerührte Mehl einkochen, noch 10 Minuten kochen lassen, gehackte Petersilie zugeben.

43. Feingemischte Gemüsesuppe

¼ Kopf Blumenkohl · 50 g grüne Bohnen · 50 g Karotten · 50 g Champignon · 50 g Butter · 40 g Mehl · 1¼ l Gemüsebrühe · Salz · Pfeffer · Muskat

Blumenkohl in Röschen teilen, Bohnen schnippeln, Erbsen auslösen, Karotten kleinwürfelig schneiden. Pilze blätterig geschnitten in 10 g Butter dünsten. Alle Gemüse in schwach gesalzenem Wasser weichkochen (25 Minuten). Aus Butter und Mehl eine helle Einbrenne herstellen, mit Gemüsewasser aufgießen, die Gemüse und Pilze zugeben, die Suppe noch 15 Minuten kochen lassen, mit Salz, etwas Pfeffer und Muskat abschmecken.

44. Tomatensuppe

40 g Fett · 1 kleine Zwiebel · ½ kg Tomaten · 40 g Mehl · 1 l Wasser · Salz Zucker · Zitronensaft

In heißem Fett die geschnittene Zwiebel hellgelb rösten, die geschnittenen Tomaten zugeben, mit Mehl überstauben, aufgießen, salzen, die Suppe 20 Minuten kochen lassen, dann durchstreichen. Mit Salz, Zucker und Zitronensaft abschmecken. — Wünscht man eine Einlage, so kocht man nach dem Durchstreichen 20 g Reis in die Suppe ein oder gibt geröstete Weißbrotwürfelchen hinzu. — Verwendet man Tomatenmark, so bereitet man erst eine helle Einbrenne mit ganz feingewiegter Zwiebel, gießt auf, gibt das Tomatenmark zu, läßt die Suppe 20 Minuten kochen, schmeckt mit Salz, Zucker und Zitronensaft ab.

45. Klare Tomatensuppe

40 g Butter · 1 Zwiebel · ¼ kg Tomaten · 1 l Wasser · Salz · 40 g Sago 1 Eßlöffel Parmesankäse · 2 Eßlöffel Rotwein · Fleischwürze

In heißem Fett erst die geschnittene Zwiebel gelb rösten, dann die geschnittenen Tomaten zugeben, salzen, aufgießen, weichkochen, die Suppe durchstreichen. Wieder aufkochen lassen, Sago einstreuen, glasig garen, mit geriebenem Parmesankäse, Rotwein und Fleischwürze abschmecken.

46. Wirsingsuppe

1 kleiner Wirsing · 1 kleine Zwiebel · 40 g Fett · 20 g Mehl · 1¼ l Wasser ¼ kg Kartoffeln · Salz · Pfeffer · Muskat

In heißem Fett geschnittene Zwiebel und in feine Streifchen geschnittenen Wirsing dünsten, mit Mehl überstauben, aufgießen, rohe Kartoffelwürfel zugeben, in 20 Minuten garkochen, mit Salz, Pfeffer, Muskat abschmecken.

47. Krautsuppe

60 g Fett · 125 g Ochsenfleisch · 1 Zwiebel · ¼ Kopf Weißkraut · ¼ kg Kartoffeln · 20 g Mehl · 1¼ l Wasser · Salz · Pfeffer · Paprika

Das kleinwürfelig geschnittene Fleisch in Fett mit Zwiebel hell anbraten, etwas aufgießen und 30 Minuten dünsten lassen. Dann das in feine Streifen geschnittene Weißkraut, die Kartoffelwürfel zugeben, mit Mehl überstauben, aufgießen, mit Salz, Pfeffer und Paprika würzen, garkochen, gehackte Petersilie zugeben.

48. Herbstgoldsuppe

40 g Fett · 1 Zwiebel · ½ kg Kürbiswürfel · 1 kleiner Sellerie · 20 g Mehl 1–2 Eßlöffel Tomatenmark · 1¼ l Wasser · Salz · Pfeffer · Curry · 2 Eßlöffel geriebener Käse

In heißem Fett die Zwiebel hell rösten, die Kürbis- und Selleriewürfel zugeben, durchdünsten, mit Mehl überstauben, Tomatenmark zugeben, aufgießen, mit Salz, Pfeffer, Curry würzen, garkochen (25 Minuten). Die Suppe durchstreichen, anrichten, mit geriebenem Käse bestreuen.

49. Kartoffelgemüsesuppe

60 g Fett · 1 Gelbrübe · 1 Petersilienwurzel · ⅛ Sellerie · 1 kleine Lauchstange · ¼ kg Kartoffeln · 20 g Mehl · 1¼ l Wasser · 1 Eßlöffel Salz 1 Teelöffel Majoran · Selleriegrün oder Petersilie

In heißem Fett erst die feinstreifig oder würfelig geschnittenen Wurzelgemüse hell rösten, dann den geschnittenen Lauch zugeben, etwas später die Kartoffelwürfel. Mit Mehl überstauben, aufgießen, mit Salz und Majoran würzen, garkochen (25 Minuten). Gehacktes Selleriegrün oder Petersilie zugeben.

50. Saure Kartoffelsuppe mit Rahm

½ kg Kartoffeln · 1 l Wasser · 1 Lorbeerblatt · 1 Teelöffel Majoran · 1 Eßlöffel Salz · 1 Eßlöffel Essig · 40 g Fett oder Speck · 20 g Mehl · ⅛ l Sauerrahm

Die kleinwürfelig geschnittenen Kartoffeln in Wasser mit Lorbeerblatt, Majoran, Salz und Essig weichgaren. Eine mittelbraune Einbrenne aus Fett oder ausgebratenem Speck und Mehl damit aufgießen, Sauerrahm zugeben, kräftig abschmecken, das Lorbeerblatt entfernen.

51. Kartoffeleinlaufsuppe

1¼ l Brühe · 1 kleine Kartoffel · 1 Ei · Salz · 20 g Fett · 1 kleine Zwiebel Petersilie

Die geschälte, roh geriebene Kartoffel mit Ei, Salz und etwas kalter Brühe mischen, dann in die kochende Brühe einlaufen lassen, 20 Minuten kochen. Die Suppe mit feingewiegter, in Fett gerösteter Zwiebel aufschmälzen und gewiegte Petersilie unterrühren.

52. Fränkische Kartoffelsuppe

50 g Fett · 40 g Semmelbrösel · 2 Kartoffeln · 1¼ l Brühe · Salz · Pfeffer Majoran · 1 Ei · 4 Eßlöffel Sauerrahm · Schnittlauch

In Fett Semmelbrösel hellbraun rösten, die roh geriebenen Kartoffeln zugeben, aufgießen, würzen, die Suppe 20 Minuten kochen lassen. Ei mit Sauerrahm verquirlen, die Suppe damit binden, angerichtet mit Schnittlauch bestreuen.

53. Schwammerlsuppe

60 g Butter oder Fett · ¼ kg Schwammerln (Steinpilze, Reherl oder Mischpilze) · 40 g Mehl · 1 l Wasser · 1 Zwiebel · Salz · Pfeffer · ⅛ l Sauerrahm Petersilie

In Butter oder Fett die gehackte Zwiebel goldgelb rösten, die blättrig geschnittenen Pilze zugeben, 6 Minuten darin dünsten, mit Mehl überstauben, Sauerrahm zugeben, aufgießen, würzen, die Suppe noch 20 Minuten kochen lassen, gewiegte Petersilie unterrühren.

Die geschnittenen Pilze können auch in Salzwasser mit etwas Essig und Gewürzen (Pfefferkörner, Lorbeerblatt, Zitronenschale) (im Mullbeutel) garkochen. Mit dem Kochwasser in eine mittelbraune Einbrenne mit Zwiebel geben, noch 10 Minuten kochen lassen, gehackte Petersilie unterrühren. (Für die Bereitung größerer Suppenmengen besonders geeignet).

Anmerkung: Für Suppen eignen sich alle genießbaren Pilzarten, z. B. Wald-, Wiesen- und Zuchtchampignon, Steinpilz, Maronenröhrling, Butterröhrling, Birkenpilz, Rotkappen, Schirmpilz, Täubling, Mairitterling, Schmierling, Pfifferling (Reherl), Hallimasch, Habichtspilz (nur junge Schwämme zubereiten, da ältere leicht bitter), Semmelpilz, Semmelstoppelpilz, echter Reizker und viele andere mehr. — Man verwendet entweder nur eine Pilzart oder mischt verschiedene Sorten. Bereitet man Schwammerlsuppe von getrockneten Pilzen, so genügen 20 g. Die Pilze werden gewaschen, über Nacht eingeweicht, im Einweichwasser weichgegart, gehackt und dann wie frische verwendet. (Pilzkochwasser mitverwenden.)

54. Champignoncremesuppe

40 g Butter · 125 g Champignons · 40 g Mehl · 1 l Wasser · Salz · weißer Pfeffer · etwas Fondor · 4 Eßlöffel süße Sahne oder Kondensmilch · 1 Eigelb Petersilie

In Butter die blättrig geschnittenen Champignons dünsten, mit Mehl überstauben, aufgießen, würzen, 20 Minuten kochen lassen, mit Eigelb, das mit Sahne abgequirlt wurde, legieren, sorgfältig abschmecken, gehackte Petersilie zugeben. Die Suppe kann auch kalt in Tassen serviert werden.

55. Italienische Fischsuppe

40 g Butter, Fett oder Öl · 2 Gelbrüben · ⅛ Sellerie · 20 g Mehl · 2 Eßlöffel Tomatenmark · 500 g Süßwasser- oder Seefisch (es eignet sich hierfür jede beliebige Fischart, auch Rogen und Milch) · 1 l Wasser · Salz · 2 Lorbeerblätter · 40 g geriebener Käse · Petersilie

Süßwasser- oder Seefisch in kochendes Wasser mit Salz und Lorbeerblatt einlegen und 20 Minuten darin ziehen lassen. Rohe Gelbrüben und Sellerie fein reiben, in Butter, Fett oder Öl anrösten, mit Mehl überstauben, Tomatenmark zugeben, mit der Fischbrühe aufgießen. 20 Minuten kochen lassen. Das sorgfältig von den Gräten befreite Fischfleisch und geriebenen Käse hineingeben, einigemale aufkochen lassen. Die Suppe mit gehackter Petersilie bestreut anrichten und Weißbrot dazu servieren.

56. Französische Zwiebelsuppe

40 g Butter · 4 Zwiebeln · 1 l Fleischbrühe · 4 Scheiben Weißbrot · 40 g geriebener Käse

Die zu Halbringen geschnittene Zwiebel in Butter goldgelb rösten, mit Fleischbrühe aufgießen, 15 Minuten kochen lassen. In die Suppenschüssel gießen, die mit Käse bestreuten Weißbrotscheiben darauflegen, unter den Grill oder in das heiße Backrohr stellen bis der Käse goldgelb ist. Man kann auch auf die auf Tellern oder in Tassen angerichtete Suppe die mit Käse bestreuten, goldgelb überbackenen Weißbrotscheiben legen.

57. Hamburger Aalsuppe

375 g Aal · 1 Eßlöffel Salz · 1 l kräftige Fleisch- oder Schinkenbrühe · Suppengrün · 2 Eßlöffel grüne Erbsen (Dose) · 2 Blätter Salbei · Petersilie Thymian · Basilikum · Portulak · ¼ l Wasser · 2 Eßlöffel Essig · 2 Schalotten ½ Teelöffel Pfefferkörner · ⅛ l Weißwein · 40 g Zucker · 2 Birnen oder 24 Backpflaumen · ½ Portion Schwemmklößchen

Den abgezogenen Aal in kleine Stücke schneiden und eine Stunde einsalzen. In der Brühe das kleingeschnittene Suppengrün weichkochen und mit dem in Weißwein und Zucker geschmorten Obst und den gegarten Klößchen in den Suppentopf legen. Die Aalstücke in Wasser mit Essig, Schalotten und Pfefferkörnern in 15 Minuten garkochen und ebenfalls in den Suppentopf geben. Die Aalbrühe durchgießen, zur Fleischbrühe geben, gut mit Salz, Essig und Zucker süßsauer abschmecken, die grobgehackten Kräuter und die Erbsen hineingeben, in den Suppentopf gießen. — Möchte man die Suppe gebunden, so bereitet man eine Einbrenne von 40 g Butter und 40 g Mehl und gießt mit der Fleisch- und Aalbrühe auf. — Als Obst könnten auch getrocknete Ringäpfel, getrocknete Aprikosen und getrocknete Pflaumen genommen werden. — Auch frisches Obst kann verwendet werden.

58. Selleriecremesuppe

1 mittlere Sellerie · 1¼ l Wasser · 1 Eßlöffel Zitronensaft · Salz · 40 g Butter 40 g Mehl · 1 Eigelb · 4 Eßlöffel Sahne oder Kondensmilch

Suppen

Sellerie schälen, in kleine Würfel schneiden, in Butter dünsten, mit Mehl überstauben, aufgießen, Salz und Zitronensaft beigeben, weichgaren (20 Minuten), durchstreichen. Mit Eigelb, das mit Sahne verquirlt wurde, legieren, zart mit Salz, Zitronensaft und weißem Pfeffer abschmecken, angerichtet mit feingehacktem Selleriegrün oder Petersilie bestreuen. Die Suppe kann auch kalt in Tassen serviert werden.

59. Minestrone

italienische Gemüsesuppe

4 Eßlöffel Öl · 3/4 kg Gemüse verschiedener Art (Tomaten, Gelbrüben, Petersilienwurzel, Sellerie, Lauch, Wirsing, Zwiebel, Kohlrabi, Erbsen, Bohnen, Petersilie, Basilikum, Rosmarin, Salbei) · 2 l Wasser · Salz · 60 g Reis 50 g Käse

In Öl das kleingeschnittene Gemüse andünsten, die gehackten Kräuter zugeben, aufgießen, salzen, eine Stunde kochen lassen. Den Reis einstreuen, nochmals 30 Minuten kochen lassen, geriebenen Käse unterrühren, angerichtet mit geriebenem Käse bestreuen.

60. Milz- oder Lebersuppe

100 g Rindsleber oder 150 g Rindsmilz · 40 g Fett · 1 Zwiebel · 40 g Mehl 1 1/4 l Wasser · Salz · Pfeffer · Majoran

Die gewaschene Milz an der offenen Seite mit einem Messer ausschaben, die Leber schaben (größere Mengen durchdrehen). Aus Fett und Mehl mit gehackter Zwiebel eine mittelbraune Einbrenne herstellen, abkühlen lassen. Die geschabte Milz oder Leber damit verrühren, kalt aufgießen, unter Schlagen mit dem Schneebesen aufkochen lassen, mit Salz, Pfeffer, Majoran kräftig abschmecken und noch 10 Minuten kochen lassen.

61. Hirnsuppe

1/2 Kalbshirn oder 1 Schweinshirn oder 1/4 Rinderhirn · 40 g Fett · 40 g Mehl 1 Zwiebel · 1 1/4 l Wasser · Salz · Pfeffer · Fleischwürze · Zitronenschale Petersilie

Das Hirn mit warmem Wasser übergießen, die Aderhaut abziehen, dann fein hacken. In Fett Mehl und Zwiebel hellgelb rösten, das gehackte Hirn damit verrühren, aufgießen, mit Salz, Pfeffer, Fleischwürze und einem Hauch Zitronenschale würzen. Die Suppe 20 Minuten kochen lassen, gehackte Petersilie dazugeben.

62. Briessuppe

200 g Bries (Kalbsmilch) · 1 1/4 l Wasser · Salz · 40 g Butter oder Fett · 40 g Mehl · 1 Zwiebel · Pfeffer · Muskat · Petersilie

Suppen

Das Bries in Salzwasser 20 Minuten kochen, herausnehmen, die Haut abziehen, das Fleisch in Würfel schneiden. Eine helle Einbrenne mit Zwiebel bereiten, mit dem Kochwasser aufgießen, Fleischwürfel zugeben, würzen, 20 Minuten kochen lassen, gehackte Petersilie einrühren.

63. Wildsuppe

Abfälle und Knochen von Hasen- oder Rehbraten, Hasenjung oder Ragoutfleisch · 2 l Wasser · 2 Lorbeerblätter · 10 Pfefferkörner · Zitronenschale 60 g Fett · 50 g Mehl · ⅛ l Rotwein · 2 Eßlöffel Sauerrahm · Salz

Die Wildknochen in Wasser mit den angegebenen Gewürzen auskochen, die Brühe durch ein ganz feines Sieb oder Leinentuch gießen. Aus Fett und Mehl eine kaffeebraune Einbrenne bereiten, mit der Wildbrühe, Rotwein und Rahm aufgießen, die Suppe 45 Minuten langsam kochen lassen. Von den Knochen gelöstes, in kleine Würfel geschnittenes Fleisch und gebähte Semmelschnittchen als Einlage.

64. Hühnersuppe

1 Suppenhuhn · 3 l Wasser · Salz · 2 Gelbrüben · ⅛ Sellerie · 1 Petersilienwurzel · 1 Lauch

Das sorgfältig gereinigte Huhn in Salzwasser mit Suppengrün weichkochen (2–3 Stunden), die Brühe durch ein Sieb gießen, evtl. entfetten.

65. Hühnerbouillon

wird in Tassen evtl. mit diversen Einlagen serviert.

66. Nudelsuppe mit Huhn

Dazu werden in die Hühnerbouillon Nudeln (auf 2 l 120 g) eingekocht und das abgelöste Fleisch dazu eingelegt. Geflügelbrühe kann auch aus Geflügelklein gekocht werden.

67. Königinsuppe

(8 Personen)

1 Suppenhuhn · 1 Gelbrübe · 2 Petersilienwurzeln · ½ Sellerie · 1 Stange Lauch · Salz · 3 l Wasser · 50 g Fett · 80 g Mehl · 1 kleine Zwiebel · ⅛ l Weißwein · 2 Eigelb · 4 Eßlöffel süße Sahne · verschiedene Einlagen

Das geputzte, ausgenommene, gewaschene Suppenhuhn in Salzwasser mit Suppengrün weichgaren. Aus Fett und Mehl mit feingeschnittener Zwiebel eine helle Einbrenne herstellen, mit Hühnerbrühe auffüllen, 30 Minuten kochen lassen. Inzwischen löst man das Fleisch von dem Huhn ab, schneidet es in kleine Stücke, legt es in die Suppenschüssel, übergießt es mit Weißwein und läßt es zugedeckt etwas stehen. Die Suppe wird mit Eigelb und Rahm legiert und über das Fleisch gegossen.

Als Einlagen kann man noch feine Semmelklößchen, gegarte Spargelstückchen, gegarte Blumenkohlröschen und gegartes, in Streifen geschnittenes Kalbsbries in die Suppe geben. Nach Belieben kann man auch etwas Krebsbutter auf die angerichtete Suppe tropfen.

68. Krebssuppe

8 Krebse · Salzwasser · 1 Eßlöffel Kümmel · 40 g Butter · Krebsschalen 1¼ l Brühe · 1 Teelöffel Salz · 50 g Mehl · ⅛ l süße Kaffeesahne · etwas Zucker · etwas Brühwürze (Krebsextrakt)

In das stark kochende Salzwasser den Kümmel und die gewaschenen Krebse geben, 5 Minuten kochen und 10 Minuten ziehen lassen, in kaltem Wasser abkühlen und auslösen. Die Krebsnasen ausbürsten, mit Fleisch- oder Semmelfüllung füllen. Alle übrigen Schalen fein stoßen (in Metall verlieren sie die Farbe!), in Butter dünsten, aufgießen und 1 Stunde kochen lassen. Das Fett (Krebsbutter) abschöpfen, und zur Einbrenne verwenden. Mit der durchgeseihten Brühe aufgießen, 30 Minuten kochen lassen, abschmecken. Die Suppe muß eine schöne rote Farbe haben, wenn nötig Krebsextrakt zugeben. Einlage: Krebsfleisch, Blumenkohlröschen, Spargelstückchen, gefüllte Krebsnasen. Fleischfüllung für 8 Krebse: 50 g Krebs- oder Kalbsgehacktes, ½ Semmel, 1 Eßlöffel Butter, Salz, Pfeffer, Petersilie, 1 Eigelb. Die gefüllten Krebsnasen in Salzwasser kochen und in die fertige Suppe einlegen.

69. Schneckensuppe

16 Weinbergschnecken · ¾ l Wasser · ½ l Weißwein · Salz · Zitronenschale 1 Lorbeerblatt · 1 Tomate · 40 g Butter · 40 g Mehl · 4 Eßlöffel Sahne · 1 Eigelb

Die gedeckelten Schnecken in kochendes Salzwasser geben, bis sich der Deckel löst. Dann mit einer gebogenen Nadel aus dem Häuschen heben, den hinteren Teil entfernen, anschließend mit grobem Salz den Schleim abreiben und gründlich waschen. In Wasser und Wein mit den Gewürzen 1—2 Stunden kochen. Eine helle Sauce mit der Brühe aufgießen, legieren, die Schnecken ganz oder feingehackt hineingeben. Dazu Toast reichen. Schnecken kauft man meist völlig vorbereitet in Dosen.

70. Klare, falsche Schildkrötensuppe
Echte Schildkrötensuppe

2½ l Kraftbrühe · 2 Eßlöffel Madeira · Cayennepfeffer
Einlage: 1 Kalbskopf · 1 Trüffel · Schildkröteneier · 100 g Champignons

Der Kalbskopf wird in Salzwasser mit Petersiliengrün, Majoran, Thymian, Lorbeerblatt, Pfefferkörnern und Schalotten weichgekocht und die fleischigen Teile in kleine Würfel geschnitten, Trüffel und Champignons werden ebenso in Würfel geschnitten. Aus 2 hartgekochten, passierten Eigelb, 1 frischen Eigelb, 30 g Mehl und Salz werden kleine Eier von 1 cm Durchmesser geformt. In die mit Madeira und Cayennepfeffer gewürzte Kraftbrühe gibt man die Fleischwürfelchen, die Trüffel, die Champignons und die Schildkröteneier und läßt die Suppe vorsichtig einigemale aufkochen.

Echte Schildkrötensuppe kauft man fertig in Dosen.

71. Gulyassuppe

60 g Fett · 250 g Zwiebel · 2 Teelöffel Paprika · ¼ Teelöffel Essig · 250 g Ochsenfleisch · Salz · Knoblauch · Majoran · 1¼ l Wasser · 20 g Mehl

In heißem Fett die in Würfel geschnittene Zwiebel goldgelb rösten, Paprika und etwas Essig zugeben, verrühren. Das kleingeschnittene Fleisch mit Salz bestreuen, zu den Zwiebeln geben, unter Umrühren grau werden lassen (nicht bräunen), Knoblauch mit etwas Salz zerdrücken, zugeben. Etwas aufgießen, mit Majoran würzen, dünsten lassen. Wenn das Wasser verkocht ist, wieder aufgießen und so fort fahren bis das Fleisch weich ist. Dann mit Mehl überstauben oder angerührtes Mehl einkochen, die notwendige Wassermenge zugießen, noch 10 Minuten kochen lassen. — Statt die Suppe mit Mehl zu binden, kann man auch 250 g rohe Kartoffelwürfelchen zugeben und in der Suppe garkochen.

72. Gebundene Ochsenschwanzsuppe

500 g Ochsenschwanz · Suppengrün · Zwiebel · Salz · 2 l Wasser · 50 g Fett 60 g Mehl · 1½ l Brühe · 4 Eßlöffel Madeira · 2 Semmeln

Den kleingehackten Ochsenschwanz mit Suppengrün, Zwiebel, Salz und Wasser zugedeckt langsam weich garen, die Brühe abgießen, das Fleisch ablösen und in feine Streifchen schneiden. Mehl in Fett kaffeebraun rösten, mit der Brühe aufgießen, Madeira zugeben und die Suppe 1 Stunde kochen lassen. Wenn nötig noch mit Salz und Wein abschmecken, das abgelöste Fleisch als Einlage in die Suppe geben. Die in feine Schnittchen geschnittenen, gebähten Semmeln gesondert zur Suppe geben.

73. Klare Ochsenschwanzsuppe

500 g Ochsenschwanz · 2 l kochendes Wasser · 20 g Fett · 20 g Schinken Suppengrün · 1 Zwiebel · Salz · 30 g Sago · 4 Stangen Spargel · 40 g grüne Erbsen · 4 kleine Karotten · 20 g Champignons · 1 Glas Sherry

Den kleingehackten Ochsenschwanz in Fett mit kleingeschnittenem Schinken, geschnittenem Wurzelwerk und Zwiebel anbraten. Mit kochendem Wasser aufgießen, salzen und die Suppe langsam 2 Stunden kochen lassen. Dann durchgießen, entfetten, Sago darin klar garen, abschmecken. Das abgelöste, in feine Streifen geschnittene Fleisch, gegarte Spargelstückchen, gegarte grüne Erbsen, schön geschnittene, gegarte Gelbrüben und blättrig geschnittene, in Butter gedünstete Champignons als Einlage in die Suppe geben. Mit Sherry verfeinern.

74. Käseklößchen

1/8 l Milch oder Wasser · 40 g Butter oder Margarine · 60 g Mehl · 40 g Käse 1 Ei · Salz · 1 l Brühe

Milch oder Wasser mit Fett aufkochen, zurückziehen, das gesiebte Mehl auf einmal zugeben, auf dem Feuer zu einem Kloß rühren, in eine Schüssel geben, sofort das Ei und den geriebenen Käse einrühren, mit Salz abschmecken, durch den Spatzenseiher in die kochende Brühe drücken oder mit dem Teelöffel kleine Klößchen einlegen. Kochzeit 5 Minuten.

75. Suppe mit Parmesanreis

1 l Fleischbrühe · 40 g Butter oder Margarine · 1 Ei · 40 g Parmesan- oder Schweizerkäse · 40 g Brösel · Salz

Butter oder Margarine schaumig rühren, den geriebenen Käse, Ei, die Brösel und Salz zugeben. Die Masse durch ein umgekehrtes Reibeisen in die kochende Suppe drücken und einmal aufkochen lassen.

76. Suppe mit Hirnreis

50 g Butter oder Margarine · 1 Ei · 50 g Semmelbrösel · 100 g Kalbs- oder Rindshirn · Salz · Pfeffer · Zwiebel · Petersilie · abgeriebene Zitronenschale 1 l Fleischbrühe

Das gewaschene Hirn mit heißem Wasser übergießen, 10 Minuten stehen lassen, dann die Haut abziehen, das Hirn fein hacken, Butter schaumig rühren, Ei, Semmelbrösel, das Hirn und die Gewürze zugeben. Die Masse durch ein mittelfeines Sieb in die kochende Brühe drücken, einmal aufkochen lassen.

77. Leberspatzensuppe

100 g Kalbs- oder Rindsleber · 40 g Butter oder Margarine · Zwiebel · Petersilie · 1 Ei · 40 g Semmelbrösel · Salz · Pfeffer · Majoran · abgeriebene Zitronenschale · 1 l Brühe

Die Leber schaben, Zwiebel und Petersilie in Fett dünsten, abgekühlt nebst dem Ei, den Gewürzen und Bröseln zur Leber geben. Etwas anziehen lassen. Durch den Spatzenseiher in die kochende Brühe drücken, Kochzeit 5 Minuten. *Lebernockerl, Leberklößchen* legt man mit dem Teelöffel ein. — *Leberreis* erhält man, wenn man die Masse durch ein umgekehrtes Reibeisen drückt.

78. Butternockerlsuppe

40 g Butter · 1 Ei · 60 g Mehl · Salz · Muskat · 1 l Brühe

Butter mit Ei, Mehl, Salz und Muskat schaumig rühren. Kleine Nockerl in die kochende Brühe einlegen, 10 Minuten leise garen.

79. Grießnockerlsuppe

Erste Art: 30 g Butter · 60 g Grieß · 1 Ei · Salz · Muskat · 1½ l Brühe

Butter mit Grieß, Ei, Salz und Muskat schaumig rühren, kleine Nockerl in die kochende Brühe einlegen, 30 Minuten leise kochen lassen.

Zweite Art: ⅛ l Milch · 30 g Butter · Salz · 60 g Grieß · 1 Ei · Muskat 1 l Brühe

Milch, Butter und Salz aufkochen, Grieß zugeben, so lange am Feuer lassen bis sich die Masse vom Topf löst, das Ei zugeben, mit Muskat abschmecken, kleine Nockerl in die kochende Brühe einlegen, 5 Minuten leise kochen lassen.

80. Suppe mit Bratklößchen

2 Paar Bratwürstchen · 1 l Brühe

Aus den Bratwürstchen kleine Klößchen in die kochende Suppe drücken. Sie sind fertig, wenn sie schwimmen. Verrührt man das Brat mit 1 Eigelb, werden die Klößchen noch feiner.

81. Suppe mit Brandteigklößchen

⅛ l Wasser · 40 g Butter oder Fett · Salz · 80 g Mehl · 1 Ei

Wasser mit Butter und Salz aufkochen, das Mehl zugeben, am Feuer rühren bis sich die Masse von Topf und Löffel löst, das Ei zugeben, mit Muskat abschmecken. Kleine Nockerl abstechen und in die kochende Brühe einlegen. Oder kleine Krapferln auf ein befettetes Blech spritzen und im Rohr backen oder kleine Krapferln spritzen und diese in schwimmendem Fett backen.

82. Suppe mit Hirnklößchen

40 g Butter oder Margarine · 1 Ei · 100 g Kalbshirn · 50 g Semmelbrösel Salz · Pfeffer · Zitronenschale · 1 l Brühe

Butter schaumig rühren, Ei, das gehäutete, feingewiegte Kalbshirn, Semmelbrösel, Salz, Pfeffer, Zitronenschale zugeben. Von der Masse kleine Klößchen abstechen, in die kochende Brühe einlegen, 10 Minuten ziehen lassen.

83. Suppe mit Markklößchen

50 g Rindermark · 1 Ei · Salz · Petersilie · 50 g Semmelbrösel · 1¼ l Brühe

Klein geschnittenes, geschmolzenes, geseihtes und wieder erstarrtes Mark schaumig rühren, mit Ei, gewiegter Petersilie, Semmelbrösel und Salz gut verrühren, kleine Klößchen formen, in kochende Brühe einlegen, 10 Minuten leise kochen lassen.

84. Feine Fleischklößchen

40 g Butter · 1 Ei · 100 g gehacktes Kalbfleisch oder Tartar · Petersilie · 50 g Brösel · Salz · Pfeffer · Zitronenschale · 1¼ l Brühe

Butter mit Ei, gehacktem Fleisch und Petersilie schaumig rühren, Brösel zugeben, mit Salz, Pfeffer, abgeriebener Zitronenschale abschmecken, kleine Klößchen formen, 15 Minuten in Brühe kochen lassen.

85. Briesklößchen

100 g Bries · 40 g Butter oder Margarine · Zwiebel und Petersilie · 1 Ei 50 g Brösel · Salz · Pfeffer

Das gegarte, gehäutete Bries wiegen, feingehackte Zwiebel und Petersilie in Fett dünsten, abgekühlt nebst dem Ei und Bröseln zum Bries geben, kräftig würzen, kleine Klößchen formen, 10 Minuten in der Brühe kochen lassen.

86. Suppe mit Schinkenklößchen

2 Semmeln · 1/16 l Milch · 100 g magerer, roher oder gekochter Schinken Zwiebel und Petersilie · 1 Ei · Salz · 1 Eßlöffel Brösel · 1½ l Brühe

Feinblättrig geschnittene Semmeln mit kalter Milch anfeuchten, feingewiegten Schinken, gedünstete Zwiebel und Petersilie, verquirltes Ei, Brösel und Salz zugeben. Klößchen formen, 10 Minuten langsam kochen lassen.

87. Leberknödelsuppe

4 Semmeln · 20 g Fett · Zwiebel · Petersilie · 1/8 l Milch · 200 g Rindsleber 50 g Mark oder Nierenfett · 2 Eier · Salz · Pfeffer · Majoran · Zitronenschale 2 l Brühe

Feinblättrig geschnittene Semmeln mit Salz überstreuen, gewiegte, in Fett geröstete Zwiebel und Petersilie untermengen, mit kalter oder lauwarmer Milch übergießen und etwas stehen lassen. Gehäutete Leber mit Mark oder Nierenfett durch die Maschine drehen, zur Semmelmasse geben, feingehackte Zitronenschale, reichlich Majoran, etwas Pfeffer und die verquirlten Eier zugeben, alles sehr gut vermengen. Wenn nötig Brösel zugeben. Mit nassen Händen Knödel formen, in die kochende Brühe einlegen. 20 Minuten kochen lassen.

88. Suppe mit Eierstich

2 Eier · 2 Eßlöffel kalte Milch · Salz · 1 l Brühe

Eier mit Milch und Salz verquirlen. Die Masse in eine gut mit Butter ausgefettete große Porzellantasse gießen, ins heiße Wasserbad stellen und den Eierstich zugedeckt festwerden lassen (15 Minuten). Kocht das Wasserbad, wird der Eierstich großlöcherig. Der fertige Eierstich wird gestürzt, in kleine Rauten geschnitten und in die fertige Brühe gegeben. Die Eierstichmasse kann nach Belieben mit Tomatenmark rot oder mit passiertem Spinat grün gefärbt werden.

89. Suppe mit Biskuitwürfeln

50 g Butter · 100 g Mehl · 2 Eier · 2 Eßl. Milch · Salz · Muskat · 1½ l Brühe

Butter schaumig rühren, abwechselnd Mehl, Eigelb und Milch zugeben, mit Salz und Muskat würzen, steifen Eischnee unterziehen. Die Masse in eine befettete, bemehlte Kasten- oder Auflaufform geben. In 20 Minuten goldgelb backen. Nach dem Erkalten zu Würfeln schneiden, in die kochend heiße Brühe geben.

90. Suppe mit Schinkenbiskuit

50 g Butter · 2 Eier, getrennt · 50 g gekochter oder roher Schinken · Petersilie · 100 g Mehl · 2 Eßlöffel Milch · 1½ l Brühe · Salz · Muskat

Butter mit Eigelb, sehr fein gehacktem Schinken und Petersilie schaumig rühren, abwechselnd Mehl, Eischnee und Milch zugeben, mit Salz und Muskat würzen. In befetteter, bemehlter Kastenform 20 Minuten bei Mittelhitze backen, herausstürzen, in Würfel schneiden und in die Suppe einlegen.

91. Suppe mit Käsebiskuit

50 g Butter · 2 Eier, getrennt · 50 g Käse, gerieben · 50 g Mehl · 2 Eßlöffel Milch · Salz · Muskat · Paprika

Zubereitung wie im vorhergehenden Rezept.

92. Suppe mit Käseklößchen

1. Art: 40 g Butter · 1 Ecke Velveta · 80 g Mehl · 1 Ei · Salz · Muskat Paprika · 1 l Brühe

Butter mit zerdrücktem Käse schaumig rühren, Ei und Mehl zugeben, kräftig abschmecken, kleine Klößchen formen, 10 Minuten in der Suppe kochen.

2. Art: 1 Ecke Velveta · 1 Ei · 60 g Mehl · Salz · 1 l Brühe

Velveta in einer vorgewärmten Schüssel mit Ei schaumig rühren, Mehl zugeben, abschmecken. Klößchen abstechen, 5 Minuten in Brühe kochen.

93. Suppe mit Champignonklößchen

40 g Butter oder Margarine · 50 g Champignons · Petersilie · Salz · Pfeffer 1 Ei · 50 g Brösel · 1 l Brühe oder Cremesuppe

Die feingehackten Champignons in Butter mit Petersilie dünsten, abgekühlt Ei, Brösel und Gewürze zugeben, kleine Klößchen in Brühe oder Cremesuppe einlegen, 10 Minuten kochen.

94. Suppe mit Hirnwürfeln

1/2 Kalbs- oder Schweinshirn · 3 Semmeln · 1 Tasse kalte Milch · 30 g Butter oder Margarine · 2 Eier · Zwiebel · Petersilie · Zitronenschale · Salz · Pfeffer Muskat · 2 l Brühe

Das Hirn mit heißem Wasser übergießen, häuten, fein hacken. Die abgerindeten Semmeln in kalter Milch einweichen, dann gut ausdrücken. Butter schaumig rühren, Eigelb, Hirn, Semmeln, feingewiegte Zwiebel, Petersilie und Zitronenschale, Salz, Pfeffer, Muskat und Eischnee zugeben. Die Masse in eine befettete, mit Bröseln ausgestreute Auflaufform füllen und 20 Minuten im Rohr backen. Oder in eine befettete, mit Bröseln ausgestreute Puddingform füllen und 30 Minuten in kochendem Wasserbad kochen. Der in Würfel geschnittene Hirnauflauf oder -pudding kommt in die fertige Suppe. (Geeignet für Krankenküche.)

95. Suppe mit Fleischkäse

100 g mageres, rohes Schweinefleisch · 100 g Kalbsleber · 60 g geräucherter Speck · 1/2 Zwiebel · Salz · Pfeffer · Muskat · 1 Ei · 1 1/2 l Fleischbrühe

In würflig geschnittenem Speck die in Scheiben geschnittene Leber so lange braten, bis sie grau ist, abgekühlt zusammen mit dem Schweinefleisch und Zwiebel durch die Maschine drehen, Ei zugeben, mit Salz, Pfeffer, Muskat würzen. Die Masse in eine befettete, mit Bröseln ausgestreute Puddingform füllen, 30 Minuten in kochendem Wasserbad garen, stürzen, in Würfel schneiden, in die fertige Brühe geben.

96. Suppe mit Leberwürfeln

1–2 Geflügelleber · 50 g Butter oder Fett · 3 Eier · 150 g Semmelbrösel · Salz Pfeffer · Muskat · 2 1/2 l Brühe

Die Geflügelleber ausschaben und fein wiegen. Zu schaumig gerührter Butter Eigelb, Leber, Brösel, Gewürze und den Eischnee geben. Die Masse in eine flache befettete, mit Bröseln ausgestreute Auflaufform geben, im Rohr 20 Minuten backen, nach dem Erkalten in Würfel schneiden. Beim Anrichten mit kochend heißer Brühe übergießen.

97. Suppe mit gefüllten Brandteigkrapferln

3/16 l Milch · 50 g Butter oder Fett · Salz · 125 g Mehl · 3 Eier · 100 g Schinken · 2 l Brühe

Milch mit Salz und Butter aufkochen, Mehl zugeben, so lange am Feuer rühren bis sich die Masse von Topf und Löffel löst. Die verquirlten Eier zugeben, von der Masse mit 2 Teelöffeln kleine Krapferln auf ein befettetes, bemehltes Blech setzen. Bei guter Hitze backen, noch warm auf einer Seite einschneiden. Mit gewiegtem Schinken füllen, kochend heiße Brühe über die Suppeneinlage geben.

98. Pfannkuchensuppe

1 Ei · 60 g Mehl · ¹/₁₆ l Milch oder Wasser (6 Eßlöffel) · Salz · 1¹/₂ l Brühe

Mehl mit Ei, Salz und kalter Milch zu einem glatten Teig rühren. Daraus auf einer Stielpfanne mit etwas heißem Fett dünne Pfannkuchen auf beiden Seiten hellbraun backen. Aufrollen, zu feinen Nudeln schneiden, mit der kochend heißen Brühe übergießen.

99. Fleischkrapferlsuppe

Nudelteig: 100 g Mehl · 1 Ei · Salz · 1¹/₂ l Brühe
Fülle: 125 g Bratenreste oder Hackfleisch · Zwiebel · Petersilie · 1 Eigelb
Salz · Pfeffer

Feingewiegte Bratenreste oder Hackfleisch mit gewiegter Zwiebel und Petersilie, Eigelb, Salz und Pfeffer gut vermengen. Aus Mehl, Ei und Salz einen Nudelteig bereiten, Plätzchen von 5 cm Durchmesser ausstechen, in die Mitte derselben einen Kaffeelöffel voll von der Fleischfülle geben, die Teigränder mit Eiweiß bestreichen, die Plätzchen zusammenschlagen, die Ränder fest zusammendrücken, dann in kochende Brühe geben und darin 20 Minuten langsam kochen lassen.

100. Spinatkrapferlsuppe

Nudelteig: 125 g Mehl · 1 Ei · etwas Wasser · Salz · 1¹/₂ l Brühe
Fülle: ¹/₄ kg Spinat · 15 g Butter · Zwiebel · Petersilie · 1 Semmel · 30 g
gekochter Schinken · 1 Eigelb · Salz · Muskat

Sorgfältig verlesenen, sauber gewaschenen, gut abgetropften, rohen Spinat fein wiegen. In Butter mit feingehackter Zwiebel dünsten, abgerindete, in Milch eingeweichte, gut ausgedrückte Semmel, Eigelb, feingehackten Schinken zugeben und die Fülle mit Salz und etwas Muskat abschmecken. Ausgerollten Nudelteig zu Teigscheiben von 5 cm Durchmesser ausstechen, mit der Spinatfülle belegen, die Teigränder mit Eiweiß bestreichen, die Krapferln zusammenschlagen, an den Rändern fest zusammendrücken, 20 Minuten in der Suppe kochen.

101. Suppe mit Milzschnittchen

50 g Fett · 1 Ei · 100 g Rindsmilz · Zwiebel · Petersilie · etwas Brösel · Salz
Pfeffer · Muskat · 2 Semmeln · 1 l Brühe

Schaumiggerührtes Fett mit feingehackter, in Fett gerösteter Zwiebel und Petersilie, Ei, geschabter Milz, etwas Brösel, Salz, Pfeffer und Muskat verrühren. Die Masse ¹/₂ cm dick auf dünne Semmelscheiben streichen und diese auf beiden Seiten in heißem Fett backen. (Mit der bestrichenen Seite zuerst ins heiße Fett geben.) Noch heiß gesondert zur Suppe reichen. Statt Milz kann auch durchgedrehte Leber oder gehacktes Hirn verwendet werden.

Suppen

102. Suppe mit Leberroulade

6 Semmeln · Salz · 3 Eier · 1/8 l Milch · 30 g Butter oder Fett · Zwiebel Petersilie · 100 g Rinds- oder Kalbsleber oder Milz · Zitronenschale · Salz Majoran · etwas Semmelbrösel · 2 1/2 l Brühe

Abgerindete Semmeln in feine Blättchen schneiden, mit Salz überstreuen, mit Milch verquirlte Eier darübergießen. Feingehackte Zwiebel und Petersilie in Butter oder Fett rösten und zur Semmelmasse geben. Die gehäutete Leber ausschaben und fein wiegen, mit Zitronenschale, Majoran und Salz abschmecken. Die Semmelmasse teilen, die eine Hälfte mit der Lebermasse mischen, die andere Hälfte hell lassen. Gutes Pergamentpapier oder eine Serviette mit Bröseln bestreuen, die Lebermasse in Form eines Rechtecks 1 cm dick daraufstreichen, die Semmelmasse darüberstreichen, beide Teige zusammen vorsichtig zu einer Wurst aufrollen. Diese in das Pergamentpapier oder die Serviette einschlagen, gut mit Bindfaden umwickeln, in kochendes Salzwasser geben und darin 30 Minuten kochen. Die vorsichtig von dem Papier oder der Serviette befreite Rolle in gleichmäßig schöne Scheiben schneiden und gesondert zu heißer Brühe geben.

103. Goldwürfelsuppe

3 Semmeln · 2 Eier · 5 Eßlöffel Milch · Salz · Backfett · 1 3/4 l Brühe

Semmeln in gleichmäßige, nicht zu kleine Würfel schneiden. Eier mit Milch und Salz verquirlen, über die Semmeln gießen, 15 Minuten stehen lassen. In einer Stielpfanne Fett heiß werden lassen, die Semmelwürfel hineingeben und goldgelb backen. Nach Belieben können sie auch in schwimmendem Fett gebacken werden. Beim Anrichten die Goldwürfel mit kochendheißer Suppe übergießen.

104. Hirnpafesensuppe

4 Semmeln · 1 Tasse Milch — Füllung: 30 g Butter oder Margarine · Zwiebel Petersilie · 1/2 Kalbshirn · 1 Ei · Salz · Pfeffer — Pfannkuchenteig: 1 Eßlöffel Mehl · 2 Eier · 2 Eßlöffel Milch · Salz · Backfett · 2 l Brühe

Abgerindete Semmeln vom Vortag in 1 cm dicke Scheiben schneiden. In Butter feingewiegte Zwiebel und Petersilie dünsten, das gehäutete, gehackte Hirn zugeben, 5 Minuten dünsten lassen, dann das Ei zugeben, mit Salz und Pfeffer abschmecken. Die Semmelscheiben mit dieser Masse bestreichen, je mit der Füllung zusammensetzen, kurz in Milch tauchen und auf einer Platte 10 Minuten liegen lassen. Dann in Pfannkuchenteig wenden und auf der Stielpfanne oder schwimmend in heißem Fett goldgelb backen. Nach dem Auskühlen jede Doppelschnitte in Stückchen schneiden und beim Anrichten mit kochendheißer Brühe übergießen.

105. Suppe mit gebackenen Tropfteigerbsen

1 Ei · 30 g Mehl · Salz · Backfett · 1 l Brühe

Mehl mit Ei und Salz glattrühren. Den Teig durch ein umgekehrtes Reibeisen in heißes Fett eintropfen lassen und darin goldgelb backen. Die gebackenen Erbsen gesondert zur Suppe reichen oder knapp vor Tisch mit heißer Suppe übergießen.

106. Bouillon mit Käsebrötchen

40 g Butter oder Margarine · 100 g geriebener Käse · 1 Ei · Salz · Paprika Pfeffer · 4 Scheiben Toastbrot · 1 l Brühe

Butter mit geriebenem Käse und Ei schaumig rühren, abschmecken, dick auf Weißbrot streichen, auf der Stielpfanne (bestrichene Seite zuerst einlegen) im Grill oder Rohr goldgelb backen, sofort in kleine Würfel schneiden und in die angerichtete Suppe geben.

107. Bouillon mit Tartarbrötchen

Zutaten und Zubereitung wie im vorhergehenden Rezept, nur verwendet man statt Käse 100 g Tartar.

108. Tomatenbouillon mit Salzletten

$1/2$ l Würfelbrühe · 4 Eßlöffel Ketchup · Petersilie · Salzletten

Die heiße Brühe mit Ketchup abschmecken, gehackte Petersilie zugeben. In Tassen servieren, dazu Salzletten.

109. Käsebouillon

1 l Brühe · 1 Velvetakäse · Salz · Pfeffer · Muskat · Petersilie

Käse in kleine Würfel schneiden, in der heißen Brühe auflösen. Kräftig würzen. Dazu Weißbrot.

110. Panadelsuppe

2 Semmeln · 1 l Brühe · 4 Eßlöffel Kondensmilch · 2 Eigelb · Schnittlauch

Abgeriebene Semmeln in feine Blättchen schneiden, in Brühe weichkochen, mit dem Schneebesen feinschlagen. Kondensmilch mit Eigelb verrühren, in die Suppe geben, mit Salz abschmecken. Angerichtet mit Schnittlauch bestreuen.

111. Buntwürfelsuppe

$1/4$ Salatgurke · 1 grüne Paprikaschote · 2 Tomaten · 1 l Brühe · 40 g Reis

Die gewaschene, ungeschälte Salatgurke, die Paprikaschote und die entkernten Tomaten in kleine Würfelchen schneiden. Den Reis in Brühe garen, die Würfelchen einmal darin aufkochen, mit Salz abschmecken, in Tassen oder auf Tellern anrichten.

Suppen

112. Apfel-Selleriecreme-Suppe

½ Sellerie · 2 Äpfel · 40 g Butter · 40 g Mehl · 1 l Wasser · 4 Eßlöffel süße Sahne oder Kondensmilch · gekörnte Brühe · Salz · Muskat · Zucker Petersilie

Geschälten Sellerie und Äpfel raspeln, in Butter andünsten, mit Mehl überstäuben, aufgießen, in 15 Minuten garkochen, passieren. Sorgfältig abschmecken, angerichtet mit gehackter Petersilie bestreuen.

113. Blumenkohl-Reis-Suppe

1 kleiner Blumenkohl · 40 g Reis · ½ l Milch · ½ l Brühe · Salz · Muskat 4 Eßlöffel süße Sahne oder Kondensmilch

Zerkleinerten Blumenkohl und Reis in Milch mit Brühe weichkochen und passieren. Mit Salz und Muskat abschmecken, süße Sahne oder Kondensmilch zugeben. Kleine Weißbrotwürfel in Butter goldgelb rösten und in die angerichtete Suppe geben, mit gehackter Petersilie bestreuen.

SÜSSE SUPPEN, KALTSCHALEN

Warme süße Suppen sind eine angenehme Abwechslung. Kaltschalen sind in vielen Haushalten während der warmen Jahreszeit sehr beliebt. Sie können auch als gebundene, kalte Getränke in Gläsern gereicht werden.

114. Milchsuppe

1 l Milch · 40 g Mehl · Nährmittel · Teigwaren · Weißbrot · Makronen Salz · Zucker · Vanillestange · Gewürznelken · Kakao · Schokoladenpulver 40 g Sultaninen · 40 g Mandeln · 20—40 g Butter · 1—2 Eigelb

Milch mit beliebigen Gewürzen aufkochen, Einlage nach Geschmack einkochen, eventuell mit Sultaninen, abgezogenen geriebenen Mandeln, Butter, Eigelb verbessern.

115. Biersuppe

1 l helles oder dunkles Bier · Zimtrinde · Zitronenschale · 3 Eigelb · 120 g Zucker · ⅛ l Rahm oder Milch

Bier mit Zimtrinde und Zitronenschale bis ans Kochen erhitzen, Eigelb mit Zucker und Rahm oder Milch über Dampf oder im kochenden Wasserbad schaumigschlagen, das durchgeseihte Bier unter beständigem Schlagen zugeben. Alles mitsammen sehr heiß werden lassen, aber nicht kochen. Heiß servieren, Zwieback gesondert dazu reichen.

116. Weinsuppe

100 g Zucker · 4 Eigelb · 40 g Stärkemehl (4 gestrichene Eßlöffel) · ½ l Weißwein · ½ l Wasser

Zucker mit Eigelb schaumigrühren, Stärkemehl, Wein und Wasser zugeben, unter Schlagen mit dem Schneebesen aufkochen lassen. Warm mit kleinen Makronen servieren.

117. Fliederbeersuppe

Fliederbeeren abzupfen, mit 1 l Wasser, Zitronenschale und Zucker weichkochen, 4 Eßlöffel angerührtes Stärkemehl einkochen, durchstreichen, warm oder kalt mit Schneeklößchen darauf zu Tisch geben.

118. Obstsuppe

1/2 kg Obst (Rhabarber, Äpfel, Birnen, Kirschen, Pflaumen, Stachelbeeren, Johannisbeeren, Himbeeren, Schwarzbeeren, Holunder) · 1 1/4 l Wasser Zitronenschale · Zimtrinde · Vanilleschote · 1 Päckchen Puddingpulver (50 g Stärkemehl) · 100 g Zucker · Zitronensaft oder Wein zum Abschmecken

Das gut gewaschene Obst in Wasser mit Zitronenschale, Zimtrinde oder Vanilleschote weichkochen und durchstreichen. Das angerührte Stärkemehl einkochen, die Suppe mit Zitronensaft oder Wein und Zucker abschmecken, lauwarm servieren. Auf die angerichtete Suppe gibt man gerne Schneeklößchen oder kleine Makronen.
Obstkaltschale wird ebenso zubereitet, nur läßt man die Suppe nach dem Zubereiten zugedeckt völlig erkalten.

119. Rhabarber-Kaltschale

500 g Rhabarber · 1 l Wasser · Zitronenschale · 50 g Stärkemehl (5 gestrichene Eßlöffel) · 100 g Zucker

Den kleingeschnittenen Rhabarber in Wasser mit Zitronenschale weichkochen, das kalt angerührte Stärkemehl einkochen, mit Zucker abschmecken, die Suppe durch ein Sieb streichen, zugedeckt erkalten lassen. Auf die angerichtete Suppe gibt man gerne Schneeklößchen.

120. Johannisbeer-Kaltschale

1/2 kg Johannisbeeren · 1 l Wasser · 50 g Stärkemehl (5 gestrichene Eßlöffel) 150 g Zucker

Die gewaschenen, abgezupften Johannisbeeren mit Wasser weichkochen und durchstreichen. Die Flüssigkeit wieder zum Kochen bringen, Zucker zugeben, das kalt angerührte Stärkemehl einkochen, die Suppe zugedeckt erkalten lassen. Auf die angerichtete Suppe Schneeklößchen setzen oder kleine Makronen als Einlage hineingeben oder Kekse gesondert dazu reichen.

121. Heidelbeer-Kaltschale

500 g Heidelbeeren · 1 l Wasser · Zimtrinde · Zitronenschale · 100 g Zucker 50 g Stärkemehl (5 gestrichene Eßlöffel)

Die verlesenen, gewaschenen Heidelbeeren in Wasser mit Zimtrinde und Zitronenschale weichkochen und durchstreichen. Die Flüssigkeit mit Zucker aufkochen, das kalt angerührte Stärkemehl einkochen, die Suppe zugedeckt erkalten lassen. Auf die angerichtete Suppe Schneeklößchen setzen und diese mit etwas Zimt bestreuen.

122. Holunderbeer-Kaltschale

500 g Holunderbeeren · 1 l Wasser · Zimtrinde · Zitronenschale · 2 Äpfel 100 g Zucker · 50 g Stärkemehl (5 gestrichene Eßlöffel)

Die gewaschenen, abgezupften Holunderbeeren in Wasser mit Zimtrinde und Zitronenschale weichkochen und durchstreichen. Die Äpfel schälen, in dünne Spalten schneiden, im Holundersaft mit Zucker weichkochen. Das kalt angerührte Stärkemehl einkochen. Die Suppe zugedeckt erkalten lassen, angerichtet womöglich noch kleine Schneeklößchen daraufsetzen und diese mit etwas Zimt bestreuen.

123. Schokoladen-Kaltschale

1 l Milch · 100 g Schokolade · 1 Eigelb · 3 Eßlöffel Stärkemehl · 2 Eßlöffel süßen Rahm · 50 g Zucker · Kleine Makronen als Einlage

Klein zerbröckelte Schokolade mit Milch aufkochen. Eigelb mit Stärkemehl und Rahm verrühren, in die Schokolademilch einkochen, mit Zucker abschmecken, zugedeckt erkalten lassen. In die angerichtete Kaltschale kleine Makronen als Einlage geben.

124. Buttermilch-Kaltschale

1 Päckchen Himbeerpudding · $^1/_2$ l Wasser · 50 g Zucker · $^3/_4$ l Buttermilch

Das angerührte Puddingpulver in das gezuckerte Wasser einkochen, mit Buttermilch verrühren, sofort zu Tisch geben.

125. Bier-Kaltschale

1 l helles oder dunkles Bier · Zimtrinde · Zitronenschale · 2 Eigelb · 120 g Zucker · 2 Eßlöffel Stärkemehl · 50 g Korinthen

Bier mit Zimtrinde und Zitronenschale bis ans Kochen erhitzen, Eigelb mit Zucker und Stärkemehl schaumigrühren, unter Schlagen das heiße Bier zugießen, über Dampf alles mitsammen noch bis ans Kochen schlagen. Zimtrinde und Zitronenschale entfernen, die gewaschenen Korinthen zugeben und die Kaltschale zugedeckt erkalten lassen. Auf Tellern anrichten, Eiweiß zu steifem Schnee schlagen, den Zucker einschlagen und davon kleine Klößchen auf die angerichtete Suppe setzen.

126. Wein-Kaltschale

$^3/_4$ l Wasser · Zitronenschale · 120 g Zucker · 50 g Stärkemehl (5 gestrichene Eßlöffel) · 2 Eigelb · $^1/_2$ l Weißwein

Wasser mit Zitronenschale und Zucker aufkochen. Eigelb mit Stärkemehl kalt anrühren und einkochen. Unter ständigem Rühren den Wein zugeben. Die Suppe vom Feuer nehmen, zugedeckt erkalten lassen, auf Teller anrichten. Eiweiß zu steifem Schnee schlagen, den Zucker einschlagen, kleine Klößchen abstechen und auf die angerichtete Suppe geben.

127. Feine Fruchtkaltschale

1/2 kg Ananas- oder Walderdbeeren oder Himbeeren • 200 g Zucker • 1/2 l Wasser • 1/2 l Wein • 40 g Stärkemehl • 2 Päckchen Vanillezucker

Die Hälfte der Ananas- oder Walderdbeeren einzuckern und stehen lassen. Die zweite Hälfte mit Wasser und Zucker aufkochen, das angerührte Stärkemehl einkochen, durchstreichen, den Wein zugießen, abschmecken, die eingezuckerten Früchte und kleine Makronen als Einlage geben.

128. Weinkaltschale mit Pfirsichen

1/2 kg reife Pfirsiche • 200 g Zucker • 1/2 l Wasser • 1 Zitrone • 40 g Stärkemehl • 1/2 l Weißwein • 100 g Makronen • 1/8 l Schlagrahm • 2 Eßlöffel Arrak • 2 Vanillezucker

Die Pfirsiche in feine Spalten schneiden, einzuckern, kühl stellen. Wasser mit Zitronenschale und Saft aufkochen, das angerührte Stärkemehl einkochen, den Wein zugießen. Erkaltet zu den Pfirsichen geben. Auf die angerichtete Kaltschale mit Arrak befeuchtete Makronen setzen und Tupfen von vanillierter Schlagsahne spritzen.

EINLAGEN FÜR SÜSSE SUPPEN

129. Biskuitwürfel

50 g Butter • 50 g Zucker • 50 g Mehl • 2 Eier, getrennt • 2 Eßlöffel Milch

Butter mit Zucker und Eigelb schaumigrühren, abwechselnd Mehl und kalte Milch zugeben. Zum Schluß den steifen Eischnee unterziehen. Die Masse in eine befettete, bemehlte Form füllen, goldgelb backen, nach dem Erkalten in gleichmäßige Würfel schneiden.

130. Grießklößchen

1/4 l Milch • 50 g Butter • 1 Prise Salz • 100 g Grieß • 2 Eier • 1 Eßlöffel Zucker

Milch mit Butter und Salz aufkochen, den Grieß einstreuen und die Masse so lange am Feuer rühren, bis sie sich von Topf und Löffel löst. Dann die Eier und den Zucker gut unterrühren. Von der Masse kleine Klößchen abstechen, in die kochende Suppe einlegen und zugedeckt 10 Minuten leise kochen lassen. Diese Grießklößchen eignen sich besonders als Einlage in Obstsuppen.

131. Brandteigklößchen

1/8 l Milch oder Wasser • 40 g Butter • 80 g Mehl • 1 Ei • 1 Eßlöffel Zucker

Milch oder Wasser mit Butter aufkochen, das gesiebte Mehl zugeben und die Masse so lange am Feuer rühren, bis sie sich von Topf und Löffel löst, dann das Ei und den Zucker zugeben, gut verrühren, kleine Klößchen abstechen, in die kochende Suppe einlegen und darin 10 Minuten kochen lassen.

132. Gebackene Nüsse

1/8 l Milch · 20 g Butter · 80 g Mehl · 2 Eier · 1 Eßlöffel Zucker · Backfett

Milch mit Butter aufkochen, das gesiebte Mehl zugeben und die Masse am Feuer rühren, bis sie sich von Topf und Löffel löst, dann die Eier und den Zucker zugeben. Den Teig in eine Spritze mit grober Tülle füllen, mit der einen Hand den Teig herausdrücken, mit der anderen Hand Teigstückchen abschneiden (Messer öfters in heißes Fett tauchen) und die Teignüsse in Fett schwimmend backen. Auf einem Sieb abtropfen lassen.

133. Gebackene Erbsen

1 Ei · 30 g Mehl · 1 Prise Salz · Backfett

Mehl mit Ei und Salz glattrühren. Den Teig durch ein umgekehrtes Reibeisen in heißes Fett eintropfen lassen und goldgelb backen. Auf einem Sieb abtropfen lassen.

134. Suppenmakronen

2 Eiweiß · 125 g Zucker · 125 g geriebene Mandeln · etwas Zitronenschale

Eiweiß zu steifem Schnee schlagen, den Zucker einschlagen, die abgezogenen, geriebenen Mandeln zugeben. Sollte die Masse zu weich sein, über Dampf noch etwas dicklich schlagen. Auf ein gut gewachstes, bemehltes Blech mit Hilfe von 2 Teelöffeln kleine Makronen setzen. Die Makronen bei schwacher Hitze goldgelb backen, vorsichtig vom Blech lösen.

135. Schneeklößchen

2 Eiweiß · 2 Eßlöffel Zucker · Zimt zum Bestreuen

Eiweiß zu steifem Schnee schlagen, den Zucker einschlagen. Von der Masse Klößchen auf die heiße Fruchtsuppe setzen, zugedeckt ziehen lassen, mit etwas Zimt bestreuen.

136. Klößchen aus Fruchtschnee

1 Eiweiß · 2 Eßlöffel dickes Fruchtmark oder Marmelade · 50 g Zucker

Eiweiß mit Fruchtmark oder glattgerührter Marmelade und Zucker mischen, mit dem Schneebesen so lange schlagen, bis die Masse steif und glänzend ist. Davon kleine Klößchen abstechen und auf die kalte oder warme Suppe setzen.

Eier und Eierspeisen

1. Weiche Eier

Die abgeklopften, reingewaschenen Eier mit einem Löffel vorsichtig in kochendes Wasser einlegen und 4—5 Minuten darin kochen lassen. Mit einem Löffel herausnehmen, in Eierbechern gleich zu Tisch geben. Hat man eine größere Anzahl von Eiern weichzukochen, so gibt man sie mit einem Drahtkorb oder dem Oberteil des Kartoffeldämpfers ins kochende Wasser. Man kann die Eier auch roh vorsichtig in ein Glas schlagen, dieses in heißes Wasserbad stellen und die Eier nach Wunsch weniger oder mehr festwerden lassen. Die Eier dann in dem Glas, in dem sie zubereitet wurden, servieren. Es gibt auch eigene Jenaer Glasformen, worin man die Eier ohne Schale weichkochen kann.

2. Eier im Glas

Eier weichkochen, kalt überbrausen, so vorsichtig schälen, daß sie ganz bleiben. In ein Glas geben, Salz, Pfeffer, Butter und Weißbrot dazu servieren.

3. Wachsweiche Eier

Die abgeklopften, rein gewaschenen Eier vorsichtig mit einem Löffel in kochendes Wasser einlegen und 7 Minuten kochen lassen.

Eier und Eierspeisen

4. Harte Eier

Rein gewaschene Eier mit einem Löffel in kochendes Wasser einlegen und je nach Wunsch 8—10 Minuten darin kochen lassen. Man kann die Eier auch kalt zusetzen und dann nur 2 Minuten kochen lassen. Damit sich die Schale besser löst, werden hartgekochte Eier nach dem Kochen sofort mit kaltem Wasser überbraust oder in kaltes Wasser gelegt.

5. Soleier

Von hartgekochten Eiern die Schale an einer Stelle einknicken, die Eier in abgekochtes, kaltes Salzwasser mit Gewürzen legen, 6 Tage darin liegenlassen, dann abschälen und als Brotbelag oder Garnierung verwenden. Salzlösung: 1 l Wasser, 150 g Salz, Pfefferkörner, Lorbeerblatt, Gewürzkräuter.

6. Spiegeleier

In die Pfanne, in der man die Eier brät, erst Butter und Fett und etwas Salz geben. Dann die Eier vorsichtig hineinschlagen, nur das Eiweiß etwas salzen. Salzt man auch das Eigelb, wird die Reinheit des „Spiegels" getrübt. Man läßt die Spiegeleier nur so lange backen, bis das Eiweiß geronnen, das Eigelb aber noch weich ist. Damit die Spiegeleier eine schönere Form haben, kann man sie in einer Spiegeleierpfanne backen oder nach dem Backen rund ausstechen. Es gibt auch „Spiegeleier"-Ringe, die man in die Bratpfanne stellt. Sie verhindern das Zusammenlaufen vom Eiweiß beim gleichzeitigen Braten mehrerer Spiegeleier.

7. Setzeier

In die Pfanne mit warmem Fett oder Butter die Eier vorsichtig hineinschlagen, erst auf der einen Seite backen, dann umdrehen und noch kurz auf der zweiten Seite backen. Das Eigelb muß weichbleiben.

8. Gebackene Eier

In einer kleinen Pfanne läßt man fingerhoch Öl ziemlich heiß werden, schlägt ein frisches Ei unverletzt hinein, salzt sofort etwas und trachtet, mit der Gabel das auseinanderstrebende Ei immer wieder zusammenzuballen. Ist die Unterseite hellbraun geworden, dreht man das Ei um, bäckt es fertig und richtet es abgetropft auf gerösteter Weißbrotschnitte an. Für eine Person rechnet man zwei solcher Eier und gibt sie mit Tomatensauce umkränzt zu Tisch.

9. Eier in Ragoutschälchen

Portions-Ragoutschälchen mit Butter ausstreichen. Salz und Pfeffer einstreuen, je Schälchen 1 Ei mit 1 Eßlöffel Sahne oder Kondensmilch und Salz verquirlen und hineingießen. Im kochenden Wasserbad garziehen lassen, mit einem kleinen Stückchen Butter glasieren. In die Schälchen kann man noch gekochte Spargelstückchen, grüne Erbsen oder gedünstete Champignons geben.

10. Poschierte (verlorene) Eier

8 frische Eier • ³/₄ l Wasser • 2 Eßlöffel Essig • 1 Eßlöffel Salz

Wasser mit Essig und Salz aufkochen, einen Schöpflöffel hineinhalten. In diesen nacheinander je ein Ei hineinschlagen und das gerinnende Eiweiß mit einem Löffel um das Dotter schlagen. Zeitsparender ist es, die aufgeschlagenen Eier aus geringster Höhe vorsichtig nacheinander in das kochende Wasser gleiten zu lassen. Die Eier nach Wunsch weich (3 Minuten) oder wachsweich (5 Minuten) darin kochen: Hat man eine größere Anzahl von Eiern zu poschieren, hält man sie in warmem Salzwasser warm. Sie werden auf vorgewärmter Platte angerichtet, mit heißer Butter übergossen, mit einer beliebigen Sauce oder Gemüse zu Tisch gegeben. In der feinen Küche finden poschierte Eier für warme und kalte Vorspeisen häufig Verwendung.

11. Rühreier

In einer Pfanne Butter oder Fett warm werden lassen, die mit Salz verquirlten Eier hineingießen und unter Rühren mit der Gabel cremig steif werden lassen. Die Rühreier auf vorgewärmter Platte anrichten und mit Schnittlauch bestreut zu Tisch geben. Rühreier mit Käse stellt man her, indem man je Ei einen Eßlöffel geriebenen Käse mitverquirlt. Rühreier mit Schinken bereitet man, indem man je Ei einen Eßlöffel feingewiegten Schinken dazugibt; weniger salzen. Um die Rühreier ausgiebiger zu machen, kann man auf je 2 Eier 1 Eßlöffel Milch zugeben.

12. Eieromelette

(2 Personen)

4 Eier • 10 g flüssige Butter • 1–2 Eßlöffel Milch • Salz • Fett zum Backen

Die ganzen Eier mit flüssiger Butter, Milch und Salz verquirlen. Die Hälfte der Masse in eine Stielpfanne mit heißer Butter oder Fett gießen und das Omelette erst auf der einen Seite, dann auf der anderen Seite rasch hellbraun backen. Gegen die Mitte zu von beiden Seiten einschlagen und mit der Unterseite nach oben auf vorgewärmter Platte anrichten.

13. Omelette mit Schinken

(2 Personen)

4 Eier • 50 g Schinken • Salz • 10 g Butter • 1–2 Eßlöffel Milch

Die Eier mit flüssiger Butter, feingehacktem Schinken, Milch und Salz verquirlen und wie vorstehend backen.

Eier und Eierspeisen

14. Omelette mit Käse

(2 Personen)

4 Eier · 50 g Käse · Salz · 10 g Butter · 1–2 Eßlöffel Milch

Die Eier mit flüssiger Butter, feingeriebenem Käse, Milch und Salz verquirlen und backen.

15. Omelette mit Champignons

(2 Personen)

100 g blättrig geschnittene Champignons in Butter mit Petersilie, Salz und Pfeffer dünsten. Die Hälfte davon zur Omelettemasse geben, die zweite Hälfte auf die angerichteten Omelettes.

16. Tiroler Omelette

(2 Personen)

4 Eier · 1–2 Eßlöffel Milch · 50 g Speck · 1 Tomate · 10 g Butter · Salz 2 Paar Bratwürstchen

Kleinwürfelig geschnittenen Speck goldgelb anbraten. Bratwurstscheiben kurz darin rösten, reichlich gehackte Petersilie darüberstreuen, die Omelettemasse darübergießen, backen. Das angerichtete Omelette mit Tomatenscheiben belegen, Salz und gehackte Petersilie daraufstreuen.

17. Omelette mit Leber

(2 Personen)

100 g in Scheibchen geschnittene Kalbs- oder Geflügelleber in Butter mit feingehackter Zwiebel braten. 1 Teelöffel Mehl mit 2 Eßlöffel Kondensmilch verrühren, darübergießen, aufkochen lassen, mit Salz, Pfeffer und Cognac würzen. Die gebackenen Omelettes damit füllen, angerichtet mit gehackter Petersilie bestreuen.

18. Rühreier mit Spargel

12 weichgekochte Spargelstangen · 4 Eier als Rührei · Salz · Muskat Petersilie

Die Spargelstangen auf einer Platte anrichten, das fertige Rührei in Form von 2 breiten Bändern daraufgeben, mit Muskat und gehackter Petersilie bestreuen.

19. Rührei mit Pfifferlingen

4 Eier · 20 g Butter · Salz · Pfeffer · 4 Eßlöffel Milch · $^1/_4$ kg Pfifferlinge · 40 g Butter · Petersilie

Die geputzten feinblättrig geschnittenen Pilze in Butter mit Salz und etwas Pfeffer im eigenen Saft dünsten. Rühreier bereiten, mit den Pilzen mischen oder als Kranz um die angerichteten Pilze geben. Mit Tomatenscheiben umlegen, mit gehacktem Schnittlauch bestreuen.

Eier und Eierspeisen

20. Rühreier mit Semmeln

4 Eier · 4 Semmeln · ¹/₄ l Milch · Salz · 40 g Butter oder Fett

Kleinwürfelig geschnittene Semmeln mit heißer, gesalzener Milch übergießen, die verquirlten Eier zugeben, die Masse in eine breite Stielpfanne mit heißer Butter oder Fett gießen und rasch hellbraun backen. Angerichtet mit Schnittlauch überstreuen.

21. Haferflockenrühreier

1 gehäufter Eßlöffel Haferflocken · 5 Eßlöffel heiße Milch · 3 Eier · Salz Pfeffer · 20 g Butter

Die heiße Milch über die Haferflocken gießen und bis zum Kaltwerden quellen lassen. Dann die ganzen Eier, Salz und Pfeffer einrühren. Die Masse in eine Stielpfanne mit heißer Butter gießen und bei schwacher Hitze cremig steif werden lassen. Angerichtet mit Schnittlauch bestreuen.

22. Spiegeleier mit Schinken oder Frühstücksspeck

4 Schinkenscheiben · 40 g Butter · 4 Eier

In einer Stielpfanne mit Butter die gekochten oder rohen Schinkenscheiben beidseitig kurz braten, auf jede Scheibe ein Ei schlagen und stocken lassen, etwas pfeffern; oder die Spiegeleier gesondert braten, und auf den fertigen Schinkenscheiben anrichten. Für Frühstücksspeck gilt die gleiche Zubereitung; man kann ihn nach Geschmack auch kroß braten.

23. Türkische Spiegeleier

¹/₈ l gute Brühe · 40 g Butter · 2 Äpfel oder Pfirsiche · 4 Eier · 20 g Mandeln 1 Eßlöffel Weinbrand

In eine Stielpfanne bodenbedeckt Brühe gießen, wenn sie kocht die Eier vorsichtig hineinschlagen und stocken lassen. In Butter Mandelstiftchen gelb rösten, dünnblättrig geschnittene Äpfel oder Pfirsiche zugeben, weichdünsten. Weinbrand zugießen. Die Spiegeleier rund ausstechen, zusammen mit den Äpfeln auf einer vorgewärmten Platte anrichten, leicht mit Paprika überpudern.

24. Spiegeleier mit Käse

4 Eier · 8 Eßlöffel geriebener Käse · Salz · 40 g Butter

Muscheln oder kleine Porzellanförmchen gut mit Fett ausstreichen, 1 Eßlöffel Käse hineingeben, vorsichtig ein Ei daraufschlagen, mit Käse überstreuen, mit Butterflöckchen belegen, kurz im Rohr überbacken und sofort zu Tisch geben.

25. Parmesaneier

20 g Butter · 4 Eßlöffel geriebener Käse · 6 Eier · ⅛ l Sauerrahm · Pfeffer Muskat · Petersilie

In eine feuerfeste, gut mit Butter ausgestrichene Form zwei Eßlöffel geriebenen Käse streuen. 6 frische Eier vorsichtig hineinschlagen. Sauerrahm mit Salz, Pfeffer, Muskat, Petersilie verquirlen, die Eier damit übergießen, wieder dicht mit geriebenem Käse bestreuen. Die Form 10 Minuten vor Tisch ins heiße Rohr stellen und überbacken, bis die Eier gestockt sind und der Käse geschmolzen und goldgelb ist. Dazu grünen Salat.

26. Spiegeleier im Kartoffelrand

Kartoffelbrei · Spiegeleier

Eine feuerfeste, flache Form mit Fett ausstreichen und von Kartoffelbrei Kreise spritzen. In jeden derselben ein rohes Ei schlagen. Den Kartoffelbrei mit zerlassener Butter betropfen, das Eiweiß mit Salz bestreuen und die Form so lange im Rohr überbacken, bis das Eiweiß geronnen und der Kartoffelbrei etwas überkrustet ist.

27. Eier in Tomaten

4 Eier · 4 Tomaten · 50 g geriebener Käse · Salz

Von großen, festen Tomaten eine Kappe abschneiden. Die Tomaten aushöhlen, mit Salz bestreuen, etwas geriebenen Käse hineingeben, ein frisches Ei hineinschlagen, mit Käse überstreuen, das Deckelchen wieder daraufsetzen. Die Tomaten in eine feuerfeste gefettete Form stellen und so lange im Rohr überbacken, bis das Ei geronnen ist. Auf gerösteten Brotscheiben anrichten und sofort zu Tisch geben.

28. Verlorene Eier in französischer Zwiebelsauce

40 g Butter · 250 g Zwiebel · 1 Eßlöffel Mehl · ¼ l Brühe · 1 Glas Weißwein · Salz · Pfeffer · Zucker · ⅛ l Sauerrahm · 1 Eigelb · 4 Eier

Feingewiegte Zwiebel in Butter glasig dünsten, mit Mehl überstäuben, mit Brühe und Wein aufgießen, die Sauce 10 Minuten kochen lassen. Frische Eier zum Poschieren hineinschlagen. Die Eier auf vorgewärmter Platte anrichten, die Sauce mit Eigelb und Rahm legieren, mit Salz, Pfeffer und Zucker abschmecken und über die Eier geben. Dazu Weißbrot.

29. Senfeier auf Toast

4 Eier · 2 Eßlöffel Essig · ½ l Wasser · Salz · 20 g Butter · 20 g Mehl 1 Eßlöffel Senf · ¼ l Brühe · 1 Eßlöffel Sauerrahm · Pfeffer · Muskat

Eier und Eierspeisen

In kochendes Essigwasser 4 frische Eier zum Poschieren hineinschlagen. Aus Butter, Mehl, Senf und etwas Kochbrühe eine pikante Sauce kochen, mit Rahm, Salz, Pfeffer, Muskat abschmecken. Die poschierten Eier auf Tellerchen anrichten, mit der dicklichen Senfsauce überziehen, mit Schnittlauch bestreuen, mit Weißbrot zu Tisch geben.

30. Eier in Rahm

4 Eier • ⅛ l Sauerrahm • 4 Sardellen • Petersilie • 20 g Butter

In eine feuerfeste, flache Form den Sauerrahm gießen, dann die frischen Eier aufschlagen und vorsichtig in den Rahm gleiten lassen. Mit feingehackter Petersilie, gehackten Sardellen und etwas Semmelbrösel bestreuen, mit geschmolzener Butter betropfen. Die Form ins heiße Rohr stellen, bis die Eier fest geworden sind und sich eine goldbraune Kruste gebildet hat.

31. Gekochte Eier in Béchamelsauce

4 Eier • 20 g Butter • 20 g Mehl • ¼ l Milch • Salz • Pfeffer • Muskat

Aus Butter, Mehl, Milch und den angegebenen Gewürzen eine sehr gut abgeschmeckte Sauce kochen. Wachsweich gekochte warme Eier schälen, auf Portionstellerchen anrichten, mit der dicklichen Béchamelsauce überziehen, mit feingehackter Petersilie bestreuen. Mit Weißbrot servieren.

32. Bayerische Eier

4 Eier • Salz • 4 Bratwürste • 20 g Fett • Schnittlauch

Eine flache, feuerfeste Form befetten und mit Bröseln ausstreuen. Die aufaufgeschlagenen Eier vorsichtig hineingeben, damit die Dotter ganz bleiben, salzen und 3 Minuten im Rohr backen. Dann die Eier mit gehacktem Schnittlauch bestreuen, rund um die Eier einen Kranz von gebratenen, blättrig geschnittenen Bratwürsten legen.

33. Wursteier

4 Eier • 200 g Lyoner oder Regensburger • 40 g Butter oder Fett • Pfeffer Majoran • Petersilie

Die Wurst in Blättchen schneiden und auf einer Stielpfanne in Butter oder Fett, mit Pfeffer und Majoran gewürzt, kurz rösten. Dann die Eier auf die gleichmäßig verteilten Wurstscheiben schlagen und auf schwacher Flamme backen lassen, bis das Eiweiß fest, das Eigelb jedoch halbroh ist. Mit Petersilie bestreut zu Tisch geben. Man könnte auch die Wurst in feine Streifchen schneiden, mit den verquirlten Eiern und 4 Eßlöffel Milch mischen, die Masse in heißes Fett geben und unter Rühren cremig steif werden lassen.

34. Bauernomelette

50 g geräucherter Speck • 1 kleine Zwiebel • 4 gekochte Kartoffeln • Salz Pfeffer • Petersilie • 6 Eier • 1/8 l Milch

Kleinwürfelig geschnittenen Speck auf weiter Stielpfanne glasig rösten, feingewiegte Zwiebel zugeben. Etwas später geschälte, gekochte, kleinwürfelig geschnittene Kartoffeln, Salz, Pfeffer, Petersilie. Ist alles zusammen gut durchgeröstet, die mit Milch verquirlten Eier darübergießen und die Eiermasse unter vorsichtigem Durchrühren mit einer Gabel halbsteif anziehen lassen. Dann das Omelette von links und rechts zusammenschlagen, unten noch eine schöne Farbe bekommen lassen, auf eine Platte stürzen und sofort servieren.

35. Sardellenomelette

60 g Butter • 4 Sardellen oder Anschovis • Petersilie • 6 Eier • 6 Eßlöffel Milch • 2 Eßlöffel geriebenen Käse • Salz • Pfeffer

Auf einer weiten Stielpfanne in heißer Butter feingewiegte Sardellen und Petersilie ganz kurz rösten, dann die mit Milch, geriebenem Käse, Salz und Pfeffer verquirlten Eier hineingießen und auf großer Flamme unter Durchrühren und Schütteln cremeartig stocken lassen. Ist das Omelett an der Unterseite goldbraun, schlägt man es von 2 Seiten zusammen und stürzt es auf eine passende Platte.

36. Blumenkohlomelette

1 kleiner Kopf Blumenkohl • 40 g Butter • 50 g geriebener Käse • Salz Pfeffer • Muskat • Petersilie • 4 Eier

In Salzwasser gekochten Blumenkohl gut abtropfen lassen, klein zerteilen, in Butter kurz durchdünsten, mit geriebenem Käse vermischen, mit Salz, Pfeffer, Muskat würzen. Die verquirlten Eier unterrühren und die Masse in einer Pfanne mit Butter zu vier Omelettes backen. Mit geröstetem Weißbrot und grünem Salat servieren.

37. Eier mit Meerrettich

Wachsweichgekochte, geschälte, der Länge nach halbierte Eier auf einer Platte anrichten, mit einer Marinade aus gewässertem Essig, Öl, Salz und etwas Zucker übergießen, mit frisch geriebenem Meerrettich bestreuen.

38. Eier mit Senf

Wachsweichgekochte, geschälte, halbierte warme Eier auf eine Platte legen, Butter flüssig werden lassen, mit Senf nach Geschmack verrühren und über die Eier gießen. Sofort zu Tisch geben.

Eier und Eierspeisen

39. Eier in Mayonnaise

Hartgekochte, abgeflachte oder halbierte Eier auf einer Platte anrichten, mit Mayonnaise überziehen, mit Scheiben von Essiggurken, Sardellenfilet und Tomaten garnieren.

40. Eiersalat

4 Eier · 250 g gekochtes Ochsenfleisch · 1 Zwiebel · Salz · Pfeffer · Essig Öl · Schnittlauch

Hartgekochte, geschälte Eier mit dem Eierschneider zu Scheiben teilen. Sorgfältig von Haut und Fett befreites, gekochtes Ochsenfleisch zu feinen Streifen schneiden, Eier und Fleisch auf einer Platte anrichten, mit feingewiegter Zwiebel, Salz und Pfeffer bestreuen, Öl und Essig darübergießen, den Salat 1 Stunde durchziehen lassen. Dazu Bratkartoffeln.

41. Ostereier färben

Frische Eier abklopfen, sauber waschen, mit einem Löffel in kochendes Wasser einlegen und 8 Minuten kochen lassen. Sofort herausnehmen, in kaltes Wasser legen und anschließend in die entsprechende, inzwischen vorbereitete Farblösung legen. Die Farblösung genügend stark machen, damit die Eier nicht zu lange darinnen liegenbleiben müssen, da sonst der Dotterrand leicht grün wird. Die gefärbten Eier anschließend mit einer Speckschwarte oder Fettpapier abreiben.

42. Eierförmchen

100 g Schinken · 4 Karotten, gekocht · Petersilie · 40 g Butter · 4 Eier · Salz Pfeffer · Muskat

In verquirlte Eier gehackten Schinken, kleinwürflig geschnittene Karotten, gehackte Petersilie und flüssige Butter einmischen, mit Salz, Pfeffer, Muskat abschmecken. In gefettete Tassen oder Auflaufförmchen füllen, im Wasserbad zugedeckt 20 Minuten kochen. Heiß stürzen, mit geriebenem Käse bestreuen, mit gebräunter Butter überglänzen. Dazu Toast.

43. Florentiner Eier

1 kg frischer Spinat oder 1 Paket Tiefkühlspinat · 100 g Butter oder Margarine · 100 g geriebenen Käse · 200 g Champignons · 6 Eier · Salz · Pfeffer

Frischgekochten oder Tiefkühlspinat mit flüssiger Butter und geriebenem Käse mischen, in eine befettete Auflaufform füllen. Die gedünsteten Champignons daraufgeben. Die verquirlten Eier mit Salz und Pfeffer abschmecken und darübergießen. Mit geriebenem Käse bestreuen, mit Butterflöckchen belegen, 30 Minuten im Rohr bei 180° backen. Mit Röstkartoffeln oder Kartoffelbrei zu Tisch geben.

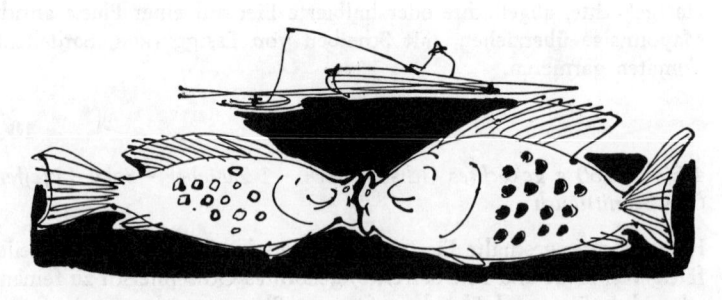

Fische

Die Fische bilden ein wichtiges Nahrungsmittel. Das Fleisch dieser kaltblütigen, im Meer und Süßwasser lebenden Tiere ist reich an vollwertigem Eiweiß, lebensnotwendigen Mineralstoffen und Vitaminen. Heringe, Aale und Karpfen haben außerdem großen Fettgehalt. Das leichtverdauliche Fischfleisch ist auch für die Kinder- und Krankenküche geeignet. Die Zubereitungsmöglichkeiten sind äußerst mannigfaltig. Die Garzeit ist gering. Der Sättigungswert wird durch Beigabe von Buttersaucen, Kartoffeln und Gemüse erhöht.

Einkauf: Seefische werden sofort tiefgefroren oder in eigenen Kühlwagen, in Eis verpackt, versandt. Wir bekommen daher jederzeit, auch im Hochsommer, tadellos frisches Fischfleisch.
Süßwasserfische werden lebend befördert und erst beim Kauf, evtl. knapp vor der Zubereitung, getötet. Frische Süßwasserfische haben rote Kiemen, klare Augen, festes Fleisch und guten Geruch.
Beim Einkauf, besonders von Seefischen, versteife man sich nicht auf eine besondere Art, sondern wähle die, die entsprechend der Fänge gerade am reichlichsten vorhanden und daher am preiswertesten ist. Man überlege von vornhinein, welches Fischgericht man zubereiten will, und wähle das dafür am besten geeignete Stück, z. B. Filet.
Berechnet wird für eine Person durchschnittlich 150—250 g Fisch. Heringe, Schleien und andere kleine See- und Süßwasserfische besorgt man entsprechend der Personenzahl.

Töten der Fische: Wenn irgend möglich, läßt man dies gleich beim Kauf durch einen geübten Fachmann besorgen. Macht man es selbst, muß man rasch und sicher handeln, um das Tier nicht zu quälen. Man faßt den Fisch mit feuchten Händen an, legt ihn auf ein nasses Brett und versetzt dem Tier mit dem Fleischklopfer einen kräftigen Schlag auf den Kopf.
Größere Seefische kommen immer ohne Kopf und bereits ausgenommen in den Handel. Der entschuppte, im Innern noch sorgfältig gereinigte Fisch wird dann mit der Haut im ganzen entsprechend dem Rezept verwendet oder mit der Haut in Portionsstücke geschnitten (meist zum Blaukochen). Oder man entfernt Haut und Gräten und verwendet die Filets im ganzen oder

geteilt. Fischfilets von kleineren Fischen, wie Goldbarsch, läßt man im ganzen oder teilt sie nur ein- bis zweimal durch. Dicke Fischfilets von Kabeljau, Seelachs und Schellfisch teilt man quer durch und schneidet sie erst dann in Portionsstücke.

Würzen: Damit das Fischfleisch, hauptsächlich Filet, fester, weißer und kräftiger im Geschmack wird, legt man es nach dem Waschen auf einen Teller oder in eine Schüssel und betropft es mit Zitronensaft, Essig, ungesüßtem Johannisbeer- oder Rhabarbersaft und läßt es einige Zeit so stehen. Durch Legen in gewässerte Milch wird das Fischfleisch ebenfalls weiß. Gesalzen wird erst knapp vor der Zubereitung. Man kann sich immer merken: Säubern, säuern, salzen. Je nach dem Rezept sind folgende Zutaten zum Würzen von Fisch geeignet: Zitronensaft, Essig (womöglich Kräuteressig), Salz, Pfeffer, Paprika, Curry, Muskat, Senf, geriebener Käse, Tomatenmark, Sauerrahm, Kapern, Wein, Pfefferkörner, Lorbeerblatt, Zwiebel sowie die heimischen Gewürzkräuter: Basilikum, Bohnenkraut, Borretsch, Dill, Estragon, Kerbel, Lavendel, Liebstöckl, Petersilie, Pimpernelle, Majoran, Salbei, Thymian, Rosmarin, Weinraute, Ysop, Zitronenmelisse. Welche der Gewürze und in welchen Mengen man sie wählt, richtet sich nach der Fischart, der Zubereitungsweise und dem persönlichen Geschmack.

Anrichten: Gekochte Fische am besten im Fischkocher zubereiten. Den oder die Fische dann mit dem Einsatz herausheben, auf eine Platte legen und ausgestochene, in Salzwasser gekochte Kartoffeln (Kugelkartoffeln, Fischkartoffeln) mit auf der Platte anrichten. Mit Zitronenscheiben oder Zitronenspalten und grüner Petersilie die Platte noch garnieren. Damit sich die Fische während des Kochens nicht rund biegen, kann man vor dem Kochen ein Hölzchen in den ausgenommen Fisch stecken. Will man im Gegensatz dazu möglichst rundgebogene Fische, so durchsticht man Kopf und Schwanz mit einer eingefädelten Nadel und bindet die Fische zusammen.

Als *Beigabe* gibt man außer frischgekochten Salzkartoffeln Butter in verschiedener Form: Als frische kalte Butter, als flüssige Butter oder braune Butter. Man kann auch die Butter mit etwas von der Fischbrühe aufkochen und diese Buttersauce zum Fisch geben. Holländische Sauce verschieden abgeschmeckt, Mayonnaisensaucen verschiedener Art, sowie Sardellen, Senf- und Kapernsaucen sind ebenfalls sehr geeignet.

Gedämpfte, gedünstete und gebratene Fische werden vielfach in dem feuerfesten Geschirr, in dem sie zubereitet wurden, zu Tisch gegeben. Besonderes Augenmerk muß in diesem Fall natürlich dem absolut sauberen Rand der Platte oder Schüssel gewidmet werden.

Zu gedämpften, gedünsteten, gebratenen und gebackenen Fischen werden, wie zu Fleisch, die verschiedensten Kartoffelbeilagen, Gemüse und Salate gereicht.

Schuppen: Die zarten, glatthäutigen Süßwasserfische, wie Lederkarpfen, Forellen, Schleie und ähnliche Arten, auch Aale und Makrelen, werden nicht entschuppt. Man muß bei diesen Fischen, die ja meist blau gekocht werden, auch besorgt sein, die schleimige Oberhaut, die sich beim Kochen blau färbt, nicht zu verletzen.

Fische, die entschuppt werden, hält man am Schwanz fest und streift die Schuppen mit einem Messer oder Schupper ab. Um das Herumspritzen der Schuppen zu vermeiden, ist es vorteilhaft, den Fisch in eine große Schüssel mit kaltem Wasser zu legen und unter Wasser zu schuppen. Bei größeren Fischen werden dann noch Schwanz und Flossen mit einer Schere beschnitten.
Ausnehmen: Zum Ausnehmen schneidet man den Bauch des Fisches vom After aus auf und entfernt die Eingeweide. Dabei vorsichtig sein, damit die Galle nicht zerdrückt wird. Die dunkle Haut im Innern des Fisches sowie das geronnene Blut wird ebenfalls entfernt. Milch oder Rogen legt man zum Mitkochen oder zur Bereitung von Fischsuppe beiseite.
Anschließend wird der Fisch sauber gewaschen, Teichfische innen evtl. mit Salz ausgerieben.

Teilen: Entsprechend der Weiterverwendung läßt man die ausgenommenen Fische im ganzen, spaltet sie, entfernt Haut und Gräten, läßt sie als Filet oder teilt sie in Portionsstücke.
Alle Süßwasserfische, die blau gekocht werden, läßt man im ganzen, dicke Karpfen werden vor dem Braten oder Backen gespalten und dann evtl. noch in Portionsstücke geteilt. Zum Spalten macht man entlang des Rückgrates einen tiefen Längsschnitt, spaltet den Kopf der Länge nach durch und führt von da aus das Messer, dicht an die Mittelgräte hinunterdrückend, bis zum Schwanz hinaus. Auf diese Weise erhält man zwei gleiche Fischhälften. Die Gräten bleiben im Fisch. Will man den Karpfen füllen, kann man von der geöffneten Bauchseite aus das Rückgrat mit den Gräten vorsichtig herauslösen. Die Rückenhaut bleibt dabei unverletzt.
Grüne Heringe werden ausgenommen, von der schwarzen Innenhaut befreit, die Flossen beschnitten und das Rückgrat mit den Gräten herausgelöst. Makrelen werden ebenso vorbereitet.
Plattfische, wie Schollen, Rotzungen, Seezungen, Flundern, werden ausgenommen, der Kopf entfernt, die dunklere Rückenhaut und die weiße Bauchhaut vom Schwanz beginnend abgezogen und meist die 4 Filets abgelöst.

SÜSSWASSERFISCHE

Karpfen: Lederkarpfen ohne Schuppen, Silber- und Spiegelkarpfen mit vereinzelten großen Schuppen, Schuppenkarpfen ganz mit Schuppen bedeckt.
Blei (Brachsen): Außerordentlich schmackhaftes Fleisch.
Karauschen: Wohlschmeckendes Fleisch.
Flußbarbe: Grätenreiches, aber schmackhaftes Fleisch, Rogen giftig.
Plötze: Sehr verbreiteter Fisch, schmackhaftes Fleisch, niedriger Preis, viele Gräten.
Flußbarsch, Kaulbarsch, Donaubarsch: Festes, schmackhaftes Fleisch.
Zander (Schill, Fogosch): Sehr beliebter Süßwasserfisch, ausgezeichneter Geschmack.
Hecht: Grätenreich, Fleisch von gutem Geschmack, fettarm, daher meist gespickt.

Lachs: Lebt im Meer, wandert aber zur Laichzeit in die Flüsse. Junge Lachse vor der Laichzeit werden als Salm bezeichnet. Rötliches, äußerst schmackhaftes, nahrhaftes, leicht verdauliches, grätenloses Fleisch. Vielfach als geräucherter Lachs im Handel.

Huchen oder Donaulachs: Großer Fisch, Fleisch sehr schmackhaft.

Forelle: Lachs-, Bach- und Regenbogenforelle, feinster Süßwasserfisch.

Schleie: Schmackhaftes Fleisch.

Äschen und Renken: Wichtige, beliebte Speisefische, Starnbergerseerenken und Bodenseefelchen besonders geschätzt.

Stint: Kleiner Fisch, grätenreich aber schmackhaft.

Flußaal: Fettreichster Süßwasserfisch, wandert zum Laichen ins Meer. Blaugekocht, geräuchert oder in Aspik sehr schmackhaft.

Neunauge: Wohlschmeckendes Fleisch.

Wels oder Waller: Sehr großer Fisch, junge Tiere haben fettes, nahrhaftes und gutes Fleisch, das der älteren Tiere ist tranig und wird nicht gegessen.

Stör, Sterlett, Hausen: Fleisch frisch und geräuchert sehr wohlschmeckend. Die Eier dieser Fische kommen konserviert als feinster Kaviar in den Handel. Die Hausenblase ist ein wichtiger Gallertstoff. Die Fische leben im Meer und laichen in Flüssen.

SEEFISCHE

Kabeljau (Jugendform Dorsch): Helle Seitenlinien, gerade Schwanzflossen, langer Bartfaden, Fleisch zart und wohlschmeckend. Die Leber ist reich an Vitamin A und D und wird zu Lebertran verarbeitet. — *Klippfisch* ist längs der Rückenlinie aufgespaltener, getrockneter Kabeljau. — *Stockfisch* ist unaufgeschnittener und ungesalzen getrockneter Kabeljau. — *Laberdan* ist in Fässern eingesalzener Kabeljau.

Schellfisch: Schwarze Seitenlinien, oberhalb der Brustflossen auf jeder Seite ein schwarzer Fleck, kleiner Bartfaden, festes, weißes, wohlschmeckendes Fleisch.

Seelachs: Hellschimmernde Seitenlinien, weißgraues Fleisch, vielfach als leichtgefärbte Konserve im Handel; Lachsersatz.

Wittling oder Merlan: Ähnlich dem Schellfisch, aber bedeutend kleiner, wird mit Kopf verkauft; hauptsächlich zum Dünsten und Braten.

Seehecht: Schlanker Fisch mit braungrauem Rücken, wenig Gräten, weißes, wohlschmeckendes Fleisch.

Lengfisch: Langgestreckter, fast aalartiger Fisch, Fleisch etwas grob, hauptsächlich zum Braten.

Hering: Volkswirtschaftlich wichtigster Fisch. Als grüner Hering, Salzhering, geräucherter Hering (Bückling) und mariniert in den verschiedensten Formen im Handel.

Sprotte, Sardine, Sardelle: Kommen bereits konserviert in den Handel.

Rot- oder Goldbarsch: Lebhafte Rotfärbung, scharfe, stachelige Flossen, festes, zartrosa Fleisch, sehr wohlschmeckend.

Knurrhahn: Billiger Seefisch, festes, wohlschmeckendes Fleisch. (Auch Petermann genannt, wird immer ohne Haut verwendet.)

Petermännchen (Seeforelle): Gutes Fleisch.

Makrele: Schmackhaftes, zartrosa Fleisch, zum Kochen und Braten geeignet. Geräuchert als Lachsforelle im Handel.

Thunfisch: Großer, nahrhafter, fettreicher Fisch, das Fleisch dem des Kalbfleisches ähnlich.

Austernfisch: Sehr schmackhaftes Fleisch in geräuchertem Zustand wegen seines Fettgehaltes besonders sättigend.

Seeaal: Hauptsächlich als „Seeaal in Gelee" im Handel.

Rochen: Fleisch wird vorwiegend geräuchert.

Heilbutt: Größter Plattfisch, schneeweißes Fleisch, wird auch geräuchert.

Steinbutt: Knorpelige Erhöhungen auf dem Rücken, gehört zu den wohlschmeckendsten Fischen.

Scholle: Rücken grau, mit gelbroten Punkten, Bauchseite silberweiß, besonders gebraten vorzüglich.

Flunder: Kommt meist geräuchert in den Handel.

Rotzunge: Weißes, festes, sehr wohlschmeckendes Fleisch.

Seezunge: Feinster Plattfisch, besonders zart und wohlschmeckend.

SÜSSWASSERFISCHE

1. Süßwasserfisch, blau gekocht

1 kg Fisch oder 4 Portionsfische (Forelle, Renke, Felche, Karpfen, Schleie, Barbe, Hecht, Zander) · Salzwasser · Essig · 6 Pfefferkörner · 1 Lorbeerblatt 1 Zwiebel in Scheiben

Den frisch getöteten Fisch vorsichtig unter Wasser ausnehmen, nicht schuppen, im lauwarmen Sud zusetzen, zum Kochen kommen lassen, dann an der Herdseite 15—20 Minuten offen ziehen lassen. Der Fisch ist gar, wenn sich die Flossen leicht herausziehen lassen, das Fleisch blättrig-milchig weiß ist und die Augen milchig weiß und stark hervortretend sind. Den gekochten Fisch vorsichtig herausnehmen, auf vorgewärmter Platte anrichten und mit Zitronenscheiben oder -spalten, Petersilie und Fischkartoffeln garnieren. Dazu Butter, entweder kalt, heiß oder braun oder Butter- oder Mayonnaisensaucen. Forellen bindet man vor dem Kochen gerne rund. Um die Blaufärbung intensiver zu haben, kann man die vorbereiteten Fische vor dem Kochen in ein Essigtuch einschlagen oder vor dem Kochen mit heißem Essig übergießen. Beim Kochen nur soviel Wasser nehmen, daß der Fisch mit Wasser bedeckt ist. Will man den Eigengeschmack des Fisches möglichst erhalten, gibt man nur Salz und einige Zitronenscheiben in das Wasser und läßt den Essig und die Gewürze weg.

2. Fischkartoffeln

1 kg Kartoffeln · Salzwasser · Petersilie

Aus großen geschälten Kartoffeln mit einem Kugelausstecher gleichmäßig runde Kugeln ausstechen und diese in Salzwasser vorsichtig weichkochen. Angerichtet mit feingewiegter Petersilie bestreuen.

3. Süßwasserfisch, gedämpft

1 kg Fisch oder 4 Portionsfische (Forelle, Renke, Felche, Karpfen, Schleie, Barbe, Hecht, Zander) · Zitronensaft · Salz · 40 g Butter · Petersilie

Die ausgenommenen ganzen Fische (evtl. entschuppt) mit Kopf innen und außen mit Zitronensaft betropfen und mit Salz einreiben. Innen noch mit Butter ausstreichen und mit gewiegter Petersilie bestreuen. Die Fische mit dem Rücken nach oben auf einer Platte anrichten, auf einen Topf mit kochendem Wasser stellen, eine gut passende Schüssel darüberstürzen, diese beschweren und die Fische 1 Stunde dämpfen lassen.

4. Süßwasserfisch, gedünstet

1 kg Fisch oder 4 Portionsfische (Forelle, Renke, Felche, Karpfen, Schleie Barbe, Hecht, Zander) · Zitronensaft · Salz · Petersilie · Dill · Estragon oder andere Kräuter · 60 g Butter oder Fett · $^1/_{10}$ l Weißwein · $^1/_{10}$ l Sauerrahm 1 Teelöffel Mehl oder Stärkemehl

Fische waschen, evtl. schuppen, ausnehmen, mit Zitronensaft betropfen, mit Salz und gewiegten Kräutern innen und außen bestreuen, in heiße Butter oder Fett stellen oder legen, etwas Wein und Sauerrahm zugießen und die Fische zugedeckt 20 Minuten dünsten lassen. Zum Schluß die Sauce mit angerührtem Mehl oder Stärkemehl binden.

5. Süßwasserfisch in der Tüte

1 kg Fisch oder 4 Portionsfische (Karpfen, Schleie, Barbe, Hecht, Renke, Felche) · Zitronensaft · Salz · Petersilie · 60 g Butter

Den vorbereiteten Fisch mit Zitronensaft betropfen, innen und außen mit Salz und reichlich gewiegter grüner Petersilie bestreuen, dann auf ein mit Butter bestrichenes Pergamentpapier legen oder auf eine mit Butter bestrichene Aluminiumfolie legen und darin einschlagen. Dieses Fischpaket in einen Topf legen, zudecken und den Fisch im Wasserbad oder im Dampf über kochendem Wasser garwerden lassen, oder das Fischpaket in den Kartoffeldämpfer legen, oder die Tüte in die Bratreine legen und den Fisch im Rohr fertigmachen. Auch auf den in die Mitte des Rohres eingeschobenen Grillrost kann die Tüte gelegt werden. Bei dieser Zubereitungsart bleiben alle Nähr- und Aromastoffe sowie austretender Fischsaft restlos erhalten. Die Garzeit ist nicht länger als bei anderen Zubereitungsarten.

Statt in gefettetes kann der Fisch auch nur in angefeuchtetes Pergamentpapier eingeschlagen werden und kann diese Zubereitung so, vollkommen ohne Fett, erfolgen (Krankenküche).

6. Süßwasserfisch, gebraten

1 kg Fisch (Karpfen, Schleie, Barbe, Hecht, Forelle, Renke, Felche) · Salz 60 g Fett · ($^1/_8$ l Sauerrahm)

Fisch waschen, evtl. schuppen, ausnehmen, salzen, nach Belieben pfeffern, in der Bratpfanne mit flüssigem Fett wenden, ins heiße Rohr stellen und unter gelegentlichem Begießen 30 Minuten braten. Nach Belieben kurz vor beendeter Garzeit mit Sauerrahm begießen.

7. Gegrillter Süßwasserfisch

1 kg Fisch oder 4 Portionsfische (Karpfen, Schleie, Barbe, Hecht, Forelle, Renke, Felche) · Zitronensaft · Salz · Pfeffer · 20 g Butter

Den ausgenommenen evtl. entschuppten Fisch mit Zitronensaft betropfen, innen und außen mit Pfeffer bestreuen, auf den heißen befetteten Rost legen oder auf einen Drehspieß stecken und in 10—15 Minuten gargrillen, salzen. Nach Belieben kann der Fisch während des Bratens mit flüssiger Butter bestrichen werden.

8. Süßwasserfisch, gebacken

1 kg Fisch (Karpfen, Schleie, Felche, Renke, Weißfische) · Salz · Mehl zum Wenden · 2 Eier · Brösel zum Wenden · Fett zum Backen

Fische waschen, schuppen, ausnehmen, Kopf entfernen, große Fische in Portionsstücke schneiden, kleine ganz lassen, evtl. die Mittelgräte auslösen. Salzen, in Mehl, verquirltem Ei und Semmelbröseln wenden und die Fische in heißem Fett schwimmend oder auf der Stielpfanne backen. Auf vorgewärmter Platte anrichten, mit Zitronenspalten garnieren.

9. Geräucherte Süßwasserfische

Zum Räuchern eignet sich besonders Lachs, Huchen, Aal, Karpfen
Ungefähr 3 kg Fisch · 5 l Wasser · Salz · Pfeffer · 15 g Salpeter · 1 Eßlöffel Zucker

Den Fisch schuppen, ausnehmen und waschen, dann mit Salz und Pfeffer einreiben und in ein irdenes Geschirr geben. Salpeter mit Zucker zerdrücken (der letztere mildert den Geschmack des Salpeters) und dies in 5 l Wasser aufkochen, ausgekühlt diese Flüssigkeit über den Fisch geben. Mit Brettchen und Stein beschweren und 8 Tage so liegen lassen. Während dieser Zeit den Fisch zweimal wenden. Dann den Fisch abtrocknen und leicht räuchern.

Fische

10. Süßwasserfisch in Aspik

1 kg Fisch oder 4 Portionsfische (geeignet sind dafür alle Arten von Süßwasserfischen) · Salzwasser · Essig · Gewürze · ¹/₂ l Fischsud · 6 Blatt weiße Gelatine

Die ausgenommen, ungeschuppten oder geschuppten ganzen oder in Portionsstücke geteilten Stücke in einem sehr kräftig gewürzten Sud aus Salzwasser, Essig und Gewürzen garen, dann auf einer Platte anrichten. In einem halben Liter des durchgeseihten Kochsudes 6 Blatt weiße Gelatine auflösen und diese Sulz, wenn sie beginnt steif zu werden, über den ausgekühlten Fisch geben. Die Platte mit dem restlichen Aspik ausgießen. Zum Anrichten Tomaten, Zitronenscheiben und Petersilie. Kartoffelsalat und Mayonnaise dazu reichen.

11. Süßwasserfisch in Rahm

1 kg Fisch oder 4 Portionsfische(geeignet sind alle Arten von Süßwasserfischen) · Salz · Pfeffer · Petersilie oder Dill · 50 g Butter oder Fett · 1 Zwiebel · ¹/₄ l Sauerrahm

Die evtl. geschuppten, ausgenommenen, evtl. in Stücke geteilten Fische mit Salz und Pfeffer bestreuen und 5 Minuten so stehen lassen. In heißem Fett die geschnittene Zwiebel goldgelb werden lassen, die gewürzten, noch mit reichlich gewiegter Petersilie oder Zwiebel bestreuten Fische hineinlegen und auf dem Herd oder im Rohr 5 Minuten braten lassen, dann den Sauerrahm zugießen und die Fische, je nach Größe, noch 10—15 Minuten weiter dünsten lassen. Mit gekochten Kartoffeln zu Tisch geben.

12. Forellen, blau gekocht

4 Portionsforellen · Essig · Salzwasser · Zitronenscheiben

Die vorsichtig ausgenommenen Forellen auf einen Teller legen, mit etwas Essig übergießen und einige Zeit so stehen lassen (die Blaufärbung beim Kochen wird dadurch intensiver). Dann in heißes Wasser mit Salz und Zitronenscheiben geben, das Wasser bis ans Perlen bringen und die Forellen vorsichtig garziehen, aber nicht kochen lassen. Auf vorgewärmter Platte anrichten, mit Fischkartoffeln, Zitronenscheiben und Petersilie garnieren. Nach Belieben kann der Fischsud auch mit Essig, Zwiebelscheiben, Lorbeerblatt und Pfefferkörnern gewürzt werden.

13. Forellen mit Kräutern

4 Portionsforellen · Salz · 1 Zwiebel · Thymian · Basilikum · 50 g Butter 1 Eßlöffel Mehl oder Stärkemehl · ¹/₄ l Brühe · Zitronensaft

Die ausgenommenen Forellen salzen. In heißer Butter feingewiegte Zwiebel und die Hälfte der gewiegten Kräuter andünsten, die Fische darauflegen, die andere Hälfte der Kräuter auf die Fische streuen, diese hineinlegen und zugedeckt 15 Minuten dünsten lassen. Dann die Forellen herausnehmen, auf vorgewärmter Platte anrichten, die Sauce mit angerührtem Mehl oder Stärkemehl binden, mit Zitronensaft und einem Stückchen frischer Butter abschmecken und über den angerichteten Fisch geben. Dazu gekochte Kartoffeln.

14. Forellen in Weißwein

4 Portionsforellen · Salz · 1 Flasche saurer Weißwein · Thymian · Salbei Weinraute · 40 g Butter · 2 Eßlöffel Mehl · 1 Zitronenscheibe · 1 Eigelb

Die ausgenommenen Forellen mit Salz bestreuen, dann mit den ganzen Gewürzkräutern in einen Topf geben, den Wein zugießen, alles mitsammen bis ans Kochen bringen und die Fische an heißer Herdstelle garziehen lassen. Dann aus Butter, Mehl und dem erforderlichen Wein eine helle Sauce bereiten, eine Zitronenscheibe darin aufkochen, die Fische in die Sauce geben und darin nochmals gut heiß werden lassen, dann mit Eigelb legieren. – Beigabe: Gekochte Kartoffeln oder Weißbrot.

15. Forellen mit Rahm

4 Portionsforellen · Salz · Pfeffer · 50 g Butter oder Fett · 1 Zwiebel · 2 Eßlöffel Mehl · 1/4 l Sauerrahm · Zitronensaft · Brühwürfel

Die ausgenommenen Forellen je nach Größe im ganzen lassen oder in Portionsstücke teilen. Mit Salz und Pfeffer bestreut etwas liegen lassen. Dann mit einem Tuch abtrocknen, in Mehl wenden, in heißer Butter oder Fett auf beiden Seiten braten und auf einer Platte warmstellen. In dem Bratfett feingewiegte Zwiebel goldgelb rösten, diese mit Mehl überstäuben, mit Rahm aufgießen, die Sauce mit Zitronensaft und Brühwürze kräftig abschmecken und zu den gebratenen Forellen geben.

16. Gebratene Forellen

4 Portionsforellen · Zitronensaft · Salz · Pfeffer · Mehl zum Wenden · 60 g Butter oder Fett

Die ausgenommenen Forellen mit Zitronensaft betropfen, mit Salz und Pfeffer bestreuen, evtl. in Mehl wenden. In heißer Butter oder Fett auf beiden Seiten hellbraun braten. Hat man eine besonders große Forelle, so brät man diese, mit heißer Butter übergossen, im Rohr. Mit Petersilienkartoffeln zu Tisch geben.

Fische

17. Forellen, am Rost gebraten

4 Portionsforellen • Salz • Pfeffer • 40 g Butter

Die ausgenommenen Forellen evtl. auf jeder Seite einigemale kreuzweise nicht zu tief einschneiden, mit Salz und Pfeffer bestreuen und 5 Minuten auf einem Teller liegen lassen, dann mit einem Tuch trocken abwischen, mit Butter bestreichen, auf den heißen, befetteten Rost legen und unter einmaligem Wenden rösch braten. Mit je einer Zitronenscheibe belegt auf vorgewärmter Platte anrichten, dazu Kartoffeln oder Weißbrot und Butter.

18. Gebackene Forellen

4 Portionsforellen • Salz • Mehl zum Wenden • 1 Ei • Brösel zum Wenden Backfett

Die ausgenommenen Forellen auf beiden Seiten einigemal etwas einschneiden, mit Salz bestreuen und 5 Minuten auf einem Teller liegen lassen. Dann mit einem Tuch trocken abwischen, in Mehl, verquirltem Ei und Bröseln wenden und in heißem Fett, womöglich schwimmend, hellbraun backen. Angerichtet mit Zitronenscheiben oder Zitronenspalten und grüner Petersilie garnieren.

19. Lachsforelle

Diese bildet eine Übergangsform von der Forelle zum Lachs. Sie kann sowohl wie Forelle oder wie Lachs zubereitet werden.

20. Felchen, Renken

(Blaufelchen, Silberfelchen, Rheinanken)

Die Felchen sind den Forellen verwandt, haben aber Schuppen. Sie leben in Alpenseen. Am bekanntesten sind die Bodenseefelchen. Die Felchen werden auf dieselben Arten wie Forellen zubereitet, nur müssen sie vorher entschuppt werden. Besonders gut schmecken sie gebraten.

21. Gebratene Bodenseefelchen

4 Portionsfelchen • Salz • Mehl zum Wenden • Butter zum Braten

Die geschuppten, ausgenommenen Fische mit Salz bestreuen, in Mehl wenden und in heißer Butter auf beiden Seiten goldgelb braten. Mit Petersilienkartoffeln zu Tisch geben.

22. Äschen

Äschen sind lachsartige Fische mit gutem, zartem Fleisch. Sie werden wie Forellen zubereitet. Besonders gut schmecken sie gebraten.

Fische

23. Brachsen

Sie gehören in die Gruppe der Weißfische. Sie werden gekocht oder gebraten.

24. Barbe

Besondere Kennzeichnung dieser Fische sind 4 Bartfäden am Maul. Der Fisch ist grätenreich, aber schmackhaft. Er wird meist blau gekocht, gebacken oder in Sauce zubereitet. Rogen und Leber dieses Fisches dürfen nicht verwendet werden, da sie Vergiftungserscheinungen hervorrufen können (Barbencholera).

25. Barsch

Er hat festes, schmackhaftes Fleisch und kann auf jede Art zubereitet werden.

26. Hecht

Der Hecht ist der gefräßigste Raubfisch. Am besten sind Tiere im Gewicht von 1—3 kg. Das Fleisch schwererer Fische ist nicht mehr so schmackhaft. Die beste Einkaufszeit für Hecht ist August bis Februar.

27. Gekochter Hecht auf italienische Art

1 Hecht · Salzwasser mit Essig und Gewürzen · 40 g Butter · Petersilie Zitronenschale · 1 hartgekochtes Ei

Den Hecht in Salzwasser mit Essig und Gewürzen garkochen, dann auf einer Platte anrichten. In heißer Butter viel feingewiegte Petersilie dünsten. Die Schale einer halben Zitrone feinwiegen. Den angerichteten Fisch mit der Petersilienbutter übergießen, mit dem hartgekochten, gehackten Ei und feingewiegter Zitronenschale überstreuen. Den Hecht mit kleinwürflig geschnittenen, in Salzwasser gekochten Kartoffeln umlegen.

28. Gebratener Hecht mit Sardellen

1 Hecht · Salz · 4 Sardellen · Zwiebel · Zitronenscheiben · 40 g Butter oder Fett · $1/8$ l Sauerrahm

Den geschuppten, ausgenommenen Hecht salzen, mit Sardellenstreifchen spicken, in die Bratpfanne legen, mit Zwiebeln und Zitronenscheiben belegen, mit heißem Fett, später mit Sauerrahm übergießen und 30 Minuten im Rohr braten. Den Hecht auf einer Platte anrichten, mit gekochten, in Butter und gehackter Petersilie geschwenkten Kartoffeln umlegen und die Sauce gesondert dazu reichen.

Fische

29. Gespickter Hecht

1 Hecht · 50 g Speck · Salz · Pfeffer · Petersilie · 50 g Fett

Den geschuppten, ausgenommenen, gewaschenen Hecht spicken, innen und außen mit Salz und Pfeffer bestreuen, innen noch mit gewiegter Petersilie bestreuen, dann den Hecht mit der Speckschwarte und evtl. Speckresten in die Bratpfanne legen, mit heißem Fett übergießen und im Rohr unter zeitweiligem Begießen mit dem eigenen Saft 30 Minuten braten. Den Hecht auf vorgewärmter Platte anrichten und mit dem klargelassenen Bratensaft übergießen. — Beigabe: Kartoffelsalat, grüner Salat.

30. Badischer Hecht

1 Hecht · Salz · Pfeffer · 50 g Sardellen · 50 g geriebenen Käse · Zitronensaft 1/8 l Sauerrahm · 20 g Butter

Den geschuppten, ausgenommenen, gewaschenen, abgetrockneten Hecht mit Salz und Pfeffer bestreuen und mit feinen Sardellenstreifen spicken. Dann mit der Bauchseite nach unten auf eine feuerfeste Platte stellen, mit geriebenem Käse dick bestreuen, mit Zitronensaft betropfen, mit Rahm übergießen. Die Platte, auf dem Rost oder Kuchenblech stehend, ins Rohr stellen und den Hecht 45 Minuten braten. Zum badischen Hecht serviert man mit etwas Kümmel gekochte Salzkartoffeln.

31. Überbackener Hecht

1 Hecht · 50 g frischer Speck · Salz · Pfeffer · gewiegte Kräuter · 50 g geriebener Käse · 1 Eßlöffel Semmelbrösel · 20 g Butter

Aus dem geschuppten, ausgenommenen Hecht von innen das Rückgrat und die Seitengräten herauslösen, den Fisch mit frischem Speck spicken, mit Salz, Pfeffer und reichlich gewiegten Kräutern bestreuen. Flach ausgebreitet in eine Auflaufform oder Bratreine legen, mit geriebenem Käse und Semmelbröseln bestreuen, mit Butterflöckchen belegen und 30 Minuten im Rohr backen. Welche Kräuter man wählt, richtet sich nach dem persönlichen Geschmack und dem Vorhandensein.

32. Karpfen

Der Karpfen soll nicht zu alt sein; mit 1 bis 2 kg ist er am besten. Der Flußkarpfen ist schmackhafter als der Teichkarpfen. Letzterer hat gern einen moosigen Geschmack. Man kann denselben wegbringen, indem man den Fisch einige Zeit in einem Fischkasten in fließendes Wasser hängt. Der Spiegelkarpfen ist am schmackhaftesten. Die beste Zeit für Karpfen ist von Oktober bis März. Der Karpfen eignet sich für alle Zubereitungsarten von Süßwasserfischen.

Fische

33. Blaugekochter Karpfen

1 großer oder 2 kleine Karpfen · Salzwasser · Essig · 1 Zwiebel · Lorbeerblatt Pfefferkörner

Den vorsichtig ausgenommenen, nicht geschuppten Karpfen in heißes Salzwasser mit Essig, Zwiebel und Gewürzen legen, bis ans Kochen bringen und dann 20 Minuten ziehenlassen. Der Fisch ist gar, wenn sich die Flossen leicht herausziehen lassen und die Augen weiß heraustreten. Als Beigabe zu gekochtem Karpfen gibt man außer Kartoffeln und einer Buttersauce gerne geschlagene Sahne mit geriebenem Meerrettich und Salz abgeschmeckt.

34. Gebratener Karpfen

1 großer oder 2 kleinere Karpfen · Salz · 50 g Fett · 50 g Butter

Den geschuppten, ausgenommenen, gesalzenen Karpfen in die Bratreine mit heißem Fett legen und unter häufigem Begießen im Rohr braten. Den angerichteten Fisch mit zerlassener, ziemlich stark gebräunter Butter übergießen und Salzkartoffeln dazu reichen.

35. Gebackener Karpfen

1 größerer oder 2 kleinere Karpfen · Salz · Mehl zum Wenden · Fett zum Backen

Den geschuppten, gespaltenen, in Portionsstücke geteilten Karpfen mit Salz bestreuen, in Mehl wenden und womöglich schwimmend in heißem Fett backen. Statt den Fisch nur in Mehl zu wenden, kann er auch noch in Ei und Bröseln paniert und dann erst gebacken werden. — Beigabe zu gebackenem Fisch: Kartoffelsalat und grüner Salat.

36. Gefüllter, gebratener Karpfen mit Rahmsauce

1 größerer Karpfen — Fülle: 70 g Butter · 1 Zwiebel · Petersilie · 2 Sardellen 2 Semmeln · 1 Ei · Salz · Pfeffer — Zum Braten: Salz und Pfeffer · 40 g Butter oder Fett · Zwiebelscheiben · Wurzelwerk · 1/8 l Sauerrahm · Zitronensaft und Kapern

Den Karpfen schuppen, ausnehmen, waschen, evtl. vom Bauch aus das Rückgrat mit den daranhängenden Gräten herauslösen, den Fisch innen und außen mit Salz und Pfeffer einreiben, füllen und zunähen. In die Bratreine reichlich Zwiebel- und Wurzelwerkscheibchen legen, etwas anbraten, den vorbereiteten Fisch darauflegen, mit heißem Fett übergießen, im Rohr 30 Minuten braten, dann den Sauerrahm darübergießen. Wenn dieser gebräunt ist, den Fisch auf vorgewärmter Platte anrichten, die Sauce passieren, Kapern zugeben, mit Zitronensaft abschmecken, nochmals aufkochen und über den angerichteten Fisch geben. — Fülle: Rogen oder Milch des Karpfens in Salzwasser 10 Minuten kochen, dann feinwürfelig schneiden. Schaumiggerührte

Butter mit in Milch eingeweichten ausgedrückten Semmeln, Milch oder Rogen, gewiegter Zwiebel und Petersilie, gewiegten Sardellen, Ei und evtl. gedünsteten Pilzen mischen, mit Salz und Pfeffer abschmecken.

37. Bierkarpfen

1 größerer Karpfen • 40 g Butter oder Fett • 1 Eßlöffel Mehl • 2 Zwiebeln $1/2$ l dunkles Bier • 100 g Lebkuchen • einige Pfefferkörner • etwas gemahlene Nelken

Beim Töten des Karpfens fängt man das Blut in etwas Essig auf und rührt es gleich gut durch. Den geschuppten, ganzen oder gespaltenen Fisch teilt man in Portionsstücke und stellt diese eingesalzen 10 Minuten beiseite. Inzwischen röstet man in Fett Mehl und gewiegte Zwiebeln hellbraun, gießt mit Bier auf, gibt den geriebenen Lebkuchen, Pfefferkörner, gemahlene Nelken und das Karpfenblut bei. In dieser Sauce kocht man die Fischstücke vorsichtig gar. Den angerichteten Karpfen mit einem Teil der Sauce übergießen, den anderen Teil nebst Salzkartoffeln gesondert dazu reichen.

38. Rotweinkarpfen

4 Portionsstücke Karpfen • 80 g Butter • 60 g Brotrinde • 1 Zwiebel • 5 Pfefferkörner • 5 Gewürzkörner • 2 Nelken • $1/2$ Lorbeerblatt • Thymian • Petersilie • 1 feinzerdrückte Knoblauchzehe • 2 Zitronenscheiben • $1/4$ l Rotwein

Die gesalzenen Karpfenstücke in Butter auf beiden Seiten braten. Den Boden eines passenden Topfes mit der Brotrinde, der geschnittenen Zwiebel und Petersilie und den angegebenen Gewürzen belegen und die gebratenen Fischstücke daraufgeben. Die Bratbutter mit einem Teil des Rotweins aufkochen und über die Fische geben. Den Karpfen auf kleiner Flamme unter Nachgießen von Rotwein weichdünsten, dann herausnehmen, anrichten und warmstellen. Den Kochsud mit dem mit etwas Weinessig aufgefangenen Karpfenblut zu sämiger Sauce kochen, mit Zucker und Essig pikant abschmecken, passieren und über den angerichteten Fisch geben.

39. Polnischer Karpfen

1 größerer Karpfen — Fischsud: 2 l Wasser • $1/4$ l Essig • 2 Gewürznelken 2 Lorbeerblätter • 10 Pfefferkörner • 10 Gewürzkörner • Zitronenschale $1/2$ Sellerie • 1 Gelbrübe • 1 Petersilienwurzel • 1 Zwiebel • Salz — Sauce: 50 g Butter • 1 Eßlöffel Mehl • Fischsud • 150 g Lebkuchen • 125 g Sirup Salz

Den geschuppten, ausgenommenen, in schmale Stücke geschnittenen Karpfen in Salzwasser mit Essig und den Gewürzen garen. Eine kaffeebraune Einbrenne aus Butter und Mehl mit geseihtem Fischsud aufgießen, geriebenen, dunklen Lebkuchen, Sirup und etwas Salz zugeben, die Sauce dicklich einkochen und über den angerichteten Fisch gießen. — Beigabe: Semmelknödel oder gekochte Kartoffelknödel.

40. Böhmischer Karpfen

1 größerer Karpfen · ⅛ l Essig (knapp) · 10 Pfefferkörner · 3 Eßlöffel Sirup 50 g Mandeln · 40 g Walnüsse · ¾ l Wasser · Suppengrün · 1 Lorbeerblatt 60 g Lebkuchen · 8 getrocknete Pflaumen · 40 g Sultaninen

Den geschuppten, ausgenommenen Karpfen in Portionsstücke teilen. Den Kopf mit Wurzelwerk und den Gewürzen 15 Minuten kochen, durchseihen, den Fisch darin garziehen lassen, auf einer vorgewärmten Platte anrichten. Die Brühe mit Sirup, geriebenem Lebkuchen, abgezogenen stiftelig geschnittenen Mandeln, streifig geschnittenen Pflaumen, Walnüssen und Sultaninen zur richtigen Dicke einkochen und über den Fisch geben. Dazu Semmelknödel oder gekochte Kartoffelknödel.

41. Schleie

Die Schleie ist dem Karpfen ähnlich, nur kleiner und hat nie Schuppen. Das Fleisch ist sehr schmackhaft. Stammt sie aus moorigem Wasser, so muß sie einige Tage in einen Fischkasten in fließendes Wasser gegeben werden, dann verliert sie den moorigen Geschmack. Die beste Zeit für Schleien ist Juli bis Oktober. Schleien eignen sich ganz besonders zum Blaukochen.

42. Blaugekochte Schleien

4 Portionsschleien · Salzwasser · Essig · 1 Zwiebel · Lorbeerblatt und Pfefferkörner

Die ausgenommenen Schleien in den heißen Fischsud legen, bis ans Kochen bringen und die Schleien vorsichtig garziehen lassen. Auf vorgewärmter Platte anrichten, mit Zitronenscheiben, Fischkartoffeln und Petersilie garnieren.

43. Schleien mit Sauerrahm

4 Portionsschleien · 50 g Butter oder Speck · Petersilie · Kerbel oder Dill eine kleine Zwiebel · Salz · ⅛ l Sauerrahm

Aus den ausgenommenen Fischen evtl. das Rückgrat mit den daranhängenden Gräten herauslösen. Die Fische salzen. In heißer Butter oder kleinwürflig geschnittenem, ausgebratenem Speck die gewiegte Zwiebel und Kräuter dünsten und die gesalzenen Fische auf beiden Seiten damit bestreichen. Dann in eine feuerfeste Form legen, mit Sauerrahm und, wenn vorhanden, etwas Bratensauce übergießen und die Fische in 15 bis 20 Minuten im heißen Rohr garwerden lassen.

44. Zander, Schill oder Fogas

Der Zander gehört zu den Stachelflossern. Beim Zurichten hackt man erst die Flossen ab, da sie sehr spitz und scharf sind, dann wird der Fisch geschuppt. Wird der Fisch gespickt, wird die Haut teilweise oder ganz abgezogen. Größere Fische werden meist gehäutet, die beiden Filets abgelöst und dann, je nach Rezept, weiter verwendet.

45. Gekochter Zander

1 kg Zander · Salzwasser mit Essig und Gewürzen

Den vorbereiteten Zander in sehr pikant und kräftig gewürztem Sud 30 Minuten garziehen lassen. Den Fisch mit geschälten, gekochten Kartoffeln, holländischer Sauce, Mayonnaisensauce oder Buttersauce zu Tisch geben.

46. Gebratener Zander

1 kg Zander · Salz · 50 g Fett

Den geschuppten, ausgenommenen, gesalzenen Fisch in eine Bratpfanne legen, mit heißem Fett übergießen und 30 Minuten im Rohr braten. Den Fisch mit gekochten Kartoffeln, Kräuter- oder Sardellenbutter, holländischer oder Mayonnaisensauce zu Tisch geben.

47. Gespickter gebratener Zander

1 kg Zander · Salz · 8 Sardellen · 60 g Speck · 40 g Fett

Den ausgenommenen, gehäuteten Zander mit Salz bestreuen, mit feinen Sardellen- und Speckstreifen spicken, in die Bratpfanne legen, mit heißem Fett übergießen und 30 Minuten im Rohr braten. Dazu gekochte Kartoffeln.

48. Zander auf Matrosenart

*1 kg Zander · Salz · Pfeffer · 4 Eßlöffel Öl · 1 Zwiebel · $^1/_8$ l Rotwein
2 Eßlöffel Tomatenmark*

Das Zanderfilet mit Salz und Pfeffer bestreuen und beiseite legen. In heißem Öl feingewiegte Zwiebel goldgelb werden lassen, mit Rotwein aufgießen, Tomatenmark zugeben, mit Salz und Pfeffer abschmecken, die vorbereiteten Fischfilets hineinlegen und darin gardünsten. Die angerichteten Filets mit der eingekochten Sauce übergießen und den Plattenrand mit Semmelcroutons garnieren. — Semmelcroutons: Weißbrot in Dreiecke schneiden und in Butter auf beiden Seiten goldgelb rösten.

49. Wels oder Waller

Sehr großer Süßwasserfisch, er wird 1 bis 2 m lang. Nur das Fleisch der jungen Welse ist gut, das der älteren ist tranig. Am besten ist er gekocht oder gebraten.

Fische

50. Wallerschnitzel

1 kg Waller · Salz · Pfeffer · Mehl zum Wenden · Fett zum Braten

Den in Portionsstücke geschnittenen Waller mit Salz und Pfeffer bestreuen, die Schnitzel in Mehl wenden und in heißem Fett auf beiden Seiten braten. Beigabe: Kartoffelsalat mit Senf und grünen Salat.

51. Huchen

Der Huchen gehört zur Familie der Lachse. Das Fleisch dieses Fisches ist sehr geschätzt, der Geschmack ist dem des Lachses ähnlich, nur nicht so fein. Der Huchen kommt in der Donau und ihren Zuflüssen aus den Alpen vor. Beste Zeit ist im April. Huchen eignet sich zum Blaukochen, zum Braten und zum Räuchern.

52. Lachs und Salm

Der Lachs lebt im Meer und kommt zur Laichzeit in die Flüsse. Rheinlachs ist besonders fein. Lachs und Salm haben sehr wohlschmeckendes rötliches Fleisch. Lachs oder Salm wird meist in Portionsstücke geschnitten gekocht. Kleinere gekochte Lachse überzieht man vielfach kalt mit Aspik oder Mayonnaise und serviert sie, schön garniert, als Vorspeise. Man läßt den Fisch im sehr gut gewürzten Sud 40 Minuten bis 1 Stunde garziehen, aber nicht kochen, sonst wird er hart. Hauptsächlich kommt Lachs oder Salm geräuchert im Ganzen oder in Scheiben geschnitten und in Öl eingelegt in den Handel.

53. Gekochter Lachs

4 Portionsscheiben Lachs · Salzwasser · 1 Zwiebel · Zitronenscheiben

Das Salzwasser mit den Gewürzen einige Zeit kochen lassen, dann zurückziehen, die rund gebundenen Lachsscheiben hineinlegen und darin nur garziehen, nicht kochen lassen. Den sehr schmackhaften Fisch auf vorgewärmter Platte anrichten und mit reichlich Butter zu Tisch geben.

54. Gebratener Lachs

4 Portionsscheiben Lachs · Salz · 60 g Butter

Die Lachsscheiben mit Salz bestreuen, in Mehl wenden und in Butter auf beiden Seiten auf nicht zu starker Flamme braten. Mit Petersilienkartoffeln zu Tisch geben.

55. Lachs mit Mayonnaise

4 gekochte Lachsscheiben · Mayonnaise: 1 Eigelb · $1/8$ l Öl · Salz Essig · Senf

Fische

Die gekochten, im Sud erkalteten Lachsscheiben auf einer Glasplatte anrichten, mit Zitronenscheiben und Krauspetersilie garnieren, gut abgeschmeckte Mayonnaise und Weißbrot gesondert dazu reichen.

56. Aal

Der Aal ist mit einer der feinsten Fische. Er ist das ganze Jahr über genießbar, wird aber während der Wintermonate nicht viel gefangen. Ist er sehr stark, wird er vor der Zubereitung gehäutet. — Aal vorbereiten: Den getöteten Aal dicht hinter dem Kopf mit einem starken Bindfaden umbinden und an einem Haken aufhängen. Mit einer Handvoll Salz wird nun der Aal von oben bis unten so lange stark abgerieben, bis er blau erscheint. Will man die Haut abziehen, so schneidet man sie dicht am Kopf ringsherum ein und zieht die Hauthülle von oben nach unten ab (Flossen abschneiden). Löst sich die Haut sehr schwer, hält man den Aal kurze Zeit über das Feuer (Fett schmilzt). Dann wird der Aal ausgenommen und in Stücke geteilt.

57. Aal, blaugekocht

4 Portionen Aal · Salzwasser · Zitronenscheiben

Den vorbereiteten Aal in kochendes Salzwasser mit Zitronenscheiben geben und darin garziehen lassen. Mit Butter und Kartoffeln zu Tisch geben.

58. Gedünsteter Aal auf Salbei

4 Portionen Aal · Salz · Pfeffer · 50 g Butter oder Fett · 1 Zwiebel · Salbeiblätter · etwas Brühe

Den vorbereiteten, in Stücke geteilten Aal mit Salz und Pfeffer einreiben. In heißem Fett geschnittene Zwiebel andünsten. Die Aalstücke in Salbeiblätter einwickeln (mit Zahnstochern feststecken) und in die gedünstete Zwiebel legen. Mit Zitronensaft betropfen, später noch etwas Fleischbrühe zugießen und den Aal gardünsten.

59. Aal in Dillsauce

1 Aal · Salzwasser · Essig · Gewürze · Sauce: 40 g Butter · 2 Eßlöffel Mehl ¼ l Brühe · Dill · Salz · Pfeffer

Den vorbereiteten, in Stücke geteilten Aal in Salzwasser mit Gewürzen garen. Aus Butter, Mehl und Brühe eine helle Sauce kochen, mit Salz, Pfeffer und reichlich feingehacktem Dill abschmecken. Die Aalstücke noch kurze Zeit darin ziehen lassen.

Fische

60. Gebackener Aal

4 Portionsstücke Aal · Salz · Mehl zum Wenden · 1 Ei · Semmelbrösel Backfett

Den abgezogenen, ausgenommenen, eingesalzenen, in Stücke geteilten Aal in Mehl, Ei und Brösel wenden und in heißem Fett, womöglich schwimmend, backen. — Beigabe: Kartoffelsalat, grüner Salat.

61. Marinierter Aal

4 Portionen Aal · Salz · Pfeffer · 50 g Butter oder Öl · ¹/₂ l Essig · Rosmarin und Basilikum · einige Lorbeerblätter · gehackte Kapern · Zitronenschale · Pfefferkörner

Den gehäuteten, ausgenommen, mit Salz und Pfeffer eingeriebenen, in Stücke geschnittenen Aal in Fett garbraten und kaltstellen. Essig mit den Gewürzen kochen. Einen Steintopf mit Lorbeerblättern auslegen, die Fischstücke darauflegen, gewiegte Kapern, Zitronenschale und Pfefferkörner darüberstreuen, dann wieder Fisch usw., bis alles aufgebraucht ist. Zum Schluß mit Lorbeerblättern abdecken, den gekochten Essig darübergießen, mit einem Brettchen beschweren und den Topf gut zugebunden kühl aufbewahren. Der Fisch ist wochenlang haltbar.

62. Aal in Gelee

4 Portionen Aal · ¹/₂ l Fischsud · 6 Blatt weiße Gelatine

Die in Salzwasser mit Gewürzen gekochten Aalstücke im Sud erkalten lassen. In eine Form etwas von dem Fischsud, den man mit aufgelöster Gelatine vermischt hat, gießen und steif werden lassen. Dann die Fischstücke darauflegen, die restliche Sulzflüssigkeit darübergießen und erstarren lassen. Die Form vor dem Anrichten einige Sekunden in heißes Wasser halten, auf eine kaltabgespülte Platte stürzen.

63. Aalraupe oder Rutte

Die Aalraupe ist ein aalartiger Fisch und ebenfalls sehr fein im Geschmack. Der Fisch hat keine Schuppen. Die Haut wird nicht abgezogen, sondern nur mit Salz gut abgerieben. Die große Leber der Rutte ist eine besondere Delikatesse.

SEEFISCHE

64. Seefisch, blaugekocht

1 kg Fisch (Schellfisch, Kabeljau, Seelachs) · 2 l Salzwasser · Essig 2 Lorbeerblätter · 6 Pfefferkörner · 1 Zwiebel in Scheiben

Den geschuppten, ausgenommenen Fisch im Ganzen oder zu Portionen geschnitten oder das Filet im lauwarmen bis heißen Sud (je nach Größe des Stückes) zum Kochen kommen lassen, dann den Fisch an der Herdseite 15—20 Minuten offen ziehen lassen. Der Fisch ist gar, wenn sich die Flossen leicht herausziehen lassen und das Fleisch blättrig-milchig weiß ist. Den gekochten Fisch vorsichtig herausnehmen, auf vorgewärmter Platte anrichten und mit Zitronenscheiben oder Zitronenspalten und Petersilie garnieren. Dazu eine Buttersauce oder ein gut zubereitetes Gemüse und Kartoffeln.

65. Seefisch, gedämpft

1 kg Fisch · Zitronensaft oder Essig · Salz · 40 g Butter · Petersilie Zitronenscheiben

Den geschuppten, ausgenommenen, ganzen oder in Portionsstücke geteilten Fisch oder das ganze oder portionierte Fischfilet auf beiden Seiten mit Zitronensaft oder Essig betropfen und einige Zeit auf einem Teller oder in einer Schüssel so liegen lassen. Dann mit Salz und gewiegter Petersilie bestreuen, in einen Topf mit gut schließendem Deckel oder feuerfeste Form geben, mit Butterflöckchen und einigen Zitronenscheiben belegen, das Gefäß zudecken und in kochendes Wasser oder auf Wasserdampf stellen. Oder den Kartoffeldämpfer hoch herauf mit Pergamentpapier auslegen, die vorbereiteten Fischstücke darauflegen und verschlossen dämpfen, bis das Fischfleisch weiß und gar ist. Den ausgetretenen Saft nach Geschmack mit angerührtem Mehl binden.

66. Seefisch, gedünstet

1 kg Fisch · Zitronensaft oder Essig · Salz · Petersilie · Dill · Estragon oder andere Kräuter · 40 g Butter oder Fett · $^1/_8$ l Weißwein · $^1/_8$ l Sauerrahm 2 Eßlöffel Mehl oder Stärkemehl

Den von Haut und Gräten befreiten Fisch oder fertiges Fischfilet mit Zitronensaft oder Essig betropfen und auf einem Teller einige Zeit durchziehen lassen. Dann mit Salz und feingewiegten Kräutern bestreuen, in heiße Butter oder Fett geben und anfänglich im eigenen Saft, später unter Zugabe von Weißwein und Sauerrahm gardünsten, die Sauce evtl. mit angerührtem Mehl binden.

67. Seefisch in der Tüte

1 kg Fischfilet (Kabeljau, Schellfisch oder Goldbarsch) · Zitronensaft · Salz Petersilie · 20 g Butter

Das im ganzen gelassene oder in Portionsstücke geteilte Fischfilet mit Zitronensaft betropfen, auf beiden Seiten mit Salz und reichlich gewiegter, grüner Petersilie bestreuen, auf ein mit Butter bestrichenes Pergamentpapier oder auf eine mit Butter ausgestrichene Aluminiumfolie legen und darin einschlagen. Dieses Fischpaket in einen Topf legen, zudecken und den Fisch im Wasserbad oder im Dampf (z. B. Kartoffeldämpfer) über kochendem Wasser gar werden lassen. Oder die Tüte in die Bratreine legen und den Fisch im Rohr fertigmachen. Auch auf den in die Mitte des Rohres eingeschobenen Grillrost kann die Tüte gelegt werden. Bei dieser Zubereitungsart bleiben alle Nähr- und Aromastoffe sowie austretender Fischsaft restlos erhalten. Die Garzeit ist nicht länger als bei anderen Zubereitungsarten. Statt in gefettetes kann der Fisch auch in nur angefeuchtetes Pergamentpapier eingeschlagen werden (fettfreie Diät).

68. Seefisch, gebraten

1 kg Fisch · Essig · Salz · 60 g Fett · 3 Eßlöffel geriebenes Wurzelwerk 1/8 l Sauerrahm

Fisch waschen, schuppen, ausnehmen oder fertiges Fischfilet mit Essig betropft einige Zeit stehen lassen. Geriebenes Wurzelwerk in Fett andünsten, den gesalzenen Fisch zugeben, ins Rohr stellen, unter öfterem Begießen mit dem eigenen Saft 25—30 Minuten im Rohr braten. 10 Minuten vor beendeter Garzeit mit dem Sauerrahm bestreichen, die Sauce nach Geschmack mit angerührtem Mehl binden. Wichtig ist, daß während des Bratens kein oder nur wenig Wasser zugegossen wird.

69. Seefisch, gegrillt

1 kg Fisch · Zitronensaft oder Essig · Salz · Pfeffer · 20 g Butter

Den geschuppten, ausgenommenen Fisch oder das Fischfilet mit Zitronensaft oder Essig betropft einige Zeit liegen lassen. Dann abtrocknen und mit Pfeffer bestreuen. Auf den befetteten Grillrost legen, gar und goldgelb grillen, salzen. Dazu Pommes frites.

70. Seefisch, gebacken

1 kg Fisch · Zitronensaft oder Essig · Salz · Mehl zum Wenden · 2 Eier Brösel zum Wenden · Fett zum Backen

Das in Portionsstücke geteilte Fischfilet mit Zitronensaft oder Essig durchziehen lassen. Dann mit Salz bestreuen, in Mehl, verquirltem Ei und Semmelbröseln wenden und in heißem Fett schwimmend oder auf der Stielpfanne hellbraun backen. Auf vorgewärmter Platte anrichten, mit Zitronenspalten garnieren. Dazu Kartoffelsalat.

71. Dänischer Schellfisch

1 kg Schellfisch · Salzwasser · Salz · Pfeffer · 4 Eßlöffel Öl · Gurkenkraut, Dill · Petersilie · Estragon · 2 Eßlöffel Essig · 1 Eßlöffel Senf

Geschuppten, ausgenommenen, in Salzwasser gegarten Fisch auf einer Platte anrichten, mit Salz, Pfeffer und feingewiegten Kräutern bestreuen und mit einer Mischung von Essig, Öl und Senf übergießen. — Beilage: Kartoffeln.

Fische

72. Fischbraten

Fischbraten schmeckt besonders gut von einem ganzen, geschuppten, ausgenommenen Fisch. Die Mittelgräte kann darinnen bleiben, kann aber bei einiger Übung auch im rohen Zustand leicht herausgelöst werden. Fischbraten wird oft gespickt. Dazu löst man nur diesen Teil der Haut, der gespickt wird, meist zu beiden Seiten des Rückgrates, ab.
Jeder Fischbraten soll ohne Zugießen von Wasser, Wein oder dgl. gebraten werden. Der Geschmack der Bratenzutaten dringt auf diese Weise viel besser in das Fischfleisch ein und der Geschmack wird kräftiger. Man gießt erst nach dem Braten zur Bereitung der Sauce auf. Bildet sich während des Bratens viel Saft (je nach Fischart), so schöpft man diesen immer wieder weg und verwendet ihn evtl. zum Schluß zur Bereitung der Sauce.

73. Gefüllter Fischbraten

1 kg Schellfisch, Kabeljau, Goldbarsch · Zitronensaft oder Essig · Salz — Fülle: 2 Semmeln · ¹/₈ l Milch · 50 g Butter oder Margarine · 4 Sardellen · 1 Ei Zwiebel und Petersilie

Den vorbereiteten Fisch mit Zitronensaft oder Essig betropft etwas stehen lassen, dann salzen, füllen, zunähen, in die Bratreine mit heißem Fett legen und 40 Minuten im Rohr braten. — Fülle: Schaumiggerührtes Fett mit in Milch erweichten, ausgedrückten Semmeln, Ei, gewiegter, gerösteter Zwiebel und Petersilie, gewiegten Sardellen, Salz und Pfeffer mischen.

74. Gebratener Schellfisch mit Sardellenbutter

1 kg Fisch · Zitronensaft oder Essig · Salz · 50 g Sardellen · 40 g Fett 20 g Butter

Den vorbereiteten Fisch mit Zitronensaft oder Essig betropft durchziehen lassen, dann mit Sardellenstreifchen spicken, salzen, in die Bratpfanne mit heißem Fett legen und 40 Minuten im Rohr braten. Auf einer Platte anrichten, Butter mit restlichen, feingewiegten Sardellen heiß werden lassen und über den angerichteten Fisch geben.

75. Fischbraten mit Speck, Gurken und Zwiebeln

1 kg Schellfisch · Sulz · 100 g Speck · 1 große Gewürzgurke · Essig · Senf oder Tomatenmark · 2 Zwiebeln · 50 g Fett

Den vorbereiteten, von der Mittelgräte befreiten, mit Essig betropften, gesalzenen Fisch mit Senf oder Tomatenmark bestreichen. Mit kleinwürfelig geschnittenem glasig ausgebratenem Speck, gedünsteten Zwiebelwürfeln und Gurkenwürfeln füllen. In die Bratreine mit heißem Fett legen und 40 Minuten im Rohr braten.

76. Paprika-Schellfisch

*³/₄ kg Fischfilet · Essig · Salz · Mehl zum Wenden · 40 g Fett · 50 g Speck
2 Zwiebeln · 2 Teelöffel Paprika · 2 Teelöffel Mehl · ¹/₄ l Sauerrahm · 2 Teelöffel Tomatenmark*

Das Fischfilet mit Essig betropfen, dann mit Salz bestreuen, im Mehl wenden, in heißem Fett auf beiden Seiten braten und warmstellen. In kleinwürfelig geschnittenem, ausgebratenem Speck feingeschnittene Zwiebeln hellbraun rösten, Paprika, Mehl, Sauerrahm und Tomatenmark zugeben. 10 Minuten kochen lassen, über den angerichteten Fisch gießen.

77. Überkrusteter Schellfisch

*1 kg gekochter Schellfisch · Kartoffelbrei · Sauce: 40 g Butter oder Fett
2 Eßlöffel Mehl · ³/₈ l Milch · Zitronensaft · 3 Eßlöffel geriebener Käse
Brühwürze · 1 Eigelb*

Gekochten, von Haut und Gräten befreiten Schellfisch auf einer feuerfesten Platte anrichten, ringsherum Kartoffelbrei spritzen. Aus Butter, Mehl und Milch eine helle Sauce kochen, mit Zitronensaft, geriebenem Käse und Brühwürze abschmecken, mit Eigelb binden. Über den Fisch gießen, mit Semmelbröseln und geriebenem Käse bestreuen, mit Butterflöckchen belegen und 10 Minuten im Rohr überbacken.

78. Fischfiletbraten

³/₄ kg Fischfilet · Zitronensaft oder Essig · Salz · 50 g Fett

Das gewaschene, mit Zitronensaft oder Essig betropfte Fischfilet einige Zeit durchziehen lassen, dann mit Salz und Pfeffer oder Curry bestreuen, in die Bratpfanne mit heißem Fett legen und 30 Minuten im Rohr braten.

79. Fischfiletbraten mit Käse

*³/₄ kg Fischfilet · Zitronensaft oder Essig · Salz · 40 g Fett · 50 g Käse · 1 Ei
¹/₈ l Sauerrahm*

Das mit Zitronensaft oder Essig gut durchgezogene Fischfilet salzen, in die Bratreine mit heißem Fett legen und 30 Minuten braten. Dann den entstandenen Saft mit geriebenem Käse, Sauerrahm und Ei verquirlen, über den Braten gießen, mit Bröseln bestreuen, mit Butterflöckchen belegen und 10 Minuten im Rohr überbacken.

80. Gebratene Fischfilets

*³/₄ kg Fischfilet (Kabeljau, Schellfisch, Goldbarsch) · Zitronensaft oder Essig
Salz · Pfeffer oder Curry · Mehl zum Wenden · Fett zum Braten*

Die in flache Portionsstücke geschnittenen, mit Zitronensaft oder Essig betropften und durchgezogenen Fischfilets mit Salz und Pfeffer oder sehr gut auch mit Salz und Curry bestreuen, in Mehl wenden und in heißem Fett auf starker Flamme auf beiden Seiten braten. Auf vorgewärmter Platte anrichten. Im Bratenfett in dicke Scheiben geschnittene Tomaten auf beiden Seiten rasch braten, salzen, den Fisch damit umlegen. Die auf diese Weise gebratenen Fischfilets sind sehr rasch zubereitet, sehr gut und der Fischgeschmack ist weniger intensiv als bei paniert gebackenen Filets.

81. Gebackene Fischfilets

3/4 kg Fischfilet · Zitronensaft oder Essig · Salz · Mehl zum Wenden · Eier Brösel zum Wenden · Fett zum Backen

Das gesäuerte, in nicht zu dicke Stücke geteilte Fischfilet in Mehl, verquirltem Ei und Bröseln wenden und in heißem Fett schwimmend oder auf der Stielpfanne backen. Die angerichteten Stücke mit je einer halben Zitronenscheibe belegen. Dazu Kartoffelsalat.

82. Fischfilets in Bierteig

3/4 kg Fischfilet · Essig oder Zitronensaft · Salz — Bierteig: 125 g Mehl · 1 Ei Salz · 1/8 l dunkles Bier · Backfett

Flache, gesäuerte Portionsstücke von Fischfilets salzen, im Bierteig wenden und in heißem Fett backen. — Beigabe: Kartoffelsalat, grüner Salat. — Bierteig: Mehl mit Ei, Salz und dunklem Bier glattrühren.

83. Tomatenfilets

3/4 kg Fischfilet (Kabeljau, Schellfisch oder Goldbarsch) · Zitronensaft · Salz 80 g Butter oder Margarine · 2 Eßlöffel Tomatenmark · Petersilie · 1/8 l Sauerrahm

Möglichst dünne, kleine Filets mit Zitronensaft betropft einige Zeit stehen lassen, Butter oder Margarine schaumig rühren, Tomatenmark und reichlich gewiegte Petersilie zugeben. Die gesalzenen Fischfilets mit dieser Masse bestreichen, in eine Auflaufform einschichten, mit Sauerrahm übergießen und so lange im Rohr backen, bis beinahe aller ausgetretener Fischsaft wieder eingedampft ist. Nur wenn der Auflauf bis zum angegebenen Zeitpunkt gebacken ist, schmeckt er ganz vorzüglich.

84. Feiner Fischauflauf mit Blumenkohl

3/4 kg Fisch · 1 Blumenkohl · Salzwasser — Sauce: 40 g Butter · 2 Eßlöffel Mehl · 3/8 l Milch · 50 g geriebener Käse · 1 Eigelb

In eine befettete, mit Bröseln ausgestreute Auflaufform abwechselnd gekochten, in Stückchen geteilten Fisch und gekochte Blumenkohlröschen einlegen. Aus Butter, Mehl und Milch eine helle Sauce kochen, mit geriebenem

Käse abschmecken, mit Eigelb binden und über Fisch und Blumenkohl gießen. Den Auflauf noch mit geriebenem Käse und Semmelbröseln bestreuen, mit Butterflöckchen belegen und 30 Minuten im Rohr überbacken.

85. Fischauflauf mit Sauerkraut

3/4 kg Fisch • 1/2 kg Sauerkraut • 100 g Speck • 2 Zwiebeln — Sauce: 40 g Fett 2 Eßlöffel Mehl • 1/2 l Brühe • 1/8 l Sauerrahm • Paprika • Salz

In gut gewürztem Sud gekochten Fisch oder Fischreste sorgfältig von Haut und Gräten befreien, Sauerkraut weichdünsten. In eine befettete, mit Bröseln ausgestreute Auflaufform erst eine Lage Sauerkraut geben, darauf etwas gebratene Speck- und Zwiebelwürfelchen, darüber Fisch, darüber Speckwürfelchen, dann wieder Sauerkraut und so weiter, bis die Form voll ist. Aus Fett, Mehl, Brühe und Sauerrahm eine Sauce kochen, mit Paprika und Salz abschmecken und über den Auflauf gießen. Diesen noch mit Bröseln bestreuen, mit Butterflöckchen belegen und dann 40 Minuten bei Mittelhitze backen.

86. Fischpudding

1/2 kg Fischfilet • 1 Semmel • 2 Eier • 100 g Speck • 2 Zwiebeln • Petersilie Salz • Pfeffer

Sorgfältig von den Gräten befreites Fischfilet mit eingeweichter, ausgedrückter Semmel zweimal durch die Maschine drehen. In kleinwürflig geschnittenem, nur wenig ausgebratenem Speck Zwiebelwürfel dünsten. Petersilie feinwiegen. Die Fischmasse mit Speck, Zwiebel, Petersilie und Eiern mischen, mit Salz und Pfeffer abschmecken und in eine gut befettete, mit Bröseln ausgestreute Puddingform füllen. Den Pudding 1 Stunde im Wasserbad kochen, stürzen, mit Tomatensauce übergießen, mit gekochten Kartoffeln umkränzen. — Anmerkung: Will man den Fischgeschmack nicht so intensiv haben, so bereitet man den Pudding von erst in Salzwasser gekochtem Fisch, gibt dann aber 3 Eier zur Masse.

87. Fischbeefsteaks

1/2 kg Fischfilet • 1 Semmel • Zwiebel • Petersilie • 1 Ei • Salz • Muskat

Das sorgfältig entgrätete Fischfilet mit der eingeweichten Semmel durch die Maschine drehen, geröstete Zwiebel, Petersilie und Ei zugeben, mit Salz und Muskat abschmecken. Beefsteaks formen und in heißem Fett auf beiden Seiten braten. — Beigabe: Pommes frites oder Kartoffelsalat.

88. Fischfrikadellen

1/2 kg gekochten Fisch • 1 Semmel • 2 Eier • Petersilie • Salz Muskat und Käse

Fische

Gekochten Fisch sorgfältig entgräten und mit der eingeweichten Semmel zweimal durch die Maschine drehen. Dann Eier und gewiegte Petersilie zugeben, mit Salz, Muskat und geriebenem Käse abschmecken. Von der Masse Frikadellen formen, evtl. in Semmelbröseln wenden, in heißem Fett backen.

89. Fischgulasch

³/₄ kg Fisch · Zitronensaft oder Essig · Salz · 50 g Fett oder Speck · 2 Zwiebeln · 2 Teelöffel Paprika · 1 Teelöffel Tomatenmark · 1 Eßlöffel Mehl ¹/₈ l Sauerrahm

Mit Zitronensaft oder Essig betropften Fisch in Würfel schneiden und salzen. In heißem Fett oder kleinwürflig geschnittenem, ausgebratenem Speck feingeschnittene Zwiebeln hellbraun rösten, Paprika, Tomatenmark und die Fischwürfel zugeben und gardünsten. Sauerrahm mit Mehl verquirlen, das Gulasch damit binden, vorsichtig noch 5 Minuten kochen lassen. Mit Semmeln oder gekochten Teigwaren servieren.

90. Gemüse mit Fisch

1-kg-Dose Mischgemüse · ¹/₂ kg Fischfilet · 80 g Butter · Salz · Petersilie

Das Gemüse (z. B. Erbsen und Karotten) im eigenen Saft mit der Hälfte der Butter heißmachen. Gewürze, Fischwürfel und Butterstückchen darauflegen, zugedeckt garen lassen (10 Minuten). Angerichtet mit viel gehackter Petersilie bestreuen.

91. Gerollte Fischfilets

³/₄ kg Fischfilet · Zitronensaft · Salz · Pfeffer · Petersilie · Butterflöckchen

Das Fischfilet zu flachen Portionsstücken schneiden, mit Zitronensaft marinieren, mit Salz, Pfeffer und gewiegter Petersilie bestreuen, zusammenrollen, in einen befetteten Topf stellen, mit Butterflöckchen belegen und auf kleinem Feuer in 15 Minuten garen lassen. Die Filets können vor dem Aufrollen noch mit Senf oder Tomatenmark bestrichen oder mit gehackten Kapern bestreut werden.

92. Gefüllte Fischfilets mit Schinken

³/₄ kg Fischfilet · Salz · 1 Ecke Schmelzkäse · 1 Glas Weißwein · Zitronensaft 100 g Schinken · 40 g Butter

Die flachen, marinierten Fischfilets salzen, mit Käse bestreichen, mit Schinken belegen, aufrollen, mit einem Zahnstocher zusammenhalten. In heißes Fett legen, zugedeckt erst im eigenen Saft, dann unter Nachgießen von Weißwein in 15 Minuten gardünsten. Angerichtet mit Mandarinenspalten und schwarzen Oliven garnieren.

93. Fischfilets mit Senfchaudeau

³/4 kg Fischfilet · Zitronensaft · Salz · Butterflöckchen — Chaudeau: 1 Eßlöffel Senf · 2 Eigelb · ⅛ l Brühe · 1 Teelöffel Stärkemehl · 20 g Butter

Vorbereitete Fischfilets gardämpfen. Senf mit Eigelb, Brühe und Stärkemehl verrühren, die Sauce über kochendem Wasser dicklich schlagen, kalte, frische Butter zugeben, zu den angerichteten Filets servieren.

Plattfische

Scholle, Rotzunge, Flunder, Steinbutt, Heilbutt, Seezunge
Die feinsten Fische dieser Art sind Steinbutt, Heilbutt und Seezunge.

94. Gekochte Plattfische

1 kg Fisch (Scholle, Flunder, Rotzunge, Seezunge) · Salzwasser mit Gewürzen

Seitlich unterhalb des Kopfes einen Einschnitt machen, die Fische ausnehmen und waschen. In heißen, gewürzten Sud legen, bis zum Kochen kommen lassen und je nach Dicke der Fische 20—30 Minuten garziehen lassen.

95. Gebratene Schollen

4 Portionsschollen · Salz · Mehl zum Wenden · Fett zum Backen

Die ausgenommenen, vom Kopf befreiten, gewaschenen Schollen mit Salz bestreut in Mehl wenden. In heißes Fett legen und bei guter Hitze auf beiden Seiten braten. Vor dem Braten kann man auch mit einer Schere die Flossen abschneiden und die Rücken- und Bauchhaut vom Schwanz gegen den Kopf zu abziehen.

96. Steinbutt

Der Steinbutt ist einer der feinsten Fische. Er hat keine Schuppen, aber kleine, steinharte Erhöhungen auf der dunklen Oberseite, daher sein Name. Die Unterseite des Fisches ist weiß und wird beim Anrichten nach oben gegeben. Beim Zubereiten werden die Flossen abgeschnitten, seitlich unterhalb des Kopfes ein Einschnitt gemacht und die Eingeweide ausgenommen.

97. Gekochter Steinbutt

1 kg Steinbutt · 1 Zitrone · 1 l Milch · ungefähr 2 l Wasser · 2 Lorbeerblätter · Salz

Den ausgenommenen, von den Steinen befreiten Fisch auf der weißen Seite gut mit Zitrone einreiben, damit er noch weißer wird. Dann mit der weißen Seite nach oben auf eine Serviette und mit dieser in einen entsprechenden

Topf legen, so viel Milch und Wasser darübergießen, daß der Fisch bedeckt ist. Salz, Lorbeerblätter und Zitronenscheiben dazu geben, den Fisch einigemal aufkochen und dann am Herd garziehen lassen. Mit Hilfe der Serviette aus dem Sud heben und dann anrichten. · Beigabe: Gekochte Kartoffeln, Senf-, Holländische oder Buttersauce.

98. Steinbutt auf italienische Art

1 kg Steinbutt · Salz · 4 Eßlöffel Öl · Zitronensaft · Zwiebel · Petersilie 125 g Champignons · 4 Sardellen

Dem ausgenommenen Steinbutt die Steine aus der Rückenhaut herausschneiden und diese noch sauber abkratzen. Dann den Fisch mit Salz bestreuen, mit heißem Öl und Zitronensaft betropfen und 1 Stunde so liegen lassen. In der Zwischenzeit in Öl feingewiegte Zwiebel, Petersilie, geschnittene Pilze und Sardellen dünsten. Dann den Fisch mit der weißen Seite nach oben in eine Bratreine legen, mit dem Gerösteten bestreichen, mit ölbestrichenem Papier bedecken und unter öfterem Begießen mit dem eigenen Saft 1 Stunde im Rohr braten. Mit Zitronenscheiben garniert zu Tisch geben.

99. Heilbuttschnitten

4 Heilbuttschnitten · Salz — Bierteig: 125 g Mehl · 1 Ei · 1 Eßlöffel Öl 1/8 l Bier

Die gehäuteten Heilbuttschnitten mit Salz bestreuen, in Bierteig wenden und schwimmend in heißem Fett backen. — Beigabe: Mayonnaisensalat, Remouladensauce, Kräutersauce.

100. Gratinierte Seezungenfilets

8 Seezungenfilets · Zitronensaft · Salz · Butter — Sauce: 20 g Butter · 1 Eßlöffel Mehl · 1/4 l Brühe · Salz · Pfeffer · Zitronensaft · 2 Eigelb · 100 g Champignons · 40 g geriebenen Käse · Semmelbrösel · Butterflöckchen

Die mit Zitronensaft betropften, gesalzenen Seezungenfilets in butterbestrichenem Pergamentpapier gardämpfen. Die Filets auf einer feuerfesten Platte anrichten, mit gedünsteten Champignons bestreuen, mit der aus den angegebenen Zutaten bereiteten dicklichen Sauce übergießen. Mit geriebenem Käse und Bröseln bestreuen, mit Butterflöckchen belegen und 10 Minuten im heißen Rohr überbacken.

101. Seezunge mit Kräuterbutter

8 Seezungenfilets · Zitronensaft · Salz · Pfeffer · Mehl zum Wenden · 1 Ei Bratfett — Kräuterbutter: 100 g Butter · 1 Eßlöffel gewiegte Kräuter (Petersilie, Dill, Kerbel, Estragon)

Fische

Die mit Zitronensaft betropften, mit Salz und Pfeffer bestreuten Filets in Mehl und verquirltem Ei wenden und in heißem Fett backen. — Kräuterbutter: Schaumiggerührte Butter mit feingewiegten Kräutern und Salz abschmecken. — Die Seezungenfilets auf heißer Platte sternförmig anrichten, mit Kräuterbutter spritzen und sofort zu Tisch geben.

102. Seezungenfilets mit holländischer Sauce und grünen Erbsen

8 Seezungenfilets · Zitronensaft · Salz · Pfeffer · 1/8 l Weißwein · 1/8 l Brühe 40 g Butter · 2 Eigelb · 1 Teelöffel Stärkemehl · Zitronensaft · 1 Teelöffel flüssiges Maggi · 1 kleine Dose Gemüseerbsen

Die Seezungenfilets mit Zitronensaft marinieren, mit Salz und Pfeffer würzen, in befeuchtetes Pergamentpapier einschlagen, in einen Topf geben und 10 Minuten im Rohr oder Wasserbad dünsten. Die Filets aus dem Papier lösen. Den entstandenen Saft mit Butter, Weißwein, Eigelb, Maizena, Zitronensaft und Maggi vermischen und über Dampf dicklich schlagen. Auf einer runden Platte die Filets hübsch anrichten und mit der dicklichen Sauce überziehen. Die gut abgetropften Erbsen in heißer Butter schwenken, mit etwas Salz bestreuen und als Kranz um die Filets anrichten.

103. Fischsalat

1/2 kg gekochter Seefisch · 2 Tomaten · 2 Gewürzgurken · 1 Endiviensalat 1 Zwiebel · Salz · Pfeffer · Senf · Essig · Öl

Gekochten Seefisch sorgfältig entgräten und zerteilen. Entkernte Tomaten und Gurken in Würfel, den Endiviensalat in feine Streifen schneiden. Alle Zutaten mischen und mit der feingeschnittenen Zwiebel, Salz, Pfeffer, Senf, Essig und Öl anmengen. Auf einer Glasplatte anrichten, ringsherum einen Kranz von feingeschnittenem Endiviensalat.

104. Fischmayonnaise

1/4 kg gekochte Fischreste · 100 g Mayonnaise · Salz · Essig

Sorgfältig von den Gräten befreiten Fisch in einer Marinade aus Salz und gewässertem Essig durchziehen lassen. Gut abgetropft mit Mayonnaise mischen. Den angerichteten Salat mit Streifen von eingelegtem roten Paprika garnieren.

105. Heringe

Heringe sind die weitverbreitetsten Fische und sehr preiswert. Sie kommen als frische, sogenannte grüne Heringe in den Handel, hauptsächlich aber geräuchert als Bücklinge, in Salz eingelegt als Matjesheringe und Salzheringe, in Essig als Bismarckheringe und Rollmöpse. Sowie in den mannigfaltigsten Zubereitungen als Marinaden und Konserven.

106. Makrelen

Die schlanken, blausilbern schimmernden preiswerten grätenarmen Fische haben gutes festes Fleisch.

107. Grüne Heringe, Makrelen; gekocht

4 frische Heringe oder Makrelen · 1 l Salzwasser · Suppengrün · Gewürze

Die ausgenommenen frischen Heringe oder Makrelen in leise kochenden, gut gewürzten Sud einlegen und 20 Minuten darin ziehenlassen. Vorsichtig auf vorgewärmter Platte anrichten.

108. Grüne Heringe, Makrelen; gebraten

1 kg Heringe oder Makrelen · Salz · Mehl zum Wenden · Öl oder Fett zum Braten

Die ausgenommenen, von der schwarzen Innenhaut, Kopf, Mittelgräte, befreiten frischen Fische mit Salz bestreuen, in Mehl wenden und in heißem Fett auf beiden Seiten rasch abbraten. — Beigabe: Kartoffelsalat.

109. Grüne Heringe, Makrelen; mariniert

4 Heringe oder Makrelen · $1/4$ l Essig · $1/8$ l Wasser · Salz · Lorbeerblatt 1 Zwiebel · 1 Gewürzgurke

Die Fische mit Zwiebeln- und Gurkenscheiben in eine Schüssel legen. Essig mit Wasser, Salz und Lorbeerblatt aufkochen, kochend über die eingelegten Fische gießen und 3 Tage an einem kühlen Ort stehen lassen. — Beigabe: Kartoffeln, Butterbrot.

110. Bratheringe

4 Heringe · Salz · Mehl zum Wenden · Brösel zum Wenden · Öl zum Braten Marinade: $1/4$ l Essig · $1/8$ l Wasser · Salz · Zwiebelscheiben · Lorbeerblatt

Die ausgenommenen, von der Mittelgräte befreiten, mit Salz bestreuten, in Mehl und Bröseln gewendeten und in Öl gebratenen Heringe locker in eine Schüssel legen. Essig mit Wasser, Salz, Zwiebelscheiben und Lorbeerblatt aufkochen, kochend über die gebratenen Fische gießen, drei Tage an einem kühlen Ort durchziehen lassen.

111. Heringe auf Hausfrauenart; Eingelegte Salzheringe

8 Salzheringe · 4 Eßlöffel Öl · $1/4$ l Sauerrahm · Salz · Essig · flüssiges Maggi 2 mürbe Äpfel · 2 Gewürzgurken · 1 Zwiebel

Große Salzheringe, von denen die Hälfte Milchner sein sollen, 24 Stunden in kaltem Wasser liegen lassen. Dann von Haut und Gräten befreien und die gewaschenen Filets in 2 bis 3 Teile schneiden. Geschälte Äpfel und

Fische

Gewürzgurken in feine Scheibchen schneiden und abwechselnd mit den Heringen in eine Schüssel einlegen. Die Heringsmilch durchstreichen, mit hinzugetropftem Öl und Sauerrahm verrühren, mit Salz, Essig und flüssigem Maggi pikant abschmecken. Diese Sauce über die eingelegten Heringe gießen, 24 Stunden durchziehen lassen. Mit feinringelig geschnittener Zwiebel bestreut zu Tisch geben. — Dazu: Kartoffeln oder Butterbrot.

112. Heringskartoffeln

*4 Salzheringe · 1 kg Kartoffeln · 40 g Fett · 2 Eßlöffel Mehl · ¼ l Milch
Käse und Brösel zum Bestreuen · Butterflöckchen*

Ungewässerte, von Haut und Gräten befreite, in kleine Stückchen geschnittene Salzheringe abwechselnd mit Scheiben von gekochten, geschälten Kartoffeln in eine befettete, mit Bröseln ausgestreute Auflaufform einschichten, oberste Lage Kartoffeln. Aus Fett, Mehl und Milch eine helle Sauce kochen und darübergießen. Dann geriebenen Käse und Brösel draufstreuen, mit Butterflöckchen belegen und das Gericht 45 Minuten im Rohr backen. Die gute und sättigende Speise mit grünem Salat zu Tisch geben.

113. Heringssalat

*½ kg Kartoffeln · ¼ kg rote Rüben · 4 Matjesfilets · 1 mürber Apfel
2 Gewürzgurken · 1 Zwiebel · 1 Eßlöffel Zucker · Salz · Essig
⅛ l Sauerrahm*

Gekochte Kartoffeln, gekochte rote Rüben, Matjesfilets, geschälten Apfel und Gurken in kleine Würfel oder Streifchen schneiden. Feingewiegte Zwiebel, Zucker, Essig und Salz zugeben und den Salat gut durchziehen lassen. Dann den Sauerrahm unterrühren.

114. Feiner Heringssalat (Russischer Heringssalat)

(8 Personen)

7 Matjesfilets · 1 Bismarckhering · 2 Gewürzgurken · 2 Äpfel · ½ kg gekochte rote Rüben · 100 g feine Hartwurst · 4 Zwiebeln · 50 g Kapern · 1 kleine Dose gekochte Linsen (ca. 500 g Einwaage) · 250 g Mayonnaise (1 Ei, Gewürz, 200 g Öl) · Pfeffer

Matjesfilet, Bismarckhering, Gewürzgurken, geschälte Äpfel, gekochte geschälte rote Rüben, Hartwurst in feine Streifchen oder Würfel schneiden, gekochte Zwiebeln (evtl. überbrüht), gehackte Kapern, die gekochten Linsen und Mayonnaise zusammenmischen, pfeffern. Den Salat einige Stunden durchziehen lassen.

115. Matjesfilet auf Eis

Eine Glasplatte mit Eisstückchen belegen. Die Matjesfilets gefällig darauf anrichten, mit rohen Zwiebelringen belegen. Dazu Toast und Butter oder Salzkartoffeln.

116. Matjesbissen (Vorspeise)

2 Matjesfilets in Würfel schneiden, mit 2 hartgekochten, gewürfelten Eiern, 1 gewürfelten Essiggurke und 2 Eßlöffel Ketchup mischen. Auf Salatblättern anrichten. Dazu gebutterter Toast.

117. Räucherfisch

Fettreiche Seefische werden vielfach geräuchert. Außer dem bekannten Aal, Schillerlocken (Haifischflossen), Lachshering und Bückling, kommt hauptsächlich geräucherter Schellfisch (grätenarm) in den Handel. Er kann kalt zu Butterbrot gegeben, auch warm gemacht und verschieden verwendet werden.

118. Räucherfisch auf Sauerkraut

½ kg Räucherfisch · 20 g Fett · fertiges Sauerkraut

Den gehäuteten, in Portionen geteilten Fisch auf der Stielpfanne in etwas Fett heißmachen. Dann auf das angerichtete Sauerkraut legen. — Beigabe: Kartoffeln.

119. Räucherfisch mit Kartoffeln

½ kg Räucherfisch · 1 kg gekochte Kartoffeln · 50 g Fett · Salz · Kümmel

Fertige Röstkartoffeln mit gehäutetem, klein zerteiltem Räucherfisch mischen. Beigabe: Kopfsalat.

120. Bückling mit Rührei

2 Bücklinge · 4 Eier · 4 Eßlöffel Milch · Salz · 20 g Fett

Die gehäuteten, entgräteten Bücklinge in gleichmäßige Stücke teilen. Aus Eiern, Milch und Salz Rührei bereiten, die vorbereiteten Bücklinge vorsichtig unterrühren, auf vorgewärmter Platte anrichten, mit gehackter Petersilie bestreuen. Dazu Tomatensalat.

121. Stockfisch

Man läßt den Stockfisch einige Tage im Wasser aufquellen und kocht ihn dann langsam in Salzwasser weich. Löst die Hauptgräte aus, richtet an, bestreut mit in Fett gerösteten Zwiebelringen und bringt den Fisch mit Kartoffeln und Sauerkraut zu Tisch.

122. Klippfisch

Der ungewässerte Klippfisch wird von dem anhaftenden Salz befreit, gewaschen, gewässert, mit dem Fleischklopfer geklopft und nochmals einige Tage in Wasser gelegt. Dann den Fisch in reichlich Wasser mit Suppengrün und Zwiebeln kalt zusetzen, einmal aufkochen und 1–1½ Stunden garziehen lassen. Würfelig geschnittenen, ausgebratenen Speck mit Zwiebeln rösten, über den Fisch geben. Dazu ein Kohlgemüse.

123. Stock- oder Klippfisch mit Kräuterkartoffeln

Stock- oder Klippfisch wird weichgekocht, von den Hauptgräten befreit und in der Mitte einer Platte angerichtet. Roh geschälte Kartoffeln werden mit Fett, Zwiebeln und Brühe weichgedünstet, rund um den Fisch angerichtet und sowohl Fisch wie Kartoffeln mit viel feingehackter Petersilie, Dill oder Kerbel bestreut.

124. Laberdan

Der gut gewässerte Fisch wird entweder wie Stockfisch zu Tisch gebracht, kann aber auch ganz beliebig anders weiter verwendet werden. (Vorsicht beim Salzen!)

125. Tiefkühlfisch

Im Block gefrostetes Fischfilet, z. B. Findusfilet, wird in Portionsstücke geschnitten, gewürzt, unpaniert oder paniert bei mäßiger Hitze gedämpft, gedünstet oder gebraten. Schollenfilets taut man soweit an, daß man sie auseinandernehmen und einzeln zubereiten kann. Tiefgekühlte Forellen und andere Portionsfische werden unaufgetaut in den Fischsud gelegt oder langsam im Fett gebraten.

126. Tiefkühlforellen mit Vinaigrettesauce

4 Forellen · Salz · Pfeffer · 80 g Butter oder Margarine · 2 Eier, hartgekocht 2 Gewürzgurken

Die mit Salz und Pfeffer gewürzten Forellen im Rohr in 20 Minuten gar und goldbraun braten, auf vorgewärmter Platte anrichten. In das Bratfett die kleinwürflig geschnittenen Eier und gewürfelten Gewürzgurken geben, heiß werden lassen. Nebst Salzkartoffeln zum Fisch geben.

127. Tiefkühlschollenfilet in Champignonsauce

1 Paket Schollenfilet · 60 g Butter oder Margarine · 1 Zwiebel · 125 g Champignons · 20 g Mehl · ⅛ l Wasser · ⅛ l Weißwein · Salz · Pfeffer

In Butter oder Margarine die geschnittene Zwiebel glasig dünsten, die blättrig geschnittenen Pilze zugeben und zugedeckt in 3 Minuten garen. Mit Mehl überstauben, mit Wasser und Weißwein aufgießen, abschmecken. Die Schollenfilets hineinlegen und darin gardünsten, 10 Minuten. Auf vorgewärmter Platte anrichten, mit zwei Zitronenscheiben, die mit Petersilie bestreut sind, garnieren.

Krebse, Muscheln, Froschschenkel, Schnecken

KREBSTIERE

Krebse: Einkauf nur lebend. Kleinere als Suppenkrebse, größere als Tafelkrebse. Schmackhaftes Fleisch.
Hummer: Lebt im Mittelmeer, Nord- und Ostsee, Fleisch sehr schmackhaft.
Languste: Scheren schlank und wenig fleischig. Daher kommen meist nur die Schwänze auf den Markt.
Garnele, Krabben, Krevetten (Granat, Scampi): Schmackhafte kleine, rosa aussehende, rundliche Krebse. Sie kommen bei uns nur abgekocht oder als Konserve in den Handel.

MUSCHELN (SCHALTIERE)

Auster: Edelste Muschelart, hoher Preis. Die Muschel selbst ist in zwei flachgewölbten Schalen (Austernschalen) eingeschlossen. Diese müssen beim Einkauf fest geschlossen sein.
Miesmuschel, Pfahlmuschel: Billige Muschelart, in manchen Gegenden sehr beliebt. Rasch verderblich. Nur die festgeschlossenen Muscheln dürfen verwendet werden.

FROSCHSCHENKEL

Man verwendet die Schenkel der grünen Teich-, Gras- und Bachfrösche. Das Fleisch der Schenkel muß frischrot sein und guten Geruch haben.

SCHNECKEN

Sie sind nur im Herbst und Winter, wenn die Schalen kalkartig verschlossen (gedeckelt) sind, genießbar. Man verwendet die großen gezüchteten und gemästeten Garten- und Weinbergschnecken.

Krebse, Muscheln, Froschschenkel, Schnecken

1. Krebse

Die Flußkrebse sind am besten in den Monaten Juli, August, September. Sie lassen sich 1—2 Tage in einem mit frischen Brennesseln gefüllten Korb oder besser in einem Behälter mit schwach laufendem Wasser halten. Zur Nahrung bekommen sie im Brennesselkorb in Milch eingeweichte Semmeln. Brennesseln und Futter müssen spätestens nach 1 Tag erneuert werden. In den Wasserbehälter kann man einen in zwei Hälften geteilten kleineren Weißfisch geben. Bei der Zubereitung gibt man die Krebse gut abgespült einzeln nacheinander in sehr stark kochendes, mit oder ohne Kümmel gewürztes Salzwasser. War der Krebs lebend, so zieht er beim Kochen den Schwanz ein, nur solche dürfen verwendet werden. Während des Kochens wird der Krebs rot. Die Kochzeit ist 5 Minuten, anschließend noch 10 Minuten ziehen lassen. Beim Essen oder zur Weiterverwendung in der Küche werden erst die Scheren abgebrochen und ausgelöst. Man hält dann Beine und Schwanz in der einen Hand und zieht mit der anderen den Brustpanzer (Krebsnase) ab. Sodann wird der Schwanz herausgelöst, die Schwanzringe aufgebrochen und der Krebsschwanz herausgenommen. Dieser wird am Rücken leicht eingeschnitten und der Darm herausgelöst. Die Krebsnasen können zum Füllen oder zur Garnierung aufbewahrt werden, die restlichen Schalen zur Bereitung von Krebsbutter.

2. Gekochte Krebse

16 Krebse · 3 l Salzwasser · 1 großes Dillsträußchen oder 1 Eßlöffel Kümmel
Die kalt überspülten Krebse nach und nach in sehr stark kochendes Salzwasser mit Dill oder Kümmel geben und darin 5 Minuten kochen und 10 Minuten ziehen lassen. Herausnehmen, in eine Schüssel legen, von dem heißen Kochwasser darübergießen und so zu Tisch geben. Oder auf einer Platte anrichten (evtl. mit etwas Öl überpinseln, damit die Schalen glänzend werden).

Beigabe: Toast und Butter; dickliche, milde, aber feingewürzte Mayonnaisensauce.

3. Krebse in Weißbier

16 Krebse · 3 l Salzwasser · Kümmel · 1 l Weißbier · 50 g Butter · Salz Muskat · Pfefferkörner · Zitronenschale

Die Krebse in Salzwasser mit Kümmel kochen. Inzwischen Bier mit Butter und den Gewürzen zustellen, dann die gekochten Krebse hineinlegen und noch 10 Minuten darin ziehenlassen. Die Krebse auf einer Schüssel anrichten oder im Sud zu Tisch geben, frische Butter und Weißbrot dazu reichen.

4. Gefüllte Krebsnasen

16 Krebsnasen — Fülle: 60 g Butter · 2 Eier · 2 Semmeln · 60 g Semmelbrösel Petersilie · Salz

Butter mit Ei schaumigrühren, eingeweichte, ausgedrückte Semmeln, Bröseln, gewiegte Petersilie und das nötige Salz zugeben. Die sauber ausgewaschenen Krebsnasen damit füllen und 5 Minuten in Salzwasser kochen. Die Krebsnasen gibt man als Einlage in die Krebssuppe oder als Garnierung zu Frikassee. (Fricassée: Eingemachtes Kalbfleisch, Geflügel, Fisch, Pilze und dgl. im Reisrand.)

5. Krebsbutter

10 Krebse · 100 g Butter · 1 l Wasser

Die auf weißem Papier getrockneten Schalen der Krebse auf einem Holzbrett mit dem Fleischklopfer fein stoßen (nicht im Metallmörser stoßen, sonst leidet die Farbe). Dann die Schalen in flüssige Butter geben und darin so lange rösten, bis die Butter rötlich wird. Dann aufgießen, die Krebsschalen 30 Minuten kochen lassen und am nächsten Tag das sich an der Oberfläche abgesetzte Fett — die Krebsbutter — abnehmen. Krebsbutter verwendet man zur Bereitung von Krebssuppe oder feinen Krebssaucen.

6. Hummer

Die beste Zeit für Hummer ist April bis Oktober. Meist kauft man ihn gekocht oder als Konserve. Kocht man den Hummer selbst, so gibt man ihn gut abgebürstet in stark kochendes Salzwasser. Man läßt den Hummer 20 Minuten kochen und dann 10 Minuten im Sud ziehen. Beim Zerlegen werden Schwanz und Scheren ausgebrochen und mit einer Hummerschere aufgeschnitten. Das Fleisch des Schwanzes wird vom Darm befreit, in Scheiben geschnitten und zusammengeschoben wieder in den Schwanz gelegt. Das Fleisch der aufgeschnittenen Scheren bleibt in denselben liegen. Der gekochte Hummer wird auf einer Serviette angerichtet, mit Zitronenspalten und Petersilie garniert, Mayonnaise, Toast, Butter und ein feiner Weißwein dazu serviert.

7. Languste

Die Languste ist noch größer als der Hummer. Die Scheren sind nicht fleischig, dafür ist der Schwanz größer. Sie wird meist gekocht oder als ausgelöste Konserve gekauft. Gekochte Languste wird wie Hummer angerichtet.

8. Krebse, Hummer, Languste mit Mayonnaise

Die ausgelösten Krebsschwänze und Scheren oder die ausgelösten, in schöne Stückchen und Scheiben geteilten Scheren und Schwanz von Hummer und Languste mit gut abgeschmeckter Mayonnaise mischen und mit Tomaten, hartgekochten Eiern und Petersilie schön anrichten.

9. Krabbensalat

200 g gekochte Krabben · ½ kleine Zwiebel · Salz · Essig · Öl · Petersilie 100 g Mayonnaise

Die Krabben mit sehr fein gewiegter Zwiebel, Salz, Essig und reichlich feingewiegter Petersilie anmengen. Den Salat kaltgestellt gut durchziehen lassen. Nach Geschmack mit Mayonnaise mischen (Öl, evtl. auch die anderen Zutaten weglassen). Dazu Toast.

10. Krabben-Vorspeise

150 g Krabben · 1 kleiner Apfel · 1 Orange · 100 g Mayonnaise · 1 Eßlöffel Ketchup

Eine gute Orange in kleine Würfel schneiden (Häute zurücklassen), die Apfelwürfel, die Krabben und die mit Ketchup abgeschmeckte Mayonnaise zugeben. Glastellerchen mit einem Salatblatt belegen und die Vorspeise darauf anrichten.

11. Krabben-Cocktail

1/8 l Schlagrahm · 1 Eßlöffel Ketchup · 125 g Krabben · 1 Eßlöffel Weinbrand

Geschlagene Sahne mit Ketchup, den Krabben (tiefgefroren oder aus der Dose) und Weinbrand mischen. In Gläsern anrichten, mit je 2 zurückbehaltenen Krabben belegen und einen Ketchup-Tupfen daraufgeben. — Worcestersauce bereitstellen.

12. Gebackene Scampi

Die in Salzwasser gekochten Scampis sorgfältig von den Schalen befreien, in Mehl, Ei und Bröseln oder in einem Backteig (1 Ei, 1/8 l Weißwein, 125 g Mehl, Salz) wenden und schwimmend in Öl backen. Mit Remouladensauce servieren. Meist verwendet man ausgelöste, tiefgekühlte Scampi.

13. Austern

Austern waschen, abtrocknen und erst so kurz wie möglich vor Tisch öffnen. Dazu hält man sie mit der linken Hand mit einem Tuch fest und setzt mit der rechten Hand ein festes Messer (Austernbrecher) zwischen die Schalen und hebt die obere Schale ab. Der Saft darf dabei nicht auslaufen. Werden die Austern weiter zubereitet, so entfernt man den Bart und löst die Auster von der Muschel ab. Für 1 Person rechnet man 6—12 Stück. In vielen Küstengegenden ist die Auster ein Nahrungsmittel. Bei uns ist sie, bedingt durch ihre leichte Verderblichkeit und den Transport, eine teure Delikatesse. Es gibt verschiedene Austernsorten, berühmt ist z. B. die englische Native, die amerikanische Blue point, die französische Marennen- und die norwegische Limfjord-Auster. Die sogenannte portugiesische Auster ist sehr wohlschmeckend, hat aber keine so schöne Schale.

14. Frische Austern

Die sehr kaltgestellten, geöffneten Austern auf einer entsprechenden Platte, womöglich auf Eisstückchen anrichten. Mit Zitronenspalten garnieren. Der Kenner löst die Auster selbst ab, beträufelt mit Zitronensaft, bestreut evtl. leicht mit Pfeffer und schlürft die Auster mit Bart. Dazu Toast, Butter, schwerer Weißwein oder Sekt.

15. Tatar-Auster

Auf die geöffnete, abgelöste, entbartete Auster ein rohes ganzes Eigelb gleiten lassen, mit Salz und Pfeffer würzen, etwas Ketchup darübergießen. Die Auster zusammen mit dem Eigelb schlürfen.

16. Warme Austern

2 Dutzend Austern · $1/4$ l Milch · $1/8$ l Wasser · Salz · Pfeffer · 50 g Butter

Die ausgelösten Austern in eine Schüssel legen und zudecken. Gewässerte Milch mit Salz, Pfeffer und Butter aufkochen, etwas abgekühlt über die Austern gießen und diese sofort servieren.

17. Überkrustete Austern

Die losgelösten, entbarteten Austern in der Muschel lassen, mit Zitronensaft beträufeln und Pfeffer bestreuen. Mit geriebenem Parmesankäse und etwas Brösel bestreuen, mit Butterstückchen belegen. Auf ein Backblech stellen und bei guter Hitze in 5—10 Minuten goldgelb überkrusten.

18. Gebackene Austern

Die abgelösten, entbarteten Austern mit Zitronensaft und Pfeffer würzen, in Mehl, Ei und Bröseln wenden, in Butterschmalz rasch backen, in den Austernschalen servieren, dazu Sauce Bernaise. Oder die vorbereiteten gewürzten Austern in einem Teig aus 2 Eigelb, 80 g Mehl, 1 Eßlöffel zerlassener Butter, 1 Eßlöffel warmen Wasser und Salz wenden, in Butterschmalz rasch backen, in den Muschelschalen mit Zitronenspalten anrichten.

19. Verhüllte Austern

Die abgelösten, entbarteten Austern in Zitronensaft mit Worcestersauce 15 Minuten marinieren. Schmale Streifen von rohem, durchwachsenen Speck herumwickeln, mit Zahnstochern befestigen, rasch in Butterschmalz backen.

20. Muscheln

Vor der Zubereitung müssen die Muscheln gut gewaschen, gebürstet und nochmals gut gewaschen werden. Nur die festgeschlossenen Muscheln dürfen verwendet werden. Es ist besonders darauf zu achten, daß die Muscheln beim Säubern nicht zu lange im Wasser liegen bleiben, da die Muscheln das Wasser ansaugen und dabei an Geschmack verlieren. Muschelgerichte schmecken besonders gut, wenn man die gereinigten Muscheln einige Zeit vor der Zubereitung in gewässerte Milch legt, mit der die Muscheln sich dann vollsaugen. Die gut gereinigten Muscheln mit etwas Weißwein in einen entsprechend großen Topf geben, reichlich geschnittene Zwiebel und Salz zugeben, den Topf zudecken und die Muscheln dünsten, bis sich die

Schalen öffnen. Sie brauchen hierzu viel Platz, der Topf darf daher nur bis zur Hälfte gefüllt werden. Nach dem Öffnen der Schalen noch 5 Minuten zugedeckt leicht kochen. Die garen Muscheln aus der Schale lösen (nach Belieben vom Bart befreien) und beliebig weiter verwenden.

1/2 kg Muscheln sind ca. 35 Stück.

21. Muscheln in Kräutersauce

24 Muscheln · 40 g Fett · 30 g Mehl · 3/8 l Brühe · Petersilie oder Dill · Salz Pfeffer

Die gargedünsteten Muscheln aus der Schale lösen und von den Bärten befreien. Aus Fett, Mehl und Brühe eine Sauce kochen, reichlich feingewiegte Petersilie oder Dill zugeben, mit Salz und Pfeffer abschmecken, die Muscheln noch 2 Minuten darin kochen lassen. — Beigabe: Kartoffeln oder gedünsteter Reis.

22. Gebratene Muscheln

24 Muscheln · 60 g Speck · Zwiebel · Salz

In kleinwürflig geschnittenem, ausgebratenem Speck die Zwiebel hellbraun rösten, die garen, ausgelösten, von den Bärten befreiten Muscheln zugeben, darin rösten, mit Salz überstreuen. Mit Kartoffeln und Salat zu Tisch geben.

23. Froschschenkel

Sie sind am schmackhaftesten im Spätsommer und Herbst. Vor der Zubereitung legt man sie immer 30 Minuten in gut gewürztes Essigwasser.

24. Froschschenkel in Sauce

24 Froschschenkel · Essigwasser · Salz · 50 g Butter oder Fett · 2 Eßlöffel Mehl · 1/2 l Brühe · Zitronenschalen · 4 Eßlöffel Sauerrahm · 1 Eigelb

Nachdem die Froschschenkel 30 Minuten in gut gewürztem Essigwasser gelegen haben, mit Salz bestreuen, in Butter oder Fett auf beiden Seiten anbraten, mit Mehl überstäuben, aufgießen, Zitronenschale beigeben und die Froschschenkel in 15 Minuten weichdünsten. Dann die Sauce mit Eigelb, das mit Sauerrahm verquirlt wurde, verfeinern.

25. Gebackene Froschschenkel

24 Froschschenkel · Essigwasser · Salz · Mehl zum Wenden · 1 Ei · Brösel zum Wenden · Fett zum Backen

Die im Essigwasser marinierten, gesalzenen Froschschenkel in Mehl, verquirltem Ei und Semmelbrösel wenden und in heißem Fett backen. Beigabe: Rahmkartoffeln, Kartoffelsalat, grüner Salat oder nur Remouladensauce.

26. Schnecken

Die gedeckelten, gut gewaschenen Schnecken in kochendes Salzwasser geben, 10 Minuten kochenlassen, herausnehmen. Abgekühlt mit einer gebogenen Nadel die Schnecke aus dem Gehäuse holen. Den hinteren Teil entfernen, mit grobem Salz den Schleim abreiben. Die so vorbereiteten Schnecken in einer Mischung von Brühe und Weißwein mit Pfefferkörnern, Thymian und Lorbeerblatt 2—3 Stunden kochen. Zu der auf eine geringe Menge eingekochten Brühe frische Butter, 1—2 gehackte Sardellen, gehackte Petersilie, etwas Ketchup, Salz und Pfeffer geben, erstarren lassen (Schneckenbutter). Die Schneckenhäuschen auf ein Tuch stürzen, daß alles Wasser herausläuft, etwas von der Schneckenbutter, die Schnecke und als Abschluß wieder Schneckenbutter hineingeben. Die Schnecken auf ein mit Salz bestreutes Blech oder (besser) auf eine Schneckenplatte setzen und im Rohr bei Mittelhitze heiß werden lassen. Die wie vorstehend vorbereiteten Schnecken kann man in feinen Delikatessengeschäften kaufen. Man braucht sie in diesem Fall nur noch heiß zu machen.

27. Muschelcocktail

1 Dose Muscheln • 100 g Mayonnaise (1 Beutel) • 4 Eßlöffel schwerer Rotwein (Portwein) • 1 Teelöffel Worcestersauce

Die Muscheln auf einem Sieb abtropfen lassen. Die Mayonnaise mit Wein und Worcestersauce abschmecken. Flache Gläser mit einem Salatblatt auslegen, die mit der Mayonnaise verrührten Muscheln daraufgeben. Mit einer zurückbehaltenen Muschel und einem Petersilienblättchen garnieren. Hat man, vielleicht von einem früheren Muschelessen, noch leere Muschelschalen, so kann man eine ebene Platte dick mit Salz bestreuen, den Cocktail in die Muschelschalen füllen und diese auf dem Salzbett anrichten.

28. Muscheln mit Käse

Abgetropfte Muscheln aus der Dose in leere Muschelschalen füllen. Dick frischgeriebenen Käse darüberstreuen, mit reichlich Butterflöckchen belegen. Auf eine feuerfeste ebene Platte Salz streuen, die gefüllten Muschelschalen darauf stellen, ins heiße Rohr einschieben, in 10 Minuten bei 200° goldgelb backen. Mit einem Tupfen Ketchup garnieren.

29. Muschelsuppe

In einem großen Topf reichlich geschnittene Zwiebeln und etwas Knoblauch in einer Tasse Öl andünsten, Lorbeerblatt, Pfefferkörner, Basilikum und Salz hineingeben, anschließend die gut gereinigten Muscheln (Seite 169). Zugedeckt kochen bis sich alle Muscheln geöffnet haben. Bei Tisch verwendet man eine Muschelschale als Zange und nimmt damit die Muscheln aus den Schalen. Dazu gibt es Weißbrot und Wein. Die aromatische Brühe wird zum Schluß getrunken. — Für jede Person rechnet man $1/2$ kg Muscheln.

Geflügel

Dazu gehören: Tauben (Feldtauben) · Brathähnchen · Brathühner · Suppenhühner · Enten · Gänse · Truthahn (Puter, Indian) · Kapaun (verschnittener, gemästeter Hahn) · Poularde (verschnittenes gemästetes Huhn, auch gemästete junge Henne)

Geflügel kann in folgenden Formen gekauft werden:

1. Ungerupft und unausgenommen. Die Tiere sind dann ganz frisch, da sie in diesem Zustand nicht eingefroren werden dürfen.
2. Gerupft und entdarmt. Bei dem nicht aufgeschnittenen Geflügel werden die Därme mittels eines Häkchens durch die Afteröffnung herausgezogen. Das Geflügel wird dann eingefroren.
3. Bratfertig. Das Geflügel ist gerupft, gesengt, aufgeschnitten, vollständig ausgenommen; Leber und Herz liegen meist in einem Cellophansäckchen im Körperinnern.

Vorbereiten von Geflügel:

Hat man eigenes oder kauft man *frisch geschlachtetes Geflügel* sind nachstehende Arbeiten auszuführen:

Rupfen: Es kann trocken oder naß geschehen. Man zieht dazu erst die Schwungfedern heraus, dann die anderen Federn. Damit die Haut dabei nicht einreißt rupft mai mit der Federlage (vom Kopf zum Schwanz zu). Kielreste müssen einzeln sorgfältig entfernt werden. Zum Naßrupfen wird das Geflügel für einige Sekunden in kochend heißes Wasser getaucht; das

Rupfen geht auf diese Weise leichter und schneller. Auf großen Geflügelfarmen gibt es technische Einrichtungen, die ein rasches, absolut einwandfreies Rupfen ermöglichen.

Sengen: Nach dem Rupfen wird das Geflügel kurz über eine Gas-, Spiritus- oder Kerzenflamme gehalten und so die feinen Haare und Federchen abgebrannt.

Ausnehmen: Der Kopf wird abgeschnitten, die Halshaut zurückgeschoben, die Luftröhre und der Schlund (Speiseröhre) mit dem Kopf gelöst, aber nicht abgeschnitten. Dann wird das Tier auf den Rücken gelegt. Mit einem scharfen spitzen Messer oder einer scharfen Schere schneidet man vom Afterring aus die Haut bis zum Brustknochen hin ein. Bei fettem Geflügel nimmt man nun erst das vorliegende Fett heraus. Dann löst man mit 2—3 Fingern den Körperinhalt vorsichtig los (Gallenblase!), zieht erst die Eingeweide mit Leber und Herz und dann den Magen zusammen mit Kropf und Schlund heraus. Wenn dieser anfänglich genügend gelockert war, läßt sich sehr schön alles zusammen herausziehen. Anschließend löst man noch die Nieren und die Lunge heraus (bei kleinerem Geflügel läßt man sie meist darin), entfernt die beiden bohnenförmigen Talgdrüsen am After und schneidet den Afterring aus. Die Halshaut wird ganz an den Körper hin zurückgeschoben, der Hals abgeschnitten. Von den Flügeln wird das äußerste, manchmal auch noch das zweite Glied abgetrennt, die Füße werden abgeschnitten. Bei Truthähnen muß man noch die starken Sehnen in den Keulen herausziehen. Vom Magen wird Schlund und Darm abgeschnitten, der Magen flach aufgeschnitten, der Mageninhalt samt der ihn umschließenden festen Haut abgelöst. Die Gallenblase von der Leber getrennt, die Adern vom Herz weggeschnitten. Flügel, Hals, Magen, Herz werden als Geflügelklein beiseite gelegt. Die Leber ist eine Delikatesse und wird meist für sich allein verwertet, z. B. Gänseleberpastete. Vom Körperinneren und von den Därmen abgelöstes Fett wird über Nacht in kaltes Wasser gelegt, dann ausgebraten.

Kauft man entdarmtes Geflügel so müssen dieselben Handgriffe ausgeführt werden wie vorstehend, nur das Rupfen fällt weg.

Bratfertiges Geflügel ist nur mehr zu waschen und dann dem Rezept entsprechend zu würzen und zuzubereiten.

Über *Wildgeflügel* bitte ich auf Seite 232 nachzulesen.

Formen (Dressieren) des Geflügels: Das bratfertige Geflügel kann so belassen werden oder man steckt durch die beiden Keulen und Flügel ein dünnes Holzstäbchen oder man zieht mit einer kräftigen Nadel einen starken Faden durch die beiden Keulen und Flügel und bindet am Rücken zusammen. Durch beide Arten wird die Brust etwas hochgeschoben und das Geflügel behält beim Braten die schöne Form.

Wird das Geflügel gefüllt, näht man es knotenlos zu, der Faden muß an jedem Ende ein gutes Stück überstehen.

Die Bratzeit bei gefülltem Geflügel ist immer um die Hälfte länger wie bei ungefülltem.

Möchte man Geflügel kalt als Aufschnitt geben, so ist es günstig es roh zu entbeinen und zu füllen. Gekocht oder gebraten läßt es sich kalt sehr schön tranchieren und anrichten. (Geflügelgalantine).

Das Entbeinen des Geflügels:

Nachdem das Tier gerupft und gesengt, aber nicht ausgenommen ist, hackt man Flügel und Beine im äußersten Gelenk ab, zieht die Halshaut zurück und hackt den Halsknochen dicht am Körper ab. Dann legt man das Geflügel auf die Brust und schneidet mit einem spitzen scharfen Messer die Rückenhaut entlang dem Rückgrat durch. Mit Hilfe des Messers löst man nun das Fleisch samt der Haut von den Rückenknochen ab. Das Fleisch der Keulen und Flügel schiebt man ohne Verletzen der Haut bis an das erste Gelenk zurück, trennt den Knochen im Gelenk ab und zieht den Knochen heraus (der Schenkelknochen und der äußere Flügelknochen werden nicht ausgelöst; das Aussehen würde sonst beeinträchtigt). Dann lockert man vorsichtig und fährt mit dem Ablösen des Fleisches vom Gerippe auf beiden Körperseiten fort und zieht das ganze Gerippe heraus. Das entbeinte Geflügel wird gewaschen, abgetrocknet, mit einer beliebigen Farce gefüllt, genäht und entsprechend dem Rezept gebraten oder gekocht. Das Knochengerippe wird ausgenommen und zu Brühe ausgekocht, Herz, Leber und Magen werden zur Füllung mitverwendet.

TAUBEN

Junge Tauben müssen flaumige Federn haben und fett sein. Alte Tauben haben rotgefärbte Füße und es fehlen die langen gelblichen Flaumfedern, welche sich im Gefieder einer jungen Taube vorfinden.

1. Gebratene Tauben

4 junge Tauben · Salz · Pfeffer · 100 g Speck · 40 g Butter oder Fett · 1/8 l Wasser oder Brühe

Die vorgerichteten Tauben mit Salz und Pfeffer einreiben, mit feinen Speckstreifchen spicken oder mit dünnen Speckscheiben umbinden. In die Pfanne mit heißer Butter oder Fett geben, später etwas Wasser oder Brühe zugießen und die Tauben unter häufigem Begießen 1 Stunde im Rohr braten. Beilage: Kartoffelbrei, Specklinsen, Preißelbeeren oder Kartoffelsalat, gemischter Salat.

2. Gefüllte Täubchen

4 junge Täubchen · Salz · Pfeffer · 40 g Butter oder Fett · 1/8 l Wasser oder Brühe · Fülle: 40 g Butter oder Margarine · 2 Eier · Herz und Leber · Zwiebel Petersilie · Salz · Pfeffer · 50 g Semmelbrösel · etwas Milch

Die sauber vorgerichteten Tauben werden vom Hals an über die Brust vorsichtig untergriffen. Die Haut darf nicht zerreißen. Dann reibt man sie mit Salz und Pfeffer ein und läßt sie 1 Stunde so liegen. Inzwischen bereitet man die Fülle: Herz, Leber, Zwiebel und Petersilie fein wiegen, die Brösel mit Milch befeuchten. Butter schaumig rühren, Eier, das Verwiegte, soviel Semmelbrösel, daß es eine lockere Masse ist, und Salz und Pfeffer zugeben.

Diese Masse bei der untergriffenen Haut einfüllen und dann die Taube zunähen. Man darf ja nicht zu stark füllen, da sonst die Haut platzt. Nach Belieben kann das Untergreifen (das Lockern der die Brust bedeckenden Haut) unterbleiben und dafür die Körperhöhlung gefüllt werden. Die Tauben werden mit Fett unter Zugießen von Wasser oder Brühe 1 Stunde im Rohr schön braun gebraten. Sie werden halbiert auf vorgewärmter Platte angerichtet und mit der Bratensauce übergossen. — Beilage: Kartoffelbrei, grüner Salat oder Kartoffelsalat.

3. Tauben auf Wildbretart

4 junge Tauben · Essigwasser · Salz · Pfeffer · 30 g Butter oder Fett · 1 Zwiebel · Wurzelwerk · Zitronenschale · 2 Eßlöffel Mehl · ¼ l Beize

Die gereinigten Tauben mit kochendem Essigwasser übergießen und 2 Stunden beiseite stellen. Man könnte sie auch 2 Tage in Beize legen. Bei der Zubereitung reibt man sie innen und außen mit Salz und Pfeffer ein, gibt sie in einen Topf mit Fett, blättrig geschnittenem Wurzelwerk, Zitronenschale und etwas von dem Essigsud und dünstet sie zugedeckt weich. Dann nimmt man sie heraus, stäubt das Wurzelwerk mit Mehl, läßt dies anrösten, gießt auf, gibt womöglich mit Essig aufgefangenes Taubenblut zu, passiert die Sauce und gibt sie über die halbierten, angerichteten Tauben. — Beilage: Semmelknödel oder rohe Kartoffelknödel.

4. Gedünstete Tauben in weißer Sauce

4 junge Tauben · Salz · 40 g Butter oder Fett · 2 Zwiebeln · 3 Eßlöffel Mehl ³⁄₈ l Wasser oder Brühe · Zitronensaft oder Weißwein · 1 Eigelb

Die vorgerichteten Tauben mit Salz einreiben, in einen Topf mit Fett und Zwiebelscheiben legen und unter Zugabe von Flüssigkeit zugedeckt weichdünsten. Dann herausnehmen, in den Fettrückstand das Mehl geben, aufgießen, mit Weißwein oder Zitronensaft abschmecken, die geviertelten Tauben in die Sauce legen, nochmals darin aufkochen lassen, dann mit Eigelb legieren. — Beilage: Makkaroni, Röstkartoffeln.

5. Gekochte Tauben in brauner Sauce

4 Tauben (auch alte) · ¼ l Essig · ¾ l Wasser oder Fleischbrühe · 1 Zwiebel Wurzelwerk · Salz · Pfefferkörner · 30 g Fett · 2 Eßlöffel Mehl · ½ l Taubenbrühe

Essig mit Wasser, Zwiebel, Wurzelwerk, Salz und Pfefferkörnern aufkochen, die vorgerichteten, halbierten Tauben hineinlegen und weichkochen. Aus Fett und Mehl eine dunkle Einbrenne bereiten, mit Taubenbrühe aufgießen, 15 Minuten kochen lassen, die Tauben hineingeben, 15 Minuten in der Sauce kochen lassen. Vor dem Anrichten womöglich mit Essig aufgefangenes Taubenblut zugeben. — Beilage: Bratkartoffeln, Knödel, gedünsteter Reis.

6. Entbeinte, gebratene Tauben

4 Tauben · 60 g Butter oder Fett · Salz · Pfeffer · 1/8 l Brühe · Fülle: 200 g gehacktes Schweinefleisch · 1 Semmel · Herz, Leber der Taube · 1 Zwiebel Petersilie · Salz · Pfeffer

Die Tauben entbeinen, innen und außen leicht mit Salz und Pfeffer würzen, füllen, knotenlos zunähen. In die Bratpfanne mit heißem Fett geben und unter Zugießen von etwas Taubenbrühe 1¼ Stunden braten. Die Fäden herausziehen, die Tauben mit einem scharfen Messer halbieren, auf einen Kartoffelbreisockel anrichten, den ungebundenen Bratensaft gesondert geben, dazu Salzkartoffeln, Kopfsalat oder Rapunzelsalat. Zur Fülle das durch die feine Lochscheibe gedrehte magere Schweinefleisch mit eingeweichter, ausgedrückter Semmel, feingeschnittener Leber und Herz, gedünsteter Zwiebel und Petersilie mischen, abschmecken.

7. Taubenfrikassee

4 Tauben · Salzwasser · Suppengrün · 40 g Butter oder Margarine · 40 g Mehl · 1/2 l Taubenbrühe · Salz · Weißwein · Zitronensaft · Fülle: 200 g gehacktes Schweinefleisch · 1 Semmel · Herz, Leber der Taube · 1 kleine Zwiebel · Petersilie · Salz · Pfeffer — Einlage: 125 g gedünstete Champignons, feine Semmelklößchen · 1—2 Eigelb

Die Tauben rupfen, sengen, entbeinen, waschen, füllen, zunähen und in Salzwasser mit Suppengrün weichkochen. Die Knochen zugeben und mit auskochen. Aus Butter, Mehl und Taubenbrühe eine helle Sauce kochen, mit Salz, Weißwein und Zitronensaft abschmecken, die gedünsteten Pilze, die von den Fäden befreiten, halbierten Tauben und feine Semmelklößchen hineingeben und alles mitsammen vorsichtig nochmals aufkochen lassen. Auf einer runden, tiefen Platte anrichten. Zubereitung der Fülle wie im vorhergehenden Rezept.

8. Taubenauflauf

4 Tauben (auch alte) · Gewürzkräuter (Petersilie, Basilikum, Estragon, Pimpernelle) · 3 Eigelb · 3 Eßlöffel Mehl · 1 Tasse Milch · 3 Eischnee · Salz Pfeffer · 40 g Butter

Die vorbereiteten Tauben weichdämpfen, dann alles Fleisch von den Knochen lösen und mit den Gewürzkräutern fein wiegen. Eigelb, Mehl, Milch, Salz und Pfeffer und zum Schluß den steifen Eischnee zugeben. Die Masse in eine gut gefettete Auflaufform füllen, mit Butterflöckchen belegen und 45 Minuten im Rohr backen. Dazu: Cumberlandsauce.

HÜHNER

9. Gebratene Hähnchen

2 Brathähnchen · Salz · Pfeffer · Paprika · 60 g Butter · 1/8 l Brühe oder Wasser

Die vorbereiteten Hähnchen innen mit Salz und Pfeffer, außen mit Salz und etwas Paprika bestreuen, Leber und Herz in den Leib geben. Die Hähnchen in die Bratpfanne mit heißer Butter oder Fett geben und unter häufigem Begießen und Zugießen von etwas Brühe oder Wasser 1 Stunde braten. Mit der Geflügelschere halbieren, evtl. vierteln, auf vorgewärmter Platte anrichten, mit etwas Bratensaft begießen, mit einem Sträußchen Krauspetersilie garnieren. — Beilage: Petersilienkartoffeln, Reis, Salat, Kompott.

10. Münchner Wiesenhendl

2 junge Brathühner · Salz · Petersiliensträußchen · Butter zum Bestreichen

Die vorbereiteten Hühner innen und außen kräftig salzen, in den Leib ein großes Sträußchen frische Petersilie stecken. Auf den Spieß des Drehgrills stecken, von allen Seiten mit reichlich Butter bepinseln. 1 Stunde unter häufigem Bestreichen mit Butter knusprig goldbraun grillen. Halbieren, auf vorgewärmten Tellern anrichten. Dazu frische Semmeln und einige Maß Bier.

11. Gefüllte junge Hühner

2 junge Hühner · Salz · 40 g Butter · $^1/_4$ l Wasser oder Brühe — Fülle: 40 g Butter oder Margarine · 2 Eier · 2 Hühnerlebern · Zwiebel, Petersilie, Zitronenschale · Salz · Pfeffer · 60 g Semmelbrösel

An vorgerichteten, ausgenommenen, gesalzenen Hühnern wird die die Brust bedeckende Haut gelockert (untergreifen) und der so entstandene Hohlraum gefüllt. Dann wird zugenäht und die Hühner unter häufigem Begießen 1 Stunde im Rohr gebraten. Beim Anrichten werden die Hühner in Portionsstücke geteilt und mit der Bratensauce übergossen. Fülle: Schaumig gerührte Butter mit den Eiern, der geschabten Hühnerleber, gewiegter Zwiebel, Petersilie und Zitronenschale, Salz, Pfeffer und Semmelbröseln zu einer lockeren Masse vermengen.

12. Brathühnchen mit Curryreis gefüllt

2 junge Hühner · Salz · 60 g Butter oder Fett · 125 g Reis · 20 g Butter 1 Zwiebel · $^3/_8$ l Brühe · 1 Teelöffel Curry · 50 g gepökelte Zunge

Die vorbereiteten Hühner salzen, füllen, zunähen und in heißem Fett unter häufigem Begießen 1¼ Stunden braten. Zur Fülle den Reis in Brühe mit Butter, Zwiebel, Curry und Salz weichkochen und die in kleine Würfel geschnittene, gepökelte, gekochte Zunge untermischen. — Beigabe: Paprikasalat, Kompott mit Ingwer gewürzt.

13. Gefüllte Brathähnchen in Cognacsauce

2 Brathähnchen · Salz · 60 g Butter zum Braten · $^1/_8$ l Sauerrahm · 1 Glas Cognac — Fülle: Herz und Leber der Hähnchen · 30 g Butter · 1 Semmel 2 Eier · 1 Zwiebel · Petersilie · 200 g Kalbsleber · 1 Apfel · 1 Eßlöffel Sultaninen · 30—50 g Brösel · Salz · Pfeffer · Muskat

Geflügel

Die bratfertig vorbereiteten Hähnchen innen und außen salzen, füllen, knotenlos zunähen, in Butter unter häufigem Begießen 1½ Stunden braten. Den Bratrückstand mit Sauerrahm und Cognac aufkochen, über die tranchierten, angerichteten Hähnchen gießen. Dazu in Butter geschwenkte Kartoffelwürfel, mit Paprika leicht überpudert und Kopfsalat (Salatsauce mit Zucker). Fülle: Butter mit eingeweichter, ausgedrückter Semmel, Eiern, gedünsteter Zwiebel und Petersilie, durchgedrehter Leber, feinwürflig geschnittenem Apfel, in Cognac ausgequollenen Sultaninen und den nötigen Bröseln mischen, mit Salz, Pfeffer, Muskat pikant abschmecken.

14. Entbeinte, gefüllte Brathähnchen

2 Brathähnchen • Salz • 60 g Butter • ⅛ l Brühe — Fülle: 300 g Kalbsgehacktes • 80 g Speck • gebratene Geflügelleber • 80 g geräucherte, gekochte Zunge • 40 g Trüffeln • 12 Pistazien • 2 Eßlöffel Zitronensaft • 2 Eßlöffel Sauerrahm • 1 Eßlöffel geriebener Käse • Salz • Pfeffer

Das Kalbsgehackte mit kleinstwürflig geschnittenem Speck, ebensolchen Leber-, Zungen- und Trüffelwürfeln, abgezogenen, gehackten Pistazien, Zitronensaft, Sauerrahm und geriebenem Käse mischen, mit Salz und Pfeffer abschmecken. Die entbeinten, gewaschenen, abgetrockneten, mit Salz und Pfeffer gewürzten Hähnchen füllen, knotenlos zunähen, in Butter unter Zugießen von etwas Brühe 1½ Stunden braten. Halbiert oder geviertelt auf vorgewärmter Platte anrichten, mit dem Bratensaft übergießen. Mit Champignonreis und Tomatensalat servieren.

15. Wiener Backhühner

2 junge Hühner • Salz • ⅛ l Sauerrahm • Mehl zum Wenden • 2 Eier • Brösel zum Wenden • Fett zum Backen • Petersilie

Die bratfertig vorbereiteten rohen Hühner in Viertel oder noch kleinere Portionsstücke teilen und salzen. Dann in Sauerrahm, Mehl, verquirlten Eiern und Bröseln wenden, in heißem Fett, womöglich schwimmend goldbraun backen; 8–12 Minuten. Zum Schluß 4 Sträußchen trockene Petersilie im Fett backen und zu den auf vorgewärmter Platte angerichteten Hühnern geben. Dazu: gemischter Salat.

16. Paprikahühner

2 junge Hühner • Salz • 60 g Speck • 2 Zwiebeln • 1 Eßlöffel Paprika • 1 Teelöffel Essig • ½ l Wasser • 2 Eßlöffel Mehl • ⅛ l Sauerrahm

Die vorbereiteten Hühner roh in Portionsstücke teilen und salzen. In kleinwürflig geschnittenem, ausgebratenem Speck die Zwiebelwürfel blaßgelb rösten, Paprika, Essig, die Hühner zugeben, etwas später aufgießen und zugedeckt weichdünsten. Sauerrahm mit Mehl verquirlen, die Sauce damit binden, noch 15 Minuten leise weiterkochen lassen. — Dazu: gedünsteter Reis, Spätzle, Kopfsalat.

Geflügel

17. Gedünstete junge Hühner

*2 junge Hühner • Salz • Pfeffer • 1 Zwiebel • Wurzelwerk • Zitronenschale
3 Nelken • Muskatblüte • 1 Teelöffel Paprika • ¹/₄ l Weinessig • ³/₄ l Wasser*

Die vorgerichteten Hühner in 4 Teile schneiden und mit Salz und Pfeffer einreiben. Geschnittene Zwiebel, Wurzelwerk, Zitronenschale, Nelken, Muskatblüte, Paprika, Essig und Wasser aufkochen, die zerteilten rohen, gewürzten Hühner hineinlegen, langsam weich dünsten. Auf einer tiefen, runden Platte samt dem Wurzelwerk und der eingekochten Brühe anrichten. Beigabe: Salzkartoffeln.

18. Gedünstete junge Hühner auf italienische Art

*2 junge Hühner • Salz • 6 Schalotten • Petersilie • Salbei • ¹/₄ l Olivenöl
Saft einer ¹/₂ Zitrone • 40 g Butter oder Margarine • 40 g Mehl • ¹/₂ l Brühe
Weißwein*

Die vorgerichteten Hühner in 4 Teile schneiden und salzen. Schalotten (oder Zwiebeln), Petersilie und Salbei feinwiegen. In einen Topf messerrückenhoch Olivenöl geben, die Hälfte der Kräuter hineinstreuen, die Hühnerviertel mit der Hautseite nach oben darauflegen, mit den restlichen Kräutern überstreuen, mit Zitronensaft betropfen und etwas Öl übergießen. Zugedeckt ¹/₂ Stunde im heißen Rohr dünsten. Dann das Öl abgießen, eine mit Weißwein abgeschmeckte Béchamelsauce darübergießen und die Hühner noch kurz darin dünsten. Im Reisrand anrichten, mit Tomatenscheiben belegen.

19. Gekochtes Huhn

1 Suppenhuhn (1¹/₂ kg) • 3 l Wasser • Salz • Suppengrün • Zwiebelschale

Das sauber vorgerichtete Huhn in Salzwasser mit Suppengrün und Zwiebelschale (Farbe!) weichkochen. Je nach Alter des Tieres 2–3 Stunden. Die Hühnerbrühe durchgießen, evtl. entfetten, als klare Bouillon oder anderweitig verwenden. Das Huhn nach Belieben noch mit Butter oder Margarine kurz im Rohr überbraten.

20. Nudelsuppe mit Huhn

1 Suppenhuhn • Salzwasser • Suppengrün • Zwiebelschale • 250 g Suppennudeln • Schnittlauch

Das Fleisch des weichgekochten Suppenhuhns von den Knochen lösen, in Portionsstücke teilen. Suppennudeln in Salzwasser garkochen, überbrausen. In die durchgegossene Hühnerbrühe Fleisch und Nudeln geben, alles mitsammen einigemale aufkochen lassen, in einem Suppentopf anrichten, mit Schnittlauch bestreuen. — Teig für selbstgemachte Nudeln: 200 g Mehl, 1 Teelöffel Salz, 2 Eier.

21. Hühnerfrikassee

(6 Personen)

1 Suppenhuhn · Salzwasser · Suppengrün · 80 g Butter oder Margarine 80 g Mehl · 1 l Hühnerbrühe · ⅛ l Weißwein · 2 Eigelb · 250 g Champignons · 1 kleine Dose Spargelstücke · 2 Tomaten

Das weichgekochte Huhn zerteilen, das Fleisch ablösen, alle Knochen, evtl. auch die Haut zurücklassen. Aus Butter oder Margarine, Hühnerbrühe und Weißwein (oder etwas Zitronensaft) eine helle Sauce kochen, mit Eigelb legieren, das Hühnerfleisch, gedünstete Champignons und abgetropften Spargel zugeben. Alles mitsammen heiß werden, aber nicht mehr kochen lassen. Im Reisrand oder Blätterteigrand anrichten, mit zurückbehaltenen ganzen Champignons, Spargelstücken und Tomatenachteln garnieren. Dazu Kopfsalat oder Feldsalat.

22. Gedünstetes Suppenhuhn mit Tomaten

1 Suppenhuhn · Salz · Pfeffer · 60 g Fett · Wurzelwerk · 2 Zwiebeln · Pfefferkörner · Gewürzkörner · 250 g Tomaten oder 3 Eßlöffel Tomatenmark

Das vorgerichtete Huhn in Portionsstücke teilen, mit Salz und Pfeffer bestreuen, in heißem Fett mit geschnittenem Wurzelwerk und Zwiebeln anbraten, die Gewürze, geviertelten Tomaten oder Tomatenmark und Wasser zugeben und das Huhn zugedeckt weichdünsten. Das Wurzelwerk mit Mehl stäuben, dieses anrösten lassen, aufgießen. Das Fleisch auf vorgewärmter Platte anrichten und mit der passierten Sauce übergießen. —

Beigabe: Reis, Nudeln, Salat, gedünstete Birnen.

POULARDE, KAPAUN

Darunter versteht man verschnittenes, gemästetes Geflügel. Poularde ist die gemästete, verschnittene Henne, Kapaun der gemästete, verschnittene Hahn. Poularden werden schwerer wie die Kapaune, das Fleisch ist auch noch zarter und weißer als das der Kapaune, der Preis etwas höher. Beide Geflügelsorten finden nur in der feinen Küche Verwendung. Als Poularde werden auch gemästete junge Hennen bezeichnet.

23. Gebratene Poularde; Gebratener Kapaun

1 Poularde oder 1 Kapaun (ca. 1½–2 kg) · Salz · Pfeffer · Zitronensaft (frische Speckscheiben) · 60 g Butter · ¼ l Brühe

Die vorbereitete Poularde oder den Kapaun innen und außen mit Zitronensaft einreiben und mit Salz und weißem Pfeffer bestreuen. Die Brust nach Belieben mit frischen Speckscheiben belegen und darauf binden. Das Geflügel mit Butter und unter Zugießen von etwas Brühe im Rohr 1–1½ Stunden braten. — Beigabe: In Butter geschwenkte, mit Petersilie bestreute Kartoffeln und gekochter Chicorée, mit etwas Ketchup beträufelt.

24. Gefüllte Poularde

1 Poularde (zirka 2½ kg) · Salz · Pfeffer · Zitronensaft · 250 g Champignons oder Trüffeln · Speckscheiben · 80 g Butter · ¼ l Brühe · 1 Glas Sherry

Die vorbereitete Poularde innen und außen mit Zitronensaft einreiben und mit Salz und weißem Pfeffer bestreuen. Die Brusthaut lockern, untergreifen und zwischen Brustfleisch und Brusthaut rohe, in Scheiben geschnittene Champignons oder Trüffeln legen und zunähen. Die Brust mit rohen Speckscheiben belegen und festbinden. Dann die Poularde in Butter unter Zugießen von etwas Brühe braten; 1½ Stunden. Den Bratrückstand mit einem Glas Sherry aufkochen. Das sorgfältig tranchierte Geflügel mit in Butter gerösteten Semmelcroutons oder Blätterteigfleurons garnieren und Butterspargel dazu servieren.

TRUTHAHN

Der Truthahn (Truthenne) wird auch Indian, Puter, Pockerl oder Welschhahn genannt. Das Fleisch, es ist an den jeweiligen Körperstellen in Farbe und Geschmack verschieden; man spricht von dreierlei Fleisch. Brustfleisch = Kalbfleisch, Keulenfleisch = Ochsenfleisch, fettes Fleisch = Schweinefleisch. Das Fleisch ist am schmackhaftesten von November bis März. Sechs Monate alte Tiere sind am schmackhaftesten. Das Fleisch der Truthennen ist zarter. Junge Tiere haben hellgraue oder blaugraue Beine und weiche, schuppenartige Haut. Alte Tiere haben rötliche Beine und hornartige Haut.

25. Gebratener Truthahn

1 Truthahn · Salz · Pfeffer · 80 g Fett · ½ l Brühe · 1 kleine Dose Ananas 1 kleine Dose Kirschen

Den vorbereiteten Truthahn innen und außen mit Salz und Pfeffer bestreuen und in heißem Fett unter Zugießen der nötigen Flüssigkeit braten (2–3 Stunden). Ist der Truthahn sehr groß, bricht man den Brustknochen ein. Beim Anrichten das Fleisch von der Brust lösen, in Scheiben schneiden, zusammengeschoben wieder darauflegen. Den ganzen Truthahn auf einer großen Platte anrichten, mit warm gemachten Ananasscheiben und Kirschen garnieren. Kartoffeln und Salate als Beilage.

26. Gefüllter, gebratener Truthahn

1 Truthahn · Salz, 10 g je ½ kg · 100 g Fett · ½ l Wasser — Fülle: 375 g gehacktes Kalbfleisch · 375 g gehacktes Schweinefleisch · ½ Tasse geschmolzene Butter · 1 Ei · 2 Eigelb · 200 g Weißbrot · 20 g Pilze · Salz und Pfeffer Kropffüllung: 100 g Reis · ½ l Milch · 50 g Zucker · 2 Eigelb · 2 Eierschnee 50 g Mandeln

Eine gut abgeschmeckte Fleischfüllung bereiten, für die Kropffüllung den Reis in Milch weichkochen und mit einer Schaummasse von Eigelb, Zucker und

Eischnee mischen. Den vorbereiteten Truthahn außen und innen salzen, die Fleischfüllung in den Körper, die Reisfüllung in den Kropf füllen, zunähen, mit Fett zusetzen und 3 Stunden im Rohr unter Zugießen der nötigen Flüssigkeit braten. Die Bratensauce mit $1/8$ l Sauerrahm aufkochen und zum angerichteten Geflügel geben.

ENTE

Junge Enten haben kurze, blaßgelbe Füße und einen langen Schnabel. Dieser ist im Verhältnis zur Kopfbreite länger als beim alten Tier. Die Haut ist weiß.

27. Gebratene Ente

1 junge Ente · Salz · Paprika · 40 g Fett · $1/2$ l Wasser

Die gerupfte, gesengte, ausgenommene Ente mit Salz und Paprika einreiben, in die Bratpfanne mit heißem Fett und etwas Wasser geben und unter häufigem Begießen $1 1/2$ Stunden braten. — Beigabe: Reis, mitgebratene Kartoffeln, Salat, Kompott. — War die Ente sehr fett, wird der Bratensaft entfettet. Entenfett eignet sich vorzüglich als Brotaufstrich und zur Bereitung von Einbrennen für Kohlgemüse.

28. Gebratene Ente mit Orangensauce

Die bratfertige Ente mit einer Mischung aus Salz, Pfeffer und Rosenpaprika innen und außen einreiben, in $1 1/2$ Stunden braten oder grillen. Die Ente zerteilt auf vorgewärmter Platte anrichten. Im Bratrückstand etwas Mehl bräunen, mit dem Saft einer großen Orange und etwas Sherry aufgießen, mit Salz, Pfeffer und Zucker würzen. Die angerichtete Ente damit glasieren, mit feinststreifig geschnittener Orangenschale bestreuen.

29. Gebratene, gefüllte Ente

1 Ente · Salz · Paprika · 40 g Fett · $1/2$ l Wasser — Fülle: 6 kleine Äpfel oder 6 kleine Kartoffeln oder $1/4$ kg gekochte, geschälte Kastanien

Die vorbereitete Ente innen und außen mit Salz und Paprika einreiben. Die Körperhöhlung mit kleinen, rohen, ungeschälten, von der Blüte befreiten Äpfeln füllen und zunähen. Oder man gibt kleine, geschälte, gesalzene, rohe Kartoffeln hinein. Oder man kocht Kastanien weich, entfernt auch die braune Innenhaut und füllt damit die Ente. Die Bratzeit einer gefüllten Ente ist um die Hälfte länger als die der ungefüllten. — Die Äpfel, Kartoffeln oder Kastanien gibt man als Garnierung mit auf die Platte.

30. Gefüllte, entbeinte Ente, Galantine

1 Ente · Salzwasser · Suppengrün — Fülle: 125 g Kalbsgehacktes · 125 g Schweinegehacktes · 1 Ei · Salz · Pfeffer

Die Ente entbeinen, auf das Arbeitsbrett legen, mit der aus den angegebenen Zutaten hergestellten feinen Masse gleichmäßig füllen und zunähen. Die

Flügel und Keulen dicht an den Körper pressen, fest in ein nasses Tuch einwickeln, zubinden und in Salzwasser mit dem ausgelösten Gerippe und Suppengrün weichkochen, in der Brühe erkalten lassen. Dann herausnehmen das Tuch und die Fäden entfernen, mit flüssigem Aspik überglänzen. Oder Mayonnaise mit etwas flüssigem Aspik verrühren und damit die Ente überziehen. Auf einer Platte anrichten mit Aspikwürfeln und Tomaten schön garnieren. Bei Gebrauch wie Aufschnitt zu feinen Scheiben schneiden.

GANS

Man unterscheidet Bratgänse und Fettgänse. Die Bratgänse haben viel Fleisch, wenig Fett und verhältnismäßig kleine Leber. — Die Fettgänse haben durch spezielle Fütterung eine sehr große Leber, das Fleisch ist trockener und weniger schmackhaft als das der Bratgänse.

31. Gänsebraten

1 Gans • Salz (10 g je $1/2$ kg Fleisch) • Pfeffer • Beifuß • $3/4$ l Wasser

Die vorgerichtete Gans außen mit Salz, innen mit Salz und Pfeffer einreiben. In die Bauchhöhle ein Sträußchen Beifuß stecken. In die Bratpfanne mit heißem Wasser geben und unter häufigem Begießen 2—3 Stunden im Rohr goldbraun, knusprig braten. — Sollte die Gans sehr fett sein, so sticht man sie nach einer Stunde, namentlich unter den Flügeln an; das Fett schöpft man immer wieder ab. Heißes Wasser muß von Zeit zu Zeit nachgegossen werden. Beim Anrichten den entfetteten Bratensaft über die zerteilte Gans geben. Beigabe: rohe Kartoffelklöße, Kartoffelsalat, Selleriesalat, gemischter Salat, Krautsalat, Apfelmus. — Hat man eine ältere Gans, dünstet man sie in der zugedeckten Bratpfanne vor und brät sie offen fertig.

32. Gefüllte, gebratene Gans

1 Gans • 10 g Salz je $1/2$ kg • $3/4$ l Wasser — Apfelfülle: 6 große Äpfel • 2 Eßlöffel Korinthen • 2 Eßlöffel Zucker — Kastanienfüllung: $1/2$ kg Kastanien $1/2$ kg Äpfel — Kartoffelfüllung: $3/4$ kg frischgekochte abgezogene Pellkartoffeln • Gänseleber — Backobstfüllung: 250 g getrocknete Apfelringe • 250 g Dörrpflaumen — Mandelfüllung: 60 g Butter • 3 Eigelb • 3 Eßlöffel Zucker 60 g Mandeln • 60 g Korinthen • 180 g Zwiebackbrösel • 180 g Semmel (eingeweicht) • Zitronenschale • Salz • 3 Eischnee

Die sauber vorbereitete Gans außen und innen salzen, beliebig füllen, zunähen, mit etwas Wasser zusetzen und 3 Stunden im Rohr braten, Fett von Zeit zu Zeit abschöpfen. Die zerteilt angerichtete Gans mit der Füllung umlegen.

33. Gebratene Gänseleber

Die Gänseleber sorgfältig von der Galle und allen grüngelben Stellen befreien, einige Stunden in Milch legen, dann abtrocknen, im ganzen lassen oder in Scheiben schneiden, mit Salz und Pfeffer bestreuen, in Mehl wenden und in Butter kurz braten. Die Leber kann auch paniert und dann gebraten werden. Die Bratbutter mit etwas Brühe aufkochen und über die angerichtete Leber geben.

Gansjung

Das Gansjung (Kopf, Hals, Flügel, Magen, Herz) in Salzwasser mit Suppengrün weichkochen. Aus Fett und Mehl mit der Brühe eine Sauce kochen, mit Salz evtl. Essig- oder Zitronensaft abschmecken, das Gansjung hineingeben und mit Semmelknödeln zu Tisch geben.

34. Pommersches Gänseklein (Schwarzsauer)

1 Gänse- oder 2 Entenklein · 1 l Wasser · Suppengrün und Salz · 125 g getrocknete Backpflaumen · 125 g geschälte Backäpfel · Zimtrinde · Gewürzkörner · Muskatblüte · Gewürznelken · 1 Eßlöffel Mehl · ³/₈ l Gänse- oder Entenblut · 1 Eßlöffel Essig

Das Klein in Salzwasser mit Suppengrün, das Backobst mit etwas Zucker und den Gewürzen (im Mullbeutel) weichkochen, halb Obstsaft, halb Blut mit Mehl verquirlen und zum Klein geben, vorsichtig zum Kochen bringen damit es nicht gerinnt und anbrennt; mit Essig, Salz und Zucker abschmekken. — Beilagen: verschiedene Arten von Klößen. Anstatt Backobst kann man auch frischgeschmorte Birnen verwenden. Das Gericht wird besonders bei größerem Enten- und Gänseschlachten gekocht. Das Blut wird dazu mit etwas Essig aufgefangen.

35. Gänse-Weißsauer

1 Gans oder 2 Enten · 4 Kalbsfüße · Salz · 5 l Wasser · ¹/₄ kg Zwiebeln Pfefferkörner · Lorbeerblatt · ¹/₄ l Essig

Eine sauber vorbereitete Gans (nicht zu fett) oder 2 Enten teilt man roh in beliebig große Stücke und gibt sie mit den Kalbsfüßen, den Gewürzen, Zwiebeln und Zwiebelschale, Wasser in einen Topf und kocht das Fleisch langsam weich. Ist die Brühe halb erkaltet, nimmt man das Fleisch heraus und legt es in einen Steintopf oder Porzellangefäß. Die Brühe wird mit den Kalbsfüßen auf 3 Liter eingekocht, entfettet, mit Essig und Salz scharf abgeschmeckt und kalt über das Gänsefleisch gegossen (nach Belieben noch mit leichtgeschlagenem Eiweiß und zerdrückter Eischale geklärt und durch ein Seihtuch durchgegossen). Will man das Weißsauer schnell verbrauchen, so läßt man die Kalbsfüße weg und gibt aufgelöste Gelatine zur entfetteten Brühe (60 g auf 3 l).

36. Gefüllter Gänsehals

1 Gänsehals · Salzwasser — Füllung: 1 Gänseleber · 1 Semmel · 50 g Speck Petersilie · Zitronenschale · Salz · Pfeffer — oder 125 g Hackfleisch · 1 halbe Semmel · 1 Ei · Salz · Pfeffer

Von einem Gänsehals die Haut abziehen, auf einer Seite zunähen. Mit Leber- oder Hackfleischmasse füllen, auf der anderen Seite ebenfalls zunähen, in Salzwasser 1 Stunde kochen, erkaltet zu Scheibchen wie Wurst aufschneiden. Zur Leberfüllung die Leber mit der eingeweichten ausgedrückten Semmel und dem Speck durch die Maschine drehen und abschmecken.

Fleisch

Grundregeln

Beim Einkauf ist weder zu frisch geschlachtetes, noch zu lange gelagertes Fleisch zu nehmen. Man achte darauf, das Fleisch gut genährter Tiere zu bekommen.

Ochsenfleisch soll schöne, dunkelrote (nicht schwärzliche) Farbe und feine kurze Fasern haben.

Für *Hammelfleisch* gelten dieselben Regeln.

Schweinefleisch ist heller, soll feine Fasern besitzen und weder zu fett noch zu mager sein.

Kalb- und *Lammfleisch* soll hellrosa Farbe haben. Die Nieren sollen von Fett umwachsen sein.

Das Braten kann in einer Reine oder am Rost (Grill) geschehen. Man brät immer mit starker Hitze an, damit sich die Poren des Fleisches schließen und läßt den Braten dann bei Mittelhitze gar werden. Fette Braten setzt man mit etwas heißem Wasser zu (Fettseite bzw. Schwarte nach unten), magere Braten müssen immer mit Fett zugesetzt werden. Während des Bratens muß immer etwas Flüssigkeit zugegossen werden; in den meisten Fällen Wasser oder Brühe. Je nach den einzelnen Rezepten kann es auch Beize, Rotwein, Weißwein oder Bier sein. Die Flüssigkeit darf niemals auf den

Braten gegossen werden, sondern immer daneben in die Pfanne. Würde man das Wasser über das Fleisch gießen, spült man die Röstprodukte ab, dadurch leidet der Geschmack und die Farbe. Das Fleisch muß während der Bratzeit häufig begossen werden, und zwar mit der sich in der Bratpfanne aus Fett, ausgetretenem Fleischsaft und zugegossener Flüssigkeit bildenden Sauce. Sauerrahm gibt man gegen Ende der Bratzeit zu. Er wird auf das Fleisch gegeben, damit er etwas bräunen kann.

Englisch gebratenes Fleisch muß immer ohne Zugießen von Wasser oder anderen Flüssigkeiten gebraten werden.

Die Sauce kann man so lassen, wie sie sich gebildet hat oder man schöpft das an der Oberfläche schwimmende Fett ab, besonders bei Gänsebraten, Entenbraten, Schweinebraten und Hammelbraten. Die nicht entfettete oder entfettete Sauce läßt man je nach Geschmack klar oder bindet sie mit angerührtem Mehl. Ob man dazu Weizenmehl oder Stärkemehl, das die Sauce durchsichtig erscheinen läßt, verwendet, ist ebenfalls eine Frage des persönlichen Geschmackes.

Beim Grillen verwendet man als Fett Öl oder Butter. Das vorbereitete, sehr gut abgelagerte Fleisch dazu 1 Stunde vor der Zubereitung mit Öl oder flüssiger Butter bestreichen und auf einem Teller stehen lassen. Dann auf den mit Fettpapier gut abgeriebenen heißen Rost legen. Diesen hoch in den Grill oder Bratofen einschieben. Die Fettauffangpfanne darunterstellen. Die Bratofentüre bleibt beim Grillen offen. Das Fleisch während des Bratens einmal umdrehen, dabei aber nicht mit einer Gabel anstechen, das sonst Fleischsaft austreten würde. Nach Geschmack während des Bratens das Fleisch mit flüssiger Butter bestreichen. Wenn das Fleisch fertig ist, mit Salz und Pfeffer würzen. Beim Grillen gibt es keine Sauce, sondern nur etwas Abtropffett bzw. Fleischsaft. Auf die angerichteten Fleischportionen gibt man daher gerne Kräuter- oder Sardellenbutter.

Für den Grillrost wird das Geflügel halbiert, evtl. vorsichtig noch etwas flachgeklopft. Für den Grillspieß (Drehgrill) wird das Geflügel auf den Spieß gesteckt, wenn erforderlich noch Hilfsspieße mitverwenden.

Fleisch ist ein hochwertiges Nahrungsmittel. Wegen seines hohen Eiweißgehaltes kann es bei zu reichlichem Genuß leicht zu einer Übersäuerung des Magensaftes und zu Schlackenbildung in der Blutbahn führen. Kartoffeln, Gemüse und rohe Salate und Obst bewirken durch ihren Basengehalt entsprechenden Ausgleich.

Man rechnet für 4 Personen 1 kg Fleisch mit Zuwaage. Will man kleinere Portionen, so genügen $^1/_2$—$^3/_4$ kg.

Das Fleisch wird immer nur kurz gewaschen. Fleisch, das gebraten wird, trocknet man anschließend mit einem sauberen Tuch ab. Schnitzel oder Koteletts wenn möglich nicht waschen.

Kalbfleisch

Verschiedene Benennungen einzelner Teile beim Kalb

1., 2. Schlegel, Keule, 3. Nierenbraten, 4. Brust, 5. Schulter, Bug, 6., 7. Hals, 8., 9. Kalbsrücken, Kotelettgrat, 10., 11. Haxe, 12. Füße.

Kochen: Kopf, Hals, Haxe, Füße.
Dünsten: Hals, Brust, Schulter.
Braten: Schlegel (Nuß), Nierenbraten, Kalbsrücken, Schulter, Haxe.
Schnitzelfleisch: Schlegel.
Sülze: Kopf, Füße.

1. Kalbsbraten

Geeignet: Schlegel, Bug

1 kg Kalbsschlegel · Salz · Pfeffer · 60 g Butter oder Fett · 1 kleine Zwiebel
1 kleine Gelbrübe · 1 Stück Weißbrotrinde · $1/4$ l Wasser oder Brühe

Kalbfleisch

Das Fleisch waschen, abtrocknen, mit Salz und Pfeffer einreiben, in die Bratpfanne mit heißem Fett legen. Zwiebel- und Gelbrübenscheibchen sowie Weißbrotrinde zugeben. Das Fleisch unter häufigem Begießen und Nachgießen von etwas Wasser oder Brühe 1¼ bis 1½ Stunden braten. Dann in dünne Scheiben schneiden, auf vorgewärmter Platte anrichten, mit der durchgeseihten Sauce übergießen.

Beigaben: Kartoffeln, Reis, grüne Gemüse, Salate, Apfelkompott.

Bemerkung: Kalbfleisch bräunt sehr leicht, daher den Braten, besonders am Anfang, bei nicht zu starker Hitze braten. Wenn nötig das Fleisch mit einer Alufolie überdecken.

2. Kalbsfrikandeau

1 kg Kalbsnuß · 50 g Speck · Salz · Pfeffer · 60 g Butter oder Fett · 1 kleine Zwiebel · 1 kleine Gelbrübe · ⅛ l Sauerrahm · ¼ l Wasser oder Brühe

Das Fleisch waschen, klopfen, abtrocknen, mit Salz und Pfeffer einreiben und mit feinen, gesalzenen Speckstreifchen spicken. In eine Bratpfanne legen, Zwiebel- und Gelbrübenscheibchen zugeben, mit heißem Fett übergießen, das Fleisch auf beiden Seiten anbraten, dann etwas Wasser oder Brühe zugießen und unter häufigem Begießen im Rohr fertig braten. Gegen Schluß den Sauerrahm auf das Fleisch gießen, etwas bräunen lassen. Die Sauce klar lassen oder mit wenig angerührtem Weizen- oder Stärkemehl binden. — Beigabe: Petersilienkartoffeln, Reis, feine Gemüse, Kompott.

3. Kalbsrücken

(Nierenbraten)

1½ kg Kalbsrücken · Salz · Pfeffer · 60 g Butter oder Fett · 1¼ l Wasser oder Brühe (meist kauft man das Fleisch ausgelöst)

Das Kalbsrückenstück samt den Nieren mit Salz und Pfeffer einreiben, in die Bratpfanne mit heißem Fett legen und unter häufigem Begießen und Nachgießen von etwas Wasser oder Brühe im Rohr bei guter Hitze 1½ Stunden braten. Das Fleisch muß während dieser Zeit öfters gewendet werden. Die Sauce klar lassen oder mit 1 Eßlöffel angerührtem Mehl binden. Beim Anrichten die Portionsstücke mit den durchgehackten Rückenknochen auf die Platte legen. Oder das Fleischstück, das auf dem Rücken liegt und das, das unter dem Rücken liegt, ablösen, in feine Scheiben schneiden und in der ursprünglichen Form wieder auf den Kalbsrücken geben. Die Niere in feine Scheibchen schneiden und schuppenförmig darauflegen.

Beigabe: gemischter Salat oder gedünsteter Reis, Salat und Apfelkompott.

4. Gerollter Kalbsnierenbraten

1 kg Nierenbraten · Salz · Pfeffer · 60 g Butter oder Fett · ¼ l Wasser oder Brühe

Das vollständig von den Knochen gelöste Nierenbratenstück mit Salz und Pfeffer bestreuen, die der Länge nach gespaltene Niere darauflegen, das Fleisch aufrollen und gut binden. (Der Metzger verkauft es schon in dieser Form). In eine Bratpfanne mit heißem Fett legen und unter häufigem Begießen und dem nötigen Nachgießen von Wasser oder Brühe 1½ Stunden braten. Den fertigen Braten, er ist besonders saftig, in ½ cm dicke Scheiben schneiden, auf vorgewärmter Platte anrichten und mit der Sauce begießen. Möchte man die Sauce zart gebunden, so verknetet man ein Stückchen frische Butter mit etwas Mehl (Mehlbutter) und gibt dies gegen Schluß in die Pfanne. Beigabe: Reis, Kartoffeln, grüne Gemüse, Salat, Apfelkompott.

5. Gefüllte Kalbsbrust

1 kg Kalbsbrust · Salz · 80 g Butter oder Margarine · ¼ l Wasser oder Brühe Fülle: siehe unten

Die Kalbsbrust (mit den eingehackten Rippen oder entbeint) waschen, abtrocknen, untergreifen (die zwei Fleischteile, die durch eine dünne Haut verbunden sind, durchtrennen, wodurch eine Tasche entsteht), salzen, füllen, zunähen, in heißes Fett geben und unter häufigem Begießen 1½ Stunden braten. Die Sauce klar lassen oder mit 1 Eßlöffel angerührtem Mehl binden. War die Kalbsbrust nicht entbeint, jetzt die Rippchen auslösen (es geht sehr leicht und das Fleisch behält beim Braten schöner die Form als wenn sie vorher ausgelöst werden). Zum Tranchieren Faden herausziehen, dann die obere dünne Fleischschicht mit einer Schere in der Breite der Portionen (1½—2 cm) durchschneiden, die Fülle und die untere Fleischschicht mit einem breiten scharfen Messer schneiden. Die Scheiben auf vorgewärmter Platte anrichten; dazu gemischter Salat oder Gemüse.
Anmerkung: Die Kalbsbrust kann man beim Metzger schon füllbereit gerichtet kaufen. Nicht zu voll füllen, sonst platzt der Braten auf. Restliche Fülle formt man zu kleinen Klößchen, kocht sie in Salzwasser und reicht sie zum fertigen Braten.

6. Semmelfülle

60 g Butter oder Margarine · 2 Semmeln · ⅛ l Milch · Zwiebel · Petersilie 2 Eier · 20—40 g Brösel · Salz · Muskat

Schaumig gerührte Butter mit in Milch geweichten, mit einer Gabel fein zerdrückten Semmeln, gedünsteter Zwiebel und Petersilie, Eiern und den nötigen Bröseln vermengen, mit Salz und Muskat abschmecken.

7. Schinkenfülle

Die wie vorstehend bereitete Semmelfülle mit 100 g gekochtem, feingehacktem Schinken mischen.

8. Leberfülle

Die wie vorstehend bereitete Semmelfülle mit 125 g durchgedrehter Leber mischen.

9. Pastetenfülle

(besonders dekorativ)

Ungewürzte Semmelfülle mit 50 g geräucherter gekochter Zunge (klein gewürfelt), 50 g Champignons (grob gehackt), 10 g Pistazien (abgezogen, grob gehackt) und — wenn vorhanden — einigen Trüffelwürfelchen vermischen, die Masse mit Pastetengewürz kräftig abschmecken.

10. Gefüllte, gerollte Kalbsbrust

(kalt als Aufschnitt)

1 kg Kalbsbrust — Fülle: 250 g Bratwurstbrät · ½ Semmel (eingeweicht) Petersilie · 1 Teelöffel Sardellenpaste · 40 g flüssige Butter · 2 Eigelb · 10 g Pistazien (abgezogen und gehackt) · Salz · Pfeffer · Zitronenschale
zum Kochen: ½ l Wasser · ½ l Wein · 10 Pfefferkörner · 1 Lorbeerblatt Salz · Zitronensaft

Die entbeinte, auch vom Brustbein befreite Kalbsbrust füllen, zunähen, rollen, binden; evtl. noch zusätzlich ganz fest in eine Serviette binden, 1¼ Stunden in dem aus den angegebenen Zutaten bereiteten Sud kochen und darin erkalten lassen. Aufbinden und mit einem dünnen scharfen Messer zu schönen Scheiben schneiden. Mit einer Mayonnaisensauce, Weißbrot und Butter servieren. Für die Fülle die angegebenen Zutaten mischen und pikant abschmecken.

11. Kapernbraten

1 kg Kalbsschlegel · 100 g Speck · Salz · Pfeffer · 2 Eßlöffel Mehl · ¼ l Wasser · 100 g Kapern (2 Röhrchen) · 60 g Butter oder Fett · ⅛ l Sauerrahm

Das Kalbfleisch mit in Salz und Pfeffer gewendeten Speckstreifchen spicken. Das Wasser mit den Kapern einmal aufkochen, mit Salz, Essig, Zucker sehr pikant abschmecken, abkühlen. Das Fleisch darin umwenden. 1–2 Tage kühl stehen lassen. Bei Gebrauch das Fleisch salzen, in die Bratpfanne mit heißem Fett legen und unter Zugießen der Beizflüssigkeit und Sauerrahms 1¼ Stunden im Rohr braten. Die Sauce mit angerührtem Mehl binden, nicht passieren. Dazu Spaghetti und Preiselbeerkompott.

12. Falscher Salm

(kalt als Aufschnitt)

1 kg Kalbsnuß · 1 Eßlöffel Salz · ¼ Teelöffel Salpeter · ½ Teelöffel Zucker ½ l Weißwein · 100 g Sardellen · Petersilie

Das gehäutete Fleisch mit einer Mischung von Salz, Salpeter und Zucker einreiben, dann für 3 Tage in Weißwein legen, öfters darin umwenden. Zur weiteren Zubereitung den Beizwein aufkochen, das Fleisch hineinlegen und langsam weichkochen (1½ Stunden). Das Fleisch muß dabei von der Flüssigkeit bedeckt sein. Wenn nötig, noch Wein oder Wasser zugießen. Fleisch in der Brühe kalt werden lassen. Für Gebrauch in feine Scheiben schneiden, mit kleingeschnittenen Sardellen belegen. Mit hartgekochten Eiern, Zitrone und Petersilie garnieren oder mit einer Mischung von Essig und Öl beträufeln und gehackter Petersilie bestreuen.

13. Niederländer Kalbsbraten

1 kg Kalbsschlegel · 50 g Edamerkäse · 50 g geräucherte Zunge · 50 g Sardellen · 1 Essiggurke · Salz · Pfeffer · 60 g Butter oder Fett · Suppengrün Pfefferkörner · ¼ l Wasser · ⅛ l Sauerrahm · 1 Eßlöffel Mehl

Das Kalbfleisch mit feinen Streifchen von Käse, Zunge, Sardellen und Gurke spicken, mit Salz und Pfeffer würzen. In die Bratpfanne mit Fett reichlich Suppengrün und Pfefferkörner legen und unter häufigem Begießen 1¼ Stunden braten. Den Sauerrahm über das Fleisch gießen, noch kurz bräunen lassen, den Braten herausnehmen. Das Suppengrün mit Mehl überstäuben, aufgießen, gut durchkochen und abschmecken. Die Sauce, passiert, zum schön geschnittenen, mit einigen kleinen Käsescheiben garnierten Fleisch reichen.

14. Gedünstetes Kalbfleisch

½ kg Kalbfleisch (Schulter, Brust) · Salz · 40 g Butter oder Fett · 1 Zwiebel ¼ l Wasser · 1 Eßlöffel Mehl · Zitronensaft

Das in Würfel geschnittene Fleisch in Butter oder Fett hell anbraten, salzen, die geschnittene Zwiebel zugeben, hell rösten. Aufgießen, zugedeckt auf schwachem Feuer 1 Stunde dünsten. Mit angerührtem Mehl binden, mit Zitronensaft abschmecken.

15. Paprika-Sahnefleisch

½ kg Kalbfleisch (Schulter) · Salz · 1 Eßlöffel Paprika · 40 g Butter oder Fett ¼ l Wasser · 1 Eßlöffel Mehl · ¼ l Sauerrahm

Das würfelig geschnittene Kalbfleisch mit Salz und Rosenpaprika bestreuen, in Fett gut durchschmoren, aufgießen, 30 Minuten zugedeckt dünsten lassen. Mit Mehl überstäuben, Sauerrahm zugießen, noch 15 Minuten vorsichtig dünsten. Dazu Spätzle.

16. Kalbsgulyas

500 g Kalbfleisch (Schulter) · 250 g Zwiebel · 80 g Fett · 1 Eßlöffel milder Paprika · Salz · 1 Zitronenscheibe · 1 Eßlöffel Mehl · ¼ l Wasser · ⅛ l Sauerrahm

Die gehackten Zwiebeln in heißes Fett geben, hellgelb rösten, Paprika zugeben, gut verrühren. Das in Würfel geschnittene Fleisch und die Zitronenscheibe hineingeben, salzen und zugedeckt, unter öfterem Umrühren weichdünsten. Wenn nötig, etwas Wasser zugießen. Mehl mit Sauerrahm verquirlen, zum Gulyas geben, aufgießen, noch 10 Minuten kochen lassen. Vor dem Anrichten die Zitronenscheibe entfernen. — Beilage: Spätzle, Nudeln, Reis.

17. Kalbfleischfrikassee

3/4 kg Kalbfleisch (Schulter, Brust) • 3/4 l Wasser • Salz • Suppengrün • Pfefferkörner • 1 Zitronenscheibe • 40 g Butter • 40 g Mehl • 1/2 l Kochbrühe Zitronensaft • 1 Eigelb • 2 Eßlöffel Sahne • 20 g Butter

Wasser mit den Gewürzen aufkochen, das in 2—3 cm große Würfel geschnittene Kalbfleisch hineingeben und zugedeckt auf schwachem Feuer 1 Stunde kochen. Aus Butter, Mehl und der Kochbrühe eine helle Sauce bereiten, die Fleischwürfel hineingeben, mit Zitronensaft abschmecken. Durch Zugabe von mit Sahne oder Kondensmilch verrührtem Eigelb und frischer Butter noch verfeinern. Im Reisrand anrichten oder mit Blätterteighalbmonden (Fleurons) servieren.

18. Feines Kalbfleischragout (Ragout fin)

1/4 kg Kalbfleisch • 1 Kalbszunge • 1 Kalbsbries • 1 l Wasser • Salz • Suppengrün • Pfefferkörner • 1 Zitronenscheibe • 30 g Butter • 30 g Mehl • 3/8 l Brühe 100 g Champignons • Zitronensaft oder Weißwein • 1 Eigelb • 2 Eßlöffel Sahne • 20 g Butter

In Wasser mit Salz und den Gewürzen die Zunge (1 1/4 Stunden), das Kalbfleisch (1 Stunde) und das Bries (15 Minuten) weichkochen. Von Zunge und Bries die Haut abziehen, erkaltet nebst dem Kalbfleisch in sehr kleine Würfel schneiden. Champignons (kleine ganz, größere geteilt) ganz kurz in Butter dünsten. Aus Butter, Mehl und der Kochbrühe eine helle Sauce bereiten, Fleisch und Pilze zugeben, 5 Minuten leise kochen, mit Zitronensaft oder Weißwein sorgfältig abschmecken, Eigelb mit Sahne verrühren, legieren, frische Butter einrühren. In warmen Blätterteigpastetchen anrichten (Königinpastete). Auch Becherpasteten, Muscheln oder Ragoutnäpfchen (Cocotte) sind geeignet. Worcestersauce mit auf den Tisch stellen.

19. Kalbskopfragout (en tortue)

1 Kalbskopf • Salzwasser • Pfefferkörner • 40 g Fett • Wurzelwerk • Zwiebel 40 g Mehl • 2 Teelöffel Zucker • 1 Lorbeerblatt • Thymian • Ingwer • Muskat 1/2 l Kalbskopfbrühe • 1/8 l Madeira • Salz • Pfeffer • Brühwürze

Den sauber gereinigten, halbierten Kalbskopf ohne Hirn 1 1/2 Stunden in Salzwasser mit Pfefferkörnern kochen. Das Fleisch ablösen und in Rauten schneiden. Geschnittenes Wurzelwerk und Zwiebel in Fett anbraten, mit Mehl überstäuben, Zucker zugeben und hellbraun werden lassen. Die Gewürze zugeben, mit Brühe und Madeira aufgießen, 30 Minuten kochen lassen, passieren, mit Salz und Pfeffer abschmecken und das geschnittene Fleisch hineingeben. Das fertige Gericht kann man noch durch Zugabe von blättrig geschnittenen, in Butter gedünsteten Champignons, gekochtem, würfelig geschnittenem Kalbsbries und der weichgekochten, abgezogenen, in Scheiben geschnittenen Kalbszunge verbessern. Auf runder oder ovaler vorgewärmter Platte anrichten, mit feinen Kartoffelbeilagen oder Blätterteig garnieren.

20. Kalbszunge in Kapernsauce

2 Kalbszungen • Salzwasser • Suppengrün • 40 g Butter oder Margarine 40 g Mehl • 1 Röhrchen Kapern • ½ l Zungenbrühe • Zitronensaft oder Weißwein

Die Kalbszungen in Salzwasser mit Suppengrün weichkochen (1¼ Stunden). Die Haut abziehen. Aus Butter und Mehl mit der Zungenbrühe eine helle Sauce machen, die Kapern zugeben. Mit Zitronensaft oder Weißwein abschmecken, die in Scheiben geschnittene Zunge hineinlegen und einige Male darin aufkochen lassen. — Beilage: Reis, Spätzle, Knödel.

21. Abgebräunter Kalbskopf

1 Kalbskopf • Salzwasser • Salz • Pfeffer • 2 Eier • 125 g Brösel • Backfett

Den gut gereinigten, halbierten Kalbskopf ohne Hirn in Salzwasser weich kochen. Dann das Fleisch ablösen, mit Salz und Pfeffer bestreuen, in verquirltem Ei und Semmelbröseln wenden und in heißem Fett backen.
Beilage: Kartoffelsalat, grüner Salat.

22. Kalbshaxe, gekocht, in Sauce

1 Kalbshaxe • Salz • 2 l Wasser • ⅛ l Essig • Zwiebelscheiben

Die sauber gereinigte Kalbshaxe mit Salz einreiben, 30 Minuten stehen lassen, dann in Wasser mit Essig und Zwiebelscheiben weich kochen lassen. In eine tiefe Schüssel legen, durch ein Sieb etwas vom Kochsud darübergeben, das Fleisch mit den gekochten Zwiebelscheiben belegen. Oder: aus Fett und Mehl eine helle Sauce kochen, mit Weißwein abschmecken, das weichgekochte abgelöste Fleisch noch 10 Minuten darin kochen lassen.

23. Gebackene Kalbshaxen

2 Kalbshaxen • Salzwasser • Salz • Pfeffer • 2 Eier • 125 g Brösel • Backfett

Die Kalbshaxen in Salzwasser weich kochen, das Fleisch ablösen, mit Salz und Pfeffer bestreuen, in verquirltem Ei und Semmelbröseln wenden und in heißem Fett backen. — Beilage: Kartoffelsalat, grüner Salat.

24. Geschnetzeltes Kalbfleisch

*400 g Kalbfleisch • 60 g Butter • Salz • Pfeffer • Paprika • 1 Eßlöffel Mehl
1 Eßlöffel Ketchup • 1/8 l Sauerrahm*

Das in feine Blättchen geschnittene Kalbfleisch in einer weiten Stielpfanne auf starker Flamme rasch hellbraun rösten, mit Salz, Pfeffer, Paprika, Ketchup würzen, Sauerrahm zugießen, einige Male scharf aufkochen lassen und sofort zu Tisch geben. — Beilage: Weißbrot, Kartoffelbrei oder Reis, frischer Salat.

25. Butterschnitzel

500 g Kalbfleisch • 60 g flüssige Butter • 2 Eigelb • Salz • Pfeffer • Zitronenschale • Brösel zum Wenden • Fett zum Backen

Durch die feine Lochscheibe gedrehtes Kalbfleisch mit flüssiger Butter, Eigelb und den Gewürzen mischen, zu 4 ovalen Schnitzeln formen, in Bröseln wenden, in heißem Fett langsam backen. — Beilage: Kartoffelbrei und Vinaigrettesauce oder Apfelkompott.

26. Kalbskotelett, natur

4 Kalbskoteletts • Salz • 2 Eßlöffel Mehl • 40 g Butter oder Fett • 1/8 l Brühe oder Wasser

Die Koteletts leicht klopfen, wenn nötig den Rückgratknochen etwas breitschlagen und den Rippenknochen kürzen. Dann salzen, in Mehl wenden und in heißem Fett auf beiden Seiten goldbraun braten. Aufgießen, 10 Minuten dünsten lassen, anrichten. Zitronenspalte mit auf die Platte geben.

27. Kalbskotelett, gebacken

4 Kalbskoteletts • Salz • 2 Eßlöffel Mehl • 1 Ei • 1 Eßlöffel Öl • 1 Eßlöffel Wasser • 125 g Brösel • Fett zum Backen

Die wie vorstehend vorbereiteten Koteletts salzen und in Mehl, in mit Öl und Wasser verquirltem Ei und Bröseln wenden. In reichlich heißem Fett — wenn möglich schwimmend — 6 Minuten backen. Trocken mit Zitronenspalten und einem Petersiliensträußchen anrichten.

28. Naturschnitzel

*4 Kalbsschnitzel • Salz • 2 Eßlöffel Mehl • 40 g Fett • 1/8 l Brühe oder Wasser
20 g Butter*

Die Haut an den Rändern der leicht geklopften Schnitzel einschneiden, salzen, in Mehl wenden, in heißem Fett auf beiden Seiten goldbraun braten. Butter zugeben, etwas aufgießen, einigemale aufkochen lassen, mit wenig Fleischwürze und Zitronensaft abschmecken und sofort anrichten. Stehen die Schnitzel längere Zeit, werden sie trocken und hart.

29. Wiener Schnitzel

4 Kalbsschnitzel · Salz · 4 Eßlöffel Mehl · 1 Ei · ¹/₂ Eischale Wasser · ¹/₂ Eischale Öl · 125 g Brösel · Backfett

Die gleichmäßig geschnittenen, nicht zu dünn geklopften, an den Rändern eingeschnittenen, gesalzenen Schnitzel auf beiden Seiten in Mehl tauchen, dann durch das mit kaltem Wasser und Öl verquirlte Ei ziehen, anschließend in Bröseln wenden. Die Brösel dürfen nur leicht angedrückt werden, andernfalls würden die überflüssig angedrückten beim Backen wieder abfallen. Die Schnitzel in eine Pfanne mit heißem Fett geben und auf beiden Seiten — womöglich schwimmend — goldgelb backen (3—4 Minuten). Die Schnitzel trocken auf vorgewärmter Platte anrichten, mit Zitronenspalten und Krauspetersilie garnieren. — Beilage: Salate aller Art, Apfelmeerrettich. — Anmerkung: Muß man die Schnitzel warm halten, stellt man sie unzugedeckt in das offene, mittelheiße Rohr.

30. Parmaschnitzel

Die Schnitzel wie vorstehend vorbereiten. Anschließend in Mehl, Ei und einem Gemisch von halb Bröseln, halb geriebenem Käse wenden und backen. Als Garnitur wird auf jedes Schnitzel eine Zitronenscheibe gelegt, darauf 1 Teelöffel geriebener Käse gehäuft und mit Paprika überstreut.

31. Mandelschnitzel

Das wie zu Wiener Schnitzel vorbereitete Fleisch erst in saurer Sahne oder gesäuerter Kondensmilch, dann in Mehl, Ei und abgezogenen, geriebenen Mandeln wenden, goldgelb backen. Angerichtet auf jedes Schnitzel eine Orangenscheibe (mit Schale), mit einer halben Olive belegt, geben, dazu Mayonnaisensalat.

32. Pariser Schnitzel

Die mit Salz und Pfeffer gewürzten Schnitzel in verquirltem, gesalzenem Ei wenden, in Fett backen, mit einer Tomatenscheibe belegt anrichten.

33. Rahmschnitzel

*4 Kalbsschnitzel · Salz · 2 Eßlöffel Mehl · 40 g Butter oder Fett · ¹/₈ l Wasser
1 Eßlöffel Mehl · ¹/₈ l Sauerrahm*

Die leicht geklopften, an den Rändern eingeschnittenen Schnitzel salzen, beidseitig hellbraun braten, herausnehmen und auf einen Teller legen. Den Bratrückstand mit Wasser aufgießen, das mit Sauerrahm angerührte Mehl einkochen, die Schnitzel hineinlegen und 5 Minuten in der Sauce dünsten. Wenn erforderlich mit etwas Fleischwürze und Zitronensaft abschmecken.

34. Paprikaschnitzel

Gleiche Vorbereitung wie vorstehend, nur verrührt man den Sauerrahm vor dem Einkochen mit 2 Teelöffel mildem Paprika.

35. Kapernschnitzel

In der Rahmsoße läßt man 2 Eßlöffel Kapern mit aufkochen und dünstet die Schnitzel 5 Minuten darin.

36. Sardellenschnitzel

Die Rahmsoße mit 50 g gehackten Sardellen aufkochen. Schnitzel 5 Minuten darin dünsten. Jedes angerichtete Schnitzel mit einem Sardellenring belegen.

37. Champignonschnitzel

Die Schnitzel beidseitig braten, herausnehmen, in dem Bratrückstand 100 g Champignons (kleine ganz, größere geteilt) kurz braten, etwas aufgießen und über die angerichteten Schnitzel geben. Oder in die Sauce noch mit Sauerrahm angerührtes Mehl einkochen und wie Rahmschnitzel fertigmachen. In beiden Fällen angerichtet mit gehackter Petersilie überstreuen. Butterreis paßt sehr gut dazu.

38. Kalbsvögerl

4 Kalbsschnitzel · Salz · Pfeffer · 100 g Brat · 1 Gelbrübe · 1 Essiggurke 2 Eßlöffel Mehl · 40 g Butter oder Fett · 1/8 l Sauerrahm · 1/8 l Wasser

Die geklopften, gewürzten Schnitzel mit Brat bestreichen, mit sehr kleinwürfelig geschnittenen Gelbrüben und Gurken bestreuen, aufrollen, mit einem Zahnstocher zusammenstecken und binden. In Mehl wenden, anbraten und 30 Minuten zugedeckt dünsten lassen. Den Sauerrahm zugeben, 10 Minuten weiter dünsten, im Reisrand anrichten. (Hat man kein Brat, füllt man kleine Speckwürfelchen mit ein.)

39. Schwalbennester

4 Kalbsschnitzel · Salz · Pfeffer · 4 Scheiben gekochter Schinken · 4 gekochte Eier · 40 g Butter oder Fett · 1 Eßlöffel Mehl · 1/8 l Wasser

Die geklopften, gewürzten Schnitzel mit einer Schinkenscheibe und mit einem hartgekochten Ei belegen, zusammenrollen, gut binden, in Mehl wenden, in Fett allseitig hellbraun anbraten, aufgießen, 25 Minuten dünsten lassen, Fleisch herausnehmen, Fäden entfernen, der Länge nach durchteilen, auf Kartoffelbrei anrichten, einen Kranz von dicklich gehaltenem Spinatgemüse herum. Schwalbennester sind auch kalt sehr gut.

40. Jägerschnitzel

4 Kalbsschnitzel · Salz · Pfeffer · 60 g Butter oder Fett · 1 Gelbrübe · 1 Stück Sellerie · 50 g Pilze · 10 g Mehl · ⅛ l Weißwein

Die mit Salz und Pfeffer bestreuten Schnitzel in Fett hellbraun braten, auf einem Teller beiseitestellen. In dem Bratrückstand feinstreifig geschnittenes Gemüse und blättrig geschnittene Pilze kurz rösten, mit Mehl überstäuben, Wein zugießen, alles garen. Die Schnitzel dazugeben, alles zusammen noch 5 Minuten dünsten. Auf die angerichteten Schnitzel das Gemüse und die Pilze geben, darauf eine halbe Walnuß, die Sauce an der Seite zugießen. Dazu Spätzle.

41. Florentiner Schnitzel

4 Kalbsschnitzel · Salz · Pfeffer · 60 g Butter oder Öl · 4 Tomaten 100 g Gorgonzola

Die mit Salz und Pfeffer bestreuten Schnitzel in Butter oder Öl beidseitig braten, auf einem Teller beiseitestellen, in dem Bratfett bei guter Hitze die halbierten Tomaten braten. Die Schnitzel auf vorgewärmter Platte anrichten, mit der Sauce übergießen, mit Tomaten umkränzen. Auf jedes Schnitzel eine dünne Scheibe Gorgonzola legen und sofort servieren. Weißbrot oder Spaghetti als Beilage. — Gegrillt ebenfalls hervorragend.

42. Kalbschnitzel Cordon bleu

8 dünne Kalbsschnitzel · Salz · Pfeffer · 4 Scheiben roher oder gekochter Schinken · 4 Scheiben Emmentaler Käse · 2 Eier · Brösel · Fett zum Backen

Auf 4 mit Salz und Pfeffer gewürzte Schnitzel je eine Scheibe Schinken und eine Scheibe Käse legen, mit einem Schnitzel bedecken, mit Zahnstocher zusammenstecken. In verquirltem Ei und Bröseln wenden, in heißem Fett goldbraun backen. Dazu Kopfsalat, leicht mit Paprika überpudert.

43. Kalbsmedaillon mit Champignons

4 Scheiben Kalbsfilet · Salz · Pfeffer · 60 g Butter · 200 g Champignons 4 Scheiben Weißbrot · 1 Zitrone · 1 Tomate

Runde Kalbsfilets von 1½ bis 2 cm Dicke mit Pfeffer würzen, in Butter braten oder grillen, salzen. Die Champignons (kleine ganz, größere geteilt) im Bratfett kurz dünsten. Die Weißbrotscheiben in der Größe der Filets rund ausstechen und beidseitig kurz in Butter braten oder toasten. Die Filets auflegen, darauf noch die Champignons. Auf vorgewärmter Platte die Medaillons anrichten, mit Zitronen- und Tomatenspalten und Krauspetersilie garnieren.

44. Kalbsteak mit Orangen

4 Kalbsteaks (von den Knochen gelöstes Kotelettstück zu Schnitten geteilt) Salz · gemahlener Zimt · 60 g Butter · 2 Eßlöffel Mandelsplitter · 3 gute Orangen · 2 Eßlöffel Zucker

Die mit wenig Zimt gewürzten Steaks grillen oder in Butter braten, salzen. Die abgezogenen, stiftelig geschnittenen Mandeln im Bratfett leicht rösten, samt der Sauce auf die Steaks geben. Die Orangen quer durchschneiden, das Fruchtfleisch vorsichtig herausnehmen und mit scharfem Messer zu Würfeln schneiden. In 4 Orangenschalen füllen, mit Zucker überstreuen. Die Steaks und gefüllten Orangenschalen zusammen auf einer Platte anrichten.

45. Kalbsteak mit Ananas und Bananen

4 Kalbsteaks · Salz · Curry · 60 g Butter · 4 Bananen · 4 Scheiben Ananas 4 Pistazien

Die Steaks mit Curry würzen, grillen oder in Butter braten, salzen. Im Bratfett die längs- und nochmals quergeteilten, mit Curry bestäubten Bananen kurz braten, auf vorgewärmter Platte anrichten. Die Ananas im Bratfett heiß machen, die vorbereiteten Steaks darauflegen, mit gehackten Pistazien (wenn nicht vorhanden, mit wenig grob gehackten Orangenschalen) bestreuen, zu den Bananen auf die Platte geben. — Zu der sehr guten dekorativen Platte wird gebutterter Toast und Weißwein serviert.

46. Schnitzel „Allgäu"

³/₄ kg Kalbsschnitzel (dick geschnitten) · Salz · Pfeffer · ¹/₂ kg Brat (Kalbsbratwurstfülle) · ¹/₂ l Milch · Salz · Pfeffer · Muskat · 2 Zwiebeln und 2 Bund Petersilie in Butter gedünstet · ¹/₂ l dicken Sauerrahm · 100 g geriebenen Käse

Eine feuerfeste Form oder ein geschlossenes Blech mit Butter ausstreichen, die mit Salz und Pfeffer gewürzten Kalbsschnitzel nebeneinander hineinlegen. Das Brat langsam mit kalter Milch verrühren, die gedünstete Zwiebel und Petersilie zugeben, mit Salz, Pfeffer und Muskat würzen; über die Schnitzel verteilen. Dicken Sauerrahm darüber gießen, mit frisch geriebenem Käse bestreuen. Die Schnitzel 1 Stunde im Rohr backen. — Beilage: Spätzle, grüne Bohnen oder Kopfsalat.

47. Gebratene Kalbshaxe

1 Kalbshaxe · Salz · Pfeffer · Paprika · Fett zum Braten

Die ganze oder gespaltene Kalbshaxe mit Salz und Pfeffer einreiben, mit etwas Paprika bestreuen. In heißem Fett von allen Seiten anbraten und unter Zugießen von etwas Wasser und häufigem Begießen im Rohr in 1¹/₂ bis 2 Stunden gar und goldbraun braten. Den Bratrückstand mit etwas Mehl zu Sauce kochen. Die ganze Haxe servieren oder das Fleisch vom Knochen gelöst anrichten. Dazu Kartoffelsalat und gemischter Salat. Die Kalbshaxe kann in derselben Zeit auch gegrillt werden.

Rindfleisch

Verschiedene Benennungen einzelner Teile beim Rind

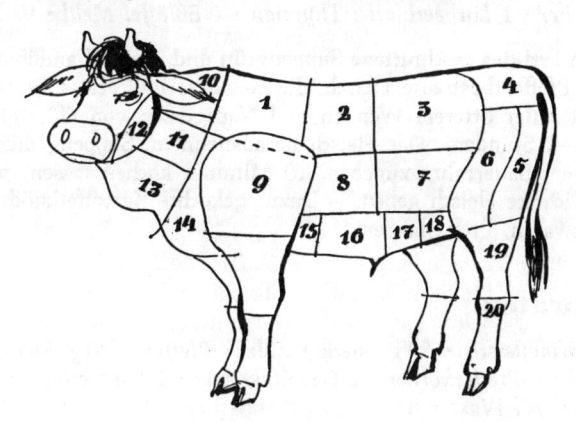

1. Gratstück, Kamm, 2. Hohe Rippe, Schorrippe, 3. Lendenbraten, Roastbeef (mit Filet), 4., 5., 6. Keule (Rose), 7., 8. Zwerchrippe, Querrippe, 9. Schulter, Bug, 10., 11. Hals, 12. Kopf, Backe, 13. Stich, 14. Brustspitz, 15. Brust, Brustkern, 16., 17., 18. Bauch, 19. Wadschenkel, 20. Füße.

Kochen: Gratstück, Zwerchrippe, Hals, Backe, Stich, Brustspitz, Brust, Brustkern, Bauch, Kronfleisch.

Dünsten: Gratstück, Schulter.

Schmoren: Gratstück, Schulter, Keule.

Braten: Hohe Rippe, Lendenbraten, Filet, Keule, Schulter.

Gulyas: Schulter, Wadschenkel.

Rindfleisch

1. Gekochtes Ochsenfleisch

³/₄ kg Ochsenfleisch · einige Suppenknochen · 1³/₄ l Wasser · Salz
¹/₂ Zwiebel · 1 Gelbrübe · ¹/₂ Petersilienwurzel · 1 Stückchen Sellerie
¹/₄ Lauchstange

Die gewaschenen Knochen, das geputzte Suppengrün und gewaschene Zwiebelschalen (Farbe!) in schwach gesalzenem Wasser zusetzen. Wenn das Wasser heiß ist, das gewaschene evtl. geklopfte Fleisch hineingeben. Die halbierte Zwiebel auf der Herdplatte bräunen und ebenfalls zugeben. Die Suppe einigemale stark aufwallen lassen, dann ganz langsam 2 Stunden kochen. — Im Drucktopf entsprechend kürzer.

Beim Anrichten das Fleisch quer zur Faser in Scheiben schneiden, auf vorgewärmter Platte anrichten, mit etwas Salz und Schnittlauch bestreuen und einige Löffel kochendheiße Suppe darübergießen. Die mitgekochten Gelbrüben zur Garnierung der Platte verwenden. Hat man einen Markknochen mitgekocht, auf jede Fleischschnitte ein kleines Markscheibchen legen.

2. Gedünstetes Ochsenfleisch

³/₄ kg Ochsenfleisch · Salz · Pfeffer · 50 g Fett · Suppengrün · Zwiebel
Pfefferkörner · 1 Lorbeerblatt · Thymian · 1 Eßlöffel Mehl · ¹/₈ l Sauerrahm

In heißem Fett das geschnittene Suppengrün und Zwiebel andünsten. Das mit Salz und Pfeffer bestreute Fleisch, die Gewürze und etwas Wasser zugeben. Zugedeckt unter öfterem Wenden und Nachgießen von Flüssigkeit gardünsten (1¹/₂—2 Stunden). Das Fleisch herausnehmen, Suppengemüse mit Mehl überstäuben, Sauerrahm zugeben, 10 Minuten kochen lassen, passiert über das angerichtete Fleisch geben. — Dazu: gekochte Kartoffelknödel, Kartoffelbrei, Teigwaren, Preiselbeeren.

3. Schmorbraten

³/₄ kg Ochsenfleisch · 50 g Speck · Salz · Pfeffer · 20 g Mehl · 40 g Fett
1 Zwiebel · 6 Pfefferkörner · 2 Gewürzkörner · 1 Lorbeerblatt · Suppengrün
Brotrinde · ¹/₄ l Wasser

Das ungespickte oder gespickte Fleisch mit Salz und Pfeffer einreiben, in Mehl wenden, in heißem Fett von allen Seiten braun anbraten, Suppengrün zugeben, dann die Gewürze, Brotrinde und Wasser. Zugedeckt unter öfterem Wenden 2 Stunden schmoren lassen. Die passierte Soße über das angerichtete Fleisch geben. — Beilage: Semmelknödel, gekochte Kartoffelknödel, Spätzle.

4. Sauerbraten

Zutaten und Zubereitung wie im vorhergehenden Rezept, nur das Fleisch vorher 2—4 Tage in die Beize legen und zum Aufgießen Beizflüssigkeit verwenden.

5. Fleischbeize

1 l Wasser • Suppengrün • 1 Zwiebel • 2 Lorbeerblätter • 10 Pfefferkörner 6 Eßlöffel Essig

Wasser mit den angegebenen Zutaten 10 Minuten kochen lassen, abgekühlt über das Fleisch geben.

6. Boeuf à la mode (Sauerfleisch)

³/₄ kg Ochsenfleisch • Fleischbrühe • 50 g Butter • 30 g Mehl • 1 Eßlöffel Zucker • Salz

Das Fleisch 2 Tage in Beize legen. Bei der Zubereitung das Fleisch herausnehmen, die Beize salzen, zum Kochen bringen. Das Fleisch hineinlegen und 1½ Stunden kochen lassen. Dann aus Butter, Mehl und Zucker eine braune Einbrenne machen, mit der Brühe aufgießen, das Fleisch noch 30 Minuten darin kochen lassen. Mit der sehr pikant abgeschmeckten Sauce das angerichtete Fleisch überziehen. Mit Salzgurke garnieren. Dazu Semmelknödel, Kartoffelnudeln, Teigwaren.

7. Boeuf à la Nesselrode

³/₄ kg Ochsenfleisch • Salz • Pfeffer • ½ l dunkles Bier • 2 Zwiebeln • 1 Brotrinde • 2 Lorbeerblätter • 2 Nelken • 1 Gelbrübe • 1 Petersilienwurzel

Gut abgelegenes Fleisch mit Salz und Pfeffer einreiben, in einen Topf legen und mit geschnittenen Zwiebeln, Lorbeerblättern, Nelken und geschnittenem Suppengrün überstreuen. So viel dunkles Bier darübergießen, daß das Fleisch halb davon bedeckt ist. Brotrinde zugeben, zugedeckt 2 Stunden dünsten lassen, öfters umwenden. Angerichtet mit der passierten Sauce übergießen. Beigabe: Makkaroni, Spätzle, gekochte Kartoffelknödel, Salat von Roten Rüben.

8. Burgunderbraten

³/₄ kg Ochsenfleisch • ½ Flasche Rotwein (keinen sauren) • ⅛ l Wasser Pfefferkörner • Gewürzkörner • Thymian • 2 Zwiebeln • 1 Lorbeerblatt 80 g Speckscheiben • Salz • Pfeffer • ½ Scheibe Weißbrot

Die Gewürze mit Zwiebelringen und Lorbeerblatt im Wasser 10 Minuten kochen lassen, den Rotwein zugießen, das Fleisch hineinlegen und zugedeckt kühl 2—4 Tage beizen lassen. Zur weiteren Zubereitung auf den Boden des Schmortopfes Speck- und Zwiebelscheiben legen, das mit Salz und Pfeffer bestreute Fleisch darauf legen, etwas anbraten lassen, den Rotwein und das Weißbrot zugeben und zugedeckt 2 Stunden schmoren lassen. Sauce vor dem Anrichten entfetten. Hat man Trüffeln zur Verfügung, wird das Fleisch vor den Braten damit, sowie mit feinen Speckstreifchen gespickt. Beigabe: Kartoffelkroketten, feine Gemüse.

9. Gerollter Rinderbraten

³/₄ kg Ochsenfleisch · Salz · Pfeffer · Senf · 100 g Brat- oder Hackfleisch 50 g Speck · 1 Zwiebel · 1 Gelbrübe · 2 Äpfel · 8 schwarze Oliven · 50 g Fett · ¹/₈ l Sauerrahm · 10 g Mehl

Eine große Scheibe Ochsenfleisch kaufen, flach klopfen, mit Salz, Pfeffer und Senf würzen. Brat- oder Hackfleisch mit glasig gedünsteten Speck- und Zwiebelwürfeln, Gelbrüben- und Apfelwürfeln und entkernten Oliven mischen. Das Fleisch damit bestreichen, fest aufrollen, fest binden, in heißem Fett ringsum anbraten, aufgießen, gar braten (1¹/₂ Stunden). Die Sauce mit Sauerrahm und Mehl binden. Dazu Kartoffelbrei, Reis.

10. Rindsschnitzel

4 Scheiben Ochsenfleisch (aus der Rose oder Schulter) · Salz · Pfeffer · 20 g Mehl · 50 g Fett · 2 Zwiebeln · ¹/₈ l Wasser · 1 Rolle Kapern

Fleisch an den Rändern einschneiden, mit Salz und Pfeffer würzen, in Mehl wenden, in heißem Fett auf beiden Seiten braten, Zwiebeln zugeben, goldgelb werden lassen, aufgießen, zugedeckt 45 Minuten dünsten. Nach Belieben noch Kapern mitdünsten. Dazu: Kartoffeln, Spätzle oder Reis.

11. Esterházy-Rostbraten

³/₄ kg Ochsenlende · Salz · Pfeffer · 40 g Fett · 2 Zwiebeln · 1 Eßlöffel milder Paprika · 1 Teelöffel Essig · ¹/₄ l Wasser · 4 Eßlöffel Sauerrahm

Das Fleisch in Scheiben schneiden, diese am Rand mehrmals einschneiden, gut klopfen und mit Salz und Pfeffer bestreuen. In heißem Fett die geschnittenen Zwiebeln hellbraun rösten, Paprika und etwas Essig zugeben, die Fleischscheiben darauflegen, Wasser zugießen und zugedeckt 1 Stunde dünsten lassen. Die Sauce mit saurem Rahm verbessern und passiert über das angerichtete Fleisch geben. Beigabe: Kartoffeln, Kartoffelnudeln, Spätzle.

12. Filetbraten

³/₄ kg Ochsenfilet · Salz · Pfeffer · 100 g Fett · 40 g Butter

Das Filet von Fett und Haut befreien, mit Salz und Pfeffer einreiben, in die Bratpfanne legen, mit heißem Fett übergießen, bei guter Hitze unter häufigem Begießen mit dem eigenen Saft durchschnittlich 30 Minuten braten. Filetbraten englisch muß immer ohne Zugießen von Wasser oder anderer Flüssigkeit gebraten werden. Man verwendet dafür reichlich Fett oder brät auf dem Grill. Je nach der Bratdauer ist das Fleisch innen noch blutig (englisch) oder rosa (halbenglisch) oder grau (durchgebraten). Vor dem Aufschneiden muß es mindestens 5 Minuten auf vorgewärmter Platte liegen; schneidet man es sofort auf, tritt zu viel Fleischsaft aus. Der entfettete Bratensaft wird mit Butter aufgekocht und über das angerichtete Fleisch gegeben. Ist das Filet gegrillt, gibt man kalte Butter, meist Kräuterbutter dazu. Beigaben: Pommes frites, Blätterteighalbmonde, feine Gemüse, Champignons, Mayonnaisensauce.

13. Wiener Filetbraten (Lungenbraten mit Rahmsauce)

³/₄ kg Ochsenfilet · Salz · Pfeffer · 60 g Speck · 50 g Fett · 1 kleine Gelbrübe · 1 Petersilienwurzel · 1 Stückchen Sellerie · 1 Zwiebel · 10 Pfefferkörner · 5 Gewürzkörner · ¹/₂ Lorbeerblatt · 1 Prise Ingwer · 1 Prise Muskat 20 g Mehl · ¹/₄ l Brühe oder Wasser · ¹/₈ l Sauerrahm · Zitronensaft

Das von Fett und Haut befreite Filet mit feinen, gesalzenen Speckfäden gleichmäßig spicken, mit Salz und Pfeffer bestreuen und auf in Fett gerösteten Wurzelwerk unter öfterem Begießen mit dem eigenen Saft halbfertig braten. Dann das Wurzelwerk mit Mehl überstäuben, anrösten lassen, mit Brühe oder Wasser und Rahm aufgießen, die Gewürze zugeben und das Fleisch in dieser Sauce weich dünsten. Das in feine Scheiben geschnittene Fleisch auf vorgewärmter Platte anrichten und mit der passierten, mit Zitronensaft abgeschmeckten Sauce übergießen. Garzeit: 1¹/₂ Stunden. Dazu: Breite Nudeln und Preiselbeeren.

14. Filet auf italienische Art

³/₄ kg Ochsenfilet · 80 g Speck · Salz · Pfeffer · 8 Sardellenfilets · 2 Eßlöffel Kapern · Petersilie · Zitronenschale · 50 g Butter oder Fett · 1 Gelbrübe 1 Petersilienwurzel · 1 Stückchen Sellerie · 1 Zwiebel · 1 Glas Rotwein 20 g Mehl · ¹/₄ l Brühe

Sardellen, Kapern, Petersilie und Zitronenschale fein wiegen. Speck in feine Streifchen schneiden, Wurzelwerk und Zwiebel zu dünnen Scheiben schneiden. Das gehäutete Filet gleichmäßig mit in Salz und Pfeffer gewendeten Speckstreifen spicken. Dann das Filet mit Salz und Pfeffer würzen und mit den feingewiegten Zutaten rundherum einreiben. In einer Pfanne mit heißem Fett das geschnittene Wurzelwerk und die Zwiebel andünsten, das vorbereitete Filet daraufflegen, Rotwein und etwas Brühe zugießen und das Filet unter häufigem Begießen im Rohr braten. Dann das Filet herausnehmen, das Wurzelwerk mit Mehl bestäuben, mit Rotwein und Brühe aufgießen, die Sauce passieren und über das in feine Scheiben geschnittene, wieder dicht zusammengeschobene angerichtete Fleisch gießen. Garzeit: 1¹/₂ Stunden. Beigabe: Reis, Makkaroni, Kartoffelbrei.

15. Filetbraten mit Champignons

³/₄ kg Ochsenfilet · 200 g Champignons · Salz · Pfeffer · 60 g Butter · ¹/₈ l Wasser · 1 Eßlöffel Mehl · ¹/₈ l Sauerrahm · Petersilie

Das Filet mit Salz und Pfeffer einreiben, in Butter von allen Seiten anbraten, etwas aufgießen und 1 Stunde im Rohr braten. In den Bratrückstand mit Sauerrahm eingerührtes Mehl einkochen. Die gereinigten Champignons, (kleine ganz, größere halbiert oder geviertelt) zugeben, 10 Minuten in der Sauce dünsten lassen. Das in Scheiben geschnittene Fleisch mit den Champignons belegen, etwas Sauce darüber geben, mit gehackter Petersilie bestreuen. Dazu: Reis oder Kartoffelröllchen.

16. Harlekinbraten

³/₄ kg Ochsenfilet • 50 g Speck • 50 g Sardellen • 1 Essiggurke • 1 Gelbrübe
Salz • Pfeffer • 60 g Butter oder Fett • ¹/₈ l Wasser • 10 g Stärkemehl

Das Filet dicht mit Streifchen von Speck, Sardellen, Gurke und roher Gelbrübe spicken. In Butter oder Fett unter Zugießen von etwas Wasser 1 Stunde im Rohr braten. Die Sauce mit wenig Stärkemehl binden und über das schön tranchierte Fleisch geben. Zum Spicken sind auch grüne und rote Paprikaschoten geeignet.

17. Frankfurter Filet

³/₄ kg Ochsenfilet • Salz • Pfeffer • 4 Wiener Würstchen • Zitronenscheiben
50 g Butter oder Fett • ¹/₄ l Brühe • 1 Teelöffel Stärkemehl

Das sehr gut abgelagerte Filet mit Salz und Pfeffer einreiben. Dann das Fleisch mit einem schmalen Messer der Länge nach anbohren und die Würstchen so hineinstecken, daß sie beim Teilen quer durchschnitten werden. Das Filet in die Bratpfanne mit heißem Fett, Zitronenscheiben und etwas Brühe geben und im Rohr unter öfterem Begießen 1 Stunde braten. Die Sauce mit angerührtem Stärkemehl binden. Statt das Fleisch im Rohr zu braten, kann es auch auf dem Herd zugedeckt gedünstet werden. Das geschnittene Fleisch sieht durch die Wursteinlage sehr hübsch aus, es wird mit der durchsichtigen Sauce übergossen und mit Reis oder Kartoffelschnitz serviert. Frankfurter Filet eignet sich auch besonders gut als kalter Aufschnitt.

18. Frühlingsbraten

³/₄ kg Ochsenfilet • Salz • Pfeffer • 50 g Butter oder Fett • ¹/₄ l Wasser oder
Brühe — Fülle: ¹/₈ l Kondensmilch • 50 g Brösel • 50 g Champignons • 50 g
geriebener Käse • reichlich Petersilie • 2 Eier • 1 Eigelb • 20 g flüssige Butter

Die zur Fülle angegebenen Zutaten mischen, gut abschmecken. Das gehäutete Filet mit Salz und Pfeffer einreiben, der Länge nach einen tiefen Einschnitt machen, füllen, mit etwas festem Faden umwickeln. In die Bratreine mit heißem Fett legen und 1 Stunde im Rohr braten. Besonders hübsch als kalter Aufschnitt.

19. Rinderfilet Wellington

³/₄ kg Filet • Salz • Pfeffer • 40 g Butter • 1 Scheibe Schinken (roh oder gekocht) • 1 Zwiebel • 100 g Champignons • 250 g Spinat • 1 Eßlöffel Ketchup
1 Eßlöffel Cognac • 200 g Blätterteig

Das gehäutete, mit Salz und Pfeffer bestreute Filet englisch grillen oder braten, abkühlen lassen. In Butter und gehacktem Schinken die gewiegten Champignons und Spinat dünsten, mit Salz, Pfeffer, Ketchup und Cognac abschmecken. Den Blätterteig ¹/₄ cm dick ausrollen, die Fülle auf Fleisch und Blätterteig streichen. Diesen fest um das Fleisch schlagen, mit Teigstreifen verzieren, mit gequirltem Ei bestreichen. Das Filet noch 30 Minuten im Rohr braten, vorsichtig aufschneiden.

20. Roastbeef, Lendenbraten

³/₄ kg Ochsenlende · Salz · Pfeffer · 100 g Fett · 40 g Butter

Das Roastbeef, Lende (in Österreich Beiried) mit Salz und Pfeffer würzen, in die Bratpfanne mit heißem Fett geben und unter einmaligem Wenden und häufigem Begießen mit dem Bratfett 30 Minuten bei guter Hitze braten. Die Bratensauce entfetten und mit einem Stückchen Butter und etwas Brühe aufkochen, mit feinen Beilagen servieren oder kalt feingeschnitten als Aufschnitt. Englisch gebratenes Fleisch muß immer ohne Zugießen von Wasser oder anderen Flüssigkeiten gebraten werden.

Zum Braten im Grill wird das Roastbeef 30 Minuten vor der Zubereitung auf beiden Seiten mit Öl oder Steakwürze bestrichen, dann auf den befetteten Grillrost gelegt und 30 Minuten gegrillt. Während dieser Zeit öfters mit flüssiger Butter bestreichen und einmal wenden. Fertig gebraten mit Salz und Pfeffer würzen.

Roastbeef, Lende
wird im ganzen oder zu größeren oder kleineren Portionen geteilt, zubereitet.
Entrecote hat 400–500 g
Rumpsteak hat 200–250 g
Lendenschnitte hat 125–200 g

Entrecote, Rumpsteak und Lendenschnitte werden immer englisch oder halbenglisch zubereitet. Entweder auf dem Grill oder in der Pfanne ohne oder mit Fett. Gewendet wird das Fleisch nur einmal. Die Grill- oder Brathitze muß stark sein. Englisch gebratenes Fleisch immer ohne Zugießen von Flüssigkeit braten. Wird Sauce gewünscht, muß diese zum Schluß bereitet und über das angerichtete Fleisch gegeben werden. Die Bratdauer ist nach der Dicke des Fleischstückes verschieden. Vor dem Braten das Fleisch mit Öl oder Steakwürze (einer Mischung von Öl, scharfem Senf, Curry, Pfeffer und etwas Cognac) bestreichen. Mit Salz kurz vorher – oder besser – nach dem Braten würzen. Das angerichtete Fleisch mit Scheibchen von frischer Butter oder Kräuterbutter belegen. Geeignete Beilagen sind Pommes frites, feine Gemüse, Champignons, Mixed Pickles, Oliven, Remouladensauce, Ketchup. Je nach der Art der Garnituren ist die nähere Bezeichnung des Fleischgerichtes.

Rinderfilet
wird im ganzen oder zu größeren oder kleineren Portionen geteilt, zubereitet.
Chateaubriand hat 400–500 g
Filetbeefsteak hat 200–250 g
Filetschnitte hat 125–200 g

Tournedos sind kleine, rund zugeschnittene Filetschnitten.

Chateaubriand, Filetbeefsteak, Filetschnitte, Tournedos, werden immer englisch oder halbenglisch gebraten. Entweder auf dem Grill oder in der Pfanne, ohne oder mit Fett. Gewendet wird das Fleisch nur einmal. Die Grill- oder

Brathitze muß stark sein. Englisch gebratenes Fleisch immer ohne Zugießen von Flüssigkeit braten. Wird Sauce gewünscht, muß diese zum Schluß bereitet und über das angerichtete Fleisch gegeben werden. Die Bratdauer ist nach der Dicke des Fleischstückes verschieden. Vor dem Braten das Fleisch mit Öl oder Steakwürze bestreichen. Mit Salz kurz vor — oder besser — nach dem Braten würzen. Das angerichtete Fleisch mit Scheibchen von frischer Butter oder Kräuterbutter belegen. Geeignete Beilagen sind: Pommes frites, feine Gemüse, Champignons, Mixed Pickles, Perlzwiebeln, Oliven, Remouladensauce, Ketchup. Je nach der Art der Garnituren ist die nähere Bezeichnung des Fleischgerichtes.

Bratdauer für Roastbeef, Lende und Rinderfilet
Je nach der Bratdauer (siehe verschiedene Rezepte) ist das Fleisch:
innen noch blutig = englisch = très saignant
innen rosa = halb englisch = saignant
innen grau = durchgebraten = à point.

21. Steakwürze

1 Eßlöffel scharfer Senf · 4 Eßlöffel Öl · ¹/₂ Teelöffel Curry · ¹/₄ Teelöffel Pfeffer · 1 Eßlöffel Cognac

Die angegebenen Zutaten mischen, das Fleisch 30 Minuten vor dem Braten damit bestreichen. Statt mit Steakwürze kann das Fleisch auch beidseitig nur mit gutem Öl bestrichen werden.

22. Entrecote

(2 Personen)
400—500 g Ochsenlende · 2 Teelöffel Steakwürze · Salz · 60 g Fett

Das leicht geklopfte Fleisch mit Steakwürze bestreichen, auf dem befetteten Grillrost oder in der Stielpfanne mit heißem Fett auf jeder Seite 8—10 Minuten braten (es muß innen rosa sein), dann salzen. Das angerichtete Fleisch mit Scheibchen von frischer Butter oder Kräuterbutter belegen. Geeignete Beilagen sind Pommes frites, Mixed Pickles, Oliven, Remouladensauce, Ketchup.

23. Rumpsteak

4 Rumpsteak (1 kg Ochsenlende) · 4 Teelöffel Steakwürze · Salz · 60 g Fett

Die mit Steakwürze marinierten Rumpsteaks auf dem befetteten Grillrost oder in der Stielpfanne mit heißem Fett auf jeder Seite 6—8 Minuten braten, salzen. Beigaben: Pommes frites, Mixed Pickles, Oliven, Remouladensauce, Ketchup.

24. Lendenschnitten

4 Lendenschnitten (³/₄ kg Ochsenlende) · 4 Teelöffel Steakwürze · Salz 60 g Fett

Die mit Steakwürze marinierten Lendenschnitten auf dem befetteten Grillrost oder in der Stielpfanne mit heißem Fett auf jeder Seite 4—6 Minuten braten, salzen. Beilagen: Pommes frites, Mixed Pickles, Oliven, Remouladensauce, Ketchup.

25. Gebratene Lendenschnitten mit Zwiebeln (Rostbraten)

4 Lendenschnitten ($3/4$ kg Ochsenlende) · Salz · Pfeffer · 20 g Mehl · 2 Zwiebeln · 60 g Butter oder Fett · $1/8$ l Wasser oder Brühe

Die mit Salz und Pfeffer gewürzten Lendenschnitten in Mehl wenden, nacheinander in heißes Fett legen und auf jeder Seite 3—4 Minuten braten, herausnehmen. Im Bratfett die geschnittenen Zwiebeln braten, mit dem restlichen Mehl überstäuben, aufgießen, die Sauce 5 Minuten kochen lassen und über das angerichtete Fleisch geben. Dieses Rezept gibt die Möglichkeit zur Bereitung von reichlich Sauce. Beigabe: Salzkartoffeln, Kartoffelbrei, Salate.

26. Chateaubriand

400—500 g Ochsenfilet · 2 Teelöffel Steakwürze · Salz · 60 g Fett

Das gehäutete Filet mit Steakwürze bestreichen und auf dem befetteten Grillrost oder in der Stielpfanne mit heißem Fett auf jeder Seite 6—8 Minuten braten. Das Fleisch muß innen rosa sein, dann salzen. — Beilagen: Pommes frites, feine Gemüse, Champignons, Mixed Pickles, Perlzwiebeln, Oliven, Remouladensauce, Ketchup.

27. Filetbeefsteak

4 Filetbeefsteaks (1 kg Ochsenfilet) · 4 Teelöffel Steakwürze · Salz · 60 g Fett

Die mit Steakwürze marinierten Beefsteaks auf dem befetteten Grillrost oder in der Stielpfanne mit heißem Fett auf jeder Seite 4—6 Minuten braten, salzen. Nach Belieben auf jedes angerichtete Beefsteak ein rundausgestochenes Spiegelei geben. Beigabe: Pommes frites, feine Gemüse, Champignons, Mixed Pickles, Perlzwiebel, Oliven, Remouladensauce, Ketchup.

28. Filetschnitten

4 Filetschnitten ($3/4$ kg Ochsenfilet) · 4 Teelöffel Öl oder Steakwürze · Salz 60 g Fett

Die mit Öl oder Steakwürze bestrichenen Filetschnitten auf jeder Seite 2 Minuten grillen oder in der Stielpfanne in heißem Fett auf jeder Seite 2 Minuten braten, salzen. Mit Pommes frites und Butterbohnen servieren.

29. Tournedos
(2 Personen)

8 Tournedos ($3/4$ kg Ochsenfilet) · 4 Teelöffel Steakwürze · Salz · 60 g Fett

Die runden kleinen marinierten Filetschnitten auf jeder Seite 2 Minuten grillen oder braten. Für Mixed Grill, garnierte Gemüse- und Fleischplatten, auf Ananas- oder Weißbrotsockel angerichtet und für verschiedene delikate Fleischgerichte hervorragend geeignet.

Tournedos Rossini: Die fertigen Fleischportionen mit Gänseleberpastete oder Scheiben von gebratener Gänseleber belegen, darauf eine Trüffelscheibe.

Russische Tournedos: Die fertigen Fleischportionen mit einer Zitronenscheibe, auf die Kaviar gehäuft ist, belegen. Dazu Madeirasauce.

Monte-Carlo-Tournedos: Die fertigen Fleischportionen mit einem verlorenen Ei belegen und mit Sauce Béarnaise überziehen.

30. Beefsteak à la Tatare

1/2 kg Ochsenfilet • Salz • Pfeffer • 4 Eigelb — Zum Garnieren feingehackte Zwiebel • Sardellenfilets • Kapern • Essiggurken • frische Butter

Sorgfältig von Fett und Haut befreites, gut abgehangenes Filet schaben, fein hacken oder durch die Maschine drehen, mit Salz und Pfeffer würzen, zu 4 Laibchen formen, die Oberfläche mit dem Messerrücken einkerben, in die Mitte eine Vertiefung machen, in diese ein rohes Eigelb geben. Im Kranz um jedes Beefsteak gehackte Zwiebeln, Sardellenfilets, geschnittene Gurke, Kapern. Mit Butterspänen oder -röschen hübsch anrichten.

31. Deutsche Beefsteaks

1/2 kg Ochsenfilet • 2 Eier • Zwiebel • Petersilie • 40 g flüssige Butter • Salz Pfeffer • 60 g Butter oder Fett • 2 Zwiebeln

Ochsenfilet durch die Maschine drehen, feingewiegte Zwiebeln und Petersilie, die flüssige Butter, Eier, Salz und Pfeffer zugeben. Von der gut vermengten Masse 4 Beefsteaks formen, in heißem Fett auf beiden Seiten langsam hellbraun braten und auf vorgewärmter Platte anrichten. In dem Bratfett ringelig geschnittene Zwiebeln hellbraun rösten und je ein Häufchen davon auf jedem Beefsteak anrichten. Beigabe: Kartoffelbrei, Gemüse, Salate.

32. Filetschnitten auf Wiener Art

4 Filetschnitten (600 g Ochsenfilet) • Salz • Pfeffer • 10 g Mehl • 50 g Fett 50 g Champignons • 4 Sardellen • 1 Teelöffel Kapern • 1 Teelöffel Tomatenmark • 1/8 l Weißwein • 1/8 l Brühe oder Wasser

Die mit Salz und Pfeffer bestreuten Filetschnitten in Mehl wenden, auf beiden Seiten rasch braten, die gehackten Champignons kurz anrösten, gehackte Sardellen, Kapern, Tomatenmark, Wein und Brühe zugeben. Zugedeckt 30 Minuten dünsten lassen. Mit Kartoffelbrei servieren.

33. Filetschnitten mit Madeira und Oliven

Die gewürzten, in Mehl gewendeten, gebratenen Filetschnitten mit Madeira aufgießen, 30 Minuten dünsten lassen, angerichtet mit spanischen gefüllten Oliven belegen und Reis dazu servieren.

34. Beefsteak mit Sardellen

4 Filetbeefsteaks · Salz · Pfeffer · 60 g Butter · 50 g Sardellen · 1 Tomate

Die mit Salz und Pfeffer gewürzten Beefsteaks auf jeder Seite 4 Minuten braten, auf vorgewärmter Platte anrichten, mit einer Tomatenscheibe belegen. Die grobgehackten Sardellen in Bratfett heiß machen und über Tomaten und Fleisch gießen. Dazu Reis und Kopfsalat.

35. Filet Stroganoff

400 g Ochsenfilet · 80 g Butter · 1 Zwiebel · Salz · Pfeffer · Paprika · 1 Eßlöffel Mehl · 2 Eßlöffel Ketchup · $^1/_4$ l Sauerrahm

Das in feine Blättchen geschnittene Filet in Butter braun anbraten, sehr fein geschnittene Zwiebel darin hell rösten, mit Salz, Pfeffer und Paprika würzen, mit Mehl überstäuben. Ketchup und Sauerrahm zugeben, scharf aufkochen lassen, sofort servieren.

36. Matrosenfleisch

4 Filetschnitten · 60 g Speck · Salz · 20 g Mehl · 40 g Fett · Zitronenschale Kerbelkraut oder Majoran · 2 Eßlöffel Kapern · $^1/_8$ l Sauerrahm · Wasser oder Brühe

Die Filetschnitten spicken, salzen, auf einer Seite in Mehl tauchen und in heißem Fett englisch braten. Feingewiegte Zitronenschale, Kerbelkraut oder Majoran, Kapern, Sauerrahm und etwas Wasser oder Brühe zugeben. Zugedeckt 20 Minuten dünsten lassen. Beigabe: Reis, Makkaroni, Kartoffeln.

37. Zwiebelfleisch

Geeignet: Fleisch von der Rose, abgetrenntes Teil vom Filet.
60 g Fett · $^1/_2$ kg Ochsenfleisch · $^1/_4$ kg Zwiebeln · Salz · Pfeffer · Majoran Knoblauch · Thymian · 2 Eßlöffel Essig · Zitronenschale · 2 Eßlöffel Mehl Brühe oder Wasser

In heißem Fett feingehackte Zwiebeln hellgelb rösten, das in Blättchen geschnittene Fleisch, Salz, Pfeffer, die Gewürze und etwas Wasser zugeben und das Fleisch unter öfterem Nachgießen in 30 Minuten weichdünsten. Dann mit Mehl stäuben, mit der nötigen Flüssigkeitsmenge aufgießen und das Fleisch mit der Sauce in einer Schüssel oder auf einer Platte anrichten. Beigabe: Nudeln, Nockerln, Kartoffeln, Reis.

38. Rindsrouladen

4 Rouladen · 1 Eßlöffel Senf · Salz · Pfeffer · 50 g Speck · 2 Zwiebeln Petersilie · 1 kleine Gewürzgurke · 20 g Mehl · 50 g Fett · $^1/_4$ l Wasser

Die Rouladen an den Rändern einschneiden, mit Senf bestreichen. Mit Salz und Pfeffer würzen. In kleinwürfelig geschnittenem, glasig ausgebratenem Speck, Zwiebeln und Petersilie dünsten, auf die Rouladen verteilen, Gurkenwürfelchen daraufstreuen. Die Rouladen zusammenrollen, mit Faden binden oder mit Zahnstochern zusammenstecken, in Mehl wenden, in heißem Fett braun anbraten, aufgießen, zugedeckt 1 Stunde schmoren lassen. Faden oder Hölzchen entfernen, zusammen mit Kartoffelbrei und einer geschnittenen Tomate hübsch anrichten. Als Fülle können auch noch 100 g Brat, vermischt mit eingemachtem Paprika, verwendet werden.

39. Ungarisches Gulyas

Geeignet: Fleisch von der Schulter, Wadschinken.

125 g Schweinefett · 1/2 kg Ochsenfleisch · 1/2 kg Zwiebel · 1 Eßlöffel milder Paprika · 1 Teelöffel Essig · 2 Knoblauchzehen · 1 Teelöffel Majoran 1 Teelöffel Tomatenmark · Salz · 1/8 l Wasser

In heißem Fett die in feine Scheiben geschnittenen Zwiebeln goldgelb rösten. Dann gibt man Paprika zu, röstet ganz kurz durch, gibt den Essig, das würflig geschnittene, gesalzene Fleisch, mit Salz feinzerdrückten Knoblauch, Majoran und Tomatenmark zu. Das Gulyas auf kleiner Flamme zugedeckt im eigenen Saft weichdünsten. Ist Wasserzugabe erforderlich, dann immer nur so viel nachgießen, daß das Fleisch bis zur Hälfte mit Flüssigkeit bedeckt ist. — Garzeit 1 1/2 Stunden.

40. Gedünsteter Ochsenschwanz

3/4 kg Ochsenschwanz · 40 g Fett · 1 Gelbrübe · 1 Petersilienwurzel · 1 Stückchen Sellerie · 1 Zwiebel · 8 Pfefferkörner · 4 Gewürzkörner · 1 Lorbeerblatt · Thymian · Muskat · Salz · 20 g Mehl · 1/2 l Wasser · 1/8 l Weißwein

Blättrig geschnittenes Wurzelwerk in Fett anrösten, den gewaschenen, in Stücke geteilten Ochsenschwanz, die Gewürze und etwas Wasser zugeben und den Ochsenschwanz weichdünsten. Dann das Fleisch herausnehmen, das Wurzelwerk mit Mehl stäuben, aufgießen.

41. Rinderzunge gekocht

(8 Personen)

Frische Rinderzunge (evtl. noch vom Schlund befreien) in Salzwasser mit Suppengrün in 3 Stunden weichkochen, die Haut abziehen. Aus Butter, Mehl und etwas Zungenbrühe eine gute Sauce kochen, mit Weißwein oder Zitronensaft abschmecken, über die in schöne schräge Scheiben geschnittene Zunge geben. Als Garnitur kommt 1 Eßlöffel Kapern auf die Platte. Beilage: Knödel.

42. Gebratene Rinderzunge mit Sauerrahm

(8 Personen)

1 Rinderzunge · Salzwasser · 100 g geräucherter Speck · Wurzelwerk 1 Zwiebel · 1/8 l Sauerrahm

Rindfleisch

Die frische, in Salzwasser weichgekochte, abgezogene Zunge mit Speckscheiben, geschnittenem Wurzelwerk und Zwiebel in eine Bratpfanne geben und im Rohr unter Zugießen von Zungenbrühe und Sauerrahm in 30 Minuten hellgelb braten. Die in schräge Scheiben geschnittene Zunge auf vorgewärmter Platte anrichten, mit der passierten Sauce übergießen.

43. Gebackene Rinderzunge

4 Scheiben gekochte Rinderzunge • 1 Ei • 6 Eßlöffel Semmelbrösel • Backfett

Von einer gekochten, gehäuteten Zunge fingerdicke Scheiben schneiden. In verquirltem Ei und Semmelbrösel wenden und in heißem Fett backen. Beigabe: Salate.

44. Feines Zungenragout

(8 Personen)

Die frische Zunge in Salzwasser mit Suppengrün weich kochen, die Haut abziehen. In Scheiben schneiden. Aus 100 g Butter und 80 g Mehl eine kaffeebraune Einbrenne bereiten, mit 1 Liter Zungenbrühe aufgießen, mit Salz, Pfeffer, geriebenem Parmesankäse und Madeira 30 Minuten kochen lassen. In Butter gedünstete Champignons, kleine Semmel- oder Fleischklößchen, Blumenkohlröschen und die Zungenscheiben hineingeben. Alles mitsammen 5 Minuten vorsichtig kochen lassen. Das Gericht in einer Schüssel oder auf einer Platte anrichten, mit Blätterteighalbmonden garnieren.

45. Rinderzunge gepökelt

1 Rinderzunge • 2 Zwiebeln • 10 Wacholderbeeren • 100 g Salz • $2^{1}/_{2}$ l Wasser 150 g Salz • 1 Eßlöffel Zucker • 2 Messerspitzen Salpeter

Die gewaschene Zunge mit der feingestoßenen Mischung von Zwiebeln, Wacholderbeeren und Salz gut einreiben. Inzwischen Wasser mit Salz, Zucker und Salpeter aufkochen und kalt über die vorbereitete Zunge, am besten in einen irdenen Topf, geben. Die Zunge wird mit einem Brettchen beschwert, 3 Wochen gepökelt. Sie soll 4—5mal gewendet werden. Die Haut der Zunge muß dann hart sein, sonst müßte man noch länger beizen. Bei Gebrauch kommt die Zunge in klares, kochendes Wasser und wird gekocht, bis sie weich ist und sich die Haut leicht abziehen läßt. Beim Anrichten teilt man die Zunge in feine schräge Scheiben und gibt warmes Gemüse dazu.

Man kann die Pökelzunge auch noch räuchern. Sie braucht 3 bis 4 Tage. Geräucherte Zunge ist besonders wohlschmeckend und kann gekocht auch als Aufschnitt verwendet werden.

46. Gepökelte Rinderzunge gekocht

Gepökelte, noch besser gepökelte und geräucherte Zunge in kochendem Wasser zusetzen, in 3 Stunden weichkochen. Die Haut abziehen. Besonders delikat wird die Zunge, wenn man nach 2 Stunden Kochzeit die Haut abzieht und die Zunge noch 1 Stunde in Weißwein kocht. Die Zunge in schöne schräge Scheiben schneiden, mit Madeirasauce, frischen Gemüsen, Teltower Rübchen, Erbsbrei oder Linsen zu Tisch geben. Auch kalt als Aufschnitt hervorragend.

47. Zunge in Gelee

(10 Personen)

1 Rinderzunge, gepökelt · Wasser. · 2 Glas Wein · Zitronenschale · Essiggurken · 2 Lorbeerblätter · Pfeffer und Gewürzkörner · 16 Blatt farblose Gelatine · 2 hartgekochte Eier

Die Zunge in Wasser und Wein mit Gewürzen weichkochen. Die Haut abziehen, erkaltet in Scheiben schneiden. Die Brühe durch ein feines Tuch gießen, abmessen und auf 1 Liter Brühe 16 Blatt kalt eingeweichte, ausgedrückte, heiß aufgelöste Gelatine geben, kräftig abschmecken. Eine Schüssel kalt ausspülen, 1/2 cm hoch flüssiges Aspik gießen und steif werden lassen. Hartgekochte, in Scheiben oder Achtel geschnittene Eier, Fleisch und Gurken in schöner Anordnung darauflegen, etwas Aspik darüber gießen, steif werden lassen. Dann wieder lagenweise Fleisch und Aspik; in der Zwischenzeit immer steif werden lassen. Die Form sehr kalt stellen. Zum Stürzen einige Sekunden in heißes Wasser halten, auf eine naß abgespülte Platte stürzen, mit Tomaten garnieren. Dazu Toast und Butter.

48. Zunge mit geeister Tomaten- und Meerrettichcreme

8 Scheiben gekochte Rinderzunge auf einer Platte schuppenförmig anrichten, abwechselnd mit Scheiben von geeister Tomaten- und Meerrettichcreme belegen.

Tomatencreme, geeist

1/8 l Ketchup · 1/8 l süße Sahne · Paprika · Tomatenpüree · Zucker · Salz 3 Blatt farblose Gelatine

Ketchup mit Sahne mischen, sehr gut abschmecken, aufgelöste Gelatine zugeben. In eine kleine Eisschrankschale füllen und im Tiefkühlfach fest werden lassen. Bei Gebrauch die Schale einige Sekunden in heißes Wasser halten, stürzen und die Creme in Scheiben schneiden.

Meerrettichcreme, geeist

1/8 l Meerrettichpüree (aus dem Glas) · 1/8 l süße Sahne · 3 Blatt farblose Gelatine

Meerrettich mit Sahne mischen, mit Salz abschmecken, aufgelöste Gelatine zugeben. In eine kleine Eisschrankschale füllen und im Tiefkühlfach fest werden lassen. Bei Gebrauch die Schale einige Sekunden in heißes Wasser halten, stürzen und die Creme in Scheiben schneiden.

Schweinefleisch

Verschiedene Benennungen der einzelnen Teile beim Schwein

1. Schlegel, Keule, Schinken, 2. Filetgrat, 3. Kotelettgrad (2.,3. = Schweinerücken), 4. Halsgrat, Kamm, Schweinenacken, 5. Backe, Kopf, 6. Brustspitz, 7. Schulter, Bug, 8. Brust, 9. Bauch, 10. Haxe, 11. Knöchel, Spitzbein.

Kochen: Brust, Bauch, Kopf.
Dünsten: Halsgrat, Schulter.
Braten: Rücken, Schlegel, Schulter.
Sülze: Kopf mit Ohren und Rüssel, Haxe, Knöchel.

1. Schweinebraten

Geeignet: Alle Stücke, am besten Schlegel, Schulter, Rücken. Am besten ist Jungschweinebraten.

³/₄ kg Schweinefleisch · Salz · Pfeffer · Kümmel · 1 Zwiebel · ¹/₄ l Wasser

Schweinefleisch

Das gewaschene, abgetrocknete Fleisch mit Salz, Pfeffer und Kümmel einreiben, mit der Fettseite nach unten in die Bratpfanne geben, mit Zwiebelscheiben belegen, gut bodenbedeckt Wasser in die Pfanne gießen und den Braten ins Rohr stellen. Wenn das Wasser verdampft ist, wieder nachgießen. Das Fleisch häufig mit der sich aus dem ausgebratenen Fett und der zugegossenen Flüssigkeit bildenden Sauce begießen. Nach der halben Bratzeit das Fleisch umwenden. Hat man ein Schlegelstück oder Rückenstück (Schweinskarree) mit Schwarte, so setzt man dieses mit der Schwarte nach unten zu und schneidet diese nach 20 Minuten Bratzeit zu kleinen Quadraten ein. Sie sollen zum Schluß rösch gebraten sein. Hat man ein mageres Fleischstück, muß man gleich von Anfang an Fett mit in die Pfanne geben. Zum Würzen kann man auch Knoblauch mit Salz ganz fein zerdrücken und das Fleisch damit einreiben. Die Bratzeit ist 1½ Stunden. Die Sauce wird je nach Geschmack noch entfettet, mit Sauerrahm fertig gemacht oder mit angerührtem Mehl gebunden. — Beigabe: Kartoffelklöße, Semmelklöße, Kartoffelsalat, Krautgemüse, grüne Salate. Besonders gut schmecken mit dem Fleisch mitgebratene Kartoffeln.

2. Schweinebraten mit Senf

³/₄ kg Schweinefleisch · Salz · Kümmel · 2 Eßlöffel süßer Senf · 60 g Fett ½ Sellerie · 1 Zwiebel · 1 Eßlöffel Mehl · ¼ l Wasser

Das von Schwarte, Fett und Knochen befreite Schweinefleisch mit Salz und Kümmel einreiben und von allen Seiten dick mit süßem Senf bestreichen. In die Bratpfanne Fett, Sellerie- und Zwiebelscheiben geben, das Fleisch darauflegen, den Braten ins Rohr stellen und 1½ Stunden braten. Das Fleisch einmal umdrehen, nach und nach etwas Wasser zugießen, den Braten häufig mit der Sauce begießen. Zum Schluß die Sellerie mit Mehl stäuben, etwas anrösten lassen, aufgießen, die Sauce passieren und über das in schöne Scheiben geschnittene, angerichtete Fleisch geben. — Beigabe: Kartoffeln in beliebiger Form, Makkaroni, Reis.

3. Schweinebraten, gedämpft

³/₄ kg Schweinefleisch · Salz · Pfeffer · Kümmel · 2 Zwiebeln · 2 Eßlöffel Essig · ¼ l Wasser · ⅛ l Sauerrahm · 1 Eßlöffel Mehl

Das Schweinefleisch mit Salz, Pfeffer und Kümmel einreiben, in einen gut schließenden Topf legen, Zwiebelscheiben, Essig und Wasser zugeben und das Fleisch zugedeckt 1½ Stunden dämpfen. Zum Schluß den Sauerrahm zugeben und die Sauce mit 1 Eßlöffel Mehl binden. — Beigabe: Kartoffeln, Knödel.

4. Gekochtes Schweinefleisch (Krenfleisch)

³/₄ kg Schweinefleisch (Kopf, Bauchfleisch) · 1½ l Salzwasser · Wurzelwerk 2 Zwiebeln · ⅛ l Essig · 10 Pfefferkörner · 100 g Meerrettich

Salzwasser mit geschnittenem Wurzelwerk, Zwiebel, Essig und Pfefferkörnern aufkochen, das Fleisch hineinlegen und weich kochen (1½ Stunden).

Dann in Scheiben schneiden, auf einer Platte anrichten, etwas Kochbrühe durch ein Sieb darübergießen und das Fleisch mit frisch geriebenem Meerrettich bestreuen. Geschälte Kartoffeln mit Salz und Kümmel weich kochen und rings um das angerichtete Fleisch geben.

5. Gefüllte Schweinebrust

³/₄ kg Schweinebrust · Salz · Pfeffer · 3 Semmeln · 1 Tasse Milch · 30 g Butter · 2 Eier · ¹/₄ l Wasser

Die entbeinte Schweinebrust untergreifen, mit Salz und Pfeffer einreiben. Feingeschnittene Semmeln mit heißer Milch übergießen, in Butter gedünstete Zwiebel und Petersilie, Ei und Salz zugeben. Die Masse in die Schweinebrust füllen, zunähen, mit der Füllung nach oben in eine Bratreine legen, etwas Wasser zugießen und das Fleisch 1¹/₂ Stunden im Rohr braten (einmal wenden). Das Fleisch herausnehmen, etwas stehen lassen, dann in Scheiben schneiden.

6. Nürnberger Schweinsschlegel

(8 Personen)

1 Schweinsschlegel · Salz · Pfeffer · 250 g Lebkuchen · ¹/₂ l Wasser

Den ausgelösten Schlegel waschen, abtrocknen, mit Pfeffer einreiben, 2 Tage kühl stellen, dann salzen und in 2—2¹/₂ Stunden gar braten. Nun mit geriebenem Lebkuchen bestreuen, überbacken, mit Sauce begießen, wieder Brösel aufstreuen und überbacken. Nochmal wiederholen. Der Braten erhält dadurch eine wohlschmeckende braune Kruste. — Dazu Kartoffelbrei und Gemüse.

7. Rotweinbraten (italienisch)

1 Schweinsschlegel · Salz · Wurzelwerk · 2 Lorbeerblätter · Pfefferkörner Rosmarin · Basilikum · Zitronenschale · 6 entkernte Oliven (kleingehackt) 1 l Rotwein · 60 g Öl oder Butter · ¹/₈ l Sauerrahm · 2 Scheiben Weißbrot

Den ausgelösten, vom Fett befreiten Schlegel mit der aromatischen Gewürzmischung gut einreiben, 1 Tag stehen lassen, mit dem Rotwein übergießen, 2 weitere Tage durchziehen lassen. Dann das Fleisch mit Öl oder Butter unter Zugießen von Beize und Sauerrahm in 2—2¹/₂ Stunden gar braten. Das Weißbrot mit zum Braten geben, es macht die Sauce schön sämig. — Teigwaren, Reis oder Kartoffelbrei und Salate sind geeignete Beilagen.

8. Schweinsfilet

2 Schweinsfilets · Salz · Pfeffer · 40 g Fett · 40 g Speck · 4 Teelöffel Steakwürze (Seite 171)

Die Schweinsfilets mit feinen, in Salz und Pfeffer gewendeten Speckstreifchen spicken, mit Steakwürze bestreichen und grillen oder im Rohr braten (30 Minuten). Statt zu spicken, können die Filets auch in ein Schweinsnetz eingeschlagen werden. Zum Anrichten das Fleisch in schräge Scheibchen schneiden. — Dazu: Petersilienkartoffeln, Bratkartoffeln, Salate, Kompotte. Auch in Blätterteig kann das halbgare, mit reichlich frischen Kräutern bestreute Filet eingeschlagen und fertig gebraten werden (30 Minuten).

9. Gedünstete Schweinsfilets

2 Schweinsfilets · Salz · Pfeffer · 40 g Butter · 1 Zwiebel · Thymian · Dill 1/8 l Weißwein · 1/8 l Brühe · Butterkugel

Die Schweinsfilets mit Salz und Pfeffer würzen, in einen Topf legen. Butter, gehackte Zwiebel, ein Sträußchen Thymian und Dill (evtl. getrocknet), Weißwein, Brühe und die Butterkugel (10 g Butter und 10 g Mehl mit einer Gabel vermischen) zugeben. 30—45 Minuten zugedeckt dünsten lassen. — Dazu frische Salzkartoffeln.

10. Gebackene Schweinsfilets

2 Schweinsfilets · 4 Teelöffel Steakwürze · Salz · Mehl · Ei · Brösel zum Wenden · Fett zum Backen

Kleine Schweinsfilets mit Steakwürze bestreichen, salzen, in Mehl, Ei und Bröseln wenden, schwimmend in heißem Fett backen. (Rasche und gute Zubereitungsart).

11. Schweinelendenbraten

3/4 kg Schweinelende (vom Kotelettgrat abgelöstes Bratstück) · Salz · Pfeffer 40 g Butter · 2 Zwiebeln · frische Kräuter (Petersilie oder Dill, Basilikum, Estragon) · 4 Tomaten · 1/8 l Wasser · 1/8 l Sauerrahm · 1 Eßlöffel Mehl

Die gewürzte Schweinelende in heißem Fett mit Zwiebeln unter Zugießen von etwas Wasser und Sauerrahm braten (1 Stunde). Die Sauce mit angerührtem Mehl binden. Das in dünne, schöne Scheiben geschnittene Fleisch schuppenförmig im Kranz oder oval anrichten, außen herum die Tomatenscheiben. Das Fleisch mit wenig Sauce überziehen, mit feingehackten Kräutern bestreuen, die Tomatenscheiben mitsalzen.

12. Schweinesteaks

4 Schweinesteaks (vom Kotelettgrat abgelöste Lende zu Portionen geschnitten oder Schweinsfilet zu Portionen geschnitten) · 4 Teelöffel Steakwürze Salz · 60 g Fett

Die gewürzten Steaks beidseitig grillen oder auf der Stielpfanne in Fett braten (8—12 Minuten). Sie müssen durch, aber innen noch rosa sein. — Dazu: Pommes frites, Gemüse, Salate, Mayonnaisensaucen. Kleine Fleischportionen für Spieß und Mixed Grill geeignet.

Schweinefleisch

13. Schweinskoteletts, Schweineschnitzel, natur

*4 Koteletts oder Schnitzel · Salz · Pfeffer · Kümmel · Mehl zum Wenden
60 g Butter oder Fett · ⅛ l Wasser oder Brühe · 1 Tomate zum Anrichten*

Die Koteletts (Fleisch am Rippenknochen etwas lösen) oder Schnitzel (Ränder einschneiden) leicht klopfen, mit Salz, Pfeffer und Kümmel würzen. In Mehl wenden, in heißem Fett auf beiden Seiten goldbraun braten, aufgießen und 10 Minuten dünsten lassen. (Wenn erforderlich etwas länger. Bei den Koteletts muß das Fleisch auch am Rückgratknochen ganz durchgebraten sein.) — Das angerichtete Fleisch mit einer in Achtel geschnittenen Tomate garnieren. Dazu Kartoffeln und Kopfsalat.

14. Schweinskoteletts, Schweineschnitzel, gebacken

*4 Koteletts oder Schnitzel · Salz · Pfeffer · Mehl · Ei · Brösel zum Wenden
Fett zum Backen · 1 Zitrone zum Anrichten*

Die wie im vorstehenden Rezept vorbereiteten Koteletts oder Schnitzel mit Salz und Pfeffer würzen. In Mehl, verquirltem Ei und Bröseln wenden, in heißem Fett — womöglich schwimmend — goldbraun backen (Schnitzel 4 Minuten, Kotelett 8 Minuten). Trocken auf vorgewärmter Platte anrichten, mit Zitrone und einem Petersiliensträußchen garnieren.

15. Elsässer Schweinskoteletts

*4 Schweinskoteletts · Salz · Pfeffer · Mehl zum Wenden · 40 g Butter
⅛ l Rotwein · 1 Teelöffel Zucker · 2 hartgekochte Eier · Petersilie*

Die gewürzten Koteletts in Mehl wenden, braten, mit Rotwein aufgießen, mit Zucker leicht süßlich abschmecken. Das Fleisch 10 Minuten in der Sauce dünsten. Die angerichteten Koteletts mit der sämig gekochten Sauce überziehen, mit kleingehacktem Ei und Petersilie bestreuen. — Dazu Pommes frites.

16. Ungarische Schweineschnitzel

*4 Schweineschnitzel · Salz · Knoblauch · Kümmel · Mehl zum Wenden · 40 g
Schweinefett · ⅛ l Wasser · ⅛ l Sauerrahm · 2 Teelöffel Paprika*

Feingeschnittenen Knoblauch mit Salz zerdrücken, die Schnitzel damit einreiben. Mit Kümmel bestreuen, in Mehl wenden, in heißem Fett goldbraun braten. Mit Wasser und Sauerrahm aufgießen, Paprika zugeben, 10 bis 20 Minuten dünsten lassen. (Das Fleisch junger Tiere ist zarter.) Mit Salzkartoffeln oder Kartoffelschmarrn und Weißkrautsalat servieren.

17. Schweinsgulyas

*500 g Schweinefleisch · 250 g Zwiebel · 80 g Schweinefett · 1 Eßlöffel Paprika
¼ Eßlöffel Essig · 2 Knoblauchzehen · 1 Teelöffel Kümmel · Salz · 2 Eßlöffel
Mehl · ⅛ l Wasser · ⅛ l Sauerrahm*

In heißem Fett die feingeschnittenen Zwiebeln hellgelb rösten, Paprika, Essig, das grobwürflig geschnittene Fleisch, mit Salz zerdrückten Knoblauch, feingehackten Kümmel und etwas Wasser zugeben, zugedeckt weich dünsten, mit Mehl stauben, aufgießen, Rahm zugeben, noch etwas dünsten lassen. – Beilage: Spätzle, Kartoffeln.

18. Geröstetes Schweinefleisch

400 g Schweinefleisch · Salz · Pfeffer · Kümmel · Majoran · 2 Knoblauchzehen · 2 Teelöffel Mehl · 60 g Schweinefett · 2 Zwiebeln · 2 Eßlöffel Tomatenmark · 1/8 l Wasser

Sehr feinblättrig geschnittenes Schweinefleisch mit Salz, Pfeffer, Kümmel, Majoran, zerdrücktem Knoblauch und Mehl mischen. In heißem Fett geschnittene Zwiebeln hellgelb rösten, das vorbereitete Fleisch zugeben, bei guter Hitze rasch durchrösten. Mit Wasser verrührtes Tomatenmark zugeben, einmal scharf aufkochen und sofort anrichten. Hat man Fleisch von einem älteren Tier, muß das Gericht zugedeckt noch 20 Minuten dünsten. – Beigabe: Kartoffelschmarrn, Semmeln.

19. Szegediner Gulyas

500 g Schweinefleisch · 500 g Sauerkraut · 250 g Zwiebeln · 125 g Schweinefett · 2 Eßlöffel Paprika · 2 Knoblauchzehen · Salz · 1 Eßlöffel Mehl · 1/8 l Wasser · 1/8 l Sauerrahm

In heißem Fett die feingeschnittenen Zwiebeln hellgelb rösten, Paprika, das würflig geschnittene Fleisch, feinzerdrückten Knoblauch, Salz, etwas Wasser zugeben und das Fleisch halbweich dünsten. Dann das Sauerkraut zugeben und mitsammen fertig dünsten. Rahm mit Mehl verquirlen, das Gulyas damit binden und noch etwas kochen lassen. Man kann auch das Fleisch allein dünsten und zum Schluß das weichgekochte Sauerkraut untermischen. Der Fleischgeschmack ist dann intensiver. – Beilage: Mit Kümmel gekochte Salzkartoffeln.

20. Gebratene Schweinsstelzen

1–2 Schweinsstelzen · Salz · Pfeffer · Kümmel · 1 Zwiebel · 1/8 l Wasser

Die Schweinsstelzen mit Salz, Pfeffer und Kümmel einreiben, in die Bratpfanne geben, mit Zwiebelscheiben belegen, etwas Wasser zugießen, ins Rohr stellen und unter häufigem Begießen mit der sich bildenden Sauce 1 Stunde braten.

21. Gedünstete Schweinsstelzen

1–2 Schweinsstelzen · 2 Knoblauchzehen · Kümmel · 20 g Fett · 1/4 l Wasser 2 Eßlöffel Essig

Schweinefleisch

Die Schweinsstelzen mit Knoblauch, der mit Salz zerdrückt wurde, und Kümmel einreiben. In einen Topf mit heißem Fett geben, ringsherum hell anbraten, dann Wasser und Essig zugeben und die Stelzen zugedeckt weich dünsten. — Beigabe: Salzkartoffeln.

22. Eisbein mit Erbsen und Sauerkraut

Das Eisbein (Schweinsstelze) in Salzwasser mit Lorbeerblatt und Pfefferkörnern weichkochen. Aus getrockneten grünen oder gelben Erbsen einen Erbsbrei kochen und Sauerkraut zubereiten. Auf einer großen Platte zusammen anrichten.

23. Schweinsrüsserl mit Kren

1 Schweinsrüsserl · Salzwasser · frischer Kren (Meerrettich)

Das Schweinsrüsserl in Salzwasser weichkochen, anrichten, mit reichlich frisch geriebenem Meerrettich (Kren) bestreuen. — Beigabe: Salzkartoffeln. Schweinskopf und Schweinebauch eignet sich besonders gut zur Bereitung von Sulze (Aspik).

24. Gebratenes Spanferkel

(8 Personen)

1 Spanferkel · Salz · Pfeffer · 60 g Fett · Bier · Speckschwarte

Das Spanferkel soll weiße Haut und einen fetten Hals haben. Man nimmt die weiblichen Tiere zum Braten. Im Alter von 4 bis 6 Wochen wird das Spanferkel geschlachtet. Solange es noch warm ist, wird es mit feingestoßenem Pech eingerieben und nicht zu heiß überbrüht. Dann kann man die Borsten leicht entfernen. Bei der Zubereitung wird es außen mit Salz, innen mit Salz und Pfeffer ausgerieben. Man steckt gerne in den Körperhohlraum eine Flasche, dann behält es beim Braten die Form besser. Während des Bratens wird es häufig mit etwas Fett bestrichen. Ist es fast weich, bepinselt man es mit Bier, dadurch wird die Kruste rösch. Das Spanferkel soll sehr langsam braten, dann ist es im Geschmack besonders fein. Gegen Ende der Bratzeit überstreicht man es öfters mit einer ungesalzenen Speckschwarte.

25. Spanferkel geräuchert

*1 Spanferkel · Salz · Pfeffer · Wacholderbeeren · 6 l Wasser · 17 g Salpeter
1 Eßlöffel Zucker*

Das schön geputzte Spanferkel wird der Länge nach gespalten und jede Hälfte nochmals quer durchgeteilt. Man reibt das Fleisch gut mit einer Mischung von Salz, Pfeffer und feingestoßenen Wacholderbeeren ein. Inzwischen kocht man 6 l Wasser mit 17 g Salpeter und Zucker auf und gibt diese Beize kalt über das Spanferkel; am besten in einem irdenen Geschirr. Dann legt man ein Brettchen darauf und beschwert es. Das Spanferkel soll 14 Tage in dieser Beize bleiben. Es wird öfters umgewendet. Dann nimmt man es heraus, trocknet es gut ab und hängt es einige Tage in kühlen Rauch.

26. Surbraten

1 kg Schweinefleisch · 2 Knoblauchzehen · Salz · Pfeffer · 1 Suppengrün 2 Zwiebeln · 20 Wacholderbeeren · 2 Lorbeerblätter · ¹/₂ l Salzwasser

Den feingeschnittenen Knoblauch mit Salz zerdrücken, alle anderen Gewürze klein schneiden. Das Fleisch gut damit einreiben, in einen irdenen Topf legen, zugedeckt kühlstellen. Nach 2 Tagen mit einer milden Salzlösung übergießen und 5—10 Tage suren lassen. Das Fleisch öfters wenden. Die bratfertige Zubereitung ist gleich wie bei frischem Schweinebraten.

27. Pökelfleisch

Vom Schwein eignet sich am besten der Schlegel und das Rippenstück, vom Rindfleisch die Brust.
4 kg Fleisch · 20 Wacholderbeeren · 4 Zwiebeln · 80 g Salz · 5 l Wasser 375 g Salz · 8 g Salpeter · 1 Eßlöffel Zucker

Das Fleisch mit fein zerstoßenen Wacholderbeeren, Salz und verwiegten Zwiebeln gut einreiben und einen Tag kühl legen. Das Wasser mit Salz, Zucker und Salpeter aufkochen und wieder abkühlen (Sur). Dann gibt man das Fleisch am besten in ein kleines, hölzernes Gefäß (Zuber), das einen passenden Holzdeckel hat, übergießt es mit der Sur, deckt den Holzdeckel darauf und beschwert es so, daß das Fleisch ganz in der Sur liegt. Es muß drei Wochen durchbeizen. Man wendet es 3—4mal um. In den Metzgereien wird die Pökelflüssigkeit in das Fleisch gespritzt (Zeitersparnis). Anschließend wird es geräuchert. Je nachdem, wie stark man es geräuchert haben will, läßt man es 5—10 Tage im Rauch hängen. Anmerkung: Das gepökelte Fleisch, das eine schöne rote Farbe angenommen hat, kann so oder noch geräuchert, gekocht und gebraten werden. (Gepökelte Rinderbrust, Kassler.)

28. Gebratenes Kassler Rippespeer

1 kg geräuchertes rohes Schweinskarree (Kassler) · 1 Zwiebel · ¹/₈ l Wasser

Das Fleisch in die Bratpfanne geben, mit Zwiebelscheiben belegen, Wasser zugießen, ins Rohr stellen und unter häufigem Begießen 1 Stunde braten. Das Fleisch von den Knochen ablösen, zu feinen Scheiben schneiden, auf vorgewärmter Platte anrichten, mit dem klaren oder mit Stärkemehl gebundenen Bratensaft übergießen. — Beigabe: Linsengemüse, Salzkartoffeln, Blaukraut. Das Fleisch eignet sich kalt besonders als feiner Aufschnitt (Rippespeer Medaillon).

Schweinefleisch

29. Schinken in Burgunder

(8 Personen)

Einen kleinen, mild geräucherten Schinken in Wasser weich kochen (2 bis 3 Stunden). Dann die Schwarte vorsichtig ablösen. Das Fett würfelig einschneiden. Den Schinken in eine Bratpfanne legen, mit Pfefferkörnern, Gewürzkörnern und einigen Nelken belegen. Mit 1 Eßlöffel Zucker bestreuen und einigen Butterflöckchen belegen. Zwei Glas Rotwein an den Braten geben. Unter häufigem Begießen und eventuell nachgießen von Wein goldbraun braten (45 Minuten). Die Sauce mit etwas angerührtem Stärkemehl binden. Mit Kartoffelbrei und Gemüsen servieren.

30. Lachsschinken

2 große Schweinsfilets · 125 g roher Speck · 2 Eßlöffel Salz · 1 Teelöffel Salpeter · 1 Teelöffel Zucker · 1 Schweinsnetz

Die Schweinsfilets von Fett und Haut befreien. Salz, Salpeter und Zucker mischen, die Filets und den Speck damit einreiben. Bei täglichem Wenden 3 Tage kühl stellen, dann abtrocknen, den Speck in dünne Scheiben schneiden. Die Filets glatt aneinanderlegen, mit Speckscheiben belegen, fest in ein eingeweichtes Schweinsnetz wickeln. Dicht mit feinem Spagat umwickeln, dann 2 Tage räuchern.

31. Gebratene Schweinshaxe

1 Schweinshaxe · Salz · Pfeffer · Paprika · Fett zum Braten

Die Schwarte der Schweinshaxe zu Quadraten einschneiden, das Fleisch kräftig mit Salz und Pfeffer würzen, mit etwas Paprika bestreuen. In heißem Fett von allen Seiten anbraten und im Rohr unter gelegentlichem Wenden und Zugießen von etwas Wasser je nach Größe 1½–2 Stunden braten. Kurz vor beendeter Garzeit mit Bier oder Salzwasser bestreichen; die Schwarte wird dann schön knusprig. Die ganze Haxe zu Tisch geben oder das Fleisch in der Küche ablösen und anrichten. Dazu Kartoffelsalat und gemischten Salat. Die Schweinshaxe kann auch gegrillt werden; gleiche Garzeit.

32. Surhaxe

Die Schweinshaxe wird dazu vom Metzger in die Sur gelegt (Sur nennt man in Bayern die Pökellake). Die gesurte Haxe in Wasser weich kochen, mit Sauerkraut und Salzkartoffeln zu Tisch geben.

33. Surhaxe geräuchert

Die geräucherte Surhaxe in Wasser weich kochen, mit Sauerkraut und Salzkartoffeln zu Tisch geben.

Hammelfleisch

Verschiedene Benennungen einzelner Teile beim Schaf

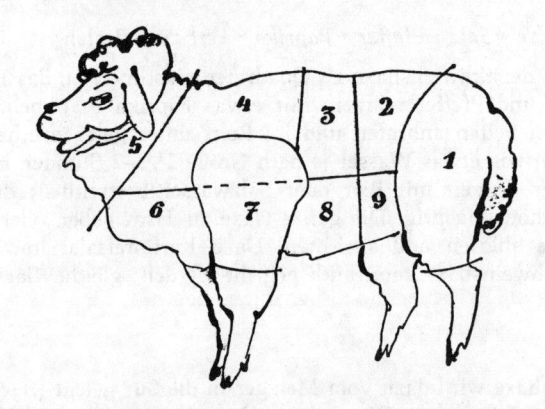

1. Schlegel, Keule, 2. Filetgrat, 3. Kotelettgrat (Nr. 2., 3. = Hammelrücken), 4. Schultergrat, 5. Hals, 6. Brustspitz, 7. Bug, Schulter, 8., 9. Brust.

Kochen: Brust, Brustspitz, Hals.

Dünsten: Brust, Schultergrat.

Braten: Schlegel, Rücken, Schulter.

Lamm ist das junge Schaf, **Schaf** das weibliche ältere Tier, Hammel ist das männliche Schaf.

1. Gekochtes Lammfleisch

1 vorderes Viertel oder 1 kg Hammelfleisch · 1½ l Salzwasser · 1 Zwiebel 1 Gelbrübe · 1 Petersilienwurzel · 1 Sträußchen Borretsch (Gurkenkraut) 10 Pfefferkörner · ⅛ l Essig · ¾ kg Kartoffeln · 30 g Butter · 30 g Brösel Petersilie

Das Fleisch in Salzwasser mit Zwiebel, Wurzelwerk, Pfefferkörnern, Borretsch und Essig halbweich kochen. Dann die geschälten, rohen, in Viertel geschnittenen Kartoffeln dazugeben und alles mitsammen fertig kochen. Das Fleisch samt den Kartoffeln, den Wurzeln und einem Teil der Brühe anrichten und mit in Butter gerösteten Bröseln und gewiegter Petersilie überstreuen.

2. Gedünstetes Lammfleisch

1 Vorderviertel · Salz · 50 g Fett · 1 Zwiebel · Wurzelwerk · 1 Eßlöffel Mehl · ¼ l Wasser oder Brühe · Zitronensaft

Das Fleisch waschen, abtrocknen, mit Salz bestreuen, in einen Topf mit Fett, Wurzelwerk, Zwiebelscheiben und etwas Flüssigkeit geben und zugedeckt weichdünsten. Dabei öfters umwenden und mit Sauce begießen. Diese zum Schluß mit Mehl binden und mit Zitronensaft abschmecken. — Beigabe: Milch- oder Rahmkartoffeln.

3. Lamm in heller Sauce

1 vorderes Viertel · Salzwasser · 50 g Butter oder Fett · 1 Zwiebel · Salz Zitronensaft · 2 Eßlöffel Mehl · etwas Weißwein · ¼ l Wasser oder Brühe 1 Eigelb

Das gewaschene Fleisch in Stücke teilen und 15 Minuten in Salzwasser kochen. Dann mit Fett und Zwiebel in einen Topf geben, mit Salz bestreuen, mit Zitronensaft betropfen und zugedeckt weichdünsten. Die Sauce mit Mehl binden, aufgießen, mit Zitronensaft und Weißwein abschmecken, das Fleisch noch 10 Minuten darin kochen lassen. Vor dem Anrichten mit Eigelb legieren, kleine Semmelklößchen hineingeben.

4. Lammbraten

1 hinteres Viertel vom Lamm · Salz · 60 g Fett · ¼ l Brühe

Das Fleisch gut salzen, in die Pfanne geben, mit heißem Fett übergießen und unter Nachgießen von Flüssigkeit und Begießen mit der sich bildenden Sauce 1½ Stunden im Rohr braten.

5. Lammschlegel mit Pilzen

1 Lammschlegel · 50 g Speck · Salz · 40 g Fett · ⅛ l Sauerrahm · 20 g Butter 10 g Mehl · 125 g Champignons

Den Lammschlegel auslösen, von Fett und Haut befreien, mit feinen, gesalzenen Speckfäden spicken und im Rohr mit heißem Fett und dem nötigen Wasser oder Brühe 1½ Stunden braten. Dann den Rahm und die aus Butter und Mehl bereitete Butterkugel zugeben. Die Sauce 10 Minuten kochen lassen, die blättrig geschnittenen, in Butter gerösteten Champignons untermischen. Das geschnittene Fleisch auf vorgewärmter Platte anrichten und mit der Sauce übergießen. — Beigabe: Reis, Risipisi, Kartoffeln.

6. Gefülltes Lammviertel

*1 vorderes Viertel vom Lamm · Salz · 50 g Fett · ¼ l Brühe oder Wasser
Fülle: 60 g Butter oder Margarine · 2 Eier · 100 g Semmelbrösel · etwas Milch · Zwiebel · Petersilie · Salz · Muskat*

Das Fleisch mit Salz einreiben, die Brust untergreifen, füllen, zunähen und im Rohr unter häufigem Begießen 1 Stunde braten. Fülle: Schaumig gerührte Butter mit Eiern, mit Milch befeuchteten Semmelbröseln, feingewiegter Zwiebel und Petersilie mischen, mit Salz und Muskat abschmecken. Die Fülle kann auch noch mit 125 g Bratwurstbrät vermengt werden.

7. Lammkotelett

8 Lammkoteletts · Salz · 60 g Fett

Die vorsichtig geklopften, von den gekürzten Rippenknochen etwas abgelösten Koteletts mit Salz bestreuen und rasch in Fett oder Butter braten. Sehr gut schmecken sie auch, wenn man sie auf beiden Seiten mit flüssiger Butter und Öl bestreicht und auf dem Rost brät. Lammkoteletts sind klein, eignen sich daher sehr gut zur Garnitur von Gemüseplatten.

8. Gebackenes Lammfleisch

*1 kg Lammschlegel, Schulter oder Rippenstück · Salz · 100 g Mehl · 2 Eier
125 g Brösel · Backfett*

Das Fleisch in Portionsstücke schneiden, etwas klopfen, mit Salz bestreuen, in Mehl, Ei und Bröseln wenden und in heißem Fett langsam auf beiden Seiten backen. — Beilage: Kartoffelsalat, grüne Gemüse, Kompott.

9. Patolio (Spanisches Gericht)

Würfelig geschnittenes mageres Hammelfleisch oder Ochsenfleisch mit Salz bestreuen, in spanischem Olivenöl leicht anbraten, geschnittene Zwiebeln zugeben (halbe Gewichtsmenge wie Fleisch), ebenfalls anbraten, etwas aufgießen. Mit reichlich frischem oder getrocknetem Basilikum, etwas Chilipfeffer und Tomatenmark würzen (nach Belieben auch noch Knoblauch). Die Speise unter gelegentlichem Zugießen der notwendigen Flüssigkeitsmenge zugedeckt weichdünsten. Sauerrahm mit Mehl verquirlen und das

Gulyas damit leicht binden. Auf vorgewärmter Platte anrichten, fächerförmig mit streifig eingeschnittenen grünen, roten oder gelben eingemachten Paprikaschoten und einer gefüllten Olive garnieren. Dazu Pommes frites.

10. Gedünstetes Hammel- oder Schaffleisch

1 kg vom Schlegel oder Bug · Salz · Pfeffer · 40 g Fett · 1 Zwiebel · ¼ l Wasser · 1 Eßlöffel Mehl · Zitronensaft

Das gewaschene, abgetrocknete Fleisch mit Salz und Pfeffer bestreuen, mit Fett, Zwiebel und etwas Wasser in einen Topf legen und zugedeckt weichdünsten. Während dieser Zeit das Fleisch einmal umdrehen und häufig mit der Sauce begießen. Diese zum Schluß mit angerührtem Mehl binden, mit Zitronensaft abschmecken und durch ein Sieb über das in Scheiben geschnittene, angerichtete Fleisch geben. — Beilage: Kartoffeln in jeder Form.

11. Hammelbraten

1 kg Hammelfleisch (Schlegel, Schulter, Rücken) · Salz · Pfeffer · 50 g Fett Wurzelwerk · 2 Zwiebeln · ¼ l Wasser · 2 Eßlöffel Mehl · Zitronensaft

Das von allem Fett befreite, gehäutete Hammelfleisch mit Salz und Pfeffer bestreuen, in die Bratpfanne mit heißem Fett, geschnittenem Wurzelwerk und Zwiebeln geben. Unter gelegentlichem Zugießen von Flüssigkeit und Wenden das Fleisch 2 Stunden braten. Die Sauce mit angerührtem Mehl binden, mit Zitronensaft abschmecken, passiert über das angerichtete Fleisch geben (Platte vorwärmen). — Beilage: Bratkartoffeln und gedünstete, grüne Bohnen oder Gemüse von getrockneten weißen Bohnen.

12. Hammelschlegel als Gemsbraten

(6—8 Personen)

1 Hammelschlegel · ¼ l Essig · Pfefferkörner · Lorbeerblätter · Thymian Wacholderbeeren · Weinraute · Salz · 100 g Speck · 60 g Fett · ¼ l Sauerrahm

Den ausgelösten Hammelschlegel vom Fett befreien und häuten. Essig mit Pfefferkörnern, Lorbeerblättern, Thymian, Wacholderbeeren und Weinraute 15 Minuten kochen lassen, durch ein Sieb gießen und erkaltet über das Fleisch geben. 2 Tage an einem kühlen Ort stehen lassen, täglich zweimal wenden. Dann herausnehmen, salzen, spicken, in einen gutschließenden Topf mit Fett und Beize legen und zugedeckt 1 Stunde dünsten. Dann das Fleisch mit Sauerrahm bestreichen und offen noch 1 Stunde im Rohr braten. Das Dünsten und Braten kann auch an zwei nacheinanderfolgenden Tagen erfolgen. Das geschnittene Fleisch auf gut vorgewärmter Platte anrichten, mit Sauce übergießen, Semmelknödel als Beilage geben.

Hammelfleisch

13. Senfhammelkeule

(6 Personen)

1 kleine Hammelkeule · 50 g Speck · 3 Eßlöffel Senf · Salz · 40 g Fett 20 g Mehl

Die Hammelkeule auslösen, klopfen, häuten, spicken, auf eine Schüssel legen und dick mit Senf bestreichen. An einem kühlen Ort 3 Tage so stehen lassen, dann mit Salz bestreuen, in eine Bratpfanne legen, mit heißem Fett übergießen und unter häufigem Begießen und dem nötigen Zugießen von Wasser oder Brühe 2 Stunden im Rohr braten. Die Sauce mit angerührtem Mehl binden, mit Senf abschmecken.

14. Bayonner Hammelkeule

1 kg Hammelschlegel · 30 g Sardellen · 20 g Anschovis · 1 Zwiebel · 2 Essiggurken · 50 g Speck · 1 Eßlöffel Öl — Beize: ¼ l Essig · ¼ l Wasser · 2 Zwiebeln · Pfefferkörner · Gewürzkörner · 1 Lorbeerblatt · 50 g Fett · ⅛ l Sauerrahm · ⅛ l Rotwein · 1 Eßlöffel Mehl

Hammelfleisch auslösen, klopfen, häuten, mit gleichmäßigen Streifchen von Sardellen, Anschovis, Gurken, Zwiebeln und Speck spicken, mit Öl bestreichen, in einen irdenen Topf legen, mit der ausgekühlten Beize übergießen und 3 Tage an einem kühlen Ort stehen lassen. Dann in eine Bratpfanne mit heißem Fett und etwas Beize geben und das Fleisch unter häufigem Begießen 1½ Stunden im Rohr braten. Dann den Rahm darübergießen, bräunen lassen, den Rotwein in die Sauce geben mit 1 Eßlöffel angerührtem Mehl binden. Das Fleisch in Scheiben schneiden, auf gut vorgewärmter Platte anrichten, mit einem Teil der Sauce übergießen. — Beilage: breite Nudeln, Reis, Knödel, Kartoffelröllchen, Preiselbeerkompott.

15. Hammelkotelett

8 Hammelkoteletts · 4 Teelöffel Steakwürze · Salz · 60 g Fett

Das Fleisch von den gekürzten Rippen etwas ablösen, vorsichtig klopfen, mit Steakwürze bestreichen, auf jeder Seite 6 Minuten grillen oder in der Stielpfanne in heißem Fett braten, etwas aufgießen und 10 Minuten schmoren lassen. Dazu gedünstete weiße Rüben, grüne Erbsen, geschmorten Wirsing, grüne Bohnen, warmgeschlagene Mayonnaisensauce. Die zierlichen Koteletts eignen sich auch für Mixed Grill und als Auflage auf Gemüseplatten.

16. Englische Hammelsteaks

¾ kg Hammelrücken · Salz · Pfeffer · 60 g Butter · Pfefferminze · 1 Eßlöffel Zitronensaft

Das Fleisch von den Knochen lösen und zu 8 gleichmäßigen Steaks schneiden, mit Salz und Pfeffer würzen, in 10 Minuten gargrillen oder auf der Stielpfanne braten. Butter hell bräunen, fein zerriebene Pfefferminze und Zitronensaft beigeben, auf die angerichteten Steaks geben. Dazu Kartoffelchips.

17. Hammelcurry

3/4 kg Hammelfleisch (Schlegel oder Bug) · Salz · Thymian · 60 g Öl oder Butter · 4 Zwiebeln · 2 Äpfel · 2 Teelöffel Curry · 1/4 l Wasser · 1 Eßlöffel Mehl · 20 g Butter

Hammelfleisch in Würfel schneiden, mit Salz und Thymian würzen. In Öl oder Butter geschnittene Zwiebeln goldgelb dünsten, Apfelwürfel, Curry und das vorbereitete Fleisch zugeben. Mit Mehl überstäuben. Unter Zugießen der erforderlichen Flüssigkeitsmenge zugedeckt gardünsten (1–1½ Stunden). Trockenen Reis dazu servieren.

18. Türkischer Hammelpilaw

500 g Hammelfleisch · 4 Knoblauchzehen · Salz · Pfeffer · Paprika · 80 g geräucherter Speck · 4 große Zwiebeln · 4 Eßlöffel Tomatenmark · 200 g Reis 1 l Wasser

Würfelig geschnittenes Hammelfleisch mit feinzerdrücktem Knoblauch, Salz, Pfeffer und Paprika würzen. In einem Topf kleinwürfelig geschnittenen Speck ausbraten, die geschnittenen Zwiebeln darin hellgelb rösten, das gewürzte Fleisch darauflegen, Tomatenmark zugeben, etwas aufgießen, halbweich dünsten. Dann den verlesenen Reis zugeben, knapp bedeckt mit Wasser auffüllen und den Pilaw fertig dünsten; der Reis muß körnig weich sein. Beilage: Tomatensalat, Paprikasalat, Chicoréesalat, grüner Salat.

19. Steirisches Schöpsernes

750 g Hammelfleisch (Bug) · 500 g Wurzelwerk · Salz · Essig · 2 Teelöffel Majoran · 1 Lorbeerblatt · 1 l Wasser · 500 g Kartoffeln

Das in große Würfel geschnittene Hammelfleisch mit feinnudelig geschnittenem Wurzelwerk, Majoran, Lorbeerblatt, Salz und Essig in Wasser weichkochen. Dann die würfelig geschnittenen Kartoffeln zugeben und ohne umzurühren weichkochen. Die Brühe muß klar bleiben. Das Fleisch mit den Gemüsen und den Kartoffeln auf einer Platte oder in einer Schüssel anrichten und die eingekochte Brühe daraufgeben.

20. Hammelfleisch mit Gurken

750 g Hammelfleisch (Schlegel, Bug) · Salz · Pfeffer · 60 g Fett · 1 Zwiebel 3/4 kg frische Gurken · 3 Eßlöffel Mehl · 1/8 l Sauerrahm · Dill

Das Hammelfleisch mit Salz und Pfeffer einreiben, in Fett mit Zwiebel anbraten, aufgießen und zugedeckt weichdünsten. Frische Gurken schälen, halbieren, entkernen, quer durchschneiden, mit etwas Salz bestreuen, zum Hammelfleisch geben und darin weichdünsten. Mehl und Sauerrahm verquirlen, die Sauce damit fertigmachen, reichlich feingehackten Dill zugeben und alles mitsammen noch 10 Minuten leise kochen lassen. — Beilage: Salzkartoffeln.

21. Hammelragout

³/₄ kg Hammelragout • 60 g Fett • Wurzelwerk • 2 Zwiebeln • Pfefferkörner Thymian • ¹/₂ l Wasser • 2 Eßlöffel Mehl • 4 Eßlöffel Rotwein

In heißem Fett geschnittenes Wurzelwerk und Zwiebeln hellbraun anrösten, das Fleisch, Pfefferkörner, Thymian und Wasser zugeben und weichdünsten. Dann das Fleisch herausnehmen, das Wurzelwerk mit Mehl stäuben, anrösten lassen, aufgießen, die Sauce passieren, mit Rotwein abschmecken und das Fleisch noch 10 Minuten darin kochen lassen. — Beilage: Kartoffeln, Knödel, Spätzle, Makkaroni.

22. Hammelleber gebraten

¹/₂ kg Hammelleber • 1 Zwiebel • Petersilie • 1 Stück Schweinenetz • Mehl zum Wenden • 40 g Fett • Salz • 1 Eßlöffel Mehl • 2 Eßlöffel Weißwein

Die Leber mit feingehackter Petersilie und Zwiebel bestreuen, in das Schweinenetz wickeln, in Mehl wenden, in heißem Fett an allen Seiten anbraten und im Rohr unter häufigem Begießen 30 Minuten braten. Dann salzen, die Sauce mit angerührtem Mehl binden, und mit Weißwein abschmecken. — Beilage: Kartoffelbrei. Meist wird Hammelleber gegrillt.

23. Gebratene Hammelnieren

4 Hammelnieren • 60 g Speck • 20 g Fett • Petersilie • 50 g Käse • Salz

Die gewaschenen und gespaltenen Nieren in dicke Scheiben schneiden, den Speck in feine Blättchen. Einen Topf mit Fett ausstreichen, Nieren und Speck hineinlegen, zugedeckt unter gelegentlichem Wenden 20 Minuten schmoren lassen. Gehackte Petersilie, geriebenen Käse und Salz zugeben, mit Kartoffeln und Salat zu Tisch geben. Hauptsächlich verwendet man Hammelnieren für Schaschlik.

24. Irish stew

³/₄ kg Hammelfleisch • 80 g Fett • 2 Zwiebeln • 1 Kopf Wirsing • 1 Gelbrübe 1 Petersilienwurzel • ¹/₂ Sellerie • Salz • Pfeffer • ³/₄ kg Kartoffeln

Das würfelig geschnittene, mit Salz und Pfeffer bestreute Hammelfleisch in Fett mit geschnittenen Zwiebeln anbraten, aufgießen und halbweich dünsten. Dann das nudelig geschnittene Wurzelwerk und den geviertelten rohen

Wirsing zugeben, obenauf die rohen Kartoffelwürfel. Salz und Pfeffer darüberstreuen, soviel Wasser zugießen, daß alles davon knapp bedeckt ist, den Topf gut zudecken und alles mitsammen fertigkochen. Die Kartoffeln sollen nicht zerfallen, die Brühe muß klarbleiben.

25. Gebratenes Kitz

1 hinteres Viertel · Salz · Pfeffer · 50 g Fett · 1/4 l Wasser oder Brühe

Das gewaschene, mit einem Tuch sauber abgeriebene Fleisch mit Salz und Pfeffer bestreuen, in die Pfanne legen, mit heißem Fett übergießen und im Rohr 1¹/₂ Stunden unter häufigem Begießen braten. Das Fleisch während dieser Zeit einmal umwenden, wenn nötig Wasser zugießen. — Beilage: verschiedene Salate. — Anmerkung: Das Fleisch von jungen, 5—6 Wochen alten Ziegen gibt einen sehr guten Braten. Das Fleisch von jungen Böcken dagegen hat einen unangenehmen Geschmack.

26. Gebackenes Kitz

1 kg vom hinteren Viertel · Salz · Pfeffer · 100 g Mehl · 2 Eier · 125 g Semmelbrösel · Backfett

Das Kitzfleisch in Portionsstücke schneiden, wenn nötig etwas flachklopfen. Mit Salz und Pfeffer bestreuen, in Mehl, verquirltem Ei und Bröseln wenden und in heißem Fett auf beiden Seiten langsam durchbacken (womöglich schwimmend). — Beilage: verschiedene Salate.

27. Spanische Hammelkoteletts

4—8 Hammelkoteletts · 1 Tasse Weißwein · Fett zum Braten · 40 g Butter oder Margarine · 100 g Champignons · 2 Eßlöffel Mehl · Salz · Pfeffer Zucker · 50 g geriebener Käse · Tomatenketchup

Die vom Fett befreiten Rippchen 1 Stunde in Weißwein legen, abtrocknen, in Mehl wenden und in Fett auf beiden Seiten braun anbraten. (Das Fleisch soll innen rosa bleiben.) In Butter oder Margarine die geschnittenen Champignons 2 Minuten dünsten, mit Mehl überstauben, mit dem Weißwein aufgießen, mit Salz, Pfeffer und Zucker abschmecken. Die Rippchen auf einer feuerfesten Platte anrichten, mit der Sauce übergießen, mit geriebenem Käse bestreuen. Im Rohr mit starker Oberhitze goldgelb überbacken. Auf jedes Kotelett einen Tupfen Ketchup geben. Dazu Bratkartoffeln und Tomaten-Paprika-Salat.

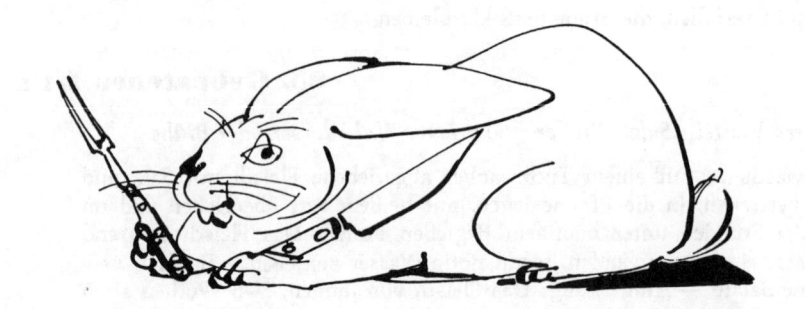

Kaninchen

1. Gebratenes Kaninchen

(6 Personen)

1 Kaninchen • Fleischbeize • Salz • Pfeffer • 50 g Speck • 50 g Fett • $1/8$ l Sauerrahm • 1 Eßlöffel Mehl

Das Kaninchen nach dem Schlachten wie einen Hasen ausnehmen und abziehen. Die Körperhöhle mit frischen Tannenzweigen füllen. Diese im Sommer nach 1 Tag, im Winter nach 3 Tagen entfernen und das zerteilte Kaninchen grillen oder braten oder für 3 Tage in Fleischbeize legen. Bei der Bratzubereitung mit Salz und Pfeffer einreiben, spicken oder mit Speckscheiben belegen. In die Bratpfanne mit heißem Fett legen und im Rohr unter Zugießen von Brühe 1 Stunde braten lassen. Das Fleisch mit Sauerrahm begießen und diesen bräunen lassen. Die Sauce mit angerührtem Mehl binden und passiert über das angerichtete Fleisch geben. — Beilage: Röstkartoffeln, Bratkartoffeln, Makkaroni, breite Nudeln.

2. Gedünstetes Kaninchen in Rahmsauce

(6 Personen)

1 Kaninchen • Salz • Zitronensaft • 50 g Fett • Wurzelwerk • 1 Zwiebel • 3 Eßlöffel Essig • Pfefferkörner • Nelken • Lorbeerblatt • 2 Zitronenscheiben 4 Eßlöffel Sauerrahm • $1/4$ l Wasser

Das vorgerichtete, zerteilte Kaninchen mit Salz bestreuen und mit Zitronensaft beträufeln. Nach 1 Stunde mit Fett, den angegebenen Gewürzen, Rahm und Wasser zusetzen und zugedeckt unter öfterem Wenden weichdünsten. Das angerichtete Fleisch mit der passierten Sauce übergießen.

3. Gebackenes Kaninchen

½ Kaninchen · Salz · Pfeffer · 100 g Mehl · 2 Eier · 150 g Brösel · Backfett

Das abgezogene, ausgenommene Kaninchen in Stücke teilen, mit Salz und Pfeffer einreiben, in Mehl, verquirltem Ei und Semmelbröseln wenden. In heißem Fett backen, womöglich schwimmend. Trocken anrichten, mit einem Petersiliensträußchen garnieren. — Beilage: Kartoffelsalat, grüner Salat, Kompott.

4. Helles Kaninchenragout
(6 Personen)

1 Kaninchen · Salz · Pfeffer · 50 g Fett · 4 Eßlöffel Mehl · 1 l Wasser · 1 Glas Weißwein · Zitronensaft · 125 g Champignons · feine Semmelklößchen

Das in Stücke geteilte Kaninchen mit Salz und Pfeffer einreiben. Aus Fett, Mehl und Wasser oder Brühe eine helle Sauce bereiten und darin das Fleisch weichkochen. Die Sauce mit Weißwein und Zitronensaft abschmecken. In Butter gedünstete Champignons und kleine Semmelklößchen in die Sauce geben, alles mitsammen gut durchziehen lassen. Das Ragout in einer tiefen Schüssel anrichten.

5. Kaninchen auf Wildbretart

1 Kaninchen · Fleischbeize · 60 g Fett · 4 Eßlöffel Mehl · 1 Teelöffel Zucker 2 Glas Rotwein · Hasenblut

Das abgezogene, ausgenommene, zerteilte Kaninchen in Essigbeize, in der man noch 10 Wacholderbeeren mit aufkochen läßt, 3 Tage liegen lassen und täglich wenden. Aus Fett und Mehl eine mittelbraune Einbrenne machen, den Zucker zugeben, ebenfalls bräunen lassen, mit Beize aufgießen und in dieser Sauce das Kaninchen weichkochen. Mit Rotwein, wenn nötig noch Brühwürze, pikant kräftig abschmecken und zum Schluß womöglich das mit Essig aufgefangene Kaninchenblut zugeben. — Beilage: gekochte oder gebratene Kartoffeln.

6. Ungarisches Kaninchengulyas

½ Kaninchen · Salz · Pfeffer · 60 g Fett · 4 Zwiebeln · 2 Teelöffel Paprika 2 Eßlöffel Tomatenmark · ½ l Wasser · 2 Eßlöffel Mehl · 1 Glas Rotwein ½ kg Sauerkraut

Das roh ausgelöste Kaninchenfleisch in nicht zu kleine Würfel schneiden und mit Salz und Pfeffer bestreuen. In heißem Fett die geschnittene Zwiebel goldgelb rösten, mit Paprika überstreuen, sofort danach mit etwas Wasser aufgießen. Das vorbereitete Fleisch und Tomatenmark hineingeben und das Fleisch weichdünsten. Wenn es gar ist, mit angerührtem Mehl binden und die Sauce mit Rotwein abschmecken. Auf einer Platte in Fett gedünstetes Sauerkraut anrichten und das Gulyas darübergeben. — Beilage: Salzkartoffeln

Wild und Wildgeflügel

Dazu gehören alle Tiere, die frei in Feld und Wald leben und jagdmäßig erlegt werden.

WILD (WILDBRET)

Dazu gehören: Haarwild, Damwild, Borsten- oder Schwarzwild.
Zum Haarwild gehören: Hase, Reh (Rotwild), Hirsch (Rotwild).
Zum Damwild gehören: Gemse, Rentier (nur in nordischen Ländern lebend).
Zum Borsten- oder Schwarzwild gehört das Wildschwein.

WILDGEFLÜGEL

Dazu gehören: Rebhuhn, Fasan, Haselhuhn, Berghuhn, Schneehuhn, Birkhahn, Auerhahn, Wildtaube, Wildente, Wildgans, Waldschnepfe, Sumpfschnepfe oder Bekassine, Wachtel, Krammetsvogel.

Beim Einkauf von Wild ist man an die Abschußzeiten gebunden. Durch die moderne Tiefkühlung ist es allerdings möglich, diese weitgehend zu umgehen. Für beschränkte Zeit gibt es verschiedene Arten das Wild durch

Beizen haltbar zu machen. Es bietet dies auch die Möglichkeit einer günstigen und abwechslungsreichen Verwertung, z. B. für einen kleinen Haushalt, in dem ein Familienmitglied Jäger ist. Für den Stadthaushalt hat das Beizen den Zweck, das Fleisch evtl. zarter zu machen oder eine erwünschte Geschmacksbeeinflussung zu erreichen (oder beides zusammen). Wenn es nicht nötig ist, das Wild zu beizen, sollte man davon absehen, da es durch langes Liegen in der Beize ausgelaugt wird (bei der trockenen Beize ist dies nicht der Fall) und der typische Wildgeschmack durch den Beizgeschmack überdeckt wird. Es ist eine persönliche Geschmacksfrage, welcher Geschmack vorgezogen wird.

Wildfleisch ist fettärmer als die anderen Fleischarten. Es enthält viel Eiweiß und ist reich an Extraktivstoffen. Durch seinen anregenden Geschmack, die blutbildenden Eigenschaften und die leichte Verdaulichkeit findet es auch in der Krankenküche Verwendung.

Wildfleisch muß immer abgelagert sein, vor der Zubereitung wird es oft gebeizt. Wegen seines geringen Fettgehaltes wird es vor dem Braten gespickt oder mit Speckscheiben belegt (bardiert). Zur Saucenbereitung verwendet man vielfach Sauerrahm.

Wildfleisch nur ganz kurz waschen, mit einem Tuch gut abtrocknen. Der eigenartige Wildgeruch, Hautgout, der durch langes Abhängen entsteht, kann durch Waschen nicht entfernt werden.

Verschiedene Benennungen einzelner Teile beim Reh

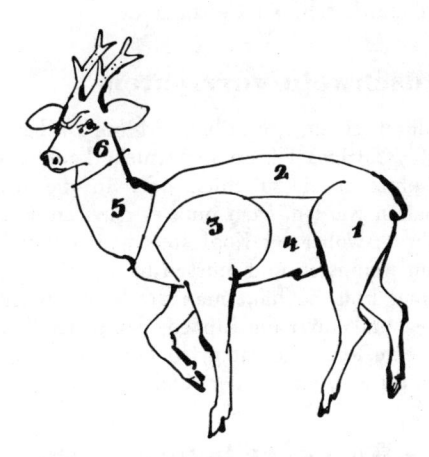

1. Schlegel, 2. Ziemer, Rücken. 3. Schulter, Bug, Läufel. 4. Brust, Bauchstück. 5. Hals. 6. Kopf.

Die folgenden 11 Rezepte kommen für den kleinen Stadthaushalt kaum in Frage, für einen Gutshaushalt oder dergl. sind sie vielleicht von Interesse.

1. Vorrichten eines Hasen

Beim Einkaufen achtet man darauf, einen fleischigen, nicht arg zerschossenen Hasen zu bekommen. Will man einen jungen, so nehme man einen solchen, dessen Vorderläufe sich leicht brechen und die Ohren leicht einreißen lassen. Zum Abziehen hängt man ihn mit den Hinterläufen an einen starken Nagel. Nun wird der Balg mit einem sehr scharfen Messer rings um die Pfoten, dann von den Pfoten, querüber von der einen zur anderen, aufgeschnitten, über die Keulen und von diesen weiter nach den Vorderläufen heruntergestreift. Dieses muß langsam geschehen, damit kein Fleisch mitreißt und wobei man, wenn es nötig ist, mit dem Messer ein wenig nachhilft. Wenn man den Balg über den Kopf zieht, werden die Ohren abgeschnitten. Dann öffnet man den Leib bis an die Brust. Man hält einen Topf mit etwas Essig bereit, in dem man das sich im Innern befindliche Blut auffängt, das sogleich glatt gequirlt wird. Herz und Leber legt man beiseite. Die vereinigten Knochen an den Hinterläufen (Schloß) werden durchgehauen, die Brust bis an den Kopf hin ebenfalls, worauf man den Schlund und die Luftröhre herauszieht. Kopf und Hals haut man dicht am Beginn des Ziemers ab, macht die Blätter mit den Vorderläufen heraus und hackt die Rippen so ab, daß nur knapp zwei Finger breit davon am Rücken bleiben. Dann wird das Fleisch sehr sauber gewaschen, etwaige Haare und Schrotkörner entfernt und das zum Hasenpfeffer bestimmte Fleisch in Beize gelegt – falls es nicht sofort verwendet wird. Den Balg reinigt man an der Innenseite mittels eines trockenen Tuches vom Blut, wendet ihn um, füllt ihn mit Stroh gut aus oder spannt ihn und hängt ihn an die freie Luft. Bei kaltem Winterwetter kann man einen Hasen im Balg frei hängend 8–14 Tage frisch erhalten. Das Hasenfleisch gewinnt dadurch sehr an Geschmack.

2. Rotwild und Wildschwein vorrichten

Zeigt derartiges Wildbret einen grünlichen Schimmer, beginnt die Verwesung und man darf derartiges Fleisch nicht mehr kaufen. Frisches gutes Wildbret kann auch ohne es tiefzukühlen oder in die Beize zu legen, längere Zeit frisch erhalten werden. Man muß es dazu an einem kalten Ort frei hängend aufbewahren, wobei der Kopf stets nach unten kommt. Wildschweine halten sich am wenigsten und müssen bald in Essig gelegt werden. Wenn man einen Ziemer brät, so haut man die hervorstehenden Knochen vom Rückgrat glatt weg und kürzt die Rippen, damit der Ziemer eine gute Form bekommt. Wird eine Keule gebraten, so kürzt man den Knochen ein gutes Stück, damit er nicht zu weit aus der Keule hervorsteht.

3. Eingeschmalzenes Rot- oder Schwarzwild

Nachdem das Tier zerlegt und in passende Stücke geteilt ist, wählt man alle diejenigen Stücke aus, welche man weder gleich noch in der nächsten Zeit verbrauchen will. Dieselben werden mit einer Mischung von Salz, Pfeffer, Wacholderbeeren und geriebener Zwiebel eingerieben, das Fleisch gespickt, in eine Bratpfanne gelegt, mit heißem Fett oder Speck übergossen und bei starker Hitze so lange gebraten, bis sich alle Poren geschlossen haben. Dann schneidet man, für 15 kg, 10 große Zwiebeln, 3 Zitronen in Scheiben und legt das Fleisch mit diesen, sowie Wacholderbeeren, Thymian, Basilikum, Lorbeer, ganzem Pfeffer und etwas Salz in einem Topf, gießt erkalteten milden Weinessig bis zum reichlichen Bedecken darüber und dann ausgelassenen geseihten Rindertalg, so daß sich eine etwa 5 cm hohe Fettschicht bildet. Sooft man Fleisch herausnimmt, muß das Fett wieder geschmolzen und warm darüber gegeben werden. Auf diese Weise kann man Wildbret der genannten Art sehr lange aufbewahren.

4. Schwarzwild im Sud aufbewahren

Wenn das Schwein zerteilt ist, reibt man jedes einzelne Stück mit Salz und gestoßenen Wacholderbeeren ein und läßt es einige Tage liegen. Dann gibt man das Fleisch in einen geräumigen Kessel, in dem alles bequem liegen kann, gießt eine Flasche Wein und soviel halb Wasser, halb Essig darüber, daß das Fleisch gut bedeckt ist, gibt ganzen Pfeffer, Lorbeerblätter, Gewürzkräuter hinzu, läßt das Fleisch kochen, doch nicht ganz weich werden und gibt es dann samt der Brühe, von der es reichlich bedeckt sein muß, am besten in einen Steintopf. Wer das Fleisch lange aufbewahren will, gießt 1—2 cm hoch ausgelassenes Fett darüber. Will man von dem Fleisch Gebrauch machen, so nimmt man die benötigte Menge davon mit entsprechend viel Sud heraus, kocht es in diesem völlig weich. Das Fett wird geschmolzen und lauwarm wieder darüber gegossen.

5. Rebhühner, Fasanen, Haselhühner, Berghühner, Schneehühner, Birkhähne, Auerhähne, Wildtauben, Wildenten, Wildgänse vorrichten

Auch beim Ankauf von Wildgeflügel muß man darauf sehen, nur fleischige Stücke zu bekommen, an denen nur wenige Schußspuren zu bemerken sind. Eine zarte feine Haut, ein weicher Brustknochen und spitzige, wenig abgenütze Füße von heller, weißlicher Farbe sind so ziemlich die sichersten Erkennungszeichen für junges Geflügel; viele legen auch großes Gewicht darauf, daß sich die starken Federn leicht ausziehen lassen. Das Ausnehmen des Wildgeflügels geschieht in der gleichen Weise wie beim zahmen, nur wird es vielfach nicht ausgewaschen, sondern bloß mit einem trockenen Tuch reinlich ausgewischt, mit Salz, Pfeffer oder Gewürzkräutern ausgerieben. Will man Wildgeflügel in den Federn längere Zeit abhängen lassen, was namentlich bei frisch geschossenem und auch bei größeren Stücken sehr zu empfehlen ist, so gibt man ganzes Gewürz und trockene Gewürzkräuter oder ersteres allein in den gereinigten Leib. Unter die Flügel gibt man Holzkohle oder Tannenreisig. Zur kalten Jahreszeit, besonders bei Frostwetter, hält es sich freihängend in dieser Weise 6—8 Tage. Wetter wie persönlicher Geschmack sind hiebei von großem Einfluß. Spezielle Wildliebhaber schätzen den leicht eigentümlichen Geruch (Hautgout), der durch längeres Abhängen entsteht. Wildgeflügel wird trocken gerupft, und man muß vorsichtig umgehen, um die Haut nicht zu zerreißen. Die Kielrestchen werden vorsichtig herausgezogen, die feinen Federchen abgesengt. Wildgeflügel wird vom Kopf zum Schwanz zu gerupft, es darf nicht gebrüht werden. Gegebenenfalls kann man bei Wildgeflügel die Federn mit der Haut abziehen (abbalgen), besonders bei älteren Wildenten und Wildgänsen, wenn man besorgt ist, sie könnten tranig schmecken. Das Dressieren geschieht in der gleichen Weise wie beim zahmen Geflügel. Man ist bemüht, den Vögeln eine recht runde Form zu geben und die Brust herauszudrücken.

6. Wildgeflügel trocken einlegen

Hat man größere Mengen Wildbret der genannten Art, welche man nicht sofort verbrauchen oder auch nicht in Beize legen will, so verfährt man folgendermaßen: Die Stücke werden ausgebalgt oder gerupft und gesengt, sauber gewaschen und abgetrocknet (Wildgeflügel nur mit einem sauberen Tuch gut ausgerieben), wie zum Gebrauch vorgerichtet und nach Belieben auch gespickt. Zu 15 kg nimmt man 8 große geschälte Zwiebeln, 2 Hände voll Estragon, eine Handvoll Thymian, eine Handvoll Basilikum, ein Sträußchen Rosmarin und die Schale von 2—3 Zitronen. Dies wird gewiegt, mit 100 zerdrückten Wacholderbeeren vermischt, etwas gemahlenes Gewürz zugegeben, dann wird eingelegt. Das Fleisch wird mit Salz und Pfeffer tüchtig eingerieben, Wildgeflügel auch innen. Dann bestreut man mit dem Gehäcksel den Boden eines Topfes, legt Fleisch darüber, bestreut dieses ebenfalls, legt wieder Fleisch darüber und deckt alles mit Kräutern gut zu. Dann gibt man ein reines Tuch darüber, auf dieses ein Brettchen und beschwert mit einem Stein. Man stellt das Fleisch an einen möglichst kühlen, luftigen Ort, wechselt alle paar Tage das Tuch, wäscht das Brettchen und trocknet es gut ab. Das Fleisch braucht nicht umgelegt zu werden.

7. Schnepfen und Bekassinen vorrichten

Es geschieht in derselben Weise wie bei dem anderen Wildgeflügel. Die Leber wird zur Bereitung der Schnepfenbrötchen verwendet.

8. Krammetsvögel vorrichten

Man hackt die Füßchen dicht unterhalb des ersten Gelenkes ab, rupft und sengt die Vögel und nimmt sie aus.

9. Wachteln und Krammetsvögel trocken einlegen

Genannte Vögel werden gerupft und wie gewöhnlich vorgerichtet, so daß man sie später ohne weiteres verwenden kann. Nachstehende Mischung ist für 12—15 Wachteln oder 2 Dutzend Krammetsvögel berechnet: 6 gehäufte Eßlöffel gestoßene Wacholderbeeren, 1 gehäufter Eßlöffel gemahlener Pfeffer, 3 Eßlöffel feingehackter Estragon, 1 Eßlöffel Thymian, 1 Eßlöffel Basilikum, 2 Eßlöffel Salz. Dies wird gemischt und jeder Vogel darin gewendet, so daß er gut mit dem Gehäcksel bedeckt ist. Größere Vögel werden auch innen damit ausgerieben. Den Boden eines Topfes belegt man mit Zwiebelscheiben, legt die Vögel darauf und packt sie fest, einen auf den anderen, wobei man das übrige Gehäcksel dazwischenstreut. Man legt ein Tuch darüber, beschwert mit Brettchen und Stein und bewahrt kühl auf.

10. Auer- und Birkhühner sowie anderes älteres Wildgeflügel einlegen

Das sauber gerupfte und gesengte Geflügel wird innen und außen mit einer Mischung von Salz und Gewürz gut eingerieben. Dann kocht man Weinessig mit reichlich Wurzelwerk, Zwiebel, Lorbeerblättern, 10–12 Wacholderbeeren und ebensoviel Pfefferkörnern.

11. Wildessenz (Salmi)

Wildessenz wird hauptsächlich nur von Rotwild gemacht, doch kann man sie ebensogut von Wildgeflügel herstellen. Man verwendet in dem einen wie in dem anderen Falle nur die Abfälle von Fleisch und ausgelöste Knochen dazu. In einem passenden, nicht zu kleinen Topf gibt man etwas Fett, bedeckt den ganzen Boden mit Zwiebelscheiben, gibt in Scheiben geschnittene gelbe Rüben, Sellerie, Porree, Speckstückchen, ganzes Gewürz und das in kleine Stückchen geschnittene Fleisch dazu. Will man die Essenz ganz besonders kräftig haben, so gibt man noch etwas kleingeschnittenes rohes Rindfleisch zu, brät dies gut an, gibt die Knochen hinein, es können Wild- oder Rindfleischknochen sein, und gießt auf. Gut zugedeckt läßt man die Brühe 2-3 Stunden auf die Hälfte einkochen. Damit muß man schon beim ersten Aufgießen rechnen, da nichts mehr nachgegossen werden darf. Dann wird die Brühe durch ein Tuch gegossen, das Fett abgenommen, die Brühe in Fläschchen gefüllt, diese verschlossen und 20 Minuten im Wasserbad gekocht.

12. Gewürze für Wildbret

Außer den allgemein im Haushalt verwendeten Gewürzen eignen sich alle Arten von heimischen Gewürzkräutern, frisch oder getrocknet, sehr gut. Die bekanntesten davon sind: Basilikum, Bohnenkraut, Borretsch, Dill, Estragon, Kerbel, Lavendel, Liebstöckl, Pimpernell, Petersilie, Majoran, Salbei, Thymian, Rosmarin, Weinraute, Ysop, Zitronenmelisse. Für Wildpasteten u. dgl. ist eine Mischung nachstehender gemahlener Gewürze sehr geeignet: 30 g Nelken, 70 g Pfeffer, 15 g Muskatnuß, 15 g Ingwer, 20 g Koriander, 35 g Basilikum, 5 g Thymian.

13. Wild in Essigbeize

(Hase, Reh, Hirsch, Gemse, Wildschwein, Wildgeflügel)

1½ kg Wild · 1 große Zwiebel · 1 kleine Gelbrübe · 1 Stückchen Sellerie etwas Thymian und Zitronenschale · 1 Eßlöffel Pfefferkörner · 1 Eßlöffel Wacholderbeeren · ³/₄ l Wasser · ⅛ l Essig

Die Knochen, die sich leicht auslösen lassen und die sperrig sind, auslösen, die Schwarte vom Wildschwein und Frischling ablösen. Die in Scheiben geschnittene Zwiebel, Gelbrübe und Sellerie mit Thymian, Zitronenschale,

Pfefferkörnern und Wacholderbeeren in Wasser mit Essig aufkochen. Das Fleisch in einen passenden Topf legen und mit der kalten Beize übergießen. Zugedeckt kühlstellen. Soll das Fleisch länger wie einige Tage in der Beize liegen, so überdeckt man es mit einem Tuch, einem passenden Brettchen und beschwert es mit einem Stein. Das Fleisch muß gelegentlich gewendet werden, Tuch, Brettchen und Stein gewaschen, die Beize abgegossen, aufgekocht, evtl. nachgesäuert und erkaltet wieder darüber gegossen werden. Bei kühler Lagerung kann das Fleisch 14 Tage in der Beize bleiben.

14. Wild in Weinbeize

(Hase, Reh, Hirsch, Gemse, Wildschwein, Wildgeflügel)

Das vorbereitete Fleisch (siehe Rezept Nr. 13) ohne oder mit Gewürzen einlegen. Zum Übergießen nimmt man aufgekochten, wieder abgekühlten roten oder weißen Wein (Kochwein) oder 2 Teile Wein, 1 Teil Essig, 1 Teil Wasser.

15. Wild in Buttermilchbeize

(Hase, Reh, Hirsch, Gemse, Wildschwein, Wildgeflügel)

Das vorbereitete Fleisch (siehe Nr. 13) in einen Topf legen, mit Buttermilch übergießen. Zugedeckt kühl stellen. Soll das Fleisch für längere Zeit beizen, ist die Buttermilch nach einigen Tagen durch frische zu erneuern.

16. Trockene Beize

(Hase, Reh, Hirsch, Gemse, Wildschwein, Wildgeflügel)

1 kg Wild · 1 große Zwiebel · 1 kleine Gelbrübe · 1 Stück Sellerie · etwas Thymian und Zitronenschale · $1/2$ Eßlöffel Wacholderbeeren · $1/2$ Eßlöffel Pfefferkörner · 6 Eßlöffel Essig

Das gewaschene Fleisch gut abtrocknen. Zwiebel, Gelbrübe, Sellerie, Zitronenschale kleinschneiden, Thymian, Wacholder und Pfefferkörner zerdrücken oder feinwiegen. Ein Tuch mit Essig gut befeuchten, auf den Tisch legen, mit Gewürzmischung bestreuen, das Fleisch darauflegen, die übrigen Gewürze darüberstreuen, das Tuch fest darüberschlagen, in eine Schüssel legen. Zugedeckt und kühl 1—3 Tage beizen lassen. Das Tuch jeden Tag mit Essig beträufeln.

17. Feine Zitronenbeize

(Hase, Reh, Hirschkalb)

1 kg Wild · 125 g Butter · 1 Zwiebel · 1 Eßlöffel gewiegte grüne Kräuter z. B. Petersilie, Thymian, Basilikum, Estragon, Zitronenmelisse usw. · Saft von 2 Zitronen.

In Butter die Zwiebelscheiben und die gehackten Kräuter kurz dünsten, den Zitronensaft zugeben. Das zarte Wildfleisch in eine Schüssel legen, mit der lauwarmen Sauce übergießen und 1—3 Tage zugedeckt kühlstellen. Mit der Marinade braten.

Wild und Wildgeflügel

18. Hasenbraten

1 Hasenrücken • 2 Schlegel • 60 g Speck • Salz • Pfeffer • Wacholderbeeren 60 g Butter oder Fett • ¹/₈ Sauerrahm • 1 Eßlöffel Mehl

Gehäuteten Rücken und Schlegel spicken, mit Salz, Pfeffer und zerdrückten Wacholderbeeren einreiben, in die Bratpfanne mit heißem Fett legen und unter häufigem Begießen und Zugießen 1 Stunde braten. (Das Fleisch muß innen noch rosa sein). Dann den Sauerrahm auf das Fleisch gießen, bräunen lassen, die Sauce mit angerührtem Mehl binden, mit Zitronensaft abschmecken. Das zerteilte Fleisch damit übergießen. — Beigabe: Knödel, breite Nudeln, Apfelmus.

19. Gebeizter Hasenbraten in Rahmsauce

1 Hasenrücken • 2 Schlegel • Salz • Pfeffer • 100 g Speck • 60 g Fett • Wurzelwerk • 1 Zwiebel • Gewürzkörner • 1 Lorbeerblatt • Thymian • Muskat Ingwer • Wacholderbeeren • 2 Eßlöffel Mehl • ¹/₄ l Wasser • ¹/₈ l Sauerrahm Pfefferkörner • Zitronensaft

Hasenrücken und Schlegel 2 Tage in Buttermilchbeize legen, herausnehmen, abtrocknen, spicken, mit Salz, Pfeffer und zerdrückten Wacholderbeeren einreiben. Wurzelwerk und Zwiebel in Scheiben schneiden und nebst dem Fleisch und den Gewürzen in die Pfanne mit heißem Fett geben. Den Hasen unter häufigem Begießen mit dem eigenen Saft 45 Minuten braten. Wenn nötig, etwas Beize zugießen. Dann das Wurzelwerk mit Mehl überstäuben, dieses anrösten lassen, mit Wasser und Rahm aufgießen, die Sauce 15 Minuten kochen lassen. Dann passieren. Das angerichtete Fleisch damit überziehen. — Beilage: Reis, Nudeln, Knödel, feine Kartoffelbeilagen, Blätterteighalbmonde oder Pasteten.

20. Gedünsteter Hase

1 Hasenrücken • 2 Schlegel • 2 Läufe • Salz • Pfeffer • 60 g Fett • Wurzelwerk 1 Zwiebel • ¹/₈ l Sauerrahm • 1 Eßlöffel Mehl

Den älteren, gehäuteten Hasen 2—3 Tage in Beize (Nr. 13) legen. Dann mit Salz und Pfeffer einreiben und mit Fett, geschnittenem Wurzelwerk, Zwiebel und Beize weichdünsten. Zum Garnieren eine Zitronenscheibe mit ein paar Tropfen Sauce beträufeln und mit gehackten Wacholderbeeren bestreuen. Die Sauce mit angerührtem Mehl binden, Rahm zugeben, noch gut durchkochen lassen und passiert über das angerichtete Fleisch geben. Stark zerschossene Tiere kocht man mit Gewürzen vor, löst das Fleisch ab und dünstet fertig. — Beilage: Kartoffeln, gekochte Kartoffelknödel, Spaghetti

21. Hasenragout

2 Hasenjung (Kopf, Hals, Bauchlappen, Läufe, Leber, Herz) • 1 l Salzwasser Essig • Suppengrün • Zwiebel • 4 Pfefferkörner • 2 Gewürzkörner • 1 Lorbeerblatt • Zitronenschale • 60 g Speck • 50 g Mehl • 1 Eßlöffel Zucker ³/₄ l Kochbrühe • ¹/₈ l Rotwein • Hasenblut • Zitronensaft

Das Hasenjung (Hasenklein, Hasenragout) in Salzwasser mit Essig und den Gewürzen weichkochen. Kleinwürflig geschnittenen Speck ausbraten, die Grieben herausnehmen, Mehl in dem Fett kaffeebraun rösten, den Zucker zugeben, ebenfalls braun werden lassen, mit Kochbrühe aufgießen, die Speckwürfelchen wieder hineingeben, 10 Minuten kochen lassen, dann das Fleisch und den Rotwein zugeben und noch 20 Minuten weiterdünsten. Zum Schluß das mit Essig glatt gerührte Hasenblut zugeben und, wenn nötig, noch mit etwas Zitronensaft abschmecken. — Beilage: Kartoffeln, Spätzle, Nudeln, Semmelknödel.

22. Hasenpfeffer mit Kastanien

1 Hasenrücken • 2 Keulen • Salz • Pfeffer • 60 g Speck • 20 g Butter • 2 Eßlöffel Mehl • ¼ l Rotwein • ¼ l Brühe • 250 g Kastanien • 2 Zwiebeln

Zu einem guten Hasenpeffer nimmt man nicht das Hasenklein, sondern Rücken und Keulen, die man in Stücke schneidet und, mit Salz und Pfeffer bestreut, 30 Minuten durchziehen läßt. Mageren, kleinwürflig geschnittenen Speck mit Butter ausbraten, die Grieben herausnehmen. In dem zurückbleibenden Fett Mehl goldbraun rösten, mit Rotwein und Brühe aufgießen, das Fleisch zugeben und zugedeckt weichdünsten. Die geschälten Kastanien in Brühe weichkochen, Zwiebelwürfel in Butter braten. Das Fleisch bergartig in einer Schüssel anrichten, mit den Grieben und Zwiebelwürfeln bestreuen, die Kastanien im Kranz herumlegen.

23. Gebratene Hasenleber

1 Hasenleber • 30 g Butter • Zwiebel • Petersilie • Zitronenschale Wacholderbeeren • Zitronensaft • 2 Eßlöffel Sauerrahm

Am besten ist die Hasenleber, wenn der Hase noch nicht lange geschossen ist. Man löst die Galle vorsichtig von der Leber ab (die Galle ist der Farbe der Leber sehr ähnlich). Dann röstet man in heißer Butter feingehackte Zwiebel und Petersilie, gibt gewiegte Zitronenschale, zerdrückte Wacholderbeeren und dann die Leber hinein, brät sie auf beiden Seiten rasch braun (doch nur so lange, bis kein Blut mehr kommt), salzt sie, beträufelt sie mit Zitronensaft und Sauerrahm und richtet sofort an.

24. Gebeizter Rehbraten

Das gebeizte Fleisch spicken, würzen, in Fett mit viel geschnittenem Wurzelwerk unter Zugießen von Beize (nur bei Naßbeize) oder Brühe garbraten. Das Wurzelwerk mit Mehl stäuben, Sauerrahm zugeben, passieren. Dazu Spätzle, Teigwaren oder Semmelknödel und Preiselbeeren oder Kompott von Sauerkirschen. Hirschbraten wird ebenso zubereitet.

25. Gebratener Rehrücken mit Kastanien

1 kg Rehrücken · 100 g Speck · Salz · Pfeffer · Wacholderbeeren · 60 g Butter oder Fett · ¹/₄ l Wasser oder Beize · ¹/₈ l Sauerrahm · 1 Eßlöffel Johannisbeergelee · ³/₄ kg Kastanien

Den gehäuteten, frischen oder gebeizten Rehrücken mit gesalzenen Speckfäden spicken, mit Salz, Pfeffer und zerdrückten Wacholderbeeren einreiben, in die Bratpfanne mit heißem Fett legen und im Rohr unter häufigem Begießen und dem erforderlichen Zugießen von Wasser 1 Stunde braten. Den Bratensaft durch Sauerrahm verbessern, mit angerührtem Mehl binden, mit Johannisbeergelee abschmecken. — Zum Anrichten das Fleisch von den Rippen lösen, zu feinen Scheiben schneiden und diese zusammengeschoben wieder auf den angerichteten Rücken legen. Mit einem doppelten Kranz von glasierten Kastanien (Seite 370, Nr. 7) umlegen. Dazu Blaukraut.

26. Münchner Rehbraten

1 kg Rehschlegel · 100 g Speck · Salz · Pfeffer · Thymian · 60 g Butter oder Fett · ¹/₄ l Brühe oder Wasser · ¹/₈ l Sauerrahm · 1 Eßlöffel Mehl · 1 Eßlöffel Preiselbeerkompott — Zum Garnieren: 1 Apfel · 1 Orange · 1 Mandarine einige blaue Weintrauben oder Sultaninen

Den frischen, gespickten Rehschlegel mit Salz, Pfeffer, Thymian einreiben und in Butter oder Fett mit einigen Selleriescheiben und unter Zugießen der nötigen Flüssigkeit unter häufigem Begießen gar braten (1 Stunde). Das Fleisch muß innen noch rosa sein. Sauerrahm auf den Braten gießen, etwas bräunen lassen, Preiselbeeren und angerührtes Mehl in die Sauce geben, 10 Minuten kochen lassen, mit Fleischwürze, Salz, Zucker, Zitronensaft sorgfältig abschmecken, durchstreichen. Zur Garnitur den geschälten Apfel (Jonathan oder dgl.) in dicke Scheiben schneiden, Kernhaus entfernen (Apfelausstecher), halbieren, kurz in Butter braten. Die gewaschene, ungeschälte Orange der Länge nach halbieren, in ¹/₂ cm dicke Halbscheiben schneiden. Die Schale der kernlosen Mandarine so einschneiden, daß man zwei gleichmäßige Körbchen erhält. Die Mandarinenspalten voneinanderlösen, alles Weiße entfernen. Die Weintrauben abzupfen oder blaue Sultaninen in Rotwein mit Zucker aufkochen. Auf der vorgewärmten Platte das geschnittene Fleisch schuppenförmig anrichten, zu beiden Seiten ebenfalls schuppenförmig Apfel- und Orangenhalbscheiben legen. Die Mandarinenkörbchen mit den Mandarinenspalten und den Weintrauben oder Sultaninen füllen und mit auf die Platte stellen. Das Fleisch mit wenig Sauce überziehen und auf jede Portion ganz wenig Preiselbeerkompott geben. Kartoffelkroketten dazu servieren.

27. Rehbraten mit Sauce Cumberland

1 kg Rehschlegel · Salz · Pfeffer · 100 g Speck · 60 g Butter · ¹/₄ l Brühe oder Wasser — Sauce: ¹/₂ Glas Weißwein · ¹/₄ Glas Essig · 2 Schalotten · ¹/₂ Knoblauchzehe · 2 Teelöffel scharfen Senf · 4 Teelöffel Ketchup · 2 Eßlöffel braune Sauce · ¹/₈ l Rehbratensauce · Saft von 2 Orangen

Das Fleisch mit feinen Speckstreifchen spicken, würzen und in Butter unter Zugießen der nötigen Flüssigkeit garbraten (1 Stunde). Zur Sauce Weißwein mit Essig, geschnittenen Schalotten und Knoblauch nahezu vollständig einkochen. Ketchup (oder besser frisches Tomatenpüree), Senf, braune Sauce, Bratensauce und Orangensaft zugeben, bis zur richtigen Beschaffenheit einkochen, durchstreichen. — Das in feine Scheiben geschnittene Feisch auf vorgewärmter Platte anrichten, mit gekochten Kastanien und gebratenen Pilzen garnieren, die Sauce gesondert dazu reichen.

28. Gespickte Rehschnitzel mit Pfifferlingen

4 Rehschnitzel · 40 g Speck · Salz · Pfeffer · Mehl zum Wenden · 60 g Butter 100 g Pfifferlinge oder Champignons · 1/8 l Sauerrahm · etwas Wasser

Die geklopften, an den Rändern eingeschnittenen Schnitzel spicken, mit Salz und Pfeffer würzen, in Mehl wenden, in Butter oder Margarine auf beiden Seiten hellbraun braten, Pilze (kleine ganz, größere zerteilt) zugeben, etwas mitbraten, Rahm und etwas Wasser zugießen, einigemale aufkochen lassen und mit Kartoffelbrei oder Spätzle und frischem Salat zu Tisch geben. (Ist das Fleisch nicht jung, muß es weichgedünstet werden.)

29. Rehsteaks mit Bananen und Ananas

4 Rehsteaks · 4 Teelöffel Öl · 60 g Butter · 4 Bananen · 4 Scheiben Ananas 1 Eßlöffel Mandelsplitter

Die Steaks mit Öl bestreichen und auf jeder Seite 4 Minuten grillen. Die mit Butter bestrichenen halbierten Bananen ebenfalls grillen. Die abgezogenen, stiftelig geschnittenen Mandeln in Butter hellbraun rösten, dann die Ananas in der Butter heiß werden lassen. — Auf einer großen, vorgewärmten Platte auf zwei Seiten die Bananen fächerförmig anrichten, rechts und links davon je eine Ananasscheibe mit Mandelsplittern bestreut; die Steaks liegen in der Mitte, mit wenig heißem Ananassaft beträufelt.

30. Rehmedaillons mit Fruchtsalat

Das vom Rücken ausgelöste Filet zu 1 1/2 cm dicken Scheibchen schneiden. Rasch in Butter auf beiden Seiten braten oder auf jeder Seite 4 Minuten grillen, mit Salz und Pfeffer bestreuen. Auf rund ausgestochenem, getoastetem Weißbrot anrichten, mit der Bratbutter überglänzen, mit Cognac gewürzten Fruchtsalat dazu servieren.

31. Hirschbraten

Für Hirschkalb gelten die gleichen Zubereitungsmöglichkeiten und -zeiten wie für Reh. — Das Fleisch älterer Tiere wird meist gebeizt, die Garzeiten sind länger (2–3 Stunden), der Geschmack intensiver. Zubereitung wie Nr. 24.

32. Hirschbraten mit Grünkohl

Die gespickte, mit Salz, Pfeffer und Thymian gewürzte Hirschkeule eines jungen Tieres in Butter oder Fett unter Zugießen von etwas Brühe garbraten (1 Stunde). Das in schöne Scheiben geschnittene, schuppenförmig angerichtete Fleisch mit dem klar gelassenen Bratensaft beträufeln, Bratkartoffeln herumlegen, mit Muskat kräftig abgeschmecktes, dicklich gehaltenes Grünkohlgemüse dazu reichen.

33. Hirschrouladen

4 Scheiben Hirschfleisch · Salz · Pfeffer · 1 Eßlöffel Senf · 1 Eßlöffel Johannisbeergelee · 100 g Speck · Mehl zum Wenden · 60 g Fett

Das geklopfte, an den Rändern eingeschnittene Fleisch mit Salz und Pfeffer bestreuen, mit Senf und Johannisbeergelee bestreichen, mit Speckscheiben belegen, aufrollen und zusammenstecken. In Mehl wenden, in heißem Fett allseitig braun anbraten, aufgießen und weichschmoren. Auf Kartoffelbrei zusammen mit gebratenen Selleriescheiben anrichten.

34. Überkrusteter Hirschziemer

(16 Personen)

1 Hirschziemer · 3/4 l Essigbeize (Nr. 13) · 3/4 l Fleischbrühe · 1 Flasche Weißwein · 200 g Schwarzbrotbrösel · 50 g Fett · 1 Eßlöffel Zucker · 1 Teelöffel Zimt · 50 g Butter

Die beiden Fleischteile des Rückens ablösen und gut einsalzen, 24 Stunden stehen lassen. Dann schön binden und mit Essigbeize, Fleischbrühe und Weißwein 3–3¹/₂ Stunden langsam kochen. Mit der Bröselmischung bestreichen, mit Butterflöckchen belegen und im heißen Rohr in 20 Minuten überkrusten.

35. Rotwild auf polnische Art

³/₄ kg Reh- oder Hirschfleisch · 1¹/₂ l Salzwasser · Essig · Suppengrün · Pfefferkörner · Lorbeerblatt · 60 g Speck · 1 Eßlöffel Zucker · 40 g Mehl · 2 Eßlöffel Sultaninen · 2 Eßlöffel geschälte stiftelig geschnittene Mandeln · Zitronensaft · Zucker

Das Fleisch in Salzwasser mit Essig und Gewürzen weichkochen. Aus Speckfett (Grieben herausnehmen, nach dem Aufgießen wieder zugeben), eine braune Einbrenne machen, mit Kochsud aufgießen. Sultaninen, Mandeln und Grieben zugeben, mit Zucker und Zitronensaft abschmecken. Das Fleisch noch kurz in der Sauce kochen lassen. Schön geschnitten zusammen mit der Sauce anrichten, mit feingehackter Zitronenschale überstreuen. — Beilagen: Makkaroni, Nudeln, Spätzle.

36. Tiroler Wildragout

1 kg Wildragoutfleisch (Kopf, Hals, Blattstücke, Läufe, Leber, Herz) · 1¹/₂ l Salzwasser · Essig · Suppengrün · Zwiebel · 10 Pfefferkörner · 5 Gewürzkörner · 1 Lorbeerblatt · Zitronenschale · 80 g Speck · 50 g Mehl · 1 Eßlöffel Zucker · ³/₄ l Kochbrühe · ¹/₈ l Rotwein · Wildblut

Das Ragoutfleisch in Salzwasser mit Essig und Gewürzen weich kochen. Kleinwürflig geschnittenen Speck ausbraten, die Grieben herausnehmen, Mehl im Fett kaffeebraun rösten, Zucker zugeben, ebenfalls mittelbraun werden lassen, mit dem Kochsud aufgießen, die Sauce 10 Minuten kochen lassen. Dann das Fleisch (evtl. abgelöst) und den Rotwein zugeben und noch 20 Minuten langsam weiterkochen lassen. Zum Schluß mit Essig glattgerührtes Wildblut zugeben, wenn nötig noch mit Zitronensaft abschmecken. Angerichtet mit den ausgebratenen Speckwürfelchen bestreuen. — Statt Ragoutfleisch kann jedes beliebige Wildbret genommen werden und wie vorstehend bereitet und gewürzt, bemehlt, in Fett angebraten und mit Gewürzen, Rahm und Rotwein weichgedünstet werden. — Beigabe: Kartoffeln, Knödel.

37. Wildhaschee mit verlorenen Eiern

½ kg Wildbratenreste · 50 g Speck · 1 Zwiebel · Petersilie · 4 Sardellen 1 Eßlöffel Mehl · ⅛ l Rotwein · ⅛ l Sauerrahm · Salz · Pfeffer · Thymian 4 verlorene Eier

Die Zwiebel und Petersilie in Speckwürfelchen dünsten, zusammen mit dem geschnittenen Wildfleisch und den Sardellen durch die Maschine drehen. In einen Kochtopf geben, mit Mehl stäuben, mit Rotwein und Rahm aufgießen, pikant abschmecken, auf einer Platte anrichten, mit den verlorenen Eiern belegen. Dazu Makkaroni oder Weißbrot.

38. Gebratene Rehleber

1 Rehleber · Milch · 50 g Butter oder Margarine · ½ Sellerie · 1 Gelbrübe Zwiebel · ⅛ l Rotwein · Essig · Wildblut · Salz

Die gehäutete Rehleber in verdünnte Milch legen und einige Zeit darin liegen lassen, damit sie schön hell wird. Dann in heißem Fett dünnblättrig geschnittene Sellerie, Gelbrübe und Zwiebel rösten, die ganze Leber daraufgeben, etwas Rotwein und womöglich Kräuteressig zugeben und im Rohr unter häufigem Begießen braten, bis kein Blut mehr kommt. Hat man Wildblut, dieses zum Schluß in die Sauce geben. Diese passiert über die in Scheiben geschnittene, angerichtete, mit Salz bestreute Leber geben. — Beilagen: Bratkartoffeln und Bananensalat.

39. Reh- oder Hirschleber auf Jägerart

1 ganze Reh- oder halbe Hirschleber · 60 g Butter · Salz · Zitronensaft · Petersilie · ⅛ l Sauerrahm · 2 Eßlöffel Kapern

Hat man die Leber ganz frisch von einem kurz zuvor ausgeweideten Stück, so genügt es, sie rein abzuwischen, andernfalls muß man sie gut auswaschen, damit das Blut herausgeht, und in gewässerter Milch ausziehen lassen. Dann die Leber in nicht zu dicke Scheiben schneiden, in Butter rasch auf beiden Seiten braten, mit Salz und gewiegter Petersilie bestreuen, mit Zitronensaft betropfen und sofort auf vorgewärmter Platte anrichten. Die Sauce kocht man mit saurer Sahne und Kapern auf und gibt sie über das Fleisch. Beilage: Kartoffelbrei, Röstkartoffeln, Weißbrot, Kopfsalat.

Wild und Wildgeflügel

40. Gebratener Gemsenziemer oder -keule

1 Gemsenziemer oder 1 Keule · Essig- oder Weinbeize · 125 g Speck · Salz Pfeffer · Wacholderbeeren · 60 g Fett · 2 Zwiebeln · ¹/₂ l Beize · ¹/₄ l Sauerrahm · 2 Eßlöffel Mehl

Wenn man Gemsenfleisch zubereitet, so sehe man darauf, daß es von einem jungen Tier stammt. Bis zu einem Jahr ist es am besten, von älteren Tieren muß es lange gebeizt werden, sonst ist es zähe. — Den abgelösten Ziemer oder die ausgelöste Keule 4—6 Tage in eine Essig- oder Weinbeize, am besten Rotweinbeize, legen. Dann häuten, spicken, mit Salz, Pfeffer und zerdrückten Wacholderbeeren einreiben, in die Bratpfanne mit heißem Fett geben, mit Zwiebelscheiben belegen und im Rohr unter häufigem Begießen und Zugabe der nötigen Beize zugedeckt 3 Stunden braten. Mit Sauerrahm übergießen, diesen offen bräunen lassen, die Sauce mit angerührtem Mehl binden, gut durchkochen lassen und über das in feine Scheiben geschnittene, auf gut vorgewärmter Platte angerichtete Gemsenfleisch geben. Die Speiseteller müssen ebenfalls gut vorgewärmt werden. — Beilage: Kartoffelknödel, Semmelknödel, Preiselbeeren, Salat.

41. Marinierter, gebeizter Gemsbraten

1 Gemsenkeule oder Ziemer · Salz · Pfeffer · Wacholderbeeren · Zitronensaft ¹/₂ l Weinessig · ¹/₂ l Rotwein · reichlich Wurzelwerk · Zwiebeln · 1 Zitrone Thymian · Basilikum · Rosmarin · 200 g Speck · 3 große Zwiebeln · 1 Stück Schwarzbrotrinde · Zucker

Die ausgelöste, gehäutete Keule oder den abgelösten Ziemer mit Salz, Pfeffer, zerdrückten Wacholderbeeren und Zitronensaft einreiben, in ein Tuch einschlagen und 2 Tage an einem kühlen Ort liegen lassen. Dann Essig mit Rotwein und viel geschnittenem Wurzelwerk, Zwiebeln, Zitronensaft und Schale aufkochen. Das Wild mit Thymian, Basilikum und Rosmarin in einen Topf geben, den heißen Essig darübergießen und das Fleisch unter öfterem Wenden eine Woche darin liegen lassen. Bei der Zubereitung eine Bratpfanne dicht mit Speck und Zwiebelscheiben belegen, das gespickte Gemsenfleisch daraufgeben, mit heißem Fett übergießen, mit Speckscheiben belegen und unter Zugießen von Beize 2—3 Stunden zugedeckt braten. In die Sauce ein Stück geriebenes Schwarzbrot geben, damit diese sämig wird. Ist der Braten sehr weich und schön braun, das Fleisch auf gut vorgewärmter Platte anrichten und die mit Zucker und Rotwein abgeschmeckte Sauce darübergießen. — Beilagen: Nockerln, Kartoffelnudeln, geschmorte Äpfel.

42. Gebratener Frischling

Frischling: Das junge, bis zu 1 Jahr alte Wildschwein — Rücken oder Keule eines Frischlings · Salz · Pfeffer · 60 g Butter oder Fett · 2 Zwiebeln · 2 Gelbrüben · ¹/₄ l Wasser · Zitronensaft

Das von der Schwarte befreite, gewaschene, abgetrocknete Fleisch mit Salz und Pfeffer einreiben und im Rohr mit Butter oder Fett, Zwiebel- und Gelbrübenscheiben sowie der nötigen Wasserzugabe 1½ Stunden braten. Die Sauce entfetten, durchstreichen und mit Zitronensaft abschmecken. Beilage: Risotto mit Pilzen und grüner Salat.

43. Frischlingskotelett

4 Koteletts · Salz · Pfeffer · Mehl · verquirltes Ei und Brösel zum Wenden Fett zum Backen

Dünn geklopfte Koteletts mit Salz und Pfeffer würzen, in Mehl, Ei und Bröseln wenden, in heißem Fett 6 Minuten backen. Beigabe: Kartoffelsalat mit Senfmayonnaise, Essigpilze.

44. Gebratener Wildschweinsrücken oder -keule

1 kg Wildschweinsrücken oder -keule · Salz · Pfeffer · Thymian · 100 g Speck Wurzelwerk · Zwiebel · Pfefferkörner · Lorbeerblat · 1 Eßlöffel Mehl · ¼ l Beize oder Wasser · ⅛ l Weißwein.

Das von der Schwarte befreite, ausgelöste, ungebeizte oder gebeizte Fleisch mit Salz, Pfeffer, Thymian einreiben. Den Boden eines Topfes mit Speckscheiben, geschnittenem Wurzelwerk, Zwiebelscheiben und Gewürzen belegen. Das Fleisch daraufgeben, alles mitsammen anbraten, stäuben, aufgießen und zugedeckt 2 Stunden im Rohr braten. Das Fleisch ab und zu wenden und wenn nötig Flüssigkeit nachgießen. — Die passierte Sauce über das angerichtete Fleisch geben. — Beigabe: Salzkartoffeln, Rotkraut, Krautsalate.

45. Wildschwein in Burgundersauce

1 kg Keule · Essigbeize (Nr. 13) · Salz · 4 Gewürznelken · ½ Flasche Burgunder · 1 Eßlöffel Stärkemehl

Die von der Schwarte befreite, ausgelöste Keule 3—4 Tage in Essigbeize legen. Dann das Fleisch herausnehmen, mit einigen Nelken spicken und salzen. Die Beize mit Burgunder zum Kochen bingen, das Fleisch hineingeben und 2—3 Stunden leise darin kochen lassen. Dann das Fleisch herausnehmen, im Rohr schön überbraten. Die auf die notwendige Menge eingekochte Brühe mit angerührtem Mehl binden und durchgegossen über das angerichtete Fleisch geben. — Beigabe: Kartoffelklöße, mit Wacholderbeeren gedünstetes Sauerkraut.

46. Gekochtes Wildschwein

1 kg Schulter, Bauchfleisch oder Kopffleisch · 1½ l Wasser · Salz · Essig Suppengrün · Zwiebel · Pfefferkörner · Muskatblüte · Schnittlauch zum Bestreuen

Das von allem Dunklen befreite Fleisch in Wasser mit Salz, Essig und den Gewürzen weichkochen (2—3 Stunden) und noch ½ Stunde ziehen lassen. Dann in nicht zu dünne Scheiben schneiden, auf vorgewärmter Platte anrichten, mit etwas Kochbrühe begießen und mit Schnittlauch überstreuen. — Beigabe: gekochte Kartoffeln, Senf-, Kapern- oder Hagebuttensauce.

47. Wildschweinrippchen mit Pumpernickel

1 kg Wildschweinrücken · Salzwasser · Essig · Suppengrün · 200 g Pumpernickel · 2 Eßlöffel Zucker · 1 Teelöffel Zimt · 60 g Butter

Das von der Schwarte befreite Kotelettstück eines jungen Wildschweins in Salzwasser mit Essig und Gewürzen weichkochen. Erkaltet in Portionsstücke teilen. Diese auf einer feuerfesten Platte anrichten, mit einer Mischung von Pumpernickel, Zucker und Zimt bestreuen, mit flüssiger Butter betropfen, etwas Sud auf die Platte gießen und die Rippchen im Rohr unter öfterem Betropfen mit flüssiger Butter braun überbacken. — Beilage: Kartoffelsalat, grüner Salat.

48. Gebratene Rebhühner mit Ananaskraut

2 Rebhühner · Salz · Pfeffer · ½ Apfel · 6 Wacholderbeeren · etwas Salbei 4 dünne Speckscheiben · 60 g Butter · 1 Zwiebel · 1 Gelbrübe · ⅛ l Brühe

Die gerupften, gesengten, ausgenommenen Rebhühner mit Salz und Pfeffer außen und innen würzen, in die Bauchhöhle ein ungeschältes Apfelviertel geben. Die Brust der Rebhühner mit zwei Speckscheiben belegen und mit einem Faden umbinden. Die so vorbereiteten Rebhühner grillen oder im Rohr mit Butter, Zwiebel- und Gelbrübenwürfelchen und Zugießen von etwas Brühe braten (45 Minuten). Die Speckscheiben ablösen und die Brust noch etwas bräunen lassen. Herz und Leber in feine Blättchen schneiden und in der Sauce garen. Auf einer Platte Kartoffelbrei anrichten, die halbierten Rebhühner darauflegen, die Bratensauce gesondert dazu reichen. Zum Ananaskraut ½ kg Sauerkraut mit Fett halbweich kochen, dann 1 kleine Dose gewürfelte Ananas zugeben, mitsammen fertig dünsten, ganz wenig binden.

49. Gedünstete Rebhühner mit Specklinsen

2 Rebhühner · Salz · Pfeffer · 50 g Speck · 50 g Fett · 1 Zwiebel · ½ kleine Sellerie · 1 Gelbrübe · Pfefferkörner · Thymian · 1 Eßlöffel Mehl · ⅛ l Sauerrahm · ⅛ l Wasser

Die vorbereiteten Rebhühner innen und außen mit Salz und Pfeffer einreiben, mit Speckscheiben umbinden und in einen Topf mit heißem Fett, feingeschnittenem Wurzelwerk, Zwiebel und Gewürzen legen. Nachdem alles kurz angebraten ist, mit etwas Wasser oder Brühe aufgießen und die Rebhühner unter öfterem Wenden zugedeckt 1 Stunde dünsten. Die Zubereitungsart eignet sich für junge und auch ältere Tiere, nur ist im letzteren Falle die Garzeit länger. Junge Rebhühner haben gelbe, ältere bräunliche oder schiefergraue Beine. — Für die Beilage werden die weichgekochten Linsen (ohne Brühe) mit ausgebratenem Speck verrührt. Kräftig mit Salz, Pfeffer und Essig abschmecken.

50. Gebratener Fasan

(4 Personen)

1 Fasan · Salz · 2 Eßlöffel Zitronensaft · 2 ungeräucherte Speckscheiben 50 g Butter oder Fett · 1/8 l Wasser oder Brühe · 1/8 l Sauerrahm · 1 Eßlöffel Mehl

Den jungen Fasan nach dem Rupfen und Ausnehmen sengen, rasch waschen, gut abtrocknen, außen und innen salzen, mit Zitronensaft beträufeln, mit den Speckscheiben belegen und binden. Den Fasan grillen oder im Rohr mit Fett unter Zugabe von etwas Brühe und Sauerrahm braten (60—90 Minuten). Kurz vor beendeter Garzeit Speck abnehmen, bräunen lassen, mit Rahm begießen, diesen ebenfalls bräunen lassen, die Sauce mit angerührtem Mehl binden. Den zerteilten Fasan auf einer Platte mit Kartoffelbrei oder gekochten Kastanien anrichten. In Wein geschmorte Äpfel dazu reichen.

51. Fasan-„Rheingold"

Den Fasan mit Gänseleberfarce füllen, braten. Das Brustfleisch ablösen. Den Fasan auf einem Brotsockel anrichten, mit einer hellen Decksauce überziehen. Die Beine mit Papiermanschetten umhüllen. Auf den Fasan eine in Champagner gedünstete blaue Weintraube legen. Ringsum das in Scheiben geschnittene Brustfleisch, gefüllte Artischockenböden (aus der Dose) und kleine Becherpasteten (römische Pasteten) mit Weintrauben gefüllt.

52. Gedünsteter Fasan in Weinkraut

1 Fasan · Salz · Zitronensaft · 2 Speckscheiben · 50 g Fett · 1 kg Weißkraut 40 g Speck · 1 Teelöffel Zucker · 1 kleine Zwiebel · 1/8 l Brühe oder Wasser 1/4 l Weiß- oder Apfelwein · Salz · Essig

Den vorbereiteten Fasan, auch ältere geeignet, innen und außen mit Salz einreiben, mit Zitronensaft betropfen, die Brust mit Speckscheiben umbinden und in einer Bratpfanne mit heißem Fett im Rohr halbfertig braten. In der Zwischenzeit in kleinwürflig geschnittenem, ausgebratenem Speck Zucker und geschnittene Zwiebel hellgelb rösten, das feingeschnittene Kraut zugeben, durchdünsten, mit Wasser und Wein aufgießen, salzen und halbweich kochen. Dann den vorgebratenen Fasan hineinlegen und zusammen mit dem Kraut weichdünsten. Den zerteilten Fasan auf vorgewärmter Platte hübsch anrichten, ringsherum das gut eingedünstete Kraut legen und anschließend außen herum Kartoffelbrei; diesen evtl. spritzen.

53. Gebratener Birkhahn

Die Zubereitungsarten sind die gleichen wie beim Fasan.

54. Haselhuhn, Schneehuhn, Berghuhn

Um den natürlichen Wohlgeschmack dieser Wildvögel möglichst zu erhalten, werden sie nur mit Salz und Wacholder gewürzt und in Butter gebraten, evtl. mit viel saurer Sahne weichgedünstet.

55. Auerhahn

Auerhahnfleisch ist nur von jungen Tieren gut, es schmeckt auch dies stets etwas streng. Vor der Zubereitung muß der Auerhahn 8—10 Tage an einem kühlen Ort abhängen. Junge Tiere kann man grillen oder im Rohr braten. Ältere Stücke wird man in jedem Falle braten, evtl. auch vordünsten. Die Brust wird dazu dicht mit Speckscheiben umwickelt. — Beilage: Kartoffeln, Sauerkraut.

56. Gefüllter Auerhahn (warm oder kalt)

1 Auerhahn · 100 g Speck · Salz · Pfeffer · 100 g Fett · 1 Zwiebel · 1 l Beize oder Brühe · 20 g Butter · 20 g Mehl · ¹/₄ l Sauerrahm · Zitronensaft — Fülle: 375 g Kalbfleisch · 250 g Speck · 2 Zwiebeln · Salz · Pfeffer · Muskat · Zitronensaft · 100 g gekochtes Geräuchertes oder Pökelzunge

Den vorgerichteten Auerhahn nach einer der angegebenen Arten naß oder trocken beizen (Nr. 13—16), dann entbeinen, füllen, den Schnitt fest zunähen, wie gewöhnlich spicken, mit Salz und Pfeffer bestreuen, in heißem Fett mit Zwiebelscheiben und Beize oder Brühe anfangs zugedeckt dämpfen, später braten. Die Sauce mit etwas Buttereinbrenne dicken, mit Sauerrahm aufkochen und mit Zitronensaft abschmecken. Beim Anrichten die Flügel und Schlegel ablösen, das übrige Fleisch zu Scheiben schneiden, auf vorgewärmter Platte anrichten und mit etwas von der Sauce begießen. Wird der Auerhahn nur kalt gegeben, so wird er nach dem Dämpfen nicht mehr überbraten. Wenn er weich ist, werden Flügel und Schlegel abgeschnitten und das übrige Fleisch zwischen 2 Brettchen leicht beschwert. Es wird kalt zu Scheiben aufgeschnitten und Kartoffelsalat mit Senfmayonnaise dazu gereicht.
Entbeinen: Der gerupfte, gesengte, nicht ausgenommene Vogel wird entlang des Rückens aufgeschnitten und das ganze Knochengerippe mit den Eingeweiden in einem herausgelöst. (Flügel und Schlegel ausgenommen.) Man ist dabei bemüht, das scharfe Messer immer möglichst dicht an den Knochen entlang zu führen und das Fleisch nicht zu zerreißen.

57. Wildtaube, Wildente, Wildgans

Das Geflügel ist nur von jungen Tieren zart. Bei älteren Tieren schmeckt die Haut manchmal tranig; es ist besser sie nicht zu rupfen, sondern abzubalgen (die Haut samt den Federn abziehen). Für die Zubereitung wird das junge Geflügel mit Salz und Pfeffer gewürzt, Wildtaube und Wildente noch mit Speckscheiben umwickelt und gebraten.
Älteres Geflügel wird günstig nach dem Abhängen gebeizt und dann gedünstet; auch eine Ragoutzubereitung mit Rotwein ist geeignet.

58. Gefüllte, gebratene Wildente

Die junge, vorgerichtete Wildente außen und innen mit Salz, Pfeffer und Thymian einreiben, mit kleinen, ungeschälten, nur von der Blüte befreiten Äpfeln nicht zu voll füllen. Zunähen, in die Bratpfanne mit Fett und Zwiebelscheiben geben und unter Zugießen der nötigen Flüssigkeit 2 Stunden braten. Die zerteilt angerichtete Ente mit Äpfeln, Blaukraut und Salzkartoffeln umlegen.

59. Gebratene Schnepfe

Die Schnepfe rupfen (Kopf daran lassen), vorsichtig ausnehmen, sengen, salzen, mit Speck umwickeln und grillen oder im Rohr braten. Die von der Galle befreite Leber fein hacken, etwas Enten- oder Geflügelleber und 1 Ei dazugeben, mit Salz, Pfeffer, Thymian abschmecken, auf Weißbrotdreiecke streichen, rasch in Butter braten (Schnepfenbrötchen, Croutons). Die gebratenen Schnepfen zusammen mit den Brötchen auf vorgewärmter Platte anrichten; dazu Feldsalat mit Tomatenwürfelchen gemischt.

60. Bekassine

Die Zubereitung dieser kleineren Schnepfenart ist dieselbe wie im vorhergehenden Rezept.

61. Wachteln

Die gerupften, ausgenommen, gesengten Vögel mit Salz und Pfeffer bestreuen, innen außerdem mit feingehackter Zwiebel, Petersilie und Thymian ausstreuen. Dann werden sie gegrillt (da die Vögel fett sind, ist diese Zubereitungsart sehr gut geeignet) oder in Butter gebraten (Bratfett nicht mitservieren, es schmeckt manchmal tranig, wenn die Vögel nicht mehr ganz jung waren). — Beigabe: Erbsenreis und Kopfsalat.

62. Wachteln auf italienische Art

Die jungen, vorgerichteten Wachteln mit Salz, Pfeffer und Käse bestreuen und mit dünnen Speckscheiben umbinden. In einen Topf Wurzelwerk, Pfefferkörner, Rosmarin, Basilikum und Weinblätter geben, die Wachteln daraufflegen und unter Zugießen von etwas Weißwein weichdünsten (30 Minuten), Weißbrotscheiben in Butter rösten, die von den Fäden befreiten Wachteln daraufflegen. Die Weinblätter als Garnitur mit auf die Platte legen. Dazu Tomatensalat.

63. Krammetsvögel

Die gerupften, ausgenommen, gesengten Vögel mit Salz, Pfeffer und zerdrückten Wacholderbeeren würzen und grillen oder in Butter braten. Dazu: gedünsteter Reis, Weinkraut, Sauerkraut, grüne Erbsen.

Grillgerichte

Das Grillen ist eine sehr rasche und gute Zubereitungsart. Das Braten am Spieß und auf dem Rost sind Vorläufer unserer modernen Grillapparate. Gegrillte Speisen können ohne Fett zubereitet werden, sind leicht verdaulich, enthalten alle wichtigen Nährstoffe und sind darüber hinaus sehr rasch zubereitet. Durch die kurzen Garzeiten bleiben die wertvollen Säfte und Vitamine zum allergrößten Teil erhalten. Das Fleisch bleibt seinem Naturzustand am nächsten, ist so am schmackhaftesten und bekömmlichsten. Bei sorgfältiger Auswahl des Grillgutes und richtiger Zubereitung bleiben die Grillgerichte so saftig, daß es nicht notwendig ist, eigene Saucen dazu zu servieren. Der Fachausdruck für das Grillgut, das im Grill gegart wird, ist Grillade.

Gegrillt kann werden:

1. In der Grillpfanne (Kontaktgrill), die direkt auf die Elektro-, Gas- oder Kohlenherdplatte gestellt wird.

2. Im Plattengrill (Kontaktgrill). Er besteht aus einer oder zwei gerillten Platten, ähnlich einem Waffeleisen, die elektrisch oder mit Gas erhitzt werden. Auf oder zwischen diesen erhitzten Platten werden die Grilladen gegart. Infolge der direkten Berührung der Grillade mit dem heißen Eisen entsteht starke Rauchentwicklung. Zum Befetten kann nur Öl verwendet werden, da es am hitzebeständigsten ist.

3. Im Strahlergrill (Infrarotgrill). Hier werden die Grillstäbe durch Elektrizität rotglühend erhitzt und die auf einem Rost liegenden oder am Spieß steckenden Grilladen durch Strahlenhitze gegart. Der Strahlergrill arbeitet bei richtiger Handhabung nahezu rauch- und geruchlos, die Größe der Grillade ist unwichtig, da der Grillrost höher oder tiefer eingestellt oder der Drehspieß verwendet werden kann. Unter dem Grillrost muß die Grillpfanne stehen, damit evtl. abtropfendes Fett oder Saft aufgefangen werden können.

In den modernen Herden sind diese Grillstäbe meist an der Decke des Backofens angebracht. Für Herde, in denen diese nicht vorhanden sind, gibt es einen Einschiebegrill, der auf die oberste Schiene des Backofens eingeschoben und elektrisch erhitzt wird. Gegrillt wird immer bei offenem Backrohr. Der Unterschied zwischen scharfem Braten im Rohr und Grillen besteht in der schärferen Hitze und den durchdringenden Infrarotstrahlen, die auch das Innere der Grilladen rasch garen. Häufig wird ein Grill zusätzlich angeschafft.

Für die Verwendung des Grills sind folgende Dinge zu beachten:

1. Den Grill sehr heiß werden lassen, ehe die Grilladen eingelegt werden. Die plötzliche Hitzeeinwirkung schließt die Poren vollständig.

2. Den Grillrost mit Öl bestreichen, um ein Ankleben der Grilladen zu verhindern.

3. Alle Grilladen nach dem Waschen immer mit einem Tuch abtrocknen.

4. Fleisch- und Fischscheiben müssen glatt und gleichmäßig dick sein, damit sie zu gleicher Zeit braun und gar sind. Beim Fleisch müssen Sehnen und Häute entfernt oder eingeschnitten werden, damit sich die Stücke nicht zusammenziehen.

5. Alle Grilladen mit Öl oder Butter bestreichen, evtl. würzen und dann einlegen. Gesalzen wird erst nach Fertigstellung.

6. Beim Umwenden die Grilladen nie anstechen, sondern mit Bratenheber oder stumpfer Zange umwenden.

7. Für größere Braten und Geflügel außer dem Drehspieß Hilfsspieße mitverwenden. Diese womöglich nicht durchstecken, sondern das Fleisch dazwischen klemmen.

8. Zum Anrichten der Grillgerichte stellt man günstig außer Salz noch Worcestersauce und Ketchup evtl. Kräuterbutter auf den Tisch.

9. Den Grill nach dem Abkühlen nach jedem Gebrauch gründlich reinigen. (Grillstäbe nicht naß behandeln.)

Zum Grillen geeignetes Fleisch

Vom *Rind:* Filet (Filetschnitte, Beefsteak, Chateaubriand, Tournedos); Roastbeef (Lendenschnitte, Rumpsteak, Entrecote).

Grillgerichte

Vom *Schwein:* Filet, Kotelett, Lende, Steaks, Schnitzel, Schweinshaxe, Keule, Schinken, Herz, Leber, Nieren.

Vom *Kalb:* Filet, Kotelett, Lende, Steaks, Keule, Schnitzel, Kalbshaxe, Herz, Leber, Niere.

Vom *Lamm:* Filet, Kotelett, Steaks, Keule, Schnitzel, Schulter, Haxe, Leber, Niere.

Vom *Kaninchen:* Rückenstück und Schlegel.

Vom *Wild:* Junger Hase und Reh (Stücke wie vom Kalb und Kaninchen).

Geflügel: Alle Teile.

Wildgeflügel: Nur zarte junge Tiere.

Fische: Im ganzen oder in Portionen.

Außerdem geeignet: Fleischwurst, magerer Schinken und durchwachsener Speck, Muscheln, Kartoffeln, Gemüse, Obst, Weißbrot, Graubrot.

Grillgerichte von Ochsenfleisch

Die Rezepte für Ochsenfilet, Filetschnitten, Filetbeefsteak, Chateaubriand und Tournedos sowie deutschem Beefsteak bitte ich im Abschnitt Rindfleisch nachzusehen. Alle vorgenannten Fleischstücke sind vorzüglich zum Grillen geeignet.

Grillgerichte von Schwein, Kalb, Lamm, Kaninchen, Wild, Geflügel und Wildgeflügel bitte ich in den betreffenden Abschnitten nachzusehen.

Von den *Fischen* sind Süßwasserfische und Seefische geeignet, kleinere Fische grillt man im ganzen, größere Fische in Portionen.

Geflügel wird am schönsten am Drehspieß, für den Grillrost muß es immer halbiert und flachgedrückt werden.

Von den *Innereien* ist Leber, Niere, Kalbsmilch (Bries) und Hirn geeignet.

Gegrilltes Gemüse und Obst bietet einen besonderen Genuß, da das Aroma ziemlich unverändert erhalten bleibt. Als selbständiges Gericht sowie als dekorative Garnitur von Fleisch- und Fischgerichten.

Die verschiedenen Spieße werden gegrillt, können aber auch in einer Stielpfanne in heißem Fett gebraten werden.

1. Balkan-Spieß, Schaschlik

200 g zartes Hammelfleisch · 50 g Speck · 1 Zwiebel · 1 Paprikaschote
2 Tomaten

Das Hammelfleisch und den Speck in Blättchen schneiden. Die Zwiebel schälen, vierteln, die Blätter voneinander lösen. Die Paprika halbieren, entkernen und in Stücke schneiden. Die Tomate ebenfalls halbieren, entkernen, in Stückchen schneiden. Die vorbereiteten Zutaten abwechselnd und nicht zu dicht auf Holz- oder Metallspieße stecken, mit Öl bepinseln, 4 Minuten grillen, mit Salz und Pfeffer bestreuen.

2. Zigeuner-Spieß

50 g Speck · 100 g zartes Ochsenfleisch · 100 g Schweinefleisch · 1 Zwiebel
1 Paar Debreziner

Speck, Ochsenfleisch und Schweinefleisch in Blättchen schneiden, die geschälte Zwiebel vierteln und aufblättern. Die Debreziner in Stückchen schneiden. Abwechselnd nicht zu dicht auf Holz- oder Metallspieße stecken, mit Öl bestreichen, 4 Minuten grillen. Mit Salz und Paprika bestreuen.

3. Bunter Spieß

1 Schweinsniere · 1 Paar Bratwürstchen · 50 g Kalbs- oder Schweinsleber
50 g Ochsenfilet · 50 g Kalbfleisch · 1 Zwiebel · 2 Tomaten

Das Fleisch zu Blättchen schneiden, die geschälte Zwiebel vierteln und aufblättern, die halbierten Tomaten entkernen und in Stücke schneiden. Die Zutaten nicht zu dicht auf Holz- oder Metallspieße stecken, beölen, 4 Minuten grillen, mit Salz, Pfeffer und Curry bestreuen.

4. Schweizer Spieß

50 g Speck · 200 g Kalbsleber · Salbeiblätter · 100 g Schweizer Käse · 1 Apfel

Speck und Leber in Scheibchen schneiden, Käse und Apfel in Würfel. Die Leberscheibchen mit einem Salbeiblatt umhüllen, abwechselnd mit den anderen Zutaten auf Holz- oder Metallspieße nicht zu dicht stecken. 4 Minuten grillen, mit Salz bestreuen, mit Worcestersauce beträufeln.

5. Jägerspieß

80 g Speck · 200 g Rehleber · 1 Zwiebel · 1 Apfel · 100 g Champignons
Wacholderbeeren

Speck, Leber und Zwiebel in Blättchen schneiden, den Apfel in Würfel, die Champignons ganz lassen oder halbieren. Abwechselnd auf Holz- oder Metallspieße nicht zu dicht aufstecken, mit reichlich sehr feingewiegten Wacholderbeeren bestreuen, 4 Minuten grillen, salzen.

6. Hamburger Spieß

200 g Goldbarschfilet · 50 g Speck · 1 Gewürzgurke · 1 Zwiebel · 1 Banane

Fisch, Speck, Zwiebel, Gurke, Banane in dicke Scheibchen schneiden, abwechselnd nicht zu dicht auf Holz- oder Metallspieße stecken, 4 Minuten grillen, mit Salz, Pfeffer und Paprika bestreuen.

7. Gegrillte Würstchen

Die abgewaschenen und getrockneten Würstchen mit Öl oder Butter bestreichen, evtl. 2–3 kleine Einschnitte machen, auf den geölten Grillrost legen und 3–4 Minuten grillen.

8. Gegrillte Lyoner, Regensburger

Die Wurst enthäuten, halbieren, mit Butter oder Öl bestreichen, auf den Grillrost legen, 3—4 Minuten grillen. Dazu in dicke Scheiben geschnittene beölte Pellkartoffeln grillen und Kopfsalat.

9. Grillwurst mit Speck

Wiener Würstchen oder halbierte Regensburger oder Lyoner mit geräuchertem durchwachsenem Speck umwickeln, mit Zahnstochern feststecken, 4 Minuten grillen.

10. Berner Würstchen

4 Paar Würstchen • 2 dicke Scheiben Emmentaler Käse • 8 Scheiben durchwachsener Speck oder Schinken

Die Würstchen der Länge nach so einschneiden, daß sie an jedem Ende noch zusammenhalten. In den entstandenen Schlitz einen Käsestreifen stecken. Um alles eine Scheibe durchwachsenen Speck oder Schinken wickeln, mit Zahnstochern feststecken. Mit Fett bepinselt grillen oder in der Pfanne mit Fett knusprig braten. Dazu frische Brötchen und Salat.

11. Kräuterbutter

Petersilie oder beliebige andere Kräuter, z. B. Dill oder Estragon, feinhacken und nebst Salz und einigen Tropfen Zitronensaft mit einer Gabel in frische Butter einmischen. Nach Belieben kann auch Sardellenpaste, geriebener Meerrettich, Senf oder Ketchup eingemengt werden. Als Beigabe zu den verschiedensten Grillgerichten ist diese Butter sehr geeignet.

12. Würstchen-Toast

Wiener Würstchen in 3 cm lange Stücke schneiden, an einer Schnittseite kreuzweise einkerben. Etwas dickere Weißbrotscheiben mit Butter bestreichen, die Würstchen hineinstecken, Kerben nach oben. Darauf Würfelchen von durchwachsenem Speck oder Butterflöckchen, 4—5 Minuten grillen, mit Rosenpaprika überpudern.

13. Fleischwurst-Toast

Gehäutete Fleischwurst in 1 cm dicke Scheiben schneiden, mit Rosenpaprika bestreuen, auf gebutterte Weißbrotscheiben legen, darauf Speckwürfelchen oder Butterflöckchen. 4—5 Minuten grillen, eingelegte Paprikaschoten darauf legen.

14. Gegrillte Tomate

Kleine feste Tomaten ganz lassen, oben über Kreuz mit dem Messer einritzen, die Haut etwas zurückschieben, so daß das Tomatenfleisch freiliegt. Große Tomaten waagrecht durchteilen oder in dicke Scheiben schneiden. Mit Öl bepinseln, 3—4 Minuten grillen, mit Salz und Paprika bestreuen.

Grillgerichte

15. Gegrillte Apfelscheiben

Äpfel, die nicht zerkochen (z. B. Jonathan), schälen, in 1 cm dicke Scheiben schneiden, das Kernhaus ausstechen, auf den geölten Rost legen, auf jeder Seite 4—5 Minuten grillen.

16. Gegrillte Orangen, Ananas, Bananen

Die Orangen schälen, alles Weiße entfernen, in 1 cm dicke Scheiben schneiden, entkernen. Von einer frischgeschälten oder Dosenananas Scheiben nehmen. Von den gewaschenen abgetrockneten Bananen ein Stück der Schale abheben. Alles vorbereitete Obst mit Butterflöckchen belegen und 4—5 Minuten grillen, dann mit Zucker bestreuen.

17. Welsh Rarebits

100 g Butter · 200 g geriebener Schweizer Käse · 2 Eier · Salz · Paprika 8 Weißbrotscheiben

Schaumig gerührte Butter mit geriebenem Käse, Eiern und Gewürzen mischen, dick auf Weißbrot streichen, auf den Grillrost legen und in 4—5 Minuten goldgelb grillen.

18. Apfel-Leberwurst-Toast

Weißbrotscheiben mit Butter und Kalbsleberwurst bestreichen, darauf eine von Kernhaus befreite Apfelscheibe mit Butterflöckchen belegen, in die Mitte 1 Teelöffel Preiselbeerkompott, 4—5 Minuten grillen.

19. Schlemmertoast

Weißbrotscheiben mit Butter bestreichen, eine Scheibe gekochten Schinken, darauf eine Ananasscheibe und darüber eine Scheibe Chesterkäse legen, 4—5 Minuten grillen.

20. Bulgarentoast

4 Scheiben Toastbrot (dünn) · 4 Eßlöffel gekochter Reis · 2 Eßlöffel flüssige Butter · 1 Ei · 50 g geriebener Käse · 100 g Paprikaschoten (eingemacht oder überbrüht) · Salz

Gekochten Reis mit flüssiger Butter, Ei, geriebenem Käse und kleinwürflig geschnittenen Paprikaschoten mischen, mit Salz abschmecken, auf Weißbrotscheiben auftragen, mit zurückbehaltenem Käse bestreuen und 4—6 Minuten grillen.

Innereien

Durch ihren besonderen Aufbau sind sie dem Körper sehr zuträglich. Der Geschmack ist jeweils verschieden, die Zubereitungsart sehr mannigfaltig. Die Zubereitungsdauer ist mit einzelnen Ausnahmen kurz.
Zu den Innereien gehören: Zunge, Hirn, Bries (Kalbsmilch), Lunge, Leber, Niere, Milz, Herz, Gekröse, Kutteln, Euter.

ZUNGE

Die Zunge aller Schlachttiere findet in der Küche Verwendung. Immer muß sie in Salzwasser weichgekocht und dann die Haut abgezogen werden. Gepökelte Zunge wird in ungesalzenem Wasser weichgekocht.

1. Eingemachte Kalbs- und Schweinszüngerl

2 Kalbs- oder Schweinszüngerl · Salzwasser · Suppengrün — Sauce: 40 g Fett 40 g Mehl · ¹/₂ l Kochbrühe · 4 Eßlöffel Sauerrahm · Zitronensaft · Pfeffer

Die sauber gewaschenen Zungen in Salzwasser mit Suppengrün weichkochen (1—1¹/₂ Stunden), dann die Haut abziehen und die Zungen anschließend in schöne, schräge Scheiben schneiden. Aus Fett und Mehl mit Zungenbrühe eine helle Sauce bereiten, mit Sauerrahm, Zitronensaft und weißem Pfeffer abschmecken, die Zungenscheiben hineinlegen und darin wieder heiß werden lassen. — Beilage: Semmelknödel, Bröselknödel, Reis.

HIRN

Für die Bereitung der verschiedensten Gerichte mit Hirn verwendet man Kalbshirn, Rindshirn, Schweinshirn und Hammelhirn.

Dem Gewicht von 1 Kalbshirn (ungefähr 500 g) entspricht ½ Rindshirn oder 3 Schweinshirne oder 3 Hammelhirne.

Vorbereitung: Das gewaschene Hirn mit warmem Wasser übergießen, zugedeckt 10 Minuten stehen lassen, dann die Aderhaut abziehen.

2. Geröstetes Hirn

2 Kalbshirne · 40 g Butter · 1 kleine Zwiebel · Petersilie · Salz · Pfeffer

In heißer Butter oder Fett feingehackte Zwiebel und Petersilie rösten, das gehäutete, gehackte Hirn zugeben und rösten, bis es streichfähig ist. Mit Salz und Pfeffer würzen. Mit geröstetem Weißbrot servieren.

3. Hirn mit Ei

2 Kalbshirne · 40 g Butter · 1 kleine Zwiebel · Petersilie · Salz · Pfeffer
4 Eier

In Butter oder Fett mit gewiegter Zwiebel und Petersilie geröstetes Hirn vor dem Anrichten mit verquirlten, gesalzenen Eiern mischen und so lange weiterrösten, bis die Eier fest geworden sind. Angerichtet mit gewiegter Petersilie bestreuen. Schöner sieht es aus, wenn man zum gerösteten Hirn nur die Eiweiße gibt, steif werden läßt, auf einer Platte anrichtet, 4 kleine Vertiefungen macht und in diese die rohen Eigelbe gibt. Dazu in Butter geröstete Weißbrotschnitten oder Toast.

4. Hirn mit Spiegelei

2 Kalbshirne · 40 g Butter · Zwiebel · Petersilie · Salz · Pfeffer · 4 Eier

In die Pfanne mit dem fertig gerösteten Hirn läßt man vorsichtig die frischen Eier gleiten und stellt die Pfanne so lange ins Rohr, bis das Eiweiß steif geworden ist.

5. Gebackenes Hirn

2 Kalbshirne · Salz · Mehl zum Wenden · 1 Ei · Brösel zum Wenden
Backfett

Das enthäutete Hirn in flache Stücke schneiden. Diese salzen, in Mehl, verquirltem Ei und Bröseln wenden und in heißem Fett backen.
Beigabe: Salat, grüne Gemüse.

6. Hirn in Buttersauce

2 Kalbshirne · 30 g Butter · 2 Eßlöffel Mehl · ¼ l Brühe oder Wasser · Salz
Pfeffer · Zitronensaft oder Weißwein

Aus Butter, Mehl und Brühe oder Wasser eine helle Sauce bereiten, mit Salz, weißem Pfeffer und Zitronensaft oder Weißwein pikant abschmecken. Das gehäutete Hirn hineingeben und 10 Minuten leise darin kochen lassen. Beigabe: feine Klößchen.

7. Überkrustetes Hirn

2 Kalbshirne · Salzwasser · 40 g Butter · 2 Eßlöffel Mehl · 1/4 l Milch · 20 g geriebener Käse · Salz · Zitronensaft · 1 Eigelb

Das gehäutete Hirn in Salzwasser 5 Minuten kochen, dann herausnehmen und in kleine Würfel schneiden. Aus Butter, Mehl und Milch eine helle, sehr dickliche Sauce kochen, mit Käse, Salz und Zitronensaft pikant abschmecken, mit Eigelb legieren. Die Hirnwürfelchen hineingeben. In Muscheln anrichten, mit geriebenem Käse und Semmelbröseln bestreuen, mit Butterflöckchen belegen, auf ein Blech stellen und 10 Minuten im heißen Rohr überbacken. Damit die Muscheln auf dem Blech besser stehen, kann man auf das Blech etwas Kies oder Salz streuen. — Überkrustetes Hirn in Muscheln ist eine feine Vorspeise oder leichtes Abendessen. Auch für die Krankenküche geeignet.

8. Überkrustetes Hirn mit Rühreiern

1 Kalbshirn · Salzwasser · 100 g Champignons · 40 g Butter · 1 Teelöffel Mehl · Rühreier: 20 g Butter · 4 Eier · geriebener Käse und Brösel zum Bestreuen · Butter zum Betropfen

Das mit kochendem Salzwasser überbrühte, gehäutete Hirn auf 4 Muscheln verteilen. Die blättrig geschnittenen Champignons in Butter dünsten, mit Mehl überstäuben und etwas aufgießen, im Kranz um das Hirn auf den Muscheln anrichten. Das Hirn dann mit weichem Rührei überdecken, mit geriebenem Käse und Bröseln bestreuen, mit flüssiger Butter betropfen und die Muscheln einige Minuten im heißen Rohr überbacken.

9. Hirnkotelett

2 Kalbshirne · Zwiebel · Petersilie · 3 Semmeln · 2 Eier · Salz · Pfeffer Brösel · Backfett

Das gehäutete, gehackte Hirn mit in Fett gerösteter Zwiebel und Petersilie, Eiern, eingeweichten, ausgedrückten Semmeln, Salz, Pfeffer und der nötigen Menge Brösel vermengen. Aus der Masse längliche Laibchen formen, nur in Bröseln oder in Mehl, verquirltem Ei und Bröseln wenden, dann in heißem Fett auf beiden Seiten hellbraun backen. — Beigabe: Mischgemüse, Spinat, Salate.

10. Hirnröstschnitten

1 Kalbshirn · Zwiebel · Petersilie · 2 Eier · Salz · Pfeffer · Muskat · Brösel Milch · Weißbrot · Backfett

Innereien

Das gehäutete, feingehackte Kalbshirn mit feingewiegter, gerösteter Zwiebel und Petersilie, 1 Ei, Salz, Pfeffer, Muskat vermischen und abschmecken. 1/2 cm dicke Weißbrotscheiben auf einer Seite in Milch tauchen, auf der anderen Seite dick und bergartig mit der Hirnmasse bestreichen. Die bestrichene Seite in verquirltes Ei und Brösel tauchen und die Schnitten in schwimmendem Fett backen. — Beigabe: Spinatgemüse, Salat.

11. Hirn nach Römer Art

2 Kalbshirne · Salzwasser · 30 g Butter · 30 g Mehl · 3/8 l Brühe · 2 Eigelb Salz · Pfeffer · 2 Semmeln · Butter zum Rösten

Das gehäutete Hirn einige Minuten in Salzwasser kochen, dann würflig schneiden und auf vorgewärmter Platte anrichten. Aus Butter, Mehl und Brühe eine helle Sauce kochen, gut abschmecken, mit Eigelb legieren und über das angerichtete Hirn gießen. Mit kleinwürflig geschnittenen, in Butter gerösteten Semmeln überstreuen.

12. Hirnschiffchen

1/2 Kalbshirn · Salzwasser · Essig · 1 kleine Zwiebel · Salz · Pfeffer · 50 g Mayonnaise · Schnittlauch — Schiffchen: 120 g Mehl · 60 g Butter oder Margarine · 1 Eigelb · Salz

Das gehäutete Hirn in Salzwasser mit Essig 10 Minuten kochen und im Sud erkalten lassen. Dann grob hacken und mit ganz feingewiegter Zwiebel, Salz, Pfeffer und Mayonnaise anmengen, in die Schiffchen füllen, mit gewiegtem Schnittlauch bestreuen, gut gekühlt als Vorspeise servieren. — Schiffchen: Mehl mit Butter oder Margarine, Eigelb und Salz zu einem Mürbteig kneten, messerrückendick ausrollen, die Schiffchenformen damit auslegen, aufs Blech stellen und bei guter Hitze hellgelb backen.

13. Hirn in Vinaigrettesauce

2 Kalbshirne · Salzwasser · Essig · 1 Eigelb · 1/8 l Öl · 1 Teelöffel scharfer Senf · Salz · Pfeffer · 1 Teelöffel gewiegte Kapern · 1 Teelöffel gewiegtes Kerbelkraut

Das gehäutete Kalbshirn in Salzwasser mit Essig 5 Minuten kochen, dann herausnehmen und in Würfel schneiden. Eigelb mit Öl zu Mayonnaise rühren, mit Senf, Essig, Salz, Pfeffer, gewiegten Kapern und Kerbelkraut abschmecken. Das vorbereitete Hirn untermischen, in Muscheln füllen, mit Scheiben von hart gekochtem Ei und Tomaten garnieren.

KALBSBRIES (KALBSMILCH)

Das Bries ist eine Wachstumsdrüse, ist daher nur bei jungen Tieren vorhanden.

Innereien

Vorbereitung: Das gewaschene Bries 20 Minuten in Salzwasser langsam kochen lassen, dann herausnehmen und enthäuten. Beliebig weiter verwenden. Kalbsbries nie roh, sondern immer vorgekocht verwenden. Es zieht sich durch die Hitzeeinwirkung zusammen und es würden andernfalls die Gerichte an Ansehen verlieren.

14. Kalbsbries in heller Sauce

2 Kalbsbriese · Salzwasser · 40 g Butter oder Fett · 4 Eßlöffel Mehl · ½ l Brühe oder Wasser · Zitronensaft oder Weißwein · Salz

Gewaschenes Bries in Salzwasser 20 Minuten kochen, dann von den Häuten befreien und in Scheiben schneiden. Aus Butter, Mehl und Brühe eine helle Sauce kochen, mit Zitronensaft oder Weißwein und Salz abschmecken, das vorbereitete Bries hineinlegen und noch 10 Minuten leise in der Sauce kochen lassen. — Beigabe: Bratkartoffeln und grüner Salat.

15. Gebratenes Bries mit Rühreiern und grünem Salat

2 Kalbsbriese · Salzwasser · Salz · Pfeffer · 30 g Fett · 1 Zwiebel · ⅛ l Sauerrahm · 2 Eßlöffel Weißwein · 4 Eier · grüner Salat

Das in Salzwasser gekochte, gehäutete Bries in Scheiben schneiden, mit Salz und Pfeffer bestreuen und in Fett mit geschnittener Zwiebel braten. Mit Rahm und Weißwein aufgießen und noch etwas in der Sauce dünsten lassen. Dann auf die vorgewärmte Platte geben, außen herum abwechselnd Rühreier und grünen Salat anrichten.

16. Gebackenes Bries

2 Kalbsbriese · Salzwasser · Mehl zum Wenden · 1 Ei · Brösel zum Wenden Backfett

Das 20 Minuten in Salzwasser gekochte, gehäutete Bries in Scheiben schneiden. Mit Salz und Pfeffer bestreuen, in Mehl, verquirltem Ei und Bröseln wenden und in heißem Fett auf beiden Seiten hellbraun backen. — Statt in Mehl, Ei und Bröseln kann das Bries auch in Backteig gewendet und in heißem Fett gebacken werden. — Beigabe: Milchkartoffeln, Kartoffelbrei, grüner Salat.

17. Gratiniertes Kalbsbries

2 Kalbsbriese · Salzwasser · 40 g Butter · 1 Eßlöffel Mehl · ¼ l Milch · Salz Ingwer · 40 g geriebener Käse · 1 Ei · Butterflöckchen

Das gekochte, gehäutete Bries in Scheiben schneiden, mit Salz und Pfeffer bestreuen, in Mehl wenden, in Butter braten und in eine Auflaufform legen. In dem Bratfett Mehl hellgelb rösten, mit Milch aufgießen, die Sauce mit

Innereien

Salz, Ingwer und geriebenem Käse abschmecken, mit dem verquirlten Ei verrühren und über das Bries gießen. Die Speise noch mit geriebenem Käse und Semmelbröseln bestreuen, mit Butterflöckchen belegen und 15 Minuten im Rohr überbacken.

18. Falsche Austern

2 Kalbsbriese · 40 g Butter · 1 Zwiebel · 2 Eßlöffel Mehl · ¼ l Milch · 6 Sardellen · Brösel zum Bestreuen · Butterflöckchen

Das in Salzwasser gekochte, gehäutete Bries fein wiegen und in Butter mit gewiegter Zwiebel dünsten, dann mit Mehl überstäuben, mit Milch aufgießen, 10 Minuten kochen lassen. Die feingewiegten Sardellenfilets in die sehr dickliche Briesmasse geben, gut abschmecken. Gereinigte Austernschalen mit dieser Masse füllen, mit Semmelbröseln bestreuen, mit Butterflöckchen belegen und die falschen Austern 10 Minuten bei guter Hitze überbacken. Mit Zitronenscheiben und Petersilie garniert heiß servieren.

LEBER

Rindsleber wird hauptsächlich zur Bereitung von Suppen, Suppeneinlagen, Leberknödeln und Lebernockerln verwendet. Sie ist niedriger im Preis als Kalbsleber, die Farbe und der Geschmack der mit Rindsleber hergestellten Gerichte ist kräftiger. Für selbständige Gerichte ist Rindsleber nicht geeignet.
Kalbsleber ist am feinsten im Geschmack. Sie findet hauptsächlich als selbstständiges Gericht Verwendung.
Schweinsleber = gleiche Verwendungsmöglichkeiten wie für Kalbsleber.
Hammelleber = gleiche Verwendungsmöglichkeiten wie für Kalbsleber.
Wildleber muß mit viel Fett zubereitet werden. Sie ist eine Delikatesse.
Geflügelleber wird als selbständiges Gericht zubereitet oder kommt mit zur Füllung.
Vorbereitung der Leber: Die Haut der gewaschenen, abgetrockneten Leber mit Salz bestreuen, einige Minuten stehen lassen, dann die Haut abziehen. Alle größeren Adern entfernen.
Lebergerichte sofort nach Fertigstellung servieren. Will man Leber roh einige Tage frisch halten, so legt man sie in rohe Milch und stellt sie an einen kühlen Ort. Gänseleber wird vor der Zubereitung fast immer in Milch gelegt; sie wird dadurch noch milder im Geschmack und auch heller.
Leber wird vielfach zur Bereitung von Pasteten verwendet, für Grillgerichte kommt ihr eine besondere Bedeutung zu.

19. Leber- oder Milzschöberl

80 g Butter oder Margarine · 3 Eigelb · 150 g Rindsleber oder Milz · 2 Semmeln · Zwiebel · Petersilie · Salz · Pfeffer · Majoran · 3 Eischnee

Butter mit Eigelb schaumig rühren, die ausgeschabte Leber oder Milz, eingeweichte, ausgedrückte Semmeln, gewiegte, geröstete Zwiebel und Petersilie zugeben, mit Salz, Pfeffer und Majoran abschmecken, den Eischnee unterziehen. Die Masse in eine befettete, bemehlte Kastenform füllen, backen, in Würfel schneiden, mit heißer Brühe übergießen.

20. Leber- oder Milzschnitten

50 g Butter oder Margarine · 2 Eier · Zwiebel · Petersilie · 200 g Rindsleber · Salz · Pfeffer · Majoran · 4 Semmeln · Backfett

Butter oder Margarine mit Eiern schaumig rühren, gewiegte geröstete Zwiebel und Petersilie, die ausgeschabte Leber oder Milz und die Gewürze zugeben. Die Masse dick auf die Semmelschnitten streichen und diese in schwimmendem Fett oder auf der Stielpfanne backen (mit der bestrichenen Seite zuerst ins heiße Fett legen). — Beigabe: Spinat oder grüner Salat oder heiße Brühe.

21. Lebernockerln

300 g Mehl · 2 Eier · $1/8$ l Wasser · 200 g Rindsleber · Salz · Salzwasser

Mehl mit Eiern, geschabter, gewiegter oder durchgedrehter Leber, Wasser und Salz zu einem Nockerlteig abschlagen. Durch den Spatzenseiher in kochendes Salzwasser drücken, die fertigen Nockerln auf einer Platte anrichten, mit brauner Butter übergießen und mit grünem Salat reichen.

22. Leberknödel

Leberknödel bitte auf Seite 381 nachlesen.

23. Kalbsleber, im ganzen gebraten

$1/2$ kg Kalbsleber · Salz · Pfeffer · 50 g Speck · 30 g Butter oder Fett · $1/8$ l Sauerrahm

Die gehäutete Kalbsleber mit Salz und Pfeffer bestreuen, mit feinen, in Salz und Pfeffer gewendeten Speckfäden spicken, in die Bratpfanne mit heißem Fett oder Butter legen und unter häufigem Begießen und Zugießen von Sauerrahm im Rohr so lange braten, bis bei einem Nadelstich kein Blut mehr kommt, ungefähr 20 Minuten. Dann die Leber in schöne Scheiben schneiden, auf vorgewärmter Platte anrichten, mit der Sauce übergießen, mit Kartoffelbrei und grünem Salat zu Tisch geben. — Statt zu spicken, kann die Leber auch mit Speckscheiben belegt werden.

24. Gebratene Kalbsleber

$1/2$ kg Kalbsleber · Salz · Pfeffer · 1 Eßlöffel Mehl · Fett zum Braten · $1/16$ l Brühe · 1 Stückchen Butter

Die gehäutete, in Scheiben geschnittene Kalbsleber mit Salz und Pfeffer bestreuen, in Mehl tauchen, in heißem Fett auf beiden Seiten rasch abbraten, auf vorgewärmter Platte anrichten. Das Bratfett mit etwas Brühe und einem Stückchen frischer Butter aufkochen und über die angerichtete Leber gießen. Beilage: Kartoffelbrei, Kartoffelbrei mit heißem Apfelmus gemischt, Reis mit grünen Erbsen (Risi-Pisi).

25. Berliner Leber

4 Scheiben Kalbsleber · Salz · Pfeffer · Mehl zum Wenden · 60 g Fett 2 große Zwiebeln · 2 Äpfel

In sehr heißem Fett die in Ringe geschnittenen Zwiebeln goldgelb braten, herausnehmen, warmstellen. In dem Zwiebelbratfett die mit Salz und Pfeffer bestreute, in Mehl gewendete Leber auf jeder Seite 2—3 Minuten braten, herausnehmen und ebenfalls warmstellen. Jetzt die geschälten, vom Kernhaus befreiten (Apfelausstecher) in 8 Scheiben geschnittenen Äpfel in die Bratpfanne legen und zugedeckt in 4 Minuten garen. Auf vorgewärmter Platte die Leberscheiben mit den Zwiebeln darauf und daneben die Apfelscheiben anrichten. — Bananen können auch gebraten werden.

26. Paprikakalbsleber

1/2 kg Kalbsleber · 50 g Speck · Salz · Pfeffer · 40 g Fett · 1 Zwiebel · 2 Teelöffel Paprika · 2 Teelöffel Mehl · 1/8 l Sauerrahm · 1/8 l Brühe oder Wasser

Die gehäutete, in Scheiben geschnittene Kalbsleber spicken, mit Salz und Pfeffer bestreuen, in heißem Fett auf beiden Seiten abbraten, dann herausnehmen und auf vorgewärmter Platte beiseite stellen. In dem Bratfett feingeschnittene Zwiebel hellbraun rösten, mit Paprika und Mehl überstäuben, mit Sauerrahm und Brühe aufgießen, die Sauce etwas kochen lassen, dann die Leberschnitten hineinlegen und noch 5 Minuten darin dünsten. Die angerichtete, mit der Sauce übergossene Leber mit Bratkartoffeln und grünem Salat zu Tisch geben.

27. Gebackene Kalbsleber

1/2 kg Kalbsleber · Salz · Pfeffer · Mehl zum Wenden · 1 Ei · Brösel zum Wenden · Backfett

Die gehäutete, in Scheiben geschnittene, mit Salz und Pfeffer bestreute Leber in Mehl, verquirltem Ei und Bröseln wenden und in heißem Fett auf beiden Seiten hellbraun backen. — Trocken anrichten, mit Zitronenscheiben und Krauspetersilie garnieren. — Beilage: Kartoffelsalat, gemischter Salat, Kartoffelsalat mit Mayonnaise.

28. Geröstete Leber

1/2 kg Kalbsleber · Salz · Pfeffer · 50 g Butter oder Fett · 1 Zwiebel · 1/8 l Brühe oder Wasser

Innereien

In heißem Fett die geschnittene Zwiebel glasig dünsten, die gehäutete, in Blättchen geschnittene Leber zugeben, rösten bis kein Blut mehr kommt (5 Minuten), mit Salz und Pfeffer würzen, etwas Brühe zugießen, einmal aufkochen lassen und sofort anrichten. — Wünscht man mehr Sauce, wird die Leber nach dem Rösten mit Mehl überstäubt, dann aufgegossen und 2 Minuten gekocht. Dazu: Kartoffelschmarren, Salzkartoffeln, Kartoffelbrei, gemischter Salat.

29. Saure Leber

Zutaten und Zubereitung der sauren Leber sind gleich wie bei der gerösteten Leber, nur wird zum Schluß noch kräftig mit Essig abgeschmeckt.

30. Tiroler Kalbsleber

1/2 kg Kalbsleber · Salz · Pfeffer · 2 Eßlöffel Mehl · 50 g Fett · 1 Zwiebel 1/8 l Brühe · 1/8 l Sauerrahm · 1 Eßlöffel Kapern · Essig · Salz

Die in 1/2 cm dicke Scheiben geschnittene, mit Salz und Pfeffer bestreute Kalbsleber in Mehl wenden, in heißem Fett rasch auf beiden Seiten braten und auf einem erwärmten Teller beiseitestellen. In dem Bratfett feingeschnittene Zwiebel hellbraun rösten, mit Mehl überstäuben, aufgießen, Rahm, Kapern, Essig und Salz zugeben, die Leber wieder hineinlegen und 5 Minuten in der Sauce dünsten lassen. — Beigabe: Kartoffelschmarren, gedünsteter Reis, Spätzle.

31. Kalbsleber auf Wildbretart

1/2 kg Kalbsleber · Salz · Pfeffer · 8 zerdrückte Wacholderbeeren · 2 Eßlöffel Mehl · 50 g Fett · 1/8 l Brühe · 1/8 l Sauerrahm

Die gehäutete, in 1/2 cm dicke Scheiben geschnittene Kalbsleber mit Salz, Pfeffer und feinzerdrückten Wacholderbeeren einreiben, in Mehl wenden und in heißem Fett auf beiden Seiten abbraten. Dann mit Brühe und Sauerrahm aufgießen und die Leber noch 5 Minuten in der Sauce dünsten lassen. — Beigabe: Kartoffelschmarren, gedünsteter Reis, Makkaroni, Spätzle.

32. Gerollte Leber auf russische Art

4 Scheiben Kalbsleber · Salz · Pfeffer — Fülle: 60 g Speck · 1 kleine Zwiebel 2 Essiggurken · 100 g rohes Sauerkraut · 1 Sardelle · 1/2 Knoblauchzehe 1 Eßlöffel Tomatenmark · 1 Teelöffel Mehl · Salz · Pfeffer · 8 Speckscheiben

In kleinwürflig geschnittenem, ausgebratenem Speck die kleingeschnittene Zwiebel gelb rösten, dann kleinwürflig geschnittene Essiggurke, kleingeschnittenes rohes Sauerkraut, die gehackte Sardelle, mit Salz zerdrückten Knoblauch, Tomatenmark und Mehl zugeben, kurz durchrösten, mit Salz und

Innereien

Pfeffer würzen. Sehr dünne, ziemlich breitgeschnittene Kalbsleberscheiben mit Salz und Pfeffer würzen, mit der Fülle bestreichen, aufrollen und dicht nebeneinander in eine passende Reine legen, deren Boden mit Speckscheiben ausgelegt ist. Die Rollen noch mit Speckscheiben belegen und dann im mittelheißen Rohr braten. Die fertigen Leberrollen auf naturgekochtem Sauerkraut anrichten und mit den gebratenen Speckscheiben belegen.

33. Leberpolpetti

400 g Leber · Zwiebel · Petersilie · 2 Semmeln · 30 g Reis · 1 Ei · Salz Pfeffer · Majoran · 50 g Fett

Gehäutete, durch die Maschine gedrehte Leber mit feingehackter, gerösteter Zwiebel und Petersilie, in Wasser eingeweichten, ausgedrückten, durchgedrehten Semmeln, gedünstetem Reis und Ei vermischen, mit Salz, Pfeffer, Majoran abschmecken. Aus der Masse runde Laibchen formen, in Mehl wenden und in heißem Fett auf beiden Seiten braten. — Beigabe: Kartoffeln und grüne Gemüse, Kartoffelschmarren, Kartoffelbrei, Salate.

34. Leberrisotto

60 g Schweinefett · 1 Zwiebel · 200 g Kalbs-, Schweins-, Wild- oder Geflügelleber · Salz · Pfeffer · gewiegte Petersilie · Tomatenmark · 250 g Reis ³/₄ l Wasser · 1 großer Brühwürfel · Käse zum Bestreuen

In heißem Schweinefett kleingeschnittene Zwiebel goldgelb rösten, feinblättrig geschnittene, mit Salz und Pfeffer bestreute Leber zugeben und rösten, bis sie nicht mehr blutig ist. Dann gewiegte Petersilie, Tomatenmark und trocken abgeriebenen Reis beifügen. Wenn der Reis glasig geworden ist, den aufgelösten Brühwürfel und Wasser zugießen, 5 Minuten stark kochen lassen und dann den Risotto zugedeckt langsam weichdünsten. Während dieser Zeit ab und zu mit einer Gabel lockern. — Den portionsweise in eine Tasse gedrückten Reis auf einer Platte anrichten. Neben jede Risottoportion ein Häufchen geriebenen Käse geben. — Dazu: grüner Salat, grobnudelig geschnittener Endiviensalat oder Tomatensalat.

35. Gekochte Gänseleber

1 Gänseleber · ¹/₂ l Milch · 150 g Speck · Salzwasser · 80 g Gänsefett

Die gehäutete Gänseleber 1 Stunde in Milch legen, dann mit ganz dünnen Speckscheiben belegen, in Pergamentpapier einschlagen, mit Spagat fest umbinden und 25 Minuten in Salzwasser kochen. Dann herausnehmen, Papier und Speckscheiben entfernen, die gekochte Gänseleber in flüssiges Gänsefett legen und damit auf Eis oder in den Kühlschrank stellen. Die vollkommen durchgekühlte Gänseleber in Scheiben schneiden, anrichten und mit gehacktem Aspik garnieren.

36. Gebratene Gänseleber (warm oder kalt)

1 Gänseleber · ½ l Milch · 30 g Mandeln · 80 g Gänsefett · Salz

Die Gänseleber vom Fett befreien, häuten, 1 Stunde in Milch legen, dann mit abgezogenen, stiftelig geschnittenen Mandeln spicken, in heißes Gänsefett legen und 20 Minuten im Rohr braten. Dann in Scheiben schneiden, anrichten, salzen und mit dem Bratfett übergießen. — Beigabe: frische Semmeln. — Die Leber kann auch samt dem Fett kalt gestellt werden und nach dem vollständigen Durchkühlen zu Scheiben aufgeschnitten werden. Statt mit Mandeln kann die Gänseleber auch mit Champignon- oder Trüffelstreifchen gespickt werden.

37. Gebackene Gänseleber

1 Gänseleber · Salz · 1 Eßlöffel Mehl · 1 Ei · 4 Eßlöffel Semmelbrösel · Backfett

Die gehäutete, vor der Zubereitung in Milch gelegte Gänseleber in messerrückendicke Scheiben schneiden, mit Salz bestreuen, in Mehl, verquirltem Ei und Bröseln wenden und in heißem Fett hellbraun backen. — Beigabe: gemischter Salat.

38. Gedünstete Gänseleber

1 Gänseleber · Zitronenschale · 50 g Gänsefett · 1 Zwiebel · ⅛ l Brühe · Salz Paprika

Die gehäutete, vor der Zubereitung in Milch gelegte Gänseleber mit dünnen Streifchen von Zitronenschale (ohne jedes Weiße) sorgfältig spicken. In heißem Gänsefett die feingeschnittene Zwiebel und die Leber 10 Minuten braten, dann mit etwas Brühe aufgießen, mit Salz und Paprika würzen und die Leber noch 10 Minuten dünsten lassen. Die in feine Scheiben geschnittene Leber auf vorgewärmter Platte anrichten, mit der Sauce übergießen und Semmeln dazu reichen. Besonders als Gabelfrühstück geeignet.

39. Gänseleber in Buttersauce

1 Gänseleber · 40 g Gänsefett · 1 Zwiebel · 2 Eßlöffel Mehl · ¼ l Brühe · Salz Pfeffer · 1 Glas Weißwein · Zitronensaft

Die gehäutete, vor der Zubereitung in Milch gelegte Gänseleber in Fett mit Zwiebel langsam halbfertig dünsten. Dann herausnehmen, in den Bratrückstand Mehl geben, mit Brühe und Wein aufgießen. Die Sauce mit Salz, Pfeffer und Zitronensaft abschmecken, die in Scheiben geschnittene Leber hineinlegen und darin garkochen. Durch Beigabe von gedünsteten Champignons oder Trüffeln kann man das Gericht noch verfeinern. — Beigabe: Bröselknödel, Semmelschmarren, Röstkartoffeln, Spatzen.

ROHLEBER

40. Leberbrötchen

4 Semmeln · 150 g Kalbsleber · 80 g Butter · 2 rohe Eigelb · Salz · Pfeffer 1 Eßlöffel Cognac · 1 Eßlöffel geriebener Käse

Semmeln vom Tag vorher in Scheiben schneiden, im Rohr etwas toasten, die rohe, geschabte, evtl. passierte Leber mit schaumig gerührter Butter, rohem Eigelb, Salz, Pfeffer und Cognac mischen. Diese Masse hoch auf die Semmeln streichen, mit geriebenem Käse bestreuen, in eine mit Butter ausgestrichene Pfanne stellen, 5 Minuten im heißen Rohr überbacken und sofort servieren.

41. Rohleberaufstrich

(2 Portionen)

1 kleine Zwiebel · 40 g Butter · 40 g Kalbsleber · Salz · Pfeffer · Knoblauch Petersilie

Feingehackte Zwiebel mit Butter, geschabter, passierter Leber schaumig rühren, mit wenig Salz, Pfeffer und zerdrücktem Knoblauch würzen. Weißbrot dicklich damit bestreichen, mit feingewiegter Petersilie oder Schnittlauch bestreuen.

42. Apfelpüree mit Leber

(2 Portionen)

4 Eßlöffel gedünstete, passierte Äpfel · ¼ l Weißwein · 2 Teelöffel Zucker 80 g rohe, passierte Kalbsleber · Zitronensaft

Apfelpüree, Weißwein, Zucker und Leber mischen, mit dem Schneebesen schaumig schlagen, mit Zitronensaft würzen. Dazu getoastetes Weißbrot.

43. Leberrahm

(2 Personen)

100 g Kalbsleber · 2 Eigelb · 2 Eßlöffel Zucker · 1 Teelöffel Cognac · 4 Eßlöffel geschlagene Sahne

Rohe, passierte Kalbsleber mit Eigelb und Zucker verrühren, mit Cognac würzen, geschlagene Sahne unterrühren. Mit Zwieback servieren.

MILZ

Die Milz vom Rind, Kalb, Schwein und Hammel kann im Haushalt auf dieselbe Weise verwendet werden. — Vorbereitung: Zur Bereitung von beliebigen Gerichten muß die Milz in den meisten Fällen aus dem Bindegewebe ausgestrichen werden. Dazu wird die Milz auf einer Seite aufgeschnitten und dann das Milzpüree mit dem Messerrücken ausgeschabt. Im Haushalt findet die Milz am meisten zur Bereitung von Milzsuppe Verwendung. Auch zu

Innereien

Leberknödeln gibt man gerne etwas Milz zu, sie werden dadurch dunkler. Rindsmilz färbt am stärksten. — In den Metzgereien wird die Milz vielfach zur Bereitung von Milzwurst verwendet.

44. Milzreis

(2 Personen)

40 g Butter · 1 kleine Zwiebel · 120 g Reis · Petersilie · Salz · ³/₈ l Wasser 120 g ausgeschabte Milz · Käse zum Bestreuen

In heißer Butter feingewiegte Zwiebel hellgelb rösten, den trocken abgewischten Reis zugeben, glasig werden lassen, aufgießen, gewiegte Petersilie und Salz zugeben und den Reis zugedeckt weichdünsten. Knapp vor Tisch die geschabte, rohe Milz unterrühren. — Den angerichteten Reis mit geriebenem Käse zu Tisch geben.

45. Milzroulade

60 g Margarine · 2 Eier · 3 Semmeln · Petersilie · Salz · 50 g Semmelbrösel 150 g Milz

Schaumiggerührte Margarine mit Eiern, entrindeten, in Wasser erweichten ausgedrückten, passierten Semmeln, gewiegter Petersilie und Salz verrühren. Die Masse halbieren, die erste Hälfte hell lassen, die zweite Hälfte mit feingeschabter Milz verrühren, abschmecken, wenn nötig noch etwas Brösel zugeben. Diese dunkle Masse auf nasses, befettetes Pergamentpapier zu einem Rechteck aufstreichen, die helle Masse darüberstreichen, mit dem Papier aufrollen, mit Spagat binden und die Rolle 1 Stunde in Salzwasser kochen. Dann aus dem Wasser nehmen, etwas abkühlen lassen und zu schrägen Scheiben schneiden. Mit Brühe übergießen und als Suppe geben oder mit brauner Butter übergießen und Spinat oder Salat dazu reichen.

46. Milzpfannkuchen

(2 Personen)

Pfannkuchenteig: 125 g Mehl · 1 Ei · ¼ l Milch · Salz — Fülle: 120 g geschabte Milz · Zwiebel · Petersilie · Muskat — Überguß: 2 Eier · 4 Eßlöffel Milch · 2 Eßlöffel geriebener Käse

Aus Mehl, Ei, Milch und Salz einen glatten Teig machen und zu dünnen Pfannkuchen backen. Geschabte Milz mit gewiegter Zwiebel, Petersilie, Salz und Muskat mischen, die Pfannkuchen damit füllen, aufrollen oder zusammenschlagen und in eine befettete Auflaufform legen. Die Eier mit Milch und geriebenem Käse verquirlen, über die Pfannkuchen gießen und die Speise 10 Minuten bei guter Hitze überbacken. — Beigabe: grüner Salat, Endiviensalat oder Tomatensalat.

47. Milzwurst

1 Kalbsmilz · 1 Kalbsnetz · 1 Kalbsbries · 500 g Kalbfleisch oder Bratwurstbrat · Zwiebel · Petersilie · 1 Ei · Salz · Pfeffer

Die Kalbsmilz am Längsende einer Seite aufschneiden und mit einem langen Messer untergreifen, d. h. hohl machen. Die Milzhaut darf dabei nicht verletzt werden. Das Kalbsbries in Salzwasser weichkochen und in Würfel schneiden. Das durch die Maschine gedrehte Kalbfleisch oder das Brat mit den Brieswürfeln, gewiegter Zwiebel und Petersilie, Ei, Salz und Pfeffer vermischen und diese Masse fest in die hohl gemachte Milz füllen. Diese in das Netz wickeln, gut binden und 1½ Stunden in Salzwasser kochen. — Vor dem Anrichten den Bindfaden entfernen, die Wurst in Fett abbräunen und gleich zu Tisch geben. Die ausgekühlte Milzwurst kann auch zu 1 cm dicken Scheiben geschnitten werden und diese so oder in Ei und Bröseln paniert auf der Stielpfanne gebacken werden. — Beigabe: Kartoffelsalat, gemischter Salat. — Man kann auch auf das ausgebreitete Netz das Brat streichen, mit feinen Streifen von gekochtem Kalbfleisch und Bries belegen, mit gewiegter Zwiebel und Petersilie, Salz und Pfeffer überstreuen und dies fest einrollen. Diese Rolle wird in die ausgeschabte, umgekehrte Milz gesteckt, gut zugebunden und 1½ Stunden in Salzwasser gekocht.

48. Kalbsnetz mit Milz- oder Leberfülle

1 Kalbsnetz · ½ kg ausgeschabte Milz oder Kalbsleber · Zwiebel · Petersilie
2 Eier · 150 g Semmelbrösel · ¼ l Milch · Salz · Pfeffer · 50 g Fett

Das Kalbsnetz lauwarm einweichen, die Milz oder Leber ausschaben, die Semmelbrösel mit kalter Milch gut anfeuchten, Zwiebel und Petersilie fein wiegen. Milz oder Leber mit Semmelbröseln, Zwiebel und Petersilie, Ei und den Gewürzen mischen, die Masse zu einem Stollen formen, auf das ausgebreitete Netz legen und gut in dieses einwickeln und zunähen. Den Braten in heißem Fett unter Zugießen von etwas Wasser oder Brühe 1½ Stunden im Rohr braten. In Scheiben schneiden, auf vorgewärmter Platte anrichten, mit der Bratensauce übergießen. — Beigabe: Kartoffelbrei oder Kartoffelsalat, grüner Salat.

NIEREN

Im Haushalt werden die Nieren von Kalb, Schwein, Hammel und Rind verwendet.
Vorbereitung: Die Nieren von der sie umhüllenden Fettschicht befreien, waschen, mit Salz bestreuen, die Haut abziehen, dann der Länge nach aufschneiden, Sehnen und Häute entfernen. Nochmals gründlich waschen, abtrocknen und die Nieren quer in feine Scheibchen schneiden.

49. Gebratene Kalbsniere

2 Kalbsnieren · Salz · 1 Zwiebel · ⅛ l Wasser

Die Kalbsnieren samt dem Fettpanzer mit Salz und Pfeffer bestreuen, evtl. spalten, in die Bratpfanne geben, mit Zwiebelscheiben belegen, 1 Stunde unter häufigem Begießen mit dem eigenen Saft im Rohr braten. Den Saft entfetten, evtl. noch mit einem Stückchen frischer Butter aufkochen und dann über die in Scheiben geschnittene, angerichtete Niere geben. — Beigabe: gedünsteter Reis und Zuckererbsen oder gemischter Salat.

50. Geröstete Nieren

*2—4 Schweins- oder Hammelnieren · Salz · Pfeffer · 50 g Fett · 1 Zwiebel
1/8 l Wasser*

Die Nieren waschen, der Länge nach durchschneiden (spalten), von Sehnen und Haut befreien, gut waschen, abtrocknen, quer in feine Scheibchen schneiden. In heißem Fett die geschnittene Zwiebel glasig dünsten, die geschnittene Niere zugeben, rösten (5 Minuten), mit Salz und Pfeffer würzen, etwas aufgießen, einigemale aufkochen lassen und sofort zu Tisch geben.

51. Saure Nieren

Zutaten und Zubereitung wie geröstete Niere, nur wird am Schluß außer mit Salz und Pfeffer noch kräftig mit Essig abgeschmeckt. Wünscht man bei gerösteter oder saurer Niere mehr Sauce, so wird die Niere nach dem Rösten mit Mehl überstäubt, aufgegossen und einige Minuten kochen lassen. Mit Fleischwürze abschmecken.

52. Paprikanieren

*2—4 Kalbs-, Schweins- oder Hammelnieren · Salz · Kümmel · Majoran
Pfeffer · 1 Zwiebel · 40 g Schweinefett · 2 Teelöffel Paprika · etwas Knoblauch · 1 Eßlöffel Mehl · 1/8 l Sauerrahm · etwas Wasser*

Die in feine Blättchen geschnittenen Nieren mit Salz, feingewiegtem Kümmel, Pfeffer und Majoran würzen, in heißem Fett rasch rösten, dann auf einem vorgewärmten Teller beiseitestellen. In dem Bratfett feingeschnittene Zwiebel hellbraun werden lassen, Paprika und feinzerdrückten Knoblauch zugeben, mit Mehl überstäuben, mit Rahm und etwas Wasser aufgießen, die Sauce 10 Minuten kochen lassen. Dann die geröstete Niere zugeben, einmal in der Sauce aufkochen, sofort zu Tisch geben. — Beigabe: Kartoffeln, Salat.

53. Geröstete Nieren mit Pilzen

*2—4 Schweins-, Kalbs- oder Hammelnieren · 150 g frische Pilze · 60 g
Schweinefett · 1 große Zwiebel · Salz · Pfeffer · Majoran · Kümmel · 1 Eßlöffel Tomatenmark · Petersilie*

Die Nieren und die Pilze, jedes für sich, in feine Blättchen schneiden. In heißem Fett die feingeschnittene Zwiebel hellgelb rösten, erst die Pilze zugeben, dann die Nieren, würzen und alles mitsammen rösten. Dann stäubt man mit etwas Mehl, gibt das Tomatenmark zu, gießt etwas auf und läßt noch einmal kurz aufkochen. Ein kleines Stückchen frische Butter untermengen und mit Petersilie bestreut zu Tisch geben.

54. Nierenspießchen

2–4 Kalbs-, Schweins- oder Hammelnieren · Salz · Pfeffer · 100 g durchwachsener Speck · 2 Zwiebeln

Die gespaltene, gewaschene, abgetrocknete Niere in Blättchen schneiden, den Speck und die Zwiebel ebenfalls in Blättchen schneiden. Auf Metallspieße abwechselnd Nieren-, Speck- und Zwiebelscheiben spießen, Salz und Pfeffer darüberstreuen und die Spießchen in heißem Fett auf der Stielpfanne rasch abbraten. Trocken auf vorgewärmter Platte anrichten, Weißbrot und Kräuterbutter dazu geben.

55. Saure Ochsennieren

(6 Personen)

2 Rindernieren · Pfeffer · Majoran · 60 g Fett · 1 Zwiebel · 1 Eßlöffel Mehl 1/2 l Wasser · 2 Eßlöffel Tomatenmark · Essig · Salz

Die aus dem Fettpanzer gelösten, gespaltenen, von der weißen Innensehne befreiten Nieren sehr gut waschen, dann in feine Blättchen schneiden. In heißes Fett die geschnittene Zwiebel und die mit Pfeffer und Majoran gewürzte Niere geben, unter Rühren rösten, bis nichts Blutiges mehr zu sehen ist, mit Mehl stäuben, dieses anrösten lassen und dann aufgießen. Die Nieren in der dünnen Sauce so lange dünsten lassen, bis sie weich sind und die Sauce die richtige dickliche Beschaffenheit hat. Dann mit Tomatenmark, Essig und Salz würzen. — Beigabe: Bratkartoffeln.

HERZ

Das Herz aller Schlachttiere findet in der Küche Verwendung. Am raschesten gar und am zartesten in Faser und Geschmack ist das Kalbsherz. Für Grillgerichte ist es besonders gut geeignet.

56. Gedünstetes Herz

1 Kalbs- oder 2 Schweineherzen · 50 g Speck · Salz · Pfeffer · 50 g Fett 1 Zwiebel · Wurzelwerk · 1 Eßlöffel Mehl · 1/8 l Sauerrahm

Die Herzen mit in Salz und Pfeffer gewendeten Speckstreifchen spicken, salzen, in Mehl wenden, in heißem Fett mit Wurzelwerk und Zwiebel von allen Seiten anbraten, aufgießen und weichdünsten (45 Minuten). Dann die Sauce mit angerührtem Mehl und Sauerrahm binden, durchstreichen und über das in Scheiben geschnittene, angerichtete Herz geben. — Beigabe: Kartoffelbrei.

57. Gefülltes Kalbsherz

1 Kalbsherz · 50 g Speck · 1 Gelbrübe · 1 kleine Essiggurke · 40 g Fett 1 Eßlöffel Mehl · 1/8 l Wasser · 1/8 Sauerrahm

Speck, Gelbrübe und Essiggurke in kleine Würfel schneiden. Das Kalbsherz von den groben Adern befreien, mit Salz und Pfeffer bestreuen, mit dem Gewürfelten füllen, zubinden, in heißem Fett allseitig anbraten, aufgießen, weichdünsten (45 Minuten), Sauerrahm mit Mehl verquirlen, einkochen, noch 10 Minuten dünsten. Das in Scheiben geschnittene Fleisch zusammen mit Kartoffelbrei oder Spätzle auf einer Platte anrichten.

58. Kalbsherz gebraten, gegrillt

Das Kalbsherz zu Scheiben schneiden, in heißem Fett in der Stielpfanne braten, würzen. Oder auf den Grillrost legen und auf jeder Seite 3 Minuten grillen, würzen. — Kalbsherz ist für Grillspieße besonders geeignet.

59. Gespicktes Rindsherz

$3/4$ kg Rindsherz · 100 g Speck · Salz · Pfeffer · 40 g Fett · 1 Lorbeerblatt Thymian · 1 Zitronenscheibe · 1 Teelöffel Kapern · 2 Eßlöffel Mehl · $1/8$ l Sauerrahm

Das Herz spicken, mit Salz und Pfeffer einreiben, in einen Topf mit Fett, den Speckresten, Lorbeerblatt und Thymian geben und anbraten. Dann aufgießen, die Zitronenscheibe und Kapern zugeben und das Herz zugedeckt weichdünsten (1½ Stunden). Sauerrahm mit Mehl verquirlen, die Sauce damit binden, noch gut kochen lassen, dann passieren und über das in Scheiben geschnittene, angerichtete Herz geben. — Beigabe: Breite Nudeln.

LUNGE

Die Lunge vom Kalb, Rind, Schwein und Hammel findet in der Küche dieselbe Verwendung. Am zartesten ist die Kalbslunge.

60. Saure Kalbslunge (Beuschel)

1 Kalbslunge · 1½ l Salzwasser · Suppengrün · Lorbeerblatt · Pfefferkörner Essig · 50 g Fett · 60 g Mehl · 1 Teelöffel Zucker · $3/4$ l Kochbrühe Zitronenschale

Die gewaschene Lunge in Salzwasser mit Suppengrün und Gewürzen weichkochen, herausnehmen, zwischen 2 Brettchen beschweren, erkaltet zu feinen Nudeln schneiden; dabei alle größeren Adern entfernen. Wenn zeitlich möglich, die geschnittene Lunge mit Essig und etwas Kochbrühe übergießen und in diesem „Stand" 1 bis 2 Tage stehen lassen. Dann aus Fett und Mehl mit etwas Zucker eine kaffeebraune Einbrenne bereiten, mit Stand und Kochbrühe aufgießen, die Lunge und feingewiegte Zitronenschale hineingeben und 30 Minuten kochen lassen. Vor dem Anrichten nochmals kräftig mit Essig abschmecken. — Beilage: Semmelknödel. — Schweins-, Hammel- und Rindslunge wird auf dieselbe Weise zubereitet, die Garzeit für Rindslunge ist länger.

Innereien

KALBSGEKRÖSE

Vorbereitung: Sorgfältig waschen, in Salzwasser weichkochen. Beim Metzger kann man es schon gekocht kaufen.

61. Eingemachtes Kalbsgekröse

1 Kalbsgekröse · Salzwasser · 30 g Fett · 30 g Mehl · 1 Zwiebel · ³/₄ l Brühe Essig oder Zitronensaft

Das in Salzwasser weichgekochte Gekröse in feine Streifchen schneiden. Aus Fett und Mehl eine mittelbraune Einbrenne mit Zwiebel bereiten, aufgießen, das geschnittene Gekröse hineingeben, abschmecken und 30 Minuten kochen lassen. — Beigabe: Kartoffeln oder Knödel. — Meist wird das Gekröse zusammen mit Lunge zubereitet. Das Aussehen der „sauren Lunge" wird dadurch heller.

62. Gebackenes Kalbsgekröse

1 Kalbsgekröse · Salzwasser · Salz · Pfeffer · Mehl zum Wenden · 1 Ei Brösel zum Wenden · Backfett

Das in Salzwasser weichgekochte Gekröse in Portionsstücke teilen, mit Salz und Pfeffer bestreuen, in Mehl, verquirltem Ei und Bröseln wenden und in heißem Fett schwimmend oder auf der Stielpfanne backen. — Beigabe: Kartoffelsalat.

63. Ochsengaumen in saurer Sauce

1 Ochsengaumen · Salzwasser · 40 g Fett · 40 g Mehl · 1 Zwiebel · ³/₄ l Brühe Salz · Pfeffer · Essig

Den sauber gewaschenen Ochsengaumen in Salzwasser weichkochen und nach dem Erkalten in feine Streifchen schneiden. Aus Fett und Mehl mit feingewiegter Zwiebel eine kaffeebraune Einbrenne bereiten, aufgießen, das geschnittene Fleisch hineingeben, kräftig abschmecken und das Gericht 30 Minuten kochen lassen. — Beigabe: Kartoffeln, Knödel.

64. Kutteln (Kuttelfleck, Kaldaunen)

¹/₂ kg Kutteln · Salzwasser · 40 g Fett · 40 g Mehl · 1 Zwiebel · ³/₄ l Wasser Salz · Pfeffer · Essig

Die sauber gereinigten Kutteln in Salzwasser weichkochen, dann in feine Streifchen schneiden. Aus Fett und Mehl mit feingewiegter Zwiebel eine mittelbraune Einbrenne bereiten, aufgießen, die geschnittenen Kutteln hineingeben, kräftig abschmecken und noch 30 Minuten kochen lassen. — Beigabe: Kartoffeln. — Die Kutteln kann man beim Metzger schon gekocht kaufen.

Innereien

65. Gebackenes Euter

¹/₂ kg Euter · Salzwasser · Salz · Pfeffer · Mehl zum Wenden · 1 Ei · Brösel zum Wenden · Backfett

Das in Salzwasser weichgekochte, abgekühlte Euter in Scheiben schneiden, mit Salz und Pfeffer bestreuen in Mehl, verquirltem Ei und Bröseln wenden und in heißem Fett backen. — Beigabe: Kartoffelsalat. — Euter kann man beim Metzger schon gekocht kaufen.

66. Geröstetes Blut

1 l Blut vom Schwein, Kalb oder Geflügel · 40 g Fett · 1 Zwiebel · Salz Pfeffer · Majoran · 1 Tasse Brühe

Die feingeschnittene Zwiebel in Fett rösten, das mit der Brühe gemischte Blut zugeben, mit Salz, Pfeffer, Majoran würzen und unter häufigem Umschaufeln so lange rösten, bis alles Blut geronnen ist.

Beim Anrichten in die Mitte einer Platte Röstkartoffeln geben, im Kranz herum das geröstete Blut. Dazu noch Sauerkraut.

Den besten Geschmack hat geröstetes Gänseblut.

Kleine Fleischgerichte

1. Fleisch mit Eiern

250 g Bratenreste · 4 Spiegeleier · etwas Butter oder Bratensauce

Die Bratenreste in feine Scheibchen oder kleine Würfel schneiden und auf eine erwärmte Platte geben. Mit der kochendheiß gemachten Sauce übergießen. Hat man keine mehr, kocht man etwas Butter mit einigen Löffeln Wasser und etwas Fleischwürze auf und übergießt damit das Fleisch. Gleichzeitig bereitet man 4 Spiegeleier und gibt sie auf das angerichtete Fleisch. Die Speise sofort mit Salzkartoffeln zu Tisch geben.

2. Fleisch mit Reis

300 g Bratenreste · etwas Bratensauce · 100 g Reis · ¹/₂ l Brühe · Salz · 50 g Butter · 2 Eier · 3 Eßlöffel Semmelbrösel · 4 Eßlöffel geriebener Käse

Die Bratenreste in Würfel oder dünne Scheiben schneiden und auf eine erwärmte Platte geben. Die heiß gemachte Bratensauce darübergießen. Inzwischen Reis mit Brühe, Salz und Butter weichdünsten, überkühlt Eigelb und Eischnee darunterziehen und die Masse auf das Fleisch streichen. Semmelbrösel, geriebenen Käse und Butterstückchen daraufgeben und 20 Minuten im Rohr zu schöner Farbe überbacken. Mit Tomatenscheiben verzieren und grünen Salat dazu reichen.

3. Fleisch mit Käse

300 g Bratenreste · 2 Eier · 100 g geriebenen Käse · ¹/₈ l Milch · Salz · 30 g Butter · 2 Eßlöffel Semmelbrösel

Das Fleisch in dünne Scheiben oder in Würfel schneiden und auf die erwärmte Platte geben. Die kochendheiß gemachte Sauce darüber gießen. Eier, Milch, Salz und Käse verquirlen, über das Fleisch gießen, mit Semmelbröseln bestreuen, mit Butterflöckchen belegen und im Rohr zu schöner Farbe überbacken. Mit Tomatenscheiben verzieren und grünen Salat dazu reichen.

4. Pasta asciutta

6 Eßlöffel Öl · 1 kleines Stückchen Sellerie · 1 Gelbrübe · 1 Petersilienwurzel 1 Zwiebel · 250 g Hackfleisch (mit Kalbfleisch; zweimal durch die feine Lochscheibe gedreht) · Knoblauch · 4 Eßlöffel Tomatenmark · Salz · Pfeffer Rosmarin · Origano · 250 g Spaghetti · 50 g geriebener Käse

In Öl das geriebene Wurzelwerk und die geschnittene Zwiebel dünsten, das Hackfleisch, mit Salz zerdrückten Knoblauch, Tomatenmark zugeben, kräftig würzen, etwas aufgießen und zugedeckt 30 Minuten schmoren lassen. Spaghetti in Salzwasser garen, auf einer Platte anrichten, das Fleisch in die Mitte geben, alles mit reichlich geriebenem Käse bestreuen.

5. Reisfleisch

60 g Fett · 250 g Schweinefleisch · 2 Zwiebeln · Salz · Pfeffer · 2 Teelöffel Rosenpaprika · $^1/_8$ l Wasser · 250 g Reis · 1 Brühwürfel · $^3/_4$ l Wasser Käse zum Bestreuen.

Das würflig geschnittene Fleisch mit Zwiebeln hellbraun anbraten, würzen, etwas aufgießen, zugedeckt 45 Minuten schmoren lassen. Den Brühwürfel und Reis zugeben, aufgießen, 10 Minuten kochen lassen, zugedeckt in weiteren 10 Minuten fertig garen. Das fertige Reisfleisch in eine heißausgespülte Randform drücken, auf eine vorgewärmte Platte stürzen und mit geriebenem Käse bestreuen. — Beigabe: grüner Salat.

6. Italienischer Risotto

100 g Rindermark · 2 Zwiebeln · 250 g Kalbfleisch · Salz · Pfeffer · 2 Eßlöffel Tomatenmark · 250 g Reis · $^3/_4$ l Wasser · 80 g Käse

In heißem Rindermark würflig geschnittenes, mit Salz und Pfeffer bestreutes Kalbfleisch und geschnittene Zwiebeln anrösten, halbweich dünsten, das Tomatenmark zugeben. Dann den verlesenen, gewaschenen Reis zugeben, ebenfalls etwas anrösten lassen, aufgießen, 10 Minuten gut kochen lassen, dann den Risotto zugedeckt am Herdrand oder im Rohr langsam weichdünsten. Mit einer Gabel die Hälfte des geriebenen Käses daruntermischen, die andere Hälfte über den bergartig angerichteten Risotto streuen. — Beigabe: grüner Salat, Tomatensalat.

7. Hühnerreis

½ Suppenhuhn · Magen · Leber · Herz · Salz · Pfeffer · 80 g Fett · 2 Zwiebeln · 2 Teelöffel Paprika · 1 Eßlöffel Tomatenmark · 375 g Reis · 1½ l Wasser · gekochte grüne Erbsen · Champignons · Petersilie · Käse zum Bestreuen

Das zerteilte Suppenhuhn samt Magen und Herz mit Salz und Pfeffer bestreuen und in heißem Fett mit Zwiebeln anbraten. Dann Paprika, Tomatenmark und etwas Wasser zugeben und weichdünsten. Wenn alle Flüssigkeit verdampft ist, den gewaschenen Reis zugeben, etwas anrösten lassen, aufgießen. Die Brühe gut abschmecken, den Risotto 10 Minuten kochen lassen und dann zugedeckt am Herdrand oder im Rohr weichdünsten. In Butter gedünstete Champignons und weichgekochte grüne Erbsen mit einer Gabel vorsichtig daruntermischen. In eine Randform drücken, auf eine Platte stürzen und mit gehackter, grüner Petersilie und geriebenem Käse bestreuen. Beigabe: grüner Salat, Tomatensalat, Gurkensalat, Paprikasalat.

8. Djuez (jugoslawisches Fleisch-Gemüse-Gericht)

80 g Fett · 400 g Hammelfleisch · 160 g Reis · 2 Zwiebeln · 4 Paprikaschoten · 4 entkernte Tomaten · 2 Gelbrüben · Salz · Pfeffer · Paprika

In heißem Fett das würflig geschnittene Hammelfleisch anbraten, Zwiebeln zugeben, ebenfalls anbraten, etwas aufgießen und halbweich dünsten. Dann das in Streifen geschnittene Gemüse und den Reis zugeben, mit ½ Liter Brühe oder Wasser aufgießen, scharf mit Salz, Pfeffer und Paprika abschmecken, zugedeckt weichdünsten.

9. Hackbraten

½ kg Hackfleisch · 2 Semmeln · etwas Milch · Zwiebel · Petersilie · Zitronenschale · Salz · Pfeffer · Muskat · 1 Ei · 60 g Fett · ⅛ l Wasser oder Brühe

Durchgedrehtes Fleisch, am besten eine Mischung von Kalb-, Rind- und Schweinefleisch, mit feingewiegter Zwiebel, Petersilie und Zitronenschale, in Milch oder Wasser eingeweichten, ausgedrückten Semmeln, Ei, Salz, Pfeffer, Muskat mischen. Die Masse sehr gut durcharbeiten, zu einem Stollen formen, in die Bratreine mit heißem Fett legen und unter öfterem Begießen langsam 1 Stunde braten. Beim Anrichten in fingerdicke Scheiben schneiden. — Beilage: Kartoffelsalat, Kartoffelsalat mit Weißkraut, Kartoffelsalat mit Gurken.

10. Jägerbraten

½ kg Fleisch (Schweine- und Rindfleisch) · 100 g Speck · Zwiebel · Petersilie 2 Semmeln · 1 Ei · Salz · Pfeffer · Majoran · 2 hartgekochte Eier · 40 g Fett ⅛ l Wasser · ⅛ l Sauerrahm · 1 Eßlöffel Mehl

In dem kleinwürfelig geschnittenen, ausgebratenen Speck gewiegte Zwiebel und Petersilie anrösten und zum durchgedrehten Fleisch geben. Eingeweichte, ausgedrückte Semmeln und das Ei ebenfalls zugeben und mit Salz, Pfeffer und Majoran kräftig abschmecken. Die gut durchgearbeitete Masse zu einem Stollen formen, die hartgekochten Eier in die Mitte desselben einbetten und den Braten in heißem Fett im Rohr unter Zugabe des nötigen Wassers und unter häufigem Begießen 1 Stunde braten. Dann mit Sauerrahm übergießen, diesen etwas bräunen lassen und die Sauce mit angerührtem Mehl binden. Das in 1/2 cm dicke Scheiben geschnittene Fleisch schmeckt warm und kalt mit Kartoffelsalat gleich gut.

11. Netzbraten

Zutaten für Hackbraten oder Jägerbraten · 1 Kalbs- oder Schweinsnetz

Den zu einem Stollen geformten Hackbraten in ein eingeweichtes Kalbs- oder Schweinsnetz einwickeln und im Rohr braten. — Das eingewickelte Fleisch kann auch mit Bindfaden gut abgebunden und in Salzwasser gekocht werden. Anschließend wird der Bindfaden gelöst und das Fleisch auf der Pfanne rasch von allen Seiten angebräunt. — Beilage: Kartoffelsalat.

12. Fleischpfanzerl

1/2 kg Hackfleisch, gemischt · 2 Semmeln · etwas Milch oder Wasser · Zwiebel Petersilie · Zitronenschale · 1 Ei · Salz · Pfeffer · Fett zum Braten

Das Hackfleisch mit gewiegter, in Fett angerösteter Zwiebel und Petersilie, Zitronenschale, in Milch oder Wasser eingeweichten, ausgedrückten Semmeln und Ei mischen und mit Salz und Pfeffer abschmecken. Die gut durchgearbeitete Masse zu runden Laibchen formen, diese an der Oberfläche mit dem Messerrücken zu kleinen Kästchen einkerben und die Fleischpfanzerl in heißem Fett auf beiden Seiten schön braun braten. Man kann auch die nicht zu dünn geformten Fleischpfanzerl an den Rändern mit einer Speckscheibe umlegen und diese mit einem Hölzchen zusammenhalten. Dann die Fleischpfanzerl langsam braten und angerichtet mit je einer Tomatenscheibe belegen evtl. noch hartgekochtes, kleingehacktes Ei darüberstreuen. — Beilage: Kartoffelsalat und grüner Salat.

13. Fleischpfanzerl mit Rahm

1/2 kg Hackfleisch, gemischt · 2 Semmeln · etwas Milch oder Wasser · Zwiebel Petersilie · 1 Ei · Salz · Pfeffer · Fett zum Braten · 2 große Zwiebeln · 1/8 l Sauerrahm · 2 Teelöffel Mehl · 1/8 l Wasser oder Brühe

Gleichmäßig geformte Fleischpfanzerl im heißen Fett auf beiden Seiten schön braten, dann auf einen Teller beiseite stellen. In dem Bratfett feinringelig geschnittene Zwiebel hellbraun rösten, mit Mehl überstäuben, mit Rahm und Wasser oder Brühe aufgießen, die gebratenen Fleischpfanzerl hineinlegen und darin noch 10 Minuten dünsten lassen. Man kann die Fleischpfanzerl auch in die Bratreine mit Fett legen, ins Rohr stellen, erst auf der einen Seite, dann auf der anderen Seite Farbe bekommen lassen. Sauerrahm mit Mehl und Wasser verquirlen, evtl. noch Tomatenmark zugeben, über die Fleischpfanzerl geben und im Rohr fertig dünsten. — Beilage: Salzkartoffeln.

14. Panierte Fleischpfanzerl

Zutaten für Fleischpfanzerl · 100 g Mehl · 1 Ei · 125 g Brösel · Fett zum Backen

Die fertig geformten Fleischpfanzerl in Mehl, verquirltem Ei und Semmelbröseln wenden und in heißem Fett langsam auf beiden Seiten goldbraun backen. — Beigabe: gemischer Salat.

15. Frikadellen

½ kg gekochte oder gebratene Fleischreste · 1 Semmel · etwas Milch oder Wasser · Zwiebel · Petersilie · 2 Eier · Salz · Pfeffer · Fett zum Braten

Die gebratenen oder gekochten Fleischreste mit der eingeweichten, ausgedrückten Semmel durch die Maschine drehen, gewiegte in Fett geröstete Zwiebel und Petersilie und Eier zugeben, mit Salz und Pfeffer abschmecken. Längliche Laibchen formen und diese in heißem Fett auf beiden Seiten braten. Beigabe: Salzkartoffeln und Gemüse.

16. Königsberger Klopse

½ kg Hackfleisch (Rind- und Schweinefleisch) · 1 Semmel · Zwiebel · Petersilie · 4 Sardellen · 1 Ei · 1 Eßlöffel Käse · Salz · Pfeffer · Muskat — Sauce: 40 g Fett · 40 g Mehl · ³/₄ l Wasser · 2 Eßlöffel Kapern

Das Hackfleisch mit eingeweichten, ausgedrückten Semmeln, gewiegter Zwiebel und Petersilie, entgräteten feingehackten Sardellen, Ei und geriebenem Käse mischen, mit Salz, Pfeffer und Muskat abschmecken. Aus Fett, Mehl und Wasser eine Sauce kochen, die zu kleinen Klößchen geformte Fleischmasse einkochen, die Kapern zugeben und die Klopse 20 Minuten langsam in der Sauce kochen lassen. Die Sauce nach Belieben mit Eigelb legieren. — Beilage: Salzkartoffeln.

17. Fleischpüree

400 g Bratenreste · ¼ l Bratensauce oder gute Fleischbrühe

Das von Haut und Sehnen befreite, sehr feingewiegte oder durch die Fleischmaschine gedrehte Fleisch in Bratensauce oder guter Fleischbrühe mit einem Stückchen frischer Butter aufkochen, auf vorgewärmter Platte anrichten und mit Kartoffelbrei reichen. Das Fleischpüree kann auch mit einem Ei verquirlt auf gebackene Pfannkuchen gestrichen und diese in der Auflaufform noch kurz überbacken werden.

18. Haschee

400 g Hackfleisch · 40 g Butter oder Fett · 1 Zwiebel · 1—2 Eßlöffel Mehl ⅛—¼ l Brühe oder Wasser · ⅛ l Sauerrahm · 1 Röhrchen Kapern · Salz Pfeffer

Kleine Fleischgerichte

In heißem Fett feingeschnittene Zwiebel goldgelb rösten, das Hackfleisch zugeben und unter Umrühren grau werden lassen. Mit Mehl überstäuben, mit Brühe oder Wasser und Rahm aufgießen, Kapern oder gehackte Petersilie, Salz und Pfeffer zugeben. 5 Minuten kochen lassen. — Anmerkung: Läßt man das Haschee länger rösten oder kochen, wird es trocken und hart. — Beilage: Semmeln oder Salzkartoffeln.

19. Haschee-Pfannkuchen

Mit dem dicklichen Haschee kann man Pfannkuchen bestreichen, aufrollen, so servieren oder in eine Auflaufform schichten mit Eiermilch (¼ l Milch, 1—2 Eier und Salz) übergießen und im Rohr überbacken. — Statt mit Haschee kann man die Pfannkuchen mit geröstetem Hirn oder gedünsteten Pilzen füllen und wie vorstehend fertig machen.

20. Pichelsteiner Fleisch

½ kg Fleisch (Rind- und Schweinefleisch) · 50 g Fett · Salz · Pfeffer · 2 Zwiebeln · 1 kg Kartoffeln · 1 Sellerieknolle · 3 gelbe Rüben · 3 Petersilienwurzeln 1 Stange Lauch · ½ l Wasser oder Brühe

Das in kleine Würfel geschnittene Fleisch mit Salz und Pfeffer bestreuen, in heißem Fett braun anbraten, die Zwiebeln zugeben, ebenfalls anbraten, etwas aufgießen und eine halbe Stunde dünsten lassen. Dann das in Würfel geschnittene Gemüse und darauf die ebenfalls in Würfel geschnittenen Kartoffeln geben, mit Salz bestreuen, soviel Wasser aufgießen, daß alles knapp bedeckt ist, ohne Umrühren zugedeckt weichkochen. Das fertige Gericht mit gehackter Petersilie oder Selleriegrün bestreuen.

21. Krautwickerl

1 Kopf Weißkraut · Salzwasser · 400 g Hackfleisch (Rind- und Schweinefleisch) · Zwiebel · Petersilie · 1 Ei · Salz · Pfeffer · Muskat · 50 g Speck ⅛ l Sauerrahm · ¼ l Wasser

Den ganzen Krautkopf in kochendes Salzwasser legen und so lange drinnen lassen, bis man die Blätter nach und nach leicht ablösen kann. 12 davon auf ein großes Brett legen und die Rippen abflachen. Aus Fleisch mit gewiegter Zwiebel und Petersilie, Ei, Salz, Pfeffer, Muskat und dem restlichen feingewiegten Kraut eine gut abgeschmeckte Fülle bereiten. Gleichmäßig auf die Krautblätter verteilen, die Blätter von 2 Seiten über die Füllung schlagen und dann aufrollen. Kleinwürflig geschnittenen Speck ausbraten, die Krautwickerl darauflegen, etwas anbraten lassen, Sauerrahm und Wasser zugießen und die Krautwickerl zugedeckt weich dünsten. — Beigabe: Salzkartoffeln, Bratkartoffeln.

Kleine Fleischgerichte

22. Laubfrösche

24 große Mangold-Spinatblätter · 250 g Bratenreste oder Hackfleisch · 1 Semmel · Zwiebel · Petersilie · 1 Ei · Salz · Pfeffer · Muskat · 40 g Fett · $1/4$ l Brühe oder Wasser · 1 Eßlöffel Mehl · $1/8$ l Sauerrahm

Die Stiele der mit kochendem Wasser überbrühten Mangoldblätter entfernen, die Mittelrippe abflachen. Gekochte oder gebratene Fleischreste oder Hackfleisch mit eingeweichter, ausgedrückter Semmel, gewiegter Zwiebel und Petersilie und Ei mischen, mit Salz, Pfeffer, Muskat abschmecken. Gleichmäßig auf je zwei aufeinandergelegte Mangoldblätter verteilen, diese zusammenrollen, mit dem Blattende nach unten in heißes Fett legen, nicht anbraten, mit Brühe oder Wasser aufgießen und zugedeckt weichdünsten. Auf vorgewärmter Platte anrichten, die Sauce mit angerührtem Mehl binden, mit Rahm aufgießen und gesondert zu den Laubfröschen reichen. — Beigabe: Bratkartoffeln.

23. Gefüllte Kartoffeln

12 große Kartoffeln · Salz · 250 g Geräuchertes · Zwiebel · Petersilie · 50 g Fett · $1/4$ l Sauerrahm $1/8$ l Wasser

Von großen, rohen geschälten Kartoffeln einen Deckel abschneiden, dann aushöhlen und unten abflachen. Mit kochendem Wasser überbrühen, innen und außen etwas salzen. Mit durchgedrehtem, mit gewiegter Zwiebel und Petersilie gemischtem, gekochtem Geräucherten füllen, den Deckel daraufsetzen, die gefüllten Kartoffeln in einen Topf mit heißem Fett stellen, mit Sauerrahm und Wasser übergießen, zugedeckt am Herd oder im Rohr gardünsten. — Beigabe: Salat.

24. Gefüllte Gurken

2 Gurken · 250 g Schweinefleisch, Fleischreste oder Geräuchertes · Zwiebel Petersilie · 1 Ei · Salz · Pfeffer · 40 g Fett · 4 Eßlöffel Mehl · 1 Zwiebel $1/2$ l Wasser oder Brühe · $1/8$ l Sauerrahm · 1 Teelöffel Paprika · 1 Büschel Dill

Frische grüne Gurken schälen, eine Kappe abschneiden, mit einem Löffel aushöhlen, füllen, das Deckelchen darauflegen und mit einem Hölzchen feststecken. — Aus Fett und Mehl mit feingewiegter Zwiebel eine helle Einbrenne bereiten, aufgießen, Rahm, Paprika und reichlich feingewiegten Dill zugeben. Die Gurken in diese Sauce legen und darin weichdünsten; die Sauce mit Salz und ganz wenig Essig abschmecken. — Man kann auch die geschälten Gurken quer in zylinderförmige, ungefähr 5 cm hohe Stücke schneiden. So aushöhlen, daß sie an einer Seite zubleiben, füllen, in die wie vorstehend bereitete Sauce stellen und darin gardünsten. Angerichtet mit einer Tomatenspalte garnieren. — Beilage: Bratkartoffeln, Backblechkartoffeln.

25. Gefüllte Auberginen (Eierfrüchte, Melanzane)

2 große oder 4 kleine Eierfrüchte · 250 g Schweinefleisch · Zwiebel · Petersilie · 1 Ei · Salz · Pfeffer · 2 Eßlöffel Öl · 2 Eßlöffel Mehl · ³/₄ l Wasser 2 Eßlöffel Tomatenmark · Petersilie · Fleischwürze

Die ungeschälten oder geschälten Eierfrüchte der Länge nach durchschneiden, aushöhlen, füllen, die beiden Hälften aufeinanderlegen und mit einem Bindfaden gut zusammenbinden. In heißem Öl Mehl hellgelb rösten, aufgießen, Tomatenmark zugeben, die Sauce mit Salz abschmecken, die vorbereiteten Eierfrüchte hineingeben und darin weichkochen. Zum Schluß reichlich gewiegte grüne Petersilie zugeben und die Sauce mit etwas Fleischwürze abschmecken. Beim Anrichten die Bindfäden entfernen, die gefüllten Eierfrüchte auf vorgewärmter Platte anrichten, mit der Sauce übergießen, außen herum gedünsteten Reis geben, mit geriebenem Käse bestreuen. — Fülle: Durchgedrehtes Schweinefleisch mit gewiegter Zwiebel und Petersilie und Ei mischen, mit Salz und Pfeffer abschmecken.

26. Gefüllte Kohlrabi

8 junge Kohlrabi oder 4 große Winterkohlrabi · Salzwasser · 250 g gehacktes Schweinefleisch oder Fleischreste · ¹/₂ Semmel · Zwiebel und Petersilie · 1 Ei 50 g Fett · ¹/₂ l Wasser oder Brühe · 1 Eßlöffel Mehl · ¹/₈ l Sauerrahm

Kohlrabi schälen, in Salzwasser mit den jungen Kohlrabiblättern weichkochen. Von den Kohlrabi ein Deckelchen abschneiden, dann aushöhlen und füllen. Das Ausgehöhlte und die Kohlrabiblätter fein wiegen oder durch die Maschine drehen. Die gefüllten Kohlrabi in einen Topf mit heißem Fett stellen, das Deckelchen daraufsetzen evtl. mit einem Zahnstocher feststecken. Das durchgedrehte Gemüse, Brühe oder Wasser zugießen und weichdünsten. Sauerrahm mit Mehl verquirlen, damit binden. Auf einer tiefen Platte das dickliche Gemüse anrichten, die gefüllten Kohlrabi hineinstellen, Bratkartoffeln dazu servieren.

27. Gefüllte Sellerie

4 kleine Sellerie · Salzwasser · 125 g Hackfleisch · 125 g gekochtes Geräuchertes · Zwiebel · Petersilie · ¹/₂ Semmel · 1 Ei · Salz · Pfeffer · Muskat · 40 g Fett · 1 Eßlöffel Mehl · ¹/₈ l Sauerrahm · Zitronensaft

Die geschälten Sellerie halbieren, aushöhlen, in Salzwasser halb weichkochen, füllen, in heißes Fett stellen, etwas von dem Kochwasser zugießen und die gefüllten Sellerie zusammen mit dem kleinwürfelig geschnittenen Ausgehöhlten zugedeckt weich werden lassen. Sauerrahm mit Mehl verquirlen, zugeben, die pikante Sauce mit Salz, Pfeffer und Zitronensaft abschmecken. Dazu Bratkartoffeln.

28. Tomaten, mit Schinken gefüllt

8—12 Tomaten · 200 g gekochter Schinken · 2 Eier · ¹/₈ l Sauerrahm · 1 Eßlöffel Brösel · 20 g Butter

Ausgehöhlte, gesalzene Tomaten mit einer Mischung von gehacktem Schinken, verquirlten Eiern, Sauerrahm und Bröseln füllen. Das Deckelchen daraufsetzen und die Tomaten in einer gut ausgefetteten feuerfesten Form oder Omelettepfanne 15 Minuten im Rohr braten. — Beigabe: Kartoffelbrei, geröstete Weißbrotschnitten.

29. Fleisch-Kartoffelauflauf

400 g Fleischreste · 4 Sardellen · ³/₄ kg gekochte Kartoffeln · 40 g Fett · ¹/₄ l Milch · ¹/₈ l Sauerrahm · 2 Eier · Salz · Petersilie

In eine befettete Auflaufform lagenweise Kartoffelscheiben und in feine Streifchen geschnittenes Fleisch und Sardellen geben. Fettflöckchen dazwischen. Milch mit Sauerrahm, Eiern, Salz und gewiegter Petersilie verquirlen, darübergießen, mit geriebenem Käse bestreuen, 30 Minuten bei Mittelhitze (200 Grad) backen. Dazu grüner Salat.

30. Gefüllte Paprika

4—8 große Paprika · Salzwasser · 400 g Schweinefleisch · 1 Ei · Zwiebel Petersilie · Salz · Pfeffer · 40 g Reis — Tomatensauce: 40 g Fett · 1 Zwiebel 2 Eßlöffel Mehl · ¹/₂ l Wasser · 1 kleine Dose Tomatenmark · Salz · Zucker

Von den Paprikaschoten die Deckel beim Stiel abschneiden, aushöhlen. Durchgedrehtes Schweinefleisch mit gehackter, gerösteter Zwiebel und Petersilie, Ei und rohem Reis mischen, mit Salz und Pfeffer abschmecken. Die Paprika damit füllen, das Deckelchen darauflegen, mit einem Hölzchen feststecken, in die fertige Tomatensauce legen und darin 30 Minuten dünsten. Die Paprikaschoten können auch halbiert gefüllt, nebeneinander in die Bratreine mit heißem Fett gestellt, Brühe oder Wasser zugegossen und im Rohr fertig gedünstet werden. Man serviert sie mit Salzkartoffeln und grünem Salat. — Sauce: Aus Fett und Mehl mit feingewiegter Zwiebel eine helle Einbrenne bereiten, aufgießen, Tomatenmark zugeben, die Sauce mit Salz und etwas Zucker abschmecken.

31. Gefüllte Tomaten

8—12 Tomaten · 200 g Bratenreste · Zwiebel · Petersilie · 50 g Champignons 1 Ei · 40 g geriebener Käse · Salz · Pfeffer · 1 Eßlöffel Brösel · 30 g Butter

Von den gewaschenen Tomaten mit einem scharfen Messer eine Kappe abschneiden, dann vorsichtig aushöhlen und salzen. — Durchgedrehte Bratenreste mit feingewiegter, in Butter gerösteter Zwiebel, Petersilie und blättrig geschnittenen Champignons, Ei und geriebenem Käse mischen, mit Salz und Pfeffer abschmecken. Die Tomaten damit füllen, das Deckelchen daraufsetzen, in eine befettete feuerfeste Form stellen, mit geriebenem Käse und Bröseln bestreuen, mit flüssiger Butter betropfen und 15 Minuten im heißen Rohr überbacken. — Beigabe: Kartoffelbrei oder Semmeln.

32. Tiroler Gröstl

250 g Fleischreste · 50 g Fett · 2 Zwiebeln · 1 kg gekochte Kartoffeln · Salz

In heißem Fett feingeschnittene Zwiebeln rösten, dann das in feine Scheibchen geschnittene gekochte oder gebratene Fleisch und die geschnittenen Kartoffeln zugeben. Alles mitsammen rasch rösten und sofort anrichten. — Beigabe: Sauerkraut, Salat.

33. Fleischkücherl

400 g gekochtes Ochsenfleisch · Salz · Pfeffer · Petersilie — Pfannkuchenteig: 125 g Mehl · 1 Ei · Salz · 1/8 l Milch · Fett zum Backen

Gekochtes Ochsenfleisch in Scheiben schneiden und mit Salz, Pfeffer und feingewiegter Petersilie bestreuen. Aus Mehl, Ei, Salz und Milch einen dicken Pfannkuchenteig bereiten, die Fleischstücke darin wenden und auf der Stielpfanne in heißem Fett backen. Angerichtet mit Ketchup beträufeln, Kopfsalat dazu reichen.

34. Rissolen (Fleischkrapfen)

Teig: 250 g Mehl · 125 g Margarine · 1 Ei · 2 Eßlöffel Sauerrahm · Salz
Fülle: 1 Kalbsbries oder 1 Kalbshirn oder Geflügelreste oder Geflügelleber Zwiebel · Petersilie · 1 Eßlöffel Mehl · etwas Fleischbrühe · 1 Ei · Backfett

Mehl mit Margarine abbröseln, mit Ei, Sauerrahm und Salz rasch zu einem Teig kneten. Diesen 1/4 cm dick ausrollen, zu Scheiben ausstechen, diese am Rand mit zurückbehaltenem Eiweiß bestreichen, die Mitte mit Fülle belegen, in der Mitte zusammenklappen, an den Rändern fest drücken und schwimmend in heißem Fett backen. — Fülle: Das gekochte oder blanchierte und gehäutete Hirn oder die durchgedrehten Geflügelreste oder die feingehackte Leber mit feingewiegter Zwiebel und Petersilie in Fett rösten, mit Mehl überstäuben, etwas aufgießen, das Ei darangeben, mit Salz und Pfeffer abschmecken. — Beigabe: gedünstetes Sauerkraut oder Salat.

35. Makkaroni mit Schinken

250 g Makkaroni · Salzwasser · 200 g Schinken · 1/8 l Sauerrahm oder Milch 2 Eier · Petersilie · Salz · Muskat

Die kurz gebrochenen, in Salzwasser weichgekochten, überbrausten und abgetropften Makkaroni mit kleingehacktem Schinken, Sauerrahm, verquirlten Eiern, gehackter Petersilie, Salz und Muskat mischen. In einer befetteten Auflaufform, mit Käse bestreut, 20 Minuten bei 200 Grad backen oder auf einer weiteren Stielpfanne auf dem Herd solange rösten, bis die Eier geronnen sind. — Beigabe: Spinat, Wirsing, Grünkohl, Salat.

36. Schinkentascherl

125 g Mehl · 125 g Margarine · 125 g Topfen · Salz — Fülle: 250 g Schinken oder gekochtes Geräuchertes · 1 Ei zum Bestreichen

Mehl mit Margarine abbröseln, Topfen und etwas Salz zugeben und rasch zu einem Teig kneten. Diesen ¼ cm dick ausrollen, zu gleichmäßig großen Rechtecken von 12 cm Seitenlänge radeln, längs der Mitte mit feingewiegtem Schinken belegen, zusammenschlagen, die Ränder mit einer Gabel fest zusammendrücken, die Täschchen aufs unbefettete Blech legen, mit verquirltem Ei bestreichen und bei guter Hitze 20 Minuten backen. — Warm mit Spinat oder Salat servieren.

37. Ravioli

200 g Mehl · 2 große Eier · Salz · 1 Eßlöffel Öl — Fülle: 250 g Schweine- und Kalbfleisch · Salz · Pfeffer · 4 Eßlöffel Öl · Zwiebel · 2 Eßlöffel Tomatenmark — Sauce: Bratfett · 2 Zwiebeln · 1 Teelöffel Mehl · 2 Eßlöffel Tomatenmark · ⅛ l gute Brühe · Käse zum Bestreuen

Aus Mehl, Eiern, Öl, Salz einen Nudelteig bereiten. In dünne, kleine Blättchen geschnittenes Schweine- und Kalbfleisch mit Salz und Pfeffer bestreuen, in heißem Öl mit Zwiebeln anbraten, das Tomatenmark zugeben und das Fleisch weichdünsten. Den Nudelteig dünn ausrollen, zu 10 cm breiten Streifchen radeln. Die Mitte derselben in gleichmäßigen Abständen mit Häufchen von dem weichgedünsteten Fleisch (ohne Bratensauce) belegen, den Teig zusammenschlagen, rund um die Fleischmasse gut zusammendrücken und zu halbkreisförmigen Täschchen ausradeln. In dem Bratfett feingeschnittene Zwiebel hellbraun rösten, mit wenig Mehl überstäuben, das Tomatenmark und Brühe zugeben und die Sauce kurz kochen lassen. Die vorbereiteten Ravioli 15 Minuten in Salzwasser kochen, gut abgetropft auf vorgewärmter Platte anrichten, mit der heißen Sauce übergießen und mit Käse bestreuen. — Beigabe: grüner Salat.

38. Ragout von Bratenresten

300 g Bratenreste · 40 g Fett · 1 Zwiebel · 2 Eßlöffel Mehl · ¼ l Brühe 2 Essiggurken · 1 Eßlöffel Kapern · Salz · Pfeffer · Essig

In heißem Fett die feingeschnittene Zwiebel hellgelb rösten, das Mehl zugeben, ebenfalls gelb werden lassen, dann aufgießen. Das in feine Scheiben oder Würfel geschnittene Fleisch und die Gurken sowie die Kapern in die fertige Sauce geben und darin heiß werden lassen. Mit Salz, Pfeffer und Essig abschmecken. Das Fleisch darf in der Sauce nicht mehr kochen, es wird sonst hart. Das sehr dicklich gehaltene Ragout kann man in Muscheln oder kleine Ragoutförmchen füllen, mit reichlich geriebenem Käse bestreuen und im Rohr kurz überbacken. — Beigabe: Bratkartoffeln.

Saure Sulzen, Aspik

Saure Sulzen kann man durch Kochen von leimgebenden Fleischteilen (Kalbs- und Schweinskopf, Kalbs- und Schweinsfüßen, Schweinsohr und Schweineschwarte sowie Fischkopf und -haut) in Wasser mit Salz, Essig und Gewürzen selbst bereiten. Alle Zutaten kalt zustellen. Die Kochzeit für Sulze beträgt 3 Stunden, das Kochen muß langsam geschehen. Die auf diese Weise gewonnene Brühe (Sulzflüssigkeit) durch ein feines Sieb oder Tuch gießen, bis zum anderen Tag kaltstellen, dann das sich an der Oberfläche abgesetzte Fett sorgfältig abnehmen, die Sulze durch leichtes Erwärmen wieder flüssig werden lassen, nochmals sehr kräftig mit Salz und Essig abschmecken und zum Einlegen oder Übergießen von Fleisch, Geflügel, Fisch, Gemüse und dgl. verwenden. Will man die Sulzflüssigkeit wasserklar haben, so muß diese nach dem Entfetten geklärt werden. *Geklärte Sulze heißt Aspik.* Will man sich die Kosten und die Arbeit des Sulzekochens ersparen, so nimmt man eine beliebige, vollständig entfettete, sehr gut und kräftig abgeschmeckte Brühe und gibt aufgelöste Gelatine zu. Auf 1 l solcher Sulze nimmt man 12–16 Blatt oder 24–32 g weiße Gelatine. 12 Blatt genügen zum Einlegen oder Übergießen. Bereitet man jedoch eine Sulze mit Einlagen und will diese stürzen, muß man auf 1 l Flüssigkeit 16 Blatt verwenden.

Saure Sulzen, Aspik

1. Saure Sulze

2 Kälberfüße · 2 Schweinsfüße · 3 l Wasser · ¹/₄ l Essig · 2 Eßlöffel Salz 1 Zwiebel · 2 Lorbeerblätter · 10 Pfefferkörner

Die gespaltenen Kalbs- und Schweinsfüße mit kaltem Wasser, Essig und den Gewürzen zustellen und langsam 3 Stunden kochen lassen, dann den Topf an den Herdrand zurückziehen. Wenn sich alles Trübe gesetzt hat, die Brühe abgießen und bis zum nächsten Tag stehen lassen. Nun das sich an der Oberfläche abgesetzte Fett sorgfältig abnehmen, die Sulze durch leichtes Erwärmen wieder flüssig werden lassen, nochmals kräftig mit Salz und Essig abschmecken und zum Einlegen oder Übergießen von Fleisch, Geflügel, Gemüse und dgl. verwenden. Um die Farbe schöner zu machen, kann man etwas Karamelflüssigkeit zugeben.

2. Aspik (geklärte Sulze)

2 Kälberfüße · 2 Schweinsfüße · 3 l Wasser · ¹/₄ l Essig · 2 Eßlöffel Salz 1 Zwiebel · 2 Lorbeerblätter · 10 Pfefferkörner — Zum Färben: 1 Eßlöffel Zucker · 2 Eßlöffel Wasser — Zum Klären: 2 Eiweiß · 2 Eischalen

Die gespaltenen Kalbs- und Schweinsfüße mit kaltem Wasser, Salz, Essig und Gewürzen zustellen und langsam 3 Stunden kochen lassen. Dann den Topf an den Herdrand zurückziehen. Wenn sich alles Trübe gesetzt hat, die Brühe abgießen und bis zum nächsten Tag stehen lassen. Nun das sich an der Oberfläche abgesetzte Fett sorgfältig abnehmen, die Sulze durch leichtes Erwärmen wieder flüssig werden lassen, nochmals mit Salz und Essig sehr kräftig abschmecken. Um die Farbe schöner zu machen, bräunt man 1 Eßlöffel Zucker, gießt mit 2 Eßlöffel Wasser auf und gibt diese Zuckerfarbe zur Sulzflüssigkeit. Zum Klären schlägt man Eiweiß zu leichtem Schnee und gibt es nebst den zerdrückten Eierschalen in die kalte Sulzflüssigkeit. Jetzt stellt man diese wieder aufs Feuer und bringt sie unter ständigem Schlagen mit dem Schneebesen zum Kochen. Dann zugedeckt an heißer Herdstelle, ohne zu kochen, so lange stehen lassen, bis sich an der Oberfläche eine geschlossene Eiweißhaut bildet, die dann Risse bekommt und man die klare Flüssigkeit sehen kann. Nun wird das Aspik durch ein feines Sieb oder Tuch gegossen und beliebig verwendet. Will man das Aspik aufbewahren, gießt man es in kleine Weckgläser und kocht diese 30 Minuten bei 100 Grad.

3. Gestürztes Aspik mit Einlage

1 l Aspik · ³/₄ kg kalter Braten · 1 Essiggurke · 2 hartgekochte Eier 2 Tomaten

Eine Reisrand-, Kuppel- oder Kastenform dünn mit Öl ausstreichen oder kalt ausspülen, dann 1 cm hoch flüssiges Aspik hineingießen und erstarren lassen (Spiegel gießen). Wenn dieser Aspikspiegel fest ist, von Essiggurken, hartgekochten, in Scheiben oder Spalten geschnittenen Eiern, Tomatenscheiben und dgl. eine Verzierung einlegen. Die schöne Seite muß nach unten sein. Nun etwas flüssiges Aspik daraufgießen und erstarren lassen. Dann wieder 1 cm hoch Aspik aufgießen und so lange kühl stehen lassen, bis die Verzierung fest auf dem Aspikspiegel haftet. Anschließend das gebratene, in feine Scheiben geschnittene Fleisch darauflegen, mit Aspik zudecken, erstarren lassen und so fortfahren, bis die Form voll ist. Zwischen jeder Fleischschicht muß immer wieder eine Lage Aspik sein, sonst läßt sich die Form nicht schön stürzen. Statt Braten kann auch sorgfältig von den Knochen abgelöstes Geflügel, entgräteter Fisch, gekochte Eier und dgl. eingelegt werden. Zum Stürzen hält man die Form einige Sekunden in heißes Wasser und stürzt auf eine kalt abgespülte Platte. Statt in eine große Form kann auch in Portionsförmchen eingelegt werden.

4. Rasche Sulze

⁷/₈ l Fleischbrühe · Saft einer Zitrone · etwas Essig · Salz · Pfefferkörner 1 Glas Weißwein · 12 Blatt farblose Gelatine

Die vollständig entfettete Brühe mit Zitronensaft, Essig, Salz, Weißwein und Pfefferkörner 10 Minuten kochen lassen, die aufgelöste Gelatine zugeben, durch ein Sieb gießen und erstarren lassen. Will man diese Sulze stürzen, muß man statt 12 Blatt 16 Blatt farblose Gelatine verwenden.

5. Sulze aus Bratensauce

½ l Bratensauce · 6 Blatt farblose Gelatine

Zu vollkommen entfetteter, durchgeseihter Bratensauce aufgelöste Gelatine geben, einmal aufkochen lassen und kaltstellen. Den kalten Braten in feine Scheiben schneiden, schön auf einer Platte anrichten, mit der Sulze, wenn sie beginnt steif zu werden, überglänzen.

6. Einfache Sulze

½ l Wasser · 1 Eßlöffel flüssiges Maggi · 1 Eßlöffel Essig · ½ Eßlöffel Salz 6 Blatt farblose Gelatine

Wasser mit Maggi, Essig und Salz abschmecken, etwas erwärmen, die aufgelöste Gelatine durch ein Sieb zugießen, beliebig verwenden.

7. Madeira-Gelee

¼ l Madeira · 3 Blatt farblose Gelatine

Eingeweichte, aufgelöste Gelatine in den leicht erwärmten Wein geben. Madeira-Gelee eignet sich hervorragend zum Überglänzen von kaltem Wildbraten, Leberpastete und gekochter Zunge.

8. Fischsulze

1 kg Fischköpfe, Fischhaut und Gräten · 1½ l Wasser · ⅛ l Essig · Salz 1 Glas Weißwein · 1 l Fischsud · 12 Blatt Gelatine

Sauber gereinigte Fischabfälle mit Salz und Essig 30 Minuten kochen, dann den Weißwein zugießen, 5 Minuten weiterkochen lassen. Anschließend die Brühe durch ein feines Tuch gießen. Die aufgelöste Gelatine zugeben, nochmals kräftig abschmecken und die Fischsulze zum Überglänzen von ganzen, blau gekochten Fischen oder zum Einlegen von gekochtem, sorgfältig entgräteten Fischfleisch verwenden.

9. Tomatensulze

½ l Wasser · 2 Eßlöffel Tomatenmark · Zucker · Salz · Essig · flüssiges Maggi · 4 Blatt farblose Gelatine · 2 Blatt rote Gelatine

Wasser mit Tomatenmark, Salz, Zucker, Essig und flüssigem Maggi sehr kräftig süßsauer abschmecken, die Gelatine darin auflösen, nochmals abschmecken. Tomatensulze kann man ungefähr 1 cm hoch auf eine Platte mit Rand gießen, erstarren lassen und dann mit dem Buntmesser zu Würfeln oder Rechtecken schneiden. Zum Verzieren von kalten Platten sehr gut geeignet. Auch bei der Zusammenstellung von vegetarischen Gerichten kann Tomatensulze verschiedenartige Verwendung finden.

10. Meerrettichsulze

8 Eßlöffel geriebener Meerrettich (frisch oder konserviert) · ¼ l Sauerrahm 4 Blatt farblose Gelatine

Die kalt eingeweichte, ausgedrückte Gelatine in 2 Eßlöffel Wasser auflösen, mit dem Sauerrahm und dem Meerrettich mischen. Wenn nötig mit Salz nachwürzen. In einer kleinen Kastenform steif werden lassen, stürzen, kalten Braten zu Scheiben schneiden, anrichten, mit einer kleinen Schnitte Meerrettichsulze belegen und mit streifig geschnittener roter Paprikaschote garnieren.

11. Knöcherlsulz

2 Kälberfüße · 2 Schweinsfüße · 3 l Wasser · ¼ l Essig · 2 Eßlöffel Salz 1 Zwiebel · 2 Lorbeerblätter · 10 Pfefferkörner

Aus den angegebenen Zutaten eine saure Sulze kochen. Das Fleisch von den Knochen lösen, in Stücke schneiden, in tiefe Teller oder Platten legen, mit der durchgeseihten, entfetteten, kräftig abgeschmeckten Sulze übergießen, so daß alle Fleischteile davon bedeckt sind, und erstarren lassen.

12. Tellersulz

2 Kälberfüße · 2 Schweinsfüße · ½ kg Schweinefleisch · 3 l Wasser · ¼ l Essig · 2 Eßlöffel Salz · 1 Zwiebel · 2 Lorbeerblätter · 10 Pfefferkörner

Gespaltene Kalbs- und Schweinsfüße mit Schweinefleisch, den Gewürzen und Essig in kaltem, gesalzenem Wasser zusetzen und kochen lassen. Nach einer Stunde das Schweinefleisch herausnehmen, die Sulze noch 2 Stunden kochen lassen, dann die Brühe abgießen und durch ein feines Sieb oder Tuch seihen.

Das Fleisch von den Knochen lösen, in kleinere Stücke schneiden und nebst dem in Scheiben geschnittenen Schweinefleisch auf tiefe Teller verteilen. Soviel kräftig abgeschmeckte Sulze darübergießen, bis alles Fleisch bedeckt ist, und erstarren lassen. Beim Anrichten garniert man die Teller mit hartgekochten Eiern, roten Rüben, fächerartig geschnittenen Gurken und geriebenem Meerrettich. Kurz vor Tisch kann die Sulze auch mit einer Mischung von Essig und Öl übergossen werden.

13. Schweinsrippchen in Sulze

³/₄ kg Schweinskotelett · 1 l gesalzenes Essigwasser · 1 hartgekochtes Ei 2 Essiggurken · ½ l Sulze oder Aspik

Das Kotelettstück in kochendes, gesalzenes Essigwasser geben und darin weichkochen (1 Stunde). In Sulzkotelettformen etwas Sulze oder Aspik gießen, dieses fest werden lassen, von Eischeiben und geschnittenen Gurken eine Verzierung einlegen, etwas Sulze oder Aspik darübergießen und erstarren lassen. Dann die vollständig erkalteten Koteletts darauflegen, mit Sulze oder Aspik vollgießen und erstarren lassen. Zum Anrichten die Formen einige Sekunden in heißes Wasser tauchen und auf Teller oder eine Platte stürzen.

14. Sulze in Förmchen

½ l Sulze oder Aspik · 250 g Ripperl, Schinken, Zunge, kalter Braten oder gekochter Fisch · 2 hartgekochte Eier · 2 Essiggurken · 1 Tomate

In kleine Förmchen etwas Sulze oder Aspik gießen und erstarren lassen. Von Ei, Gurke und Tomaten eine Verzierung einlegen, mit etwas Aspik zugießen und, wenn dieses fest ist, das Fleisch oder den Fisch einlegen und die Form mit Sulze oder Aspik vollgießen. Nach dem Erstarren stürzen. Als Vorspeise oder Garnitur für kalte Platten.

15. Schweinssülze

³/₄ kg Schweinefleisch · 1 Kalbsfuß · 1 Schweineohr · 1½ l Wasser · 1 Zwiebel · Salz · ⅛ l Essig · 10 Pfefferkörner · 2 Gewürzgurken

Das Schweinefleisch mit dem Kalbsfuß, dem Schweinsohr, der Zwiebel, den Pfefferkörnern, Salz und Essig in kaltem Wasser zusetzen und kochen lassen. Nach einer Stunde das Schweinefleisch herausnehmen, die Brühe langsam 2 Stunden weiterkochen lassen. Am nächsten Tag das an der Oberfläche abgesetzte Fett abnehmen. Die Brühe durch ein Sieb gießen, das Fleisch von den Knochen lösen und in Würfel schneiden. In die gut abgeschmeckte Brühe die Fleischwürfel und die ebenfalls in Würfel geschnittenen Gurken geben, alles in eine Form gießen, erstarren lassen, bei Gebrauch stürzen.

16. Sulze in Essig und Öl

½ kg fertige Schweinssulze · 1 Zwiebel · Salz · Essig · Öl

Die gestürzte Sulze in Würfel oder Scheiben schneiden, mit fein ringelig geschnittener Zwiebel überstreuen und mit Salz, Essig und Öl gut anmengen. Dazu Bratkartoffeln.

17. Fleisch in Aspik

½ l Aspik · 1 Gewürzgurke · 1 Tomate · ½ kg gares Fleisch · 1 gekochtes Ei

In eine Form 1—2 cm hoch flüssiges Aspik gießen (Spiegel gießen), erstarren lassen. Von Gurke, Ei, entkernter Tomate eine Verzierung einlegen, mit etwas Aspik vorsichtig zugießen. Scheiben von gekochtem oder gebratenem Kalbfleisch, Schweinefleisch, geräuchertem Ripperl, Rinderfilet schuppenförmig darauflegen, mit Aspik vollgießen. Nach dem völligen Steifwerden auf eine kalt abgespülte Platte stürzen. Statt das Fleisch in Aspik einzulegen, kann es auch auf einer Platte schuppenförmig angerichtet und mit halbflüssigem Aspik überglänzt werden. Die Fleischabfälle in kleine Würfel schneiden, mit ebensolchen Gurkenwürfeln und etwas Sulz mischen, in kleine Förmchen füllen.

18. Zunge in Aspik

Frischgekochte, gehäutete Rinds-, Kalbs- oder Schweinszunge kalt in Scheiben schneiden und in Aspik einlegen oder angerichtet mit halbflüssigem Aspik überglänzen. Geräucherte, gekochte, in feine Scheiben geschnittene Rinderzunge läßt sich ebenfalls sehr gut in Aspik einlegen oder überglänzen.

19. Geflügel in Aspik

In gefällige Portionen geteiltes Brathuhn, gebratene Ente, gebratene Gans, gebratenen Truthahn in Aspik einlegen oder auf einer Platte anrichten — evtl. mit Trüffelscheiben belegen — und mit halbflüssigem Aspik überglänzen.

20. Gekochtes Geflügel in Sulze

Ein Suppenhuhn oder eine ältere Gans in Salzwasser mit Suppengrün, Pfefferkörnern und 2—3 Kälberfüßen 3 Stunden kochen. Das Geflügel in Portionsstücke teilen, evtl. das Fleisch von den Knochen lösen. In eine Schüssel legen oder auf einer Platte anrichten. Die Brühe bis zur erforderlichen Menge einkochen lassen, entfetten, kräftig mit Salz und Weißwein (Essig) abschmecken und das Fleisch damit eingießen oder nur überziehen.

21. Gänseleber in Aspik

Die Gänseleber 15 Minuten in Brühe kochen; erkaltet in Scheiben schneiden, mit Ei- und Trüffelscheiben umlegen, mit flüssigem Aspik überglänzen. Oder die Gänseleber in Butter mit etwas Weißwein braten, die Sauce entfetten, eine Blatt farblose aufgelöste Gelatine zugeben und die in Scheiben geschnittene Gänseleber damit überglänzen. Mit Tomatenspalten garnieren.

22. Feines Bries-Schinkenaspik

1 gekochtes Kalbsbries · 125 g gekochter Schinken · 1/4 l Aspik

Gekochtes gehäutetes Bries und gekochten Schinken in Würfelchen schneiden, mit flüssigem Aspik mischen, in eine Form oder mehrere Förmchen gießen, kaltstellen, bei Gebrauch stürzen. Vorspeise.

23. Gemüse-Aspik

1/2 kg junges Gemüse (Erbsen, Karotten, Blumenkohl, grüne Bohnen) · 1/8 l Gemüsewasser · 8 Blatt farblose Gelatine · Mayonnaise · 2 Eigelb · 1/8 l Öl Salz · Senf · Essig

Schön geschnittenes Gemüse in Salzwasser weichkochen und auf einem Sieb abtropfen lassen. In 1/8 l des Gemüsewassers die Gelatine auflösen, mit Salz, Essig und Brühwürze kräftig abschmecken. Aus Eigelb und Öl eine Mayonnaise rühren, mit Salz, Senf und Essig gut abschmecken. Das abgetropfte Gemüse mit der Mayonnaise und Sulzflüssigkeit mischen, alles in eine kalt ausgespülte Form geben, steif werden lassen, stürzen, mit Tomatenscheiben und restlicher Mayonnaise verzieren.

24. Eier in Aspik

8 hartgekochte Eier · 1/2 l Aspik · Mayonnaise · 2 Eigelb · 1/8 l Öl · Salz Senf · 1 kleine Dose grüne Erbsen · 1 Tomate

In eine Randform 1 cm hoch Aspik gießen und erstarren lassen. Die in Scheiben geschnittenen hartgekochten Eier schuppenförmig darauflegen, mit Aspik zugießen, erstarren lassen, dann die Form auf eine kalt abgespülte Platte stürzen. Aus Eigelb und Öl eine Mayonnaise rühren, mit etwas flüssigem Aspik verrühren, die gut abgetropften Erbsen einmengen, die gestürzte Form damit umkränzen, Tomatenachtel zum Garnieren.

25. Kalbshirn in Aspik

1 Kalbshirn · 4 Eßlöffel gekochte grüne Erbsen · 2 gekochte Gelbrüben 1/8 l Aspik · Salzwasser

Das gehäutete Kalbshirn 15 Minuten leise im Salzwasser kochen, erkaltet zu Scheiben schneiden und zusammen mit den grünen Erbsen und den würfelig geschnittenen Gelbrüben gefällig auf 4 Tellerchen oder einer Platte anrichten, mit Aspik überglänzen und mit einer Mayonnaisensauce servieren.

26. Rebhuhn, Fasan, überglänzt

Rebhuhn oder Fasan nach dem Braten in schöne Portionsstücke teilen (evtl. Belegspeckscheiben abnehmen) und auf einer Platte anrichten. Das Geflügel mit halbflüssigem Aspik überglänzen, den Plattenboden mit flüssigem Aspik ausgießen. Mit blauen Weintrauben und halben Ananas-Scheiben garnieren.

27. Reh- und Hasenbraten in Aspik

½ kg Reh- oder Hasenbraten · 10 Sardellenringe · 1 Banane · 1 Ananasscheibe · ½ l Aspik

In eine Randform 1 cm hoch flüssiges Aspik gießen, erstarren lassen, Sardellenringe, in Zitronensaft gewendete Bananenscheiben und Ananasstücke einlegen, mit etwas Aspik angießen. Das in Scheiben geschnittene Fleisch schuppenförmig darauflegen, mit Aspik zugießen. Nach dem vollständigen Erstarren stürzen und mit Cumberlandsauce servieren.

28. Wildschwein in Sulze

½ kg Wildschweinschlegel · 1½ l Salzwasser · ⅛ l Essig · 10 Wacholderbeeren · 1 Glas Rotwein · 2 gespaltene Kälberfüße

Die gespaltenen Kälberfüße in Salzwasser mit Essig, den Wacholderbeeren und Rotwein kalt zusetzen, das von der Schwarte befreite Fleisch in die kochende Brühe legen, 2 Stunden darin kochen, dann herausnehmen. Die Sulzflüssigkeit noch 1 Stunde weiterkochen lassen, dann abgießen. Das in Scheiben geschnittene Fleisch auf einer Platte anrichten und mit der entfetteten Sulze übergießen. Beim Anrichten mit geriebenem Meerrettich und roten Rüben garnieren.

29. Forellen in Aspik

4 gekochte Portionsforellen · ¼ l Aspik

Die sorgsam ausgenommenen, mit Essig übergossenen, in perlendem, aber nicht kochendem Salzwasser gargemachten Forellen im Sud erkalten lassen, dann auf einer Platte anrichten. Evtl. gerissene Stellen der Fische mit Zitronenscheiben bedecken. Die blauen Forellen mit Fischsulze oder Aspik, wenn dies eben beginnt steif zu werden, schön überglänzen. Auf die Platte das flüssige, restliche Aspik gießen und erstarren lassen. Vor dem Anrichten mit Zitronenachteln und Krauspetersilie garnieren.

30. Karpfen, Hecht in Sulze

1 gekochter Karpfen oder Hecht · ¼ l Fischsulze

Den im sehr gut gewürzten Sud erkalteten Karpfen oder Hecht auf einer Platte anrichten. Dann mit Sulze, die gerade beginnt dicklich zu werden, überglänzen. Mit dem Rest der Sulze die Platte ausgießen. Diese vor dem Anrichten mit Zitronen- und Tomatenscheiben schön garnieren. Kartoffelsalat mit Mayonnaise zum Fisch reichen.

31. Seefisch in Sulze

1 kg gekochter Seefisch · ½ l Fischsulze

In gut gewürztem Sud gekochten Schellfisch, Kabeljau, Goldbarsch oder Seelachs sorgfältig von Haut und Gräten befreien, die Fischstücke auf einer Platte anrichten und mit flüssiger Sulze übergießen. Evtl. etwas von der Sulze zurückbehalten, mit Rotrübensaft färben, erstarrt hacken und als Kranz um die Fischsulze geben. Dazu Bratkartoffeln oder Kartoffelsalat. Gekochte Fischreste können auch mit wenig gut gewürzter Fischsulze vermengt in eine kalt ausgespülte Form gefüllt und nach dem Erstarren gestürzt werden.

32. Krebsschwänze in Aspik

200 g ausgelöste Krebse oder 200 g Krabben · ⅛ l Aspik · 1 hartgekochtes Ei · 1 Eßlöffel Kapern

In eine schmale Randform oder kleines Schüsselchen einen Aspikspiegel gießen. Dann die ausgelösten Krebsschwänze oder Krabben nebst Scheiben von hartgekochtem Ei und Kapern hübsch einlegen und sorgfältig mit Aspik zugießen. Nach dem Erstarren auf eine kalt abgespülte Platte stürzen. Mit Toast und frischer Butter servieren.

33. Hummer in Aspik

1 Hummer · ½ l Aspik · 2 hartgekochte Eier

In eine kalt ausgespülte Form einen Aspikspiegel gießen. Den in Scheibchen geschnittenen Hummerschwanz und die ausgelösten Scheren zusammen mit schönen Scheiben von hartgekochtem Ei einlegen, vorsichtig mit Aspik zugießen und erstarren lassen. Auf eine kalt abgespülte Platte stürzen und mit Mayonnaise, Toast und frischer Butter reichen. Hummer oder Languste aus Dosen werden auf dieselbe Weise eingelegt.

34. Amerikanische Käsecreme

⅛ l Milch · 3 Blatt farblose Gelatine · 1 Teelöffel Zwiebelsaft · 1 Teelöffel Zitronensaft · ½ Teelöffel scharfer Senf · Salz · Curry · Paprika · 100 g geriebener Emmentaler Käse · ¼ l Schlagsahne

Die Milch mit den angegebenen Gewürzen sehr pikant abschmecken, aufgelöste farblose Gelatine zugeben, mit geriebenem Käse und der geschlagenen Sahne mischen, nochmals nachwürzen. Unter gelegentlichem Umrühren etwas anziehen lassen, dann in eine kalt ausgespülte oder mit Öl ausgestrichene Form oder Portionsförmchen füllen, steif werden lassen, stürzen. Auf einer Glasplatte oder mit einem Salatblatt ausgelegten Glastellerchen anrichten, mit geschnittenen Tomaten schön garnieren. Toast und Butter dazu reichen. Als kleines Abendessen, Zwischengericht oder Käsenachtisch sehr gut.

Würste

1. Heiße Blut- und Leberwürste

4 Blutwürste · 4 Leberwürste · Salzwasser

Die Würste in warmes Salzwasser legen, langsam bis zum Kochen bringen und dann 20 Minuten im heißen Wasser ziehen lassen. — Beigabe: geröstete Kartoffeln und Sauerkraut.

2. Geröstete Blut- und Leberwürste

4 Blutwürste · 4 Leberwürste · Salzwasser · 60 g Fett · 2 Zwiebeln

Die Blut- und Leberwürste in Salzwasser heiß machen. In heißem Fett geschnittene Zwiebeln rösten, die heiße, abgezogene Blutwurst hineingeben und unter häufigem Umschaufeln kurz durchrösten. Dann auf vorgewärmter Platte anrichten. Anschließend in der Pfanne wieder Zwiebel in Fett hellbräunen, die heiße, abgezogene Leberwurst hineingeben und ebenfalls gut durchrösten. Im Kranz um die angerichtete Blutwurst geben. — Beigabe: Salzkartoffeln und Sauerkraut oder saure Rüben. — Man kann auch die heiß gemachten Blut- oder Leberwürste an fertig geröstete Kartoffeln geben und mit diesen zusammen fertigrösten.

3. Heiße Würste

¹/₂ kg Wurst oder 4—8 Paar Würstchen · Salzwasser

Die verschiedensten Arten von Würsten, im Ring oder abgepaßt, kann man in Salzwasser heißmachen. Z. B. Lyoner im Ring, Weiße im Ring, Dampfwürste, Dicke, Regensburger, Pfälzer, Weißwürste, Frankfurter Würstchen, Wiener Würstl und dgl. Dazu in heißes Salzwasser die ganzen oder abgepaßten Würste einlegen und 10—15 Minuten darin ziehen lassen. Das Wasser darf mit den Würsten nicht kochen. — Beigabe: Senf, geriebener Meerrettich, Semmeln, geröstete Kartoffeln, Sauerkraut.

4. Geschwollene Würste

4 Paar Geschwollene · 40 g Fett

Geschwollene sind Würste ohne Haut. Sie werden in heißes Fett gelegt und langsam auf beiden Seiten hellbraun gebraten. — Beigabe: geröstete Kartoffeln und Sauerkraut oder grüner Salat.

5. Blaugekochte Bratwürste

¹/₂ kg Bratwurst oder 8 Paar Bratwürste · Salzwasser · Essig
2 große Zwiebeln

Salzwasser mit Essig gut sauer abschmecken, Zwiebelscheiben zugeben, 10 Minuten kochen lassen, dann die Bratwürste einlegen und 15 Minuten im kochendheißen Sud ziehen lassen. Die Würste zusammen mit den Zwiebelscheiben anrichten, Semmeln dazugeben.

6. Gebratene Bratwürste

8 Paar Kalbs- oder Schweinsbratwürste · 40 g Fett

Die Bratwürste in warmes Fett legen, etwas heißes Wasser zugießen, zugedeckt auf der ersten Seite, offen auf der anderen Seite schön braun braten. Beigabe: Salzkartoffeln, geröstete Kartoffeln, Sauerkraut, saure Rüben, Wirsing. Besonders gut schmecken Bratwürste am Rost gebraten.

7. Gebratene Regensburger

4 Paar Regensburger · Mehl zum Wenden · 40 g Fett

Die Regensburger, Dicken oder dgl. abziehen, der Länge nach durchschneiden, die gewölbte Seite mit dem Messer etwas einkerben. Dann die Wursthälften in Mehl wenden und in heißem Fett auf beiden Seiten schön braun braten. — Beigabe: Kartoffelsalat, grüner Salat.

8. Gebackene Regensburger

*4 Paar Regensburger · Mehl zum Wenden · 1 Ei · Brösel zum Wenden
Fett zum Backen*

Die Regensburger, Dicken oder dgl. abziehen, der Länge nach durchschneiden, die gewölbte Seite mit dem Messer einige Male einkerben. Die einzelnen Stücke in Mehl, verquirltem Ei und Bröseln wenden und in heißem Fett auf beiden Seiten hellbraun backen.

9. Panierte, gebackene Lyoner

*1/2 kg Lyoner · Mehl zum Wenden · 1 Ei · Brösel zum Wenden
Fett zum Backen*

Die abgezogene Lyoner in 1/2 cm dicke Scheiben schneiden. Diese in Mehl, verquirltem Ei und Bröseln wenden und in heißem Fett auf beiden Seiten hellbraun backen. — Beigabe: Kartoffelsalat, grüner Salat oder Gemüse.

10. Wurstkücherl

1/2 kg Lyoner — Teig: 125 g Mehl · 1 Ei · Salz · 1/8 l Milch

Die abgezogene Lyoner in 1/2 cm dicke Scheiben schneiden, in dickem Eierkuchenteig wenden und in heißem Fett auf beiden Seiten hellbraun backen.

11. Wurstschüsserl mit Spinat und Spiegelei

4—8 Wurstscheiben · 40 g Fett · Spinatgemüse · 4 Spiegeleier

Halbzentimeterdicke Scheiben einer Wurst mit großem Durchmesser, z. B. Bierwurst, Mortadella u. dgl. mit der Haut in heißem Fett braten. Die sich durch das Einziehen der Wursthaut bildenden Schüsserln mit dicklichem Spinatgemüse füllen und mit je einem Spiegelei belegen. Die Schüsserln können auch mit Rührei gefüllt werden. Dazu Bratkartoffeln.

12. Wurstsalat

1/2 kg Lyoner oder Regensburger · 1 Zwiebel · Salz · Pfeffer · Essig · Öl

Gehäutete Lyoner oder Regensburger in Scheiben schneiden, mit feinringelig geschnittener Zwiebel, Salz und etwas Pfeffer bestreuen, mit gewässertem Essig und etwas Öl übergießen und 2 Stunden durchziehen lassen.
Beigabe: Semmeln oder Kartoffeln.

13. Würstchen im Schlafrock

*Topfenblätterteig: 200 g Mehl · 200 g Margarine · 200 g Topfen · Salz
8 Paar Bratwürste oder Wiener Würstchen · 1 Ei zum Bestreichen*

Mehl mit Margarine abbröseln, Topfen und etwas Salz zugeben und rasch einen Teig kneten. Diesen ausrollen, 16 Rechtecke in Länge der Würstchen radeln. Die Würstchen auf die Teigrechtecke legen, den Teig zusammenschlagen, an den Rändern fest drücken. Die Täschchen aufs Blech legen, mit verquirltem Ei bestreichen, bei guter Hitze 20 Minuten im Rohr backen und heiß mit Gemüse oder Salat servieren.

GRUNDREGELN ZUR WURSTBEREITUNG

1. Das Fleisch muß tadellos sein.
2. Am besten eignet sich Kalb- und Schweinefleisch zum Wurstbereiten.
3. Das Fleisch soll bei roher Masse am besten noch warm durch die Maschine gegeben werden, die Wurst bindet hernach schöner.
4. Bei Dauerware darf niemals Wasser oder Brot beigegeben werden.
5. Für Speckwürfel verwendet man immer Rückenspeck, niemals Nieren- oder Bauchfett.
6. Salpeter muß immer mit Zucker gut zerdrückt werden, dann wirkt er milder.
7. Die Därme werden so oft in kaltem Wasser gewendet, bis dieses klar bleibt.
8. Die Därme werden beim Einfüllen der Wurst mit der Innenseite (glatt) nach außen gekehrt.
9. Jede Wurst muß vor dem Räuchern gut getrocknet sein.
10. Die Wurst ist fertiggeräuchert, wenn sie kastanienbraun ist und bei den Zipfeln einzutrocknen beginnt.

14. Leberwürste

Man verwendet dazu Schweinefleisch vom Hals, ferner Herz, Milz, Lunge und die halbe Leber.

5 kg Fleisch · 4 Zwiebeln · Petersilie · 2 Knoblauch · 100 g Salz · 15 g Pfeffer · 1 Zitronenschale · 15 g Majoran · Dünndärme

Das Fleisch wird, mit Ausnahme der Leber, in kochendes Salzwasser gegeben, bis es weich ist. Dann gibt man das gekochte Fleisch, die rohe Leber, Zwiebeln, Knoblauch, Petersilie durch die Maschine und mischt die Fleischmasse mit den Gewürzen und mit etwas Kochbrühe gut ab. Es soll eine dickliche Masse sein. Diese wird in die vorbereiteten Därme gefüllt. Die Würste müssen recht gut abgebunden werden und kommen 15 Minuten in kochendheißes Salzwasser zum Brühen. Sie dürfen *nicht* kochen, sonst springen sie auf. Man kann sie nach dem Kochen etwas abtrocknen lassen und auf der Stielpfanne in Fett leicht bräunen. Man reicht Sauerkraut und Röstkartoffeln dazu. — Hat man sehr fettes Fleisch, so gibt man mit Kochbrühe angefeuchtete Semmeln unter die Masse. Die Würste müssen aber dann sofort verwendet werden. Sie würden bei längerer Aufbewahrung sauer.

15. Blutwürste

Schweineblut · etwas Essig · 1 Tasse Milch · 250 g Speckwürfel · Salz und Pfeffer · Zwiebel und Knoblauch · Majoran und Zitronenschale · Dickdärme

Das Schweineblut wird beim Schlachten unter ständigem Rühren mit etwas Essigzugabe aufgefangen. Dann gibt man es durch ein Sieb, fügt Milch und Speckwürfel, feinverwiegte Zwiebel und Knoblauch, Salz und Pfeffer, abgeriebene Zitronenschale und Majoran dazu und füllt die Masse in die vorbereiteten Dickdärme. Man gibt die gut zugebundenen Würste in kochendheißes Salzwasser. Sie dürfen aber *nicht* kochen. Man läßt sie so lange ziehen, bis sie beim Anstechen mit einer Nadel nicht mehr bluten.

16. Preßsack oder Schwartenmagen

Man verwendet dazu vom Schwein Backenfleisch mit Ohren, Zunge, Herz, Nieren, Füße. Man kann auch Kalbsfüße mitkochen, wenn man sie zur Verfügung hat, auch Kalbfleisch.

5 kg Fleisch · 2 Zwiebel und 1 Knoblauch · Essig und Salz · Lorbeerblatt und Zitronenschale · Pfefferkörner und Nelken · Suppenwurzeln

Man setzt das Fleisch mit den Gewürzen in Essigwasser zum Kochen zu und kocht langsam 2 Stunden. Dann nimmt man es heraus, löst die Knochen aus und schneidet alles in feine Streifen. Die Kochbrühe gibt man durch ein Sieb zur Fleischmasse — sie darf ziemlich flüssig sein — und würzt sie nach Bedarf noch etwas nach. Dann bindet man den 40 cm lang zugeschnittenen Kunstdarm unten gut ab, füllt ein und bindet oben wieder gut zu. Der Preßsack wird 1 Stunde in kochendes Salzwasser gegeben, er darf aber nicht sprudelnd kochen. Dann legt man ihn 15 Minuten in kaltes Wasser, nimmt ihn heraus und beschwert ihn zwischen zwei Brettchen mit einem Stein. Er läßt sich dann schöner schneiden. Man könnte den Preßsack auch durch Zugabe von zwei Tassen Schweineblut färben. Weniger gebräuchlich ist es jetzt, die Masse in den gereinigten Schweinemagen einzufüllen (Schwartenmagen).

17. Weißwürste

5 kg Kalbsbrat · 1 Kalbsnetz und Gekröse · 2 Eier · 100 g Salz · 15 g Pfeffer · Petersilie · 1 geriebene Zitronenschale · 1 l Wasser · Ringdärme

Netz und Gekröse werden gekocht und durch die Maschine gegeben. Dann mischt man alle Zutaten mit 1 l Wasser recht gut ab, füllt in vorbereitete Ringdärme, bindet entweder einen Kranz ab oder man teilt in kleine Würste. Diese kommen 20—30 Minuten, je nach Größe, in kochendheißes Salzwasser (nicht kochen). Sie müssen beim Anschnitt grau sein.

18. Kochsalami

5 kg Schweinebrat · 1 kg kleine Speckwürfel · 100 g Salz · 15 g Pfeffer
1 abgeriebene Zitronenschale · 10 g Salpeter · 1 Eßlöffel Zucker · 1 l Wasser
Ringdärme

Alle Zutaten werden mit dem Wasser recht gut vermischt. Dann füllt man in die vorbereiteten Ringdärme, bindet gut ab und gibt die Würste 30 Minuten in kochendheißes Salzwasser. Sie dürfen aber nicht kochen. Dann nimmt man sie heraus, läßt sie abtrocknen und hängt sie 1 Tag in Rauch. Ungefähr eine Woche haltbar.

19. Zungenwurst

5 kg Schweinebrat · 1 kg kleine Speckwürfel · 100 g Salz · 15 g Pfeffer
1 abgeriebene Zitronenschale · 10 g Salpeter · 1 Eßlöffel Essig · 1 l Wasser
Bodendärme · 1 Schweinszunge

Alle Zutaten, mit Ausnahme der Schweinszunge, werden mit Wasser recht gut vermischt. Dann wird die Masse in Bodendärme gefüllt und Streifen von gekochter Rindszunge mit in die Masse gesteckt. Die Zungenwurst wird vor dem Räuchern nicht gekocht, sondern erst nach demselben. Zungenwurst braucht doppelt solange Zeit zum Räuchern und Kochen.

20. Einfacher Leberkäse

5 kg Rindsbrat · 2 kg Schweinsbrat · 2 l Wasser · ¹/₂ kg Speckwürfel · 120 g
Salz · 20 g Pfeffer · 2 verwiegte Zwiebeln · 2 verwiegte Knoblauch · 12 g
Salpeter · 1 Eßlöffel Zucker

Man arbeitet das Wasser auf dem Brett in das Fleisch hinein, mischt dann alle Zutaten sehr gut und füllt sie in eine gefettete Reine. Der Leberkäs wird oben mit Wasser glattgestrichen und bei nicht zu starker Hitze 3 Stunden gebraten. Man gibt ihn entweder warm mit Senf und Semmel, kalt als Aufschnitt oder in 1 cm dicke Scheiben geschnitten und in heißem Fett auf beiden Seiten gebraten (abgebräunter Leberkäs).

21. Feiner Leberkäse

3 kg Schweinsbrat · ¹/₂ kg Schweinsleber · ¹/₄ kg Speckwürfel · 3 Eier
1 l Wasser · 1 Zwiebel · 1 Knoblauch · 80 g Salz · 15 g Pfeffer · 8 g Salpeter
1 Kaffeelöffel Zucker

In das Schweinebrat wird auf dem Brett allmählich 1 l Wasser hineingearbeitet. Die Leber gibt man mit Zwiebel und Knoblauch durch die Maschine. Salz, Salpeter und Zucker werden gut zerdrückt. Dann mischt man alle Zutaten sehr gut, gibt sie in eine gefettete Reine, glättet oben mit Wasser und brät die Masse 2—3 Stunden bei nicht zu starker Hitze.

22. Gekochter Fleischkäse

200 g Schweinefleisch · 200 g Kalbsleber · 125 g Speck · 1 Semmel · 1 Ei etwas Zwiebel · Salz und Pfeffer · Zitronenschale · Majoran

Speck und Leber werden in Scheiben geteilt und mit Zwiebelscheiben am Herd geröstet. Dann gibt man dies mit dem Fleisch zweimal durch die Maschine, mischt das eingeweichte und wieder gut ausgedrückte Brot mit Ei und Gewürzen darunter. Die Masse wird in eine gefettete Form eingefüllt und eine Stunde im Wasserbad gekocht. Man gibt den Fleischkäse warm zu Gemüse oder kalt als Aufschnitt.

23. Leberstreichwurst

1 kg nicht zu fette Bratenreste · ¼ kg Schweinsleber · 1 Zwiebel · 30 g Schweinefett · Salz und Pfeffer · etwas Muskatnuß

Die in Stücke geteilte Schweinsleber wird mit Zwiebelscheiben im Fett gebraten und dann mit dem Fleisch zweimal durch die Maschine gegeben. Dann mischt man gut mit den Gewürzen, formt einen Stollen, läßt ihn im Keller steif werden und schneidet dann feine Scheiben. Kalt gestellt ist die Wurst einige Tage haltbar.

24. Mettwurst (Dauerware)

5 kg Schweinebrat · 100 g Salz · 10 g Salpeter · 1 Eßlöffel Zucker · 15 g Paprika · 15 g Pfeffer · Ringdarm

Das Brat wird mit den Gewürzen und Salpeter sehr gut vermischt und in vorbereitete Ringdärme gefüllt. Man bindet gut ab, trocknet sie über Nacht auf Stangen aufgehängt und gibt die Würste 2 Tage zum Räuchern. Sie müssen kastanienbraun sein und an den Zipfeln etwas eintrocknen.

25. Hartwurst (Dauerware)

2 kg mittelfettes Schweinebrat · 1½ kg Rindsbrat · 1½ kg kleine Speckwürfel · 100 g Salz · 10 g Salpeter · 1 Kaffeelöffel Zucker · 15 g Pfeffer einige Pfefferkörner · 1 verwiegter Knoblauch · Mitteldarm

Man mischt alle Zutaten sehr gut und füllt sie in 40 cm lange, zugeschnittene Mitteldärme; sie werden gut zugebunden über Nacht auf einer Stange hängend getrocknet und dann 3 Tage geräuchert.

Gemüse

Man unterscheidet:

Knollengemüse	(Sellerie)
Wurzelgemüse	(Gelbrüben, rote Rüben, Petersilienwurzel, Rettiche, Schwarzwurzeln usw.)
Stengelgemüse	(Kohlrabi, Mangold, Spargel, Rhabarber)
Blattgemüse	(Spinat, alle Kohlarten und Salate, Gewürzkräuter)
Blütengemüse	(Blumenkohl, Artischoken)
Fruchtgemüse	(grüne junge Bohnen, junge grüne Erbsen, Tomaten, Gurken, Kürbis, Eierfrüchte, Maiskolben)
Hülsenfrüchte	(Bohnen, Erbsen, Linsen)

Durch ihren großen Gehalt an wichtigen Mineralstoffen und Vitaminen, ihren großen Basenüberschuß, ihren Gehalt an wertvollem Eiweiß sowie dem für die Verdauungstätigkeit sehr wichtigen Zellstoffgerüst sind die Gemüse für unsere Ernährung äußerst wichtig.

Bei der Zubereitung ist darauf zu achten, daß diese wertvollen Stoffe nicht durch unrichtige Behandlung ausgelaugt oder zerstört werden.

Frischgeerntete Gemüse sind am wertvollsten und am feinsten im Geschmack. Gemüse erst kurz vor der Verwendung unzerkleinert in reichlich Wasser gründlich waschen, nicht darin liegen lassen.

Die dem Gemüse und den persönlichen Erfordernissen entsprechende Zubereitungsart wählen.

Kochzubereitung: Nur so viel Wasser zustellen, als unbedingt nötig ist. Das Gemüse immer in das kochende, nur leicht gesalzene Wasser einlegen. Garzeit genau beachten. Gemüsewasser zum Aufgießen möglichst weiter verwenden (das Wasser lange gelagerter Kohlarten und das von Winterkohl bildet eine Ausnahme).

Beim Dämpfen das vorbereitete, zerkleinerte, mit wenig Salz bestreute Gemüse auf den mit durchlöchertem Pergamentpapier belegten Kartoffeldämpfer legen, zugedeckt gardämpfen.

Beim Dünsten das Gemüse in heißes Fett geben und unter öfterem Nachgießen von geringer Flüssigkeitsmenge zugedeckt weichdünsten; nicht zu viel umrühren, genaue Garzeit beachten.

Kommen nicht alle Personen gleichzeitig zu Tisch, Gemüse nicht warmhalten, sondern von der Feuerstelle nehmen und bei Gebrauch rasch wieder heiß machen.

Fertiges Gemüse womöglich durch Zugabe von gewiegten Küchenkräutern und einem Stückchen frischer Butter, die nicht mehr mitkochen sollen, aufwerten.

Gemüsekonserven im eigenen Saft heiß machen, nach Geschmack binden. Durch Zugabe von gewiegter grüner Petersilie und etwas frischer Butter, Milch oder Rahm den durch die Konservierung verlorengegangenen Vitamingehalt teilweise ausgleichen.

Als Fett schmeckt für junges zartes Gemüse Butter am besten; auch ein völlig geschmackloses Fett, z. B. Palmin, ist sehr geeignet. Für Kohl- und Krautarten verwendet man gerne Schweinefett.

Besonders während der Wintermonate darauf sehen, daß immer etwas Gemüse in roher Form gegeben wird.

1. Spinat

³/₄ kg Spinat · 40 g Butter oder Fett · 1 kleine Zwiebel · 20 g Mehl
¹/₈ l Gemüsewasser · ¹/₈ l Milch · Salz · Muskat

Den sorgfältig verlesenen, gut gewaschenen Spinat in einen weiten Topf ohne Wasser geben, zustellen und offen garen (5 Minuten) Durch das vom Waschen an den Blättern haftende Wasser und den eigenen Wassergehalt des Spinats ist es unnötig, den Spinat in kochendes, gesalzenes Wasser zu geben. Den weichgedämpften Spinat mit einem Seihlöffel aus dem Spinatwasser heben, abtropfen lassen und durch die Maschine drehen. In heißem Fett feingewiegte Zwiebel glasig dünsten, Mehl zugeben, wenn dieses hellgelb ist, mit Gemüsewasser und Milch aufgießen, die Sauce 10 Minuten kochen lassen, dann den Spinat zugeben, in der Sauce aufkochen lassen, mit Salz und Muskat abschmecken. Die Milch kann auch wegbleiben und der Spinat nur mit Gemüsewasser aufgegossen werden. Man kann auch etwas Spinat roh zurückbehalten und diesen zum Schluß, feingewiegt oder durch die Maschine gedreht, zugeben.

2. Sauerampfer

*½ kg Sauerampfer · 40 g Fett · 20 g Mehl · ⅛ l Brühe · ⅛ l Sauerrahm
Salz · Muskat*

Den gewaschenen Sauerampfer offen im eigenen Saft garkochen, auf einem Sieb abtropfen lassen, durch die Maschine drehen. Eine hellbraune Einbrenne mit Brühe und Sauerrahm aufgießen, den Sauerampfer zugeben, das Gemüse mit Salz und Muskat abschmecken. Das Gemüsewasser verwendet man in diesem Falle nicht, da sonst das Gemüse zu stark säuerlich schmecken würde.

3. Brennesselspinat

*¾ kg junge zarte Brennessel · Salzwasser · 40 Fett · 1 Zwiebel · 20 g Mehl
⅛ l Brühe · ⅛ l Milch · Salz · Muskat*

Die jungen zarten, sorgfältig gewaschenen Brennessel in kochendem Salzwasser offen weichkochen, mit einem Sieblöffel herausnehmen, gut abgetropft durch die Maschine drehen. In Fett feingewiegte Zwiebel hellgelb rösten, das Mehl zugeben, ebenfalls hellgelb werden lassen, mit Brühe und Milch aufgießen, die Sauce 10 Minuten kochen lassen, dann das Gemüse zugeben und noch kurz kochen lassen. Mit Salz und Muskat abschmecken.

4. Mangold

Die gewaschenen Mangoldblätter in Salzwasser offen weichkochen, durchdrehen und in einer fertigen, aus Fett, Zwiebel, Mehl und Brühe hergestellten Sauce durchkochen lassen. Man kann die Blätter samt den Stielen verwenden.

5. Mangoldstiele mit Bröseln und brauner Butter

Die von den Blättern abgestreiften Mangoldstiele in Salzwasser weichkochen, auf einer Platte anrichten, mit Bröseln bestreuen und mit heißer, brauner Butter begießen.

6. Wirsing

*1 Wirsingkopf · Salzwasser · 40 g Fett · 20 g Mehl · 1 Zwiebel
¼ l Gemüsewasser · Salz · Pfeffer · Muskat*

Den geputzten, gewaschenen Wirsing in Salzwasser weichkochen, durch die Maschine drehen. Aus Fett und Mehl mit feingewiegter Zwiebel eine hellbraune Einbrenne bereiten, mit Gemüsewasser aufgießen, den Wirsing zugeben, kräftig abschmecken, noch kurz kochen lassen.

7. Geschmorter Wirsing

1 Wirsingkopf · 40 g Fett · Salz · ¼ l Wasser oder Brühe · 1 Eßlöffel Mehl

Den sorgfältig geputzten Wirsing in Achtel teilen, waschen, in heißes Fett geben, mit etwas Salz bestreuen und zugedeckt unter Zugabe von wenig Flüssigkeit weichschmoren. Zum Schluß das Gemüse mit etwas angerührtem Mehl binden.

8. Wirsing mit Brösel und brauner Butter

Den in Achtel geteilten Wirsing in Salzwasser weichkochen, gut abtropfen lassen, auf einer Platte anrichten, mit Bröseln bestreuen und mit heißer, brauner Butter übergießen.

9. Winterkohl (Krauskohl)

1 kg Winterkohl · Salzwasser · 40 g Fett · 40 g Mehl · 1 Zwiebel ⅜ l Brühe · Salz · Pfeffer · Muskat

Den Winterkohl in Salzwasser offen weichkochen, abgetropft durch die Maschine drehen. Eine mittelbraune Einbrenne mit Zwiebel zubereiten, aufgießen, den Winterkohl zugeben, abschmecken, noch kurz kochen lassen. Das Gemüsewasser ist zum Aufgießen nicht geeignet.

10. Lauchgemüse (Porree)

1 kg Lauch · Salzwasser · 40 g Fett · 1 Zwiebel · 40 g Mehl · ¼ l Gemüsewasser · ¼ l Milch · Salz · Muskat

Die von der Wurzel und den grünen Blättern befreiten, der Länge nach durchgeteilten, sorgfältig gewaschenen Lauchstangen in Salzwasser weichkochen, herausnehmen, in ungefähr 4 cm lange Stücke schneiden. Aus den angegebenen Zutaten eine helle, dickliche, gut abgeschmeckte Sauce bereiten, den Lauch hineingeben und vorsichtig darin heiß werden lassen.

11. Lauch mit Bröseln und brauner Butter

Die geputzten, der Länge nach durchgeteilten, sauber gewaschenen Lauchstangen in Salzwasser weichkochen, gut abgetropft auf einer Platte anrichten, mit Bröseln bestreuen, mit heißer, brauner Butter übergießen.

12. Gelbrüben-Gemüse

¾ kg Gelbrüben oder Karotten · 40 g Fett · Salz · 1 Eßlöffel Mehl Petersilie

Die geputzten, in Streifchen, Scheiben oder kleine Würfel geschnittenen Gelbrüben in heißes Fett geben, mit etwas Salz überstreuen und zugedeckt unter öfterem Schütteln etwas dünsten lassen. Dann knapp bedeckt Wasser zugießen und die Gelbrüben gardünsten, mit Mehl überstäuben oder mit angerührtem Mehl binden, gewiegte grüne Petersilie zugeben. Hat man große Mengen Gelbrübengemüse zuzubereiten, so kann man die gedünsteten Gelbrüben mit einer fertigen Einbrenne mischen.

13. Glasierte Karotten oder Gelbrüben

Die sauber geschabten, gewaschenen, jungen, ganzen Gelbrüben oder Karotten in wenig Salzwasser fast weichkochen. In Fett 1 Eßlöffel Zucker hellbraun werden lassen, mit etwas Wasser oder Brühe aufgießen und die vorgekochten Gelbrüben in dieser Sauce solange dünsten, bis nahezu alle Flüssigkeit verdampft ist und die Karotten glasig überzogen erscheinen. Schöne Garnitur zu verschiedenen Braten.

14. Gedünstete grüne Erbsen

Die ausgelösten Erbsen in heiße Butter geben, mit etwas Salz überstreuen, ganz wenig Wasser zugießen und weichdünsten. Mit etwas Mehl stäuben, mit Zucker abschmecken, feingewiegte grüne Petersilie zugeben.

15. Schotengemüse von Zuckererbsen

3/4 kg Zuckererbsen · Salzwasser · 40 g Butter oder Fett · 2 Eßlöffel Mehl Salz · Zucker · Petersilie

Die Schoten an beiden Enden abschneiden und die Fäden abziehen, dann in ganz wenig Salzwasser weichkochen. Aus Butter, Mehl und Gemüsewasser eine helle Sauce kochen, mit Salz und Zucker abschmecken, die Schoten noch etwas darin kochen lassen, gewiegte grüne Petersilie daruntermischen.

16. Leipziger Allerlei

1 kleine Dose Karotten · 1 kleine Dose grüne Erbsen · 1 kleine Dose Spargel 40 g Butter · Petersilie

Das Gemüse im eigenen Saft heißmachen, auf einem Sieb abtropfen lassen, mit frischer Butter und gehackter Petersilie mischen. Nach Belieben kann man das Gemüse auch mit einem Teelöffel angerührtem Mehl binden und noch ganze gedünstete Champignons oder Morcheln zugeben.

17. Gelbrüben mit grünen Erbsen

1/2 kg Gelbrüben oder Karotten · 1/2 kg ausgelöste grüne Erbsen 40 g Butter oder Fett · Salz · 1 Eßlöffel Mehl · Petersilie

Die vorbereiteten Gelbrüben und Erbsen in heißer Butter oder Fett mit Salz bestreut andünsten, etwas Flüssigkeit zugeben und weichdünsten. Mit Mehl stäuben, wenig aufgießen, das Gemüse mit Salz und Zucker abschmecken, gewiegte grüne Petersilie untermischen.

Gemüse

18. Kohlrabi

4—8 junge Kohlrabi · 40 g Butter oder Fett · 1 Eßlöffel Mehl · Salz · Muskat

Die geschälten, in Scheibchen geschnittenen Kohlrabi in Butter oder Fett mit Salz und etwas Flüssigkeit weichdünsten. Die jungen Kohlrabiblätter in wenig Salzwasser weichkochen und feingewiegt zu den gedünsteten Kohlrabi geben. Das Gemüse mit etwas Mehl überstäuben, wenig aufgießen, mit Salz und Muskat abschmecken.

19. Kohlrabigemüse

4 große Kohlrabi (Winterkohlrabi) · Salzwasser · 40 g Fett · 20 g Mehl
¼ l Gemüsewasser · 1 Zwiebel · Pfeffer · Muskat

Die geschälten Kohlrabi und die zarten Kohlrabiblätter ohne Stiele in Salzwasser weichkochen, dann durch die Maschine drehen. Aus Fett und Mehl mit Zwiebel eine mittelbraune Einbrenne bereiten, mit Gemüsewasser aufgießen. Die samt den Blättern durchgedrehten Kohlrabi zugeben, das Gemüse mit Pfeffer und Muskat kräftig abschmecken und noch 10 Minuten kochen lassen.

20. Junge grüne Bohnen

³/₄ kg Bohnen · 40 g Butter oder Fett · Salz · 1 Eßlöffel Mehl

Die von den Fäden befreiten jungen, evtl. in der Mitte gebrochenen Bohnen in heißes Fett geben, mit etwas Salz bestreuen und unter Zugießen von wenig Wasser weichdünsten. Dann mit etwas Mehl stäuben, wenig aufgießen, nach Geschmack gewiegte Petersilie zugeben. Wer den Geschmack von Bohnenkraut liebt, dünstet ein Sträußchen mit und entfernt es vor dem Anrichten.

21. Bohnengemüse

³/₄ kg Bohnen · Salzwasser · Bohnenkraut · 40 g Fett · 1 Zwiebel
20 g Mehl · ¼ l Gemüsewasser

Die abgezogenen Bohnen durch die Schnippelmaschine drehen oder fein schneiden und in Salzwasser mit einem Sträußchen Bohnenkraut weichkochen. Aus Fett und Mehl mit feingewiegter Zwiebel eine mittelbraune Einbrenne bereiten, mit Gemüsewasser aufgießen, die gekochten Bohnen zugeben und noch ¼ Stunde in der Sauce kochen lassen. Durch Zugabe von etwas Sauerrahm kann man das Gemüse verbessern. Diese Zubereitungsart eignet sich besonders für die großen Feuerbohnen und nicht mehr ganz jungen Wachs- oder Brechbohnen.

22. Grüne Bohnen in saurer Sauce

Ein wie vorstehend zubereitetes Bohnengemüse wird kräftig mit Salz, Pfeffer und Essig abgeschmeckt. Es eignet sich besonders als Beigabe zu geräuchertem Fleisch, Schinken, Regensburger.

23. Gedünstete Sellerie

Die geschälte rohe Sellerie in Streifchen oder Würfelchen schneiden, in heiße Butter oder Fett geben und mit etwas Salz und Flüssigkeit weichdünsten. Mit wenig Mehl stäuben und mit Pfeffer und Zucker abschmecken. Gewiegtes Selleriegrün untermischen.

24. Sellerie mit Bröseln und brauner Butter

Die Sellerie in Salzwasser weichkochen, schälen, in dicke Scheiben schneiden, auf einer Platte anrichten, mit Bröseln bestreuen, mit heißer, brauner Butter übergießen.

25. Blumenkohl in Buttersauce

1–2 Köpfe Blumenkohl · Salzwasser · 40 g Butter · 40 g Mehl
1/2 l Gemüsewasser · Muskat · 1 Eigelb

Den geputzten, gewaschenen Blumenkohl samt den zarten grünen Blättern in Salzwasser offen weichkochen, auf einem Sieb abtropfen lassen. Aus Butter, Mehl und Blumenkohlwasser eine helle Sauce bereiten, mit Eigelb legieren, mit Muskat abschmecken, den angerichteten Blumenkohl damit übergießen. Nach Geschmack kann man die Sauce auch halb mit Gemüsewasser und halb mit Milch aufgießen und das Legieren weglassen. Auch kann man den weichgekochten, zerteilten Blumenkohl in der Sauce noch kurz durchkochen.

26. Gedünsteter Blumenkohl

1–2 Köpfe Blumenkohl · 40 g Butter oder Fett · 1 Zwiebel · Salz · Muskat
1 Eßlöffel Mehl

Den rohen Blumenkohl in kleine Röschen teilen, die grünen Blumenkohlblätter in feine Streifchen. In heißer Butter oder Fett feingewiegte Zwiebel goldgelb dünsten, den vorbereiteten Blumenkohl zugeben. Mit Salz und Muskat würzen, etwas aufgießen und weichdünsten. Dann vorsichtig mit angerührtem Mehl binden.

27. Blumenkohl mit Bröseln und Butter

Mit den zarten grünen Blättern in Salzwasser gekochten, abgetropften Blumenkohl auf einer Platte anrichten, mit Bröseln bestreuen und mit brauner Butter übergießen. Richtet man den Blumenkohl zerteilt auf der Platte an, dringt der Geschmack der Butter besser in die einzelnen Röschen ein.

28. Schwarzwurzeln in Buttersauce

*³/₄ kg Schwarzwurzeln · Essigwasser · Salzwasser · 40 g Butter · 40 g Mehl
¹/₄ l Brühe · ¹/₄ l Milch · Pfeffer · Muskat · Zucker*

Die Schwarzwurzelstangen sauber abschaben und sofort in Essigwasser legen. Dann die in gleichmäßige Stücke geschnittenen Schwarzwurzeln in Salzwasser weichkochen (¹/₂ Stunde). Aus Butter, Mehl, Milch und Brühe eine helle Sauce bereiten, die gekochten Schwarzwurzeln hineingeben, mit Muskat, Pfeffer und Zucker abschmecken und das Gemüse noch 5 Minuten kochen lassen.

29. Schwarzwurzeln mit Bröseln und brauner Butter

Die geputzten, weichgekochten, im ganzen gelassenen Schwarzwurzeln auf einer Platte anrichten, mit Bröseln bestreuen, mit heißer brauner Butter übergießen, mit gehackter Petersilie bestreuen.

30. Spargel mit Butter

1 kg Spargel · Salzwasser · 1 Eßlöffel Zucker · 100 g Butter

Die Spargelstangen vom Kopf zum dicken Ende hin mit einem scharfen, dünnen Messer sorgfältig schälen. Der Spargel muß rund bleiben, was man nur durch Abschälen von schmalen Spänen erreichen kann. Dann werden die Spargelstangen portionsweise gebunden, in kochendes Salzwasser mit Zucker eingelegt und weichgekocht (¹/₂ Stunde). Gut abgetropft auf vorgewärmter Platte anrichten, je nach Geschmack mit kalter, heißer oder brauner Butter reichen. Die gewaschenen Spargelschalen kann man zu kräftiger Gemüsebrühe auskochen.

31. Spargel in Buttersauce

1 kg Spargel · 40 g Butter · 40 g Mehl · ¹/₂ l Gemüsewasser · Muskat und Zucker · 1 Eigelb

Die geschälten, in gleichmäßige Stücke geschnittenen Spargelstangen in Salzwasser mit etwas Zucker weichkochen, auf einem Sieb abtropfen lassen. Aus Butter, Mehl und Gemüsewasser eine helle Sauce bereiten, mit Muskat und Zucker abschmecken, mit Eigelb legieren, den Spargel zugeben und darin wieder gut heiß werden lassen. — Für diese Zubereitung eignet sich auch Suppenspargel.

32. Hopfenspargel

1 kg Hopfenspargel · Salzwasser · Brösel und Butter

Je dicker und weißer die Triebe von Hopfenspargel sind, um so besser sind sie. Das Köpfchen muß geschlossen sein, sonst ist er ausgewachsen. Die

Hopfenspargel in Salzwasser weichkochen, auf einer Platte anrichten, mit Bröseln bestreuen und mit brauner Butter übergießen. Das rückwärtige der Hopfenspargel ist meist holzig.

33. Chicorée

3/4 kg Chicorée · 40 g Butter · Salz

Die Chicorée-Stauden in Butter mit etwas Brühe und Salz weichdünsten. Dann eine helle Sauce bereiten, die gedünsteten Chicorée hineinlegen und mit Muskat, Zitronensaft und Sauerrahm die Sauce abschmecken.

34. Finocchi, Fenchelgemüse

Die halbierten Fenchelknollen in Salzwasser weichkochen, auf einer Platte anrichten, mit Bröseln bestreuen, mit heißer, brauner Butter übergießen.

35. Zwiebelgemüse

3/4 kg Zwiebel · 40 g Fett · 1 Teelöffel Paprika · 2 Eßlöffel Mehl
1/8 l Wasser oder Brühe · 1/8 l Sauerrahm

Die feinringelig geschnittenen Zwiebeln in heißem Fett mit Paprika, Salz und etwas Wasser weichdünsten, mit Mehl überstäuben, mit Sauerrahm übergießen und das Gemüse noch etwas kochen lassen.

36. Glasierte Zwiebel

Kleine, geschälte Zwiebeln in Salzwasser garen (30 Minuten). In Fett einen Eßlöffel Zucker gelb rösten, aufgießen, die Zwiebeln hineingeben und in dieser Sauce langsam dünsten lassen, bis nahezu alle Flüssigkeit verdampft ist und die Zwiebeln glasig überzogen erscheinen.

37. Artischocken

4–8 Artischocken · Salzwasser · 1 Zitrone

Von den Artischocken den Stiel abschneiden. Die harten Spitzen der äußeren Blätter mit einem scharfen Messer oder einer Schere kürzen. In kochendes Salzwasser mit Zitronensaft geben und weichkochen (45 Minuten). Man ißt die Artischocken, indem man die einzelnen Blätter nach und nach ablöst, den unteren Teil des Blattes entweder in heiße Butter, in eine Mischung aus Öl und Essig, eine Holländische- oder Mayonnaisensauce taucht und mit den Zähnen das gewürzte Fruchtmark abstreift. Nachdem alle großen Blätter rundum abgelöst sind, die verbleibenden kleinen Blätter und der Staubfädenteller entfernt sind, ist nun das Beste — der Artischockenboden — freigelegt.

38. Artischockenherzen

Von kleinen Artischocken (Carden) werden mit einem sehr scharfen Messer die Blattenden rundum abgeschnitten, der verbleibende Artischockenkegel oben waagerecht abgeschnitten. Das so vorbereitete Gemüse in Salzwasser mit Zitronensaft weichkochen (30 Minuten) und mit heißer Butter, geriebenem Käse, heller Sauce und dgl. zu Tisch geben.

39. Artischockenböden

Man kauft sie meist als Konserve in Gläsern oder Büchsen. Als Fleischbeilage, mit Käse bestreut und überbacken, als Salat angemengt oder mit Mayonnaise sind sie Bestandteil der feinen Küche.

40. Junge Maiskolben mit Butter

4 Maiskolben · Wasser · 40 g Butter · Salz

Die jungen, aus den Blättern gelösten Maiskolben in ungesalzenem Wasser 8—12 Minuten kochen, abgetropft anrichten und mit Salz und frischer Butter zu Tisch geben.

41. Rosenkohl in Butter geschwenkt

½ kg Rosenkohl · Salzwasser · 40 g Butter

Den Rosenkohl von den gelben trockenen Blättchen befreien, den Strunk kreuzweise einkerben, in wenig Salzwasser offen weichkochen. Abgetropft in heißer Butter schwenken.

42. Rosenkohl in heller Sauce

½ kg Rosenkohl · Salzwasser · 40 g Butter · 20 g Mehl · ¼ l Milch Muskat · Pfeffer · Zucker

Den vorbereiteten Rosenkohl in wenig Salzwasser offen weichkochen, auf einem Sieb abtropfen lassen. Aus Butter, Mehl und Milch eine helle Sauce bereiten, mit Pfeffer, Zucker und Muskat abschmecken, den Rosenkohl hineingeben und das Gemüse noch kurz kochen lassen.

43. Rosenkohl mit Bröseln und brauner Butter

Den offen weichgekochten, abgetropften Rosenkohl auf einer Platte anrichten, mit wenig Bröseln bestreuen, mit heißer, brauner Butter übergießen.

44. Weißkraut auf Wirsingart

*1 kleiner Kopf Weißkraut · Salzwasser · 40 g Fett · 1 Zwiebel · 20 g Mehl
¹/₂ l Gemüsewasser · Pfeffer · Muskat*

Das feingeschnittene Weißkraut in Salzwasser weichkochen und auf einem Sieb abtropfen lassen. Aus Fett und Mehl mit Zwiebel und Gemüsewasser eine Sauce kochen, das Weißkraut zugeben, mit etwas Pfeffer und Muskat abschmecken und das Gemüse noch kurz kochen lassen. Zum Aufgießen kann man auch halb Gemüsewasser, halb Milch verwenden.

45. Bayrischkraut

1 kleiner Kopf Weißkraut · 40 g Fett · 1 Zwiebel · 1 Eßlöffel Zucker · 1 Teelöffel Kümmel · 1 Eßlöffel Mehl · Salz · Pfeffer · Essig · ¹/₈ l Sauerrahm

In heißem Fett feingeschnittene Zwiebel und Zucker goldgelb rösten, das feingeschnittene, leicht eingesalzene Kraut und Kümmel zugeben und unter Zugießen von etwas Wasser und Sauerrahm zugedeckt weichdünsten. Dann stäuben und mit Pfeffer und Essig kräftig abschmecken.

46. Weinkraut

*1 kleiner Kopf Weißkraut · 40 g Speck · 1 Zwiebel · Salz · ¹/₄ l Weißwein
1 Eßlöffel Mehl*

In kleinwürflig geschnittenen, ausgebratenen Speck geschnittene Zwiebel hellgelb rösten, das leicht eingesalzene Kraut zugeben und unter Zugießen von Weißwein zugedeckt weichdünsten. Dann mit Mehl stäuben, nochmals gut durchkochen lassen und abschmecken. Besonders gut geeignet als Beigabe zu Wildgeflügel.

47. Blaukraut

1 kleiner Kopf Blaukraut · 1 Eßlöffel Salz · 1 Eßlöffel Zucker · 1 Eßlöffel Essig · 40 g Fett · 1 gestrichenen Eßlöffel Stärkemehl

Das geputzte, von den äußeren Blättern und vom Strunk befreite feingeschnittene Blaukraut in einer Schüssel mit Salz, Zucker und Essig wie zu Salat anmengen, in heißes Fett geben und zugedeckt unter Zugabe von wenig Flüssigkeit weichdünsten. Dann mit angerührtem Stärkemehl binden. Man kann auch eine kleine Zwiebel mit einer Nelke bestecken und diese im Kraut mitkochen, manche kochen auch ¹/₂ Lorbeerblatt mit.

48. Blaukraut mit Äpfeln

*¹/₂ kg Blaukraut · ¹/₂ kg Äpfel · Salz · Essig · Zucker · 40 g Fett
1 Eßlöffel Stärkemehl*

Das geputzte, fein geschnittene Blaukraut mit den geschälten, feinblättrig geschnittenen Äpfeln mit etwas Salz, Essig und Zucker mischen, in einen Topf mit heißem Fett geben und unter Zugießen des nötigen Wassers zugedeckt weichdünsten. Dann mit angerührtem Stärkemehl binden und nochmals gut abschmecken.

49. Sauerkraut

³/₄ kg Sauerkraut · 40 g Fett · 1 Zwiebel · Salz · Kümmel · 1 Eßlöffel Mehl

Das Sauerkraut mit zwei Gabeln auflockern, nur wenn es im Frühjahr schon sehr sauer ist, kurz waschen. In heißem Fett feingewiegte Zwiebel hellgelb rösten, das aufgelockerte Sauerkraut, Salz, Kümmel — nach Geschmack auch Wacholderbeeren — zugeben, Wasser aufgießen und das Kraut weichkochen. Dann mit angerührtem Mehl binden und noch ¹/₄ Stunde kochen lassen. Das Sauerkraut kann auch wie „Blaukraut mit Äpfeln" zubereitet werden.

50. Ungarisches Sauerkraut

³/₄ kg Sauerkraut · 100 g Speck · 1 Zwiebel · 1 Eßlöffel Zucker · Paprika 2 Eßlöffel Mehl · ¹/₈ l Sauerrahm

In kleinwürflig geschnittenen Speck feingeschnittene Zwiebel und Zucker hellbraun rösten, 1 Teelöffel Paprika, das aufgelockerte Sauerkraut, Salz und etwas Wasser zugeben und weichdünsten. Sauerrahm mit Mehl verquirlen, das Sauerkraut damit binden und noch ¹/₄ Stunde dünsten lassen.

51. Rübenkraut

³/₄ kg Rübenkraut · 40 g Fett · 1 Zwiebel · 1 Teelöffel Kümmel 1 Eßlöffel Mehl

In heißem Fett Zwiebel goldgelb rösten, das Rübenkraut zugeben, nach Bedarf etwas salzen und weichkochen, dann mit angerührtem Mehl binden. Besonders als Beigabe zu Hammelfleisch, Schweinefleisch oder Kartoffelspeisen geeignet.

52. Weiße Rüben

³/₄ kg weiße Rüben · Salzwasser · 40 g Fett · 2 Eßlöffel Mehl Pfeffer · Muskat

Die geschälten weißen Rüben hobeln, in feine Streifen oder Würfel schneiden und in Salzwasser weichkochen. Dann eine mittelbraune Einbrenne bereiten, mit Brühe aufgießen, die weichgekochten Rüben zugeben, noch gut durchkochen lassen und kräftig mit Pfeffer und Muskat abschmecken. Die geschälten, geschnittenen Rüben können auch im Fett weichgedünstet und dann gestäubt werden. (Für junge, zarte Rüben geeignet.)

53. Teltower Rübchen

³/₄ kg Rübchen · Salzwasser · 40 g Fett · 1 kleine Zwiebel · 1 Eßlöffel Zucker
2 Eßlöffel Mehl · 1 geriebenen Lebkuchen

Die gewaschenen Rübchen abschaben, die kleinen ganz lassen, die größeren in die Hälfte teilen, in wenig Salzwasser weichkochen. Aus Fett, Zucker, feingewiegter Zwiebel, Mehl, geriebenem Lebkuchen und Brühe eine dunkle, gut abgeschmeckte Soße bereiten. Die weichgekochten Rübchen hineingeben und noch ¹/₄ Stunde darin kochen lassen. Beigabe zu Schweinefleisch oder Hammelbraten.

54. Steckrüben (Dotschen oder Erdkohlraben)

³/₄ kg Dotschen · 40 g Fett · 1 Zwiebel · 1 Eßlöffel Zucker · 1 Eßlöffel Mehl
Pfeffer

Die gelben geschälten Dotschen in Würfelchen schneiden. In heißem Fett Zwiebel und Zucker hellbraun rösten, etwas aufgießen, die Dotschen und Salz zugeben und zugedeckt unter Zugießen des nötigen Wassers weichdünsten. Dann mit Mehl stäuben oder mit angerührtem Mehl binden und das Gemüse mit Pfeffer kräftig abschmecken. Beigabe zu Hammelbraten.

55. Meerrettich

1 Stange Meerrettich · 40 g Butter oder Fett · 2 Eßlöffel Semmelbrösel · Salz
Zucker · ¹/₂ l Brühe oder Milch

Den abgeschabten Meerrettich fein aufreiben. In heißer Butter oder Fett die Bröseln goldgelb rösten, dann den geriebenen Meerrettich zugeben, etwas dünsten lassen, mit Salz und Zucker würzen, mit Brühe oder Milch aufgießen und ¹/₄ Stunde kochen lassen. Wenn man das Gemüse länger kochen läßt, verliert der Meerrettich an Schärfe.

56. Gedünstete Tomaten

¹/₂ kg Tomaten · 40 g Butter oder Fett · 1 Zwiebel · Petersilie · Salz · Pfeffer

Die gewaschenen, abgetrockneten Tomaten in Hälften oder in Viertel schneiden. In heißer Butter oder Fett feingewiegte Zwiebel goldgelb rösten, die Tomaten mit der Schnittfläche in das heiße Fett geben und auf starker Flamme rasch weichdünsten. Angerichtet mit Salz, Pfeffer und gewiegter Petersilie bestreuen.

57. Grüne Tomaten

¹/₂ kg grüne Tomaten · 40 g Fett · 20 g Mehl · 1 Zwiebel · Petersilie · Dill
Salz · Pfeffer · Zucker

Die unreifen Tomaten in Scheiben schneiden. In heißem Fett Zwiebel und Petersilie rösten, Mehl zugeben, mit etwas Brühe aufgießen, feingehacktes Dillkraut, die geschnittenen Tomaten, Salz, Zucker, Pfeffer zugeben und das Gemüse weichdünsten.

58. Gurkengemüse

1–2 Gemüsegurken · 40 g Fett oder Speck · 1 Zwiebel · Salz · Dillkraut 2 Eßlöffel Mehl · 1/8 l Sauerrahm

In heißem Fett oder Speck kleingeschnittene Zwiebel goldgelb rösten, die geschälten, halbierten, von allem Weichen befreiten, in Würfel geschnittenen Gurken zugeben. Mit Salz und feingewiegtem Dill bestreuen und im eigenen Saft zugedeckt weichdünsten. Zum Schluß das Gemüse mit Mehl, das mit Sauerrahm angerührt wurde, binden und noch kurz kochen lassen.

59. Kürbisgemüse

1 kg Kürbis · 40 g Fett · 1 Zwiebel · 2 Teelöffel Paprika · Salz · 2 Eßlöffel Mehl · 1/8 l Sauerrahm · Essig · Pfeffer

Den Kürbis in Viertel schneiden, schälen, alles Weiche entfernen und das Gemüse aufraspeln oder in feine Streifchen schneiden. In heißem Fett feingewiegte Zwiebel goldgelb rösten, Paprika, das Gemüse und etwas Salz zugeben und im eigenen Saft zugedeckt weichdämpfen. Sauerrahm mit Mehl verquirlen, das Gemüse damit binden, mit Essig und Pfeffer kräftig abschmecken und noch 1/4 Stunde kochen lassen. Nach Geschmack kann man auch einen Eßlöffel Tomatenmark mitkochen lassen.

60. Feuerbohnen mit Bröseln und brauner Butter

Die über Nacht eingeweichten Feuerbohnen im Einweichwasser garen, dann salzen und noch kurz kochen lassen. Abgetropft auf einer Platte anrichten, mit Bröseln bestreuen, mit heißer Butter übergießen und mit Sauerkraut zu Tisch geben.

61. Linsengemüse

1/2 kg Linsen · Wasser · 40 g Fett · 2 Eßlöffel Mehl · 1 Zwiebel · Salz · Essig

Die sorgfältig verlesenen, gewaschenen Linsen über Nacht einweichen, am nächsten Tag im Einweichwasser ohne Salz weichkochen. Aus Fett, Mehl, Zwiebel eine mittelbraune Einbrenne bereiten, die weichgekochten Linsen zugeben, das Gemüse kräftig mit Salz und Essig abschmecken.

62. Specklinsen

½ kg Linsen · Wasser · 100 g Speck · Salz

Die verlesenen, über Nacht eingeweichten, im Einweichwasser ohne Salz weichgekochten Linsen auf einem Sieb abtropfen lassen, Speck kleinwürfelig schneiden, hellgelb rösten, die abgetropften Linsen zugeben, mit Salz abschmecken. Specklinsen sind eine beliebte Beigabe zu Rebhühnern oder anderem gebratenen Wildgeflügel.

63. Melanzane, Eierfrüchte, Auberginen

Die ungeschälten oder geschälten Melanzane in Streifen oder Scheiben schneiden, mit Salz und Pfeffer bestreuen, in Öl weichdünsten. Angerichtet mit reichlich geriebenem Käse bestreuen. Oder: Die in Scheiben oder Streifen geschnittenen Eierfrüchte mit Salz und Pfeffer bestreuen, in Mehl, Ei und Bröseln wenden und in heißem Fett backen. Mit Salat zu Tisch geben.

64. Grüner oder gelber Erbsbrei

*½ kg grüne oder gelbe Erbsen · Wasser · 40 g Fett · 2 Eßlöffel Mehl
1 Zwiebel · Salz*

Die verlesenen, gewaschenen, grünen oder gelben Erbsen über Nacht in Wasser einweichen. Am nächsten Tag im Einweichwasser ohne Salz weichkochen (evtl. etwas Natron zugeben), dann durch ein Sieb streichen. Aus Fett, Mehl und Zwiebel eine mittelfarbene Einbrenne bereiten, mit dem Kochwasser der Erbsen aufgießen und die passierten Erbsen zugeben. Den Brei mit Salz abschmecken, angerichtet mit gerösteten Bröseln oder gerösteter Zwiebel überstreuen.

65. Brei von weißen Bohnen

½ kg weiße Bohnen · Wasser · 40 g Fett · 1 Zwiebel · 2 Eßlöffel Mehl · Salz

Die verlesenen, gewaschenen Bohnen über Nacht kalt einweichen. Am nächsten Tag im Einweichwasser ohne Salz weichkochen, durch ein Sieb streichen. Aus Fett, feingewiegter Zwiebel und Mehl eine gelbe Einbrenne bereiten, mit Bohnenwasser aufgießen, die Bohnen dazugeben, den Brei kurz durchkochen lassen. Mit Salz abschmecken, angerichtet mit gerösteten Bröseln oder gerösteten Zwiebeln überstreuen. Beigabe zu geräuchertem Fleisch.

66. Büchsengemüse

Den Inhalt der Büchse in einen Topf gießen, zugedeckt aufkochen lassen. Mit angerührtem Mehl binden, vorsichtig 5 Minuten kochen lassen, ein Stückchen Butter und gehackte Petersilie zugeben. Oder das heißgemachte Gemüse auf ein Sieb gießen und anschließend im Kochtopf in Butter schwenken oder angerichtet mit heißer Butter übergießen und gehackter Petersilie bestreuen. – Spargeldosen am Boden öffnen.

67. Trockengemüse

Das nach der hergebrachten Art getrocknete Gemüse über Nacht einweichen, dann wie frisches zubereiten. Gefriergetrocknetes Gemüse kann sofort unter Hinzufügung der erforderlichen Flüssigkeitsmenge zubereitet werden.

68. Rosenkohl mit Kastanien

Rosenkohl und geschälte Kastanien gesondert weichkochen. Mitsammen in Butter oder Öl dünsten, mit Salz und Zucker würzen, ganz wenig Weißwein zugießen.

69. Tomatenkraut

Sauerkraut mit Fett und reichlich Tomatenmark, damit es schön rot wird, weichkochen. Mit Salz und Zucker abschmecken, angerichtet mit gerösteter Zwiebel bestreuen.

70. Ananaskraut

40 g Fett · ¹/₂ kg Sauerkraut · 1 kleine Dose Ananas

Das aufgelockerte Sauerkraut in Fett durchdünsten. Die in Würfel geschnittenen Ananas samt dem Saft zugeben und das Kraut damit weichkochen. Mit Zucker und Salz abschmecken (Beigabe zu gebratenem Fasan).

71. Gebratene Karotten

Die Karotten im ganzen kochen oder dämpfen, mit Salz bestreuen, in heißem Fett oder Butter allseitig braten. Als Garnitur zu Fleischgerichten.

72. Grüne Bohnen mit Sauerrahm

In kleinwürfelig geschnittenem, ausgebratenem Speck die vorbereiteten Bohnen dünsten, aufgießen, Bohnenkraut zugeben und garschmoren. Sauerrahm mit etwas Mehl verrühren, das Gemüse damit binden, noch 5 Minuten kochen lassen, kräftig abschmecken.

73. Italienischer Blätterspinat

Sorgfältig verlesenen Spinat in wenig leichtgesalzenem Wasser offen weichkochen (5–10 Minuten), mit einem Sieblöffel herausnehmen, gut abgetropft auf einer Platte anrichten. Mit geriebenem Käse bestreuen, mit reichlich brauner Butter übergießen. Statt Butter kann man auch kleingeschnittenen fetten Schinken ausbraten und darübergeben.

74. Roter Porree

¾ kg Porree · 40 g Butter oder Margarine · ¼ l Wasser · 2 Eßlöffel Tomatenmark · 1 Eßlöffel Zucker · 1 Teelöffel Salz · 1 Eßlöffel Mehl

Die halbierten Porreestangen mit Fett, Wasser und den angegebenen Zutaten weichkochen. Angerührtes Mehl einkochen, noch 5 Minuten dünsten lassen. Beigabe zu gekochtem Ochsenfleisch.

75. Melanzane mit Speck

Die gewaschenen, abgetrockneten, ungeschälten Melanzane längs durchteilen, dann zu 2 cm dicken Streifen schneiden. Mit Salz und Pfeffer bestreuen und 30 Minuten durchziehen lassen. Dann mit Speckscheiben umwickeln, mit einem Zahnstocher feststecken, in Öl knusprig braten, heiß mit geriebenem Käse und Weißbrot servieren.

76. Schinkenkraut

100 g Schinkenspeck · 1 große Zwiebel · ½ kg Sauerkraut · ⅛ l Sauerrahm

Schinkenspeck kleinwürfelig schneiden, die geschnittene Zwiebel darin goldgelb rösten, Sauerkraut und etwas Wasser zugeben und 15 Minuten kochenlassen, dann den Sauerrahm beifügen, nochmals 15 Minuten kochenlassen. Wenn erforderlich, mit etwas Salz abschmecken.

77. Paprika-Gemüse

40 g Öl oder Fett · 2 Zwiebeln · ½ kg Paprika · Salz · 1 Teelöffel Mehl

Paprika halbieren, vom Fruchtknoten und allen Kernen befreien, in Zentimeter breite Streifchen schneiden. In heißem Öl oder Fett geschnittene Zwiebeln goldgelb dünsten, den Paprika zugeben, salzen und zugedeckt unter Zugabe von etwas Wasser weichdünsten. Mit angerührtem Mehl binden.

78. Paprika mit Weintrauben

Den geschnittenen Paprika in Öl oder Butter weichdünsten. Weintrauben zugeben, etwas mitschmoren lassen (sie dürfen nicht platzen) mit Ketchup und Zucker abschmecken. Zu gebratener Leber oder Rührei.

79. Bananengemüse

40 g Butter · 8 Bananen · Salz · Curry

Die Bananen in dicke Scheiben schneiden, in heiße Butter geben, vorsichtig kurz darin dünsten, mit Zucker und Curry abschmecken. Beigabe zu gebratenem Fleisch oder Fisch.

80. Warme Weintrauben

*250 g Weintrauben · 1 Eßlöffel Öl · 1 Eßlöffel Mehl · 1 Eßlöffel Zucker
¹/₈ l Wasser · Saft einer halben Zitrone · Salz · Zucker · Zitronensaft zum Abschmecken*

Die Weintrauben mit einem scharfen Messer halbieren, Kerne entfernen. Mehl in Öl hellbraun rösten, Zucker zugeben und ebenfalls hellbraun werden lassen, Wasser und Zitronensaft zugießen, 10 Minuten kochen lassen. Mit Salz, Zucker und Zitronensaft gut pikant abschmecken. Die Weintrauben zugeben und vorsichtig darin heiß werden lassen, nicht kochen. Warme Weintrauben eignen sich auch hervorragend als Beilage zu Filetschnitten, Rehmedaillon, Grillgerichten und Fondue Chinoise.

81. Broccoli

Das zarte Gemüse, in Aussehen und Geschmack dem Blumenkohl etwas ähnlich, wird in Salzwasser gegart, abgetropft, in heißer Butter geschwenkt und mit geriebenem Käse bestreut oder in heller Sauce angerichtet.

82. Bleichsellerie, Staudensellerie

In Salzwasser gegart und in heißer Butter geschwenkt. Als Vorspeise oder Fleischbeilage roh zu Streifchen geschnitten und als Salat angemengt. Kenner essen sie ohne spezielle Zubereitung.

83. Römischer Salat

Das Gemüse-Salatgewächs mit den langen grünen Blättern, die nur ganz locker schließen, in Salzwasser garen und in heißer Butter schwenken oder roh zu Salat anmengen.

84. Stachys (Erdartischocke)

Das Gemüse sieht aus wie gedrechselte Rübchen. Nach dem Kochen wie anderes Gemüse verwenden.

85. Topinambur

Die kartoffelähnlich wachsende und geformte Frucht ist ein Delikateßgemüse.

86. Okra

Die Schotenfrüchte sind hell- bis gelbgrün und ähneln in der Form scharfen kleinen Paprikaschoten. Okra werden verschieden zubereitet. Die Garzeit ist 25 Minuten, der Geschmack mild.

87. Tiefkühlgemüse

Bei Tiefkühlgemüse fallen alle Vorbereitungsarbeiten weg, es ist kochfertig und daher zeitsparend. Durch die schonende Konservierung im erntefrischen Zustand bleiben Farbe, Geschmack und Vitamingehalt nahezu unverändert. Gemüse wird im tiefgekühlten Zustand gedämpft, gedünstet oder in sehr wenig Wasser mit etwas Salz auf kleiner Flamme gekocht. Die vorgeschriebenen Garzeiten genau einhalten.

Gemüsegerichte

1. Blumenkohl mit Sauerrahm

1—2 Köpfe Blumenkohl · Salzwasser · ⅛—¼ l Sauerrahm · 100 g geriebener Käse

Den vorbereiteten Blumenkohl in Salzwasser weichkochen, abtropfen lassen, zu Röschen teilen, in eine mit Butter ausgestrichene Auflaufform geben. Mit Sauerrahm übergießen, mit geriebenem Käse bestreuen und 15 Minuten im Rohr überbacken.

2. Blumenkohl mit Käseguß

1—2 Köpfe Blumenkohl · Salzwasser · ¼ l Sauerrahm · 2 Eier · 125 g geriebener Käse · Salz · Pfeffer

Den vorbereiteten Blumenkohl in Salzwasser weichkochen, abtropfen lassen, im ganzen oder zu Röschen geteilt in eine befettete feuerfeste Form geben. Sauerrahm mit Eigelb und geriebenem Käse verquirlen, Eischnee unterziehen, mit Salz und Pfeffer abschmecken und diesen Guß über den Blumenkohl geben. 15 Minuten im Rohr überbacken.

3. Blumenkohl mit holländischer Sauce

1—2 Köpfe Blumenkohl · Salzwasser — Sauce: ½ l Milch und Gemüsewasser 30 g Stärkemehl · 2 Eigelb · 1 Teelöffel Zitronensaft · Salz · Muskat · 40 g Butter

Den geputzten Blumenkohl in Salzwasser weichkochen. Stärkemehl und Eigelb mit Milch oder halb Milch und halb Gemüsewasser, Salz, Zitronensaft und Muskat verrühren, die Butterflöckchen zugeben und alles mitsammen am Feuer oder in einem Topf über kochendem Wasser dickflüssig schlagen. Beim Anrichten die gekochte Blumenkohlrose mit der holländischen Sauce übergießen und etwas geriebenem Muskat bestreuen. Man könnte auch noch geriebenen Käse darüberstreuen und in 10 Minuten im Rohr goldgelb überbacken.

4. Schinkenblumenkohl

1–2 Köpfe Blumenkohl · Salzwasser · ½ kg Geräuchertes · 3 Eigelb · ⅛ l Sauerrahm · Brösel und geriebener Käse zum Bestreuen · Butterflöckchen

Blumenkohl in Salzwasser weichkochen und zu Röschen teilen. Geräuchertes weichkochen und feinwiegen. In eine mit Butter ausgestrichene, mit Bröseln ausgestreute Auflaufform abwechselnd Blumenkohlröschen und gekochtes Geräuchertes geben. Eigelb mit Sauerrahm verquirlen, darübergießen, die Speise mit Semmelbröseln und geriebenem Käse bestreuen, mit zerlassener Butter betropfen und 30 Minuten im Rohr überbacken.

5. Gebackener Blumenkohl

1–2 Köpfe Blumenkohl · Salzwasser — Pfannkuchenteig: 250 g Mehl · 2 Eier Salz · ¼ l Milch · Fett zum Backen

Blumenkohl in Salzwasser weichkochen und zu Röschen teilen. Aus den angegebenen Zutaten einen dicklichen Pfannkuchenteig bereiten. Die gut abgetropften Röschen im Pfannkuchenteig wenden und in heißem Fett auf der Stielpfanne oder schwimmend backen.

6. Gebackene Schwarzwurzeln

¾ kg Schwarzwurzeln · Salzwasser mit 1 Eßlöffel Essig — Pfannkuchenteig: 250 g Mehl · 2 Eier · Salz · ¼ l Milch · Fett zum Backen

Abgeschabte Schwarzwurzeln in Salzwasser mit etwas Essig weichkochen, in dicklichem Pfannkuchenteig wenden und die einzelnen Stangen in heißem Fett auf allen Seiten schön backen.

7. Gebratene Selleriescheiben

2 Sellerie (roh) · 1 Zitrone · Salz · 40 g Fett · ⅛ l Sauerrahm · Petersilie Fett zum Backen

Die geschälten Sellerie in ½ cm dicke Scheiben schneiden, mit Salz bestreuen, mit Zitronensaft einreiben und 1 Stunde durchziehen lassen. Dann in Mehl wenden, in heißem Fett auf beiden Seiten braten, Sauerrahm zugeben und weichdünsten. Angerichtet mit gewiegter grüner Petersilie bestreuen.

8. Gebackene Selleriescheiben

2 Sellerie · Salzwasser · Mehl zum Wenden · 1 Ei · Brösel zum Wenden Fett zum Backen

Gekochte Sellerie in 1 cm dicke Scheiben, rohe in ½ cm dicke Scheiben schneiden. Diese mit Salz und Pfeffer bestreuen, in Mehl, verquirltem Ei und Bröseln wenden und in heißem Fett auf beiden Seiten hellbraun backen. Dazu Kartoffelsalat.

9. Kürbis-Beignets

Rohen Kürbis in Scheiben schneiden, in dickem Backteig wenden, in schwimmenden Fett goldgelb backen, mit Vanillezucker bestreuen, mit unverdünntem Himbeersaft oder glattgerührtem Johannisbeergelee servieren.

10. Gemüseauflauf

¾ kg Gemüse je nach Jahreszeit · Salzwasser · 40 g Fett · 20 g Mehl · 1 Zwiebel · ⅛ l Gemüsewasser · ⅛ l Milch · 50 g geriebener Käse · 2 Eier · Brösel zum Bestreuen · Butterflöckchen

Gemüse entsprechend der Art vorbereiten und in Salzwaser weichkochen, auf einem Sieb abtropfen lassen. Aus Butter, Mehl und feingewiegter Zwiebel eine helle Einbrenne bereiten, mit Gemüsewasser und Milch aufgießen, mit Salz, Pfeffer und geriebenem Käse abschmecken, mit Eigelb legieren, den Eiweißschnee und das abgetropfte Gemüse unterziehen. Die Masse in eine befettete, mit Bröseln ausgestreute Auflaufform füllen, mit Bröseln bestreuen, mit zerlassener Butter betropfen und 30 Minuten im Rohr überbacken.

11. Gemüsetopf mit Eiflocken

¾ kg Gemüse · 1 l Wasser · 1 Brühwürfel · 40 g Butter · 4 Eier · Petersilie oder Schnittlauch

Beliebiges geschnittenes Gemüse in Brühe mit Butter garen. Die Eier mit Salz verquirlen, über eine Gabel in die kochende Suppe einlaufen lassen. Angerichtet mit gehackter Petersilie oder Schnittlauch bestreuen. — Bei Verwendung von Büchsen- oder Tiefkühlgemüse ist das gute Gericht sehr rasch zubereitet. — Beigabe: Semmeln.

12. Krautwickerl

1 Weißkraut, Blaukraut oder Wirsing · 400 g Hackfleisch (am besten halb Schweinefleisch, halb Geräuchertes) · 1 Semmel · 1 Ei · Salz · Pfeffer · 50 g Speck · 1 Zwiebel · ⅛ l Sauerrahm

Gemüsegerichte

Den ganzen Krautkopf oder Wirsing in kochendes Salzwasser geben und weichwerden lassen. Dann die Blätter nach und nach ablösen. Wenn nötig, den Kopf nochmals in Salzwasser geben. Die schönen Blätter auf einem Brett ausbreiten, die Rippen abflachen, die gut abgeschmeckte Fleischfüllung daraufgeben, die Blätter zu kleinen Päckchen zusammenschlagen und die Krautwickerl in eine Reine mit dünnen Speckscheiben legen, die Krautwickerl ins Rohr stellen, etwas Flüssigkeit zugeben, nach 30 Minuten mit dem Sauerrahm übergießen und damit noch dünsten lassen. – Beigabe: Kartoffeln.

13. Spinat mit Schinken und Käse

³/₄ kg Spinat · Salz · 125 g Schinken oder Speck · 50 g Käse

Verlesenen, sauber gewaschenen Spinat im eigenen Saft mit etwas Salz offen weichkochen, auf ein Sieb geben, anschließend grob wiegen. In kleinwürflig geschnittenen, leicht ausgebratenen, fetten Schinken oder geräucherten Speck den Spinat geben. Durchdünsten lassen, auf vorgewärmter Platte anrichten, mit geriebenem Käse bestreuen. – Beigabe: Petersilienkartoffeln.

14. Serbisches Mischgemüse

4 Eßlöffel Öl · ½ kg grüne Bohnen · ¼ kg grüne Paprika · ¼ kg grüne Tomaten · 2 große Zwiebeln · Salz

In heißem Öl feingeschnittene Zwiebeln hellgelb dünsten. Die grünen Bohnen, die in Stücke geteilten grünen Paprikas, Tomaten und Salz hinzugeben. Knapp bedeckt aufgießen und zugedeckt weichdünsten.

15. Spargelmischgericht

1 kg Spargel · Salzwasser · 50 g Butter oder Fett · 50 g Mehl · ¼ l Spargelwasser · ¼ l Milch · 250 g Hackfleisch (Kalbfleisch) · 1 Ei · Salz und Pfeffer 1 Eigelb · Petersilie

Spargel sorgfältig schälen, in wenig Salzwasser weichkochen, auf einem Sieb abtropfen lassen. Aus Hackfleisch, Ei, Salz und Pfeffer eine gut abgeschmeckte Fleischmasse bereiten, zu walnußgroßen Klößchen formen, diese in Salzwasser weichkochen, auf einem Sieb abtropfen lassen. Aus Butter, Mehl, Spargelwasser und Milch eine helle dickliche Sauce kochen, mit Eigelb legieren, Spargel und Klößchen untermischen. Das Gericht 20 Minuten zugedeckt ziehen lassen. Angerichtet mit feingewiegter Petersilie bestreuen.

16. Spinatpfannkuchen

250 g Mehl · 3 Eier · ½ l Milch · Salz · Fett zum Backen · fertiges Spinatgemüse

Gemüsegerichte

Aus Mehl, Eiern, Milch und Salz einen glatten Teig rühren, zu dünnen Pfannkuchen backen. Gut zubereitetes, dickliches, heißes Spinatgemüse auf die Pfannkuchen streichen, diese aufrollen, auf vorgewärmter Platte anrichten, mit Salat zu Tisch geben.

17. Spinatauflauf

200 g Reis · ½ l Wasser · Salz · 20 g Fett · 250 g gekochtes Geräuchertes oder Schinken · ¾ kg Spinat · 2 Eier · 40 g Butter · Salz · Muskat · Pfeffer Butterflöckchen

Reis körnig weichdünsten. Spinat gardämpfen, abtropfen lassen, durch die Maschine drehen, mit Salz, Muskat, Pfeffer abschmecken, mit verquirlten Eiern und Butter mischen. In eine gefettete, mit Bröseln ausgestreute Auflaufform abwechselnd den mit dem in kleine Würfel geschnittenen Geräucherten gemischten Reis und den vorbereiteten Spinat geben. Die Speise mit Bröseln bestreuen, mit Butterflöckchen belegen und 30 Minuten im Rohr backen. Dazu grüner Salat.

18. Tomatenreis

250 g Reis · 40 g Fett · 1 große Zwiebel · 1 Knoblauchzehe · 1 kleine Dose Tomatenmark · 1 großer Brühwürfel · Salz · ¾ l Wasser · Reibkäse

In heißem Fett die feingeschnittene Zwiebel hellgelb rösten, das Tomatenmark, die mit Salz zerdrückte Knoblauchzehe und den trocken abgewischten Reis zugeben. Alles mitsammen etwas rösten lassen, dann den Brühwürfel, Wasser und das noch nötige Salz zugeben, den Reis kurz kochen lassen und dann zugedeckt am Herdrand oder im Rohr gardämpfen. Den angerichteten Reis, der körnig bleiben soll, mit geriebenem Käse bestreuen.

19. Westfälisches Blindes Huhn

250 g weiße Bohnen · 400 g durchwachsener Räucherspeck · ½ kg grüne Bohnen · ¼ kg Gelbrüben · ¼ kg Kartoffeln · 2 Äpfel · Salz · Pfeffer · Zucker · Schnittlauch

Die über Nacht eingeweichten Bohnen im Einweichwasser mit dem Räucherspeck zusammen fast weichkochen (1¼ Stunden). Dann das geschnittene Gemüse, die Kartoffeln und Äpfel zugeben. Mit Salz, Pfeffer und Zucker kräftig abschmecken und alles mitsammen fertig garen. Angerichtet mit viel gehacktem Schnittlauch bestreuen.

20. Chinakohl

1 kg Chinakohl · 40 g Butter oder Fett · 1 Zwiebel · 20 g Mehl · ⅛ l Milch Salz · Pfeffer · Brühwürze

Den gewaschenen, in ½ cm breite Streifen geschnittenen Chinakohl in heißes Fett, in dem man feingeschnittene Zwiebel hellbraun geröstet hat, geben, mit Salz überstreuen, gut durchdünsten. Dann unter Zugabe von wenig Flüssigkeit weichdünsten. Mehl mit Milch oder Brühe glattrühren, das Gemüse damit binden, 10 Minuten kochen lassen und nochmals gut abschmecken. Sehr feingeschnittener Chinakohl kann auch wie Endiviensalat angemengt werden.

21. Paprikaeier

4 Paprikaschoten · 4 Eier · Tomaten-Ketchup · Butter oder Olivenöl geriebener Käse

Von den Paprikaschoten an der Stielseite einen Deckel abschneiden, den Fruchtknoten und die Kerne entfernen. Eier wachsweich kochen, in die Paprika geben, Ketchup zugießen. Die Paprikaschoten in eine feuerfeste Form mit Butter oder Olivenöl legen und 20 Minuten im Rohr braten. Angerichtet mit geriebenem Käse bestreuen.

22. Spargelaspik

1 kg Spargel · Salzwasser · 1 Eßlöffel Zucker · 1 Glas Weißwein · 1 Teelöffel flüssiges Maggi · Saft einer ½ Zitrone · 8 Blätter farblose Gelatine · 100 g geräucherter Lachs · 50 g Mayonnaise

Sorgfältig geschälten Spargel in 2 cm lange Stücke schneiden, in wenig Salzwasser mit etwas Zucker weichkochen, auf einem Sieb abtropfen lassen. ³/₈ l Spargelwasser mit einem Glas Weißwein, flüssigem Maggi und Zitronensaft abschmecken, in 4 Eßlöffel heißer Spargelbrühe aufgelöste Gelatine zugeben. Kleine Portionsförmchen oder eine größere Glasschüssel mit Öl ausstreichen, ungefähr 2 cm hoch von der Sulze einfüllen und erstarren lassen. Dann Spargelstückchen darauflegen, mit einer Scheibe Räucherlachs überdecken, etwas Sulze daraufgießen und erstarren lassen. Dann wieder Spargel, Räucherlachs und Sulze erstarren lassen; so fortfahren, bis die Form voll ist. Beim Anrichten die Form einige Sekunden in heißes Wasser halten, auf eine kalt abgespülte Platte stürzen, mit gespritzter Mayonnaise verzieren. Mit geröstetem Weißbrot zu Tisch geben.

23. Käsewindbeutel mit Gemüse

Brandteig: ⅛ l Milch · 30 g Butter · Salz · Paprika · 80 g Mehl · 2 Eier 50 g geriebener Käse — Fülle: fertiges Gemüse

Milch läßt man mit Butter, Salz und Paprika aufkochen, gibt das Mehl hinzu und rührt so lange am Feuer, bis sich die Masse von Topf und Löffel löst. Dann gibt man die verquirlten Eier und den geriebenen Käse hinzu und läßt vollständig erkalten. Mit 2 Teelöffeln oder einem Spritzsack macht man Häufchen auf ein gefettetes Blech und bäckt die Windbeutel bei guter Hitze goldgelb. Dann schneidet man sie auf, füllt sie noch heiß mit Gemüse, überstreut sie mit geriebenem Käse und gibt sie sofort zu Tisch. Als Gemüse eignet sich sehr gut: Gelbrüben mit Erbsen, dicklich gehaltenes Blumenkohl-, Schwarzwurzel- oder Spargelgemüse, auch gut zubereitetes, dicklich gehaltenes Spinatgemüse ist sehr geeignet.

24. Sauerkrautauflauf

½ kg Sauerkraut · ½ kg Äpfel · 1 Zwiebel · 40 g Fett · ⅛ l Sauerrahm 150 g Fleischreste oder Schinkenwürfel · 100 g geriebener Käse

Mildes Sauerkraut mit rohen, feingeschnittenen Äpfeln, gehackter Zwiebel, Fleisch- oder Schinkenwürfeln, Sauerrahm und Salz mischen. In eine gefettete Auflaufform füllen, mit geriebenem Käse bestreuen, mit Fettflöckchen belegen und bei guter Hitze 30 Minuten im Rohr backen. Dazu Kartoffelbrei.

25. Sauerkrautkrapferl

375 g Mehl · 3 Eier · Salz · 1 Tasse Wasser (knapp) · 60 g Fett · ½ kg gekochtes Sauerkraut

Aus Mehl, Eiern, Salz und Wasser einen weichen Nudelteig bereiten, zu einem Rechteck ausrollen, etwas trocknen lassen, mit zerlassenem Fett bestreichen, das Sauerkraut darauf verteilen und dann zu einem Strudel aufrollen. Davon 5 cm breite Stücke abschneiden, auf der Stielpfanne in heißem Fett auf beiden Seiten anbraten, etwas Wasser zugießen und die Krapferln unter einmaligem Umwenden 15 Minuten dünsten lassen, bis alles Wasser verdampft ist. — Beigabe: Salzkartoffeln.

26. Paprika mit Debrezinern und Rühreiern

4 Paprikaschoten · 6 Tomaten · 4 Zwiebeln · 4 Eßlöffel Öl · Salz · Paprika 2 Paar Debreziner · 4 Eier

In heißem Öl die in Scheiben geschnittenen Zwiebeln blaßgelb andünsten, die von den Kernen befreiten nudelig geschnittenen Paprika zugeben und 10 Minuten dünsten lassen. Die abgezogenen, in dicke Scheiben geschnittenen, entkernten Tomaten zugeben, mit Salz und Paprika würzen und alles mitsammen ohne Zugabe von Flüssigkeit gardünsten. Die Debreziner in Wasser heißmachen, in Scheibchen schneiden und vorsichtig mit dem Gericht mischen. In der Mitte einer Platte anrichten und mit einem Kranz von locker zubereitetem Rührei umgeben.

27. Rumänisches Gemüsegulyas

125 g Tomaten · 125 g Paprikaschoten · 125 g Blumenkohl · 125 g Pilze 125 g grüne Bohnen · 125 g Gelbrüben · 125 g Kohlrabi · 125 g Kartoffeln 125 g Fett · 2 Zwiebeln · Salz · Paprika · Majoran · Petersilie

Die Tomaten abziehen und vierteln, die Paprikaschoten nudelig schneiden, den Blumenkohl in Röschen teilen, die Pilze blättrig schneiden, die Bohnen schnitzeln, Gelbrüben, Kohlrabi und Kartoffeln in Würfelchen schneiden. In heißem Fett die geschnittenen Zwiebeln hellgelb rösten, alle vorbereiteten Gemüse mit den angegebenen Gewürzen zugeben und etwas dünsten lassen. Dann knapp bedeckt Wasser zugießen und das Gericht zugedeckt fertig garen.

28. Dunstgemüse mit Leberschnitten

1 Bündel Karotten · 1 Kohlrabi · 1 Sellerie · einige Petersilienwurzeln oder Lauchstangen · Salzwasser · einige gedünstete Pilze · 8 Scheiben Toast · 20 g Fett · 200 g Kalbsleber · 1 Zwiebel · 1 Eßlöffel Mehl · Majoran oder Thymian · Salz · Pfeffer · 60 g frische Butter

Das sauber geputzte, schön geschnittene Gemüse im Dämpfer über kochendem Salzwasser garwerden lassen, auf vorgewärmter Platte zusammen mit den gedünsteten Pilzen anrichten und mit frischer Butter und Leberschnittchen zu Tisch geben.
Leberschnittchen: Die Kalbsleber in Fett braten, dann feinwiegen. In dem Bratfett geschnittene Zwiebel und Mehl hellgelb rösten, mit etwas Brühe aufgießen, die gewiegte Leber und die Gewürze zugeben. Die gut durchgekochte dickliche Masse auf geröstete Brotscheiben streichen.

29. Kürbisbraten

1 länglicher Speisekürbis · Salz · 500 g gehacktes Schweinefleisch · 125 g Reis 2 Zwiebeln · 1 Ei · 2 Knoblauchzehen · Petersilie · Salz · Pfeffer · Muskat 40 g Schweinefett · ¹/₄ l Sauerrahm

Den Kürbis schälen, der Länge nach halbieren, mit einem Löffel alles Weiche entfernen. Die Frucht innen und außen salzen und 1 Stunde stehen lassen. Das gehackte Schweinefleisch mit gedünstetem Reis, gewiegten, gerösteten Zwiebeln, Ei, mit Salz zerdrückten Knoblauchzehen, gewiegter Petersilie mischen und mit Salz, Pfeffer, Muskat gut abschmecken. Diese Masse in die Kürbishälften einfüllen und in die Bratreine mit heißem Fett legen. Den Braten im Rohr unter häufigem Begießen und Zugießen von Sauerrahm und Brühe 1 Stunde braten. Mit Kartoffeln und Tomatensalat zu Tisch geben.

30. Wirsingwickerl (Wirsingrollen)

1 Wirsing · 100 g Speck · 4 Paar Bratwürste · ¹/₁₀ l Sauerrahm

Vom Wirsingkopf die ganzen Blätter ablösen, in Salzwasser 10 Minuten kochen. Die weichen Blätter auf ein Brett legen, mit würflig geschnittenem Speck bestreuen, mit je 1 Bratwürstchen belegen und zusammenrollen. In heißem Fett hell anbraten, etwas aufgießen und Sauerrahm zugeben, zugedeckt in 15 Minuten gar schmoren.

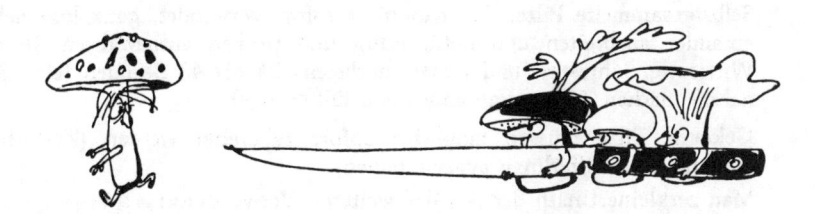

Pilze und Pilzgerichte

Allgemeines

Die Pilze stellen ein wertvolles Nahrungsmittel dar und verdienen es daher, in noch größerem Umfange zubereitet zu werden.

Der Wert der Pilze liegt in ihrem Gehalt an Eiweiß, Mineralstoffen und Vitaminen. Das Eiweiß steht in seiner Zusammensetzung dem tierischen sehr nahe. Die Mineralstoffe können bei richtiger Zubereitung niemals ausgelaugt werden, von den Vitaminen enthalten die Pilze vielfach solche, die in den Gemüsen und im Obst seltener vorkommen und durch den Kochprozeß nahezu nicht beeinträchtigt werden.

Um Freude und Geschmack an der Zubereitung und am Genuß von Pilzgerichten zu haben, muß sowohl für das Sammeln wie für die Zubereitung auf verschiedenes hingewiesen werden.

Man beachte daher:

Es gibt keine allgemein gültige Regel um festzustellen, ob ein Pilz eßbar oder giftig ist. Genaue Kenntnis der eßbaren Pilze bzw. der zur Zubereitung gelangenden Pilzart ist daher unerläßlich. Für das Sammeln, die Reinigung und Zubereitung ist wichtig:

Pilze sorgsam herausdrehen oder abschneiden.

Nicht bei Regen sammeln.

Die gesammelten Pilze in ein Körbchen oder dgl. legen (nicht in den Rucksack, nicht in Plastikbeutel, nicht drücken) und möglichst unbeschädigt heimbringen.

Den gröbsten Schmutz schon im Wald entfernen.

Das Reinigen daheim darf erst unmittelbar vor der Zubereitung erfolgen.

Selbstgesammelte Pilze möglichst nicht waschen! Muß man es tun, geschieht es am besten unter fließendem Wasser, evtl. mit einem weichen Bürstchen. Pilze nie im Wasser liegen lassen!

Die Huthaut nur bei Pilzen mit schleimigem Überzug entfernen (z. B. Schmierling).

Das wertvolle Sporenlager (Blätter, Röhren, Stachel) nur entfernen, wenn es madig ist.

Madige Stellen im Pilzfleisch wegschneiden.

Selbstgesammelte Pilze, die man nicht sofort verwendet, ganz lose nebeneinander ausbreiten und kühl, luftig und trocken aufbewahren. Je nach Witterung, Jahreszeit und Pilzart höchstens 24 bis 48 Stunden (eine Ausnahme machen Zuchtchampignons und Pfifferlinge).

Gekaufte Pilze müssen möglichst sofort zubereitet werden (Zuchtchampignons und Pfifferlinge ausgenommen).

Man zerkleinert nach der Art der weiteren Verwendung:

Für Suppen und Saucen werden die Pilze in dünne Blättchen geschnitten, für Gemüse werden sie genau so vorbereitet oder auch in größere gleichmäßige Stücke geschnitten. Für Mischgerichte läßt man die kleinen Pilze ganz, größere schneidet man in Viertel oder Achtel bzw. dicke Scheiben. Kleine Pilze besonders Zuchtchampignons so in Blätter schneiden, daß die Pilzform erkennbar bleibt (Stiel mit Hut). Für gebratene, gegrillte und gebackene Pilze läßt man den Hut ganz, schneidet ihn gegebenenfalls in $1/2$ cm dicke Scheiben. Pilze für Salat läßt man im ganzen und schneidet sie nach dem Kochen in feine Blättchen (ausgenommen, wenn sie in Öl gedünstet werden). Für eingemachte Pilze richten sich die Vorbereitungsarbeiten nach der jeweiligen Einmachart.

Die Garzeit für Pilze beträgt 5—10 Minuten.

Getrocknete Pilze müssen am Vorabend eingeweicht werden; das Einweichwasser wird stets mitverwendet.

Kochgeschirr aus Eisen, Kupfer, Messing, Aluminium ist für die Zubereitung von Pilzgerichten nicht geeignet.

Man verwendet Emaille-, Silitstahl-, Porzellan- und Glasgeschirr.

Pilzgerichte sollen nicht aufgewärmt werden.

Mindestens müssen sie innerhalb 5 Stunden genossen werden, niemals von einem Tag zum andern aufheben.

Der Geschmack der einzelnen Pilzarten ist sehr verschieden. Man bereitet daher die Pilze allein zu oder mischt in anderen Fällen verschiedenste Arten.

Welche Arten und in welchem Verhältnis man mischt, richtet sich nach dem persönlichen Geschmack und ergibt auch die Erfahrung. Morcheln und Lorcheln sowie Trüffeln bereitet man ob ihrer besonderen Zubereitungsweise immer allein zu.

Für Suppen, Saucen, Gemüse, Mischgerichte und Pfanzel kann man alle genießbaren Arten verwenden. Diese Gerichte werden daher oft aus einer Mischung verschiedener Pilze hergestellt.

Zum Braten, Grillen und Backen eignen sich nur trockene Arten.

Für Salat festfleischige und Gallertpilze.

Zum Einmachen in Essig nur junge, feste Pilze.

Zum Trocknen und für Pilzpulver hauptsächlich Pilze mit ausgeprägtem Geschmack.

Zur Herstellung von Pilzessenz alle genießbaren Arten.

Zum Würzen für Pilzgerichte verwenden wir: Salz, Pfeffer, Paprika, Kümmel, Zitrone, Essig (womöglich Kräuteressig), Most, Wein, Rahm, Zwiebeln, Schalotten, Knoblauch, Schnittlauch, Tomaten, Kapern, Käse. Die einheimischen Würzkräuter — Basilikum, Bohnenkraut, Borretsch, Dill, Estragon, Kerbel, Lavendel, Liebstöckl, Pimpernell, Petersilie, Majoran, Salbei, Thymian, Rosmarin, Weinraute, Ysop, Zitronenmelisse — eignen sich durch ihren feinen ausgeprägten Geschmack, frisch oder getrocknet, ganz vorzüglich.

STEINPILZ

Der Steinpilz hat je nach seinem Alter und Standort im Licht einen hell- oder dunkelbraunen Hut. Ganz junge sind fast weiß. Auf der Unterseite befindet sich eine weiße bis grünliche Röhrenschicht. Das Fleisch bleibt weiß, ist fest und hat einen angenehmen Geruch und Geschmack.

Beim Suchen achte man darauf, daß man ihn nicht verwechselt mit dem *Gallenröhrling*, der ihm sehr ähnlich ist, aber eine rosa Röhrenschicht hat und als bestes Kennzeichen einen ganz bitteren Geschmack. Dieser würde jedes Gericht verderben. Man könnte den Steinpilz auch noch verwechseln mit dem *Satanspilz*; dieser hat eine rote Röhrenschicht und sein Fleisch läuft blau an. Der Satanspilz ist ungenießbar. Der Steinpilz ist der wohlschmeckendste Pilz und ist für sich allein sowie in einer Mischung mit anderen Pilzen zu Suppen, Saucen, Gemüse und Mischgerichten geeignet. Er läßt sich gut trocknen und ist auch in dieser Form sehr aromatisch.

BIRKENPILZ

Der Birkenpilz wächst gerne in lichten Wäldern, namentlich in der Nähe der Birken. Er hat einen schlanken Stiel und einen polsterartig gewölbten Hut von rotgelber bis brauner Farbe. Sein Fleisch ist, frisch gepflückt, fest. Der Pilz muß aber bald verwendet werden, er wird durch Liegen weich und unbrauchbar. Die Röhrenschicht ist anfänglich weiß, wird aber später grau. Das Fleisch ist weiß und behält seine Farbe beim Anschneiden. Er ist schmackhaft und hat keinen giftigen Gegenpilz. Er eignet sich besonders in einer Mischung von Pilzen zu Suppen, Saucen, Gemüsen.

ROTKAPPE

Die Rotkappe kennzeichnet sich, wie schon ihr Name anzeigt, durch den rötlich gefärbten Hut. Sie ist ein Röhrenpilz mit grauen bis braunen Röhren. Das Fleisch ist sehr fest und weiß, läuft aber beim Anschneiden blau bis schwarz an. Er ist sehr schmackhaft und hat keinen giftigen Gegenpilz. Man findet ihn meist in der Nähe von Birken, daher wird er auch oft als Birkenpilz bezeichnet. Er eignet sich sehr gut allein sowie in einer Mischung mit anderen Pilzen zu Suppen, Saucen, Gemüse. Das unangenehme ist nur seine dunkle Farbe.

PFIFFERLING, REHERL, EIERSCHWAMM

Er wächst gerne in feuchten Moospolstern, unter Gestrüpp, hat eine appetitliche gelbe Farbe und sehr schönes, festes Fleisch. Sein Geschmack ist gut und würzig. Es gibt einen Gegenpilz, der aber sehr selten vorkommt und leicht erkennbar ist. Der falsche Pfifferling hat einen ganz dünnen Stiel und eine mehr rötliche Farbe. Pfifferlinge als Füllung für Omelettes, zu Suppen, Saucen, Gemüse, Salat.

CHAMPIGNON

Man unterscheidet Zuchtchampignons und Wildchampignons. Die Zuchtchampignons sind weißgrau, die besten mit noch geschlossenen runden Köpfen. Vor der Verwendung werden sie gewaschen, evtl. mit Salz abgerieben, und nur das Strunkende vorsichtig abgekratzt. Wild wachsen die Wiesen- und Waldchampignons. Der Wiesenchampignon hat einen weißgrauen spitzen Hut, der Stiel ist nur bei jungen Exemplaren gut, später wird er zäh. Die Lamellen auf der Unterseite des Hutes sind bei jungen Pilzen weißgrau, bei älteren schwärzlich. Der Waldchampignon und Fleischchampignon ist weißgelb bis goldbraun, der Stiel ist weiß. Auf der Oberseite des Hutes befinden sich Reste der Fruchthülle, das Samenlager ist immer weiß. Das Fleisch ist weiß, beim Fleischchampignon nach dem Schnitt rosa anlaufend.

MORCHEL, LORCHEL

Die Morchel wächst im Frühjahr. Die Lorchel im Herbst. In den tiefen Falten und netziggrubigen Vertiefungen sind oft Sandkörnchen, daher die Pilze sehr gut waschen. Beide Pilzarten vor der weiteren Verwendung immer kurz in Salzwasser abkochen, das Kochwasser weggießen.

ECHTER REIZKER

Der *echte Reizker* wächst gerne an feuchten Wegrändern des Waldes. Seine Farbe ist orange bis ziegelrot. Die Oberseite des Hutes zeigt dunklere Ringe. Die Lamellen an der Unterseite sind etwas heller. Das Fleisch ist rötlich und läßt beim Anbrechen eine *orangerote* Milch heraustropfen. Diese verfärbt sich, ebenso wie die Druck- und Bruchstellen grünspanartig. Der Stiel ist bei jungen Pilzen fest, später wird er hohl. Der Pilz hat einen sehr aromatischen Geruch und Geschmack. Er wird am besten in einer Mischung mit anderen Pilzen zu Suppen, Gemüsen usw. verwendet; hervorragend zu Salat und in Essig eingemacht. Der *falsche Reizker* hat eine *weiße* Milch und ist an dieser sofort erkenntlich.

MILCHBRÄTLING

Der Milchbrätling hat rotbraune Färbung des Hutes, auf der Unterseite blaßgelbe Lamellen. Der Hut ist am Rand nach unten gebogen. Beim Milchbrätling fließt als besonderes Kennzeichen beim Anbrechen reichlich weiße Milch heraus. Er hat angenehmen Geruch und Geschmack. Der Hut wird gerne mit Salz bestreut und mit Butterstückchen belegt auf der Pfanne oder im Rohr gebraten. Daher der Name Milchbrätling.

SEMMELSTOPPELPILZ

Der Semmelpilz ist ein Stachelpilz und man findet ihn in Laub- und Nadelwäldern. Der Stiel ist kurz und verbreitert sich bald zum Hut, der aus unregelmäßigen, dicken Lappen besteht. Der Hut ist auf der Oberseite semmelgelb und glatt. Die Unterseite und der Stiel sind mit sehr zerbrechlichen Stacheln besetzt. Das Fleisch ist weiß und mild, wird aber im Alter bitter. Stachelpilze sind alle eßbar. Man verwendet ihn gerne in einer Mischung mit anderen Pilzen zu Suppen, Saucen und Gemüsen; auch als Salat geeignet.

HABICHTSPILZ, HIRSCHZUNGE ODER REHPILZ

Er gehört auch zu den Stachelpilzen und ist in seiner Form dem Semmelpilz sehr ähnlich, jedoch schokolodebraun gefärbt und auf der Oberseite mit großen fleischigen Schuppen besetzt. Auf der Unterseite stehen die Stacheln so dicht, daß es an ein Rehfell erinnert, daher der Name Rehpilz. Junge Pilze haben einen sehr aromatischen Geschmack, alte sind bitter und ungenießbar. Man verwendet ihn zusammen mit anderen Pilzen oder allein wie saure Lunge zubereitet. Getrocknet als Würzpilz.

ZIEGENBART, HAHNENKAMM

Die Pilze sehen einem Meerschwamm in Farbe und Form sehr ähnlich. Man findet sie im Hochwald. Sie haben einen etwas scharfen Geruch und Geschmack. Die Farbe ist blaßgelb, bzw. leuchtend orangerot. Vor der Zubereitung empfiehlt sich gutes Abbrühen.

TRÜFFEL

Die Trüffel ist ein kartoffelähnlicher Pilz mit unterirdischem Fruchtknollen. Die Trüffel entwickelt sich unter der Erde, ist kompakt, sehr würzig, und ob ihres tiefschwarzen Fleisches besonders zum Garnieren geeignet. Verkauf meist in Dosen.

1. Gedünstete Pilze

1/2 kg Pilze · 50 g Butter oder Fett · 1 Zwiebel · Salz · 1–2 Eßlöffel Mehl
1/8 l Sauerrahm · Pfeffer · Petersilie

Die sauber geputzten Pilze blättrig schneiden. In heißer Butter oder Fett feingeschnittene Zwiebel goldgelb dünsten, die Pilze zugeben, möglichst ohne Zugabe von Wasser weichdünsten, dann mit Mehl überstäuben, mit Sauerrahm aufgießen, feingewiegte Petersilie unterrühren, mit Salz und Pfeffer abschmecken.

2. Geröstete Pilze

Die trocken geputzten, blättrig geschnittenen Pilze in heißer Butter oder Fett rasch rösten, zum Schluß salzen, angerichtet mit gewiegter Petersilie bestreuen. Sammelt man die Pilze nicht selbst und muß sie waschen, kann man diese Zubereitungsart nicht wählen. Geröstete Pilze schmecken sehr kräftig.

3. Gebratene Pilze

In heißem Fett oder ausgebratenem Speck feingeschnittene Zwiebel hellbraun rösten, die ganzen, vom Stiel befreiten, evtl. in ¹/₂ cm dicke Scheiben geschnittenen Pilze hineingeben und auf starkem Feuer unter öfterem Wenden rasch garbraten. Für diese Zubereitungsart kann man ebenfalls nur trockene Pilze verwenden. Besonders geeignet zum Braten sind Wald-, Wiesen- und Zuchtchampignons, Steinpilze, Butterröhrling, Birkenpilze, Rotkappen, Schirmpilz, Täublinge, Pfifferling, Milchbrätling, Semmelpilz und Semmelstoppelpilz.

4. Pilzschnitzel

Die sauber geputzten, von den Stielen befreiten Kappen (größere evtl. nochmals durchschneiden) mit Salz bestreuen, in Mehl, Ei und Bröseln oder dickem Eierkuchenteig wenden und in heißem Fett auf beiden Seiten hellbraun backen. Der Schirmling oder Parasol ist in dieser Zubereitungsart am besten.

5. Gegrillte Pilze

Trockene Pilze auf das Backblech oder Grillrost legen, mit Butterflöckchen oder Speckstückchen belegen und bei starker Hitze rasch gargrillen, salzen. Besonders geeignet dafür ist der Zuchtchampignon, Milchbrätling und der Semmelstoppelpilz.

6. Schwammerl mit Knödel

¹/₂ kg gemischte Pilze, Steinpilze oder Reherl · 60 g Fett · 1 Zwiebel · 2 Eßlöffel Mehl · ¹/₈ l Sauerrahm · Salz · Pfeffer · Petersilie

In heißem Fett feingeschnittene Zwiebel hellbraun rösten, die geputzten, blättrig geschnittenen Pilze zugeben und weichdünsten. Mehl in Sauerrahm verquirlen, die Schwammerln damit binden, nach Bedarf aufgießen, mit Salz und Pfeffer würzen, gewiegte grüne Petersilie untermischen. Mit gekochten Semmelknödeln zu Tisch geben.

Pilze und Pilzgerichte

7. Saures Pilzgemüse

¹/₂ kg gemischte Pilze oder Reherl · ¹/₂ l Salzwasser · Essig · 1 Lorbeerblatt 40 g Fett · 40 g Mehl

Die blättrig geschnittenen Pilze in Salzwasser mit Essig und Lorbeerblatt weichkochen. Eine mittelbraune Einbrenne mit dem Kochwasser aufgießen und die gekochten Pilze in der kräftig säuerlich abgeschmeckten Sauce noch gut durchkochen lassen. Diese Zubereitungsart eignet sich auch, wenn man nicht sehr viele Pilze hat. Sie schmeckt sehr gut.

8. Morchelgemüse

Morcheln · Salzwasser · 40 g Butter oder Fett · 1 kleine Zwiebel · 20 g Mehl Salz · Zitronensaft · Petersilie

In heißer Butter oder Fett die geschnittene Zwiebel und die sorgfältig gewaschenen (Sand), in Salzwasser abgekochten Morcheln dünsten. Mit Mehl überstäuben, etwas aufgießen, mit Salz und Zitronensaft würzen, noch etwas dünsten lassen, gehackte Petersilie untermischen. Die Stiele, besonders der älteren Morcheln, sind meist zäh und läßt man sie dann weg.

9. Gedünstete Lorcheln

Die gewaschenen, in Salzwasser abgekochten Lorcheln in Butter oder Fett dünsten, mit wenig Mehl überstäuben, mit Salz und Pfeffer abschmecken, gewiegte Petersilie zugeben. Kochwasser immer weggießen.

10. Junge Champignons

¹/₂ kg Champignons · ¹/₈ l Brühe · 20 g Butter · Salz · Zitronensaft · Petersilie

Die kleinen, unzerschnittenen Champignons in Brühe mit etwas Butter und Salz weichkochen (ungefähr 10 Minuten). Die Sauce mit angerührtem Mehl binden. Mit Zitronensaft würzen, gehackte Petersilie untermischen. Die auf diese Weise zubereiteten Champignons eignen sich sehr gut zur Garnierung.

11. Überzogene Champignons

¹/₂ kg Champignons · ¹/₈ l Brühe · 20 g Butter · Salz · 10 g Mehl oder Stärkemehl · 1 Eigelb · Weißwein

Die kleinen ganzen Pilze in Brühe mit einem Stückchen Butter und etwas Salz garen (5 Minuten), dann herausnehmen und auf einer Platte anrichten. Die überkühlte Brühe mit Mehl, Eigelb, etwas Zitronensaft oder Weißwein verrühren, über kochendem Wasser dicklich schlagen, ein kleines Stückchen frische Butter zugeben und die angerichteten Pilze mit der dicklichen Sauce überziehen.

12. Junge Champignons, roh

Die sorgfältig gereinigten Champignons in feine Blättchen schneiden und mit wenig Salz bestreut zu gebuttertem Toast reichen. Oder die rohen feinen Blättchen mit Salz, weißem Pfeffer, Öl und wenig Zitronensaft zu Salat verwenden. (Alle roh verwendeten Champignons vorher kosten, manchmal haben sie einen medizinischen Geschmack.)

13. Trüffeln zubereiten

Eine Trüffel von 100—150 g Gewicht waschen, bürsten, roh dünn schälen. In einem kleinen Gefäß unter Zugabe von halb Sherry, halb Hühnerbrühe, wenig Salz und Pfeffer in 25—30 Minuten weichkochen. Die Trüffel mit kalter Butter servieren, die Brühe in einer Mokkatasse dazu reichen. — Meistens kommt die französische, schwarze Trüffel als Dosenkonserve in den Handel. Sie findet zur Geschmacksverbesserung und zum Garnieren in der feinen Küche Verwendung. — Die norditalienische, weiße Trüffel wird meist roh — ganz fein geschnitten oder gehobelt und mit wenig Salz, weißem Pfeffer, Olivenöl und Zitronensaft angemengt — serviert.

14. Steinpilzgemüse

½ kg Steinpilze · 50 g Butter · 1 kleine Zwiebel · 1—2 Eßlöffel Mehl · ⅛ l Sauerrahm · Salz · Pfeffer

In Butter feingewiegte Zwiebel hellgelb dünsten. Die blättrig geschnittenen Steinpilze zugeben und ohne Zugabe von Wasser in eigenem Saft weichdünsten, dann mit Mehl überstäuben, mit Sauerrahm aufgießen, mit Salz und Pfeffer abschmecken, gewiegte grüne Petersilie untermischen.

15. Pilzgulyas

½ kg gemischte Pilze oder Pfifferlinge · 60 g Fett · 2 große Zwiebeln · 2 Teelöffel Paprika · 1 Eßlöffel Mehl · ⅛ l Sauerrahm · Salz · Pfeffer

In heißem Fett feingeschnittene Zwiebeln hellgelb rösten, Paprika und die blättrig geschnittenen Pilze zugeben, im eigenen Saft weichdünsten. Sauerrahm mit Mehl verquirlen, an die Pilze geben, mit Salz und Pfeffer abschmecken.

16. Pilze mit Gurken

½ kg gemischte Pilze oder Pfifferlinge · 1 Gemüsegurke · 60 g Fett · Zwiebel 20 g Mehl · ⅛ l Sauerrahm · Dill · Salz · Pfeffer

In heißem Fett kleingeschnittene Zwiebel hellgelb rösten, die blättrig geschnittenen Pilze, die geschälte, in Würfel geschnittene Gurke, feingewiegten Dill und Salz zugeben, zugedeckt weichdünsten. Mehl mit Sauerrahm verquirlen, das Gemüse damit binden, noch kurz durchkochen lassen, mit Salz und Pfeffer abschmecken.

17. Pilze mit Semmeln

½ kg gemischte Pilze oder Pfifferlinge · 40 g Fett · Zwiebel · 2 Semmeln
⅛ l Milch · 2 Eier · Salz

In heißem Fett die Zwiebel goldgelb rösten, die vorbereiteten, blättrig geschnittenen Pilze darin gardünsten. Die in Milch eingeweichten ausgedrückten Semmeln zu den gedünsteten Pilzen geben, die Eier, gehackte Petersilie und Salz zugeben. In einer Stielpfanne läßt man Fett heiß werden, gibt die Hälfte der Masse hinein, bäckt sie auf der einen Seite goldgelb, wendet sie vorsichtig um und bäckt sie auf der anderen Seite. Die zweite Hälfte der Masse wird ebenso gebacken. Dazu Salat.

18. Pilzkücherl

½ kg gemischte Pilze oder Reherl · 40 g Fett · Zwiebel · 2 Semmeln · 2 Eier
Salz · Pfeffer · Muskat · Petersilie · Fett zum Backen

Die vorbereiteten Pilze mit Zwiebel in Fett so lange dünsten, bis alle Flüssigkeit verdampft ist, dann die eingeweichten, gut ausgedrückten Semmeln, die Eier, Salz, Pfeffer, Muskat, gewiegte Petersilie zugeben evtl. durch die Maschine drehen. Wenn nötig mit etwas Bröseln festigen, Kücherl formen, in Bröseln wenden und in heißem Fett auf beiden Seiten backen. Dazu grüner Salat.

19. Pilzknödel

¼ kg Pilze · 30 g Fett · 1 Zwiebel · 8 Semmeln · 3 Eier · ⅜ l Milch · Petersilie · 4 Eßlöffel Brösel

Die blättrig geschnittenen Pilze in Fett mit Zwiebel so lange dünsten, bis nahezu alle Flüssigkeit verdampft ist. Blättrig geschnittene Semmeln mit Milch anfeuchten, die gedünsteten Pilze, die Eier, die Brösel und gewiegte Petersilie zugeben, Knödel formen, 15 Minuten in Salzwasser kochen, mit brauner Butter übergießen, Salat dazu reichen.

20. Pilze in Muscheln

Ausgefettete, mit Bröseln ausgestreute Muscheln mit dicklichem Pilzgemüse oder ganzen gedünsteten Pilzen füllen, mit Semmelbröseln und reichlich geriebenem Käse bestreuen, mit zerlassener Butter betropfen, aufs Blech stellen und im Rohr überbacken. Vorspeise.

21. Schwammerlreis

80 g Fett · ½ kg gemischte Pilze, Pfifferlinge oder Steinpilze · 1 Zwiebel
250 g Reis · ¾ l Salzwasser · 1 Brühwürfel · Käse zum Bestreuen

In heißem Fett feingeschnittene Zwiebel goldgelb rösten, die blättrig geschnittenen Pilze zugeben und weichdünsten. Dann den verlesenen Reis zugeben, etwas anrösten lassen, den aufgelösten Brühwürfel und Wasser zugeben und den Reis zugedeckt weichdünsten. Angerichtet mit geriebenem Käse bestreuen und grünen Salat dazu reichen.

22. Pilzpichelsteiner

1/2 kg gemischte Pilze oder Pfifferlinge · 1/2 kg verschiedene Gemüse · 1/2 kg Kartoffeln · 80 g Fett · 1 Zwiebel · Salz · Petersilie

In heißem Fett erst die gehackte Zwiebel und die geschnittenen Pilze dünsten, dann die vorbereiteten Gemüse, die Kartoffelwürfel, Salz und knapp bedeckt Wasser zugießen, zugedeckt weichdünsten, gehackte Petersilie untermischen.

23. Hirschling, wie saure Lunge zubereitet

Den Hirschling in Scheiben oder Blättchen schneiden. Salzwasser mit Essig, Lorbeerblatt und Zitronenschale aufkochen, die geschnittenen Pilze darin weichkochen. Aus Fett, Zwiebel und Mehl eine dunkle Einbrenne machen, mit Pilzsud aufgießen, kräftig mit Essig, Salz und Pfeffer abschmecken, die weichgekochten Pilze noch kurz in der Sauce dünsten. Dazu Kartoffeln oder Knödel.

24. Pilzpfannkuchen

1/2 kg gemischte Pilze oder Reherl · 20 g Fett · 1 Zwiebel — Teig: 250 g Mehl 3 Eier · 3/8 l Milch · Salz · Backfett

In heißem Fett die Zwiebel hellbraun rösten, die geschnittenen Pilze darin weichdünsten. Aus den angegebenen Zutaten einen Eierkuchenteig bereiten, die gedünsteten Pilze untermischen. Pfannkuchen backen, angerichtet mit gehackter Petersilie bestreuen. Mit grünem Salat zu Tisch geben. — Man könnte auch Eierkuchen backen und diese mit sehr gut abgeschmecktem, dicklichen Pilzgemüse bestreichen und aufrollen. Mit Salat zu Tisch geben.

25. Pilzmayonnaise

1/4 kg Steinpilze oder Champignons · 20 g Butter · Petersilie · 1—2 Eigelb 1/8 l Öl (oder statt Eigelb und Öl 150 g fertige Mayonnaise) · Salz · Pfeffer Senf

Die blättrig geschnittenen Pilze in Butter weichdünsten, mit gehackter Petersilie mischen. Aus Eigelb und Öl eine Mayonnaise rühren, die gedünsteten Pilze untermischen, gut abschmecken.

26. Pilzmayonnaise in Tomaten oder Paprikaschoten

Ausgehöhlte, gesalzene Tomaten oder halbierte rohe Paprikaschoten mit Pilzmayonnaise füllen, auf einer Platte hübsch anrichten und mit Weißbrot und Butter zu Tisch geben.

27. Pilze auf gerösteten Weißbrotscheiben

400 g feine Pilze · 40 g Butter · 1 Zwiebel · Petersilie · 2 Eßlöffel Mehl
2 Eier · 4 Eßlöffel geriebener Käse · 8 Weißbrotscheiben

Die geschnittenen Pilze mit Zwiebel in Butter weichdünsten, mit Mehl überstäuben, die dickliche Masse mit Ei und geriebenem Käse mischen, pikant abschmecken, evtl. etwas Brösel zugeben. Dick auf Weißbrotscheiben streichen, mit geriebenem Käse bestreuen, aufs Blech legen und bei guter Hitze im Rohr überbacken.

28. Geröstete Weißbrotscheiben mit Tomaten und Pilzen

Auf beiden Seiten in Butter geröstete Weißbrotscheiben kurz vor dem Anrichten mit gesalzenen Tomatenscheiben belegen, Pilzmayonnaise darübergeben und die appetitlichen Brötchen mit gehacktem Schnittlauch oder Petersilie bestreuen.

29. Pilzsalat

½ kg gemischte Pilze · 1 Zwiebel · Salz · Pfeffer · Essig · 2 Eßlöffel Öl

Die ganzen Pilze in wenig kochendes Salzwasser geben und 10 Minuten kochen. Erkaltet aus dem Kochwasser nehmen, in beliebig große Stücke oder Blättchen schneiden und mit Salz, Pfeffer, Essig und Öl zu Salat anmengen. Je nach Geschmack können aber auch alle anderen zur Bereitung von Pilzen angegebenen Gewürze verwendet werden. Zur Herstellung von Salat eignen sich nur festere Pilzarten, z. B. Pfifferlinge, Semmelpilz, Semmelstoppelpilz, Habichtspilz, Reizker sowie die Gallertpilze, z. B. rotbrauner Gallertpilz, Eispilz. — Sehr gute Zubereitungsart für Pilze.

30. Champignonsalat

¼ kg Champignons · 2 Teelöffel Öl · Salz · Zitronensaft

Die geputzten, gewaschenen, gut abgetropften Champignons ganz kurz mit Salz im eigenen Saft dünsten, abgekühlt mit Öl, Pfeffer und Zitronensaft anmengen. Oder gut abgetropft mit Mayonnaise mischen.

31. Gemischter Pilzsalat

¼ kg gemischte Pilze · ¼ kg Kartoffeln · 4 Tomaten · 2 grüne Paprika
1 kleine Zwiebel · Salz · Essig · Öl

Blättrig geschnittene Pilze im eigenen Saft weichdünsten, Pellkartoffeln abziehen und zu kleinen Würfeln schneiden, Paprika zu ganz feinen Streifen, entkernte Tomaten zu Würfeln. Alle Zutaten mischen und mit feingehackter Zwiebel, Salz, Essig und Öl würzig anmengen.

32. Getrocknete Pilze

Nahezu alle Arten von genießbaren Pilzen können getrocknet werden. Besonders geeignet sind Pilze mit ausgeprägtem Geschmack, z. B. Steinpilz, Champignon, Rotkappen, Birkenpilz, Schirmpilz, Morcheln, Semmelstoppelpilz, Semmelpilz, Habichtspilz, Hallimasch, Pfifferlinge, Ziegenbart, Mairitterling, Trichterling, Kampfermilchling, Reizker und viele andere mehr. Pilze, die getrocknet werden, dürfen *nicht* gewaschen werden. Sie werden sauber geputzt, in Blättchen geschnitten und flach ausgebreitet. Das Trocknen geschieht entweder an der Luft oder im offenen Rohr bei 30–35° C. Die Ofentrocknung geht viel rascher und ist daher der Lufttrocknung vorzuziehen. Die Wärme darf nicht zu groß sein, sonst dämpfen die Pilze (siehe angegebene Temperatur). Während des Trocknens werden die Pilze öfters umgewendet. Die Aufbewahrung geschieht in gutabschließenden Gläsern oder Blechbüchsen. Getrocknete Pilze werden am Vorabend eingeweicht, sie können dann wie frische zubereitet werden. Das Einweichwasser ist mitzuverwenden. (50 g getrocknete Pilze = 500 g frische Pilze.)

33. Pilzpulver

Pilzarten, Vorbereiten und Trocknen der Pilze wie im vorstehenden Rezept. Die sehr spröd getrockneten Pilze werden dann auf einer Haushaltmühle sehr fein gemahlen und in gut schließenden Gläschen aufbewahrt. — Das Pilzpulver ist um so besser im Geschmack, je mehr man es versteht, die Geschmacksunterschiede der Pilze aufeinander abzustimmen. Es gibt auch ausgesprochene Gewürzpilze: z. B. wohlriechender Milchling (Maggipilz), Pfeffermilchling (Peperoni), Knoblauchpilz (Mousseron). Pilzpulver wird zur Herstellung von Suppen und Saucen, zum Würzen, zur Herstellung von Pilzbutter, zum Würzen von Topfen als Brotaufstrich, als Beigabe zu Eierkuchenteig, zum Abschmecken von Mayonnaise usw. verwendet.

34. Flüssige Pilzwürze (Pilzessenz)

Alle Arten von genießbaren Pilzen können dazu verwendet werden
5 kg Pilze · 1/4 kg Salz

Die Pilze werden zerkleinert, mit Salz vermischt und gut zugedeckt oder zugebunden 4 Tage kühl stehen gelassen. Dann preßt man die Pilze durch ein Tuch, würzt den Saft mit frischen oder getrockneten Gewürzkräutern, läßt ihn eine halbe bis dreiviertel Stunde langsam kochen und füllt ihn (vorher evtl. nochmals durchgießen) in kleine Weckflaschen. Diese noch 25 Minuten im Wasserbad kochen.

35. Pilzwürze mit Wein

1½ kg Pilze · ¼ l Weißwein · Zitronenschale · Salz

Alle Arten von genießbaren Pilzen können dazu verwendet werden. Die zerkleinerten Pilze mit Zitronenschale und etwas Salz in einfachen Weißwein geben und darin 45 Minuten kochen. Den durchgeseihten Wein in kleine Weckflaschen füllen, noch 15 Minuten im Wasserbad kochen, dunkel und kühl aufbewahren.

36. Sterilisierte Pilze

Nahezu alle Arten von genießbaren Pilzen können auf diese Weise eingemacht werden. Besonders gut schmecken fleischige Pilzarten, z. B. Steinpilz, Rotkappen, Schirmling, Champignon, Pfifferlinge usw. — Die sorgfältig gereinigten Pilze 10 Minuten in Salzwasser kochen, in vorgewärmte Gläser füllen (bis zwei Fingerbreit unter den Rand), soviel mit einigen Zitronenscheiben gekochtes Salzwasser auffüllen, daß die Pilze davon bedeckt sind. Dann die Gläser gut verschließen, 1 Stunde bei 100 Grad Celsius kochen und anschließend langsam abkühlen lassen. Nach einigen Tagen die Pilze nochmals 30 Minuten bei 100 Grad Celsius kochen. — Zeigt sich trotz sorgsamster Behandlung nach einiger Zeit ein weißer Satz, so dürfen die Pilze nicht mehr verwendet werden. — Pilze aus aufgegangenen Gläsern niemals verwenden! — Die weitere Verwendung der sterilisierten Pilze ist wie die der frischen, nur muß die Kochzeit viel kürzer gehalten werden.

37. Pilze in Essig

Dazu eignen sich nur junge, gesunde und feste Pilze. Besonders gut schmecken in Essig eingemacht: Champignons, Steinpilze, Butterpilz, Rotkappen, Pfifferling, echter Reizker.

1½ kg Pilze · Salzwasser · ½ l Weinessig · ⅛ bis ¼ l Wasser · Zwiebel 1 Lorbeerblatt · Estragon · Borretsch · Zitronenschale · 2 Teelöffel Salz 2 Teelöffel Zucker

Die Pilze sauber abschaben, den Stiel daranlassen, rasch waschen, in Salzwasser 5 Minuten kochen, auf einem Sieb abtropfen lassen. Den Essig mit den Gewürzen 15 Minuten kochen, dann die Pilze darin langsam 5 Minuten kochen, mit einem Sieblöffel herausnehmen und in kleine Gläschen füllen. (Pilze nur bis zur Hälfte einfüllen, damit genügend Platz für den Essig bleibt.) Den Essig noch 10 Minuten kochen und abgekühlt über die Pilze gießen. Die Gläschen zubinden, den Essig nach zwei Tagen nochmals abgießen, aufgekocht und erkaltet über die Pilze geben. Der Essigsud muß jeweils abgeschmeckt werden. Ist er nicht sauer genug, muß man noch reinen Essig zugeben. Das Abgießen und Aufkochen nach 8 Tagen nochmals wiederholen. Dann die Gläser endgültig verschließen. Um die Haltbarkeit zu erhöhen, kann man nach dem letzten Aufkochen auf den Essig eine dünne Ölschicht geben und dann zubinden.

Salate

Salate bereitet man aus den ausgesprochenen Salatgewächsen, aus Gemüsen sowie aus den verschiedensten Nahrungsmitteln zu.

Salate sind für unsere Gesundheit wertvoll. Sie sind als Frischsalate reiche Vitaminträger, in ihrer Vielseitigkeit eine erwünschte Ergänzung und schmackhafte Belebung unseres Speisezettels.

Die Zubereitungsmöglichkeiten für Salate sind äußerst manigfaltig und lassen dem Geschmack und der Individualität größten Spielraum.

Wichtig bei der Zubereitung jeden Salates ist entsprechende Sorgfalt.

1. Rohe Salate

Blattsalate trocken von den schlechten Teilen befreien, die ganzen Blätter unter schwach fließendem kaltem Wasser reinigen. Endivien vom Endivienboden aus in 4 Teile teilen, schlechte Blätter und Blattenden entfernen, unter fließendem Wasser waschen. Alle anderen Salate entsprechend der Art vorbereiten. Alle rohen Salate erst kurz vor Tisch anmengen. Die Salatzutaten Salz, Zucker, Öl, Essig, Gewürzkräuter entweder zu einer Salatsauce mischen und damit den vorbereiteten Salat übergießen oder alle Zutaten auf den Salat geben und alles mitsammen gut mit dem Salat vermengen. Mischt man die einzelnen Zutaten nacheinander mit dem Salat, so fallen die Blattsalate leicht zusammen. Außer den angegebenen Salatzutaten wird statt Essig gern Zitrone oder Sauerrahm verwendet. Auch Senf oder flüssige Brühwürze sowie Pfeffer, Paprika usw. wird je nach Geschmack dem Salat zugesetzt. Hat man gern den Geschmack von Knoblauch, so ist es am vorteilhaftesten, die Schüssel, in der der Salat angemengt wird, mit einer durchgeschnittenen Knoblauchzehe auszureiben. Zwiebel wird niemals gerieben an den Salat gegeben, sondern immer nur ganz feingeschnitten oder gewiegt.

2. Salatsauce

1 Teelöffel Salz · ¹/₂ Teelöffel Zucker · 4 Eßlöffel Öl · 1 Eßlöffel Essig oder Zitronensaft

Die angegebenen Zutaten in einem Töpfchen mischen, über den vorbereiteten Salat gießen und gut damit anmengen.

3. Kopfsalat

1 Salat · 1 Teelöffel Salz · ¹/₂ Teelöffel Zucker · 2 Eßlöffel Öl · 1 Eßlöffel Essig oder Zitronensaft

Vom Salat die einzelnen Blätter nach und nach ablösen, die evtl. schlechten Stellen und die dunkelgrünen oberen Teile der Blätter entfernen. Die so vorbereiteten Blätter einzeln unter schwach fließendem kalten Wasser reinigen, dann längs der Blattrippe und jede Blatthälfte nochmals durchteilen. Auf einem Tuch oder Sieb zugedeckt abtropfen lassen. Dann in eine Schüssel geben, mit Salz und Zucker überstreuen, Öl und Essig daraufgießen und den Salat mit den sauberen Händen locker anmengen. Ist man nicht sicher in den notwendigen Mengen von Salz, Zucker, Öl und Essig, macht man sich in einem Töpfchen eine Mischung von angegbenen Zutaten, kostet diese und gießt sie dann über den vorbereiteten Salat. Gibt man an den Salat Gewürzkräuter, so werden diese feingewiegt über den Salat gestreut, locker damit durchgemischt und der Salat dann erst mit den Salatzutaten angemengt. Als Salatkräuter eignen sich aus der großen Zahl unserer heimischen Gewürzkräuter besonders gut: Zwiebel, Schnittlauch, Petersilie, Estragon, Borretsch, Basilikum, Dill, Pimpernelle, Zitronen-Melisse. Man kann nur eine Art von Kräutern zugeben, kann aber auch je nach persönlichem Geschmack verschiedene Arten mischen. Die Zugabe der Kräuter gestaltet man so, daß der Eigengeschmack des Salates wohl gehoben, nicht aber überdeckt wird. Für festliche Gelegenheiten garniert man Kopfsalat mit Spalten von hartgekochtem Ei und zu Röschen geschnittenen Radieschen.

4. Kopfsalat mit Speck

1 Salat · 40 g Speck · 1 Teelöffel Salz · ¹/₂ Teelöffel Zucker · 1 Eßlöffel Essig

Den vorbereiteten Salat mit Salz und Zucker bestreuen und mit dem in sehr kleine Würfel geschnittenen, hellgelb ausgebratenen Speck, zu dem man den Essig gegeben hat, übergießen und anmengen. (Dadurch, daß man den Essig zum ausgebratenen Speck gibt, kühlt dieser etwas ab und der Salat fällt beim Anmengen weniger leicht zusammen.)

5. Feldsalat (Ackersalat, Vogerlsalat, Rapunzel, Nissel)

200 g Nisselsalat · Salz · Zucker · Öl · Essig · etwas Zwiebel

Den sorgfältig verlesenen, geputzten (die Pflänzchen müssen erhalten bleiben, nur die Wurzel und die schlechten Blätter werden entfernt), zwei- bis dreimal gewaschenen, gut abgetropften Salat mit Salz, Zucker, Öl, Essig und feingewiegter Zwiebel kurz vor Tisch locker anmengen. Nisselsalat schmeckt auch gut, wenn man die Salatschüssel vorher mit etwas Knoblauch ausreibt, die Zwiebel läßt man dann weg.

6. Schnittsalat

Schnittsalat · Salz · Zucker · Öl · Essig

Den vorbereiteten Salat mit Salz, Zucker, Öl und Essig locker anmengen. Er fällt sehr leicht zusammen, muß daher besonders sorgfältig und im letzten Augenblick angemengt werden.

7. Endiviensalat

1 Endivie · Salz · Zucker · Öl · Essig

Der stark grüne Teil der Endivienblätter wird abgeschnitten und der Salat gewaschen. Dann wird er entweder in 1 cm breite Streifchen oder ganz feinnudelig geschnitten. Den Salat mit den angegebenen Zutaten anmengen. Der grobgeschnittene Endiviensalat fällt weniger zusammen.

8. Eissalat

1 Eissalat · Salz · Zucker · Öl · Essig

Den geputzten, gewaschenen, abgetropften Salat mit den angegebenen Zutaten gut anmengen. Eissalat fällt nicht so leicht zusammen, die Blätter sind meist gelb, der Geschmack mild.

9. Tomatensalat

½ kg Tomaten · Salz · Zwiebel · Öl · Essig

Die gewaschenen, abgetrockneten Tomaten mit einem scharfen, dünnen Messer oder einem Tomatenmesser in Scheiben schneiden. Diese in einer Schüssel oder auf einer Platte anrichten, nur mit Salz und kleinen Zwiebelwürfelchen bestreuen oder noch Öl und Essig zugeben.

10. Gurkensalat

*1 Salatgurke · Salz · Pfeffer · Paprika · Essig · Öl oder Sauerrahm
Salatkräuter*

Die Gurke von der Blüte zum Stiel dünn schälen, fein schneiden oder hobeln. Mit Salz und Pfeffer oder Paprika bestreuen, Essig und Öl oder Sauerrahm zugeben und den Salat damit kurz vor Tisch anmengen. Als Salatkräuter sind besonders Gurkenkraut, Dill, Estragon und Petersilie geeignet. Sie werden feingewiegt über den angerichteten Salat gestreut. Hat man keine Salatgurke, sondern eine feste Gemüsegurke zur Verfügung, kann man den Salat etwas einsalzen und erst nach einiger Zeit anmengen. Die festen Scheiben dieser für Salat nicht besonders geeigneten Sorte werden dadurch etwas weicher.

11. Kresse

Man verwendet dazu die im Frühjahr an Bachrändern wild wachsende Brunnenkresse und Steinkresse, aus Gärtnereien bekommt man die Englische Wasserkresse und die ganz zarte Gartenkresse. Die gewaschene, abgetropfte Kresse als Beigabe zu Butterbrot, als Garnitur zu Eierplatten (besonders zu Ostern beliebt) oder angemengt als Salat geben.

12. Rettichsalat

1–2 weiße Rettiche (Bierrettich) · Salz · Öl · Essig

Den Rettich raspeln, mit Salz bestreuen, Öl und Essig zugeben und gut anmengen. Schwarzer Winterrettich wird nicht geraspelt, sondern fein gerieben.

13. Rettich mit Gurken

1 Salatgurke · 1 Rettich · Salz · Öl · Essig

Gurke fein aufhobeln, zu Salat anmengen. Rettich ebenfalls sehr fein aufhobeln oder raspeln und anmengen, dann die beiden fertigen Salate mischen.

14. Meerrettichsalat

1 Stange Meerrettich · $1/4$ l Wasser · 2 Eßlöffel Zucker · 4 Eßlöffel Essig

Wasser mit Zucker und Essig aufkochen, den geschälten, feingeriebenen Meerrettich zugeben, einmal aufkochen lassen.

15. Chicoréesalat

$1/4$ kg Chicorée · Salz · Essig · Öl

Chicorée zu ungefähr $1/2$ cm breiten Streifchen schneiden, waschen, auf einem Sieb gut abtropfen lassen, mit Salz, Öl und Essig knapp vor Tisch anmengen.

16. Paprikasalat

$1/2$ kg Paprika · 1 kleine Zwiebel · Salz · Öl · Essig

Die vom Fruchtknoten und allen Samenkörnern befreiten Paprika in feine Streifchen schneiden. Mit Salz bestreuen, 5 Minuten stehen lassen, dann mit feingehackter Zwiebel, Öl und Essig anmengen.

Salate

17. Paprikasalat mit Tomaten

¼ kg Paprika · ¼ kg Tomaten · 1 Zwiebel · Salz · Öl · Essig

Vorbereitete Paprika in feine Streifen, Tomaten in Scheiben oder Achtel, Zwiebel in feine Würfelchen schneiden. Alles in eine Salatschüssel geben und mit Salz, Öl und Essig gut anmengen.

18. Roher Kohlrabisalat

2 junge Kohlrabi · Salz · Öl · Essig

Die geschälten Kohlrabi raspeln, mit Salz, Öl und Essig kurz vor Tisch anmengen.

19. Roher Gelbrübensalat

¼ kg Gelbrüben · ⅛ l Sauerrahm · Salz · Petersilie

Die sauber geschabten und gewaschenen Gelbrüben auf einem feinen Reibeisen reiben, sofort mit Sauerrahm anmengen (Farbe), wenig salzen und, wenn nötig, noch mit etwas Zitronensaft oder Essig nachsäuern. Den angerichteten Salat mit feingehackter Petersilie bestreuen.

20. Roher Selleriesalat

1 Sellerie · Salz · ⅛ l Sauerrahm

Sellerie schälen, fein reiben, sofort mit Sauerrahm (Farbe) anmengen, wenig salzen und, wenn nötig, mit etwas Zitronensaft oder Essig nachsäuern.

21. Weißkrautsalat

½ kg Weißkraut · Salz · Pfeffer · Essig · Öl

Frisches, zartes Sommerweißkraut feinhobeln, mit Salz bestreuen, mit Fleischklopfer oder dergleichen weichklopfen, dann mit Öl, Essig und etwas weißem Pfeffer anmengen. Das gehobelte Weißkraut kann auch überbrüht, gut abgetropft und dann mit Salz, Pfeffer, Öl und Essig angemengt werden. Die zweite Zubereitungsart ist auch für gelagertes Winterkraut geeignet.

22. Blaukrautsalat

¼ kg Blaukraut · 2 Äpfel · Salz · Zucker · Öl · Essig

Blaukraut und die geschälten Äpfel fein aufhobeln, alles mit wenig Salz bestreuen und mit dem Fleischklopfer weichklopfen. Den Salat mit Zucker, Öl und Essig fertig anmengen.

23. Rohe Salate mit Mayonnaise

Salat · Mayonnaise

Fertig (ohne Öl) angemengten Salat sorgsam mit fertiger, gut abgeschmeckter, nicht zu dicker Mayonnaise mischen. Wichtig ist, daß der Salat gut abgetropft ist, da sonst die Mayonnaise zu sehr verdünnt würde.

24. Gekochte Salate

Die gekochten Salate bereitet man aus Gemüsen. Im Gegensatz zu den Rohsalaten werden sie besser am Vortag oder zum mindesten einige Stunden vor Gebrauch zubereitet. Je nach der Gemüseart dieses weichkochen, zerteilen, mit einer Essigmarinade durchziehen lassen. Dann einen Teil derselben abgießen und den Salat mit Öl anmengen. Das Öl kann bei gekochten Salaten auch wegbleiben. Statt mit Öl kann man die Salate auch mit Sauerrahm oder Mayonnaise mischen.

25. Spargelsalat

½ kg Spargel · Salzwasser · Essig · Öl

Den geschälten, in gleichmäßige, ungefähr 4 cm lange Stücke geschnittenen Spargel in wenig Salzwasser weichkochen, in eine Schüssel geben, so viel von dem Kochwasser daraufgießen, daß der Spargel knapp davon bedeckt ist, Essig zugießen, daß die Marinade gut säuerlich schmeckt. Bei Gebrauch den überflüssigen Teil der Marinade abgießen und den Salat mit Öl fertigmachen. Angerichtet mit feingewiegter Petersilie bestreuen.

26. Hopfenspargelsalat

Hopfenspargel · Salzwasser · Essig · Öl · Pfeffer

Die jungen Hopfensprossen in wenig Salzwasser weichkochen, mit einem Teil des Kochwassers unter Zugabe von Essig gut durchziehen lassen (marinieren), vor Tisch den Salat mit Öl fertigmachen, mit gehackter Petersilie bestreuen.

Salat von Soyakeimen wird auf dieselbe Art zubereitet.

27. Porreesalat

¾ kg Porree · Salzwasser · Essig · Öl · Pfeffer

Die von den oberen, stark grünen Blattenden und der Wurzel befreiten Lauchstangen der Länge nach durchschneiden, unter fließendem Wasser sorgfältig waschen, in Salzwasser weichkochen. Dann im ganzen oder zu 4 cm langen Stücken geschnitten auf einer tiefen Platte anrichten, mit einem Teil des Kochwassers unter Essigzugabe gut durchziehen lassen (marinieren), dann die überflüssige Marinade abgießen, den Salat mit etwas Pfeffer bestreuen und mit Öl betropfen.

Salate

28. Schwarzwurzelsalat

¹/₂ kg Schwarzwurzeln · Salzwasser mit 1 Eßlöffel Essig · Zucker · Öl

Die geputzten ganzen Schwarzwurzeln in Salzwasser mit etwas Essig weichkochen, in Essigwasser marinieren, dann auf einer Platte anrichten, mit etwas feinem Pfeffer bestreuen und mit Öl betropfen. (Garzeit 45 Minuten.)

29. Blumenkohlsalat

1 Blumenkohl · Salzwasser · Essig · Öl

Den Blumenkohl im ganzen oder in Röschen geteilt in Salzwasser weichkochen, mit einem Teil des Kochwassers, das mit Essig gesäuert wurde, marinieren. Bei Gebrauch die überflüssige Marinade abgießen und den Salat mit Öl, eventuell etwas Pfeffer fertig anmengen.

30. Selleriesalat

1 Sellerie · Salzwasser · Essig · Zucker · Pfeffer · Öl

Die Sellerieknolle in Salzwasser weichkochen, noch warm schälen und in Scheiben schneiden, womöglich mit dem Buntmesser. Mit Essig, Salz, Zucker, Pfeffer und Öl vorsichtig zu Salat anmengen und gut durchziehen lassen.

31. Gelbrübensalat

*¹/₂ kg Gelbrüben · Salzwasser · Essig · Zwiebel · Salz · Zucker
eventuell geriebener Meerrettich · Petersilie*

Die Gelbrüben in Salzwasser weichkochen, dann die Haut abziehen und mit dem Buntmesser zu schönen Scheiben oder Streifchen schneiden. In Salzwasser mit etwas Essig marinieren, dann abgießen und den Salat mit Salz, Zucker, Essig, Öl, feingehackter Zwiebel und, wenn vorhanden, etwas geriebenem Meerrettich anmengen. Angerichtet mit feingewiegter Petersilie bestreuen.

32. Roter-Rüben-Salat (Rote Beete)

*1 kg rote Rüben · Salzwasser · ¹/₄ l Essigwasser · 1 Teelöffel Kümmel
2 Lorbeerblätter · 1 Eßlöffel Zucker*

Die gewaschenen, unverletzten roten Rüben in Salzwasser weichkochen, die Haut abziehen, fein aufhobeln oder zu Scheiben schneiden. Essigwasser mit Salz, Zucker, Kümmel oder Lorbeerblatt aufkochen, über die geschnittenen roten Rüben gießen und den Salat einige Zeit durchziehen lassen. Vorteilhaft ist es, wegen der langen Kochdauer der roten Rüben gleich eine größere Menge zu kochen, den Salat in einen Steintopf zu geben und kühlgestellt zum Gebrauch bereitzuhalten.

33. Salat von jungen grünen oder gelben Bohnen

³/₄ kg junge Bohnen · Salzwasser · Bohnenkraut · 1 Zwiebel · Essig · Öl

Die von den Fäden befreiten ganzen oder geschnittenen Bohnen in wenig Salzwasser mit einem Sträußchen Bohnenkraut weichkochen, dann mit feingewiegter Zwiebel, Essig, Öl und ganz wenig von der Kochbrühe anmengen, gut durchziehen lassen, Salatschüssel mit Knoblauch ausreiben.

34. Salat von grünen Feuerbohnen

³/₄ kg Feuerbohnen · Salzwasser · 1 Zwiebel · Essig · Öl · Pfeffer

Die abgezogenen Feuerbohnen durch die Schnippelmaschine drehen oder fein aufschneiden, in wenig Salzwasser mit Bohnenkraut weichkochen, auf einem Sieb abtropfen lassen, mit feingewiegter Zwiebel, Essig, Öl, Pfeffer und ganz wenig Kochbrühe anmengen, gut durchziehen lassen. Salatschüssel mit Knoblauch ausreiben.

35. Gemischter Gemüsesalat

1 kg Gemüse (Spargel, Karotten, grüne Erbsen, grüne Bohnen, Sellerie, Blumenkohl, Rosenkohl) · Salzwasser · Essig · Öl · Pfeffer · Petersilie

Eine beliebige Zusammenstellung verschiedener Gemüse vorbereiten, in wenig Salzwasser weichkochen, mit Essig säuern und durchziehen lassen. Dann die überflüssige Marinade abgießen und mit Öl, Pfeffer und feingehackter Petersilie anmengen. Sehr gut ist es, den marinierten, vollständig abgetropften Salat mit Mayonnaise zu mischen.

36. Kartoffelsalat

1 kg gedämpfte Kartoffeln · ¹/₄ l Wasser oder Brühe · 1 Zwiebel 1 Eßlöffel Salz · 4 Eßlöffel Essig · 4 Eßlöffel Öl · Pfeffer

Die gedämpften, abgezogenen, überkühlten Kartoffeln in Blättchen schneiden und mit der aus den angegebenen Zutaten hergestellten Salatsauce mischen. Die Zwiebeln sind weicher und feiner im Geschmack, wenn man sie mit kochender Brühe oder Wasser übergießt und dann Salz, Essig, Pfeffer und Öl zugibt. Zum Anmengen muß die Salatsauce wieder etwas abgekühlt sein. Damit der Kartoffelsalat nicht breiig wird, muß man *Salat*kartoffeln verwenden und beim Anmengen vorsichtig sein.

37. Kartoffelsalat mit Speck

1 kg gedämpfte Kartoffeln · 50 g Speck · ¹/₄ Essigwasser · 1 Eßlöffel Salz 1 Zwiebel · Pfeffer

Gedämpfte, abgezogene, in Scheiben geschnittene Kartoffeln mit einer warmen Marinade von kleinwürfelig geschnittenem, ausgebratenem Speck, Essigwasser · Salz · Zwiebelwürfeln und Pfeffer übergießen, gut anmengen, warm servieren.

Salate

38. Kartoffelsalat mit Mayonnaise

*1 kg gedämpfte Kartoffeln · ¼ l Wasser oder Brühe · 1 Eßlöffel Salz
4 Eßlöffel Essig · Pfeffer · 100 g Mayonnaise*

Gedämpfte, abgezogene, in Scheiben geschnittene Kartoffeln mit einer aus den angegebenen Zutaten hergestellten Marinade anmengen und durchziehen lassen. Dann die gut abgeschmeckte Mayonnaise zugeben und mit dem Salat mischen. Nach Geschmack die Mayonnaise mit reichlich Senf abschmecken.

39. Salat mit getrockneten weißen Bohnen

¼ kg weiße Bohnen · Wasser · 1 Zwiebel · Salz · Essig · Öl

Die verlesenen Bohnen über Nacht einweichen, am nächsten Tag im Einweichwasser weichkochen, auf einem Sieb abtropfen lassen. Anschließend in einer Schüssel mit feingehackter Zwiebel, Salz, Essig und Öl zu Salat anmengen, gut durchziehen lassen.

40. Linsensalat

¼ kg Linsen · Wasser · 1 Zwiebel · Salz · Essig · Öl

Die sorgfältig verlesenen Linsen über Nacht einweichen, am nächsten Tag im Einweichwasser weichkochen, auf einem Sieb abtropfen lassen. In eine Schüssel geben und mit feingewiegter Zwiebel, Salz, Essig und Öl gut anmengen, durchziehen lassen.

41. Salat von gekochtem Ochsenfleisch

Gekochtes Ochsenfleisch · 1 Zwiebel · Salz · Pfeffer · Essig · Öl · Schnittlauch

Reste von gekochtem Ochsenfleisch von Fett und Haut befreien, zu feinen Streifchen, Scheibchen oder Würfelchen schneiden. Mit feingehackter Zwiebel, Salz, Pfeffer, Essig und Öl zu Salat anmengen, durchziehen lassen. Angerichtet mit Schnittlauch bestreuen.

42. Ochsenmaulsalat

½ Ochsenmaul · Salzwasser · 1 Zwiebel · Salz · Pfeffer · Essig · Öl

Das gut gereinigte Ochsenmaul in Salzwasser mit etwas Essig weichkochen. Nach dem Erkalten das Fleisch von den Knochen lösen und nudelartig oder zu feinen Blättchen aufschneiden. Den Salat mit geschnittener Zwiebel, Salz, Pfeffer und Essig anmengen, durchziehen lassen, dann das Öl zugeben.

Salate

43. Wurstsalat

400 g frische Fleischwurst, z. B. Lyoner · 1 Zwiebel · Salz · Pfeffer · Essig Öl

Die gehäutete Wurst in feine Scheiben schneiden und mit geschnittener Zwiebel, Salz, Pfeffer, Essig und Öl zu Salat anmengen.

44. Wildbretsalat

½ kg Bratenreste von Wildbret · 8 Sardellen · 1 kleine Zwiebel · 1 Eßlöffel Kapern · Salz · Pfeffer · Essig · Öl

Die in dünne Scheiben geschnittenen Bratenreste mit Kapern, gewiegter Zwiebel und Sardellen mischen. Den Salat mit Salz, Pfeffer, Essig und Öl kräftig anmengen, durchziehen lassen, angerichtet mit Tomatenscheiben und Spalten von hartgekochtem Ei verzieren.

45. Bunter Salat

¼ kg gedämpfte Kartoffeln · 2 Gelbrüben · ½ Sellerie · 125 g Rosenkohl Salz · Pfeffer · Essig · Öl

Die gedämpften, abgezogenen Kartoffeln und das in Salzwasser gekochte Gemüse in kleine Würfelchen schneiden bzw. vierteln. Den Salat mit Salz, Pfeffer, Essig und Öl anmengen und durchziehen lassen. Nach Geschmack mit Mayonnaise mischen.

46. Pikanter Rosenkohlsalat

250 g Rosenkohl · 100 g Mayonnaise · 100 g Lachsschnitzel

Rosenkohl in Salzwasser weichkochen. Mayonnaise mit Lachsschnitzel mischen und den gut abgetropften Rosenkohl damit anmengen.

47. Gemüsesalat in Aspik

¾ kg junges Gemüse (Spargel, Karotten, grüne Erbsen, grüne Bohnen usw.) Salzwasser · ½ l Gemüsewasser · Essig · Fleischwürze · 12 Blatt farblose Gelatine · 2 hartgekochte Eier · 100 g Mayonnaise (2 Eigelb, ⅛ l Öl) Salz · Pfeffer

Vorbereitetes, kleingeschnittenes Gemüse in Salzwasser weichkochen, auf einem Sieb abtropfen lassen. ¼ l Gemüsewasser mit Essig, Salz und Fleischwürze abschmecken, die aufgelöste, farblose Gelatine zugeben. Wenn diese Flüssigkeit erkaltet ist, mit dem Gemüse, den hartgekochten, kleingehackten Eiern und der inzwischen fertiggestellten, gerührten Mayonnaise mischen. In eine beölte Kuppelform oder rundes Schüsselchen füllen, am nächsten Tag einige Sekunden in heißes Wasser tauchen, auf eine Platte stürzen, mit Spalten von hartgekochten Eiern und Tomaten umgeben. Mit Bratkartoffeln als Abendessen oder für ein kaltes Buffet.

48. Salatplatten anrichten

1. In der Mitte der Platte oder Portionstellerchen Kartoffelsalat mit einem Kranz von Eischeiben belegt. Darum auf der einen Hälfte Gurkensalat, auf der andern Salat von grünen Bohnen. An den beiden Nahtstellen von Bohnen- und Gurkensalat je eine kleine Tomatenhälfte mit Mayonnaise gefüllt.

2. Auf die Platte oder Teller einen Kranz von Selleriesalat, außen herum gekochten Gelbrübensalat. In die Mitte eine halbierte, ausgehöhlte Tomate mit Kartoffelsalat gefüllt, mit einer Olive belegt. Sellerie- und Gelbrübensalat mit gehackter Petersilie bestreuen.

3. Tomaten zu $^1/_2$ cm dicken Scheiben schneiden, das Innere auslösen, so daß schöne Ringe bleiben. Gleichmäßig langgeschnittenen Spargel in wenig Salzwasser mit etwas Zucker weichkochen, zu Salat anmengen. Durch je 2 Tomatenringe Spargelstangen stecken, so daß man Bündel erhält. Sternförmig auf einer Glasplatte anrichten. In die sich ergebenden freien Räume je ein mit Zitronensaft beträufeltes Salatblatt legen, darauf Kartoffel-Mayonnaisensalat mit Spalten von hartgekochtem Ei garniert.

4. Platten von Rohkostsalaten werden in ähnlicher Weise gestaltet, nur müssen die Portionen kleiner gehalten werden.

49. Russischer Salat

(8 Personen)

1 kleiner Kopf Weißkraut · 2 Sellerie · 4 Äpfel · 4 Gewürzgurken · $^1/_2$ Stange Meerrettich · Essig · Salz · Zucker · Pfeffer · Zwiebel · $^1/_4$ l Sauerrahm

Rohes Weißkraut, rohe Äpfel, rohe Sellerie und Gewürzgurken in ganz feine Streifchen schneiden, mit Essigwasser übergießen (so viel, daß alles bedeckt ist) und über Nacht durchziehen lassen. Dann den Salat auf einem Sieb abtropfen lassen, anschließend mit geriebenem Meerrettich, feingewiegter Zwiebel, Salz, Pfeffer, Zucker und Sauerrahm anmengen.

50. Französischer Salat

2 gedämpfte Kartoffeln · 4 gekochte Gelbrüben · 2 Gewürzgurken · 2 Äpfel 2 Eßlöffel grüne Erbsen (Dose) · Salz · Pfeffer · Essig · 100 g Mayonnaise

Gedämpfte abgezogene Kartoffeln, gekochte abgezogene Gelbrüben, die rohen, sorgfältig von Kernhaus befreiten Äpfel und die Gewürzgurken in kleine Würfel schneiden, Erbsen zugeben. Mit Salz, Pfeffer und Essig anmengen und durchziehen lassen. Aus Eigelb und Öl eine Mayonnaise rühren, abschmecken und den marinierten Salat damit vermischen. Beigabe zu warmen und kalten Fleischspeisen, Sockel für kalte Eier- und Fleischgerichte.

51. Italienischer Salat

200 g Kalbsbraten · 200 g Hammel- oder Schweinebraten · 200 g gekochter
Schinken oder gekochte Pökelzunge · 2 Bismarckheringe · 8 Sardellen
1 Zwiebel · 4 Essiggurken · 1 gekochte rote Rübe · 1 Eßlöffel Kapern
1 Eßlöffel Senf · Essig · 250 g Mayonnaise

Fleisch, Fisch, rote Rüben und Gurken in kleine Würfel schneiden, feingehackte Zwiebel, Kapern, Senf, Salz, Pfeffer und Essig zugeben. Den Salat gut durchziehen lassen, dann mit einer kräftig abgeschmeckten Mayonnaise mischen. Auf einer Glasplatte bergartig anrichten, mit hartgekochten Eiern, gespritzter Mayonnaise und Sardellen garnieren.

52. Italienischer Salat

$1/2$ kg gedämpfte Kartoffeln · 250 g gebratenes oder gedünstetes Kalb- oder
Schweinefleisch · 125 g gekochter Schinken, Zunge oder Wurst · 2 Matjesfilets · 250 g Äpfel · 1 gekochte rote Rübe · 2 gekochte Gelbrüben · 1 gekochte Sellerie · 2 Gewürzgurken · 1 große Zwiebel · Salz · Essig · Pfeffer
250 g Mayonnaise oder $1/4$ l Sauerrahm

Die angegebenen vorbereiteten Zutaten in kleine Würfel schneiden, mit Salz, Pfeffer, Essig anmengen und durchziehen lassen. Dann den Salat mit gut abgeschmeckter Mayonnaise oder Sauerrahm mischen.

53. Fleischsalat

$1/4$ kg gekochtes Ochsenfleisch · $1/4$ kg gebratenes Kalbfleisch · 100 g Fleischwurst · 100 g geräucherte, gekochte Zunge · 2 Gewürzgurken · 2 Eßlöffel
Kapern · Salz · Pfeffer · Essig · 150 g Mayonnaise

In feine Streifchen geschnittenes Fleisch, Wurst, Zunge und Gurken mit Kapern und Gewürzen mischen. Durchziehen lassen, mit Mayonnaise vermengen.

54. Fleischsalat

125 g Fleischwurst · 125 g Leberkäse · 2 Gewürzgurken
1 Röhrchen Kapern · 100 g Mayonnaise

Wurst und Gurken in feine Streifchen schneiden, mit Kapern und Mayonnaise mischen.

55. Heringssalat

$1/2$ kg gebratenes Kalbfleisch · 4 Matjesfilets · 2 Äpfel · 2 Gewürzgurken
50 g geräucherte Hartwurst · 1 Zwiebel · Salz · Essig · Zucker · Pfeffer
200 g Mayonnaise

Gebratenes Kalbfleisch, Matjesfilets, Äpfel, Gurken und Wurst in feine Streifchen schneiden, mit gewiegter Zwiebel, Salz, Pfeffer, Essig und Zucker anmengen. Wenn der Salat gut durchgezogen hat, Mayonnaise untermischen. Auf einer Glasplatte anrichten, mit Scheiben von hartgekochtem Ei, Sardellenfilets und geschnittener Gurke garnieren.

Salate

56. Heringssalat

4 gedämpfte Kartoffeln · 2 Matjesheringe · 2 Äpfel · 2 Gewürzgurken
2 gekochte Gelbrüben oder 1 kleine gekochte rote Rübe · 1 kleine Zwiebel
Salz · Pfeffer · Essig · 150 g Mayonnaise (2 Eigelb, $^1/_8$ l Öl)

Die angegebenen vorbereiteten Zutaten in kleine Würfel schneiden, mit Salz, Pfeffer, Essig anmengen, gut durchziehen lassen. Dann mit Mayonnaise fertigmachen.

57. Räucherfisch-Salat

400 g Räucherfisch (z. B. geräucherter Schellfisch) · 1 Paprikaschote · 1 Apfel
1 hartgekochtes Ei · 1 Eßlöffel Kapern · 1 kleine Dose Mandarinenspalten
150 g Mayonnaise · $^1/_2$ Becher Joghurt

Den Räucherfisch sorgfältig von Haut und Gräten befreien und in Stückchen teilen, Paprikaschote, geschälten Apfel und das Ei in kleine Würfel schneiden. Die Mandarinenspalten auf einem Sieb abtropfen lassen. Die Mayonnaise mit Joghurt verrühren, kräftig abschmecken und alle vorbereiteten Zutaten einmengen.

58. Reissalat

200 g Reis · Salzwasser · 1 Eßlöffel Tomatenmark · Essig
100 g Mayonnaise

Den Reis in kochendes Salzwasser einstreuen und in 14—18 Minuten garkochen. Auf ein Sieb schütten, mit kaltem Wasser überbrausen. Tomatenmark mit Essigwasser verdünnen, mit dem Reis mischen, durchziehen lassen, dann die Mayonnaise untermengen. Beilage zu paniertem Fisch oder Fleisch.

59. Spaghettisalat

200 g Spaghetti · Salzwasser · 1 Eßlöffel Tomatenmark · Essig
100 g Mayonnaise

Die kurzgebrochenen Spaghetti in Salzwasser weichkochen (15 Minuten), auf ein Sieb schütten, kalt überbrausen. Tomatenmark mit Essigwasser verdünnen, die Spaghetti damit durchziehen lassen, Mayonnaise zugeben. Beigabe zu paniertem Fisch oder Fleisch.

60. Schweizer Käsesalat

200 g Schweizerkäse · Salz · Pfeffer · Öl · Essig

Schweizerkäse in dünne Scheiben schneiden oder hobeln, mit Salz und Pfeffer bestreuen, Öl und Essig zugeben. Dazu Schwarzbrot und Butter.

61. Sojakeimling-Salat

250 g Sojabohnen-Keimlinge in wenig kochendes Salzwasser geben, 5 Minuten darin kochen lassen. Mit Öl, Essig oder Zitronensaft, etwas weißem Pfeffer und viel gehackter grüner Petersilie anmengen. Meist kauft man die Sojakeimlinge in der Dose.

Papaya (Baummelone)

Die einer kleinen Melone ähnlichen Früchte sind im Reifezustand gelbgrün. Sie werden halbiert, die Kerne entfernt, mit Zitronensaft beträufelt und als Dessertfrucht gegessen. Durch ihren hohen Gehalt an Papain, einem eiweißverdauenden Ferment, sind sie besonders geschätzt.

Physalis (Kapstachelbeere)

Die Hülle dieser Früchte sieht aus wie die Laternchen unserer Lampionpflanze, nur ist die papierdünne Schale nicht rot, sondern graugrün. Die grünlichgelbe Frucht ist einer Kirsche ähnlich und sehr vitaminreich.

Passionsfrucht (Grenadilla, Maracuja)

Die Schale der runden bis ovalen, 5–6 cm großen Früchte ist gelb, grün, rot oder schwärzlich. Wenn die Oberfläche zu schrumpfen beginnt ist die Frucht verzehrreif. Dazu wird sie halbiert und ausgelöffelt. Der Geschmack ist fein süß, aromatisch. Auch zur Bereitung von feiner Eiscreme ist die Frucht sehr beliebt.

Kiwi

Die von einer braunen Schale umgebene sehr vitaminreiche Frucht hat grünes, im Geschmack der Stachelbeere ähnliches Fruchtfleisch. Die Frucht wird halbiert und ausgelöffelt oder zu verschiedenen Desserts verwendet.

Lychee (Litchi)

Es sind 4–5 cm lange ovale Früchte mit rötlicher bis brauner spröder Schale. Das saftige weiße Fruchtfleisch ist zart aromatisch.

Granatapfel

Die apfelähnlichen Früchte sind gelb bis rotbackig mit je 6 harten auffälligen Kelchzipfeln. Sie werden halbiert und ausgelöffelt oder der Saft ausgepreßt. Der Geschmack ist leicht säuerlich.

Nektarinen

Die pfirsichähnlichen Früchte sind sehr fein im Geschmack.

Maulbeere

Aus den Früchten des Maulbeerbaumes bereitetes Gelee wird eingeführt, es ist sehr fein im Geschmack. Die himbeerähnlichen Früchte sind roh bei uns kaum erhältlich.

Rohkost

Rohkost bereitet man aus Gemüsen, Salaten und Obst. Man ißt sie in der natürlichen Form oder, verschiedenartig zerkleinert, als Brei, Salat und Saft.

Ob man die einzelnen Speisen ganz natürlich beläßt, sie nur würzt oder noch mit anderen Zutaten vermengt, richtet sich nach dem Nahrungsmittel, der gewählten Zubereitungsart und dem persönlichen Geschmack. Grundregel für die Bereitung aller Rohkostgerichte ist die Verwendung von nur frischem, einwandfreiem, sorgfältig geputztem und sorgfältig gereinigtem Gemüse, Salat und Obst.

Das Zerkleinern richtet sich nach der verwendeten Art des Gemüses, des Salates und Obstes.

Es geschieht durch Schneiden mit rostfreien Messern, Reiben auf gut verzinkten Reibeisen, Raffeln (Bircherraffel), Küchenmaschinen mit entsprechendem Einsatz, ausgesprochenen Rohkostmaschinen, der Glasreibe und Saftpressen.

Rohkostgerichte gibt man in verhältnismäßig kleinen Mengen.

Das Abschmecken und Anrichten muß mit besonderer Sorgfalt geschehen.

Die zur Zubereitung der einzelnen Gerichte zusätzlich verwendeten Zutaten müssen ebenfalls von einwandfreier Beschaffenheit sein. Besonderer Wert ist auf die Verwendung von nur gutem Öl zu legen.

Alle Rohkostgerichte kurz vor Tisch zubereiten. Zerkleinertes Gemüse und Obst darf nicht so stehen bleiben, es muß sofort mit den anderen Zutaten vermengt werden. Nur so behält es Farbe, Wohlgeschmack und Wert.

Kochsalz braucht man für Rohkostgemüse und Salate sehr wenig, da der Gehalt an natürlichen Mineralsalzen und Aromastoffen voll zur Geltung kommt.

Zum Anmengen und Würzen von Rohkostgemüsen und Salaten nimmt man Selleriesalz, Zitronensaft, guten Essig, Öl, Sauerrahm, Joghurt, Mayonnaise, Zwiebel, Knoblauch, geriebenen Meerrettich, Tomatenmark, grüne Kräuter.

Die gebräuchlichsten Würzkräuter sind: Basilikum, Bohnenkraut, Borretsch (Gurkenkraut), Dill, Estragon, Kerbel, Lavendel, Liebstöckl, Pimpernelle, Petersilie, Majoran, Salbei, Thymian, Rosmarin, Schnittlauch, Weinraute, Ysop, Zitronenmelisse.

Zum Anmengen und Würzen von Obstrohkost nimmt man Zitronensaft, süße und saure Sahne, Joghurt, geriebene Nüsse, Honig, Zucker und Rohrzuckermelasse.

Zum *Anreichern* verwendet man Weizenkeime, Hefe, Soja, Honig, Rohrzuckermelasse, Joghurt.

Rohkostgerichte gibt man als selbständige Mahlzeit oder gibt sie zu Beginn einer gemischten Mahlzeit, als Beigabe zum Hauptgericht, als Nachtisch oder Diät.

Eine Mischung von gekochten Gemüsen und rohen Salaten bezeichnet man als Halbrohkost.

Anmerkung: Das Abschmecken mit den verschiedenen Kräutern ist in den Rezepten absichtlich nicht angegeben, da diese Kräuter frisch oder getrocknet, nicht allen Verbrauchern jederzeit zur Verfügung stehen und deshalb die Zugabe derselben den persönlichen Möglichkeiten und dem persönlichen Geschmack überlassen bleiben muß. Als Würzzutaten sind deshalb nur die in jedem Haushalt vorhandenen angegeben.

Alle Rohkostgerichte saftarm zubereiten. Dafür Gemüse und Obst nach dem Waschen mit einem Tuch abtrocknen oder im Salatseiher schwenken, kein oder nur wenig Salz verwenden, kurz vor Tisch zubereiten.

GEMÜSE UND SALATE

1. Spinatsalat

Die ganz frischen Blätter einer milden Spinatsorte kleinzupfen, nicht schneiden! Den Salat mit ganz feingeschnittener Zwiebel mischen und mit Öl oder saurem Rahm, etwas Salz, Zitronensaft oder Essig anmengen. Salatschüssel mit einer angeschnittenen Knoblauchzehe ausreiben.

2. Roher Gelbrübensalat

Die sauber geschabten und gewaschenen Gelbrüben auf einem feinen Reibeisen oder dem entsprechenden Einsatz der Rohkost- oder Küchenmaschine reiben und den Salat sofort mit Sauerrahm, Zitronensaft oder Essig, Öl und Zucker oder Mayonnaise anmengen, auch geriebener Meerrettich ist gut geeignet. Salz ist nicht oder nur in Spuren erforderlich.

3. Gelbrübenfrischkost

Sauber vorbereitete Gelbrüben fein raffeln, mit Zitronensaft und Zucker anmengen, geriebene Nüsse untermischen.

4. Blumenkohlrohkost

Den Blumenkohl auf der Glasreibe fein reiben, sofort mit Sauerrahm, Mayonnaise, Zitronensaft oder Essig vermischen, mit Salz, eventuell Öl und Zucker fertig anmengen. Blumenkohlsalat mit Mayonnaise oder Sauerrahm richtet man gern in kleinen Häufchen auf schönen Salatblättern, die man mit etwas Zitronensaft oder Essig beträufelt hat, an. Man verziert noch mit Tomatenscheiben.

5. Kohlrabisalat

Junge Kohlrabi schälen, auf einer Gemüseraspel raspeln, mit Salz, Essig und Öl anmengen, angerichtet mit feingewiegter Petersilie bestreuen.

6. Lauch, roh

Schwarzbrot- oder Vollkornbrotscheiben bestreicht man mit Butter und bestreut sie mit feingeschnittenem Lauch. Besonders für die Wintermonate geeignet.

7. Rote-Rüben-Rohkost

Die geschälten roten Rüben fein reiben und sofort mit Sauerrahm, Essig oder Zitronensaft, Salz und Zucker anmengen. Durch Zugabe von roh geriebenem Meerettich wird dieser Salat sehr verbessert.

8. Sellerierohkost

Die Sellerie schälen, auf einem feinen Reibeisen raffeln, sofort mit Sauerrahm und wenig Salz anmengen. Sellerierohkost mit Mayonnaise schmeckt ebenfalls sehr gut.

9. Sauerkrautsalat

Mild eingesäuertes Sauerkraut mit zwei Gabeln zerzupfen und kurz schneiden. Sehr feingewiegte Zwiebel, Salz, Essig, Öl, eventuell etwas Sauerkrautbrühe zugeben.

10. Kopfsalat

Den sauber geputzten, gewaschenen, zerteilten und gut abgetropften Salat erst mit feingewiegten Kräutern mischen, dann mit Öl oder Sauerrahm, Zitronensaft, etwas Salz und Zucker locker anmengen.

11. Gurkensalat

Gurken dünn schälen, feinschalige Schlangengurken eventuell nicht schälen, in dünne Blättchen schneiden oder hobeln, mit Salz, Öl, Essig oder Sauerrahm anmengen. Feingewiegtes Gurkenkraut untermengen oder den angerichteten Salat damit bestreuen.

12. Tomatensalat

Die gewaschenen, abgetrockneten Tomaten in Scheiben schneiden, anrichten, mit feinem Salz und feingewiegter Petersilie überstreuen.

13. Nisselsalat

Den sauber verlesenen, sehr gut gewaschenen und abgetropften Salat in eine Schüssel, die mit einer durchgeschnittenen Knoblauchzehe ausgerieben wurde, geben. Dann den Salat mit feingewiegter Zwiebel, wenig Salz, Öl, Zitronensaft oder Essig anmengen. Sehr nett sieht es aus, den Salat mit kleinen rohen Tomatenwürfelchen zu mischen.

14. Weißkrautsalat

Weißkraut fein hobeln oder schneiden, waschen, gut abtropfen lassen, mit wenig Salz bestreuen, mit dem Fleischklopfer oder dergleichen weichklopfen. Dann mit Öl, Essig und etwas feingewiegtem Kümmel anmengen.

15. Blaukrautsalat

Blaukraut fein hobeln oder schneiden, waschen, gut abtropfen lassen, mit etwas feinem Salz bestreuen, mit dem Fleischklopfer oder dergleichen weichklopfen, dann mit Zucker und Essig fertig anmengen.

16. Rettichsalat

Rettich raspeln, erst salzen, dann mit Öl und Essig anmengen. Winterrettich fein reiben (wenn sehr scharf, kalt abspülen und wieder gut ausdrücken), dann mit Salz und Sauerrahm oder Essig und Öl gut anmengen.

17. Radieschenrohkost

Die Radieschen in feine Blättchen schneiden, anrichten, nur mit feinem Salz bestreuen.

18. Paprikasalat

Die vom Fruchtknoten und allen Samen befreiten Paprika in feine Streifchen schneiden, mit etwas Salz bestreut 5 Minuten stehen lassen, dann mit feingewiegter Zwiebel, Öl und Essig anmengen.

19. Meerrettichsalat

Meerrettich schaben, fein reiben, mit einer abgekochten Mischung von Wasser, Essig und Zucker übergießen. Oder den geriebenen Meerrettich mit etwas Salz und Sauerrahm anmengen. Oder steifgeschlagene Sahne mit geriebenem Meerrettich und etwas Salz abschmecken.

20. Meerrettich mit Äpfeln

1/2 Stange Meerrettich · 2 große Äpfel · Saft 1/2 Zitrone · Zucker

Die geschälten Äpfel auf einer Glasreibe reiben, sofort mit dem Zitronensaft vermengen, den geriebenen Meerrettich untermischen, mit Zucker abschmecken.

21. Meerrettich mit Schlagsahne

1 Stange Meerrettich · 1/4 l Schlagsahne · Salz

Die steifgeschlagene Sahne mit dem geriebenen Meerrettich mischen, mit Salz abschmecken, in einer Glasschale anrichten, mit einem Kranz von rohen Tomatenscheibchen umgeben.

22. Sellerie mit Schlagsahne

1 Sellerie · 1 Apfel · Saft einer Zitrone · 1/4 l Schlagsahne · Salz

Die roh geschälte Sellerie und der roh geschälte Apfel werden auf der Glasreibe gerieben und sofort mit Zitronensaft und etwas Rahm vermengt. Dann schlägt man die Sahne steif, gibt das Geriebene dazu, schmeckt mit Salz ab und gibt sofort zu Tisch.

23. Tomatenmark mit Schlagsahne

8 Tomaten · 1/4 l Schlagsahne · Salz · Endiviensalat

Die Tomaten halbieren, das weiche Mark aushöhlen und durch ein Sieb streichen. Sahne steif schlagen, mit dem Tomatenmark mischen, mit Salz abschmecken, in die Tomatenhälften füllen, auf einer Glasplatte anrichten, mit einem Kranz von Endiviensalat umgeben oder in der Mitte der Glasplatte Kopfsalat anrichten und die gefüllten Tomaten ringsherum stellen.

24. Tomaten mit Meerrettich

Auf eine Glasplatte gibt man die gewaschenen, gut abgetropften Blätter von Kopfsalat und beträufelt sie mit Zitronensaft, dann halbiert man Tomaten, höhlt sie etwas aus und füllt sie mit Schlagsahne, die mit reichlich geriebenem Meerrettich und wenig Salz abgeschmeckt wurde.

25. Bunte Gemüse-Rohkostplatte

Roher Gelbrübensalat · Blumenkohlrohkost · Rote-Rüben-Rohkost · Sellerierohkost · Sauerkrautsalat · Weißkrautsalat · Blaukrautsalat · Rettichsalat Endiviensalat

Kleine Mengen der angegebenen Gemüse saftarm zu Salat anmengen, auf einer Glasplatte in geschmackvoller Anordnung anrichten. Die hellen Salate mit feingewiegten Kräutern bestreuen, als Kranz um die angerichteten Salate feingeschnittenen Endiviensalat geben. Diese Salatplatte läßt sich nahezu während des ganzen Jahres zubereiten.

26. Bunte Salat-Rohkostplatte

Kopfsalat · Gurkensalat · Tomatensalat · Paprikasalat · Spinatsalat · Kohlrabisalat · Radieschenrohkost

Kleine Mengen der angegebenen saftarm angemengten Salate in einer Glasschüssel, auf einer Glasplatte oder am besten auf einer Platte mit Abteilungen anrichten. Vom Kopfsalat macht man eine größere Menge an und richtet diesen vorteilhaft in der Mitte der Platte an, im Kranz herum die anderen Salate.

27. Halbrohkostsalate

Wenn man die Gemüse nicht roh verwenden will und man trotzdem einen frischen Salat haben möchte, so kann man gekochte Gemüse und rohe Salate zusammen als Salat anmengen. Es gibt sehr viele Möglickkeiten in dieser Zusammenstellung.

28. Blumenkohlsalat mit Tomaten

1 Blumenkohl · Salzwasser · ½ kg Tomaten · 1 kleine Zwiebel · Salz · Öl Essig

Den Blumenkohl in Salzwasser weichkochen, in Röschen teilen und mit etwas Essig und Öl anmengen. Die Tomaten in Achtel schneiden, mit feingewiegter Zwiebel und wenig Salz bestreuen und vorsichtig mit dem Blumenkohlsalat vermengen.

29. Selleriesalat mit Tomaten

1 Sellerie · Salzwasser · ½ kg Tomaten · 1 kleine Zwiebel · Salz · Öl · Essig

Die Sellerie in Salzwasser weichkochen, schälen, mit dem Buntmesser in nicht zu große Scheiben schneiden. Etwas Essig zugießen und den Salat gut durchziehen lassen. Die Tomaten in Scheiben schneiden, mit feingewiegter Zwiebel und Salz bestreuen, mit dem Selleriesalat mischen und an den Salat noch etwas Öl geben.

30. Selleriesalat mit rohen Äpfeln

1 Sellerie · Salzwasser · ¹/₂ kg Äpfel · Zitronensaft · Zucker · Öl · Sauerrahm oder Mayonnaise

Die Sellerie in Salzwasser weichkochen, schälen und in Streifchen schneiden. Die Äpfel in feine Streifchen schneiden oder raspeln, mit Zitronensaft und Zucker mischen, dann zur Sellerie geben und den Salat mit Öl, Sauerrahm oder Mayonnaise anmengen.

31. Spargelsalat mit Tomaten

¹/₂ kg Spargel · Salzwasser · etwas Zucker · 250 g Tomaten · Salz · Petersilie Öl

Den geschälten, in gleichmäßige, nicht zu lange Stücke geschnittenen Spargel in wenig Salzwasser mit etwas Zucker weichkochen. Die Tomaten in Achtel schneiden, mit etwas Salz bestreuen, zum abgetropften Spargel geben und den Salat mit feingewiegter Petersilie und Öl fertig anmengen.

32. Bohnensalat mit Gurken und Tomaten

¹/₄ kg grüne Bohnen · Salzwasser · Bohnenkraut · 1 kleine Gurke · ¹/₄ kg Tomaten · 1 Zwiebel · Salz · Essig · Öl · Gurkenkraut (Borretsch)

Die abgezogenen, gebrochenen oder geschnippelten Bohnen in wenig Salzwasser mit Bohnenkraut weichkochen. Die Gurke schälen, raspeln oder feinblättrig schneiden, mit etwas Salz bestreuen. Die Tomaten in Scheiben oder Achel schneiden, mit feingewiegter Zwiebel und wenig Salz mischen. Alle Zutaten vermengen und mit Öl und feingewiegtem Gurkenkraut fertig anmengen.

33. Rote-Rüben-Salat mit geriebenem Meerrettich

1 kg rote Rüben · Salzwasser · Essig · Zucker · 1 Stange Meerrettich

Die roten Rüben weichkochen, schälen, raspeln, mit Salz, Essig und Zucker anmengen, geriebenen Meerrettich untermischen.

VERSCHIEDENE GEMÜSE-ROHKOSTGERICHTE

34. Tomaten mit Weizenflocken

8 Tomaten · 6 Eßlöffel Weizenflocken · 1 kleine Zwiebel · Petersilie · 4 Eßlöffel Sauer- oder Süßrahm · Salz · Kopfsalat

Die rohen Tomaten halbieren und aushöhlen. Das Mark durch ein Sieb streichen und mit feingewiegter Zwiebel, Petersilie, Rahm, Weizenflocken und etwas Salz mischen. Diese Masse in die Tomaten einfüllen und auf grünem Salat anrichten.

35. Salatäpfel

8 kleine Äpfel · ¼ l Weißwein oder Apfelwein · 1 Gelbrübe · ½ Stange Meerrettich · 1 Eßlöffel Tomatenmark · 40 g Haselnüsse · Zucker · Kopfsalat

Die geschälten Äpfel mit dem Kugelausbohrer aushöhlen und in Wein vorsichtig weich dünsten. Sie dürfen nicht zerfallen. Inzwischen mischt man die roh geriebene Gelbrübe und Meerrettich mit Tomatenmark, grob gehackten Nüssen und etwas Zucker. In die ausgehöhlten Äpfel füllen und auf grünen Salatblättern anrichten.

36. Rohkostblumenkohl

½ Blumenkohl · 1 Apfel · 2 Eßlöffel Haferflocken · 4 Eßlöffel Milch · 2 Eßlöffel Tomatenmark · 1 Eßlöffel Öl · Senf · Zucker — Zum Bestreuen: Schnittlauch und Meerrettich

Den Blumenkohl vom groben Strunk befreien und fein reiben. Den Apfel mit der Schale reiben. Die hellgelb gerösteten Haferflocken mit kalter Milch übergießen, mit Tomatenmark, Öl, Senf und Zucker abschmecken und mit dem geriebenen Blumenkohl und dem geriebenen Apfel vermengen. Angerichtet mit Schnittlauch bestreuen.

37. Blaukraut mit Äpfeln

¼ Kopf Blaukraut · 2 Äpfel · etwas Selleriesalz · Zitronensaft · Zucker · Öl

Das Blaukraut raspeln, ebenso die Äpfel mit der Schale. Selleriesalz, Zitronensaft und Zucker zugeben, abschmecken, etwas stehen lassen, dann mit Öl fertig anmengen.

38. Rohkost-Tomaten

8 Tomaten · Zucker · Salz · Paprika · 1 kleine Salatgurke · 1 kleine Zwiebel 1 Eßlöffel Öl · 1 Eßlöffel Sauerrahm · Dill

Die Tomaten halbieren, das weiche Fruchtmark und die Kerne entfernen, die Tomaten innen mit Selleriesalz, Zucker und Paprika bestreuen. Die Gurke raspeln, mit feingehackter Zwiebel, Öl, saurem Rahm, Salz und feingewiegtem Dill mischen. In die Tomaten füllen und auf grünen Blättern anrichten.

39. Tomatensalat mit Nüssen

4 Tomaten · 1 frischer Rettich · 50 g Haselnüsse · Selleriesalz · Zucker · Öl

Die Tomaten in Achtel schneiden, mit geraspeltem Rettich und gehackten Nüssen mischen. Mit Selleriesalz, Zucker und Öl anmengen.

40. Tomateneis

¹/₂ l frischer Tomatensaft · 150 g Zucker · etwas Selleriesalz · 1 Eiweiß

Frische Tomaten durch ein Sieb streichen und das Tomatenmark mit Zucker und Salz abschmecken. Dann in die Eismaschine füllen, halbsteif rühren, das leicht geschlagene Eiweiß zugeben, bis zum Steifwerden weiterrühren. Das Eis mit Zwieback, Knäckebrot oder Käsegebäck servieren. — Oder 4 Eßlöffel dickes Tomatenpüree mit ¹/₄ l Schlagrahm mischen und in die Eisschale des Kühlschrankes füllen.

GEMÜSESÄFTE

Sauber gereinigtes Gemüse schneiden oder reiben und den Saft durch ein Tuch auspressen oder eine Saftzentrifuge verwenden.
Alle Gemüsesäfte ohne Zusätze sofort zu Tisch geben. Gut schmeckt es, herbe Säfte mit milden zu mischen.

41. Spinatsaft

Sorgfältig verlesenen und sorgfältig gewaschenen Spinat schneiden und den Saft durch ein Tuch oder eine Rohkostpresse ausdrücken.

42. Gelbrübensaft

Sorgfältig geschabte Gelbrüben auf einem Reibeisen fein reiben, in ein Tuch geben und den Saft auspressen. Hat man eine Saftzentrifuge, müssen die Gelbrüben nicht gerieben, sondern nur grob zerkleinert werden. — Gelbrübensaft wird von Säuglingen und Kindern besonders gern getrunken. Er ist sehr mild im Geschmack und wird daher vielfach zum Mischen mit anderen Säften verwendet. ¹/₂ kg Gelbrüben ergibt 1 Glas Saft.

43. Rote-Rüben-Saft

Er wird wie Gelbrübensaft zubereitet, doch sind die roten Rüben nicht so saftreich. Der Geschmack ist kräftiger, er wird daher gern mit Gelbrübensaft gemischt.

44. Tomatensaft

Die rohen, grobgeschnittenen Tomaten durch ein Tuch oder eine Saftpresse drücken. Den Saft gut gekühlt in Gläsern servieren. Die Tomaten sind sehr saftreich, der Tomatensaft einfach herzustellen, sehr erfrischend und bekömmlich.

OBSTGERICHTE

45. Bunter Obstteller

Eine Obstschale oder Portionsteller mit gewaschenen Blättern auslegen, z. B. Weinlaub, oder Blättern von Beerensträuchern. Darauf in hübscher Anordnung Obst. Z. B. einen Pfirsich, eine Aprikose, 4 bis 6 Kirschen, einige Stachelbeeren, einige Johannisbeerträubchen. Oder einen kleinen, glänzend geriebenen Apfel oder Birne und einige Weintraubenästchen und dgl.

46. Gezuckerte Früchte

Rasch gewaschenes, gut abgetropftes Beerenobst oder feingeschnittenes Steinobst oder Kernobst, auch Rhabarber, lagenweise mit feinem Zucker in eine Glasschale oder Portionsschälchen füllen, kalt stellen. Nach Belieben frische Milch oder Dosensahne zugießen. Oder geschlagene Sahne daraufgeben.

47. Gezuckerte Früchte mit Quark

$1/2$ kg Früchte · 50–100 g Zucker · 250 g Quark · $1/8$ l Milch · 1 Päckchen Vanillezucker · 50 g Zucker

Die rohen ganzen Beerenfrüchte oder feingeschnittenes rohes Stein- oder Kernobst mit feinem Zucker bestreuen und durchziehen lassen. Passierten Quark mit Milch, Zucker und Vanillezucker mit dem Schneebesen schaumigschlagen, das vorbereitete Obst untermischen, bergartig in einer Glasschale anrichten, mit zurückbehaltenen Früchten zieren. Sofort zu Tisch geben.

48. Fruchtschaum

Zerdrückte Beerenfrüchte oder rohes Obstmark mit Zucker und Zitronensaft abschmecken. Eiweiß oder Sahne steifschlagen, den Obstbrei einschlagen, mit Knusperflocken sofort servieren.

49. Fruchtsalat

Verschiedene Früchte zusammen ergeben den besten Fruchtsalat. Die Zusammenstellung des Fruchtsalates richtet sich nach der Jahreszeit. Es eignen sich Beerenobst, Steinobst, Kernobst und Südfrüchte. Je nach der Obstart bleibt dieses ganz (Beerenfrüchte) oder es wird geschnitten (Steinobst und Kernobst, Orangen, Bananen). Zum Anmengen von Fruchtsalat verwendet man Zucker, Zitronensaft, Fruchtsaft oder Wein. Zusätzlich gibt man in den Fruchtsalat nach Belieben Nüsse, aufgequollene Sultaninen, Maraschino, Arrak oder Cognac und Sahne.

50. Fruchtsalat (Sommer)

1 mürber Apfel · 1 weiche Birne · 2 Pfirsiche · 4 Aprikosen · 4 abgezogene, große Pflaumen · 1 Zitrone · 100 g Zucker

Die feingeschnittenen Früchte mit Zitronensaft betropfen, mit Zucker bestreuen, kalt stellen.

51. Fruchtsalat (Winter)

2 Orangen · 2 Äpfel · 4 Feigen · 4 Datteln · 2 Bananen · 50 g Nüsse · 50 g Sultaninen · 50 g Zucker · Rum · Cognac · Arrak oder Maraschino

Die geschälten Apfelsinen quer in dünne Scheiben schneiden, Äpfel, Feigen, Bananen, Datteln ebenfalls fein schneiden. Die Nüsse grob wiegen. Die Sultaninen in etwas Wasser aufquellen und auf einem Sieb abtropfen lassen. Alles in eine Glasschale geben, mit Zucker bestreuen, gut durchziehen lassen. Kurz von dem Anrichten etwas Cognac, Arrak, Rum oder Maraschino zugeben. Eventuell mit etwas geschlagener Sahne spritzen.

52. Obstsalat mit Weintrauben

1 Zitrone · 2 weiche Birnen · 2 Äpfel · 1 Weintraube · 100 g Zucker · 50 g Nüsse

In eine Schüssel mit dem Zitronensaft die in feine Blättchen geschnittenen Birnen und Äpfel geben, sofort damit verrühren (Farbe!). Die hellen oder dunklen Trauben halbieren, die Kerne entfernen, zugeben. Mit Zucker abschmecken, angerichtet mit grob gehackten Nüssen oder Pignoli bestreuen.

53. Fruchtsalat mit Honig und Wein

1/8 l Weißwein · 2 Eßlöffel Honig · 2 Eßlöffel geriebene Nüsse · 1 Apfel 1 weiche Birne · 1 Pfirsich · 1 Aprikose · 125 g Erdbeeren oder Zwetschgen

Wein mit Honig und den geriebenen Nüssen verrühren. Die in Scheibchen geschnittenen Früchte (Walderdbeeren ganz, Ananas in Viertel) zugeben.

54. Obstsalat mit Tomaten

1/8 l Dosensahne · Saft 1 Zitrone · 50 g Zucker · 2 Äpfel · 2 Bananen 4 Tomaten

Dosensahne mit Zitronensaft säuern und mit Zucker abschmecken. Die in Scheibchen geschnittenen Äpfel und Bananen sowie die entkernten, in Streifchen geschnittenen Tomaten zugeben.

55. Heidelbeerspeise

4 Eßlöffel Hafer- oder Weizenflocken · ⅛ l Wasser · Saft 1 Zitrone · ½ kg Heidelbeeren · 100 g Zucker · 20 g Nüsse

Die Flocken mit Zitronenwasser übergießen und 10 Minuten quellen lassen. Dann die Heidelbeeren und Zucker zugeben, in einer Glasschale anrichten und mit grobgehackten Nüssen bestreuen.

56. Bircher Müsli

4 Eßlöffel Haferflocken · 12 Eßlöffel Wasser (⅛ l) · 2 bis 4 Äpfel · Saft 1 Zitrone · 4 Eßlöffel geriebene Nüsse · 4 Eßlöffel Honig oder Zucker · 4 Eßlöffel Sahne oder Milch

Die Haferflocken in kaltem Wasser einweichen. Dann Zitronensaft und die Sahne oder Milch zugeben. Die gewaschenen, abgetrockneten Äpfel mit Schale und Kernhaus reiben und sofort unter die Haferflockenmasse mengen, damit sie hell bleiben. Zum Schluß den Honig oder Zucker und die geriebenen Nüsse zugeben. Angerichtet mit etwas zurückbehaltenen Nüssen bestreuen. — Statt mit Äpfeln kann das Müsli auch mit anderen geriebenen Früchten oder zerdrückten Beeren zubereitet werden. — Das Müsli ist sehr nahrhaft und eignet sich besonders als Frühstück und zum Abendbrot. — Am besten schmeckt dazu Vollkornbrot mit Butter.

57. Tomatenhaferflocken

½ kg Tomaten · 8 Eßlöffel Haferflocken · Zucker · Zitronensaft · gehackte Nüsse zum Bestreuen

Die Tomaten roh durch ein Sieb streichen und in diesem Tomatensaft die leicht gerösteten Haferflocken aufquellen lassen. Die nicht zu dicke Speise sorgfältig mit Zucker, Zitronensaft und ganz wenig Salz abschmecken. Angerichtet mit kleingehackten Nüssen bestreuen.

58. Orangen-Meerrettich

2 Orangen · 2 Eßlöffel geriebener Meerrettich · Zucker

Die Orangen schälen, von allem Weißen sorgfältig befreien, quer zu den Spalten in Scheiben und diese dann in kleine Würfelchen schneiden. Den geriebenen Meerrettich zugeben, mit etwas Zucker abschmecken.

59. Dattelsalat

125 g Datteln · 125 g Feigen · 125 g Sultaninen · 2 Eßlöffel Rum · 1 Glas Joghurt

Die über Nacht eingeweichten Feigen und die entkernten Datteln zu feinen Streifchen schneiden. Die in Rum aufgequollenen Sultaninen zugeben. Mit Joghurt mischen, in Glasschälchen anrichten, mit ½ Walnuß belegen.

60. Obstsalat von Trockenobst

¹/₄ kg Mischobst · Saft 1 Zitrone · ¹/₄ l Wasser · 50 g Zucker · 50 g Nüsse

Das sorgfältig ausgewählte Trockenobst warm waschen, in Zitronenwasser über Nacht einweichen. Am nächsten Tag in feine Streifchen schneiden, mit Zucker abschmecken, angerichtet mit grob gehackten Nüssen bestreuen.

61. Gemischter Salat von Früchten

2 Orangen · 2 Bananen · 2 Äpfel · 2 Pfirsiche · 4 Aprikosen · 4 Pflaumen Saft von 2 Zitronen · 100 g Zucker · 50 g Nüsse · ¹/₈ l Schlagsahne

Zucker mit Zitronensaft zu Sirup kochen. Das vorbereitete Obst zu schönen Scheibchen schneiden. Auf einer großen Glasplatte oder Portionstellerchen das Obst in schöner Farbanordnung schuppenförmig auflegen, mit dem Zitronensirup beträufeln, mit halben Walnüssen garnieren. Als Beigabe zu Fleischgerichten sehr geeignet. Als Nachtisch umgibt man den Salat noch mit geschlagener Sahne.

OBSTSÄFTE

Aus allen Obstarten kann man Obstsaft bereiten. Das sorgfältig gereinigte, evtl. geriebene oder zerdrückte Obst roh in ein Tuch oder in eine Saftpresse geben und ausdrücken. Mit einer elektrischen Saftzentrifuge geht es am einfachsten und raschesten. — Für süße Obstarten ist eine Zuckerzugabe nicht erforderlich. Saures Obst preßt man günstig zusammen mit süßem oder mit Gelbrüben aus. Eine Zuckerzugabe erübrigt sich dann ebenfalls oder kann sehr gering gehalten werden.

62. Roher Johannisbeersaft

Die rohen roten, weißen oder schwarzen Johannisbeeren auf ein Tuch oder in eine Saftpresse geben und auspressen.

63. Holundersaft

Die Beeren auf ein Tuch oder in eine Saftpresse geben und auspressen. Holundersaft ist süß und eignet sich daher gut zum Mischen.

64. Traubensaft

Trauben enthalten sehr viel Saft. Man kann die blauen, gelben und weißen Trauben auspressen. Er wird immer rein getrunken.

65. Weizenkeime

kann man zur wertvollen Anreicherung zusätzlich an alle Rohkostgerichte geben.

Kastanien

Die Kastanien, Edelkastanien, auch Maronen genannt, kommen aus Italien, Südfrankreich und Spanien und sind dort teilweise ein Volksnahrungsmittel. In unseren Haushalten werden sie nur gelegentlich verwandt und gelten als Delikatesse. Doch sind sie preiswert und durch ihren hohen Stärkegehalt sehr sättigend. Die Verwendungsmöglichkeiten sind vielseitig.

1. Gebratene Kastanien

Die Kastanien waschen, die äußere Schale an der flachen Seite einschneiden und im geschlossenem Rohr oder in einer eisernen Pfanne zugedeckt am Herd braten. Brät man die Kastanien im Rohr, muß man sie einige Male umwenden, brät man sie in der Pfanne, muß man sie öfters aufschütteln oder umrühren. Nach 20—25 Minuten sind sie fertig. Sie lassen sich dann leicht schälen und zwischen den Fingern zerdrücken. Versäumt man das Einschneiden der Kastanienschale, zerplatzt die Kastanie mit lautem Knall. Die „Maronibrater" mit ihren besonders dafür gebauten Öfchen, wo man die frisch gebratenen, noch heißen Kastanien kaufen kann — um sich gleich daran auch noch die Hände zu wärmen —, sind während der Wintermonate in manchen Gegenden ein alltägliches Bild.

2. Gekochte Kastanien

Die Kastanien einschneiden, in Salzwasser 5 Minuten kochen, die äußere dicke Schale ablösen. Dann in frischem schwachgesalzenem Wasser weichkochen (15—20 Minuten) und die innere braune Haut abziehen. Am einfachsten ist es jedoch, die eingeschnittenen Kastanien auf ein nasses Blech zu legen und im Rohr solange zu braten (8—10 Minuten), bis sich die äußere und innere Schale gemeinsam leicht entfernen läßt. Die halbgaren Kastanien dann in beliebiger Flüssigkeit weichkochen (10—15 Minuten).

3. Gebratene und gekochte Kastanien

kann man so essen oder mit Salz und etwas frischer Butter zu Tisch geben. Als Fülle verwenden oder als Beigabe zu Fleisch und Gemüse reichen. — Gebratene, hauptsächlich aber gekochte Kastanien sind das Ausgangsmaterial zur Herstellung der verschiedenen Kastaniengerichte. Die Kastanien werden oft nur so lange vorgekocht, bis sich auch die zweite, innere Schale abziehen läßt. Die Frucht wird dann in Brühe, Milch, Zuckerwasser oder Wein völlig weichgekocht. 1 kg Kastanien ergibt ungefähr 700 g geschälte Kastanien. Gebratene Kastanien ißt man auch gerne zu neuem Wein.

4. Gedünstete Kastanien

¹/₂ kg Kastanien · ¹/₄ l Fleischbrühe · 1 Kaffeelöffel Zucker

Vorgekochte oder vorgebratene, geschälte Kastanien in fetter Fleischbrühe mit etwas Zucker kochen, bis sie vollständig weich sind und nahezu alle Flüssigkeit eingedünstet ist.

5. Kastaniensuppe

250 g Kastanien · 40 g Butter · 1 l Brühe · 1 Eigelb · 4 Eßlöffel Sahne oder Milch · Salz — Einlage: geröstete Semmelwürfel

Gekochte, geschälte, fein zerdrückte Kastanien in Butter dünsten, mit Brühe aufgießen, 10 Minuten kochen lassen, eventuell durchstreichen. Eigelb mit Sahne oder Milch verquirlen und die Suppe damit abziehen. Mit Salz abschmecken, kleine, geröstete Semmelwürfel als Einlage geben.

6. Kastanienbrei

1 kg Kastanien · 1 Zwiebel · 60 g Butter, Margarine oder Fett · Salz Muskat · ¹/₈ l Brühe

In Butter, Margarine oder Fett feingeschnittene Zwiebel hellgelb rösten, die gekochten, geschälten Kastanien zugeben, gut durchdünsten, mit Brühe aufgießen und etwas kochen lassen. Mit dem Kartoffelstampfer zerdrücken. Mit Salz und Muskat, evtl. noch mit einem Stückchen frischer Butter abschmecken. (Der Brei wird feiner, wenn man ihn durch die Kartoffelpresse drückt.) Als Beigabe zu gebratenem Fleisch, besonders zu Schweinekoteletts und Bratwürstchen.

7. Gekochte, glasierte Kastanien

¹/₂ kg Kastanien · Fleischbrühe · Salz · 40 g Fett · 100 g Zucker ¹/₈ l Wasser

Vorgekochte oder vorgebratene Kastanien vorsichtig in Brühe mit Salz weichkochen und auf einem Sieb abtropfen lassen. Zucker in Fett hell bräunen, aufgießen, die Kastanien hineingeben und darin glasig schmoren. — Beigabe zu Blaukraut, Winterkohl und Wild.

8. Butterkastanien

1 kg Kastanien · Salzwasser · 125 g Butter — Zum Anrichten: Salz und Zucker

Gekochte, geschälte Kastanien auf einer großen Stielpfanne in heißer Butter schwenken, mit Salz oder Zucker bestreut zu Tisch geben. Dazu frische Milch.

9. Kastanien als Fülle für Geflügel

I. Art:

½ kg Kastanien · 40 g Butter

Vorgekochte, geschälte Kastanien zusammen mit Butterflöckchen einfüllen.

II. Art:

¼ kg Kastanien · ¼ kg Äpfel · 50 g Sultaninen · 1 Eßlöffel Zucker

Vorgekochte, geschälte Kastanien zusammen mit Äpfeln (kleine ganz, große geviertelt), Sultaninen und Zucker einfüllen. (Besonders für Ente geeignet.)

III. Art:

¼ kg Kastanien · ¼ kg Äpfel · Geflügelinnereien · 60 g Räucherspeck Zwiebel · Petersilie · 1 Ei · Salz · Pfeffer · 2 Eßlöffel Rotwein

IV. Art:

½ kg Kastanien · 40 g Butter · ¼ kg Äpfel · ¼ kg gekochtes Schweinefleisch · 1 Ei · ⅛ l Sauerrahm · Salz · Pfeffer · Paprika

Weichgekochte, geschälte, passierte oder durch die Fleischmaschine gedrehte Kastanien mit in Butter gedünsteten Apfelspalten, Schweinefleisch, Ei und Sauerrahm mischen. Nach Belieben noch die kleingeschnittenen Geflügelinnereien zugeben. Mit Salz, Pfeffer, Paprika abschmecken, einfüllen. (Für Gans oder Truthahn.)

10. Kastanien mit Äpfeln

½ kg Kastanien · 40 g Butter · ⅛ l Brühe · Schale und Saft einer Zitrone
½ kg Äpfel · ⅛ l Wasser · 60 g Zucker

Vorgekochte, geschälte Kastanien mit Butter in Brühe weichdünsten. Apfelspalten in Zuckerwasser mit Zitronenschale und Zitronensaft weichkochen, zu den Kastanien geben. Als selbständiges Gericht oder als Beilage zu fetten Geflügelbraten.

11. Madeira-Kastanien

Vorgekochte, geschälte Kastanien in Madeira weichkochen, zerstampfen oder passieren. Mit Salz, Zucker und Wein abschmecken. Zu feinen Wild- und Lebergerichten.

12. Kastaniensalat

½ kg gekochte, geschälte Kastanien vorsichtig zu Scheibchen schneiden und mit einer Mayonnaise, die man mit feingewiegten Kräutern gewürzt hat, vermengen. Als Kräuter eignen sich besonders Petersilie, Majoran, Estragon und Dill.

13. Kastanienbrei, süß

½ kg vorgekochte, geschälte Kastanien in Milch mit etwas Butter vollständig weichkochen, durchstreichen und mit Zucker und Vanillezucker oder flüssiger Kuvertüreschokolade abschmecken.

14. Kastanienkompott

½ kg Kastanien · 80 g Zucker · ¼ l Weißwein · Zitronenschale oder Vanillestange

Zucker mit Wein und Zitronenschale oder Vanillestange 5 Minuten kochen lassen. Dann die vorgekochten, geschälten Kastanien hineingeben und darin vollständig weichkochen, aber so, daß sie nicht zerfallen. Das Kompott kann warm oder kalt gereicht werden.

15. Kastanienbrei, gebacken

½ kg Kastanien · 2 Semmeln · 60 g Butter oder Margarine · 2 Eier

Die weichgekochten, geschälten Kastanien und die in Milch erweichten, ausgedrückten Semmeln durchdrehen, in die aus Butter oder Margarine und Eigelb gerührte Schaummasse geben. Den steifen Eischnee unterziehen. Die Masse mit Zucker und Vanille oder Salz, Pfeffer, Muskat abschmecken. In eine befettete Auflaufform füllen, 40 Minuten bei Mittelhitze backen. Mit Kompott, Gemüse oder Salat servieren.

16. Kastanienstrudel, salzig

*Hefeteig: 250 g Mehl · 15 g Hefe · 20 g Fett · 1 Ei · Salz · ⅛ l Milch —
Fülle: 400 g gekochte, passierte Kastanien · 150 g gehacktes Kalbfleisch · 30 g
Speck · 1 kleine Zwiebel · Zitronenschale · 1 Semmel · eventuell einige gehackte Pilze · 2 Eier · Salz · Pfeffer · Muskat*

Aus den angegebenen Zutaten einen Hefeteig bereiten und gehenlassen. Die gekochten, geschälten, passierten Kastanien mit der eingeweichten, passierten Semmel, dem gehackten Kalbfleisch, kleinwürfelig geschnittenem Speck, feingewiegter Zwiebel und Zitronenschale, eventuell einigen gehackten Pilzen. Eigelb und Eischnee mischen, mit Salz, Pfeffer, Muskat abschmecken. Den gegangenen Hefeteig dünn ausrollen, mit Fülle bestreichen, aufrollen, mit zurückbehaltenem Ei bestreichen, in eine befettete Bratreine legen und 40 Minuten im Rohr backen. Dazu Gemüse oder Salat.

17. Kastanienstrudel, süß

*Hefeteig: 250 g Mehl · 15 g Hefe · 20 g Fett · 1 Ei · Salz · ⅛ l Milch —
Fülle: 400 g gekochte, geschälte Kastanien · 6 mittelgroße, gebratene Äpfel
2 Eier · Saft und Schale einer halben Zitrone · 100 g Zucker · 1 Teelöffel
Zimt · 50 g Sultaninen*

Aus den angegebenen Zutaten einen Hefeteig bereiten und gehenlassen. Gekochte, geschälte, passierte Kastanien mit gebratenen, passierten Äpfeln, feingewiegter Zitronenschale, Zitronensaft, Zucker, Zimt, Sultaninen und Eischnee vermischen. Die Masse auf den dünn ausgerollten Hefeteig streichen, zu einem Strudel aufrollen, in die befettete Bratreine legen, mit Butterflöckchen belegen, etwas Milch in die Reine gießen und den Strudel im Rohr in 30 Minuten hellbraun backen.

18. Gebackene Kastanien

½ kg Kastanien — Backteig: 125 g Mehl · 1 Ei · ⅛ l Milch · Salz · Backfett

Gekochte, geschälte Kastanien in Backteig wenden und schwimmend in heißem Fett oder auf der Stielpfanne backen. Mit Gemüse oder Salat oder mit Zucker bestreut mit Kompott zu Tisch geben. Zum Backteig Mehl mit Ei, Milch und Salz zu einem glatten, dickflüssigen Teig rühren.

19. Kastanienauflauf

*250 g geschälte, passierte Kastanien · 40 g Semmelbrösel · 4 Eßlöffel Arrak
oder Rum · 80 g Butter oder Margarine · 80 g Zucker · 2 Eigelb · 2 Eischnee*

Margarine mit Zucker und Eigelb schaumig rühren, die geschälten, passierten Kastanien, die mit Rum oder Arrak befeuchteten Bröseln und den Eischnee zugeben. Die Masse in eine befettete, mit Bröseln ausgestreute Auflaufform füllen und im Rohr 40 Minuten bei Mittelhitze backen. Mit Weinsauce zu Tisch geben.

20. Kastanienauflauf mit Äpfeln

Man macht eine Auflaufmasse wie im vorhergehenden Rezept, rührt aber vor dem Unterziehen des Eischnees noch 6 gebratene, passierte Äpfel und einige Sultaninen unter und schmeckt mit Zucker ab.

21. Kastanienpudding

200 g gekochte, geschälte Kastanien • 200 g Zucker • 5 Eigelb • 50 g geriebene Schokolade • 40 g Brösel • 4 Eßlöffel Arrak oder Rum • 5 Eischnee

Zucker, Eigelb und geriebene Schokolade schaumig rühren. Gekochte, passierte Kastanien, mit Arrak oder Rum befeuchtete Bröseln und den Eischnee zugeben. Die Masse in eine befettete, mit Zucker ausgestreute Puddingform geben und 45 Minuten im Wasserbad kochen. Etwas abgekühlt stürzen, mit Weinsauce zu Tisch geben.

22. Kastanienküchel

¹/₂ kg Kastanien • 2 Semmeln • Milch zum Einweichen • 100 g Zucker 2 Eier • Zitronenschale • Zimt • Fett zum Backen

Gekochte, geschälte Kastanien und die in Milch erweichten, ausgedrückten Semmeln durchdrehen, feingewiegte Zitronenschale, verquirlte Eier, Zimt und Zucker zugeben. Runde, 2 cm dicke Küchel formen, in Bröseln wenden und in heißem Fett langsam backen. Dazu Kompott oder Rotweinsauce.

23. Kastanienberg

500 g Kastanien • 80 g Zucker • 1 Paket Vanillezucker • ¹/₈ l Milch • 2 Eiweiß 4 Eßlöffel Zucker

Gekochte, geschälte und passierte Kastanien mit Zucker, Vanillezucker und der nötigen heißen Milch zu einem dicken Brei verrühren, auf einer Platte bergartig anrichten. Mit steifgeschlagenem Eiweiß, in das man Zucker eingeschlagen hat, überstreichen und im Rohr hellgelb überbacken.

24. Kastanienschnee

¹/₂ kg Kastanien • 100 g Zucker • 1 Paket Vanillezucker • eingemachte Früchte oder ¹/₈ l Schlagsahne

Sehr weichgekochte, geschälte Kastanien durch die Kartoffelpresse oder ein grobes Sieb auf die zum Anrichten bestimmte Platte drücken. Dazwischen immer wieder mit Vanillezucker gemischten Zucker streuen. Den bergartig angerichteten Kastanienschnee mit eingemachten Früchten umgeben oder mit geschlagener, gesüßter Sahne spritzen.

25. Kastanien mit Schlagsahne

250 g Kastanien · ¹/₄ l Milch · 1 Paket Vanillezucker · 100 g Zucker
¹/₄ l Schlagsahne

Die vorgekochten, geschälten Kastanien in Milch mit Vanillezucker vollständig weichkochen, durchstreichen, mit Zucker abschmecken. Geschlagene Sahne unterrühren, kühlstellen. Vor dem Anrichten mit zurückbehaltener Sahne spritzen.

26. Kastaniencreme

250 g Kastanien · ¹/₄ l Milch · 100 g Zucker · 2 Paket Vanillezucker
4 Eßlöffel Rum · 4 Blatt farblose Gelatine · 2 Eßlöffel heißes Wasser
2 Eischnee oder ¹/₈ l Schlagsahne

Gekochte, geschälte Kastanien in Milch dünsten, durchstreichen und den flüssigen Kastanienbrei mit Zucker, Vanillezucker und Rum abschmecken. Die aufgelöste Gelatine zugeben und, wenn die Creme beginnt dicklich zu werden, den steifen Eischnee oder die geschlagene Sahne unterrühren. In Gläser oder in eine Glasschale füllen, mit glasierten Kastanien verzieren.

27. Kastanieneis

¹/₂ kg Kastanien · 2 Eier · 200 g Zucker · ³/₄ l Milch · 4 Eßlöffel Rum,
Arrak oder Likör

Weichgekochte, geschälte Kastanien durch ein Sieb streichen. Eigelb und Zucker schaumig rühren, die heiße Milch zugießen. Unter ständigem Schlagen mit dem Schneebesen am Feuer oder über Dampf einmal aufkochen lassen, den Kastanienbrei zugeben. Erkaltet mit Rum, Arrak oder Likör abschmecken und den steifen Eischnee unterziehen. Die Masse in die Eisbüchse füllen und bis zum Steifwerden rühren oder ins Eisfach des Kühlschrankes füllen.

28. Feine Kastanienspeise

¹/₂ kg Kastanien · 100 g Zucker · ¹/₄ l Schlagsahne · 100 g Makronen oder Löffelbiskuit · ¹/₈ l Rum · 100 g Gelee oder gute Marmelade · 100 g Sultaninen · Saft einer Zitrone oder etwas Weißwein — Zum Verzieren: eingemachte Früchte

Gekochte, geschälte Kastanien mit Zucker verrühren und durch ein großes Sieb drücken. Sahne steif schlagen, mit Vanillezucker abschmecken. In eine Glasschale abwechselnd Kastanienschnee, Schlagsahne, mit Rum befeuchtete Makronen oder Biskuitstückchen, kleine Gelee- oder Marmeladehäufchen und in gezuckerten Zitronensaft oder Weißwein aufgequollene Sultaninen geben. Mit Schlagsahne schließen, mit eingemachten Früchten verzieren und kühl stellen.

29. Flambierte Kastanien

½ kg Kastanien · 60 g Butter · 100 g Zucker · ⅛ l Rum

Gekochte, geschälte Kastanien in heißer Butter und Zucker schwenken, auf einer flachen Platte anrichten, mit Rum übergießen und anzünden.

30. Kastanientorte

*120 g Butter · 8 Eigelb · 160 g Zucker · 1 Teelöffel Neskaffee · 160 g passierte Kastanien · 40 g geriebene Nüsse · 40 g Brösel · 8 Eischnee
¼ l Schlagsahne · Schokoladenglasur*

Butter mit Eigelb und Zucker schaumig rühren, Kaffee, Kastanien, Nüsse, Brösel und Eischnee zugeben, in vorbereiteter Tortenform 45 Minuten bei Mittelhitze backen. Erkaltet durchschneiden, Schlagsahne mit passierten Kastanien und Vanillezucker, etwas Rum mischen. Die Torte damit füllen, mit Schokoladenglasur überziehen.

31. Kastanientorte

*6 Eigelb · 150 g Zucker · 100 g Schokolade · 150 g passierte Kastanien
50 g Brösel · 6 Eischnee · ¼ l Schlagsahne · Schokoladenglasur*

Eigelb mit Zucker und geriebener Schokolade schaumig rühren, Kastanien, mit Rum befeuchtete Brösel und Eischnee zugeben, in eine kleine Tortenform füllen, 45 Minuten bei Mittelhitze backen. Die abgekühlte Torte waagrecht durchschneiden, mit geschlagener, gesüßter Sahne füllen, mit Schokoladenglasur überziehen.

32. Kastanienmakronen

*4 Eiweiß · ½ kg Zucker · 250 g gekochte, passierte Kastanien
250 g abgezogene, geriebene Mandeln · Zitronenschale oder Vanillezucker*

Eiweiß zu steifem Schnee schlagen, Zucker nach und nach einschlagen. Die vorbereiteten Kastanien und Mandeln und die feingewiegte Zitronenschale zugeben. Von der Masse runde oder längliche Makronen auf Oblaten setzen, bei schwacher Hitze (150⁰) im Rohr hellgelb backen. Ist der Teig zu weich (abhängig von der Größe der Eiweiß), etwas Kastanien, geriebene Mandeln oder Brösel nachgeben. Von dieser Masse kann man auch 2–3 Tortenböden backen und diese mit einer Fülle aus geschlagener Sahne, die mit durchgedrückten Kastanien, Rum und Zucker abgeschmeckt wurde, zusammensetzen, überziehen und spritzen.

33. Kastanienkugeln

*1 kg Kastanien · 100 Butter · 100 g Zucker · 100 g geriebene Mandeln
15 g Zitronat · 15 g Orangeat · feingewiegte Zitronenschale*

Butter flüssig, aber nicht braun werden lassen. Zucker, mit der Schale geriebene Mandeln, Zitronenschale, in ganz kleine Würfel geschnittenes Zitronat und Orangeat und die gekochten, geschälten, passierten Kastanien zugeben. Gut am Feuer verrühren, überkühlt kastaniengroße Kugeln formen, in Kakao oder Hagelzucker wenden. (Ist die Masse zu trocken, etwas Rum oder Milch zugeben.) Hat man eine Schachtel mit leeren Konfekthülsen, so sieht es nett aus, die Kastanienkugeln darin anzurichten.

34. Kastanienbonbons

50 g Butter • 50 g Mandeln • 50 g Zucker • 50 g Schokolade • 250 g gekochte Kastanien

Mit der Schale geriebene Mandeln in Butter hell rösten, Zucker, geriebene Schokolade und die passierten Kastanien zugeben. Gut verrühren. Aus der Masse kleine Kugeln formen, in Kakao wenden und an einem luftigen, nicht feuchten Ort trocknen lassen.

35. Eingemachte Kastanien

1 kg geschälte Kastanien • 750 g Zucker • ¼ l Wasser • Saft einer Zitrone

Zucker mit Wasser und Zitronensaft bis zum Faden kochen. Die gekochten, geschälten Kastanien einmal darin aufkochen lassen. Am folgenden Tag die Zuckerlösung abgießen und heiß wieder über die Kastanien gießen. Das Abgießen und Aufkochen noch dreimal wiederholen. Beim letztenmal die erkaltete Lösung über die in Gläser gefüllten Kastanien gießen, mit einem durch Rum gezogenen Pergamentpapierblättchen überdecken und zubinden.

Beilagen, Knödel

BEILAGEN

1. Bandnudeln oder Breite Nudeln

250 g Mehl · 2 Eier · Salz · 4 Eßlöffel Wasser · Salzwasser zum Kochen 40 g Butter oder Fett zum Schwenken

Mehl, Eier und Salz mit kaltem Wasser zu einem festen, glatten Teig kneten, zu Nudelflecken ausrollen, getrocknet zu $1/2$ cm breiten Nudeln schneiden. Diese in kochendes Salzwasser einstreuen, garkochen, kalt oder heiß überbrausen, in heißem Fett schwenken, angerichtet mit gerösteten Bröseln überstreuen. Beigabe zu Fleischspeisen mit Sauce.

2. Teigwaren

Es gibt davon sehr viele Formen. Zum Beispiel Spaghetti, Makkaroni, kleine und große Hörnchen, Rädchennudeln, Schleifen, Schlaufennudeln, Eiertaschen, Bandnudeln, Schnittnudeln, Fadennudeln, Röhrennudeln (Cannelloni, zum Füllen geeignet), Ravioli sind bereits gefüllt. Die italienischen Bandnudeln werden auch mit Tomatenmark oder Spinatsaft hergestellt und heißen Taglierini und Tagliatelle.

Alle Arten von Teigwaren in reichlich kochendes Salzwasser einstreuen und unter gelegentlichem Umrühren garkochen (14—20 Minuten). Dann auf ein Sieb schütten, mit kaltem Wasser überbrausen, in heißem Fett oder Öl schwenken. Schwenkt man sie nicht in Fett, *heiß* überbrausen, damit sie nicht abkühlen. Als Beilage reichen oder, mit geriebenem Käse bestreut und einer aromatischen Sauce und grünem Salat, als Hauptgericht.

3. Geeignete Saucen zu Teigwaren

1. Gekochtes Rindfleisch durchdrehen, mit Zwiebelwürfeln anbraten, mit Tomatenmark vermischen.
2. Geraspelte Sellerie- und Zwiebelwürfel in Öl braten, Tomatenwürfel, gehackte Petersilie, Basilikum und Salz zugeben, kochen bis die Sauce dicklich ist.
3. Drei hartgekochte, kleingeschnittene Eier mit 2 Eßlöffel Öl, 1 Eßlöffel Essig, Senf, 4 gehackten Sardellen, Kapern und gehackter Petersilie auf kleinem Feuer zu einer Sauce verrühren.
4. Einige Würfelzuckerstückchen an einer Orange abreiben, in Wasser auflösen, 3 Eßlöffel Johannisbeergelee und etwas Zitronensaft zugeben, mit Senf und Salz abschmecken.

4. Spätzle

350 g Mehl · 1 Eßlöffel Salz · 2—3 Eier · $3/16$ l kaltes Wasser

Mehl mit Salz, Eiern und Wasser rasch zu einem glatten Teig zusammenrühren, nicht abschlagen, sonst wird er zäh. Den Teig durch die Spätzlemaschine oder einen Spatzenseiher in kochendes Salzwasser drücken oder von einem nassen Brett mit einem Messer Spätzle hineinschaben. Wenn die Spätzle an der Oberfläche schwimmen, sind sie gar. Man gibt sie auf einen Durchschlag, überbraust sie mit kaltem oder heißem Wasser und schwenkt sie in heißem Fett. Angerichtet kann man sie noch mit gerösteten Semmelbröseln bestreuen.

5. Reis

Die Garzeit ist verschieden. Der italienische Milchreis braucht weniger als z. B. der langkörnige, durchscheinende Siam-Patna.
Es gibt auch bereits vorbearbeiteten Reis, dessen Garzeit sehr gering ist. In diesem Fall muß man sich genau an die Kochanweisung halten.

6. Reis, gekocht

250 g Reis · Salzwasser · 40 g Butter

Den verlesenen Reis in reichlich kochendes Salzwasser einstreuen, nicht zu weich kochen (14—18 Minuten), auf einem Sieb abtropfen lassen, Butter unterrühren. Bei dieser Zubereitungsart bleibt jedes Körnchen für sich und körnig. Es kann zum Kochen auch eine Reiskugel verwendet werden.

7. Reis, gedämpft

250 g Reis · 2 Eßlöffel Öl · 1 Eßlöffel Salz

Den verlesenen, gewaschenen Reis in einer Schüssel mit Salz und Öl verrühren, auf einen feinen Siebeinsatz in den Kartoffeldämpfer geben, zudecken und körnig weichdämpfen.

8. Reis, gedünstet

250 g Reis · ³/₄ l Wasser · 50 g Fett · 1 kleine Zwiebel mit Nelken besteckt

Den verlesenen, gewaschenen Reis mit Wasser, Fett, der mit Nelken besteckten Zwiebel und so viel Salz, daß das Wasser gut salzig schmeckt, 10 Minuten kochen lassen, dann zugedeckt am Herdrand in 10–15 Minuten weichdünsten. Beim Anrichten die Zwiebel entfernen, den Reis evtl. in eine heiß ausgespülte Randform drücken, auf eine runde Platte stürzen, in der Mitte eingemachtes Kalbfleisch oder dergleichen anrichten. Der Reis bleibt körniger und klebt weniger, wenn er nach dem Verlesen mit einem Tuch sauber abgewischt, aber nicht gewaschen wird.

9. Risotto

50 g Fett · 1 Zwiebel · 250 g Reis · ³/₄ l Wasser · 50 g Käse

In heißem Fett feingewiegte Zwiebel glasigdünsten, den verlesenen, trocken abgewischten Reis zugeben, so lange im Fett rösten, bis er milchig erscheint, dann aufgießen, salzen, den Reis kurz kochen lassen, dann zugedeckt am Herdrand oder auf ganz kleiner Flamme gardünsten (30 Minuten). Vor dem Anrichten mit einer Gabel geriebenen Käse unterrühren, den angerichteten Risotto mit geriebenem Käse bestreuen. Nach Geschmack kann man auch etwas Tomatenmark mitdünsten.

10. Polenta

250 g grobe Polenta (Maisgrieß) · 1 l Salzwasser · Butter

In kochendes Salzwasser die Polenta einstreuen und zu einem steifen Brei kochen. Mit einem Löffel davon Nockerln abstechen, auf einer Platte anrichten und mit heißer brauner Butter übergießen.

KNÖDEL

Knödel immer in kochendes Salzwasser oder Brühe einlegen. Ist man nicht sicher, daß die Masse hält, erst einen Probeknödel kochen, wenn erforderlich mit Bröseln festigen.

Kartoffelknödel vor dem Einlegen in das Salzwasser immer in Mehl wenden. Die Oberfläche bleibt glatt und die Knödel kochen weniger leicht ab.

Können die fertiggekochten Knödel oder Nockerl nicht sofort angerichtet werden oder kommen nicht alle Personen gleichzeitig zu Tisch, gießt man, wenn die Knödel fertiggekocht sind, einen kleinen Schöpfer kaltes Wasser zu. Knödel oder Nockerl zerfallen dann nicht.

11. Semmelknödel

8 Semmeln • 40 g Fett • Zwiebel • Petersilie • Majoran • 3/8 l Milch
3 Eier • Salz

Feinblättrig geschnittene Semmeln mit Salz überstreuen, gewiegte, in Fett geröstete Zwiebeln und Petersilie dazugeben, eventuell noch Majoran. Mit kalter oder lauwarmer Milch übergießen und etwas stehen lassen. Dann die Eier zugeben, alles gut vermengen, mit nassen Händen Knödel formen, in kochendes Salzwasser einlegen, 20 Minuten langsam halboffen kochen lassen.

12. Leberknödel

8 Semmeln • Zwiebel • Petersilie • 3/8 l Milch • 250 g Rindsleber oder 200 g Leber und 100 g Milz • 50 g Ochsenmark oder Nierenfett • 3 Eier • Salz Pfeffer • Majoran • Zitronenschale • Muskat

Feinblättrig geschnittene Semmeln mit Salz überstreuen, gewiegte, in Fett geröstete Zwiebel und Petersilie untermengen, mit kalter oder lauwarmer Milch übergießen und etwas stehen lassen. Gehäutete Leber mit Mark oder Nierenfett durch die Maschine drehen, Milz ausstreichen. Zur Semmelmasse geben. Mit feingehackter Zitronenschale, reichlich Majoran, etwas Pfeffer, nach Geschmack auch mit Muskatnuß würzen, die verquirlten Eier zugeben. Alles sehr gut vermengen. Mit nassen Händen Knödel formen, in kochende Brühe einlegen, 20 Minuten halboffen kochen lassen.

13. Speckknödel

8 Semmeln • 100 g Speck • Zwiebel • Petersilie • 3/8 l Milch • 3 Eier • Salz

In kleinwürfelig geschnittenem, ausgebratenem Speck feingewiegte Petersilie und Zwiebel rösten, über die feinblättrig geschnittenen, gesalzenen Semmeln geben und untermengen. Kalte oder lauwarme Milch darübergießen, etwas stehen lassen, dann die verquirlten Eier zugeben. Von der gut durchgemengten Masse mit nassen Händen Knödel formen, in kochendes Salzwasser oder Brühe einlegen, 20 Minuten langsam halboffen kochen lassen.

14. Tiroler Knödel

8 Semmeln • 3/8 l Milch • 1/4 kg Geräuchertes oder Wurst • 3 Eier • Salz
2 Eßlöffel Mehl

Blättrig geschnittene Semmeln salzen, mit kalter oder lauwarmer Milch übergießen und etwas stehenlassen. Dann kleinwürfelig geschnittenes, gekochtes Geräuchertes oder kleinwürfelig geschnittene, geräucherte Wurst, verquirlte Eier, Mehl zugeben, Von der gut vermengten Masse mit nassen Händen Knödel formen, in kochende Brühe einlegen, 20 Minuten langsam halboffen kochenlassen.

15. Grießknödel

1/2 l Milch oder Wasser · Salz · 60 g Fett · 250 g Grieß · 3 Eier

Milch oder Wasser mit Salz und Fett aufkochen, Grieß einstreuen, 5 Minuten aufquellen lassen, noch heiß mit den ganzen Eiern mischen, sofort Knödel formen und in Salzwasser 10—15 Minuten leicht kochenlassen.

16. Fränkische Mehlknödel

1/2 kg Mehl · Salz · 3 Eier · 4 Semmeln · 30 g Fett · 3/8 l Wasser oder Milch

Mehl mit Salz, Eiern, in Fett gerösteten Semmelwürfeln und Milch oder Wasser zu einem Teig von der Festigkeit eines Spätzleteiges zusammenrühren, 1 Stunde stehenlassen. Dann mit einem Schöpflöffel Knödel in kochendes Wasser einlegen, zugedeckt bis zum Kochen kommenlassen, je nach Größe 20—30 Minuten halboffen leise kochenlassen.

17. Semmelknödel mit Hefe

300 g Mehl · 20 g Hefe · Salz · 60 g Fett · 2 Eier · 1/4 l Milch · 4 Semmeln Petersilie

Mehl mit gegangener Hefe, flüssigem Fett, Salz, Eiern und lauwarmer Milch zu einem sehr weichen Hefeteig verrühren und gut abschlagen. Dann die feinblättrig oder kleinwürfelig geschnittenen Semmeln und gewiegte Petersilie untermischen und den Teig 30 Minuten an einem warmen Ort gehenlassen. Mit nassen Händen Knödel formen, in kochendes Salzwasser einlegen, 12 Minuten kochenlassen. Die Knödel gibt man als Beilage zu Fleischspeisen mit Sauce oder mit brauner Butter übergossen und grünem Salat als Hauptgericht.

18. Gekochte Kartoffelknödel

1 kg gedämpfte Kartoffeln · 250 g Mehl · 2 Eier · Salz

1 kg gedämpfte Kartoffeln · 60 g Grieß · 2 Eier · Salz · geröstete Semmelwürfel

Gedämpfte, abgezogene, durchgepreßte Kartoffeln mit den Zutaten des ersten oder zweiten Rezeptes mischen, nach Belieben mit gerösteten Semmelwürfelchen füllen. Die geformten Knödel in Mehl wenden, in kochendes Salzwasser einlegen, 10 Minuten kochen. Beilage zu Fleischgerichten mit Sauce.

19. Zwetschgenknödel

Wie vorstehend einen Kartoffelteig bereiten. Zwetschgen entsteinen, mit einem Zuckerstückchen füllen, mit Teig umhüllen. Die Knödel in Mehl wenden, in kochendes Salzwasser einlegen, 10 Minuten kochen. In Butter oder Margarine Brösel goldbraun rösten, die abgetropften Knödel darin wenden, mit reichlich Zucker bestreuen, gleich zu Tisch geben.

20. Marillenknödel

Statt mit Zwetschgen können die Knödel auch mit Marillen (Aprikosen) bereitet werden. Das feine Aroma der Früchte kommt bei dieser Zubereitungsart besonders zur Geltung, Marillenknödel sind in der Reihe der warmen Mehlspeisen eine besondere Köstlichkeit.

21. Kartoffelknödel mit Kartoffelmehl (Halbseidene)

1 kg gedämpfte Kartoffeln · 125 g Kartoffelmehl · Salz

Die gedämpften, abgezogenen, durchgepreßten Kartoffeln rasch mit Kartoffelmehl und Salz zu einem Teig mischen, Knödel formen, eventuell mit gerösteten Semmelwürfeln füllen, in kochendes Salzwasser einlegen und darin 10 Minuten kochenlassen.

22. Speckkartoffelknödel

¹/₂ kg gedämpfte Kartoffeln · 60 g Speck · 1 Zwiebel · 4 Semmeln · 1 Ei 125 g Mehl · Petersilie · Salz

In kleinwürfelig geschnittenem, ausgebratenem Speck die gehackte Zwiebel und die feinblättrig oder in kleine Würfel geschnittenen Semmeln rösten. Abgekühlt das Ei, Mehl, die geriebenen Kartoffeln, gehackte Petersilie und Salz zugeben. Knödel formen und diese 10 Minuten in Salzwasser kochen.

23. Rohe Kartoffelklöße

1 kg rohe Kartoffeln · ¹/₂ kg gekochte Kartoffeln · Salz — Fülle: 40 g Fett 1 Semmel

Die rohen geschälten Kartoffeln (nach dem Schälen gewogen) in kaltes Wasser reiben. Die gekochten Kartoffeln abziehen und durchpressen. Semmel in kleine Würfel schneiden und in Fett rösten. Die rohgeriebenen Kartoffeln in ein festes Säckchen oder Tuch geben und auspressen (Wasser aufbewahren). Die gekochten Kartoffeln, Salz und die abgesetzte Stärke des Kartoffelwassers zugeben. Gut vermengen, zu 8 Knödeln formen, mit gerösteten Semmelwürfeln füllen, in Mehl wenden, in kochendes Salzwasser einlegen, 30 Minuten kochenlassen. Will man die Knödel ganz hell, so gibt man zwischen die geschälten rohen Kartoffeln ein Stückchen Schwefelstange, zündet sie an, deckt zu und läßt 5—6 Minuten so stehen. Die Kartoffeln werden anschließend gut gewaschen und wie vorstehend weiter verwendet.

24. Fränkische Kartoffelklöße

1 kg Kartoffeln · ½ l Milch · 150 g Grieß · 2 Eier · Salz — Fülle: 20 g Fett 1 Semmel

Die geschälten Kartoffeln in Wasser reiben, den Grieß in die kochende, gesalzene Milch einstreuen und zu steifem Brei kochen. Die rohgeriebenen Kartoffeln gibt man auf ein Tuch oder in ein Säckchen, preßt alles Wasser sehr gut ab, mischt den Grießbrei, Eier, Salz und die abgesetzte Kartoffelstärke unter, formt Klöße, füllt sie mit den gerösteten Semmelwürfeln und kocht sie langsam 30 Minuten in Salzwasser.

25. Hefeklöße (Germknödel)

400 g Mehl · 20 g Hefe · 80 g Margarine · Salz · 2 Eier · 3/16 l Milch

Aus den angegebenen Zutaten einen ziemlich festen Hefeteig bereiten, 1 Stunde kalt gehenlassen, dann mit einem Löffel Nockerl abstechen, diese zu Knödeln formen und auf einem bemehlten Tuch warm gehenlassen. In kochendes Salzwasser legt man einige der Knödel hinein (sie müssen reichlich Platz zum Aufgehen haben), kocht zugedeckt 4 Minuten auf der einen Seite und offen 4 Minuten auf der anderen Seite. Sie werden dann sofort herausgenommen, mit einer Gabel mehrmals durchstochen, damit der Dampf entweichen kann und sie nicht zusammenfallen. Auf vorgewärmter Platte anrichten und als Beigabe zu Fleisch mit Sauce geben. Bereitet man den Teig mit etwas Zucker und übergießt die angerichteten Knödel mit brauner Butter, so schmecken sie mit Kompott ebenfalls sehr gut. Mit viel geriebenem Mohn und Zucker bestreut, mit brauner Butter übergossen, sind sie ein böhmisches Nationalgericht.

26. Böhmische Knödel

2 Semmeln · 20 g Fett · ¼ kg Mehl · 2 Eier · ⅛ l Wasser · Salz

Aus Mehl, Ei, kleinwürfelig geschnittenen, gerösteten Semmeln, kaltem Wasser und Salz einen ziemlich festen Teig machen, zu ungefähr 8 cm dicken, 20 cm langen Rollen formen, diese in Salzwasser kochen, dann in Scheiben schneiden und als Beilage zu Fleisch mit Sauce geben. Man kann die geschnittenen, angerichteten Scheiben auch mit Bröseln bestreuen, mit brauner Butter übergießen und mit Gemüse, Salat oder Kompott geben.

27. Serviettenknödel

40 g Butter · 1 kleine Zwiebel · 6 Semmeln · 20 g Mehl · ¼ l Milch · 4 Eier 1 Teelöffel Salz · Petersilie

In heißem Fett kleingeschnittene Zwiebel goldgelb rösten, dann die feinblättrig oder kleinwürfelig geschnittenen Semmeln zugeben und ebenfalls rösten, Mehl unterrühren. Die Milch mit den Eiern, Salz und gewiegter Petersilie verquirlen, über die Semmeln gießen und den Knödelteig gut zusammenarbeiten. Nach ungefähr 15 Minuten wird die Masse in Form eines großen Knödels auf eine nasse Serviette gelegt, die Enden der Serviette über einen Kochlöffelstiel gebunden, der Serviettenknödel in einen genügend großen Topf mit kochendem Salzwasser gehängt und 30 Minuten kochenlassen. Dann den Knödel auf eine heiße Platte legen, mit einer Gabel zerteilen, mit etwas Bröseln bestreuen und mit heißer Butter übergießen. Als Beigabe zu Fleischgerichten mit Sauce oder mit Kopfsalat als selbständiges Gericht.

28. Tomaten-Spaghetti

350 g Spaghetti · Salzwasser · 80 g Fett · 1 Zwiebel · 1 kleine Dose Tomatenmark · 1 Brühwürfel · Majoran · Käse zum Bestreuen

Die Spaghetti in Salzwasser kochen, kalt überbrausen und abtropfen lassen. In heißem Fett kleingewiegte Zwiebel goldgelb rösten, den Brühwürfel und das Tomatenmark zugeben, gut verrühren. Die abgetropften Spaghetti und Majoran hineingeben und darin gut heiß werden lassen. Angerichtet mit geriebenem Käse bestreuen. Mit grünem Salat zu Tisch geben.

29. Topfen-Knödel mit Semmeln

6 alte Semmeln · 60 g Butter · 200 g Topfen · 1 Ei · 1 Eigelb · Salz · 60 g Mehl · 60 g Grieß · 1/8 l Sauerrahm

Butter mit passiertem Topfen, Ei, Eigelb, Salz schaumig rühren, Mehl, Grieß und Rahm zugeben, mit dem kleinwürfelig oder feinblättrig geschnittenen Weißbrot mischen und 30 Minuten stehenlassen. Dann Knödel formen und in Salzwasser offen 10—12 Minuten kochen. Beigabe zu Saucen.

30. Topfen-Knödel

1. 60 g Butter oder Margarine · 2 Eier · 125 g Brösel · 250 g Topfen · Salz
2. 20 g Butter oder Margarine · 2 Eigelb · 60 g Mehl · 250 g Topfen · Salz

Butter oder Margarine mit den jeweils angegebenen Zutaten verrühren, etwas stehen lassen, dann zu Knödeln formen und in Salzwasser 10 Minuten leise kochen lassen. Angerichtet mit brauner Butter beträufeln, mit Zucker bestreuen und mit Apfelmus zu Tisch geben.

Die angegebenen Teige sind auch als Hülle für Zwetschgenknödel geeignet.

31. Holzknechtmus

3 Tassen Mehl · 1 Tasse kochendes, gesalzenes Wasser · Fett zum Backen

Das Mehl in eine Schüssel geben, unter Rühren mit der Gabel das kochende Wasser zugießen. Die entstandenen Krümel in eine Pfanne mit viel Fett geben und unter häufigem Umschaufeln auf dem Herd oder im Rohr backen. Dazu trinkt man heiße Milch.

Kartoffelgerichte

Allgemeines

Der Wert der Kartoffel liegt in ihrem Gehalt an Stärke, vollwertigem Eiweiß und Mineralstoffen, sowie in dem Vorhandensein von Vitamin C. Während der gemüsearmen Winter- und Frühjahrsmonate ist die Kartoffel als Vitamin-C-Träger von besonderer Bedeutung. Der Preis der Kartoffel ist gering, der Sättigungswert hoch, die Verwendungsmöglichkeiten äußerst vielseitig. Voraussetzung für eine wirtschaftliche Verwertung der Kartoffel ist eine sachgemäße Lagerung und laufende Überwachung. Stark gefährdet sind die in Häusern mit Zentralheizung eingelagerten Kartoffeln und bedürfen daher ganz besonders achtsamer und eingehender Pflege. Keller, an denen Heizungsrohre vorbeiführen, sind für eine Lagerung ungeeignet.

Man lagert zweckmäßig Gemüsekartoffeln (mehlige Sorte) und Salatkartoffeln (speckige Sorte, z. B. Mäuserl) ein.

Der Vorratsraum muß trocken, luftig, kühl – jedoch frostfrei – und dunkel sein. Vor dem Einlagern muß er gründlich gescheuert und gelüftet werden. Vor allem sind eventuell noch vorhandene Restmengen aus dem Vorjahre vor der Einlagerung unbedingt zu entfernen. Peinlichste Sauberkeit ist die Grundbedingung für einwandfreie Lagerung. Nach Möglichkeit sollen nur trockene und gut aussortierte Kartoffeln eingelagert werden. Vor allem sind vor der Einlagerung verletzte, angefaulte oder angefrorene Kartoffeln zu entfernen und einer baldmöglichsten Verwertung zuzuführen. Das Bestreuen der Kartoffeln mit einem in einschlägigen Geschäften erhältlichen Konservierungsmittel erhöht die Haltbarkeit.

Zur zweckmäßigen Aufbewahrung der Kartoffeln ist eine Fallkiste – sie besteht aus Latten und einem schrägen Boden – am besten geeignet. Man kann sie leicht selbst herstellen. Aus dieser Kiste werden die untersten Kartoffeln stets zuerst entnommen und die darüberliegenden kommen jeweils in Bewegung. Ein frühzeitiges Keimen wird dadurch verhindert. Lagert man die Kartoffeln auf dem Boden, so muß dieser erst mit einem Lattenrost oder mit Brettern bedeckt werden.

Alle gelagerten Kartoffeln müssen öfter nach faulen oder verdächtigen Knollen durchgesehen werden. Diese sind sofort zu entfernen, da sie — falls sie nicht rechtzeitig entfernt werden — eine große Ansteckungsgefahr für die gesunden Knollen bilden.

Bei Frostgefahr müssen die Kartoffeln sorgfältig mit Säcken, Stroh oder sonstigem abgedeckt werden. Gleichzeitig ist aber auch zu starke Erwärmung des Kartoffelkellers zu vermeiden, da die Kartoffeln sonst frühzeitig und stark auskeimen und dadurch Nährstoffverluste entstehen. Der Keller ist daher an frostfreien Tagen regelmäßig zu lüften. Falls die Kartoffeln im Frühjahr trotzdem auskeimen sollten, sind die Keime baldigst zu entfernen. Ebenso wie sachgemäße Lagerung ist die richtige Zubereitung von größter Bedeutung, denn nur dann werden alle Wertstoffe der Kartoffel dem menschlichen Körper auch wirklich zugeführt.

Kartoffeln werden am besten mit der Schale gargekocht, und zwar entweder auf einem Siebeinsatz über kochendem Wasser oder auf dem Backblech im Rohr. Bei diesen Zubereitungsarten bleiben die Nährstoffe, vor allem die Mineralstoffe und auch die Vitamine am besten erhalten, außerdem ergeben sich die geringsten bzw. keine Schälverluste. Schält man die Kartoffeln im rohen Zustand, so muß dies möglichst dünn geschehen, die Kartoffeln dürfen nicht länger im Wasser liegenbleiben, sondern müssen sofort nach dem Schälen im Dämpfer oder mit wenig kochendem Wasser zugesetzt und gargekocht werden. Das Kartoffelkochwasser ist zur Herstellung von Saucen und Suppen verwendbar; es enthält lösliche Nährstoffe, die andernfalls der Verwertung verlorengehen.

Die Kartoffel dient zur Herstellung selbständiger Gerichte, daneben wird sie in Verbindung mit anderen Nahrungsmitteln zubereitet.

Der Saft aus rohgeriebenen ausgepreßten Kartoffeln ist sehr zuträglich und findet auch als Diätgetränk häufige Verwendung.

Da die Kartoffel keinen stark ausgeprägten Eigengeschmack hat, können wir die Gerichte sehr vielseitig gestalten und würzen. Wir machen Suppen, verschiedenartigste Hauptgerichte, Gemüse, Salate, Süßspeisen und Gebäck davon. Nahezu jeden Tag bringen wir Kartoffeln in irgendeiner Form auf den Tisch und doch wird uns ihr Geschmack niemals widerstehen. So ist uns diese Frucht wertvollstes Nahrungsmittel, das wir jederzeit sorgsam pflegen und verwenden.

1. Schalenkartoffeln

1 kg Kartoffeln · Wasser

Möglichst gleichmäßig große Kartoffeln werden sehr sauber gewaschen, eventuell gebürstet und in den Kartoffeldämpfer gegeben. Das Wasser in dem Wassertopf wird zum Kochen gebracht, der Dämpfer oder Siebeinsatz mit den Kartoffeln daraufgestellt. Die Kartoffeln gut zugedeckt und bei gleichmäßiger Hitze gargedämpft. (Das Kochgut darf vom Wasser nicht berührt werden.) Die Kartoffeln kommen entweder mit der Schale zu Tisch oder werden abgezogen und zur Bereitung der verschiedensten Kartoffelgerichte verwendet.

2. Backblechkartoffeln

1 kg neue Kartoffeln · Salz · Kümmel · 10 g Fett

Kleine, gleichmäßig große Kartoffeln werden sehr sauber gewaschen und gebürstet. Dann der Länge nach durchschnitten, in Salz und Kümmel gewendet, mit der Schnittfläche auf das befettete Backblech gelegt, mit Fett überpinselt und bei guter Hitze etwa 30 Minuten im Rohr gebacken. Die Kartoffeln werden mit der Schale gegessen. Bei dieser äußerst schmackhaften Zubereitungsart bleiben alle Wertstoffe der Kartoffel erhalten.

3. Salzkartoffeln

1 kg Kartoffeln · Wasser · Salz

Die Kartoffeln werden gewaschen, dünn geschält und in Schnitze oder Würfel geteilt. Dann dämpft man sie womöglich im Kartoffeldämpfer gar. Kocht man sie jedoch in Salzwasser, so stellt man nur soviel Wasser zu, als die Kartoffeln zum Garwerden brauchen (knapp bedeckt), salzt und gibt, wenn das Wasser kocht, die Kartoffeln hinein. Sie werden zugedeckt bei gleichmäßiger Hitze gargekocht. Das restliche Kochwasser wird abgegossen und die Kartoffeln offen noch kurz trockengedämpft.

4. Kugelkartoffeln (Pariser Kartoffeln)

Aus großen, geschälten, rohen Kartoffeln mit einem Kugelausstecher Kugeln ausstechen und diese im Dämpfer oder in Salzwasser weichkochen. Kugelkartoffeln sind eine beliebte Beigabe zu blaugekochtem Süßwasserfisch. Man schwenkt sie in etwas Butter und überstreut sie mit gewiegter Petersilie.

5. Kartoffelschnee

1 kg gedämpfte Kartoffeln · Salz

Die gedämpften, abgezogenen, heißen Kartoffeln werden durch die Kartoffelpresse auf eine vorgewärmte Platte gedrückt und mit etwas Salz bestreut. (Leichte Beigabe, besonders für die Kinder- und Krankenküche.)

6. Kartoffelbrei

1 kg gedämpfte Kartoffeln · $^1/_4$ l Milch · 40 g Butter oder Margarine · Salz

Die gekochten oder besser gedämpften, abgezogenen, heiß durchgepreßten oder zerstampften Kartoffeln mit heißer Milch, Butter und Salz vermischen, mit dem Schneebesen locker- und schaumigschlagen. Den angerichteten Kartoffelbrei eventuell mit in Fett gerösteten Bröseln oder Zwiebeln bestreuen. Muß man Kartoffelbrei warmhalten, so geschieht dies zugedeckt im heißen Wasserbad.

7. Bratkartoffeln

1 kg Kartoffeln · 80 g Fett · Salz

Die dünn geschälten Kartoffeln werden in Scheiben, Würfel oder Stifte geschnitten, gesalzen, in die Pfanne mit heißem Fett gegeben und zugedeckt 15—20 Minuten gedünstet. Dann nimmt man den Deckel ab und brät die Kartoffeln offen in 5—10 Minuten noch braun und knusprig.

8. Pommes frites (Gebackene Kartoffeln)

½ kg Kartoffeln · Öl oder Fett · Salz

Die rohen geschälten Kartoffeln in bleistiftstarke Stifte schneiden (Pommes-frites-Schneider), in kaltem Wasser durchwaschen, um die Kartoffelstärke auszuschwemmen (die Stärke macht die Pommes frites beim Backen hart), auf ein Tuch geben und abtrocknen. Portionsweise im Drahtbackkorb backen. Dazu stellt man den Korb mit den Kartoffeln ins heiße Fett oder Öl, läßt etwas backen, hebt heraus, um die Kartoffeln abdampfen zu lassen, und fährt so fort bis die Kartoffeln gar, aber nicht braun sind. Erst wenn alle Kartoffeln vorgebacken sind, bäckt man sie hellbraun. Angerichtet mit feinem Salz bestreuen und sofort zu Tisch geben.

9. Kartoffel-Chips

Die geschälten rohen Kartoffeln auf dem Gurkenhobel zu feinen Blättchen hobeln und wie Pommes frites backen. Nur mit feinem Salz oder mit Salz und reichlich Paprika bestreuen. — Beilage zu Fleischgerichten oder als scharfes Konfekt.

10. Strohkartoffeln (Pommes paille)

Die geschälten rohen Kartoffeln mit der entsprechenden Vorsatzscheibe einer Schneidemaschine zu zündholzstarken Streifchen schneiden, wie Chips backen und verwenden.

11. Kartoffelnestchen

Die Kartoffelnestchenform in heißes Fett tauchen, mit rohen, wie zu Stroh geschnittenen Kartoffeln auslegen, den Doppellöffel daraufdrücken, die Form in heißes Fett halten und die Nestchen hellbraun backen. Mit Gemüse gefüllt sind sie eine hübsche Garnierung zu dunklen Braten.

12. Waffel-Kartoffeln

Geschälte rohe Kartoffeln mit dem Rillenmesser zu ½ cm dicken Scheiben schneiden und wie Pommes frites fertigmachen. Als Garnitur sehen sie sehr dekorativ aus.

13. Geröstete Kartoffeln

1 kg gedämpfte Kartoffeln · 60 g Fett oder Speck · Zwiebel · Salz

In heißem Fett oder Speck röstet man feingeschnittene Zwiebel hellgelb, gibt die abgezogenen, dünnblättrig geschnittenen Kartoffeln hinein, bestreut sie mit Salz, eventuell auch mit Kümmel, und röstet sie unter häufigem Wenden zu schöner hellbrauner Farbe.

14. Butterkartoffeln

1 kg neue Kartoffeln · 40 g Butter · Salz

Die jungen, gedämpften Kartoffeln abziehen, in heißer Butter schwenken, mit Salz bestreuen und sofort zu Tisch geben.

15. Petersilienkartoffeln

1 kg neue Kartoffeln · 40 g Butter · Salz · Petersilie

Die gedämpften, mit Salz bestreuten Kartoffeln in heißer Butter mit feingewiegter Petersilie kurz rösten, sofort zu Tisch geben.

16. Kartoffelschnitz mit Zwiebel und Bröseln

1 kg Kartoffeln · 60 g Butter oder Fett · 1 Zwiebel · 2 Eßlöffel Semmelbrösel

Die im Dämpfer oder in Salzwasser weichgekochten Kartoffeln auf einer Platte anrichten. In heißem Fett feingewiegte Zwiebel und Brösel hellgelb rösten, die angerichteten Kartoffeln damit überstreuen.

17. Gedünstete Kartoffeln

1 kg kleine Kartoffeln · Salz · 40 g Fett · etwa ½ l Brühe oder Milch

Die rohen, möglichst runden Kartoffeln werden geschält und mit Salz bestreut. In einem Tiegel läßt man Fett heiß werden, stellt die Kartoffeln nebeneinander hinein, gießt soviel Wasser, Brühe oder Milch zu, daß sie halb bedeckt sind, deckt zu und dünstet sie gar.

18. Speckkartoffeln

1 kg Kartoffeln · 60 g Speck · 1 kleine Zwiebel · ½ l Brühe · Salz

Die geschälten, rohen Kartoffeln in Würfel schneiden. Den kleingeschnittenen Speck mit geschnittener Zwiebel anrösten, die Kartoffeln, Salz und Brühe zugeben und zugedeckt weichdünsten.

Kartoffelgerichte

19. Kartoffelgulyas

1 kg Kartoffeln · 60 g Fett · 250 g Zwiebel · Salz · Paprika · ¹/₂ l Wasser ¹/₈ l Sauerrahm

In heißem Fett feingeschnittene Zwiebel goldgelb rösten, Paprika, rohe Kartoffelwürfel, Salz, Sauerrahm und Wasser zugeben. Das Kartoffelgulyas zugedeckt weichdünsten, bis die Kartoffeln zu zerfallen beginnen und die Sauce dadurch etwas gebunden ist. Besonders als Beigabe zu heißgemachten oder gebratenen Würsten geeignet.

20. Kartoffelschmarren

1 kg gekochte Kartoffeln · 150 g Mehl · Salz · 80 g Fett

Die gekochten, heißen oder kalten Kartoffeln durch die Presse drücken, mit Mehl und Salz ganz locker mischen, in heißes Fett geben und den Schmarren unter häufigem Umschaufeln rasch rösten.

21. Rahmkartoffeln

1 kg Kartoffeln · 40 g Butter oder Fett · 1 Zwiebel · ¹/₄ l Sauerrahm · ¹/₄ l Milch · Salz · Pfeffer · Muskat

In heißem Fett die feingewiegte Zwiebel goldgelb dünsten, dann Sauerrahm und Milch zugeben, die Sauce mit Salz, Pfeffer, Muskat, eventuell geriebenem Käse sehr gut abschmecken. Die rohen, in Scheiben geschnittenen Kartoffeln in eine befettete, mit Bröseln ausgestreute Auflaufform geben, mit der Sauce übergießen, mit Bröseln bestreuen, mit Butterflöckchen belegen und 30 Minuten im Rohr backen. Mit Salat reichen.

22. Kartoffelsterz

350 g Mehl · ¹/₂ kg Kartoffeln · ¹/₂ l Salzwasser · 1 Teelöffel Kümmel 100 g Fett

Weizenmehl oder Roggenmehl in einer Eisenpfanne trocken linden (erhitzen ohne zu bräunen). Geschälte, kleinwürflig geschnittene Kartoffeln in Salzwasser mit Kümmel weichkochen, das Mehl daraufschütten und — ohne umzurühren — 10 Minuten kochenlassen. Dann durch Neigen des Topfes das überschüssige Wasser abgießen. Den Sterz zerstoßen und in eine Bratpfanne mit heißem Fett geben. Ins Rohr stellen und 30 Minuten unter häufigem Umschaufeln ausdünsten lassen. Der Sterz ist ausgiebig und gut. Dazu Sauerkraut.

23. Saures Kartoffelgemüse

1 kg Kartoffeln · 40 g Fett · 20 g Mehl · 1 Zwiebel · ¹/₂ l Brühe · Salz · Essig Lorbeerblatt

Aus Fett, feingewiegter Zwiebel, Mehl, Brühe und den angegebenen Gewürzen eine gut abgeschmeckte Sauce bereiten, die gedämpften, heißen, in Scheiben geschnittenen Kartoffeln zugeben und einige Male darin aufkochen lassen.

24. Majorankartoffeln

1 kg Kartoffeln · 40 g Fett · 20 g Mehl · ½ l Brühe · 1 Eßlöffel Majoran Salz

In heißem Fett Mehl hellgelb werden lassen, aufgießen, Majoran zugeben, die Sauce 10 Minuten kochen lassen, mit Salz abschmecken. Die gedämpften, abgezogenen, in Scheiben geschnittenen Kartoffeln zugeben, noch kurz darin kochen lassen. Beliebte Beigabe zu gekochtem Ochsenfleisch.

25. Dillkartoffeln

Gleiche Zubereitung wie Majorankartoffeln, nur verwendet man statt Majoran frischen, feingewiegten Dill und schmeckt die Sauce mit Sauerrahm ab.

26. Béchamelkartoffeln

1 kg Kartoffeln · 40 g Fett · 20 g Mehl · 1 Zwiebel · ½ l Milch · Salz Muskat

Eine helle Einbrenne mit Zwiebel bereiten, nur mit Milch oder mit Milch und Brühe aufgießen, mit Salz und Muskat gut abschmecken. Die abgezogenen, in Scheiben geschnittenen Kartoffeln hineingeben und einige Male darin aufkochen lassen. Besonders gut schmeckt das Gemüse, wenn man zur Einbrenne kleinwürflig geschnittenen rohen Schinken oder Geräuchertes mitverwendet. Mit Schnittlauch bestreut anrichten.

27. Kartoffeln mit Speck

1 kg Kartoffeln · 100 g Speck · 1 Zwiebel · Salz

In kleinwürflig geschnittenem Speck geschnittene Zwiebel hellgelb rösten, die gedämpften, abgezogenen, in Scheiben geschnittenen Kartoffeln zugeben, salzen und im Speck rasch rösten.

28. Tiroler Gröstl

1 kg Kartoffeln · 60 g Fett · 1 Zwiebel · 250 g gekochtes Ochsenfleisch oder Fleischreste

In heißem Fett feingeschnittene Zwiebel und in Streifen geschnittenes, restliches gekochtes oder gebratenes Fleisch kurz rösten, die gedämpften, abgezogenen, in Scheiben geschnittenen Kartoffeln und Salz zugeben, alles mitsammen fertig rösten. Dazu Salat.

29. Prinzesskartoffeln

50 g Butter • 20 g geriebener Käse • 1 Ei • ¹/₂ kg Kartoffeln • Salz • Muskat

Schaumig gerührte Butter mit geriebenem Käse, Ei, durchgedrückten Kartoffeln, Salz und Muskat verrühren. Die Masse in einen Spritzsack füllen, Häufchen auf ein Blech spritzen, mit verquirltem Ei bestreichen, im Rohr goldgelb backen. Feine Beilage zu Braten.

30. Kartoffelkroketten

¹/₂ kg Kartoffeln • 60 g Margarine • 2 Eigelb • 1 Eßlöffel geriebener Käse 125 g Mehl • Salz • Muskat • 2 Eiweiß und Brösel zum Wenden • Fett zum Backen

Margarine mit Eigelb und geriebenem Käse schaumigrühren, die durchgepreßten Kartoffeln, Mehl, Salz und Muskat zugeben. Die Masse zu Röllchen formen, die in Eiweiß und Bröseln wenden und in heißem Fett backen. — Den Teig kann man auch zu Gelbrüben und Birnen formen, panieren und backen. Zum Anrichten steckt man in die Gelbrüben ein Petersiliensträußchen, in die Birnen als Blüte und Stiel eine Gewürznelke. — Beigabe zu feinen Braten.

31. Himmel und Erde

Fertigen Kartoffelbrei mit warmem Apfelmus mischen, mit Salz, Zucker, Essig süßsauer abschmecken, mit brauner Butter beträufeln. — Beigabe zu gebratener Leber und gebratenem Hammelfleisch.

32. Kartoffelnudeln

1 kg Kartoffeln • 250 g Mehl • 2 Eier • Salz • Fett zum Backen

Gedämpfte, durchgepreßte oder geriebene Kartoffeln mit Mehl, Ei und Salz rasch zu einem Teig kneten, zu einer Rolle formen, davon Stücke abschneiden, diese zu Nudeln drehen, in heißes Fett legen und auf beiden Seiten goldgelb backen. Dazu Sauerkraut oder als Beilage zu Fleisch.

33. Kartoffelkücherl

Wie vorstehend einen Teig bereiten, zu einer Rolle formen, davon Scheiben abschneiden, diese in heißes Fett legen und auf beiden Seiten goldgelb backen.

34. Kartoffelkücherl mit Topfen

1 kg gedämpfte Kartoffeln • 250 g Quark • 2 Semmeln • 250 g Mehl • 1 Ei Salz • Fett zum Backen

Gedämpfte, geriebene Kartoffeln mit Topfen, feinblättrig geschnittenen Semmeln, Mehl, Ei und Salz rasch zu einem Teig vermengen, zu Kücherl oder Nudeln formen und diese in heißem Fett auf beiden Seiten hellbraun backen.

35. Kartoffelkücherl mit Grieben

1 kg gedämpfte Kartoffeln · 4 Semmeln · 150 g Grieben · 150 g Mehl · 1 Ei Salz · Fett zum Backen

Die gedämpften, geriebenen Kartoffeln mit blättrig geschnittenen, ganz wenig befeuchteten Semmeln, Grieben, Mehl, Ei und Salz rasch zu einem Teig vermengen, Kücherl oder Nudeln daraus formen und diese in heißem Fett auf beiden Seiten hellbraun backen.

36. Kartoffelpuffer (Reiberdatschi)

1 kg Kartoffeln · 3 Eßlöffel Mehl, Grieß oder Brösel · 1 Eßlöffel Salz (1 bis 2 Eier) · Fett zum Backen

Die rohen, geschälten Kartoffeln in eine Schüssel reiben, mit Mehl, Grieß oder Bröseln und Salz — nach Belieben noch mit Ei — verrühren. Von der Masse in heißem Fett auf der Stielpfanne knusprige Puffer backen. Dazu Apfelmus oder Sauerkraut.

37. Kartoffelplätzchen mit Salz und Kümmel

250 g Mehl · 100 g Kartoffeln · 15 g Hefe · 20 g Fett · Salz · knapp 1/8 l Milch · Eigelb zum Bestreichen · Salz und Kümmel zum Streuen

Aus den angegebenen Zutaten macht man einen Hefeteig, läßt ihn gehen, rollt ihn 1/2 cm dick aus, sticht runde Plätzchen aus, bestreicht sie mit Milch oder Eigelb, bestreut sie mit Salz und Kümmel und bäckt sie im Rohr goldgelb. Man ißt sie warm zu Gemüse oder Salat.

38. Erdnußplätzchen

500 g gekochte Kartoffeln · 50 g geriebener Käse · 100 g gesalzene, geriebene Erdnüsse · 20 g Margarine · 1 Ei · 100 g Mehl · Fett zum Backen

Die durchgepreßten Kartoffeln mit den angegebenen Zutaten mischen, auf der Stielpfanne mit heißem Fett zu kleinen flachen Plätzchen backen, heiß mit Gemüse oder Salat zu Tisch geben.

39. Süßer Kartoffelauflauf

250 g gekochte Kartoffeln · Salz · 50 g Butter oder Margarine · 100 g Zucker 4 Eigelb · 100 g Mehl · 100 g geriebene Nüsse · 2 Eßlöffel Rum · 4 Eischnee

Butter mit Zucker und Eigelb schaumig rühren, die durchgedrückten kalten Kartoffeln, Salz, Mehl, Nüsse, Rum und Eischnee zugeben. Die Masse in eine befettete Auflaufform füllen, mit Bröseln bestreuen, mit Butterflöckchen belegen und 45 Minuten bei Mittelhitze (200 Grad) backen.

40. Süße Reibekuchen

250 g Kartoffeln gekocht · 250 g Äpfel · 100 g Mehl · 4 Eier · 4 Eßlöffel Zucker · Fett zum Backen

Gekochte, geriebene Kartoffeln mit rohgeriebenen Äpfeln, Mehl, Eiern, Salz und Zucker zu einem dickflüssigen Teig verrühren. In der Stielpfanne zu kleinen Kuchen backen. Mit Zucker und Zimt bestreut heiß servieren.

41. Zigeunersalat

500 g Kartoffeln · 125 g Mayonnaise · 6 Eßlöffel Tomaten-Ketchup · 125 g Pökelzunge · 125 g gekochter Schinken · 125 g Champignons · 4 hartgekochte Eier · Salz · Pfeffer · Petersilie · 1/2 Glas süßer Rotwein

Pellkartoffeln abziehen, in kleine Würfel schneiden. Champignons in wenig Salzwasser mit etwas Zitronensaft einmal aufkochen und ebenso wie den Schinken, die Zunge und das Weiße der gekochten Eier in Würfel schneiden. Die Mayonnaise mit dem passierten Eigelb, Ketchup und Rotwein vermischen, sehr pikant abschmecken, die vorbereiteten Zutaten damit vermengen. Angerichtet mit feingeschnittenen Endivien oder Feldsalat umgeben.

42. Spanische Kartoffel-Omelette

(1 Person)

1 Eßlöffel Olivenöl · 1 gekochte Kartoffel · 1 Paprikaschote · 1 Zwiebel 1 entkernte Tomate · Salz · Paprika · 2 Eier

In Öl die kleinwürflig geschnittene Kartoffel mit Zwiebel goldgelb braten, den in feine Streifchen geschnittenen Paprika und Tomate zugeben, weichdünsten, mit Salz, Pfeffer, Paprika scharf würzen, 2 verquirlte Eier darübergießen und zu einer Omelette backen.

43. Meerrettichkartoffeln

Geschälte, würflig geschnittene Kartoffeln in Milch mit etwas Salz garen, mit frisch geriebenem oder mariniertem Meerrettich mischen. Beigabe zu gekochtem Ochsenfleisch oder heißer Wurst.

44. Tomatenkartoffeln

40 g Margarine · 1 Zwiebel · 2 Eßlöffel Tomatenmark · 1/4 l Wasser · 1 Teelöffel Salz · 500 g Kartoffeln · Petersilie

Kleingeschnittene Zwiebel in Fett glasig dünsten, Tomatenmark, Wasser und Salz zugeben, die Kartoffelwürfel hineingeben, zugedeckt weich dünsten, angerichtet mit gehackter Petersilie bestreuen.

Käse- und Topfengerichte

1. Käsespatzen (Schwäbische Spätzle)

Spatzenteig: 350 g Mehl · 2—3 Eier · Salz · ³/₁₆ l kaltes Wasser — Salzwasser zum Kochen · 100 g Emmentalerkäse · 50 g Butterschmelz · Schnittlauch

Den Käse auf dem Gurkenhobel fein aufblättern. Mehl mit Eiern, Salz und kaltem Wasser rasch zu einem Spätzleteig zusammenrühren. Nach und nach durch die Spätzlemaschine oder den Spatzenseiher (groblöcheriges Sieb) in kochendes Salzwasser drücken. Sobald die Spatzen einigemale aufgekocht haben, mit einem Schaumlöffel herausheben, unabgespült auf eine Platte geben, mit Käseblättchen überstreuen. Dann wieder Spatzen darüber usw., bis aller Teig aufgebraucht ist. Dabei möglichst rasch arbeiten. Die letzte Schicht sollen Spatzen sein. Dann übergießt man mit dem heißen Butterschmalz und einem Schöpflöffel Kochbrühe, überstreut mit Schnittlauch und gibt sofort zu Tisch.

2. Makkaroni mit Käse

350 g Makkaroni · Salzwasser · 50 g Fett · 100 g Käse

Die gebrochenen Makkaroni in Salzwasser weichkochen, kalt überbrausen, in heißem Fett rösten, geriebenen Käse untermischen, nach Bedarf salzen. Beigabe: Salat. Oder als Beilage zu Rindsbraten.

3. Käsecremeeier

8 Brotscheiben · 8 hartgekochte Eier — Käsecreme: 1 Eßlöffel Mehl · ¹/₄ l Milch · 2 Eier · Salz · Pfeffer · Paprika · 150 g Hartkäse

Mehl, Milch, Eier und Gewürz verquirlen und unter ständigem Schlagen mit dem Schneebesen zum Kochen bringen. Dann den geriebenen Käse zugeben und noch kurz kochen lassen. Eine feuerfeste Platte oder Auflaufform erst mit den Brotscheiben belegen, die halbierten Eier daraufgeben, mit der Käsecreme übergießen, mit geriebenem Käse bestreuen und bei guter Hitze 5 Minuten überbacken.

4. Makkaroni mit Käsecreme

¼ kg Makkaroni · Salzwasser · 40 g Margarine oder Fett · 20 g Mehl 125 g Schmelzkäse · ¼ l Milch · ¼ l Brühe · Salz · Pfeffer · Petersilie

Die Makkaroni in Salzwasser weichkochen und heiß oder kalt überbrausen. In Margarine oder Fett Mehl hellgelb werden lassen, den Käse zugeben. Wenn er flüssig ist, mit Milch aufgießen, mit Salz und Pfeffer abschmecken. Die Makkaroni in der Sauce gut durchziehen lassen, zum Schluß reichlich gewiegte Petersilie untermischen. Dazu grüner Salat.

5. Käsespeise mit Tomaten

¼ kg Bandnudeln · Salzwasser · 100 g Emmentaler Käse · ½ kg Tomaten 50 g Fett · 1 Zwiebel

Die Bandnudeln in Salzwasser weichkochen. Den Emmentaler Käse fein reiben. Die Tomaten in dicke Scheiben schneiden und in heißem Fett, in dem feingeschnittene Zwiebel geröstet wurde, dünsten. Auf eine Platte gibt man ein Drittel der unabgespülten Bandnudeln, darauf Käse, darüber Tomaten, dann wieder Nudeln usw., bis alles aufgebraucht ist. Die oberste Schicht sind Bandnudeln, diese überstreut man nochmals mit Käse, stellt dann die Speise 10 Minuten ins heiße Rohr und bringt sie mit grünem Salat zu Tisch.

6. Käsespeise mit Semmeln

4 Semmeln · 200 g Emmentaler Käse · Salz · 2 Eier · ¼ l Milch 40 g Butter

Die Semmeln in ½ cm dicke, den Käse in feine Scheiben schneiden. Eine Auflaufform mit Fett ausstreichen. Nun abwechselnd eine Semmel- und eine Käsescheibe nebeneinander in die Form stellen, bis diese ganz gefüllt ist. Dann die Speise mit gesalzener Eiermilch übergießen, mit Butterstückchen belegen und im Rohr backen, bis die Eiermilch anzieht (30 Minuten).

7. Topfenkücherl

½ kg Quark · 200 g Mehl · 1 Ei · Salz · Kümmel · Fett zum Backen

Quark rasch mit Mehl, Ei, Salz und Kümmel vermischen. Mit einem Löffel Nockerln abstechen, in heißes Fett legen, flachdrücken und die Kücherl auf beiden Seiten hellbraun backen. Dazu Gemüse, Salat oder Kompott.

8. Topfennudeln (Hackstöckl)

40 g Margarine · 2 Eier · 250 g Mehl · ¹/₂ kg Quark · Salz · Fett zum Backen

Schaumig gerührte Margarine mit Eiern, Mehl, Quark und Salz verrühren, den Teig zu daumenlangen Nudeln formen und diese auf der Stielpfanne langsam auf beiden Seiten backen. Mit Sauerkraut, Salat oder gezuckert mit Kompott reichen.

9. Topfennudeln mit Hefe

250 g Mehl · 30 g Hefe · 1 Ei · 20 g Fett · 250 g Quark · Salz · ¹/₈ l Milch Fett zum Backen

Aus Mehl, gegangener Hefe, Ei, flüssigem Fett, Quark, Salz und Milch einen Hefeteig bereiten, gehen lassen, fingerlange Nudeln daraus formen, diese nochmals gehen lassen, dann auf der Stielpfanne oder schwimmend in Fett backen. Zu Sauerkraut oder Salat oder gezuckert zu Kompott geben.

10. Topfen-Haluska

¹/₄ kg breite Nudeln · Salzwasser · 250 g Quark · ¹/₈ l Sauerrahm 100 g Speck

Die Nudeln in Salzwasser kochen, mit heißem Wasser abspülen, etwas davon auf einer Platte anrichten. Quark daraufgeben, etwas Sauerrahm darübergießen und Speckwürfel daraufstreuen. Dann wieder Nudeln daraufgeben und die anderen Zutaten in derselben Reihenfolge. Zum Schluß mit dem restlichen Speckfett übergießen und mit Salat zu Tisch geben.

11. Topfenscheiterhaufen

60 g Margarine · 2 Eier · 150 g Zucker · ¹/₂ kg Quark · 50 g Sultaninen 4 Semmeln · Butterflöckchen

Schaumiggerührte Butter oder Margarine mit Eigelb, Zucker, Quark, Sultaninen, den feinblättrig geschnittenen Semmeln und dem Eischnee vermischen. Die Masse in eine gefettete, mit Bröseln ausgestreute Auflaufform füllen, mit Butterflöckchen belegen und den Scheiterhaufen 40 Minuten im Rohr backen.

12. Quarkkartoffeln

¹/₂ kg Kartoffeln · 250 g Quark · 100 g Speck · Salz

In eine gefettete, mit Bröseln ausgestreute Auflaufform erst eine Lage gekochte, geschälte, in Scheiben geschnittene gesalzene Kartoffeln geben, darauf Quark und geröstete Speckwürfel und so fortfahren, bis alles aufgebraucht ist. Zum Schluß gießt man das restliche Speckfett darüber und bäckt das Gericht ¹/₄ Stunde im heißen Rohr.

13. Quarkeierkuchen

250 g Mehl · 3 Eier · ½ l Milch · Fett zum Backen — Fülle: 250 g Quark 100 g Zucker · 20 Sultaninen · 1 Eigelb · ⅛ l Sauerrahm oder Milch

Aus den angegebenen Zutaten einen glatten Teig bereiten und zu dünnen Pfannkuchen backen. Quark mit Zucker, Sultaninen und Eigelb sowie etwas Sauerrahm oder Milch verrühren. Die Pfannkuchen mit der Quarkmasse bestreichen, aufrollen, in eine Auflaufform legen und nochmals 15 Minuten ins Rohr stellen.

14. Quark-Pasteten

250 g Mehl · 250 g Margarine · 250 g Quark · Salz · Ei zum Bestreichen Fülle: dickes Spinatgemüse, Haschee oder gedünstete Pilze

Mehl mit Margarine abbröseln, Quark und wenig Salz hinzugeben. Rasch zu einem Teig kneten, ¼ cm dick ausrollen, zu Rechtecken schneiden, mit Fülle belegen, die Ränder fest zusammendrücken, die Pasteten auf das Blech legen, mit verquirltem Ei bestreichen, bei guter Hitze 20 Minuten backen und heiß servieren.

15. Gervais-Meerrettich in Lachsröllchen

1 Dose Lachsscheiben · 1 Gervais · 2 Eßlöffel ungeschlagene Sahne oder Kondensmilch · 2 Teelöffel geriebener Meerrettich · Zitronensaft · Zucker Salz · Zwiebelringe und Kaviar zum Garnieren

Gervais mit Sahne oder Kondensmilch geschmeidig rühren, mit Meerrettich, Zitronensaft, Zucker und ganz wenig Salz abschmecken. Die Lachsscheiben damit bestreichen, aufrollen, mit einem Zwiebelring belegen und das Innere desselben mit Kaviar füllen.

16. Mexikanische Tortillas

5 Eier · 80 g geriebener Käse · Salz · 3 Tassen gekochte Nudeln (evtl. Reste) 100 g Speckwürfel · Schnittlauch

Die Eier in einer Schüssel verquirlen, geriebenen Käse, Salz und gekochte Nudeln zugeben. In einer Stielpfanne Speckwürfel ausbraten, je zwei Eßlöffel Teigmasse hineingeben und die Tortillas auf beiden Seiten goldbraun backen. Auf vorgewärmter Platte anrichten, mit reichlich Schnittlauch bestreuen. Dazu frischen Salat.

17. Cheeseburgers

400 g Hackfleisch · 1 Semmel · 1 Ei · 1 Zwiebel · Salz · Pfeffer · Paprika Zitronenschale — Fülle: 4 Scheiben Käse (½ cm dick) oder Scheibletten — Fett zum Braten

Hackfleisch mit eingeweichter, ausgedrückter Semmel, feingehackter Zwiebel, Ei, Salz, Pfeffer, Paprika und etwas geriebener Zitronenschale vermischen, zu 8 dünnen Laibchen formen und kurz braten. Den Käse in der Größe der Fleischlaibchen mit einem Glas rund ausstechen. Auf je ein Fleischlaibchen eine Käsescheibe legen, darauf wieder ein Fleischlaibchen. In der Stielpfanne mit heißem Fett knusprig braun braten. Wenn der Käse zu schmelzen beginnt, sofort auf vorgewärmter Platte anrichten. Mit Gemüse oder Salat zu Tisch geben.

Man kann auch reines Beefsteakhack mit wenig Dosenmilch lockern, scharf würzen, zu runden Beefsteaks formen, auf jeder Seite 3—4 Minuten braten, mit einer Scheiblette belegen und zugedeckt fertig braten, auf Toast anrichten. Cheeseburgers können am Grill bei einer Gartenparty schnell bereitet werden.

18. Käse-Soufflé

100 g Butter · Salz · Paprika · 6 Eigelb · 200 g geriebener Käse · 1/8 l Milch oder Rahm · 3 Eßlöffel Mehl · 6 Eischnee

Butter mit Salz und Paprika schaumigrühren, nach und nach die Eigelb, geriebenen Käse, Milch oder Rahm, Mehl und Eischnee zugeben. Die Masse in kleine, mit Butter bestrichene und mit Bröseln ausgestreute Förmchen füllen und im vorgeheizten Ofen bei guter Hitze 10 Minuten gelb backen. Sofort servieren.

19. Käse-Soufflé

1/4 l Milch · 80 g Mehl · 80 g Butter oder Margarine · 4 Eigelb · 1 Teelöffel Backpulver · 200 g geriebener Schweizer Käse · Salz · Pfeffer · Muskat 4 Eischnee

Mehl mit kalter Milch glattrühren, die Butter oder Margarine zugeben und die Masse am Feuer so lange kochen, bis sie sich von Topf und Löffel löst. Dann nach und nach die Eigelb einrühren, anschließend das Backpulver und den geriebenen Käse. Die zähweiche Masse mit Salz, Pfeffer, Muskat abschmecken und den steifen Eischnee unterziehen. Die Masse in eine gut befettete Auflaufform füllen, in das nicht zu heiße Rohr stellen und das Soufflé langsam backen, bis ein Nadelstich rein bleibt und das Soufflé an der Oberfläche goldgelb ist (30 Minuten bei 180 Grad). Beigabe: grüner Salat.

20. Sauerampfersoufflé

125 g Sauerampfer oder 250 g Spinat · 1/8 l Sauerrahm · 4 gekochte Eigelb Salz · Muskat · 8 Eiweißhälften · 4 kleine Tomaten · Salz · Pfeffer 4 Teelöffel Öl

4 Eier hartkochen, der Länge nach halbieren, das Eigelb herauslösen. Sauerampfer oder Spinat in Salzwasser 5 Minuten kochen, mit einem Sieblöffel herausnehmen, auf einem Sieb abtropfen lassen. Sauerampfer oder Spinat, hartgekochte Eigelb und Sauerrahm zusammen im Mixer pürieren. In eine gefettete flache Auflaufform gießen, 20 Minuten im Rohr bei 180° backen. Die Tomaten in kleine Würfelchen schneiden, mit Salz, Pfeffer und Öl mischen, in die Eiweißhälften füllen, auf das fertige Soufflé setzen, sofort servieren.

Saucen

1. Zerlassene Butter

Butter in kleinem Töpfchen flüssig und heiß werden lassen.

2. Braune Butter

Butter in einem kleinen Töpfchen unter öfterem Umrühren hellbraun werden lassen. Sofort zu Tisch geben; bräunt leicht nach.

3. Zerlassene Butter mit Zitronensaft

60 g Butter · Saft 1/2 Zitrone

Butter heiß werden lassen, Zitronensaft zugeben. Beigabe zu gekochtem Fisch.

4. Zerlassene Butter mit Petersilie

60 g Butter · 1 Sträußchen Petersilie

Die geschnittene Petersilie in heiße Butter geben. Beigabe zu gekochtem Fisch und gekochtem Gemüse.

5. Zerlassene Butter mit Senf oder Sardellen

60 g Butter · 1 Eßlöffel Senf oder 4 Sardellen

Zerlassene Butter mit süßem oder scharfem Senf oder gehackten Sardellen verrühren. Beigabe zu gekochtem Fisch.
Jede Buttersauce kann gestreckt werden, wenn man außer der Geschmackszutat etwas Brühe zugibt.

6. Holländische Sauce

2 Schalotten · 4 Pfefferkörner · 2 Eßlöffel Essig · 12 Eßlöffel Wasser · 3 Eigelb · 100 g Butter · Salz · weißer Pfeffer · Zitronensaft · Worcestersauce

Die kleingeschnittenen Schalotten mit Pfefferkörnern, Essig und Wasser auf die Hälfte einkochen. Abgekühlt durchgießen. Den Sud mit den Eigelb verrühren, die in kleine Stückchen geschnittene Butter zugeben, über Dampf dicklich schlagen. Mit den angegebenen Gewürzen pikant abschmecken, sofort servieren. Beigabe zu gekochtem feinen Fisch und ebensolchen Gemüsen.

7. Sauce Mousseline

In die fertige holländische Sauce vor dem Servieren 4 Eßlöffel steifgeschlagene Sahne einrühren.

8. Sauce Béarnaise; Sauce Choron

In die etwas stärker gesäuerte und schärfer gewürzte Holländische Sauce feingehackten Estragon geben.

Sauce Choron ist eine Sauce Béarnaise mit Tomatenmark gewürzt und gefärbt.

9. Holländische Sauce (einfach)

3/8 l Brühe, Gemüsewasser oder Milch · 2 Eigelb · 2 Eßlöffel Stärkemehl 60 g Butter · Salz · Zitronensaft · Muskat

Die kalte Flüssigkeit mit den Eigelb und Stärkemehl verrühren, mit dem Schneebesen über kleiner Flamme dicklich schlagen, die kalte Butter in Stückchen zugeben, abschmecken, sofort servieren.
Anmerkung: Die Holländische Sauce (fein oder einfach) ist die Grundlage für eine große Anzahl von feinen Saucen.

10. Feine Senfsauce

Holländische Sauce · 1 Eßlöffel Senf

Eine fertige Holländische Sauce vor dem Abschmecken mit süßem oder scharfem Senf nach Geschmack verrühren.

11. Feine Tomatensauce

Holländische Sauce · 1/8 l Schlagsahne · 2 Eßlöffel Tomaten-Ketchup

Fertige holländische Sauce kurz vor dem Anrichten mit Tomatenmark und geschlagener ungesüßter Sahne verrühren, mit Salz, Zucker und Zitronensaft abschmecken.

12. Helle Sauce

40 g Butter oder Fett · 1 kleine Zwiebel · 40 g Mehl · ¹/₂ l Brühe · Salz

In heißer Butter oder Fett feingewiegte Zwiebel goldgelb werden lassen, Mehl zugeben, dieses kurz anrösten, mit Brühe aufgießen, mit Salz abschmecken, die Sauce 10 Minuten kochen lassen.

13. Dunkle Sauce

40 g Fett · 40 g Mehl · 1 kleine Zwiebel · ¹/₂ l Brühe · Salz

In heißem Fett Mehl mittelbraun rösten, gewiegte Zwiebel zugeben, aufgießen, salzen und die Sauce 30 Minuten kochen lassen.

14. Dunkle Sauce mit Zucker

40 g Fett · 40 g Mehl · 1 Eßlöffel Zucker · ¹/₂ l Wasser · Salz · 1 Lorbeerblatt 4 Pfefferkörner

Das Mehl in Fett mittelbraun rösten, den Zucker zugeben, bis kaffeebraun weiterrösten, aufgießen, die Gewürze zugeben, 30 Minuten kochen lassen, durchgießen. ((Für dunkle Ragouts und dgl.)

15. Béchamelsauce

40 g Butter oder Margarine · 40 g Mehl · ¹/₂ l Milch · Salz · (1 Eigelb)

In heißer Butter oder Margarine Mehl ganz hell anrösten, mit Milch aufgießen, salzen und die Sauce 10 Minuten kochen lassen, eventuell legieren. Man könnte statt Butter auch kleinwürfelig geschnittenen rohen Schinken oder Geräuchertes verwenden und halb mit Brühe und halb mit Milch aufgießen.

16. Senfsauce

Helle Sauce · 2 Eßlöffel süßer oder scharfer Senf

Fertige helle Sauce mit Senf abschmecken. Beigabe zu gekochtem Fisch.

17. Kapernsauce

Helle Sauce · 1 Röhrchen Kapern

Fertige helle Sauce mit den Kapern mischen, 5 Minuten kochen lassen, mit Essig, Salz und Zucker abschmecken.

18. Petersiliensauce

Helle Sauce oder Béchamelsauce · 2 Sträußchen Petersilie

Fertige helle oder Béchamelsauce mit reichlich feingewiegter Petersilie mischen, nicht mehr kochen lassen.

19. Käsesauce

Helle Sauce oder Béchamelsauce · 50 g geriebener Käse

Fertige helle oder Béchamelsauce mit geriebenem Käse mischen, einmal aufkochen lassen.

20. Sardellensauce

Helle Sauce · 50 g Sardellen

Fertige helle Sauce mit feingewiegten Sardellen mischen, 5 Minuten kochen lassen.

21. Meerrettichsauce

Helle Sauce oder Béchamelsauce · 1 Stange Meerrettich

Fertige Sauce mit geriebenem Meerrettich aufkochen lassen (durch längeres Kochen verliert der Meerrettich an Schärfe). Mit Salz und Zucker abschmecken.

22. Tomatensauce

Helle Sauce oder Béchamelsauce · 1 kleine Dose Tomatenmark

Fertige Sauce mit Tomatenmark mischen, die Sauce mit Salz, Zucker und Zitronensaft abschmecken. Bereitet man die Sauce von frischen Tomaten, so muß man diese erst in Fett mit Zwiebel weichdünsten und passieren, anschließend eine Einbrenne bereiten und diese mit den passierten Tomaten und der nötigen Flüssigkeit aufgießen. Gut süßsäuerlich abschmecken.

23. Dillsauce

Helle Sauce · reichlich Dill

Fertige Sauce mit viel feingewiegtem Dill mischen, kurz kochen lassen, mit Salz und etwas Sauerrahm abschmecken.

24. Zwiebelsauce

40 g Fett · 250 g Zwiebeln · 2 Eßlöffel Mehl · ½ l Brühe · Salz

In heißem Fett ringelig geschnittene Zwiebeln weichdünsten, mit Mehl überstäuben, aufgießen, die Sauce 20 Minuten kochen lassen, dann durchstreichen, mit Salz, Zucker und etwas Milch oder Sahne abschmecken.

25. Schwammerlsauce

Die getrockneten, gewaschenen Pilze einweichen, im Einweichwasser weichkochen, feinwiegen und eine Einbrenne aus Fett und Mehl damit aufgießen. Mit Salz und Pfeffer abschmecken. Für 1/2 l Sauce genügen 20 g getrocknete Pilze.

26. Feine weiße Decksauce (Chaudfroidsauce)

Kräftige Brühe von hellem Fleisch, Geflügel oder Fisch durchseihen, entfetten, stark einkochen, eine helle Buttereinbrenne damit aufgießen, einige Eßlöffel süßen Rahm, eventuell aufgelöste farblose Gelatine oder Aspik zugeben, kräftig abschmecken. Die Sauce kaltstellen, wenn sie cremig steif geworden ist, angerichtetes kaltes Geflügel, helles Fleisch oder Fisch damit überziehen. Die Sauce soll erkaltet gut decken, darf aber nur so fest sein, daß sie hält, aber nicht ganz steif wird.

27. Braune Decksauce (Chaudfroidsauce)

Ochsen-, Wild- oder Geflügelknochen kleinhacken und mit Suppengrün in Fett anbraten, aufgießen, Lorbeerblatt und Pfefferkörner dazugeben und 1 1/2 Stunden kochen lassen. Die Brühe durchseihen, entfetten, eine dunkle Einbrenne damit aufgießen. Die Sauce 1 Stunde kochen lassen, mit Rotwein abschmecken. Eventuell etwas Aspik oder aufgelöste farblose Gelatine zugeben. Angerichtetes, gebratenes kaltes Wild oder Wildgeflügel mit der cremeartigen Sauce überziehen. Sie darf ebenfalls nur gut decken, darf aber nicht steif werden. Erkaltete, entfettete Wildsauce kann man ebenfalls mit etwas aufgelöster Gelatine mischen und als braune Decksauce verwenden.

Mayonnaise ist die Grundlage für eine große Anzahl feiner kalter Saucen. Ob man eine echte Mayonnaise oder eine fettärmere (mit Mehl) zubereitet, ist Geschmackssache.
Gekaufte Mayonnaise ist meist schon fertig gewürzt. Zum Verdünnen von Mayonnaise ist Sauerrahm gut geeignet.

28. Gerührte Mayonnaise

2 Eigelb · 1/4 l gutes Öl · Salz · Senf · Essig · Zucker · Pfeffer

Die Eigelb in einem kleinen Schüsselchen mit etwas Salz und Senf verrühren, tropfenweise das Öl zugeben bis die Mayonnaise ganz steif wird. Mit Salz, Essig, Senf und Zucker pikant abschmecken.
Wichtig für das Gelingen der Mayonnaise ist, daß Eigelb und Öl dieselbe Temperatur haben (Eier direkt aus dem Kühlschrank sind nicht geeignet). Damit die Mayonnaise mehr und leichter das Öl annimmt, kann man während des Rührens ab und zu etwas Essig oder heißes Wasser zugießen. Ist die Mayonnaise einmal geronnen, muß man in ein Schüsselchen ein frisches Eigelb geben und die geronnene Mayonnaise als Öl betrachten und tropfenweise zugeben. Gut geeignet sind zum Rühren der Mayonnaisen ganz kleine Schneebesen. In der Küchenmaschine ist die Mayonnaise sehr rasch zubereitet.

29. Warmgeschlagene Mayonnaise

2 ganze Eier • 1 Teelöffel Salz • 4 Eßlöffel Öl • 1 Prise Pfeffer • 1 Eßlöffel Essig • 1/2 Teelöffel Stärkemehl

Alle Zutaten kalt verquirlen und über Dampf oder in kochendem Wasserbad dicklich schlagen.

30. Gekochte Mayonnaise mit Öl und Mehl

2 Eßlöffel Öl • 2 gestrichene Eßlöffel Weizenmehl oder Stärkemehl • 1/8 l Essigwasser • 1 Ei • 1/8 l Sauerrahm • Salz • Senf • Pfeffer

Öl mit Mehl und kaltem Essigwasser verrühren, am Feuer wie einen Brandteig dickkochen, heiß mit einem ganzen Ei verrühren, mit Sauerrahm verdünnen, mit Salz, Pfeffer, Senf gut abschmecken. Die Mayonnaise eignet sich sehr gut zum Spritzen. Statt mit Sauerrahm kann die gekochte lauwarme Mayonnaise löffelweise mit gerührter Mayonnaise vermengt werden.

31. Gekochte Mayonnaise mit Palmin und Mehl

25 g Palmin • 20 g Mehl (2 gestrichene Eßlöffel) • 1/8 l Essigwasser • 1 Ei 1/8 l Sauerrahm • Salz • Senf • Essig

Palmin flüssig, aber nicht heiß werden lassen. Erst das Mehl, dann das Essigwasser zugeben und glattrühren, am Feuer wie einen Brandteig dickkochen. Noch heiß mit einem ganzen Ei verrühren. Mit Sauerrahm verdünnen, mit Salz, Pfeffer, Senf und Essig gut abschmecken. Palmin-Mayonnaise eignet sich sehr gut zum Spritzen.

32. Schnelle Mayonnaise

1 ganzes Ei • 1 Teelöffel Zitronensaft • 1 Teelöffel Senf • etwas Salz • 1/8 l Öl

In den Mixaufsatz der Küchenmaschine das Ei, Zitronensaft, Senf und Salz geben, kurz laufen lassen. Dann durch das Deckelloch nach und nach das Öl zugießen. Nach Belieben mit Kondensmilch oder Sauerrahm verdünnen, beliebig nachabschmecken.

33. Trockenmilchmayonnaise

7 Eßlöffel Trockenmilch • 4 Eßlöffel Wasser • 7 Eßlöffel Öl • 1 Eßlöffel Essig oder Zitronensaft • Salz • Pfeffer

Die Trockenmilch mit Wasser verrühren, nach und nach das Öl zugeben, abschmecken. Aus Farbgründen zum Schluß eventuell ein rohes Eigelb zugeben. Die Mayonnaise gerinnt nie und ist sehr gut zum Spritzen geeignet.

34. Topfenmayonnaise

1 Eigelb · ⅛ l Öl · 1 Teelöffel Salz · 125 g Topfen · Senf · Essig

Eigelb salzen und tropfenweise das Öl zugeben. Die fertige Mayonnaise mit passiertem Topfen vermischen und abschmecken. Vorzüglich eignen sich dafür Tomatenmark und grüne, feingewiegte Kräuter. (Kann unter Verwendung eines ganzen Ei sehr rasch im Mixer bereitet werden.)

35. Remouladensauce

100 g Mayonnaise · ½ kleine Zwiebel · Petersilie oder Kerbel · 2 Eßlöffel Kapern oder Essiggurke

Fertige beliebige Mayonnaise mit den angegebenen feingewiegten Zutaten mischen.

36. Sauce tatar

100 g Mayonnaise · 4 Sardellen · 1 kleine Essiggurke · 1 kleine Zwiebel Gurkenkraut oder Petersilie

Fertige Mayonnaise mit den angegebenen feingewiegten Zutaten mischen.

37. Schnittlauchsauce

Mayonnaise · Schnittlauch · 1 hartgekochtes Ei · ⅛ l Sauerrahm

Fertige Mayonnaise mit feingeschnittenem Schnittlauch und einem hartgekochten, kleingehackten Ei mischen, mit Sauerrahm verdünnen.

38. Vinaigrettesauce (Kräutersauce)

1 kleine Zwiebel · 1 Gewürzgurke · 1 Eßlöffel Kapern · 2 hartgekochte Eier
6 Eßlöffel Öl · 2 Eßlöffel Essig · 2 Eßlöffel Weißwein · 1 Eßlöffel Senf · Salz
Petersilie

Zwiebel, Gurken, Kapern, hartgekochte Eier und Petersilie feinwiegen, mit Öl, Essig, Weißwein, Salz, Senf verrühren. — Beigabe zu Fleischsulzen, kaltem Braten und dgl.

39. Cumberlandsauce

4 Eßlöffel Johannisbeergelee · 4 Eßlöffel Rotwein · 1 Teelöffel Senfmehl
Schale von ¼ Orange

Johannisbeergelee mit Rotwein und Senfmehl verrühren. Die ganz feingewiegte Schale von ¼ Orange zugeben, kühlstellen. Beigabe zu Wildbret oder geräuchertem Schinken.

40. Cumberlandsauce mit Hagebuttenmark

*4 Eßlöffel Johannisbeergelee · 2 Eßlöffel Hagebuttenmark · 2 Eßlöffel Rotwein
1 Teelöffel Senfmehl oder Senf · 1 Eßlöffel Meerrettich · Saft von 1/2 Orange
Saft von 1/2 Zitrone · Schale von 1/4 Orange · Schale von 1/4 Zitrone*

Johannisbeergelee und Hagebuttenmark glatt verrühren, mit Rotwein, Senfmehl, Orangensaft, Zitronensaft, geriebenen Meerrettich und der feingewiegten, in Rotwein weichgekochten Orangen- und Zitronenschale verrühren. – Beigabe zu Wildbret.

41. Wacholderbeersauce

*20 Wacholderbeeren · 4 Eßlöffel Essig · 2 Eßlöffel Senf · 1 kleine Zwiebel
etwas Zitronenschale · Salz · Pfeffer*

Die feingewiegten oder gestoßenen Wacholderbeeren mit gewiegter Zwiebel, gewiegter Zitronenschale und den anderen Zutaten mischen. Beigabe zu Wildbret. – Bewahrt man die Sauce kühl auf, ist sie längere Zeit haltbar.

42. Wildsauce

*3 hartgekochte Eier · 1 Eßlöffel Senf · 1/8 l Öl · 1 Eßlöffel Essig · Salz
Pfeffer · 10 Wacholderbeeren*

Die aus den hartgekochten Eiern gelösten Eigelb passieren, unter beständigem Rühren Senf, Öl, Essig, Salz und Pfeffer zugeben. Zum Schluß die feingewiegten oder gestoßenen Wacholderbeeren untermengen. Besonders geeignet zu kaltem Wildschweinbraten.

43. Kalte Anchovissauce

*3 hartgekochte Eigelb · 1 Eßlöffel Senf · 1/8 l Öl · 1 Eßlöffel Essig · 1 Eßlöffel
Anchovispaste*

Die hartgekochten Eigelb durch ein Sieb streichen, langsam mit Senf, Öl, Essig und Anchovispaste verrühren. Beigabe zu hartgekochten Eiern.

44. Mayonnaise mit Aspik

Gerührte Mayonnaise · 1/8 l Aspik

Fertige Mayonnaise tropfenweise mit kaltem, flüssigem Aspik verrühren. Zum Überziehen von Eiern, Fleisch oder Geflügel geeignet.

45. Semmelkren

*2 Semmeln · 3/8 l Fleischbrühe · 2 Eßlöffel Milch · 30 g Butter · 2 Eßlöffel
Meerrettich · Salz*

Die blättrig geschnittenen Semmeln in kalter Brühe einweichen, aufkochen, verquirlen, geriebenen Meerrettich, Milch, Salz und Butter zugeben. Warm servieren. Zu gekochtem Fleisch.

46. Essigkren

4 Eßlöffel geriebener Meerrettich · Salz · Zucker · Essig

Den geriebenen Meerrettich mit Essig, Zucker und Salz anmengen. Ist der Meerrettich zu scharf, wird er vor dem Anrühren mit kochender Brühe übergossen, wieder abgeseiht und dann angemengt.

47. Apfelmeerrettich

2 Äpfel · 4 Eßlöffel Meerrettich · Salz · Zucker · Zitronensaft

Die geschälten Äpfel auf der Glasreibe reiben oder fein raffeln, mit geriebenem Meerrettich, Salz, Zitronensaft und Zucker angenehm süßsauer abschmecken. Zu kaltem Roastbeef, Zunge oder Matjesfilet.

48. Orangensauce

100 g Mayonnaise · 1 Orange · etwas flüssiges Maggi

Mayonnaise mit Orangensaft und wenig Maggi abschmecken. Beigabe zu kaltem, dunklem Braten.

49. Gurken-Tomaten-Sauce

Ein Stück entkernter, frischer Gurke raspeln, mit feingeschnittener Zwiebel in Öl dünsten, geschnittene Tomaten, ein Stückchen Weißbrot und Salz zugeben, sämigkochen, durchstreichen, warm oder kalt zu Teigwaren oder Reisgerichten geben.

50. Salmi-Sauce

Reste von gebratenem Wildgeflügel feinschneiden, in etwas Speck mit Zwiebel dünsten, Zitronenschale, Pfefferkörner, etwas Mehl und Rotwein zugießen, 1 Stunde langsam kochen lassen, durch ein feines Sieb streichen. Beigabe zu kaltem Wild.

51. Sardellen-Sauce

1 hartgekochtes, feinzerdrücktes Ei mit 4 gehackten Sardellen, 1 Eßlöffel gehackte Kapern, etwas feingeschnittene Zwiebel, Öl, Salz und Zucker zu einer pikanten Sauce zusammengeben. Zu Eier- oder Lebergerichten.

52. Scampi-Sauce

In Butter feingewiegte Zwiebeln goldgelb dünsten, Mehl zugeben, mit Milch aufgießen, mit Paprika, Salz und Madeira abschmecken. In die rötliche Sauce frische oder konservierte Scampi, Krebsschwänze oder Krabben geben.

53. Kalte scharfe Tomatensauce

2 Eßlöffel Tomatenmark mit feingehackten Zwiebeln, Salz, Zucker, Paprika und Öl zu sämiger Sauce rühren. Gut zu gebratenem und gekochtem Fisch, zu Hammelfleisch und gekochtem Ochsenfleisch.

54. Bier-Meerrettich-Sauce

Aus 20 g Butter, 2 Eßlöffel Mehl und ¼ l Bier eine Sauce kochen, 2 Eßlöffel geriebenen Meerrettich, Salz, Senf, Pfeffer zugeben, mit 2 Eigelb legieren. Paßt zu gekochtem Hammel- oder Ochsenfleisch oder gekochtem Fisch.

55. Pikante kalte Apfelsauce

2 säuerliche, geschälte Äpfel fein raffeln, 1 Eßlöffel Essig, 1 Eßlöffel Wein, etwas gehackte Zwiebel, Salz, Zucker und Paprika zugeben.

56. Hagebutten-Sauce

4 Eßlöffel Hagebuttenmark mit 4 Eßlöffel Weißwein, einem kleinen Stückchen Weißbrot, Zucker und Zitronenschale kochen, durchstreichen, warm oder kalt zu dunklem Fleisch servieren.

57. Stachelbeer-Sauce

Die abgezupften Stachelbeeren in etwas Butter dünsten, Zucker zugeben, 1–2 zerbröckelte Kekse, aufgießen, sämigkochen und durchstreichen. Zu gekochten Fleischspeisen oder warmen Mehlspeisen.

58. Warme Johannisbeer-Sauce

In 20 g Butter 1 Eßlöffel Mehl goldgelb rösten, mit ⅛ l Wasser und 2 Eßlöffel Johannisbeergelee zu einer Sauce kochen. Mit Zucker und Salz abschmecken. Beilage zu gekochtem Ochsenfleisch.

59. Apfelmayonnaise

100 g Mayonnaise mit einem säuerlichen geschälten, feingeraspelten Apfel, Senf, Zucker und Worcestersauce mischen. Zu gebratenen Würstchen.

60. Feine Nuß-Sauce

3 Eßlöffel grobgemahlene Nüsse in Butter leicht rösten, reichlich gehackte Petersilie zugeben, mit Öl und heißem Wasser die richtige Beschaffenheit der Sauce herstellen, warm zu gegrilltem Fleisch oder gekochten Teigwaren.

61. Salatsauce mit Honig

3 Eßlöffel Honig mit 2 Eßlöffel Weißwein und 2 Eßlöffel Zitronensaft, 1 Eigelb, Salz und Zucker verrühren, unter Schlagen mit dem Schneebesen einmal aufkochen lassen, abgekühlt mit 4 Eßlöffel Schlagrahm mischen. Zum Anmengen von Kopfsalat gut geeignet.

SÜSSE SAUCEN

1. Vanillesauce

½ l Milch • 20 g Stärkemehl (1 gehäufter Eßlöffel) • 3 Eßlöffel Zucker • 1 Ei Vanillezucker

⅛ l Milch mit Stärkemehl und Eigelb glattrühren, in die Milch einkochen, die Sauce mit Zucker und Vanille abschmecken, geschlagenes Eiweiß unterrühren. Verwendet man die Sauce kalt, läßt man sie zugedeckt ohne umzurühren kalt werden.

2. Schokoladensauce

½ l Milch • 20 g Stärkemehl • (1 gehäufter Eßlöffel) • 1 Eßlöffel Kakao oder 40 g geriebene Schokolade • 1 Ei • 3 Eßlöffel Zucker

Stärkemehl mit Kakao oder geriebener Schokolade, Eigelb und etwas kalter Milch glattrühren, in die Milch einkochen, geschlagenen Eischnee unterziehen. Verwendet man die Sauce kalt, so läßt man sie zugedeckt ohne umzurühren erkalten.

3. Karamelsauce

Karamel: 60 g Zucker • ⅛ l Wasser — Sauce: ⅜ l Milch • 20 g Stärkemehl (1 gehäufter Eßlöffel) • 1 Ei • 3 Eßlöffel Zucker

Zucker in einem Eisentöpfchen oder einer Stielpfanne trocken erhitzen bis er goldbraun ist, mit kaltem Wasser aufgießen, kochen lassen, bis sich der gebräunte Zucker gelöst hat. Dann den überkühlten Karamel zur Milch geben. Eigelb mit Stärkemehl und etwas kalter Milch glattrühren, in die Karamelmilch einkochen, die Sauce mit Zucker abschmecken, den steifen Eischnee in die heiße Creme einrühren. Wird die Creme kalt gereicht, läßt man sie zugedeckt ohne umzurühren erkalten.

4. Mandelsauce

½ l Milch • 50 g Mandeln • 20 g Stärkemehl (1 gehäufter Eßlöffel) • 1 Ei 4 Eßlöffel Zucker • 1 Tropfen Bittermandelöl

Milch mit den abgezogenen geriebenen Mandeln aufkochen. Stärkemehl mit Eigelb und etwas kalter Milch glattrühren und in die Milch einkochen. Die Sauce mit Zucker und Bittermandelöl abschmecken, den steifgeschlagenen Eischnee in die heiße Sauce einrühren.

5. Feine Vanillesauce

½ l Milch · ½ Vanillestange · 3 Eigelb · 50 g Zucker · 1 Eßlöffel Stärkemehl

Milch mit Vanillestange 5 Minuten langsam kochen lassen, Eigelb mit Zucker und Stärkemehl schaumigrühren, die überkühlte Milch zugeben. Dann die Sauce auf dem Feuer, über Dampf oder im kochenden Wasserbad dicklichschlagen.

6. Feine Schokoladensauce

½ l Milch · ½ Vanillestange · 3 Eigelb · 50 g Zucker · 100 g geriebene Schokolade · 1 Eßlöffel Stärkemehl

Die Milch mit der Vanillestange 5 Minuten langsam kochen lassen, Eigelb mit Zucker, geriebener Schokolade und Stärkemehl schaumigrühren, die überkühlte Milch langsam zugeben. Dann die Sauce auf dem Feuer, über Dampf oder im kochenden Wasserbad dicklichschlagen.

7. Feine Karamelsauce

Karamel: 60 g Zucker · ⅛ l Wasser — Sauce: ⅜ l Milch · 3 Eigelb · 50 g Zucker · 1 Eßlöffel Stärkemehl

Zucker in einem Eisenpfännchen oder in der Stielpfanne trocken erhitzen bis er goldbraun ist, mit heißem Wasser aufgießen, kochen lassen, bis sich der gebräunte Zucker gelöst hat, dann den überkühlten Karamel zur Milch geben. Eigelb mit Zucker und Stärkemehl schaumigrühren, die Karamelmilch langsam zugeben und die Sauce auf dem Feuer, über Dampf oder im kochenden Wasserbad dicklichschlagen.

8. Feine Zitronensauce

3 Eigelb · 100 g Zucker · abgeriebene Zitronenschale · 1 Eßlöffel Stärkemehl ¼ l Milch · ⅛ l Weißwein · Saft von 2 Zitronen

Eigelb mit Zucker, abgeriebener Zitronenschale und Stärkemehl schaumigrühren, Milch, Weißwein und Zitronensaft langsam zugeben und die Sauce auf dem Feuer, über Dampf oder im kochenden Wasserbad dicklichschlagen.

9. Vanillechaudeau

1 Ei · 2 Eigelb · 100 g Zucker · Vanillezucker · 1 Teelöffel Stärkemehl · ¼ l Milch · 2 Eischnee

Ei, Eigelb, Zucker, Vanillezucker und Stärkemehl schaumigrühren, die Milch zugeben und über Dampf oder im kochenden Wasserbad dickschaumig schlagen. Den steifen Schnee unterziehen, sofort zu Tisch geben.

10. Weinchaudeau

*1 Ei · 2 Eigelb · 120 g Zucker · 1 Teelöffel Stärkemehl · ¹/₄ l Weißwein
1 Teelöffel Zitronensaft · 2 Eischnee*

Ei, Eigelb, Zucker und Stärkemehl schaumigrühren, den Wein und Zitronensaft zugeben und über Dampf oder im kochenden Wasserbad dickschaumig schlagen. Dann den steifen Eischnee unterziehen, sofort zu Tisch geben.

11. Marmeladen- oder Fruchtsauce

*4 Eßlöffel Marmelade oder Fruchtmark · ¹/₂ l Wasser · 25 g Stärkemehl
Zucker nach Geschmack · Zitronensaft oder Weißwein*

Marmelade oder Fruchtmark mit zwei Dritteln des Wassers glattrühren und aufkochen. Stärkemehl mit dem restlichen Wasser anrühren, in die verdünnte Marmelade einkochen, einmal aufkochen lassen, die Sauce mit Zucker und Zitronensaft abschmecken.

12. Kalte Apfelsauce

*¹/₄ kg Äpfel · ¹/₈ l Wasser · 60 g Zucker · 2 Gewürznelken · Zitronenschale
Zitronensaft · 1 Eßlöffel Rum*

Die ungeschälten, in Spalten geschnittenen Äpfel mit Wasser, Gewürznelken, Zitronenschale und Zucker weichdünsten, durchstreichen, wenn nötig mit etwas Weißwein verdünnen, die Sauce mit Rum abschmecken, sehr kalt servieren. Beigabe zu gebratener Leber oder Mehlspeisen.

13. Preiselbeersauce

*4 Eßlöffel eingekochte Preiselbeeren · 20 g Butter · 20 g Mehl · ¹/₄ l gute
Fleischbrühe oder Milch · Zucker · Salz · Zitronensaft oder Rotwein*

In Butter Mehl hellgelb werden lassen, aufgießen, die Preiselbeeren zugeben und die Sauce 10 Minuten kochen lassen. Dann mit Zucker, Salz, Zitronensaft oder Rotwein kräftig abschmecken. Beigabe zu gekochtem Ochsenfleisch.

14. Zwetschgensauce mit Mandeln

*¹/₄ kg getrocknete Zwetschgen · ³/₄ l Wasser · 20 g Butter · 10 g Mehl · 40 g
Mandeln · Zucker · Zimt · 1 Eßlöffel Rum*

Die getrockneten, gewaschenen Zwetschgen einweichen, am nächsten Tag im Einweichwasser weichkochen, entkernen und feinwiegen. Aus Butter und Mehl eine helle Einbrenne machen, mit dem Zwetschgenwasser aufgießen, die Zwetschgen und Mandelstiftchen zugeben. Die dickliche Sauce 10 Minuten kochen lassen, mit Zucker, gemahlenem Zimt und Rum abschmecken. Beigabe zu Grießschmarren, Mehlschmarren oder Semmelschmarren.

15. Rotweinsauce

⅜ l Rotwein · Zitronenschale · Zimtrinde · 2 Nelken · 50 g Zucker · 25 g Stärkemehl · ⅛ l Wasser

Rotwein mit den Gewürzen aufkochen, das mit kaltem Wasser angerührte Stärkemehl einkochen, die Sauce durch ein Sieb gießen, heiß oder kalt servieren.

16. Aprikosensauce

4 Eßlöffel Aprikosenmark · 2 Eßlöffel Zucker · ⅛ l Weißwein · 1 Eßlöffel Stärkemehl

Aprikosenmark mit Zucker, Weißwein und Stärkemehl verrühren, aufkochen lassen, mit Zitronensaft abschmecken. Besonders als Beigabe zu kaltem süßen Reis geeignet.

17. Kirschsauce

¼ kg dunkle Kirschen · ¼ l Wein · Zimtrinde · 4 Nelken · 15 g Stärkemehl (1 gehäufter Eßlöffel) · 80 g Zucker

Die frischen Kirschen samt den Kernen stoßen, Zimtrinde, Nelken und Wein zugeben, aufkochen lassen, dann zugedeckt 10 Minuten am Herdrand ziehenlassen. Nun die Flüssigkeit durch ein Tuch abgießen, aufkochen lassen, das kalt angerührte Stärkemehl einkochen, die Sauce mit Zucker abschmecken.

18. Himbeersauce

⅜ l Himbeersaft · ⅛ l Wasser · 25 g Stärkemehl

Selbstgemachten Himbeersaft oder gekauften Himbeersirup mit Wasser verdünnen, aufkochen lassen, kalt angerührtes Stärkemehl einkochen.

19. Johannisbeersauce

¼ kg Johannisbeeren · 125 g Zucker · ¼ l Wein · ⅛ l Wasser · 20 g Stärkemehl

Die gewaschenen, abgezupften Johannisbeeren mit Zucker, Wein und Wasser aufkochen, das angerührte Stärkemehl einkochen, dann die Sauce durch ein Sieb streichen.

20. Kalte Erdbeersauce

¼ kg Walderdbeeren · 100 g Zucker · 4 Eßlöffel Rot- oder Weißwein 1 Eßlöffel Arrak

Die Erdbeeren roh durch ein Sieb streichen, mit Zucker verrühren, mit Wein verdünnen, mit Arrak abschmecken.

Eierkuchen, Pfannkuchen

Eierkuchen bestehen nur aus Eiern ohne Mehl, höchstens ein Eßlöffel Sahne, Milch oder Wasser pro Ei kann zum Verlängern zugegeben werden. Die Art des Eierkuchens wird durch die beigefügten Gewürze bestimmt.

Zubereitet werden die Eierkuchen (für eine Person benötigt man zwei Eier) durch Verquirlen der Eier mit Salz, den gewünschten Geschmackszutaten, eventuell noch Sahne, Milch oder Wasser. In der Stielpfanne läßt man Butter oder Fett nicht sehr heiß werden, gießt die Eierkuchenmasse hinein und bäckt unter Schütteln der Pfanne erst auf der einen Seite und nach dem Wenden auch auf der zweiten Seite innen noch cremig weich, außen goldgelb. Die fertigen Eierkuchen von zwei Seiten zur Mitte zu einschlagen und mit der Unterseite nach oben anrichten.

Omeletten bestehen aus denselben Zutaten wie die Eierkuchen, nur werden die Eier getrennt verwendet. Durch den Schnee sind die Omeletten so locker. Flüssigkeit wird keine verwendet.

Für salzige Omeletten wird der steife Eischnee mit dem Eigelb und den Geschmackszutaten vermischt, in die Stielpfanne mit nicht zu heißem Fett gegossen und zugedeckt auf dem Herd oder offen im Rohr goldgelb gebacken. Omeletten werden nicht gewendet. Zum Anrichten wird die Omelette in der Mitte zusammengeschlagen und auf die vorgewärmte Platte gehoben.

Für süße Omeletten wird das Eiweiß steifgeschlagen, Zucker eingeschlagen, Eigelb und Geschmackszutaten eingerührt. Die Omelettenmasse in die Stielpfanne mit nicht zu heißem Fett geben und zugedeckt am Herd oder offen im Rohr goldgelb backen, eventuell füllen. In der Mitte zusammenklappen (das Gebäck bricht an der Knickstelle), auf vorgewärmter Platte anrichten, mit Puderzucker bestreuen.

Eier-Pfannkuchen (Crepes) bestehen aus reichlich Eiern, wenig Mehl und wenig Flüssigkeit. Die Eier werden nicht getrennt. In der feinen Küche bezeichnet man diese Eier-Pfannkuchen als Crepes, sie werden immer sehr dünn und in einer Stielpfanne mit kleinem Durchmesser gebacken. Durch Beigabe verschiedener Gewürze können sie im Geschmack verändert werden. Meist werden sie nach dem Backen gefüllt oder mit feinem Fruchtsaft oder Alkohol beträufelt.

Pfannkuchen bestehen aus weniger Eiern, reichlich Mehl und Flüssigkeit. Sie werden dünn in der Stielpfanne mit heißem Fett gebacken. In Österreich heißen sie Palatschinken, als Suppeneinlage Frittaten.

1. Eierkuchen *(2 Personen)*

4 Eier · Salz · 20 g Butter · Schnittlauch zum Bestreuen

Die mit Salz verquirlten Eier in die Stielpfanne mit heißem Butter gießen, erst auf der einen Seite, dann auf der anderen Seite goldgelb backen. Zusammenschlagen, auf eine vorgewärmte Platte stürzen, mit Schnittlauch bestreuen. Dazu grüner Salat.

2. Süße Eierkuchen *(2 Personen)*

4 Eier · Salz · 1 Eßlöffel Zucker · 20 g Butter · Zucker zum Bestreuen

Die mit Salz und Zucker verquirlten Eier in die Stielpfanne mit heißer Butter gießen, erst auf der einen Seite, dann auf der anderen Seite goldgelb backen. Zusammenschlagen, auf eine vorgewärmte Platte stürzen, mit Zucker bestreuen. Dazu Kompott oder Apfelmus.

3. Omelette mit feinen Kräutern *(2 Personen)*

4 Eier · Salz · Petersilie · Dill · wenig Rosmarin, Estragon oder Basilikum 20 g Butter

Eiweiß steifschlagen, Salz, feingehackte Kräuter und Eigelb einrühren, in der Stielpfanne mit Butter zu zwei goldgelben Omeletten backen, zusammenklappen, auf vorgewärmter Platte anrichten. — Nach Belieben könnte man die Omelette mit einem Eßlöffel grüner Erbsen oder gehacktem Schinken füllen.

4. Omelette mit Champignons *(2 Personen)*

4 Eier · Salz · Pfeffer · 40 g Butter · 100 g Champignons · $^1/_2$ Teelöffel Stärkemehl · 4 Eßlöffel Kondensmilch · Petersilie

Die blättrig geschnittenen Champignons in etwas Butter dünsten, mit Stärkemehl überstäuben, die Kondensmilch aufgießen, einige Minuten dünsten lassen. Mit Salz, Pfeffer, Zitronensaft würzen, gehackte Petersilie zugeben. Zwei Omeletten backen, mit den Pilzen füllen, zusammenklappen, auf vorgewärmter Platte anrichten. Als Vorspeise oder mit grünem Salat als Hauptgericht.

(2 Personen) 5. Schinken-Omelette

4 Eier · Salz · Pfeffer · 100 g Schinken · 20 g Butter · Petersilie

Steifen Eischnee mit Salz, Pfeffer, Eigelb und kleinwürfelig geschnittenem Schinken mischen, in Butter zu zwei Omeletten backen, in der Hälfte zusammenklappen, auf vorgewärmter Platte anrichten, mit zurückbehaltenen Schinkenwürfelchen und Petersilie bestreuen.

(2 Personen) 6. Käse-Omelette

4 Eier · Salz · Pfeffer · 100 g geriebener Käse · 20 g Butter · 2 kleine Tomaten Petersilie

In steifen Eischnee Salz, Eigelb und geriebenen Käse einmengen, vorsichtig zu zwei Omeletten backen (Käse bräunt sehr rasch und schmeckt dann bitter), mit einigen Tomatenscheiben belegen, zusammenklappen, mit je einer zurückbehaltenen Tomatenscheibe belegen, mit gehackter Petersilie bestreuen.

(2 Personen) 7. Omelette mit Spargel

4 Eier · Salz · 20 g Butter · 8 Spargelstangen · Petersilie

Steifen Eischnee mit Salz und Eigelb mischen, zu zwei Omeletten backen, mit je vier heißgemachten, gut abgetropften Spargelstangen belegen (die Köpfe müssen an der Seite herausschauen), auf vorgewärmter Platte anrichten, mit gehackter Petersilie bestreuen und etwas Ketchup beträufeln.

(2 Personen) 8. Omelette Confiture

4 Eier · 40 g Zucker · 20 g Butter · 2 Eßlöffel gute Confiture

Eiweiß sehr steif schlagen, Zucker einschlagen, Eigelb einrühren, zu zwei schönen Omeletten backen. Mit glattgerührter Confiture (Aprikosen, Erdbeeren, Himbeeren) füllen, in der Mitte zusammenklappen, auf vorgewärmter Platte anrichten, mit Puderzucker bestreuen.

(2 Personen) 9. Rum-Omelette

Wie vorstehend zwei Omeletten backen, mit Aprikosenmarmelade füllen, zusammenklappen, auf vorgewärmter Platte anrichten, mit reichlich Zucker bestreuen, mit einem glühenden Eisen ein Gitter daraufbrennen. Mit Rum 54prozentig) beträufeln, anzünden, brennend servieren. (Bei Tisch fertigmachen.)

10. Omelette-Soufflé, Schaum-Omelette

(1 Person)

2 Eigelb · 40 g Zucker · 4 Eiweiß · Vanillezucker · Zitronenschale · Orangenschale · 1 Eßlöffel geriebene Nüsse · 1 Eßlöffel geriebene Schokolade oder 2 Makronen mit Alkohol getränkt

Eigelb und Zucker sehr schaumig rühren, beliebige Geschmackszutat und steifen Schnee untermengen. Die Masse in einen Spritzsack füllen und auf eine flache, mit Butter bestrichene Platte spritzen, mit feinem Zucker überstreuen, im vorgeheizten Ofen einige Minuten zu goldgelber Farbe überbacken. Sofort servieren.

11. Stefanie-Omelette

3 Eigelb · 60 g Zucker · 3 Eiweiß · 50 g Mehl

Eigelb und Zucker schaumigrühren. Eiweiß steifschlagen, zurückbehaltenen Zucker einschlagen, abwechselnd mit dem Mehl zur Schaummasse geben. Die Masse in eine niedere, befettete, bemehlte feuerfeste Form oder Stielpfanne füllen, im Rohr bei Mittelhitze (200 Grad) backen, bis ein Nadeleinstich rein bleibt (20—25 Minuten). Mit glattgerührter Aprikosenmarmelade füllen, zusammenschlagen. Die Omelette bricht. Mit Puderzucker bestreuen, sofort servieren.

12. Mandel-Omelette

3 Eiweiß · 60 g Zucker · 50 g geriebene Mandeln · 3 Eigelb · 20 g Butter eingemachte Früchte · 1 Eßlöffel Maraschino

Eiweiß zu steifem Schnee schlagen, Zucker einschlagen, abgezogene geriebene Mandeln und Eigelb einrühren, zu zwei Omeletten backen. Eingemachte Früchte, z. B. Pfirsiche oder Ananas, in Würfel schneiden, mit Maraschino beträufeln, die Omelette damit füllen, zusammenklappen, auf vorgewärmter Platte anrichten, mit Puderzucker bestreuen.

13. Crepes (feine Eierpfannkuchen), gesüßter Teig

125 g Mehl · 50 g Puderzucker · 3 ganze Eier · $^1/_8$ l Milch · etwas Salz

Die angegebenen Zutaten zu einem glatten Teig verquirlen, in einer kleinen Stielpfanne zu dünnen, knusprigen Crepes backen. Beliebig füllen.

14. Crepes (feine Eierpfannkuchen) mit Roquefort

100 g Mehl · Salz · 2 Eier · ⅛ l Wasser · 20 g Butter · 50 g Roquefort

Mehl mit Salz, Eiern und Wasser zu einem glatten Teig verrühren. Davon in einer kleinen Stielpfanne in heißem Fett sehr dünne Pfannkuchen knusprig backen. Mit etwas Roquefort bestreuen, in der Hälfte und dann nochmals in der Hälfte zusammenschlagen, auf vorgewärmter Platte anrichten. Vorspeise oder mit grünem Salat.

15. Zitronen-Crepes

100 g Mehl · Salz · 2 Eier · ⅛ l Milch oder Selterswasser · 20 g Butter · Saft einer Zitrone · Puderzucker

Aus den angegebenen Zutaten einen glatten Teig bereiten, in einer kleinen Stielpfanne zu knusprigen Crepes backen, mit Zitronensaft beträufeln, in der Hälfte und dann nochmals zusammenschlagen, nochmals mit Zitronensaft beträufeln, mit Puderzucker bestreuen.

16. Crepes Suzette (Flambierte Eierkuchen)

120 g Mehl · 2 Eier · Salz · 1 Teelöffel Zucker · 1 Eßlöffel Öl · 1 Glas Weinbrand · ⅛ l Wasser · 1 Orange · 10 Stück Würfelzucker · 60 g Butter · 1 Glas Maraschino, Cointreau oder Chartreuse

Mehl mit Eiern, etwas Salz, Zucker, Öl, Weinbrand und Wasser zu einem Eierkuchenteig verquirlen. Den Würfelzucker an der Orangenschale abreiben, mit dem ausgepreßten Saft der Orange auflösen, in eine kleine Pfanne zur flüssigen Butter geben. Den Teig zu sehr dünnen kleinen Pfannkuchen backen, in der heißen Butter-Zucker-Orangensaft-Flüssigkeit wenden. In der Mitte zusammenklappen, mit Alkohol übergießen, nochmals in der Pfanne wenden, anrichten und brennend servieren. Die Fertigstellung dieser Crepes kann bei Tisch geschehen.

17. Crepes Cherry Brandy

Wie im vorstehenden Rezept kleine dünne Eierkuchen backen. In einer kleinen Stielpfanne Cherry Brandy leicht erwärmen, die Crepes rasch darin wenden, zweimal zusammenschlagen, auf vorgewärmter Platte anrichten. In etwas Butter Mandelstiftchen goldgelb rösten, auf die angerichteten Eierkuchen geben, mit Puderzucker bestreuen.

18. Pfannkuchen

250 g Mehl · 3 Eier · Salz · ½ l Milch · Fett zum Backen

Mehl mit ganzen Eiern, Salz und kalter Milch glattrühren. In einer Stielpfanne etwas Fett heiß werden lassen, von dem Teig einen kleinen Schöpfer voll daraufgießen, die Pfanne so lange drehen, bis der Boden derselben vollständig von dem Teig bedeckt ist. Den Pfannkuchen erst auf der einen Seite, dann auf der anderen goldgelb backen. Die Pfannkuchen können süß oder salzig gefüllt werden.

Süße Füllungen: Glattgerührte Marmelade, mit Zucker und Ei verrührter Quark, Apfelmus, eingemachte, kleingeschnittene Früchte, kleingeschnittene Ananas mit geraspelten Nüssen vermengt, geraspelte Schokolade mit geriebenen Nüssen gemischt usw.

Salzige Füllungen: Dickliches Haschee, Spinatgemüse, gedünstete Pilze, gekochte, warme Blumenkohlröschen mit gehacktem Schinken und Käse vermischt, in Würfel geschnittenes Corned Beef, gedünstete Apfelwürfel mit rohen feinen Schinkenwürfeln und etwas Ketchup gemischt usw.

19. Apfelpfannkuchen

250 g Mehl · 3 Eier · $^3/_8$ l Milch · $^1/_2$ kg Äpfel · Fett zum Backen · Zucker zum Bestreuen

Mehl mit Eiern, kalter Milch und Salz zu einem glatten Teig rühren, mit geschälten feingeschnittenen Äpfeln mischen. Zugedeckt zu nicht zu dünnen Pfannkuchen backen, einmal in der Mitte zusammenschlagen, mit Zucker bestreut zu Tisch geben. — Statt Äpfel kann man auch anderes Kern- oder Steinobst auf diese Weise zu Pfannkuchen backen.

20. Rhabarberpfannkuchen

250 g Mehl · 3 Eier · $^3/_8$ l Milch · Salz · 50 g Zucker · $^1/_2$ kg Rhabarber Fett zum Backen

Mehl mit Eiern, Salz und Milch zu einem glatten Teig anrühren, den rohen, in $^1/_2$ cm-dicke Würfel geschnittenen Rhabarber untermischen. In eine Stielpfanne mit heißem Fett soviel von der Masse geben, wie man zu einem dicken Pfannkuchen braucht. Auf ganz kleiner Flamme zugedeckt erst auf der einen Seite, dann umwenden und auf der zweiten Seite backen. Die bereits fertigen Pfannkuchen zugedeckt am Herdrand stehenlassen, mit reichlich Zucker bestreut zu Tisch geben. Rhabarberpfannkuchen dürfen beim Backen nicht im geringsten anbrennen.

21. Hefepfannkuchen

250 g Mehl · 15 g Hefe · $^1/_4$ l Milch · 1 Ei · Salz · Fett zum Backen

Mehl mit gegangener Hefe, Salz, lauwarmer Milch und Ei zu einem flüssigen, glatten Teig abschlagen. Gehenlassen (geht sehr schnell). In einer Stielpfanne mit Fett zu Pfannkuchen oder kleinen Plätzchen backen. Man gibt sie als Beilage zu Gemüse oder Salat, als Hauptgericht oder mit Zucker bestreut zu Apfelmus.

Soufflés

Soufflés sind leichte Aufläufe, die man als Vorspeise oder als Nachtisch serviert. Sie bestehen hauptsächlich aus Eiern, sind daher zart, müssen vorsichtig gebacken und sofort nach der Fertigstellung serviert werden. Sie fallen leicht zusammen. Die Grundmasse für Soufflés ist eine lockere Biskuitmasse oder eine Brandteigmasse. Für das Gelingen eines Soufflés ist zu beachten:

1. Eine niedere feuerfeste Form. Die kleinen Portionsragoutförmchen sind ebenfalls geeignet.
2. Sehr steifer Eischnee.
3. Die Schaummasse soll hoch in die Form hineingegeben, nicht eingestrichen werden.
4. Vorgeheiztes Backrohr, gleichmäßige Hitze (200–220 Grad). Während des Backens das Backrohr nur wenig öffnen.
5. Erst zu dem Zeitpunkt zubereiten und backen, daß die Servierzeit damit übereinstimmt. Die Backzeit beträgt durchschnittlich 15–20 Minuten.

1. Creme-Soufflé

2 Eigelb · 1 ganzes Ei · 1 Vanillezucker · 30 g Zucker · 2–4 Eiweiß

2 Eigelb, ein ganzes Ei und Zucker über Dampf zu einer dicklichen Creme schlagen, kaltrühren, den steifgeschlagenen Eischnee vorsichtig einrühren. In eine niedere befettete Form hineingeben, mit etwas Zucker bestreuen und 12–15 Minuten bei 220 Grad backen.

Schokoladen-Soufflé wird auf dieselbe Weise bereitet, man gibt aber in die Eigelb-Zuckermasse noch 30 g geriebene Schokolade.

2. Biskuit-Soufflé

5 Eiweiß · 140 g Zucker · 3 Eigelb · 160 g Mehl · 1 Messerspitze Backpulver
20 g Butter

In den steifen Eischnee nach und nach den Zucker einschlagen, Eigelb, das mit Backpulver gemischte Mehl und zum Schluß die flüssige Butter leicht einrühren. In eine niedere befettete Form hoch einfüllen, mit etwas Zucker bestreuen, 20 Minuten bei 200 Grad backen. Mit Fruchtsaft oder Kompott servieren.

3. Brandteig-Soufflé

1/8 l Milch · 80 g Mehl · 3 Eigelb · 30 g Zucker · 3—5 Eiweiß

Milch mit Mehl verrühren, am Feuer zu einem dicken Brei kochen, kaltrühren, Eigelb und Zucker einrühren, Eischnee unterheben. In eine niedere feuerfeste Form hoch einfüllen, mit Vanillezucker bestreuen, 25—30 Minuten bei 200 Grad backen. Mit Fruchtsaft oder Kompott servieren.

4. Grieß-Soufflé

1/2 l Milch · 100 g Grieß · 30 g Zucker · 3 Eigelb · Zitronenschale · 3—5 Eiweiß

Grieß in die Milch einstreuen, zu einem Brei kochen, etwas abgekühlt mit Zucker verrührte Eigelb und feingehackte Zitronenschale zugeben, erkaltet den Eischnee untermischen. In einer niederen befetteten Form, mit etwas Zucker bestreut, 30 Minuten bei 200 Grad backen. Mit Himbeersaft servieren.

5. Reis-Soufflé

100 g Reis · 1/2 l Milch · Zitronenschale · 50 g Zucker · 3 Eigelb · 3—5 Eiweiß

Den blanchierten Reis in Milch mit etwas Salz zu einem dicken Brei kochen, abgekühlt mit Zucker verrührte Eigelb und feingehackte Zitronenschale zugeben, erkaltet den Eischnee unterziehen. In eine niedere befettete Form hoch einfüllen, 35—40 Minuten bei 200 Grad backen. Himbeersaft oder Johannisbeersaft dazu servieren.

6. Wiener Soufflé

150 g Zucker · 5 Eigelb · 50 g Mehl · 1/2 l Milch · 50 g Haselnüsse · 5 Eischnee · 2 Löffelbiskuite · 2 Eßlöffel Maraschino

Zucker mit Eigelb schaumigrühren, Mehl und Milch zugeben, am Feuer zu einer dicklichen Creme schlagen. Kaltrühren, geröstete geriebene Haselnüsse, kleinwürfelig geschnittene, mit einem Eßlöffel Maraschino oder anderem beliebigen Likör getränkte Löffelbiskuite und Eischnee zugeben. In eine feuerfeste niedere Form hoch einfüllen, mit Zucker bestreuen, 15 Minuten bei 200 Grad backen. Mit dem restlichen Maraschino beträufeln und sofort servieren.

7. Erdbeer-Soufflé

Den Boden der feuerfesten Form mit 250 g halbierten Ananas-Erdbeeren belegen, mit 2 Eßlöffel Zucker bestreuen, eine Wiener Soufflémasse darüberfüllen, 15 Minuten bei 200 Grad backen.

8. Soufflé mit Früchten

1/4 l Milch · 50 g Butter · 150 g Mehl · 4 Eigelb · 50 g Zucker · Saft einer halben Zitrone · 80 g Mandeln · 2 Löffelbiskuite oder 1 Kuchenstückchen 4 Eischnee · 1/4 l Wasser · 60 g Zucker · 1/2 kg Pfirsiche oder Aprikosen

Milch mit Butter und Mehl verrühren, am Feuer dickkochen, die Eigelb, Zucker, Zitronensaft, die geriebenen Mandeln, kleingeschnittenen Biskuite und erkaltet den Eischnee einmischen. In die Form die in Zuckerwasser weichgedünsteten abgetropften Pfirsich- oder Aprikosenviertel geben, die Brandteigmasse darüberfüllen, mit etwas Zucker bestreuen, 40 Minuten bei 200 Grad backen. Den mit etwas Stärkemehl gebundenen Kompottsaft als Sauce dazu servieren.

9. Crepes Flambées mit Grand Marnier

250 g Mehl · 6 Eigelb · 1 Teelöffel Salz · 2 Eßlöffel Zucker · 1/2 l Milch · 60 g Butter · 6 Eßlöffel Grand Marnier · 6 Stück Würfelzucker · 4 Eßlöffel Wasser 20 g Butter · 1 Streifen Orangenschale · 2 große Likörgläser Grand Marnier

Mehl, Eigelb, Salz, Zucker mit kalter Milch zu einem glatten Teig rühren. Die zerlassene Butter langsam zufügen, wenn möglich den Teig 1 Stunde stehen lassen. Kurz vor dem Backen den Grand Marnier zugeben. In einer kleinen Stielpfanne etwas Öl erhitzen, dünne Crepes backen, aufeinandergelegt warm halten. Zum Übergießen in einem kleinen Töpfchen Zucker mit Wasser, Orangenschale, Butter und Marnier erhitzen. Die Crepes zu Vierteln gefaltet auf eine feuerfeste Platte legen, mit der sehr heißen Sauce übergießen und anzünden. Wenn man die Crepes lange und stark flambieren will, muß man sie gleißmäßig mit sehr heißem Grand Marnier tränken. Das Flambieren geschieht auf dem Rechaud bei Tisch.

Kompotte

Man unterscheidet:

Kompott von rohen Früchten (Rohkompott, Obstsalat);

Kompott von gekochten Früchten (als ganze Früchte oder als Fruchtstückchen); verkochte Früchte (Fruchtbrei);

Kompott von getrockneten Früchten;

tiefgekühltes Kompott.

Alles Obst vor der Zubereitung kurz und sorgfältig kalt oder warm waschen.

Beim *Rohkompott* (Obstsalat) bleiben der feine Geschmack und die Wertstoffe des Obstes in hohem Maße erhalten. Auch die Farbe, besonders von Beerenobst, wird nicht verändert.

Zur Zubereitung die Früchte ungeschält oder geschält feinblättrig aufschneiden (Kernobst, Steinobst) oder auf der Glasreibe reiben (Kernobst), Beerenobst im ganzen lassen, größere Früchte, z. B. Ananaserdbeeren, in Scheibchen schneiden. Das angerichtete Obst mit feinem Zucker bestreuen, kalt stellen und gut durchziehen lassen. Der aromatische Eigengeschmack bleibt bei dieser Zubereitung sehr gut erhalten. Durch Betropfen des Kompottes mit etwas Zitronensaft, Rum, Maraschino oder Arrak wird der Geschmack noch verfeinert.

Für Rohkompott (Obstsalat) kann nur tadelloses, voll ausgereiftes Obst verwendet werden.

Um gutes und schönes *Kompott* zu erhalten, kocht man immer erst von Wasser und Zucker und Zitronensaft mit etwas fein abgeschälter Zitronenschale, Vanilleschote, einigen Nelken oder einem Stückchen Zimtrinde eine Kompottflüssigkeit und gibt dann erst das Obst, bei größeren Mengen portionsweise, zum Dünsten hinein. Während des Vorbereitens muß das bereits geschälte Obst immer zugedeckt werden. (Deckel oder Tuch, Farbe!)

Das Kompott in einer Glasschale anrichten, den Saft, eventuell noch dicker eingekocht, darübergießen.

In das Zuckerwasser kann man außer den angegebenen Gewürzen je nach Geschmack und Art der Früchte noch Zitronensaft, Wein oder Weinessig geben.

Zum Süßen des Kompotts kann auch Honig mitverwendet werden.

Das angerichtete Kompott kann man mit Früchten anderer Farbe garnieren.

Für *Fruchtbrei von geschälten Früchten* wird das vorbereitete Obst mit Zucker, Geschmackszutaten und wenig Wasser auf schwacher Flamme langsam weich und breiig gekocht.

Für *Fruchtbrei von ungeschältem Obst* stellt man dies knapp mit Wasser bedeckt kalt zu, kocht es weich, streicht es durch und schmeckt mit Zucker ab.

Getrocknete Früchte sorgfältig waschen, über Nacht einweichen, am nächsten Tag im Einweichwasser mit Gewürzen weichkochen. Den Kompottsaft bindet man hier gerne mit ganz wenig Stärkemehl.

Tiefgekühltes Kompott ist bereits vollständig zubereitet. Sollte es nicht süß genug sein, übergießt man es angerichtet mit etwas kalter Zuckerlösung.

1. Apfelkompott

3/4 kg Äpfel · 1/2 l Wasser · 1/2 Zitrone · 100 g Zucker

Die Äpfel schälen, in Viertel oder Achtel schneiden, das Kernhaus entfernen, zudecken. Wasser mit der dünn abgeschälten Schale einer 1/4 Zitrone, dem Saft einer 1/2 Zitrone und Zucker 10 Minuten kochen lassen. In diese Zuckerlösung die vorbereiteten Äpfel geben und darin zugedeckt langsam 10 Minuten kochen lassen. Die Äpfel bleiben nur dann schön in der Form und werden glasig, wenn sie in die Zuckerlösung eingelegt werden. Stellt man Äpfel, Zucker und Wasser zusammen auf, zerfallen die Äpfel sehr leicht. Statt Zitronenschale kann man auch eine Gewürznelke oder 1 Stückchen Zimtrinde oder Vanilleschote mitkochen. Zimtrinde nimmt man meist bei Äpfeln mit geringem Eigengeschmack.

2. Apfelbrei

3/4 kg Äpfel · 1/8 l Wasser · 100 g Zucker

Die geschälten, vom Kernhaus befreiten Äpfel in Spalten schneiden und mit Wasser und Zucker zugedeckt auf kleiner Flamme zu Brei verkochen. Bei wenig aromatischen Äpfeln Zitronenschale und Zitronensaft mitkochen.

3. Apfelmus

³/₄ kg Äpfel (Falläpfel) · Wasser · 100 g Zucker

Äpfel von Blüte und Stiel befreien, in Viertel schneiden, knapp mit Wasser bedeckt zusetzen und weichkochen, durch ein Sieb streichen, mit Zucker abschmecken.

4. Gedünstete Äpfel

8 kleine Äpfel · ½ l Wasser · 100 g Zucker · Zitronensaft und Zitronenschale

Wasser mit Zucker, Zitronensaft und Zitronenschale 10 Minuten kochen lassen. Die Äpfel schälen, Blüte und Stiel entfernen, das Kernhaus mit einem Apfelbohrer durchstechen, die Äpfel in das Zuckerwasser geben und darin vorsichtig weichkochen. Die angerichteten Äpfel mit dem etwas dicker eingekochten Saft übergießen. Beilage zu Fleisch.

5. Gedünstete, gefüllte Äpfel

8 kleine Äpfel · ½ l Wasser · 100 g Zucker · Zitronensaft und Zitronenschale — Fülle: 3 Eßlöffel Sultaninen · 1 Eßlöffel gestiftelte Mandeln

Von geschälten, kleinen Äpfeln das Kernhaus sorgfältig herausbohren und an dessen Stelle Sultaninen und Mandeln hineinfüllen. Die Äpfel in Zuckerwasser mit Zitronensaft weichdünsten, in einer Glasschüssel anrichten, in die Mitte jedes Apfels ein bißchen rote Marmelade oder eine gedünstete Kirsche geben, den eingedickten Saft darübergießen.

6. Gedünstete, gefüllte Apfelhälften

8 kleine Äpfel · ½ l Wasser · 100 g Zucker · Zitronensaft und Zitronenschale · 1 Eßlöffel Weißwein · gute Marmelade

Äpfel schälen, halbieren, mit dem Kugelausstecher das Kernhaus entfernen, die Äpfel mit dem Buntmesser (Dressiermesser) nachschneiden. Dann die Apfelhälften in Zuckerwasser weichdünsten, in einer Glasschale mit der Schnittfläche nach oben anrichten, die Höhlung mit Marmelade füllen, den Saft mit Wein verbessern und an das Kompott gießen.

7. Birnenkompott

³/₄ kg Birnen · ½ l Wasser · Zitronenschale · Zimtrinde · 100 g Zucker

Wasser mit Zucker, Zitronenschale und Zimtrinde 10 Minuten kochen lassen. Die Birnen schälen, halbieren oder vierteln, das Kernhaus entfernen, in das Zuckerwasser einlegen und darin weichkochen.

8. Gedünstete Birnen

8 kleine Birnen · ¹/₂ l Wasser · Zitronenschale · Zimtrinde · 100 g Zucker Zitronensaft oder Weißwein

Die ganzen Birnen schälen, den Stiel daranlassen und etwas abkratzen. Die Birnen mit dem Buntmesser schön nachschälen. Wasser mit Zucker und den Gewürzen 10 Minuten kochen lassen, dann die Birnen hineingeben und weichdünsten. Die angerichteten Birnen mit dem dicker eingekochten Saft übergießen.

9. Rhabarberkompott

³/₄ kg Rhabarber · ¹/₄ l Wasser · 200 g Zucker · Vanilleschote

Rhabarber waschen, feinen nicht schälen, derben abziehen, dann in 5 cm lange Stücke schneiden. Wasser mit Zucker und Vanilleschote 10 Minuten kochen lassen, die Rhabarberstücke nach und nach darin garkochen. Sie dürfen nicht zerfallen. Der Saft von ungeschältem Erdbeerrhabarber wird dabei schön rötlich.

10. Gedünsteter Rhabarber

³/₄ kg Rhabarber · 120 g Zucker

Den vorbereiteten Rhabarber in ungefähr 1 cm große Stücke schneiden, mit Zucker bestreut Saft ziehen lassen, dann zugedeckt auf kleiner Flamme weichdünsten; kaltstellen. Zusammen mit steifgeschlagener, mit Vanillezucker abgeschmeckter Sahne ist er ein feines Dessert.

11. Kirschkompott

³/₄ kg Kirschen · ¹/₄ l Wasser · Zimtrinde oder Zitronenschale · 100 g Zucker

Die gewaschenen, entstielten Kirschen in Zuckerwasser mit Zitronenschale oder Zimtrinde weichkochen. Beim Anrichten Zimt oder Zitronenschale entfernen.

12. Weichselkompott (Sauerkirschen)

Zubereitung wie Kirschkompott, nur ohne Zimtrinde oder Zitronenschale, dafür Vanilleschote.

13. Erdbeerkompott

¹/₂ kg Erdbeeren · 100 g Zucker · ¹/₈ l Wasser oder Rotwein (Farbe!)

Die Erdbeeren (Ananaserdbeeren eventuell halbiert oder geviertelt) in eine Schüssel geben. Wasser oder Wein mit Zucker 10 Minuten kochen, heiß über die Früchte geben. Walderdbeeren, Monatserdbeeren und voll ausgereifte Ananaserdbeeren schmecken am besten roh, nur mit feinem Zucker gemischt, nach Belieben noch mit einem Glas Weißwein übergossen. Sofort servieren.

14. Himbeerkompott

Gleiche Zubereitung wie Erdbeerkompott

15. Schwarzbeerkompott

1/2 kg Schwarzbeeren • 1/8 l Wasser • 100 g Zucker • 1 Teelöffel Stärkemehl

Die verlesenen Schwarzbeeren in Zuckerwasser weichkochen, den Saft mit etwas angerührtem Stärkemehl binden.

16. Johannisbeerkompott

3/4 kg Johannisbeeren • 1/4 l Wasser • 200 g Zucker

Die abgezupften Johannisbeeren in die Zuckerlösung geben und einigemal darin aufkochen lassen.

17. Stachelbeerkompott

3/4 kg Stachelbeeren • 1/4 l Wasser • 200 g Zucker • 1/4 Vanilleschote

Von nicht ganz reifen grünen Stachelbeeren entfernt man die Stiele und die welken Blütenblätter und gibt einen Teil der Beeren in die kochende Zuckerlösung. Wenn sie in die Höhe steigen, nimmt man sie mit einem Sieblöffel heraus und kocht den nächsten Teil. Den eingekochten Saft über die angerichteten Stachelbeeren gießen.

18. Aprikosenkompott

3/4 kg Aprikosen • 1/4 l Wasser • 150 g Zucker

Die Aprikosen halbieren, entkernen, in die kochende Zuckerlösung geben und darin garkochen. Nach Belieben einige ausgelöste, abgezogene Aprikosenkerne mitkochen und die Aprikosen vor dem Zerteilen mit kochendem Wasser überbrühen, um die Haut abzuziehen.

19. Pfirsichkompott

3/4 kg Pfirsiche • 1/4 l Wasser • 150 g Zucker • Vanilleschote

Ungeschälte oder geschälte, halbierte, entkernte Pfirsiche in kochendes Zuckerwasser einlegen und vorsichtig darin weichkochen.

20. Mirabellenkompott

3/4 kg Mirabellen • 1/4 l Wasser • 150 g Zucker

Die Mirabellen portionsweise in kochender Zuckerlösung garkochen.

21. Reineclaudenkompott

¾ kg Reineclauden • ¼ l Wasser • 150 g Zucker

Die ungeschälten oder geschälten Reineclauden portionsweise in kochende Zuckerlösung geben und darin garkochen.

22. Pflaumenkompott

¾ kg Pflaumen • ¼ l Wasser • 150 g Zucker

Die ungeschälten oder geschälten Pflaumen in die kochende Zuckerlösung geben und darin garkochen.

23. Zwetschgenkompott

¾ kg Zwetschgen • ¼ l Wasser • 100 g Zucker • Zimtrinde

Wasser mit Zucker und Zimtrinde 5 Minuten kochen, die ganzen oder entsteinten Zwetschgen darin garkochen, Zimtrinde entfernen.

24. Abgezogene Zwetschgen in Wein

¾ kg Zwetschgen • ¼ l Weißwein • 100 g Zucker

Die großen, gut ausgereiften Zwetschgen mit kochendem Wasser überbrühen und die Haut abziehen. Wein und Zucker 10 Minuten kochen lassen, die abgezogenen Zwetschgen hineingeben, garkochen, mit einem Sieblöffel herausnehmen, in einer Glasschale anrichten, mit dem noch etwas dicker eingekochten Saft übergießen.

25. Zwetschgenröster

¾ kg Zwetschgen • ⅛ l Wasser • 100 g Zucker • Zimtrinde

Die halbierten, entsteinten Zwetschgen mit Zuckerwasser und Zimtrinde zusetzen und zu einem Brei verkochen. Die Zimtrinde vor dem Anrichten entfernen.

26. Holunderkompott

¾ kg Holunder • ¼ l Wasser • 100 g Zucker • Zimtrinde • 2 Teelöffel Stärkemehl

Die abgezupften Beeren in Zuckerwasser mit Zimtrinde garkochen, den Saft mit kalt angerührtem Stärkemehl binden.

27. Hollerröster

½ kg Holunder • 1 Birne • 1 Apfel • 10 Zwetschgen • ⅛ l Wasser • 100 g Zucker • Zimtrinde • 2 Teelöffel Stärkemehl

Die abgezupften Holunderbeeren, die geschälten, blättrig geschnittenen Äpfel und Birnen und die entsteinten Zwetschgen mit Wasser, Zucker und Zimtrinde garkochen, mit angerührtem Stärkemehl binden.

28. Kompott von Hagebutten und Sultaninen

1/2 kg Hagebutten · 1/4 kg Sultaninen · 100 g Zucker · 1/4 l Wein · 1/8 l Wasser

Die von Stielchen und Kernen befreiten Hagebutten zusammen mit den Sultaninen, Zucker, Wein und Wasser garkochen. Das Kompott ist besonders zur Martinsgans üblich und war ein Lieblingsgericht Goethes.

29. Quittenkompott

3/4 kg Quitten · 1/2 l Wasser · 100 g Zucker

Quittenbirnen sind besser als Quittenäpfel. Man schält die Birnen, viertelt sie, befreit sie vom Kernhaus, gibt sie, ebenso Schale und Kernhaus, in das kochende Zuckerwasser, bis sie weich sind. Durch das Mitkochen von Schalen und Kernhäusern bekommt der Saft eine schöne rote Farbe und sehr feinen Geschmack. Beim Anrichten gibt man die Schnitze in eine Glasschale und gießt den Zuckersaft durch ein Sieb darüber.

30. Melonenspalten

1 kg Melonen · 150 g Zucker · 1/4 l Weißwein · Zimtrinde

Die geschälte, von allem Weichen befreite Melone (Wassermelone, Zuckermelone oder Netzmelone [Catalup]) in Spalten teilen. Weißwein oder Zitronenwasser mit Zucker und Zimtrinde 10 Minuten kochen, die Melonenspalten hineingeben und darin glasigkochen. Mit einem Sieblöffel herausnehmen, in einer Glasschale anrichten, mit dem noch dicker eingekochten Saft übergießen.

31. Ananaskompott

1 Ananas · 1/2 l Wasser oder Weißwein · 250 g Zucker

Die Ananas schälen, in 1 cm dicke Scheiben schneiden und von diesen alles Holzige entfernen. Zucker mit Wasser oder Wein zu einer dicklichen Lösung kochen. In einer Glasschale anrichten und mit dem noch etwas dicker eingekochten Saft übergießen; sehr kalt servieren.

32. Gemischtes Kompott (Frühjahr)

250 g Kirschen · 250 g Stachelbeeren · 8 Aprikosen oder Pfirsiche · 2 kleine Äpfel · 1/2 l Wasser · 150 g Zucker

Aus Wasser und Zucker eine Lösung kochen. Erst die geschälten, in Viertel geschnittenen Äpfel darin garkochen, mit einem Sieblöffel herausnehmen und in einer Glasschale anrichten. Dann in derselben Lösung die geschälten, halbierten, entkernten Aprikosen oder Pfirsiche kochen und herausnehmen. Dann vorsichtig die Stachelbeeren garkochen, zum Schluß die Kirschen. Die Früchte in schöner Farbenanordnung in einer Glasschale anrichten, den noch etwas dicker eingekochten Saft vorsichtig an der Seite zugießen.

33. Gemischtes Kompott (Herbst)

250 g Melone · 250 g Zwetschgen · 1 Apfel · 1 Birne · ¹/₂ l Wasser
150 g Zucker · Zimtrinde

In Zuckerwasser mit Gewürzen erst die geschälte, von allem Weichen befreite, mit dem Buntmesser (Dressiermesser) in gleichmäßige Würfel geschnittene Melone oder Speisekürbis glasig kochen, dann herausnehmen und in einer Glasschale anrichten. In derselben Zuckerlösung nacheinander die geschälten, in schöne Stücke geteilten, vom Kernhaus befreiten Äpfel und Birnen kochen, zum Schluß die geschälten ganzen Zwetschgen. Die Kompottfrüchte schön in einer Glasschale anrichten, den Saft eventuell mit Zitronensaft oder Wein nachabschmecken, etwas dicker einkochen lassen und seitlich an das Kompott gießen.

34. Trockenobstkompott

250 g getrocknete Früchte (Pflaumen, Zwetschgen, Aprikosen, Pfirsiche, Kirschen, Apfelringe, Birnen, Feigen, Datteln, Sultaninen) · ¹/₂ l Wasser
¹/₂ Zitrone · Zimtrinde · 50—100 g Zucker · 1 Eßlöffel Stärkemehl

Trockenobst der einen oder andern Sorte oder gemischtes Backobst sorgfältig waschen, über Nacht in kaltem Wasser aufquellen lassen. Am nächsten Tag im Einweichwasser mit Zitronensaft, Zitronenschale und Zimtrinde garkochen. Den Saft mit angerührtem Stärkemehl leicht binden, das Kompott mit Zucker abschmecken. — Eingeweichte Zwetschgen und Feigen brauchen nicht aufgekocht zu werden.

35. Rohkompott, Obstsalat

Will man das Obst nicht in der natürlichen Form roh essen, weil man es als Vorspeise, Beilage zu Fleischgerichten oder Mehlspeisen braucht, so bereitet man es häufig als Obstsalat zu. Dafür nur voll ausgereiftes, tadelloses Obst verwenden. Durch Beträufeln mit Zitronensaft behält Kernobst und vom Steinobst Aprikosen und Pfirsiche die helle Farbe. Obstsalat bestreut oder mischt man gerne mit blättrig geschnittenen Haselnüssen, Mandelsplittern oder Knusperflocken.

36. Obstsalat von Kernobst

Ungeschälte oder geschälte Früchte in Blättchen schneiden, sofort mit Zitronensaft mischen. Mit Zucker bestreuen, mit Rum, Arrak oder Maraschino abschmecken.

37. Obstsalat von Steinobst

Die entkernten evtl. abgezogenen Früchte in Blättchen schneiden (Aprikosen und Pfirsiche sofort mit Zitronensaft beträufeln), mit Zucker bestreuen, mit Rum, Arrak oder Maraschino abschmecken.

38. Rohkompott von Beerenfrüchten

Die Früchte (Ananaserdbeeren in Viertel oder Scheiben schneiden), mit Zucker und Vanillezucker bestreuen, mit etwas Cognac würzen.

39. Kompotte mit Honig

Zum Süßen von Kompott wird vielfach gerne Honig verwendet. In diesem Falle kocht man das Kompott mit wenig Wasser und wenig Zucker weich und gibt in das fertige Kompott den mit etwas warmem Saft aufgelösten Honig. Die Wertstoffe des Honigs werden durch Kochen teilweise zerstört.

40. Orangensalat

4 Orangen · 80 g Zucker · Saft ½ Zitrone

Die Orangen schälen, alles Weiße entfernen, dann quer zu den Spalten in dünne Scheibchen schneiden. Diese von den Kernen befreien und schuppenförmig auf einer Glasplatte oder portionsweise auf Glastellerchen anrichten, dicht mit Zucker bestreuen. Die feingeschnittene Schale einer halben Orange mit einem Eßlöffel Zucker und dem Saft einer Zitrone verrühren, heißmachen und über das Kompott gießen. Mit einem Spritzer Cognac oder Rum das Kompott womöglich noch verfeinern.

41. Zitronenkompott

4 Zitronen · 100 g Zucker · 20 g Mandeln oder Pistazien · 4 Teelöffel süßer Likör

Die Zitronen von der Schale und allem Weißen befreien, quer zu den Spalten mit einem scharfen Messer in sehr dünne Scheiben schneiden, die Kerne sorgfältig entfernen. Die Scheibchen auf einer Glasplatte oder portionsweise auf Glastellerchen anrichten, mit feinem Zucker und abgezogenen, in feine Stiftchen geschnittenen Mandeln oder Pistazien bestreuen, mit Likör beträufeln, durchziehen lassen. Beigabe zu Grillgerichten oder als Dessert mit feinem Kleingebäck.

42. Rhabarbersalat

½ kg Rhabarber · 100 g Zucker · 100 g Sultaninen

Den abgezogenen rohen Rhabarber zu ganz kleinen Würfelchen schneiden, mit Zucker und aufgequollenen Sultaninen mischen, sofort servieren. Die Süße der Sultaninen ist ein guter Ausgleich zum Rhabarber.

43. Gefüllte Melone

1 Melone · 500 g verschiedenes Obst · 250 g Zucker · ⅛ l Wasser · 2 Eßlöffel Maraschino, Likör oder Rum

Der Melone wird ein Deckel abgeschnitten, die Kerne und alles Weiche entfernt, das Melonenfleisch vorsichtig herausgeschnitten; die Schale dabei nicht verletzen. Das Melonenfleisch in Würfel schneiden, mit ebenso geschnittenem Steinobst, ganzen Beeren, evtl. Bananenscheiben vermischen. Alles in die ausgehöhlte Melone füllen, Zuckersirup und Maraschino darübergießen, kaltstellen.

44. Obstsalat

1 Zitrone · 2 Orangen · 2 Äpfel · 1 weiche Birne · 2 Bananen · 50 g Haselnüsse · 100 g Zucker · 2 Eßlöffel Rum, Arrak, Maraschino oder Cognac

Den Zitronensaft in eine Schüssel geben. Die geschälten, von allem Weißen befreiten Orangen quer zu den Spalten in Halbscheiben schneiden (Kerne sorgfältig entfernen), zum Zitronensaft geben. Geschälte Äpfel, Birnen und Bananen in Scheibchen schneiden, sofort zugeben und vorsichtig vermischen. Zucker, zerkleinerte Haselnüsse, Walnüsse, Paranüsse oder Mandeln und Alkohol zugeben, 5 Minuten durchziehen lassen. — Bei Einhaltung der angegebenen Reihenfolge in der Zubereitung bleibt das Obst hell. — Je nach Jahreszeit und persönlichen Wünschen kann der Obstsalat aus allen Arten von Früchten zubereitet werden.

45. Traubenkompott

¼ l Wasser · Saft ½ Zitrone · 100 g Zucker · ½ kg weiße oder blaue Trauben

Wasser mit Zitronensaft und Zucker 10 Minuten kochen lassen, die abgezupften Trauben hineingeben und portionsweise vorsichtig kochen; sie dürfen nicht platzen.

46. Bananenkompott

¼ l Wasser · Saft ½ Zitrone · 60 g Zucker · 4 Bananen · 1 Eßlöffel Rum

Wasser mit Zucker und Zitronensaft 10 Minuten kochen lassen, die in dicke Scheiben geschnittenen Bananen hineingeben und vorsichtig 5 Minuten darin kochen lassen. An das abgekühlte Kompott den Rum geben.

47. Grapefruit (Pampelmuse)

Die Grapefruit quer durchschneiden, das Fruchtfleisch mit einem Obstmesserchen oder speziellen Grapefruitlöffel von der Schale lockern und das Fruchtfleisch, mit Zucker bestreut, aus den Fächern herausholen.

48. Avocados-Salat

In ein Schüsselchen den Saft 1 Zitrone und 2 Eßlöffel Zucker geben. In die vorbereitete Lösung die geschälte, in feine Scheibchen geschnittene Avocados einmengen, mit beliebigem Likör aromatisieren.
Man kann auch die nur in Zitronensaft marinierten Avocadosscheibchen in eine sehr scharf gewürzte Mayonnaise einmengen, auf einem Salatblatt anrichten und mit etwas Roquefort überstreuen.

49. Kakifrüchte

Den Stielansatz der gewaschenen Früchte herausnehmen und in die hierdurch entstandene kleine Höhlung etwas Zucker geben. Das weiche Mus der Früchte mit einem kleinen Löffel herausheben. Es kann nach Belieben mit einem Tropfen Kirschwasser im Geschmack herber gestaltet werden.

50. Grüne Feigen

Die gewaschenen Feigen der Länge nach in 4 Teile aufschlitzen, dabei an der Stielseite nicht durchschneiden, so daß jede Feige sich aufblättern läßt. Mit einem kleinen Löffel wird das süße Fruchtfleisch herausgelöffelt. Nach Belieben kann man die aufgeschnittenen Feigen mit ein paar Tropfen herbem Likör oder Kirschgeist beträufeln.

51. Feigen mit Sahne

Getrocknete, gewaschene Feigen über Nacht in mit Zitronensaft gesäuertem Wasser einweichen, auf einem Sieb abtropfen lassen, in Streifchen schneiden. Mit leicht geschlagener Sahne und etwas Zucker mischen. Die Einweichflüssigkeit bis auf eine geringe Menge einkochen und als Sauce (evtl. Diätgetränk) dazu servieren.

52. Feigen als Vorspeise

Frische Feigen halbieren oder vierteln, von den Häuten lösen, zusammen mit kleinen, dünnen, gerollten Scheiben von rohem oder gekochtem Schinken oder Mortadella anrichten.

53. Tiefgekühltes Kompott

Tiefkühlfrüchte, z. B. Findus-Früchte in gefrorenem Zustand in eine Schüssel geben, wenn erforderlich Zucker oder eine dicke Zuckerlösung zugeben, noch leicht gefroren servieren.

Warme Milch- und Mehlspeisen

BREIE

1. Mehlbrei

1 l Milch · 150 g Mehl (8 gehäufte Eßlöffel) · 20 g Butter · Salz · 4 Eßlöffel Zucker

Mehl mit etwas Milch glattrühren, in die Milch einkochen, Butter zugeben, mit Zucker und Salz abschmecken, unter öfterem Umrühren 5 Minuten kochen lassen. Beim Anrichten Zimt oder geriebene Schokolade über den Brei geben.

2. Grießbrei

1 l Milch · 150 g Grieß · Salz · 4 Eßlöffel Zucker · 20 g Butter

Milch mit Salz aufkochen, den Grieß einstreuen, 5 Minuten kochen lassen, mit Zucker abschmecken, Butter unterrühren. Angerichtet mit Zucker und Zimt bestreuen.

3. Reisbrei

1 l Milch · 150 g Reis · Salz · 20 g Butter · 4 Eßlöffel Zucker

Milch mit dem Reis und etwas Salz unter öfterem Umrühren weich- und dickkochen, mit Zucker würzen, angerichtet mit Zimt oder geriebener Schokolade bestreuen. Der Brei kann auch zugedeckt im Rohr ausgedünstet werden. Garzeit 20 Minuten.

4. Haferflockenbrei

1 l Milch • Salz • 150 g Haferflocken • 4 Eßlöffel Zucker

Milch mit Salz und Haferflocken zusetzen und den Brei unter öfterem Umrühren 10 Minuten ausquellen lassen. Dann mit Zucker abschmecken.

5. Sagobrei

1 l Milch • Zitronenschale • Salz • 125 g Sago • 4 Eßlöffel Zucker

Milch und Zitronenschale und etwas Salz aufkochen, den Sago einstreuen und unter öfterem Umrühren 20 Minuten ausquellen lassen. Den Sagobrei gut mit Zucker abschmecken.

6. Zwiebackmus

8 kleine Zwieback • ½ l Milch • 20 g Butter • 4 Eßlöffel Zucker

Zwieback mit der kalten Milch übergießen, quellen lassen, auf kleiner Flamme zu Brei kochen, Butter zugeben, mit Zucker abschmecken.

7. Makronenmus

½ l Milch • 50 g Butter • 150 g Makronen • 1 Eigelb

Die zerbröckelten Makronen mit Milch und Butter zu einem Brei kochen, mit Eigelb legieren, angerichtet mit einer zurückbehaltenen Makrone und einem Marmeladetupfen garnieren.

8. Apfelreis

Reisbrei • gedünstete Äpfel

Fertigen Reisbrei mit gedünsteten Äpfeln (ohne Saft) mischen, den Brei einige Male aufkochen lassen, angerichtet dick mit Zucker bestreuen, mit einem glühenden Eisen den Zucker gitterartig hellbraun bräunen.

9. Reisberg mit Früchten

150 g Reis • 1 l Milch • 50 g Zucker • 4 Eßlöffel Schokoladensauce • 1 Vanillezucker • 4 Birnen • 125 g Kirschen oder Zwetschgen

Den Reis in Milch mit etwas Salz weichkochen, mit Zucker abschmecken. In eine beölte Kuppelform oder runde Schüssel füllen. Nach dem Erkalten auf eine Platte stürzen und mit eingemachtem Obst garnieren. Mit fertiger Schokoladensauce beträufeln. (Man kann auch Schokolade mit etwas Fett im Wasserbad flüssig werden lassen und als Sauce verwenden.)

WARME MEHLSPEISEN

1. Savarin (Hefemehlspeise)

*250 g Mehl • 15 g Hefe • 30 g Butter • 30 g Zucker • etwas Salz • 3 Eier
1/8 l Milch • 65 g Aprikosenmarmelade • 16 eingemachte Pfirsiche • 1/8 l Saft
der Früchte • 1 Eßlöffel Kirschwasser oder Rum • 1 Eßlöffel Zitronensaft
2 Eßlöffel Weißwein • 2 Eßlöffel Südwein • 2 Eßlöffel Maraschino • 1 Vanillezucker*

Aus den angegebenen Zutaten einen weichen Hefeteig bereiten, gehen lassen, in eine befettete Randform füllen, sodaß diese 3/4 voll ist, nochmals gehen lassen und bei mäßiger Hitze (180 Grad) 30 Minuten backen. Warm auf eine tiefe Platte stürzen, mit heißer Flüssigkeit, die man aus den angegebenen Zutaten hergestellt hat, übergießen, mit Aprikosenmarmelade bestreichen, eventuell mit gehackten Pistazien bestreuen. In der Mitte das Kompott bergartig anrichten, mit dem eingedickten Fruchtsaft oder Weinchaudeau übergießen.

2. Böhmische Dalken

*400 g Mehl • 25 g Hefe • 2 Eier • 2 Eigelb • 100 g Butter oder Margarine
80 g Zucker • Schale 1/4 Zitrone • 1/2 Teelöffel Salz • 1/4 l Milch • Pflaumenmarmelade*

Mehl mit gegangener Hefe, Eiern, Eigelb, flüssiger Butter, Zucker, gehackter Zitronenschale, Salz und Milch zu einem cremig-weichen Hefeteig abschlagen und zugedeckt an einem warmen Ort gehen lassen (15 Minuten). In einer Dalkenform (Stielpfanne mit kreisrunden Vertiefungen) Fett flüssig werden lassen, 1 Eßlöffel Teig hineingeben, auf beiden Seiten goldbraun backen. Je zwei Dalken mit heißem Pflaumenmus zusammensetzen und stark bezuckern. Sofort servieren.

3. Biskuitdalken

*3 Eier • 60 g Zucker • 60 g Mehl • 1 Eßlöffel abgezogene, geriebene Mandeln
Fett zum Backen • eingemachte Früchte*

Eigelb und Zucker schaumigrühren, Mehl, Mandeln und den steifen Eischnee zugeben. In einer Spiegeleierpfanne läßt man Fett heiß werden, gibt je zwei Eßlöffel von der Masse in die Vertiefungen und bäckt die Dalken auf beiden Seiten goldgelb. Beim Anrichten werden sie mit Zucker überstreut und zusammen mit eingemachten Früchten auf einer Platte angerichtet.

4. Grießschnitten

1 l Milch • etwas Salz • 250 g Grieß • 2 Eier • Fett zum Backen

Milch mit Salz aufkochen, den Grieß einstreuen, zu einem dicken Brei kochen und in eine mit nassem Pergamentpapier ausgelegte Kastenform gießen. Nach dem Erkalten stürzen und den Grieß zu Scheiben schneiden.

Diese in verquirltem Ei wenden und in heißem Fett auf beiden Seiten goldgelb backen. Die gebackenen Grießschnitten kann man zu Salat, Gemüse oder Fleischspeisen geben oder mit Zucker bestreuen und Kompott dazu servieren.

5. Gebackene Grießnockerl

200 g Grieß • 1 l Milch • 100 g Butter oder Schmalz • Salz • 3 Eier • 80 g Zucker • Zitronenschale und Vanillezucker

³/₄ l Milch mit 50 g Butter aufkochen, den Grieß einstreuen, zu einem steifen Mus kochen, mit Salz, Zucker, Vanillezucker oder abgeriebener Zitronenschale abschmecken, etwas überkühlt die verquirlten Eier zugeben. In einer Bratreine die restliche Butter flüssig werden lassen, von der Grießmasse mit einem Löffel Nockerl abstechen und diese in das flüssige Fett legen. Man stellt die Bratpfanne ins Rohr und gießt, wenn die Nockerl etwas Farbe bekommen haben, den restlichen ¹/₄ l Milch zu. Die Nockerl werden solange gebacken, bis sie unten eine schöne Kruste haben. Beim Anrichten sticht man Portionen heraus, überstreut diese mit Zucker und Zimt und serviert Kompott dazu.

6. Fingernudeln

¹/₈ l Milch • 40 g Butter • ¹/₈ l Sauerrahm • Salz • 2 Eier • 375 g Mehl • ¹/₂ l Milch • 50 g Butterschmalz

Milch mit Butter aufkochen, vom Feuer nehmen, den Sauerrahm, Salz, Eier und Mehl zugeben, auf dem Brett zu einem feinen Teig abkneten, zu fingerlangen Nudeln formen, auf dem Backbrett 30 Minuten trocknen lassen. Milch mit Fett aufkochen, die Nudeln hineingeben unter gelegentlichem Umrühren auf dem Herd oder zugedeckt im Rohr, weichkochen, wenn nötig noch Milch nachgießen. Wenn sie am Boden eine schöne goldgelbe Kruste haben, sind sie fertig. Angerichtet mit Zucker bestreuen und Kompott dazu servieren.

7. Hackstöckl (Topfennudeln)

¹/₂ kg Quark • 250 g Mehl • 1 Ei • Salz • Fett zum Backen • Zucker zum Bestreuen

Quark mit Mehl, Salz und Ei rasch zu einem Teig kneten, zu Nudeln oder einer langen, dünnen Rolle formen und davon 2 cm lange Stückchen abschneiden. Die Nudeln oder Hackstöckl in heißem Fett auf der Stielpfanne oder in der Bratreine im Rohr zu schöner Farbe backen. Dazu Wirsinggemüse oder Sauerkraut oder angerichtet mit Zucker und Zimt bestreuen und mit Kompott zu Tisch geben. Man könnte die Nudeln auch schwimmend in heißem Fett backen.

8. Semmelnudeln

6 Semmeln • ³/₄ l Milch • 100 g Zucker • 2 Eier • 50 g Sultaninen • 50 g Fett Zucker und Zimt zum Bestreuen

Semmeln vom Vortag in 1 cm dicke Scheiben schneiden, in gezuckerter Eiermilch einweichen, in eine befettete Bratreine aufrecht stehend einschichten, gewaschene Sultaninen dazwischenstreuen. Die Semmelnudeln mit Butterflöckchen belegen, in der Röhre überbacken, bis sie goldgelb sind, die restliche Eiermilch darübergießen, 15 Minuten weiterbacken, bis die Milch eingezogen ist. Man gibt die Semmelnudeln mit Zucker und Zimt bestreut zu Tisch und reicht Fruchtsauce oder Kompott dazu.

9. Apfelnudeln

Man bereitet wie vorstehend Semmelnudeln, streut aber beim Einschichten ¹/₂ kg geschnitzelte Äpfel dazwischen.

10. Scheiterhaufen

6 Semmeln • ¹/₂ l Milch • 2 Eier • 80 g Zucker • Zitronenschale • ¹/₂ kg Äpfel 40 g Sultaninen • 40 g Butter

Feinblättrig geschnittene Semmeln mit Milch, die mit Eiern, Zucker und geriebener Zitronenschale verquirlt wurden, übergießen. In eine befettete, mit Bröseln ausgestreute Auflaufform gibt man abwechselnd Semmelmasse und geschälte, geschnitzelte Äpfel, die man mit Weinbeeren und Zucker überstreut. Die oberste Schicht sind Semmeln, diese belegt man noch mit Butterflöckchen. Der Scheiterhaufen wird 45 Minuten bei Mittelhitze im Rohr gebacken.

11. Quarkscheiterhaufen

6 Semmeln • ¹/₂ l Milch • 2 Eier • ¹/₂ kg Quark • 150 g Zucker • 1 Ei • 50 g Sultaninen • Zitronenschale • Butterflöckchen

Feinblättrig geschnittene Semmeln mit der Eiermilch übergießen. Quark mit Zucker, Ei, Sultaninen und Zitronenschale schaumigrühren, die Semmelmasse untermischen, die Masse in eine befettete, mit Bröseln ausgestreute Auflaufform oder Bratreine geben, mit Butterflöckchen belegen und den Scheiterhaufen 1 Stunde bei Mittelhitze im Rohr backen.

12. Gebackene Semmelschnitten

6 Semmeln • ¹/₄ l Milch • 2 Eier • Fett zum Backen

Semmeln vom Vortag in Scheiben schneiden, durch Milch ziehen, in verquirltem Ei wenden und in heißem Fett auf der Stielpfanne auf beiden Seiten goldgelb backen. Angerichtet mit Zucker und Zimt bestreuen und mit Kompott zu Tisch geben. — Als Beigabe zu Gemüse oder mit Zucker und Zimt bestreut zu Kompott. Statt in Milch und Ei können die Semmelschnitten in Pfannkuchenteig gewendet und dann gebacken werden.

13. Süße Markschnitten

*80 g Rindermark · 80 g Zucker · 80 g Mandeln · 4 Semmeln · ¼ l Milch
2 Eier · 20 g Zucker*

Knochenmark kleinwürfelig schneiden, ausbraten, durch ein feines Sieb gießen, steif werden lassen. Dann wie Butter schaumigrühren, Zucker und geriebene Mandeln zugeben, auf Semmelschnitten streichen. Diese in eine befettete Bratreine legen, mit der aus den angegebenen Zutaten hergestellten Eiermilch übergießen, 10 Minuten weichen lassen, dann im Rohr goldbraun backen. Auf einer Platte anrichten, mit Zucker bestreuen. Dazu Kompott.

14. Apfelspeise

6 Semmeln · Milch zum Einweichen · 60 g Butter · ½ kg Äpfel · 100 g Zucker · 1 Kaffeelöffel Zimt · 4 Eier · 50 g Sultaninen

Die abgeriebenen Semmeln halbieren und in kalter Milch einweichen. Butter mit Zucker, Eigelb und Zimt schaumigrühren, nach und nach die eingeweichten, gut ausgedrückten Semmeln, die aufgeschnitzelten Äpfel, die Sultaninen und zuletzt den steifen Eischnee zugeben. Die Masse in eine befettete, mit Bröseln ausgestreute Form geben und 45 Minuten bei Mittelhitze backen. Mit Kompott oder Fruchtsauce zu Tisch geben.

15. Apfelspeise mit Schnee

*125 g Bandnudeln · Salzwasser · 50 g Butter oder Schmalz · 50 g Zucker
8 Äpfel · etwas Zuckerwasser · 200 g Marmelade · 3 Eiweiß · 100 g Zucker*

Bandnudeln in Salzwasser weichkochen, auf ein Sieb geben und mit kaltem Wasser überbrausen. In einem Topf läßt man Zucker mit Fett warm werden. Inzwischen schält man die Äpfel, bohrt das Kernhaus heraus und dünstet die ganzen Äpfel in dem Topf mit Fett und Zucker halbweich. Gibt sie dann auf eine befettete feuerfeste Platte oder in eine Auflaufform, füllt die Höhlung der Äpfel mit Marmelade und überdeckt das Ganze mit den abgekochten Nudeln. Das Eiweiß schlägt man zu steifem Schnee, mischt den Zucker ein und überzieht damit die Speise. Sie wird bei leichter Hitze im Rohr lichtgelb überbacken und sofort zu Tisch gegeben.

16. Kirschenspeise

*500 g trockene Kirschen · 6 Semmeln · ⅜ l Milch · 60 g Butter · 100 g Zucker
3 Eier · Zitronenschale · 1 Messerspitze Backpulver*

Die Semmeln läßt man beim Bäcker aufschneiden, gießt die kochende Milch darüber und läßt sie zugedeckt weichen. Die Butter rührt man schaumig, gibt Zucker, Eigelb und die abgeriebene Zitronenschale dazu, rührt die weiche Semmelmasse nach und nach darunter, mengt das Backpulver mit etwas Zucker vermischt ein, fügt die entstielten Kirschen bei und hebt zuletzt den steifen Eierschnee unter. Man füllt die Masse in eine befettete Form ein und bäckt sie langsam bei mäßiger Hitze 1 Stunde.

17. Weichselspeise

500 g Weichselkirschen · 3 Eier · 100 g Zucker · 200 g Semmel- oder Zwiebackbrösel · 3 Eßlöffel Arrak oder Himbeersaft · Zitronenschale · 1 Kaffeelöffel Zimt · 1 Messerspitze Nelken · ¹/₄ l Wein · Zucker · Zimtrinde 3—4 Nelken

Die Brösel feuchtet man mit Arrak oder Himbeersaft an. Eier und Zucker schlägt man schaumig, rührt die angefeuchteten Brösel und die Gewürze sowie die trockenen Weichseln dazu. In eine befettete Form füllt man die Masse ein und bäckt sie bei mäßiger Hitze 1 Stunde. Den Wein läßt man mit Zucker und Gewürzen aufkochen und übergießt kurz vor dem Auftragen damit die Speise.

18. Kartäuser Klöße

6 Semmeln · ¹/₂ l Milch · 2 Eigelb · 50 g Zucker · Zitronenschale · 2 Eiweiß Semmelbrösel · Fett zum Backen · Zucker und Zimt zum Bestreuen

Semmeln vom Vortag abreiben, halbieren und in Milch, die mit Eigelb, Zucker und Zitronenschale verquirlt wurde, durchziehen lassen. Dann in verquirltem Eiweiß und Semmelbröseln wenden, in heißem Fett auf der Stielpfanne auf beiden Seiten goldgelb backen, in Zimtzucker wenden. Übergießt man die in Zucker und Zimt gewendeten Kartäuser Klöße mit heißem, gut abgeschmeckten Rotwein, so nennt man sie Versoffene Jungfern.

19. Schwarzbrotspeise mit Äpfeln

1 kg Äpfel · 100 g Sultaninen · 100 g Zucker · 1 Teelöffel Zimt · 200 g Schwarzbrot · 100 g Butter oder Margarine

Trockenes Schwarzbrot oder Pumpernickel reiben. Die Äpfel schälen, in Scheibchen oder Würfel schneiden. In eine befettete Auflaufform abwechselnd Brösel und Äpfel geben, dazwischen immer Zimtzucker, Sultaninen und Butterflöckchen. Als oberste Schicht Brösel mit reichlich Butterflöckchen. 30 Minuten bei Mittelhitze im Rohr backen.

20. Apfelcharlotte

6 Semmeln · 100 g Butter oder Margarine · 8 Äpfel · 100 g Zucker · 50 g Sultaninen · 50 g Haselnüsse · ¹/₂ l Wein oder Himbeersaft

Die geschälten Äpfel in feine Scheibchen schneiden und mit Zucker halbweich dünsten. Die gewaschenen Weinbeeren läßt man noch etwas damit aufquellen. Inzwischen schneidet man die Weißbrote in feine Scheiben und taucht sie in flüssiges Fett. Eine runde Form wird sehr gut ausgefettet, mit

Warme Milch- und Mehlspeisen

Zucker ausgestreut und mit den Weißbrotscheiben ausgelegt. Nun füllt man die Äpfel mit Weinbeeren und Nüssen ein und deckt sie wieder mit Weißbrotscheiben zu. Die Speise wird 30 Minuten bei mäßiger Hitze gebacken und beim Anrichten gestürzt. Von der Seite heißen, gezuckerten Wein oder Himbeersaft zugießen.

SCHMARREN

1. Mehlschmarren

375 g Mehl · 3 Eier · ½ l Milch · Salz · Fett zum Backen

Aus Mehl, Eiern, Salz und Milch einen dicken Pfannkuchenteig rühren. In der Stielpfanne Fett heiß werden lassen, einen Teil des Teiges 1 cm hoch hineingießen, anbacken lassen, dann wenden, eventuell etwas Fett nachgeben, ebenfalls anbacken lassen, dann den Schmarren zerstechen und gut durchbacken lassen. Den fertigen Schmarren in einem geschlossenen Topf an der Herdseite noch kurz durchziehen lassen. Angerichtet mit Zucker bestreuen und mit Kompott oder Fruchtsaft zu Tisch geben.

2. Kaiserschmarren

250 g Mehl · ½ l Milch · 4 Eigelb · 60 g Zucker · 1 Teelöffel Salz · 80 g Butter · 60 g Sultaninen · 2 Eßlöffel Rum · 4 Eischnee · 100 g Butter oder Butterschmalz zum Backen

Mehl mit Milch glattrühren, Eigelb, Salz, zerlassene Butter, in Rum aufgequollene Sultaninen und Eischnee zugeben. In einer weiten Stielpfanne Butter warm werden lassen, den Teig ½ cm hoch hineingießen. Auf der unteren Seite backen lassen bis sich eine leichte Kruste gebildet hat, dann umdrehen und auf der andern Seite backen. Das Gebäck mit 2 Gabeln in kleine Stücke reißen und noch etwas ausdünsten lassen. Den fertigen Schmarren zugedeckt an den Herdrand stellen bis die ganze Masse gebacken ist. Angerichtet mit Puderzucker bestreuen. Dazu Kompott oder Himbeersaft. Will man den Schmarren noch lockerer, nimmt man statt vier Eiern acht. Die andern Zutaten und die Zubereitung bleibt die gleiche.

3. Semmelschmarren

6 Semmeln · ¼ l Milch · Salz · 3 Eier · Fett zum Backen

Die feingeschnittenen, gesalzenen Semmeln mit der kalten oder lauwarmen Milch übergießen und etwas stehen lassen. Dann die Eier unterrühren. In eine Stielpfanne mit heißem Fett die Hälfte der Masse geben und unter häufigem Umschaufeln hellgelb rösten. Die zweite Hälfte auf dieselbe Weise backen. Den fertigen Schmarren zugedeckt am Herdrand noch etwas durchziehen lassen. — Semmelschmarren kann man als Beilage zu Fleischgerichten mit Sauce, zu Gemüse oder Salat geben. Oder man bestreut ihn mit Zucker und gibt ihn mit Kompott zu Tisch. In die Semmelmasse könnte man noch Sultaninen geben. Der Schmarren kann auch im Rohr ausgebacken werden.

4. Grießschmarren ohne Ei

½ l Milch · 60 g Fett · Salz · ½ kg Grieß · Fett zum Backen

Milch mit Fett und Salz aufkochen. Zurückziehen. In die nicht mehr kochende Milch den Grieß hineingeben, glatt verrühren, dann auf dem Feuer noch etwas anziehen lassen. Auf einer großen Stielpfanne Fett heiß werden lassen, die Grießmasse hineingeben, bei guter Hitze unter häufigem Umwenden mit der Backschaufel backen, bis der Schmarren kleinkrümelig ist und teilweise hellbraune Krusten hat. Auf einer Platte anrichten, mit Zucker bestreuen und mit Kompott zu Tisch geben. — Dieser sehr gute und sehr rasch zubereitete Schmarren kann auch als Beilage zu Fleischgerichten mit Sauce, zu Gemüse oder Salat gegeben werden.

5. Grießschmarren mit Eiern

375 g groben Grieß · 3 Eier · ¾ l Milch · Salz · Fett zum Backen

Grieß mit der kalten, gesalzenen Eiermilch übergießen, portionsweise in eine Stielpfanne mit heißem Fett geben, anbacken lassen, zerstoßen und goldbraun fertigbacken. Nachdem aller Schmarren fertiggebacken ist, auf einer Platte anrichten, mit Zucker bestreuen und mit Kompott zu Tisch geben. Der Teig kann auch in eine Bratpfanne mit heißem Fett gegeben und im Rohr unter gelegentlichem Umschaufeln gebacken werden (30 Minuten).

6. Haferflockenschmarren

375 g Haferflocken · ¾ l Milch · 3 Eier · Salz · Fett zum Backen

Die Haferflocken mit warmer Milch übergießen und 10 Minuten stehen lassen. Dann Salz, Eigelb und Eischnee zugeben und den Schmarren auf der Stielpfanne oder im Rohr backen. Mit Gemüse oder Salat oder mit Zucker bestreut mit Kompott zu Tisch geben.

7. Apfelschmarren

Den Teig von Mehlschmarren, Semmelschmarren oder Haferflockenschmarren mit ½ kg geschälten, blättrig geschnittenen Äpfeln mischen und auf der Stielpfanne oder in einer Bratpfanne im Rohr backen.

8. Kirschenschmarren

Zubereitung wie Apfelschmarren.

9. Zwetschgenschmarren

Zubereitung wie Apfelschmarren.

Warme Milch- und Mehlspeisen

10. Kartoffelschmarren

1 kg gekochte Kartoffeln · 200 g Mehl · Salz · Fett zum Backen

Die gekochten, abgezogenen, heiß durch die Presse gedrückten oder kalt durch die Fleischmaschine gedrehten oder auf dem Reibeisen geriebenen Kartoffeln auf dem Brett locker mit Mehl und Salz mischen. In die Stiel- oder Bratpfanne mit heißem Fett geben und unter häufigem Umschaufeln rasch hellbraun rösten. Kartoffelschmarren ist eine gute Beilage zu Fleisch mit dunkler Sauce, Gemüse oder Salat. Er kann auch mit Zucker bestreut zu eingemachten Preiselbeeren oder Apfelmus gegeben werden.

11. Milchnudeln

¼ kg Bandnudeln · 1 l Milch · 100 g Butter oder Fett · Zucker und Zimt

Milch mit Fett aufkochen, die Nudeln einstreuen, den Topf ins Rohr stellen und die Nudeln unter öfterem Durchrühren so lange backen lassen, bis alle Milch aufgesaugt ist und sie an der Unterseite eine schöne Kruste bekommen haben. Angerichtet bestreut man die Milchnudeln mit Zucker und Zimt und gibt Kompott dazu.

12. Pfannkuchen-Semmel-Schmarren

250 g Mehl · 2 Eier · Salz · ¾ l Milch · 4 Semmeln · Fett zum Backen

Fertigen Pfannkuchenteig mit feinblättrig geschnittenen Semmeln mischen, etwas stehen lassen. In einer Stielpfanne Fett heiß werden lassen, portionsweise von der Masse hineingeben und den Schmarren goldgelb backen. — Schmeckt zu grünem Salat oder mit Zucker bestreut zu Kompott gleich gut.

13. Topfenschmarren

½ kg Quark · 250 g Mehl · Salz · Fett zum Backen · Zucker und Zimt zum Bestreuen

Quark mit Mehl und Salz zwischen den Händen locker abbröseln. In heißes Fett auf die Stielpfanne geben, unter häufigem Umschaufeln hellbraun backen, angerichtet mit Zucker und Zimt bestreuen.

14. Jägerschmarren (1 Person)

2 ganze Eier · 1 Tasse Milch · 3 gehäufte Eßlöffel Mehl · 1 Eßlöffel Zucker etwas Salz · Butter oder Margarine zum Backen

Ganze Eier mit Milch, Mehl, Zucker, Salz, evtl. noch Sultaninen verquirlen, in die Stielpfanne mit flüssiger Butter oder Margarine geben, erst auf der einen Seite goldbraun backen, dann umwenden, ebenfalls goldbraun backen. Mit 2 Gabeln in große Stücke teilen, anrichten, mit Zucker bestreuen.

Strudel

1. Ausgezogener Strudel

*250 g Mehl · 1 Eßlöffel Öl · 2 Eßlöffel Essig · 1 Prise Salz · (1 Ei)
⅛ l lauwarmes Wasser (knapp)*

Man siebt das Mehl aufs Brett, macht in die Mitte eine Grube und gibt in diese Öl, Essig, eine Prise Salz, eventuell ein verquirltes Ei und so viel lauwarmes Wasser als für einen weichen, gut knetbaren Teig erforderlich ist. Man verrührt alle Zutaten erst mit dem Messer und knetet dann mit dem Handballen den Teig so lange ab, bis er seidenglatt ist. Man formt ihn zu einem runden Laibchen, überstreicht dieses mit Öl und läßt es auf einem bemehlten Teller 20 Minuten rasten.
Dann wird auf einem Tisch ein Tuch von ungefähr 1,20 : 80 cm gelegt, dieses mit Mehl bestäubt, der Teig in die Mitte gelegt, etwas ausgerollt und mit Öl bestrichen. Dann wird der Strudelteig mit den Handrücken so dünn ausgezogen, daß er ganz durchsichtig ist. Den dick bleibenden Rand schneidet man mit einer Schere ab und verarbeitet ihn als Nudelteig. Der ausgezogene Strudel wird nun mit flüssiger Butter oder Fett betropft oder mit Sauerrahm bestrichen, mit der entsprechenden Fülle belegt, mit Hilfe des Tuches die Seitenränder des Strudels eingeschlagen, der Strudel mit Hilfe des Tuches aufgerollt (dabei überflüssiges Mehl immer wieder abkehren). In blechlange Strudel schneiden und mit den Händen auf das befettete Blech legen. Das Teigende (Naht) nach unten. Jeder Strudel wird vor dem Backen und auch während des Backens mit flüssigem Fett bestrichen. Der Teig läßt

sich ohne Zugabe von Ei genau so gut ziehen. Für gebackene Strudel kann das Ei immer wegbleiben. Für Strudel, die in der Bratreine mit Milch fertiggemacht werden, ist die Zugabe von Ei empfehlenswert.

2. Wiener Apfelstrudel *(ausgezogener Apfelstrudel am Blech gebacken)*

Strudelteig von 250 g Mehl — Fülle: 125 g Zucker · 125 g Butter oder Fett 80 g Brösel · 2 kg Äpfel · 1 Kaffeelöffel Zimt · 100 g Sultaninen · 100 g Nüsse · Butter zum Bestreichen

Die Brösel in Butter oder Fett goldgelb rösten. Säuerliche Äpfel schälen, nicht zu dünnblättrig schneiden, mit Zimt und Zitronensaft mischen. Die Sultaninen verlesen und waschen, Nüsse grob hacken. Den Strudelteig auf einem bemehlten Tuch durchsichtig dünn ausziehen, die dicken Ränder abschneiden, mit flüssigem Fett betropfen, mit den gerösteten Bröseln bestreuen. Darüber die blättrig geschnittenen Äpfel, Sultaninen und Nüsse, den Zucker darüberstreuen. Dann den Strudel mit Hilfe des Tuches aufrollen und in blechlange Strudel schneiden. Die Strudel mit der Naht (Teigende) nach unten und auf das befettete Blech legen. Den Strudel mit zerlassener Butter bestreichen und bei Mittelhitze 30 Minuten im Rohr hellbraun backen. Während des Backens öfters mit flüssiger Butter bestreichen. Für Tisch in Portionsstücke schneiden und gut mit Puderzucker überstreuen, heiß servieren.

3. Ausgezogener Apfelstrudel *(in der Reine gebacken)*

Strudelteig von 250 g Mehl mit Ei — Fülle: 1/4 l Sauerrahm oder 100 g Butter 2 kg Äpfel · 125 g Zucker · 1 Kaffeelöffel Zimt · 100 g Sultaninen · 100 g Nüsse — Zum Backen: 50 g Butter oder Fett · 1/4 l Milch

Den Strudelteig auf einem bemehlten Tuch dünn ausziehen, die Ränder abschneiden. Dann mit Sauerrahm oder flüssigem Fett bestreichen. Mit den geschälten, blättrig geschnittenen Äpfeln, den Sultaninen, gehackten Nüssen, Zucker und Zimt bestreuen, die Seitenränder mit Hilfe des Tuches einschlagen, dann den Strudel mit Hilfe des Tuches aufrollen. In blechlange Strudel schneiden und in die befettete Bratreine legen. Den Strudel mit flüssiger Butter oder flüssigem Fett bestreichen, im Rohr goldbraun backen, dann mit kochender Milch übergießen. Man bäckt den Strudel so lange, bis alle Milch eingesogen ist, und überstreicht während dieser Zeit den Strudel öfters mit flüssigem Fett und dem restlichen Rahm. Garzeit 3/4 Stunden. Für Tisch die Strudel in Portionsstücke teilen und mit reichlich Puderzucker bestreuen.

4. Topfenstrudel

Strudelteig von 200 g Mehl mit Ei — Fülle: 100 g Butter oder Margarine 150 g Zucker · 4 Eigelb · Zitronenschale · 1/2 kg Quark · 80 g Sultaninen 2 Eßlöffel Rum · 1/8 l Sauerrahm · Fett zum Bestreichen · 1/4 l Milch zum Backen

Butter oder Margarine mit Zucker und Eigelb schaumigrühren, feingewiegte Zitronenschale, den passierten Quark und die in Rum gequollenen Sultaninen zugeben. Sollte der Quark nicht weich genug sein, müßte man noch soviel Sauerrahm zugeben, daß man eine gut streichfähige Masse erhält. In diese so vorbereitete Quarkmasse rührt man nun den Eischnee ein. Der dünn ausgezogene Strudelteig wird mit dieser Fülle gleichmäßig bestrichen, mit Hilfe des Tuches an den Seitenrändern eingeschlagen, ebenfalls mit Hilfe des Tuches aufgerollt in bratreinelange Strudel geteilt. In die gut befettete Bratreine legen. Den Strudel mit flüssigem Fett bestreichen, im Rohr hellbraun backen lassen, dann die heiße Milch zugießen und den Strudel unter öfterem Bestreichen mit flüssigem Fett so lange backen, bis alle Milch eingesogen ist. Garzeit ³/₄ Stunden. Warm mit Karamelsauce servieren.

5. Topfenstrudel mit Äpfeln

Strudelteig von 250 g Mehl mit Ei — Fülle: 100 g Butter oder Margarine 150 g Zucker · 3 Eigelb · Zitronenschale · ¹/₂ kg Quark · 80 g Sultaninen 3 Eischnee · 1 kg Äpfel · Fett zum Bestreichen · ¹/₄ l Milch zum Backen

Butter oder Margarine mit Zucker und Eigelb schaumigrühren, feingehackte Zitronenschale, den passierten Quark und die gewaschenen Sultaninen zugeben, den Eischnee unterrühren. Die Äpfel schälen und feinblätterig schneiden. Den Strudel ausziehen, mit der Quarkmasse bestreichen, mit den blättrig geschnittenen Äpfeln und Sultaninen überstreuen. Mit Hilfe des Tuches aufrollen, in bratreinelange Strudel teilen. In die gefettete Bratreine legen. Mit Fett bestreichen, hellbraun anbacken lassen, dann die heiße Milch zugießen und den Strudel weiterbacken, bis alle Milch aufgesogen ist. Während dieser Zeit den Strudel öfters mit flüssigem Fett bestreichen. Garzeit ³/₄ Stunden.

6. Kirschenstrudel

Zubereitung wie Apfelstrudel am Blech oder Apfelstrudel in der Bratreine. Die Kirschen verwendet man mit den Kernen.

7. Zwetschgenstrudel

Zubereitung wie Apfelstrudel am Blech oder Apfelstrudel in der Bratreine. Die Zwetschgen werden halbiert und entkernt.

8. Rhabarberstrudel

Zubereitung und Zutaten wie Apfelstrudel am Blech. Zur Fülle verwendet man 1 kg abgezogenen, in 1 cm große Würfel geschnittenen Rhabarber. Fertiggemacht wird der Rhabarberstrudel nicht am Blech, sondern in der Bratreine.

9. Milchrahmstrudel

Strudelteig von 250 g Mehl mit Ei — Fülle: 4 Semmeln · ¹/₂ l kalte Milch 120 g Butter oder Margarine · etwas Salz · Zitronenschale · 100 g Zucker 4 Eigelb · ¹/₄ l Süß- oder Sauerrahm · 4 Eischnee · 80 g Sultaninen · Fett zum Bestreichen

Abgerindete Semmeln in kalter Milch einweichen, gut ausdrücken, durch die Maschine drehen oder durch ein Sieb streichen. Butter oder Margarine mit Zucker und Eigelb schaumigrühren, Salz, Zitronenschale, die durchgestrichenen Semmeln, Rahm und Eischnee unterrühren. Einen dünn ausgezogenen Strudelteig mit der Fülle bestreichen, mit den Sultaninen bestreuen, den Strudel mit Hilfe des Tuches aufrollen, in bratreinelange Strudel teilen, in die gut befettete Bratreine legen, mit flüssigem Fett bestreichen und 20 Minuten im Rohr anbacken lassen. Dann die restliche Milch vom Einweichen der Semmeln, die man mit Vanillezucker abgeschmeckt hat, zugießen und den Strudel in 20 Minuten fertigbacken. Angerichtet mit Puderzucker bestreuen und Vanillesauce dazu reichen.

10. Tiroler Strudel

Strudelteig von 250 g Mehl mit Ei — Fülle: 100 g Butter oder Margarine 100 g Zucker · 4 Eigelb · ¹/₂ Zitrone · 1 Teelöffel Zimt · 1 Eßlöffel Rum 100 g Sultaninen · 100 g Feigen · 100 g Datteln · 100 g getrocknete Zwetschgen · 150 g Nüsse · 4 Eischnee · Fett zum Bestreichen · ¹/₄ l Milch zum Backen

Butter oder Margarine mit Zucker und Eigelb schaumigrühren, den Saft und die feingewiegte Schale der Zitrone, den Zimt, Rum, die kleinwürfelig geschnittenen Früchte und die grobgehackten Nüsse zugeben, den Eischnee unterziehen. Einen dünn ausgezogenen Strudelteig mit dieser Fülle bestreichen, aufrollen, in bratreinelange oder bratreinebreite Strudel schneiden, in die befettete Bratreine legen, mit flüssigem Fett bestreichen, 20 Minuten im Rohr backen, dann die heiße Milch zugießen und die Strudel in 20 Minuten fertigbacken. Während dieser Zeit öfters mit flüssigem Fett bestreichen. Die angerichteten Strudel mit Puderzucker bestreuen.

11. Blätterteigapfelstrudel

Blätterteig: 240 g Butter oder Margarine · 60 g Mehl · 180 g Mehl · 1 Ei Saft einer Zitrone, Weißwein oder Essigwasser · 1 Prise Salz · 3 Eßlöffel Wasser — Fülle: 500 g Äpfel · 100 g Zucker · ¹/₂ Zitrone · etwas Wasser 60 g Sultaninen · Ei zum Bestreichen

Zum Blätterteig erst aus kleingeschnittener Butter oder Margarine und Mehl einen Butterziegel formen und diesen kalt stellen. Dann aus Mehl, Ei, Zitronensaft, Wein oder Essigwasser und etwas kaltem Wasser einen Strudelteig kneten. Diesen zu einem Rechteck ausrollen, den Butterziegel darin einschlagen, vorsichtig ausrollen, wieder zusammenschlagen und 20 Minuten rasten lassen. Den Teig noch zweimal ausrollen und zusammenschlagen, dazwischen kühl rasten lassen. Man kann Blätterteig auch schon fertig kaufen. Er braucht nur noch ausgerollt und gefüllt werden. — Zur Fülle die geschälten, kleingeschnittenen Äpfel mit fein abgeschälter Zitronenschale, Zucker, Zitronensaft, Sultaninen und ganz wenig Wasser weichdünsten. Die Zitronenschale wieder entfernen. Den Blätterteig zu 2 Rechtecken von ungefähr 20 cm Breite ausrollen. Längs der Mitte jedes Rechteckes die kalte Fülle geben. Dann die Seitenteile des Teiges über die Fülle legen, so daß sich die beiden Teigränder in der Mitte treffen, wo man sie, mit verquirltem Ei bestrichen, aneinander klebt. Von dem restlichen Teig rädelt man Streifchen und legt diese gitterförmig über den Strudel. Dieser wird auf das kalt abgespülte Blech gelegt, an den Seitenrändern fest zusammengedrückt, mit verquirltem Ei bestrichen und bei guter Hitze ungefähr 20 Minuten gebacken. Den fertigen Strudel mit dünner Puderzuckerglasur bestreichen oder mit Puderzucker bestreuen.

12. Mürbteigapfelstrudel

Teig: 280 g Mehl · 140 g Butter oder Margarine · 50 g Zucker · Zitronenschale · 2 Eier · 3 Eßlöffel Wein oder Essigwasser — Fülle: 750 g Äpfel 50 g Zucker · etwas Zimt · 40 g Sultaninen · 40 g Nüsse oder Mandeln

Mehl mit Butter oder Margarine abbröseln, mit Zucker, feingewiegter Zitronenschale, Eiern und Wein oder Essigwasser rasch zu einem Mürbteig kneten. Diesen ½ Stunde kühl rasten lassen. Dann den Teig zu 2 Rechtecken von ungefähr 20 cm Breite ausrollen. Längs der Mitte jedes Rechtecks blättriggeschnittene Äpfel, Zucker, Zimt, Sultaninen und eventuell gehackte Nüsse oder Mandeln streuen. Dann die Seitenteile des Teiges über die Fülle legen, so daß sich die beiden Teigränder in der Mitte treffen, wo man sie, mit zurückbehaltenem verquirlten Ei bestrichen, aneinander klebt. Von dem restlichen Teil rädelt man Streifchen und legt diese gitterförmig über den Strudel. Dieser wird auf das leicht befettete Blech gelegt, an den Seitenrändern fest zusammengedrückt, mit verquirltem Ei bestrichen und 45 Minuten bei guter Hitze gebacken. Die in Portionsstücke geschnittenen, angerichteten Strudel mit Puderzucker bestreuen, warm oder kalt servieren.

13. Maultaschen

(ausgerollte Strudel)

Strudelteig: 375 g Mehl · 2 Eier · 30 g Butter oder Fett · ¼ l Milch oder Sahne (knapp) · 1 Kaffeelöffel Salz — Fülle: 40 g Butter oder Fett · 8 Eßlöffel Sauerrahm · 4 Eßlöffel Zucker · 1 Kaffeelöffel Zimt · 4 Eßlöffel Semmelbrösel · 50 g Sultaninen · Fett zum Bestreichen · ½ l Milch zum Backen

Mehl mit Butter oder Fett, Eiern, Milch oder Sahne und Salz zu einem weichen Teich kneten und diesen zu 8 runden Flecken ausrollen. Diese mit flüssiger Butter und Sahne bestreichen, mit Zucker, Zimt, Bröseln und Sultaninen überstreuen und aufrollen. In einer Reine läßt man Fett heiß werden, gibt die Maultaschen hinein, bestreicht sie mit Fett und läßt sie etwas anbacken. Dann übergießt man sie mit der kochenden Milch und läßt sie noch 45 Minuten backen. Nach Bedarf noch etwas Milch nachgießen. Beim Anrichten sticht man die Maultaschen heraus und überstreut sie mit Zucker.

14. Maultaschen mit Äpfeln, Kirschen oder Zwetschgen

Die wie im vorhergehenden Rezept vorbereiteten Maultaschen werden zusätzlich noch mit blättrig geschnittenen Äpfeln, entsteinten Kirschen oder entsteinten, halbierten Zwetschgen belegt

15. Topfenmaultaschen

Strudelteig: 375 g Mehl · 2 Eier · 30 g Butter oder Fett · 1/4 l Milch oder Sahne (knapp) · 1 Kaffeelöffel Salz — Fülle: 60 g Butter oder Margarine 100 g Zucker · Zitronenschale · 2 Eier · 1/2 kg Quark · 50 g Sultaninen 1/2 l Milch zum Backen

Mehl mit Butter oder Fett, Eiern, Milch oder Rahm und Salz zu einem weichen Teig kneten und diesen zu 8 runden Flecken ausrollen. Diese mit der Quarkfülle bestreichen und aufrollen. In die befettete Bratreine legen, mit Fett bestreichen, etwas anbacken lassen, dann mit der kochenden Milch übergießen und in 45 Minuten fertigbacken. Beim Anrichten die Maultaschen herausstechen und mit Puderzucker überstreut zu Tisch geben. — Quarkfülle: Butter oder Margarine mit Zucker, Zitronenschale und ganzen Eiern schaumigrühren, den Quark und die Sultaninen zugeben.

16. Pfannkuchenstrudel mit Obst

Pfannkuchen: 250 g Mehl · 2 Eier · Salz · 3/8 l Milch · Fett zum Backen Fülle: 1/8 l Sauerrahm · 1/2 kg Äpfel · 50 g Sultaninen · 50 g Zucker etwas Zimt — Eiermilch: 1/4 l Milch · 1 Ei

Mehl mit ganzen Eiern, Salz und Milch zu einem glatten Teig rühren und zu dünnen Pfannkuchen backen. Diese Pfannkuchen mit Sauerrahm bestreichen, mit geschälten, feinblätterig geschnittenen Äpfeln, Sultaninen, Zucker und Zimt bestreuen, aufrollen, nebeneinander in eine befettete Bratreine legen, im Rohr 10 Minuten anbacken lassen, dann mit der Eiermilch übergießen und so lange backen, bis die Milch eingesogen ist. Garzeit 30 Minuten.

17. Pfannkuchenstrudel mit Quark

Pfannkuchen: 250 g Mehl · 2 Eier · Salz · 3/8 l Milch · Fett zum Backen Fülle: 60 g Butter oder Margarine · 100 g Zucker · 2 Eier · 1/2 kg Quark 50 g Sultaninen — Eiermilch: 1/4 l Milch · 1 Ei

Mehl mit ganzen Eiern, Salz und Milch zu einem glatten Teig rühren und zu dünnen Pfannkuchen backen. Zur Fülle Butter oder Margarine mit Zucker, feingewiegter Zitronenschale und Eigelb schaumigrühren, den Quark, die Sultaninen und den Eischnee zugeben. Die Pfannkuchen mit der Quarkfülle bestreichen, aufrollen, nebeneinander in eine Bratreine legen, im Rohr 10 Minuten anbacken lassen, dann mit der Eiermilch übergießen und noch 20 Minuten backen lassen. Angerichtet mit Puderzucker überstreuen.

18. Musstrudel

60 g Butter oder Fett · 120 g Mehl · ¼ l Milch · 50 g Zucker · 4 Eigelb · Zitronenschale · 4 Eischnee · Marmelade zum Bestreichen

Flüssige Butter oder Fett mit Mehl und Milch glattrühren und am Feuer zu einem dicken Mus kochen. Zucker mit Eigelb und feingewiegter Zitronenschale schaumigrühren, das überkühlte Mus zugeben, den Eischnee unterziehen. Die Masse auf ein gut befettetes, mit reichlich Bröseln bestreutes Blech ½ cm dick aufstreichen und bei mäßiger Hitze 30 Minuten backen. Dann mit glattgerührter Marmelade bestreichen, aufrollen, mit Zucker überstreuen und sofort zu Tisch geben.

19. Marmeladenstrudel

400 g Mehl · 25 g Hefe · 60 g Fett · 60 g Zucker · Salz · Zitronenschale 1 Ei · ³/₁₆ l Milch — Fülle: 250 g Marmelade

Aus Mehl, gegangener Hefe, flüssigem Fett, Zucker, Salz, feingewiegter Zitronenschale, Ei und lauwarmer Milch einen Hefeteig bereiten, abschlagen, gehen lassen. Dann dünn ausrollen, mit glattgerührter Marmelade bestreichen, aufrollen, aufs leicht befettete Blech legen, gehen lassen, mit zurückbehaltenem Ei bestreichen und 30 Minuten bei guter Hitze backen. Den erkalteten Strudel in schräge Scheiben schneiden.

20. Mohnstrudel

250 g Mehl · 2 Teelöffel Backpulver · 100 g Butter oder Margarine · 100 g Zucker · 2 Eier · 1 Eßlöffel Sauerrahm — Fülle: 250 g feingemahlener Mohn 60 g Zucker · 2 Eßlöffel Honig · 40 g Sultaninen · 40 g Semmelbrösel 1 Teelöffel Zimt · 1 Eßlöffel Rum · ¼ l Milch

Aus den angegebenen Zutaten einen gehackten Mürbteig bereiten und kühlstellen. Zur Fülle den feingemahlenen Mohn mit den angegebenen Zutaten mischen und einmal aufkochen lassen. Der Mürbteig wird zu 2 blechlangen, 20 cm breiten Streifen ausgerollt. In die Mitte dieser beiden Streifen gibt man die Mohnfülle, schlägt den Teig von beiden Seiten so über, daß er in der Mitte knapp übereinandergeht. Die Strudel werden auf das befettete Blech gelegt, mit zurückbehaltenem Ei bestrichen, 40 Minuten bei Mittelhitze gebacken, mit Puderzucker bestreut, kalt zu schrägen Scheiben geschnitten.

Strudel

21. Nußstrudel

400 g Mehl · 25 g Hefe · 60 g Fett · 60 g Zucker · Salz · Zitronenschale 1 Ei · ³/₁₆ l Milch — Fülle: 200 g geriebene Wal- oder Haselnüsse · 40 g Semmelbrösel · 1 Eßlöffel Honig · 60 g Zucker · 20 g Butter · 40 g Sultaninen · etwas Zimt · 1 Eßlöffel Rum · ¹/₈ l Milch

Aus den angegebenen Zutaten einen Hefeteig bereiten und gehen lassen. Zur Fülle die angegebenen Zutaten mischen und am Herdrand gut ausquellen lassen. Den Hefeteig dünn ausrollen, mit erkalteter Fülle bestreichen, dicht aufrollen, auf das befettete Backblech legen und gehen lassen. Den Strudel mit zurückbehaltenem Ei bestreichen, bei guter Hitze 30 Minuten im Rohr backen. Erkaltet zu schrägen, schönen Scheiben schneiden.

22. Schokoladen-Pitta

1 Päckchen fertiger Strudelteig oder Tiefkühlblätterteig · 60 g Butter · 60 g Zucker · 2 Eier · 100 g Schokolade · 100 g Mandeln

Butter mit Zucker und Eigelb schaumigrühren (1 Eßlöffel davon abnehmen), grobgeriebene oder stiftelig geschnittene Mandeln, geriebene Schokolade und Eischnee zugeben. Strudelteig oder Blätterteig dünn ausrollen, zu 5 Scheiben im Durchmesser einer kleinen Tortenform schneiden. Die Teigblätter mit der Fülle bestreichen, aufeinanderlegen, das oberste unbestrichene Blatt mit der abgenommenen Schaummasse bestreichen. Die Pitta in einer Tortenform oder auf Blech 30 Minuten bei 180—200 Grad backen. Heiß in verschobene Quadrate schneiden und mit ungeschlagener Sahne dazu heiß oder kalt servieren.

23. Baklawa

1 Päckchen Tiefkühlblätterteig · 125 g Butter · 200 g Nüsse · 100 g Zucker Schale 1 Zitrone · 1 Teelöffel Zimt — Guß: Saft von 2 Zitronen · 100 g Zucker

Blätterteig dünn ausrollen, 5 Scheiben im Durchmesser einer kleinen Tortenform ausschneiden. Mit flüssiger Butter bestreichen. Die nicht zu fein geriebenen Nüsse mit Zucker, feingehackter Zitronenschale und Zimt mischen. Ein Teigblatt in die Tortenform legen, Nußmischung darauf verteilen, darüber wieder ein Teigblatt und so fort bis alles verbraucht; die oberste Schicht muß ein Teigblatt sein, das man mit der restlichen Butter bestreicht. Die Baklawa ins vorgeheizte Rohr stellen und 30 Minuten bei 180—200 Grad backen. Dann in verschobene Quadrate schneiden und mit heißem Zitronensirup begießen. Warm als Nachtisch oder kalt zum Kaffee servieren.

Auflauf

Der Auflauf gehört zu den feinsten und bekömmlichsten warmen Mehlspeisen. Er wird in einer feuerfesten Porzellan- oder Glasform gebacken und gleich mit der Form zu Tisch gebracht. Aufläufe kann man mit wenigen Ausnahmen vollständig vorbereiten (bis auf den Schnee) und braucht sie dann nur zu backen; für Berufstätige gut geeignet.
Werden die süßen Aufläufe nicht als Hauptgericht, sondern als Nachtisch gegeben, so genügt im allgemeinen die halbe Menge. Die Backdauer für Aufläufe ist durchschnittlich 45 Minuten bei 180—200 Grad.

SÜSSE AUFLÄUFE

1. Grießauflauf

³/₄ l Milch · Zitronenschale · Salz · 180 g grober Grieß · 60 g Butter und Margarine · 80 g Zucker · 3 Eier · 50 g Sultaninen

Die Milch mit Salz und Zitronenschale aufkochen, den Grieß unter Rühren einstreuen, die Butter dazugeben und zu einem dicken Grießbrei kochen. In die lauwarme Masse die mit Zucker schaumiggerührten Eigelb einmischen und lauwarm den steifen Eischnee und Sultaninen unterziehen. Die Masse in eine befettete Auflaufform geben, mit Butterflöckchen belegen, ³/₄ Stunden bei Mittelhitze backen (180 Grad). Den mit Zucker bestreuten Auflauf mit Kompott oder Fruchtsauce zu Tisch geben.

Auflauf

2. Reisauflauf

¾ l Milch · Zitronenschale · Salz · 180 g Reis · 60 g Butter · 80 g Zucker
3 Eier · 50 g Sultaninen

Den gewaschenen Reis mit kochendem Wasser überbrühen, dann in Milch mit Salz, Zitronenschale und Butter oder Margarine an einer nicht zu heißen Stelle des Herdes langsam zu einem dicken Brei kochen. Eigelb und Zucker schaumigrühren, an die lauwarme Reismasse geben, überkühlt den steifen Eischnee unterziehen. Den Auflauf in eine gefettete Form füllen, mit Butterflöckchen belegen, ¾ Stunde bei Mittelhitze backen.

3. Sagoauflauf

Zutaten und Zubereitung wie bei Reisauflauf.

4. Reisspeise mit Schnee

180 g Reis · ¾ l Milch · ½ Stange Vanille · 50 g Butter · 75 g Zucker
100 g Sultaninen · ⅛ l Wein · 50 g Zitronatwürfel · 1 Prise Salz · 3 Eiweiß
100 g Zucker

Der Reis wird gewaschen und mit ½ l Milch, Vanillestange und Butter zum Kochen zugesetzt. Nach und nach fügt man die übrige Milch bei. So soll der Reis bei schwacher Hitze langsam gar werden. Inzwischen wäscht man die Sultaninen, läßt sie am Herdrand im Wein etwas aufquellen und fügt sie dann zum weichen Reis mit Zucker, Salz und Zitronatwürfeln. Man gibt die Reismasse auf eine gut befettete, feuerfeste, tiefe Platte oder Auflaufform. Nun schlägt man die Eiweiß zu steifem Schnee, mischt den Zucker gut darunter und überzieht damit den Reis. Die Speise wird im Rohr bei mäßiger Hitze lichtgelb überbacken.

5. Kalter Reis mit Früchten

120 g Reis · ½ l Milch · 20 g Butter · 100 g Zucker · 3 Eßlöffel Weißwein
4 Blatt farblose Gelatine · 2 Eßlöffel Maraschino oder Cognac · ¼ l Schlagsahne · ½ kg Kompott

Reis in Milch mit Butter weichkochen, in Weißwein aufgelöste Gelatine zugeben, erkaltet mit geschlagener Sahne mischen. Eine größere Form oder 4 Portionsförmchen mit Öl ausstreichen, die Hälfte der Reismasse einfüllen, abgetropfte, gekochte Früchte, z. B. Pfirsiche, Aprikosen, Kirschen usw. drauflegen, mit der restlichen Reismasse überdecken. Kalt stellen. Dann stürzen, mit zurückbehaltenem Obst garnieren, mit Schlagsahne spritzen.

6. Überbackener Apfelreis

125 g Reis · ½ l Milch · 100 g Butter oder Margarine · 2 Eier
50 g Sultaninen · 1 kg Äpfel

Den Reis in leicht gesalzenem Wasser 10 Minuten kochen, abgießen und in Milch mit Butter weichkochen, etwas abgekühlt mit den ganzen Eiern und Zucker, Vanillezucker, Sultaninen und den geschälten geviertelten Äpfeln mischen. In eine gut gefettete Auflaufform füllen, mit zurückbehaltenen Äpfeln belegen, mit etwas Zucker bestreuen, Butterflöckchen darauf geben und 40 Minuten bei Mittelhitze backen.

7. Radetzky-Reis

3/4 l Milch · 180 g Reis · 100 g Butter oder Margarine · 3 Eigelb · 100 g Zucker · Saft von 2 Orangen · 1 Eßlöffel Rum · 3 Eischnee · 50 g Mandeln

Reis in Milch weichkochen, Orangensaft zugeben, damit noch 5 Minuten weiter kochen. Eigelb, Zucker und Rum beifügen. In eine befettete Auflaufform füllen, mit eingemachten Preiselbeeren oder einer anderen säuerlichen Konfitüre überstreichen. Eiweiß zu Schnee schlagen, 2 Eßlöffel Zucker einschlagen, über die Reismasse streichen, mit abgezogenen, stiftelig geschnittenen Mandeln und etwas Zucker bestreuen, 45 Minuten bei Mittelhitze (180 Grad) im Rohr backen.

8. Haferflockenauflauf

180 g Haferflocken · 3/4 l Milch · Salz · Zitronenschale · 60 g Butter oder Margarine · 3 Eier · 100 g Zucker · 50 g Sultaninen · 50 g Mandeln oder Nüsse

Haferflocken in kalter Milch mit Salz, Zitronenschale und Butter oder Margarine zusetzen und 15 Minuten langsam kochen lassen. Eigelb mit Zucker schaumigrühren, an die lauwarme Haferflockenmasse geben, ebenso die Sultaninen und die abgezogenen, stiftelig geschnittenen Mandeln oder die grobgehackten Nüsse. Erkaltet den steifen Eischnee unterziehen und die Masse in eine befettete Auflaufform füllen. Mit Butterflöckchen belegen und 45 Minuten bei Mittelhitze backen (180 Grad).

9. Semmelauflauf

4 Semmeln · 1/4 l lauwarme Milch · 60 g Butter · 80 g Zucker · 2 Eier · 50 g Sultaninen · 50 g Mandeln oder Nüsse · Zitronenschale · etwas Zimt

Die feinblättrig geschnittenen Semmeln mit lauwarmer Milch übergießen und durchziehen lassen. Butter oder Margarine mit Zucker und Eigelb schaumigrühren, die Semmeln, die Sultaninen und die abgezogenen, stiftelig geschnittenen Mandeln oder die grobgehackten Nüsse, feingewiegte Zitronenschale, etwas Zimt und den Eischnee unterrühren. Die Masse in eine befettete Auflaufform füllen und 45 Minuten bei Mittelhitze backen. Man könnte auch 1/2 kg feingeschnitzelte Äpfel oder Kirschen mit einschichten.

10. Schwarzbrotauflauf

250 g geriebenes Schwarzbrot · 1/4 l Wein oder Kompottsaft · 60 g Butter oder Margarine · 100 g Zucker · 2 Eier · 30 g Zitronat · 30 g Orangeat 1 Kaffeelöffel Zimt

Trockenes, am besten gebähtes Schwarzbrot reibt man zu Bröseln und feuchtet diese mit Wein oder Kompottsaft an. Butter oder Margarine rührt man mit Zucker und Eigelb schaumig, gibt die Schwarzbrotmasse, kleingeschnittenes Zitronat und Orangeat und den Zimt zu, zieht den steifen Eischnee unter. Man füllt die Masse in eine befettete Auflaufform, belegt mit Butterflöckchen und bäckt den Auflauf 45 Minuten bei Mittelhitze. Sehr gut schmeckt dazu heißer gewürzter Rotwein oder frische Milch.

11. Pumpernickelauflauf

250 g getrocknete Pumpernickelbrösel oder Schwarzbrotbrösel · 100 g Zucker 50 g Butter · 50 g Weinbeeren · 50 g Sultaninen · 50 g Zitronatwürfel 6 Äpfel in kleine Würfel geschnitten · Zimt · Rum

Die Brösel mischt man mit Zucker, Zimt und feuchtet sie mit Rum an. Man gibt in die befettete Form eine Lage gewürzter Brösel, eine Lage Apfelwürfel mit Weinbeeren, Sultaninen und Zitronatwürfel. Als letzte Schicht füllt man Brösel ein. Der Auflauf wird mit Butterflöckchen belegt und 30 Minuten gebacken. Dazu frische Milch.

12. Kirschenmichel

4 Semmeln · ¼ l lauwarme Milch · 60 g Butter oder Margarine · 100 g Zucker 2 Eier · 1 Kaffeelöffel Zimt · ½ kg schwarze Kirschen

Feinblättrig geschnittene Semmeln mit lauwarmer Milch übergießen, durchziehen lassen. Butter oder Margarine mit Zucker, Eigelb und Zimt schaumigrühren. Die eingeweichten Semmeln und die Kirschen untermischen, den Eischnee leicht unterziehen, die Masse in eine befettete Auflaufform geben, mit Butterflöckchen belegen, 1 Stunde bei Mittelhitze backen.

13. Nudelauflauf

180 g breite Nudeln oder Suppennudeln · ¾ l Milch · 60 g Butter oder Margarine · 80 g Zucker · 2 Eier · Zitronenschale · 30 g Mandeln

Die Nudeln in Milch garkochen, Butter oder Margarine mit Zucker, Eigelb, feingewiegter Zitronenschale schaumigrühren, die Nudeln zugeben, den steifen Eischnee unterheben. Einen Teil der abgezogenen, stiftelig geschnittenen Mandeln untermischen. Den Auflauf in eine befettete Form füllen, mit Butterflöckchen belegen, mit den restlichen Mandeln bestreuen und 45 Minuten bei Mittelhitze backen. — Mit Fruchtsauce oder Kompott zu Tisch geben.

14. Apfel-, Rhabarber- oder Kirschenauflauf

¾ kg Äpfel, Rhabarber oder Kirschen · 50—100 g Zucker · 80 g Butter oder Margarine · 2 Eier · 160 g Zucker · 100 g Mehl · 100 g Stärkemehl · 3 Teelöffel Backpulver · ½ Tasse Milch

In eine befettete Auflaufform den abgezogenen, in Würfel geschnittenen Rhabarber, die Kirschen oder die Apfelspalten geben. Je nach der Süße des Obstes mehr oder weniger Zucker darüberstreuen. Butter oder Margarine mit Eigelb und Zucker schaumigrühren, Mehl, Stärkemehl und Backpulver abwechselnd mit der kalten Milch unterrühren, zum Schluß den steifen Eischnee unterziehen. Die Masse über das Obst füllen und den Auflauf 50 Minuten bei Mittelhitze backen.

15. Quark-Apfelauflauf

60 g Butter oder Margarine • 125 g Zucker • 1 Ei • Saft und Schale einer Zitrone • 60 g Grieß • ¼ Päckchen Backpulver • ½ kg Quark • ½ kg Äpfel

Butter oder Margarine mit Zucker und Eigelb schaumigrühren. Zitronensaft und feingewiegte Zitronenschale, Grieß, Backpulver, Quark, feinblättrig geschnittene Äpfel und Eischnee zugeben. Die Masse in eine befettete Auflaufform geben, mit Butterflöckchen belegen und 45 Minuten bei Mittelhitze backen.

16. Karlsbader Auflauf

125 g Zucker • Schale und Saft ½ Zitrone • 5 Eier • 100 g Stärkemehl 1 Messerspitze Backpulver

Zucker mit feingehackter Zitronenschale, Zitronensaft und Eigelb schaumig schlagen, Eischnee und mit Backpulver gemischtes Stärkemehl einmengen. Die in eine befettete Auflaufform gefüllte Masse 20 Minuten bei 180° backen. Sofort zu Tisch geben. Als Beigabe mit Zitronensaft und Rum verdünnte Aprikosenmarmelade.

17. Karamelauflauf

100 g Zucker • ⅛ l Wasser • ¼ l Milch • 60 g Butter oder Margarine • 4 Eier 150 g Mehl

Zucker trocken hellbraun rösten, mit Wasser glattkochen, kalte Milch, Butter, Mehl zugeben, zu einem steifen Brei kochen. Nach und nach die Eigelb einrühren, abgekühlt den Eischnee. Mit Zucker abschmecken, in eine befettete Auflaufform füllen, bei Mittelhitze (180 Grad) 45 Minuten backen. Dazu Arrakschaumsauce.

18. Punschauflauf

90 g Weizenmehl • ¼ l Sahne oder Vollmilch • 75 g Zucker • 60 g Butter 5 Eier • 2 Eßlöffel Arrak oder Rum • Saft von ½ Zitrone

Das Mehl rührt man mit Sahne oder Milch glatt an, gibt den Zucker, die Butter und 3 Eigelb dazu und rührt am Feuer einen dicken Brei. Nach dem Erkalten gibt man noch 2 Eigelb, Arrak oder Rum, den Zitronensaft und zuletzt den steifen Eierschnee zu. In eine befettete Form gefüllt, bäckt man bei mäßiger Hitze (180 Grad) 30—40 Minuten.

Auflauf

19. Punschauflauf

3 Eigelb · 200 g Zucker · 200 g Semmel- oder Zwiebackbrösel · ¹/₁₀ l Rum oder Arrak · ¹/₄ Backpulver · Schale von ¹/₂ Zitrone · 4 Eiweiß

Eigelb und Zucker rührt man schaumig, gibt die mit Rum oder Arrak gut angefeuchteten Brösel, das mit etwas Zucker vermischte Backpulver, die abgeriebene Zitronenschale und zuletzt den steifgeschlagenen Eierschnee zu. In eine befettete Form eingefüllt, bäckt man den Auflauf bei Mittelhitze (180 Grad) 45 Minuten. *Als Sauce* zu Punschauflauf verrührt man ¹/₈ l Weißwein mit 1 gehäuften Eßlöffel Stärkemehl, 60 g Zucker, 1 Eigelb und dem Saft von 2 Orangen. Unter Schlagen mit dem Schneebesen einmal aufkochen lassen, Eischnee einrühren.

20. Feiner Kaffee-Auflauf

100 g Butter oder Margarine · 160 g Mehl · ¹/₈ l Milch · ¹/₈ l Kaffee · 150 g Zucker · 6 Eigelb · 6 Eischnee

Flüssige Butter mit Mehl, Milch und starkem schwarzen Kaffee am Feuer solange rühren bis die Masse glatt und dicklich ist. Lauwarm mit Zucker, Eigelb und Schnee vermischen, in eine befettete Auflaufform füllen und bei Mittelhitze (180 Grad) 30 Minuten im Rohr backen.

21. Zitronenauflauf

4 Eier · 100 g Zucker · 100 g Mehl · 1 Zitrone · 1 Messerspitze Backpulver

Eigelb und Zucker rührt man sehr schaumig, gibt die abgeriebene Schale der Zitrone dazu, das mit Backpulver vermischte Mehl und zuletzt den steifgeschlagenen Eischnee. In eine befettete Porzellanform eingefüllt, bäckt man den Auflauf 30—45 Minuten bei mäßiger Hitze und gibt ihn mit Kompott zu Tisch.

22. Schokoladenauflauf

100 g Semmel- oder Zwiebackbrösel · 30 g geriebene Nüsse · ³/₈ l Milch 100 g Butter · 4 Eier · 80—100 g Zucker · 1 Päckchen Vanillezucker · 150 g geriebene Schokolade oder 2 Eßlöffel Kakao

Die Semmel- oder Zwiebackbrösel und die geriebenen Nüsse rührt man mit der kalten Milch an und kocht unter Beigabe von Butter und Schokolade einen dicken Brei. Unter die heiße Masse mischt man Zucker, Vanillezucker und Eigelb und zieht nach dem Erkalten den steifgeschlagenen Eischnee leicht durch. In eine befettete Porzellan- oder Glasform eingefüllt, bäckt man den Auflauf bei mäßiger Hitze 45 Minuten bis 1 Stunde. Dazu reicht man Schokoladensauce.

Auflauf

23. Kastanienauflauf

250 g geschälte, passierte Kastanien · 40 g Semmelbrösel · 1 Eßlöffel Arrak oder Rum · 100 g Butter oder Margarine · 100 g Zucker · 3 Eigelb · 1 Eßlöffel Sahne · 5 Eiweiß

Die weichgekochten, auch von der inneren Schale befreiten Kastanien durch ein Sieb streichen. Butter oder Margarine mit Zucker und Eigelb schaumigrühren, die mit Arrak oder Rum befeuchteten Brösel, die passierten Kastanien, Sahne und Eischnee zugeben. Die Masse in eine befettete Porzellan- oder Jenaer Glasform füllen und den Auflauf bei mäßiger Hitze 45 Minuten bis 1 Stunde backen. Mit Vanillesauce zu Tisch geben.

24. Béchamelauflauf

100 g Butter oder 60 g Fett · 100 g Mehl · 1/2 l Milch · 60 g Zucker · 4 Eigelb 4 Eiweiß · Zitronenschale

In die geschmolzene Butter rührt man das Mehl ein, röstet es kurze Zeit und gießt zuerst mit kalter und dann heißer Milch nach und rührt die Masse so lange, bis sie aufpufft. Zucker und Eigelb gibt man dann gleich dazu und nach dem Erkalten die abgeriebene Zitronenschale und den steifen Eierschnee. In einer befetteten Porzellanform oder Jenaer Glasform bäckt man den Auflauf bei Mittelhitze 45 Minuten bis 1 Stunde. Man reicht dazu Kompott oder Hagebuttensauce.

25. Apfelauflauf

3/4 kg Äpfel, Pfirsiche oder Aprikosen · 3 Eier · 100 g Zucker · 100 g Zwiebackbrösel · 40 g Mandeln · 40 g Sultaninen · Schale einer halben Zitrone

Die geschälten Äpfel oder entkernten Früchte kleinschneiden, mit ganz wenig Wasser zu einem dicken Brei kochen, zuckern. Eigelb mit Zucker schaumigrühren, die Brösel, geriebenen Mandeln, Sultaninen, Obstbrei, feingehackte Zitronenschale und Eischnee zugeben. In eine befettete Auflaufform füllen, 45 Minuten bei 180 Grad backen.

26. Kirschauflauf

1/2 kg Kirschen · 80 g Butter oder Margarine · 125 g Zucker · 3 Eier · 250 g Semmelbrösel · 30 g geriebene Mandeln · 30 g Sultaninen · Schale einer halben Zitrone · 30 g Orangeat · 1 Messerspitze Backpulver

Butter oder Margarine mit Zucker und Eigelb schaumigrühren, Semmelbrösel, Mandeln, Sultaninen, feingewiegte Zitronenschale, feingewiegtes Orangeat, mit etwas Zucker gemischtes Backpulver, die Kirschen und den steifen Eischnee zugeben. Die Masse in eine befettete Porzellan- oder Jenaer Glasform füllen und 45–60 Minuten bei Mittelhitze backen.

Auflauf

27. Biskuitauflauf

20—24 große Löffelbiskuit, Aprikosenmarmelade oder Preiselbeeren — Eiermilch: 4 Eigelb · 1—2 Eßlöffel Zucker · ¹/₄—³/₈ l Milch — Guß: 4 Eiweiß 120 g Zucker

Auf eine feuerfeste, befettete Porzellanplatte oder in eine niedere Auflaufform gibt man eine Lage Löffelbiskuit, streicht Marmelade darauf und schichtet abwechselnd so lange aufeinander, bis das Biskuit verwendet ist und als Oberschicht abschließt. Eigelb und Zucker rührt man schaumig, gießt mit Milch auf und schüttet die Eiermilch langsam über das Biskuit. Erst nach 30 Minuten gibt man das Biskuit ins Rohr, bäckt es halb fertig und streicht rasch den steifen, gesüßten Eierschnee auf, siebt leicht Zucker darüber und überbäckt bei mäßiger Oberhitze hellgelb.

28. Biskuitspeise mit Creme

24 Löffelbiskuit · 4 Eßlöffel Arrak oder Rum · 4 Eigelb · 50 g Zucker 1 Eßlöffel Stärkemehl · ¹/₂ l Milch · 4 Eiweiß · 80 g Zucker · 20 g Mandeln

Eigelb mit Zucker, Stärkemehl und kalter Milch verrühren und am Feuer zu einer Creme schlagen. Auf eine feuerfeste gefettete Porzellanplatte die Löffelbiskuite schichten, jeweils mit Arrak oder Rum beträufeln. Die kalte mit Arrak oder Rum abgeschmeckte Creme langsam darübergießen, etwas anziehen lassen. Eiweiß steifschlagen, Zucker einschlagen, die Speise damit überziehen. Mit stiftelig geschnittenen Mandeln bestreuen. Im heißen Rohr goldgelb überbacken.

29. Früchteauflauf

250 g frische Früchte · etwas Wein und Zucker · 3 Eier · 100 g Zucker · 100 g Mehl · 1 Messerspitze Backpulver · Zitronenschale oder Vanillezucker

Auf eine niedere, befettete Porzellanform legt man frische Beeren oder leicht in Wein angedünstete, halbierte Früchte nach Wahl, wie Äpfel, geschälte Aprikosen oder Pfirsiche. Unter den steifen Eierschnee schlägt man löffelweise den Zucker, zieht mit dem Schneebesen die Eigelb durch, siebt das Mehl und das damit vermischte Backpulver ein und verrührt es leicht. Nun gibt man nach Belieben die Geschmackszutaten dazu, streicht die Biskuitmasse über die Früchte und bäckt bei mäßiger Oberhitze den Auflauf langsam 45 Minuten.

30. Makronenspeise mit Schnee

Creme: 1 Flasche Weißwein · 125 g Zucker · 3 Eigelb · 35 g Stärkemehl · Saft und Schale einer halben Zitrone · 250 g Makronen · 3 Eiweiß · 100 g Zucker etwas Vanillezucker · 30 g Mandeln

Man verrührt das Stärkemehl mit etwas Zucker und dem kalten Wein und läßt es einige Male aufkochen. Inzwischen schlägt man Eigelb und Zucker mit Zitronensaft und geriebener Schale schaumig, gießt den kochenden Wein vorsichtig darüber und schlägt die Masse am Herd, bis sie dicklich wird. Eine feuerfeste, tiefe Porzellanplatte oder eine Auflaufform wird ausgefettet, mit den Makronen belegt und mit der heißen Creme übergossen. Nun schlägt man Eiweiß zu Schnee, mischt den Zucker gut darunter, überzieht damit die Speise und spickt sie mit länglich geschnittenen Mandeln. Sie wird im Rohr bei leichter Hitze lichtgelb überbacken und gleich aufgetragen.

31. Apfelspeise mit Makronen

12 kleine Äpfel gleicher Größe · Zimtzucker · Gelee · Zitronenschale · Biskuit- oder Makronenstückchen · etwas Rum — Eiermilch: 3 Eier · 30 g Zucker · 1/2 l Milch

Man schält die Äpfel, sticht das Kernhaus aus und füllt sie mit einer Mischung von Gelee, Zimtzucker und abgeriebener Zitronenschale. Man stellt die Äpfel in eine befettete, niedere Auflaufform, gibt Biskuit- oder Makronenstückchen mit etwas Rum angefeuchtet dazwischen, übergießt mit der gut verrührten Eiermilch und bäckt im Rohr zu schöner Farbe.

32. Mandel- oder Haselnußauflauf

100 g Butter · 100 g Zucker · 4 Eier · 2–3 Eßlöffel Arrak oder Rum · 80 g Zwieback- oder Semmelbrösel · 80 g geschälte Mandeln oder Haselnüsse Schale einer halben Zitrone

Die Zwiebackbrösel feuchtet man mit Arrak oder Rum an. Mit der schaumiggerührten Butter rührt man den Zucker, gibt die Eigelb, die Brösel und die geriebenen Mandeln dazu, die abgeriebene Zitronenschale und zuletzt den steifen Eierschnee. In eine befettete Porzellanform eingefüllt, bäckt man den Auflauf bei mäßiger Hitze 45 Minuten. Dazu gibt man Weinsauce oder Weinchaudeau.

33. Kuchenschneeberg

1/2 kg Kuchenreste oder Weißbrot · 250 g Marmelade · 1/2 l Fruchtsaft oder Wein · 3 Eiweiß · 100 g Zucker

Kuchenreste oder Weißbrot werden in Scheiben geschnitten. Auf eine feuerfeste, mit Fett bestrichene Platte gibt man eine Lage Kuchenreste oder Weißbrot, feuchtet mit heißem Fruchtsaft oder Wein an und überstreicht mit Marmelade. Man wiederholt die Schichtung und schließt mit einer Lage Kuchen oder Brot ab, die ebenfalls angefeuchtet wird. Nun schlägt man die Eiweiß zu steifem Schnee, mischt den Zucker ein und überzieht die Speise mit einem Schneeberg. Bei leichter Hitze bäckt man den Kuchenschneeberg im Rohr lichtgelb und gibt ihn gleich zu Tisch.

Auflauf

34. Zwiebackspeise

2 Päckchen Zwieback · 500 g Äpfel — Eiermilch: 3 Eier · 50 g Zucker · 1/2 l Milch · 1 Prise Salz

In eine befettete Auflaufform füllt man abwechselnd Zwiebackstückchen und rohe Apfelschnitzel, übergießt mit der gut verquirlten Eiermilch, läßt noch 30 Minuten stehen und bäckt den Auflauf dann 1 Stunde bei mäßiger Hitze im Rohr. Dazu gibt man Fruchtsauce oder Apfelkompott.

35. Kuchenresteauflauf

200 g Kuchenreste · 100 g Butter oder Margarine · 2 Eigelb · 125 g Zucker 40 g Mandeln · 2 Eischnee · 1 kg gedünstete Äpfel · 1/4 l Milch oder Wein

Kuchenreste in Milch oder Wein aufkochen. Butter oder Margarine mit Eigelb und Zucker schaumigrühren, die abgezogenen, gehackten Mandeln, die Kuchenmasse und den Eischnee zugeben. In eine befettete Porzellan- oder Jenaer Glasform abwechselnd gedünstete Äpfel und Auflaufmasse einfüllen, mit Auflaufmasse abschließen. Diese mit Butterflöckchen belegen, mit Semmelbröseln bestreuen und den Auflauf 45 Mintuen bei Mittelhitze backen.

36. Vanilleauflauf

1/4 l Milch · 40 g Butter oder Margarine · Salz · 1/4 Stange Vanille · 125 g Mehl · 1 Ei · 3 Eigelb · 125 g Zucker · 3 Eischnee

Milch mit Butter, Salz und Vanillestange aufkochen, das Mehl einkochen, den Brandteig so lange am Feuer rühren, bis er sich von Topf und Löffel löst. In die heiße Masse ein verquirltes Ei einrühren. Eigelb und Zucker schaumigrühren, die Brandteigmasse einrühren, den Eischnee unterziehen. Die Masse in eine befettete Auflaufform füllen und 45 Minuten bei Mittelhitze backen.

37. Brandteig-Apfelauflauf

(Große Masse)

Brandteig: 3/8 l Milch · 125 g Butter oder Margarine · Salz · 1/4 Stange Vanille 250 g Mehl · 1 Ei — Schaummasse: 6 Eigelb · 250 g Zucker · Zitronenschale 50 g Mandeln · 6 Eischnee · 1 kg gedünstete Äpfel

Milch mit Salz, Vanillestange und Butter oder Margarine aufkochen, das Mehl einkochen und den Brandteig am Feuer so lange rühren, bis er sich von Topf und Löffel löst. In die heiße Masse ein verquirltes Ei einrühren. Zucker und Eigelb schaumigrühren, abgezogene, gehackte Mandeln und die Brandteigmasse einrühren, den Eischnee unterziehen. In eine befettete Auflaufform die gedünsteten Äpfel geben, die Brandteigmasse darüberfüllen und den Auflauf 1 Stunde bei Mittelhitze backen.

Auflauf

38. Süße Pasteten

Man kleidet eine befettete, mit Bröseln ausgestreute Porzellan- oder Jenaer Glasform mit beliebigem Pastetenteig aus, füllt eine gewünschte Auflaufmasse ein, überdeckt mit einem Teigblatt aus Pastetenmasse, durchsticht dieses einige Male mit einer Gabel, bestreicht mit verquirltem Ei und bäckt die Pastete bei Mittelhitze 1¼ Stunden im Rohr. Sie kann in der Form oder gestürzt zu Tisch gebracht werden.

SALZIGE AUFLÄUFE

39. Spinatauflauf

1 kg Spinat · 4 Semmeln · ⅛ l Milch · 60 g Butter oder Margarine · 2 Eier Zwiebel und Petersilie · Salz · Muskat

Den sauber verlesenen, gewaschenen Spinat im eigenen Saft offen weichkochen, auf einem Sieb gut abtropfen lassen, dann zusammen mit den eingeweichten, gut ausgedrückten Semmeln durch die Maschine drehen. Butter oder Margarine mit Eigelb schaumigrühren, feingewiegte Zwiebel und Petersilie, den durchgedrehten Spinat, die durchgedrehten Semmeln zugeben, mit Salz und Muskat gut abschmecken, den Eischnee unterziehen. Die Masse in eine befettete, mit Bröseln ausgestreute Auflaufform geben, mit Butterflöckchen belegen und 45 Minuten bei Mittelhitze im Rohr backen. Mit Tomatensauce oder Holländischer Sauce zu Tisch geben.

40. Spinatauflauf mit Pfannkuchen

250 g Mehl · 2 Eier · ⅜ l Milch · Salz · Fett zum Backen — Fülle: ½ kg Spinat · 40 g Fett · 1 Zwiebel · 10 g Mehl · ¼ l Milch · Salz · Muskat — Überguß: 1 Ei · ¼ l Milch

Den sauber verlesenen, sauber gewaschenen Spinat in wenig Salzwasser weichkochen, auf einem Sieb gut abtropfen lassen, ausdrücken, mixen oder durch die Maschine drehen. In heißem Fett feingewiegte Zwiebel und wenig Mehl hellgelb werden lassen, mit etwas Spinatwasser, Brühe oder Milch aufgießen, den Spinat zugeben, mit Salz und Muskat gut abschmecken. — Aus den angegebenen Zutaten einen Teig rühren und dünne Pfannkuchen davon backen. In eine befettete Form abwechselnd einen Pfannkuchen und eine Schicht Spinat einfüllen. Über den obersten Pfannkuchen übergießt man das mit Milch verquirlte Ei und bäckt den Auflauf 45 Minuten bei Mittelhitze im Rohr. Der Auflauf wird wie eine Torte aufgeschnitten und mit Salat zu Tisch gegeben.

41. Blumenkohlauflauf

1—2 Köpfe Blumenkohl · Salzwasser · 40 g Fett · 40 g Mehl · ¼ l Gemüsewasser · ¼ l Milch · 2 Eier · Salz · Muskat · Käse

Blumenkohl putzen, in Röschen teilen, in Salzwasser halbweich kochen, auf einem Sieb abtropfen lassen. Aus Fett, Mehl, Gemüsewasser und Milch eine dicke, helle Sauce kochen, mit Eigelb legieren, mit Salz, Muskat und geriebenem Käse abschmecken, den steifen Eischnee unterziehen. In eine be-

Auflauf

fettete, mit Bröseln ausgestreute Auflaufform die Blumenkohlröschen geben, die Sauce darübergießen, mit geriebenem Käse und Semmelbröseln bestreuen, mit Butterstückchen belegen und den Auflauf 30 Minuten bei Mittelhitze im Rohr backen.

42. Nudelauflauf mit Fleischresten

250 g breite Nudeln · Salzwasser · 50 g Speck · 1 Zwiebel · 250 g gekochte oder gebratene Fleischreste · Salz · Pfeffer · Muskat · 2 Eigelb · $^1/_8$ l Brühe, Bratensauce oder Sauerrahm · Petersilie · 2 Eiweiß

Die Nudeln in Salzwasser weichkochen, kalt überbrausen und auf einem Sieb abtropfen lassen. In kleinwürfelig geschnittenen Speck geschnittene Zwiebel hellbraun rösten, die zweimal durch die Maschine gedrehten Fleischreste zugeben, etwas aufgießen, mit Salz, Pfeffer, Muskat abschmecken, die Eigelb untermischen, Petersilie zugeben. Dann die Nudeln mit der Fleischmasse mischen, nochmals gut abschmecken und den steifen Eischnee unterziehen. Die Masse in eine befettete, mit Bröseln ausgestreute Auflaufform füllen, mit Semmelbröseln bestreuen, mit Butterflöckchen belegen und 45 Minuten bei Mittelhitze backen. Mit grünem Salat zu Tisch geben.

43. Schinkenauflauf mit Käse

250 g breite Nudeln, Makkaroni oder Spaghetti · Salzwasser · 60 g Margarine · 100 g geriebener Käse · 125 g Schinken · 2 Eier · Muskat

Nudeln, Makkaroni oder Spaghetti in Salzwasser weichkochen, kalt überbrausen, auf einem Sieb gut abtropfen lassen. Margarine mit Eigelb schaumigrühren, geriebenen Käse, gewiegten Schinken und die Nudeln untermischen, mit Muskat abschmecken, den steifen Eischnee unterziehen. Die Masse in eine befettete, mit Bröseln ausgestreute Auflaufform oder Bratreine füllen, mit Semmelbröseln bestreuen, mit Butterflöckchen belegen und 45 Minuten bei Mittelhitze im Rohr backen. Mit Salat zu Tisch geben.

44. Gemüseauflauf mit Käsegitter

250 g breite Nudeln, Makkaroni oder Spaghetti · Salzwasser · $^1/_4$ kg grüne Bohnen · $^1/_4$ kg Gelbrüben, grüne Erbsen oder Rosenkohl · 60 g Butter oder Fett · $^1/_4$ l Milch oder Sauerrahm · 2 Eier · 100 g Käse · Salz · Muskat

Die Nudeln in Salzwasser weichkochen, kalt überbrausen, auf einem Sieb abtropfen lassen. Die vorbereiteten Gemüse in wenig Salzwasser weichkochen oder mit Fett weichdünsten. Die abgekochten Nudeln mit etwas flüssigem Fett, geriebenem Käse und Muskat mischen. In eine befettete, mit Bröseln ausgestreute Auflaufform abwechselnd Nudeln und Gemüse einfüllen. Mit Nudeln schließen. Milch oder Sauerrahm mit Eiern verquirlen, mit Salz und Muskat abschmecken und über den Auflauf gießen, mit etwas Semmelbröseln bestreuen, gitterartig mit in Streifchen geschnittenem Emmentaler Käse und Butterflöckchen belegen. 45 Minuten bei 180 Grad im Rohr backen. Dazu Tomatensauce.

Auflauf

45. Pilzauflauf

½ kg Steinpilze, Reherl, Butterpilze usw. · 40 g Butter oder Fett · Petersilie 250 g Reis · ¾ l gute Brühe · ¼ l Milch oder Sauerrahm · 2 Eier · Salz Muskat · Pfeffer

Die blättrig geschnittenen Pilze in Butter oder Fett weichdünsten, feingewiegte Petersilie zugeben. Den Reis in guter Brühe oder in Salzwasser mit reichlich Fettzugabe weichdünsten. In eine befettete, mit Bröseln ausgestreute Auflaufform abwechselnd Reis und gedünstete Pilze einfüllen, mit Reis schließen. Milch oder Sauerrahm mit Eiern verquirlen, mit Salz, Muskat und Pfeffer abschmecken und über den Auflauf gießen. Diesen mit Semmelbröseln bestreuen, mit Butterflöckchen belegen und 45 Minuten bei Mittelhitze im Rohr backen. Mit Salat oder Spinatgemüse zu Tisch geben.

46. Sauerkrautauflauf

½ kg Sauerkraut · 1 kg Kartoffeln · 250 g Geräuchertes · 1 große Zwiebel ¼ l Sauerrahm · 2 Eier · Salz · Paprika

Das Sauerkraut in etwas Fett mit Wasser und Salz weichdünsten, aber nicht binden. Gekochte, abgezogene, in Scheiben geschnittene Kartoffeln mit Salz bestreuen und mit kleingeschnittener, in Fett gerösteter Zwiebel mischen. Gekochtes Geräuchertes in kleine Würfel schneiden oder durch die Maschine drehen. In eine befettete, mit Bröseln ausgestreute Auflaufform oder Bratreine Kartoffeln, Geräuchertes und gut abgetropftes Sauerkraut abwechselnd einfüllen, mit Kartoffeln schließen. Sauerrahm mit Eiern und reichlich Paprika verquirlen und über den Auflauf gießen. Diesen noch mit Semmelbröseln bestreuen, mit Butterflöckchen belegen und 1 Stunde bei Mittelhitze im Rohr backen.

47. Hirnauflauf

1 Kalbshirn · 2 Semmeln · ⅛ l Milch · 60 g Butter · 3 Eigelb · Zwiebel Petersilie · Zitronenschale · Salz · 1 Eßlöffel Brösel · 3 Eischnee

Butter mit Eigelb schaumigrühren, das in Milch erweichte, feinverrührte Weißbrot, das gehäutete, gehackte, in etwas Butter gedünstete, feinverrührte Hirn, Zwiebel, Petersilie, Zitronenschale, Salz, Brösel und Eischnee zugeben. Die Masse in eine befettete, mit Bröseln ausgestreute Auflaufform füllen, 45 Minuten bei 180 Grad backen. Mit Blumenkohl und holländischer Sauce zu Tisch geben.

48. Leberauflauf

125 g abgeriebenes Weißbrot · Milch zum Einweichen · 80 g Butter oder Margarine · 4 Eier · 250 g Kalbsleber · Zwiebel · Petersilie · Zitronenschale Salz · Pfeffer

Das abgeriebene Weißbrot in Stücke schneiden und mit möglichst wenig heißer Milch einweichen und gut ausdrücken. Unter die schaumiggerührte

Butter rührt man abwechselnd Eigelb und einen Teil der eingeweichten Semmeln, gibt die durchgedrehte Leber, feingewiegte Zwiebel, Petersilie und Zitronenschale hinzu, schmeckt mit Salz und Pfeffer ab und zieht den steifen Eischnee leicht unter. Die Masse in eine befettete, mit Bröseln ausgestreute Auflaufform füllen und 1 Stunde bei Mittelhitze im Rohr backen. Mit Gemüse oder Salat zu Tisch geben.

49. Kalbsbratauflauf

250 g Kalbsbrat · 4 Semmeln · Milch zum Einweichen · 100 g Butter oder Margarine · 4 Eier · Zwiebel · Petersilie · Zitronenschale · Salz · Muskat

Die Semmeln abreiben, in kalter Milch einweichen, gut ausdrücken und mit dem Kalbsbrat fein verrühren. Die Butter oder Margarine mit Eigelb schaumigrühren, nach und nach das Kalbsbrat, feingewiegte Zwiebel, Petersilie und Zitronenschale zugeben, mit Salz und Muskat würzen, den steifen Eischnee unterziehen. Die Masse in eine befettete, mit Bröseln ausgestreute Auflaufform füllen und 1 Stunde bei Mittelhitze im Rohr backen. Mit Gemüse oder Salat zu Tisch geben.

50. Blätterteig-Fleisch-Schnitten

1 Paket tiefgekühlter Blätterteig · 400 g Hackfleisch · 250 g gelbe Rüben 2 Zwiebeln · Petersilie · 1/10 l Sauerrahm · 2 Eier · Salz · Pfeffer

Das Hackfleisch mit den rohgeriebenen Gelbrüben, den gehackten Zwiebeln und Petersilie, Sauerrahm, Eier, Salz und Pfeffer mischen. Den Blätterteig in der Größe des Bleches ausrollen, auf das mit Wasser benetzte Blech legen. Mit zurückbehaltenem Ei bestreichen, die Fleischmasse auf die halbe Teighälfte geben, die zweite Teighälfte darüberklappen, mit Ei bestreichen, 1 Stunde bei 180° backen. Heiß in Stücke schneiden, mit verschiedenen Salaten servieren.

51. Cevapcici

400 g Rind- oder Kalbfleisch · 2 Zwiebeln · Knoblauch · Salz · Pfeffer Paprika · etwas Wasser

Das zweimal durch die feine Lochscheibe gedrehte Rind- oder Kalbfleisch mit kleinen Zwiebelwürfeln und zerdrücktem Knoblauch mischen, mit Salz, Pfeffer, Paprika scharf abschmecken, mit etwas kaltem Wasser geschmeidig machen. Die Fleischmasse in einen Spritzsack ohne Tülle füllen und zu 6 cm langen Würstchen spritzen. Auf dem Holzkohlenrost, dem Grill oder in der Stielpfanne mit Fett braten. Zusammen mit grob geschnittenen, mit Paprika bestreuten Zwiebeln und Zahnstochern (als Besteck) anrichten. – Besonders gut schmecken die Cevapcici, wenn man sie nach dem Braten in eine mit Zwiebelscheiben belegte Auflaufform gibt, mit einer Mischung von 1/8 l Sauerrahm und 2 Eiern übergießt und 15 Minuten bei 180 Grad im Rohr bäckt.

Puddinge, Flammeris

PUDDINGE

Darunter versteht man süße und salzige Massen, die man in eine Metall- oder Porzellanform füllt, im Wasserbad kocht, stürzt und heiß serviert. Puddinge sind meist feine Massen mit vielen Eiern. Diese bilden den Hauptbestandteil der Masse. Die Eimengen sind daher verhältnismäßig hoch, durch ihre Verbindung mit anderen Zutaten ergeben sie ein Hauptgericht. Gekochte Puddinge haben keine Röstprodukte, sind durchwegs leicht verdaulich und sehr bekömmlich. Die Zubereitung erfordert wenig Arbeit, die Abwechslungsmöglichkeiten sind äußerst mannigfaltig. Die angegebenen Rezeptmengen sind für ein Hauptgericht berechnet, für Nachtisch ist immer nur die *halbe Menge* erforderlich.

Die Puddingform muß immer gut ausgefettet und mit Mehl, Zucker, Bröseln oder geriebenen Nüssen ausgestreut werden. Die Puddingform wird in einen Topf mit Wasser gestellt. Ist der Topf hoch, braucht die Puddingform nicht zugedeckt zu werden, es wird nur der Kochtopf zugedeckt. Steht allerdings die Puddingform über den Rand des Topfes hinaus, muß die Puddingform verschlossen gekocht werden. Die Wasserhöhe muß immer gleich hoch sein, wie die Masse in der Form ist. Verdampftes Wasser muß immer nachgegossen werden. Zugesetzt wird der Pudding im warmen Wasser. Die Kochzeit beträgt durchschnittlich 1 Stunde. Vor dem Stürzen muß die Masse am Zapfen und Rand gelockert werden. Einige Minuten mit dem Stürzen warten. Sehr zarte Massen müssen besonders vorsichtig gestürzt und sofort serviert werden.

Man kann die Masse auch in kleine Porzellanförmchen (Ragoutförmchen) füllen und portionsweise als Vorspeise oder Nachtisch ungestürzt oder gestürzt servieren.

Puddinge und Flammeris

1. Grießpudding

³/₄ l Milch · Salz · Zitronenschale · 60 g Butter oder Margarine · 180 g Grieß
80 g Zucker · 50 g Sultaninen · 4 Eigelb · 4 Eischnee

Milch mit Salz, Zitronenschale und Butter aufkochen, den Grieß einstreuen und 10 Minuten kochen lassen. Noch warm die mit Zucker verrührten Eigelb und Sultaninen untermischen, lauwarm den steifen Eischnee unterziehen. Die Masse in eine befettete, mit Bröseln oder Zucker ausgestreute Form geben, verschließen und 1 Stunde im Wasserbad kochen. Dann auf eine Platte stürzen und mit Fruchtsauce zu Tisch geben.

2. Reispudding

³/₄ l Milch · 180 g Reis · Salz · Zitronenschale · 80 g Butter oder Margarine
80 g Zucker · 4 Eigelb · 50 g Sultaninen · 4 Eischnee

Reis in Milch weichkochen, kalt stellen, Butter mit Zucker und Eigelb schaumigrühren, feingehackte Zitronenschale, Sultaninen, Reis und Eischnee zugeben. Die Masse in eine befettete, bemehlte mit geschälten Mandeln ausgelegte Puddingform füllen, 1 Stunde im Wasserbad kochen, stürzen, Himbeersaft dazu servieren.

3. Sagopudding

wird mit denselben Zutaten (Sago statt Reis) und auf dieselbe Weise wie Reispudding zubereitet.

4. Semmelpudding

4 Semmeln · ¹/₄ l lauwarme Milch · 80 g Butter oder Margarine · 80 g Zucker
Zitronenschale · 2 Eigelb · 50 g Sultaninen · 2 Eßlöffel Mehl · 2 Eischnee

Die feinblättrig geschnittenen Semmeln mit lauwarmer Milch übergießen und durchziehen lassen. Butter oder Margarine mit Eigelb, Zucker und Zitronenschale schaumigrühren, die Semmelmasse, die Sultaninen, das Mehl und den Eischnee zugeben. Die Masse in eine befettete, mit Bröseln ausgestreute Puddingform geben, 1 Stunde im Wasserbad kochen, stürzen, mit Weinsauce oder Kompott zu Tisch geben.
Anmerkung: Grießpudding, Reispudding, Sagopudding, Semmelpudding können auch ohne Zucker und Sultaninen zubereitet werden. Leicht gesalzen sind sie zusammen mit Gemüse oder einer Sauce und Salat eine schöne Mahlzeit.

5. Semmelpudding mit Kirschen

Wie im vorhergehenden Rezept eine Semmelpuddingmasse machen und diese vor dem Einfüllen in die Form noch mit 500 g Kirschen mischen. Den gestürzten Semmel-Kirschpudding mit Vanillesauce zu Tisch geben.

6. Zitronenpudding

100 g Butter · 100 g Mehl · 1/4 l Milch oder Sahne · 100 g Zucker · 100 g geschälte Mandeln · 2 Eßlöffel weiße Semmelbrösel · 4 Eier · Schale einer Zitrone · 1 Eßlöffel Arrak

Die Butter läßt man zergehen, gibt das Mehl dazu und röstet es kurze Zeit, gießt mit der Milch oder der Sahne auf und kocht einen steifen Brei. Dann rührt man Zucker, die feingeriebenen Mandeln, Semmelbrösel, die Eigelb und nach gänzlichem Erkalten die Zitronenschale, Arrak und den steifen Eierschnee ein. In eine befettete, mit Mehl bestreute Form eingefüllt, kocht man den Pudding 1 Stunde im Wasserbad. Dazu reicht man Fruchtsauce oder Kompott.

7. Diplomatenpudding

20 Löffelbiskuite · Aprikosenmarmelade · halbe Pfirsiche oder entsteinte Kirschen · Vanillezucker — Eiermilch: 1/8 l Sahne · 1/8 Milch · 1/8 Maraschino 4 Eier

Man setzt immer 2 Biskuite mit Marmelade zusammen, stellt sie in eine befettete, mit Bröseln ausgestreute Puddingform. Die Zwischenräume füllt man mit Obst aus. Dann gießt man die Eiermilch darüber, läßt den Pudding 30 Minuten stehen und kocht ihn dann 1 Stunde im Wasserbad. Gestürzt wird er mit Weinchaudeau zu Tisch gegeben.

8. Biskuitpudding

4 Eier · 125 g Zucker · 125 g Mehl · Schale einer 1/2 Zitrone · 40 g Butter

Die Eiweiß schlägt man zu steifem Schnee, schlägt den Zucker löffelweise ein, zieht die Eigelb ebenfalls mit dem Schneebesen leicht durch die schaumige Masse, siebt das Mehl ein, reibt die Zitronenschale daran und gibt zuletzt die flüssige, lauwarme Butter dazu. In eine befettete, mit Bröseln bestreute Form in 3/4 Höhe eingefüllt, kocht man den Pudding 1 Stunde im Wasserbad. Dazu gibt man Fruchtsauce oder Weinchaudeau.

9. Cabinetpudding

250 g Biskuit · 50 g Weinbeeren — Eiermilch: 1/2 l Milch · 30 g Zucker 4 Eier · 10 Aprikosenhälften

In eine mit Fett und Bröseln ausgestreute Puddingform gibt man lagenweise Biskuit oder Gebäckreste, die Weinbeeren und die Aprikosenhälften. Milch mit Zucker, ganzen Eiern verquirlen, über das Biskuit gießen und 30 Minuten so stehenlassen. Dann den Pudding 1 Stunde im Wasserbad kochen, stürzen und mit Fruchtsauce oder Weinchaudeau zu Tisch geben.

10. Sandpudding

100 g Butter oder Margarine · 100 g Zucker · 2 Eier · 250 g Mehl · 1/2 Backpulver · 1/16–1/8 l Milch · etwas Zitronenschale · 50 g Weinbeeren

Mit der schaumiggerührten Butter rührt man den Zucker, gibt die Eigelb und das mit Backpulver vermischte Mehl dazu, die kalte Milch, etwas abgeriebene Zitronenschale, die gereinigten *trockenen* Weinbeeren und zuletzt den steifen Eierschnee. Man füllt die Masse in eine befettete, mit Mehl übersiebte Form ein und kocht den Pudding 1 Stunde im Wasserbad. Nach dem Stürzen bringt man ihn mit Hagebuttensauce zu Tisch. — Man könnte bei der Masse auch die Weinbeeren weglassen, gibt jedoch dann 2 Eßlöffel derselben auf den Boden der vorbereiteten Puddingform, ehe man die Masse einfüllt. Dieselbe Masse kann auch aus 150 g Mehl und 100 g geriebenen Nüssen bereitet werden.

11. Plumpudding

Leichte Masse:

4 Semmeln · ¼ l Milch (knapp) · 150 g Kalbsnierenfett · 80 g Zucker
3 Eigelb · Schale einer Zitrone · 80 g Zitronat · 80 g Sultaninen
2 Eßlöffel Rum · 3 Eischnee

Semmeln in feine Scheibchen schneiden, in Milch erweichen, das Nierenfett enthäuten, feinschneiden, Zucker, Eigelb, alle übrigen Zutaten, eventuell noch 2—3 Eßlöffel Brösel und den Eischnee zugeben. In eine befettete, mit Zucker ausgestreute Puddingform füllen, eine Stunde im Wasserbad kochen, stürzen, mit Rum übergießen (54%ig), anzünden, dazu Weinchaudeau. Statt Nierenfett kann man auch Margarine verwenden.

Schwere Masse:

125 g Kalbsnierenfett · 125 g Korinthen · 125 g Sultaninen · 125 g Zitronat
125 g Orangeat · 100 g brauner Zucker · Salz · Zimt · Nelken · Ingwer
Muskat · 50 g Backpflaumen · 50 g Mandeln · ⅛ Liter Rum · 1 Tasse Milch
2 Eier · 65 g Brösel · 65 g Mehl

Das Nierenfett feinhacken, mit den angegebenen kleingeschnittenen Zutaten (Backpflaumen eingeweicht, Mandeln gerieben) mischen, wenn nötig noch etwas Milch nachgeben, 8—14 Tage zugedeckt kühl stehenlassen. Am Zubereitungstag Eier, Brösel und Mehl einmengen. Den Teig in einer gefetteten Puddingform 4 Stunden im Wasserbad kochen, stürzen, mit einigen Zuckerstückchen belegen, mit Rum übergießen, anzünden, Weinchaudeau dazu servieren.

12. Nußpudding

100 g Butter oder Margarine · 100 g Zucker · 6 Eigelb · 2 Semmeln
100 g Hasel- oder Walnüsse · 6 Eischnee

Butter oder Margarine mit Zucker und Eigelb schaumigrühren, entrindete, erweichte, ausgedrückte, passierte Semmeln, geriebene, mit etwas Zucker geröstete Haselnüsse und den Eischnee zugeben. Die Masse in einer befetteten, mit geriebenen Nüssen ausgestreuten Puddingform 1 Stunde im Wasserbad kochen, stürzen, mit Haselnußcreme überziehen. — Haselnußcreme: 50 g Zucker trocken hellbraun rösten, grobgeriebene Nüsse darin wenden. Mit $1/4$ l Wasser aufgießen, glattkochen, $1/8$ l kalte Milch, 2 Eigelb und einen gehäuften Teelöffel Stärkemehl zugeben, am Feuer dicklichkochen, mit Zukker und Rum abschmecken, Eischnee unterziehen.

13. Weinpudding

4 Eier · 80 g Zucker · 1 Messerspitze Zimt · etwas Zitronenschale · 100 g Semmelbrösel, besser Zwiebackbrösel · 1 Kaffeelöffel Backpulver · $3/8$ l Weißwein · Zimtrinde · Nelken · 80 g Zucker · 50 g Mandeln

Die ganzen Eier und den Zucker schlägt man sehr schaumig, gibt die Gewürze, Backpulver und die feinen Semmel- oder Zwiebackbrösel bei. In eine befettete, mit Bröseln ausgestreute Puddingform eingefüllt, kocht man den Pudding 1 Stunde im Wasserbad. Man kann die Teigmasse auch in eine vorbereitete Gugelhupf- oder Kastenform füllen und bei mäßiger Hitze 45 Minuten bis 1 Stunde im Rohr backen. Nach dem Stürzen spickt man nach Belieben den Pudding oder den Kuchen mit länglich geschnittenen Mandeln und übergießt ihn mit heißem Wein, den man mit Zucker, Zitronenschale, Zimt und Nelken aufkochen ließ. Der Wein muß vom Pudding oder Kuchen aufgesogen werden. Dazu reicht man Weinchaudeau.

14. Frankfurter Pudding

100 g Butter oder Margarine · 120 g Zucker · 8 Eigelb · 50 g Mandeln Zimt · 100 g Brösel · etwas Rotwein · 8 Eischnee

Schaumiggerührte Butter oder Margarine mit Zucker und Eigelb weiterrühren, geschälte, geriebene Mandeln, Zimt, mit Rotwein befeuchtete Brösel und den Eischnee zugeben. Die Masse in eine befettete, mit Zucker ausgestreute Puddingform füllen. Eine Stunde im Wasserbad kochen. Zu dem gestürzten Pudding Glühwein servieren. Dazu $1/4$ l Rotwein mit Gewürznelken, ganzem Zimt, Zitronenschale und 60 g Zucker aufkochen und durchgießen.

15. Cremepudding

$1/4$ l Milch · 60 g Butter · 160 g Mehl · 6 Eigelb · 40 g Zucker · 6 Eischnee

Milch mit Butter aufkochen, das Mehl zugeben und den Brandteig zum Kloß abbacken. Nach und nach Eigelb und Zucker einrühren, zur vollständig erkalteten Masse den Eischnee. In einer befetteten, mit Zucker bestreuten Puddingform 1 Stunde im Wasserbad kochen, stürzen, sofort mit Weinchaudeau oder Fruchtsaft servieren.

16. Kaffeepudding

80 g Butter · 80 g Zucker · 6 Eigelb · 80 g Mandeln · 2 Semmeln $1/8$ l Kaffee · 6 Eiweiß

Butter mit Zucker und Eigelb schaumigrühren, geriebene, ungeschälte Mandeln, in starkem schwarzem Kaffee erweichte, passierte Semmeln und den steifen Eischnee zugeben. Die Masse in einer befetteten, mit Zucker ausgestreuten Puddingform 1 Stunde im Wasserbad kochen, stürzen, mit Kaffeecreme überziehen. — Zu Kaffeecreme: $1/4$ l starken Kaffee mit 2 Eigelb, 50 g Zucker und einem gehäuften Teelöffel Stärkemehl am Feuer dicklichschlagen, Eischnee einmischen oder kaltschlagen und mit $1/8$ l geschlagener Sahne verrühren.

17. Schweizer Karamelpudding

70 g Zucker · 90 g Butter · $1/8$ l Wasser · $1/8$ l Milch · 160 g Mehl · 7 Eigelb 7 Eischnee

Den Zucker in einer Stielpfanne trocken hellbraun rösten, mit Wasser aufgießen, glattkochen, kalte Milch, Butter und Mehl zugeben, am Feuer dicklichkochen. Nach dem Erkalten Eigelb und Eischnee einrühren, in eine befettete und mit Mehl ausgestreute Puddingform füllen, 1 Stunde im Wasserbad kochen. Gestürzt mit Karamelcreme überziehen und ringförmig mit geschlagener, gezuckerter Sahne umgeben. — Karamelcreme: Wie vorstehend Karamelflüssigkeit bereiten, 2 Eigelb, 50 g Zucker und einen gehäuften Teelöffel Stärkemehl zugeben, am Feuer dicklichschlagen, Eischnee untermischen.

18. Italienischer Pudding

100 g Butter oder Margarine · 80 g Zucker · 6 Eigelb · 3 Semmeln · 100 g Mandeln · 20 g Datteln · 20 g Malagatrauben (getrocknet) · 20 g Orangeat 6 Eiweiß

Butter oder Margarine mit Zucker und Eigelb schaumigrühren, entrindete, erweichte, ausgedrückte, passierte Semmeln, ungeschälte geriebene Mandeln, kleingeschnittene Datteln, Malagatrauben (Sultaninen), Orangeat und Eischnee vermengen. Die Masse in eine befettete, bemehlte, mit abgezogenen Mandeln ausgelegte Puddingform füllen und 60 Minuten im Wasserbad kochen. Stürzen und mit Weinchaudeau servieren.

19. Mandelpudding

80 g Butter · 80 g Zucker · 6 Eigelb · 250 g Mandeln · 6 Eischnee

Butter oder Margarine mit Zucker und Eigelb schaumigrühren, abgezogene, geriebene Mandeln und den Eischnee zugeben. Die Masse in eine befettete, mit Zucker ausgestreute, mit geschälten Mandeln ausgelegte Puddingform füllen und eine Stunde im Wasserbad kochen. Stürzen, mit Weinchaudeau oder Fruchtpüree von Erdbeeren oder Himbeeren servieren.

20. Schokoladenpudding

*100 g Butter oder Margarine · 80 g Zucker · 6 Eigelb · 100 g Schokolade
4 alte Semmeln · 100 g Mandeln · Zitronenschale · 6 Eiweiß*

Butter oder Margarine mit Zucker, Eigelb und geriebener Schokolade schaumigrühren. Entrindete Semmeln in Milch erweichen, ausdrücken, passieren oder mit der Gabel ganz fein zerdrücken. Zur Schaummasse geben, ebenso ungeschälte geriebene Mandeln, Zitronenschale und Schnee. Die Masse in eine befettete, bemehlte, mit halbierten abgezogenen Mandeln ausgelegte Puddingform füllen und eine Stunde im Wasserbad kochen, stürzen, mit Schokoladencreme überziehen, steife, gezuckerte Sahne ringsum geben.

21. Mohr im Hemd

*100 g Butter · 100 g Zucker · 6 Eigelb · 100 g Mandeln · 100 g Schokolade
6 Eiweiß — Guß: 1/8 l Wasser · 140 g Zucker · 4 Eiweiß · 1 Eßlöffel Rum
1/8 l Schlagsahne*

Butter mit Zucker und Eigelb schaumigrühren, ungeschälte geriebene Mandeln, geriebene Schokolade und Eischnee zugeben, in eine befettete, mit Zucker ausgestreute Puddingform füllen und eine Stunde im Wasserbad kochen, stürzen, mit Guß überziehen, ringsum geschlagene Sahne geben. Zum Guß Wasser mit Zucker zu Sirup kochen, in steifgeschlagenen Eischnee einrühren, mit Rum abschmecken. Man könnte auch den Guß weglassen und nur Schlagsahne verwenden. (Dann sehr rasch servieren.)

22. Schwarzbrotpudding

*125 g geriebenes Schwarzbrot · 2 Eßlöffel Rum zum Anfeuchten · 125 g
Butter oder Margarine · 180 g Zucker · 4 Eier · 125 g Mandeln · 50 g
Weinbeeren · 1 Kaffeelöffel Zimt · 1 Messerspitze Nelken*

Das im Rohr gebähte und geriebene Schwarzbrot feuchtet man mit Rum an. Zur schaumiggerührten Butter gibt man Zucker, Eigelb, die geriebenen, ungeschälten Mandeln, die gewaschenen, getrockneten Weinbeeren, Zimt, Nelken und die Brösel. Zuletzt hebt man den steifen Eierschnee leicht darunter, füllt den Teig in die vorbereitete Puddingform und kocht ihn 1 Stunde im Wasserbad. Dazu gibt man Fruchtsauce oder Weinsauce.

23. Parmesanpudding

*120 g Butter oder Margarine · 6 Eigelb · 80 g geriebener Parmesankäse
1/4 l Sauerrahm · Salz · 80 g Mehl · 80 g Brösel · 6 Eiweiß*

Butter oder Margarine mit Eigelb schaumigrühren, geriebenen Käse, Sauerrahm, Mehl und Brösel, etwas Salz und den steifen Eischnee zugeben. Die Masse in einer befetteten und bemehlten Puddingform 1 Stunde im Wasserbad kochen, stürzen, mit einem Kranz von feingehacktem Schinken und gekochten, grünen Erbsen umgeben.

24. Spargelpudding

80 g Butter oder Margarine • 1/8 l Milch • 80 g Mehl • 3 Eier • 1/2 kg Spargel Salz • 30 g Butter zum Übergießen

Butter und Milch läßt man zusammen aufkochen, rührt das Mehl ein und rührt am Feuer so lange, bis sich der Teig von der Pfanne löst. Unter den heißen Teig gibt man die Eigelb, den geschälten in kleine Stückchen geschnittenen, in Salzwasser gekochten Spargel, schmeckt mit Salz ab und hebt zuletzt den Eierschnee leicht unter. Die Masse füllt man in eine gebutterte, mit Mehl ausgestäubte Form und kocht den Pudding 1 Stunde im Wasserbad. Nach dem Stürzen übergießt man den Pudding mit gebräunter Butter und gibt holländische Sauce oder Tomatensauce dazu.

25. Spinatpudding

100 g Butter oder Margarine • 4 Eigelb • 500 g Spinat • 2 Semmeln 1/8 l Milch • 1/10 l Sauerrahm • Salz • 60 g Brösel • 4 Eischnee

Butter mit Eigelb schaumigrühren, den gekochen, passierten Spinat, in Milch erweichte, ausgedrückte, passierte Semmeln, Sauerrahm, Salz, Brösel und Eischnee zugeben. Die Masse in eine gut gefettete, mit Bröseln ausgestreute Puddingform füllen und 1 Stunde im Wasserbad kochen. Stürzen, mit etwas Bröseln bestreuen, mit heißer, brauner Butter übergießen, mit gehacktem Schinken umgeben.

26. Käsepudding

60 g Margarine • 4 Eigelb • 60 g geriebener Käse • 4 Semmeln • 1/8 l Milch 1/8 l Sauerrahm • 40 g Brösel • Salz

Margarine mit Eigelb schaumigrühren, die in Milch geweichten, feinzerdrückten Semmeln, Sauerrahm, Brösel, Salz und Eischnee zugeben. In einer befetteten, mit Bröseln ausgestreuten Puddingform 1 Stunde kochen, stürzen, mit 40 g geriebenem Käse bestreuen und mit heißer, brauner Butter übergießen. Dazu Tomatensauce und grüner Salat.

27. Schinkenpudding

Wie vorstehend eine Puddingmasse bereiten. Zusätzlich 100 g gewiegten Schinken zugeben. Gestürzt mit brauner Butter übergießen und mit Zuckererbsen umkränzen.

28. Schinkenpudding

40 g Butter • 40 g Mehl • 1/8 l Sahne oder Milch • 3 Eier 50 g Schinken • Salz

Man rührt das Mehl in die flüssige Butter ein, röstet 1 Minute, füllt gleich mit der kalten Milch auf, rührt die Masse glatt und gibt noch heiß die Eigelb dazu. Nach dem Erkalten mischt man den feingewiegten Schinken darunter, schmeckt mit Salz ab und zieht den steifen Eischnee durch. In eine befettete, mit Mehl übersiebte Form eingefüllt, kocht man den Pudding 45 Minuten im Wasserbad. Man gibt Gemüse oder Salat dazu.

29. Tomatenpudding

100 g Butter oder Margarine · ¼ l Milch · 160 g Mehl · 4 Eier · 2 Eßlöffel Tomatenmark · Salz · Zucker · Zitronenschale · Rosmarin (pulverisiert)

Milch mit Butter oder Margarine aufkochen, das Mehl zugeben und am Feuer so lange rühren, bis sich die Masse vom Topf und Löffel löst. Noch heiß die Eigelb und das Tomatenmark zugeben, mit Salz, Zucker, Zitronenschale und Rosmarin abschmecken, den steifen Eischnee unterziehen und die Masse in eine befettete, bemehlte Puddingform füllen. 1 Stunde im Wasserbad kochen, stürzen und mit Petersiliensauce zu Tisch geben.

30. Kartoffelpudding

100 g Butter oder Margarine · 4 Eier · 300 g gekochte Kartoffeln · Salz nach Belieben: 100 g Schinken

Zu der schaumiggerührten Butter gibt man die Eigelb, rührt die durch die Presse gedrückten, erkalteten Kartoffeln dazu, schmeckt mit Salz ab und gibt gewiegten Schinken dazu. Zuletzt zieht man den steifgeschlagenen Eischnee leicht durch die Masse. In eine mit Butter und Bröseln vorbereitete Form eingefüllt, kocht man den Pudding 45 Minuten im Wasserbad. Gebundene Gemüse eignen sich als Beigabe am besten.

31. Makkaronipudding

250 g Makkaroni · 50 g Butter oder Margarine · 3 Eier · 100 g geriebener Käse · 50 g Schinken · Salz · Pfeffer · Muskat

Die kleingebrochenen Makkaroni werden im Salzwasser weichgekocht. Inzwischen rührt man die Butter schaumig, gibt die Eigelb und die mit kaltem Wasser abgebrausten Makkaroni dazu, den geriebenen Käse und nach Belieben den feinverwiegten Schinken, würzt mit Salz und hebt den steifgeschlagenen Eischnee leicht unter die Masse. In eine gut befettete Form eingefüllt, kocht man den Pudding 1 Stunde im Wasserbad. Dazu reicht man grünen Salat oder Holländische Sauce.

32. Fleischpudding

250 g Kalbfleisch vom Schlegel · 250 g Schweinefleisch vom Schlegel · 2 Semmeln · Milch zum Einweichen · 50 g Butter oder Margarine · 3 Eier · Zwiebel Zitronenschale · Petersiliengrün · nach Belieben einige Sardellen · Salz und Pfeffer

Das Fleisch wird zweimal durch die Hackmaschine gegeben, dazu die eingeweichten und wieder ausgedrückten Semmeln. Zur schaumiggerührten Butter gibt man die Eigelb und das Hackfleisch, gibt Zwiebel und Zitronenschale bei, rührt das feingewiegte Petersiliengrün und nach Belieben die gewiegten Sardellen dazu und schmeckt mit Salz und Pfeffer ab. Zuletzt hebt man den Eischnee leicht unter. In einer gut befetteten, mit Bröseln bestreuten Form kocht man den Pudding 1½ Stunden im Wasserbad. Als Beilage eignet sich Gemüse oder Salat.

33. Kalbsbratpudding

250 g Kalbsbrat (Wurstmasse) · 4 Semmeln · Milch zum Einweichen · 100 g Butter · 4 Eier · Salz · Zwiebel · Zitronenschale · Muskat

Die abgeriebenen Semmeln werden durchgeschnitten, in kalter Milch eingeweicht, wieder gut ausgedrückt und mit dem Kalbsbrat fein abgerührt. An die schaumiggerührte Butter gibt man die Eigelb, rührt nach und nach das Kalbsbrat dazu, würzt mit Salz, reibt Zwiebel, Zitronenschale und ein wenig Muskat dazu und hebt zuletzt den steifen Eischnee ein. Man füllt die Masse in eine befettete, mit Bröseln bestreute Form und kocht den Pudding 1 Stunde im Wasserbad oder bäckt ihn im Rohr. Als Beilage eignen sich Gemüse oder Petersilienkartoffeln und Tomaten- oder Sardellensauce.

34. Kalbsbratenpudding

250 g Kalbsbraten · 50 g Sardellen · Kapern · 80 g Butter · 2 Eier · ⅛ l Sauerrahm · 40 g Semmelbrösel · Salz · Pfeffer

Den Kalbsbraten gibt man zweimal durch die Hackmaschine, mischt das Fleisch unter die schaumiggerührte Butter, gibt Eigelb, Sauerrahm, die feingewiegten Sardellen, Semmelbrösel und die Kapern dazu. Abgeschmeckt mit Salz und Pfeffer, hebt man zuletzt den steifen Eischnee unter die Masse. Man füllt sie in eine befettete, mit Bröseln bestreute Form ein und kocht den Pudding 1 Stunde im Wasserbad. Man gibt ihn mit Gemüse oder Salat zu Tisch.

35. Geflügelpudding

250 g Fleischreste von Geflügel · 80 g Butter · 2 Eier · ⅛ l Sahne oder Milch · 40 g Semmelbrösel · Salz · Zwiebel und Petersiliengrün

Dazu eignet sich besonders das Fleisch eines gekochten alten Huhnes. Das Fleisch wird zweimal durch die Hackmaschine gegeben, mit der schaumiggerührten Butter vermischt und Eigelb, Sahne und Semmelbrösel daruntergemengt. Man schmeckt mit Salz ab, würzt mit etwas geriebener Zwiebel und feingewiegtem Petersiliengrün, hebt den steifen Eischnee leicht unter die Masse, füllt sie in eine mit Fett und Bröseln vorbereitete Form ein und kocht den Pudding 1 Stunde im Wasserbad. Mit Petersilienkartoffeln und Tomatensauce oder grünem Salat zu Tisch geben.

36. Hirnpudding

100 g abgeriebenes Weißbrot · Milch zum Einweichen · Butter zum Dünsten 1 ganzes Kalbshirn · 100 g Butter · 3 Eier · 2 Eßlöffel Semmelbrösel · Zwiebel Zitronenschale · Petersiliengrün · Salz

Das abgeriebene Weißbrot schneidet man durch und weicht es in kalter Milch ein. Das Hirn übergießt man mit heißem Wasser, häutet es ab, dünstet es mit etwas Butter und verrührt es fein. An die schaumiggerührte Butter gibt man die Eigelb, das gut ausgedrückte Weißbrot, Semmelbrösel und das erkaltete Hirn, reibt etwas Zwiebel und Zitronenschale daran, gibt ein wenig feingewiegtes Petersiliengrün dazu und schmeckt mit Salz ab. Zuletzt hebt man den steifen Eischnee ein. Man füllt die Masse in eine befettete, mit Bröseln ausgestreute Form ein und kocht den Pudding 1 Stunde im Wasserbad. Mit Blumenkohl und Holländischer Sauce zu Tisch geben.

37. Briespudding

2 Kalbsbriese · Salzwasser · 50 g Butter oder Margarine · 3 Eier · Zwiebel Petersilie · 2 Semmeln · Milch zum Einweichen · Salz · Pfeffer · Muskat

Butter mit Eigelb schaumigrühren, gekochtes, gehäutetes, in kleine Würfelchen geschnittenes Bries, gewiegte, in Fett geröstete Zwiebel und Petersilie, in Milch erweichte, ausgedrückte Semmeln zugeben. Mit Salz, Pfeffer, Muskat abschmecken und den Eischnee unterziehen. Die Masse in eine befettete, mit Bröseln ausgestreute Form füllen und 45 Minuten im Wasserbad kochen. Auf eine vorgewärmte Platte stürzen, mit Holländischer Sauce oder Tomatensauce reichen oder mit brauner Butter übergießen und grünen Salat dazu servieren.

38. Leberpudding

125 g abgeriebenes Weißbrot · etwas Milch zum Einweichen · 80 g Butter oder Margarine · 4 Eier · 250 g Kalbsleber · Zwiebel · Zitronenschale · Petersiliengrün · Salz · Pfeffer

Die abgeriebenen Brote werden in Stücke geschnitten und mit möglichst wenig kalter Milch eingeweicht und ausgedrückt. Unter die schaumiggerührte Butter rührt man abwechselnd Eigelb und einen Teil der eingeweichten Semmeln, gibt die geschabte und noch feinverwiegte Leber dazu, reibt Zwiebel und Zitronenschale daran, mengt das gewiegte Petersiliengrün darunter und würzt mit Salz und ein wenig Pfeffer. Der steifgeschlagene Eischnee wird leicht eingehoben. Die Masse wird in eine befettete, mit Bröseln bestreute Form eingefüllt und 1 Stunde im Wasserbad gekocht. Man gibt dazu Wirsing, Rosenkohl- oder Blumenkohlgemüse.

FLAMMERIS

Der Flammeri ist eine beliebte Kaltspeise für Nachtisch, und im Sommer als Abendessen. Man bezeichnet ihn auch als Pudding.

Flammeri ist einfach in der Herstellung, nahrhaft und leicht verdaulich. Daher von jung und alt, besonders auch von Kindern und Kranken, geschätzt. Zum Kochen von Flammeri verwendet man Milch, Obstsaft und Wein. Zum Einkochen Grieß, Reis, Sago, Stärkemehl (Maizena, Mondamin oder Gustin). Zum Verbessern Butter, Eigelb, Eischnee, Schlagsahne, Mandeln, Nüsse, Sultaninen, Früchte u. dgl.

Als Nachtisch für 4 Personen genügt bei allen Rezepten die *halbe Menge*.

1. Grießflammeri

1 l Milch · 40 g Butter · 1 Prise Salz · Zitronenschale · 150 g Grieß · 100 g Zucker — Zum Anrichten: $^{1}/_{4}$ l Fruchtsaft

Milch mit Butter, Salz und Zitronenschale aufkochen, den Grieß einstreuen, zu einem dicken Brei kochen, mit Zucker abschmecken, heiß in eine kalt ausgespülte Form gießen. Nach dem Erkalten stürzen, mit Fruchtsaft zu Tisch geben.

2. Grießflammeri mit Eiern

1 l Milch · 40 g Butter · 1 Prise Salz · Zitronenschale · 150 g Grieß · 100 g Zucker · 2 Eigelb · 2 Eischnee — Zum Anrichten: $^{1}/_{4}$ l Fruchtsaft

Milch mit Butter, Salz und Zitronenschale aufkochen, den Grieß einstreuen, 5 Minuten kochen lassen, dann die mit Zucker verrührten Eigelb zugeben und den Flammeri am Herdrand noch 5 Minuten ziehen lassen, den steifen Eischnee unterziehen, die Masse in eine kalt ausgespülte Form füllen. Nach dem Steifwerden stürzen und mit Fruchtsaft zu Tisch geben.

3. Grießflammeri mit Mandeln

Zur Grießmasse noch 50—100 g abgezogene, fein gestiftelte Mandeln untermischen. Den Boden der Stürzform mit geschälten, halbierten Mandeln auslegen.

4. Grießflammeri mit Marmelade

In die Stürzform etwas Grießmasse geben, darauf glattgerührte, mit Rum oder Arrak abgeschmeckte Marmelade, darüber wieder Grießbrei und so fort, bis die Form voll ist.

5. Grießflammeri mit Schokolade

Die heiße Grießmasse mit Kakao oder geriebener Schokolade mischen, mit einem Eßlöffel Rum abschmecken, einfüllen, mit Vanillesauce servieren.

6. Grießflammeri mit Früchten

In die kalt ausgespülte Form erst etwas Grießmasse geben, darauf gekochte, gut abgetropfte Früchte beliebiger Art, wieder Grießmasse usw. Die oberste Lage muß Grießmasse sein. — Da das Einfüllen einige Zeit beansprucht, darf man die Grießmasse nicht zu dick kochen, damit man sie gleichmäßig auf das Obst gießen kann und der Grieß bei der obersten Masse nicht bereits steif geworden ist. Zu dem gestürzten Grieß gibt man den dicklich eingekochten Kompottsaft der Früchte.

7. Grießflammeri mit Schlagsahne

Einen nicht zu dicken Grießflammeri kochen (1 l = 125 g Grieß), lauwarm die geschlagene Sahne unterrühren, in eine mit Mandeln ausgelegte Form füllen, erkaltet stürzen, mit Kompottfrüchten garnieren.

8. Grießschaum

1 l Wasser · 2 Zitronen · 100 g Grieß · 125 g Zucker · Wasser

Wasser mit der feinabgeschälten Schale einer Zitrone, dem Zitronensaft und Zucker aufkochen. Den Grieß einstreuen, 5 Minuten kochen lassen. Dann die Masse vom Feuer nehmen und mit dem Schneebesen so lange schlagen, bis sie steif und schaumig ist.

9. Reisflammeri

1 l Milch · 160 g Reis · Salz · Zitronenschale · 40 g Butter · 100 g Zucker
Zum Anrichten: 1/2 l Kompott oder eingemachte Früchte

Den Reis in Milch mit Salz, Zitronenschale und Butter weichkochen, mit Zucker abschmecken. Dann in eine kalt ausgespülte Form geben. Nach dem Erkalten stürzen. Mit eingemachten Früchten verzieren und den eingedickten Kompottsaft dazu servieren.

10. Reisflammeri mit Eiern

Man kocht wie vorstehend einen Reisflammeri, vermischt ihn aber nach dem Garwerden noch mit 2 Eigelb, die man mit Zucker verrührt hatte. Den Reis anschließend noch 10 Minuten am Herdrand ziehen lassen. Er wird dann in eine kalt ausgespülte Form gegossen, bei Gebrauch gestürzt, mit eingemachten Früchten verziert und mit dem dicklichen Fruchtsaft zu Tisch gegeben. — Reisflammeri kann ebenso wie Grießflammeri verschiedenartig fertiggemacht werden.

11. Malteser Reis

160 g Reis · 1/2 Flasche Weißwein · 1 Zitrone · 1 Orange · 40 g Butter
125 g Zucker · 3 Eßlöffel Maraschino oder Arrak · eingemachte Früchte

Reis in reichlichem, leichtgesalzenem Wasser 4 Minuten kochen. Dann auf einem Sieb abtropfen lassen und anschließend in Weißwein mit der Schale und dem Saft einer Zitrone und einer Orange, Zucker und Butter weichkochen. Den überkühlten Reis mit Maraschino oder Arrak und, wenn nötig, noch etwas Wein abschmecken. In einer Glasschale bergartig anrichten und mit eingemachten Früchten verzieren.

12. Reisflammeri mit Orangen

160 g Reis · reichlich leicht gesalzenes Wasser · 4 Orangen · 40 g Butter 100 g Zucker — Zum Garnieren: 2 Orangen

Den Reis in reichlichem, leicht gesalzenen Wasser halbweich kochen. Dann auf einem Sieb abtropfen lassen und anschließend in Orangensaft mit Butter und, wenn nötig, noch unter Zugabe von etwas Wasser weichdünsten, mit Zucker abschmecken. In eine kalt ausgespülte, mit gezuckerten Orangenscheiben ausgelegte Form geben. Nach dem Stürzen mit den restlichen eingezuckerten Orangenscheiben garnieren.

13. Bananenreis

1 l Milch · 160 g Reis · Salz · Zitronenschale · 40 g Butter · 100 g Zucker 4 bis 6 Bananen · 2 Eßlöffel Maraschino

Reis in Milch mit Salz, Zitronenschale und Butter zu einem dicken Brei kochen, mit Zucker abschmecken, fest in eine kalt ausgespülte oder mit Öl ausgepinselte Form drücken. Nach dem vollständigen Erkalten stürzen. Bananenscheiben mit Zucker bestreuen, mit Maraschino betropfen, den Reis damit garnieren. Evtl. noch dunkle, eingemachte Kompottfrüchte zur Verzierung mitverwenden.

14. Arrakreis

160 g Reis · 150 g Zucker · 1 Zitrone · $^1/_4$ l Wasser · 4 Eßlöffel Arrak

Den Reis in reichlich Wasser halbweich kochen, auf einem Sieb abtropfen lassen. Zucker mit Zitronensaft und Wasser 10 Minuten kochen lassen, dann den Reis in dieser Flüssigkeit völlig gardünsten. Abgekühlt mit Arrak abschmecken. Angerichtet mit Gelee verzieren.

15. Reis Trautmannsdorff

100 g Reis · $^1/_2$ l Milch · 70 g Zucker · 3 Blatt farblose Gelatine · 2 Eßlöffel heißes Wasser · $^1/_4$ l Schlagsahne · $^1/_8$ l Obstsaft · 2 Blatt Gelatine · eingemachte Früchte · $^1/_8$ l Himbeersaft

Reis in Milch weichkochen, mit Zucker abschmecken, aufgelöste Gelatine zugeben, nach dem vollständigen Erkalten die geschlagene Sahne unterrühren. In $^1/_8$ l Obstsaft von den eingemachten Früchten die Gelatine auflösen und in eine runde Kuppelform (Bombe) gießen, erstarren lassen. Dann diesen Sulzspiegel schön mit eingemachten, gut abgetropften Früchten belegen, den Reis daraufgeben. Die Form verschließen und für 2 Stunden in zerkleinertes, gesalzenes Eis stellen. Den Rand der Form sorgfältig mit Fett einstreichen, damit kein Eiswasser eindringen kann! Vor dem Anrichten die Form einige Sekunden in heißes Wasser halten und den Reis auf eine kalt abgespülte Platte stürzen.

16. Prinzessinnenreis

1 l Milch · Salz · ¼ Stange Vanille · 160 g Reis · 100 g Zucker · 2 Eigelb
⅛ l Weißwein · ¼ l Schlagsahne · eingemachte Früchte · 100 g Makronen
Zum Anrichten: Hagebuttenmarmelade · kleine Mandelbögen

Den Reis in Milch mit der Vanillestange und etwas Salz weichkochen. Dann die mit Zucker verrührten Eigelb zugeben, abgekühlt den Wein und die geschlagene Sahne. — Eine geölte Form abwechselnd mit Reis, Früchten und Makronenstückchen füllen, womöglich in Eis eingegraben steif werden lassen. Bei Gebrauch stürzen, mit Hagebuttenmarmelade und kleinen Mandelbögen verzieren.

17. Apfelreis

¾ kg Äpfel · ¾ l Wasser · 1 Zitrone · 250 g Reis · 40 g Butter · Salz
100 g Zucker

Die Äpfel schälen, in Spalten schneiden, in Wasser mit Zitronenschale und Zitronensaft weichkochen, auf ein Sieb geben. In dem Apfelsaft unter Zugabe von Butter und Salz den Reis weichdünsten, die gekochten Äpfel untermischen. Mit Zucker und Zitronensaft abschmecken. Angerichtet mit brauner Butter übergießen.

18. Sagoflammeri

1 l Milch · Zitronenschale · 40 g Butter · 150 g Sago · 125 g Zucker
Zum Anrichten: Marmeladen- oder Fruchtsauce

Milch mit Zitronenschale und Butter aufkochen. Den Sago einstreuen und darin gar und durchscheinend kochen. Mit Zucker abschmecken. Den Flammeri in eine kalt ausgespülte Form geben. Nach dem Stürzen mit Marmeladen- oder Fruchtsauce zu Tisch geben.

19. Vanilleflammeri

1 l Milch · Zitronenschale oder ¼ Stange Vanille · 90 g Stärkemehl (9 gestrichene Eßlöffel) · 2 Eigelb · 100 g Zucker · 2 Eischnee — Zum Anrichten: Marmeladen- oder Fruchtsauce

Milch mit Zitronenschale oder Vanillestange aufkochen. Stärkemehl mit Eigelb und etwas zurückbehaltener kalter Milch anrühren, in die Milch einkochen, 1 Minute kochen lassen, mit Zucker abschmecken. Vom Feuer nehmen, den steifen Eischnee einrühren. In eine kalt ausgespülte große Form oder Portionsförmchen gießen. Nach dem Erkalten stürzen und mit Marmeladen- oder Fruchtsauce zu Tisch geben.

20. Rote Grütze (Obstsaftflammeri)

1 l Obstsaft · 150 g Sago oder Grieß oder 90 g Stärkemehl · Zucker nach Geschmack · ½ l Vanillesauce

Obstsaft oder dünnes Kompott aufkochen, Grieß oder Sago einstreuen oder kalt angerührtes Stärkemehl einkochen und darin garkochen, mit Zucker abschmecken. Den Flammeri in eine kalt ausgespülte Form gießen. Nach dem Erkalten stürzen und mit Vanillesauce zu Tisch geben.

21. Stachelbeerflammeri

1 l Stachelbeerkompott · 90 g Stärkemehl · 150 g Zucker — Zum Anrichten: ½ l Vanillesauce

Kalt angerührtes Stärkemehl in das kochende, gezuckerte Stachelbeerkompott einkochen. Eine Minute kochen lassen, in eine kalt ausgespülte Form gießen. Nach dem Erkalten stürzen und mit Vanillesauce zu Tisch geben.

22. Rhabarberflammeri

1 l Rhabarberkompott · 90 g Stärkemehl (9 gestrichene Eßlöffel) · 200 g Zucker — Zum Anrichten: ½ l Vanillesauce

In verkochtes Rhabarberkompott kalt angerührtes Stärkemehl einkochen, eine Minute kochen lassen, mit Zucker abschmecken, in eine kalt ausgespülte Form gießen. Nach dem Erkalten stürzen und mit Vanillesauce zu Tisch geben.

23. Weichselflammeri

1 l Weichselkompott · 200 g Zucker · 90 g Stärkemehl (9 gestrichene Eßlöffel) Zum Anrichten: ½ l Vanillesauce

In gut gesüßtes entkerntes Weichselkompott kalt angerührtes Stärkemehl einkochen, eine Minute kochen lassen, in eine kalt ausgespülte Form gießen. Nach dem Stürzen mit Vanillesauce zu Tisch geben. Weichselflammeri kann auch mit ganzen Sauerkirschen zubereitet werden.

24. Feiner Schokoladenflammeri

1 l Milch · 150 g Schokolade · 50 g Mandeln · 90 g Stärkemehl (9 gestrichene Eßlöffel) · 2 Eigelb · 100 g Zucker · 2 Eischnee — Zum Anrichten: ⅛ l Schlagsahne · 1 Päckchen Vanillezucker

Milch mit Schokolade und abgezogenen, gehackten Mandeln aufkochen. Stärkemehl mit Eigelb und zurückbehaltener kalter Milch anrühren, in die Schokoladen-Mandelmilch einkochen. 1 Minute kochen lassen, mit Zucker abschmecken, den Eischnee unterziehen. In eine kalt ausgespülte, schöne Form gießen und nach dem Erkalten stürzen. Mit geschlagener, mit Vanillezucker abgeschmeckter Sahne spritzen.

25. Kaffeeflammeri

$3/4$ l Milch • $1/4$ l starker Bohnenkaffee • 90 g Stärkemehl (9 gestrichene Eßlöffel) • 2 Eigelb • 100 g Zucker • 2 Eischnee — Zum Anrichten: $1/8$ l Schlagsahne • 1 Päckchen Vanillezucker

Milch mit Kaffee aufkochen. Stärkemehl mit Eigelb und zurückbehaltener kalter Milch anrühren, einkochen, eine Minute kochen lassen, mit Zucker abschmecken, Eischnee unterziehen. In eine kalt ausgespülte Form gießen. Nach dem Erkalten stürzen und mit geschlagener Sahne, welche mit Vanillezucker abgeschmeckt wurde, spritzen.

26. Apfelmusnachspeise

1 Dose Apfelmus • 100 g geriebene Nüsse • 2 Eier • 100 g Zucker • Saft $1/2$ Zitrone oder 2 Eßlöffel Rum

Eiweiß zu steifem Schnee schlagen, Zucker und die Hälfte der Nüsse einschlagen. Das Apfelmus mit den restlichen Nüssen, dem Eigelb und der Hälfte der Baisermasse mischen, mit Zucker, Zitronensaft oder Rum abschmecken, in eine befettete Auflaufform füllen, mit der restlichen Baisermasse überdecken, 20 Minuten bei 200 Grad überbacken und warm oder kalt servieren.

27. Vanilleschaum mit Johannisbeersauce

$3/8$ l Milch • 3 gehäufte Eßlöffel Stärkemehl • 50 g Zucker • 1 Vanillezucker 20 g Mandelstiftchen • 2 Eiweiß • 1 Paket tiefgekühlte Johannisbeeren • 2 Eigelb • 1 Eßlöffel Stärkemehl

In die Milch kalt angerührtes Stärkemehl einkochen, mit Zucker abschmecken, Mandelstiftchen zugeben, in die lauwarme Masse den steifen Eischnee einschlagen. Unter gelegentlichem Durchschlagen erkalten lassen, in eine Glasschüssel oder vier Glasschälchen geben. Die aufgetauten Johannisbeeren auf ein Sieb gießen, den abgelaufenen Saft mit Wasser auf $1/4$ l ergänzen, Stärkemehl und Eigelb zugeben, unter Schlagen mit dem Schneebesen einmal aufkochen lassen, die Johannisbeeren einrühren, kalt über den Vanilleschaum gießen.

28. Sahnegrieß mit gebratenen Bananen

1 l Milch • 1 Teelöffel Salz • 160 g Grieß • 125 g Zucker • $1/4$ l Schlagsahne 20 g Butter • 4 Bananen • Johannisbeergelee

Milch mit Salz aufkochen, Grieß einstreuen, 5 Minuten kochen lassen, zuckern. Den lauwarmen Brei mit der geschlagenen Sahne verrühren, auf eine Platte oder Teller geben. Die Bananen der Länge nach halbieren, in Butter goldgelb braten, auf den Grieß legen, mit Johannisbeergelee garnieren.

Kalte Süßspeisen, Fruchtschnee, Fruchtgelee, Cremes

KALTE SÜSS-SPEISEN

1. Pfirsich- oder Aprikosendessert

8 halbe Pfirsiche oder Aprikosen aus der Dose · 1 Eßlöffel Cointreau
¼ l Schlagsahne · 1 Päckchen Vanillezucker

Schlagsahne steifschlagen, mit Vanillezucker leicht süßen, in eine Glasschale oder auf Portionstellerchen geben. Die Früchte in Spalten schneiden, mit Cointreau oder beliebigem anderen Alkohol beträufeln und durchziehen lassen. In schöner Anordnung auf die Schlagsahne geben.

2. Obstschaum in Gläsern

¼ l Schlagsahne · 4 Eßlöffel roher oder eingekochter Fruchtsaft oder eingekochtes Fruchtmark · 3 Eßlöffel Zucker · 1 Päckchen Vanillezucker

In steifgeschlagene Sahne den rohen Saft von Orangen, Erdbeeren, Himbeeren usw. oder rohes Fruchtmark von Erdbeeren, Aprikosen usw. oder den eingekochten Saft oder das eingekochte Mark beliebiger Früchte und Zucker einrühren, mit Vanillezucker abschmecken, in Gläser anrichten und sofort zu Tisch geben.

3. Bananenspeise

8 Bananen · Saft von 2 Zitronen oder beliebiger Likör · 60 g Zucker · ¼ l Schlagsahne · 1 Päckchen Vanillezucker

Bananen in Scheiben schneiden, lagenweise in eine Glasschale geben. Mit Zitronensaft oder Likör betropfen, mit Zucker bestreuen und zugedeckt gut durchziehen lassen. Dann mit Schlagsahne, die man mit Vanillezucker abgeschmeckt hat, spritzen, mit zurückbehaltenen, in Zitronensaft gewendeten Bananenscheiben verzieren.

4. Erdbeerspeise

½ kg Ananaserdbeeren oder Walderdbeeren · 120 g Zucker · 150 g Makronen ¼ l Schlagsahne · 1 Päckchen Vanillezucker

Die eingezuckerten Erdbeeren mit dem Saft abwechselnd mit den Makronen in eine Glasschale oder Gläser füllen, mit vanillierter Schlagsahne überdecken, spritzen und mit Erdbeeren verzieren.

5. Bananenplatte

8 Bananen · 4 Eßlöffel Erdbeer-, Himbeer- oder Hagebuttenmarmelade ¼ l Schlagsahne · 1 Päckchen Vanillezucker

Bananen schälen, halbieren, die Schnittfläche mit guter Marmelade nicht zu dünn bestreichen. Auf einer großen, runden Glasplatte blütenblattähnlich anrichten. Jede Bananenhälfte mit geschlagener Sahne schön bespritzen. In der Mitte der Platte gehäuft Schlagsahne anrichten, ebenfalls schön spritzen und in die Mitte einen Tupfen Marmelade setzen.

6. Pfirsichspeise

12 Makronen · 12 Pfirsichhälften · 6 Eßlöffel Kirschwasser · 2 Eßlöffel Himbeergelee · ⅛ l Schlagsahne · 1 Päckchen Vanillezucker

Man belegt eine Glasplatte mit Makronen, beträufelt sie mit Kirschwasser, überdeckt sie mit je einer geschälten in Zuckerwasser weichgedünsteten Pfirsichhälfte und füllt die Zwischenräume mit grobgehacktem Himbeergelee. Die Speise stellt man kalt und spritzt vor dem Anrichten mit vanillierter Schlagsahne.

7. Butteräpfel mit Biskuitguß

½ kg Äpfel · Saft 1 Zitrone · 50 g Zucker · 40 g Butter · 2 Eigelb · 80 g Zucker · 2 Eßlöffel heißes Wasser · 80 g Mehl · ½ Teelöffel Backpulver 2 Eischnee

Die geschälten, in dünne Spalten geschnittenen Äpfel mit Zitronensaft und Zucker mischen, in die gebutterte Auflaufform geben, zugedeckt in 10 Minuten gardünsten. Eigelb mit Zucker und heißem Wasser schaumig schlagen, mit Backpulver gemischtes gesiebtes Mehl und Eischnee einmengen und über die Äpfel geben. Mit einigen Butterflöckchen belegen, mit etwas Zucker bestreuen und bei 200 Grad in 12 Minuten gar und goldgelb backen. Warmer Nachtisch, auch kalt sehr gut.

8. Süße Spiegeleier

½ l Milch · 25 g Stärkemehl (2½ gestrichene Eßlöffel) · 1 Eigelb · 40 g Zucker · 1 Eischnee · 1 Päckchen Vanillezucker · 8 Aprikosenhälften · 8 runde Biskuittörtchen oder ausgestochene Scheiben von gerührten Kuchen · ⅛ l Schlagsahne

Eigelb mit Stärkemehl und kalter Milch glattrühren, in die Milch einkochen, die Sauce zugedeckt erkalten lassen, Eischnee unterziehen, mit Zucker und Vanillezucker abschmecken. Die Sauce auf Glastellerchen verteilen, runde, fingerdicke Scheiben von Biskuit oder gerührten Kuchen einlegen. Darauf gibt man einen Löffel halbsteif geschlagene, leichtgesüßte Sahne, drückt etwas flach und gibt statt des Eigelbs eine schöne, in Zuckerwasser gedünstete Aprikosenhälfte darauf.

Die süßen Spiegeleier können auch auf nachfolgende Weise zubereitet werden:

125 g Reis · ¾ l Milch · etwas Salz · Zitronenschale · 50 g Zucker
4 Aprikosenhälften

Reis in Milch mit Salz und Zitronenschale zu einem dicken Brei kochen. Auf einer Platte oder Tellerchen 4 Portionen Reis kreisförmig anrichten und je mit einer halben in Zuckerwasser gedünsteten oder eingemachten Aprikosenhälfte belegen.

9. Orangenköpfchen

4 Orangen · ½ l Milch · 1 Päckchen Puddingpulver · 1 Eigelb · 50 g Zucker
1 Eischnee

Orangen schälen, das Weiße sorgfältig entfernen, quer zu den Spalten in dünne Scheiben schneiden, die Kerne entfernen. Den Boden und die Seiten kleiner runder Schälchen mit den Orangenscheiben auslegen, mit etwas Zucker bestreuen. Aus den angegebenen Zutaten einen Pudding kochen, den Eischnee unterziehen, heiß vorsichtig in die vorbereiteten Schälchen gießen. Nach dem Erkalten stürzen.

Obstköpfchen: Statt mit Orangen können die Schälchen mit jedem anderen beliebigen rohen oder eingemachten Obst ausgelegt und wie vorstehend fertiggemacht werden.

10. Gebratene Äpfel

8 Äpfel

Die Äpfel waschen, nur die Blüte entfernen oder mit einem Apfelausstecher das Kernhaus durchstoßen, auf ein Blech legen und im Rohr bei Mittelhitze (200 Grad) braten, bis die Schale platzt und das Fruchtfleisch weich ist. Die Äpfel so essen oder passieren und das erhaltene Fruchtmark beliebig weiter verwenden. Zum Beispiel in geschlagener Sahne oder steifem Eischnee einschlagen, mit Zucker und Arrak oder Rum abschmecken.

11. Gebratene Butteräpfel

8 Äpfel · 8 Teelöffel Zucker · 20 g Butter

Die Äpfel waschen, nur die Blüte entfernen oder mit einem Apfelausstecher das Kernhaus durchstoßen. In die entstandene Vertiefung oder Höhlung etwas Zucker und ein kleines Stückchen Butter geben. Die Äpfel in eine feuerfeste Form oder in die Bratreine geben und im Rohr braten. Als warmen Nachtisch servieren. Schält man die Äpfel vor dem Braten, sind diese Butteräpfel eine sehr gute Beilage zu Wildgerichten.

12. Überzogene Äpfel

8 kleine Äpfel · ¹/₂ l Wasser · Schale und Saft ¹/₂ Zitrone · 80 g Zucker 2 Eßlöffel rote Marmelade — Creme: ¹/₂ l Milch · 25 g Puddingpulver (¹/₂ Päckchen) · 1 Eigelb · 50 g Zucker · 1 Päckchen Vanillezucker · 1 Eischnee

Die Äpfel schälen, das Kernhaus durchstechen und in Zuckerwasser mit Zitronenschale und Saft vorsichtig weichdünsten. Abgetropft in einer Glasschale oder auf Portionstellerchen anrichten, die Höhlung der Äpfel mit Marmelade füllen. Puddingpulver mit Eigelb und etwas kalter Milch anrühren, in die Milch einkochen, mit Zucker und Vanillezucker abschmecken. Zugedeckt erkalten lassen, den Eischnee unterziehen. Die angerichteten Äpfel mit der dicklichen, schaumigen Creme überziehen.

13. Gespickte Äpfel

8 kleine Äpfel · ¹/₂ l Wasser · Schale und Saft ¹/₂ Zitrone · 80 g Zucker 8 Biskuitscheiben · 2 Eßlöffel Marmelade — Baisermasse: 2 Eiweiß · 120 g Zucker · 50 g Mandeln zum Spicken

Die Äpfel schälen, das Kernhaus mit einem Apfelausstecher durchstechen. Die Äpfel in Zuckerwasser mit Zitronenschale und Saft weichdünsten, auf ein Sieb zum Abtropfen legen. Biskuitscheiben mit etwas Marmelade bestreichen, die vorbereiteten Äpfel daraufsetzen. Dick mit Baisermasse bestreichen, mit Mandelstiftchen spicken, auf das Blech setzen und bei guter Hitze (200 Grad) goldgelb überbacken. Warm oder kalt servieren. — Statt

Biskuitscheiben kann man auch Kastenkuchen oder Hefekuchen in Scheiben schneiden und rund ausstechen. Auch vorhandene Kekse sind geeignet. Hat man nur große Äpfel, so halbiert man sie vor dem Dünsten und macht sie wie vorstehend fertig.

14. Äpfel mit Gelee

8 kleine Äpfel · 1/8 l Wasser · 1/2 l Weißwein · 60 g Zucker · 2 Eßlöffel Johannisbeer- oder Himbeergelee · 2 Teelöffel Stärkemehl

Die geschälten ganzen, mit dem Apfelbohrer vom Kernhaus befreiten Äpfel in Zuckerwasser mit Wein vorsichtig weichdünsten. In einer Glasschale anrichten, erkaltet die Höhlung der Äpfel mit Gelee füllen, den Apfelsaft mit etwas Gelee aufkochen, kalt eingerührtes Stärkemehl einkochen und die vollständig erkaltete, leicht gebundene Sauce über die Äpfel gießen.

15. Gratinierte Äpfel

8 kleine Äpfel · 1/4 l Wasser · 1/4 l Weißwein · 60 g Zucker — Guß: 2 Eiweiß 140 g Zucker · 40 g Mandeln

Äpfel schälen, das Kernhaus durchstechen, in Zuckerwasser mit Wein vorsichtig weichdünsten, abtropfen lassen, dann in eine feuerfeste Form stellen. Eiweiß zu steifem Schnee schlagen, Zucker einschlagen, die Äpfel damit überziehen und noch mit geschälten, in Streifen geschnittenen Mandeln spikken. Die Speise ins heiße Rohr stellen und lichtgelb überbacken.

16. Tutti-Frutti

1/2 kg eingemachte gemischte Früchte · 100 g Makronen oder beliebiges Gebäck — Creme: 1/2 l Milch · 40 g Stärkemehl (4 gestrichene Eßlöffel) · 2 Eigelb · 50 g Zucker · 1 Päckchen Vanillezucker · 2 Eischnee

In eine Glasschale eingemachte oder frische, abgetropfte Kompottfrüchte und Makronen oder anderes Gebäck geben. Stärkemehl mit Eigelb und kalter Milch anrühren, in die Milch einkochen, 1 Minute kochen lassen, mit Zucker und Vanillezucker abschmecken, den steifgeschlagenen Eischnee unterziehen. Die warme Creme über das Obst und Gebäck gießen, mit zurückbehaltenen Früchten und Makronen verzieren und steif werden lassen.

17. Schneenockerl

1/2 l Milch · 1/4 Vanillestange · 20 g Stärkemehl · 4 Eigelb · 50 g Zucker 1 Eßlöffel Rum · 4 Eiweiß · 100 g Zucker

Eiweiß zu steifem Schnee schlagen, Zucker einschlagen. Die Milch mit der Vanillestange aufkochen. Von der Baisermasse Nockerl abstechen, in der Milch auf jeder Seite einige Minuten kochen lassen, auf ein Sieb zum Abtropfen geben. Die Eigelb mit Stärkemehl und etwas kalter Milch glattrühren, in die wieder auf ½ l ergänzte Milch einkochen. Die Creme mit Rum abschmecken, warm oder kaltgeschlagen in eine Glasschale oder in Portionsschüsselchen geben. Die Schneenockerl daraufsetzen. Mit etwas Schokoladentrüffel bestreuen oder mit Walderdbeeren oder kleingeschnittenen Ananaserdbeeren garnieren. — Auch als Diätspeise geeignet.

18. Apfelsago mit Himbeergelee

500 g Äpfel · 125 g Zucker · Saft und Schale 1 Zitrone · ½ l Wasser · 80 g Sago · Himbeergelee — Zum Anrichten: kalte Milch · Waffeln

Die geschälten, blättrig geschnittenen Äpfel mit Zucker, Zitronenschale und -saft in Wasser weichkochen, zu einem Brei rühren. In einen Meßbecher gießen, mit Wasser oder Saft auf 1 Liter ergänzen. Den Sago einstreuen und darin garkochen. Die heiße Masse in eine kalt ausgespülte Form gießen, nach dem Erstarren stürzen. Mit leicht erwärmtem Himbeergelee überziehen, mit dreieckig geschnittenen Waffeln garnieren, kalte Milch dazu reichen. Die Speise kann auch von Apfelmus aus der Dose bereitet werden und gibt für Kinder eine bekömmliche Mahlzeit.

19. Buntes Osternest

³/₄ l Milch · 60 g Stärkemehl (6 gestrichene Eßlöffel) · 80 g Zucker — Sauce: ½ l Milch · 100 g Schokolade · 25 g Stärkemehl · 50 g Zucker

Erst in ¼ l Milch 25 g (2 gestrichene Eßlöffel) kalt eingerührtes Stärkemehl einkochen, mit Zucker abschmecken, mit einem Blatt roter Gelatine hellrot färben und in kalt ausgespülte Eierbecher gießen. Dann wieder in ¼ l Milch 2 gestrichene Eßlöffel kalt angerührtes Stärkemehl einkochen, mit Zucker abschmecken, mit etwas gekochtem passierten Spinat hellgrün färben und in kalt ausgespülte Eierbecher gießen. Zum Schluß nochmals in ¼ l Milch 2 gestrichene Eßlöffel kalt eingerührtes Stärkemehl einkochen, mit Zucker abschmecken, mit Eigelb gelbfärben und in kalt ausgespülte Eierbecher gießen. Schokolade in heißer Milch auflösen, aufkochen, kalt eingerührtes Stärkemehl einkochen, mit Zucker abschmecken, die Sauce zugedeckt erkalten lassen. Auf Tellerchen erst etwas Schokoladensauce gießen, dann je ein gestürztes, rotes, grünes und gelbes Ei hineinstellen.

20. Schokoladenspeise

1 Kastenkuchen · 1 l Schokoladensauce · ¼ l Schlagsahne · 1 Päckchen Vanillezucker

Den Kuchen in Scheiben schneiden. Schokoladensauce kochen. In eine Glasschale die Kuchenscheiben oder weiche Kekse legen, heiße Schokoladensauce darüber gießen, so fortfahren, bis alles aufgebraucht ist. Wenn die Speise gut durchgezogen und völlig erkaltet ist, mit geschlagener Sahne spritzen. Für Kinder-Geburtstags-Gesellschaften sehr geeignet.

Zur Schokoladensauce: 1 l Milch mit 150 g zerbröckelter Schokolade oder 40 g angerührtem Kakao aufkochen. 30 g Stärkemehl mit 1 Eigelb und etwas kalter Milch anrühren, in die Schokoladenmilch einkochen, mit Zucker abschmecken, den steifen Eischnee unterziehen.

21. Süße Quarkspeise

½ kg Quark · 1 Päckchen Vanillezucker · 150 g Zucker · ¼ l Milch

Passierten Quark mit Vanillezucker, Zucker und kalter Milch mit dem Schneebesen schaumigschlagen, in einer Glasschale anrichten, mit roter Marmelade verzieren. Gibt man noch etwas Butter oder 1 Ei zur Quarkmasse, bindet sie besser.

22. Preiselbeer-Quarkspeise

½ kg Quark · 125 g Zucker · 1 Päckchen Vanillezucker · ¼ l Milch · 4 Eßlöffel eingemachte Preiselbeeren

Quark mit Zucker, Vanillezucker und Milch mit dem Schneebesen schaumigschlagen. In eine Glasschale abwechselnd Quark und eingemachte Preiselbeeren zugeben. Zum Schluß mit Preiselbeeren hübsch verzieren. Gut kalt gestellt zu Tisch geben.

23. Quarkspeise mit Pumpernickel

½ kg Quark · ¼ l Milch · 120 g Zucker · Zitronenschale · 200 g geriebener Pumpernickel oder Vollkornbrot · 50 g Zucker · Zimt

Passierten Quark mit kalter Milch, Zucker und Zitronenschale mit dem Schneebesen schaumigschlagen. Geriebenes Brot mit Zucker und Zimt mischen. In eine Glasschale abwechselnd Quark und Brotbrösel einfüllen. Mit Quark schließen und mit einem Kranz von zurückbehaltenen Brotbröseln verzieren.

24. Quarkcreme mit eingemachten Früchten

½ kg Quark · ⅛ l Obstsaft · 50 g Zucker · 250 g eingemachte Früchte (½ Einmachglas) · ⅛ l Schlagsahne

Frischen, süßen, passierten Quark samt Obstsaft und Zucker mit dem Schneebesen schaumigschlagen. Die geschlagene Sahne einschlagen, vorsichtig die eingemachten Früchte unterrühren. In einer Glasschale anrichten, mit zurückbehaltenen Früchten verzieren und mit ebenfalls zurückbehaltener geschlagener Sahne spritzen. Sofort zu Tisch geben.

25. Quarkcreme mit rohen Früchten

½ kg Quark · ⅛ l Milch · ½ Zitrone · 120 g Zucker · ½ kg Erdbeeren oder Himbeeren oder sehr weiches, geschältes Steinobst · ⅛ l Schlagsahne

Frischen, süßen, passierten Quark mit Zitronensaft und feingewiegter Zitronenschale, Zucker und Milch schaumigschlagen, zerdrückte Erd- oder Himbeeren oder in feine Scheiben geschnittenes Steinobst und die steifgeschlagene Sahne unterziehen. Sofort zu Tisch geben, da die Creme rasch sauer wird.

26. Quarkcreme mit Obstmark oder Marmelade

½ kg Quark • ⅛ l Milch • 4 Eßlöffel Hagebuttenmark • Erdbeermark, Himbeermark oder dergleichen oder Marmelade • Zucker nach Geschmack ⅛ l Schlagsahne

Frischen, süßen, passierten Quark mit Milch und dem Fruchtmark oder Marmelade schaumigschlagen, mit Zucker abschmecken, steifgeschlagene Sahne unterziehen. Sofort zu Tisch geben.

27. Quark-Apfelspeise

250 g Quark • 250 g Äpfel • 125 g Zucker • ⅛ l Milch

Geschälte Äpfel reiben (womöglich auf der Glasreibe), sofort unter den passierten Quark mischen. Zucker und etwas Milch zugeben, gut schaumigrühren, sofort servieren.

28. Quark-Sagospeise

½ l Milch • Zitronenschale • 40 g Sago • ¼ kg Quark • 150 g Zucker Zitronensaft

Sago in der Milch mit Zitronenschale garkochen. Quark mit Zucker und Zitronensaft verrühren. Zur erkalteten Sagomasse geben, mitsammen schaumigschlagen und noch gut abschmecken.

29. Quark-Kinderspeise

375 g Quark • 125 g Kindernährmittel (Nestle, Hipp und dergleichen) ¼ l Milch • ½ Zitrone

Den passierten Quark mit dem Kindermehl mischen und Milch verrühren, mit Zucker und Zitronensaft abschmecken, mit dem Schneebesen schaumigschlagen.

30. Quark-Haferflockenspeise

80 g Haferflocken • ¼ l Milch • 250 g Quark • 100 g Zucker • 1 Zitrone

Haferflocken mit kalter Milch übergießen und 10 Minuten stehen lassen. Dann Quark, Zitronensaft und Zucker zugeben, schaumigschlagen.

31. Gelbrübenfrischkost

125 g Haferflocken · ½ l Milch · 250 g gelbe Rüben · 125 g Zucker · 2 Zitronen

Haferflocken mit kalter Milch übergießen und 15 Minuten stehen lassen. Gelbe Rüben fein reiben, unter die Haferflocken mischen, Zitronensaft zugeben. Mit Zucker abschmecken.

32. Gelbrüben mit Nüssen

125 g Gelbrüben · 125 g Nüsse · 2 Zitronen · 100 g Zucker

Die feingeriebenen Gelbrüben mit geriebenen Nüssen, Zitronensaft und Zucker mischen.

33. Aprikosenschaum

125 g getrocknete Aprikosen · ¼ l Wasser · 80 g Zucker · ¼ l Schlagsahne 1 Päckchen Vanillezucker · 1 Rumaroma

Die Aprikosen weichkochen, durchstreichen, Zucker zugeben. In steifgeschlagene Sahne das dickliche Aprikosenmark einschlagen, mit Vanillezucker und Rum abschmecken, in Kelchgläsern oder auf Glastellerchen anrichten. Mit einem Tupfen zurückbehaltener weißer Schlagsahne garnieren. Verwendet man frische Früchte, braucht man 250 g Aprikosen und ⅛ l Wasser.

FRUCHTSCHNEE

Fruchtschnee ist ein leichter Nachtisch. Man kann ihn auch als Fülle in Rollen oder Tüten geben. Auch auf Obstkuchen kann man ihn streichen und so lassen oder ganz kurz im Rohr überbacken.

Das Eiweiß wird zu sehr steifem Schnee geschlagen, der Zucker nach und nach eingeschlagen, dann das sehr dickliche, passierte Fruchtmark und Geschmackszutaten hinzugeben und so lange weitergeschlagen, bis die Masse steif und glänzend ist. Man kann auch die jeweils angegebenen Zutaten verrühren und dann alles mitsammen mit dem Schneebesen steif schlagen.

Fruchtschnee wird besonders schön, wenn man ihn mit einem Schlaggerät oder der Küchenmaschine bereitet.

Fruchtschnee muß immer gleich zu Tisch gegeben werden, da er nach einiger Zeit wieder zusammenfällt. Gibt man Fruchtschnee als Nachtisch, so ist es sehr gut, dazu in Fett und Zucker geröstete Haferflocken zu geben.

1. Apfelschnee

2 Eiweiß · 100 g Zucker · 4 große, gebratene, passierte Äpfel · Saft ¹/₂ Zitrone

Eiweiß zu steifem Schnee schlagen. Zucker einschlagen, die gebratenen, passierten Äpfel zugeben, mit Zitronensaft würzen, so lange weiterschlagen, bis die Masse glänzend und steif ist. Oder alle angegebenen Zutaten mischen und mitsammen steifschlagen.

2. Aprikosenschnee

2 Eiweiß · 100 g Zucker · 8 passierte Aprikosen (4 Eßlöffel Aprikosenmarmelade) · 1 Eßlöffel Arrak

Eiweiß zu steifem Schnee schlagen, Zucker einschlagen, dickliches Aprikosenmark und Arrak zugeben, weiterschlagen, bis die Masse glänzend und steif ist. Oder alle Zutaten mischen und mitsammen steifschlagen.

3. Zwetschgenschnee

2 Eiweiß · 100 g Zucker · 4 Eßlöffel helles, gelbes Zwetschgenmark · Saft ¹/₂ Zitrone

Eiweiß zu steifem Schnee schlagen, Zucker einschlagen, Zwetschgenmark und Zitronensaft zugeben, weiterschlagen, bis die Masse steif und glänzend ist. Oder alle Zutaten mischen und mitsammen steifschlagen.

4. Hagebuttenschnee

2 Eiweiß · 100 g Zucker · 4 Eßlöffel Hagebuttenmark · Saft ¹/₂ Zitrone

Eiweiß zu steifem Schnee schlagen, Zucker einschlagen. Hagebuttenmark und Zitronensaft zugeben, weiterschlagen, bis die Masse steif und glänzend ist. Oder alle Zutaten mischen und mitsammen steifschlagen.

5. Preiselbeerschnee

2 Eiweiß · 100 g Zucker · 4 Eßlöffel eingemachte Preiselbeeren · 1 Eßlöffel Rotwein

Eiweiß zu steifem Schnee schlagen, Zucker einschlagen, Preiselbeeren und etwas Rotwein zugeben. Weiterschlagen, bis die Masse glänzend und steif ist. Oder alle Zutaten mischen und mitsammen steifschlagen.

6. Obstmarkfruchtschnee

2 Eiweiß · 100 g Zucker · 4 Eßlöffel dickes, frisches oder eingemachtes, beliebiges Obstmark · Saft ¹/₂ Zitrone

Eiweiß zu steifem Schnee schlagen, Zucker einschlagen, das Obstmark zugeben, mit Zitronensaft würzen, weiterschlagen, bis die Masse glänzend und steif ist. Oder alle Zutaten mischen und mitsammen steifschlagen.

7. Marmeladenschnee

2 Eiweiß · 50 g Zucker · 4 Eßlöffel beliebige Marmelade

Eiweiß zu steifem Schnee schlagen, Zucker einschlagen, die glatt gerührte Marmelade zugeben, mitsammen weiterschlagen, bis die Masse glänzend und steif ist. Oder alle Zutaten mischen und mitsammen steifschlagen.

8. Johannisbeerschnee

2 Eiweiß · 100 g Zucker · 1/4 l rohe oder eingekochte, sterilisierte Johannisbeeren

Eiweiß zu steifem Schnee schlagen. Zucker einschlagen. Die Johannisbeeren einrühren. Nicht mehr weiterschlagen.

9. Erdbeerschnee

2 Eiweiß · 100 g Zucker · 1/4 l frische Walderdbeeren · 1 Päckchen Vanillezucker

Eiweiß zu steifem Schnee schlagen. Zucker einschlagen. Die Walderdbeeren einrühren, mit Vanillezucker abschmecken.

10. Erdbeerschnee mit Schlagsahne

250 g Ananaserdbeeren oder Walderdbeeren · 2 Eiweiß · 100 g Zucker
1/8 l Schlagsahne · 1 Päckchen Vanillezucker

Frische, passierte Erdbeeren mit Eiweiß und Zucker mischen, mit dem Schneebesen so lange schlagen, bis die Masse steif und glänzend wird. Dann die steif geschlagene Sahne und Vanillezucker unterrühren. Sofort zu Tisch geben, Gebäck dazu reichen.

11. Hexenschaum (Apfelschnee)

2 Eiweiß · 140 g Zucker · 3 gebratene Äpfel · 150 g Aprikosenmarmelade
1 Teelöffel Rum

Eiweiß zu steifem Schnee schlagen. Zucker einschlagen, gebratene passierte Äpfel, Aprikosenmarmelade und Rum zugeben. So lange weiterschlagen, bis die Masse steif ist.

12. Geröstete Haferflocken

50 g Palmin oder 100 g Butter · 250 g Haferflocken · 100 g Zucker

In einer weiten Stielpfanne Fett oder Butter flüssig werden lassen. Die Haferflocken zugeben und unter häufigem Umschaufeln hellgelb rösten. Dann den Zucker zugeben und kurz weiterrösten.

FRUCHTGELEES

Süße Sulzen, Gelees, sind leicht verdaulich, schmackhaft, sehen hübsch aus und sind in der Herstellung sehr einfach.

Zum Steifwerden der Flüssigkeit braucht man Gelatine. Diese kann man entweder in Blattform oder Pulverform verwenden. Auf 1 l Flüssigkeit rechnet man 12—16 Blatt. 12 Blatt Gelatine sind 24 g.

Verwendet man Blattgelatine, so werden die Blätter in kaltem Wasser eingeweicht, dann gut ausgedrückt und in heißem Wasser aufgelöst.

Zum Auflösen von 6 Blatt Gelatine rechnet man ungefähr 3 Eßlöffel Wasser. Das Auflösen geschieht auf kleiner Flamme oder im Wasserbad, da die Gelatine durch Aufkochen im Geschmack leidet und an Gelierfähigkeit verliert.

Gibt man das Gelee in der Glasschale, so genügen für 1 Liter 12 Blatt oder 24 g Gelatine. Will man die Sulze stürzen, so rechnet man auf 1 Liter Flüssigkeit 16 Blatt.

Je nachdem wofür man die Gelatine braucht, kauft man sie farblos oder rot. Wichtig bei der Verwendung von Gelatine ist, daß man die aufgelöste, heiße Gelatine nicht in sehr kalte Flüssigkeit gießt, da dann die Gelatine teilweise sofort geliert und sich die unschönen, sogenannten „Gelatinefäden" bilden und außerdem die Steifkraft nicht voll ausgenützt wird.

Die aufgelöste Gelatine immer durch ein Sieb in die zu steifende Flüssigkeit gießen.

Klare Sulzen vor dem Gelieren nicht zu stark umrühren, sonst bilden sich Luftblasen, die nach dem Steifwerden an der Oberfläche des Gelees als kleine Löcher sichtbar sind.

Gelatinespeisen brauchen einige Stunden, bis sie fest werden. Am besten bereitet man sie am Vortage zu, besonders wenn man sie stürzen will. Bei raschem Bedarf kann man die Form in Eis einbetten, das Gelieren erfolgt dann sehr rasch. In diesem Falle verwendet man Blechformen, aus denen man die Speise dann herausstürzt.

Zum Stürzen taucht man die Form einige Sekunden in heißes Wasser, legt dann eine kalt abgespülte Platte darauf, dreht um und stürzt die Sulze.

Man kann die Form auch auf eine naß abgespülte Platte stürzen und auf die Form einige Sekunden ein Tuch, das in sehr heißes Wasser getaucht und gut ausgedrückt wurde, legen.

Pulverisierte Gelatine wird genau nach der Gebrauchsanweisung, die auf jedem Päckchen angegeben ist, verwendet; durchschnittlich entspricht 1 gestrichener Kaffeelöffel pulverisierte Gelatine = 1 Blatt Gelatine.

Will man das Gelee nur schwach gesteift haben, so genügen für die Glasschale auf 1 l Flüssigkeit 10 Blatt.

Will man in die Sulze eingemachte Früchte, Rumobst oder ähnliches einlegen, so gießt man in die Stürzform erst ungefähr 1 cm hoch flüssige Sulze und läßt sie steif werden (Spiegel gießen). Dann legt man die Früchte in schöner

Anordnung, mit der schönen Seite nach unten, auf das erstarrte Gelee, gießt etwas flüssiges, kaltes Gelee darauf, läßt steif werden und wenn auf diese Weise die eingelegten Früchte mit der Unterlage fest verbunden sind, gießt man die restliche, kalte Sulze darauf.

Wenn man das Gelee von frischen Früchten macht, die dann durchgestrichen werden, und man daher die Flüssigkeitsmenge vor der Zubereitung nicht genau abmessen kann, ist es günstig, sie nach dem Durchstreichen mit den angegebenen Zutaten, einschließlich der aufgelösten Gelatine, in ein Litermaß zu gießen und wenn nötig mit Wasser oder Wein auf 1 l zu ergänzen. (Bei Rezepten mit 12 Blatt Gelatine.)

Als Nachtisch für 4 Personen genügt ¹/₂ l Gelee. — (Die folgenden Rezepte sind meist auf 1 l Gelee abgestimmt.)

1. Obstsaftgelee

1 l Obstsaft · 100 g Zucker · 1 Zitrone · 12 Blatt Gelatine

Die kalt eingeweichte, ausgedrückte Gelatine in einigen Eßlöffeln heißen Obstsaft auflösen. Den Zucker in etwas Obstsaft aufkochen. Die Zuckerlösung und die aufgelöste Gelatine zum leicht erwärmten Obstsaft geben. Mit Zitronensaft abschmecken. Wenn nötig, z. B. bei Kompottsaft, die flüssige Sulze durch ein feines Sieb oder Tuch gießen. Die Sulze in eine Glasschale oder Gläser füllen und steif werden lassen. Beim Anrichten nach Geschmack mit geschlagener Sahne spritzen. Man kann auch einen Teil des steifen Gelees mit dem Schneebesen schaumigschlagen und als Schaum auf die steife Sulze geben. — Als Obstsaft kann man klaren, kräftigen Kompottsaft oder eingekochte Fruchtsäfte, entsprechend verdünnt, verwenden. — Ob man farblose oder rote Gelatine zugibt, richtet sich nach der Farbe des Obstsaftes.

2. Weingelee

1 Flasche Weißwein oder Rotwein (³/₄ l) · ¹/₈ l Wasser · 200 g Zucker · 6 Blatt farblose Gelatine · 6 Blatt rote Gelatine · nochmals ¹/₈ l Wasser

Zucker mit Wasser klarkochen, durch ein Sieb zum Wein geben. Kalt eingeweichte, ausgedrückte Gelatine in ¹/₈ l heißem Wasser auflösen und ebenfalls durch ein Sieb zum Wein geben. Wenn nötig, mit etwas Zitronensaft, Rum oder Arrak abschmecken. Das Gelee in eine Glasschale oder in Gläser füllen und kalt stellen. — Man kann ¹/₈ der Masse zurücklassen und diesen Rest, sobald er beginnt dicklich zu werden, mit dem Schneebesen schaumigschlagen und diesen Schaum auf die halberstarrte Sulze geben.

3. Weingelee mit Früchten

In eine Form zum Stürzen gießt man ungefähr 1 cm hoch flüssiges Gelee, legt eingemachte, gut abgetropfte Früchte in schöner Anordnung hinein und gießt die restliche kalte Geleeflüssigkeit darauf. Das Gelee wird vor dem

Anrichten auf eine kalt abgespülte Platte gestürzt und ringsherum mit geschlagener, leicht gesüßter Sahne gespritzt. — Für dieses Gelee braucht man auf 1 l Flüssigkeit 16 Blatt Gelatine.

4. Punschgelee

½ l Weißwein · ¼ l Punsch (Tee mit Orangensaft, Zitronensaft mit Rum) 200 g Zucker · ⅛ l Wasser · 12 Blatt farblose Gelatine · ⅛ l Wasser

Weißwein, Punsch, die aus ⅛ l Wasser und Zucker gekochte Zuckerlösung und die kalt eingeweichte in ⅛ l heißem Wasser aufgelöste Gelatine vermischen. Die Punschsulze in eine Glasschale füllen. Vor dem Anrichten mit etwas geschlagener Sahne spritzen und mit Rumfrüchten verzieren.

5. Teegelee

1 Eßlöffel schwarzer Tee · ½ l kochendes Wasser · ¼ l Obstsaft · ¼ l Weißwein · 150 g Zucker · Saft ½ Zitrone · 10 Blatt farblose Gelatine · 4 Eßlöffel Wasser

Den Tee mit kochendem Wasser überbrühen. Nach einigen Minuten abseihen. Obstsaft mit Zucker aufkochen, Tee, Wein, Zitronensaft und die in heißem Wasser aufgelöste Gelatine zugeben. In eine Glasschale gießen, nach dem Steifwerden mit kleinen Makronen oder geschlagener Sahne verzieren.

6. Zitronengelee

5 große Zitronen · ⅛ l Weißwein · ⅛ l Wasser · 100 g Zucker · 6 Blatt farblose Gelatine · 3 Eßlöffel Wasser

Wasser mit Zucker und der fein abgeschälten Schale einer Zitrone klar kochen, Zitronensaft, Weißwein, eingeweichte, in heißem Wasser aufgelöste Gelatine zugeben. Die Flüssigkeit durch ein feines Sieb gießen, in Gläser oder in eine Glasschale füllen.

7. Orangengelee

4 große Orangen · 1 Zitrone · ⅛ l Weißwein · ⅛ l Wasser · 100 g Zucker 6 Blatt rote Gelatine · 3 Blatt farblose Gelatine · 3 Eßlöffel Wasser

Wasser mit Zucker und der fein abgeschälten Schale einer Orange und einer Zitrone klarkochen. Orangensaft, Zitronensaft, Weißwein, eingeweichte, in heißem Wasser aufgelöste Gelatine zugeben. Die Flüssigkeit durch ein feines Sieb gießen und in Gläser oder in eine Glasschale füllen. Sehr hübsch sieht es aus, wenn man den oberen Rand der ausgehöhlten Orangenhälften mit der Schere hübsch einzackt und das Gelee in diese Orangenhälften gießt und darin erstarren läßt. Vor dem Anrichten womöglich mit etwas Schlagsahne spritzen.

8. Buttermilch- und Joghurtspeise

1 l Buttermilch · 160 g Zucker · 2 Päckchen Vanillezucker · 8 Blatt farblose Gelatine · 4 Blatt rote Gelatine · 6 Eßlöffel heißes Wasser · 2 Eßlöffel Arrak oder Rum. Statt Buttermilch kann Joghurt verwendet werden.

Die Buttermilch mit der kalt eingeweichten, ausgedrückten, heiß aufgelösten und wieder abgekühlten Gelatine, dem Zucker, Vanillezucker und Arrak oder Rum verrühren, in eine Glasschale füllen, steif werden lassen.

9. Ambrosiacreme

$1/2$ l Sauerrahm · 150 g Zucker · 1 Päckchen Vanillezucker · Saft $1/2$ Zitrone 1 Eßlöffel Rum · 3 Blatt farblose Gelatine · 3 Blatt rote Gelatine · 3 Eßlöffel heißes Wasser · 2 Eiweiß

Sauerrahm und Zucker mit dem Schneebesen schaumigschlagen. Zitronensaft, Rum und die kalt eingeweichte, ausgedrückte, heiß aufgelöste und wieder abgekühlte Gelatine durch ein Sieb hinzugeben. Nach Belieben noch steifen Eischnee unterziehen. Alles mitsammen noch gut durchschlagen, in eine Glasschale füllen oder in eine kalt ausgespülte Stürzform gießen.

10. Schokoladengelee

1 l Milch · 1 Tafel Schokolade · 2 Eßlöffel Kakao · 100 g Zucker · 1 Päckchen Vanillezucker · 12 Blatt farblose Gelatine · 6 Eßlöffel heißes Wasser — Zum Verzieren: $1/8$ l Schlagsahne

Milch mit zerbröckelter Schokolade und dem mit Zucker glattgerührten Kakao aufkochen. Abgekühlt durchgießen, aufgelöste Gelatine zugeben. Mit Vanillezucker abschmecken, die Sulze in eine Glasschale oder in Gläser füllen. Nach dem Steifwerden mit geschlagener Sahne verzieren.

11. Mandelgelee

1 l Milch · 100 g Mandeln · 180 g Zucker · 12 Blatt farblose Gelatine · 6 Eßlöffel heißes Wasser · einige Tropfen Bittermandelaroma

Die abgezogenen Mandeln reiben, mit Milch und Zucker aufkochen. Die heiß aufgelöste Gelatine zugeben, das Gelee mit Bittermandelaroma abschmecken und in eine Glasschale füllen.

12. Mandelgelee mit Schokolade

1 l Milch · 100 g Mandeln · 150 g Blockschokolade · 150 g Zucker · 12 Blatt farblose Gelatine · 6 Eßlöffel heißes Wasser — Zum Anrichten: $1/8$ l Schlagsahne

Die abgezogenen Mandeln und die Schokolade reiben, mit Milch und Zucker aufkochen. Die heiß aufgelöste Gelatine zugeben, das Gelee in Gläser oder in eine Glasschale füllen. Vor dem Anrichten mit geschlagener Sahne spritzen.

13. Haselnußgelee

1 l Milch · 100 g Haselnüsse · 180 g Zucker · 12 Blatt farblose Gelatine 6 Eßlöffel heißes Wasser · 1 Eßlöffel Rum

Die Haselnüsse in einer trockenen Stielpfanne oder am Blech hellbraun rösten, dann die Schalen abreiben und die Haselnüsse feinreiben. Milch mit Zucker und den geriebenen Haselnüssen aufkochen, die heiß aufgelöste Gelatine zugeben, mit Rum abschmecken, in Gläser oder in eine Glasschale füllen. — Durch das Rösten der Nüsse schmeckt das Gelee sehr aromatisch.

14. Dreifarbengelee

¼ l Obstsaftsulze oder Weinsulze · ¼ l Milchsulze · ¼ l Schokoladensulze Zum Verzieren: ⅛ l Schlagsahne

In Gläser erst Fruchtsaft- oder Weinsulze gießen, diese steif werden lassen. Darauf die Milchsulze gießen, und wenn diese steif ist, die Schokoladensulze. Beim Anrichten auf jedes Glas 1 Löffel geschlagene Sahne geben.

15. Stachelbeergelee

½ kg grüne Stachelbeeren · ½ l Wasser · 250 g Zucker · 12 Blatt farblose Gelatine · ⅛ l Wasser — Zum Verzieren: ⅛ l geschlagene Sahne

Die geputzten Stachelbeeren in Wasser weichkochen, durchstreichen, den Zucker und die in ⅛ l heißes Wasser aufgelöste Gelatine zugeben. Die Sulze in eine Glasschale oder in Gläser füllen. Beim Anrichten mit geschlagener Sahne verzieren.

16. Erdbeergelee

½ kg Ananas- oder Walderdbeeren · ¼ l Weißwein · 200 g Zucker · 5 Blatt farblose Gelatine · 5 Blatt rote Gelatine · 5 Eßlöffel heißes Wasser — Zum Verzieren: ⅛ l Schlagsahne · Erdbeeren

Die rohen Erdbeeren durch ein feines Sieb streichen, mit dem in Wein aufgekochten Zucker und der aufgelösten Gelatine vermischen. Die Sulze in eine Glasschale oder in Gläser füllen und beim Anrichten mit geschlagener Sahne und zurückbehaltenen Erdbeeren verzieren.

17. Himbeergelee

½ kg Himbeeren · ¼ l Weißwein · 200 g Zucker · 10 Blatt rote Gelatine 5 Eßlöffel heißes Wasser — Zum Verzieren: ⅛ l Schlagsahne · Himbeeren

Die Himbeeren mit Weißwein und Zucker aufkochen, dann durch ein Sieb streichen und die in heißem Wasser aufgelöste Gelatine zugeben. In Gläser oder in eine Glasschale füllen. Beim Anrichten mit geschlagener Sahne und zurückbehaltenen Himbeeren verzieren.

18. Johannisbeergelee

1/2 kg Johannisbeeren · 1/4 l Weißwein · 250 g Zucker · 10 Blatt rote Gelatine 5 Eßlöffel heißes Wasser — Zum Verzieren: 1/8 l Schlagsahne

Abgezupfte Johannisbeeren mit Zucker und Weißwein aufkochen und durch ein Sieb streichen. In heißem Wasser aufgelöste Gelatine zugeben, in eine Glasschale oder Gläser füllen. Nach dem Steifwerden mit geschlagener Sahne verzieren.

19. Aprikosengelee

1/2 kg reife Aprikosen · 1/4 l Weißwein · 200 g Zucker · 10 Blatt farblose Gelatine · 5 Eßlöffel heißes Wasser · 2 Eßlöffel Cognac oder Rum · 1 Päckchen Vanillezucker — Zum Verzieren: 1/8 l Schlagsahne

Halbierte, entsteinte Aprikosen in Weißwein mit Zucker weichkochen, dann durch ein Sieb streichen. In heißem Wasser aufgelöste Gelatine zugeben, mit Cognac oder Rum und Vanillezucker abschmecken. Das Gelee in Gläser oder in eine Glasschale füllen. Vor dem Anrichten mit geschlagener Sahne und zurückbehaltenen Aprikosenstückchen verzieren.

20. Gelee aus Aprikosenmarmelade

1/2 l flüssige Aprikosenmarmelade · Saft 1/2 Zitrone · 8 Blatt farblose Gelatine · 3 Eßlöffel heißes Wasser · 1/8 l Schlagsahne

Die Aprikosenmarmelade mit Wasser oder Wein verdünnen, mit Zitronensaft und Zucker abschmecken, gut heiß werden lassen, die in heißem Wasser aufgelöste Gelatine zugeben, in eine kalt ausgespülte Form gießen und steif werden lassen. Auf eine kalt abgespülte Platte stürzen, mit geschlagener Sahne und Aprikosenmarmelade hübsch verzieren.

21. Pfirsichgelee

1/2 kg reife Pfirsiche · 1/4 l Weißwein · 200 g Zucker · 8 Blatt farblose Gelatine · 2 Blatt rote Gelatine · 5 Eßlöffel heißes Wasser · 2 Eßlöffel Cognac oder Rum · 1 Päckchen Vanillezucker — Zum Verzieren: 1/8 l Schlagsahne

Halbierte, entsteinte Pfirsiche in Weißwein mit Zucker weichkochen, dann durch ein Sieb streichen. In heißem Wasser aufgelöste Gelatine zugeben, mit Cognac oder Rum und Vanillezucker abschmecken. Das Gelee in Gläser oder in eine Glasschale füllen. Vor dem Anrichten mit geschlagener Sahne und zurückbehaltenen Pfirsichstückchen verzieren.

22. Quittengelee

5 mittelgroße Quittenäpfel · etwa 250–300 g Zucker · 1¼ l Wasser · Vanillezucker — Für die Glasschale: 10 Blatt Gelatine — Zum Stürzen: 14 Blatt Gelatine

Die Quitten reibt man mit einem Tuch ab, befreit sie von Blüte und Stiel und teilt sie mit Schale und Kernhaus in Schnitze. Man kocht sie im Wasser ganz weich, streicht sie durch ein Haarsieb, gibt Zucker und etwas Vanillezucker dazu, rührt die in wenig Wasser aufgelöste Gelatine gut ein, füllt die lauwarme Masse in eine Glasschale oder kalt gespülte Form und stellt sie zum Erstarren kalt, am besten auf Eis.

23. Bananengelee

4–5 Bananen · ½ l Milch · 30 g Zucker · Zitronenschale und -saft · 6 Blatt Gelatine · ⅛ l–¼ l Schlagsahne

Die geschälten Bananen schneidet man in einige Stücke, kocht sie in der Milch auf, streicht sie durch ein Haarsieb, gibt nach Geschmack Zucker, abgeriebene Zitronenschale und -saft dazu und rührt die in wenig Milch aufgelöste Gelatine sehr gut darunter, füllt in eine Glasschale, stellt zum Starrwerden sehr kalt und verziert die Speise mit kleinen Bananenscheibchen und Schlagsahne. Will man die Sulze stürzen, fügt man 8 Blatt Gelatine bei.

24. Rote Apfelspeise

125 g Zucker · ¼ l Wasser · Saft und Schale 1 Zitrone · 250 g geschälte Äpfel · 6 Blatt rote Gelatine · 3 Eßlöffel Wasser · Zum Anrichten: ½ l Vanillesauce oder ⅛ l Schlagsahne

Zucker mit Wasser, Zitronenschale und Zitronensaft aufkochen. Die geschälten Äpfel zugeben, weichkochen und durchstreichen. Die in heißem Wasser aufgelöste Gelatine durch ein Sieb zugeben, die Speise in eine Glasschale füllen und steif werden lassen. Mit kalter Vanillesauce als Beigabe oder mit geschlagener Sahne gespritzt zu Tisch geben.

25. Ananasgelee

1 Büchse Ananas (500 g) · 150 g Zucker · ⅜ l Weißwein · 12 Blatt farblose Gelatine · ⅛ l Weißwein — Zum Verzieren: ¼ l Schlagsahne

Die Ananasscheiben in kleine Stückchen schneiden, Weißwein mit Zucker aufkochen und zum Ananassaft und den geschnittenen Früchten geben. Die Gelatine in heißem Weißwein auflösen und ebenfalls zum Ananassaft geben. In eine Stürzform 1 cm hoch Ananassulze gießen. Wenn diese steif ist, die geschnittenen Ananas schön geordnet darauflegen, mit etwas flüssiger Sulze zugießen. Wenn diese wieder steif ist, die ganz flüssige, kalte Ananassulze daraufgießen. Vor dem Anrichten die Form einige Sekunden in heißes Wasser tauchen, das Gelee auf eine kalt abgespülte Platte stürzen. Mit geschlagener, mit Vanillezucker abgeschmeckter Sahne spritzen.

26. Ananasgelee mit Schlagsahne

½ Ananas · 150 g Zucker · 2 Eigelb · ¼ l Weißwein · 10 Blatt farblose Gelatine · ¾ l Schlagsahne — Zum Verzieren: kleine Waffeln

Die geschälte Ananas feinwiegen. Eigelb und Zucker schaumigrühren, die gewiegte Ananas und die in heißem Wein aufgelöste Gelatine zugeben. Wenn die Creme beginnt dicklich zu werden, die geschlagene Sahne unterziehen, die Speise in Gläser oder in eine Glasschale füllen, steif werden lassen und beim Anrichten mit zurückbehaltener Schlagsahne spritzen und mit kleinen Waffeln verzieren.

27. Gestürztes Obstgelee mit Schlagsahne

½ kg Obstmark von frischem Obst · Zucker nach Geschmack · 12 Blatt farblose Gelatine · ½ l Schlagsahne

Das Obstmark (z. B. von passierten Erdbeeren, gedünsteten Aprikosen oder dgl.) mit Zucker gut süß abschmecken. In heißem Wasser aufgelöste Gelatine zugeben und, wenn das Obstmark beginnt dicklich zu werden, die steifgeschlagene Sahne unterrühren. Die Masse in eine mit Öl ausgestrichene, mit Zucker ausgestreute Form füllen, für einige Stunden in gesalzenes Eis stellen. Beim Anrichten die Form einige Sekunden in heißes Wasser halten, auf eine Platte stürzen, mit geschlagener Sahne spritzen und mit Früchten verzieren.

CREMES, CREMESPEISEN, CREMETORTEN

Man unterscheidet gekochte Cremes, geschlagene Cremes und kalt gerührte Cremes.

Bei den *gekochten* Cremes wird die Bindung durch Ei und mehr oder weniger Stärkemehl erreicht.

Bei den *geschlagenen* Cremes wird die Bindung durch reichlich Eier und wenig oder gar kein Stärkemehl erreicht. Werden die geschlagenen Cremes kalt gereicht, so wird die haltbare Bindung und die notwendige Steifheit durch die zusätzliche Zugabe von Gelatine erreicht.

Die *kalt gerührten* Cremes werden immer ohne Zugabe von Stärkemehl zubereitet. Die Bindung immer durch Gelatine bewirkt.

Die Grundlage für Cremes ist Milch, Fruchtsaft, Kaffee, Wein und dgl.

Gebunden, gelockert und verbessert werden die Cremes durch Eigelb, Eischnee und Schlagsahne.

Gibt man an die Cremes Gelatine, so muß man beachten, daß man die heiß aufgelöste Gelatine an *kalte* Flüssigkeiten, Cremes und Schlagsahne immer nur *lauwarm* zugeben darf.

Will man die Cremes stürzen, so ist es am besten, sie vorher 2 Stunden in den Kühlschrank oder in kleingehacktes, gesalzenes Eis zu stellen. Die

Stürzform wird mit Öl ausgestrichen und mit Zucker ausgestreut. Zum Stürzen hält man sie einige Sekunden in heißes Wasser und stürzt dann auf eine kalt abgespülte Platte.

I. Gekochte Cremes

Als Grundlage für gekochte Cremes nimmt man Milch, Fruchtsaft, Wein, Kaffee oder dgl.

Die notwendige Stärkemenge richtet sich nach der Anzahl der verwendeten Eier. Die Bindekraft von 1 Eigelb entspricht ungefähr 10 g (1 gestrichener Eßlöffel) Stärkemehl.

Bei den nachstehend angegebenen Rezepten von 1/2 l Flüssigkeit, 1 Eigelb und 30 g Stärkemehl erhält man eine gut dickliche Creme. Gibt man die Creme warm, so genügen für dieselbe Menge 25 g.

Die Lockerung der Creme erfolgt durch Eischnee. Verbessern kann man die kalte Creme noch durch Schlagsahne.

Wenn man die Creme kalt gibt, läßt man sie, ohne in kaltes Wasser zu stellen, zugedeckt erkalten. Ein Kaltschlagen der Creme ist nicht erforderlich. Man schlägt die Creme nur vor Gebrauch noch einige Male durch.

1. Vanillecreme

1/2 l Milch · 1/4 Stange Vanille · 1 Eigelb · 30 g Stärkemehl (3 gestrichene Eßlöffel · 50 g Zucker · 1 Eischnee

Die Milch mit der Vanillestange aufkochen. Eigelb mit Stärkemehl und etwas zurückbehaltener, kalter Milch anrühren, in die Milch einkochen, 1 Minute kochen lassen, mit Zucker abschmecken, etwas überkühlt den Eischnee unterziehen, die Creme heiß servieren oder zugedeckt erkalten lassen und dann noch einige Male durchschlagen.

2. Schokoladencreme

1/2 l Milch · 100 g Schokolade · 1 Eigelb · 30 g Stärkemehl (3 gestrichene Eßlöffel) · 50 g Zucker · 1 Eischnee

Die Milch mit der Schokolade aufkochen. Eigelb mit Stärkemehl und etwas zurückbehaltener kalter Milch anrühren, in die Schokoladenmilch einkochen, mit Zucker abschmecken, etwas überkühlt den Eischnee zugeben. Serviert man die Creme kalt, so läßt man sie zugedeckt erkalten und schlägt sie vor Gebrauch noch einige Male durch. — Verwendet man Kakao, so wird dieser mit Eigelb, Stärkemehl, Zucker und kalter Milch glattgerührt und dann in die Milch eingekocht.

3. Kaffeecreme

³/₈ l Milch · ¹/₈ l sehr starken Kaffee · 1 Eigelb · 30 g Stärkemehl (3 gestrichene Eßlöffel) · 60 g Zucker · 1 Päckchen Vanillezucker · 1 Eischnee

Milch mit Kaffee aufkochen. Eigelb mit Stärkemehl und zurückbehaltener, kalter Milch anrühren. In den Milchkaffee einkochen, mit Zucker abschmekken, etwas überkühlt den Eischnee unterrühren. Serviert man die Creme kalt, so läßt man sie zugedeckt erkalten und schlägt sie vor Tisch noch einige Male durch.

4. Karamelcreme

Zum Karamel: 50 g Zucker · ¹/₈ l Wasser — ³/₈ l Milch · 1 Eigelb · 30 g Stärkemehl (3 gestrichene Eßlöffel) · 50 g Zucker · 1 Eischnee

In einem trockenen Eisenpfännchen Zucker flüssig und rotbraun werden lassen, mit Wasser aufgießen und glatt kochen. Die Milch mit dem Karamel aufkochen. Eigelb mit Stärkemehl und zurückbehaltener kalter Milch anrühren, in die Karamelmilch einkochen, mit Zucker abschmecken, etwas überkühlt den Eischnee unterziehen. Serviert man die Creme kalt, so läßt man sie zugedeckt erkalten und schlägt sie bei Gebrauch noch einige Male durch.

5. Weincreme

¹/₂ l Weißwein · 1 Eigelb · 30 g Stärkemehl (3 gestrichene Eßlöffel) · 80 g Zucker · 1 Eischnee

Wein bis ans Kochen bringen. Eigelb und Stärkemehl und etwas zurückbehaltenem Wein anrühren, in den Wein einkochen, mit Zucker abschmecken, etwas überkühlt den Eischnee unterziehen. Gibt man die Creme kalt, so läßt man sie zugedeckt erkalten und schlägt sie vor dem Anrichten noch einige Male durch.

6. Rumcreme

¹/₂ l Milch · 1 Eigelb · 30 g Stärkemehl (3 gestrichene Eßlöffel) · 60 g Zucker 3 Eßlöffel Rum · 1 Eischnee

Eigelb mit Stärkemehl und etwas kalter Milch glattrühren, in die mit Vanillestange aufgekochte Milch einkochen, 2 Minuten kochen lassen, die Creme mit Zucker und Rum abschmecken, etwas überkühlt den geschlagenen Eischnee unterziehen. Serviert man die Creme kalt, so läßt man sie zugedeckt erkalten und schlägt sie vor Gebrauch einige Male durch.

7. Orangencreme

6 Orangen · ¹/₈ l Wasser · 125 g Zucker · 30 g Stärkemehl (3 gestrichene Eßlöffel) · ¹/₄ l Schlagsahne

Kalte Süßspeisen, Fruchtschnee, Fruchtgelee, Cremes

Wasser mit Zucker und der dünngeschälten Schale einer Orange aufkochen. Den ausgepreßten Orangensaft mit Stärkemehl anrühren, in das Zuckerwasser einkochen, die Orangenschale entfernen, die Creme zugedeckt erkalten lassen, dann einige Male durchschlagen, die geschlagene Sahne unterziehen, die Creme in Gläser füllen, mit zurückbehaltener Sahne spritzen und mit Orangenstückchen verzieren.

8. Zitronencreme

4 Zitronen · ¹/₄ l Wasser · 180 g Zucker · 2 Eigelb · 30 g Stärkemehl (3 gestrichene Eßlöffel) · 2 Eischnee

Zitronensaft und Wasser mit der dünn abgeschälten Schale einer Zitrone und dem Zucker aufkochen. Stärkemehl, Eigelb und Zitronensaft glattrühren, in das Zuckerwasser einkochen, etwas überkühlt den steifgeschlagenen Eischnee unterziehen und die Creme in Gläser füllen.

9. Erdbeercreme

500 g Erdbeeren · ¹/₈ l Wasser · 30 g Stärkemehl (3 gestrichene Eßlöffel) 100 g Zucker · 2 Eiweiß

Die Hälfte der Erdbeeren in Wasser kochen, durchstreichen, nochmals aufkochen, das kalt angerührte Stärkemehl einkochen, mit Zucker abschmecken. Die übrigen Erdbeeren roh durch ein Sieb streichen, zur gekochten Erdbeercreme geben, den steifen Eischnee unterziehen und die Creme in Gläser oder in eine Glasschale füllen.

10. Himbeercreme

Gleiche Zubereitung wie Erdbeercreme.

II. *Geschlagene Cremes*

Die Grundlage für geschlagene Creme ist Milch, Fruchtsaft, Wein, Kaffee oder dergleichen.

Die Bindung der Creme erreicht man durch Zugabe von Eiern und wenig Stärkemehl oder nur durch Eier. Der Bindekraft von 1 Eigelb entsprechen ungefähr 10 g (1 gestrichener Eßlöffel) Stärkemehl.

Bei der Zubereitung der geschlagenen Cremes rührt man Eigelb und Zucker schaumig und gibt dann die anderen, jeweils im Rezept angegebenen Zutaten zu. Die Flüssigkeit meistens heiß. Alle diese verquirlten Zutaten werden nun direkt am Feuer, im kochenden Wasserbad oder über Dampf zu einer dicklichen Creme geschlagen.

Die Lockerung der Creme erreicht man durch Zugabe von steifem Eischnee. Diesen kann man in die heiße oder kalte Creme einrühren.

Will man die Creme nicht warm servieren, sondern kalt, so gibt man in die noch heiße Creme aufgelöste Gelatine.

Für das Steifen von ½ l Creme genügen 4 Blatt Gelatine, wenn man die Creme in der Glasschale serviert. Will man sie jedoch stürzen, verwendet man 6 Blatt auf ½ l Creme.

Will man in die Creme Schlagsahne geben, so muß diese erst kalt sein. Die Creme läßt man dazu, ohne sie in kaltes Wasser zu stellen, zugedeckt erkalten. Schlägt sie dann einige Male durch und zieht die geschlagene Sahne unter.

1. Vanillecreme

½ l Milch · ¼ Stange Vanille · 3 Eigelb · 50 g Zucker · 10 g Stärkemehl (1 gestrichener Eßlöffel) · 3 Eischnee

Eigelb und Zucker schaumig rühren, das Stärkemehl unterrühren. Die mit der Vanillestange aufgekochte Milch zugießen und die Creme am Feuer, im kochenden Wasserbad oder über Dampf dicklichschlagen. Den steifen Eischnee unterziehen.

2. Schokoladencreme

½ l Milch · 100 g Schokolade oder 2 Eßlöffel Kakao · 3 Eigelb · 10 g Stärkemehl (1 gestrichener Eßlöffel) · 80 g Zucker · 3 Eischnee

Eigelb und Zucker schaumig rühren, das Stärkemehl unterrühren. Die mit der Schokolade oder dem Kakao aufgekochte Milch zugießen, mit Zucker abschmecken und die Creme am Feuer, in kochendem Wasserbad oder über Dampf dicklichschlagen. Den steifen Eischnee unterziehen. Nach Geschmack kann man die Creme auch auf dieselbe Weise von ganzen Eiern bereiten.

3. Kaffeecreme

⅜ l Milch · ⅛ l sehr starken Kaffee · 3 Eigelb · 80 g Zucker · 10 g Stärkemehl (1 gestrichener Eßlöffel) · 3 Eischnee

Eigelb und Zucker schaumig rühren, das Stärkemehl unterrühren. Die aufgekochte Milch und den Kaffee zugießen und die Creme am Feuer, im kochenden Wasserbad oder über Dampf dicklichschlagen. Den steifen Eischnee unterziehen. Nach Geschmack kann man die Creme auf dieselbe Weise auch von ganzen Eiern bereiten.

4. Karamelcreme

⅛ l Wasser · 50 g Zucker (zum Karamel) · ⅜ l Milch · 3 Eigelb · 80 g Zucker · 10 g Stärkemehl (1 gestrichener Eßlöffel) · 3 Eischnee

In einem trockenen Eisenpfännchen Zucker flüssig und rotbraun werden lassen. Dann mit heißem Wasser aufgießen und so lange kochen lassen, bis sich der karamelisierte Zucker vollständig gelöst hat. Eigelb und Zucker schaumigrühren, das Stärkemehl unterrühren, die kochende Milch und den Karamel zugießen und die Creme am Feuer, im kochenden Wasserbad oder über Dampf dicklichschlagen, den steifen Eischnee unterziehen. Nach Geschmack kann die Creme auf dieselbe Weise auch von ganzen Eiern zubereitet werden.

5. Rumcreme

½ l Milch · 3 Eigelb · 80 g Zucker · 10 g Stärkemehl (1 gestrichener Eßlöffel) · 3 Eßlöffel Rum · 1 Päckchen Vanillezucker · 3 Eischnee

Eigelb mit Zucker schaumigrühren, Stärkemehl unterrühren. Die kochende Milch zugießen und die Creme am Feuer, im kochenden Wasserbad oder über Dampf dicklichschlagen. Dann mit Rum und Vanillezucker abschmecken, den steifen Eischnee unterziehen. Die Creme kann auf dieselbe Weise auch von ganzen Eiern zubereitet werden.

6. Weincreme

½ l Weißwein · 1 Ei · 2 Eigelb · 120 g Zucker · 10 g Stärkemehl (1 gestrichener Eßlöffel) · 2 Eischnee

1 ganzes Ei und 2 Eigelb mit Zucker schaumigrühren. Das Stärkemehl unterrühren. Wein zugießen und die Creme am Feuer, im kochenden Wasserbad oder über Dampf dicklichschlagen, dann den steifen Eischnee unterziehen.

7. Orangencreme

4 Orangen · 2 Zitronen · ⅛ l Weißwein · 3 Eigelb · 120 g Zucker 10 g Stärkemehl (1 gestrichener Eßlöffel) · 3 Eischnee

Den Saft der Orangen und Zitronen auspressen und mit Wein oder Wasser auf ½ l ergänzen. Eigelb und Zucker schaumigrühren, Stärkemehl unterrühren. Den bis ans Kochen erhitzten Saft durch ein Sieb zugießen und die Creme am Feuer, im kochenden Wasserbad oder über Dampf dicklichschlagen. Dann den Eischnee unterziehen. Die Creme kann auf dieselbe Weise auch von ganzen Eiern zubereitet werden.

III. Geschlagene Cremes, kalt

Die Grundlage für abgeschlagene, kalte Cremes ist Milch, Fruchtsaft, Wein, Kaffee und dergleichen.

Die Bindung der Creme erreicht man **durch** Zugabe von Eiern und wenig Stärkemehl oder nur durch Eier. **Der Bindekraft** von 1 Eigelb entsprechen ungefähr 10 g (1 gestrichener Eßlöffel) Stärkemehl.

Will man diese Cremes aber nicht warm servieren, sondern kalt, so muß man zusätzlich noch aufgelöste Gelatine zugeben.

Man rechnet auf ½ l Creme 4 Blatt Gelatine, wenn man sie in der Glasschale serviert. Will man die Creme aber stürzen, so rechnet man auf ½ l Creme 6 Blatt Gelatine.

Bei der Zubereitung rührt man Eigelb und Zucker schaumig, rührt eventuell noch Stärkemehl darunter und gießt dann die der Creme entsprechende Flüssigkeit heiß zu. Die Creme wird dann am Feuer, im kochenden Wasserbad oder über Dampf dicklichgeschlagen. Dann die aufgelöste Gelatine zugegeben und die Creme zugedeckt, ohne sie in kaltes Wasser zu stellen, erkalten lassen. Wenn sie anzuziehen beginnt, rührt man den steifen Eischnee und die steife Schlagsahne oder nur eines von beiden unter.

Je nach der verwendeten Gelatinemenge wird die Creme in Gläser, Portionsschälchen oder eine Glasschale gefüllt oder in eine mit Öl ausgestrichene Stürzform gegossen. Zum Stürzen hält man diese einige Sekunden in heißes Wasser und stürzt dann auf eine kalt abgespülte Platte.

Ungestürzte oder gestürzte Cremes spritzt man beim Anrichten womöglich mit steifgeschlagener Sahne, die man nur wenig süßt. Gibt man unter die Cremes noch Schlagsahne, so erhöht sich dementsprechend die Gelatinezugabe.

Zum Beispiel ½ l Milch für die Creme = 6 Blatt Gelatine und ¼ l Schlagsahne = 3 Blatt Gelatine; man benötigt also für ¾ l fertige Creme 9 Blatt Gelatine wenn die Creme gestürzt wird; bleibt sie in der Glasschale genügen 6 Blatt.

1. Kalte Vanillecreme

½ l Milch · ¼ Stange Vanille · 3 Eigelb · 80 g Zucker · 10 g Stärkemehl (1 gestrichener Eßlöffel) · 6 Blatt farblose Gelatine (9 Blatt zum Stürzen) 3 Eßlöffel heißes Wasser · 3 Eischnee · nach Belieben ¼ l Schlagsahne

Eigelb mit Zucker schaumigrühren, das Stärkemehl unterrühren. Die mit der Schokolade oder dem Kakao aufgekochte Milch zugießen und über Feuer, im kochenden Wasserbad oder über Dampf dicklichschlagen. Die Vanillestange entfernen, die aufgelöste Gelatine zugießen, die Creme zugedeckt erkalten lassen. Wenn sie beginnt anzuziehen, den Eischnee und die geschlagene Sahne unterziehen. Läßt man die Schlagsahne weg, so genügen für die Glasschale 4 Blatt Gelatine und zum Stürzen 6 Blatt weiße Gelatine.

2. Kalte Schokoladencreme

½ l Milch · 100 g Schokolade oder 2 Eßlöffel Kakao · 3 Eigelb · 100 g Zucker 10 g Stärkemehl (1 gestrichener Eßlöffel) · 6 Blatt farblose Gelatine · (9 Blatt zum Stürzen) · 3 Eßlöffel heißes Wasser · 3 Eischnee · nach Belieben ¼ l Schlagsahne

Eigelb mit Zucker schaumigrühren. Das Stärkemehl unterrühren. Die mit der Schokolade oder dem Kakao aufgekochte Milch zugießen und die Creme am Feuer, im kochenden Wasserbad oder über Dampf dicklichschlagen. Die im heißen Wasser aufgelöste Gelatine zugeben und die Creme zugedeckt erkalten lassen. Wenn die Creme beginnt anzuziehen, den steifgeschlagenen Eischnee und die geschlagene Sahne unterziehen. Läßt man die Schlagsahne weg, so genügen für die Glasschale 4 Blatt Gelatine und zum Stürzen 6 Blatt weiße Gelatine.

3. Kalte Mokkacreme

3/8 l Milch · 1/8 l sehr starken Kaffee · 3 Eigelb · 120 g Zucker · 10 g Stärkemehl (1 gestrichener Eßlöffel) · 6 Blatt farblose Gelatine (9 Blatt zum Stürzen) · 3 Eßlöffel heißes Wasser · 3 Eischnee · nach Belieben 1/4 l Schlagsahne

Eigelb mit Zucker schaumigrühren, Stärkemehl unterrühren. Die aufgekochte Milch und den Kaffee zugießen und die Creme am Feuer, im kochenden Wasserbad oder über Dampf dicklichschlagen. Die in heißem Wasser aufgelöste Gelatine zugießen und die Creme zugedeckt erkalten lassen. Wenn sie anzuziehen beginnt, den Eischnee und die geschlagene Sahne unterziehen. Wird die Creme ohne Schlagsahne zubereitet, genügen für die Glasschale 4 Blatt Gelatine, zum Stürzen 6 Blatt Gelatine.

4. Kalte Karamelcreme

Karamel: 50 g Zucker · 1/8 l Wasser · 3/8 l Milch · 3 Eigelb · 100 g Zucker 10 g Stärkemehl (1 gestrichener Eßlöffel) · 6 Blatt farblose Gelatine (9 Blatt zum Stürzen) · 3 Eßlöffel heißes Wasser · 1 Päckchen Vanillezucker · 3 Eischnee · nach Belieben 1/4 l Schlagsahne

In einem trockenen Eisenpfännchen Zucker flüssig und rotbraun werden lassen. Dann mit kaltem Wasser aufgießen und so lange kochen lassen, bis sich der karamelisierte Zucker vollständig gelöst hat. Eigelb und Zucker schaumigrühren das Stärkemehl unterrühren, die aufgekochte Milch und den Karamel zugießen. Die Creme am Feuer, im kochenden Wasserbad oder über Dampf dicklichschlagen, die in heißem Wasser aufgelöste Gelatine zugießen. Die Creme zugedeckt erkalten lassen. Wenn sie anzuziehen beginnt, den Eischnee und die geschlagene Sahne unterziehen. Wird die Creme ohne Schlagsahne zubereitet, genügen für die Glasschale 4 Blatt Gelatine, zum Stürzen 6 Blatt Gelatine.

5. Kalte Rumcreme

1/2 l Milch · 3 Eigelb · 100 g Zucker · 10 g Stärkemehl (1 gestrichener Eßlöffel) · 3 Eßlöffel Rum · 1 Päckchen Vanillezucker · 6 Blatt farblose Gelatine (9 Blatt zum Stürzen) · 3 Eßlöffel heißes Wasser · 3 Eischnee · nach Belieben 1/4 l Schlagsahne

Eigelb mit Zucker schaumigrühren, das Stärkemehl unterrühren, die aufgekochte Milch zugießen und die Creme am Feuer, im kochenden Wasserbad oder über Dampf dicklichschlagen. Dann mit Rum und Vanillezucker abschmecken, die aufgelöste Gelatine zugeben, die Creme zugedeckt erkalten lassen. Wenn sie anzuziehen beginnt, den steifen Eischnee und die geschlagene Sahne unterziehen. Wird die Creme ohne Schlagsahne zubereitet, genügen für die Glasschale 4 Blatt Gelatine, zum Stürzen 6 Blatt Gelatine.

6. Kalte Weincreme

½ l Weißwein • 1 Ei • 2 Eigelb • 140 g Zucker • 10 g Stärkemehl (1 gestrichener Eßlöffel) • 6 Blatt farblose Gelatine (9 Blatt zum Stürzen) • 3 Eßlöffel heißes Wasser • 2 Eischnee • nach Belieben ¼ l Schlagsahne

Ei, Eigelb und Zucker schaumigrühren, Stärkemehl unterrühren, den bis ans Kochen erhitzten Wein zugießen und die Creme am Feuer, im kochenden Wasserbad oder über Dampf dicklichschlagen. Dann die aufgelöste Gelatine zugießen und die Creme zugedeckt erkalten lassen. Wenn sie anzuziehen beginnt, den steifen Eischnee und die geschlagene Sahne unterziehen. Läßt man die Sahne weg, so genügen für die Glasschale 4 Blatt Gelatine und zum Stürzen 6 Blatt weiße Gelatine.

7. Kalte Orangencreme

4 Orangen • 2 Zitronen • 3 Eigelb • ⅛ l Weißwein • 140 g Zucker • 10 g Stärkemehl (1 gestrichener Eßlöffel) • 3 Blatt farblose Gelatine • 3 Blatt rote Gelatine (9 Blatt zum Stürzen) • 3 Eßlöffel heißes Wasser • 3 Eischnee nach Belieben ¼ l Schlagsahne

Den Saft der Orangen und Zitronen auspressen und mit Wein auf ½ l ergänzen. Eigelb und Zucker schaumigrühren, Stärkemehl unterrühren. Den bis ans Kochen erhitzten Saft durch ein Sieb zugießen und die Creme am Feuer, in kochendem Wasserbad oder über Dampf dicklichschlagen. Die aufgelöste Gelatine zugießen, die Creme zugedeckt erkalten lassen. Wenn sie anzuziehen beginnt, den steifen Eischnee und die geschlagene Sahne unterziehen. Wird die Creme ohne Schlagsahne zubereitet, genügen für die Glasschale 4 Blatt Gelatine, zum Stürzen 6 Blatt Gelatine.

8. Punschcreme

¼ l Weißwein • 2 Orangen • 1 Zitrone • 3 Eßlöffel Rum oder Arrak • 3 Eigelb • 140 g Zucker • 10 g Stärkemehl (1 gestrichener Eßlöffel) • 4 Blatt farblose Gelatine • 2 Blatt rote Gelatine (9 Blatt zum Stürzen) • 3 Eßlöffel heißes Wasser • 3 Eischnee • nach Belieben ¼ l Schlagsahne

Eigelb und Zucker schaumigrühren, Stärkemehl unterrühren. Weißwein, Orangensaft, Zitronensaft zugeben. Die Creme am Feuer, im kochenden Wasserbad oder über Dampf dicklichschlagen, den Rum und die im heißen Wasser aufgelöste Gelatine zugeben, die Creme zugedeckt erkalten lassen.

Wenn sie steif zu werden beginnt, einige Male durchschlagen, den steifen Eischnee und die geschlagene Sahne unterziehen. Hat man Würfelzucker zur Verfügung, so reibt man die Schalen der Zitronen und Orangen damit ab und bereitet mit diesem Zucker die Creme. Bereitet man die Creme ohne Schlagsahne, so genügen 4 Blatt Gelatine für die Glasschale und 6 Blatt zum Stürzen.

9. Tutti-Frutticreme

¹/₂ l Milch · ¹/₄ Stange Vanille · 3 Eigelb · 80 g Zucker · 10 g Stärkemehl (1 gestrichener Eßlöffel) · 6 Blatt farblose Gelatine · 3 Eßlöffel heißes Wasser · 3 Eischnee · ¹/₄ l Schlagsahne · verschiedene eingemachte Früchte

Aus den angegebenen Zutaten eine warm geschlagene Vanillecreme zubereiten, die aufgelöste Gelatine zugeben. Wenn die Creme beginnt dicklich zu werden, den Eischnee und die geschlagene Sahne unterziehen. In eine Glasschale verschiedene eingemachte Früchte und mit Rum befeuchtete Makronen legen, die Creme darübergießen. Beim Anrichten mit zurückbehaltenem Obst, Makronen und gespritzter Sahne verzieren.

10. Königscreme

¹/₂ l Milch · ¹/₄ Stange Vanille · 3 Eigelb · 80 g Zucker · 10 g Stärkemehl (1 gestrichener Eßlöffel) · 9 Blatt farblose Gelatine · 4 Eßlöffel heißes Wasser 20 Stück Likörkirschen oder in Stückchen geschnittenes Rum-Obst · 50 g Sultaninen · etwas Weißwein · 3 Eischnee · ¹/₄ l Schlagsahne

Aus den angegebenen Zutaten eine warm geschlagene Vanillecreme bereiten. Die aufgelöste Gelatine zugeben. Wenn die Creme beginnt dicklich zu werden, die Likörkirschen oder das geschnittene Rumobst und die in Weißwein aufgequollenen Sultaninen zugeben. Den steifen Eischnee und die geschlagene Sahne unterziehen, die Creme in eine mit Öl ausgestrichene, mit Zucker ausgestreute Form füllen, steif werden lassen, stürzen, mit Likörkirschen oder Rumobst und geschlagener Sahne verzieren.

11. Nougatcreme

¹/₂ l Milch · ¹/₄ Stange Vanille · 3 Eigelb · 80 g Zucker · 10 g Stärkemehl (1 gestrichener Eßlöffel) · 6 Blatt farblose Gelatine (9 Blatt zum Stürzen) 3 Eßlöffel heißes Wasser · 100 g Haselnüsse oder Mandeln · 1 Eßlöffel Rum 3 Eischnee · nach Belieben ¹/₄ l Schlagsahne

Die Haselnüsse auf dem Blech oder in der Stielpfanne trocken rösten, bis sie hellbraun sind und die Haut abgeht. Dann werden sie gerieben oder feingewiegt. Aus den angegebenen Zutaten eine warm geschlagene Vanillecreme bereiten. Den Rum und die aufgelöste Gelatine zugeben. Wenn die Creme beginnt dicklich zu werden, die Haselnüsse, den Eischnee und die geschlagene Sahne unterziehen.

12. Nesselrodercreme

¼ l Milch · 2 Eigelb · 50 g Zucker · 3 Blatt farblose Gelatine · 2 Eßlöffel heißes Wasser · 1 Päckchen Vanillezucker · 30 g Mandeln · 50 g Makronen 2 Eischnee · ⅛ l Schlagsahne

Milch, Eigelb und Zucker verquirlen. Am Feuer, im kochenden Wasserbad oder über Dampf dicklich schlagen. Die in heißem Wasser aufgelöste Gelatine zugeben. Zugedeckt erkalten lassen. Wenn die Creme anzuziehen beginnt, die abgezogenen, in feine Streifchen geschnittenen Mandeln, die kleinen Makronen, Vanillezucker, Eischnee und geschlagene Sahne unterziehen. Die Creme in eine Glasschale füllen, mit geschlagener Sahne spritzen.

13. Kastaniencreme

250 g passierte Kastanien · 3 Eier · 175 g Zucker · ½ l Milch · 1 Päckchen Vanillezucker · 5 Blatt farblose Gelatine · 3 Eßlöffel heißes Wasser — Zum Verzieren: ⅛ l Schlagsahne · 1 Päckchen Vanillezucker · 1 Eßlöffel Rum oder Arrak

Die geschälten, weichgekochten, auch von der inneren Haut befreiten Kastanien durch ein Sieb streichen. Eier und Zucker schaumigrühren, die passierten Kastanien, Vanillezucker und die Milch zugeben und über Dampf zu einer dicklichen Creme schlagen. Die aufgelöste Gelatine zugeben, im Wasserbad kalt schlagen, dann in eine mit Öl ausgestrichene, mit Zucker ausgestreute Form füllen, steif werden lassen, stürzen, mit gespritzter Schlagsahne, die man mit Vanillezucker und Rum oder Arrak abgeschmeckt hat, verzieren.

14. Feine Mokkacreme

40 g Kaffee · ½ l Milch · 6 Eigelb · 120 g Zucker · 6 Blatt farblose Gelatine 3 Eßlöffel heißes Wasser · ¼ l Schlagsahne — Zum Verzieren: Likörbohnen

Den frischgebrannten, gemahlenen Kaffee mit kochender Milch übergießen, umrühren und zugedeckt am Herdrand 10 Minuten ziehen lassen, abseihen. Eigelb mit Zucker schaumigrühren, den Milchkaffee zugießen, über Dampf zu einer dicklichen Creme schlagen, die in heißem Wasser aufgelöste Gelatine zugeben, die Creme kalt schlagen. Dann die geschlagene Sahne unterrühren und die Creme in Gläser, eine Glasschale oder eine Form zum Stürzen füllen. Vor dem Anrichten die Creme mit geschlagener Sahne spritzen und mit Likörbohnen verzieren.

15. Feine Schokoladencreme

6 Eigelb · 100 g Zucker · 150 g Schokolade · ½ l Milch · 6 Blatt Gelatine 3 Eßlöffel heißes Wasser · ¼ l Schlagsahne

Eigelb und Zucker schaumigrühren. Die im Wasserbad erweichte Schokolade und die aufgekochte Milch zugeben. Die Creme über Dampf dicklichschlagen. Dann die im heißen Wasser aufgelöste Gelatine zugeben, die Creme kalt schlagen, die geschlagene Sahne unterziehen und in eine Glasschale füllen. Vor dem Anrichten mit gespritzter Sahne und Schokoladentrüffel verzieren.

16. Feine Mandelcreme

100 g Mandeln · ½ l Milch · 4 Eier · 125 g Zucker · 6 Blatt farblose Gelatine · 3 Eßlöffel Maraschino

Die abgezogenen, geriebenen Mandeln mit der kochenden Milch übergießen und 30 Minuten zugedeckt ziehen lassen. Inzwischen die ganzen Eier und den Zucker mit dem Schneebesen schaumigschlagen, die geseihte, heiße Mandelmilch zugießen. Über kochendem Wasser zu einer dicklichen Creme schlagen, die in zurückbehaltener heißer Milch aufgelöste Gelatine zugeben, die Creme im Wasserbad kalt schlagen, den Maraschino zugießen und die Creme in eine Glasschale füllen.

100 g Mandeln · ¼ l Milch · 5 Eigelb · 125 g Zucker · Bittermandelaroma 3 Eßlöffel Arrak · ½ l Schlagsahne

Die abgezogenen, geriebenen Mandeln mit der kochenden Milch übergießen und zugedeckt 30 Minuten ziehen lassen. Die Eigelb mit Zucker mit dem Schneebesen schaumigschlagen, die geseihte Mandelmilch zugießen und die Creme im kochenden Wasserbad dicklichschlagen. Dann die Creme kalt schlagen, mit Bittermandelaroma und Arrak abschmecken, die geschlagene Sahne unterziehen. Die Creme in eine Glasschale füllen und sofort zu Tisch geben.

17. Frankfurter Speise

1 Schachtel Löffelbiskuit oder 250 g Rührkuchen · ⅛ l Madeira · 8 Eßlöffel Rum · 4 Eßlöffel Aprikosenmarmelade · eingemachte Früchte · Makronen

Creme: ½ l Schlagrahm · 4 Eigelb · 1 Eßlöffel Stärkemehl · 50 g Zucker 2 Vanillezucker

Den Boden einer Form oder runden Schüssel mit in einer Mischung von in Madeira oder Rum getränkten Löffelbiskuit oder Kuchen auslegen. Mit glattgerührter, evtl. etwas verdünnter Aprikosenmarmelade bestreichen. Darauf eingemachte Früchte beliebiger Art (evtl. geschnitten) und getränkte Makronen. Dann wieder Biskuit oder Kuchen usw., bis die Form voll ist. Oberste Lage Biskuit oder Kuchen. Mit einem Teller leicht beschweren und über Nacht kühl stellen. Bei Gebrauch stürzen und mit nachstehender Creme (warm oder kalt) servieren.

Creme: Die angegebenen Zutaten in einem Kochtopf mischen und unter Schlagen mit dem Schneebesen einmal aufkochen lassen.

18. Feine Weincreme

6 Eier · 150 g Zucker · ¹/₄ l Weißwein · 4 Blätter farblose Gelatine · 4 Eßlöffel Arrak · ¹/₄ l Schlagsahne

Die ganzen Eier mit Zucker schaumigrühren, Wein zugeben, am Feuer oder im Wasserbad dicklichschlagen, die aufgelöste Gelatine zugeben, kaltschlagen, den Arrak und die geschlagene Sahne zugeben. In eine Glasschale oder Kelchgläser füllen, mit zurückbehaltener geschlagener Sahne verzieren. Statt mit Weißwein kann die Creme auch mit Zitronensaft bereitet werden.

19. Weinbecher

*¹/₂ l Weißwein · 1 Zitronenscheibe · 100 g Zucker · 1 Teelöffel Stärkemehl
4 Eigelb · 4 Blatt farblose Gelatine · 2 Eßlöffel heißes Wasser · 4 Eiweiß
Rumkirschen · Kirschwasser oder Cognac · ¹/₄ l Schlagsahne*

Weißwein mit Zitronenscheibe und Zucker aufkochen, die Zitronenscheibe entfernen, die Eigelb mit Stärkemehl und etwas zurückbehaltenen Wein glattrühren und in den Wein einkochen. Die in heißem Wasser aufgelöste Gelatine zugeben und die Creme zugedeckt erkalten lassen. Wenn sie anzuziehen beginnt, den steifen Eischnee zugeben und alles mitsammen gut durchschlagen. In Weingläser 4—5 Rumkirschen geben, diese mit 2—3 Eßlöffel Kirschwasser oder Cognac übergießen, darauf bis zu ²/₃ Höhe des Glases Weincreme geben, das Glas mit gezuckerter, geschlagener Sahne auffüllen und bis zum Servieren kalt stellen.

20. Arrak-Cremespeise

*³/₈ l Milch · 20 g Stärkemehl (2 gestrichene Eßlöffel) · 2 Eigelb · 80 g Zucker
8 Blatt farblose Gelatine · 4 Eßlöffel heißes Wasser · 4 Eßlöffel Arrak
1 Päckchen Vanillezucker · ¹/₈ l Schlagsahne · 10 Löffelbiskuit*

Eigelb mit Zucker schaumigrühren. Das Stärkemehl unterrühren, die heiße Milch zugießen und am Feuer, im kochenden Wasserbad oder über Dampf zu einer Creme schlagen. Dann die im heißen Wasser aufgelöste Gelatine, Arrak und Vanillezucker zugeben. Die Creme kaltschlagen, steifen Eischnee und Schlagsahne unterziehen. Eine glatte Kuppelform (Cremeform, Bombenform) mit Öl auspinseln, mit Zucker ausstreuen und mit Löffelbiskuit, die mit Wein, Arrak oder mit einem beliebigen Likör angefeuchtet sind, auslegen. Dann füllt man die Creme ein und läßt sie festwerden. Die Speise wird vorsichtig gestürzt und mit geschlagener Sahne verziert.

21. Vanille-Cremespeise

$1/8$ l Milch · 4 Eigelb · 125 g frische Butter · 100 g geschälte Mandeln · 125 g Zucker · Vanillezucker · 20 Stück Löffelbiskuit · $1/8$–$1/4$ l Schlagsahne

Eigelb und Milch schlägt man über Dampf zu einer dicklichen Masse und rührt sie am Tisch wieder kalt. Unter die schaumig gerührte Butter gibt man abwechselnd geriebene Mandeln und Zucker, mischt die Crememasse dazu und würzt mit Vanillezucker. Eine Form legt man in Sternform mit Löffelbiskuit aus, füllt die Creme darauf und deckt mit Löffelbiskuit zu. Man stellt über Nacht kalt, stürzt am nächsten Tag und verziert mit Schlagsahne.

22. Schokoladen-Cremespeise

$1/2$ l Milch · 100 g Schokolade oder 2 Eßlöffel Kakao · 3 Eigelb · 120 g Zucker · 10 g Stärkemehl (1 gestrichener Eßlöffel) · 6 Blatt farblose Gelatine 3 Eßlöffel heißes Wasser · 3 Eischnee · $1/8$–$1/4$ l Schlagsahne · 20 Löffelbiskuit

Eigelb mit Zucker schaumigrühren. Das Stärkemehl unterrühren. Die mit der Schokolade oder dem Kakao aufgekochte Milch zugießen und die Creme am Feuer, im kochenden Wasserbad oder über Dampf dicklichschlagen, die in heißem Wasser aufgelöste Gelatine zugeben und die Creme zugedeckt erkalten lassen. Wenn sie anzuziehen beginnt, den steifgeschlagenen Eischnee und die geschlagene Sahne unterziehen. In eine Glasschale mit gezuckertem Wein, Arrak oder Rum befeuchtete Löffelbiskuits legen, die Creme daraufgießen, dann wieder befeuchtete Löffelbiskuits usw., bis alles aufgebraucht ist. Die oberste Schicht muß Creme sein. Beim Anrichten wird mit geschlagener Sahne und mit geschnittenen Löffelbiskuits verziert. Stellt man die Speise sehr kalt, kann sie auch vorsichtig gestürzt werden. Die Form muß dann vorher mit Öl ausgepinselt und mit Zucker ausgestreut sein.

23. Mokka-Cremespeise

$3/8$ l Milch · $1/8$ l sehr starken Kaffee · 3 Eigelb · 120 g Zucker · 10 g Stärkemehl (1 gestrichener Eßlöffel) · 6 Blatt farblose Gelatine · 3 Eßlöffel heißes Wasser · 3 Eischnee · $1/8$–$1/4$ l Schlagsahne · 20 Löffelbiskuit

Eigelb mit Zucker schaumigrühren. Stärkemehl unterrühren. Die aufgekochte Milch und den Kaffee zugießen und die Creme am Feuer, im kochenden Wasserbad oder über Dampf dicklichschlagen. Die in heißem Wasser aufgelöste Gelatine zugeben. Wenn die Creme beginnt anzuziehen, den steifen Eischnee und die geschlagene Sahne unterziehen. Löffelbiskuits mit gezuckertem starken Kaffee oder Rum befeuchten und in eine Glasschale legen. Von der Creme darübergießen, dann wieder Biskuits und so fort, bis die Form voll ist. Die oberste Schicht muß Creme sein. Beim Anrichten verziert man mit geschlagener Sahne und geschnittenen Löffelbiskuits. Will man die Speise stürzen, so füllt man sie in eine mit Öl ausgepinselte, mit Zucker ausgestreute Form und stellt sie einige Stunden sehr kalt.

24. Feine Maraschinocreme

6 Eigelb · 125 g Zucker · ¹/₄ l Milch · 3 Blatt farblose Gelatine · 2 Eßlöffel heißes Wasser · ¹/₈ l Maraschino · 3 Eiweiß — Zum Verzieren: Hagebuttenmarmelade · kleine Makronen

Eigelb mit Zucker schaumigrühren. Unter Rühren die Milch zugießen und über kochendem Wasser zu einer dicklichen Creme schlagen. Die in heißem Wasser aufgelöste Gelatine zugeben und die Creme kaltschlagen. Dann den Maraschino einrühren und, wenn die Creme anzuziehen beginnt, den steifgeschlagenen Eischnee unterziehen. Die Creme in eine Glasschale füllen und vor dem Anrichten mit Hagebuttenmarmelade und kleinen Makronen verzieren. Für Maraschino-Cremespeise füllt man die Hälfte der Creme in eine Glasschale, legt kleine Makronen und eingemachte entsteinte Sauerkirschen darauf, gibt den zweiten Teil der Creme darüber und stellt kalt. Vor dem Anrichten mit geschlagener Sahne spritzen, mit kleinen Makronen und eingemachten Sauerkirschen garnieren.

25. Arrakspeise

6 Eier · 125 g Zucker · 8 Blatt farblose Gelatine · 4 Eßlöffel heißes Wasser 1 Eßlöffel Arrak · 12 Löffelbiskuit — Zum Verzieren: ¹/₈ l Schlagsahne Arrak- oder Rumfrüchte

Die ganzen Eier mit dem Zucker über kochendem Wasser zu einer dicken Creme schlagen. Dann die in heißem Wasser aufgelöste Gelatine zugeben, die Creme kaltschlagen und den Arrak zugeben. Eine Stürzform mit Öl ausstreichen und mit Zucker ausstreuen, abwechselnd Löffelbiskuit und Creme einfüllen. Die fertig eingerichtete Form gut kalt stellen. Vor Gebrauch einige Sekunden in heißes Wasser halten und vorsichtig stürzen. Mit geschlagener Sahne spritzen und mit Arrak- oder Rumfrüchten garnieren.

26. Diplomatentorte

Teig: 150 g Mehl · 80 g Butter · 40 g Zucker · 1 Ei · 1 Eßlöffel Wasser Creme: ¹/₂ l Milch · ¹/₄ Stange Vanille · 4 Eigelb · 100 g Zucker · 10 g Stärkemehl (1 gestrichener Eßlöffel) · 8 Blatt farblose Gelatine · 4 Eßlöffel heißes Wasser · 1 Eßlöffel Rum · 4 Eischnee · ¹/₄–¹/₂ l Schlagsahne · eingemachte Früchte

Aus Mehl, Butter, Zucker, Ei und Wasser bereitet man einen Mürbteig, den man auf dem Boden einer Tortenform mit aufgelegtem Rand bäckt. Zur Creme Eigelb und Zucker schaumigrühren, Stärkemehl unterrühren, die mit der Vanillestange aufgekochte Milch zugießen und die Creme am Feuer, im kochenden Wasserbad oder über Dampf dicklichschlagen. Die in heißem Wasser aufgelöste Gelatine und den Rum zugeben, die Creme kaltschlagen. Ein Drittel der Creme wird mit etwas Schlagsahne vermengt, der Mürbteig damit bestrichen und darauf eingemachtes, gut abgetropftes Obst gelegt.

Nun werden die restlichen ²/₃ der Vanillecreme mit dem steifen Eischnee und der geschlagenen Sahne verrührt und diese Creme über die Früchte gegeben, so daß diese vollkommen damit bedeckt sind. Die Torte sehr kalt stellen. Vor dem Anrichten mit geschlagener Sahne schön spritzen.

27. Charlotte russe

Vanillecreme: ¹/₂ l Milch · ¹/₄ Stange Vanille · 60 g Zucker · 4 Eigelb · 10 g Stärkemehl (1 gestrichener Eßlöffel) · 8 Blatt farblose Gelatine · 4 Eßlöffel heißes Wasser · 1 Eßlöffel Sultaninen · 4 Eischnee · ¹/₄ l Schlagsahne — Schokoladencreme: ¹/₂ l Milch · 4 Eßlöffel Kakao · 120 g Zucker · 4 Eigelb · 10 g Stärkemehl (1 gestrichener Eßlöffel) · 8 Blatt farblose Gelatine · 4 Eßlöffel heißes Wasser · 4 Eischnee · ¹/₈ l Schlagsahne · 20 Löffelbiskuits

Auf eine glatte Tortenplatte legt man einen Tortenreif und legt den inneren Rand desselben dicht mit Löffelbiskuits aus. Die schöne Seite der Biskuits muß am Tortenrand anliegen. Damit die Biskuits schön stehen, werden sie unten alle gleichmäßig abgeschnitten. Die Abfälle legt man auf die Tortenplatte. — Zur Vanillecreme rührt man Eigelb mit Zucker schaumig, rührt das Stärkemehl unter und gießt die mit der Vanillestange aufgekochte Milch zu. Dann schlägt man die Creme am Feuer, im kochenden Wasserbad oder über Dampf dicklich, gibt die in heißem Wasser aufgelöste Gelatine zu, schlägt die Creme kalt und mischt, wenn sie anzuziehen beginnt, die in etwas Wein aufgequollenen Sultaninen, den steifen Eischnee und die geschlagene Sahne unter. Diese Creme füllt man in den vorbereiteten Tortenreifen. Wenn diese Creme steif ist, kocht man die Schokoladencreme. Dazu rührt man Eigelb und Zucker schaumig, rüht das Stärkemehl unter, gießt die mit dem Kakao aufgekochte Milch zu und schlägt die Creme am Feuer, im kochenden Wasserbad oder über Dampf dicklich. Dann gibt man die in heißem Wasser aufgelöste Gelatine zu und schlägt die Creme kalt. Wenn sie anzuziehen beginnt, zieht man den steifgeschlagenen Eischnee und die geschlagene Sahne unter. Diese Creme gießt man nun auf die Vanillecreme und stellt die Torte sehr kalt. Vor dem Auftragen wird der Tortenreif entfernt und die Torte mit zurückbehaltener, geschlagener Sahne schön gespritzt. Die angegebenen Mengen sind für eine große Torte berechnet.

28. Gebackene Cremespeise

4 Eigelb · 80 g Zucker · ³/₈ l Milch · 15 g abgezogene Mandeln · 1 Päckchen Vanillezucker · 8 Löffelbiskuit · 4 Eßlöffel eingemachte Früchte — Guß: 4 Eischnee · 100 g Zucker · Fruchtsaft

Eigelb und Zucker schaumigrühren. Unter Rühren die heiße Milch zugießen und über kochendem Wasser zu einer dicklichen Creme schlagen, dann kaltschlagen. Die geriebenen Mandeln zugeben, mit Vanillezucker abschmecken. Eine niedere, feuerfeste Form mit Butter ausstreichen, mit Löffelbiskuit belegen, die Früchte daraufgeben und die Creme darübergießen. Zum Guß Eiweiß zu steifem Schnee schlagen, den Zucker einschlagen, mit dieser

Schaummasse die Creme überstreichen, etwas Puderzucker daraufstreuen und die Speise bei Oberhitze lichtgelb überbacken. Heiß oder abgekühlt mit Fruchtsaft zu Tisch geben.

29. Haselnußcreme

3 Eiweiß · 150 g Zucker · 50 g Haselnüsse · 30 g flüssige Butter · 1 Päckchen Vanillezucker — zum Verzieren: 1/8 l Schlagsahne · Haselnüsse

Eiweiß zu steifen Schnee schlagen, den Zucker nach und nach zugeben und so lange weiterschlagen, bis die Masse steif ist und glänzt. Dann die geschälten, geriebenen Haselnüsse, die flüssige, lauwarme Butter und Vanillezucker einschlagen. Die Creme in den Kühlschrank oder auf Eis stellen. Vor dem Anrichten mit geschlagener Sahne und Haselnüssen verzieren.

30. Haselnußcreme mit Äpfeln

1/2 l Milch · 40 g Stärkemehl (4 gestrichene Eßlöffel) · 80 g Zucker · 4 Eßlöffel geröstete, geriebene Haselnüsse · 2 roh geriebene Äpfel

In die Milch kalt angerührtes Stärkemehl einkochen, Zucker und die geriebenen Haselnüsse zugeben. Nach dem vollständigen Erkalten die geriebenen Äpfel untermengen und schaumigschlagen.

31. Cognaccreme mit Erdbeeren

4 Eigelb · 100 g Zucker · 1/4 l Milch · 3 Blatt farblose Gelatine · 2 Eßlöffel heißes Wasser · 3 Eßlöffel Cognac · 1/4 l Schlagsahne · 1/2 kg Erdbeeren

Eigelb mit Zucker schaumigrühren, die abgekochte Milch zugießen, über Dampf dicklichschlagen, die aufgelöste Gelatine zugeben, die Creme kaltschlagen, Cognac und die geschlagene Sahne unterziehen. In eine Glasschale die Hälfte der Erdbeeren tun, die Creme darübergeben, oben nochmals mit Erdbeeren bestreuen und zum Steifwerden auf Eis stellen.

32. Kalte Erdbeercreme

500 g Walderdbeeren oder Ananaserdbeeren · 120 g Zucker · 1 Päckchen Vanillezucker · 4 Blatt farblose Gelatine · 2 Blatt rote Gelatine · 2 Eßlöffel heißes Wasser · 1/4 l Schlagsahne

Die gewaschenen, entstielten, gut abgetropften Erdbeeren durchstreichen oder mixen, mit Zucker und Vanillezucker verrühren. Die in heißem Wasser aufgelöste lauwarme Gelatine zugeben. Wenn die Creme beginnt dicklich zu werden, die geschlagene Sahne unterrühren, die Creme in eine Glasschale oder Kelchgläser füllen und vor dem Anrichten mit zurückbehaltener Sahne spritzen.

33. Erdbeercremetorte

16 Löffelbiskuits — Creme: 500 g Walderdbeeren oder Ananaserdbeeren 120 g Zucker · 1 Päckchen Vanillezucker · 3 Blatt rote Gelatine · 6 Blatt farblose Gelatine · 4 Eßlöffel heißes Wasser · $^1/_4$ l Schlagsahne

Auf eine glatte Tortenplatte einen kleinen Tortenreif legen. Den inneren Rand desselben mit Löffelbiskuit auslegen, die schöne Seite an den Tortenrand anlegen, die Löffelbiskuit unten geradeschneiden und die Abfälle auf den Boden der Tortenplatte legen. Die Erdbeeren durch ein Sieb streichen oder mixen, mit Zucker und Vanillezucker verrühren. Die in heißem Wasser aufgelöste Gelatine lauwarm an die Erdbeermasse geben. Wenn diese beginnt dicklich zu werden, die steifgeschlagene Sahne unterziehen und die Creme in den Biskuitrand gießen. Die Torte sehr kalt stellen. Beim Anrichten den Tortenreif entfernen, und die Torte mit geschlagener Sahne schön spritzen und mit Erdbeeren verzieren.

34. Kalte Rhabarbercreme

500 g Rhabarber · 100 g Zucker · $^1/_4$ Vanillestange · $^1/_8$ l Weißwein · 4 Blatt farblose Gelatine · 2 Blatt rote Gelatine · $^1/_8$ l Schlagsahne

Abgezogenen Rhabarber in kleine Würfel schneiden, mit Zucker bestreut Saft ziehen lassen. Dann auf kleinem Feuer zugedeckt mit der Vanillestange weichkochen. Den Wein, in dem die Gelatine aufgelöst wurde, zugießen. Wenn die Masse dicklich zu werden beginnt, die geschlagene Sahne unterziehen und in eine Glasschale füllen.

35. Orangenkörbchen

4 Orangen · 1 Zitrone · 80 g Zucker · 4 Blatt farblose Gelatine · 2 Eßlöffel heißes Wasser · $^1/_8$ l Schlagsahne

Die Schale von 2 sauber gewaschenen und abgewischten Orangen und der Zitrone mit Würfelzucker abreiben. Die Orangen und Zitronen auspressen und in dem Saft ($^1/_4$ l) den Zucker auflösen. Die in heißem Wasser aufgelöste Gelatine zugeben, alles mitsammen durch ein feines Sieb gießen. Wenn die Masse dicklich zu werden beginnt, die steifgeschlagene Sahne unterziehen und die Creme in die an den Schnitträndern schön eingekerbten Orangenhälften füllen. Beim Anrichten mit zurückbehaltener geschlagener Sahne spritzen.

IV. Kalt gerührte Cremes

Man bereitet sie aus Wein, Süßmost oder Fruchtsaft, mit reichlich Eiern, und Gelatine als Bindemittel. Die Eier werden immer als Eigelb und als Eischnee verwendet.

Aus Fruchtmark mit Zucker, Gelatine und Schlagsahne oder Kondensmilch kann man ebenfalls sehr gute, erfrischende, kalte Cremes bereiten.

Bei der Zugabe von Gelatine zu kalten Cremes muß man so arbeiten, daß man in die warme, aufgelöste Gelatine die kalte Flüssigkeit gibt und nicht umgekehrt. Es bilden sich sonst sehr leicht die sog. Gelatinefäden, die das Aussehen, den Geschmack und die Steifkraft beeinträchtigen.

1. Kaltgerührte Zitronencreme

4 Eigelb · 125 g Zucker · 4 Zitronen · 8 Stück Würfelzucker · $1/4$ l Weißwein oder Apfelsaft · 6 Blatt farblose Gelatine · 4 Eischnee — Zum Verzieren: $1/8$ l Schlagsahne

Die Schale der Zitronen mit dem Würfelzucker abreiben, und diesen in etwas Wein oder Apfelsaft auflösen. Die Zitronen auspressen. Die Gelatine kalt einweichen, ausdrücken, in 3 Eßlöffeln Wein oder Apfelsaft auflösen. Eigelb und Zucker schaumigrühren, Zitronensaft, Zitronenzucker, die lauwarme aufgelöste Gelatine und den Wein oder Apfelsaft zugeben. Wenn die Creme beginnt dicklich zu werden, den steifen Eischnee unterziehen, noch einige Minuten stehen lassen und dann in eine Glasschale füllen. Vor dem Anrichten mit geschlagener Sahne verzieren. — Man kann die Creme auch nur von 2 Eiern bereiten dafür aber 2 Eischnee und $1/8$ l geschlagene Sahne vor dem Steifwerden in die Creme einrühren.

2. Kaltgerührte Orangencreme

Zur Orangencreme wird die Schale von 4 Orangen mit Würfelzucker abgerieben. Die weitere Zubereitung ist wie die der Zitronencreme, zum Auflösen des Würfelzuckers, der Gelatine und als Zugabe zur Schaummasse verwendet man im ganzen $1/2$ l Orangensaft.

3. Kaltgerührte Weincreme

4 Eigelb · 125 g Zucker · $3/8$ l Weißwein · 2 Zitronen · 6 Blatt farblose Gelatine · 4 Eischnee — Zum Verzieren: $1/8$ l Schlagsahne

Eigelb mit Zucker schaumigrühren, in Wein aufgelöste lauwarme Gelatine, Wein und Zitronensaft zugeben. Wenn die Creme beginnt dicklich zu werden, den steifgeschlagenen Eischnee, eventuell noch geschlagene Sahne einrühren, einige Minuten stehen lassen, nochmals durchrühren, in eine Glasschale oder Kelchgläser füllen, vor dem Anrichten mit geschlagener Sahne spritzen. Hat man sehr guten aromatischen Wein, läßt man den Zitronensaft weg.

4. Sauerrahmcreme

$1/2$ l Sauerrahm · 200 g Zucker · 1 Eßlöffel Arrak · 1 Päckchen Vanillezucker · 3 Blatt farblose, 1 Blatt rote Gelatine · 3 Eßlöffel heißes Wasser $1/8$ l Schlagsahne

Den Sauerrahm schaumigschlagen, Zucker Vanillezucker, Arrak und die in heißem Wasser aufgelöste lauwarme Gelatine zugeben. Die Creme in eine Glasschale füllen und vor dem Anrichten mit geschlagener Sahne verzieren. Statt Sauerrahm kann man auch Joghurt oder Buttermilch vewenden.

5. Trockenobstcreme

125 g getrocknete Aprikosen, Zwetschgen u. dgl. • ½ l Wasser • 60 g Zucker 4 Blatt farblose Gelatine • 2 Eßlöffel heißes Wasser • 1 Päckchen Vanillezucker • ⅛ l Schlagsahne

Getrocknete Aprikosen waschen, einweichen, weichkochen und durch ein Sieb streichen. Das Aprikosenmark in einen Meßbecher gießen, wenn nötig, durch Zugießen von Wasser auf ½ l Flüssigkeit ergänzen. Mit Zucker abschmecken und die in heißem Wasser aufgelöste Gelatine zugeben. Wenn die Creme dicklich zu werden beginnt, die geschlagene Sahne unterrühren und in Gläser oder in eine Glasschale füllen. Beim Anrichten mit zurückbehaltener, geschlagener Sahne verzieren.

6. Obstsaft- oder Süßmostcreme

¼ l roher Obstsaft, Kompottsaft oder Süßmost • Zucker nach Geschmack 4 Blatt Gelatine • 2 Eßlöffel heißes Wasser • 1 kleine Dose Kondensmilch

Rohen Obstsaft, Kompottsaft oder Süßmost mit Zucker abschmecken, aufgelöste Gelatine zugeben. Wenn die Masse anzuziehen beginnt, nach und nach die Kondensmilch einschlagen. 2 Stunden kaltstellen.

7. Obstcreme

500 g beliebiges Obst • ⅛ l Wasser oder Wein • 100 g Zucker • 30 g Stärkemehl • ⅛ l Schlagsahne oder 1 kleine Dose Kondensmilch • 1 Päckchen Vanillezucker

Beliebiges Obst mit etwas Flüssigkeit weichkochen, durchstreichen, mit Zucker abschmecken. Wieder aufkochen, das kalt angerührte Stärkemehl einkochen. Nach dem vollständigen Erkalten geschlagene Sahne oder geschlagene Kondensmilch einrühren, mit Vanillezucker abschmecken.

8. Creme Nikolaschka

4 Zitronen • 125 g Zucker • 3 Blatt farblose Gelatine • ¼ l Schlagsahne 1 Teelöffel gemahlener Bohnenkaffee

Die Schale von 2 Zitronen mit Würfelzucker abreiben. Die Zitronen auspressen, Würfelzucker und feinen Zucker darin auflösen, aufgelöste Gelatine zugeben. Wenn die Masse dicklich zu werden beginnt, die geschlagene Sahne unterziehen. In Kelchgläser oder Glasschälchen füllen, kaltstellen. Eine Zitrone in sehr feine Scheiben schneiden, jede Scheibe vierteln und mit etwas gemahlenem Bohnenkaffee bestreuen. Die Creme damit garnieren. — Oder in ¼ l verdünnten Zitronensaft 1 Eßlöffel Stärkemehl einkochen, wie vorstehend fertigmachen.

9. Weinchaudeau

*1 Ei · 3 Eigelb · 100 g Zucker · 1 Teelöffel Stärkemehl · ¹/₄ l Weißwein
3 Eischnee*

Ei, Eigelb und Zucker schaumigrühren, Stärkemehl und Wein zugeben, am Feuer oder im Wasserbad dicklichschlagen, etwas abgekühlt den steifgeschlagenen Eischnee einrühren, warm servieren. — Den Eischnee kann man auch weglassen. Beigabe zu feinen warmen Mehlspeisen.

10. Vanillechaudeau

1 Ei · 3 Eigelb · 100 g Zucker · 1 Teelöffel Stärkemehl · ¹/₄ l Milch · 1 Stück Vanilleschote · 3 Eischnee

Ei, Eigelb und Zucker schaumigrühren, Stärkemehl, Milch, Vanillesamen und Vanilleschote oder 2 Päckchen Vanillezucker zugeben und am Feuer oder im Wasserbad dicklichschlagen. Etwas abgekühlt den steifgeschlagenen Eischnee einrühren, die Vanilleschote entfernen. Warm zu feinen Mehlspeisen servieren. — Der Eischnee kann auch wegbleiben.

11. Karameldessert

4 Eier · 60 g Zucker · ¹/₈ l Milch · ¹/₈ l süße Sahne — Karamel: 80 g Zucker ¹/₈ l Wasser

Eine Puddingform oder kleine Ragoutförmchen mit Öl ausstreichen. Die ganzen Eier mit Zucker, Milch und ungeschlagener Sahne mit dem Schneebesen oder in der Küchenmaschine gut vermischen, in die vorbereitete Form oder Förmchen füllen, 40 Minuten im zugedeckten Wasserbad kochen, erkaltet stürzen, mit Karamel übergießen. Zum Karamel den Zucker auf einer trockenen Stielpfanne unter Umrühren flüssig, hellbraun, dunkelbraun und wieder hellbraun werden lassen, aufgießen und glattkochen.

12. Weintraubencreme

2 Eier · 125 g Zucker · ¹/₄ l Traubensaft (frisch gepreßt oder aus der Flasche) Saft von 2 Zitronen · 3 Blatt farblose Gelatine · ¹/₄ l Schlagsahne · einige frische Weintrauben

Eigelb mit Zucker schaumig rühren, Trauben und Zitronensaft sowie aufgelöste Gelatine zugeben. Wenn die Creme beginnt steif zu werden, Eischnee und geschlagene Sahne einrühren, in Schälchen oder Gläser füllen. Die Weintrauben der Länge nach einschneiden und den Rand des Glases wie einen Perlenkranz damit bestecken.

Schlagsahnespeisen, Gefrorene Cremes

SCHLAGSAHNESPEISEN

Schlagsahne nimmt man nicht nur als Fülle und Beigabe zu Torten oder zur Bereitung von Cremes. Man kann sie auch verschiedenartig gewürzt oder zusammen mit eingemachtem Obst, feinen Biskuits oder dergleichen als Dessert geben.

Zum Schlagen soll die Sahne immer gut gekühlt sein, man muß obachtgeben, daß man die Sahne nicht überschlägt, sie wird sonst zu Butter. Gesüßt wird die Sahne nur wenig, da sie sonst leicht flüssig wird. Sollen Schlagsahnespeisen längere Zeit stehen, gibt man etwas aufgelöste Gelatine zu. Die verschiedenen Geschmackszutaten und Zucker werden möglichst kalt erst nach dem Schlagen eingerührt. Bis zur Verwendung möglichst kühl stellen.

Schlagsahnespeisen, die gestürzt werden, läßt man gefrieren. Man bereitet die Form mit Öl und Zucker vor, füllt ein, verschließt sorgfältig, überstreicht den Verschlußrand mit flüssigem Fett und vergräbt, so abgedichtet, die Form in Eis. Beim Anrichten taucht man die geöffnete Form einen Augenblick in heißes Wasser und stürzt die Speise rasch auf eine Platte. Man kann auch die geöffnete Form auf eine Platte stürzen, kurz ein in heißes Wasser getauchtes Tuch darauflegen und die Form abheben. — Im Tiefkühlschrank werden die Speisen sehr schnell fest.

1. Schlagsahne mit Vanille

¹/₂ l Schlagsahne · 1 Päckchen Vanillezucker · 1 Eßlöffel Zucker

Schlagsahne steif schlagen, ein Päckchen Vanillezucker und einen Eßlöffel Zucker zugeben, einmal mit durchschlagen. Hat man mit Vanilleschoten selbst zubereiteten feinen Zucker, ist der Geschmack noch intensiver.

2. Schlagsahne mit Maraschino

¹/₂ l Schlagsahne · 2 Eßlöffel Zucker · 2 Eßlöffel Maraschino · ¹/₂ Päckchen Vanillezucker

Schlagsahne steifschlagen, Zucker, Maraschino und etwas Vanillezucker einrühren. Die angerichtete Schlagsahne mit Likörbohnen garnieren.

3. Schlagsahne mit Kaffee

¹/₂ l Schlagsahne · 2 Eßlöffel Zucker · 2 Eßlöffel starken kalten Kaffee
¹/₂ Päckchen Vanillezucker

Schlagsahne steifschlagen, Zucker, Kaffee, Vanillezucker zugeben und einmal mit durchschlagen. Die angerichtete Schlagsahne mit Mokkabohnen garnieren.

4. Schlagsahne mit Schokolade

¹/₂ l Schlagsahne · 1 Eßlöffel Zucker · 100 g geriebene Schokolade

Schlagsahne steifschlagen, Zucker zugeben, etwas von der Schlagsahne abnehmen. Dann die geriebene Schokolade zugeben, in eine Glasschale füllen, mit der zurückbehaltenen Sahne spritzen.

5. Schlagsahne mit Kastanien

¹/₂ l Schlagsahne · 200 g passierte Kastanien · 2 Eßlöffel Zucker · 1 Päckchen Vanillezucker · 1 Eßlöffel Rum, Arrak oder Maraschino · einige Mandeln

Schlagsahne steifschlagen, die passierten Kastanien, Zucker, Vanillezucker, Rum, Arrak oder Maraschino zugeben. Alles zusammen einmal durchschlagen. Dann bergartig in einer Glasschale anrichten, mit Mandelstiftchen spicken.

6. Schlagsahne mit Erdbeeren

¹/₂ l Schlagsahne · 2 Eßlöffel Zucker · 1 Päckchen Vanillezucker · ¹/₂ l Walderdbeeren

Schlagsahne steifschlagen. Zucker, Vanillezucker und die Erdbeeren einrühren. Schlagsahne mit Erdbeeren ist besonders zum Füllen von Sahnetüten geeignet.

7. Schlagsahne mit Pumpernickel

½ l Schlagsahne • 6 geröstete, geriebene Pumpernickelscheiben • 2 Eßlöffel Zucker • 1 Kaffeelöffel Zimt

Schlagsahne steifschlagen. Geröstete Pumpernickelbrösel, Zucker und Zimt einschlagen. Angerichtet mit Vanilleschlagsahne und Rumfrüchten verzieren.

8. Kastanienspeise

½ l Schlagsahne • 2 Eßlöffel Zucker • 1 Päckchen Vanillezucker • ½ kg gekochte Kastanien • ⅛ l Wasser • 100 g Zucker • 1 Eßlöffel Maraschino kleine Makronen zum Verzieren

Geschälte, weichgekochte Kastanien durchpassieren, dann mit einer Zuckerlösung mischen, mit Maraschino abschmecken und durch eine Kartoffelpresse oder ein Sieb drücken. In eine Glasschale abwechselnd geschlagene Sahne, die mit Zucker und Vanillezucker abgeschmeckt wurde, und Kastanien geben. Mit geschlagener Sahne spritzen und mit kleinen Makronen verzieren.

GEFRORENE CREMES

Gefrorene Cremes kann man aus allen Arten von Cremes bereiten. Bei der Herstellung von Schlagsahnecremes hat man darauf zu achten, daß die aufgelöste Gelatine niemals in heißem, sondern in schwach lauwarmem Zustand unter beständigem Rühren in die Creme eingemischt wird.

Die fertiggestellte Creme füllt man in eine kalt ausgespülte oder mit Öl ausgestrichene Form. Am besten eignet sich eine gut verschließbare Kuppelform. (Bombenform, Timbalenform.)

Der Rand der Form sowie der Deckelrand muß gut mit Fett, am besten Kernfett, eingestrichen werden, damit kein Salzwasser eindringen kann. Hat man keine geschlossene Kuppelform, so kann man die Cremes auch in eine Puddingform einfüllen oder in eine Randform. Im letzteren Falle muß man nur besonders sorgfältig sein, daß kein Eiswasser in die Form kommt.

Zum Gefrieren stellt man die Form 2 Stunden in kleingehacktes, gesalzenes Eis (1½ kg Eis, 500 g Viehsalz). Zum Stürzen wird die Form sorgfältig vom Salzwasser abgewischt, geöffnet, einige Sekunden in heißes Wasser getaucht und auf eine gut gekühlte, naß abgespülte Platte gestürzt. (Eiswürfel aus der Eisschale des Kühlschranks.)

Am einfachsten friert man die Cremes im Tiefkühlschrank.

9. Gefrorene Schokoladencreme

120 g Schokolade • 100 g Zucker • ⅛ l Wasser • 3 Blatt farblose Gelatine 3 Eßlöffel Wasser • ½ l Schlagsahne

In Wasserbad erweichte Schokolade wird mit bis zum Faden gekochtem Zuckerwasser verrührt. Die Gelatine wird in heißem Wasser aufgelöst. In die fest geschlagene Sahne rührt man die abgekühlte Schokolade und die ebenfalls abgekühlte Gelatine ein. Diese Masse füllt man in eine mit kaltem Wasser ausgespülte Bombenform (Eisform) und stellt diese für die Dauer von wenigstens 2 Stunden in zerkleinertes, gesalzenes Eis. Zum Stürzen hält man die Form einige Sekunden in heißes Wasser. Die gestürzte Eiscreme wird mit geschlagener Sahne verziert. Man reicht dazu Biskuit oder Eisgebäck.

10. Gefrorene Kaffeecreme

3 Eßlöffel sehr starken schwarzen Kaffee · 3 Blatt farblose Gelatine · 3 Eßlöffel heißes Wasser · 1/2 l Schlagsahne · 80 g Zucker

In fest geschlagene Sahne den abgekühlten schwarzen Kaffee, die aufgelöste abgekühlte Gelatine und den Zucker einmengen. Die Masse in eine mit kaltem Wasser ausgespülte Form füllen, für 2 Stunden in kleingehacktes, gesalzenes Eis stellen. Beim Anrichten einige Sekunden in heißes Wasser tauchen, auf eine gut gekühlte Platte stürzen, mit geschlagener Sahne spritzen, mit Eisgebäck servieren. In die Creme könnte man noch geröstete, würfelig geschnittene Nüsse oder Mandeln und geschnittenes kandiertes Obst einmengen.

11. Gefrorene Erdbeercreme

1/2 l Schlagsahne · 1/4 kg Erdbeermark · 3 Blatt rote Gelatine · 3 Eßlöffel heißes Wasser · 40 g Zucker

In fest geschlagene Sahne rührt man gesüßtes Erdbeermark, aufgelöste abgekühlte Gelatine und Zucker ein. Die Masse in eine kalt ausgespülte Eisform füllen und für die Dauer von mindestens 2 Stunden in kleingehacktes, gesalzenes Eis stellen. Zum Anrichten einige Sekunden in heißes Wasser tauchen und auf eine gut gekühlte Platte stürzen. Mit geschlagener Sahne spritzen.

12. Gefrorene Himbeercreme

Zubereitung wie die vorhergehende Erdbeercreme.

13. Gefrorene Dattelcreme

1/4 l Schlagsahne · 30 g Zucker · 2 Blatt farblose Gelatine · 2 Eßlöffel heißes Wasser · 125 g Datteln

In fest geschlagene Sahne rührt man Zucker, aufgelöste, abgekühlte Gelatine und nudelig geschnittene Datteln ein. Die Masse füllt man in eine kalt ausgespülte Form und stellt sie für 2 Stunden in kleingehacktes, gesalzenes Eis. Dann stürzt man sie auf eine gut gekühlte Platte und verziert mit geschlagener Sahne.

14. Weintrauben-Eiscreme

³/₈ l Schlagsahne · 80 g Zucker · ¹/₈ l frisch gepreßten Weintraubensaft Weintrauben

Schlagsahne steifschlagen, mit dem Zucker und dem frisch gepreßten Weintraubensaft verrühren, dann noch eine Handvoll sauber abgezupfte, ganze Weintrauben untermischen. Die Masse in eine kalt ausgespülte Bombenform füllen, verschließen, 2 Stunden in kleingehacktes, gesalzenes Eis stellen, dann herausnehmen, kalt abspülen, sauber abwischen, einige Sekunden in heißes Wasser halten, auf eine kalt abgespülte Platte stürzen und mit geschlagener Sahne verzieren.

15. Christinencreme

¹/₄ l Vanilleeis · ¹/₄ l Mokkaeis — Gebrannte Nüsse: 100 g Zucker · 100 g Haselnüsse oder Walnüsse

In einem trockenen Eisenpfännchen Zucker flüssig werden lassen, die grobgehackten Nüsse zugeben und mit dem Zucker so lange rösten, bis dieser rotbraun ist. Dann die Masse auf einen beölten Teller gießen, nach dem Erkalten in Stückchen brechen. Eine Bombenform zur Hälfte mit Vanilleeis füllen, die gebrannten, grobgehackten Nüsse daraufstreuen, das Mokkaeis darübergeben, die Form verschließen, 2 Stunden in kleingehacktes, gesalzenes Eis stellen. Dann stürzen und mit geschlagener Sahne und gebrannten (karamelisierten) Haselnüssen oder Walnüssen verzieren. Statt Vanilleeis und Mokkaeis kann man auch Vanillecreme und Mokkacreme verwenden.

16. Königscreme

¹/₄ l Milch · 4 Eigelb · 100 g Zucker · 1 Stückchen Vanillestange · ¹/₂ l Schlagsahne · 3 Blatt farblose Gelatine · 3 Eßlöffel heißes Wasser · 100 g Likörkirschen · 50 g Sultaninen

Eine Mischung von Milch, Eigelb, Zucker und Vanille über Dampf dicklichschlagen. Nach dem Erkalten die Vanillestange herausnehmen, steifgeschlagene Sahne, kleinwürfelig geschnittene Likörkirschen, aufgequollene Sultaninen und die aufgelöste, abgekühlte Gelatine zugeben. Die Masse in eine ausgespülte Form geben, für die Dauer von 2 Stunden in kleingehacktes, gesalzenes Eis stellen. Zum Anrichten einige Sekunden in heißes Wasser halten und auf eine gut gekühlte Platte stürzen. Mit geschlagener Sahne spritzen und mit halbierten Löffelbiskuits verzieren.

17. Gemischte gefrorene Creme

¹/₄ l Schlagsahne • 40 g Zucker • 1 Eßlöffel Maraschino • ¹/₄ l Schlagsahne 150 g Erdbeermark • 20 g Zucker • ¹/₄ l Schlagsahne • 80 g Schokolade • 30 g Zucker

In fest geschlagene Sahne rührt man Zucker und Maraschino ein und gibt diese Masse als erste Schicht in eine kalt ausgespülte Eisform. Dann rührt man Erdbeermark und Zucker in fest geschlagene Sahne ein und gibt dies als zweite Schicht in die Eisform. Als dritte Schicht gibt man fest geschlagene Sahne, in die man erweichte Schokolade und Zucker eingerührt hat. Dann verschließt man die Form und stellt sie für 2—3 Stunden in kleingehacktes, stark gesalzenes Eis. Vor dem Anrichten hält man die Form einige Sekunden in heißes Wasser und stürzt auf eine gut gekühlte Platte.

18. Zitronen-Cognac-Creme

3 Eier • 3 Zitronen • 125 g Zucker • 1 Glas Cognac • 3 Blatt farblose Gelatine ¹/₄ l Schlagsahne

Eigelb mit Zucker und der abgeriebenen Schale von 2 Zitronen schaumig rühren. Zitronensaft, Cognac und aufgelöste Gelatine zugeben. Wenn die Creme beginnt steif zu werden, Eischnee und geschlagene Sahne einrühren. In Gläser füllen, kaltstellen, mit zurückbehaltener Sahne und einem ganz dünnen Zitronenviertelscheibchen mit Schale jedes Glas garnieren.

19. Bayerische Creme mit Himbeermark

¹/₄ l Milch • 4 Eigelb • 125 g Zucker • 1 Eßlöffel Stärkemehl • 4 Blatt farblose Gelatine • 4 Eischnee • ¹/₄ l Schlagsahne • 2 Vanillezucker • 1 Paket tiefgekühlte Himbeeren

Eine Reifrandform bereitlegen. Kalte Milch mit Eigelb, Zucker und Stärkemehl unter Schlagen mit dem Schneebesen einmal aufkochen, aufgelöste Gelatine zugeben, unter gelegentlichem Rühren erkalten lassen (geht sehr schnell). In die kalte, aber noch flüssige Creme den steifen Eischnee und die geschlagene Sahne einrühren, mit Vanillezucker abschmecken, sofort in die Reifform gießen und in den Kühlschrank stellen. Am nächsten Tag die Form einige Sekunden in heißes Wasser tauchen, sofort auf eine glatte Platte mit Rand stürzen. Die aufgetauten Himbeeren im Mixer pürieren, evtl. noch durch ein Sieb streichen. In die Mitte der angerichteten Creme geschlagene Sahne geben, den Reif mit Himbeermark übergießen.

Die Bayerische Creme kann als Grundmasse für die verschiedensten Arten von Cremes verwendet werden, z. B. Kaffee-, Schokoladen-, Nuß-, Nougat-, Rumcreme. An Stelle von Milch wie bei den vorstehenden Cremes kann man Wein oder beliebiges Obstmark verwenden. In allen Fällen gelingt die Creme zuverlässig, ist zart und fein im Geschmack.

(1¹/₂mal das Rezept ergibt 2 Liter fertige Creme)

Eis, Eisbomben, Halbgefrorenes

EIS

Man unterscheidet 3 Arten von Eis: Fruchteis, Sahneeis und Cremeeis.

Fruchteis: Die Grundlage hierfür ist frischer oder eingekochter Obstsaft, frisches oder eingekochtes Obstmark. Den Zucker gibt man niemals so zu, sondern kocht ihn immer erst im Wasser klar. Ist die Zuckerzugabe beim Fruchteis zu gering, erhält man grobkörnige, kristallisierte Eismasse. Zu reichliche Zuckerzugabe erschwert das Gefrieren. Man kann die Masse mit einer Zuckerwaage prüfen.

Das Fruchteis kann man auch unter Zugabe von Wein bereiten, muß aber dabei vorsichtig sein, da Alkohol das Gefrieren beeinträchtigt. Alkohol wird daher am besten in die bereits halbgefrorene Masse gemischt.

Sahneeis: Die Grundlage hierfür bildet Obstsaft, Obstmark, starker Kaffee oder eine andere Flüssigkeit mit Zuckerlösung entsprechend gesüßt, mit leicht geschlagener Sahne verrührt und so, in die Eisbüchse gefüllt, bis zum Steifwerden gerührt.

Cremeeis: Die Grundlage hierfür bildet eine beliebige gekochte oder warm geschlagene Creme, die man zugedeckt erkalten läßt und evtl. vor dem Einfüllen noch mit steifem Eisschnee oder leicht geschlagener Sahne mischt.

Allgemeine Regeln für die Zubereitung von Eis: Die Eismasse in die sorgfältig gereinigte Eisbüchse einfüllen. Die Büchse darf nicht höher als ³/₄ voll gefüllt werden, da sich die Eismasse beim Frieren ausdehnt. Man setzt das Rührwerk genau passend in die Eisbüchse hinein, verschließt die Büchse mit dem Deckel und bestreicht Büchsen- und Deckelrand mit Fett, am besten Kernfett, um ein Eindringen des Eiswassers zu verhindern. Die so vorbereitete Eisbüchse stellt man in den Eiskübel, setzt die Kurbel darauf und befestigt sie. Dann füllt man den Hohlraum zwischen der inneren Wand des Eiskübels und der Büchse mit kleingehacktem Eis und Viehsalz. Das Verhältnis der Kältemischung ist zwei Teile Eis, ein Teil Viehsalz.

Das Eis zerklopft man am besten auf einem feuchten Tuch mit einer spitzen Nadel und einem Klopfer. Oder man schlägt das Eis zwischen 2 feuchten Tüchern zu kleinen Stückchen.

Wenn die Eismaschine so vorbereitet ist, beginnt man langsam und gleichmäßig zu drehen. Das sich bildende Eiswasser gießt man von Zeit zu Zeit durch das Zapfloch ab und füllt wieder Eis und Salz nach. Nach ungefähr 20 Minuten ist das Eis fertig. Man erkennt es daran, daß es sich nur mehr ganz schwer drehen läßt. Man entfernt nun die Kurbel, öffnet vorsichtig den Deckel, entfernt das Rührwerk, deckt wieder zu, verschließt das Loch des Deckels mit einem Kork, überdeckt mit einem Tuch und läßt die Eisbüchse, gut in die Kältemischung eingebettet, noch einige Zeit stehen. Bei Gebrauch richtet man das Eis auf sehr gut gekühlten Tellerchen oder in Eisbechern an. In den meisten Haushalten wird das Eis nicht mehr in der Eismaschine mit Handbetrieb zubereitet. Es gibt dafür elektrische Eisbereiter — Zusatzgerät zur Küchenmaschine — oder solche, die in das Tiefkühlfach des Kühlschranks gestellt werden und elektrisch arbeiten.

In der Eisschale jedes Kühlschranks kann man auch Eis bereiten. Die Massen, die dafür verwendet werden, müssen allerdings konzentrierter und fettreicher sein, da sich sonst keine schöne Eismasse bildet und Eiskristalle vorhanden sind.

An alle Eismassen kann man etwas aufgelöste Gelatine geben, das Eis schmilzt dann beim Anrichten und Servieren weniger schnell.

1. Vanilleeis

2—4 Eier · 200 g Zucker · 1 l Milch · ¹/₂ Stange Vanille

Ganze Eier mit Zucker schaumigschlagen, die mit der Vanillestange aufgekochte Milch kochendheiß zugießen. Dann alles zusammen am Feuer, in kochendem Wasserbad oder über Dampf zu einer dicklichen Creme schlagen. Zugedeckt erkalten lassen. Die Vanillestange entfernen, die Masse in die Eisbüchse füllen und bis zum Steifwerden rühren.

2. Vanilleeis mit Schlagsahne

³/₄ l Milch · ¹/₂ Stange Vanille · 2 Eigelb · 20 g Stärkemehl (2 gestrichene Eßlöffel) · 200 g Zucker · ¹/₄ l Schlagsahne

Die Milch mit der Vanillestange aufkochen. Die Eigelb mit Stärkemehl und etwas kalter Milch anrühren, in die Milch einkochen, Zucker zugeben, die Creme zugedeckt erkalten lassen. Dann die Vanillestange entfernen, die leicht geschlagene Sahne unterziehen, die Masse in die Eisbüchse füllen und bis zum völligen Steifwerden rühren.

4 Eigelb · 200 g Zucker · ¹/₂ l Milch · ¹/₂ Stange Vanille · ¹/₂ l Schlagsahne

Eigelb mit Zucker schaumigrühren, die mit der Vanillestange aufgekochte kochende Milch zugießen, am Feuer, im kochenden Wasserbad oder über Dampf zu einer dicklichen Creme schlagen. Zugedeckt erkalten lassen. Die Vanillestange entfernen, die leicht geschlagene Sahne unterziehen, die Masse in die Gefrierbüchse füllen und die Masse bis zum völligen Steifwerden rühren.

3. Schokoladeeis

³/₄ l Milch · 150 g Schokolade · 200 g Zucker · 2 Eigelb · 20 g Stärkemehl (2 gestrichene Eßlöffel) · ¹/₄ l Schlagsahne

Die Milch mit der Schokolade aufkochen. Die Eigelb mit Stärkemehl und etwas kalter Milch glattrühren, in die Milch einkochen, die Creme zugedeckt erkalten lassen, dann die leicht geschlagene Sahne unterziehen. Die Masse in die Eisbüchse geben und bis zum völligen Steifwerden rühren. — Schokoladeeis kann auch mit jeder der anderen angegebenen Arten von Vanilleeis als Grundlage zubereitet werden.

4. Karameleis

Karamel: 125 g Zucker · ¹/₈ l Wasser — Creme: 3 Eier · 150 g Zucker · ³/₄ l Milch · ¹/₄ l Schlagsahne

Zum Karamel den Zucker in einem Eisenpfännchen trocken erhitzen und unter beständigem Umschaufeln flüssig und rotbraun werden lassen. Dann mit kaltem Wasser aufgießen und den Karamel so lange kochen lassen, bis sich der Zucker vollständig gelöst hat. Ganze Eier und Zucker mit dem Schneebesen schaumigschlagen, die kochende Milch und den Karamel zugießen und die Masse am Feuer, im kochenden Wasserbad oder über Dampf zu einer dicklichen Creme schlagen. Kalt schlagen, dann die leicht geschlagene Sahne unterziehen. Die Masse in die Eisbüchse füllen und bis zum völligen Steifwerden rühren.

5. Krokanteis (Toffee-Eis)

Krokant: 100 g Zucker · 100 g abgezogene Mandeln — Creme: 3 Eier · 150 g Zucker · ³/₄ l Milch · ¹/₄ l Schlagsahne · 1 Päckchen Vanillezucker

Zum Krokant in einer eisernen Pfanne Zucker schmelzen lassen, die abgezogenen, getrockneten, grobgewiegten Mandeln zugeben und beides mitsammen unter häufigem Umschaufeln rotbraun rösten. Dann auf einen beölten Teller geben. Nach dem Erkalten in Stückchen brechen oder stoßen. Eier und Zucker schaumigschlagen, die kochende Milch zugießen. Am Feuer, im kochenden Wasserbad oder über Dampf zu einer dicklichen Creme schlagen, kaltschlagen. Die geschlagene Sahne unterziehen, mit Vanillezucker abschmecken. Die Masse in die Eisbüchse füllen, halbsteif rühren, dann den Krokant untermischen und fertigrühren. — Für Krokanteis kann auch jedes andere Vanilleeis zubereitet und dann mit Krokant gemischt werden.

6. Nougateis

125 g Haselnüsse · 1 l Milch · 3 Eier · 200 g Zucker · 1 Päckchen Vanillezucker

Die gerösteten, geriebenen Haselnüsse mit der kochendheißen Milch übergießen und 30 Minuten am Herdrand ziehen lassen. Ganze Eier und Zucker mit dem Schneebesen schaumigschlagen, die kochendheiße Nußmilch zugießen, am Feuer, über Dampf oder im kochenden Wasserbad zu einer dicklichen Creme schlagen, mit Vanillezucker abschmecken, kaltschlagen, in die Eisbüchse füllen und bis zum völligen Steifwerden rühren. — Nach Geschmack kann man die gerösteten Haselnüsse mit oder ohne Schale reiben.

7. Mandeleis

125 g Mandeln · 1 l Milch · 3 Eier · 200 g Zucker · 1 Päckchen Vanillezucker einige Tropfen Bittermandelaroma

Die mit kochendem Wasser überbrühten, abgezogenen, geriebenen Mandeln in der Milch einmal aufkochen lassen, dann 30 Minuten am Herdrand ziehen lassen. Ganze Eier und Zucker schaumigschlagen, die kochendheiße Mandelmilch zugießen, am Feuer, über Dampf oder im kochenden Wasserbad zu einer dicklichen Creme schlagen, kaltschlagen, mit Vanillezucker und Bittermandelaroma abschmecken. In die Eisbüchse füllen und bis zum völligen Steifwerden rühren.

8. Kaffee-Eis

60 g frisch gerösteter Kaffee · $^1/_4$ l kochendes Wasser · 3 Eigelb · 200 g Zucker 1 Eßlöffel Stärkemehl · $^1/_2$ l Milch · $^1/_4$ l Schlagsahne · 1 Päckchen Vanillezucker

Den feingemahlenen Kaffee mit kochendem Wasser überbrühen, einmal aufkochen lassen, zugedeckt 15 Minuten ziehen lassen, durch ein Sieb gießen. Eigelb mit Zucker und Stärkemehl mit dem Schneebesen schaumigrühren, kochende Milch und Kaffee zugeben. Am Feuer, über Dampf oder im kochenden Wasserbad zu einer Creme schlagen, zugedeckt erkalten lassen. Die leicht geschlagene Sahne unterziehen, mit Vanillezucker abschmecken. In die Gefrierbüchse füllen und bis zum völligen Steifwerden rühren.

9. Kastanieneis

$^1/_2$ kg Kastanien · 200 g Zucker · 2 Eier · $^3/_4$ l Milch · 2 Eßlöffel Arrak oder Rum · $^1/_4$ l Schlagsahne

Die von der äußeren und inneren Schale befreiten, weichgekochten Kastanien durch ein Sieb streichen. Ganze Eier und Zucker schaumigrühren, die kochendheiße Milch zugießen, am Feuer, im Wasserbad oder über Dampf unter ständigem Schlagen einmal aufkochen lassen, zugedeckt erkalten lassen. Dann den Kastanienbrei und die geschlagene Sahne unterrühren. Mit Rum oder Arrak abschmecken, die Masse in die Eisbüchse füllen und bis zum völligen Steifwerden rühren.

10. Fruchteis

1 kg Obst ($^3/_4$ l Obstmark) · 250 g Zucker · $^1/_4$ l Wasser

Rohes Obst (Beerenfrüchte) oder vorgedünstetes Obst (Steinobst und Kernobst) passieren oder durch die Fruchtpresse geben. Wasser mit Zucker 15 Minuten langsam kochen lassen, abgekühlt zum Fruchtmark geben. In die Eisbüchse füllen, bis zum völligen Steifwerden rühren.

11. Fruchtsahneeis

1 kg Obst ($^3/_4$ kg Fruchtmark) · 250 g Zucker · $^1/_4$ l Wasser · $^1/_4$ l Schlagsahne

Rohes Obst (Beerenfrüchte) oder vorgedünstetes Obst (Stein- und Kernobst) passieren oder durch die Fruchtpresse geben. Wasser mit Zucker 15 Minuten kochen lassen, zum Fruchtmark gießen. Abgekühlt die leicht geschlagene Sahne unterziehen, die Masse in die Gefrierbüchse füllen und bis zum völligen Steifwerden rühren.

12. Kaffeesahneeis

$^1/_2$ l Mokka · 200 g Zucker · $^1/_8$ l Wasser · $^1/_2$ l Schlagsahne

Starken Mokka mit kalter Zuckerlösung und leicht geschlagener Sahne mischen, in die Eisbüchse füllen und bis zum Steifwerden rühren.

13. Erdbeereis

1 kg Ananas- oder Walderdbeeren · 250 g Zucker · $^1/_8$ l Wasser · 2 Zitronen rote Gelatine

Die Erdbeeren durch ein feines Sieb streichen und mit der aus Zucker und Wasser gekochten, abgekühlten Zuckerlösung verrühren. Mit Zitronensaft abschmecken, mit roter Gelatine etwas dunkler färben. Die Masse in die Gefrierbüchse füllen und bis zum völligen Steifwerden rühren.

14. Erdbeereis mit Wein und Schlagsahne

$^1/_2$ kg Mark von frischen Erdbeeren · 200 g Zucker · $^1/_2$ l Weißwein · $^1/_4$ l Schlagsahne

Das Erdbeermark mit Zucker und Wein verrühren. Die leicht geschlagene Sahne unterziehen, die Masse in die Eisbüchse füllen und bis zum völligen Steifwerden rühren.

15. Erdbeereis mit ganzen Erdbeeren

3/4 l Schlagsahne · 1/2 l Walderdbeeren · 125 g Zucker · 200 g Pumpernickelbrösel · 1 Päckchen Vanillezucker

Unter die steife Schlagsahne mischt man Zucker, die frischen, trockenen Walderdbeeren, Pumpernickelbrösel und Vanillezucker, füllt in die Eisbüchse und rührt bis zum Steifwerden.

16. Erdbeereis mit Creme

3/4 kg Ananaserdbeeren, Monatserdbeeren oder Walderdbeeren · 200 g Zucker 3 Eier · 1/2 l Milch · Vanillezucker

Die ganzen oder in Stückchen geschnittenen Erdbeeren, mit etwas Zucker überstreut, Saft ziehen lassen. Dann durch ein feines Sieb streichen. Den restlichen Zucker mit den ganzen Eiern schaumigrühren, die kochende Milch zugießen und am Feuer, im kochenden Wasserbad oder über Dampf zu einer Creme schlagen, kaltschlagen, das Erdbeermark zugeben, mit Vanillezucker abschmecken. In die Eisbüchse füllen und steifrühren.

17. Himbeereis

3/4 l passierte Himbeeren · 250 g Zucker · 1/4 l Wasser · rote Gelatine

Frische, durch ein Sieb gestrichene Himbeeren mit der aus Zucker und Wasser gekochten, abgekühlten Zuckerlösung verrühren. Mit etwas roter Gelatine dunkler färben. Die Masse in die Gefrierbüchse füllen und steifrühren. — Verwendet man eingekochten Himbeersaft oder gekauften Himbeersirup, so wird dieser nur nach Geschmack gesüßt. — Himbeereis mit Creme wird genauso zubereitet wie Erdbeereis mit Creme.

18. Himbeereis mit Milch

1 l frische Himbeeren · 125 g Zucker · Saft einer Zitrone · Milch

Die Beeren durch ein Sieb streichen, mit Zucker verrühren und so viel frische Milch zugeben, daß alles mitsammen einen Liter ausmacht. Mit Vanillezucker oder Zitronensaft abschmecken. Die Masse in die Gefrierbüchse füllen, bis zum Steifwerden rühren.

19. Erdbeereis mit Milch

Gleiche Zubereitung wie Himbeereis mit Milch.

20. Zitroneneis

10 große Zitronen · 400 g Zucker · ¹/₂ l Wasser

Zucker mit Wasser 15 Minuten kochen lassen, dann den Saft der Zitronen und die fein abgeschälte Schale von 2 Zitronen zugeben. Die erkaltete Flüssigkeit durch ein feines Sieb gießen, in die Eismaschine füllen und bis zum Steifwerden rühren.

21. Orangeneis

8 Orangen · 2 Zitronen · 300 g Zucker · ¹/₂ l Wasser

Zucker mit Wasser 15 Minuten kochen lassen, dann den Saft der Orangen und Zitronen und die fein abgeschälte Schale einer Orange und einer Zitrone zugeben. Die erkaltete Flüssigkeit durch ein feines Sieb gießen, in die Eismaschine füllen und bis zum Steifwerden rühren.

22. Zitroneneis oder Orangeneis mit Schlagsahne

Die fertige Masse von Zitroneneis oder Orangeneis noch mit ¹/₄ l leicht geschlagener Sahne mischen, dann in die Eisbüchse füllen und bis zum Steifwerden rühren.

23. Puncheis

300 g Würfelzucker · 2 Orangen · 2 Zitronen · 20 g Tee · ¹/₂ l Wasser · ³/₄ l Rotwein · 1 Glas Arrak oder Rum

Der Zucker wird an der Schale der Zitronen und Orangen abgerieben. Den Tee überbrüht man mit kochendem Wasser, läßt ihn zugedeckt 5 Minuten ziehen, gießt ihn dann über den abgeriebenen Zucker. Abgekühlt gibt man den Saft der Orangen und Zitronen, den Rotwein, den Arrak oder Rum dazu, füllt in die Gefrierbüchse und rührt bis zum Steifwerden.

24. Puncheis mit Creme

³/₈ l Wasser · 1 Zitrone · 1 Orange · ³/₈ l Weißwein · 4 Eigelb · 250 g Zucker 1 Glas Arrak oder Rum · 1 Päckchen Vanillezucker

Wasser mit der fein abgeschälten Schale der Orange und Zitrone aufkochen lassen, den Orangen- und Zitronensaft und den Weißwein zugeben. Eigelb und Zucker schaumigrühren, den Punsch zugießen und über Dampf zu einer Creme schlagen. Mit Vanillezucker abschmecken, erkaltet in die Eisbüchse füllen. Während des Gefrierens diese einmal öffnen, den Arrak oder Rum zugießen und bis zum völligen Steifwerden weiterrühren.

25. Tee-Eis

30 g Tee • ³/₄ l Milch • 100 g Zucker • 2 Eier • ¹/₄ l Schlagsahne

Den Tee mit kochender Milch überbrühen und zugedeckt 15 Minuten stehenlassen. Eier und Zucker mit dem Schneebesen schaumigschlagen, die durchgeseihte Milch zugießen und die Creme am Feuer, im kochenden Wasserbad oder über Dampf schlagen, bis sie einmal aufkocht. Zugedeckt erkalten lassen, dann die leicht geschlagene Sahne unterrühren. Die Masse in die Eisbüchse füllen und bis zum völligen Steifwerden rühren.

26. Johannisbeereis mit Weichseln

1¹/₂ l abgerebelte Johannisbeeren • 250 g Weichseln • ¹/₄ l Weißwein oder Wasser • 350 g Zucker • ¹/₂ l Milch oder Schlagsahne

Die frischen Johannisbeeren und die entkernten Weichseln durch ein Sieb streichen. Zucker und Wein oder Wasser läßt man aufkochen und gibt die erkaltete Flüssigkeit zum Fruchtmark. Dann gibt man noch die rohe, kalte Milch oder die leicht geschlagene Sahne hinzu, füllt in die Gefrierbüchse und rührt bis zum Steifwerden.

27. Kirscheis

¹/₂ kg Kirschen • 250 g Zucker • ¹/₂ l Apfelsaft oder Wein • 2 Zitronen • rote Gelatine

Die Kirschen werden mit den Kernen zerstoßen, mit der aufgekochten und etwas ausgekühlten Zuckerlösung und Zitronensaft vermischt, eine Stunde zugedeckt stehengelassen, dann durchgeseiht. Mit Gelatine nachgefärbt, in die Eisbüchse gefüllt und bis zum Steifwerden gerührt.

28. Aprikoseneis

1 kg Aprikosen • 200 g Zucker • 2 Zitronen

Vollständig ausgereifte, weiche Aprikosen roh durch ein Sieb streichen oder, wenn die Aprikosen nicht ganz weich sind, in etwas Zuckerwasser weichdünsten, ebenfalls durchstreichen. Das erhaltene Aprikosenmark mit Zitronensaft und Zuckerlösung vermischen, so daß man 1 l Flüssigkeit erhält. Diese füllt man in die Eisbüchse und rührt bis zum Steifwerden.

29. Aprikoseneis mit Schlagsahne

Wie vorstehend zubereitetes Aprikoseneis vermischt man vor dem Einfüllen in die Eisbüchse mit ¹/₄ l leicht geschlagener Sahne.

30. Aprikoseneis mit Creme

4 Eigelb · 250 g Zucker · 1/8 l Milch · 250 g ungezuckertes Aprikosenmark
1/4 l Schlagsahne

Eigelb mit Zucker und Milch über Dampf zu einer Creme schlagen. Wieder kaltschlagen, das Aprikosenmark und die geschlagene Sahne einrühren. Die Masse in die Gefrierbüchse geben und bis zum Steifwerden rühren.

31. Pfirsicheis

Gleiche Zubereitung wie Aprikoseneis.

32. Zwetschgeneis

1/2 kg Fruchtmark von Zwetschgen · 1/4 l Wein oder Apfelwein · 150 g Zucker · 1/4 l Schlagsahne

Den Wein mit Zucker aufkochen und erkaltet zum Fruchtmark geben. Erkaltet die geschlagene Sahne unterrühren. Die Masse in die Gefrierbüchse füllen und bis zum Steifwerden rühren.

33. Traubeneis

1 kg Weintrauben · 150 g Zucker · 1/8 l Wasser · 1/8 l Weißwein

Zucker mit Wasser aufkochen und erkaltet über die rohen, zerdrückten Weintrauben gießen. Zugedeckt 1 Stunde ziehen lassen, dann durch ein feines Tuch drücken, mit Wein abschmecken, in die Eisbüchse füllen und bis zum Steifwerden rühren.

34. Waldmeistereis

200 g Zucker · 2 Orangen · 2 Zitronen · 1/8 l Wasser · 3/4 l Apfelwein
1 Büschel Waldmeister

Zucker und Wasser aufkochen, abgekühlten Wein zugießen. Den Waldmeister in eine Porzellanschüssel geben, mit der Zucker-Wein-Lösung übergießen, eine in feine Scheiben geschnittene, von den Kernen befreite Orange zugeben und das Ganze 30 Minuten ziehen lassen. Orangen- und Zitronensaft zugeben, durch ein feines Sieb gießen, in die Eisbüchse füllen und steifrühren.

35. Bergamotteeis

5 Bergamottebirnen · 150 g Zucker · 1 Zitrone · 1/8 l Wasser · 1/2 l Wein

Sehr reife, saftige Birnen roh durch das Haarsieb streichen, sofort mit Zitronensaft, Zuckerlösung und Wein mischen. Erkaltet in die Eisbüchse füllen und bis zum Steifwerden rühren.

36. Quitteneis

4 große Quitten · ³/₄ l Apfelwein oder Wasser · ¹/₂ kg Zucker · 1 Zitrone Vanillezucker

Die Quitten waschen, von Blüte und Stiel befreien, kleinschnitzeln und mit Apfelwein oder Wasser weichkochen. Dann gießt man sie auf einen Durchschlag mit einem Tuch, läßt durchlaufen und drückt noch gut aus. Dann schmeckt man mit Zucker, Zitronensaft und Vanillezucker ab, füllt in die Eisbüchse und rührt bis zum Steifwerden.

37. Ananaseis

1 Ananas · 300 g Zucker · ¹/₄ l Wasser · 1 Zitrone

Zucker mit Wasser aufkochen, überkühlt über die sehr dünn abgeschälte Zitronenschale gießen und zugedeckt 15 Minuten ziehen lassen. Dann die durchgeseihte, erkaltete Zuckerlösung über die ganz klein geschnittenen Ananas gießen und nochmal 30 Minuten ziehen lassen. Dann füllt man die Masse in die Gefrierbüchse und rührt sie bis zum Steifwerden. Nach Geschmack könnte man die Flüssigkeit vor dem Einfüllen in die Gefrierbüchse auch durch ein Sieb gießen oder kurz vor dem Steifwerden in Zuckerwasser gedünstete Ananasstückchen untermischen und dann ganz steif rühren.

38. Ananaseis mit Büchsenananas

250 g Büchsenananas · Zucker nach Geschmack · ¹/₂ l Wasser oder Wein 2 Zitronen · ¹/₄ l Schlagsahne

Zu Wasser oder Wein und Zitronensaft mischt man noch den Saft der Büchsenananas, gießt soviel Zuckerlösung zu als notwendig ist, zieht erkaltet die geschlagene Sahne unter, füllt in die Eisbüchse und rührt halbsteif. Dann gibt man die in feine Würfelchen geschnittene Ananas hinzu und rührt bis zum Steifwerden weiter.

39. Maraschinoeis

2 Eier · 125 g Zucker · ¹/₄ l Milch · ¹/₄ l Schlagsahne · 1 Glas Maraschino

Eier und Zucker schaumigschlagen, unter Schlagen die kochende Milch zugießen. Über Dampf zu einer dicklichen Creme schlagen. Erkaltet die geschlagene Sahne unterrühren, in der Eisbüchse halbsteif rühren, den Maraschino zugießen und bis zum völligen Steifwerden weiterrühren.

40. Tutti-Frutti-Eis

Vanilleeis · Zitroneneis · Aprikoseneis oder Ananaseis · eingemachte oder kandierte Früchte · Makronen · etwas Wein

Noch nicht ganz fest gewordenes Eis mit kleingeschnittenen Früchten und mit kleinen, mit Wein befeuchteten Makronen mischen, dann das Eis völlig steifrühren.

41. Sauermilcheis

1 l dicke saure Milch · 250 g Zucker · 1 Päckchen Vanillezucker · 2 Eßlöffel Arrak · 80 g Makronen · 100 g Milchschokolade

Die Sauermilch mit Zucker und Arrak gut verrühren. Vanillezucker, die kleinwürfelig geschnittenen Makronen und die kleinwürfelig geschnittene Milchschokolade zugeben, die Masse in die Gefrierbüchse füllen und bis zum Steifwerden rühren.

42. Pfirsich Melba

4 Portionen Vanilleeis · 4 gedünstete Pfirsichhälften · 4 Eßlöffel gesüßtes Himbeermark oder Himbeermarmelade · ⅛ l Schlagsahne · 1 Päckchen Vanillezucker

Kurz vor dem Servieren gibt man in gut gekühlte Eisbecher je eine Portion Vanilleeis und legt darauf je eine in Zuckerwasser gedünstete Pfirsichhälfte, mit der gewölbten Seite nach oben. Dann überzieht man die Pfirsiche mit gesüßtem Himbeermark oder glattgerührter Himbeermarmelade und garniert mit einem Rand von Vanilleschlagsahne.

43. Birne Helene

4 Portionen Vanilleeis · 4 schöne, halbe Kompottbirnen · 4 Eßlöffel Schokoladensirup · ⅛ l Schlagsahne · 1 Päckchen Vanillezucker

Kurz vor dem Servieren gibt man in gut gekühlte Eisbecher je eine Portion Vanilleeis, legt darauf eine erkaltete, in Zuckerwasser weichgedünstete Birnenhälfte, mit der gewölbten Seite nach oben. Überzieht mit Schokoladensirup und spritzt einen Rand von Vanilleschlagsahne.

44. Tutti-Frutti-Becher

Himbeereis oder Erdbeereis in Gläsern anrichten, mit kleinwürfelig geschnittenem Rumobst bestreuen, mit fest geschlagener, gezuckerter Sahne überdecken und mit Kirschwasser betropfen.

45. Eisbecher mit Erdbeeren

Frische Erdbeeren 2 Stunden vor Gebrauch mit Zucker bestreuen und mit Kirschwasser betropfen. Die Eisbecher halbvoll mit Vanilleeis füllen, die marinierten Erdbeeren daraufgeben, obenauf Schlagsahne.

46. Eisbecher mit Biskuit

Löffelbiskuits in Stückchen schneiden, mit Arrak, Maraschino, Sherry oder Rum befeuchten, die Eisbecher ¹/₃ hoch damit füllen, Haselnußeis daraufgeben und mit Schlagsahne spritzen.

47. Eisbecher Sylvia

Gut gekühlte Eisbecher mit Nußeis füllen. In Kirschwasser gebeizte Bananenwürfelchen darüberstreuen, einen Rand von Vanilleschlagsahne herumspritzen.

48. Eisbecher Paris

Gut gekühlte Eisbecher mit Vanilleeis füllen, mit Vanilleschlagsahne überdecken. In Maraschino gebeizte Ananas- oder Walderdbeeren darüberstreuen.

49. Eisbecher Venus

Gut gekühlte Eisbecher mit Vanilleeis füllen, eine gedünstete, mit Vanilleschlagsahne gefüllte Pfirsichhälfte darauflegen, mit in Maraschino gebeizten Ananaserdbeeren umkränzen.

50. Gebackenes Gefrorenes

Biskuitteig: 3 Eier · 3 Eßlöffel heißes Wasser · 120 g Zucker · 60 g Mehl 60 g Stärkemehl · 1 Teelöffel Backpulver — fertiges Vanilleeis — Baisermasse (Meringenmasse): 2 Eiweiß · 140 g Zucker

Biskuitteig: Eigelb mit heißem Wasser und ²/₃ des Zuckers schaumigschlagen. Das restliche Drittel des Zuckers in den festen Eischnee einschlagen, dann zur Eigelbcreme geben, das mit Backpulver gemischte Mehl und Stärkemehl ebenfalls zugeben, alles mitsammen verrühren und in einer Tortenform backen. Nach dem Erkalten wird von dem Biskuit eine Scheibe als Deckel abgeschnitten, der untere Teil ausgehöhlt, auf eine Platte gelegt, die Höhlung mit Vanilleeis oder anderem beliebigen Eis gefüllt, der Biskuitdeckel darübergelegt, das Ganze mit Baisermasse überstrichen und gespritzt und für 5 Minuten in das heiße Rohr gestellt, bis die Baisermasse lichtgelb gebacken ist. Der Nachtisch wird sofort zu Tisch gegeben oder sofort wieder kalt gestellt und als Eistorte serviert. Zur Baisermasse Eiweiß sehr steif schlagen, ¹/₃ des Zuckers einschlagen, weiterschlagen bis die Masse wieder ganz steif ist, die restlichen ²/₃ des Zuckers einrühren.

EISMASSEN FÜR DIE EISSCHALE DES KÜHLSCHRANKS

51. Erdbeersahneeis

125 g Erdbeeren · 100 g Zucker · 1 Eßlöffel Zitronensaft · $1/4$ l Schlagsahne

Die Erdbeeren durchstreichen oder in der Küchenmaschine pürieren, mit Zukker, Zitronensaft und Schlagsahne mischen, in die Eisschale füllen, Gefrierzeit 1–1$1/2$ Stunden.

52. Aprikosen-Maraschino-Eis

2 Eßlöffel Aprikosenmarmelade oder 4 Eßlöffel frisches Aprikosenmark
3 Eßlöffel Maraschino · 1 Blatt farblose Gelatine · $1/4$ l Schlagsahne

In die steifgeschlagene Sahne in Maraschino aufgelöste, eingeweichte, ausgedrückte Gelatine, glattgerührte Aprikosenmarmelade oder Aprikosenmark und Zucker einrühren. In die Eisschale füllen, Gefrierzeit 1$1/2$–2 Stunden.

53. Beerensahneeis

250 g Beeren (Johannisbeeren, Himbeeren, Stachelbeeren usw.) · Saft einer halben Zitrone · 1 Blatt rote Gelatine · $1/4$ l Schlagsahne

Die Beeren roh durch ein Sieb streichen oder im Mixbecher pürieren, nach Geschmack zuckern, in Zitronensaft aufgelöste Gelatine und Schlagrahm zugeben. In die Eisschale füllen, während der ersten 15 Minuten der Gefrierzeit ab und zu umrühren. Gefrierzeit 1$1/2$–2 Stunden.

54. Nußeis

65 g Haselnüsse · 2 Eigelb · 100 g Zucker · $1/4$ l Milch · $1/8$ l Schlagsahne

Die Nüsse auf dem Blech im heißen Rohr hellbraun rösten, die Schale mit einem Tuch abreiben, auf der Mandelmühle fein reiben. Ei mit Zucker schaumigrühren, die Nüsse und Milch zugeben, unter Schlagen mit dem Schneebesen einmal aufkochen lassen, abgekühlt mit der geschlagenen Sahne mischen, in die Eisschale füllen, 1$1/2$–2 Stunden frieren.

55. Mokkaeiscreme

40 g Kaffee · $1/8$ l Wasser · 60 g Zucker · 2 Vanillezucker · 2 Eigelb
$1/8$ l Schlagsahne

Den feingemahlenen Kaffee mit kochendem Wasser überbrühen, ziehen lassen, durchgießen, mit den anderen Zutaten mischen, unter Schlagen mit dem Schneebesen einmal aufkochen lassen. Kaltschlagen, geschlagene Sahne unterziehen, in die Eisschale füllen, 1$1/2$–2 Stunden frieren lassen.

56. Zitronensahneeis

Saft von 2 Zitronen · 100 g Zucker · ¼ l Schlagsahne

Zitronensaft mit Zucker verrühren, löffelweise in geschlagene Sahne einrühren, in die Eisschale füllen, 3 Stunden frieren lassen.

57. Schokosahneeis

100 g gute Schokolade · 25 g Zucker · ¼ l Schlagsahne

Die zerbröckelte Schokolade mit einigen Eßlöffeln Wasser und dem Zucker im Wasserbad auflösen. Abgekühlt mit der steifgeschlagenen Sahne mischen. In die Eisschale füllen, 1½–2 Stunden frieren lassen. Nach Belieben kann man 2–3 zerbröckelte Makronen unter die Masse geben.

58. Gefrorene Schlagsahne

¼ l Schlagsahne · 3–4 Eßlöffel beliebigen Alkohol (z. B. Arrak) oder Fruchtmark · Kaffee und dergleichen

Dieses einfache und gute Dessert wird bereitet, indem man die Sahne steifschlägt, die beliebige Zutat untermischt, nach Geschmack süßt, in die Eisschale füllt und 45 Minuten frieren läßt.

59. Schwedeneis

250 g säuerliche Äpfel · Saft einer Zitrone · 4 Eßlöffel Wasser · 125 g Aprikosenmarmelade · 1 Blatt rote Gelatine · ¼ l Schlagsahne

Die in feine Scheibchen geschnittenen Äpfel in Wasser mit Zitronensaft weichkochen, passieren, mit Aprikosenmarmelade mischen, mit Zucker süßen, aufgelöste Gelatine zugeben. Erkaltet mit der steifgeschlagenen Sahne mischen, in die Eisschale füllen, während der ersten 15 Minuten ab und zu umrühren. Gefrierzeit 1½–2 Stunden.

60. Russisches Sahne-Tee-Eis

1 gehäufter Eßlöffel Tee · 4 Eßlöffel Wasser · 50 g Zucker · 2 Eigelb · 1 Blatt farblose Gelatine · ¼ l Schlagsahne · Zitronensaft · Rum oder Arrak

Den Tee mit kochendem Wasser überbrühen, ziehen lassen, abgießen, mit Eigelb und Zucker mischen, mit dem Schneebesen auf schwachem Feuer zu einer Creme schlagen, aufgelöste Gelatine zugeben, nach dem Erkalten mit der geschlagenen Sahne mischen, mit Zitronensaft, Rum oder Arrak abschmecken. In die Eisschale füllen, 1½–2 Stunden frieren lassen.

61. Spanisches Apfelsineneis

4 Orangen • 2 Eigelb • 100 g Zucker • 1 Blatt farblose Gelatine • ½ Blatt rote Gelatine • ¼ l Schlagsahne

Die Schale einer Orange mit Würfelzucker abreiben, die Orangen auspressen, mit dem Zucker und den Eigelb mischen, über dem Feuer zu einer Creme schlagen, aufgelöste Gelatine zugeben, abgekühlt mit der geschlagenen Sahne mischen, in die Eisschale füllen, 2 Stunden frieren lassen.

62. Biskuiteiscreme

¼ l Milch • 2 Eigelb • 100 g Zucker • ¼ Vanillestange • ¼ l Schlagsahne
4 Löffelbiskuits • 2 Eßlöffel Rum

Die Löffelbiskuits zu Stückchen schneiden, in die Eisschale legen, mit Rum beträufeln, Milch mit Zucker, Eigelb und der Vanilleschote zu einer dicklichen Creme schlagen, abgekühlt mit der geschlagenen Sahne mischen, auf die Biskuits gießen, 2 Stunden frieren lassen.

EISBOMBEN

Eine Bombe besteht aus einer Eisart oder zwei oder mehreren Arten von Eis in verschiedener Farbe, häufig vermischt mit Würfelchen von eingemachtem Obst, kandiertem Obst, Makronen oder ähnlichem. Manchmal kleidet man auch die Bombenform mit beliebigem Eis aus und füllt in die Mitte Schlagsahne und Creme ein.

Man bezeichnet vielfach auch gefrorene Creme als Bombe.

In allen Fällen, ob die Bombe mit Eis einer oder mehrerer Sorten gefüllt wird oder Eis und Creme eingefüllt ist oder nur Creme einer Sorte allein oder verschiedener Sorten, immer muß die gut verschlossene Bombenform einige Stunden in kleingehacktes, gesalzenes Eis oder in den Tiefkühlschrank gestellt werden.

Eiswürfel aus der Eisschale des Kühlschranks.

Die Mischung von Eis und Salz ist 3 : 1. Auf 1½ kg Eis 500 g Viehsalz.

Beim Anrichten wird die Form sauber abgewischt, geöffnet, dann einige Sekunden in heißes Wasser getaucht und auf eine gut gekühlte, naß abgespülte Platte gestürzt. Die Portionstellerchen für Tisch stellt man ebenfalls kalt.

Eine Eisbombe bereitet man immer schon einige Stunden vor Gebrauch zu. Man kann dazu selbst zubereitetes oder gekauftes Eis verwenden. Das Stürzen und Verzieren bei Gebrauch ist dann wenig Arbeit und der sehr dekorative Nachtisch in kürzester Zeit fertiggestellt. Man serviert dazu Löffelbiskuits, Eiswaffeln, Hohlhippen oder beliebiges anderes leichtes Gebäck.

Das in den einzelnen Rezepten angegebene Eis zur Bereitung der verschiedenen Bomben bitte in dem vorhergehenden Kapitel „Eis" nachzulesen.

Für eine normal große Bombenform genügt jeweils die Hälfte der angegebenen Menge.

Eisbomben kann man auch fertig kaufen. Man braucht sie nur noch anzurichten.

63. Ananasbombe

Die kalt ausgespülte Bombenform wird ringsum mit Ananaseis ausgefüllt, so daß innen ein Hohlraum bleibt. Diesen füllt man mit leicht gesüßter Schlagsahne, die man mit Ananassaft und kleinen Ananaswürfeln gemischt hat. Man schließt wieder mit Eis ab, verschließt die Form, bestreicht den Rand mit Fett, stellt sie für 2 Stunden in gesalzenes Eis und stürzt sie dann.

64. Maibombe

Man füllt eine Bombenform mit Waldmeistereis so ein, daß in der Mitte ein Hohlraum bleibt. Diesen füllt man mit Schlagsahne die man mit Erdbeermark und etwas roter Gelatine vermischt hat. Man deckt sie mit Gefrorenem zu, verschließt die Form und stellt sie für 2 Stunden in kleingehacktes, gesalzenes Eis. Nach dem Stürzen verziert man die Bombe mit gespritzter Sahne und streut frische Erdbeeren darüber.

65. Mokkabombe

Man kleidet eine Bombenform mit Kaffeeeis aus, gibt in den Hohlraum geschlagene Sahne, die mit Kaffee-Extrakt und Zucker abgeschmeckt wurde, deckt mit Gefrorenem zu, verschließt die Bombe und stellt sie für 2 Stunden in kleingehacktes, gesalzenes Eis. Nach dem Stürzen verziert man sie mit geschlagener Sahne und Schokoladebohnen.

66. Zitronenbombe

Unter das gefrorene Zitroneneis mischt man kleingeschnittene, kandierte Früchte, füllt damit die Bombenform halb voll, gibt darauf steife, leicht gesüßte Schlagsahne, unter die man 1 Eigelb und Arrak oder Rum gemischt hat. Gibt wieder Gefrorenes darüber, verschließt die Form, stellt sie für 2 Stunden in kleingehacktes, gesalzenes Eis. Nach dem Stürzen verziert man sie mit frischen Erdbeeren.

67. Erdbeerbombe

Man füllt die Bombenform mit Erdbeereis, überzieht sie nach dem Stürzen mit Erdbeerschlagsahne und bestreut sie mit frischen Erdbeeren.

68. Kastanienbombe

Das fest gefrorene Kastanieneis in die Bombenform füllen. Nach dem Stürzen mit Kastanienschlagsahne verzieren.

69. Fruchtbombe

Zitroneneis mit kandierten Fruchtstückchen mischen, in die Bombenform füllen, frieren lassen. Nach dem Stürzen mit Maraschinoschlagsahne überziehen.

70. Makronenbombe

Vanilleeis mischt man mit kleinen Makronenstückchen, füllt die Eismasse in die Bombenform, läßt sie frieren und verziert sie nach dem Stürzen mit gespritzter Schlagsahne und Makronen.

71. Pralinenbombe

Fertiges Haselnußeis mit geriebener Schokolade und würfelig geschnittenen Pralinen mischen, in die Bombenform einfüllen, frieren lassen, nach dem Stürzen mit Vanilleschlagsahne spritzen und mit Pralinen verzieren.

72. Aprikosenbombe

Man füllt die Bombenform zu einem Drittel mit Aprikoseneis, spritzt eine Spirale von Aprikosenmarmelade darauf, gibt Aprikoseneis darüber und wieder gespritzte Marmelade und deckt mit Aprikoseneis zu. Nach 2 Stunden Gefrierzeit wird die Bombe gestürzt und mit Marmelade leicht bespritzt.

73. Himbeerbombe

Das fertige Himbeereis füllt man in die Bombenform. Stellt diese in kleingehacktes, gesalzenes Eis, stürzt sie nach 2 Stunden, verziert mit gespritzter Sahne und schönen, frischen Himbeeren.

74. Johannisbeerbombe

Man kleidet eine Bombenform mit Johannisbeereis aus, füllt in die Höhlung gesüßte, mit Vanillezucker abgeschmeckte Schlagsahne, deckt mit Gefrorenem zu, verziert nach dem Stürzen mit geschlagener, gesüßter Sahne.

75. Kirschbombe

Unter fast fertiges Kirscheneis mischt man kleingeschnittene schwarze, gelbe und rote kandierte Kirschen, füllt in die Bombenform, verziert nach dem Stürzen mit geschlagener Sahne, kandierten Kirschen und Angelika.

76. Orangenbombe

Das fertige Orangeneis in die Bombenform füllen, frieren lassen. Nach dem Stürzen mit Orangenspalten oder Orangenscheiben und geschlagener, gespritzter Sahne verzieren.

77. Erdbeer-Vanille-Bombe

Die Bombenform wird ringsum mit Vanillegefrorenem ausgekleidet und in den Hohlraum Erdbeereis gefüllt. Die 2 Stunden in kleingehacktem, gesalzenem Eis eingegrabene Bombe stürzen, einen Kranz von Erdbeeren herumlegen.

78. Tutti-Frutti-Bombe

Unter fast fertiges Zitroneneis mischt man verschiedene frische oder eingemachte, kleingeschnittene Früchte und kleine Makronen, füllt die Masse in eine Bombenform, läßt frieren, stürzt und verziert mit Früchten.

79. Dreifarbenbombe

Vanilleeis mischt man mit kleinen Makronenstückchen und gibt es als unterste Lage in die Bombenform. Darauf gibt man Erdbeereis, das man mit frischen Walderdbeeren gemischt hat, und als oberste Lage Schokoladeneis, gemischt mit kleinen Schokoladenplätzchen. In gesalzenes Eis eingegraben, läßt man die Bombe 2 Stunden gefrieren, stürzt und legt ringsherum einen Kranz von kleinen Makronen.

80. Mandelbombe

Vanilleeis mit kleingeschnittenen Makronen und leicht gerösteten, grobgehackten Mandeln mischen. In die Bombenform füllen, 2 Stunden in gesalzenem Eis gefrieren lassen, dann stürzen und mit gespritzter Schlagsahne und kleinen Makronen verzieren.

81. Krokantbombe

50 g Zucker · 50 g Mandeln · ¹/₂ l Schlagsahne · 1 Eigelb · 1 Eßlöffel Maraschino · 40 g Zucker

In einem eisernen Pfännchen Zucker flüssig werden lassen, die abgezogenen, kleingeschnittenen Mandeln zugeben und beides mitsammen unter beständigem Umschaufeln rotbraun rösten. Den Krokant auf einem beölten Teller abkühlen lassen, dann kleinhacken. Steifgeschlagene Sahne mit einem Eigelb, dem Krokant, Maraschino und Zucker mischen, in eine Bombenform füllen, in kleingehacktes, gesalzenes Eis eingegraben, 2 Stunden frieren lassen. Nach dem Stürzen mit gebrannten Mandeln verzieren.

82. Götterspeise

½ l Schlagsahne · 125 g geriebener Pumpernickel · 1 Eigelb · 1 Eßlöffel Rum 50 g Zucker

Die steife Schlagsahne mit Eigelb, feingeriebenen Pumpernickelbröseln, Rum und Zucker mischen. Die Masse in eine Bombenform füllen, in kleingehacktes, gesalzenes Eis gestellt 2 Stunden frieren lassen. Gestürzt mit Schlagsahne spritzen.

83. Fürst-Pückler-Bombe

³/₄ l Schlagsahne · 2 Päckchen Vanillezucker · 2 Eßlöffel Erdbeermark · 1 Blatt rote Gelatine · 50 g Schokolade · 100 g Makronen · 1 Eßlöffel Rum

Die Schlagsahne steifschlagen und in 3 Teile teilen. Das erste Drittel mit Vanillezucker abschmecken und in die Bombenform füllen. Einige mit Rum befeuchtete Makronen darauflegen und steifwerden lassen. Das nächste Drittel der geschlagenen Sahne mit erweichter oder geriebener Schokolade oder Schokoladensirup vermischen. Mit Zucker abschmecken und als zweite Schicht in die Bombenform geben. Wieder kleine, mit Rum befeuchtete Makronen darauflegen und festwerden lassen. Das letzte Drittel der geschlagenen Sahne mit Erdbeermark oder Himbeermark abschmecken, mit aufgelöster Gelatine nachfärben und darübergeben. Die Form gut verschließen, den Rand mit Fett bestreichen und 2 Stunden in kleingehacktes, gesalzenes Eis stellen. Dann die Form aus dem Eis herausnehmen, sauber abwischen, öffnen, einige Sekunden in heißes Wasser tauchen und sofort auf eine gut gekühlte Platte stürzen. Mit geschlagener Sahne spritzen.

HALBGEFRORENES

Das Eis läßt man nur halb gefrieren oder man verwendet fertiges Eis, das man mit einer sehr kalten Flüssigkeit mischt (Zuckerwasser, Selterswasser, Wein, Sekt, Cognac, Likör u. dgl.). Halbeis reicht man in hohen, mit Eiswasser gekühlten Gläsern oder in gekühlten Eisschalen. Sofort nach dem Anrichten wird serviert. Halbeis bildet den Übergang von Eis zu Getränken.

84. Eiskaffee

½ l Milch · 30 g Kaffee · 80 g Zucker · ¼ l gesüßte Schlagsahne

Die frischgerösteten, feingemahlenen Kaffeebohnen mit der kochenden Milch übergießen, umrühren, zugedeckt 30 Minuten am Herdrand ziehen lassen. Dann durch ein feines Tuch seihen, den Zucker zugeben, erkaltet in die Eisbüchse füllen, halbsteif gefrieren lassen, gekühlte Gläser ²/₃ hoch damit füllen, eine Schlagsahnehaube daraufspritzen, mit einem Strohhalm servieren.

½ l Milch · 30 g Kaffee · 80 g Zucker · 2 Eier · ¼ l gesüßte Schlagsahne

Die frisch gerösteten, feingemahlenen Kaffeebohnen mit ¼ l Milch übergießen und zugedeckt am Herdrand 30 Minuten ziehen lassen. Die ganzen Eier mit dem Zucker schaumigschlagen, die restliche heiße Milch zugießen, über Dampf zu einer dicklichen Creme schlagen, im Wasserbad kaltschlagen und die durch ein Tuch geseihte Kaffeemilch zugießen. Die Masse in die Gefrierbüchse tun und halbsteif frieren lassen. Dann in die vorgekühlten Gläser füllen, Schlagsahne obenaufspritzen.

85. Mokka-Eiskaffee

In gutgekühlte Gläser eisgekühlten Mokka geben, 2 Eßlöffel Vanilleeis daraufgeben, mit einer Schlagsahnehaube überziehen. Mit einem Strohhalm servieren.

86. Eisschokolade

125 g Schokolade · ¾ l Milch · ½ Teelöffel Stärkemehl · ¼ l gesüßte Schlagsahne

Die Schokolade in der Milch auflösen, das kalt angerührte Stärkemehl in die Schokoladenmilch einkochen, die erkaltete Flüssigkeit in die Gefrierbüchse füllen, halbsteif frieren lassen, in vorgekühlte Gläser füllen, mit geschlagener Sahne spritzen, sofort servieren.

87. Eistee

1 Teelöffel schwarzer Tee · 1 Stückchen Zimtrinde · Schale ½ Zitrone
70 g Zucker · ½ l Milch · 3 Eigelb

Tee, Zimt und Zitronenschale mit kochender Milch überbrühen, dann zu dem mit Zucker gerührten Eigelb geben, die Masse über Dampf schlagen, bis sie leicht gebunden ist, dann durch ein Sieb gießen, abgekühlt in die Gefrierbüchse tun und halbsteif rühren oder nur auf Eis stellen. Die Eiscreme in gut gekühlte Gläser füllen, mit Schlagsahne aufspritzen.

88. Chinesentrank

1 Zitrone · 180 g Zucker · ⅛ l Weißwein · ¾ l Wasser · ¾ l Vollmilch

Man schält die Zitrone ganz fein ab, übergießt die Schale mit dem kochenden Wasser und seiht nach dem Erkalten ab. Milch und Zucker läßt man aufkochen, mischt ausgekühlt Weißwein, Zitronenschalenwasser und Zitronensaft bei und schlägt die Masse gut durch. In die Gefrierbüchse gefüllt, läßt man halb gefrieren und serviert den Chinesentrunk in hohen, vorgekühlten Gläsern.

89. Römischer Eispunsch

Fertiges Zitronen- oder Orangeneis mit Arrak oder Maraschino und eisgekühltem Sekt mischen, in vorgekühlte Gläser füllen und sofort servieren.

90. Ananaspunsch

Fertiges Ananaseis mit eisgekühltem Sekt und etwas Maraschino verrühren und sofort in hohen Gläsern servieren.

91. Eiscreme-Soda

Ein Limonadenglas zu einem Drittel mit einer beliebigen Art von Cremeeis füllen. 1 Gläschen Fruchtsirup oder Likör zugeben, mit Sodawasser auffüllen, umrühren, mit einem Strohhalm servieren.

92. Eisquick

4 Teelöffel lösliches Schokoladenpulver oder Nescafé mit 4 Teelöffeln Zucker und etwas warmem Wasser verrühren, in 4 Glasbecher verteilen. Gekaufte Jopa-Vanille-Eiscreme mit einem Löffel rund abstechen und daraufgeben, mit Schlagsahne krönen.

93. Eisbecher „Alpspitz"

Den Inhalt einer Packung „Eiscreme nach Fürst Pückler Art" in Dreiecke schneiden, auf Tellern oder in Glasschalen aufrecht gestellt anrichten. Mit tiefgekühlten Finduserdbeeren und Waffelröllchen garnieren, mit Maraschino beträufeln.

94. Eisbecher „Coupe Dänemark"

Gekaufte Eiscreme, z. B. Jopaeiscreme, mit einem Löffel abstechen und auf 4 Glasbecher verteilen. Mit warmer Schokoladensauce übergießen, mit einer roten Kirsche und Löffelbiskuit garnieren.

95. Eisdessert „Désirée"

Auf den Boden einer Glasschale Ananasstückchen und eingemachte Kirschen legen. Von einer gekauften Packung Jopa-Erdbeereiscreme mit einem Löffel Portionen abstechen, bergartig auf die Früchte geben. Zurückbehaltene Ananasstückchen und Kirschen auf kleine Spießchen stecken und das Eis damit garnieren.

96. Erdbeereis mit Eierlikör

Gekaufte Eiscreme mit einem Löffel abstechen und auf 4 Glastellerchen füllen oder in weite Gläser verteilen. Mit Eierlikör überziehen, mit einer Cocktailfrucht garnieren.

Gebäckteige

HEFETEIG

Die Herstellung eines guten Hefeteiges bedarf einiger Aufmerksamkeit. Die vielfach verbreitete Meinung, die Zubereitung sei schwierig oder nehme besonders viel Zeit in Anspruch, trifft für normales Hefegebäck nicht zu.

Die Behandlung des Teiges erfolgt mit warmen Zutaten. Wenn man eine größere Menge zubereitet, ist es unter Umständen erforderlich, das Mehl rechtzeitig in einen warmen Raum zu stellen. Die rascheste Form der Hefeteigzubereitung ist folgende:

Die zerbröckelte Hefe mit einem Teelöffel Zucker glatt- und flüssigrühren, dann einen Eßlöffel Mehl und so viel lauwarme Milch zugeben, daß ein ganz dünnflüssiger Teig entsteht. Diesen Vorteig, Dämpfel oder Gärprobe, stellt man in handwarmes Wasser und läßt ihn gehen (5 Minuten). In der Zwischenzeit hat man das Mehl in eine Schüssel gesiebt, das Fett in kleine Stückchen daraufgelegt und die anderen Zutaten bereitgestellt. Die Milch darf nur lauwarm sein. In das Mehl gibt man nun die gegangene Hefe, Zucker, Salz, Eier und die lauwarme Milch, verrührt alles mitsammen und schlägt den Teig ab, bis er feinporig ist. Mit einem Tuch bedeckt läßt man ihn an einem warmen Ort gehen, bis ein leichter Fingerdruck wieder zurückgeht (20 Minuten). Dann wird der Teig beliebig ausgearbeitet, auf dem Blech oder in der Form noch 5 Minuten gehen lassen und dann gebacken.

Das normale Verhältnis für Hefeteig ist: $1/2$ kg Mehl, 25 g Hefe, $1/4$ l Milch, 40–80 g Zucker, 40–80 g Fett, 1 Ei, 1 Teelöffel Salz.

Gebäckteige

Hefeteig bei Mittelhitze backen (180–200 Grad). Nach dem Backen sofort aus der Form oder vom Blech nehmen, nicht sofort der Kälte oder Zugluft aussetzen.

1. Einfacher Hefeteig

½ kg Mehl · 25 g Hefe · 60 g Fett · 60 g Zucker · 1 Teelöffel Salz · Zitronenschale · ¼ l Milch

Zerbröckelte Hefe mit 1 Teelöffel Zucker glatt- und flüssigrühren. 4 Teelöffel Mehl und 6 Eßlöffel lauwarme Milch zugeben. An warmem Ort zugedeckt gehen lassen. Das Mehl mit der gegangenen Hefe (Dämpfel), dem weichen Fett, Zucker, Zitronenschale, Salz und lauwarmer Milch zu einem glatten Teig abschlagen, beliebig weiterverwenden. Der Hefeteig kann auch ohne Zucker zubereitet werden. (Für salziges Gebäck und dgl.)

2. Hefeteig mit Ei

½ kg Mehl · 25 g Hefe · 80 g Zucker · 1 Teelöffel Salz · Zitronenschale 80 g Fett · 1 Ei oder 2 Eigelb · ¼ l Milch

Mehl mit der gegangenen Hefe, Zucker, Salz, Zitronenschale, weichem Fett, Ei oder Eigelb und lauwarmer Milch zu einem glatten Teig abschlagen, beliebig weiterverwenden.

3. Hefeteig ohne Ei mit reichlich Fett und Zucker

½ kg Mehl · 25 g Hefe · 125 g Zucker · 125 g Margarine oder Fett · 1 Teelöffel Salz · Zitronenschale · ¼ l Milch

Mehl mit der gegangenen Hefe, Zucker, weichem Fett, Salz, Zitronenschale und lauwarmer Milch zu einem glatten Teig abschlagen, eventuell noch 100 g vorbereitete Sultaninen einschlagen. Dieser Hefeteig schmeckt sehr gut als Kuchen und bleibt lange saftig. Er behält beim Backen sehr gut die Form und ist daher besonders auch für Formgebäck (Nikolaus, Osterhasen und ähnliches) geeignet.

4. Hefeteig, gerührt

½ kg Mehl · 30 g Hefe · 100 g Butter oder Margarine · 80 g Zucker · 2 Eier 1–2 Eigelb · 1 Kaffeelöffel Salz · Zitronenschale · ⅛ l Milch

Zerbröckelte Hefe mit etwas Zucker, Mehl und lauwarmer Milch zum Gehen warm stellen. Butter, Margarine oder Fett mit Zucker, ganzen Eiern, Eigelb, Zitronenschale und Salz schaumigrühren. Zum Mehl das gegangene Dämpfel, die Schaummasse und die nötige lauwarme Milch geben, den Teig gut abschlagen, nach Geschmack noch Sultaninen zugeben. Durch die erhöhte Fett- und Eizugabe braucht man weniger Milch. Den Teig verwendet man für Hefekuchen, Heferinge usw.

5. Plunderteig, Hefeblätterteig

Plunderteig oder Hefeblätterteig besteht aus einem gewöhnlichen Hefeteig und einem Teig, der nur aus Butter oder Margarine und Mehl rasch zusammengeknetet wird. Hefeblätterteig läßt man niemals warm, sondern immer kalt gehen. Er kann für süße und salzige Speisen und Gebäcke Verwendung finden. Gebacken wird er immer bei guter Hitze. Gebäck aus Hefeblätterteig ist mürb und locker. Zutaten und Zubereitung siehe Seite 563, Nr. 27.

6. Hefemürbteig

Aus Mehl, Butter oder Margarine, Ei, Salz oder Zucker, mit etwas kalter Milch verrührter Hefe und der noch notwendigen Milch kann man auf dem Brett rasch einen sehr guten Teig bereiten. Diesen kann man für salziges oder süßes Gebäck sofort weiterverarbeiten, läßt ihn nur vor dem Backen an einem lauwarmen Ort aufgehen.

250 g Mehl · 120 g Butter oder Margarine · Salz oder 80 g Zucker · 1 Eigelb 15 g Hefe · 3 Eßlöffel Milch

Butter mit Mehl abbröseln, mit Salz oder Zucker, Eigelb und in kalter Milch verrührter Hefe rasch zu einem Teig kneten, zugedeckt auf dem Brett etwas rasten lassen. Dann beliebig verarbeiten, auf das Blech legen, an lauwarmem Ort aufgehen lassen, bei Mittelhitze backen. Der Teig kann auch sofort nach dem Zusammenkneten fertig verarbeitet werden.

MÜRBTEIG

Die Zubereitung des Mürbteigs kann auf zwei Arten erfolgen:

Auf dem Brett: (gehackter Mürbteig, Bröselteig, Knetteig)

Dazu wird das gesiebte, eventuell mit Backpulver gemischte Mehl auf das Brett gegeben, die Butter oder Margarine daraufgelegt, mit Mehl bedeckt, mit dem Messer zu feinen Scheiben geschnitten. Dann das Mehl mit der Butter locker abbröseln. Man muß dabei so arbeiten, daß die Butter nicht an den Händen klebt. Anschließend gibt man die trockenen Zutaten, wie Zucker und Gewürze, bei. Sind im Rezept noch Kakao oder geriebene Nüsse angegeben, so werden diese jetzt ebenfalls leicht untergemischt. Dann macht man in der Mitte ein Grübchen, gibt in dieses das verquirlte Ei, eventuell Milch, Sauerrahm, Wein und dgl. und vermengt mit dem Messer mit den anderen Zutaten. Erst dann knetet man mit den Händen rasch einen Teig nur so lange, bis der Teig glatt ist. Knetet man länger, leidet der Teig im Geschmack und er wird beim Ausrollen, besonders von Kleingebäck, krümelig.

In der Schüssel gerührt: (gerührter Mürbteig)

Butter oder Margarine mit Zucker und Eiern schaumigrühren, Geschmackszutaten zugeben, ²/₃ des Mehles einrühren. Das restliche Mehl auf das Brett geben, den gerührten Teig daraufgeben, rasch zu einem Teig kneten, kühl ruhen lassen.

Für gehackten Mürbteig oder gerührten Mürbteig nimmt man die gleichen Zutaten. Welche Art man bevorzugt, ist Geschmackssache. Der gerührte Mürbteig muß vor der Weiterverarbeitung immer etwas länger kühl ruhen als der gehackte Teig. Ob man den Teig ohne oder mit Backpulver zubereitet, richtet sich nach dem Rezept und der Verwendung. Muß das Gebäck die Form genau behalten, verwendet man kein Backpulver.

Bei jedem Mürbteigrezept ist es günstig, etwas Flüssigkeit in Form von Milch, Wasser, Süß- oder Sauerrahm, Zitronensaft oder Wein zuzugeben. Der Teig arbeitet sich besser aus.

Mürbteig bäckt man bei Mittelhitze (180—200 Grad) 30—45 Minuten.

7. Mürbteige für Tortenböden

Normal

250 g Mehl · 1 Teelöffel Backpulver · 80 g Butter oder Margarine · 80 g Zucker · 1 Ei · 1 Eigelb · Zitronenschale oder Vanillezucker · 1 Eßlöffel Milch

Süß

250 g Mehl · 1 Teelöffel Backpulver · 125 g Butter oder Margarine · 125 g Zucker · 1 Ei · Zitronenschale oder Vanillezucker · 1 Eßlöffel Milch

Normal mit Mandeln

200 g Mehl · 80 g Butter oder Margarine · 80 g Zucker · 60 g Mandeln (mit Schale, gerieben) · 1 Ei · 1 Eigelb · Zitronenschale oder Vanillezucker 1 Eßlöffel Milch

Süß mit Mandeln

250 g Mehl · 1 Teelöffel Backpulver · 125 g Butter oder Margarine · 125 g Zucker · 2 Eier · Zitronenschale oder Vanillezucker · 60 g Mandeln (mit Schale, gerieben) · 1 Eßlöffel Milch

8. Mürbteige für Blechkuchen

I.

375 g Mehl · 4 Teelöffel Backpulver · 80 g Margarine · 80 g Zucker · 1 Teelöffel Zimt · 1 Ei · 8 Eßlöffel Milch

II.

375 g Mehl · 4 Teelöffel Backpulver · 100 g Margarine · 100 g Zucker 1 Teelöffel Zimt · 2 Eier · 6 Eßlöffel Milch

Gebäckteige

III.

500 g Mehl · 1 Päckchen Backpulver · 200 g Margarine · 200 g Zucker 1 Teelöffel Zimt · 2 Eier · 1/8 l Milch (reichlich)

9. Mürbteigböden

Für verschieden große Torten- oder Obstkuchenformen:

I.

125 g Mehl · 60 g Butter oder Margarine · 30 g Zucker · Zitronenschale 1 Ei · 1/2 Eßlöffel Milch

II.

150 g Mehl · 70 g Butter oder Margarine · 50 g Zucker · Zitronenschale 1 Ei · 1 Eßlöffel Milch

III.

180 g Mehl · 90 g Butter oder Margarine · 60 g Zucker · Zitronenschale 1 Ei · 1 Eßlöffel Milch

IV.

150 g Mehl · 50 g Stärkemehl · 100 g Butter oder Margarine · 70 g Zucker Zitronenschale · 1 Ei · 1 Eßlöffel Milch

Gesiebtes Mehl mit kleingeschnittener Butter oder Margarine abbröseln, Zucker, feingewiegte Zitronenschale, Ei und die nötige kalte Milch zugeben, rasch zu einem glatten Teig kneten. Diesen ausrollen und den Boden einer befetteten Springform damit belegen. Von dem restlichen Teig eine Rolle formen, als Rand herumlegen, mit zurückbehaltenem Ei bestreichen. Den Mürbteigboden mit der Gabel mehrmals durchstechen, dann bei Mittelhitze goldgelb backen. Auf einem Kuchengitter abkühlen lassen. Den Teig kann man auch ausgerollt in eine befettete Obstkuchenform legen und backen. Statt eines großen Tortenbodens kann man auch kleine Törtchenböden am Blech oder in Obstkuchenförmchen davon backen. Gebackene kleine oder große Mürbteigböden kann man in einer gut schließenden Blechbüchse aufbewahren. Kommen unerwartet Gäste, kann man dann sehr rasch einen Obstkuchen fertigmachen.

10. Salziger Mürbteig

250 g Mehl · 1 Teelöffel Backpulver · 1 Teelöffel Salz (Paprika, Curry, Muskat) · 100 g Margarine · 1 Ei · 2 Eßlöffel Sauerrahm

Aus den angegebenen Zutaten einen gehackten Mürbteig bereiten. Für salziges Teegebäck, Crackers, zum Auslegen von Schiffchenformen und dgl.

RÜHRTEIG

Der Rührteig besteht aus denselben Zutaten wie der Mürbteig. Die Zubereitung erfolgt wie beim gerührten Mürbteig, das heißt: Butter oder Margarine mit Zucker, Eigelb oder ganzen Eiern schaumigrühren, Geschmackszutaten,

Mehl, eventuell mit Backpulver gemischt, Milch und Eischnee (in den man etwas zurückbehaltenen Zucker eingeschlagen hat) wechselweise zugeben. Verschiedene Zutaten, wie Sultaninen, geriebene oder geschnittene Mandeln oder Nüsse, Zitronat, Orangeat usw. können eingerührt werden. Bereitet man die Rührteige in der Küchenmaschine, verwendet man immer die ganzen Eier und schlägt keinen Schnee. Rührteige werden in der Tortenform, auf dem Blech, in der Kastenform oder in der Gugelhupfform gebacken. Die Backzeit ist 45 Minuten bis 1 Stunde bei 180—200 Grad.

11. Verschiedene Rührteigmassen

Einfache Masse (für 1 Kuchen oder 2 Tortenformen):

80 g Butter oder Margarine · 180 g Zucker · etwas Salz · Zitronenschale 1 Ei · 500 g Mehl · 1 Backpulver · ³/₈ l Milch

Butter oder Margarine schaumigrühren, nach und nach Zucker, Ei, etwas Salz und Zitronenschale zugeben, mitsammen weiterrühren, dann abwechselnd das mit Backpulver gemischte und gesiebte Mehl und kalte Milch zugeben. Nur so viel Milch verwenden, daß der Teig schwer reißend vom Löffel fällt. Diesen in eine befettete, mit Mehl ausgestaubte Kuchenform füllen, auf ein vorbereitetes Backblech oder in 2 Springformen geben. 45 Minuten bei Mittelhitze backen. Der Kuchen ist fertig, wenn man ihn mit einem Hölzchen oder einer Stricknadel probiert und diese trocken bleiben.

Einfache Masse (für Kuchenblech):

80 g Butter oder Margarine · 100 g Zucker · 1 Ei · Zitronenschale · 375 g Mehl · ¹/₂ Päckchen Backpulver · ¹/₈ l Milch

Gute Masse (für 1 Kuchen oder 2 Tortenformen):

200 g Butter oder Margarine · 200 g Zucker · 3 Eier · Zitronenschale · etwas Salz · 500 g Mehl · 1 Päckchen Backpulver · ¹/₈ l Milch (reichlich)

Gute Masse (für 1 Kuchenblech):

150 g Butter oder Margarine · 150 g Zucker · 2 Eier · Zitronenschale · etwas Salz · 375 g Mehl · ¹/₂ Päckchen Backpulver · ¹/₈ l Milch

12. Rührteig für versunkene Obstkuchen

(für 1 Springform)

125 g Butter oder Margarine · 125 g Zucker · Zitronenschale · 2 Eier · 200 g Mehl · 2 Teelöffel Backpulver · 3 Eßlöffel Milch

Butter oder Margarine mit Zucker, Zitronenschale und den ganzen Eiern schaumigrühren. Dann das mit dem Backpulver gemischte Mehl und die kalte Milch zugeben. Den Teig in eine befettete, bemehlte Springform füllen. Mit ¹/₂ kg beliebigem rohem oder eingemachtem Obst belegen und 45 Minuten bei Mittelhitze (180 Grad) backen.

13. Rührteig für 1 Obstkuchenform

80 g Butter oder Margarine · 80 g Zucker · 1 Vanillezucker · 2 Eier · 160 g Mehl · 1 Teelöffel Backpulver · 6 Eßlöffel Milch

Aus den angegebenen Zutaten einen weichen Rührteig bereiten. In die gut befettete, mit Bröseln ausgestreute Obstkuchenform füllen, 30 Minuten bei 200 Grad backen. — Für Erdbeerkuchen u. dgl. besonders geeignet.

SANDKUCHEN

Sandkuchen bestehen aus Butter oder Margarine, Zucker, Gewürzen und reichlich Eiern. Die Zubereitung ist dieselbe wie die der Rührkuchen, nur verwendet man bei Sandkuchen keine oder nur wenig Milch und kein oder nur wenig Backpulver. Sandkuchen können als selbständige Kuchen, z. B. englischer Kuchen, als Tortenboden oder Kuchenboden Verwendung finden. Die Form wird immer gut ausgefettet und mit Mehl ausgestreut. Bereitet man die Sandmassen in der Küchenmaschine, verwendet man immer die ganzen Eier und schlägt keinen Schnee. Bei Tortenformen den Rand der Form nicht fetten. Kastenformen legt man gerne mit befettetem Pergamentpapier aus; Sandkuchen sind in heißem Zustand noch brüchig, man löst sie nach dem Backen an den Seiten und stürzt sie erst, wenn sie etwas abgekühlt sind.

14. Sandmassen verschiedener Art

I.

250 g Butter oder Margarine · 6 Eigelb · 200 g Zucker · 1 Päckchen Vanillezucker · 1 Eßlöffel Rum oder Zitronensaft · Zitronenschale · 250 g Stärkemehl · 2 Teelöffel Backpulver · 3 Eischnee

Die Butter oder Margarine sehr schaumig rühren. Dann die Eigelb und Zucker zugeben und nochmals 1/2 Stunde rühren. Vanillezucker, Rum und Zitronensaft, feingewiegte Zitronenschale und mit Backpulver gemischtes, gesiebtes Stärkemehl zugeben. Zum Schluß den steifen Schnee unterziehen. Die Masse in eine befettete, bemehlte Form füllen und 1 Stunde bei gleichmäßiger Hitze (180 Grad) backen.

II.

375 g Butter oder Margarine · 7 Eigelb · 300 g Zucker · 250 g Mehl · 250 g Stärkemehl · 1/2 Päckchen Backpulver · 1 Päckchen Vanillezucker · 1 kleines Glas Arrak oder Rum · 7 Eischnee

Die Butter oder Margarine sehr schaumigrühren. Dann die Eigelb und Zucker zugeben und nochmals 1/2 Stunde rühren. Vanillezucker, Arrak oder Rum und das mit Backpulver gemischte, gesiebte Mehl und Stärkemehl unterrühren. Zum Schluß den steifen Eischnee unterziehen. Die Masse in eine vorbereitete Form füllen und 1½ Stunden bei gleichmäßiger Hitze backen.

III.

125 g Butter oder Margarine · 250 g Zucker · 5 Eigelb · Schale einer Zitrone · 250 g Mehl · 250 g Stärkemehl · ½ Päckchen Backpulver · ⅛ l Sahne · 5 Eischnee

Butter oder Margarine sehr schaumig rühren. Dann die Eigelb, Zitronenschale und Zucker zugeben und nochmals eine ½ Stunde rühren. Das mit Backpulver gemischte, gesiebte Mehl und Stärkemehl abwechselnd mit der Sahne zugeben, zum Schluß den steifen Eischnee unterziehen. Die Masse in eine befettete, bemehlte Form füllen und 1 Stunde bei gleichmäßiger Hitze (180 Grad) backen.

IV.

250 g Butter oder Margarine · 250 g Zucker · 6 Eigelb · Zitronenschale 250 g Mehl · ¼ Päckchen Backpulver · 6 Eiweiß

Die Butter oder Margarine sehr schaumig rühren. Dann Zucker, Eigelb und Zitronenschale zugeben und ½ Stunde weiterrühren. Dann das mit Backpulver gemischte, gesiebte Mehl unterrühren, zum Schluß den Schnee unterziehen. Die Masse in eine befettete, bemehlte Form füllen und 1 Stunde bei gleichmäßiger Hitze backen.

V. (leichte Masse)

6 Eier · 180 g Zucker · Zitronenschale · 60 g flüssige Butter oder Margarine 180 g Mehl · 1 Teelöffel Backpulver

Die ganzen Eier mit dem Zucker und Zitronenschale in einer Schüssel mit dem Schneebesen sehr schaumig schlagen. Dann die flüssige, lauwarme Butter oder Margarine und das mit Backpulver gemischte, gesiebte Mehl unterrühren. Die Masse in eine befettete, bemehlte Form füllen und 45 Minuten bei Mittelhitze (180 Grad) backen.

BRANDTEIG

Wichtig bei der Zubereitung von Brandteig ist, daß sofort, wenn das Wasser mit dem Fett aufkocht, das Mehl eingekocht wird. Durch unnötiges Kochen wird das angegebene Verhältnis von Flüssigkeit und Mehl geändert.

Dem Backen ist besondere Sorgfalt zu schenken. Das Rohr darf die ersten 10 Minuten nicht geöffnet werden, dann nur sehr vorsichtig. Die Hitze muß gut sein, aber nicht zu stark, damit das Gebäck nicht zu stark bräunt und gut durchgebacken ist. Das Gebäck gleich, wenn es aus dem Rohr kommt, aufschneiden, damit eventuell noch vorhandener Wasserdampf entweichen kann.

Gebäckteige

15. Brandteig

Für Windbeutel, Eclairs, Brandteigkrapferl, Strauben

¹/₄ l Wasser · 1 Prise Salz · 50 g Butter oder Margarine · 150 g Mehl · 4 Eier
1 Teelöffel Backpulver

Das Mehl auf ein Blatt Papier sieben. Wasser, Salz und Fett aufkochen, vom Feuer nehmen, alles Mehl auf einmal hineinschütten, glattrühren, dann wieder aufs Feuer stellen und auf schwachem Feuer so lange rühren, bis sich die Masse von Topf und Löffel löst und am Boden einen weißen Belag bildet. Vom Feuer nehmen und in die noch heiße Masse nach und nach die ganzen Eier einrühren. Die abgekühlte Masse mit einem Löffel oder durch den Spritzsack auf ein befettetes Blech geben, in das gut vorgeheizte Rohr einschieben und 20 Minuten bei Mittelhitze (180 Grad) backen. Die ersten 10 Minuten darf das Rohr nicht geöffnet werden. Das gut durchgebackene Gebäck noch warm seitlich einschneiden, ausgekühlt füllen. Bäckt man Brandteig in schwimmendem Fett, so spritzt man Ringe u. dgl. erst auf zurechtgeschnittenes, befettetes Pergamentpapier und läßt sie von diesem in das Fett gleiten. Das Fett darf für Brandteig nicht zu heiß sein, sonst geht der Teig nicht gut auf, wird zu rasch dunkel und bäckt nicht durch. Statt mit Wasser kann man den Brandteig auch mit Milch oder Wein kochen. Backpulver immer in die kalte Masse einrühren.

16. Käsebrandteigmasse

¹/₈ l Wasser oder Milch · 20 g Butter oder Margarine · Salz · 75 g Mehl
2 Eier · 50 g geriebener Käse · ¹/₂ Teelöffel Backpulver

Wasser oder Milch mit Fett und Salz aufkochen, zurückziehen, das gesiebte Mehl hineingeben, glattrühren, am Feuer so lange kochen, bis sich die Masse von Topf und Löffel löst. In die noch heiße Masse nach und nach die Eier einrühren, abgekühlt den geriebenen Käse unterrühren. Von der Masse mit dem Eßlöffel oder dem Spritzsack kleine Häufchen auf ein gefettetes Blech geben, mit verquirltem Ei bestreichen, mit geriebenem Käse bestreuen und je nach Größe 20–30 Minuten im Rohr backen. Noch heiß seitlich einschneiden. Die Käsebrandteigmasse kann auch schwimmend im Fett gebacken werden.

BISKUITTEIG

Tortenböden und feines Gebäck werden meistens aus Biskuitmasse hergestellt. Der Teig ist locker, nicht fett und für alle Arten von Füllungen geeignet.

Als durchschnittliches Mengenverhältnis rechnet man auf ein Ei (60 g) 30 g Zucker (¹/₂ Gewichtsmenge vom Ei) und 30 g Mehl (¹/₂ Gewichtsmenge vom Ei). Geht man unter dieses Verhältnis von Zucker und Mehl, so wird die

Masse noch zarter, geht man darüber, muß man etwas Wasser zugeben, da sonst die Masse zu fest würde. Für ganz leichte Biskuitmassen benötigt man kein Backpulver.

Die Herstellung von Biskuitmasse kann auf verschiedene Art erfolgen. Das Mehl wird immer gesiebt, ebenso das Backpulver. Der Rand der Springform wird nicht gefettet. Den Boden der Springform belegt man zweckmäßig mit rund ausgeschnittenem, gefettetem Pergamentpapier. Rouladen bäckt man am besten immer auf gefettetem Pergamentpapier.

Man bäckt bei Mittelhitze; zu leichte Hitze trocknet die Masse aus, zu starke Hitze bräunt vorzeitig, ohne daß die Masse durchgebacken ist.

Die Biskuitmasse kann durch Zugabe von Wasser gestreckt werden. Man rechnet für ein eingespartes Ei durchschnittlich 1 Eßlöffel Wasser. Dieses gibt man am besten heiß zu.

Die Zubereitung für Biskuitmassen ohne Wasser kann erfolgen:

1. Eigelb und Zucker schaumigrühren, Mehl und Schnee wechselweise zugeben.
2. Ganze Eier und Zucker mit dem Schneebesen oder Rädchen sehr schaumig schlagen, Mehl einrühren.
3. Eiweiß steifschlagen, Zucker einschlagen, Eigelb und Mehl einrühren.

In jede der fertigen Biskuitmassen kann man zum Schluß etwas flüssige, lauwarme Butter einrühren und dann das Biskuit backen.

Das Ergebnis der drei verschiedenen Zubereitungsarten ist so ziemlich dasselbe. Wichtig ist, daß jede Biskuitmasse sofort nach der Fertigstellung gebacken wird.

Biskuitmassen mit Wasser werden immer auf folgende Weise zubereitet:

Eigelb mit Zucker und heißem Wasser zu einer schaumigen Creme schlagen, steifen Eischnee und gesiebtes, mit Backpulver gemischtes Mehl daraufgeben, vorsichtig vermengen, sofort backen.

Für alle Biskuitmassen ist es günstig, etwas Zucker zurückzubehalten und in den steifen Eischnee einzuschlagen.

Der Teig kann nur von Weizenmehl oder von $2/3$ Weizenmehl und $1/3$ Stärkemehl gebacken werden.

17. Biskuitmassen ohne Wasser

Große Masse: 6 Eigelb · 180 g Zucker · 1 Päckchen Vanillezucker · 180 g Mehl · 6 Eiweiß — Kleine Masse: 4 Eigelb · 120 g Zucker · 1 Päckchen Vanillezucker · 120 g Mehl · 4 Eiweiß

Eigelb mit Zucker und Vanillezucker sehr schaumig rühren, dann das gesiebte Mehl und den steifen Eischnee zugeben. Die Masse in eine vorbereitete Form füllen und 45 Minuten bei Mittelhitze backen. Man rechnet bei diesem Biskuit auf 1 Ei 30 g Zucker und 30 g Mehl. Nach diesem Verhältnis kann man jede Biskuitmasse aus einer beliebigen Anzahl von Eiern bereiten. Die Masse wird noch feiner, wenn man ²/₃ der notwendigen Mehlmenge Weizenmehl nimmt und ¹/₃ Stärkemehl.

18. Biskuitmassen mit Butter

Große Masse: 6 Eier · 200 g Zucker · Zitronenschale · 200 g Mehl · 60 g flüssige Butter — Kleine Masse: 4 Eier · 100 g Zucker · Zitronenschale · 100 g Mehl · 40 g flüssige Butter

Ganze Eier mit Zucker und Zitronenschale mit dem Schneebesen sehr schaumig schlagen, dann das gesiebte Mehl und die zerlassene, lauwarme Butter vorsichtig einrühren. Die Masse in eine vorbereitete Form füllen und 45 Minuten vorsichtig bei Mittelhitze backen.

19. Biskuitmasse für Tortenblätter und Rouladen

6 Eiweiß · 180 g Zucker · 6 Eigelb · 120 g Mehl

Eiweiß zu steifem Schnee schlagen, den Zucker eßlöffelweise einschlagen und das letzte Drittel des Zuckers unterheben. Vorsichtig die Eigelb und das gesiebte Mehl einrühren und aus dieser Masse auf dem befetteten, bemehlten Springformboden 7—8 Tortenböden oder 1 Roulade backen.

20. Biskuitmasse mit Wasser

4 Eier · 2 Eßlöffel warmes Wasser · 150 g Zucker · 1 Vanillezucker · 100 g Weizenmehl · 100 g Stärkemehl · 2 gestrichene Teelöffel Backpulver

6 Eier · 3 Eßlöffel warmes Wasser · 225 g Zucker · 2 Vanillezucker · 150 g Weizenmehl · 150 g Stärkemehl · 3 gestrichene Teelöffel Backpulver

Eigelb, heißes Wasser, Zucker und Vanillezucker in einer Schüssel mit dem Schneebesen sehr schaumig schlagen. Dann das mit Backpulver gemischte, gesiebte Mehl und Stärkemehl und den steifen Eischnee, in den man etwas zurückbehaltenen Zucker eingeschlagen hat, unterziehen. Den Boden einer Springform befetten oder mit befettetem Pergamentpapier belegen, die Biskuitmasse hineingießen und 45 Minuten bei Mittelhitze backen.

21. Biskuitmasse, für Rouladen geeignet

4 Eier · 4 Eßlöffel warmes Wasser · 125 g Zucker · 1 Vanillezucker 125 g Mehl · 1 gestrichener Teelöffel Backpulver

Eigelb, heißes Wasser, Zucker und Vanillezucker in einer Schüssel mit dem Schneebesen sehr schaumig schlagen. Dann das mit Backpulver gemischte, gesiebte Mehl, Stärkemehl und den steifen Eischnee, in den man etwas zurückbehaltenen Zucker eingeschlagen hat, unterziehen. Ein Backblech mit befettetem Pergamentpapier belegen, die Biskuitmasse ungefähr 1 cm hoch daraufgießen und 10–12 Minuten bei guter Hitze (200 Grad) backen. Dann das Biskuit auf ein mit Zucker bestreutes Brett stürzen, mit glattgerührter Marmelade bestreichen, dicht aufrollen. Auf der Naht stehend erkalten lassen. Man kann den Teig für Rouladen auch auf unbefettetes Pergamentpapier gießen, nach dem Backen auf ein mit Zucker bestreutes Brett stürzen, das Papier mit einem nassen Tuch befeuchten und dann flach abziehen. Statt das Biskuit auf ein mit Zucker bestreutes Brett zu stürzen, kann man es auch auf ein feuchtes Tuch stürzen. Wenn man die Roulade erst nach dem Erkalten füllt, z. B. mit Buttercreme oder Schlagsahne, macht man es immer. Man rollt das auf das feuchte Tuch gestürzte Biskuit mit diesem auf und läßt es so abkühlen. Dann kann man das Biskuit mühelos wieder zurückrollen, mit der Fülle bestreichen und wieder aufrollen.

22. Käsebiskuit

3 Eiweiß · 1 Eßlöffel Zucker · Petersilie · Salz · Pfeffer · 3 Eigelb
30 g geriebener Parmesankäse · 60 g Mehl

Eiweiß zu steifem Schnee schlagen, Zucker einschlagen, die Gewürze, Eigelb, geriebenen Käse, Mehl leicht einrühren, auf befettetem, bemehltem Pergamentpapier 8 Minuten bei guter Hitze (220 Grad) backen. Auf ein mit Bröseln bestreutes Blech stürzen. Als Unterlage für feine Brötchen oder zu Bouillon.

23. Salziges Biskuit

4 Eiweiß · 1 Eßlöffel Zucker · Petersilie · Salz · 4 Eigelb · 80 g Mehl · 20 g
flüssige Butter

Eiweiß steifschlagen, Zucker einschlagen, Gewürze, Eigelb, Mehl, zum Schluß die flüssige, lauwarme Butter zugeben. Auf befettetem, bemehltem Pergamentpapier acht Minuten bei guter Hitze (220 Grad) backen, auf ein mit Bröseln bestreutes Blech stürzen. Als Unterlage für feine Brötchen und dgl. oder für salzige Rouladen.

BLÄTTERTEIG

Ein guter Blätterteig muß aus vielen Schichten bestehen, locker und duftig sein. Voraussetzungen dafür sind: gutes Mehl, kalte Butter oder Margarine (andere Fette kommen dafür nicht in Frage), kühler Arbeitsraum, gute Backhitze. Das Blech, auf dem gebacken wird, mit kaltem Wasser befeuchten, es wird nicht gefettet. Den Teig immer mit verquirltem Ei bestreichen, da sonst das Gebäck keine schöne Farbe erhält. Frisch schmeckt Blätterteig am besten. Wenn man sich die Arbeit der Zubereitung vom Blätterteig sparen möchte, so kann man ihn schon fertig kaufen. Er braucht nur mehr ausgerollt und entsprechend verarbeitet werden.

Gebäckteige

Es gibt verschiedene Arten von Blätterteig:

1. Blätterteig (ohne besonderen Geschmack), für salzige und süße Verarbeitung geeignet.
2. Süßer Blätterteig (für Gebäck).
3. Quarkblätterteig (sehr rasch in der Herstellung für salzige und süße Verarbeitung geeignet).
4. Hefeblätterteig — Plunderteig (geringere Fettmenge wie bei den anderen Blätterteigen, hauptsächlich für süßes Gebäck; sehr gut im Geschmack, geht nicht so hoch auf wie der normale Blätterteig).

24. Blätterteig

Butterteig: 240 g Butter oder Margarine · 60 g Mehl — Strudelteig: 180 g Mehl · 2 Eßlöffel Essig · 1/2 Teelöffel Salz · 10 Eßlöffel Wasser

Butter mit Mehl leicht und rasch zu einem rechteckigen Stück (Butterziegel) verarbeiten und kühl stellen. Mehl mit Essig, Salz, kaltem Wasser zu einem glatten, weichen Strudelteig seidenglatt abkneten. Den Strudelteig zu einem Rechteck ausrollen, den Butterziegel in der Mitte darauflegen, den Strudelteig wie zu einem Paket darüberschlagen. Das Ganze nochmals vorsichtig zu einem Rechteck ausrollen, wieder zusammenschlagen, den Teig kühl stellen. Das Ausrollen und Zusammenschlagen noch zweimal wiederholen. Der ausgerollte Teig wird dann beliebig weiterverwendet, auf das naß abgespülte Blech gegeben, vorsichtig mit verquirltem Ei bestrichen. Im sehr gut vorgeheizten Rohr bei sehr guter Hitze backen. Man rechnet immer die gleiche Butter- und Mehlmenge. Zum Butterziegel verwendet man das ganze Fett und 1/4 des Mehles. Aus den restlichen 3/4 des Mehles macht man den Strudelteig.

25. Süßer Blätterteig

Strudelteig: 200 g Mehl · 30 g abgezogene, feinstgeriebene Mandeln · 30 g Zucker · etwas Salz · 1 Ei · 3 Eßlöffel Sauerrahm · etwa 8 Eßlöffel kaltes Wasser — Butterteig: 160 g Butter oder Margarine · 40 g Mehl

Aus Mehl, abgezogenen, feinstgeriebenen Mandeln, Zucker, Salz, 1 Ei, 3 Eßlöffel Sauerrahm und kaltem Wasser einen weichen Teig kneten und 20 Minuten kalt rasten lassen. Butter oder Margarine mit dem Mehl zu einem rechteckigen Stück verkneten. Den Strudelteig zu einem Rechteck ausrollen, das Butterstück darauflegen, den Strudelteig wie zu einem Paket darüber zusammenschlagen. Den Teig vorsichtig ausrollen, wieder zusammenschlagen und 10 Minuten kühl ruhen lassen. Das Ausrollen und Zusammenschlagen wiederholt man noch zweimal. Beim drittenmal bleibt der Teig ausgerollt, wird beliebig verarbeitet, vorsichtig mit verquirltem Ei bestrichen und im gut vorgeheizten Rohr bei guter Hitze gebacken.

26. Quarkblätterteig

250 g Mehl · 250 g Margarine · 250 g Quark · Salz

Das Mehl aufs Brett geben, die Margarine darauflegen, in kleine Stückchen schneiden und mit dem Mehl leicht abbröseln. Dann den Quark und etwas Salz zugeben und rasch zu einem Teig kneten. Diesen 10 Minuten kühl ruhen lassen, dann ausrollen, beliebig verarbeiten, auf das Blech legen, mit verquirltem Ei bestreichen und bei guter Hitze backen. Quarkblätterteig ist sehr rasch zubereitet, er kann salzig oder süß gefüllt werden. Auch zur Zubereitung von Kleingebäck ist er sehr gut geeignet. Frisch zubereitet schmeckt er am besten.

27. Plunderteig, Hefeblätterteig

Hefeteig: 250 g Mehl · 15 g Hefe · 20 g Butter oder Margarine · Salz · 1 Ei 1/8 l Milch oder Wein (knapp) — Butterteig: 125 g Butter oder Margarine 30 g Mehl

Aus Mehl mit gegangener Hefe, Fett, Salz, eventuell Zucker, Ei und Milch einen nicht zu weichen Hefeteig bereiten, kühl gehen lassen. Butter oder Margarine rasch mit Mehl zu einem ziegelförmigen Stück verarbeiten, kalt stellen. Den gegangenen Hefeteig zu einem Rechteck ausrollen, den Butterziegel darauflegen, den Hefeteig darüberschlagen, wieder ausrollen. Das Zusammenschlagen und Ausrollen noch zweimal wiederholen. Den Teig in der Zwischenzeit immer kühl rasten lassen. Dann den Teig endgültig ausrollen, beliebig verarbeiten, auf dem Blech nochmals kurz gehen lassen, mit zurückbehaltenem, verquirltem Ei bestreichen und bei guter Hitze backen. Hefeblätterteig kann ohne oder mit Zucker zubereitet und dementsprechend auch verschieden verwendet werden.

28. Tiefkühl-Hefeteig

Tiefgekühlten Hefeteig nach Vorschrift auftauen lassen, dann wie frischen verwenden.

29. Quark-Ölteig (Dr. Oetker)

150 g gut ausgepreßter Quark · 6 Eßlöffel Milch · 6 Eßlöffel Öl · 3 gehäufte Eßlöffel Zucker · 1 Päckchen Vanillezucker · etwas Salz · 300 g Mehl 1 Päckchen Backpulver

Den Quark durch ein Sieb streichen, mit allen angegebenen Zutaten verrühren, das mit Backpulver vermischte Mehl rasch unterkneten. Der äußerst schnell bereitete Teig kann zur Herstellung der verschiedensten Gebäckarten sowie als Boden für Obstkuchen verwendet werden. Backzeit: 15—20 Minuten bei 175—195°.

Waffeln

Waffeln können im Waffeleisen, das auf die Feuerstelle zum Backen gestellt wird oder im elektrischen Waffeleisen gebacken werden. Das normale Eisen muß beim Backen gewendet werden, beim elektrischen ist dies nicht erforderlich. Das Waffeleisen muß immer sehr gut gefettet sein und wird nicht gewaschen. Es wird nach der Benützung mit weichem Papier abgerieben. Bei weichen Teigen gibt man immer nur wenig hinein und macht vorsichtig zu, damit der Teig nicht herausgedrückt wird. Festere Teige werden ausgerollt und der Form des Waffeleisens entsprechend geschnitten, eingelegt und gebacken. Alle Waffeln müssen sofort nach dem Backen noch heiß in Portionen geschnitten werden. Die Backzeit für Waffeln beträgt nur einige Minuten.

1. Hefewaffeln

(30 Stück)

250 g Mehl · 3 Eier · 15 g Hefe · 50 g Butter · 50 g Zucker · ¹/₈ l Milch
1 Messerspitze Salz · abgeriebene Zitronenschale

Aus den angegebenen Zutaten einen weichen Hefeteig bereiten, nach dem Gehen den Eierschnee unterziehen, backen, bezuckern, mit Himbeersaft oder Kompott geben.

2. Butterwaffeln

125 g Butter · 125 g Zucker · 125 g Mehl · 2 Eier · 1 Messerspitze Salz
etwas abgeriebene Zitronenschale

Man rührt die Butter schaumig, gibt Eigelb und Zucker nach und nach bei, mischt Mehl, Salz und Zitronengelb und zuletzt den Schnee leicht unter die Masse. Backen, noch warm teilen und mit Zucker bestreuen. Warm oder kalt zu Kompott geben.

3. Eierwaffeln

65 g Butter · 65 g Zucker · 5 Eier · 160 g Mehl · 1 Eßlöffel Sahne · ¹/₈ l Weißwein · 1 Messerspitze Salz

Man rührt Butter schaumig, gibt Eigelb und Zucker nach und nach bei und mischt Mehl, Sahne, Salz und Weißwein mit dem Eierschnee leicht unter die Masse. Die Waffeln backen und warm oder kalt mit Kompott oder süßer Sauce zu Tisch geben.

4. Feine Rahmwaffeln

120 g Butter • 4 Eier • 4 Eßlöffel Zucker • 4 Eßlöffel Mehl • 4 Eßlöffel Sauerrahm • etwas Vanillezucker • 1 Messerspitze Salz

Man rührt Butter schaumig, gibt Eigelb und Zucker allmählich bei, mischt Mehl, Vanillezucker, Salz und zuletzt den Eierschnee leicht unter die Masse. Die Waffeln backen und warm oder kalt mit Zucker übersiebt zu Kompott, Fruchtschnee oder süßer Sauce gegeben.

5. Einfache Rahmwaffeln

90 g Butter • 3 Eier • 50 g Zucker • 375 g Mehl • ¹/₄ l Sauerrahm • etwas abgeriebene Zitronenschale • 1 Messerspitze Salz

Man rührt die Butter schaumig, gibt Eigelb und Zucker nach und nach bei, mischt den Sauerrahm mit Mehl, Zitronenschale und Salz gut dazu und hebt zuletzt den Eierschnee unter die Masse. Die Waffeln backen und mit Zucker besiebt zu Kompott oder Fruchtschnee reichen.

6. Dillinger Waffeln

3 Eier • 3 Eier schwer Butter • 3 Eßlöffel Zucker • 6 Eßlöffel Mehl • etwas abgeriebene Zitronenschale • 1 Messerspitze Salz

Man rührt die Butter schaumig, gibt Eigelb und Zucker nach und nach bei, mischt das Mehl mit Zitronenschale, Salz und dem Eierschnee leicht unter die Masse und bäckt die Waffeln. Sie werden mit Puderzucker übersiebt und warm oder kalt zu Fruchtschnee oder Kompott gereicht.

7. Mandel- oder Nußwaffeln mit Weinbeeren

125 g Butter • 3 Eier • 50 g Zucker • 4 Eßlöffel Milch • 50 g Weinbeeren • 50 g geschälte, geriebene Mandeln oder Nüsse • 70 g Mehl • 1 Messerspitze Salz

Man rührt die Butter schaumig, gibt Eigelb und Zucker nach und nach bei, mischt Milch, die Weinbeeren, Nüsse oder Mandeln, Salz und Mehl leicht unter die Masse und hebt zuletzt den Eierschnee darunter. Die Waffeln backen und mit Zucker übersiebt zu Kompott warm oder kalt reichen.

8. Zimtwaffeln (50 Stück)

*100 g Butter • 100 g Zucker • 2 Eier • 250 g Mehl • 1 Kaffeelöffel Zimt
1 Messerspitze Nelken*

Man rührt die Butter schaumig, gibt Eier und Zucker allmählich bei und mischt das Mehl mit Zimt und Nelken unter den Teig, der am Brett feingeknetet wird. Nun wellt man den Teig ziemlich dünn aus, schneidet dem Waffeleisen entsprechend große Stücke und bäckt sie. Man gibt sie gerne zu Eis, Creme oder Fruchtschnee.

Waffeln

9. Vanillewaffeln

Man bereitet sie wie Zimtwaffeln, läßt jedoch den Zimt weg, fügt Vanillezucker bei und besiebt sie noch heiß mit Puderzucker und Vanillezucker.

10. Rumwaffeln

180 g Palmin · 3 ganze Eier · 180 g Zucker · 250 g Stärkemehl · ¹/₂ Eßlöffel Rum · 1 Päckchen Vanillezucker · 1 Prise Salz

Das zerlassene Palmin mit den ganzen Eiern und dem Zucker vermischen, dann Stärkemehl, Rum und Vanillezucker zugeben. Das Waffeleisen gut einfetten, den Teig löffelweise hineingeben und backen.

11. Obsttorte mit Waffelröllchen

125 g Butter oder Margarine · 125 g Zucker · 2 Eier · 65 g Weizenmehl 65 g Stärkemehl · 1 Messerspitze Backpulver · Zitronenschale · 3 Eßlöffel Cognac — eine Packung Tiefkühl-Erdbeeren oder Himbeeren · 1 Glas Cognac 4 Blatt farblose Gelatine · ¹/₄ l Schlagsahne · 4 Eßlöffel Zucker · feine Waffelröllchen

Aus den angegebenen Zutaten einen Rührteig bereiten, in eine kleine Tortenform füllen, 45 Minuten bei 180° backen. Nach dem Auskühlen durchschneiden. Die aufgetauten Erdbeeren oder Himbeeren mixen, aufgelöste Gelatine und Cognac zugeben. Wenn die Masse beginnt steif zu werden, die geschlagene Sahne einrühren, mit Zucker abschmecken. Die Torte damit füllen und bestreichen. Waffelröllchen und wenige zurückbehaltene Erdbeeren oder Himbeeren in schöner Anordnung daraufgeben. Gut durchkühlen lassen.

12. Quarkcremetorte

1 dünner Mürbteigboden · Aprikosenmarmelade · 1 dünner Biskuitboden Kirschwasser

Creme: ¹/₂ l Milch · 4 Eigelb · 2 Eßlöffel Stärkemehl · 250 g Zucker · 2 Vanillezucker — 9 Blatt farblose Gelatine · 750 g Quark (20 % Fett oder Magerstufe) · 4 Eßlöffel Rum · 4 Eischnee · ¹/₄ l Schlagrahm

Auf eine glatte Tortenplatte einen mit Aprikosenmarmelade bestrichenen Mürbteigboden legen, darauf einen mit Kirschwasser getränkten Biskuitboden. Den Tortenreif beölen und geschlossen, mit der Oberseite nach unten, auf die mit dem Tortenboden belegte Platte legen. Für die Creme kalte Milch mit Eigelb und Stärkemehl verrühren, unter Schlagen mit dem Schneebesen aufkochen lassen, Zucker, Vanillezucker und aufgelöste Gelatine zugeben. In die noch etwas lauwarme Creme den Quark, dann Rum und Eischnee einrühren. In die völlig erkaltete Creme die Schlagsahne einschlagen. Sofort die noch weiche Creme auf die Platte mit dem Tortenreif gießen. Über Nacht in den Kühlschrank stellen. Bei Gebrauch den Tortenreif sorgfältig entfernen. Die Torte läßt sich sehr schön in Stücke schneiden.

Man kann die Torte auch ohne Boden zubereiten; evtl. den inneren Tortenrand mit passend zugeschnittenen Löffelbiskuits auslegen und erhält dann eine „Charlotte".

Die Masse ist für eine Torte von 28 cm Durchmesser berechnet.

Schmalzgebäck

Allgemeine Zubereitungsregeln

1. Als Ausbackfett eignet sich nur wasserfreies Fett, z. B. Öl, Butterschmalz, Kokosfett, Erdnußfett, Schmelzmargarine, Schweinefett.

    Butterschmalz bräunt sehr rasch, Schweinefett hat einen spezifischen Geschmack. Häufig wird Butterschmalz mit Kokos- oder Erdnußfett gemischt, auch Schmelzmargarine wird gemischt. Öl wird immer allein verwendet.

2. Zum Ausbacken verwendet man einen eisernen, breiten, flachen Topf oder eine tiefe Stielpfanne. Je weniger Fett zur Verfügung steht, desto enger muß der Topf sein. Das flüssige Fett soll den Topf nur halb füllen, damit es bei einem eventuellen Schäumen nicht überläuft.

3. Beim Backen in schwimmendem Fett immer einen genau auf den Fettopf passenden Deckel bereithalten. Sollte das Fett brennend werden, ist es sofort zuzudecken; die Flamme erstickt. Niemals Wasser hineingießen!

4. Das Fett muß vor dem Einlegen des Gebäckes genügend erhitzt sein. Bilden sich um ein eingelegtes Teigstück oder einen hineingehaltenen Kochlöffelstiel kleine Blasen, dann ist der richtige Hitzegrad zum Einlegen erreicht.

5. Die Hitze darf, namentlich bei Hefe- und Brandteig, nicht zu groß sein. Das Hefegebäck wird sonst nicht durchgebacken, und der Brandteig geht nicht mehr schön auf. Je größer das Gebäck, desto weniger heiß das Fett, damit es sicher durchbacken kann. Natürlich muß es eine gewisse Temperatur haben, sonst würde sich das Gebäck unnötig mit Fett ansaugen. Es wird dadurch schwer verdaulich und schmeckt unangenehm.
6. Der Teig soll nicht zuviel Zucker enthalten, weil das Gebäck sonst sehr rasch außen bräunt und die Gefahr naheliegt, daß es nicht ganz durchgebacken ist.
7. Das fertige Schmalzgebäck läßt man auf einem Sieb abtropfen und überstreut es noch heiß mit Zucker.
8. Noch heiß darf man Schmalzgebäck nicht aufeinanderlegen, es verliert dadurch sehr an Form.
9. Es kann Hefeteig, Pfannkuchenteig, Brandteig, gerührter Teig, Mürbteig, Biskuitteig ohne oder mit Fülle schwimmend im Fett gebacken werden.
10. Ausbackfett reinigen: Das erkaltete Backfett mit der gleichen Menge Wasser 10 Minuten kochen lassen, kalt stellen. Das erstarrte Fett abnehmen und an der Unterseite durch Abschaben reinigen.

1. Regensburger Kirchweihküchel, ausgezogene Nudeln

½ kg Mehl · 25 g Hefe · 30 g Butter oder Fett · 1 Eßlöffel Zucker · 1 Teelöffel Salz · 1 Ei · ¼ l Milch · Backfett

Das Mehl mit der gegangenen Hefe (Dämpfel), weicher Butter oder Fett, Zucker, Salz und lauwarmer Milch zu einem glatten Teig abschlagen. Dann in 16 Stücke teilen. Aus diesen Nudeln drehen. Auf ein mit Mehl bestäubtes Brett legen, mit einem erwärmten Tuch zudecken und zum Gehen warm stellen. Inzwischen läßt man Fett in einer Kasserolle heiß werden, taucht die Finger in etwas flüssige Butter und zieht die Küchel vorsichtig aus, so daß sie in der Mitte durchscheinend sind und noch einen daumenbreiten, dicken Rand haben. Man legt sie in das nicht zu heiße Fett, übergießt sie fleißig mit einem Schöpflöffel mit Fett, bis sie schön steigen und sich bräunen. Dann wendet man sie vorsichtig und läßt sie noch auf der anderen Seite Farbe bekommen. Sie werden beim Anrichten mit Puderzucker überstreut.

2. Oberbayrische Kirchweihnudeln

½ kg Mehl · 25 g Hefe · 40 g Zucker · 1 Ei · 100 g Sultaninen oder Korinthen · ⅛ l Sauerrahm · 40 g Butterschmalz · ⅛ l Milch · Backfett

Aus Mehl, gegangener Hefe, Zucker, Ei, Salz, Sauerrahm, Fett und Milch einen Hefeteig bereiten. Die gewaschenen, abgetrockneten, mit Mehl abgeriebenen Sultaninen oder Korinthen einschlagen. Den Teig gehen lassen.

Dann zu runden Nudeln formen. Auf bemehltem Brett nochmals gut gehen lassen. In das heiße Fett geben, auf der Oberseite mit der Schere kreuzweise einschneiden. Langsam auf beiden Seiten hellbraun backen. Backzeit etwa 8 Minuten.

3. Faschingskrapfen

500 g Mehl · 25 g Hefe · 80 g Butter · 50 g Zucker · 4 Eigelb · $^1/_8$ l lauwarme Milch · 2 Eßlöffel Rum · 1 Teelöffel Salz · Zitronenschale · 200 g Aprikosenmarmelade · Backfett

Die gegangene Hefe mit dem leicht erwärmten Mehl mischen, aus Butter, Zucker, Eigelb, Salz und Zitronenschale eine Schaummasse bereiten, zu dem mit der gegangenen Hefe gemischten Mehl geben, die nötige lauwarme Milch zugießen, den Teig seidenglatt abschlagen und gehen lassen. Dann rollt man den Teig 1 cm dick aus, sticht mit einem Glas oder Ausstecher runde Plätzchen aus, füllt in die Mitte 1 Kaffeelöffelchen Marmelade (ja nicht Gelee), bestreicht den Rand leicht mit Eiweiß, deckt ein zweites Plätzchen darüber, drückt es gut an und läßt die Krapfen mit einem angewärmten Tuch bedeckt auf einem bemehlten Brett an warmem Ort aufgehen. Dann läßt man Fett nicht zu heiß werden, legt die Krapfen mit der Oberseite nach unten ein und deckt sie mit einem Deckel zu, bis sie auf einer Seite schön braun sind. Erst dann nimmt man den Deckel weg, wendet sie und bäckt sie fertig. Dadurch bekommen sie in der Mitte ein weißes Rändchen. Die fertigen Krapfen hebt man auf ein Sieb zum Abtropfen und überstreut sie beim Anrichten mit Puderzucker, dem man etwas Vanillezucker beigibt. Die Masse gibt ungefähr 20 Stück.

500 g Mehl · 30 g Hefe · 40 g Zucker · 80 g Butter oder Margarine · Salz Zitronenschale · 2 Eigelb · $^1/_4$ l Milch · Marmelade zum Füllen · Backfett

Aus den angegebenen Zutaten einen weichen Hefeteig bereiten, gehen lassen, dann zu einer viereckigen Teigplatte ausrollen. Auf die eine Hälfte der Teigplatte die Größe der Krapfen anmerken (etwa 8 cm Durchmesser). In die Mitte der angezeichneten Krapfen etwas feste Marmelade geben, die andere Teighälfte darüberschlagen, mit dem Glas die Krapfen ausstechen. Die Teigränder nochmals fest zusammendrücken, zugedeckt gehen lassen. Oder den Teig 3 cm dick ausrollen, Scheiben ausstechen und gehen lassen. Dann die Krapfen mit der Unterseite nach oben in heißes Fett legen, dabei achten, daß die Oberseite nicht mit Fett bespritzt wird. Wenn die Krapfen goldbraun sind, wenden und fertigbacken, auf einem Sieb gut abtropfen lassen, erst wenn trocken mit Puderzucker bestreuen. Schöne Krapfen müssen ein weißes Rändchen haben. Backzeit 6—8 Minuten. In die abgekühlten, ungefüllten Krapfen mittels einer Spritze mit langer Tülle glattgerührte Marmelade hineinspritzen, mit Puderzucker bestreuen. Die Zubereitung der Krapfen nach Rezept II ist einfacher und nimmt weniger Zeit in Anspruch.

Schmalzgebäck

4. Berliner Pfannkuchen

500 g Mehl · 30 g Hefe · 60 g Butter oder Margarine · 60 g Zucker · 1 Teelöffel Salz · 2 Eier · ¼ l Milch · Backfett · Grießzucker zum Wenden

Aus den angegebenen Zutaten einen Hefeteig bereiten, gehen lassen, 3 cm dick ausrollen, Scheiben (6 cm Durchmesser) ausstechen, mit einem Tuch bedeckt an einem warmen Ort gehen lassen. Dann mit der Oberseite nach unten in heißes Fett legen, hellbraun backen, noch warm in Zucker wenden.

5. Böhmische Krapfen

Formt man den Teig nicht rund wie zu den Berliner Pfannkuchen, sondern länglich, so nennt man das Gebäck Böhmische Krapfen. Zubereitung wie vorstehend.

6. Krapfen aus Quarkteig

40 g Butter oder Margarine · 60 g Zucker · 1 Paket Vanillezucker · 2 Eier 250 g Quark · 500 g Mehl · 3 Teelöffel Backpulver · etwas Salz · Backfett

Butter oder Margarine mit Zucker, Vanille, ganzen Eiern schaumigrühren. Den passierten Quark und das mit Backpulver gemischte Mehl und etwas Salz zugeben. Den Teig 3 cm dick ausrollen, Scheiben ausstechen, in heißes Fett legen, zugedeckt auf der ersten, offen auf der zweiten Seite hellbraun backen. Noch warm in Zucker wenden. Frisch sind sie am besten. Einfachere Zubereitung wie Berliner Pfannkuchen.

7. Fensterküchel

½ kg Mehl · 30 g Hefe · 2 Eßlöffel Zucker · Salz · 2 Eier · 40 g Fett · ¼ l Milch · Backfett · Zucker zum Bestreuen.

Aus Mehl, gegangener Hefe, Zucker, Salz, weichem Fett, Eiern und Milch einen Hefeteig bereiten und sehr gut abschlagen. Ohne den Teig gehen zu lassen, mit einem Löffel Nudeln abstechen und wie Rohrnudeln formen. Dann sofort mit befetteten Fingern auf einem Tuch über dem Knie ausziehen, in das heiße Fett geben, ein- bis zweimal übergießen, so daß die Küchlein auflaufen, aber nicht hart werden. Wenn sie goldbraun sind, vorsichtig wenden, damit kein Fett in die Mitte des Küchels kommt. Fertigbacken. Fensterkücheln müssen innen weiß bleiben. Sie werden noch mit Puderzucker bestreut.

8. Gebackene Mäuse

500 g Mehl · 25 g Hefe · 50 g Zucker · 1 Teelöffel Salz · Zitronenschale 2 Eigelb · 50 g Fett · ¼ l Milch · 50 g Sultaninen · Backfett

Aus den angegebenen Zutaten einen Hefeteig bereiten, gehen lassen. Einen Eßlöffel in heißes Fett tauchen, von dem Teig damit Nocken abstechen und diese in heißem Fett schwimmend backen. Mit Zucker bestreuen und warm mit Himbeersaft zu Tisch geben.

9. Parlamentszöpfe

½ kg Mehl · 25 g Hefe · 40 g Fett · 60 g Zucker · 1 Teelöffel Salz · 1 Ei ¼ l Milch · Backfett

Mehl mit gegangener Hefe, Zucker, Salz, Zitronenschale, weichem Fett, Ei und lauwarmer Milch zu einem Teig gut abschlagen. Dieser wird ausgerollt und in 3–4 fingerbreite, 18–20 cm lange Stücke geschnitten, die man in 3 Streifen durchrädelt, oben jedoch zusammenhängen läßt und zopfartig zusammenflicht (20 Stück). Die Zöpfe werden mit einem Tuch zugedeckt, zum Aufgehen warm gestellt. Dann läßt man das Fett heiß werden, legt die Zöpfe hinein und bäckt sie auf beiden Seiten zu schöner Farbe. Man hebt sie auf ein Sieb zum Abtropfen und überstreut sie dann mit Zucker.

10. Regensburger Brandteigkrapfen

¼ l Wasser · 50 g Butter oder Fett · etwas Salz · 150 g Mehl · 4 Eier 1 Eßlöffel Zucker · 1 Paket Vanillezucker · Backfett

Milch mit Butter oder Fett und etwas Salz aufkochen, alles Mehl auf einmal hineingeben und die Masse am Feuer so lange rühren, bis sie sich vom Topf und Löffel löst. In die heiße Masse nach und nach die Eier rühren, Zucker und Vanillezucker hinzugeben. Von dem erkalteten Brandteig mit einem Löffel kleine Krapfen in das nicht zu heiße Backfett einlegen und schwimmend unter fleißigem Begießen mit Fett goldgelb backen. Man gibt sie warm oder kalt mit Zucker bestreut mit Weinsauce zu Tisch.

11. Strauben

¼ l Wasser · etwas Salz · 50 g Butter oder Fett · 150 g Mehl · 4 Eier · 20 g Zucker · Backfett

Wasser mit Salz und Butter aufkochen, das gesiebte Mehl alles auf einmal hineingeben und den Teig am Feuer so lange rühren, bis er sich von Topf und Löffel löst. Noch heiß die Eier und den Zucker darunterrühren. Von dem erkalteten Brandteig mit der Straubenspritze mit gezacktem Einsatz oder mit einem Spritzsack und einer großen gezackten Tülle Ringe auf befettetes Pergamentpapier setzen, mit der Oberseite nach unten vorsichtig in heißes Fett geben, das Papier ablösen. Die Strauben ja nicht mit Fett bespritzen oder übergießen. Wenn sie auf der Unterseite hellgelb gebacken sind, wenden, dann fertigbacken (Backzeit ungefähr 8 Minuten). Abgekühlt mit Zitronen-Puderzuckerglasur bestreichen.

12. Eberswalder Spritzkuchen

ist dasselbe Gebäck wie die Bayerischen Strauben.

13. Oblatenküchel

Backoblaten · 200 g Hagebutten- oder Erdbeermarmelade — Teig: ¹/₈ l Milch oder Wasser · 20 g Butter oder Fett · 80 g Mehl · Salz · 2 Eier · 1 Eßlöffel Zucker · Backfett

Milch oder Wasser mit Butter und etwas Salz aufkochen. Das Mehl auf einmal hineingeben und die Masse auf dem Feuer verrühren, bis sie sich von Topf und Löffel löst. Dann die Eier und den Zucker hinzugeben. — Oblatenquadrate belegt man mit einem kleinen Eßlöffel Hagebuttenmarmelade, deckt ein zweites Oblatenquadrat darauf und taucht die Ränder der Oblaten an den 4 Seiten fingerbreit in den Brandteig. Die Küchel werden dann schwimmend in nicht zu heißem Fett gebacken, auf ein Sieb gelegt und beim Anrichten mit Zucker überstreut. Sie können warm oder kalt zu Tisch gegeben werden.

14. Kartäuser Klöße

6 Semmeln · Milch · Kirschen oder Marmelade · 2 Eier · 4 Eßlöffel Zucker 1 Kaffeelöffel Zimt · Backfett

Die abgeriebenen Semmeln werden vorsichtig halbiert und dabei nicht ganz auseinander geschnitten. Man höhlt sie etwas aus und füllt sie mit vorgekochten Kirschen oder Johannisbeermarmelade usw., fügt sie wieder zusammen und weicht sie mit kalter Milch ein. Inzwischen verklopft man 2 Eier mit etwas Milch, wendet die Semmeln darin und bäckt sie schwimmend in heißem Fett schön braun. Noch heiß werden sie mit Zimt und Zucker bestreut und gleich zu Tisch gegeben.

15. Zwetschgen-Pafesen

6 Semmeln · kalte Milch · Zwetschgenmarmelade · 50 g Mehl · 2 Eier ¹/₈ l Milch

Die abgeriebenen Semmeln je in 4 Scheiben schneiden und immer 2 mit Zwetschgenmarmelade zusammensetzen. Dann in kalte Milch tauchen und auf einem Teller oder einer Platte 15 Minuten liegen lassen. Inzwischen Mehl mit Milch und Ei glattrühren, die Pafesen drinnen wenden und dann schwimmend in heißem Fett hellbraun backen. Mit Zucker überstreuen, warm oder kalt zu Tisch geben.

16. Weinschnitten

6 Semmeln · kalte Milch · 2 Eier · Backfett · ¹/₄ l Rotwein · 1 Stückchen Zimt und Zitronenschale · 2 Eßlöffel Zucker · 4 Eßlöffel Weinbeeren

Man reibt die Semmeln ab, schneidet sie in 1 cm dicke Scheiben, taucht sie in kalte Milch und legt sie 5 Minuten auf eine Platte. Dann wendet man sie in verklopftem Ei und bäckt sie schwimmend in heißem Fett zu schöner Farbe. Inzwischen läßt man den Rotwein mit Zimt, Zitronenschale, Zucker und den Weinbeeren heiß werden und übergießt damit die fertigen Schnitten. Man könnte auch noch mit 1 Gläschen Rum verbessern.

17. Reisküchel

200 g Reis · 3/4 l Milch · 100 g Zucker · 1/2 Stange Vanille · 8 Eßlöffel Semmelbrösel · 2 Eier

Den Reis in Milch mit Vanillestange weichkochen. Dann die Vanillestange herausnehmen, den Zucker zugeben und die Masse 1 cm hoch auf nasses Pergamentpapier oder eine Porzellanplatte streichen und auskühlen lassen. Dann zu runden Plätzchen ausstechen, in verquirltem Ei und Semmelbröseln wenden und schwimmend in heißem Fett backen. Mit Zucker bestreuen und mit Weinsauce warm zu Tisch geben.

18. Apfelküchel in Pfannkuchenteig

Teig: 125 g Mehl · 1 Ei · Salz · 1/8 l Milch · 4 große Äpfel · etwas Zucker, Zimt und Rum · Backfett

Große Äpfel schälen, das Kernhaus durchstechen, zu 1 cm dicken Ringen schneiden, mit Zimtzucker bestreut und Rum betropft durchziehen lassen. Aus Mehl, Eigelb, Salz, Milch und Schnee einen dicken Pfannkuchenteig bereiten, die Äpfelringe darin wenden, in heißem Fett schwimmend backen, mit Zucker und Zimt bestreuen und sofort zu Tisch geben.

19. Wiener Apfelküchel

250 g Mehl · 1/8 l Süß- oder Sauerrahm · 4 Eier · 2 Eßlöffel Zucker · etwas Salz · 2 Eßlöffel Arrak · 2 Eßlöffel heißes Fett · 8 große Äpfel · Backfett

Das Mehl mit Rahm glattrühren, Eier, Zucker, Salz, Arrak und zuletzt das heiße Fett zugeben. Von den geschälten Äpfeln wird das Kernhaus herausgebohrt. Dann teilt man sie in schöne Scheiben, taucht sie in den Teig und bäckt sie schwimmend in heißem Fett zu schöner Farbe. Die Apfelküchel werden heiß mit Zucker bestreut und sofort zu Tisch gegeben.

20. Apfelküchel in Weinteig

125 g Mehl · 1 Ei · Salz · 1/8 l Weißwein · 30 g Zucker · 4 große Äpfel Backfett

Mehl mit Wein, Eigelb, Zucker und Salz glattrühren, den Eischnee zugeben. Die geschälten, vom Kernhaus befreiten, in 1 cm dicke Scheiben geschnittenen Äpfel in Weinteig wenden und schwimmend in heißem Fett goldgelb backen. Mit Zucker überstreuen und möglichst rasch zu Tisch geben.

21. Apfelküchel in Bierteig

125 g Mehl · 1 Ei · ¹/₈ l dunkles Bier · 30 g Zucker · 4 große Äpfel · Backfett

Mehl mit Eigelb, Salz, Zucker und Bier glattrühren, den Eischnee zugeben. Die geschälten, vom Kernhaus befreiten, zu Scheiben geschnittenen Äpfel darin wenden und schwimmend in heißem Fett backen. Sie werden noch warm mit Zucker bestreut und sofort zu Tisch gegeben.

22. Gebackenes Obst in Pfannkuchenteig

Alle Arten von Kern- und Steinobst, Ananas aus Dosen können genau so wie Apfelscheiben in dickem Backteig von Milch, Rahm, Wein oder Bier gewendet und in heißem Fett gebacken werden. Mit Zucker bestreut warm zu Tisch geben. Auch eingeweichtes Trockenobst kann gebacken werden.

23. Gefüllte, gebackene Äpfel

12 Äpfel – Fülle: 100 g Mandeln · 80 g Sultaninen · 4 Eßlöffel Aprikosenmarmelade · 1 Eßlöffel Arrak – Guß: 3 Eßlöffel Arrak · 1 Eßlöffel Orangenzucker – Teig: 250 g Mehl · gut ¹/₈ l Weißwein · 1 Eßlöffel Maraschino 5 Eiweiß

Die Äpfel werden geschält, der Stiel bleibt daran. Dann schneidet man beim Stiel einen Deckel ab, höhlt vorsichtig das Kernhaus heraus und gibt eine Mischung von Mandelstiftchen mit Sultaninen, Aprikosenmarmelade und Arrak verrührt hinein, deckt den Deckel wieder darauf und stellt die Äpfel in einen Tiegel. Nun übergießt man mit Arrak und überstreut sie mit Orangenzucker. Sie sollen zugedeckt einige Zeit kalt stehen. Inzwischen bereitet man den Teig. Man rührt Mehl mit Weißwein und Maraschino an, fügt den steifen Eierschnee und den Arraksaft von den Äpfeln bei, taucht diese in den Teig und bäckt sie schwimmend in heißem Fett zu schöner Farbe. Sie werden mit Zucker bestreut und noch mit einer glühenden Schaufel glasiert. Dann richtet man sie an und trägt sie sofort auf.

24. Hollerküchel

Teig: 250 g Mehl · 2 Eier · Salz · ³/₈ l Milch · 12 Hollerblüten · Backfett

Aus Mehl, Eiern, Salz und Milch einen Pfannkuchenteig bereiten, die Hollerblüten darin eintauchen und dann am Stiel ins heiße Fett halten. Man schüttelt sie im Fett etwas auseinander, dann backen sie schöner. Sie werden heiß mit Zucker bestreut und sofort zu Tisch gegeben.

25. Rosenküchel

200 g Mehl · 2 Eier · 30 g Zucker · ¹/₄ l Milch oder Sahne · etwas Salz Backfett

Schmalzgebäck

Man rührt einen dicken Pfannkuchenteig an. Inzwischen läßt man das Eisen im Backfett sehr heiß werden und taucht es vorsichtig in den Teig, jedoch so, daß er *nicht* darüber geht. Dann hält man das Eisen rasch ins heiße Fett, läßt das Küchel anbacken und löst es dann durch Klopfen auf das Eisen herunter. Es wird gewendet, fertiggebacken und auf ein Sieb gelegt. Die Rosenküchl gibt man mit Zucker überstreut zu Kompott oder Fruchtschnee.

26. Gebackene Rosen

40 g Butter oder Margarine · 40 g Zucker · 2 Eier · 2 Eßlöffel Sauerrahm 250 g Mehl · 2 Teelöffel Backpulver · Backfett

Butter oder Margarine mit Zucker, ganzen Eiern und Sauerrahm schaumig rühren, gesiebtes mit Backpulver gemischtes Mehl zugeben. Zu einem Teig kneten und strohhalmdick ausrollen. Scheiben drei verschiedener Größen ausstechen, an den Rändern einschneiden, in der Mitte mit Eiweiß bestreichen und drei Scheiben verschiedener Größe aufeinandersetzen. Mit der kleinsten Form nach unten in das heiße Fett legen und backen. Die fertigen Rosen mit Puderzucker bestreuen und mit roter Marmelade füllen.

27. Hasenöhrl

250 g Mehl · 2 Teelöffel Backpulver · 40 g Butter oder Margarine · 40 g Zucker · 2 Eier · 2 Eßlöffel Sauerrahm · Backfett

Die angegebenen Zutaten rasch am Brett zu einem Teig kneten. Messerdick ausrollen, Rauten ausrädeln, zweimal einrädeln, Zipfel durchstecken, in heißem Fett backen, mit Puderzucker bestreuen.

28. Schürzkuchen oder Rädergebackenes

Man macht wie zu Hasenohren einen Teig, rädelt von dem fertigen Teig 3 cm breite, 12 cm lange Streifen, macht in der Mitte mit dem Kuchenrädchen noch einen Schnitt, schlingt den Streifen durch und bäckt sie 5 Minuten in heißem Fett. Die Schürzkuchen gibt man als Kaffeegebäck oder mit Kompott oder Himbeersaft.

29. Schnurkrapfen

375 g Mehl · 125 g Butter oder Margarine · etwas Salz · 3 Eigelb · 2 Eßlöffel Sauerrahm · 2 Eßlöffel Zucker

Aus den angegebenen Zutaten knetet man auf dem Brett rasch einen glatten Teig und läßt ihn 30 Minuten ruhen. Dann rollt man ihn aus, rädelt so große Vierecke daraus, daß man die Schaumrollenform (Blechform) umkleiden kann. Man taucht die Form zuerst in Fett, wickelt den Teig darüber, umwickelt ihn mit einem Faden und bäckt die Schnurkrapfen schwimmend

Schmalzgebäck

im Fett, bis sie anfangen braun zu werden; dann löst man den Faden und bäckt sie fertig. Sie werden gerne mit Fruchtschnee gefüllt und mit Puderzucker überstreut angerichtet.

30. Polsterzipfel

280 g Mehl · 140 g Butter oder Margarine · 3 Eßlöffel Sauerrahm · 2 Eigelb 10 g Zucker · Salz · 1 Eßlöffel Rum · Puderzucker zum Bestreuen · Backfett

Mehl mit Butter, Sauerrahm, Eigelb, Zucker, Salz und Rum rasch zu einem Teig kneten. Ausrollen, auf drei Teile zusammenschlagen, rasten lassen, das Ausrollen und Zusammenschlagen noch zweimal wiederholen. Dann den Teig messerrückendick ausrollen, mit dem Teigrädchen zu Dreiecken ausrädeln und in heißem Fett schwimmend backen. Mit Puderzucker bestreuen.

31. Doughnuts

150 g Butter · 190 g Zucker · 4 Eier · $^1/_4$ l Sauerrahm · 750 g Mehl $^1/_2$ Backpulver · Backfett

Butter mit Zucker und ganzen Eiern schaumigrühren, Sauerrahm und das mit Backpulver gemischte Mehl hinzugeben. Den Teig auf dem Brett ausrollen, Ringe ausstechen, in heißem Fett, womöglich Nußbutter, schwimmend backen, mit Puderzucker bestreuen.

32. Heu und Stroh

500 g Mehl · 2 Teelöffel Backpulver · 125 g Butter · 2 Eier · 1 Messerspitze Salz · 2 Eßlöffel Zucker · $^1/_8$ l Milch · Backfett

Man arbeitet alle Zutaten auf einem Brett zu einem Teig zusammen und knetet ihn gut durch. Dann rollt man ihn aus, rädelt ihn in 1 cm breite Streifen, steckt mehrere davon an eine Gabel und bäckt das Heu und Stroh zu schöner Farbe, indem man mit der Gabel immer hin und her fährt. Dadurch entsteht ein Knäuel, der goldgelb gebacken, mit Puderzucker übersiebt wird. Man reicht Kompott dazu. Ohne Zucker zubereitet, ist es auch eine gute Beilage zu dunklem Fleisch.

33. Muzenmandeln

50 g Butter · 50 g Zucker · 2 Eier · 100 g geriebene Mandeln · 250 g Mehl $^1/_4$ Backpulver · 1 Messerspitze Salz · 1 Teelöffel Zimt · Backfett

Man rührt die Butter schaumig, gibt Zucker, Eier, geriebene Mandeln und Mehl mit Backpulver und Gewürzen bei und knetet den Teig fein ab. Er wird bleistiftstark ausgerollt, dann sticht man mandelgroße Plätzchen aus, die man schwimmend in heißem Fett bäckt und beim Anrichten mit Zucker übersiebt.

Schmalzgebäck

34. Buttermilchstangen

250 g Mehl · 30 g flüssige Butter · 40 g Zucker · 1 Ei · 30 g geriebene Mandeln · ¹/₄ l Buttermilch (knapp) · ¹/₄ Backpulver · Zitrone · Backfett

Man mischt alle Zutaten in der Schüssel zu einem weichen Teig, von welchem man Nocken absticht, die man schwimmend im Fett bäckt. Man könnte auch andere Milch dazu verwenden. Die Buttermilchstangen werden mit Zucker überstreut noch warm zum Kompott oder süßer Sauce gegeben.

35. Gebackene Topfennudeln

140 g Butter oder Margarine · 4 Eier · 500 g Quark · 280 g Mehl 1 Messerspitze Salz · 1 Eßlöffel Sauerrahm · Backfett

Man rührt die Butter schaumig, gibt Eier und den durch ein Sieb gestrichenen Quark allmählich bei, fügt noch Mehl, Salz und Rahm dazu und formt aus der Masse Würstchen, die man schwimmend in heißem Fett auf beiden Seiten schön braun bäckt. Sie werden auf ein Sieb gegeben und entweder zu Fleisch in Sauce oder auch mit Zucker bestreut zu Kompott gereicht. Man trägt sie sofort auf.

36. Weinnudeln

100 g Butter · 4 Eier · 30 g Zucker · 30 g Zitronat · 30 g Weinbeeren · 50 g geriebene Mandeln · ungefähr 150 g Semmelbrösel · Backfett · Weinsauce

Man rührt die Butter schaumig, gibt Eier und Zucker mit feinverwiegtem Zitronat nach und nach bei, mischt die Weinbeeren, Mandeln und zuletzt so viel Semmelbrösel dazu, daß man von der Masse Würstchen formen kann. Sie werden in heißem Fett schwimmend gebacken und mit Weinsauce gleich zu Tisch gegeben.

37. Trunkene Jungfern

3 Eier · 3 Teelöffel Zucker · 3 Eßlöffel Mehl · Backfett · ¹/₄ l Rot- oder Weißwein · 2 Eßlöffel Zucker · 100 g Weinbeeren

Man rührt Zucker und Eigelb schaumig, gibt das Mehl und die Zitronenschale leicht darunter und mischt zuletzt den Schnee unter die Masse. In heißes Fett werden mit einem Eßlöffel kleine Plätzchen eingesetzt, die man auf beiden Seiten bäckt und in eine Glasschale gibt. Inzwischen läßt man Wein mit Zucker und den gewaschenen Weinbeeren heiß werden und übergießt damit die trunkenen Jungfern. Man kann die Speise warm oder kalt zu Tisch geben.

38. Schneeballen oder Storchennester

350 g Mehl · 100 g Butter oder Margarine · etwas Salz · Backfett · 3 Eier 4 Eßlöffel Sauerrahm — oder: 180 g Mehl · 6 Eigelb · 2 Eßlöffel Sauerrahm 1 Eßlöffel Rum

Schmalzgebäck

Mehl mit Butter oder Margarine abbröseln, Salz, Eier und Sauerrahm zugeben, einen glatten Teig kneten und diesen sehr dünn ausrollen. Scheiben in der Größe eines Tellers rädeln, bis auf 1 cm vom Rand entfernt in 1 cm breite Streifen rädeln, diese mit dem Kochlöffelstiel abwechselnd auffassen und liegen lassen, in das heiße Fett geben und dabei etwas drehen. Ganz hell backen. Noch heiß mit Zucker bestreuen. Bäckt man die Schneeballen dunkler, heißen sie Storchennester.

39. Almnüsse

3 Eier · 1 Eßlöffel Zucker · 300 g Mehl · $1/8$ l süße Sahne · Backfett

Die ganzen Eier mit Zucker schaumigrühren, das Mehl und die ungeschlagene Sahne zugeben. Mit einem Löffel von dem Teig abnehmen, in heißes Fett geben und die Almnüsse hellbraun backen.

40. Gebackene Zuckersterne

3 Eigelb · 70 g Zucker · 150 g Mehl · etwas Vanillezucker · Backfett

Man rührt Eigelb und Zucker schaumig, gibt Vanille und Mehl dazu und knetet den Teig auf dem Brett fein ab. Dann rollt man ihn halbfingerdick aus, sticht Sterne aus und bäckt sie schwimmend in heißem Fett auf beiden Seiten. Noch warm überstreut man sie mit Zucker und reicht Fruchtschnee oder Kompott dazu.

41. Bällchen

*$1/8$ l Milch · 60 g Butter oder Margarine · Salz · $1/8$ l Wasser
150 g Stärkemehl · 3 Eigelb · 3 Eiweiß · Backfett*

Milch mit Salz und Butter oder Margarine aufkochen, das mit kaltem Wasser angerührte Stärkemehl einkochen und die Masse so lange am Feuer rühren, bis sie sich von Topf und Löffel löst. Dann sofort 1 Eigelb und nach und nach die anderen Eigelb zugeben. Zum Schluß den steifen Eischnee einrühren. Von dem Teig mit einem Kaffeelöffel kleine Bällchen abstechen und in heißem Fett goldbraun backen. Die Bällchen gibt man als Beilage zu feinen Braten oder mit Zucker bestreut als Gebäck.

Hefegebäck, Brot

HEFENUDELN

1. Dampfnudeln

½ kg Mehl · 25 g Hefe · 60 g Fett · 60 g Zucker · Zitronenschale · 1 Teelöffel Salz · 1 Ei · ¼ l Milch — Zum Kochen: 60—100 g Butter oder Schmalz ein Eßlöffel Zucker · ein Stückchen Vanille

Das Mehl mit der gegangenen Hefe, weichem Fett (dieses kann auch wegbleiben), Zucker, Salz, Zitronenschale, Ei und Milch zu einem glatten Teig abschlagen. Von diesem 16 Nudeln drehen, auf ein bemehltes Brett geben und mit einem Tuch zugedeckt an warmer Stelle aufgehen lassen. Dann gibt man in einer Kasserolle fingergliedhoch Milch, fügt Schmalz, Zucker und Vanillestange bei, setzt die Nudeln ein (die Milch darf ja nicht darübergehen) und läßt sie gut zugedeckt 20—30 Minuten am Herd bei mäßiger Hitze garkochen. Wenn sie anfangen zu prasseln, sind sie fertig. Erst dann darf man den Deckel öffnen. Wenn man keinen gut schließenden Deckel hat, legt man ein feuchtes Tuch um den Rand des Topfes. Beim Anrichten gibt man sie mit der Kruste nach oben auf die Platte, trägt sie sofort auf und reicht Vanillesauce dazu.

2. Dampfnudeln mit Obst

½ kg Mehl · 25 g Hefe · 60 g Fett · 60 g Zucker · Zitronenschale · 1 Teelöffel Salz · 1 Ei · ¼ l Milch — Zum Kochen: 6 Äpfel oder ½ kg getrocknete Zwetschgen oder Kirschen · 60 g Butter oder Schmalz

Aus den angegebenen Zutaten bereitet man einen Hefeteig, formt ihn zu Nudeln und läßt diese zugedeckt an warmer Stelle aufgehen. Das über Nacht eingeweichte Dörrobst oder die geschälten Äpfel mit Fett, etwas Wasser, eventuell auch Zucker in einen Tiegel geben, die Dampfnudeln daraufleben und zugedeckt 20—30 Minuten am Herdrand garkochen. Wenn sie anfangen zu prasseln, sind sie fertig. Erst dann darf man den Deckel öffnen. Beim Anrichten gibt man in die Mitte die Dampfnudeln und das Obst als Kranz herum. Sie werden sofort aufgetragen.

3. Rohrnudeln mit Weinbeeren

½ kg Mehl · 25 g Hefe · 60 g Fett · 60 g Zucker · Zitronenschale · 1 Teelöffel Salz · 1 Ei · ¼ l Milch · 50 g Sultaninen · 60—80 g Schmalz oder Schweinefett zum Fertigmachen

Aus den angegebenen Zutaten bereitet man einen Hefeteig, mischt nach dem Abschlagen noch die gewaschenen, abgetrockneten Sultaninen unter den Teig. Dann formt man 16 Nudeln und setzt diese in das lauwarme Fett in eine Reine oder Auflaufform. Man läßt sie am warmen Ort zugedeckt aufgehen und bäckt sie dann bei Mittelhitze (180 Grad) 45 Minuten im Rohr zu schöner Farbe. Beim Anrichten gibt man sie mit der Unterseite nach oben auf eine Platte und überstreut sie mit Puderzucker.

4. Rohrnudeln mit Äpfeln, Kirschen oder Zwetschgen

½ kg Mehl · 25 g Hefe · 60 g Fett · 60 g Zucker · Zitronenschale · 1 Teelöffel Salz · 1 Ei · ¼ l Milch — Fülle: ½ kg Äpfel · Zucker · Zimt Sultaninen oder ½ kg Kirschen oder ½ kg Zwetschgen 60—80 g Schmalz oder Margarine

Aus den angegebenen Zutaten einen Hefeteig bereiten. Zu 16 Nudeln drehen, in jede Nudel entweder 1 Eßlöffel Äpfelwürfel mit Zucker, Zimt und Sultaninen geben oder 6 entsteinte Kirschen oder 4 ganze Zwetschgen. In die gut befettete Reine nicht zu eng setzen, gehen lassen, bei Mittelhitze backen, sofort stürzen, zuckern, etwas abgekühlt auseinanderreißen. Backzeit 45 Minuten bei 180 Grad.

5. Gefüllte Rohrnudeln (Buchteln)

½ kg Mehl · 25 g Hefe · 60 g Fett · 60 g Zucker · Zitronenschale · 1 Teelöffel Salz · 1 Ei · ¼ l Milch · 250 g Zwetschgenmus oder Marmelade

Aus den angegebenen Zutaten einen Hefeteig bereiten. Zu 16 Nudeln formen. Diese mit Zwetschgenmus oder Marmelade füllen, in die Reine mit lauwarmem Fett setzen und darin umdrehen. Zugedeckt am warmen Ort gehen lassen, dann 45 Minuten bei Mittelhitze (180 Grad) backen. Stürzen, auseinanderreißen, mit Puderzucker bestreuen.

6. Zimtnudeln

¹/₂ kg Mehl · 25 g Hefe · 60 g Fett · 60 g Zucker · Zitronenschale · 1 Teelöffel Salz · 1 Ei · ¹/₄ l Milch — Zum Backen: 60 g Schmalz oder Margarine 6 Eßlöffel Zucker · 1 Eßlöffel Zimt

Aus den angegebenen Zutaten einen Hefeteig bereiten und zu 24 Nudeln drehen. Diese in flüssigem Fett und dann in Zucker, den man mit Zimt gemischt hat, wenden, anschließend in eine gefettete Reine legen. Man läßt sie am warmen Ort zugedeckt aufgehen und bäckt sie bei Mittelhitze (180 Grad) 45 Minuten im Rohr. Beim Anrichten gibt man sie mit der Unterseite nach oben auf eine Platte und gibt Kompott und Fruchtsauce dazu.

7. Schneckennudeln

¹/₂ kg Mehl · 25 g Hefe · 60 g Fett · 60 g Zucker · Zitronenschale · 1 Teelöffel Salz · 1 Ei · ¹/₄ l Milch · 100 g Zucker und Zimt · 100 g Sultaninen 60 g Fett zum Backen

Hefeteig ¹/₂ cm dick ausrollen, mit flüssigem Fett bestreichen, mit Zimt, Zucker und gewaschenen, getrockneten Sultaninen bestreuen, zu 3 cm breiten Streifen rädeln, aufrollen, in eine Auflaufform oder Bratreine mit warmem Fett stellen, zugedeckt am warmen Ort aufgehen lassen, dann 45 Minuten bei Mittelhitze (180 Grad) backen. Stürzen, auseinanderreißen, mit Puderzucker bestreuen. Dazu Vanillesauce.

8. Dukatennudeln

¹/₂ kg Mehl · 25 g Hefe · 60 g Fett · 60 g Zucker · Zitronenschale · 1 Teelöffel Salz · 1 Ei · ¹/₄ l Milch — Zum Fertigstellen: 60 g Schmalz oder Fett ¹/₄ l Milch · 50 g Nüsse · 50 Hagelzucker

Aus den angegebenen Zutaten einen Hefeteig bereiten und zu 24 Nudeln drehen. Inzwischen läßt man in einer Reine Milch und Fett lauwarm werden, setzt die Nudeln hinein und läßt sie am warmen Ort zugedeckt aufgehen. Dann bestreut man sie dick mit Zucker und gehackten Nüssen und bäckt sie 45 Minuten bei 180 Grad im Rohr. Sollte die Milch einbraten, so gibt man vorsichtig an der Seite noch etwas Milch nach. Die fertigen Nudeln sollen an der Oberseite eine schöne hellbraune Kruste und unten noch etwas Milch haben. Man gibt sie mit Vanillesauce zu Tisch.

HEFEKUCHEN — HEFEZOPF

9. Dreiteiliger Hefeteigzopf

¹/₂ kg Mehl · 25 g Hefe · 60 g Fett · 80 g Zucker · Zitronenschale · 1 Teelöffel Salz · 1 Ei · ¹/₄ l Milch

Mehl mit der gegangenen Hefe, weichem Fett, Zucker, Zitronenschale, Salz, Ei und lauwarmer Milch zu einem ziemlich festen Teig verrühren, gut abschlagen, gehen lassen. Dann den Teig in 3 Teile teilen, daraus Rollen formen, zu einem Zopf flechten, auf das befettete Blech legen, in die Flechtrinnen etwas Zucker streuen, den Zopf mit zurückbehaltenem Ei bestreichen, gehen lassen, kurz vor dem Backen nochmals mit Ei bestreichen, dann bei Mittelhitze 45 Minuten backen. Erkaltet mit Puderzucker bestreuen.

10. Mehrteiliger Hefeteigzopf

750 g Mehl · 40 g Hefe · 90 g Fett · 120 g Zucker · Zitronenschale
1¹/₂ Teelöffel Salz · 1 Ei · ³/₈ l Milch

Aus den angegebenen Zutaten einen festen Hefeteig bereiten, gut abschlagen und gehen lassen. Dann den Teig in 9 Teile teilen und zu Rollen formen. Auf ein befettetes Blech erst einen vierteiligen Zopf legen, mit zurückbehaltenem Ei bestreichen. Darauf einen dreiteiligen Zopf legen und ebenfalls bestreichen. Die letzten beiden Rollen zusammendrehen und als Schluß obenauf legen. Sie werden etwas länger gehalten, so daß die beiden Enden die unteren Zopfenden decken. Mit Ei bestreichen, eventuell noch mit gehackten Nüssen bestreuen, gehen lassen, dann bei Mittelhitze (180 Grad) 1 Stunde backen. Wird der Kuchen vor dem Backen nicht mit Ei bestrichen, so bestreicht man ihn nach dem Backen noch heiß mit gekochter Zuckerglasur und stellt ihn noch einige Minuten in das Rohr.

11. Feiner Hefeteigzopf

750 g Mehl · 40 g Hefe · 100 g Fett · 100 g Zucker · Salz · 3 Eier · Zitronenschale · ³/₈ l Milch — Fülle: 50 g Zitronat · 50 g Orangeat · 100 g Sultaninen
1 Vanillezucker · 50 g Mandeln

Aus den angegebenen Zutaten einen Hefeteig bereiten, gut abschlagen, gehen lassen. Auf das Brett geben, in 4 Teile teilen, zu nicht zu dünnen, flachen Teigrollen formen. Mit feingeschnittenem Zitronat, Orangeat, gehackten Mandeln, Sultaninen und Vanillezucker bestreuen, zusammenschlagen, rundformen, von der Mitte aus gegen die beiden Enden zu zu einem schönen Zopf formen. Mit verquirltem Ei bestreichen, 45 Minuten bei 180 Grad backen (Mittelhitze).

12. Rosenkuchen

750 g Mehl · 40 g Hefe · 90 g Fett · 120 g Zucker · Zitronenschale · Salz
2 Eigelb · ³/₈ l Milch — Fülle: 60 g Sultaninen · 50 g Zucker · 40 g Mandeln

Aus den angegebenen Zutaten einen mittelfesten Hefeteig bereiten, gehen lassen, ausrollen, mit Eiweiß bestreichen, mit Zucker bestreuen, mit Sultaninen und abgezogenen, gehackten Mandeln bestreuen, zu ungefähr 30 cm langen und 5 cm breiten Streifen rädeln, diese aufrollen und dicht nebeneinander in eine gut befettete Randform stellen. Den Kuchen nochmals gehen lassen, mit zurückbehaltenem Eigelb bestreichen, dann 45 Minuten bei Mittelhitze backen. Noch warm aus der Form stürzen.

13. Hefehörnchen

*1/2 kg Mehl · 25 g Hefe · 60 g Fett · 80 g Zucker · 1 Teelöffel Salz
Zitronenschale · 1 Ei · 1/4 l Milch · Marmelade zum Füllen*

Mehl mit der gegangenen Hefe, weichem Fett, Zucker, Salz, Zitronenschale, Ei und lauwarmer Milch zu einem nicht zu weichen, glatten Teig abschlagen, gehen lassen. Dann ausrollen, zu Quadraten rädeln, in eine Ecke feste Marmelade geben, von dort beginnend zu Hörnchen aufrollen. Auf ein befettetes Blech legen, gehen lassen, mit zurückbehaltenem, milchverrührtem Ei bestreichen und 20—30 Minuten bei Mittelhitze backen. Statt sie mit Ei zu bestreichen, kann man auch die gebackenen, noch warmen Hörnchen mit gekochter Zuckerglasur oder Zitronen-Puderzuckerglasur bestreichen.

14. Hahnenkämme

Gegangenen Hefeteig wie zu Hefehörnchen 1/2 cm dick ausrollen, ungefähr 12 cm große Quadrate rädeln, längs der Mitte Marmelade geben, zusammenklappen, an der offenen Seite 6mal 1 cm tief einschneiden oder einrädeln, leicht halbrund biegen, auf dem befetteten Blech noch kurz gehen lassen, mit flüssigem Fett bestreichen, bei Mittelhitze hellbraun backen, mit Puderzucker bestreuen. Backzeit 15—20 Minuten.

15. Brillen (Schweinsohren)

Gegangenen Hefeteig wie zu Hefehörnchen 1/2 cm dick zu einem Rechteck ausrollen, mit flüssigem Fett bestreichen, mit reichlich Zucker und Zimt bestreuen, von beiden Seiten zur Mitte aufrollen, 1 1/2 cm breite Stücke abschneiden, auf einer Schnittseite in Zucker tauchen, etwas flachdrücken, auf einem befetteten Blech mit der gezuckerten Seite nach oben kurz gehen lassen. Bei Mittelhitze in 15—20 Minuten hellbraun backen.

16. Windmühlen

Gegangenen, mittelfesten Hefeteig wie zu Hefehörnchen 1/2 cm dick ausrollen, zu 12 cm großen Quadraten rädeln. Von den 4 Ecken zur Mitte bis auf 1 cm einrädeln, etwas Marmelade in die Mitte geben, von jeder Ecke einen Zipfel nach innen schlagen, leicht andrücken, mit einer Gewürznelke zusammenhalten, auf befettetem Backblech kurz gehen lassen, mit verquirltem Ei bestreichen. In 15—20 Minuten bei Mittelhitze hellbraun backen. Mit Puderzucker bestreuen.

17. Brezeln

Gegangenen Hefeteig zu 30 cm langen, dünnen Röllchen formen, diese zu Brezeln drehen, auf befettetem Blech kurz gehen lassen, mit zerlassenem Fett bestreichen, bei Mittelhitze backen. Die Brezeln können aus salzigem oder süßen Hefeteig bereitet werden und dementsprechend auch mit Salz bestreut oder mit Zuckerglasur bestrichen werden. Man könnte auch den gegangenen Hefeteig ¼ cm dick ausrollen, mit zerlassenem Fett bestreichen, 30 cm lange und 1½ cm breite Streifen rädeln, diese lockenförmig aufdrehen und dann zu Brezeln formen.

18. Schnecken

½ kg Mehl · 25 g Hefe · 60 g Fett · 80 g Zucker · 1 Teelöffel Salz · Zitronenschale · ¼ l Milch — Fülle: 60 g Zucker · 1 Kaffeelöffel Zimt · 100 g Sultaninen · 50 g Mandeln oder Nüsse · 50 g Schokolade

Mehl mit gegangener Hefe, weichem Fett, Zucker, Salz, Zitronenschale und lauwarmer Milch zu einem glatten Hefeteig abschlagen und gehen lassen. Dann den Teig ½ cm dick ausrollen, mit flüssigem Fett bestreichen, mit Zucker, Zimt, Sultaninen, gehackten Mandeln oder Nüssen und in Stückchen geschnittene Schokolade daraufstreuen. Das mit der Fülle belegte Rechteck zu 2 cm breiten, 25 cm langen Streifen rädeln, aufrollen, die Schnecken auf das befettete Blech setzen, noch kurz gehen lassen, dann bei Mittelhitze (180—200 Grad) backen. Noch heiß mit gekochter Zuckerglasur bestreichen oder mit Puderzucker bestreuen. Man könnte auch das mit Fülle belegte Rechteck zu einer Rolle aufrollen und mit einem Messer davon 1½ cm breite Scheiben abschneiden, auf das befettete Blech legen, gehen lassen und 20—25 Minuten backen.

19. Falsche Teeblätter

250 g Mehl · 15 g Hefe · 40 g Butter oder Margarine · etwas Salz · 40 g Zucker · ⅛ l Milch

Mehl mit gegangener Hefe, weichem Fett, Zucker, Salz, Zitronenschale und lauwarmer Milch zu einem mittelfesten Hefeteig abschlagen, sofort knapp bleistiftdick ausrollen, zu runden Plätzchen ausstechen. Diese auf einem mit Zucker bestreuten Brett zu ovalen Flecken rollen, mit der Zuckerseite nach oben auf das befettete Blech legen und sofort bei guter Hitze hellbraun backen.

20. Kranzkuchen

500 g Mehl · 25 g Hefe · 60 g Fett · 60 g Zucker · 1 Teelöffel Salz · Zitronenschale · ¼ l Milch — Fülle: 50 g Butter oder Margarine · 50 g Zucker 50 g Sultaninen · 50 g Mandeln · 50 g Schokolade · 1 Kranz Feigen Glasur: 50 g Zucker · 6 Eßlöffel Wasser

Mehl mit gegangener Hefe, Zucker, weichem Fett, Salz, Zitronenschale und lauwarmer Milch zu einem mittelfesten Hefeteig verrühren. Gut abschlagen, gehen lassen. — Zur Fülle Mandeln oder Nüsse grob hacken, Feigen und Schokolade in kleine Würfelchen schneiden. — Den gegangenen Hefeteig zu einem Rechteck ausrollen, mit flüssigem Fett bestreichen, mit Zucker bestreuen, mit Sultaninen, gehackten Mandeln oder Nüssen und geschnittener

Schokolade und Feigen bestreuen, fest aufrollen, der Länge nach durchschneiden. Von der Mitte aus die beiden Hälften so zu einem Kranz flechten, daß die Schnittfläche mit der Fülle nach oben kommt. Den Kranz auf das Blech legen, nochmals gehen lassen, bei Mittelhitze 30 Minuten backen, noch heiß mit gesponnenem Zucker bestreichen.

21. Zuckerkranz

Mittelfesten, gegangenen Hefeteig zu 2 Rollen formen, diese zusammendrehen und in Kranzform auf das befettete Blech legen. In die Mitte kann man eine Blechschüssel stellen, außen einen Tortenreif, damit der Kranz die schöne Form behält. Den geformten Kranz läßt man zugedeckt gehen, bestreicht ihn dann mit Eigelb, bestreut ihn mit Zucker und mit abgezogenen, stiftelig geschnittenen Mandeln und bäckt ihn 45 Minuten bei Mittelhitze.

22. Aniskranz

Mittelfesten, gegangenen Hefeteig zu 2 Rollen formen, diese zusammendrehen und in Kranzform auf das befettete Blech legen. Zugedeckt gehen lassen, dann mit Eigelb bestreichen, mit Zucker und Anis bestreuen und bei Mittelhitze 45 Minuten backen.

23. Butterkuchen

375 g Mehl · 20 g Hefe · 60 g Margarine, Butter oder Fett · 60 g Zucker 1 Teelöffel Salz · Zitronenschale · 1 Ei · 1/8 l Milch — Zum Belegen: 80 g Butter · 50 g gehackte Mandeln · 50 g Zucker

Aus Mehl, gegangener Hefe, weichem Fett, Zucker, Salz, Zitronenschale, Ei und lauwarmer Milch einen ziemlich weichen Hefeteig bereiten, gehen lassen, auf ein befettetes Blech legen. Dann den Kuchen mit zurückbehaltenem, mit Milch verrührtem Ei bestreichen, mit Zucker und abgezogenen, gehackten Mandeln bestreuen, im Abstand von 5 cm den Teig leicht eindrücken und in diese leichten Vertiefungen Butterflöckchen legen. Den Kuchen noch kurz gehen lassen, dann 30 Minuten bei Mittelhitze (180 Grad) backen.

24. Streuselkuchen

375 g Mehl · 25 g Hefe · 60 g Butter, Margarine oder Fett · 60 g Zucker 1 Teelöffel Salz · Zitronenschale · 1 Ei · 1/8 l Milch — Streusel: 100 g Butter 100 g Zucker · 1 Teelöffel Zimt · 100 g Mehl

Aus den angegebenen Zutaten einen ziemlich weichen Hefeteig bereiten, gehen lassen, dann auf ein befettetes Backblech legen, mit Milch oder zurückbehaltenem, mit Milch verrührtem Ei oder Marmelade bestreichen, die Streuselmasse daraufgeben, den Kuchen nochmals gehen lassen, bei Mittelhitze 30 Minuten backen. Zum Streusel Mehl, Zucker und Zimt mischen, zerlassene, lauwarme Butter langsam unterrühren, mit der Gabel zu kleinen Klümpchen abbröseln.

25. Nußkranz

Hefeteig von 250 g Mehl — Fülle: 1/8 l Wasser · 125 g Zucker · Zitronenschale · 125 g Nüsse — Glasur: 50 g Zucker · 1/16 l Wasser

Einen beliebigen Hefeteig bereiten und gehen lassen. Zucker mit Wasser und Zitronenschale 10 Minuten kochen, die geriebenen Nüsse zugeben. Den gegangenen Hefeteig 1 cm dick ausrollen, mit der kalten Fülle bestreichen, aufrollen und zum Kranz geformt auf ein befettetes Blech legen. Mit einem Tuch überdeckt an warmem Ort gehen lassen, dann bei Mittelhitze 45 Minuten backen. Noch warm mit gesponnenem Zucker bestreichen und mit zurückbehaltenen, geriebenen Nüssen bestreuen.

26. Getränkter Kranzkuchen

350 g Mehl · 25 g Hefe · Milch zum Dämpfl · 175 g Butter oder Margarine 4 Eier · 1 Eßlöffel Zucker · 1 Kaffeelöffel Salz · Schale 1/2 Zitrone — Zum Übergießen: 125 g Zucker · 1/8 l Wasser · 3 Eßlöffel Maraschino · 3 Eßlöffel Arrak

Die Hefe mit etwas Zucker, Mehl und lauwarmer Milch zum Gehen stellen. Butter oder Margarine mit Eiern, Zucker, Salz und Zitronenschale schaumigrühren, nebst der gegangenen Hefe zum Mehl geben, alles verrühren, die nötige lauwarme Milch zugeben und den Teig sehr gut abschlagen. Dann sofort in eine mit Fett ausgestrichene Kranzform füllen und zugedeckt gehen lassen. Anschließend bei Mittelhitze 45 Minuten backen. — Zucker mit Wasser kochen, Maraschino und Arrak zugeben. Sobald der fertiggebackene Kuchen aus dem Backrohr kommt, macht man mit der Spicknadel Löcher in den Kranz, gießt die Hälfte der warmen Flüssigkeit über den Kuchen. Nachdem sie eingedrungen ist, stürzt man ihn auf eine Platte, sticht auch die Oberseite ein und gießt die übrige Flüssigkeit darüber.

27. Bienenstich

375 g Mehl · 20 g Hefe · 60 g Butter, Margarine oder Fett · 60 g Zucker 1 Teelöffel Salz · Zitronenschale · 1 Ei · 1/8 l Milch — Belag: 100 g Butter 100 g Zucker · 100 g abgezogene, geschnittene Mandeln — Creme: 1/2 l Milch 1 Päckchen Puddingpulver · 1 Ei · 50 g Zucker · 50 g Butter oder frische Margarine

Aus Mehl, gegangener Hefe, weichem Fett, Zucker, Zitronenschale, Salz, Ei und lauwarmer Milch einen weichen Hefeteig bereiten, gehen lassen, dann auf ein befettetes Blech geben. Zum Belag die Mandeln abziehen und in feine Stiftchen schneiden. Dann die Butter mit dem Zucker aufkochen, die geschnittenen Mandeln kurz darin rösten, überkühlt auf den Kuchen streichen. Diesen nochmals gehen lassen, dann 30 Minuten bei Mittelhitze backen. Erkaltet durchschneiden, mit Creme füllen, wieder zusammensetzen.

Zur Creme die Milch aufkochen, das mit zurückbehaltener Milch und Eigelb verrührte Puddingpulver einkochen, die Creme mit Zucker abschmecken, etwas überkühlt die Butter und den Eischnee unterziehen. Mit der warmen Creme den Bienenstich füllen und wieder zusammensetzen.

28. Mandelkuchen

375 g Mehl · 20 g Hefe · 60 g Butter, Margarine oder Fett · 60 g Zucker 1 Teelöffel Salz · Zitronenschale · 1/8 l Milch — Belag: 125 g Butter · 125 g Zucker · 3 Eier · 180 g abgezogene, geriebene Mandeln · 1 Paket Vanillezucker

Aus den angegebenen Zutaten einen Hefeteig bereiten, gehen lassen und ein Kuchenblech damit belegen. Zum Belag die Butter mit Zucker und Eigelb schaumigrühren, die geriebenen Mandeln, den Eischnee und den Vanillezucker einrühren. Diese Masse auf den Hefeteig streichen, noch kurz gehen lassen, 45 Minuten bei Mittelhitze backen.

29. Hannoverkuchen

250 g Mehl · 15 g Hefe · 40 g Margarine, Butter oder Fett · 40 g Zucker Salz · Zitronenschale · 1/8 l Milch — Fülle: 150 g Sultaninen · 20 g Zitronat Orangenschale · 2 Eßlöffel Zucker · 50 g geschälte Mandeln · 20 g Butter

Man bereitet einen Hefeteig und rollt ihn ein Stück größer wie die Springform aus. In der Mitte muß der Teig sehr viel dicker sein als wie an den Rändern. Diese Teigplatte gibt man in die gefettete Springform, die dünnen Teigränder legt man an den Rand der Springform. Nun streut man die Sultaninen, kleingeschnittenes Zitronat und Orangenschale in der Runde um den Kuchenboden, schlägt die Teigränder darüber und stellt zugedeckt zum Aufgehen warm. Dann bestreicht man den Kuchen mit flüssiger Butter, bestreut ihn mit Zucker und abgezogenen, stiftelig geschnittenen Mandeln und bäckt ihn 45 Minuten bei Mittelhitze.

30. Sachsenkuchen

140 g Butter oder Margarine · 3 Eier · 375 g Mehl · 20 g Hefe · 3 Eßlöffel Milch · 100 g Zucker · 2 Eßlöffel Sultaninen · etwas Salz · 1/8 l Milch

Butter schaumigrühren, abwechselnd Eigelb, Mehl, die in lauwarmer Milch aufgelöste Hefe, Zucker, Sultaninen, Salz, das restliche Mehl, die nötige Milch und den Eischnee zugeben. Die Masse in eine gut befettete Tortenform füllen, an einem warmen Ort zugedeckt aufgehen lassen und 1 Stunde bei mäßiger Hitze backen. Noch warm vorsichtig aus der Form lösen und mit Puderzucker überstreuen. Dazu Rotweinsauce.

31. Mohnzopf

1 kg Mehl · 50 g Hefe · 80 g Fett · 80 g Zucker · 1 Eßlöffel Salz · Zitronenschale · 1 Ei · 2 gekochte Kartoffeln · 1/2 l Milch (knapp) · Mohn zum Bestreuen

Aus Mehl, gegangener Hefe, weichem Fett, Zucker, Salz, Zitronenschale, Ei, kalten, durchgepreßten Kartoffeln und lauwarmer Milch einen Hefeteig bereiten. Gehen lassen, dann in 9 Stücke teilen, und diese zu Rollen formen. Nun flicht man vorsichtig aus 5 Rollen den sog. Luisenzopf, d. h. einen Teil immer über 2 Teile legen und gibt ihn auf ein befettetes Blech. Dann flicht man einen dreiteiligen Zopf und legt ihn über den ersten. Den letzten Teil gibt man noch der Länge nach über den oberen Zopf und schlägt die beiden Enden unter den untersten Zopf. Man läßt den Zopf gehen, bestreicht ihn dann mit Eigelb, bestreut ihn tüchtig mit Mohn und bäckt ihn 1 Stunde bei mäßiger Hitze.

32. Gugelhupf (Topfkuchen)

500 g Mehl · 30 g Hefe · 125 g Butter, Margarine oder Fett · 125 g Zucker 1 Teelöffel Salz · Zitronenschale · ¹/₄ l Milch · 125 g Sultaninen

Mehl mit der gegangenen Hefe, weichem Fett, Zucker, Salz, Zitronenschale und lauwarmer Milch zu einem glatten Teig abschlagen. An einem warmen Ort gehen lassen, dann die vorbereiteten Sultaninen einschlagen. Die Gugelhupfform gut mit Fett ausstreichen, auf den Boden der Form geschälte, halbierte Mandeln legen. Den Teig einfüllen, nochmals gehen lassen, bei Mittelhitze (180 Grad) 45 Minuten backen. Noch warm stürzen. Der Kuchen bleibt lange saftig.

750 g Mehl · 50 g Hefe · 200 g Margarine · 200 g Zucker · Salz · 4 Eier Zitronenschale · 150 g Sultaninen · 40 g Mandeln · 1 Eßlöffel Rum · ³/₈ l Milch

Mehl mit der gegangenen Hefe, weichem Fett, Zucker, Zitronenschale, Salz, Eiern, Sultaninen, abgezogenen, gehackten Mandeln, Rum und lauwarmer Milch zu einem mittelfesten Hefeteig anmengen, gut abschlagen, gehen lassen. Dann in eine gut befettete mit halbierten Mandeln ausgelegte Gugelhupfform füllen, nochmals gehen lassen, bei Mittelhitze 1 Stunde backen lassen. Noch warm aus der Form stürzen.

33. Gerührter Hefetopfkuchen

Hefeteig: ¹/₂ kg Mehl · 40 g Hefe · 50 g Butter oder Margarine · 50 g Zucker 1 Teelöffel Salz · Zitronenschale · ¹/₄ l Milch — Gerührter Teig: 250 g Margarine · 250 g Zucker · Zitronenschale · Salz · 4 Eigelb · 250 g Stärkemehl 100 g Sultaninen · 100 g Korinthen · 40 g Mandeln · 30 g Zitronat · 4 Eiweiß

Aus Mehl, gegangener Hefe, weichem Fett, Salz, Zitronenschale, Zucker und lauwarmer Milch einen Hefeteig bereiten. Gehen lassen. Margarine mit Zucker, Eigelb, Salz und Zitronenschale schaumigrühren, das Stärkemehl, Sultaninen, Korinthen, abgezogene, gehackte Mandeln und kleingeschnittenes Zitronat zugeben. Den Hefeteig und den Rührteig mischen, mitsammen gut abschlagen, den Eischnee einschlagen, den Kuchen in eine große, gut befettete Gugelhupfform geben, 1 Stunde gehen lassen, dann 1½ Stunden bei Mittelhitze (180 Grad) backen. Warm vorsichtig aus der Form stürzen, mit Puderzucker bestreuen.

34. Dresdner Stollen

(Original-Rezept)

3 kg Mehl · 3 Teelöffel Salz · 600 g Zucker · 1 kg Butter · 750 g Sultaninen 750 g süße Mandeln · 200 g bittere Mandeln · 750 g Zitronat · 250 g Orangeat · ¼ l Rum · 300 g Hefe · Schale einer Zitrone · ¾ l Milch · 250 g Butter zum Bestreichen · 150 g Puderzucker · 4 Vanillezucker zum Bestreuen

Die Mandeln abziehen und hacken, Zitronat und Orangeat in kleine Würfel schneiden, die Sultaninen am Vortag waschen und wieder trocknen lassen. Aus Mehl, gegangener Hefe, kleingeschnittener Butter, Zucker, gehackter Zitronenschale, Salz, lauwarmer Milch und Rum einen Hefeteig bereiten, gut abschlagen, die angegebenen, vorbereiteten Zutaten auf dem Brett einkneten, den Teig wieder gehen lassen. (Eventuell über Nacht in einem normal temperierten Raum.) Dann zu 4 schönen Stollen formen, auf das befettete Blech legen und vorsichtig eine Stunde bei Mittelhitze (180—190 Grad) backen, noch warm mit flüssiger Butter bestreichen, mit Vanillezucker bestreuen.

35. Stollen

½ kg Mehl · 50 g Hefe · ⅛ l Milch · 100 g Zucker · 100 g Butter, Margarine oder Fett · 100 g Zitronat · 100 g Mandeln oder Nüsse · 100 g Sultaninen 1 Ei · 1 Teelöffel Salz — Zum Bestreichen: 2 Eßlöffel flüssige Butter — Zum Bestreuen: 2 Eßlöffel geriebene Mandeln oder Nüsse

Das Mehl mit dem Dämpfel, Zucker, weichem Fett, Salz, Ei und lauwarmer Milch zu einem Hefeteig abschlagen, dann die abgezogenen, feingehackten Mandeln oder die gerösteten, gehackten Nüsse, kleingeschnittenes Zitronat und die vorbereiteten Sultaninen zu dem Teig geben und gut unterkneten. Den festen, sehr gut durchgekneteten, gegangenen Teig zu 1—2 langen Wecken formen, mit dem Rollholz in der Mitte dünner walken, mit kaltem Wasser bestreichen, einen Teil überschlagen, wodurch der Stollen die eigentliche Form bekommt. Den Stollen auf ein befettetes Blech legen, gehen lassen, mit Butter bestreichen, bei Mittelhitze 1—1½ Stunden backen, nochmals mit Butter bestreichen und noch heiß mit reichlich Puderzucker, der mit Vanillezucker gemischt wurde, bestreuen.

½ kg Mehl · 25 g Hefe · 125 g Butter oder Margarine · 125 g Zucker · 1 Teelöffel Salz · Zitronenschale · ¼ l Milch · 250 g Sultaninen

Mehl mit gegangener Hefe, in Stückchen geschnittener Butter, Zucker, Salz, gehackter Zitronenschale und lauwarmer Milch zu einem Teig vermengen, gut abschlagen, die gereinigten Sultaninen einmengen, zugedeckt gehen lassen. Zu einem Stollen formen, auf das befettete Blech legen, nochmals kurz gehen lassen, bei Mittelhitze (180—190 Grad) 60 Minuten backen. Mit flüssiger Butter bestreichen, mit Vanillezucker bestreuen.

36. Quarkstollen

500 g Mehl · 500 g Quark · 40 g Hefe · 80 g Fett · 125 g Zucker · 2 Eier Salz · Zitronenschale · 1/8 l Milch · 100 g Sultaninen

Mehl mit passiertem Quark mischen, gegangene Hefe, in Stückchen geschnittene Butter, Zucker, Salz, Zitronenschale, Eier und lauwarme Milch und Sultaninen zugeben, zu einem Teig kneten, zugedeckt gehen lassen. Zu einem oder zwei Stollen formen, mit flüssiger Butter bestreichen, 60 Minuten bei Mittelhitze (180—190 Grad) backen, noch warm mit flüssiger Butter bestreichen und mit Puderzucker bestreuen.

37. Mohnstollen

1/2 kg Mehl · 30 g Hefe · 60 g Butter, Margarine oder Fett · 60 g Zucker Zitronenschale · 1 Kaffeelöffel Salz · 1 Ei · 1/4 l Milch (knapp) — Fülle: 250 g feingemahlener Mohn · 1/4 l Milch · 40 g Butter · 20 g Aranzini · 1 Ei · 60 g Sultaninen · 100 g Zucker oder 2 Eßlöffel Honig · 4 feingeriebene bittere Mandeln oder Bittermandelaroma · etwas Zimt

Aus den angegebenen Zutaten einen festen Hefeteig bereiten, sehr gut abschlagen, zugedeckt an einem warmen Ort gehen lassen, dann zu einer dicken runden Platte ausrollen, darüber nicht ganz bis zum Rand die erkaltete Mohnfülle streichen, das Ganze straff aufrollen, so daß ein Stollen entsteht, der in der Mitte dicker, an den Enden niedriger ist. Der Stollen wird mit der Naht nach unten auf ein befettetes Backblech gelegt, zugedeckt an einem warmen Ort gehen lassen, mit flüssiger Butter bestrichen 1 Stunde bei Mittelhitze gebacken, dann nochmals mit zerlassener Butter bestrichen und mit reichlich Puderzucker überstreut. — Mohnfülle: Den feingemahlenen Mohn mit kochendheißer Milch übergießen, die Butter, die sehr feingehackten Aranzini (Orangeat), das Ei, die Sultaninen, Zucker oder Honig, bittere Mandeln und Zimt zugeben. Sollte die Masse zu weich sein, mit etwas Bröseln festigen.

38. Kranzkuchen aus Hefeblätterteig (Plunderteig)

Hefeteig: 1/2 kg Mehl · 25 g Hefe · 40 g Margarine oder Fett · 1 Teelöffel Salz · Zitronenschale · 2 Eier · 1/8 l Milch — Butterteig: 250 g Butter oder Margarine · 60 g Mehl — Fülle: 20 g zerlassene Butter · 100 g Zucker 100 g Sultaninen · 50 g Nüsse oder Mandeln · 50 g Zitronat · 50 g Orangeat

Aus den angegebenen Zutaten einen nicht zu weichen Hefeteig bereiten, kühl gehen lassen. Butter oder Margarine rasch mit Mehl zu einem ziegelförmigen Stück verarbeiten, kalt stellen. Den gegangenen Hefeteig zu einem

Rechteck ausrollen, den Butterziegel darauflegen, den Hefeteig darüberschlagen, wieder ausrollen. Das Zusammenschlagen und Ausrollen 3mal wiederholen. In der Zwischenzeit den Teig immer wieder kühl rasten lassen. Dann den Teig zu einem Rechteck ausrollen, mit flüssiger Butter bestreichen, mit Zucker, Sultaninen, gehackten Nüssen oder Mandeln, feingeschnittenem Zitronat und Orangeat bestreuen, den Teig fest aufrollen, in eine befettete Gugelhupfform geben, an einem nicht zu warmen Ort gehen lassen, dann den Kuchen 45 Minuten bei guter Hitze backen. Noch warm aus der Form stürzen und heiß mit einer Glasur aus 150 g Puderzucker und dem Saft einer $1/2$ Zitrone überstreichen.

39. Maultaschen aus Hefeblätterteig

250 g Mehl · 15 g Hefe · 25 g Margarine oder Fett · 1 Teelöffel Salz · Zitronenschale · 30 g Zucker · 1 Ei · Saft von $1/2$ Zitrone · etwas Milch — Butterteig: 125 g Butter oder Margarine · 30 g Mehl — Fülle: Marmelade

Aus Mehl, gegangener Hefe, weichem Fett, Salz, Zitronenschale, Zucker, Ei, Zitronensaft und etwas Milch einen nicht zu weichen Hefeteig bereiten, kühl gehen lassen. Butter und Mehl zu einem Ziegel verarbeiten, in den ausgerollten Hefeteig einschlagen, ausrollen und wieder zusammenschlagen. Dieses noch 2mal wiederholen, dann den Teig messerrückendick ausrollen, zu 10 cm großen Quadraten rädeln, die Ecken jedes dieser Quadrate werden nach oben hin bis zur gegenseitigen Berührung eingebogen und mit ein wenig backfester Marmelade bedeckt. Die Maultaschen werden noch mit zurückbehaltenem, verquirltem Ei bestrichen, dann gehen lassen und anschließend 20 Minuten bei guter Hitze im Rohr backen.

40. Kaffeegebäck aus Hefeblätterteig

Ausgerollten Hefeblätterteig kann man zu entsprechenden Stücken rädeln, mit Fülle belegen und zu Hörnchen, Täschchen, Hahnenkämmen, Windmühlen, Brillen und falschen Teeblättern fertigmachen. Das Gebäck wird vor dem Backen immer mit verquirltem oder milchverrührtem Ei bestrichen. Da der Teig nicht sehr süß ist, schmeckt es gut, das Gebäck nach dem Backen dünn mit Puderzuckerglasur zu bestreichen. Auch als Strudel mit beliebiger Fülle kann Hefeblätterteig fertigemacht werden.

41. Feine Hefehörnchen

250 g Mehl · 125 g Butter oder Margarine · 20 g Hefe · 3 Eßlöffel Milch oder Rahm · Salz · 20 g Zucker · 2 Eigelb · Marmelade zum Füllen · Mandeln zum Bestreuen

Mehl mit Butter oder Margarine abbröseln, Salz, Zucker, Eigelb und die in kalter Milch aufgelöste Hefe zugeben. Rasch zu einem glatten Teig kneten, 30 Minuten kalt rasten lassen. Dann bleistiftdick ausrollen, Scheiben ausstechen, mit Marmelade füllen, zusammenrollen, zu Hörnchen formen, mit zurückbehaltenem Ei bestreichen, mit geschälten stiftelig geschnittenen Mandeln bestreuen und bei guter Hitze goldgelb backen.

42. Preßburger Mohnbeugel

250 g Mehl · 125 g Butter oder Margarine · 20 g Zucker · Salz · 1 Eigelb
15 g Hefe · 3 Eßlöffel Milch — Fülle: 125 g feingemahlener Mohn · $1/8$ l Milch
Zitronenschale · Zimt · 50 g Zucker · 30 g Butter · 10 g Sultaninen

Mehl mit Butter oder Margarine abbröseln, mit Zucker, Salz, Eigelb, und in kalter Milch verrührter Hefe zu einem glatten Teig kneten, den man 45 Minuten ruhen läßt. Zur Fülle wird der feingemahlene Mohn mit der kochend heißen Milch übergossen, kleingewiegte Zitronenschale, Zimt, Zukker, Butter und Sultaninen zugegeben. Dann wird der Teig ausgerollt, zu 10 cm langen und 7 cm breiten Rechtecken geschnitten, mit Mohnfülle belegt und zu Beugel geformt. Man legt diese Beugel auf das vorbereitete Blech, bestreicht mit verquirltem Ei, läßt an einem lauwarmen Ort aufgehen, zieht sie in der Mitte ein wenig auseinander, damit die mit Ei bestrichene Oberfläche kleine Risse bekommt, und bäckt die Beugel 20 Minuten bei guter Hitze.

43. Preßburger Nußbeugel

250 g Mehl · 125 g Butter oder Margarine · 20 g Zucker · Salz · 1 Eigelb
15 g Hefe · 3 Eßlöffel Milch — Fülle: 80 g Zucker · $1/8$ l Wasser (knapp)
125 g geriebene Nüsse · 10 g Butter oder Margarine · Ei zum Bestreichen

Mehl mit Butter oder Margarine abbröseln. Mit Zucker, Salz, Eigelb und in kalter Milch verrührter Hefe zu einem glatten Teig kneten, den man 45 Minuten ruhen läßt. Zur Fülle Wasser mit Zucker 10 Minuten kochen lassen, die geriebenen Nüsse und die Butter zugeben. Dann wird der Teig ausgerollt, zu 10 cm langen und 7 cm breiten Rechtecken geschnitten, mit erkalteter Nußfülle belegt und zu Beugeln geformt. Diese legt man auf das vorbereitete Blech, bestreicht sie mit verquirltem Ei, läßt sie an einem lauwarmen Ort aufgehen, zieht sie dann in der Mitte ein wenig auseinander, damit die mit Ei bestrichene Oberfläche kleine Risse bekommt, die ihnen nach dem Backen die bekannte Form und Zeichnung gibt. Die Nußbeugel werden bei guter Hitze 20 Minuten gebacken.

BROT

44. Schwarzbrot

$2^{1}/_{2}$ kg dunkles Mehl · 20 g Hefe · 50 g Sauerteig · 50 g Salz
20 g Kümmel · etwa $1^{1}/_{2}$ l Wasser

Die Hefe mit 1 Teelöffel Zucker glattrühren, mit einem $1/4$ l lauwarmen Wasser verdünnen, in der Mitte des erwärmten Mehles zu einem Vorteig anrühren, über Nacht gehen lassen. Am nächsten Morgen den Sauerteig, Salz, Kümmel, lauwarmes Wasser zugeben und den Teig so lange abkneten, bis er sich von der Schüssel löst und Blasen hat. Dann bestäubt man ihn mit Mehl und läßt ihn an einem warmen Ort gehen, bis er ungefähr doppelt so hoch ist. Dann formt man ihn zu Broten, gibt diese auf ein bestrichenes Blech oder in Formen, läßt den Teig nochmals gehen, ungefähr 20 Minuten, bestreicht das Brot mit Wasser und bäckt es bei guter Hitze 1 Stunde im Rohr. Wenn man das Brot aus dem Ofen nimmt, wird es nochmals mit Wasser bestrichen. Hat man keinen Sauerteig, verwendet man 125 g Hefe.

45. Weißbrot

2 kg weißes Mehl · 100 g Hefe ; 30 g Salz · etwa 1 l Milch · 100 g Butter oder Margarine oder 50 g Schweinefett

In der Mitte des erwärmten Mehles rührt man mit der aufgelösten Hefe und lauwarmer Milch einen Vorteig an und läßt ihn gehen. Dann gibt man Salz, das flüssige Fett und die lauwarme Milch zu und schlägt den Teig so lange ab, bis er sich von der Schüssel löst und Blasen zeigt. Man läßt ihn doppelt so hoch aufgehen, formt ihn dann zu Broten und läßt diese auf dem bestrichenen Blech oder in einer Form gehen. Dann bäckt man das Brot 60 Minuten bei Mittelhitze und bestreicht es noch heiß mit Wasser.

46. Schrotbrot

1 kg Roggenmehl · 1/2 kg Schrotmehl · 50 g Sauerteig · 20 g Hefe · 15 g Salz etwa 3/4 l Wasser

Roggenmehl und Schrotmehl mischen und warm stellen. Sauerteig und Hefe mit etwas Mehl und warmem Wasser zu einem dünnen Teig rühren und aufgehen lassen. Wenn das Dämpfel genügend gegangen ist, gibt man es zum Mehl, fügt Salz und soviel Wasser zu, daß man einen ziemlich festen Teig erhält, den man sehr gut abknetet. Man läßt den Teig gehen, formt ihn dann zu 2 Broten, läßt diese an einem warmen Ort nochmals gehen, bestreicht sie mit Salzwasser und bäckt sie dann 1 Stunde bei guter Mittelhitze.

47. Hausbrot

3 kg Roggenmehl · 1/2 l Sauerteig · 1 1/2 l lauwarmes Wasser · 6 Eßlöffel Salz 2 Eßlöffel Kümmel · 2 Eßlöffel Fenchel (Koriander)

Am Vorabend des Backtages siebt man das Roggenmehl in eine große Schüssel, gibt in die Mitte den Sauerteig mit 2/3 l lauwarmem Wasser und rührt soviel vom Mehl dazu, als zu einem dicklichen Pfannkuchenteig nötig ist. Zugedeckt läßt man den Teig über Nacht an einem warmen Ort gehen. Am nächsten Morgen gießt man 1 l lauwarmes Wasser nach, fügt Salz, Kümmel und Fenchel bei und knetet den Teig in der Schüssel gut ab, er muß sich von der Hand lösen. Dann macht man drei Teile und knetet diese auf dem Brett noch ganz fein. Darauf gibt man den Teig wieder in die Schüssel und läßt ihn 2—3 Stunden gehen. Nun wird er noch einmal geknetet, endgültig geformt und auf ein bemehltes Brett oder in den bemehlten Backkorb hineingegeben. Das Brot muß nun nochmals 2 Stunden gehen, wird dann mit Wasser bestrichen, mit einer Gabel gestupft und im Backofen fertiggestellt. Man gibt es gewöhnlich zum Bäcker.

48. Kümmellaibchen

Aus dem Hausbrotteig formt man kleine Laibchen, aus ½ kg Teig 10—12 Stück, bestreicht sie mit Wasser, bestreut sie mit Kümmel und bäckt sie 30 Minuten bei Mittelhitze.

49. Ulmer Brot

560 g Mehl · 300 g Semmelteig (vom Bäcker) · ½ Tasse Milch · 50 g Butter oder Margarine · 140 g Zucker · 3 Eier · 1 Eßlöffel Anis · geriebene Schale von ½ Zitrone · 2 Eßlöffel Arrak

Man rührt Butter schaumig, gibt Zucker, Eier, Anis, Zitrone, Arrak allmählich bei und mischt mit lauwarmer Milch noch Mehl und Semmelteig gut darunter. Der Teig wird sehr fein abgeknetet und 1 cm dick ausgerollt. Dann sticht man mit einem Glas oder Ausstecher Plätzchen aus und legt sie wie eine Geldrolle nebeneinander zu einem Stollen auf einem mit Fett bestrichenen Blech. Das Brot wird zum Aufgehen zugedeckt warm gestellt, vor dem Backen mit milchverrührtem Ei bestrichen und 1 Stunde bei Mittelhitze gebacken.

50. Weißgebäck (Semmeln)

1 kg weißes Mehl · 40 g Hefe · 1 Eßlöffel Zucker · 2 Eßlöffel Salz · 50 g Fett oder Margarine · ½ l Milch (knapp)

Man gibt das Mehl in die Schüssel, macht in die Mitte ein Grübchen, streut die zerdrückte Hefe mit etwas Zucker hinein und übergießt sie mit ¼ l lauwarmer Milch. Nach 5 Minuten rührt man in den Vorteig noch soviel Mehl ein, daß er wie ein dicker Pfannkuchenteig wird und stellt ihn zugedeckt an die Herdseite zum Aufgehen. Dann mischt man das Mehl mit dem gegangenen Dämpfel, gibt das flüssige Fett lauwarm dazu, ferner Salz und soviel Milch, daß man den Teig am Brett gut abkneten kann. Ist er fein und fängt er an, Blasen zu werfen, macht man 40—50 Teile daraus und formt diese zu Laibchen, die man zugedeckt auf ein bemehltes Brett zum Aufgehen stellt. Dann drückt man mit dem Messerrücken die Laibchen in der Mitte gut ein und läßt sie mit der eingedrückten Seite nach unten, mit einem gewärmten Tuch zugedeckt, noch einmal gehen. Zum Backen legt man sie mit der eingedrückten Seite nach oben auf ein bemehltes Blech, bestreicht sie mit lauwarmer Milch und bäckt sie bei Mittelhitze zu schöner Farbe. Aus derselben Masse kann man auch Hörnchen, Mohnzöpfchen, Brioche, Salzstangen, Kümmelweckerl u. dgl. formen. Statt mit Milch kann der Teig auch mit halb Milch und halb Wasser oder nur mit Wasser zubereitet werden. Das Fett kann wegbleiben.

51. Osterbrot

1 kg weißes Mehl · 40 g Hefe · 1 Eßlöffel Zucker · 1 Eßlöffel Salz · 80 g Fett 1/2 l Milch (knapp)

Den gut abgearbeiteten Hefeteig zu zwei runden Broten formen, auf ein bemehltes Brett legen, mit einem erwärmten Tuch zudecken und in die Wärme gestellt, gut aufgehen lassen. Bevor man sie in das Backrohr gibt, schneidet man mit einem Messer nicht zu tiefe, große Würfel ein oder stupft das Brot kreuzweise mit einer Gabel ein. Mit milchverrührtem Eigelb bestrichen, bäckt man das Brot bei Mittelhitze 1 Stunde.

52. Kartoffelbrot

1 kg Mehl · 40 g Hefe · 1 Eßlöffel Salz · 3/8 l Milch · 500 g gekochte, passierte Kartoffeln · 80 g Zucker · 60 g Fett · 2 Eier

Mehl, gegangene Hefe, Salz und Milch zu einem Teig vermengen und gut abschlagen. Dann den Teig mit den gekochten, passierten Kartoffeln, Zucker, weichem Fett und Eiern vermengen, gut abschlagen und gehen lassen. Dann zu 2 Broten formen und nach nochmaligem Gehen 1 Stunde im Rohr backen.

53. Hutzelbrot

1/2 kg getrocknete Zwetschgen · 1/2 kg getrocknete Birnen · 1/2 kg Feigen 1/4 kg Nüsse · 1/4 kg Mandeln · 1/4 kg Sultaninen · 1/4 kg Rosinen · 125 g Orangeat · 125 g Zitronat · 30 g Zimt · 1/4 kg Zucker · 1 kg Mehl · Salz 40 g Hefe

Zwetschgen und Birnen über Nacht einweichen, am nächsten Tag weichkochen, entsteinen, in große Stücke schneiden. Die anderen Zutaten in kleine Würfel. Mehl mit gegangener Hefe, Kochbrühe vom Obst und Salz zu einem Hefeteig machen, gut abschlagen, gehen lassen und dann mit allen Zutaten vermengen. Nochmals gehen lassen. Zu 2 Broten oder mehreren Laibchen formen, nach Belieben mit halbierten Mandeln verzieren, bei Mittelhitze (180 Grad) 1 Stunde backen und noch heiß mit etwas Obstbrühe bestreichen.

54. Steierisches Kletzenbrot

1/2 kg getrocknete Birnen · 1/2 kg getrocknete Zwetschgen · 1/2 kg getrocknete Feigen · 120 g Datteln · 200 g Rosinen · 120 g Korinthen · 30 g Zitronat 50 g Pistazien · 50 g Pignolien (Pinienkerne) · 120 g Nüsse · 120 g Haselnüsse · 120 g Mandeln · 1/2 Eßlöffel gehackte Orangenschale · 1/2 Eßlöffel gehackte Zitronenschale · 2 Eßlöffel Zimt · 1/2 Teelöffel gemahlene Gewürznelken · 1/4 kg Puderzucker 1/4 l Zwetschgen-Branntwein · 2 1/2 kg Schwarzbrotteig.

Die weichgekochten, grobgeschnittenen Birnen und Zwetschgen mit den geschnittenen Feigen und Datteln, Rosinen, Korinthen, gehacktem Zitronat, Pistazien, ganzen Pignolien, gehackten Nüssen, Haselnüssen und Mandeln, Orangen- und Zitronenschale, Zimt, Nelken und Zucker mischen, mit Branntwein übergießen. Sehr gut vermengen, über Nacht zugedeckt stehen lassen. Am nächsten Tag vom Bäcker Schwarzbrotteig kaufen, die Früchte damit gut vermischen, Brote formen, bei gleichmäßiger guter Hitze (200 Grad) 1 Stunde backen.

55. Früchtebrot

1 kg Mehl · 50 g Hefe · 50 g Zucker · 15 g Salz · ¹/₂ l Milch für den Hefeteig · 1 kg geschälte, getrocknete Birnen · ¹/₂ kg getrocknete Zwetschgen 1 kg getrocknete Feigen · ¹/₄ kg Datteln · 1 kg Sultaninen · 150 g Mandeln 150 g Haselnüsse · 150 g Walnüsse · 100 g Orangeat · 200 g Zitronat Schale von 2 Zitronen · Schale von 2 Orangen · ¹/₂ kg Pignoli (Pinienkerne) ¹/₄ kg Zucker · 1 Eßlöffel Zimt · 1 Teelöffel gemahlene Gewürznelken · ¹/₄ l Rum, Kirschgeist oder Vanillelikör

Die getrockneten Birnen und getrockneten Zwetschgen einweichen, weichkochen, gut abgetropft in Streifchen schneiden, Kerne entfernen. Feigen und entkernte Datteln ebenfalls in Streifchen schneiden. Die gewaschenen Sultaninen auf einem Tuch trocknen lassen. Die abgezogenen Mandeln in Stifte, die Haselnüsse in Blättchen, die Walnußhälften in Viertel schneiden, Orangeat und Zitronat in feine Streifchen. Die Schale der ungespritzten Zitronen und Orangen mit einem Kartoffelschäler abschälen, mit einem Wiegemesser fein wiegen. Alle diese vorbereiteten Zutaten mit den Pignoli, Zucker, Zimt, gemahlene Nelken und Rum, Kirschgeist oder Vanillelikör mischen. — Aus den angegebenen Zutaten einen Hefeteig bereiten und gehen lassen. — Die Fruchtmischung mit der Hälfte des Hefeteigs verkneten und zu größeren oder kleineren Laibchen oder Broten formen. Den übrigen Hefeteig zu entsprechend großen Teigflecken ausrollen und die vorbereiteten Laibchen oder Brote darin einschlagen, mit einem Tuch bedeckt gut gehen lassen. Dann auf das befettete Blech legen und bei 175 Grad je nach Größe 1—1¹/₂ Stunden backen.

56. Englisches Kastenbrot

1 kg Mehl · 50 g Hefe · 60 g Butter oder Margarine · 20 g Salz · 20 g Zucker ¹/₂ l Milch

Das Mehl mit Butterstückchen belegen, mit Salz und Zucker bestreuen, die gegangene Hefe und lauwarme Milch zugeben. Zu einem glatten Teig abschlagen, zugedeckt an einem mäßig warmen Ort gehen lassen. In befettete Kastenformen füllen (³/₄ voll), nochmals gehen lassen, dann 60 Minuten bei 180° backen. Das Weißbrot läßt sich am nächsten Tag sehr schön zu feinen Scheiben schneiden und zu Toast, Teebrötchen und Sandwiches sehr gut verwenden.

57. Englisches Sandwiches

Dünne, quadratische, rindenlose Toastscheiben mit Butter bestreichen. Die Hälfte der Toastscheiben mit beliebigen Delikatessen belegen. Z. B. Schinken, Roastbeef, gekochte Zunge, Wurst, gekochtes oder gebratenes Huhn, Käse, Sardellen, Sardinen, Räucherlachs, Heringsfilet, Hummer, Thunfisch, Champignons in Blättchen, Spargelspitzen, gekochte Selleriescheiben, Tomatenscheiben. Darauf die zweite gebutterte Toastscheibe legen, etwas andrücken, zu Rechtecken, Dreiecken oder kleinen Quadraten schneiden. Bis zum Gebrauch mit einer Serviette zugedeckt kühlstellen.

Salziges zu Bier, Wein und Tee

1. Italienische Pizza

*250 g Mehl • 15 g Hefe • 60 g Butter oder Margarine • 1 Eßlöffel Zucker
1/2 Teelöffel Salz • 1 Ei • 1/8 l Milch • 500 g Tomaten • Origano • Rosmarin
Pfeffer • 250 g geriebener Käse • 8 Sardellen*

Aus den angegebenen Zutaten einen Hefeteig bereiten, gehen lassen, den Boden einer großen Springform oder 2/3 eines befetteten Kuchenblechs damit belegen. Ein Drittel des geriebenen Käses daraufstreuen, mit den zu Scheiben geschnittenen Tomaten belegen, kräftig würzen. Die zu Streifchen geschnittenen Sardellen darauflegen, mit dem Käse überstreuen, 15 Minuten bei 180—200 Grad backen. Heiß in Stücke schneiden und sofort servieren. Dazu Chianti. Hat man keine frischen Tomaten zur Verfügung kann man Tomatenmark verwenden. — Statt mit Hefeteig kann die Pizza auch mit Blätterteig bereitet werden.

2. Straßburger Zwiebelkuchen

Blätterteig von 250 g Mehl — Belag: 1 1/2 kg Zwiebeln • 100 g Butter oder Fett • 2 Eier • 2 Eßlöffel Stärkemehl • 1/8 l Sauerrahm • 100 g Speck

Den Blätterteig ausrollen, ein Blech damit belegen. Die Zwiebeln kleinschneiden, in Fett glasig dünsten, erkalten lassen. Eier mit Sauerrahm und Stärkemehl verquirlen, zu den Zwiebeln geben, gut verrühren, mit Salz abschmecken, auf den Blätterteig geben, Speckwürfelchen daraufstreuen und 45 Minuten bei guter Hitze (200 Grad) backen.

3. Kurländer Fleischkuchen

Hefeblätterteig — Fülle: 125 g Hackfleisch · 40 g Fett · 1 Zwiebel · 1 Eßlöffel Mehl · Salz · Muskat · Tomatenmark · 1 Gewürzgurke

Gegangenen Hefeblätterteig ausrollen, zu Rechtecken rädeln oder zu Scheiben ausstechen. Mit erkalteter Fülle belegen, zusammenschlagen, mit verquirltem Ei bestreichen, kühl gehen lassen, bei guter Hitze backen. Fülle: In heißem Fett feingewiegte Zwiebel hellbraun rösten, das Hackfleisch zugeben, ebenfalls etwas rösten, mit Mehl überstäuben, mit Salz, Muskat, Tomatenmark würzen, etwas aufgießen, 10 Minuten dünsten lassen. Dann kleinwürfelig geschnittene Gurke untermischen. Kurländer Fleischkuchen kann man mit Gemüse oder Salat als Hauptgericht geben, kleiner geformt gibt man sie als salziges Gebäck (Hefeblätterteig Seite 563, Nr. 27)

4. Würstchen in Blätterteig

Hefeblätterteig von 250 g Mehl — Fülle: 4 Paar Würstchen

Hefeblätterteig ausrollen, zu Rechtecken in der Länge der Würstchen rädeln, mit einem Wiener Würstchen oder einem gebratenen, kalten Bratwürstchen belegen, zusammenschlagen, die Ränder des Täschchens fest zusammendrücken. Das Gebäck mit verquirltem Ei bestreichen und bei guter Hitze im Rohr backen. — Quarkblätterteig (Seite 563, Nr. 26) ist ebenso geeignet.

5. Bratwürstchen in Hefeteig

*250 g Mehl · 15 g Hefe · 60 g Butter oder Margarine · Salz · 1/8 l Milch
Fülle: 350 g Bratwurst · 1 Ei zum Bestreichen · Kümmel zum Bestreuen*

Den Inhalt der Bratwurst vorsichtig ausstreichen, in ungefähr 6 cm lange Stücke schneiden, diese in Mehl wenden und in heißem Fett rasch braten. Hefeteig ziemlich dünn ausrollen, zu Rechtecken schneiden, mit der Bratwurst belegen, zusammenschlagen, die Ränder fest zusammendrücken, das Gebäck mit verquirltem Ei bestreichen, mit Kümmel bestreuen und bei Mittelhitze backen. Als Fülle für diesen Hefeteig oder die vorstehend angegebenen Blätterteige können sehr gut gekochte oder gebratene, durchgedrehte Fleischreste, die mit feingewiegter, gerösteter Zwiebel und Petersilie vermischt, mit Salz, Pfeffer und Muskat abgeschmeckt und mit einem Eigelb gebunden werden, Verwendung finden.

6. Salziger Hefeteig (für Kümmel- und Salzgebäck)

*1/2 kg Mehl · 25 g Hefe · 1 Eßlöffel Zucker · 80 g Butter oder Margarine
1 Teelöffel Salz · 1 Ei · 1/4 l Milch*

Mehl mit der gegangenen Hefe, Zucker, Fett, Salz, Ei und Milch zu einem Hefeteig abschlagen, gehen lassen. Den Teig ausrollen, mit verquirltem Ei bestreichen und verschiedenartig fertigmachen.

1. Mit grobem Salz und Kümmel bestreuen, zu langen Streifen rädeln, auf das befettete Blech legen, goldgelb backen.
2. Den bestrichenen Teig mit geriebenem Käse und Paprika bestreuen, zu langen Streifen ausrädeln, auf das befettete Blech legen, hell backen.
3. 125 g kleinwürfelig geschnittenen Speck mit 4 würfelig geschnittenen Zwiebeln dünsten, salzen, $1/8$ l Sauerrahm und 1 Ei zugeben. Die Hälfte des Hefeteiges auf ein Blech geben, die Fülle daraufstreichen, den restlichen Teig als Decke darübergeben, mit verquirltem Ei bestreichen, 20 Minuten bei Mittelhitze (180 Grad) backen, in Stücke teilen.
4. Den ausgerollten Hefeteig zu Quadraten rädeln, feingehackten Schinken mit Petersilie, etwas geriebenem Käse und einem Ei mischen. Etwas von der Fülle auf die Teigquadrate geben, zu Hörnchen aufrollen, mit verquirltem Ei bestreichen, mit etwas grobem Salz bestreuen, 20 Minuten bei Mittelhitze backen.

7. Feines Käsegebäck

100 g Mehl · 100 g Butter oder Margarine · 100 g Schweizer Käse
Ei zum Bestreichen

Mehl mit kleingeschnittener Butter oder Margarine abbröseln, den geriebenen Käse zugeben und rasch zu einem Teig kneten. Diesen messerrückendick ausrollen, mit verquirltem Ei bestreichen, mit zurückbehaltenem Käse bestreuen, zu gleichmäßigen Streifchen rädeln, aufs leicht befettete Blech legen und hellgelb backen. — Zu Tee, Wein oder Bowle sehr gut.

120 g Mehl · 60 g Butter oder Margarine · 40 g Schweizer Käse
40 g Roquefort oder Gorgonzola · 1 Eigelb

Das Mehl mit der kleingeschnittenen Butter locker abbröseln, den geriebenen Schweizer Käse, den zerdrückten Roquefort oder Gorgonzola und das Eigelb zugeben. Rasch zu einem Teig zusammenkneten. Diesen 20 Minuten kühl ruhen lassen, dann ausrollen, mit zurückbehaltenem Eigelb bestreichen, zu gleichmäßigen Stangerln rädeln, auf das leicht befettete Blech legen und im Rohr hellgelb backen. — Zu Tee, Wein oder Bowle.

8. Schinkenkipfel

250 g Mehl · 80 g Butter oder Margarine · Salz · 2 Eigelb · 20 g Hefe
2 Eßlöffel Milch — Fülle: 150 g gekochter Schinken

Mehl mit Butter auf dem Brett abbröseln. Dann mit Salz, Eigelb und der in kalter Milch verrührten Hefe rasch zu einem Teig kneten. Diesen eine Stunde rasten lassen. Dann ausrollen und zu viereckigen Stücken von 12 cm Seitenlänge schneiden. Die Mitte jedes Stückes belegt man mit gekochtem, gewiegtem Schinken, formt Kipferl, gibt sie auf ein bestrichenes, bemehltes Blech, läßt sie aufgehen, bestreicht sie mit zurückbehaltenem Eigelb und bäckt sie bei Mittelhitze goldgelb.

9. Grammel-Pogatscherl

250 g Schweinefettgrieben · 300 g Mehl · 2 Eßlöffel Sauerrahm · 2 Eßlöffel Weißwein · 2 Eigelb · Salz · 20 g Hefe · ¹/₈ l Milch · Kümmel und Salz zum Bestreuen

Feingehackte oder durchgedrehte Grieben mit Mehl, Rahm, Wein, Eigelb, Salz und in lauwarmer Milch aufgelöster Hefe auf dem Brett zu einem Teig kneten, den man dreimal hintereinander ausrollt und wieder zusammenschlägt. Dann läßt man den Teig ¹/₂ Stunde kühl rasten, rollt ihn anschließend 1 cm dick aus, sticht kleine runde Formen aus, legt diese auf ein bestrichenes Blech, bestreicht sie mit zurückbehaltenem Ei, bestreut die Pogatscherl mit Salz und Kümmel und bäckt sie bei Mittelhitze.

10. Griebensalzgebäck

200 g Mehl · ¹/₄ Päckchen Backpulver · 80 g Grieben · 40 g geriebener Käse 40 g Butter oder Margarine · 1 Eigelb · Salz · 3—4 Eßlöffel saure Milch Salz · Kümmel

Mit Backpulver gemischtes, gesiebtes Mehl mit durchgedrehten Grieben, geriebenem Käse, Butter oder Margarine, Eigelb, Salz und der nötigen sauren Milch zu einem mittelfesten, glatten Teig kneten. Diesen gut messerrückendick ausrollen, mit gewässertem Ei bestreichen, mit grobem Salz und Kümmel bestreuen, zu 2 cm breiten und 15 cm langen Streifen rädeln und diese lockenförmig eindrehen. Auf das leicht befettete Blech legen und bei guter Hitze backen.

11. Kümmel- und Salzgebäck von Plunderteig

Hefeteig: 250 g Mehl · 15 g Hefe · 1 Ei · 1 Teelöffel Salz · 30 g Margarine oder Fett · knapp ¹/₈ l Milch — Butterteig: 120 g Butter oder Margarine 30 g Mehl · Eigelb zum Bestreichen · Salz und Kümmel zum Bestreuen

Butter oder Margarine mit Mehl zu einem Ziegel formen, kühl stellen. Aus den anderen Zutaten einen Hefeteig bereiten. Den kühlgegangenen Hefeteig zu einem Rechteck ausrollen, den Butterziegel darauflegen, den Hefeteig darüberschlagen, wieder ausrollen. Das Zusammenschlagen und Ausrollen dreimal wiederholen. Dann den Teig ¹/₄ cm dick ausrollen, mit milchverrührtem Eigelb bestreichen, mit Salz und Kümmel bestreuen, zu Stangerl oder Rauten ausrädeln oder mit Formen beliebig ausstechen. Das salzige Gebäck auf das befettete Blech legen, kühl gehen lassen, dann bei guter Hitze backen. Plunderteig kann auch zu schmalen Streifen gerädelt und diese zu Brezeln gelegt werden. Mit verquirltem Ei bestreichen, mit Salz und Kümmel oder Käse bestreuen.

12. Gefüllte Käse-Windbeutel

Kleine Windbeutel mit Fleischsalat oder einer Gervaiscreme oder mit Meerrettich abgeschmeckter Schlagsahne füllen. Mit Paprika überpudern.

13. Schinken im Schlafrock

1/4 kg Schinken · 2 Eier · 4 Eßlöffel Mehl · 1/16 l Milch · Salz · Backfett

Eigelb mit Mehl, Milch und Salz verquirlen, den steifen Eischnee unterziehen, nicht zu dünne Scheiben von Schinken oder Geräuchertem darin wenden und in heißem Fett auf beiden Seiten schön backen. – Beigabe: Sauerkraut, Salat.

14. Käseschiffchen

120 g Mehl · 60 g Butter oder Margarine · 1 Ei · Salz – Fülle: 2 Gervais 60 g Butter

Aus den angegebenen Zutaten einen Mürbteig bereiten, ausrollen und in Schiffchen- oder Torteletteformen backen. Schaumig gerührte Butter mit feinverrührtem Gervais oder Camembertkäse mischen. Diese Käsemasse in die ausgekühlten Schiffchen spritzen und gut kaltgestellt servieren.

15. Fleischsalat in Mürbteigschiffchen

120 g Mehl · 60 g Butter oder Margarine · 1 Ei · Salz Fülle: 200 g Fleischsalat

Aus den angegebenen Zutaten einen Mürbteig bereiten, ausrollen und in Schiffchen- oder Torteletteformen backen. Die ausgekühlten Schiffchen kurz vor Tisch mit Fleischsalat füllen.

16. Schweizer Käsekuchen

250 g Mehl · 1/4 Päckchen Backpulver · 100 g Butter oder Margarine · 1 Ei Salz · 3 Eßlöffel Sauerrahm oder Sauermilch – Fülle: 1/8 l Sauerrahm · 40 g Mehl · 3 Eier · 125 g Schweizer Käse · Salz

Mehl mit Backpulver mischen, mit Butter oder Margarine abbröseln, Ei, Salz, Rahm zugeben, rasch zu einem glatten Teig kneten und diesen in eine Springform geben. Mit Fülle bestreichen und den Kuchen bei Mittelhitze goldgelb backen. – Fülle: Mehl mit Rahm glattrühren, die Eier, geriebenen Käse und Salz zugeben und am Feuer zu einer dicklichen Creme schlagen.

17. Haferflocken-Käsegebäck

150 g Haferflocken · 50 g Mehl · 80 g Butter oder Margarine · 1 Ei · 2 Eßlöffel Wasser · 50 g geriebener Schweizer Käse · Salz · 1 Teelöffel Backpulver

Die kleingewiegten Haferflocken mit Mehl, Backpulver und Salz aufs Brett geben. Mit der kleingeschnittenen Butter oder Margarine leicht abbröseln, dann das mit Wasser verquirlte Ei zugeben, ebenso den geriebenen Schweizer Käse und alles mitsammen zu einem glatten Teig kneten. Diesen messerrückendick ausrollen, zu gleichmäßigen Quadraten rädeln oder mit Keksformen ausstechen, auf das befettete Blech legen und bei guter Hitze goldgelb backen.

18. Käserollen

250 g Mehl · 125 g Butter oder Margarine · 1 Eßlöffel Milch oder Wasser 1 Eßlöffel Essig oder Sauerrahm · Salz — Fülle: 60 g Butter · 125 g Schweizer Käse · 2 Eigelb

Aus den angegebenen Zutaten einen Mürbteig bereiten, ausrollen, zu Quadraten von ungefähr 10 cm Seitenlänge rädeln. Diese Teigstücke mit Käsefülle bestreichen, aufrollen, an den Enden gut zusammendrücken. Die Röllchen bei guter Hitze goldgelb backen. — Fülle: Schaumiggerührte Butter mit geriebenem Käse und Eigelb vermischen.

19. Käsekugeln

100 g Butter · 100 g Roquefort-Käse · geriebener Pumpernickel

Schaumiggerührte Butter mit feinzerdrücktem Roquefortkäse mischen, mit 2 in kaltes Wasser getauchten Butterbrettchen kleine Kugeln formen und diese in Pumpernickelbrösel wenden. Man richtet sie abwechselnd mit Butterkugeln auf einer Käseplatte an.

FÜR DIE KINDERGESELLSCHAFT

20. Schildkröten

4 glatte Semmeln · 12 kleine Wiener Würstchen · etwas Butter

Glatte Semmeln mit einem Kochlöffelstiel zweimal der Breite nach und einmal der Länge nach durchbohren. In die entstandenen Höhlungen etwas Butter geben. Die Würstchen quer durchschneiden und so in die Löcher der Semmel stecken, daß sie wie die Beine, der Kopf und der Schwanz der Schildkröte aussehen. Die Oberseite der Semmel mit dem Messer noch zu kleinen Quadraten einkerben und mit Butter bestreichen. Die „Schildkröten" auf das Blech legen und kurze Zeit im Rohr überbacken.

21. Gurkenschiffchen

4 Gewürzgurken · 125 g Fleischsalat · 8 kleine Salzletten · etwas Brot und Butter

Gleichmäßig geformte Gewürzgurken abflachen, damit sie gut stehen, halbieren und die Schiffchen vorsichtig aushöhlen. Mit Fleischsalat füllen. Eine Viertel-Zwiebelscheibe durch eine Salzlette stecken, als Segel in den Fleischsalat stellen. Aus Tomaten eine Fahne schneiden und ebenfalls hineinstecken.

Kuchen und Zwieback

Darunter versteht man im allgemeinen Gebäck, das in einer hohen Form z. B. Napfkuchenform, Gugelhupfform, Kranzkuchenform, Kastenform und dgl. gebacken wird. Der Teig dafür ist meist ein Rührteig, eine Sandmasse, eine Biskuitmasse oder ein feiner Hefeteig. Die Zusammensetzung und die weiteren Zutaten für die einzelnen Kuchen sind dann sehr verschieden. Für Rührkuchen und Sandmassen ist die Verwendung einer Küchenmaschine sehr zeitsparend. Die Eier werden in diesem Falle nie getrennt. Die durchschnittliche Backzeit für Kuchen in solchen Formen beträgt 1 Stunde bei Mittelhitze (180 Grad), das Stürzen muß vorsichtig geschehen, da die Kuchen im warmen Zustand noch sehr brüchig sind.

1. Englischer Kuchen

200 g Butter oder Margarine · 200 g Zucker · Schale einer $^1/_2$ Zitrone 3 Eigelb · 100 g Mehl · 100 g Stärkemehl · 2 Eßlöffel Rum · 3 Eischnee

Butter mit Zucker und Eigelb schaumigrühren, feingewiegte Zitronenschale, Mehl, Stärkemehl, Rum und den Eischnee unterrühren. Die Masse in eine befettete, bemehlte oder mit befettetem Pergamentpapier ausgelegte Kastenform füllen und 1 Stunde bei Mittelhitze (180 Grad) backen.

250 g Butter oder Margarine · 250 g Zucker · 4 Eigelb · 250 g Mehl · 50 g Zitronat · 100 g Sultaninen · 100 g Korinthen · 2 Eßlöffel Rum · 4 Eischnee

Butter mit Zucker und Eigelb schaumigrühren, Mehl, feingehacktes Zitronat, in Rum aufgequollene Sultaninen und Korinthen, Mehl und Eischnee zugeben. Die Masse in eine mit befettetem Pergamentpapier ausgelegte Kastenform füllen und 1 Stunde bei Mittelhitze (180 Grad) backen.

2. Gesundheitskuchen

I. Große Masse

250 g Butter oder Margarine · 200 g Zucker · 7 Eier · $^1/_2$ kg Mehl · $^1/_2$ Backpulver · $^1/_4$ l Milch · Schale $^1/_2$ Zitrone

II. Für kleine Form

100 g Butter oder Margarine · 100 g Zucker · 2 Eier · 250 g Mehl · $^1/_4$ Päckchen Backpulver · $^1/_2$ Tasse Milch · 30 g Weinbeeren · Schale $^1/_2$ Zitrone

III.

50 g Butter · 50 g Butterschmalz · 100 g Zucker · 4 Eier · 250 g Mehl · Schale $^1/_2$ Zitrone · $^1/_8$ l Milch · $^1/_4$ Backpulver

Mit der schaumig gerührten Butter oder Margarine rührt man den Zucker noch einige Zeit, gibt nacheinander die Eier dazu, das Mehl mit Backpulver vermischt, die Milch und die abgeriebene Zitronenschale. Man rührt die Masse gut durch, füllt sie in eine befettete, mit Bröseln ausgestreute Gugelhupfform und bäckt sie bei Mittelhitze 1$^1/_4$ bis 1$^1/_2$ Stunden. Nach dem Backen löst man den Kuchen von der Form, stürzt ihn aber erst nach dem Auskühlen.

3. Marmorkuchen

I. Große Masse

250 g Butter oder Margarine · 250 g Zucker · Zitronenschale oder Vanillin 6 Eier · 500 g Mehl · $^1/_2$ Backpulver · $^1/_4$ l Milch · 50 g Kakao

II. Für kleine Form

100 g Butter oder Margarine · 200 g Zucker · 2 Eigelb · Zitronenschale 200 g Mehl · 100 g Stärkemehl · 2 Eischnee · $^1/_4$ Päckchen Backpulver · $^1/_8$ l Milch · 40 g Kakao · 40 g Zucker

Mit der schaumig gerührten Butter oder Margarine rührt man den Zucker, gibt die Eigelb dazu, nach Wahl die Gewürze, das mit Mehl vermischte Backpulver, die Milch und zuletzt den steifgeschlagenen Eierschnee. Vor dem Einfüllen teilt man die Masse und färbt die eine Hälfte mit Kakao. Die Kuchenform wird mit Fett und Bröseln vorbereitet, dann gibt man abwechselnd einen Löffel helle und einen Löffel dunkle Masse hinein. Bei der zweiten Lage versetzt man die Farben. — Beim Backen laufen die beiden Massen marmoriert ineinander, daher der Name Marmorkuchen. Man bäckt ihn bei Mittelhitze (180 Grad) 1 Stunde.

4. Königskuchen

250 g Butter • 250 g Zucker • 4 Eier • 1 Messerspitze Salz • 300 g Mehl 100 g Stärkemehl • 1 Teelöffel Backpulver • 4 Eßlöffel Rum • 40 g feingeschnittenes Zitronat • 200 g Sultaninen • einige abgezogene bittere Mandeln oder Bittermandelaroma.

Butter und Zucker schaumig rühren. Nach und nach abwechselnd die ganzen Eier, das Salz, gesiebtes Mehl, Stärkemehl und Backpulver dazugeben. Zuletzt Rum, Zitronat, Sultaninen und die geriebenen Mandeln unterziehen. Den Teig in eine befettete, mit Bröseln ausgestreute Königskuchenform füllen und 1 Stunde bei Mittelhitze (180 Grad) backen.

5. Dauerkuchen

12 Eier • ½ kg Butter oder Margarine • ½ kg Zucker • 375 g Weizenmehl 125 g Stärkemehl • 90 g geschälte Mandeln • 30 g geschälte bittere Mandeln 250 g Weinbeeren oder Sultaninen • 60 g Zitronat • wenig Zitronenschale ½ Backpulver

Mit der schaumig gerührten Butter oder Margarine rührt man den Zucker, gibt abwechselnd Eigelb und Mehl mit Backpulver vermischt dazu, dann die geriebenen Mandeln, die gereinigten, trockenen Weinbeeren oder Sultaninen, das gewiegte Zitronat und die Zitronenschale. Zuletzt hebt man den steifgeschlagenen Eierschnee ein, füllt die Masse in eine befettete, mit Bröseln ausgestreute Kastenform und bäckt bei mäßiger Hitze (175 Grad) 1¼ bis 1½ Stunden.

6. Katharinenkuchen

250 g Butter oder Margarine • 200 g Zucker • 6 Eigelb • 65 g Zitronat • 65 g abgezogene Mandeln • 1 Teelöffel Rum • 190 g Mehl • 65 g Stärkemehl 2 gestrichene Teelöffel Backpulver • 6 Eischnee

Mandeln abziehen und reiben. Zitronat in kleine Würfelchen schneiden, Mehl, Stärkemehl und Backpulver mischen und sieben. Butter oder Margarine mit Zucker und Eigelb mindestens 30 Minuten schaumig rühren. Dann Zitronat, Mandeln, Rum, das mit Backpulver gemischte Mehl und Stärkemehl und den Eischnee zugeben. Die Masse in eine befettete, bemehlte Kastenform füllen und 1 Stunde bei Mittelhitze backen. Nach dem Erkalten mit Schokoladenglasur überziehen.

7. Napfkuchen mit Quark

125 g Butter oder Margarine • 125 g Quark • 200 g Zucker • 3 Eigelb Schale ½ Zitrone • 300 g Mehl • 100 g Stärkemehl • 1 Päckchen Backpulver ½ Tasse Milch • 100 g Sultaninen • einige Tropfen Bittermandelaroma 3 Eischnee

Butter oder Margarine mit passiertem Quark, Eigelb, feingewiegter Zitronenschale und Zucker schaumig rühren, das mit Backpulver gemischte Mehl und Stärkemehl, die kalte Milch, die gewaschenen, bemehlten Sultaninen einrühren und den steifen Eischnee unterziehen. Die Masse in eine befettete, bemehlte Gugelhupfform füllen und 1 Stunde bei mäßiger Hitze backen. Bei Elektro- oder Gasherd in den nicht vorgeheizten Ofen einschieben. Den vorsichtig aus der Form gestürzten Kuchen mit Puderzucker bestreuen.

8. Frankfurter Kranz

100 g Butter oder Margarine • 150 g Zucker • 3 Eier • Schale einer halben Zitrone • 150 g Mehl • 50 g Stärkemehl • 2 Teelöffel Backpulver — Fülle: gemischte Buttercreme von ½ l Milch und 250 g Butter — Krokant: 10 g Butter • 50 g Zucker • 100 g abgezogene Mandeln oder Haselnüsse

Butter oder Margarine mit Zucker, ganzen Eiern und feingehackter Zitronenschale schaumig rühren, das gesiebte, mit Backpulver gemischte Mehl und Stärkemehl zugeben. Die Masse in eine befettete, bemehlte Randform füllen und eine Stunde bei schwacher Mittelhitze (175 Grad) backen. Stürzen, erkaltet zweimal durchschneiden, mit der Buttercreme füllen und außen bestreichen, dann mit gehacktem Krokant bestreuen. — Zur Creme von ½ l Milch mit 1 Päckchen Puddingpulver einen Pudding kochen. Abgekühlt mit 250 g schaumig gerührter, mit 100 g Zucker gemischter Butter löffelweise mischen. Zum Krokant in einer Stielpfanne den Zucker mit Butter goldbraun und flüssig werden lassen, die gehackten Mandeln darin umwenden, auf einem beölten Teller erkalten lassen und feinhacken.

9. Rehrücken

150 g Butter oder Margarine • 150 g Zucker • 6 Eier • 150 g Mandeln • 150 g Schokolade • 50 g Mehl • 1 Teelöffel Backpulver • Schokoladenglasur • 50 g Mandeln zum Spicken

Butter oder Margarine mit Zucker und Eigelb schaumig rühren, mit der Schale geriebene Mandeln, geriebene Schokolade, Mehl, Backpulver und Eischnee zugeben. Die Masse in eine befettete, bemehlte Rehrückenform füllen und 1 Stunde bei Mittelhitze (180 Grad) backen. Gestürzt mit Schokoladenglasur überziehen und mit abgezogenen in Stiftchen geschnittenen Mandeln spicken.

10. Baumkuchenstreifen

250 g Butter oder Margarine • 250 g Zucker • 5 Eigelb • Zitronenschale 125 g Mehl • 125 g Stärkemehl • 1 Eßlöffel Rum • 50 g abgezogene, gehackte Mandeln • 5 Eiweiß — Guß: 200 g Puderzucker • 1 gehäufter Eßlöffel Kakao 3 Eßlöffel heißes Wasser • 1 kleines Stückchen Palmin

Butter oder Margarine mit Zucker schaumig rühren. Nach und nach die Eigelb und die feingewiegte Zitronenschale zugeben, 30 Minuten weiterrühren. Rum und Mandeln unter die Masse geben. Mehl und Stärkemehl sieben und unter den Teig rühren. Zuletzt den steifgeschlagenen Eischnee unterziehen. Eine Kastenform ausfetten und eine dünne Teigschicht darin goldgelb backen. Danach nur mit Oberhitze weiterbacken. Mit einem breiten Messer oder einem Löffel die nächste Schicht auftragen, garbacken, eine neue Teigschicht darübergeben und ebenfalls garbacken. So fortfahren, bis die Teigmasse verbraucht ist. Ein Baumkuchenstreifen soll aus 16 bis 18 Schichten bestehen. Den aus der Form gestürzten Kuchen mit Puderzucker bestreuen oder mit Schokoladenglasur überziehen. — Zur Glasur gesiebten Puderzucker und Kakao mit einem kleinen Stückchen Palmin und heißem Wasser zu einem cremigen Guß rühren.

11. Bremer Klöben

125 g Butter oder Margarine • 90 g Zucker • 1/2 kg Mehl • 1 Päckchen Backpulver • 1 Eßlöffel Anis • 1/4 l Milch • etwas Salz • Eigelb • Hagelzucker

Die Butter oder Margarine schneidet man in das Mehl ein, bröselt sie gut ab, mischt Zucker, Backpulver, Anis und Salz dazu. Man macht in der Mitte ein Grübchen, gießt Milch hinein und vermischt alles vorsichtig mit dem Messer, ehe man den Teig knetet. Man formt einen Stollen, bestreicht den Klöben mit Eigelb und streut Hagelzucker darauf. Man bäckt am befetteten Blech bei mäßiger Hitze 1 Stunde.

12. Amsterdamer Kuchen

125 g Butterschmalz • 125 g Butter • 280 g Zucker • 5 Eier • 3 Eßlöffel Arrak 1 Päckchen Vanillezucker • 140 g Weizenmehl • 140 g Stärkemehl

Butterschmalz und Butter rührt man 45 Minuten, gibt den Zucker dazu, dann unter beständigem Rühren abwechselnd 1 Eigelb und 1 Eßlöffel Stärkemehl mit Weizenmehl, Arrak und Vanillin. Zuletzt hebt man den steifgeschlagenen Eierschnee ein, füllt die Masse in eine befettete, mit Bröseln ausgestreute Springform und bäckt den Kuchen bei mäßiger Hitze 1 bis 1¼ Stunden. Der Kuchen darf erst am zweiten Tage angeschnitten werden. Er hält sich 8 Tage frisch und ist vorzüglich zu Wein.

13. Geburtstagskaffeekuchen

250 g Butter oder Margarine • 250 g Zucker • 8 Eier • 250 g Weizenmehl 250 g Stärkemehl • 1/2 Päckchen Backpulver • knapp 1/8 l Milch • Schale von 1 Zitrone • 100 g Weinbeeren • 100 g Sultaninen

Zu der schaumig gerührten Butter oder Margarine rührt man den Zucker, gibt nacheinander die Eigelb und das mit Backpulver vermischte Mehl dazu. Dann siebt man das Stärkemehl ein und gibt die abgeriebene Zitronenschale, Milch, Weinbeeren und Sultaninen in den Teig. Zuletzt hebt man den steifgeschlagenen Eierschnee ein, füllt die Masse in eine befettete, mit Bröseln ausgestreute Springform und bäckt sie bei mäßiger Hitze (175 Grad) 1 bis 1¼ Stunden.

14. Kaffeekuchen

125 g Butter oder Margarine · 250 g Zucker · 4 Eier · ½ kg Mehl · ⅛ l Bohnenkaffee · 100 g Weinbeeren · 1 Kaffeelöffel Zimt · 1 Messerspitze Nelken · ½ Backpulver

Mit der schaumig gerührten Butter oder Margarine rührt man den Zucker, gibt abwechselnd Eigelb und das Mehl mit Backpulver vermischt dazu, den kalten Kaffee, Weinbeeren und die Gewürze. Dann hebt man den steifen Eierschnee unter, füllt die Masse in eine befettete, mit Bröseln bestreute Form und bäckt den Kuchen bei Mittelhitze (180 Grad) 1 Stunde.

15. Biskuit-Gugelhupf

5 Eier · 250 g Zucker · 150 g Mehl · 100 g Stärkemehl · 1 Teelöffel Backpulver · Schale einer Zitrone · 50 g Butter oder Margarine · einige Mandeln

Ganze Eier mit Zucker sehr schaumig schlagen, mit Backpulver gemischtes Mehl und Stärkemehl und die flüssige lauwarme Butter zugeben. Eine Gugelhupfform gut ausfetten, mit Bröseln ausstreuen, den Boden davon mit geschälten, halbierten Mandeln belegen. Die Masse einfüllen, 1 Stunde bei Mittelhitze (180 Grad) backen, gestürzt mit dünner Zitronen-Puderzuckerglasur überziehen und mit gehackten Pistazien bestreuen.

16. Nußkuchen mit Guß

200 g Butter · 200 g Zucker · 1 Vanillezucker · 5 Eier · 200 g geriebene Haselnüsse · 150 g Mehl · ½ Päckchen Backpulver

Guß: 60 g Puderzucker · 75 g geriebene Schokolade · 1½ Eßlöffel kaltes Wasser · 60 g Butter

Butter mit Zucker schaumig rühren, die ganzen Eier zugeben und weiter schaumig rühren. Dann die geriebenen Nüsse und das mit Backpulver gemischte Mehl einrühren. Die Masse in eine vorbereitete Kasten- oder Rehrückenform füllen, 60 Minuten bei Mittelhitze (175—195 Grad) backen, vorsichtig stürzen.

Für den Guß Puderzucker und Schokolade mit kaltem Wasser anrühren, nach und nach mit nicht ganz flüssiger Butter glatt rühren, sofort auf den noch heißen Kuchen streichen.

17. Bischofsbrot

5 Eier · 5 Eier schwer Zucker · 5 Eier schwer Mehl · 70 g Weinbeeren · 70 g Sultaninen · 30 g abgezogene Mandeln · 40 g Zitronat · Schokoladenguß

Eier und Zucker werden 45 Minuten gerührt, dann gibt man das Mehl, die gereinigten Weinbeeren und Sultaninen, die länglich geschnittenen Mandeln und das feingewiegte Zitronat dazu. Nachdem man alles gut vermengt hat, füllt man den Teig in eine befettete, mit Bröseln übersiebte Kastenform und bäckt bei mäßiger Hitze (175 Grad) 1 bis 1¼ Stunden. Nach dem Erkalten kann man den Kuchen mit Schokoladenguß überziehen.

18. Gewürzkuchen

5 Eier · 150 g Zucker · 150 g Mehl · 50 g Mandeln · 50 g Zitronat · 50 g Orangeat · Schale ½ Zitrone · 1 Teelöffel Zimt · 1 Messerspitze Nelken

Eigelb und Zucker werden schaumig geschlagen, mit den feingemahlenen, ungeschälten Mandeln, dem gewiegten Zitronat und Orangeat, der abgeriebenen Zitronenschale, Zimt, Nelken und dem Mehl glattverrührt. Zuletzt hebt man den steifen Eierschnee darunter und bäckt den Kuchen in einer gut befetteten Form 1 bis 1¼ Stunden bei mäßiger Hitze (175 Grad).

19. Kakaokuchen

125 g Butter oder Margarine · 300 g Zucker · 4 Eier · 80 g Kakao · 1 Teelöffel Zimt · 1 Messerspitze Nelken · 500 g Mehl · ½ Päckchen Backpulver ⅛ l Milch

Mit der schaumig gerührten Butter oder Margarine rührt man noch einige Zeit den Zucker und das Eigelb. Gibt abwechselnd die Gewürze und das mit Backpulver vermischte Mehl, den Kakao und die Milch zu. Zuletzt hebt man den steifen Eischnee unter, füllt die Masse in eine befettete, bemehlte Form und bäckt 1 Stunde bei Mittelhitze. Statt Kakao kann man 100 g geschnittene Schokolade einmengen.

20. Grießkuchen

125 g Butter oder Margarine · 200 g Zucker · 2 Eier · Schale ½ Zitrone einige Tropfen Bittermandelaroma · 125 g feinen Weizengrieß · etwa ¼ l Milch · 375 g Weizenmehl · 1 Päckchen Backpulver

Zur schaumig gerührten Butter oder Margarine mischt man Zucker, Eigelb, abgeriebene Zitronenschale, Bittermandelaroma, Grieß, Milch und das mit Backpulver vermischte Mehl. Man hebt den Eischnee unter und bäckt den Kuchen 1 Stunde bei Mittelhitze.

21. Weißer Mandelkuchen

100 g Mehl · 100 g Stärkemehl · 3 Teelöffel Backpulver · 200 g Zucker · 1 Päckchen Vanillezucker · 100 g Butter oder Margarine · ½ Tasse Milch · 125 g abgezogene, geriebene Mandeln · 3 Eiweiß — Guß: 2 Tassen Puderzucker 50 g geschmolzene Butter · 2 Teelöffel Sahne oder Kondensmilch · 1 Teelöffel heißes Wasser · etwas Vanillezucker · etwas Rum

Gesiebtes Mehl, Stärkemehl und Backpulver zusammen mit dem Zucker, dem Vanillezucker, der flüssigen Butter oder Margarine und der Milch in einer Schüssel zu einem Teig anrühren. Die geriebenen Mandeln zugeben und zum Schluß den steifen Eischnee unterziehen. Die Masse in eine kleine befettete Springform geben, bei Mittelhitze (180 Grad) 45 Minuten backen. Zum Guß den gesiebten Puderzucker mit flüssiger Butter, Sahne, heißem Wasser, Vanillezucker und dem Rum verrühren. Auf dem Wasserbad rühren, bis der Guß streichfähig ist und dann den Kuchen damit überziehen. Mit zurückbehaltenen Mandeln verzieren.

22. Biskuitkuchen mit Mandeln und Sultaninen

3 Eiweiß · 150 g Zucker · 3 Eigelb · 100 g Mehl oder 50 g Mehl und 50 g Stärkemehl · 100 g Mandeln · 100 g Sultaninen

Eiweiß zu steifem Schnee schlagen, den Zucker nach und nach einschlagen, das Mehl, die abgezogenen, länglich geschnittenen Mandeln und die gewaschenen, abgetrockneten, bemehlten Sultaninen zugeben. Die Masse in eine befettete, bemehlte Kastenform füllen und 45 Minuten bei Mittelhitze backen.

23. Palminkekstorte mit Kaffee

250 g Palmin · 2 Eier · 2 Tassen Zucker · 1 Tasse Kakao · 1 Eßlöffel Neskaffee · 20 rechteckige Kekse

Palmin langsam schmelzen lassen. Eier und Zucker schaumig rühren, Kakao vorsichtig unterrühren. Das Kaffeepulver dazugeben. Nach und nach Palmin unterrühren. In eine Kastenform abwechselnd 1 Schicht Schokoladenmasse und 1 Schicht nebeneinandergelegter Kekse füllen. Erkalten lassen, stürzen und in fingerdicke Scheiben schneiden.

24. Kindermehlkuchen

1 Paket Kindermehl · 1 Tasse Milch · 2 Eier · 1/2 Päckchen Backpulver

Das Mehl rührt man mit kalter Milch an, schlägt die Eigelb dazu, mischt das Backpulver und zuletzt den steifen Eischnee darunter. In einer befetteten, mit Bröseln bestreuten Kastenform bäckt man den Kuchen 1 Stunde bei mäßiger Hitze.

25. Lukullus

3 Eier · 250 g Zucker · 80 g Kakao · 250 g Kokosfett · 1 Eßlöffel Vanillezucker · 1 Paket Tortenkeks

Das Kokosfett läßt man im Wasserbad flüssig werden (ja nicht zu heiß). Inzwischen rührt man Zucker, Kakao und Eier gut ab, mischt das Kokosfett und Vanillezucker gut darunter und rührt an der Herdseite die Masse etwas warm. Nun kleidet man eine Kastenform mit Pergament aus, füllt ein

Drittel der Masse hinein, bedeckt mit Keks, gibt das zweite Drittel Schokoladenmasse darüber, füllt wieder Keks darauf und deckt schließlich mit Masse zu. Die Speise wird über Nacht kalt gestellt, am nächsten Tag gestürzt, das Papier heruntergelöst und der Lukullus in Scheiben geteilt.

26. Schokoladenbiskuit

4 Eier · 150 g Zucker · 50 g Schokolade · 150 g Mehl · ¹/₂ Teelöffel Backpulver · Schokoladenglasur · Schokoladetrüffel zum Bestreuen

Die Eigelb rührt man mit dem Zucker sehr schaumig, gibt die geriebene Schokolade, das Mehl und Backpulver dazu und hebt zuletzt den steifgeschlagenen Eierschnee leicht darunter. In einer befetteten, ausgebröselten Rehrückenform bäckt man den Kuchen 45 Minuten bis 1 Stunde bei mäßiger Hitze. — Erkaltet, wird er mit Schokoladenglasur überzogen und mit Schokoladetrüffel bestreut.

27. Zwieback

Zwieback ist soviel als zweimal gebacken. Am Tage nach dem Backen schneidet man mit einem scharfen Messer den Kuchen oder Stollen in feine Scheiben, legt diese auf ein sauberes Blech und läßt bei leichter Hitze bähen.

28. Hefezwieback

¹/₂ kg Mehl · 30 g Hefe · Milch · 2 Eier · 150 g Butter oder Margarine · 60 g Zucker · 1 gestrichener Kaffeelöffel Salz · Vanillezucker oder Zimt

Ist das Dämpfl im Mehl gut aufgegangen, mischt man Zucker, Salz, Eier und die Butter sowie lauwarme Milch dazu und schlägt den Teig sehr fein ab. Man gibt ihn in eine gut befettete Kastenform, läßt ihn zugedeckt in der Wärme aufgehen und bäckt ihn bei mäßiger Hitze. Noch am gleichen Tag, sofort nach dem Auskühlen, schneidet man kleinfingerdicke Scheiben, siebt Vanille- oder Zimtzucker auf jede Schnitte, legt, d. h. türmt sie aufeinander und beschwert sie leicht mit einem Teller oder Brettchen, damit der Zucker gut eindringen kann. Am nächsten Tag bäht man sie hellgelb.

29. Eischneezwieback

5 Eiweiß · 90 g Zucker · 1 Päckchen Vanillezucker · 80 g Mehl · 30 g Butter

Eiweiß zu steifem Schnee schlagen, nach und nach den Zucker einschlagen, Vanillezucker, Mehl und lauwarme, zerlassene Butter leicht einrühren. Die Masse in eine befettete, bemehlte Kastenform füllen. Nach dem vollständigen Erkalten in dünne Scheiben schneiden, in Puderzucker, der mit Vanillezucker gemischt wurde, wenden, auf ein sauberes, unbefettetes Blech legen und im wenig heißen Rohr bähen.

30. Anisbrot

2 Eier · 4 Eigelb · 140 g Zucker · 140 g Mehl · 5 g Anis

Ganze Eier, Eigelb und Zucker 30 Minuten schaumig schlagen, gesiebtes Mehl und Anis zugeben. In eine befettete, bemehlte Kastenform füllen, 45 Minuten bei mäßiger Hitze backen. Erkaltet in dünne Scheiben schneiden, evtl. bähen.

31. Aniszwieback

Das Anisbrot wird am Tag nach dem Backen in fingerdicke Scheiben geschnitten, auf ein sauberes Backblech gelegt und bei ganz gelinder Wärme im Rohr gebäht.

32. Kufsteiner Vanillezwieback

5 Eier · 250 g Zucker · 300 g Mehl · 2 Päckchen Vanillezucker

Das Eiweiß schlägt man zu steifem Schnee, schlägt den Zucker mit Vanillin ein, zieht die Eigelb durch und rührt das Mehl leicht unter. Man füllt die Masse in eine befettete, mit Mehl übersiebte Kastenform und bäckt sie bei mäßiger Hitze 1 bis 1¼ Stunden. Man kann den Kuchen am nächsten Tag dünn aufschneiden und hellgelb bähen.

33. Vanille- und Gewürzzwieback

3 Eier · 100 g Zucker · 100 g Mehl · 1 Messerspitze Backpulver · 2 Vanillezucker oder 1 Kaffeelöffel Zimt

Eier und Zucker schlägt man über Dunst, bis die Masse anfängt zu steigen, schlägt sie wieder kalt, mischt nach Wahl die Geschmackzutaten und Mehl mit Backpulver gemischt bei. Man bäckt bei Mittelhitze in einer mit Fett und Mehl oder Bröseln vorbereiteten Kastenform 30—45 Minuten bei 180 Grad. Am nächsten Tag teilt man den Kuchen mit scharfem Messer und bäht bei schwacher Hitze im Rohr.

34. Sandzwieback

6 Eier · 180 g Zucker · 60 g Butter · 180 g Mehl · 1 Teelöffel Backpulver Zitronenschale

Eier und Zucker schlägt man sehr schaumig, gibt die flüssige Butter lauwarm dazu, dann das mit Backpulver vermischte Mehl und Zitronenschale. Man füllt die Masse in eine gut befettete Kastenform und bäckt bei mäßiger Hitze 45 Minuten bis 1 Stunde bei 180 Grad. Am nächsten Tag schneidet man den Kuchen fein auf und bäht in hellgelb.

35. Biskuitzwieback

4 Eier · 200 g Zucker · 250 g Mehl · 2 Teelöffel Backpulver

Ganze Eier mit Zucker mit dem Schneebesen sehr schaumig schlagen, dann das mit dem Backpulver gemischte Mehl zugeben, in eine befettete, bemehlte Kastenform füllen, ³/₄ Stunde bei Mittelhitze (180 Grad) backen. Am nächsten Tag zu halbzentimeterdicken Scheiben schneiden, evtl. in Puderzucker, der mit Vanillezucker gemischt wurde, wenden, auf das trockene Blech legen und bei schwacher Hitze (125 Grad) im Rohr bähen.

3 Eier · 100 g Zucker · 100 g Mehl · Schale einer Zitrone · 1 Messerspitze Backpulver

Gleiche Zubereitung wie im vorstehenden Rezept. — Die Backzeit beträgt nur 30 Minuten, das Biskuit wird meist in sehr dünne Scheiben geschnitten und dann gebäht.

36. Makronenzwieback

Man streicht auf fertiggeschnittenen Biskuitzwieback eine Makronenmasse auf, übersiebt mit Puderzucker und bäckt ohne Unterhitze zu schöner Farbe.

37. Mandelbrot

2 Eier · 180 g Zucker · 200 g Mehl · 1 kleinen Kaffeelöffel Zimt · 1 Messerspitze Nelken · 100 g geschälte Mandeln

Eier und Zucker rührt man schaumig, gibt Zimt und Nelkengewürz, die länglich geschnittenen Mandeln und das Mehl dazu, formt am mehlbestaubten Brett einen länglichen Wecken und bäckt ihn 1 Stunde bei mäßiger Hitze. Noch warm, schneidet man das Brot in dünne Scheiben.

38. Mandelschnitten

Den Stollen der vorstehenden Teigmasse vor dem Backen mit geschälten, geschnittenen Mandeln bestreuen. Nach dem Erkalten in dünne Scheiben schneiden.

39. Mandelzwieback

Vorstehende Mandelschnitten auf ein sauberes Backblech legen und bei schwacher Hitze im Rohr bähen.

40. Quarkblechkuchen

Mürbteig:
375 g Mehl · 4 Teelöffel Backpulver · 80 g Zucker · 2 Eier · 4 Eßlöffel Milch 100 g Butter oder Margarine

Hefeteig:

375 g Mehl · 20 g Hefe · 60 g Butter, Margarine oder Fett · 60 g Zucker 1 Ei · 1 Teelöffel Salz · Zitronenschale · 1/8 l Milch

Belag:

100 g Butter oder Margarine · 200 g Zucker · Schale einer Zitrone · 2 Eier 1 Päckchen Puddingpulver · 1 kg Quark · 100 g Sultaninen

Aus den angegebenen Zutaten einen gehackten Mürbteig oder einen Hefeteig bereiten. 2/3 davon ausrollen und auf ein befettetes Blech legen, an den Wänden hochdrücken. Zum Belag Butter mit Zucker und Eigelb schaumig rühren, passierten Quark, Puddingpulver, Zitronenschale, Sultaninen und Eischnee zugeben. Die Masse gleichmäßig auf den Teig streichen. Den restlichen Teig als dünnes Deckblatt darübergeben, mit verquirltem Ei bestreichen, mit etwas Zucker bestreuen, 30 Minuten bei guter Hitze (200 Grad) backen. Auf dem Kuchengitter abkühlen lassen.

41. Mohnkuchen

200 g Butter oder Margarine · 250 g Zucker · 2 Eier · 375 g Mehl · 125 g Stärkemehl · 1 Päckchen Backpulver · 1/4 l Milch · 250 g gemahlenen Mohn 20 g Sultaninen · 50 g Zucker · 1 Eßlöffel Rum

Butter oder Margarine mit Zucker und ganzen Eiern schaumig rühren, dann das mit Backpulver gemischte, gesiebte Mehl und Stärkemehl und die kalte Milch unterrühren. Die Hälfte der Masse in eine befettete, mit Mehl ausgestreute große Springform geben. Den restlichen Teil mit dem gemahlenen Mohn, den Sultaninen, etwas Zucker und dem Rum mischen und auf die helle Masse geben. Den Kuchen 1 Stunde bei Mittelhitze backen. Vorsichtig aus der Form lösen, auf einem Kuchengitter abkühlen lassen, mit Puderzucker bestreuen oder mit dünner Zitronenglasur überziehen.

42. Quarkkuchen

200 g Mehl · 1 Teelöffel Backpulver · 100 g Butter oder Margarine · 100 g Zucker · 1 Ei · 1 Eßlöffel Milch · Zitronenschale

Belag:

125 g Butter oder Margarine · 3 Eier · 180 g Zucker · Schale einer Zitrone 750 g Quark · 1 Päckchen Puddingpulver · 1/8 l Sauerrahm · 125 g Sultaninen

Aus den angegebenen Zutaten einen gehackten Mürbteig bereiten, Boden und Rand einer Springform damit belegen und bei Mittelhitze halbgar backen. Für den Belag Butter mit Zucker und Eigelb schaumig rühren, feingehackte Zitronenschale, passierten Quark, Stärkemehl, Sauerrahm, Sultaninen und Eischnee zugeben. Auf den vorgebackenen Boden geben, schön glattstreichen, mit zurückbehaltenem Ei bestreichen, bei mäßiger Hitze (175 Grad) 60 Minuten backen.

Obstkuchen

Obstkuchen immer möglichst frisch verwenden, da die Teige leicht durchfeuchten und das Obst schnell unansehnlich wird. Je nach der Jahreszeit belegt man die Obstkuchen mit frischem oder eingemachtem Obst. Je nach der Art des Kuchens bäckt man das Obst mit oder belegt die fertigen Kuchen damit. Belegt man den Kuchenboden, besonders Mürbteig, mit sehr saftreichen Früchten, streut man immer erst etwas Semmel- oder Zwiebackbrösel darauf oder belegt den Teig mit Backoblaten.

Als Boden für Obstkuchen ist am ausgiebigsten und billigsten der Hefeteig. Mit einem Teig von ³/₄ kg Mehl kann man 2 Bleche belegen.

Hefeblätterteig, Hefemürbteig und Mürbteig in verschiedenster Zusammensetzung sind ebenfalls für Obstkuchen sehr geeignet. Man bäckt die Obstkuchen entweder auf dem Blech, in einer Springform mit aufgelegtem Rand oder in ausgesprochenen Obstkuchenformen. Sehr hübsch sieht es immer aus, wenn man von den angegebenen Eiern ein Eiweiß zurückbehält, dieses steifschlägt, 70 g Zucker einschlägt und damit den fertiggebackenen Obstkuchen nett spritzt und dann noch kurz überbäckt. Macht man Mürbteigkuchen mit nach dem Backen aufgelegtem rohen oder gedünsteten Obst und will man vermeiden, daß der Boden durchfeuchtet, streicht man etwas Marmelade oder mit Stärkemehl gedickten Kompottsaft auf und belegt noch heiß mit dem Obst.

Rührteig ist ebenfalls für Obstkuchen sehr gut geeignet. Das rohe oder vorgedünstete Obst wird hier fast immer auf den ungebackenen Kuchen gelegt und mitgebacken. Bei sehr saftreichem Obst bestreicht man den Teig vor dem Belegen noch mit flüssigem Fett. Rührteigkuchen mit Obst schmecken besonders gut, wenn sie nach dem Backen mit verdünnter, heißer Marmelade oder mit Puderzuckerglasur bestrichen werden.

Biskuitteig ist ebenfalls für Obstkuchen geeignet. Man nimmt ihn für versunkene Obstkuchen oder bäckt in einer Obstkuchenform einen Tortenboden.

Zum Überziehen der Obstkuchen kann man einen der fertigen Tortengüsse kaufen und darübergießen oder etwas Obstsaft mit Gelatine eindicken und den Kuchen damit überglänzen. Die einfachste Art ist, in 1/4 l gesüßten Obstsaft 20 g (1 gehäufter Eßlöffel) kalt angerührtes Stärkemehl einzukochen und diese cremeartige Flüssigkeit sofort heiß über den fertigen Kuchen zu gießen.

Außer den Obstkuchen, die man in der Springform oder auf dem Blech bäckt, bereitet man vielfach die versunkenen Obstkuchen. Hauptsächlich Kirschkuchen werden so gemacht. Die Zubereitung richtet sich hier immer genau nach dem jeweiligen Rezept.

Feuchte Obstkuchen bäckt man günstig auf dem mit befettetem Pergamentpapier oder Alufolie belegten Springformboden oder ebenso belegten Backblech.

1. Obstkuchen mit Hefeteig

Als Boden für Obstkuchen ist Hefeteig sehr gut geeignet. Er feuchtet nicht leicht durch, schmeckt gut und ist ausgiebig. Den Boden macht man dünn. Nach Belieben kann man das Obst auch mit einer Teigdecke überdeckt bakken. Diese Art Kuchen sind dann besonders saftig. Für eine Tortenform benötigt man Teig von 150—200 g Mehl. Zum Belegen eines Backbleches ist ein Teig von 375 g Mehl erforderlich. Für gedeckte Kuchen etwas mehr. Zum Belegen braucht man 1/2 bis 1 1/2 kg Obst. Die Backzeit ist 30—45 Minuten bei Mittelhitze (180—200 Grad). Hefeblätterteig und Hefemürbteig ist für Obstkuchenböden ebenfalls sehr geeignet. Das Obst wird meist auf den fertig gebackenen Boden gelegt.

2. Obstkuchen mit Mürbteig

Man kann dafür entweder gerührten Mürbteig oder gehackten Mürbteig verwenden. Welches Mürbteigrezept man wählt, bleibt dem persönlichen Geschmack überlassen. Mürbteigkuchen kann man mit oder ohne Obst backen. Bäckt man das Obst mit, so bestreut man den Teig mit Bröseln oder belegt ihn, besonders bei nassem Obst, gern mit Backoblaten. Diese saugen die Flüssigkeit auf und verhindern, daß der Kuchenboden zu sehr durchfeuchtet und dadurch das Aufgehen beeinträchtigt wird. Hat man sehr feuchtes Obst, ist es besser, den Kuchenboden halbfertig gebacken mit dem Obst zu belegen und fertigzubacken oder den fertiggebackenen Kuchen mit dem Obst zu belegen. Backzeit 30—45 Minuten bei Mittelhitze (180 Grad). Mit Mürbteig kann man auch große und Portionsobstkuchenformen auslegen und backen. Die gestürzten Formen belegt man mit rohem (Beerenfrüchte) oder eingemachtem Obst. Auf den Boden des Kuchens gießt man zweckmäßig erst etwas mit Stärkemehl gedickten Obstsaft und legt sofort das Obst darauf. Beim Essen haftet das Obst dann besser auf dem Teigboden. Mürbteigkuchen mit Obst werden meist mit Schlagsahne gespritzt oder solche dazu serviert.

3. Obstkuchen mit Rührteig

Obstkuchen mit Rührteig können in der Tortenform, in der Obstkuchenform und auf dem Blech gebacken werden. Das Obst kann beim Backen in der Tortenform und auf dem Blech vor dem Backen aufgelegt und mitgebacken werden. Böden, die in der Obstkuchenform gebacken sind, werden nach dem Backen und Stürzen belegt. Rührteige, die man mit dem Obst bäckt, macht man nicht zu weich, da das Obst sonst zu tief einsinkt. Bei den beliebten versunkenen Obstkuchen wird das Obst immer vor dem Backen aufgelegt. Die Backzeit ist 45 Minuten bis 1 Stunde bei Mittelhitze (180 Grad).

Rührkuchenteig für eine kleine Tortenform oder Obstkuchenform:

75 g Butter oder Margarine · 75 g Zucker · 1 Vanillezucker · 2 Eier · 150 g Mehl · 1 Teelöffel Backpulver · 2 Eßlöffel Milch

Rührkuchenteig für eine mittlere Tortenform (26 cm Durchmesser):

100 g Butter oder Margarine · 150 g Zucker · 1 Vanillezucker · 3 Eier · 150 g Mehl · 50 g Stärkemehl · 2 Teelöffel Backpulver

Rührkuchenteig für eine große Tortenform:

100 g Butter oder Margarine · 150 g Zucker · 1 Vanillezucker · 3 Eier · 200 g Mehl · 50 g Stärkemehl · 2 Teelöffel Backpulver · 2 Eßlöffel Milch

Rührkuchenteig für ein Blech:

100 g Butter oder Margarine · 100 g Zucker · 1 Vanillezucker · 2 Eier · 375 g Mehl · 4 Teelöffel Backpulver · 1/8 l Milch (knapp)

APFELKUCHEN

Mürbe Äpfel schälen, vierteln, das Kernhaus entfernen, mit einer Gabel tief einritzen, so daß das Apfelviertel aufgeblättert erscheint und dadurch beim Backen leichter weich wird. Die Apfelviertel mit der Wölbung nach oben auf den Teig legen, mit etwas Zucker überstreuen und backen.

ZWETSCHGENKUCHEN

Die trockenen Zwetschgen halbieren, entkernen, einschneiden, mit der Hautseite nach unten auf den Kuchen legen oder schräg hineinstecken. Für eine Tortenform 1/2 kg, für ein Blech 1—1 1/2 kg.

JOHANNISBEERKUCHEN

Auf die Rührteigmasse Kuchenbrösel, geriebene Nüsse oder Semmelbrösel streuen, die abgezupften, trockenen Johannisbeeren daraufgeben, 375 g für eine Tortenform, 1 kg für ein Blech. Den Kuchen nach dem Backen stark zuckern.

HEIDELBEERKUCHEN

Gleiche Zubereitung wie Johannisbeerkuchen, nach dem Backen mit Zucker und Zimt bestreuen.

APRIKOSENKUCHEN, PFIRSICHKUCHEN

Vollreife Aprikosen oder Pfirsiche mit kochendem Wasser übergießen, die Haut abziehen, halbieren, entkernen und vierteln. Mit der gewölbten Seite nach unten auf den Kuchen legen, mit Zucker bestreuen und backen.

KIRSCHKUCHEN

Es eignen sich dafür am besten saftige Kirschen. Schwarzkirschen färben den Teig leicht dunkel, besonders wenn die Kirschen vorher entsteint werden. Schöner bleibt der Kuchen, wenn man diese Kirschen nicht entsteint.

4. Versunkene Obstkuchen

Dafür nimmt man meist die sog. Gleichschwer-Kuchen.

Gleichschwer-Kuchen, Rührteigmasse

200 g Butter oder Margarine · 200 g Zucker · 4 ganze Eier · 1 Vanillezucker 200 g Mehl · 1 Teelöffel Backpulver

Butter mit Zucker und ganzen Eiern schaumigrühren. Mit Backpulver gemischtes Mehl einrühren, in die Form füllen, mit Obst belegen, backen. Diese Masse reicht für eine große Tortenform, für eine kleine oder Obstkuchenform genügt die Hälfte. — *Anmerkung:* Nach Belieben kann die Fettmenge auf 125 g reduziert werden.

Gleichschwer-Kuchen, Biskuitmasse

200 g Zucker · 1 Vanillezucker · 4 ganze Eier · 200 g Mehl · 1 Teelöffel Backpulver

Ganze Eier und Zucker schaumig schlagen, mit Backpulver gemischtes Mehl einrühren, in die Form füllen, mit Obst belegen und backen. — *Anmerkung:* In die fertige Biskuitteigmasse kann man ganz zum Schluß noch 50 g flüssige lauwarme Butter oder Margarine einrühren.

Apfelkuchen: Belag ½ kg mürbe Äpfel
Kirschkuchen: Belag ½ kg Kirschen oder Sauerkirschen
Aprikosenkuchen: Belag ½ kg vollreife Aprikosen
Beerenfrüchte oder harte Apfelsorten sind für diesen Kuchen nicht geeignet.

5. Obstkuchen mit Biskuitboden

*3 Eigelb · 150 g Zucker · 1 Eßlöffel Vanillezucker · 75 g Mehl · 75 g Stärkemehl · 3 Teelöffel Backpulver · 3 Eiweiß · 30 g Butter oder Margarine
Belag: 500 g Früchte der Jahreszeit oder eingemachte Früchte · ¼ l Obstsaft 20 g (1 gehäufter Eßlöffel) Stärkemehl — Zum Spritzen: ⅛ l Schlagsahne*

Eigelb mit Zucker und Vanillezucker mit dem Schneebesen schaumig schlagen, dann das mit Backpulver gemischte Mehl und Stärkemehl und den steifen Eischnee, in den man etwas zurückbehaltenen Zucker eingeschlagen hat, zugeben. Zum Schluß die flüssige, lauwarme Butter oder Margarine einrühren. Die Masse in eine befettete, bemehlte Obstkuchen- oder Tortenform füllen und 30 Minuten bei Mittelhitze (180 Grad) backen. Erkaltet mit feiner Marmelade oder mit durch Stärkemehl gedickten Obstsaft bestreichen, sofort mit rohen Beerenfrüchten oder mit in Zuckerwasser gedünsteten oder mit eingemachtem, abgetropftem Obst belegen. Nach Belieben noch einen durchsichtigen Guß darüber machen und mit Schlagsahne spritzen.

6. Obstkuchen mit klarem Überguß

1 gebackener Boden — Belag: 500 g Obst nach Wahl — Guß: ¼ l Obstsaft, gesüßt · 20 g (1 gehäufter Eßlöffel) Stärkemehl oder ¼ l Fruchtsaft und 4 Blatt Gelatine oder 1 Päckchen fertigen Tortenguß

Den gebackenen Teigboden auf eine Tortenplatte legen, mit rohen Beerenfrüchten oder mit in wenig Wasser oder Wein und Zucker gedünstetem, gut abgetropftem, beliebigem Obst belegen. — Von gezuckertem Obstsaft, gezuckertem Zitronenwasser oder gezuckertem Wein einen Stärkemehl- oder Gelatineguß bereiten oder einen fertigen Tortenguß nach der auf jedem Päckchen angegebenen Gebrauchsanweisung zubereiten und über den belegten Kuchen gießen. — Zum *Stärkemehlguß* den gesüßten Obstsaft aufkochen, das kalt angerührte Stärkemehl einkochen und die cremeartige Flüssigkeit sofort heiß über den Kuchen gießen. — Zum *Gelatineguß* löst man die Blattgelatine oder das Gelatinepulver in heißem Fruchtsaft auf und übergießt, wenn diese Masse dicklich zu werden beginnt, damit den belegten Boden. — *Fertigen Tortenguß* bereitet man genau nach der auf dem Päckchen angegebenen Gebrauchsanweisung zu und übergießt dann damit den belegten Kuchen.

7. Obstkuchen mit Rahmguß

Obstkuchen, die man vor dem Backen mit Obst belegt hat, übergießt man gerne nach der halben Backzeit mit einem Guß und bäckt damit fertig.

Rahmguß: 2 Eier • 60 g Zucker • 40 g Stärkemehl • 30 g Butter • ¹/₈ l süße oder saure Sahne

Ganze Eier mit Zucker schaumig rühren, Stärkemehl, flüssige lauwarme Butter und Sahne zugeben.

8. Obstkuchen mit Biskuitguß

1 gebackener Boden — Belag: 750 g Äpfel, Pfirsiche oder Aprikosen • Zucker nach Geschmack — Guß: 3 Eier • 60 g Zucker • 60 g Mehl

Die Früchte mit ganz wenig Wasser weichdünsten, abtropfen lassen und erkaltet auf den gebackenen, mit Marmelade bestrichenen Boden geben. — Zum Guß in den steifen Eischnee löffelweise den Zucker einschlagen, das Eigelb und das Mehl einrühren. Mit dieser Biskuitmasse das Obst überziehen und den Kuchen langsam bei mäßiger Oberhitze backen.

9. Obstkuchen mit Baisermasse

1 gebackener Boden — Belag: 750 g Früchte nach Wahl — Eiweißzuckermasse: 2 Eiweiß • 100 g feiner Zucker

Auf den gebackenen, mit Marmelade bestrichenen Teigboden gedünstete oder eingemachte, sehr gut abgetropfte Früchte legen. Eiweiß zu steifem Schnee schlagen, den Zucker einschlagen, den Kuchen gitterförmig damit spritzen und hellgelb überbacken.

10. Obstkuchen mit Fruchtschnee

1 gebackener Boden — Belag: 500 g Früchte nach Wahl — Fruchtschnee: 2 Eiweiß • 100 g Zucker • 100 g Obstmark oder Marmelade

Den gebackenen Teigboden auf eine Tortenplatte legen, mit gedünstetem oder eingemachtem, gut abgetropftem Obst belegen. Eiweiß mit Zucker und dickem Fruchtmark oder glattgerührter Marmelade zu einer steifen, glänzenden Masse schlagen. Diesen Fruchtschnee auf den mit Obst belegten Boden streichen und den Kuchen so zu Tisch geben oder bei starker Oberhitze noch ganz kurz überbacken. Diesen Kuchen immer erst kurz vor Gebrauch zubereiten und frisch servieren.

11. Obstkuchen mit Schlagsahne

1 gebackener Mürbteig-, Biskuit-, Hefeblätterteig- oder Sandmasseboden — Belag: 500 g Früchte nach Wahl • ¹/₄ l Schlagsahne • 1 Päckchen Vanillezucker

Einen fertigen, dünn mit Marmelade bestrichenen Tortenboden belegt man mit rohen Beerenfrüchten und streut etwas Zucker darüber oder belegt den Boden mit gedünstetem oder eingemachtem, gut abgetropftem Stein- oder Kernobst. Die steifgeschlagene Sahne schmeckt man mit Vanillezucker ab und bespritzt damit den Kuchen.

12. Hefeblechkuchen mit Äpfeln

375 g Mehl · 20 g Hefe · 60 g Margarine, Butter oder Fett · 60 g Zucker 1 Teelöffel Salz · Zitronenschale · 1 Ei · 1/8 l Milch — Belag: 1 kg Äpfel Zucker · Zimt zum Bestreuen

Mehl mit der gegangenen Hefe, weichem Fett, Zucker, Salz, Zitronenschale, nach Belieben Ei, und der lauwarmen Milch zu einem nicht zu festen Hefeteig abschlagen. Diesen nach dem Gehen auf dem befetteten Blech ausrollen und mit der Hand ausziehen. Mit etwas zurückbehaltenem Fett bestreichen und mit den geschälten und in Spalten geschnittenen Äpfeln belegen. — Mit flüssigem Fett betropfen, mit etwas Zucker bestreuen. Den Kuchen noch kurz gehen lassen, dann 30—40 Minuten bei Mittelhitze (180 Grad) im Rohr backen. Noch heiß mit Zucker und Zimt bestreuen oder mit dickgekochtem Zuckerwasser oder heißer, verdünnter Marmelade bestreichen. Auf einem Gitter abkühlen lassen.

13. Gedeckter Apfelkuchen (Hefeteig)

500 g Mehl · 25 g Hefe · 80 g Butter, Margarine oder Fett · 80 g Zucker 1 Teelöffel Salz · Zitronenschale · 1 Ei · 1/4 l Milch — Fülle: 1 kg Äpfel 2 Eßlöffel Zucker · Zimt · 50 g Sultaninen

Zwei Drittel des gegangenen Hefeteiges auf ein befettetes Kuchenblech legen, die vorbereiteten Äpfel daraufgeben, mit etwas flüssiger Butter bestreichen, mit Zucker, Zimt und Sultaninen bestreuen. Den restlichen Hefeteig sehr dünn ausrollen und als Teigplatte über den Kuchen geben. Mit flüssigem Fett, lauwarmer Milch oder milchverrührtem Ei bestreichen und den Kuchen 40 Minuten bei Mittelhitze (180 Grad) backen. — Hat man sehr harte Äpfel, ist es besser, sie vorher kurz anzudünsten. — Statt den Kuchen mit einer geschlossenen Teigplatte zu überdecken, kann man auch den ausgerollten Teig zu Streifen rädeln und als dichtes Gitter über den Kuchen legen. Die Streifen mit verquirltem Ei bestreichen, etwas Zucker darüberstreuen.

14. Zwetschgenkuchen, Zwetschgendatschi

375 g Mehl · 20 g Hefe · 60 g Butter, Margarine oder Fett · 60 g Zucker 1 Teelöffel Salz · Zitronenschale · 1 Ei · 1/8 l Milch — Belag: 1 1/2 kg Zwetschgen · Zucker zum Bestreuen

Mehl mit gegangener Hefe, weichem Fett, Zucker, Zitronenschale, Salz, Ei und lauwarmer Milch zu einem Hefeteig abschlagen, gehen lassen, ein befettetes Kuchenblech damit belegen. Die gewaschenen, abgetrockneten, entsteinten, halbierten Zwetschgen nochmals der Länge nach etwas einschneiden und dicht nebeneinander mit der Schnittfläche nach oben drauflegen. Den Kuchen noch kurz gehen lassen, anschließend bei Mittelhitze 40 Minuten im Rohr backen. Dann gut mit Zucker bestreuen, auf einem Kuchengitter abkühlen lassen.

15. Johannisbeerkuchen (Hefeteig)

375 g Mehl · 20 g Hefe · 60 g Butter, Margarine oder Fett · 60 g Zucker 1 Teelöffel Salz · Zitronenschale · 1 Ei · 1/8 l Milch — Belag: 1 kg Johannisbeeren · Zucker zum Bestreuen

Die gewaschenen, abgezupften, sehr gut abgetropften Johannisbeeren auf den auf das Kuchenblech gelegten, mit Fett bestrichenen Hefeteig dicht aufstreuen, den Kuchen noch kurz gehen lassen, dann bei Mittelhitze (180—200 Grad) 30 Minuten backen. Den Kuchen noch warm mit reichlich Zucker bestreuen, auf einem Kuchengitter abkühlen lassen.

16. Schwarzbeerkuchen (Hefeteig)

375 g Mehl · 20 g Hefe · 60 g Butter, Margarine oder Fett · 60 g Zucker 1 Teelöffel Salz · Zitronenschale · 1 Ei · 1/8 l Milch — Belag: 1 kg Schwarzbeeren · Zucker zum Bestreuen

Das Blech mit dem ausgerollten Hefeteig belegen, mit flüssigem Fett bestreichen, mit den verlesenen, gewaschenen, gut abgetropften Heidelbeeren dicht bestreuen, den Kuchen bei Mittelhitze backen, noch heiß mit Zucker und Zimt bestreuen. Auf dem Kuchengitter abkühlen lassen.

17. Bunter Früchte-Gitterkuchen (Hefeteig)

500 g Mehl · 25 g Hefe · 80 g Butter, Margarine oder Fett · 80 g Zucker 1 Teelöffel Salz · Zitronenschale · 1 Ei · 1/4 l Milch — Apfelbrei: 1/2 kg Äpfel 2 Eßlöffel Wasser · 60 g Zucker · Belegfrüchte

Aus Mehl mit gegangener Hefe, weichem Fett, Zucker, Salz, Zitronenschale, Ei und lauwarmer Milch einen Hefeteig bereiten, gut abschlagen, zugedeckt gehen lassen. Die Äpfel für den Apfelbrei mit Schale und Kernhaus fein aufschnitzeln, mit Wasser und Zucker weichdünsten, dann durch ein Sieb streichen. Zwei Drittel des gegangenen Hefeteiges ausrollen und ein befettetes Backblech damit belegen. Den restlichen Teig rollt man aus und rädelt ihn zu schmalen Streifen. Der Hefeteig wird nun mit dem Apfelbrei bestrichen und die Teigstreifen so darübergelegt, daß man ein gleichmäßiges, ziemlich engmaschiges Gitter erhält. In die Gittermaschen gibt man nun beliebiges frisches Obst, möglichst verschiedener Art. Z. B. halbierte kleine Äpfel, halbe Aprikosen und Pfirsiche, eine aufgeschnittene Zwetschge oder 3 Kompottkirschen oder 3 Weintrauben usw. Nachdem der Teig noch etwas gegangen ist, wird der Kuchen leicht mit Zucker bestreut, die Teigstreifen mit zurückbehaltenem Ei bestrichen und der Kuchen bei Mittelhitze 45 Minuten gebacken. Auf einem Kuchengitter abkühlen lassen, kalt in Stücke schneiden und mit Puderzucker bestreuen.

18. Schwäbischer Johannisbeerkuchen

150 g Mehl · 50 g Stärkemehl · 1 Teelöffel Backpulver · 100 g Butter oder Margarine · 75 g Zucker · Zitronenschale · 2 Eigelb — Belag: 2 Eiweiß 100 g Zucker · 2 Teelöffel Stärkemehl · 500 g abgerebelte, frische, trockene Johannisbeeren

Zum Mürbteig mit Backpulver gemischtes, gesiebtes Mehl und Stärkemehl mit kleingeschnittener Butter oder Margarine abbröseln, Zucker, Zitronenschale und Eigelb zugeben und rasch zu einem Teig kneten. Den ausgerollten Teig in einer Springform mit aufgelegtem Rand oder in einer Obstkuchenform backen. — Zum Belag Eiweiß zu sehr steifem Schnee schlagen, Zucker und Stärkemehl nach und nach einschlagen. In diese steife Eischneemasse die Johannisbeeren leicht einrühren und auf den gebackenen Tortenboden geben. Den Kuchen bei Mittelhitze in 10—15 Minuten fertigbacken.

19. Heidelbeerkuchen

Hefemürbteig: 375 g Mehl · 100 g Butter oder Margarine · Zitronenschale 80 g Zucker · 1 Ei · 20 g Hefe · 4 Eßlöffel Milch — Belag: 1 kg Heidelbeeren 125 g Zucker · 125 g Kuchen-, Zwieback- oder Semmelbrösel · 2 Teelöffel Zimt

Mehl mit kleingeschnittener Butter oder Margarine abbröseln, gewiegte Zitronenschale, Zucker, Ei und die mit kalter Milch angerührte Hefe zugeben. Rasch zu einem Teig kneten. Zwei Drittel des Teiges ausrollen und ein Kuchenblech oder den Boden von 2 befetteten Springformen damit belegen. Brösel mit Zucker und Zimt mischen. Die Hälfte davon auf den Teigboden streuen, die sauber verlesenen, trockenen Heidelbeeren daraufgeben. Die andere Hälfte der Brösel mit Zucker und Zimt darüberstreuen. Von dem restlichen Teig eine Decke darüber machen. Diese mit zurückbehaltenem, verquirltem Ei oder Milch bestreichen. Den Kuchen bei guter Hitze 40 Minuten backen (200 Grad).

20. Umgedrehter Apfelkuchen

80 g Butter oder Margarine · 120 g Zucker · Zitronenschale · 2 ganze Eier 100 g Stärkemehl · 80 g Mehl · 3 Teelöffel Backpulver · ¹/₂ Tasse Milch (knapp) · 750 g Äpfel · 50 g Walnüsse · 90 g Zucker

Den Boden einer Springform mit befettetem Pergamentpapier oder Alufolie belegen und die geschälten, in Achtel geschnittenen Äpfel und Walnüsse daraufgeben. Mit 90 g Zucker überstreuen. Dann die Butter oder Margarine mit Zucker und Zitronenschale schaumig rühren, nach und nach abwechselnd löffelweise mit Backpulver gemischtes Mehl und Stärkemehl, die ganzen Eier und Milch zugeben. Den gut verrührten Teig über die Äpfel füllen und den Kuchen bei Mittelhitze 50 Minuten backen. 10 Minuten abkühlen lassen, dann den Rand der Springform lösen, den Kuchen umdrehen, das Tortenblech und Papier vom Kuchen entfernen, abgekühlt mit etwas Puderzucker überstreuen.

21. Feiner Weichselkuchen

140 g Butter · 140 g Zucker · 4 Eigelb · 1 Ei · Saft und Schale ¹/₂ Zitrone 80 g Mandeln · 40 g Brösel · 4 Eischnee 40 g Mehl · Oblaten · ¹/₂ kg Weichseln (saure Kirschen)

Butter mit Zucker, Eigelb und Ei schaumigrühren, den Saft und die feingehackte Zitrone, geschälte, geriebene Mandeln, Brösel, den Eischnee und das Mehl zugeben. Die Hälfte der Masse in eine bemehlte Tortenform geben, dann mit Backoblaten überdecken und auf diese die entkernten Weichseln legen. Den Rest des Teiges darübergeben, den Kuchen 45 Minuten bei Mittelhitze backen, mit Puderzucker bestreuen.

22. Brombeerkuchen

Hefeteig aus 375 g Mehl · 20 g Butterschmalz · 20 g Brösel — Belag: 1¹/₂ kg Brombeeren · Zucker und Zimt

Den ausgerollten Hefeteig auf ein vorbereitetes Kuchenblech geben, Rand hochdrücken. Den Teig mit flüssigem Butterschmalz bestreichen, mit Bröseln bestreuen, dann die sehr reifen Brombeeren daraufgeben, den Kuchen bei mäßiger Hitze 30 Minuten im Rohr backen. Noch warm mit Zucker und Zimt bestreuen. Auf einem Kuchengitter abkühlen.

23. Aprikosengateau

100 g Butter oder Margarine · 2 Eier · 200 g Zucker · 5 Eßlöffel Milch · 300 g Mehl · ¹/₂ Päckchen Backpulver — Belag: ³/₄ kg Aprikosen · ¹/₄ l Wasser 100 g Zucker

Butter oder Margarine mit Eiern und Zucker schaumig rühren, mit Backpulver vermischtes Mehl und Milch zugeben. Den Teig auf ein befettetes Blech streichen, mit halbierten, in Zuckerwasser gedünsteten Aprikosen belegen, backen, mit dem eingekochten Saft übergießen und in Schnitten teilen.

24. Verkehrter Zwetschgenkuchen

250 g Mehl · 1 Teelöffel Backpulver · 80 g Butter oder Margarine · 60 g Zucker Zitronenschale · 1 Ei · 2 Eßlöffel Sauerrahm oder Milch · 1 kg Zwetschgen

Aus den angegebenen Zutaten einen gehackten Mürbeteig bereiten. Die entsteinten Zwetschgen halbieren. Ein geschlossenes Blech mit Aluminiumfolie auslegen, mit den Zwetschgen belegen, Hautseite nach unten, den Teig in der Form des Bleches ausrollen und als Decke auf die Zwetschgen legen. Bei Mittelhitze (180 Grad) 40 Minuten backen. Den Kuchen sofort nach dem Backen auf ein entsprechend großes Brett stürzen, die Aluminiumfolie abziehen und die Zwetschgen stark zuckern. So zubereitet bleiben Saft und Aroma der Früchte gut erhalten und der Kuchenteig wird nicht durchsaftet.

25. Schwedischer Apfelkuchen

160 g Mehl · 100 g Butter · 50 g Zucker · 2 Eigelb · 50 g Mandeln · Zitronenschale · 30 g Marmelade — Belag: ³/₄ kg Äpfel · 100 g Zucker · Saft und Schale ¹/₂ Zitrone · ¹/₄ l Wasser — Baisermasse: 2 Eiweiß · 140 g Zucker

Butter mit Mehl abbröseln, mit Zucker, Eigelb, feingehackter Zitronenschale und geschälten, geriebenen Mandeln auf dem Brett zu einem Teig kneten. Ausrollen, den Boden einer befetteten, bemehlten Springform damit belegen, von dem restlichen Teig eine Rolle formen und um den am Rande mit Eiweiß bestrichenen Kuchen als Rand herumlegen. Den Kuchen mit Eiweiß bestreichen und im Rohr hellgelb backen. Dann den Kuchen mit erwärmter Marmelade bestreichen und geschälten, halbierten, in gesponnenem Zucker mit Zitronenscheiben gedünsteten Äpfeln belegen. Den Kuchen mit Baisermasse bespritzen und so lange ins Rohr stellen, bis er leicht hellgelb ist. Zur Baisermasse Eiweiß zu steifem Schnee schlagen, ¹/₃ des Zuckers einschlagen, ²/₃ leicht einrühren.

26. Rhabarberkuchen mit Schlagsahne

1 gebackener Mürbteigboden — Belag: 750 g Rhabarber · 200 g Zucker 1 Eßlöffel Arrak oder Rum · 100 g geriebene Nüsse — Zum Spritzen: ¹/₄ l Schlagsahne · 1 Päckchen Vanillezucker

Abgezogenen Rhabarber in kleine Würfel schneiden, mit Zucker bestreut Saft ziehen lassen, dann im eigenen Saft zu einem sehr dicken Brei kochen. Abgekühlt mit Arrak oder Rum abschmecken und die geriebenen Nüsse untermischen. Den Mürbteigboden auf eine Tortenplatte legen, mit feinen Bröseln oder geriebenen Nüssen bestreuen, den Rhabarberbrei aufstreichen und von geschlagener, gesüßter Sahne ein Gitter darüber spritzen.

27. Bayrischer Apfelkuchen

125 g Butter oder Margarine · 125 g Zucker · 2 Eier · 150 g Mehl · 50 g Stärkemehl · 2 Teelöffel Backpulver · Schale ¹/₂ Zitrone — Belag: 500 g Äpfel · 50 g Walnüsse · Zucker zum Bestreuen

Butter oder Margarine mit Zucker und 1 Ei schaumig rühren, dann abwechselnd das mit Backpulver gemischte Mehl und Stärkemehl und das zweite Ei einrühren. Den Teig in eine befettete Springform füllen, mit eingeschnittenen Apfelhälften belegen, die gewölbte Seite nach oben. Den Kuchen in das Rohr stellen, nach 10 Minuten die ausgelösten, halbierten Walnüsse darauflegen, ebenfalls mit der gewölbten Seite nach oben. Den Kuchen in 30 Minuten bei 180 Grad fertigbacken, mit Puderzucker bestreuen.

28. Apfelkuchen mit Makronenguß

Teig: 250 g Mehl · 1 Teelöffel Backpulver · 125 g Butter oder Margarine Vanillezucker · Zitronenschale · 80 g Zucker · 1 Ei — Belag: ³/₄ kg Äpfel 60 g Zucker · 1 Zitrone · 1 Eßlöffel Arrak oder Rum — Guß: 2 Eiweiß 100 g Zucker · 100 g Mandeln oder 80 g Kokosflocken

Aus den angegebenen Zutaten bäckt man in einer Springform einen Kuchenboden mit aufgelegtem Rand. Die kleingeschnitzten Äpfel kocht man mit Zitronensaft und Zitronenschale weich, streicht sie durch ein Sieb, schmeckt mit Zucker ab und gibt Arrak oder Rum dazu. Das dicke, erkaltete Apfelmus streicht man auf den gebackenen Kuchenboden, gibt nachfolgenden Guß darauf, überstreut diesen mit Zucker und bäckt bei mäßiger Oberhitze lichtgelb. Guß: Das Eiweiß zu steifem Schnee schlagen. Nach und nach den Zucker einschlagen, die abgezogenen, geriebenen Mandeln oder die Kokosflocken untermengen.

29. Obstkuchen mit Makronenguß

Auf dieselbe Weise wie im vorhergehenden Rezept kann man den Kuchen mit jedem beliebigen Fruchtbrei bereiten. In allen Fällen muß man nur darauf sehen, daß der Fruchtbrei genau wie das Apfelmus im vorhergehenden Rezept möglichst dick gehalten wird.

30. Umgedrehter Rhabarberkuchen

500 g Rhabarber · 90 g Zucker · 80 g Butter oder Margarine · 160 g Zucker Zitronenschale · 2 Eier · 100 g Stärkemehl · 100 g Mehl · 3 Teelöffel Backpulver · 1/2 Tasse Milch

Abgezogenen, würfelig geschnittenen Rhabarber auf den Boden einer mit Aluminiumfolie belegten Springform geben, 90 g Zucker darüberstreuen und den Rhabarber etwas Saft ziehen lassen. Butter oder Margarine mit Zucker, feingewiegter Zitronenschale und ganzen Eiern schaumig rühren, dann abwechselnd das mit Backpulver gemischte, gesiebte Mehl und Stärkemehl und die Milch zugeben. Den Teig über den Rhabarber füllen und den Kuchen 45 Minuten bei Mittelhitze backen. Den Kuchen 10 Minuten abkühlen lassen, dann den Rand der Springform lösen und den Kuchen umdrehen. Das Tortenblech und die Folie ablösen, den erkalteten Kuchen mit Puderzucker bestreuen.

31. Eigelbkuchen

4 Eigelb · 150 g Zucker · Zitronenschale · 250 g Mehl · 1 Teelöffel Backpulver · 3 Eßlöffel Milch — Zum Belegen: 3/4 kg Obst — Guß: 4 Eiweiß 200 g Zucker

Eigelb und Zucker schaumig rühren. Zitronenschale, das mit Backpulver gemischte Mehl und die kalte Milch zugeben. Die Masse in eine befettete, mit Bröseln ausgestreute Springform geben und den Kuchen bei Mittelhitze 3/4 Stunden backen. Dann mit vorgedünsteten, gut abgetropften Aprikosen, Pfirsichen, Äpfeln oder anderem beliebigen Obst belegen. Das Eiweiß zu steifem Schnee schlagen, den Zucker einschlagen. Diese Masse auf den Kuchen streichen, leicht mit Zucker übersieben und bei mäßiger Oberhitze hellgelb überbacken.

32. Weintraubenkuchen mit Bananen

*200 g Mehl · 120 g Butter oder Margarine · 80 g Zucker · 40 g Mandeln
1 Ei · 100 g Aprikosenmarmelade · 500 g Weintrauben · 2 Bananen · ¹/₄ l
Wasser · 100 g Zucker · 10 g Pistazien*

Aus den angegebenen Zutaten einen Mandel-Mürbteig bereiten. Den Boden und Rand einer Springform damit belegen, hellbraun backen. In Zuckerlösung die abgezupften Weintrauben vorsichtig einige Male aufkochen, die Bananen in dicke Scheiben schneiden und ebenfalls einige Male aufkochen lassen. Den gebackenen Boden dünn mit Aprikosenmarmelade bestreichen, das vorbereitete Obst schön darauflegen, die Aprikosenmarmelade mit etwas Marascino verrühren, das Obst damit dünn überziehen. Abgezogene Mandeln und Pistazien in feine Stiftchen schneiden, auf den Kuchen streuen und einige Minuten im Rohr überbacken.

33. Weintraubenkuchen

200 g Mehl · 100 g Butter oder Margarine · 100 g Zucker · 1 Ei · Zitronenschale · Vanillezucker · 1 Teelöffel Backpulver — Belag: 4 Eier · 125 g Zucker 100 g Mandeln · 100 g Mehl · ¹/₂ kg Weintrauben

Aus den angegebenen Zutaten einen Mürbteig bereiten und davon einen Kuchenboden mit aufgelegtem Rand backen. Zum Belag die Eigelb mit Zucker schaumig schlagen, die abgezogenen, geriebenen Mandeln, das Mehl und den steifen Eischnee einrühren. Die Hälfte der Masse auf den gebackenen Tortenboden streichen, die Weintrauben darauflegen, den Rest der Belagmasse darüberstreichen. Den Kuchen bei mäßiger Hitze (175 Grad) 30 Minuten backen.

34. Feiner brauner Kirschkuchen

140 g Butter · 140 g Zucker · 2 Eigelb · 2 Eier · 80 g Schokolade · 50 g Biskuitbrösel · 150 g Mandeln · 2 Eischnee · ¹/₂ kg Kirschen

Butter mit Zucker, Eigelb und ganzen Eiern schaumig rühren. Geriebene Schokolade, Biskuitbrösel, geriebene, ungeschälte Mandeln und den Eischnee zugeben. Die Masse in eine bemehlte, gefettete Tortenform geben, mit Kirschen belegen und 40 Minuten im Rohr backen. Den Kuchen auf einem Gitter abkühlen lassen, mit Puderzucker bestreuen.

35. Versunkener Kirschkuchen

200 g Butter oder Margarine · 200 g Zucker · 1 Vanillezucker · 4 ganze Eier 100 g Mehl · 100 g Stärkemehl · 1 Teelöffel Backpulver · 500 g Kirschen

Butter mit Zucker und ganzen Eiern schaumig rühren, mit Backpulver gemischtes Mehl zugeben, in eine befettete Tortenform füllen. Die trockenen Kirschen darauflegen, mit etwas Zucker bestreuen, den Kuchen 45 Minuten bei Mittelhitze (180 Grad) backen. Die Fettmenge kann bis auf 125 g reduziert werden.

36. Getränkter Kirschkuchen

140 g Zucker · 4 Eier · Schale einer Zitrone · 125 g Kuchenbrösel · 50 g Butter · ¼ Teelöffel Zimt · 1 Teelöffel Kakao · 50 g Nüsse · ¼ Teelöffel Backpulver · 500 g Kirschen (schwarze, entkernt) · ⅛ l Wasser · 30 g Zucker Zimtrinde · Nelken · 1 Glas Kirschgeist oder Arrak

Die Brösel in Butter rösten, die entsteinten Kirschen in Zuckerwasser mit Zimtrinde und Nelken halbweich kochen und auf einem Sieb abtropfen lassen. Eigelb mit Zucker und gehackter Zitronenschale schaumig rühren. Die gerösteten Brösel, Zimt, Kakao, die geriebenen Nüsse, Backpulver und Eischnee zugeben. Die Masse in eine Tortenform füllen, mit den vorbereiteten Kirschen belegen, bei Mittelhitze (180 Grad) 30 Minuten backen. Aus der Form lösen, auf eine Platte geben. Den Kompottsaft mit Kirschgeist oder Arrak mischen und kochendheiß über den fertigen Kuchen gießen.

37. Feiner Aprikosenkuchen

150 g Butter oder Margarine · 150 g Mehl · 150 g Quark · etwas Salz · 1 kg Aprikosen · 100 g Mandeln · 100 g Zucker

Butter mit Mehl, Quark und Salz rasch zu einem Teig kneten, ausrollen, ein Kuchenblech damit belegen, Brösel darauf streuen. Aprikosen entsteinen, halbieren und in Schnitzel teilen, auf den Teig legen (Hautseite nach unten), Mandelstiftchen und etwas Zucker darüber streuen, 30 Minuten bei mittlerer Hitze backen. Den heißen Kuchen mit Zucker bestreuen, auf einem Kuchengitter abkühlen lassen.

38. Stachelbeerkuchen

200 g Mehl · 1 Teelöffel Backpulver · 100 g Butter oder Margarine · 80 g Zucker · 1 Ei · 1 Eßlöffel Milch — Belag: 500 g Stachelbeeren · 2 Eier 60 g Zucker · 30 g Nüsse · 30 g Stärkemehl · 30 g Butter · ⅛ l Sahne

Aus den angegebenen Zutaten einen Mürbteig bereiten, Boden und Rand einer Springform damit auslegen und hellbraun backen. Die ganzen Eier mit Zucker, geriebenen Nüssen, Stärkemehl, flüssiger Butter und Sahne verquirlen, mit den abgezupften trockenen Stachelbeeren mischen, auf den gebackenen Boden geben und den Kuchen in 20 Minuten bei Mittelhitze (180 Grad) fertig backen. Mit Puderzucker bestreuen.

39. Preiselbeerkuchen

200 g Mehl · 1 Teelöffel Backpulver · 80 g Butter oder Margarine · 50 g Mandeln · 80 g Zucker · 1 Ei · 1 Eßlöffel Milch — Belag: 1 Apfel · 1 Birne 250 g Preiselbeerkompott

Aus den angegebenen Zutaten einen Mürbteig bereiten, mit ²/₃ davon Boden und Rand einer Springform belegen. Äpfel und Birnen in kleine Schnitzel schneiden und im fertigen Preiselbeerkompott weichkochen. Kalt auf den mit einigen Bröseln bestreuten Teigboden geben. Von dem restlichen Teig ein dichtes Gitter über den Kuchen machen, mit zurückbehaltenem Ei bestreichen, mit Mandelstiftchen bestreuen, 40 Minuten bei Mittelhitze (180 Grad) backen.

40. Torte mit Halbäpfeln

200 g Mehl · 1 Teelöffel Backpulver · 80 g Butter oder Margarine · 80 g Zucker · 1 Vanillezucker · 1 Ei · 1 Eßlöffel Milch — Belag: 2 Eßlöffel Himbeerkonfitüre · 50 g Mandeln · 500 g kleine Äpfel · 20 g Butter · 1 Eßlöffel Zucker — Guß: 2 Eier · 30 g Stärkemehl · 50 g Zucker · ¹/₂ Tasse Milch oder Sahne · 50 g Mandeln

Aus den angegebenen Zutaten einen Mürbteig bereiten, Boden und Rand einer Tortenform damit belegen. Mit Himbeerkonfitüre bestreichen, mit geriebenen Mandeln bestreuen. Die Äpfel schälen, halbieren, das Kernhaus entfernen, an der runden Seite mit einer Gabel oder einem Messer tief fächerförmig einritzen. Auf die vorbereitete Torte legen, mit Butterflöckchen und etwas Zucker bestreuen und 30 Minuten bei Mittelhitze (190 Grad) backen. Dann Eier mit Stärkemehl, Zucker, Milch oder Sahne und geriebenen Mandeln verquirlen, darübergießen und den Kuchen noch 10—15 Minuten backen lassen. Lauwarm servieren.

41. Johannisbeertorte

Mürbteigboden — Belag: 3 Eiweiß · 150 g Zucker · 150 g Mandeln · 1 Eßlöffel Stärkemehl · 250 g Johannisbeeren

Mit dem Mürbteig Boden und Rand einer Springform auslegen und mit geriebenen Mandeln oder Bröseln bestreuen. Eiweiß zu sehr steifem Schnee schlagen, Zucker einschlagen, Stärkemehl, abgezogene geriebene Mandeln und die trockenen Johannisbeeren vorsichtig einrühren. Auf den Mürbteigboden geben, glattstreichen, mit etwas Puderzucker übersieben und die Torte 60 Minuten bei 175 Grad backen. — Die Torte kann auch mit beliebigem anderen Obst auf dieselbe Weise bereitet werden.

42. Orangentorte

75 g Butter oder Margarine · 75 g Zucker · 1 Vanillezucker · 2 Eier · 150 g Mehl · 1 Teelöffel Backpulver · 2 Eßlöffel Milch — Belag: ¹/₄ l Orangensaft 2 Eigelb · 1 Eßlöffel Stärkemehl · 80 g Zucker · 2 Blatt farblose Gelatine 2 Eischnee · 3 gute Orangen

Butter mit Zucker und ganzen Eiern schaumig rühren, mit Backpulver gemischtes Mehl und Milch zugeben. Die Masse in einer gut befetteten, mit Bröseln ausgestreuten Obstkuchenform 30 Minuten bei 180 Grad backen.

Stürzen, auf einem Kuchengitter abkühlen lassen, auf eine Tortenplatte legen. Orangensaft mit Eigelb, Stärkemehl und Zucker auf dem Feuer oder über Dampf dicklich schlagen, aufgelöste Gelatine und etwas abgekühlt den Eischnee zugeben. Die Creme auf den Tortenboden gießen. Die Orangen schälen, alles Weiße entfernen, quer zu den Spalten in Scheiben schneiden und jede Scheibe vierteln. Die so vorbereiteten Orangen auf die noch etwas warme Creme schön auflegen. Sie müssen auf der Creme haften, dürfen aber nicht einsinken.

43. Erdbeertorte

3 Eigelb · 150 g Zucker · 1 Vanillezucker · 75 g Mehl · 75 g Stärkemehl 1 Teelöffel Backpulver · 3 Eiweiß · 30 g Butter oder Margarine — Gelee: 1/8 l Weißwein · 50 g Zucker · 1 Eßlöffel Stärkemehl · 1 Blatt rote Gelatine 500 g Erdbeeren · 1/8 l Schlagsahne · 1 Vanillezucker

Eigelb mit Zucker schaumig rühren, abwechselnd mit Backpulver gemischtes Mehl, Stärkemehl und Eischnee zugeben, zum Schluß die flüssige Butter einrühren. Die Masse in einer befetteten, mit Bröseln ausgestreuten Obstkuchenform 25 Minuten bei Mittelhitze (180 Grad) backen, auf ein Kuchengitter stürzen, abgekühlt auf eine Tortenplatte legen. Wein oder gewässerten Zitronensaft mit Zucker und Stärkemehl aufkochen, die aufgelöste Gelatine zugeben, heiß auf den Tortenboden gießen und sofort mit den ganzen Erdbeeren oder den halbierten großen Ananaserdbeeren belegen. Sie müssen etwas in den Guß einsinken. Vor dem Anrichten die Torte mit geschlagener vanillierter Schlagsahne spritzen. Die Torte könnte man nach dem Belegen noch mit einem fertigen Tortenguß glasieren.

44. Himbeertorte

75 g Butter oder Margarine · 75 g Zucker · 1 Vanillezucker · 2 Eigelb · 150 g Mehl · 2 Teelöffel Backpulver · 4 Eßlöffel Milch — Belag: 2 Eiweiß · 140 g Zucker · 250 g Himbeeren

Aus den angegebenen Zutaten einen weichen Rührteig bereiten, in einer befetteten, mit Bröseln ausgestreuten Obstkuchenform backen, stürzen, auf ein Tortenblech legen. Eiweiß zu sehr steifem Schnee schlagen, den Zucker langsam nach und nach einschlagen, die trockenen Himbeeren einrühren. Diese Masse auf den gebackenen Tortenboden geben, 12—15 Minuten bei 200 Grad überbacken. Frisch servieren.

Dessertgebäck

1. Äpfel im Schlafrock (Blätterteig)

Blätterteig: Butterteig: 250 g Butter oder Margarine · 60 g Mehl — Strudelteig: 180 g Mehl · 2 Eßlöffel Essig · 8 Eßlöffel kaltes Wasser — Fülle: 12 kleine Äpfel · ¼ l Wasser · 80 g Zucker · Saft ½ Zitrone · 100 g Marmelade. Zum Bestreichen: 1 Ei · Puderzucker zum Bestreuen oder Puderzuckerglasur zum Bestreichen

Zum Butterteig Butter oder Margarine und Mehl rasch zu einem rechteckigen Stück (Butterziegel) verarbeiten und kühl stellen. Zum Strudelteig Mehl mit Essig und Wasser zu einem glatten, nicht zu festen Teig seidenglatt abkneten.

Den Strudelteig zu einem Rechteck ausrollen, den Butterziegel in der Mitte darauflegen, den Strudelteig wie zu einem Paket darüberschlagen. Das Ganze nochmals vorsichtig zu einem Rechteck ausrollen, wieder zusammenschlagen, den Teig kühl stellen. Das Ausrollen und Zusammenschlagen noch zweimal wiederholen. Die geschälten Äpfel mit dem Apfelbohrer vom Kernhaus befreien, in Zuckerwasser mit Zitronensaft vorsichtig weichdünsten, auf einem Sieb abtropfen lassen, dann die Höhlung der Äpfel mit Marmelade füllen.

Den Blätterteig ½ cm dick ausrollen, zu 10 cm großen Quadraten rädeln, auf jedes Quadrat einen vorbereiteten Apfel legen, die Ecken der Quadrate über den Apfel schlagen und mit einer Gewürznelke oder einer abgezogenen, geschnittenen Mandel feststecken. Die so vorbereiteten Äpfel auf ein unbestrichenes Blech setzen, mit verquirltem Ei bestreichen, bei Mittelhitze goldgelb backen. Nach dem Erkalten mit Puderzucker bestreuen oder vorsichtig mit dünner Puderzuckerglasur bestreichen.

Äpfel mit Schlafrock können auch mit Tiefkühlblätterteig, Quarkblätterteig, Hefeblätterteig, Mürbteig oder gutem Hefeteig auf dieselbe Weise zubereitet werden.

2. Cremeschnitten

Blätterteig von 250 g Butter und 250 g Mehl — Creme: $1/2$ l Milch · 1 Päckchen Puddingpulver · 2 Eigelb · 60 g Zucker · 60 g Butter · 3 Blatt farblose Gelatine · 2 Eischnee · 2 Päckchen Vanillezucker · 2 Eßlöffel Aprikosenmarmelade · 100 g Puderzucker · 2 Eßlöffel Zitronensaft

Selbstbereiteten oder gekauften Blätterteig zu langen, 8 cm breiten Streifen schneiden und auf einem kalt abgespülten Blech bei guter Hitze (225 Grad) 15—20 Minuten backen. Aus den angegebenen Zutaten einen Pudding kochen, noch warm die Butter, die aufgelöste Gelatine und den Eischnee zugeben. Den Blätterteigstreifen, der den Boden bildet, auf Pergamentpapier legen, die warme Creme daraufgeben, das Deckblatt darauflegen. Das Pergamentpapier an beiden Seiten hochheben, so daß die hoch eingefüllte Creme nicht herauslaufen kann und außerdem der Abschluß an den Seiten schön glatt wird. Nach dem Erkalten das Deckblatt vorsichtig mit glattgerührter, mit etwas Rum abgeschmeckter Marmelade bestreichen und darüber die aus Puderzucker und Zitronensaft bereitete dünne Glasur geben. Zum Portionieren wird das Deckblatt für die einzelnen Schnitten mit der Schere durchgeschnitten, die Creme und der Boden dann mit dem Messer. Als Creme kann man auch feine geschlagene Vanillecreme, mit Schlagsahne gemischt, verwenden.

3. Holländer Kirschschnitten

Blätterteig von 250 g Butter und 250 g Mehl — Fülle: $1/4$ l Wasser · 150 g Zucker · 500 g Kirschen · 4 Blatt rote Gelatine · $1/2$ l Schlagsahne · 50 g Zucker · $1/2$ Glas Kirschwasser · 4 Blatt farblose Gelatine · Johannisbeergelee · Zitronenglasur

Selbstbereiteten oder fertig gekauften Blätterteig zu 2 Streifen von 12 cm Breite schneiden und auf dem Blech backen. Wasser und Zucker zu Sirup kochen und die entsteinten Sauerkirschen darin gardünsten. Die eingeweichte rote Gelatine zugeben. Den einen der Blätterteigstreifen mit diesem Kirschgelee, wenn es beginnt, dicklich zu werden, bestreichen. Die steifgeschlagene Sahne mit der aufgelösten, lauwarmen farblosen Gelatine, Kirschwasser und Zucker verrühren. Diese Schlagsahnecreme auf den mit den Kirschen belegten Streifen streichen. Den zweiten Teigstreifen auf der Unterseite mit glattgerührtem Johannisbeergelee bestreichen und mit dünner

Zitronen-Puderzucker-Glasur überziehen. In Portionsstücke schneiden, auf die mit Schlagsahne bestrichenen Streifen legen. Jedes Stück mit einer kandierten Kirsche belegen, mit zurückbehaltener Sahne spritzen, mit einem scharfen Messer in schöne Portionen schneiden und sehr kalt servieren.

4. Gebäck aus Blätterteig

Selbstbereiteter oder fertig gekaufter Blätterteig kann verschiedenartig zu Gebäck verwendet werden.

SCHAUMROLLEN

Fertig vorbereiteten Blätterteig gut messerrückendick ausrollen, in 3 cm breite und 40 cm lange Streifen rädeln. Diese wickelt man schräg über die in kaltes Wasser getauchten Schaumrollenformen, so daß der Teig immer knapp 1 cm breit aufeinanderliegt. Die Schaumrollen legt man auf ein nasses Blech, bestreicht sie mit verquirltem Ei und bäckt sie bei guter Hitze goldgelb. Sie werden vorsichtig von der Form gelöst, mit Schlagsahne, die man mit Zucker und Vanillezucker abgeschmeckt hat, gefüllt (am besten mit dem Spritzbeutel) und mit Puderzucker bestreut zu Tisch gegeben.

SCHOKOLADENROLLEN

Man bereitet wie im vorhergehenden Rezept Schaumrollen, bestreicht sie jedoch nicht mit verquirltem Ei, sondern überzieht sie dafür nach dem Bakken mit Schokoladenglasur. Vor Gebrauch werden die Rollen mit geschlagener, gesüßter Sahne gefüllt.

BLÄTTERDESSERT

3 mm dick ausgerollten Blätterteig zu beliebigen Formen ausstechen und auf kalt abgespültem Blech backen. Erkaltet die Deckblätter mit dünner Punschglasur bestreichen. Auf die Blätter, die den Boden bilden, gesüßte Sahne geben und das Deckblatt daraufsetzen.

BLÄTTERSCHNITTEN

Fertigen Blätterteig zu einem Rechteck ausrollen, 4mal gegen die Mitte zusammenschlagen, so daß man einen langen Streifen bekommt. Dieser wird in 2 cm breite Stücke geschnitten, diese mit der Schnittkante auf das kalt gespülte Blech gestellt und hellgelb gebacken.

KLEINGEBÄCK

Den fertigen Blätterteig wie zu Cremeschnitten ungefähr $1/2$ cm dick ausrollen. Dann zu Rechtecken oder Quadraten schneiden, mit Marmelade füllen und zu Täschchen, Hörnchen, Hahnenkämmen, Windrädchen, Brillen

(Schweinsohren) fertigmachen. Das Gebäck auf das kalt abgespülte Blech legen, vorsichtig mit gut verquirltem Ei bestreichen, bei guter Hitze backen, mit Puderzucker bestreuen oder abgekühlt mit dünner Punschglasur bestreichen.

Wie Hahnenkämme, Windrädchen und Brillen (Schweinsohren) gemacht werden, bitte bei Hefegebäck nachzulesen.

TEEBLÄTTER

Reste von Blätterteig zu dicken Scheiben ausstechen, auf Zucker oval ausrollen, auf einem trocknen Blech backen. Nach Belieben je 2 Blätter mit Creme oder Schlagsahne zusammensetzen.

5. Biskuitroulade

3 Eigelb · 6 Eßlöffel warmes Wasser · 150 g Zucker · 1 Vanillezucker · 150 g Mehl · 1 gestrichener Teelöffel Backpulver · 3 Eischnee · 250 g Marmelade zum Füllen

4 Eigelb · 4 Eßlöffel warmes Wasser · 125 g Zucker · 1 Vanillezucker ; 125 g Mehl · 1/2 Teelöffel Backpulver · 4 Eischnee · 250 g Marmelade zum Füllen

Eigelb, Zucker, Vanillezucker und warmes Wasser in einer Schüssel mit dem Schneebesen schaumigschlagen. Dann das mit Backpulver gemischte Mehl und den steifen Eischnee, in den man etwas zurückbehaltenen Zucker eingeschlagen hat, untermengen. Die Masse auf ein mit befettetem, bemehltem Pergamentpapier belegtes Blech ungefähr 1 cm hoch daraufgeben und 8 bis 10 Minuten bei guter Hitze (200 bis 220 Grad) backen. Dann das Biskuit auf ein mit Zucker bestreutes Brett stürzen, mit glattgerührter Marmelade bestreichen, sofort dicht aufrollen. Auf der Naht stehend erkalten lassen. Zum Anrichten in schräge Scheiben schneiden.

6. Baumstamm

Biskuitteig wie Nr. 5 — Creme: 250 g Butter · 100 g Schokolade oder 30 g Kakao · 125 g Zucker · 1 Ei · 1 Eßlöffel Rum

Wie vorstehend eine Biskuitroulade backen. Nach dem Backen sofort auf ein feuchtes Tuch stürzen, das Papier von dem Teig abziehen, das Biskuit mit dem Tuch zusammen einrollen. Oder auf das Biskuit ein beiderseitig beöltes Pergamentpapier legen und darüber aufrollen. Nach dem Erkalten wieder zurückrollen, Tuch oder Papier entfernen. Die Roulade mit der Schokoladencreme bestreichen, dicht aufrollen. Außen ebenfalls mit Creme bestreichen, mit der Gabel eine Verzierung einritzen, mit grobgehackten Nüssen, kleinen Konfektpilzen und dgl. verzieren. Die schräg abgeschnittenen Enden der Roulade kann man als Äste aufsetzen.

7. Erdbeer-Sahne-Roulade

Biskuitteig wie Nr. 5 • ¼ l Schlagsahne • 2 Vanillezucker • 250 g Erdbeeren

Eine Biskuitroulade backen, über beöltem Papier oder einem feuchten Tuch aufrollen, nach dem Erkalten wieder zurückrollen. Mit steifgeschlagener, mit Vanille gewürzter Schlagsahne bestreichen. Mit Erdbeeren oder in Würfel geschnittenen Ananas-Erdbeeren bestreuen, aufrollen, mit Schlagsahne bestreichen und eventuell spritzen. Mit zurückbehaltenen Erdbeeren verzieren. Zu schrägen Scheiben aufschneiden.

8. Ananas-Roulade

Zubereitung wie Erdbeer-Sahne-Roulade, nur verwendet man zum Füllen und Verzieren eingemachte, in kleine Stückchen geschnittene Ananas. Die fertige Roulade noch mit gehackten Pistazien bestreuen.

9. Biskuitschnitten

Einen Biskuitteig wie Nr. 5 bereiten, auf dem Blech backen, auf ein Brett stürzen, halbieren. Den Boden mit etwas Rum oder Fruchtsaft beträufeln. Mit geschlagener, gesüßter Sahne, einer Vanillecreme wie zu Cremeschnitten Nr. 2 oder einer Mokkacreme wie zu Eclairs Nr. 15 bestreichen. Das Deckblatt daraufsetzen, mit zurückbehaltener Creme oder Schlagsahne bestreichen, spritzen und verzieren. Sehr gut schmecken die Schnitten mit Schlagsahne, als Erdbeer- oder Ananasschnitten fertiggemacht. Oder auch mit Schokoladencreme gefüllt, überzogen und mit einer halben Nuß belegt.

10. Mohrenköpfe

Biskuitteig Nr. 5 • ¼ l Schlagsahne • Schokoladenglasur

Fertig zubereiteten Biskuitteig in befettete, bemehlte Mohrenkopfformen oder Spiegeleierpfannen dreiviertel hoch einfüllen. Bei guter Hitze (200 Grad) in 15 Minuten goldgelb backen. Erkaltet aushöhlen, den Boden hoch mit geschlagener, gesüßter Sahne füllen. Das als Deckel vorgesehene, mit Schokoladenglasur überzogene Biskuit daraufsetzen. Man kann auch je 2 ausgehöhlte Mohrenköpfe mit geschlagener, gesüßter Sahne füllen und mit warmer (evtl. fertig gekaufter) Schokoladensauce übergießen.

11. Nußroulade

100 g Zucker • 6 Eigelb • 80 g Nüsse • 20 g Mehl • 6 Eischnee • ¼ l Schlagsahne zum Füllen

Zucker mit Eigelb schaumig rühren, geriebene Nüsse, den steifen Eischnee und Mehl zugeben. 1 cm hoch auf ein mit befettetem, bemehltem Pergamentpapier belegtes Blech streichen, 10–12 Minuten bei guter Hitze (200–220 Grad) backen. Auf ein mit Zucker bestreutes Brett stürzen, über beöltem

Dessertgebäck

Pergamentpapier aufrollen. Erkaltet zurückrollen, mit Schlagsahne füllen, aufgerollt mit Kaffeeglasur oder geschlagener Sahne überziehen, mit halbierten Nüssen belegen.

12. Schokoladenroulade

100 g Zucker • 5 Eigelb • 100 g Schokolade • 80 g Mandeln • 20 g Mehl • 5 Eischnee

Zucker mit Eigelb und geriebene Schokolade schaumigrühren, geriebene Mandeln, Schnee und Mehl zugeben. Den Teig auf befettetes, bemehltes Pergamentpapier streichen, auf dem Blech 10 Minuten bei guter Hitze (200 bis 220 Grad) backen und wie untenstehend fertigmachen.

50 g Zucker • 100 g Schokolade • 6 Eigelb • 6 Eiweiß • 50 g Zucker • 100 g Mandeln • 50 g Butter

50 g Zucker mit geriebener Schokolade und Eigelb sehr schaumig rühren. Eiweiß zu steifem Schnee schlagen, 50 g Zucker nach und nach einschlagen. Diese Eiweiß-Zuckermasse abwechselnd mit den mit der Schale geriebenen Mandeln zur Schaummasse geben. Zum Schluß die zerlassene, lauwarme Butter einrühren. Die Masse auf befettetes, bemehltes Pergamentpapier streichen und auf dem Blech 10 Minuten bei guter Hitze (200—220 Grad) backen. Auf ein mit Zucker bestreutes Brett stürzen, über beöltem Papier aufrollen, nach dem Erkalten zurückrollen, mit Schlagsahne füllen, mit Schokoladenglasur oder Schlagsahne überziehen, zu schrägen Scheiben schneiden.

13. Windbeutel

¼ l Wasser • 1 Prise Salz • 50 g Butter oder Margarine • 150 g Mehl • 4 Eier 1 gestrichener Teelöffel Backpulver — Fülle: ½ l Schlagsahne • 50 g Zucker 2 Päckchen Vanillezucher

Das Mehl auf ein Blatt Papier sieben. Wasser, Salz und Fett aufkochen, vom Feuer nehmen, alles Mehl auf einmal hineinschütten, glattrühren. Dann wieder auf das Feuer stellen und auf schwachem Feuer so lange rühren, bis sich die Masse von Topf und Löffel löst und am Topfboden einen weißen Belag bildet. Vom Feuer nehmen, in ein Schüsselchen geben und in die noch heiße Masse nach und nach die ganzen Eier einrühren. Zum Schluß das Backpulver unterrühren. Die abgekühlte Masse mit 2 Löffeln oder durch den Spritzsack auf ein befettetes Blech geben, in das vorgeheizte Backrohr einschieben und 30 Minuten bei guter Hitze (190 Grad) backen. Die ersten 10 Minuten darf das Rohr nicht geöffnet werden. Von den gut durchgebackenen Windbeuteln noch warm einen Deckel abschneiden, ausgekühlt mit geschlagener, gesüßter Sahne füllen, mit Puderzucker bestreuen.

14. Schwäne

Man bereitet wie vorstehend einen Windbeutelteig und spritzt entsprechend der Anzahl der auf das Blech gesetzten Windbeutel noch 2erähnliche Formen auf das Blech. Die Windbeutel und 2er werden gebacken. Nach dem vollständigen Erkalten füllt man die Windbeutel mit geschlagener, gesüßter Sahne und steckt einen gebackenen 2er hinein. Den Deckel der Windbeutel schneidet man in der Mitte durch und steckt die beiden Hälften so neben den Hals in die Schlagsahne, daß sie wie zwei Flügel aussehen. Die Schwäne werden noch mit Puderzucker übersiebt.

15. Eclairs

1/4 l Wasser · 1 Prise Salz · 50 g Butter oder Margarine · 150 g Mehl · 4 Eier 1 gestrichener Teelöffel Backpulver — Creme: 1/4 l Milch · 1/2 Päckchen Puddingpulver · 50 g Zucker · 1 Eßlöffel Nescafé · 1/4 l Schlagsahne — Glasur: 100 g Puderzucker · 1 Teelöffel Nescafé · 2 Eßlöffel Wasser

Aus den angegebenen Zutaten eine Windbeutelmasse bereiten. In den Spritzsack füllen und in Form von fingerlangen, dicht nebeneinanderliegenden Streifen auf ein befettetes Backblech spritzen. Auf jedes Eclair spritzt man in der Mitte, wo sich die beiden Streifen treffen, noch einen dritten Streifen darauf. 30 Minuten bei guter Hitze (190 Grad) backen, noch warm halbieren, erkaltet mit Creme füllen, den Deckel daraufsetzen, mit Glasur bestreichen. Zur Creme einen Pudding kochen, kalt schlagen, Nescafé und geschlagene Sahne zugeben. Zur Glasur Puderzucker mit Nescafé und warmem Wasser verrühren.

16. Brandteigkrapferl mit Himbeersaft

1/8 l Wasser · 25 g Butter oder Margarine · 75 g Mehl · 2 Eier · 1/2 Teelöffel Backpulver · Fett zum Backen · 1/8 l Himbeersaft

Aus den angegebenen Zutaten einen Brandteig bereiten, mit einem Löffel kleine Nockerl davon abstechen und in heißem Fett goldgelb backen, noch heiß in etwas Zucker wenden und mit Himbeersaft als warmen Nachtisch geben.

17. Brandteigkrapferl mit Schokoladensauce

Wir vorstehend Brandteig bereiten, in Form von kleinen Krapfen auf dem Blech oder in Fett goldgelb backen, mit fertiger Schokoladensauce übergießen und warm servieren.

18. Baisers (Meringen)

4 Eiweiß von frischen Eiern · 280 g feinen Zucker · 1 Päckchen Vanillezucker 1/4 l Schlagsahne zum Füllen

Eiweiß zu steifem Schnee schlagen, nach und nach ein Drittel des Zuckers einschlagen, dann die restlichen zwei Drittel des Zuckers einrühren. Die Masse muß so steif sein, daß die Rillen des durchgezogenen Schneebesens sichtbar bleiben. — Das Blech wird mit weißem Pergamentpapier belegt, mit Zucker übersiebt, die Meringenmasse in einen Spritzbeutel mit grober Tülle gefüllt und spiralenförmig kleine Törtchen von ungefähr 6 cm Durchmesser aufgespritzt. Die Meringen in schwach heißem Rohr mehr trocknen als backen. Kurz vor Tisch füllt man sie mit geschlagener, mit Vanillezucker abgeschmeckter Sahne und setzt immer zwei zusammen.

19. Schokoladenrollen

125 g Mandeln · 125 g Zucker · 3 Eiweiß · 3 Eßlöffel Wasser · 20 g Mehl 1/4 l Schlagsahne zum Füllen · Schokoladenglasur

Abgezogene, geriebene Mandeln mit Zucker und Eiweiß schaumigrühren, dann kaltes Wasser und Mehl zugeben. Die Masse in Form von dünnen Scheiben auf ein gut befettetes Blech streichen, rasch backen, heiß ablösen, mit der Oberseite nach außen über einen dicken Kochlöffelstiel rollen oder zu Tüten drehen. Erkaltet mit Schokoladenglasur überziehen und mit Schlagsahne füllen.

20. Schlotfeger

100 g Zucker · 100 g Mehl · einige Löffel süße Sahne · etwas Zimt oder Vanillezucker — Fülle: 1/4 l Schlagsahne · 1 Päckchen Vanillezucker · Schokoladenglasur

Zucker und Mehl mit Sahne glattrühren, ungefähr wie einen dicken Mehlbrei, dann Zimt oder Vanillezucker zugeben. Auf ein mit Wachs bestrichenes Blech möglichst dünne, nicht zu kleine Rechtecke aufstreichen, lichtgelb backen, mit einem dünnen, biegsamen Messer vom Blech lösen und über eine dickere Holzrolle rollen. — Erkaltet mit Schokoladenglasur oder Kuvertüre überziehen. Kurz vor Tisch steifgeschlagene, gesüßte Sahne hineinspritzen.

21. Katzenzungen

250 g Mehl · 200 g Zucker · 1/8 l Schlagsahne · 6 Eiweiß · 50 g Zucker

Mehl, Zucker und flüssige Schlagsahne glatt verrühren. Dann mischt man den festen Eischnee, in den man den Zucker eingeschlagen hat, leicht darunter. Von dieser Masse spritzt man dünne, sich stark verflachende Stangerl auf ein erwärmtes, mit Wachs bestrichenes Blech, bäckt bei guter Hitze und löst sie noch heiß vom Blech ab.

22. Weinkuchen

4 Eier · 80 g Zucker · 1 Messerspitze Zimt · etwas Zitronenschale · 100 g Zwieback- oder Kuchenbrösel · 1 Teelöffel Backpulver — Zum Spicken: 60 g abgezogene Mandeln — Zum Übergießen: 1/4 l Weißwein · 3 Nelken · Zitronenschale · 50 g Zucker

Die ganzen Eier mit dem Zucker, Zimt und Zitronenschale schaumigschlagen. Backpulver und Brösel zugeben und die Masse in eine gut befettete, mit Bröseln ausgestreute Kastenform füllen. 30 Minuten bei Mittelhitze (180 Grad) backen. Dann den Kuchen stürzen, mit Mandelstiftchen spicken, mit dem heißen Wein, den man mit Zucker und den Gewürzen aufgekocht hat, übergießen.

23. Rhabarber-Pie

250 g Mehl · 80 g Butter oder Margarine · 80 g Zucker · 1 Eigelb · 1 Ei 1 Eßlöffel Milch — Fülle: 1 kg Rhabarber · 1 Päckchen Puddingpulver · 50 g Nüsse · 1 Teelöffel Zimt · 2 Vanillezucker · 200 g Zucker · 50 g Butter

Aus den angegebenen Zutaten einen gehackten Mürbteig bereiten, Boden und Rand einer befetteten Auflaufform damit auskleiden, mit flüssiger Butter bestreichen. Gewaschenen, abgetrockneten Rhabarber in Würfel schneiden, mit Puddingpulver, geriebenen, gerösteten Nüssen, Zimt, Vanillezucker und der restlichen Butter mischen. In die Auflaufform füllen. Von dem restlichen Teig eine Teigdecke darübermachen, zweimarkstückgroße Löcher hineinschneiden, mit verquirltem Ei bestreichen, 45 Minuten bei Mittelhitze (180 Grad) backen. Warm servieren.

24. Florentiner

30 g Haselnüsse · 60 g abgezogene Mandeln · 40 g Zitronat · 40 g Orangeat 25 g Butter · 1/8 l süße Sahne · 80 g Zucker · 80 g Mehl · 1 Teelöffel Vanillezucker · 1 Messerspitze Zimt · Schokoladenglasur

Die Haselnüsse werden am Backblech im Rohr geröstet, die Schalen mit einem Tuch abgerieben und die Nüsse fein aufgeblättert; ebenso schneidet man die getrockneten Mandeln auf. Zitronat und Orangeat teilt man in kleine Würfel. Unter Rühren bringt man Sahne und Butter zum Kochen, gibt sogleich das Mehl dazu, sämtliche Zutaten und Gewürze, rührt noch kurze Zeit an einer nicht zu heißen Stelle am Herd und stellt die Pfanne sofort in ein warmes Wasserbad. Mit Hilfe von zwei kleinen Löffeln streicht man kleine ovale Blätter auf ein gewachstes Blech und bäckt die ersten 15 Minuten bei Mittelhitze, die zweiten jedoch nur bei Oberhitze (man stellt das Blech auf einen Rost) zu schöner dunkelgelber Farbe. Nach dem Auskühlen taucht man die untere, glatte Seite in Schokoladenglasur und legt sie in die Wärme zum Trocknen.

25. Nußtörtchen

3 Eischnee · 60 g Zucker · 3 Eigelb · 60 g Mehl · 125 g Haselnüsse · 2 Eßlöffel Zucker · 100 g Kuchenreste · 1/8 l Sahne · 2 Eßlöffel Rum

Eiweiß steifschlagen, Zucker einschlagen. Eigelb und Mehl einrühren. Die Masse auf ein papierbelegtes Blech streichen, backen, vom Papier lösen und zu Scheiben ausstechen. Die sich ergebenden Kuchenreste mit ungeschlagener

Sahne, Rum, geriebenen Nüssen und Zucker mischen. Die Teigscheiben mit dieser Füllung 1 cm dick bestreichen, mit einer zweiten Teigscheibe überdecken, mit Schokoladenglasur überziehen und mit einer Haselnuß verzieren.

26. Braune Apfelschnitten

240 g Mehl · 180 g Butter oder Margarine · 60 g Schokolade · 60 g Zucker 40 g Mandeln · 2 Eigelb — Fülle: 750 g Äpfel · 100 g Zucker · Saft und Schale 1/2 Zitrone · 6 Eßlöffel Wasser — Zum Bestreuen: Puderzucker und Zimt

Mehl mit kleingeschnittener Butter oder Margarine abbröseln. Geriebene Schokolade, Zucker, geriebene Mandeln, Zimt und Eigelb zugeben und rasch zu einem Teig kneten. Diesen zu einem Rechteck ausrollen und zu zwei gleich großen Streifen schneiden. Den einen der Streifen auf das leicht befettete Blech legen, halbfertig backen, dann die Fülle daraufgeben. Mit dem zweiten rohen Teigstreifen überdecken, mit Eiweiß bestreichen und fertigbacken. Nach dem Erkalten mit Puderzucker, den man mit Zimt gemischt hat, bestreuen und zu gleichmäßigen Streifen teilen. — Zur Fülle Zucker mit Wasser, Zitronensaft und Zitronenschale dicklich kochen, die geschälten, dünnblättrig geschnittenen Äpfel hineingeben und darin weichdünsten.

27. Feine Mohn- und Nußschnitten

250 g Mehl · 150 g Butter oder Margarine · 50 g Zucker · 1 Eigelb · 4 Eßlöffel sauren Rahm — Fülle: 6 Eigelb · 200 g Zucker · 50 g Zitronat · 30 g Sultaninen · Zitronenschale · 200 g Mohn oder Nüsse · 6 Eischnee

Aus den angegebenen Zutaten vorsichtig einen gehackten Mürbteig bereiten, die Hälfte davon als Boden auf ein Backblech mit Rand legen. Die Fülle daraufgeben, von dem restlichen Teig eine Teigdecke darübergeben, mit verquirltem Ei bestreichen und eine Stunde bei Mittelhitze (180 Grad) backen. Zur Fülle Eigelb mit Zucker und feingehackter Zitronenschale schaumigrühren, feingeschnittenes Zitronat, Sultaninen, gemahlenen Mohn oder geriebene Nüsse und Eischnee zugeben.

28. Eisgebäck

(Tüten, Bogen, Hobelspäne, Hohlhippen)

3 Eiweiß · 140 g Zucker · 140 g Mandeln

Eiweiß steifschlagen, Zucker einschlagen, abgezogene, geriebene Mandeln zugeben.

2 Eier · 2 Eier schwer Zucker (knapp) · 2 Eier schwer Mehl · 1 Vanillezucker

Ganze Eier und Zucker sehr schaumig rühren, Vanillezucker und Mehl zugeben. Das Blech gut befetten. *Für Tüten* den Teig in Form von kreisrunden Scheiben mit einem Löffel auftragen, rasch goldgelb backen, noch heiß vom

Dessertgebäck

Blech lösen, sofort zu Tüten drehen, Oberseite nach außen. *Für Bogen* den Teig in Form von kleinen Scheiben mit einem Löffel auftragen, mit etwas Anis oder gehackten Mandeln bestreuen, rasch goldgelb backen, heiß ablösen, sofort über einen dicken Kochlöffelstiel biegen. *Für Hobelspäne* den Teig zu 15 cm langen, 1 cm breiten Streifen auf das Blech auftragen, rasch goldgelb backen, heiß ablösen, sofort spiralförmig mit der Oberseite nach außen über einen dicken Kochlöffel drehen. *Für Hohlhippen* den Teig zu dünnen Scheiben auftragen, goldgelb backen, heiß ablösen, über einen dicken Kochlöffelstiel mit der Oberseite nach außen aufrollen. Man gibt das Gebäck als Beigabe zu Eis, Gefrorenem oder kalter Creme.

29. Sahne-Tütchen

4 Eiweiß zu steifen Schnee schlagen, 150 g Zucker nach und nach einschlagen, $1/8$ l steifgeschlagene Sahne, 150 g Mehl und 1 Vanillezucker einrühren. Die dickflüssige Masse auf ein gut befettetes Blech zu dünnen Scheiben von 8 cm Durchmesser auftragen, backen, sofort ablösen und zu Tüten drehen. Erkaltet mit geschlagener Sahne und Erdbeeren oder Himbeeren füllen.

30. Petits Fours

Teig: 90 g Zucker · 6 Eigelb · 4 Eischnee · 45 g Mehl · 45 g Stärkemehl · 75 g Butter · 1 Vanillezucker — Creme: 90 g Zucker · 3 Eigelb · $1/8$ l Mokka · 25 g Stärkemehl · $1/8$ l Schlagsahne · 100 g Butter

Zucker mit Eigelb schaumigrühren, Mehl, Stärkemehl und Eischnee, in den man etwas zurückbehaltenen Zucker eingeschlagen hat, zugeben. Ganz zum Schluß die flüssige, lauwarme Butter einrühren. Das Biskuit auf befettetem, bemehltem Pergamentpapier 1 cm hoch aufstreichen und auf dem Blech bei guter Hitze (200 Grad) in 8—10 Minuten goldgelb backen. Zur Creme Zucker mit Eigelb, Mokka, Stärkemehl und ungeschlagener Sahne über Dampf zu einer Creme schlagen, kaltschlagen, löffelweise zur schaumiggerührten Butter geben. Das Biskuit zu kleinen Scheiben ausstechen, mit Creme zusammensetzen, evtl. kegelförmig. Mit Mokkakuvertüre überziehen. — Petits Fours können mit verschiedenartig abgeschmeckter Creme gefüllt und verschiedenartiger Glasur überzogen werden.

31. Wiener Schokoladenkrapferl

150 g Butter oder Margarine · 100 g Schokolade · 200 g Zucker · 6 Eigelb Zitronenschale · Zimt · 200 g Mandeln · 6 Eiweiß — Zum Füllen: 80 g Marmelade · $1/4$ l Schlagsahne · Zitronen-Puderzucker-Glasur

Butter oder Margarine mit geriebener Schokolade, Zucker, Eigelb, feingehackter Zitronenschale und Zimt schaumigrühren, abgezogene, geriebene Mandeln und Eischnee zufügen. Die Masse auf befettetes, bemehltes Pergamentpapier 1 cm dick aufstreichen und auf dem Blech bei guter Hitze (200 Grad) in 15—20 Minuten backen. Erkaltet zu Scheiben von 5 cm ⌀ ausstechen, die Böden mit glattgerührter Marmelade bestreichen, leicht gesüßte, geschlagene

Sahne daraufgeben, mit einer zweiten Scheibe überdecken, mit dünner Zitronen-Puderzucker-Glasur überziehen, mit gehackten Pistazien bestreuen oder einer halben Mandel belegen. — Man kann auch auf die Hälfte des gebackenen Teiges die leicht gesüßte Schlagsahne streichen, mit der zweiten Teighälfte überdecken, zu schönen Schnitten teilen, je ein Löffelchen Schlagsahne daraufgeben und mit Mandelstiftchen bestreuen.

32. Himbeer-Parfait

½ kg Himbeeren · 3 Eigelb · 200 g Zucker · ½ l Schlagsahne

Die Himbeeren etwas einzuckern, im Mixer purieren, durchstreichen. Eigelb mit dem restlichen Zucker schaumigrühren, das Himbeermark und die geschlagene Sahne zugeben. In die Eisschublade des Kühlschranks füllen und frieren lassen. Zum Servieren auf eine flache Platte stürzen, mit ganzen Himbeeren und Schlagsahne verzieren.

33. Birnen-Chiffon

4 Birnen · ¼ l Wasser · 80 g Zucker · Schale und Saft ½ Zitrone · 4 Eigelb 120 g Puderzucker · 80 g Stärkemehl · 4 Eiweiß · 100 g Schokolade

Die geschälten, halbierten Birnen in Zuckerwasser mit Zitronensaft und -schale weichkochen. Puderzucker mit Eigelb sehr schaumig rühren, Eischnee und Stärkemehl zugeben und die Masse in gut gefetteter, mit Bröseln ausgestreuter Tortenform 30 Minuten bei Mittelhitze (180 Grad) backen. Aus der Form lösen, auf eine flache Platte geben, mit den noch warmen Birnen belegen. Den Kompottsaft mit 100 g Schokolade aufkochen und als dickliche Soße über die Birnen gießen.

34. Birnen mit Mandelkaramel

4 große Birnen · ½ l Wasser · 60 g Zucker · Saft und Schale ½ Zitrone 20 g Butter · 50 g Zucker · 50 g Mandeln · ⅛ l Sahne

Die Birnen schälen, halbieren (Stiel daranlassen und ebenfalls halbieren), in Zuckerwasser mit Zitronensaft und Schale weichkochen, auf einem Glastellerchen so anrichten, daß die Birnenform wieder erreicht ist. Zum Karamel Butter mit Zucker flüssig und hellbraun werden lassen, die gehackten Mandeln noch kurz darin rösten, auf geöltem Teller kalt werden lassen, hacken und auf die Birnen streuen. Auf die Tellerchen noch etwas ungeschlagene Sahne gießen.

35. Bananen im Schlafrock

8 Bananen · 250 g Mehl · 100 g Butter oder Margarine · 100 g Zucker 1 Päckchen Vanillezucker · 1 Ei · Zitronenglasur · Schokoladenglasur

Mehl mit kleingeschnittener Butter oder Margarine, Zucker, Vanillezucker und Ei rasch zu einem Mürbteig kneten und messerrückendick ausrollen. Die Bananen schälen, je nach Größe halbieren, in Drittel oder Viertel schneiden. Den Teig zu Vierecken radeln, die Bananenstückchen darauflegen und die vier Ecken hoch darüberschlagen. Das Gebäck auf das leicht befettete Backblech legen und bei Mittelhitze goldgelb backen, noch warm mit Zitronen- oder Schokoladenglasur bestreichen.

36. Feine Apfelcreme

½ kg Äpfel · ⅛ l Wasser · Zitronenschale · 100 g Zucker · 5 Blatt farblose und 1 Blatt rote Gelatine · Rum · Zitronensaft · ⅛ l Schlagsahne

Die geschälten Äpfel in Wasser mit Zitronenschale weichkochen, durchstreichen, mit Zucker und aufgelöster Gelatine mischen, mit Zitronensaft und Rum pikant abschmecken. Kalt stellen. Wenn die Creme beginnt dicklich zu werden, geschlagene Sahne unterziehen. In Glasschälchen füllen, mit zurückbehaltener Sahne spritzen. Dazu Löffelbiskuit.

37. Pariser Äpfel

½ l Wasser · Saft ½ Zitrone · 80 g Zucker · 4 Äpfel (Jonathan) · 2 Eßlöffel Himbeermarmelade · ¼ l Schlagsahne · 1 Fläschchen Rumaroma · 2 Eßlöffel Zucker · 1 Teelöffel gemahlener Bohnenkaffee

Wasser mit Zucker, Zitronensaft und Schale 10 Minuten kochen lassen. Äpfel (eine Sorte, die nicht zerkocht) schälen, quer halbieren. Das Kernhaus entfernen und die so erhaltenen Apfelschalen in der Kompottflüssigkeit weichkochen, auf einem Sieb abtropfen lassen. Auf einer Glasplatte anrichten. In die Mitte der Äpfel Marmelade geben, die geschlagene, mit Zucker und Rum aromatisierte Schlagsahne daraufgeben, mit etwas gemahlenem Bohnenkaffee überstreuen. Einige mitgekochte Apfelschalen als Garnitur.

38. Füllung für Apfelkuchen, Torten, Gebäck

60 g Butter oder Margarine · Saft und Schale von 2 Zitronen · 150 g Zucker 2 Päckchen Vanillezucker · 1 Teelöffel Zimt · 200 g Sultaninen · 3 Eßlöffel Rum · 1 kg Äpfel

In heiße Butter oder Margarine die geschälten, in dünne Spalten geschnittenen Äpfel mit allen angegebenen Zutaten gemischt hineingeben, zugedeckt auf schwacher Flamme ohne weitere Flüssigkeitszugabe in ungefähr 10 Minuten weich dünsten. Nach Geschmack könnte man noch geschnittene Mandeln oder Nüsse dazugeben. Die Masse reicht für ein Blech oder zwei Tortenformen.

39. Tiefkühlfrüchte auf Kuchen

Auf das gefettete Blech oder die Tortenform Mürbteig, Blätterteig oder Rührteig geben, mit Zwiebackbröseln bestreuen. Das eingefrorene Obst darauf verteilen, 40 Minuten bei 200° backen. Kuchenobst nie vorher auftauen. Für Füllungen wird das Tiefkühlobst wie frisches verwendet. Es kann im Mixer püriert, mit aufgelöster Gelatine und Schlagsahne gemischt zu feinen Cremes verarbeitet werden.

Torten, Tortenfüllungen, Glasur und Tortenüberzüge

TORTEN

Der Großteil der angegebenen Rezepte ist für große Torten berechnet. Für die Torten, wie sie im Haushalt im allgemeinen gebraucht werden, genügt jeweils die Hälfte der angegebenen Menge. Sehr viele Torten werden aus Biskuitmassen bereitet, die Fertigstellung ist dann verschieden. In vielen Fällen ist nur diese angegeben und ich bitte, die Teigzutaten und Zubereitung einem vorhergehenden Rezept oder der Rubrik „Gebäckteige" zu entnehmen.

1. Punschtorte

6 Eigelb · 3 Eßlöffel heißes Wasser · 200 g Zucker · 1 Päckchen Vanillezucker · 150 g Mehl · 150 g Stärkemehl · 3 Teelöffel Backpulver (gestrichen) 50 g Butter oder Margarine · Zum Betropfen Arrak oder Rum · Zum Füllen Marmelade — Glasur: 250 g Puderzucker · 2 Eßlöffel Arrak oder Rum · 2 Eßlöffel Zitronensaft

Eigelb mit heißem Wasser und ²/₃ des Zuckers schaumig schlagen. Mehl und Stärkemehl mit Backpulver mischen und durchsieben. Eiweiß steif schlagen, den restlichen Zucker einschlagen. Zur Eigelbcreme Mehl mit Backpulver und Eiweißzuckermasse geben. Vermengen, die flüssige lauwarme Butter einrühren. Die Masse in eine große, nur am Boden befettete Tortenform füllen und eine Stunde bei Mittelhitze (180 Grad) backen. (Der Rand der Tortenformen wird nie gefettet, die Masse klebt am Rand an und die Torte bleibt eben. Vor dem Öffnen des Tortenreifs muß er am Rand mit dem Messer gelöst werden.) Die Torte am nächsten Tag zweimal durchschneiden und die einzelnen Böden mit Alkohol beträufeln und mit glattgerührter Marmelade, die ebenfalls mit Alkohol abgeschmeckt wurde, bestreichen. Die Torte so zusammensetzen, daß die glattgebackene Unterseite jetzt die Oberseite ist. Diese dünn mit Marmelade bestreichen und die Torte mit Punschglasur überziehen. Man verziert mit kandiertem Obst. — Möchte man die Torte noch saftiger, so bereitet man aus dem Saft von 2 Orangen, 1 Zitrone, Zucker und Arrak oder Rum einen Punsch und beträufelt damit die Tortenböden.

2. Mokkacremetorte

Biskuitteig von 6 Eiern — Creme: $^1/_4$ l Milch · 1 Eßlöffel Nescafé · 1 Eßlöffel Stärkemehl · 2—4 Eier · 50 g Zucker · 250 g Butter · 100 g Zucker-, Schokoladen- oder Kaffeeglasur · Mokkabohnen zum Verzieren

Eine Biskuittorte backen, am nächsten Tag 2mal durchschneiden. Mit Creme füllen, nach Belieben mit Schokoladen- oder Kaffeeglasur überziehen. Mit Mokkabohnen verzieren. Zur Creme Milch mit Nescafé, Stärkemehl, ganzen Eiern und Zucker verquirlen, am Feuer oder über Dampf dicklich schlagen, kalt schlagen. Butter mit Zucker schaumig rühren, löffelweise mit der kalten Creme mischen. — Statt die Torte zu glasieren, kann sie auch mit Creme bestrichen und gespritzt werden.

3. Ananastorte

Biskuitmasse von 6 Eiern — Fülle: 160 g Butter · 4 Eigelb · 160 g Zucker 1 Päckchen Vanillezucker · 1 Eßlöffel Arrak oder Rum · 100 g abgezogene geriebene Mandeln · 1 kleine Büchse Ananas — Zum Überziehen und Füllen: $^1/_2$ l Schlagsahne · 2 Päckchen Vanillezucker

Die gebackene Biskuittorte am nächsten Tag mit der unteren Seite nach oben auf eine Tortenplatte legen und vorsichtig dreimal durchschneiden. Zur Creme Eigelb und Zucker schaumig rühren. Zur gerührten Butter löffelweise die Eigelbzuckermasse rühren. Vanillezucker, Arrak oder Rum und die geriebenen Mandeln zugeben. Die Ananasscheiben in kleine Würfel schneiden und leicht darunterrühren. Den Ananassaft könnte man mit etwas Stärkemehl dicklich kochen, erkalten lassen und noch vorsichtig löffelweise in die Creme einrühren. Die durchschnittene Torte wird mit dieser Creme gefüllt, mit einer Porzellanplatte beschwert, an einen kühlen Ort gestellt und über Nacht stehen gelassen. Vor dem Auftragen bestreicht man die Torte mit steifgeschlagener, leicht gesüßter Sahne, spritzt die Torte schön und verziert mit zurückbehaltenen Ananasstückchen.

4. Orangencremetorte

Biskuitteig von 6 Eiern — Creme: $^1/_4$ l Orangensaft · 1 Eßlöffel Stärkemehl 100 g Zucker · 2 Eier · 3 Blatt farblose Gelatine · 1 Blatt rote Gelatine $^1/_4$ l Schlagsahne · Punschglasur · Orangenspalten

Eine Biskuittorte backen, am nächsten Tag zweimal durchschneiden. Orangensaft mit Stärkemehl, Zucker und ganzen Eiern verquirlen. Am Feuer oder über Dampf dicklich schlagen, aufgelöste Gelatine zugeben, kaltschlagen, mit geschlagener Sahne mischen. Wenn nötig, mit etwas Zitronensaft abschmekken. Die Tortenböden damit füllen, die Oberseite der Torte mit glatter Orangenmarmelade dünn bestreichen. Die Torte mit Punschglasur überziehen und schönen Orangenspalten, entsprechend der Stückzahl, in die die Torte geteilt wird, belegen.

5. Schokoladencremetorte

Biskuitteig: 8 Eiweiß · 250 g feiner Zucker (kein Puderzucker) · 8 Eigelb 100 g Mehl · 100 g Stärkemehl — Creme: 4 ganze Eier · 140 g Zucker · 100 g Schokolade · 1 Päckchen Vanillezucker · 250 g Butter — Glasur: 250 g Puderzucker · 40 g Kakao · 4 Eßlöffel heißes Wasser oder Milch — Zum Verzieren: Schokoladentrüffel

Zum Biskuitteig das Einweiß zu steifem Schnee schlagen, den Zucker eßlöffelweise einschlagen, das letzte Drittel unterheben. Die Eigelb und das gesiebte Mehl und Stärkemehl vorsichtig einrühren. Aus dieser Masse auf einem befetteten, bemehlten Springformboden nacheinander 7—8 Tortenblätter backen. Zur Creme die erweichte Schokolade mit Zucker, Vanillezucker und ganzen Eiern über kochendem Wasser dicklich schlagen, kalt schlagen, löffelweise mit der schaumig gerührten Butter mischen. Zur Glasur gesiebten Puderzucker mit Kakao mischen und mit heißem Wasser oder heißer Milch glattrühren. Die am Vortage gebackenen Tortenblätter mit der Schokoladencreme bestreichen, zusammensetzen, mit einer Porzellanplatte einige Stunden beschweren. Dann die Torte auf der Oberseite dünn mit Marmelade bestreichen und anschließend mit Schokoladenglasur überziehen. Wenn die Glasur steif ist, die Torte mit zurückbehaltener Creme schön spritzen und mit Schokoladetrüffeln verzieren.

6. Prinzregententorte

125 g Butter oder Margarine · 125 g Zucker · 1 Vanillezucker · 4 Eigelb 125 g Mehl · 125 g Stärkemehl · 1 Teelöffel Backpulver · 4 Eischnee — Creme: 250 g Butter · 125 g Zucker · 1 Ei · 30 g Kakao · 1 Eßlöffel Rum — Schokoladenglasur: 100 g Schokolade · 25 g Palmin oder Butter

Butter mit Zucker und Eigelb schaumig rühren, mit Backpulver gemischtes Mehl, Stärkemehl und Eischnee wechselweise zugeben. Von der Masse in einer kleinen Tortenform 6—7 Böden backen. Mit Creme zusammensetzen, beschweren, an den Rändern glatt schneiden, mit Schokoladenglasur überziehen.

8 Eiweiß · 250 g Zucker · 1 Vanillezucker · 8 Eigelb · 100 g Mehl · 100 g Stärkemehl — Creme: ¹/₄ l Milch · 2 Eier · 1 Eßlöffel Stärkemehl · 1 Eßlöffel Kakao · 250 g Butter · 100 g Schokolade · 125 g Zucker · 1 Eßlöffel Rum 1 Teelöffel Nescafé · Schokoladenglasur

Eiweiß steifschlagen, Zucker einschlagen, Eigelb, Mehl und Stärkemehl einrühren. Von der Masse auf befettetem, bemehltem Springformboden nacheinander 6—8 Tortenblätter backen. Zur Creme Milch mit Eiern, Stärkemehl und Kakao verquirlen, über Dampf dicklich schlagen, kalt schlagen. Butter mit erweichter Schokolade und Zucker schaumig rühren, löffelweise die kalte Creme zugeben, mit Rum und etwas Kaffee abschmecken. Die Böden mit der Creme bestreichen, die Torte zusammensetzen, das oberste Blatt unbestrichen lassen, die Torte beschweren. Dann an den Rändern schön glattschneiden und mit Schokoladenglasur überziehen.

7. Schokoladentorte

150 g Butter oder Margarine · 200 g Zucker · 6 Eigelb · 150 g Schokolade 250 g Mehl · 1 Teelöffel Backpulver · 6 Eischnee · ¹/₄ l Schlagsahne · Schokoladenglasur

Butter oder Margarine mit Zucker, Eigelb und geriebener Schokolade schaumig rühren, mit Backpulver gemischtes Mehl und Eischnee, in den man etwas zurückbehaltenen Zucker eingeschlagen hat, einmischen. In eine vorbereitete Tortenform füllen und eine Stunde bei Mittelhitze (180 Grad) backen. Erkaltet zweimal durchschneiden, mit Schlagsahne oder Johannisbeermarmelade füllen, mit Schokoladenglasur überziehen.

8. Schokoladennußtorte

250 g Butter oder Margarine · 250 g Zucker · 6 Eigelb · 125 g Mandeln 1 Päckchen Vanillezucker · 250 g Schokolade · 2 Eßlöffel Semmelbrösel 2 Teelöffel Backpulver · 6 Eischnee · Himbeermarmelade zum Füllen · Schokoladenglasur

Butter mit Zucker und Eigelb sehr schaumig rühren, geriebene Schokolade, mit der Schale geriebene Mandeln, Vanillezucker, Brösel, Backpulver und Eischnee zugeben. Die Torte eine Stunde bei Mittelhitze (180 Grad) backen. Nach dem Erkalten zweimal durchschneiden, mit feiner Marmelade füllen, mit Schokoladenglasur überziehen.

200 g Butter oder Margarine · 160 g Zucker · 4 Eigelb · 200 g Schokolade 200 g Mandeln · 1 Eßlöffel Nescafé · 80 g Mehl · 1 Teelöffel Backpulver 4 Eischnee · 80 g Mandeln zum Bestreuen

Butter mit Zucker, Eigelb und erweichter Schokolade schaumig rühren, mit der Schale geriebene Mandeln, Nescafé, Mehl, Backpulver und Eischnee einrühren, in eine vorbereitete Form füllen, mit stiftelig geschnittenen Mandeln bestreuen und eine Stunde bei Mittelhitze (180 Grad) backen.

9. Nußtorte

8 Eigelb · 250 g Zucker · 1 Päckchen Vanillezucker · 250 g Haselnüsse, Walnüsse oder Mandeln · 8 Eischnee — Fülle: ½ l Schlagsahne · 2 Päckchen Vanillezucker · 2 Eßlöffel Rum

Eigelb mit Zucker und Vanillezucker sehr schaumig rühren, nicht zu feingeriebene Nüsse und Eischnee, in den man etwas zurückbehaltenen Zucker eingeschlagen hat, wechselweise zugeben. Die Masse in einer befetteten, bemehlten Tortenform eine Stunde bei Mittelhitze (180 Grad) backen. Erkaltet zweimal durchschneiden, mit gesüßter, mit Rum abgeschmeckter Schlagsahne füllen und überziehen. Mit halben Walnüssen, gerösteten ganzen Haselnüssen oder gerösteten halben Mandeln verzieren. Die wie vorstehend gefüllte Torte kann auch mit Schokoladenglasur überzogen und mit Nüssen garniert werden.

10. Weiße Mandeltorte

Verwendet man zur Torte abgezogene, geriebene Mandeln, so erhält man eine helle Masse. Zubereitung und Fertigstellung wie im vorhergehenden Rezept.

11. Moostorte

7 Eigelb · 210 g Mandeln · 210 g Zucker · 50 g Biskuitbrösel · 30 g Zitronat 30 g Pistazien · 7 Eischnee · Kaffeecreme oder Marmelade zum Füllen Zitronenglasur zum Überziehen

Eigelb mit Zucker schaumig rühren, die abgezogenen geriebenen Mandeln, Biskuitbrösel, kleinwürflig geschnittenes Zitronat, abgezogene, feingehackte Pistazien und den Eischnee zugeben, die Torte vorsichtig 1 Stunde backen. Erkaltet durchschneiden, mit Kaffeecreme oder Marmelade füllen, hell glasieren, mit feingewiegten Pistazien bestreuen, mit Marzipanpilzen verzieren.

12. Sachertorte

140 g Butter · 140 g Zucker · 6 Eigelb · 140 g Schokolade · 140 g Mehl 1 Teelöffel Backpulver · 6 Eiweiß · Schokoladenglasur

Butter mit Zucker, Eigelb und erweichter Schokolade schaumig rühren, das mit Backpulver gemischte Mehl und den Eischnee, in den man etwas zurückbehaltenen Zucker eingeschlagen hat, zugeben. Die Masse in einer befetteten, bemehlten Tortenform eine Stunde bei Mittelhitze (180 Grad) backen, langsam abkühlen lassen. Die Torte mit der Unterseite nach oben legen, mit glattgerührter Aprikosen- oder Johannisbeermarmelade (ohne Kerne) bestreichen, mit Schokoladenglasur überziehen. Die glatte dunkle Torte wird nicht verziert, beim Servieren gibt man gesondert geschlagene Sahne dazu.

13. Linzer Torte

200 g Butter · 100 g Mehl · 200 g Mandeln · 100 g Zucker · 1/2 Teelöffel Zimt · 1 Messerspitze Nelken · 2 Eigelb · 100 g Johannisbeermarmelade (unpassiert) · Puderzucker zum Bestreuen

Kleingeschnittene Butter mit Mehl abbröseln, geriebene, ungeschälte Mandeln, Zucker, Zimt, Nelken und Eigelb zugeben, rasch zu einem Teig kneten und 1/2 Stunde kühl ruhen lassen. Nach dieser Zeit dreiviertel des Teiges ausrollen und den Boden einer befetteten, bemehlten Springform damit belegen, am Rand etwas hochdrücken. Johannisbeermarmelade daraufstreichen und von dem restlichen Teig ein Gitter darübermachen, außen herum einen Rand legen. Mit Eiweiß bestreichen, mit wenig stiftelig geschnittenen Mandeln bestreuen und die Torte 1 Stunde bei Mittelhitze (180 Grad) backen. Auf einem Tortengitter abkühlen lassen, mit etwas Puderzucker bestreuen.

14. Mandelblättertorte

8 Eiweiß · 300 g Zucker · 300 g geriebene Mandeln — Creme: 250 g Butter 100 g Zucker · 100 g erweichte Schokolade · 1 ganzes Ei · 2 Eßlöffel Rum

Eiweiß zu steifem Schnee schlagen, Zucker nach und nach einschlagen, geriebene Mandeln einrühren. Aus der Masse auf einem gut befetteten Tortenboden nacheinander 6 Blätter backen. Zur Creme Butter mit Zucker, erweichter Schokolade, ganzem Ei und Rum schaumig rühren, die Böden damit bestreichen, das oberste Blatt unbestrichen lassen, dafür dünn mit guter Marmelade bestreichen. Die Torte mit Schokoladenglasur überziehen und über Nacht durchziehen lassen.

15. Mandelcremetorte

Biskuit von 6 Eiern · 250 g Mandeln · 1/4 l Milch · 1 Eßlöffel Stärkemehl 1 Ei · 100 g Zucker · 250 g Butter · 100 g Zucker · Bittermandelaroma Punschglasur

Eine Biskuittorte backen, am nächsten Tag zweimal durchschneiden. Abgezogene Mandeln fein reiben, mit Milch, Zucker, Stärkemehl und Ei mischen, vorsichtig einmal aufkochen lassen, kaltrühren. Butter mit Zucker schaumig rühren, löffelweise die kalte Creme zugeben, mit Bittermandelaroma abschmecken. Die Torte damit füllen, zusammensetzen, mit Punschglasur überziehen, mit halben, leicht gerösteten Mandeln verzieren.

16. Quarktorte

250 g Mehl · 80 g Butter oder Margarine · 80 g Zucker · 1 Ei · 1 Vanillezucker · 1 Eßlöffel Milch — Belag: 125 g Butter oder Margarine · 200 g Zucker · 5 Eigelb · 250 g Quark · 250 g Mandeln · ¹/₂ Päckchen Puddingpulver · Bittermandelöl · 5 Eischnee · Mandelsplitter

Aus den angegebenen Zutaten einen gehackten Mürbeteig machen, Boden und Rand einer Tortenform damit auslegen und halbgar backen. Aus Butter, Zucker, Eigelb eine Schaummasse rühren, passierten Quark, abgezogene geriebene Mandeln, Stärkemehl und Eischnee zugeben, mit Bittermandelöl abschmecken, auf die vorgebackene Torte geben, mit zurückbehaltenem Ei bestreichen, mit Mandelsplittern belegen und 1 Stunde bei 180 Grad backen.

17. Französische Blättertorte

150 g Butter oder Margarine · 150 g Mandeln · 150 g Zucker · 150 g Mehl 100 g Zitronat · 2 Eigelb (hartgekocht) · Schale ¹/₂ Zitrone

Mehl mit kleingeschnittener Butter, grob geriebenen Mandeln, Zucker, feingeschnittenem Zitronat, hartgekochtem, passiertem Eigelb und Zitronenschale auf dem Brett zu einem Teig kneten, davon 4 Böden backen. Nach dem Erkalten mit Marmelade zusammensetzen und glasieren oder mit Schlagsahne zusammensetzen und überziehen.

18. Weihnachtstorte

150 g Butter · 150 g Zucker · 2 flachgestrichene Teelöffel Zimt · 1 Messerspitze gemahlene Nelken · abgeriebene Schale ¹/₂ Zitrone · abgeriebene Schale ¹/₂ Orange · 4 ganze Eier · 200 g geriebene Nüsse (womöglich nicht sehr fein gerieben) · 100 g geriebene Schokolade (Bitterschokolade) · 50 g geriebener Zwieback oder Brösel · 2 gestrichene Teelöffel Backpulver

Belag: 1 große Dose (1 kg) Birnenhälften (Williamsbirnen) · 100 g ausgelöste Walnüsse · eingemachte Preiselbeeren

Erst Butter mit Zucker und den Gewürzen schaumig rühren, dann die ganzen Eier dazugeben und mit dem Schneebesen oder elektrischem Gerät schaumig schlagen. Dann die geriebenen Nüsse, geriebene Schokolade und die mit dem Backpulver gemischten Brösel einrühren. Die Masse in eine Tortenform von 26 cm Durchmesser füllen und glattstreichen. Die abgetropften Birnenhälften mit der Höhlung nach oben kreisförmig auf den Teig legen, nur wenig hineindrücken. Die Spitze der Birnen zeigt zur Mitte, vom Rand müssen sie ungefähr 2 cm entfernt sein. In die Mitte legt man eine rund zugeschnittene Birnenhälfte. (In der Dose sind meist 9 Birnenhälften, so daß es gerade ausgeht.) Den Rand der Torte belegt man dicht mit Walnußhälften, ebenso legt man Walnußhälften zwischen die Birnenhälften nahe der Tortenmitte. Die Nüsse ebenfalls nur leicht in den Teig drücken. Die Torte in das vorgeheizte Backrohr stellen und bei 180° (mittlere Hitze im Gasrohr) 60 Minuten backen. Im abgeschalteten Rohr etwas abkühlen lassen, dann sorgfältig aus der Form lösen und auf dem Kuchengitter kalt werden lassen. Die Höhlung der Birnenhälften mit eingemachten Preiselbeeren füllen, dabei darauf achten, daß der Rand der Birnen nicht unachtsam rot gefärbt wird. Auf eine glatte Tortenplatte in der Größe des Tortenspitzenpapiers eine rund geschnittene

Alufolie legen. Das schöne, reichlich durchbrochene Tortenspitzenpapier darauf legen und die Torte darauf anrichten. Auf die Tortenplatte ringsum in schräger Anordnung einige sehr kleine Tannenzweigerln legen. Nach Belieben kann man die Torte beim Anrichten auch flambieren. Beim Aufschneiden der Torte nur bis an das Mittelstück heranschneiden, so sieht die Torte bis zum letzten Stück ansehnlich aus.

19. Schwarzwälder Apfeltorte

250 g Butter oder Margarine · 250 g Zucker · 6 Eier · 250 g Mehl · 1/2 Päckchen Backpulver · Schale 1/2 Zitrone — Fülle: 375 g Äpfel · 1 Zitrone · 80 g Zucker · 2 Vanillezucker · 1—2 Eßlöffel Arrak · Punschglasur

Butter mit Zucker und Eigelb schaumigrühren, Zitronenschale, mit Backpulver gemischtes Mehl und den Eischnee zugeben, in einer befetteten, mit Bröseln ausgestreuten Tortenform 1 Stunde bei Mittelhitze (180 Grad) backen. Erkaltet zweimal durchschneiden, füllen, mit Punschglasur überziehen. Zur Fülle die geschälten, feingeschnittenen Äpfel im eigenen Saft mit Zucker, Zitronensaft und Schale weichdünsten, erkaltet mit Vanillezucker und Arrak abschmecken.

20. Schichttorte

125 g Butter oder Margarine · 250 g Zucker · 5 Eier · Zitronenschale · 125 g Mehl · 125 g Stärkemehl — Fülle: 100 g Orangenmarmelade · 100 g Erdbeer- oder Himbeermarmelade — Guß: 125 g Puderzucker · 30 g Kokosfett · 1 Eßlöffel Rum · 1 Eßlöffel heißes Wasser

Butter oder Margarine mit Zucker schaumig rühren, abwechselnd nach und nach die Eier, gesiebtes Mehl und Stärkemehl zugeben. Von dem Teig nacheinander 5 Böden auf dem Boden einer Springform goldgelb backen. Die einzelnen Böden abwechselnd mit Orangen- und Erdbeer- oder Himbeermarmelade bestreichen, aufeinanderlegen, die Torte etwas beschweren, dann mit Zuckerguß überziehen. — Zum Guß den gesiebten Puderzucker im warmen Wasserbad mit Fett, Rum und Wasser zu einem cremeartigen Guß rühren.

250 g Butter oder Margarine · 250 g Zucker · 500 g Mehl — Creme: 1/2 l Milch 1 Päckchen Puddingpulver · 250 g Butter · 100 g Zucker · 1 Ei · Himbeersaft zum Betropfen

Kleingeschnittene Butter oder Margarine mit Mehl abbröseln, den Zucker zugeben, zu einem glatten Teig kneten. Davon nacheinander 5 Böden auf dem befetteten Boden einer großen Springform backen. — Zur Creme in die Milch kalt angerührtes Puddingpulver einkochen, etwas von der Butter zugeben, die Creme zugedeckt erkalten lassen. Die restliche Butter mit Zucker und Ei schaumig rühren, die erkaltete Creme löffelweise zugeben. — Die Mürbteigböden mit Himbeersaft bespritzen, mit Creme bestreichen, die Torte zusammensetzen, mit Creme überstreichen und spritzen.

375 g Butter oder Margarine · 375 g Zucker · 4 Eigelb · 500 g Mehl — Fülle: 1/2 kg sehr dickes Apfelmus · 50 g Mandeln · 50 g Sultaninen · 50 g Zitronat Glasur: 250 g Puderzucker · 3 Eßlöffel Zitronensaft · 1 Eßlöffel heißes Wasser

Butter oder Margarine mit Zucker und Eigelb schaumig rühren, das gesiebte

Mehl zugeben und von dieser Masse auf dem Boden einer befetteten großen Springform nach und nach 5 Böden backen. Dickes, kaltes Apfelmus mit feingehackten Mandeln, aufgequollenen Sultaninen und kleinwürfelig geschnittenem Zitronat mischen. Die Böden damit bestreichen und die Torte damit zusammensetzen. Aus gesiebtem Puderzucker, Zitronensaft und heißem Wasser eine dickflüssige Glasur rühren und die Torte damit überziehen.

125 g Mehl · 125 g Stärkemehl · 3¹/₂ Teelöffel Backpulver · 125 g Zucker 125 g Butter oder Margarine · ³/₄ Tasse Milch · 3 Eier · ¹/₂ Päckchen Vanillezucker — Guß: 250 g Puderzucker · 1 Eigelb · 3 Eßlöffel Rum · 125 g flüssige Butter · 50 g abgezogene, geriebene Mandeln

Gesiebtes Mehl, Stärkemehl, Backpulver und Zucker in einer Schüssel gut vermischen. Flüssige Butter oder Margarine und die kalte Milch zugeben, das Ganze gut verrühren. Nach und nach die ganzen Eier und den Vanillezucker zugeben und mit dem Schneebesen verrühren. Den ziemlich flüssigen Teig zu zwei Böden in der Springform backen. Mit nachstehendem Guß zusammensetzen und bestreichen. Zum Guß gesiebten Puderzucker mit Eigelb und Rum verrühren, flüssige Butter und geriebene Mandeln dazugeben, auf dem Wasserbad rühren bis der Guß cremeartig ist.

21. Baumkuchentorte

(Original-Rezept)

¹/₂ kg Butter · ¹/₂ kg Zucker · 4 ganze Eier · 10 Eigelb · 1 Stange Vanille 400 g Mehl · 125 g Stärkemehl · 125 g geriebene, süße Mandeln · 1 Eßlöffel Rum · 10 Eischnee — Marzipan: 200 g Mandeln · 200 g Puderzucker · 2 Eiweiß · Kuvertüre zum Glasieren

Butter schaumig rühren, dann Ei, Eigelb und Zucker zugeben und 1 Stunde weiter rühren. Während der nächsten 15 Minuten gibt man abwechselnd die anderen Zutaten dazu, zum Schluß Eischnee und Rum leicht unterziehen. Der Boden einer Tortenform wird papierdünn mit dieser Masse bestrichen, goldgelb gebacken, abermals dünn Teig daraufgestrichen und bei sehr guter Oberhitze rasch gebacken. Man fährt so fort, bis ²/₃ des Teiges verbraucht sind, dann löst man die Torte aus der Form und beginnt von neuem. Hat der Ofen nicht genügend Oberhitze, aber sehr starke Unterhitze, so stellt man in das Rohr eine Schüssel mit kaltem Wasser (oft erneuern), stellt darauf die Form und bäckt so. — Zwischen die beiden Torten wird Marzipanmasse gestrichen. Als Deckblatt auf die Torte legt man ein auf Puderzucker ausgerolltes Marzipanblatt. Die Seitenwände der Torte überdeckt man mit dem überhängenden Teil des Marzipanblattes. Die auf diese Weise mit Marzipan überzogene Torte wird von der Mitte aus sternförmig eingeschnitten und die sich auf diese Weise bildenden Blätter nach außen gebogen. In den nun entstandenen 10 cm großen Kreis gießt man flüssige Kuvertüre. Die Ränder der Blätter und den äußeren Tortenrand spritzt man mit Kuvertüre aus einer feinen Spritztülle oder einer Blättchentülle sehr schön.

22. Gewürztorte

200 g Mehl • Schale 1 Zitrone • 1 Teelöffel Zimt • ½ Teelöffel Nelken • 80 g Schokolade • 200 g Butter oder Margarine • 180 g Zucker • 180 g Mandeln 1 Teelöffel Backpulver • 2 Eier • 250 g Weichsel- oder Johannisbeerkonfitüre

Das Mehl mit den Gewürzen mischen, mit kleingeschnittener Butter locker abbröseln, geriebene Schokolade, Zucker, mit der Schale geriebene Mandeln, Backpulver und Eier zugeben, rasch zu einem Teig kneten, etwas ruhen lassen. Mit ²/₃ davon den Boden einer Tortenform belegen, Weichsel- oder Johannisbeerkonfitüre darauf streichen. Den restlichen Teig ausrollen, zu schmalen Streifen rädeln, als Gitter und Rand darauflegen. Mit verquirltem Ei bestreichen, mit etwas grobem Zucker bestreuen und die Torte 1 Stunde bei Mittelhitze (180 Grad) backen. Mit wenig Puderzucker bestreuen.

23. Schönbrunner Torte

60 g Schokolade • 120 g Butter oder Margarine • 120 g gesiebter Puderzucker 4 Eigelb • 90 g Mandeln • 50 g Stärkemehl — Creme: ½ l Milch • 1 Eigelb 70 g Zucker • 40 g Stärkemehl • 150 g Butter • 50 g Schokolade • 50 g geröstete, geriebene Haselnüsse — Zum Verzieren: Einige Haselnüsse

Die Schokolade in einer Schüssel über einem Warmwasserbad schmelzen, dann wieder etwas abkühlen lassen. Nun die Butter oder Margarine und den gesiebten Puderzucker zugeben und schaumig rühren. Nach und nach die Eigelb zugeben und weiter schaumig rühren, dann den steifgeschlagenen Eischnee zugeben. Zuletzt die mit der Schale geriebenen Mandeln und das Stärkemehl unterrühren. Von dem Teig nacheinander 3 Tortenböden backen und abkühlen lassen. — Zur Creme Eigelb mit Zucker, Stärkemehl und etwas kalter Milch glattrühren, in die Milch einkochen, zugedeckt erkalten lassen. Die Butter schaumig rühren, löffelweise die Puddingmasse zugeben und zuletzt die im Wasserbad erweichte Schokolade und die gerösteten, geriebenen Haselnüsse untermischen. Die Tortenböden mit der Creme bestreichen, zusammensetzen, die Torte oben und an den Seiten mit der restlichen Creme bestreichen und mit Haselnüssen verzieren.

24. Havannatorte

8 Eigelb • 160 g Zucker • 100 g Schokolade • 160 g Mandeln • 8 Eischnee — Creme: 250 g Butter • 100 g Schokolade • 100 g Zucker • 1 Päckchen Vanillezucker • 2 Eier • 80 g Mandeln zum Bestreuen

Eigelb mit Zucker und geriebener Schokolade schaumigrühren. Mit der Schale grob geriebene Mandeln und Eischnee zugeben, in einer befetteten

Tortenform 1 Stunde bei 180 Grad backen. Die abgekühlte Torte durchschneiden, mit Creme füllen und überziehen. Mit abgezogenen, stiftelig geschnittenen, hellbraun gerösteten Mandeln auf der Oberfläche und an den Seiten bestreuen. — Zur Creme die Butter mit erweichter Schokolade, Zucker, Vanillezucker und ganzen Eiern schaumigrühren.

25. Sonnentorte

6 Eier • 180 g Zucker • 60 g geschälte Mandeln • 100 g Grieß • 1 Teelöffel Backpulver • 1 Zitrone • 1 Eßlöffel Rum oder Arrak • Punschglasur oder Arrakglasur

Eigelb und Zucker rührt man 20 Minuten schaumig, gibt die abgeriebene Schale und den Saft der Zitrone dazu, die geriebenen Mandeln, den Grieß mit Backpulver und Arrak oder Rum. Zuletzt hebt man den steifen Eierschnee ein, füllt die Masse in eine befettete, mit Bröseln ausgestreute Springform und bäckt sie 1—1¼ Stunden bei mäßiger Hitze. Nach dem Erkalten mit Punsch- oder Arrakglasur überziehen. Zurückbehaltene Glasur mit Eigelb verrühren, mit dem Löffelchen oder Pinsel als stilisierte Sonne auf die Torte auftragen.

26. Erdbeer-Rhabarber-Creme-Torte

1 Tortenboden • ½ kg Rhabarber • 200 g Zucker • 8 Blatt farblose Gelatine ½ kg Erdbeeren • ¼ l Schlagsahne • Mandelblättchen

Den abgezogenen Rhabarber in ganz kleine Würfelchen schneiden, mit Zucker bestreut Saft ziehen lassen, zugedeckt ohne Wasserzugabe weichkochen. Aufgelöste Gelatine und die Hälfte der Erdbeeren, die im Mixer püriert wurden, zugeben. Wenn die Creme beginnt steif zu werden, die geschlagene Sahne einrühren, noch ein bißchen anziehen lassen, dann auf den Tortenboden auftragen. In den Kühlschrank stellen. Die zurückbehaltenen Erdbeeren mit dem Kelchblatt halbieren, aus abgezogenen Mandeln feine Blättchen schneiden. Die Torte damit garnieren. Auf einer Platte anrichten, den Tortenplattenrand mit Erdbeerblättern so belegen, daß ein Drittel jedes Blattes unter der Torte liegt.

27. Datteltorte

4 große Eier • 150 g Zucker • 150 g ungeschälte Mandeln • 150 g Datteln 1 Päckchen Vanillin • Punschglasur • Datteln zum Belegen

Eier und Zucker schlägt man sehr schaumig, mischt die geriebenen Mandeln und die in längliche Streifen geschnittenen Datteln dazu und das Vanillin. Man füllt die Masse in eine befettete, mit Bröseln ausgestreute Springform und bäckt bei Mittelhitze 1 Stunde. Nach dem Erkalten stürzt man die Torte auf eine Platte, überzieht sie mit Punschglasur und legt halbierte Datteln darauf.

28. Marokkanertorte

6 Eier • 180 g Zucker • 375 g Mehl • 180 g ungeschälte Mandeln • 75 g Feigen 75 g Zitronat — Fülle: Dattelcreme • Schokoladenguß • halbierte Datteln und Feigen zum Verzieren

Eier und Zucker schlägt man schaumig, gibt die kleinen Zitronatwürfel dazu, die in feine Streifchen geschnittenen Feigen, die geriebenen Mandeln und das Mehl und bäckt auf befettetem mit Brösel bestreutem Springformboden 3 Tortenblätter. Nach dem Erkalten setzt man sie mit Dattelfülle zusammen, schwert sie einige Stunden mit einer Porzellanplatte ein, überzieht die Torte mit einer Schokoladenglasur und verziert mit halben Datteln und Feigen. — Dattelcreme: 3 Eier mit 100 g Zucker und $1/8$ l Wein am Feuer so lange schlagen, bis die Masse einmal aufkocht, dann kaltschlagen und abgekühlt löffelweise mit 100 g schaumig gerührter Butter mischen und 100 g feingeschnittene Datteln unterrühren. Man kann auch jede der anderen angegebenen einfachen Vanillecremefüllungen mit kleingeschnittenen Datteln mischen.

29. Haferflockentorte

125 g Haferflocken · 50 g Nüsse · etwas Salz · 2 Eier · 150 g Zucker · 150 g Butter oder Margarine · 250 g Mehl · 1 Päckchen Backpulver · $1/2$ Teelöffel Zimt · 1 Eßlöffel Rum · 1 Eßlöffel Kakao · 350 g Aprikosen-, Himbeer- oder Johannisbeermarmelade

Die Haferflocken trocken rösten und fein wiegen. Nach dem Abkühlen mit den geriebenen Nüssen, dem Salz, Eiern, Zucker, der flüssigen, lauwarmen Butter und Rum vermischen. Das mit Backpulver gemischte, gesiebte Mehl mit Zimt und Kakao vermengen und unter den Teig kneten. 30 Minuten kalt stellen. Dann ausrollen und den Boden und Rand einer Tortenform (26 cm $\emptyset$) mit $3/4$ des Teiges belegen und den Teigboden mit der Marmelade bestreichen. Aus dem restlichen Teig Streifen rädeln oder schneiden und damit die Torte gitterartig belegen. Die Streifen mit verquirltem Ei bestreichen, mit etwas Zucker bestreuen und die Torte bei Mittelhitze (180 Grad) 1 Stunde im Rohr backen.

30. Bröseltorte

6 Eier · 250 g Zucker · 50 g abgezogene Mandeln · 250 g Weißbrot- oder Zwiebackbrösel · 1 Kaffeelöffel Backpulver · 3 Eßlöffel Arrak oder Rum — Fülle: $1/2$ l Milch · 1 Päckchen Puddingpulver · 50 g Zucker · 100 g Butter oder Margarine · Punschglasur

Eier und Zucker rührt man 20 Minuten sehr schaumig, gibt die geschälten, geriebenen Mandeln und die mit dem Backpulver gut vermischten Weißbrotbrösel sowie Arrak oder Rum dazu. Dann rührt man den Teig gut durch, füllt in eine ausgebutterte, mit Brösel bestreute Springform und bäckt die Torte 1—$1^{1}/4$ Stunden bei mäßiger Hitze. — Nach dem Erkalten schneidet man sie einmal durch und bespritzt die Tortenblätter mit Arrak oder Rum. — Zur Fülle kocht man in die Milch das angerührte Puddingpulver ein, gibt den Zucker zu, rührt in die noch heiße Masse die Butter ein und füllt mit der warmen Creme die Torte. Nach dem Erkalten überzieht man sie mit Punschglasur.

31. Kakaotorte

250 g Butter oder Margarine · 350 g Zucker · 1 Päckchen Vanillezucker · 6 Eigelb · 90 g Kakao · 450 g Mehl · 1 Päckchen Backpulver · $^1/_4$ l Milch · 6 Eischnee · Schokoladenglasur

Butter oder Margarine mit Zucker, Vanillezucker und Eigelb 20 Minuten schaumig rühren, dann den Kakao, das mit Backpulver gemischte Mehl und die kalte Milch zugeben, zum Schluß den steifen Eischnee unterziehen. Die Masse in eine befettete, bemehlte Tortenform füllen und 1 Stunde bei Mittelhitze backen. Erkaltet mit Schokoladenglasur überziehen.

32. Lebkuchentorte

150 g Butter, Margarine oder Fett · 250 g Kunsthonig · Schale 1 Zitrone 1 Päckchen Zimt · $^1/_2$ Päckchen Nelken · 200 g Zucker · 500 g Mehl · 1 Päckchen Backpulver · 2 Eier · $^1/_4$ l Milch

Fett und Kunsthonig mitsammen weich werden lassen. Die Gewürze, Zucker, mit Backpulver gemischtes Mehl, Eier, Milch zugeben. Die Masse in eine gut befettete, bemehlte Tortenform füllen und bei Mittelhitze 1 Stunde backen. Noch heiß aus der Form lösen, auf einem Tortengitter abkühlen lassen. — Die Torte mit Puderzucker bestreuen oder auf der Oberseite mit Marmelade bestreichen und mit weißer Puderzuckerglasur überziehen.

33. Gelbrübentorte

6 Eigelb · 250 g Zucker · 300 g Gelbrüben · 300 g Mandeln · 1 Teelöffel Zimt 3 Teelöffel Backpulver · 1 Eßlöffel Arrak · 6 Eiweiß · Schokoladen- oder Punschglasur

Eigelb und Zucker schaumig rühren, die geriebenen Gelbrüben, die mit der Schale geriebenen Mandeln, Zimt, Backpulver, Arrak und Eischnee zugeben. Die Masse in einer befetteten, mit Brösel ausgestreuten Tortenform 1—1$^1/_4$ Stunden bei Mittelhitze (180 Grad) backen. Abgekühlt mit Schokoladen- oder Punschglasur überziehen.

34. Kartoffeltorte

4 Eigelb · 200 g Zucker · Schale 1 Zitrone · etwas Salz · 250 g Kartoffeln 1 Päckchen Puddingpulver · 100 g Nüsse · 2 Eßlöffel Kakao · 2 Teelöffel Backpulver · 4 Eischnee

Eigelb mit Zucker und Gewürzen schaumig rühren, kalt durchgepreßte Kartoffeln, Puddingpulver, geriebene Nüsse, Kakao, Backpulver und den steifen Eischnee zugeben. 1 Stunde bei Mittelhitze (180 Grad) vorsichtig backen. Erkaltet durchschneiden, mit Marmelade füllen, mit dünner Zitronenglasur überziehen.

35. Einfache Torte

300 g Zucker • 3 Eier • ¼ l kochendes Wasser • 375 g Mehl • 1 Päckchen Backpulver • 250 g Marmelade zum Füllen — Glasur: 250 g Puderzucker 4 Eßlöffel Zitronensaft

Zucker mit ganzen Eiern schaumig schlagen. Während der nächsten 15 Minuten abwechselnd das mit Backpulver vermischte Mehl und das kochend heiße Wasser zugießen. Die Masse in eine große, gutschließende Tortenform füllen, 1 Stunde bei Mittelhitze (180 Grad) backen. Die erkaltete Torte durchschneiden, mit Marmelade oder einfacher Buttercreme füllen, mit Zitronenglasur überziehen.

36. Einfache Grießtorte

60 g Butter oder Margarine • 125 g Kunsthonig • 125 g Zucker • 2 Eier 250 g Grieß • 250 g gekochte, kalt geriebene Kartoffeln • Zitronenschale 1 Päckchen Backpulver • ¼ l Milch (knapp)

Butter oder Margarine mit erwärmtem Kunsthonig, Zucker und Ei schaumig rühren, dann den mit Backpulver gemischten Grieß, die gekochten, kalten, geriebenen Kartoffeln, die gewiegte Zitronenschale und kalte Milch zugeben. Die Masse in eine befettete, bemehlte Tortenform füllen und 45 Minuten bei Mittelhitze backen. Auf einem Kuchengitter abkühlen lassen, mit Puderzucker bestreuen.

37. Bohnentorte

250 g Zucker • 3 Eigelb • 300 g Bohnen, gekocht • 50 g Nüsse • 2 Teelöffel Backpulver • 3 Eiweiß

Zucker mit Eigelb schaumigrühren, weichgekochte, kalte passierte Bohnen, geriebene Nüsse, Backpulver und Eischnee dazugeben. In einer vorbereiteten Tortenform 1 Stunde bei Mittelhitze (180 Grad) backen, erkaltet mit Marmelade füllen, mit Puderzucker bestreuen.

38. Kastanientorte

250 g passierte Kastanien • 125 g Butter oder Margarine • 125 g Zucker 5 Eier • 50 g geschälte Mandeln • 1 Vanillezucker • 2 Teelöffel Backpulver Schokoladenglasur • Kastanien und Kastanienpüree

Die geschälten, gebrühten und von der inneren Schale befreiten Kastanien werden mit ganz wenig Wasser weichgekocht und durch ein Haarsieb gestrichen. Mit der schaumig gerührten Butter oder Margarine rührt man den Zucker mit etwas Vanillin, gibt nach und nach 1 ganzes Ei und 4 Eigelb dazu, die geriebenen Mandeln, Backpulver und die passierten Kastanien. Zuletzt zieht man den steifgeschlagenen Schnee der 4 Eiweiß durch, füllt die Masse in eine befettete, mit Brösel bestreute Springform und bäckt bei Mittelhitze 1—1¼ Stunden. Nach dem Erkalten überzieht man die Torte mit Schokoladenglasur, belegt sie mit gekochten halben Kastanien und verziert mit gespritztem Kastanienpüree.

39. Schwarzbrottorte

6 Eier · 250 g Zucker · 100 g Mehl · 1Päckchen Backpulver · 100 g unabgezogene Mandeln oder Nüsse · 50 g Zitronat · 50 g Orangeat · 200 g Schwarzbrotbrösel · ¼ l Wein oder Fruchtsaft · 1 Kaffeelöffel Zimt · 1 Messerspitze Nelken · Schale ½ Zitrone — Fülle: Arrak oder Rum · Marmelade · Punschglasur · kandierte Früchte

Die trockenen Schwarzbrotbrösel feuchtet man mit Wein oder Fruchtsaft an. Die ganzen Eier schlägt man mit dem Zucker über Dampf so lange, bis die Masse zu steigen anfängt und bis sie hell wird. Dann nimmt man sie vom Dampf weg, schlägt sie kalt, gibt das mit Backpulver vermischte Mehl dazu, die geriebenen Mandeln und Nüsse, das feingewiegte Zitronat und Orangeat, die angefeuchteten Schwarbrotbrösel und die Gewürze. Man füllt die Masse in eine befettete, mit Brösel ausgestreute Springform ein und bäckt sie bei mäßiger Hitze 1¼–1½ Stunden. — Erkaltet schneidet man die Torte ein- bis zweimal vorsichtig durch, besprizt die Tortenblätter mit Arrak oder Rum, bestreicht sie mit Marmelade, die man mit etwas Arrak oder Rum angerührt hat und setzt die Tortenblätter zusammen. Man überzieht die Torte mit Punschglasur, belegt sie mit kandierten Früchten und verziert nach Belieben noch mit weißer Spritzglasur.

40. Giraffentorte

4 Eier · 200 g Zucker · 80 g Mehl · 80 g Stärkemehl · 1 Kaffeelöffel Backpulver — Fülle: 3 Eiweiß · 120 g Zucker · 50 g geriebene Schokolade oder 1 Eßlöffel Kakao · 2 Blatt farblose Gelatine · 1 Eßlöffel Wasser — Glasur: Punschglasur · etwas Schokoladenglasur

Ganze Eier und Zucker in einer Schüssel über kochendem Wasser schaumigschlagen. Dann die Masse wieder kaltschlagen. Das mit Backpulver gemischte, gesiebte Mehl und Stärkemehl zugeben und von der Masse auf dem befetteten, bemehlten Boden einer Springform 2 Tortenblätter backen. — Zur Fülle in den steifen Eischnee den Zucker nach und nach einschlagen, die geriebene Schokolade oder den Kakao und die aufgelöste lauwarme Gelatine zugeben. Alles zusammen noch kurz durchschlagen. Die Fülle auf den Tortenboden streichen, den 2. Tortenboden daraufgeben, die Torte mit Punschglasur überziehen, sofort mit Schokoladenglasur Streifen daraufspritzen und mit dem Messer quer den Streifen durchziehen.

41. Gefüllte Negertorte

280 g Butter oder Margarine · 280 g Zucker · 6 Eier · 140 g Mehl · 140 g ungeschälte Mandeln · 280 g Schokolade · ⅛ l Wasser · 1½ Päckchen Vanillezucker · 1 Messerspitze Zimt · 2 Teelöffel Backpulver · Marmelade und Arrak Schokoladenglasur

Unter die schaumig gerührte Butter gibt man abwechselnd ein Eigelb und Zucker, würzt mit Vanillin, mischt das Mehl mit Backpulver und die geriebenen Mandeln darunter. Die im Wasser aufgelöste, dicklich gekochte Schokolade rührt man erkaltet in die Masse ein und hebt den steifen Eierschnee leicht unter. Zwei gleichgroße Springformen bereitet man mit Fett und Semmelbröseln vor, füllt jede mit der Hälfte des Teiges und bäckt die Tortenblätter bei mäßiger Hitze. Nach dem Auskühlen setzt man die Torte mit Marmelade, die man mit Arrak abgerührt hat, zusammen, überzieht sie mit Schokoladenguß und streut Schokoladetrüffel darauf.

42. Apfelsinentorte

3 Eier · 150 g Zucker · Schale 1 Orange · 125 g Butter oder Margarine 250 g Mehl · 2 Teelöffel Backpulver — Fülle: 2 Äpfel · Saft von 2 Orangen 50 g geriebene Nüsse · 50 g Zucker · Orangenglasur

Ganze Eier mit Zucker und abgeriebener Orangenschale schaumigrühren, zerlassene, lauwarme Butter, Mehl, Backpulver zugeben, davon 3 Böden backen. Zur Fülle die rohgeriebenen Äpfel mit Apfelsinensaft, geriebenen Nüssen und Zucker verrühren, die Torte damit füllen, mit Puderzuckerglasur, die mit Orangensaft bereitet wurde, überziehen.

43. Panamatorte

125 g Butter oder Margarine · 125 g Zucker · 4 Eigelb · 100 g Nüsse · 100 g Schokolade · 125 g Mehl · 2 Teelöffel Backpulver · 4 Eischnee — Zum Füllen: 250 g Butter · 125 g Zucker · 1 Ei · 1 Eßlöffel Nescafé — Zum Bestreuen: 50 g Mandeln

Butter, Zucker, Eigelb schaumig rühren, geriebene Nüsse, geriebene Schokolade, Mehl, Backpulver und Eischnee zugeben. Die Masse in eine vorbereitete Tortenform füllen, 1 Stunde bei Mittelhitze (180 Grad) backen. Erkaltet zweimal durchschneiden, füllen, wieder zusammensetzen, mit Creme bestreichen und mit abgezogenen, stiftelig geschnittenen, gerösteten Mandeln oben und an den Seiten bestreuen.

44. Feigentorte

8 Eigelb · 200 g Zucker · 2 Vanillezucker · 1 Teelöffel Zimt · 200 g Mandeln 150 g Schokolade · 150 g Feigen · 100 g Brösel · 2 Eßlöffel Rum · 8 Eischnee Marmelade zum Füllen · Schokoladenglasur

Eigelb mit Zucker schaumig rühren, Zimt, grobgeriebene Mandeln (mit der Schale), geriebene Schokolade, kleinwürfelig geschnittene Feigen, die mit Rum befeuchteten Brösel und den Eischnee zugeben. Die Masse zu 2 Böden backen (45 Minuten bei 180 Grad), mit Marmelade zusammensetzen, mit Schokoladenglasur überziehen.

45. Bayerische Linzertorte

150 g Butter oder Margarine · 150 g Mehl · 1 Teelöffel Backpulver · 150 g Zucker · 150 g Mandeln · 100 g Schokolade · 2 Eigelb · Johannisbeermarmelade zum Bestreichen

Mehl mit kleingeschnittener Butter, Zucker, grobgeriebenen Mandeln, geriebener Schokolade und Eigelb auf dem Brett zu einem Teig kneten, die Hälfte davon in eine Tortenform geben, mit Johannisbeermarmelade bestreichen. Den restlichen Teig zu kleinen Kugeln formen, darauf setzen, mit verquirltem Ei und etwas Zucker überstreuen, 1 Stunde bei mäßiger Hitze (175 Grad) backen.

46. Blätterteigtorte

Blätterteig von 250 g Butter und 250 g Mehl · ¹/₂ l Schlagsahne oder Weincreme oder ¹/₄ l Schlagsahne und 250 g Aprikosenmarmelade

Selbst bereiteten oder gekauften Blätterteig ausrollen, zu 5 Böden in Größe der Tortenform ausschneiden und backen. Mit gesüßter Schlagsahne zusammensetzen, überziehen und spritzen. Oder aus 3 Eigelb, 125 g Zucker, 1 Päckchen Puddingpulver, ¹/₂ l Weißwein, 2 Blatt farbloser Gelatine und 3 Eischnee eine warm geschlagene Creme bereiten und die Torte damit füllen und überziehen. Als dritte Art die Tortenblätter mit glattgerührter Aprikosen-Marmelade, die mit Rum abgeschmeckt wurde, bestreichen, darüber Schlagsahne geben, zusammensetzen. Mit Schlagsahne bestreichen, mit eingemachten Aprikosen oder gerösteten Mandelstiftchen garnieren.

47. Baisertorte

5 Eischnee · 250 g Puderzucker · 2 Pakete Vanillezucker · 150 g Mehl · 150 g Nüsse · 2 Eßlöffel Rum · ¹/₂ l Schlagsahne zum Füllen

Eiweiß steif schlagen, nach und nach Zucker einschlagen, Mehl, geriebene Nüsse und Rum einrühren. Von der Masse 3 Tortenböden bei schwacher Hitze (150 Grad) backen. Mit Schlagsahne zusammensetzen, überziehen und spritzen, mit geraspelten, gerösteten Nüssen bestreuen.

5 Eiweiß · 300 g feiner Zucker · 1 Päckchen Vanillezucker — Fülle: 1 l Schlagsahne

Die Eiweiß schlägt man zu steifem Schnee, schlägt löffelweise den Zucker ein und schlägt dann noch 10 Minuten. Ein Backblech wird mit weißem Papier belegt, die Größe der gewünschten Tortenform zweimal aufgezeichnet und Zucker darüber gesiebt. Nun wird mit Spritzbeutel oder Kuchenspritze der Boden spiralförmig, der Deckel gitterartig aufgespritzt. Um die Torte füllen zu können, wird am Tortenboden noch ein Rand aufgespritzt. Mit feinem Zucker übersiebt, bäckt man die beiden Schaumblätter bei gleichbleibender leichter Hitze. Sie dürfen nicht gelb werden. Sie müssen mehr trocknen als backen. Mit einem sehr biegsamen Messer löst man die gebackenen Tortenblätter noch lauwarm vorsichtig vom Papier ab und füllt die Torte kurz vor Gebrauch mit geschlagener Sahne.

48. Schlagsahnetorte

8 Eiweiß · 250 g Zucker · 1 Päckchen Vanillezucker · 8 Eigelb · 100 g Mehl 100 g Stärkemehl · ¹/₂ l Schlagsahne · 2 Päckchen Vanillezucker

Eiweiß steifschlagen, Zucker eßlöffelweise einschlagen, Eigelb und gesiebtes Mehl einrühren. Von der Masse auf dem befetteten, bemehlten Springformboden 7 bis 8 Tortenblätter backen oder die Masse in die Tortenform füllen und am nächsten Tag 2- bis 3mal durchschneiden. Die geschlagene Sahne mit Vanillezucker oder beliebigem Alkohol abschmecken, die Torte damit füllen, überziehen und spritzen. Die geschlagene Sahne könnte man auch mit gekochten, passierten Kastanien mischen oder Erdbeer- oder Himbeermark zugeben. Soll die Sahne länger steif bleiben, gibt man 2 Blatt farblose, aufgelöste Gelatine zu.

49. Pischinger Torte

1 Paket Karlsbader Oblaten — Creme: 250 g Butter · 75 g Zucker · 100 g Schokolade · 1 Päckchen Vanillezucker · 1 Ei · 1 Eßlöffel Rum · 1 Teelöffel Nescafé · Schokoladenglasur

Butter mit Zucker, erweichter Schokolade (oder Kakao) und Ei schaumig rühren. Die Oblaten damit bestreichen, die Torte zusammensetzen, das oberste Blatt unbestrichen lassen, die Torte beschwert über Nacht an einen kühlen Ort stellen. Mit Schokoladenglasur überziehen.

50. Malakofftorte

5 Eigelb · 180 g Zucker · 180 g Mehl · 5 Eischnee — Creme: 125 g Butter 125 g Zucker · 125 g Mandeln · 3 Eigelb · ¹/₈ l Schlagrahm · 1 Glas Likör ¹/₂ l Schlagsahne · 2 Vanillezucker

Eigelb und Zucker schaumig rühren, Mehl und Schnee wechselweise zugeben, die Masse nacheinander zu 5 Böden in der Größe der Tortenform backen. — Zur Creme Butter mit Zucker und Eigelb schaumigrühren, abgezogene, geriebene Mandeln, ungeschlagene Sahne und Likör (vielleicht Curaçao) zugeben. Die Tortenblätter damit zusammensetzen, das oberste Blatt unbestrichen lassen, die Torte etwas beschweren. Dann Schlagsahne steifschlagen, Vanillezucker einschlagen, die Torte damit dick bestreichen und bespritzen, den Rand der Torte mit Biskuitbröseln bestreuen. — Statt Biskuitböden zu backen, kann man auch den Boden der Tortenform mit Löffelbiskuits auslegen. Die Biskuits mit Rum befeuchten, Creme daraufstreichen, wieder Biskuits usw. bis alles aufgebraucht ist. Die Torte muß über Nacht durchziehen.

51. Arabertorte

2 Karlsbader Oblaten · ½ l Schlagsahne · 2 Päckchen Vanillezucker · 3 Blatt farblose Gelatine · 2 Eßlöffel Kirschwasser · 4 Teelöffel Nescafé · 50 g Mokkabohnen

Schlagsahne steifschlagen, Vanillezucker einschlagen, kalt eingeweichte, ausgedrückte, in warmem Kirschwasser aufgelöste Gelatine zugeben. Die Masse teilen, die eine Hälfte weiß lassen, die zweite Hälfte mit Nescafé braun färben. Auf die Oblate die braune Sahne glatt aufstreichen, darüber die weiße Sahnemasse streichen. Den Rand der Torte mit geschnittenen Oblaten einfassen. Die Oberfläche der Torte dick mit geschlagener Sahne spritzen, Mokkabohnen darauf setzen.

52. Löffelbiskuittorte

250 g Löffelbiskuit · Rum zum Beträufeln · 200 g Butter · 200 g gute Schokolade · ⅛ l Milch · 160 g Zucker · 5 Eigelb · ½ l Schlagsahne

Die Schokolade in Milch auflösen und cremeartig einkochen lassen. Butter mit Zucker und Eigelb schaumigrühren, die Creme löffelweise zugeben, den Boden einer Tortenform mit Löffelbiskuit auslegen, mit Rum beträufeln, Creme daraufstreichen, darauf wieder Biskuit usw. bis alles aufgebraucht ist. Die Torte etwas beschweren und kalt stellen. Dann den Tortenreif entfernen, Oberfläche und Rand der Torte dick mit geschlagener, mit Vanillezucker und Rum abgeschmeckter Sahne bestreichen, mit Schlagsahne spritzen, mit geraspelter Schokolade bestreuen. (Wenn man keinen Backofen zur Verfügung hat, ist diese Torte sehr praktisch und rasch zubereitet).

53. Igel

250 g Löffelbiskuit · Rum zum Beträufeln — Schokoladencreme: ¼ l Milch 100 g Schokolade · 1 Eßlöffel Kakao · 2 Eier · 1 Eßlöffel Stärkemehl · 50 g Zucker · 200 g Butter · 100 g Zucker · 50 g Mandeln

Die Löffelbiskuit mit Rum beträufeln, mit Schokoladencreme bestreichen und so zusammensetzen, daß man eine Igelform erhält. Mit Schokoladencreme überstreichen und mit abgezogenen, in Stiftchen geschnittenen, in etwas Öl gerösteten Mandeln spicken. Die Schnauze kennzeichnet man mit einer quergesteckten Mandel, die Nase durch eine längsgesteckte, die Augen durch Sultaninen oder kleine Schokoladenstückchen. Für die Creme Milch mit geriebener Schokolade, Kakao, ganzen Eiern und Stärkemehl verquirlen. Am Feuer oder im Wasserbad dicklich schlagen, kaltschlagen. Butter mit Zucker schaumig rühren, löffelweise die kalte Creme zugeben, mit Neskaffee und Rum abschmecken. — Statt Löffelbiskuit kann man auch eine Biskuitplatte von 3 Eiern backen, nach einer selbstangefertigten Papierschablone igelförmig ausschneiden und wie vorstehend fertigmachen.

TORTENFÜLLUNGEN

Zum Füllen muß die Torte erkaltet sein. Besser ist es, man schneidet sie erst am nächsten Tag mit einem dünnen, scharfen Messer oder einem Faden durch. Die Schnittfläche kann man mit etwas Wein, Arrak oder Himbeersaft beträufeln, streicht die Fülle darauf und setzt die Torte vorsichtig wieder zusammen, und zwar so, daß der flachgebackene Tortenboden als Deckel verwendet wird.

Zum Füllen kann man Marmelade, schaumig gerührte Butter mit Geschmackszutaten, Creme oder Creme mit Butter gemischt verwenden. Auch Schlagsahne oder Creme mit Schlagsahne gemischt, evtl. noch mit etwas Gelatine gesteift, nimmt man vielfach zum Füllen von Torten. Die Fülle kann auch zum Überziehen und Spritzen der Torte verwendet werden.

Marmeladefüllungen

Alle Marmeladen, die man zum Füllen verwendet, muß man vorher gut glattrühren, wenn nötig, mit etwas Wein, Zitronensaft, Arrak oder Rum verdünnen. Sehr gut eignet sich Aprikosenmarmelade.

Schlagsahnefüllungen

Die durchgeschnittenen Torten kann man kurz vor Tisch mit geschlagener, nur leicht gesüßter Sahne füllen und spritzen. Möchte man die Torte schon etwas früher zubereiten, so kann man eine beliebige, kalte Creme mit geschlagener Sahne verrühren und die Torte damit füllen und überziehen. Mit Schlagsahne gefüllte Torten stellt man vor dem Servieren am besten sehr kalt.

Butterfüllungen

Man kann dazu nur frische Butter verwenden. Sie muß kalt schaumiggerührt werden. Als Zucker verwendet man ganz feinen Grießzucker oder gesiebten Puderzucker. Gibt man Geschmacksflüssigkeit in die Buttercreme, so gibt man diese nach und nach tropfenweise zu.

Gemischte Buttercremefüllungen

Möchte man die Buttercreme nicht so fett, so mischt man sie mit Creme. Man kann dazu einen einfachen gekochten Pudding verwenden oder eine warmgeschlagene Creme mit Eiern.

54. Buttercreme

250 g Butter · 150 g Puderzucker oder feiner Grießzucker · 1 ganzes Ei oder 2 Eigelb — Geschmackszutaten: 2 Päckchen Vanillezucker oder 1 Eßlöffel Nescafé oder 2 Eßlöffel Arrak, Rum oder 100 g erweichte Schokolade oder 20 g Kakao oder Saft $^1/_2$ Zitrone

Butter mit Zucker und ganzem Ei oder Eigelb schaumigrühren. Die gewünschte Geschmackszutat einrühren. Die Masse reicht zum Füllen, Überziehen und zum Spritzen einer Torte.

55. Gemischte Buttercreme

250 g Butter · 150 g Zucker · 1 Ei — Creme: ¹/₂ l Milch · 1 Päckchen Puddingpulver · 50 g Zucker

Butter mit Zucker und Ei schaumigrühren. Aus Milch, Puddingpulver und Zucker einen Pudding kochen, kaltschlagen, löffelweise mit der schaumiggerührten Butter vermischen. Beliebige Geschmackszutat zugeben.

250 g Butter · 150 g Zucker · 1 Ei — Creme: 2 Eigelb · 50 g Zucker · 20 g Stärkemehl · ¹/₄ l Milch

Butter mit Zucker und Ei schaumigrühren, Eigelb mit Zucker, Stärkemehl und Milch über Dampf dicklich schlagen und dann kaltschlagen. Eßlöffelweise mit der schaumiggerührten Butter vermischen. Beliebige Geschmackszutat einrühren.

250 g Butter · 150 g Zucker · 1 Ei — Creme: 4 Eigelb · 100 g Zucker · ¹/₄ l Milch

Butter mit Zucker und Ei schaumigrühren. Eigelb mit Zucker und Milch über Dampf dicklich schlagen, kaltschlagen. Löffelweise zur schaumiggerührten Butter geben. Beliebige Geschmackszutaten einrühren.

56. Vanille-Butterfülle

150 g Butter · 150 g Zucker · ¹/₂ Päckchen Vanillezucker · 1—2 Eßlöffel Arrak

Mit der schaumiggerührten Butter rührt man noch 10 Minuten den Zucker, würzt mit Vanillezucker und gibt tropfenweise Arrak bei.

57. Leichte Butterfülle mit Eierschnee

150 g Butter · 100 g Zucker · 2 Eigelb · 1 Eßlöffel Arrak oder Rum · 2 Eiweiß

Mit der schaumiggerührten Butter rührt man noch 10 Minuten den Zucker, gibt die Eigelb dazu, Arrak oder Rum und rührt dann den steifgeschlagenen Eierschnee nach und nach ein.

58. Schokoladen-Butterfülle

150 g Butter · 2 Eßlöffel Zucker · 125 g Schokolade · 3 Eßlöffel Milch · 3 Eigelb

Die Schokolade läßt man in der wenigen Milch schmelzen, gibt sie erkaltet an die schaumiggerührte Butter und mischt abwechselnd ein Eigelb und einen Eßlöffel Zucker dazu.

59. Schokoladen-Butterfülle mit Eierschnee

200 g Butter · 3 Eigelb · 1 gehäufter Eßlöffel Kakao · Zucker · einige Löffel Milch · 3 Eiweiß

Unter die schaumiggerührte Butter rührt man die Eigelb, gibt den in wenig heißer Milch aufgelösten und wieder ausgekühlten Kakao dazu, süßt nach Geschmack und rührt den steifgeschlagenen Eierschnee leicht darunter. Diese Masse reicht, um eine Torte 6- bis 7mal zu füllen.

60. Schokoladenfülle mit Kokosfett

3 Eier · 250 g feinen Grieß- oder Puderzucker · 80 g Kakao · 1 Päckchen Vanillezucker · 250 g Kokosfett

Ganze Eier und Zucker schaumigrühren, den Kakao und Vanillezucker zugeben und diese Schaummasse löffelweise mit dem lauwarmen Kokosfett verrühren. Sollte die Masse grau werden, dann ist die Mischung zu kalt. Man muß sie in diesem Fall am Herdrand so lange rühren, bis die Schokoladenfarbe wieder erreicht ist.

61. Schokoladennußfülle

3 Eier · 250 g Zucker · 80 g Kakao · 1 Päckchen Vanillezucker · 250 g Kokosfett · 50—100 g geröstete, geriebene Nüsse

Eier und Zucker schaumigrühren. Kakao und Vanillezucker zugeben und diese Schaummasse löffelweise mit dem lauwarmen Kokosfett und den geriebenen Nüssen mischen.

62. Schokoladencremefülle

3 Eier · 100 g Zucker · $^1/_8$ l Sahne oder Milch · 100 g geriebene Schokolade oder 1 Eßlöffel Kakao · 100 g Butter · Vanillezucker

Man rührt die geriebene Schokolade oder den Kakao mit Milch oder Sahne an, gibt Eier und Zucker bei und schlägt die Masse am Feuer so lange, bis sie einmal aufpufft. Sofort im Wasserbad kaltgerührt, mischt man sie unter die schaumiggerührte Butter und würzt mit Vanillezucker.

63. Schokoladen-Buttercremefülle

60 g Zucker · 80 g geriebene Schokolade · $^3/_8$ l Milch · 20 g Stärkemehl · 1 Eigelb · 2 Blatt farblose Gelatine · 100 g Butter

Milch mit Zucker und geriebener Schokolade aufkochen, das mit zurückbehaltener Milch verrührte Stärkemehl und Eigelb einkochen, die aufgelöste Gelatine zugeben. Kaltschlagen und dann löffelweise mit der schaumiggerührten Butter mischen.

64. Karamelcremefülle

150 g Zucker • ¼ l Milch • 2 Eier • 125 g Butter

100 g Zucker werden auf der Pfanne unter Umschaufeln zu schöner, rotbrauner Farbe gebrannt, mit etwas Wasser abgelöscht und mit der Milch das Karamel aufgekocht. Unter Rühren gießt man die Karamelmilch an die mit 50 g Zucker verquirlten Eier, schlägt am Feuer eine dickliche Creme, schlägt sie im Wasserbad kalt und mischt sie nach dem Auskühlen an die schaumiggerührte Butter.

65. Arrakcremefülle

3 Eier • 100 g Zucker • ⅛ l Sahne oder Milch • 125 g Butter • Arrak

Eier, Zucker, Sahne oder Milch schlägt man am Feuer, bis die Masse einmal aufpufft. Sodann schlägt man die Masse im Wasserbad ganz kalt, gibt sie an die schaumiggerührte Butter und schmeckt mit Arrak ab.

66. Punsch- oder Weincremefülle

3 Eier • 100 g Zucker • ⅛ l Milch oder Wein — 125 g Butter • Rum oder Cognac • Zitronenschale

Eier und Zucker schlägt man mit Milch oder Wein am Feuer, bis die Masse einmal aufpufft, schlägt sie im Wasserbad kalt, mischt sie unter die schaumiggerührte Butter und würzt mit Rum oder Cognac und abgeriebener Zitronenschale.

67. Mandelcremefülle

3 Eier • ⅛ l Sahne oder Milch • 125 g Butter • 100 g geschälte Mandeln

Eier, Zucker und Sahne oder Milch schlägt man am Feuer so lange, bis die Masse einmal aufpufft, schlägt sie im Wasserbad ganz kalt, gibt sie an die gerührte Butter und mischt die feingeriebenen Mandeln oder gerösteten, von den Schalen befreiten, geriebenen Haselnüsse dazu.

68. Nußcremefülle

3 Eier • 100 g Zucker • ⅛ l Milch oder Sahne • 125 g Butter • 100 g geriebene Nüsse

Die Nüsse sind viel schmackhafter, wenn sie kurz geröstet werden. Die Schalen lösen sich dann ganz leicht ab. Eier, Zucker, Sahne oder Milch schlägt man am Feuer so lange, bis die Masse einmal aufpufft, schlägt sie gleich im Wasserbad kalt, rührt die schaumiggerührte Butter dazu und mischt die feingeriebenen Haselnüsse darunter.

69. Kaffeecremefülle

3 Eier · 100 g Zucker · 1/8 l starker Bohnenkaffee · 125 g Butter

Eier, Zucker und Kaffee schlägt man am Feuer so lange, bis die Masse einmal aufpufft. Im Wasserbad schlägt man sie sofort kalt und mischt sie unter die schaumiggerührte Butter.

70. Mokkacremefülle

4 Eigelb oder 2 Eier · 175 g Butter · 100 g Zucker · 3 Eßlöffel starker Bohnenkaffee

Eigelb, Zucker und Bohnenkaffee schlägt man am Feuer so lange, bis die Masse einmal aufpufft; man schlägt sie im Wasserbad kalt, gibt von der Masse löffelweise an die schaumiggerührte Butter und rührt so lange, bis alles gut vermischt ist. Diese Creme muß sich durch schöne gelbliche Farbe auszeichnen.

71. Obstcremefülle

1/2 kg Obst · 1/8 l Wasser · Vanillestange oder Zitronenschale · 100 g Zucker 50 g Stärkemehl (5 gestrichene Eßlöffel) · 200 g Butter

Das vorbereitete Obst in wenig Wasser mit Zitronenschale oder Vanillestange weichdünsten, durchstreichen und in einen Meßbecher gießen. 3/8 l des Fruchtmarks wieder aufkochen, mit dem restlichen 1/8 l abgekühlten Fruchtmark das Stärkemehl anrühren und in das mit Zucker wieder aufgekochte Fruchtmark einkochen. Ein Stück der Butter in die noch heiße Obstmasse geben, dann zugedeckt erkalten lassen. Die restliche Butter schaumigrühren und löffelweise mit der erkalteten Fruchtmasse mischen. Die Füllung kann aus jedem beliebigen Fruchtbrei hergestellt werden. Die Zuckerzugabe richtet sich nach der Art der Früchte. Die Masse kann sowohl zum Füllen wie zum Überziehen und Spritzen verwendet werden.

72. Fruchtcremefülle

Man kann unter Arrak-, Punsch-, Wein- oder Vanillecreme noch sehr gut frische Walderdbeeren, geschnittene Datteln oder Feigen, sterilisierte Kirschen, Aprikosen-, Pfirsich- oder Ananasstückchen mischen.

73. Schokoladen-Schlagsahnefülle

100 g gute Schokolade · 1 Ei · 1/4 l Schlagsahne

Die erweichte Schokolade mit dem Ei schaumigrühren, nach und nach in die geschlagene Sahne einrühren.

GLASUREN FÜR TORTEN, KUCHEN, DESSERT UND KLEINGEBÄCK

Die Glasuren für Torten, Kuchen, Dessert und Kleingebäck sind wichtig, da sie das Austrocknen des Gebäcks verhindern. Außerdem verschönern sie das Gebäck und verfeinern es im Geschmack.

Bei Torten nimmt man die untere Seite zum Glasieren, weil diese glatter ist. Die fertiggefüllte Torte oder der gebackene Kuchen wird am besten vor dem Guß dünn mit Aprikosenmarmelade überzogen. Dadurch bleiben sie saftiger, und die Farbe des Gusses, namentlich bei Schokolade, wird gleichmäßiger. Man achte darauf, daß die Glasur weder zu dick noch zu dünn sei. Erstere erstarrt zu früh und gibt Unebenheiten; letztere läuft zu stark ab und deckt nicht. Darum probiere man zuerst aus, ob die Glasur den richtigen Grad der Dicke erreicht hat. Man gießt die Glasur zuerst über die Tortenfläche und läßt durch Schiefhalten der Torte die Masse sich selbst verteilen, womöglich ohne mit dem Messer nachzuhelfen. Dann erst glasiert man die Seiten mit Hilfe eines Messers.

Man kann die Seiten sehr gut noch mit gerösteten, geriebenen oder geschnittenen Nüssen oder gerösteten Haferflocken bewerfen, die Glasur wird dadurch fester und haltbarer, namentlich zum Verschicken. Auch kann man ein dünn ausgerolltes Marzipanband aus Mandelmarzipan als Seitenabschluß verwenden. Für den Überzug einer mittelgroßen Torte braucht man 200 bis 250 g Puderzucker.

Für Kleingebäck wird die Glasur meist etwas dünner gehalten und mit dem Messer oder mit dem Pinsel aufgetragen.

TORTENVERZIERUNGEN

Die Verzierung soll einfach, aber geschmackvoll sein. Gewöhnlich paßt man sich den Zutaten der Tortenmasse oder denen der Fülle an. So verziert man z. B. eine Schokoladentorte passend mit Schokoladetrüffeln, Pralinen oder mit Marzipanmasse (Inhaltsverzeichnis), die man mit Puderzucker verknetet, am zuckerbestreuten Brett dünn ausrollt, mit kleinen Formen aussticht und damit die mit Schokoladenguß überzogene Torte belegt.

Bei einer Cremetorte spritzt man den Guß mit der gleichen Creme wie zur Fülle oder in abstechender Farbe, während man den Überzug einer Fruchttorte mit den entsprechenden Früchten belegt.

Bei besonderen Gelegenheiten richtet sich der Tortenschmuck nach dem Fest oder auch nach der Jahreszeit. Es erfordert mehr Mühe und Überlegung, wird aber auch größere Freude bereiten.

Man schmückt die Torte zu Ostern mit Eiern oder Häschen. Zu Geburtstagen oder Jubiläen mit einer Aufschrift von Daten oder Namen. Diese kann man mit einer feinen Tülle mit Creme oder mit Schokolade spritzen oder statt zu spritzen sie nur fein vorzeichnen und dann mit Liebesperlen auslegen oder durch eine gestochene Schablone mit Puderzucker aufstreuen. Zu besonderen Gelegenheiten kann man die Torte auch mit Glückspilzen, die man aus Marzipan selbst herstellen kann, verzieren. Besonders liebevoll wird man eine Muttertagstorte verzieren.

Durch verschiedene Füllungen, Überzüge und Verzierungen kann man die Grundmasse einer Torte immer wieder anders gestalten.

74. Puderzuckerglasur

250 g gesiebter Puderzucker • 2 Eßlöffel heißes Wasser • 2 Eßlöffel Zitronensaft

Den Puderzucker mit 2 Eßlöffel heißem Wasser glattrühren, den Zitronensaft zugeben. Noch gut verrühren. Auf 60 g Puderzucker rechnet man 1 Eßlöffel Flüssigkeit. Hat man eine kleinere Torte oder Gebäck zu glasieren, so verringert man die Zucker- und Flüssigkeitsmenge im angegebenen Verhältnis.

75. Punschglasur

250 g gesiebter Puderzucker • 1 Eßlöffel heißes Wasser • 1 Eßlöffel Zitronensaft • 1 Eßlöffel Orangensaft • 1 Eßlöffel Rum

Den Puderzucker mit heißem Wasser, Zitronensaft, Orangensaft und Rum gut glattrühren.

76. Arrakglasur

250 g gesiebter Puderzucker • 2 Eßlöffel heißes Wasser • 2 Eßlöffel Arrak

Puderzucker erst mit heißem Wasser verrühren, dann den Arrak zugeben und noch 10 Minuten weiterrühren.

77. Vanilleglasur

250 g gesiebter Puderzucker • 1 Päckchen Vanillezucker • 4 Eßlöffel heißes Wasser

Puderzucker und Vanillezucker mit heißem Wasser zu einer glatten, glänzenden Glasur rühren.

78. Kaffeeglasur

250 g gesiebter Puderzucker • 4 Eßlöffel starker kalter Kaffee

Puderzucker mit Kaffee zu glatter, glänzender Glasur rühren. Sofort verwenden. Man kann auch Nescafépulver zum Puderzucker geben und die Glasur dann mit heißem Wasser anrühren.

79. Zimtglasur

150 g gesiebter Puderzucker · 2 große Messerspitzen Zimt · 2–3 Eßlöffel Weißwein

Puderzucker mit Zimt vermischen, den leicht erwärmten Wein zugeben und die Glasur so lange rühren, bis sie glänzend ist. Sofort verwenden, im leicht erwärmten Backrohr trocknen lassen.

80. Puderzucker-Schokoladenglasur

250 g gesiebter Puderzucker · 40 g Kakao (2 gehäufte Eßlöffel) · 4 Eßlöffel heißes Wasser oder heiße Milch

Puderzucker und Kakao mischen, nach und nach mit heißem Wasser oder heißer Milch verrühren. Sofort verwenden.

81. Puderzuckerglasuren mit Fett

An alle vorstehend angegebenen Puderzuckerglasuren kann man 25 bis 50 g flüssiges, lauwarmes Kokosfett, Butter oder Margarine geben. Man macht in diesem Falle die Glasur am besten im warmen Wasserbad.

82. Gekochte Zuckerglasur

200 g Würfel- oder Grießzucker · ⅛ l kaltes Wasser

Zucker mit kaltem Wasser verrühren, dann bis zum Fadenspinnen kochen. Das heiße Gebäck damit bestreichen. Trocknet dabei der Guß nicht von selbst, dann schiebt man es noch kurze Zeit in ein leicht erwärmtes Backrohr.

83. Gekochte Kakaoglasur

200 g Würfel- oder Grießzucker · 80 g Kakao · 8 Eßlöffel Wasser · 1 Stückchen Butter oder Kokosfett

Zucker mit gesiebtem Kakao und Wasser bis zum „Spinnen" kochen. Dann vom Feuer nehmen. Butter oder Kokosfett zugeben. Die Glasur rühren, bis sich ein feines Häutchen bildet und sie die entsprechende Dicke hat. Dann den Kuchen oder das Kleingebäck rasch damit glasieren.

84. Gekochte Schokoladenglasur

*125 g Blockschokolade · 125 g Grieß- oder Würfelzucker · ⅛ l Wasser
1 kleines Stückchen Butter oder Kokosfett*

Die kleingeschnittene oder gebrochene Schokolade in einem Töpfchen im warmen, nicht kochenden Wasserbad weich werden lassen. Nebenbei den

Zucker mit Wasser langsam kochen, dabei den sich bildenden Schaum abschöpfen. Die Zuckerlösung bis zum Fadenspinnen kochen, lauwarm abkühlen lassen, dann nach und nach mit der erweichten Schokolade verrühren. Die Butter oder das Kokosfett zugeben und die Torte oder das Gebäck mit der dickflüssigen, lauwarmen Glasur überziehen.

85. Kuvertüreglasur

Kuvertüre oder Überzugschokolade wird nur kleingeschnitten und in einem Töpfchen in warmem Wasserbad flüssig gemacht. Dann nimmt man sie aus dem Wasserbad heraus und rührt sie so lange, bis sie die entsprechende Dicke hat und nur mehr lauwarm ist. Kuvertüre kann zum Überziehen von Torten, Kuchen und Gebäck verwendet werden. Zu warm aufgetragene Kuvertüre wird glanzlos. Kuvertüre eignet sich auch gut zum Spritzen.

86. Kuvertüre mit Kokosfett

120 g Kuvertüre · 60 g Kokosfett oder Butter · 1 Kaffeelöffel Rum

Kleingeschnittene, im warmen Wasserbad erweichte Schokolade mit Kokosfett oder Butter und Rum zu lauwarmer, dickflüssiger Glasur verrühren. Sofort verwenden. Das überzogene Gebäck freistehend trocknen lassen. Hat man die Glasur zu warm verwendet, wird sie grau und glanzlos.

87. Eiweißglasur

2 Eiweiß · 200 g Puderzucker · 1 Eßlöffel Zitronensaft

Das Eiweiß zu steifem Schnee schlagen. Puderzucker und Zitronensaft zugeben, noch so lange rühren, bis die Glasur schön glänzt. Die Glasur wird hauptsächlich für Kleingebäck verwendet. Man kann das Gebäck in die Glasur eintauchen oder mit einem Pinsel bestreichen. Mit Speisefarbe kann die Glasur beliebig gefärbt werden. Will man größere Flächen mit dieser Glasur überziehen, so gibt man etwas Kokosfett dazu und rührt sie im Wasserbad lauwarm.

88. Eiweiß-Spritzglasur

1 Eiweiß · 150 bis 200 g Puderzucker (je nach Größe des Eiweißes) · 2 bis 3 Tropfen Zitronensaft

Eiweiß, feingesiebten Puderzucker und Zitronensaft so lange rühren, bis die Masse glänzend ist. Die Glasur entweder weiß lassen oder nach Belieben mit Speisefarbe färben. Die Masse am besten in kleine, selbstgeformte Pergamenttütchen ohne oder mit Tülle füllen, Kleingebäck damit bespritzen oder Torten damit beschriften. Sehr gut auch zum Spritzen für Osterlämmchen geeignet. Auch kleine Röschen u. dgl. kann man davon spritzen. Die Eiweißmasse darf vor dem Spritzen keine Kruste bekommen. Man deckt sie daher beim Stehenlassen immer mit einem feuchten Läppchen oder feuchten Pergamentpapier zu.

89. Lebkuchenglasur

90 g Puderzucker · 30 g Stärkemehl · Bittermandelaroma · etwas Rum oder Zitronensaft · einige Löffel heißes Wasser

Puderzucker und Stärkemehl in einem kleinen Schüsselchen trocken vermischen, etwas Bittermandelaroma, Zitronensaft oder Rum zugeben und mit so viel kochendem Wasser unter Rühren mit dem Schneebesen vermischen, daß eine dickflüssige Sauce entsteht. Mit dieser noch warmen Glasur bestreicht man die am besten noch warmen Lebkuchen. Wird die Glasur während des Arbeitens zu dick, gießt man noch etwas kochendheißes Wasser zu.

90. Fondantglasur

Fondantmasse kann man aus einem $1/2$ kg Zucker und einem $1/4$ l Wasser selbst kochen. Die Zubereitung erfordert Zeit und Übung. Man kann die Fondantmasse auch fertig kaufen. Bei der Verwendung läßt man den Fondant in einem Schüsselchen im warmen Wasserbad flüssig werden, verdünnt, wenn nötig, mit einigen Tropfen Wasser und gibt die gewünschte Geschmackszutat zu oder färbt die fertige Glasur mit entsprechender Speisefarbe. Die Glasur wird lauwarm verwendet. Ist sie zu heiß, wird sie nach dem Überziehen rasch glanzlos. Für Schokoladenfondants wird die erweichte Fondantmasse mit weichgewärmter Schokolade verrührt.

91. Giraffenglasur

1. Man glasiert die Torte weiß oder mit Schokolade, spritzt mit entgegengesetzter Farbe Streifen darauf und zieht mit dem Messer quer den Streifen durch. 2. Man spritzt auf die glasierte Torte eine Spirale, bei welcher man mit dem Messer in Sternform durchzieht. Man muß rasch arbeiten, damit die Glasur schön verläuft.

92. Schaumüberzug

3 Eiweiß · 90 g feiner Zucker · Puderzucker zum Bestreuen

Eiweiß zu steifem Schnee schlagen, $1/3$ des Zuckers nach und nach einschlagen, die restlichen $2/3$ unterheben. Die Masse sofort auf die fertige Torte, Kuchen oder Gebäck streichen oder spritzen, mit Puderzucker bestreuen. Bei starker Oberhitze rasch lichtgelb überbacken.

93. Fruchtschneeüberzug

Die verschiedensten Fruchtschneemassen können zum Überziehen von Kuchen und Torten verwendet werden. Sie müssen jedoch kurz nach Fertigstellung zu Tisch gegeben werden.

Torten, Tortenfüllungen, Glasur und Tortenüberzüge

94. Cremeüberzug

Die verschiedenen Cremefüllungen für Torten können auch zum Überziehen der Torten verwendet werden. Die Torte wird dann meist auch noch mit Creme bespritzt.

95. Schlagsahneüberzug

Steifgeschlagene, nur leicht gesüßte Sahne oder die ebenfalls in diesem Buch angegebenen verschiedenen Schlagsahnemischungen können außer zum Füllen auch zum Überziehen von Torten verwendet werden. Schlagsahne läßt sich sehr gut spritzen. Mit Schlagsahne gespritzte Torten stellt man möglichst kalt. Schlagsahnetorten sind nur kurz haltbar.

96. Schwarzwälder Kirschtorte

5 Eier · 200 g Zucker · 100 g Mehl · 100 g Stärkemehl · 1 Eßlöffel Kakao
1 Teelöffel Backpulver · 120 g Zucker · $1/8$ l Wasser · 2 Glas Kirschwasser
750 g Sauerkirschen (Weichseln, Schattenmorellen) · 100 g Zucker · 8 Blatt farblose Gelatine · 1 Glas Kirschwasser · $1/2$ l Schlagsahne

Aus den angegebenen Zutaten einen Biskuitboden backen, am nächsten Tag 2mal durchschneiden. Wasser mit Zucker dicklich kochen, Kirschwasser zugießen, die Böden damit tränken. Die eingemachten Sauerkirschen entkernen. Die Sahne steif schlagen, eingeweichte, aufgelöste Gelatine und Kirschwasser in die geschlagene Sahne einrühren, mit Zucker abschmecken. Zum Zusammensetzen den Boden dick mit Sahne bestreichen, alle Kirschen darauf verteilen, den nächsten Boden daraufsetzen, wieder mit Sahne bestreichen, mit dem obersten Boden abdecken, oben und an den Seiten mit Sahne bestreichen. Mit zurückbehaltenen Kirschen, geraspelter Schokolade und gespritzter Sahne garnieren.

97. Französische Mokka-Cremetorte

4 Eigelb · 150 g Zucker · 250 g Mandeln oder Nüsse · 50 g Mehl · 1 Teelöffel Backpulver · 8 Eiweiß · $1/2$ l Milch · 2 gehäufte Eßlöffel Stärkemehl
4 Eigelb · 125 g Zucker · 4 Blatt farblose Gelatine · 1 Eßlöffel Nescafé · $1/4$ l Schlagsahne · Biskuitröllchen und Mokkabohnen zum Garnieren

Eigelb mit Zucker sehr schaumig rühren. Grobgeriebene Mandeln oder Nüsse, mit Backpulver gemischtes Mehl und 8 steife Eischnee untermischen. Von der Masse hintereinander in je 15 Minuten 3 Böden backen. Kalte Milch mit Stärkemehl, Eigelb und Zucker unter Schlagen mit dem Schneebesen einmal aufkochen lassen, aufgelöste Gelatine und Nescafé zugeben. Unter gelegentlichem Umrühren erkalten lassen, mit geschlagener Sahne mischen. Die Tortenböden mit der Creme zusammensetzen und überziehen, geschmackvoll mit kleinsten Biskuitröllchen oder Ähnlichem und kleinen Mokkabohnen verzieren. Einige Stunden im Kühlschrank durchziehen lassen.

Kleingebäck und Weihnachtsbäckereien

Alle Zutaten vorbereiten, ehe man mit der eigentlichen Teigbereitung beginnt.
Alles Mehl nur gesiebt verwenden.
Backpulver immer mit Mehl gemischt und gesiebt an den Teig geben.
Hirschhornsalz und Pottasche immer aufgelöst an den Teig geben.
Zum Abziehen der Mandeln diese mit kochendem Wasser überbrühen und anschließend sofort abziehen, damit sie hell bleiben.
Es erspart viel Zeit, wenn man die Schale aller Zitronen, deren Saft man jeweils nur im Haushalt braucht, fein abschält, fein wiegt und mit Zucker in ein Schraubglas gibt. Ebenso macht man es mit der Orangenschale.
Vanillezucker bereitet man sich günstig auch selbst zu. Man gibt dazu eine aufgeschnittene Vanillestange mit feinem Zucker in ein Schraubglas. Sind in einem Rezept Gewürze dieser Art angegeben, so sind sie ohne Zeitaufwand zur Hand. Ist in einem Rezept Anis angegeben, so verwendet man ihn immer verlesen und feingewiegt.
Die sauber gereinigten, leicht erwärmten Bleche bestreicht man für Kleingebäck am besten mit Wachs.
Um Teigzusammensetzung (in manchen Fällen abhängig von der Größe der Eier) und Backhitze zu prüfen, erst ein Probestückchen backen.

Auf ein Blech immer möglichst gleichartig ausgestochene Formen legen, damit diese gleichmäßig gebacken werden. Nie warmes Kleingebäck aufeinanderlegen.

Kleingebäck erst nach dem vollständigen Erkalten in eine Blechdose zum Aufbewahren geben.

LEBKUCHEN

Lebkuchen sind schon immer ein beliebtes Weihnachtsgebäck gewesen. Honig, Kunsthonig, dunkler Zucker (Farinzucker), helles oder dunkles Mehl, viele Gewürze, Zitronat, Orangeat, Mandeln, Nüsse, sind die Zutaten dafür. Die Zusammenstellung aber ist sehr verschieden. Nürnberger Lebkuchen sind weltberühmt. Lebkuchen werden schon lange vor dem Fest gebacken, sie gewinnen durch Abliegen an Geschmack und werden weicher. Je nach der Beschaffenheit der Masse werden sie direkt auf dem Blech oder die feineren Massen auf Oblaten gebacken.

1. Schokoladen-Honigkuchen

5 Eier · 375 g Zucker · 1/2 kg Honig · 125 g geschnittene Mandeln · 875 g Mehl · 2 Päckchen Backpulver · 125 g geschnittenes Zitronat und Orangeat 125 g geriebene Schokolade · 1 Eßlöffel Zimt · 1 Kaffeelöffel Nelken 1 Messerspitze Kardamom · Schale einer Zitrone · 1 Tasse Milch oder Wasser · Zuckerglasur

Eier und Zucker rührt man zu einer schaumigen Masse, gibt nach 30 Minuten den im heißen Wasserbad flüssig gewordenen Honig bei, mengt Mandeln, Zitronat, Orangeat, die Schokolade, das Mehl mit Backpulver vermischt, die Gewürze und Milch oder Wasser dazu. Auf ein mit Fett und Mehl vorbereitetes Blech streicht man den Teig fingerdick auf, bäckt ihn bei mäßiger Hitze schön dunkelgelb und überstreicht, noch heiß, mit Puderzuckerglasur. Erst am nächsten Tag schneidet man den Lebkuchen in Schnitten. (Sehr gut, aber nicht lange haltbar, da die Schnittflächen bald austrocknen.)

2. Nürnberger Lebkuchen

1/2 kg Honig · 3 Eier · 125 g Zucker · 50 g geriebene Nüsse · 1/2 kg Mehl 50 g Zitronat und Orangeat · 1 Kaffeelöffel Zimt · 1 Messerspitze Nelken 1/2 Tasse Bohnenkaffee oder Milch · 1 Päckchen Backpulver

Eier und Zucker rührt man schaumig, mischt den flüssigen Honig, die Nüsse und das gewiegte Zitronat und Orangeat dazu, die Gewürze, Bohnenkaffee oder Milch und das Mehl mit dem Backpulver. Man mischt den Teig gut, streicht die Masse auf ein mit Fett und Mehl vorbereitetes Blech fingerdick auf, bäckt bei mäßiger Hitze, glasiert noch heiß mit Lebkuchenglasur und teilt nach dem Erkalten in Schnitten.

3. Honiglebkuchen

250 g Honig • 250 g Zucker • 125 g geschnittene Nüsse • ½ kg Mehl • 125 g geschnittenes Zitronat und Orangeat • Mürbteig von 250 g Mehl • 1—2 Eier 100 g Butter • ¹/₁₆ l Sahne • Salz • 1 Messerspitze Zimt • 1 Messerspitze Nelken • 1½ Päckchen Backpulver

Man bringt Honig und Zucker zum Kochen, rührt Mehl und die anderen Zutaten ein und läßt etwas auskühlen. Währenddessen macht man den Mürbteig und knetet ihn dann mit dem Honigteig sehr gut zusammen. Am nächsten Tag rollt man den Teig aus, formt Lebkuchen, bäckt sie am befetteten, mit Mehl bestäubten Blech bei mäßiger Hitze und glasiert sie am besten noch heiß mit Zuckerglasur.

250 g Honig • ½ kg Farinzucker • 4 Eier • 125 g süße Brösel • 750 g Mehl 50 g Zitronat und Orangeat • 1 Kaffeelöffel Zimt • 1 Messerspitze Nelken 2 Päckchen Backpulver • Mürbteig von ½ kg Mehl • 3—4 Eier • 100 g Butter Salz • ¹/₅ l Milch oder Sahne

Eier, Zucker und den flüssigen Honig rührt man schaumig, mischt die süßen Brösel, das verwiegte Zitronat, die Gewürze und das Mehl mit dem Backpulver dazu. Dann arbeitet man von den angegebenen Zutaten den Mürbteig, knetet beide Teige recht gut zusammen ab, rollt aus und sticht Lebkuchen aus, die man mit einem Stückchen Zitronat verziert. Man bäckt sie am befetteten, mit Mehl bestäubten Blech und überstreicht sie noch heiß mit dünner Zuckerglasur.

4. Einfache Honiglebkuchen

3 Eier • 250 g Zucker • 250 g Honig • 750 g Mehl • 1 Päckchen Backpulver 1 Kaffeelöffel Zimt • 1 Messerspitze Nelken

Eier, Zucker und Honig rührt man zur Schaummasse, mengt das mit Backpulver vermischte Mehl und die Gewürze nach Geschmack dazu und knetet den Teig am Brett gut ab, rollt ihn fingerdick aus und sticht Lebkuchen aus. Auf einem mit Wachs bestrichenen Blech bäckt man die Lebkuchen bei mäßiger Hitze und glasiert sie noch heiß mit Lebkuchenglasur.

5. Elisen-Honiglebkuchen

250 g Honig • 200 g Zucker • 2 Eier • ¾—1 kg Mehl • 150 g abgezogene Mandeln • 50 g Zitronat und Orangeat • 1 Kaffeelöffel Zimt • 1 Messerspitze Nelken • 1 Messerspitze Kardamom • Schale ¾ Zitrone • 3 Eßlöffel Arrak 1 Päckchen Backpulver

Man läßt den Honig aufkochen, gibt den Zucker dazu und nach dem Auskühlen die Eier, die geschnittenen Mandeln, das feingewiegte Zitronat und Orangeat, alle Gewürze, Arrak und das Mehl mit Backpulver vermischt. Man knetet den Teig am Brett gut durch, rollt ihn zu Lebkuchen aus, verziert sie mit einem Stern von geschälten, halbierten Mandeln und bäckt sie auf befettetem Blech. Noch heiß überzieht man sie mit leichter Zuckerglasur.

6. Baseler Lebkuchen

600 g Honig • 600 g Zucker • 3 Eier • 1 Kaffeelöffel Zimt • 1 Kaffeelöffel Nelken • Schale 1/2 Zitrone • 100 g Zitronat und Orangeat • 100 g Nüsse 750 g Weizenmehl (knapp) • 1/2 kg Roggenmehl • 15 g Natron

Der Honig wird etwas erwärmt, mit Zucker und Eier schaumiggerührt, die Gewürze nach Geschmack dazugegeben, ebenso das gewiegte Zitronat und Orangeat, die geschnittenen Nüsse, das Mehl und das Natron. Am Brett knetet man den Teig gut durch und läßt ihn über Nacht zugedeckt ruhen. Am anderen Tag rollt man den Teig aus, sticht Lebkuchen aus, die man am wachsbestrichenen Blech bäckt und noch heiß mit Zuckerglasur überstreicht.

7. Mandellebkuchen

3 Eier • 375 g Farinzucker • 180 g gehackte Mandeln • 50 g Zitronat und Orangeat • Zimt und Nelken • 5 g Pottasche in Milch aufgelöst • 1/2 kg Mehl, geschälte, halbierte Mandeln zum Verzieren

Eier und Farinzucker schlägt man schaumig, gibt dazu die Mandeln, das gewiegte Zitronat und Orangeat, die Gewürze nach Geschmack, die Pottasche und das Mehl und arbeitet am Brett den Teig gut ab. Man sticht mit Formen Lebkuchen aus, verziert sie mit halbierten Mandeln und bäckt sie bei mäßiger Hitze auf bewachstem Blech.

8. Nußlebkuchen

1 1/4 kg Mehl • 625 g Honig • 625 g Zucker • 5 Eier • 375 g Nüsse • 125 g Zitronat • 25 g Pottasche • 1 großer Kaffeelöffel Zimt • 1 große Messerspitze Nelken

Eier und Zucker rührt man schaumig, gibt den Honig dazu, die grobgewiegten Mandeln oder Nüsse, das feingewiegte Zitronat, die Gewürze und soviel Mehl, als die Masse aufnimmt. Am Brett mischt man das noch übrige Mehl mit Pottasche darunter, knetet den Teig gut ab, rollt dünn aus, sticht Lebkuchen aus, verziert mit halbierten Mandeln oder Nüssen, läßt einige Stunden trocknen und bäckt bei mäßiger Hitze. Honiggebäck muß etwa 2 bis 3 Wochen lagern, damit es wieder weich und mild wird.

9. Weiße Lebkuchen

5 Eier · ½ kg Zucker · 50 g geschälte Mandeln · 50 g Zitronat und Orangeat Zitronenschale · 1 große Messerspitze Backpulver · ½ kg Mehl

Eier und Zucker werden schaumiggerührt, dann gibt man die geriebenen Mandeln, das gewiegte Zitronat und Orangeat, die abgeriebene Zitronenschale sowie das mit Backpulver vermischte Mehl dazu. Am Brett arbeitet man den Teig gut ab, rollt ihn fingerdick aus und sticht Lebkuchen aus, die man dann über Nacht trocknen läßt. Am nächsten Tag bäckt man sie bei leichter Hitze (150 Grad).

10. Nürnberger Pfefferkuchen

4 Eier · 250 g Zucker · 250 g Nüsse · 250—300 g Mehl · 60 g Zitronat und Orangeat · 1 Kaffeelöffel Anis · 1 Kaffeelöffel Zimt · 1 Messerspitze Nelken 1 Messerspitze Kardamom · 1 Teelöffel Backpulver · Zuckerglasur

Eier und Zucker schlägt man zu Schaummasse, gibt die geriebenen Nüsse, das feingewiegte Zitronat und Orangeat dazu, die Gewürze und das mit dem Backpulver vermischte Mehl. Am mehlbestaubten Brett knetet man den Teig gut ab, rollt ihn aus und sticht mit Formen Lebkuchen aus, die man auf bewachstem Blech bei mäßiger Hitze bäckt, dann gleich glasiert und mit halbierten Nüssen verziert.

11. Pfefferkuchen

500 g Honig · 500 g Sirup · 60 g Butter · 60 g Butterschmalz · 10 g Kardamom 5 g Nelken · 10 g Zimt · etwas Pfeffer · 6 Eier · 750 g Zucker · 1 kg geriebene Schokolade oder ½ kg bitteren Kakao · ½ kg Zucker · 250 g geriebene Mandeln · 30 g Pottasche · 30 g Hirschhornsalz · ½ l lauwarme Milch 2½ kg Mehl — Glasur: 1 kg Puderzucker · 4 Eßlöffel Rum · 12 Eßlöffel Wasser

Honig mit Sirup, Butter und Schmalz aufkochen. Die ganzen Eier mit dem Zucker und den Gewürzen schaumigrühren. Die geriebene Schokolade oder Kakao und Zucker und die geriebenen Mandeln zugeben. Pottasche und Hirschhornsalz in lauwarmer Milch auflösen, durchgießen und nebst der abgekühlten Honigmasse und dem gesiebten Mehl zur Eiermasse geben. Den Teig sehr gut durchkneten, ausrollen, schöne Formen ausstechen, auf befettetem Blech backen, nach dem Erkalten mit Puderzuckerglasur bestreichen. Zur Glasur den gesiebten Puderzucker mit Rum und heißem Wasser glatt und glänzend rühren. — Den Teig kann man schon 2 bis 3 Wochen vor dem Ausrollen und Abbacken zubereiten.

12. Kunsthoniglebkuchen

250 g Kunsthonig · 200 g Zucker · 1 Ei · 1 Päckchen Zimt · ½ Päckchen Nelken · Schale einer Zitrone · 500 g Mehl · 1 Päckchen Backpulver

Kunsthonig zerschleichen lassen, mit Zucker und Ei schaumigrühren, die Gewürze und das mit Backpulver gemischte, gesiebte Mehl zugeben. Zu einem glatten Teig kneten, 30 Minuten kühl ruhen lassen, dann nicht zu dünn ausrollen, Lebkuchen ausstechen, evtl. mit halbierten Mandeln belegen, mit verquirltem Ei, Wasser oder Milch bestreichen und auf befettetem Blech hellbraun backen.

1/2 kg Kunsthonig · 1/2 kg Zucker · 1/2 kg Roggenmehl · 1 kg Weizenmehl
4 Eier · 4 Kaffeelöffel Zimt · 4 Messerspitzen Nelken · Zitronenschale
1/2 Tasse Milch · 2 Päckchen Backpulver · Zimtglasur

Zubereitung wie im vorhergehenden Rezept. Backzeit 15 Minuten bei 180 Grad.

13. Schnittlebkuchen

250 g Kunsthonig · 100 g Fett · 200 g Zucker · 1 Päckchen Zimt · 1/2 Päckchen Nelken · Schale einer Zitrone · 500 g Mehl · 1 Päckchen Backpulver
1/4 l Milch

Kunsthonig und Fett (sehr gut Rinderfett) flüssig werden lassen, Zucker, die Gewürze, mit Backpulver gemischtes, gesiebtes Mehl und Milch zugeben. Die weiche Teigmasse auf befettetem Blech bei Mittelhitze 45 Minuten backen, überkühlt zu Schnitten teilen. — Sehr gut schmeckt es auch, die Masse in 1 große oder 2 kleine Kastenformen zu füllen und den gestürzten, noch heißen Kuchen mit Puderzuckerglasur, der mit Zitronensaft abgeschmeckt wurde, zu überziehen. Der Kuchen hält sich sehr lange frisch.

14. Braune Lebkuchen

2 1/2 kg Mehl · 500 g Mandeln oder Nüsse · 250 g Zitronat · 2 Eßlöffel Zimt
1 Kaffeelöffel Nelken · Schale von 2 Zitronen · 1 1/4 kg Kunsthonig · 1 kg Zucker · 50 g Pottasche · 30 g Hirschhornsalz · 6 Eier

Gesiebtes Mehl mit geriebenen Mandeln oder Nüssen, feingeschnittenem Zitronat und den Gewürzen in einer Schüssel mischen. Honig und Zucker mitsammen aufkochen, noch heiß über das Mehl geben. Pottasche und Hirschhornsalz in einer Tasse mit etwas warmem Wasser auflösen, zum Teig geben, ebenso die Eier. Sehr gut abkneten, über Nacht kühl stehen lassen. Dann in kleinen Portionen wie Blätterteig ausrollen und zusammenschlagen. Nach 3 bis 4 Tagen zweimesserrückendick ausrollen, Lebkuchen ausstechen und bei guter Hitze backen. Noch heiß mit Glasur bestreichen.

4 Eier · 1/2 kg Farinzucker · 125 g geschälte Mandeln · 100 g Zitronat und Orangeat · 1 Kaffeelöffel Zimt · 1 Messerspitze Nelken · 1 Kaffeelöffel Anis
500 g bis 625 g Mehl · 1 Päckchen Backpulver

Eier und Farinzucker schlägt man schaumig, rührt die geschnittenen Mandeln, das feingewiegte Zitronat und Orangeat dazu, die Gewürze und das mit dem Backpulver vermischte Mehl. Am Brett knetet man den Teig gut ab, rollt ihn aus, sticht mit Formen Lebkuchen aus und bäckt sie bei mäßiger Hitze auf gut bewachstem Blech.

LEBKUCHEN AUF OBLATEN

Der Teig darf bei diesen Lebkuchen so weich gehalten werden, daß man ihn leicht auf die Oblaten streichen kann. — Das Backblech wird nicht vorbereitet. — Die Hitze muß ganz leicht sein (150 Grad). — Unterhitze muß abgehalten werden, da die Oblaten unten weiß bleiben sollen.

15. Elisenlebkuchen auf Oblaten

5 Eiweiß · 300 g Puderzucker · 250 g ungeschälte Mandeln oder Nüsse 100 g Zitronat und Orangeat · 1 Kaffeelöffel Zimt · 1 Messerspitze Nelken 1 Messerspitze Kardamom · Zitronenschale · 125 g Mehl · ¼ Teelöffel Backpulver · Oblaten · Eiweißglasur oder Schokoladenglasur · bunter Streuzucker

Eiweiß steif schlagen, Puderzucker einschlagen, die geriebenen Mandeln, das gewürfelte Zitronat und Orangeat, die Gewürze, Mehl und Backpulver zugeben, den Teig auf runde Oblaten streichen, bei 175° backen. Mit rosa gefärbter Eiweißglasur bestreichen, bunten Streuzucker daraufstreuen.

5 ganze Eier · 500 g feiner Zucker · 3 g Zimt · 3 g gestoßene Nelken · 1 g Kardamom · Schale einer Zitrone · 80 g feingewiegtes Orangeat · 80 g feingewiegtes Zitronat · 500 g mit der Schale geriebene Mandeln · 1 Teelöffel Arrak · Oblaten — Glasur: 350 g Puderzucker · 2 Eßlöffel Arrak · 5 Eßlöffel heißes Wasser

Die ganzen Eier mit dem Zucker mindestens 30 Minuten schaumigrühren. Dann die Gewürze, Orangeat, Zitronat, die geriebenen Mandeln und Arrak zugeben. Die Masse auf Oblaten streichen, mit Mandeln, Orangeat und Zitronat verzieren, über Nacht oder auch nur einige Stunden ruhen lassen. Dann 20 bis 30 Minuten bei mäßiger Hitze backen. Abgekühlt mit Glasur bestreichen. Zur Glasur den Puderzucker mit Arrak und heißem Wasser glatt und glänzend rühren.

16. Mandellebkuchen auf Oblaten

4 Eiweiß · 250 g Zucker · 250 g geriebene Mandeln · 100 g Zitronat und Orangeat · Schale ½ Zitrone · Arrakglasur und geschälte, halbierte Mandeln zum Verzieren

Unter den steifgeschlagenen Schnee des Eiweiß schlägt man löffelweise den Zucker, rührt dann 30 Minuten und gibt die geriebenen Mandeln, das feingewiegte Zitronat und Orangeat und die abgeriebene Zitronenschale dazu. Man streicht die Masse fingerdick auf Oblaten, läßt sie einige Stunden trocknen und bäckt sie dann bei leichter Oberhitze. Erkaltet, überzieht man die Lebkuchen mit Arrakglasur und verziert mit Mandeln.

4 Eiweiß · 300 g Zucker · 300 g geschälte Mandeln · 30 g Zitronat · 30 g Orangeat · 1 Messerspitze Backpulver · 100 g Mehl · Oblaten

Mit dem steifen Eierschnee rührt man 30 Minuten den Zucker, gibt die geriebenen Mandeln, das gewiegte Zitronat und Orangeat sowie die abgeriebene Zitronenschale dazu und zuletzt das mit dem Backpulver vermischte Mehl. Man streicht den Teig auf Oblaten, übersiebt leicht mit Puderzucker und bäckt bei mäßiger Oberhitze.

17. Weiße Lebkuchen auf Oblaten

250 g geschälte Mandeln · ½ kg Zucker · 9 Eier · 60 g Zitronat · 60 g Orangeat · 4 g Zimt · 4 g Nelken · 1 kleiner, gestrichener Kaffeelöffel Kardamom 1 g Muskatblüte · Schale ½ Zitrone · 450–600 g Mehl

Die geschälten Mandeln werden länglich geschnitten und auf der Pfanne hellgelb geröstet. Zucker und Mehl siebt man und stellt über Nacht warm. Am andern Tag rührt man Eigelb und Zucker sehr schaumig, rührt mit dem steifen Eischnee noch 30 Minuten, gibt dann die Mandeln, das feingewiegte Zitronat und Orangeat dazu, die sämtlichen Gewürze und das gesiebte Mehl. Der Teig muß sich gut streichen lassen, ohne daß er läuft, sonst muß mehr Mehl eingearbeitet werden. Man streicht den Teig nicht zu dünn auf Oblaten, verziert mit geschälten, halben Mandeln oder geschnittenem Zitronat. Über Nacht läßt man die Lebkuchen in einem warmen Raum trocknen und bäckt sie erst am nächsten Tag bei mäßiger Hitze.

4 Eier · 250 g Zucker · 250 g geschälte Mandeln · 125 g Zitronat · 1 Kaffeelöffel Zimt · 1 Messerspitze Nelken · 1 Messerspitze Kardamom · 150 g Mehl Oblaten

Eier und Zucker schlägt man schaumig, gibt die kleingeschnittenen Mandeln und das kleingeschnittene Zitronat dazu, Gewürze nach Geschmack und das Mehl. Man streicht den Teig etwa fingerdick auf Oblaten, stellt sie einige Stunden zum Trocknen in die Wärme und bäckt sie bei mäßiger Oberhitze.

18. Honigmandellebkuchen auf Oblaten

½ kg Honig · 200 g Zucker · 150 g geriebene Mandeln · ½ kg Mehl · 50 g gewiegtes Zitronat · abgeriebene Zitronenschale · 1 Kaffeelöffel Zimt · 1 Messerspitze Nelken · 1 Messerspitze Muskatblüte · 1 Messerspitze Kardamom · Zitronenglasur · gehackte Pistazien · Oblaten

Man läßt den Honig im Wasserbad heiß werden, mischt alle Zutaten dazu und streicht den Teig auf Oblaten. Er muß 1 Stunde im Keller ruhen und dann bäckt man die Lebkuchen bei mäßiger Hitze. Nach dem Erkalten überzieht man sie mit Zitronenglasur und streut gehackte Pistazien darauf.

19. Schokoladenlebkuchen auf Oblaten

4 Eiweiß · 300 g Zucker · 250 g geschälte Mandeln · 30 g Mehl · 50 g Zitronat · 50 g geriebene Schokolade · 1 Messerspitze Backpulver · Schokoladenglasur · Streuzucker oder Schokoladentrüffel · Oblaten

Mit dem steifgeschlagenen Eierschnee rührt man den Zucker 30 Minuten, gibt die geriebenen Mandeln, das feingewiegte Zitronat, die Schokolade und das mit Backpulver vermischte Mehl dazu. Man streicht die Teigmasse fingerdick auf runde oder eckige Oblaten, läßt sie einige Stunden antrocknen und bäckt sie dann bei leichter Oberhitze. Erkaltet, überzieht man sie mit Schokoladenglasur und streut in die Mitte etwas bunten Streuzucker oder Schokoladetrüffeln.

20. Haselnußlebkuchen auf Oblaten

4 Eiweiß · 250 g Zucker · 250 g geriebene Haselnüsse · 100 g Zitronat und Orangeat · 1 Kaffeelöffel Zimt · Vanilleglasur · Oblaten

Zum steifgeschlagenen Eierschnee gibt man den Zucker und rührt damit noch 30 Minuten. Dann mischt man die Haselnüsse, das feingewiegte Zitronat und Orangeat und den Zimt dazu, streicht die Masse kleinfingerdick auf Oblaten, trocknet die aufgestrichenen Lebkuchen einige Stunden und bäckt sie dann bei leichter Oberhitze. Erkaltet, überzieht man sie mit Vanilleglasur und verziert mit halbierten Nüssen.

21. Farinlebkuchen auf Oblaten

7 Eiweiß · 1/2 kg Farinzucker · 375 g Mandeln · 100 g Zitronat und Orangeat 1 Kaffeelöffel Zimt · 1 Messerspitze Nelken · Zitronenschale · Arrakglasur Streuzucker · Oblaten

Mit dem steifgeschlagenen Eierschnee rührt man 30 Minuten lang den Farinzucker, gibt die brauneriebenen Mandeln, das feingewiegte Zitronat und die Gewürze dazu, streicht den Teig etwa kleinfingerdick auf Oblaten und bäckt sie sogleich bei mäßiger Oberhitze. Erkaltet überzieht man die Lebkuchen mit Arrakglasur und streut bunten Streuzucker darauf.

22. Nürnberger Lebkuchen auf Oblaten

4 Eier · 250 g Zucker · 250 g Mandeln · 250 g Mehl · 70 g Zitronat und Orangeat · 1 Kaffeelöffel Zimt · 1 Messerspitze Kardamom · 1 Messerspitze Nelken · 1 Messerspitze Backpulver · Oblaten

Aus Eiern und Zucker schlägt man eine Schaummasse, gibt die braungeriebenen Mandeln, das gewiegte Zitronat und Orangeat, die Gewürze und das mit dem Backpulver vermischte Mehl dazu, streicht den Teig fingerdick auf Oblaten und bäckt bei mäßiger Oberhitze.

23. Kokosflockenlebkuchen auf Oblaten

7 Eiweiß · 350 g Zucker · 250 g Kokosflocken · 100 g Mehl · Schale und Saft einer Zitrone · Puderzucker · Oblaten

Zum steifgeschlagenen Eierschnee schlägt man löffelweise den Zucker, gibt die Kokosflocken dazu und rührt die Masse gute 15 Minuten über Dampf. Fängt sie an heiß zu werden, nimmt man sie vom Dampf ab, rührt wieder kalt, mischt das Mehl, die abgeriebene Schale und den Saft der Zitrone dazu. Die Teigmasse streicht man kleinfingerdick auf Oblaten, siebt leicht Puderzucker darüber und bäckt sie bei leichter Oberhitze.

HONIGGEBÄCK

Honigteig darf nicht bei zu starker Hitze gebacken werden; er bräunt sehr leicht. Läuft bei der Gebäckprobe der Teig auseinander, so muß durch Mehlzugabe abgeholfen werden. Das Gebäck ist gleich nach dem Backen noch weich, wird dann hart und erst durch Lagern wieder weich.

24. Magenbrot

½ kg Honig · ¼ l Wasser · ½ kg Mehl

Man läßt Honig und Wasser aufkochen, rührt das Mehl ein und läßt den Teig 14 Tage im Keller ruhen.

½ kg Farinzucker · 3 Eier · 250 g Zitronat · 250 g Orangeat · 150 g Semmelbrösel · 1 Päckchen Zimt · ½ Päckchen Nelken · 1 Messerspitze Kardamom 750 g Mehl · 1 Päckchen Backpulver · Aprikosenmarmelade · Schokoladenglasur

Man stellt den Honigteig am Tage des Gebrauches in heißes Wasser, damit er sich leichter verarbeiten läßt. Die Eier rührt man mit dem Farinzucker sehr schaumig, gibt das feingewiegte Zitronat und Orangeat, die Semmelbrösel, alle Gewürze und einen Teil des mit Backpulver vermischten Mehles zu. Am Brett gibt man das übrige Mehl und den Honigteig dazu, knetet den Teig gut durch, formt zweifingerbreite Stollen und bäckt sie auf befettetem Blech. Am nächsten Tag teilt man sie in schräge, kleinfingerdicke Schnitten, überzieht mit Aprikosenmarmelade, taucht dann mit Hilfe einer Gabel in Schokoladenglasur und läßt sie auf einem Kuchengitter trocknen.

25. Nürnberger Busserl

4 Eier · 250 g Honig · 250 g Farinzucker · 50 g geriebene Nüsse · 750 g Mehl 1 Päckchen Backpulver · 30 g Zitronat · 30 g Orangeat · 1 Päckchen Zimt 1/2 Päckchen Nelken

Ganze Eier, Zucker und Honig schaumigrühren, die geriebenen Nüsse, feingewiegtes Zitronat und Orangeat, die Gewürze und das mit Backpulver gemischte Mehl zugeben. Am Brett zu einem glatten Teig kneten, mit Hilfe von etwas Wasser zu kleinen Kugeln formen, auf ein mit Wachs bestrichenes Blech legen, in die Mitte etwas Zitronat oder 1/2 Haselnuß eindrücken und die Busserl bei Mittelhitze im Rohr backen.

26. Honigbusserl

4 Eier · 50 g Honig · 1/2 kg Farinzucker · 50 g Nüsse · 50 g Zitronat · 50 g Orangeat · 1 Päckchen Zimt · 1/2 Päckchen Nelken · 750 g Mehl · 1 Päckchen Backpulver

Eier, Honig und Zucker schaumigrühren, die geriebenen Nüsse, feingewiegtes Zitronat und Orangeat, die Gewürze und das mit Backpulver gemischte Mehl zugeben. Den Teig am Brett glattkneten, mit angefeuchteten Händen kleine Kugeln formen, diese auf bewachstem Blech etwas flachdrücken und bei mäßiger Hitze backen. In die Mitte kann ein Stückchen Zitronat oder eine Nuß gegeben werden.

27. Nürnberger Plätzchen

5 Eier · 1/2 kg Farinzucker · 70 g Zitronat · 1 Kaffeelöffel Zimt · 1 Messerspitze Nelken · 1 Messerspitze Kardamon · 1 Messerspitze Pottasche · 1/2 kg Mehl

Eier und Farinzucker schaumigrühren, feingewiegtes Zitronat, die Gewürze, in etwas Wasser aufgelöste Pottasche und das Mehl zugeben. Von dem glattgekneteten Teig mit angefeuchteten Händen kleine Kugeln drehen, diese auf ein bewachstes Backblech legen, etwas flachdrücken, mit kaltem Wasser bestreichen und bei Mittelhitze backen.

28. Nürnberger Plätzchen

2 Eier · 250 g Zucker · 4—6 Eßlöffel zerlassenen Kunsthonig · Zimt · Nelken Kardamom · 250 g Grieß · 500 g Mehl · 2 Eßlöffel Natron

Ganze Eier mit Zucker, zerlassenem Kunsthonig und den Gewürzen schaumig rühren, dann den Grieß und das mit Natron vermischte Mehl zugeben Von dem glattgekneteten Teig mit nassen Händen kleine Kugeln formen, auf ein bewachstes Blech legen und flachdrücken. Bevor man sie ins Rohr stellt, mit kaltem Wasser überstreichen.

29. Basler Schnitten

250 g Honig · 3 Eßlöffel Wasser · 250 g Zucker · 100 g geriebene Haselnüsse · 100 g Zitronat · 1 Päckchen Zimt · 1 Teelöffel Nelken · ¹/₂ kg Mehl 1 Päckchen Backpulver · Zuckerglasur

Honig mit Zucker und Wasser aufkochen, die Haselnüsse, die Gewürze, mit Backpulver gemischtes Mehl zugeben und den glattgekneteten Teig über Nacht kühl ruhen lassen. Am nächsten Tag die Masse auf ein befettetes, bemehltes Blech 1 cm dick ausstreichen, bei Mittelhitze backen, noch heiß mit Zuckerglasur bestreichen und sofort zu Schnitten teilen.

30. Honigschnitten

250 g Honig · 250 g Zucker · 250 geriebene Nüsse · 30 g Zitronat · 30 g Orangeat · 1 Kaffeelöffel Zimt · 1 Messerspitze Nelken · 1 Messerspitze Kardamom · 1 Messerspitze Backpulver · 250 g Mehl · Lebkuchenglasur

In einer Schüssel Honig, Zucker, die geriebenen Nüsse, gewiegtes Zitronat und Orangeat, Gewürze und Mehl mischen, am Brett zu einem glatten Teig kneten und dann 1 Woche kühl ruhen lassen. Dann in Größe des Backbleches ausrollen, auf dem befetteten, bemehlten Blech bei langsamer Hitze backen, mit Lebkuchenglasur bestreichen und sofort in Schnitten teilen. Lebkuchenglasur bitte unter Glasuren nachlesen.

31. Pflastersteine

250 g Honig · 250 g Zucker · 3 Eßlöffel Wasser · 100 g Zitronat · 100 g Sultaninen · 1 Kaffeelöffel Zimt · ¹/₂ Kaffeelöffel Nelken · 625 g Mehl 1 Päckchen Backpulver — Zuckerglasur: 150 g Würfelzucker · 8 Eßlöffel Wasser · Zitronensaft oder Vanillezucker

Honig und Wasser läßt man aufkochen, rührt Zucker und Mehl gut ein und läßt den Teig 1 Woche kühl ruhen. Ist der Teig am Gebrauchstag zu fest, stellt man ihn in heißes Wasserbad. Gibt dann Zitronat, Sultaninen, die Gewürze und das mit wenig Zucker vermischte Backpulver hinein. Man arbeitet den Teig gut durch und formt haselnußgroße Kugeln. Auf ein befettetes, mit Mehl bestäubtes Blech setzt man befettete Pergamentringe, füllt sie mit dicht aneinandergesetzten Kugeln und bäckt diese bei mäßiger Hitze. Noch lauwarm entfernt man das Papier, nach gänzlichem Erkalten bestreicht man mit Zuckerglasur.

32. Honigleckerl

375 g Honig · 125 g Butter oder Margarine · ¹/₂ kg Zucker · 250 g Mandeln einige bittere Mandeln · 1 kg Mehl · 375 g Zitronat und Orangeat · 1 Kaffeelöffel Zimt · 1 Messerspitze Nelken · 1 Messerspitze Kardamom · Schale ¹/₂ Zitrone · 1 Päckchen Backpulver

Man rührt die Butter schaumig, mischt den Zucker, den warmgestellten, flüssigen Honig, die geriebenen Mandeln, das gewiegte Zitronat und Orangeat, die Gewürze, Mehl und Backpulver dazu und knetet den Teig am Brett gut durch. Den ausgerollten Teig legt man im ganzen auf ein befettetes Blech und bäckt bei mäßiger Hitze. Noch heiß glasiert man mit Lebkuchenglasur und teilt in Würfel, Dreiecke usw. Alle Honigteige, die im ganzen auf dem Blech gebacken werden, schneidet man nach dem Backen, noch warm, in beliebige, größere oder kleinere Stücke. Geschnittene Lebkuchen sollen möglichst in Blechdosen aufbewahrt werden, damit sie nicht so leicht austrocknen.

EIERGEBÄCK

Bei Eiergebäck muß die Masse sehr gut schaumig gerührt werden. Bei der Mehlzugabe sei man etwas vorsichtig. Wenn die Eier klein sind, ist nicht das ganze Quantum notwendig. Eiergebäck wird erst gut, wenn es einige Tage liegt. Bei Marzipan und Pfeffernüssen dauert es sogar einige Wochen. Es wird dann erst wieder weich.

33. Biskuitnadeln

6 Eier · 250 g Zucker · 200 g Weizenmehl · 100 g Stärkemehl

In das steifgeschlagene Eiweiß löffelweise den Zucker einschlagen, das Eigelb, Mehl und Stärkemehl leicht unterrühren. Ein Backblech mit befettetem, zuckerbestreuten Papier belegen, Biskuits aufspritzen, mit feinem Zucker bestreuen und bei sehr mäßiger Hitze backen (150 Grad).

34. Löffelbiskuit

6 Eier · 140 g Zucker · 35 g Weizenmehl · 75 g Stärkemehl

Eigelb und Zucker 10 Minuten schaumigrühren, dann die Hälfte des steifgeschlagenen Schnees zugeben, nochmals 10 Minuten rühren. Dann die zweite Hälfte des Schnees zugeben und nochmals 10 Minuten rühren. Dann das mit Stärkemehl vermischte Mehl zugeben, Löffelbiskuit auf ein Blech, das mit befettetem, mit Zucker bestreutem Papier belegt ist, spritzen. Das Gebäck mit feinem Zucker bestreuen und bei sehr mäßiger Hitze backen (150 Grad).

2 Eier • 50 g Zucker • 50 g Mehl • 30 g Stärkemehl • 1 Teelöffel Backpulver
1 Päckchen Vanillezucker

Eigelb mit Zucker schaumigrühren. Gesiebtes Mehl, Stärkemehl, Backpulver, Vanillezucker und den steifen Eischnee zugeben. Auf ein befettetes, bemehltes Blech Biskuits auftragen, mit Puderzucker übersieben, backen, noch heiß vom Blech ablösen.

35. Biskuitstangen

3 Eier • 150 g Zucker • 75 g Weizenmehl • 75 g Stärkemehl • ¼ Päckchen Backpulver

Eigelb und Zucker über Dampf schaumigschlagen, dann kaltschlagen und anschließend steif geschlagenen Schnee und das mit Backpulver gemischte Mehl und Stärkemehl einrühren. Von der Masse je einen Teelöffel in ein befettetes, bemehltes Faltenblech geben, und bei mäßiger Hitze hellgelb backen.

36. Biskuitbögen

3 Eier • 3 Eier schwer Mehl • 1 Päckchen Vanillezucker • 3 Eier schwer Zucker
60 g abgezogene Mandeln

Ganze Eier mit Vanillezucker und Zucker schaumigschlagen, Mehl einrühren und den Teig gut messerrückendick auf ein mit Wachs bestrichenes Blech streichen. Mit den geriebenen Mandeln bestreuen und bei mäßiger Hitze hellgelb backen. Noch heiß zu zweifingerbreiten Streifen schneiden, diese rasch vom Blech lösen und über eine Bogenform oder ein Rollholz biegen.

37. Zitronenbögen

4 Eier • 250 g Zucker • Schale einer Zitrone • 250 g Mehl • grober Streuzucker

Ganze Eier und Zucker mit dem Schneebesen sehr schaumigrühren. Die feingewiegte Zitronenschale und das Mehl zugeben. Auf ein mit Wachs bestrichenes Backblech den Teig gut messerrückendick aufstreichen, groben Zucker daraufstreuen und bei mäßiger Hitze hellgelb backen. Noch heiß auf dem Blech zu schmalen Streifen schneiden, diese vom Blech lösen und sogleich über eine Bogenform oder ein Rollholz biegen.

38. Anislaibchen

3 Eier • 200 g Puderzucker • 250 g Mehl • Zitronenschale • 1 Teelöffel Anis

Die ganzen Eier mit dem Zucker 30 Minuten schaumigschlagen, dann das Mehl, etwas gewiegte Zitronenschale und Anis zugeben. Auf ein mit Wachs bestrichenes Blech kleine Häufchen setzen und diese über Nacht trocknen lassen. Die Laibchen am nächsten Tag bei leichter Hitze backen lassen; sie müssen bei gutem Gelingen „aufsetzen" (150 Grad).

39. Vanillelaibchen

3 Eier • 250 g Zucker • 250 g Mehl • Vanillezucker

Eiweiß zu steifem Schnee schlagen, nach und nach den Zucker zugeben und 15 Minuten weiterschlagen. Dann Eigelb, Vanillezucker und Mehl einrühren. Auf ein befettetes Blech kleine Laibchen spritzen, über Nacht trocknen lassen, dann bei leichter Hitze backen.

40. Hipperln

3 Eier • 125 g Zucker • 125 g Mehl • Anis

Zucker und Eigelb mit dem Schneebesen schaumigschlagen, dann den steifen Eischnee dazugeben und alles mitsammen noch 10 Minuten weiterschlagen, dann das Mehl und etwas Anis einrühren. Der Teig muß dünner sein als bei Anisplätzchen und darf in der Nacht nicht stehen bleiben. Man setzt kleine Häufchen auf ein befettetes Blech, die zu breiten Plätzchen verlaufen dürfen. Sie werden sofort hellgelb gebacken, noch heiß vom Blech gelöst und über einen Kochlöffelstiel gebogen.

41. Eiweißbiskuit

6 Eiweiß • 300 g Zucker • 250–300 g Mehl • Vanillezucker

Eiweiß zu steifem Schnee schlagen, den Zucker nach und nach einschlagen und so lange weiterschlagen, bis die Masse weiß ist und steht. Dann Vanillezucker und das Mehl einrühren. Auf ein gut befettetes Backblech kleine Häufchen spritzen, über Nacht trocknen lassen und am andern Tag wie die Anislaibchen bei leichter Hitze backen.

42. Eierkränzchen

2 Eier • 1 Eigelb • 250 g Zucker • 400–500 g Mehl • Vanillezucker • 1/2 Päckchen Backpulver • 1 Eiweiß • Hagelzucker

Eier, Eigelb und Zucker mit der Schneerute schaumigschlagen, dann Vanillezucker und das mit Backpulver vermischte Mehl zugeben. Am Brett zu einem feinen Teig kneten, ausrollen, mit Formen kleine Ringe ausstechen. Diese auf ein mit Wachs bestrichenes Blech legen, mit Eiweiß bestreichen, mit Hagelzucker bestreuen und bei mäßiger Hitze backen. Das Gebäck wird erst nach einigen Tagen weich und gut.

43. Myrtenkränzchen

Einen Teig wie zu Eierkränzchen bereiten, Ringe ausstechen, mit Eiweiß bestreichen, mit abgezogenen, gewiegten Pistazien bestreuen, backen und noch warm mit Arrakglasur bestreichen.

44. Belgrader Kränzchen

3 Eier • 280 g Zucker • 280 g Mehl • 280 g geschälte Mandeln • 100 g Zitronat • 1/4 Päckchen Backpulver • Arrakglasur • Zitronat und Hagelzucker zum Bestreuen

Ganze Eier und Zucker schaumig rühren, sehr feingewiegtes Zitronat, die geriebenen Mandeln und das mit Backpulver gemischte Mehl zugeben. Am Brett zu einem glatten Teig kneten, nicht zu dünn ausrollen, Ringe ausstechen und diese auf befettetem Blech backen. Nach dem Erkalten mit Arrakglasur bestreichen und mit gehacktem Zitronat und Hagelzucker bestreuen.

45. Bauernkrapfen

140 g Zucker • 2 Eier • Schale 1/2 Zitrone • 40 g Zitronat • 90 g geschälte Mandeln • 140 g Mehl • Oblaten

Zucker, Eier und Zitronenschale 1/4 Stunde schaumig rühren, dann das in Streifen geschnittene Zitronat, die länglich geschnittenen Mandeln und das Mehl zugeben. Von der Masse kleine Häufchen auf Oblaten setzen, über Nacht trocknen lassen und am andern Tag bei mäßiger Hitze backen.

46. Wassermarzipan

1/2 kg Mehl • 1/2 kg feiner Zucker • knapp 1/8 l Wasser • 1—2 Löffel Arrak
1 Päckchen Vanillezucker

In einer Schüssel Zucker und Wasser, Arrak und Vanillezucker mischen, soviel Mehl dazu rühren als es annimmt, am Brett das übrige Mehl zugeben und den Teig gut abkneten. Sofort mit Formen ausdrücken, diese über Nacht trocknen lassen und am nächsten Tag bei leichter Hitze auf gut bewachstem Blech backen (150 Grad).

47. Gewürzmarzipan

5 Eier • 560 g Puderzucker • 875 g Weizenmehl • Schale einer Zitrone
1/4 Päckchen Backpulver • 1 Kaffeelöffel Zimt • 1 Messerspitze Nelken
1 Messerspitze Kardamom

Weizenmehl feingesiebt über Nacht an einen warmen Ort stellen. Am nächsten Tag Zucker und Eier 1 Stunde lang rühren, dann das Mehl zugeben und den Teig am Brett fein abkneten. Ohne den Teig ruhen zu lassen nicht zu dünn ausrollen, mit Modeln ausdrücken und die Stückchen auf ein Tuch zum Trocknen geben. Am nächsten Tag auf ein bewachstes Blech legen und in gut vorgeheiztem Rohr bei mäßiger Hitze backen. Schönes Marzipan darf auf der Oberseite keine Farbe bekommen und muß aufsetzen (150 Grad).

48. Nürnberger Marzipan

5 frische Eier · ½ kg Puderzucker · ½ kg Weizenmehl

Eiweiß zu steifem Schnee schlagen, nach und nach den Zucker einschlagen, die Eigelb zugeben und über Dampf so lange weiterschlagen, bis die Masse anfängt zu steigen und hell wird. Dann schlägt man sie wieder kalt, mischt das Mehl dazu und arbeitet am Brett einen glänzenden, geschmeidigen Teig, den man gleich ausrollt. Man drückt den Teig in die Model ein, rädelt die Ränder mit dem Teigrädchen zierlich aus und bäckt die Stückchen am nächsten Tag auf gut bewachstem Blech. Das Backrohr muß gut vorgeheizt sein, die Backhitze mäßig (150 Grad).

49. Springerle

4 Eier (keine Kalkeier) · 500 g Puderzucker · 500 g Mehl · Zitronenschale
Anis

Ganze Eier und Zucker mit dem Schneebesen 30 Minuten schaumig schlagen, dann das gesiebte Mehl einrühren. Den Teig am Brett glattkneten, ausrollen, in Springerlform drücken, über Nacht trocknen lassen. Die Springerl auf befettetem, nach Belieben mit Anis bestreutem Blech bei leichter Hitze backen. Die Springerl dürfen auf der Oberseite keine Farbe bekommen und müssen aufsetzen (150 Grad).

50. Pfeffernüsse

4 Eier · ½ kg Zucker · ½ kg Mehl · 40 g Zitronat · Schale einer Zitrone
2 Teelöffel Zimt · 2 Messerspitzen Nelken · 1 Messerspitze Kardamom
1 Messerspitze Backpulver

Ganze Eier und Zucker 30 Minuten schaumigrühren, dann das feingewiegte Zitronat, die Gewürze und das mit Backpulver vermischte Mehl zugeben. Den Teig am Brett glattkneten, gut messerrückendick ausrollen, mit Formen Pfeffernüsse ausstechen. Diese auf ein bewachstes Blech legen, über Nacht trocknen lassen und am nächsten Tag bei schwacher Hitze zu heller Farbe backen. Noch heiß vom Blech lösen. Sie werden erst nach einigen Wochen weich und gut.

SCHAUMGEBÄCK

Bei Schaumgebäck müssen die Eiweiß von frischen Eiern sein und sehr genau vom Eigelb getrennt werden. Der Zucker muß trocken und fein gesiebt sein. Zum Gelingen des Schaumgebäcks ist Hauptbedingung, daß der Schnee sehr steif geschlagen ist, der Zucker dann nach und nach zugegeben wird, und die Masse mit diesem wieder ganz fest wird. Das Backblech wird mit befettetem Pergamentpapier oder mit Zucker übersiebtem Papier belegt. Man setzt entweder mit dem Kaffeelöffel kleine Häufchen auf oder spritzt Häufchen oder beliebige Formen. Das Backrohr soll gut vorgewärmt sein, gebacken wird bei ganz leichter Hitze. Nach dem Erkalten das Schaumgebäck mit einem biegsamen Messer vom Papier lösen (125—150 Grad).

1. Baisergebäck, Spanischer Wind

6 Eiweiß · 420 g Zucker · Vanillezucker

Eiweiß zu sehr steifem Schnee schlagen, nach und nach 1/3 des Zuckers einschlagen, dann den restlichen Zucker einrühren. Die Masse auf ein mit befettetem Papier belegtes Blech spritzen und den Spanischen Wind im Rohr bei schwacher Hitze backen. Das Gebäck muß weiß bleiben und darf nicht aufgehen. Nach Belieben können in die fertige Spanische Windmasse geschälte, stiftelig geschnittene, geröstete Mandeln eingerührt werden. Mit einem Teelöffel Häufchen auf ein mit befettetem Papier belegtes Blech setzen und bei mäßiger Hitze (125—150 Grad) backen (Verhältnis: 1 Eiweiß = 70 g Zucker).

2. Basler Schokoladengebäck

4 Eiweiß · 300 g Zucker · 300 g Mandeln · 300 g gute Schokolade

Eiweiß und Zucker schaumigrühren, mit der Schale geriebene Mandeln und geriebene Schokolade zugeben. Das Backbrett mit einer Mischung von Puderzucker und Mehl bestäuben, den Teig darauf vorsichtig 1 cm dick ausrollen, zu Formen ausstechen, auf bewachstem Blech bei mäßiger Hitze (150 Grad) 15—20 Minuten backen.

3. Pignolibusserl

3 Eiweiß · 300 g Zucker · Schale und Saft 1/2 Zitrone · 300 g Pignoli (Pinienkerne)

Eiweiß mit Zucker, feingehackter Zitronenschale und Zitronensaft schaumig rühren, die Pignoli einmengen. Auf ein gut befettetes Blech oder runde Oblaten mit 2 Teelöffeln kleine Häufchen setzen und die Busserln bei mäßiger Hitze (150 Grad) lichtgelb backen.

4. Schokoladenbusserl

2 Eiweiß · 150 g Zucker · 100 g Schokolade · 200 g Mandeln

Eiweiß mit Zucker schaumig rühren, geriebene Schokolade und mit der Schale in feine Stiftchen geschnittene Mandeln zugeben. Davon kleine Häufchen auf Oblaten setzen, bei schwacher Hitze (125 Grad) 15—20 Minuten mehr trocknen als backen.

MAKRONEN, MANDEL- UND NUSSGEBÄCK

Bei Makronen bildet Eiweiß oder Eischnee und Zucker die Grundlage. Dann fügt man die übrigen Zutaten bei, Mandeln oder Nüsse nicht zu fein gerieben. Die Masse schlägt man am besten über Dampf dicklich. Kokosflockenmasse soll immer über Dampf gerührt werden, damit die Flocken weich werden. Makronenmasse wird meistens auf Oblaten oder auch auf Mürbteig gebacken. Um eine glänzend schöne Oberfläche zu erzielen, werden Makronen vor dem Backen mit Puderzucker besiebt. Die Backhitze sei leichte Oberhitze ohne Unterhitze (150 Grad).

5. Mandelmakronen

5 Eiweiß · 250 g Zucker · 250 g abgezogene Mandeln · Oblaten · Zucker

Mit dem steifgeschlagenen Eischnee schlägt man noch 10 Minuten den Zucker, rührt die geriebenen Mandeln dazu, setzt auf Oblaten kleine, hohe Häufchen, siebt etwas Zucker darüber und bäckt die Makronen bei guter Oberhitze (150 Grad) (50 Stück).

6. Mandelnußmakronen

4 Eiweiß · 280 g Zucker · 100 g geschnittene Nüsse · 100 g geriebene Mandeln · 70 g Mehl · Schale einer ¹/₂ Zitrone · Oblaten · Puderzucker

Eischnee und Zucker mitsammen 10 Minuten schlagen, dann die Mandeln, Nüsse und das Mehl zugeben und über Dampf so lange schlagen, bis die Masse etwas anzieht. Dann nimmt man sie vom Dampf weg, rührt sie wieder kalt und gibt die abgeriebene oder feingewiegte Zitronenschale zu. Ein Backblech belegt man mit Oblaten, setzt mit dem Löffel feine Häufchen darauf, übersiebt leicht mit Puderzucker und bäckt ohne Unterhitze zu schöner Farbe (150 Grad).

7. Gefüllte Makronen

4 Eiweiß · 280 g Zucker · 280 g geschälte Mandeln · Oblaten · Himbeermarmelade · Puderzucker · etwas Punschglasur

Mit dem steifgeschlagenen Eischnee schlägt man noch 10 Minuten den Zucker und gibt die geriebenen Mandeln dazu. Man formt mit angefeuchteten Händen kleine Makronen, legt sie auf Oblaten, macht mit dem Kochlöffelstiel in die Mitte eine kleine Vertiefung, gibt etwas Himbeermarmelade hinein, übersiebt leicht mit Puderzucker und bäckt bei leichter Oberhitze. Nach dem Erkalten schneidet man die Oblaten zu, füllt noch ein wenig Marmelade auf, deckt mit einem großen Tropfen Punschglasur zu und trocknet noch kurz in der Wärme.

8. Mandellaibchen

4 Eiweiß · ½ kg Zucker · ½ kg abgezogene, geriebene Mandeln · Backoblaten · Puderzucker

Den steifgeschlagenen Eischnee mit dem Zucker über Dampf so lange schlagen, bis die Masse ganz dick ist. Dann vom Dampf nehmen, die geriebenen Mandeln zugeben, den Teig gut durchrühren, mit der nassen Hand kleine Kugeln formen, auf Oblaten setzen, leicht mit Puderzucker bestreuen und erst bei mäßiger, dann bei ansteigender Oberhitze backen (140-150 Grad).

9. Nußlaibchen

3 Eier · 350 g Zucker · 350 g geriebene Haselnüsse · Zitronenschale · Oblaten etwas Marmelade (kein Gelee) · Puderzucker

Die Eiweiß zu steifem Schnee schlagen, mit dem Zucker noch 30 Minuten weiterschlagen, dann die Nüsse, die Eigelb und die abgeriebene Zitronenschale zugeben. Mit befeuchteten Händen kleine Kugeln drehen, diese auf Oblaten setzen, mit dem Kochlöffelstiel je eine kleine Vertiefung in die Mitte drücken, etwas Marmelade hineingeben, mit Puderzucker übersieben und bei leichter Oberhitze backen (150 Grad).

10. Gewürzmakronen

6 Eiweiß · ½ kg Zucker · ½ kg ungeschälte Mandeln · 60 g Zitronat · 60 g Orangeat · 1 Teelöffel Zimt · 1 Messerspitze Nelken · 1 Messerspitze Kardamom · Puderzucker

Den steifen Eischnee mit dem Zucker 30 Minuten weiterschlagen, dann die geriebenen Mandeln, das feingewiegte Zitronat und Orangeat und die Gewürze zugeben. Mit leicht angefeuchteten Händen kleine Makronen formen, auf Oblaten setzen, mit Puderzucker übersieben und bei leichter Oberhitze backen (150 Grad).

11. Dunkle Makronen

6 Eiweiß · ½ kg Zucker · 250 g Mandeln · 250 g Nüsse · 60 g Zitronat 60 g Orangeat · 1 Teelöffel Zimt · 1 Messerspitze Nelken · 1 Messerspitze Kardamom · Puderzucker

Eiweiß und Zucker 30 Minuten schaumigrühren, die braungeriebenen Mandeln und Nüsse zugeben und über Dampf weiterrühren, bis die Masse etwas anzieht. Dann kalt rühren und das gewiegte Orangeat und Zitronat sowie die Gewürze zugeben. Die Oblaten auf das Backblech legen, mit einem Löffel Makronen daraufsetzen, mit Puderzucker übersieben und ohne Unterhitze zu schöner Farbe backen (150 Grad).

12. Schokoladenmakronen

5 Eiweiß · 250 g Zucker · 250 g ungeschälte Mandeln · 250 g Schokolade Vanillezucker · Oblaten

Den steifgeschlagenen Eischnee mit dem Zucker noch 30 Minuten weiterschlagen. 3 Eßlöffel von dieser Masse abnehmen. In die andere Schaummasse die geriebenen Mandeln, die geriebene Schokolade und Vanillezucker geben, mit angefeuchteten Händen kleine Kugeln formen, auf Oblaten legen, mit dem Kochlöffelstiel in die Mitte kleine Vertiefung machen, diese mit der zurückgelassenen Schaummasse füllen und die Makronen bei mäßiger Hitze backen (150 Grad). Nach dem Erkalten die Oblaten gleichmäßig zuschneiden.

13. Dattelmakronen

2 Eiweiß · 150 g Zucker · 1 Päckchen Vanillezucker · 125 g Hasel- oder Walnüsse · 150 g Datteln · Oblaten · dickes Zuckerwasser

Die Datteln waschen, abtrocknen lassen und in längliche Streifen schneiden. Den Eischnee mit dem Zucker noch 10 Minuten schlagen, dann Vanillezucker, die geriebenen Nüsse und die feingeschnittenen Datteln zugeben. Auf Oblaten längliche Häufchen aufsetzen, bei mäßiger Oberhitze backen und noch heiß mit dickem Zuckerwasser bestreichen (150 Grad).

14. Hagebuttenmakronen

5 Eiweiß · 250 g Zucker · 250 g geschälte Mandeln oder Nüsse · Schale 1 Zitrone · 1 Eßlöffel Hagebuttenmark · Puderzucker

Den Eischnee mit Zucker und Hagebuttenmark 10 Minuten weiterschlagen, dann die geriebenen Mandeln oder Nüsse und die abgeriebene Zitronenschale zugeben. Mit nassen Händen kleine Makronen formen, auf Oblaten setzen, mit Puderzucker übersieben und bei leichter Oberhitze backen. Nach dem Auskühlen die Oblaten gleichmäßig zuschneiden (150 Grad).

15. Kokosflockenmakronen

4 Eiweiß · 250 g Zucker · 250 g Kokosflocken · Schale und Saft 1 Zitrone 10 g Mehl

In den steifen Eischnee den Zucker einschlagen, die Kokosflocken zugeben und über Dampf so lange weiterschlagen, bis die Masse warm, aber nicht heiß ist. Dann schlägt man sie wieder kalt, gibt Saft und Schale der Zitrone und das Mehl zu, formt mit angefeuchteten Händen kleine Makronen, setzt sie auf Oblaten, siebt leicht Zucker darüber und bäckt sie bei schwacher Oberhitze (140–150 Grad).

16. Makronenrauten

Man belegt das Backblech mit Oblaten, legt einen etwa 2½ cm breiten Streifen Mandelmakronenmasse auf, schließt einen ebenso breiten Streifen Schokoladenmakronenmasse an, spritzt in der Mitte Hagebuttenmark durch, besiebt mit feinem Zucker und bäckt bei leichter Hitze zu schöner Farbe. Noch heiß zu gleichmäßigen Rauten schneiden.

17. Mandelbogen

5 Eiweiß · 250 g Zucker · 250 g abgezogene Mandeln · Schale ½ Zitrone 1 Teelöffel Zimt · 1 Messerspitze Nelken · Oblaten

In den steifen Eischnee löffelweise den Zucker einschlagen und die Masse über Dampf so lange weiterschlagen, bis sie anfängt, warm zu werden. Dann rührt man sie wieder kalt und mengt die geriebenen Mandeln, die abgeriebene Zitronenschale und die Gewürze unter. Ein Backblech belegt man mit zweifingerbreiten Oblatenstreifen, streicht gut messerrückendick den Mandelteig auf, übersiebt leicht mit Puderzucker und bäckt bei leichter Oberhitze hellgelb. Noch heiß nimmt man die Streifen vom Blech und biegt sie rasch über eine Bogenform oder das Nudelholz.

18. Pistazien-Streifen

3 Eiweiß · 200 g Zucker · Schale und Saft ½ Zitrone · 250 g Mandeln · 50 g Pistazien

Eiweiß steif schlagen, Zucker, feingehackte Zitronenschale und Zitronensaft einschlagen, über Dampf warm schlagen. Die abgezogenen, in Stifte geschnittenen Mandeln und Pistazien einmengen, die Masse 1½ cm dick auf rechteckige Oblaten streichen, mit zurückbehaltenen Pistazien überstreuen. Mit dem Messer oder der Schere zu 2 cm breiten Streifen schneiden, auf das Blech legen und bei mäßiger Hitze (150 Grad) backen.

19. Dattelstangerl

3 Eiweiß · 210 g Zucker · 140 g Mandeln · 140 g Datteln · Oblaten

In den festen Eischnee ⅓ des Zuckers einschlagen, dann den restlichen Zucker und die abgezogenen, länglich geschnittenen Mandeln und die ebenfalls länglich geschnittenen Datteln einrühren. Die Masse auf Oblaten streichen, bei schwacher Hitze halbfertig backen, dann in 2 cm breite Streifen schneiden und fertigbacken (150–160 Grad).

20. Quittenstangerl

150 g geriebene Haselnüsse mit 250 g Puderzucker und 3 Eiweiß am Feuer dicklich rühren, auf Oblaten streichen, mit geschnittenem Quittenkäse belegen, Streifen schneiden, hell backen.

21. Nußhörnchen auf Oblaten

4 Eiweiß · 250 g Zucker · 300 g geschnittene Haselnüsse · 1 Päckchen Vanillezucker · Oblaten · Puderzucker

Den steifgeschlagenen Eischnee mit dem Zucker 10 Minuten weiterschlagen, dann die geschnittenen Haselnüsse und Vanillezucker zugeben. Den Teig mit feuchten Händen zu kleinen Hörnchen formen und diese auf Oblaten setzen. Mit etwas Puderzucker übersieben und bei leichter Oberhitze backen. (150 Grad).

22. Haselnußstangen

3 Eiweiß · 300 g Zucker · 125 g Haselnüsse · 125 g ungeschälte Mandeln 1 Päckchen Vanillezucker · Saft 1/2 Zitrone · Oblaten

Den steifen Eischnee mit Zucker und Zitronensaft 10 Minuten weiterschlagen, 4 Eßlöffel von dieser Masse abnehmen. Unter die andere Schaummasse die geriebenen Nüsse, Mandeln und Vanillezucker mischen, den Teig auf einem mit Zucker bestreuten Brett ausrollen, zu 2 cm breiten, fingerlangen Streifen schneiden, diese auf Oblaten legen und 2 Stunden trocknen lassen. Dann durch die Mitte einen dünnen Glasurstreifen von der zurückgelassenen Schaummasse ziehen und die Schnitten bei mäßiger Oberhitze backen.

23. Pignolistangerl

2 Eiweiß · 140 g Zucker · 200 g Mandeln oder Nüsse · 20 g Pignoli (Pinienkerne)

Den steifen Eischnee mit Zucker 10 Minuten weiterschlagen, dann die brauneriebenen Mandeln oder Nüsse zugeben. Den Teig zu kleinen Stangen formen, mit Pignoli belegen, auf dem befetteten Blech bei 150 Grad hellbraun backen.

24. Mandelkugeln

4 Eigelb · 125 g Zucker · 250 g abgezogene, geriebene Mandeln · Zitronenschale · Hagelzucker · abgezogene, halbierte Mandeln · Oblaten

Eigelb und Zucker schaumig rühren, die geriebenen Mandeln und feingewiegte Zitronenschale untermischen. Kleine Kugeln formen, in Hagelzucker drehen, auf Oblaten setzen, oben eine geschälte, halbierte Mandel hineinstecken und bei leichter Oberhitze backen.

25. Nußkugeln

4 Eier · 1/2 kg Farinzucker · 1/2 kg geriebene Nüsse · 1 Teelöffel Zimt · 1 Messerspitze Nelken · Oblaten

Ganze Eier und Zucker schaumigrühren, die geriebenen Haselnüsse und Gewürze zugeben. Von der Masse kleine Kugeln formen, auf Oblaten setzen und bei mäßiger Hitze backen (140–150 Grad).

26. Zitronenschnitten

2 Eiweiß · 375 g feiner Zucker · Saft und Schale von 2 Zitronen · 375 g ungeschälte, geriebene Mandeln oder Nüsse — Glasur: 250 g Puderzucker Saft 1 Zitrone

Eiweiß zu steifem Schnee schlagen, den Zucker einschlagen, den Saft und die feingewiegte Schale der 2 Zitronen und die geriebenen Mandeln oder Nüsse zugeben. Den Teig auf dem mit Zucker bestreuten Brett bleistiftdick ausrollen, zu verschobenen Quadraten ausstechen oder schneiden, auf Oblaten setzen, einige Stunden oder über Nacht kühl stellen, dann hellgelb backen. Gesiebten Puderzucker mit Zitronensaft zu dickflüssiger Glasur rühren, das erkaltete Gebäck damit bestreichen und trocknen lassen.

27. Mandelstiftchen

140 g Puderzucker oder feiner Grießzucker · 1 Päckchen Vanillezucker · 140 g Mehl · 1 Eigelb · 1 Ei · 1 Eiweiß zum Bestreichen — Zum Füllen: 80 g Mandeln

Gesiebten Zucker mit Vanillezucker, Mehl, Eigelb und Ei auf dem Brett rasch zu einem glatten Teig kneten, messerrückendick ausrollen und 10 cm breite Streifen rädeln. Diese belegt man in der Mitte der ganzen Länge nach mit 2 Reihen abgezogener, halbierter Mandeln, schlägt über die beiden Längsseiten die Teigstreifen über die Mandeln und legt die flachgedrückten Rollen nun umgekehrt auf ein befettetes Blech. Sie werden mit Eiweiß bestrichen und bei schwacher Mittelhitze im Rohr hellgelb gebacken. Noch warm schneidet man sie zu schmalen Blättchen. Zur Fülle kann man statt Mandeln Feigen, Datteln oder dergleichen verwenden. — Das Eigelb im Teig kann auch wegbleiben und die Rollen mit zurückbehaltenem, gewässertem Ei bestrichen werden.

28. Orangenbusserl

2 Eiweiß · 120 g Zucker · Saft und Schale ½ Orange · 100 g Nüsse oder Mandeln · 4 Teelöffel Stärkemehl · Backoblaten

Eiweiß steif schlagen, den Zucker nach und nach zugeben und so lange weiterschlagen, bis die Masse steif ist. Dann den Schneebesen herausnehmen und mit einem Kochlöffel die fein abgeschälte und ebenso fein gewiegte Schale der halben Orange, den Saft der Orange, die geriebenen Nüsse oder Mandeln und das Stärkemehl unterrühren. Von der Masse nußgroße Häufchen auf Oblaten setzen und die Busserl im Rohr bei schwacher Hitze hellbraun backen.

29. Frankfurter Printen

500 g Mandeln · 500 g Zucker · 4 Eßlöffel Rosenwasser · 1 Eiweiß · 60 g Mehl · 1 Teelöffel Backpulver

Die Mandeln abziehen, fein reiben, mit Zucker und Rosenwasser vermischen, auf schwachem Feuer unter ständigem Rühren solange rösten, bis sie trocken sind. In ein anderes, mit Zucker bestreutes Gefäß geben, mit einem feuchten Tuch überdecken und an einem kühlen Ort bis zum nächsten Tag aufbewahren. Dann in die Masse das rohe Eiweiß und Mehl einkneten, ³/₄ cm dick ausrollen, in mehlbestäubte Holzformen drücken, 24 Stunden trocken liegen lassen, auf mit Oblaten belegtem Blech bei schwacher Hitze (150 Grad) hell backen. — Statt das Marzipan selbst zu machen, kann man es auch sehr gut kaufen. Es wird dann nur auf mit Puderzucker bestreutem Brett mit etwas Rosenwasser geschmeidig geknetet und wie vorstehend fertiggemacht.

30. Zimtsterne

6 Eiweiß · ¹/₂ kg Zucker · ¹/₂ kg ungeschälte Mandeln · 2 Eßlöffel Zimt

Eiweiß steif schlagen, Zucker nach und nach einschlagen. Von der steifen Baisersmasse 4 Eßlöffel abnehmen. Die restliche Schaummasse mit den geriebenen Mandeln und Zimt verrühren. Den Teig am Brett zusammenkneten, auf Puderzucker ¹/₂ cm dick ausrollen, Sterne ausstechen, mit der zurückbehaltenen Eiweißmasse bestreichen und die Zimtsterne auf bewachstem Blech bei schwacher Hitze backen. — Oder nach dem Backen mit Zimtglasur bestreichen (125—150 Grad).

31. Vanillesterne

In der aus den gleichen Zutaten wie die Zimtsterne hergestellten Masse läßt man den Zimt weg und rührt dafür 2 Päckchen Vanillezucker ein. Die übrige Zubereitung ist dieselbe.

32. Mandelringe

2 Eiweiß · 250 g Zucker · Schale und Saft 1 Zitrone · 250 g Mandeln oder Nüsse · Schokoladenglasur

Eiweiß mit Zucker, feingehackter Zitronenschale, Zitronensaft und geriebenen Mandeln oder Nüssen am Feuer dicklich rühren. Die Masse in einen Spritzsack mit glatter Tülle füllen, auf ein sehr gut befettetes Blech oder Oblaten Kränzchen spritzen, bei mäßiger Hitze (150 Grad) backen, zur Hälfte in Schokoladenglasur tauchen, auf einem Kuchengitter trocknen lassen.

33. Mokka-Mandelgebäck

4 Eiweiß · 350 g Zucker · 250 g Nüsse · 150 g geriebene Mandeln · 2 Eßlöffel Arrak · 1 Eßlöffel Nescafé · Kaffeeglasur · geschälte Mandeln

Den Eischnee mit Zucker noch 10 Minuten weiterschlagen, die geriebenen Nüsse, Mandeln, Arrak und Nescafé zugeben, den Teig am Brett zusammenkneten, auf Zucker nicht zu dünn ausrollen, Formen ausstechen und diese auf bewachstem Blech bei mäßiger Hitze backen. Nach dem Auskühlen mit Kaffeeglasur überziehen und geschnittene Mandeln daraufstreuen.

34. Belgrader Brot

2 Eiweiß · 125 g Zucker · 250 g geschälte Mandeln · 60 g Zitronat · 40 g Mehl · Schale $^1/_2$ Zitrone · 1 Messerspitze Zimt

Eischnee mit Zucker 10 Minuten weiterschlagen, länglich geschnittene Mandeln, gewiegtes Zitronat, Mehl, abgeriebene Zitronenschale und Zimt zugeben. Den Teig am Brett durchkneten, ausrollen, zu Rauten rädeln. Nach kurzem Trocknen auf bewachstem Blech bei mäßiger Hitze backen.

35. Witwenküsse

4 Eiweiß · 140 g Zucker · 140 g Walnüsse oder Haselnüsse · 70 g Zitronat Oblaten

Eiweiß mit Zucker in einer Schüssel über Dampf dickschaumig schlagen. Dann grobgehackte Walnüsse oder Haselnüsse und kleinwürfelig geschnittenes Zitronat unterrühren. Mit Hilfe von 2 Kaffeelöffeln kleine Häufchen auf Oblaten setzen und in mäßig warmem Rohr lichtgelb backen.

36. Negerküsse

4 Eiweiß · 200 g Zucker · 200 g Walnüsse oder Haselnüsse · 100 g Kuvertüre 30 g Mandeln

Eiweiß mit Zucker und geriebenen Nüssen 20 Minuten rühren. Ein Blech befetten und bemehlen, von der Masse kleine Krapferl daraufsetzen und bei mäßiger Hitze im Rohr backen. Dann glasiert man sie auf der glatten unteren Seite mit dickflüssiger Kuvertüre, belegt sie in der Mitte mit einer abgezogenen, stiftelig geschnittenen Mandel und läßt die Kuvertüre erstarren.

37. Zahnstocher

200 g Mandeln · 200 g Puderzucker · Zimt · Zitronenschale · 3 Eiweiß Oblaten · Mandeln zum Bestreuen · feine Marmelade zum Füllen · Zitronenglasur

Die mit der Schale feingeriebenen Mandeln mit gesiebtem Puderzucker, Zimt, Zitronenschale und dem nötigen rohen Eiweiß zu einem zähen Teig kneten. Das Brett mit Puderzucker bestreuen, den Teig zu einer daumendicken Rolle formen, auf einen zusammengeklebten Oblatenstreifen legen, etwas flach drücken. Mit dem Kochlöffelstiel in der Mitte eine tiefe Rille drücken. Die Teigoberfläche mit rohem Eiweiß bestreichen, mit abgezogenen, gehackten Mandeln bestreuen, dann den Kochlöffel abheben. Den Mandelstreifen bei schwacher Hitze hellbraun backen, in die Mittelrille durch eine glatte Spritztülle rote Marmelade spritzen. Das Ganze mit Zitronenglasur betupfen, im lauwarmen Rohr übertrocknen lassen, nach einigen Tagen zu schrägen, schmalen Streifchen schneiden.

38. Fruchtschnitten

200 g Margarine · 200 g Zucker · 3 Eier · 250 g Mehl · 125 g Stärkemehl 375 g Sultaninen · 125 g Korinthen · 125 g ungeschälte Mandeln · 1 Kaffeelöffel Lebkuchengewürz · ³/₄ Päckchen Backpulver — Glasur: 250 g Puderzucker · 2 Eßlöffel Zitronensaft · 2 Eßlöffel Wasser · Nüsse zum Belegen

Margarine mit Zucker und Eiern schaumig rühren, Lebkuchengewürz und das mit Backpulver gemischte Mehl und Stärkemehl unterrühren. Dann die gereinigten Sultaninen und Korinthen und die gehackten Mandeln zugeben. Die Masse auf ein befettetes, bemehltes Blech streichen und bei schwacher Mittelhitze 45 Minuten backen. Nach dem Erkalten zu Quadraten schneiden, mit Zitronenglasur bestreichen und mit einer halben Walnuß belegen.

39. Bärenpratzerl

200 g abgezogene, feingeriebene Mandeln · 300 g Puderzucker · 2 Eiweiß Zitronenschale · Zimt · 1 Teelöffel Zitronensaft · 2 Teelöffel Stärkemehl kandiertes Obst zum Belegen · Zuckerlösung zum Bestreichen

Die geriebenen Mandeln mit gesiebtem Puderzucker und dem nötigen rohen Eiweiß zu einer dickflüssigen Masse rühren, auf schwachem Feuer etwas erhitzen. Nach dem Abkühlen die Gewürze, Zitronensaft und Stärkemehl zugeben, wenn nötig noch etwas rohes Eiweiß. Die Masse in einen Spritzsack mit grober Sterntülle füllen. Bärenpratzerl auf ein bewachstes Blech spritzen, mit Stückchen von kandiertem Obst belegen und bei Mittelhitze hellbraun backen. Kurz bevor das Gebäck aus dem Rohr kommt, mit heißer Zuckerlösung, die man aus 2 Eßlöffel Zucker und 1 Eßlöffel Wasser gekocht hat, bestreichen.

40. Nougatbusserl

150 g Butter · 100 g Mehl · 100 g Stärkemehl · 100 g Zucker · 100 g Mandeln · 1 Ei · 125 g Nougat

Gesiebtes Mehl und Stärkemehl mit kleingeschnittener Butter abbröseln, Zucker, mit der Schale geriebene oder feingehackte Mandeln und Ei zugeben und rasch zu einem Teig kneten. Sehr kleine, runde Förmchen ausstechen und goldgelb backen. Auf der Innenseite mit Nougat bestreichen und je 2 Busserl zusammensetzen.

41. Haferflockenmakronen

4 Eiweiß • 250 g Zucker • 250 g Haferflocken • Schale 1 Zitrone

Eiweiß zu steifem Schnee schlagen, den Zucker einschlagen, die gewiegten, gerösteten Haferflocken und gewiegte Zitronenschale zugeben. Auf ein befettetes, bemehltes Blech kleine Häufchen setzen und die Makronen hellbraun backen.

42. Pumpernickel

3 Eier • 375 g Zucker • 375 g Mehl • 1 Messerspitze Backpulver • 300 g geriebene Mandeln • 1 Teelöffel Zimt • 1 Messerspitze Nelken • 1 Messerspitze Kardamom • Schokoladen- oder Punschglasur

Ganze Eier und Zucker schaumigrühren, mit Backpulver vermischtes Mehl, die geriebenen Mandeln und die Gewürze zugeben. Den Teig am Brett glattkneten, ziemlich dünn ausrollen, mit Formen Halbmonde ausstechen und auf bewachstem Blech bei Mittelhitze backen. Nach dem Auskühlen mit Schokoladen- oder Punschglasur überziehen.

43. Pomeranzenlaibchen

4 Eier • 250 g Zucker • 200 g Mehl • 100 g geriebene Haselnüsse • 40 g Zitronat • 40 g Orangeat • 1 Teelöffel Zimt • 1 Messerspitze Nelken • Zitronat zum Verzieren

Ganze Eier und Zucker schaumigrühren, das Mehl, die Nüsse, gewiegtes Zitronat und Orangeat und die Gewürze zugeben. Auf ein befettetes Backblech kleine Häufchen setzen, mit einem Stückchen Orangeat verzieren und bei mäßiger Hitze backen.

SCHNITTEN

1. Biskuitschnitten

4 Eier • 250 g Zucker • 250 g Mehl • Schale ½ Zitrone • 50 g Mandeln

Die ganzen Eier mit dem Zucker schaumigschlagen, Zitronenschale oder Vanillezucker zugeben und das Mehl einrühren. Auf ein mit Wachs bestrichenes Blech den Teig fingerdick aufstreichen, mit geschälten, länglich geschnittenen Mandeln bestreuen und den Teig bei mäßiger Hitze hellgelb backen. Noch warm zu Streifen oder Rauten schneiden und sofort vom Blech lösen (175 Grad).

2. Kleine Blitzkuchen

125 g Butter oder Margarine · 125 g Zucker · 3 Eier · 125 g Mehl · Zitronenschale oder Vanillezucker · Mandeln oder Nüsse

In die mit Zucker schaumiggerührte Butter oder Margarine abwechselnd die Eier, das Mehl und Zitronenschale oder Vanillezucker geben. Die Masse halbfingerdick auf ein befettetes Blech streichen, mit geriebenen Mandeln oder geschnittenen Nüssen bestreuen und bei mäßiger Hitze goldgelb backen. Noch warm zu kleinen Streifen oder Rauten schneiden und das Gebäck rasch vom Blech lösen.

3. Sandschnitten

180 g Butter oder Margarine · 180 g Zucker · 3 Eier · 180 g Mehl · 1/4 Päckchen Backpulver · Vanillezucker oder Zitronenschalen

Butter oder Margarine mit Zucker, Eigelb und Geschmackszutat 15 Minuten schaumigrühren, dann das mit Backpulver gemischte Mehl und den steifen Eischnee einrühren. Die Masse fingerdick auf ein befettetes, bemehltes Backblech streichen, mit geschälten, geschnittenen Mandeln, geriebenen Haselnüssen oder Hagelzucker bestreuen und bei mäßiger Hitze zu schöner Farbe backen. Noch heiß zu Schnitten teilen.

250 g Butter oder Margarine · 250 g Zucker · 250 g Mehl · 6 Eier · 1 Päckchen Vanillezucker · 1/2 Päckchen Backpulver · Mandeln oder Nüsse

In die mit Zucker und Eigelb schaumig gerührte Butter oder Margarine das mit Backpulver gemischte Mehl und den steifen Eischnee einrühren. Die Masse auf ein befettetes, bemehltes Blech streichen, mit geschälten, länglich geschnittenen Mandeln oder geriebenen Nüssen bestreuen, bei Mittelhitze hellgelb backen und noch warm in schmale Schnitten teilen.

4. Königsschnitten

250 g Butter oder Margarine · 250 g Zucker · 6 Eier · 250 g Mehl · 45 g ungeschälte süße Mandeln · 15 g ungeschälte bittere Mandeln · 2 Eßlöffel Arrak · 100 g Sultaninen · Schale 1/2 Zitrone

Butter oder Margarine mit Zucker, Eigelb und abgeriebener Zitronenschale schaumigrühren, die geriebenen Mandeln zugeben, 15 Minuten weiterrühren. Dann die gereinigten, trockenen Sultaninen, Arrak, Mehl und den steifen Eischnee zugeben. Die Masse auf ein befettetes, mit Bröseln bestreutes Backblech streichen und den Teig bei Mittelhitze hellgelb backen. Noch heiß zu Streifen oder Rauten schneiden.

5. Englische Biskuits

60 g Butter · 100 g Zucker · 2 Eßlöffel Vanillezucker · 2 Eier · 250 g Mehl 125 g Stärkemehl · 3 Teelöffel Backpulver

Butter oder Margarine mit Zucker und Vanillezucker schaumigrühren, nach und nach abwechselnd die ganzen Eier, gesiebtes Stärkemehl, Mehl und Backpulver hinzufügen und zuletzt den Teig mit den Händen gut durchkneten. Den Teig strohhalmdick ausrollen, mit einem Glas Biskuit ausstechen und auf befettetem Blech bei guter Hitze goldgelb backen.

6. Krümper

75 g Butter oder Margarine · 40 g Zucker · 2 Eier · 125 g Mehl · 200—250 g Semmel- oder Zwiebackbrösel · 1 Teelöffel Zimt · 1 Messerspitze Nelken ¹/₂ Päckchen Backpulver · Arrak- oder Punschglasur

Butter oder Margarine mit Zucker und ganzen Eiern schaumigrühren, die Gewürze, das mit Backpulver gemischte Mehl und die Brösel zugeben. Die Masse auf eine befettetes, mit Zucker bestreutes Backblech streichen, bei mäßiger Hitze zu schöner Farbe backen, nach dem Auskühlen in gleichmäßige Schnitten teilen, diese mit Arrak- oder Punschglasur überziehen.

7. Prophetchen

140 g Mehl · 70 g Butter oder Margarine · 70 g Zucker · 2 Eier · 2 Eßlöffel Sauerrahm · ¹/₂ Zitrone · Butter zum Bestreichen · Zucker und Zimt zum Bestreuen

Die Butter oder Margarine schneidet man in das Mehl ein, gibt dann Zucker, Eier, Sauerrahm und die abgeriebene Zitronenschale dazu, knetet den Teig fein ab und rollt am mehlbestreuten Brett messerrückendick aus. Man bestreicht die Teigplatte mit flüssiger, lauwarmer Butter oder Margarine, siebt Zucker mit Zimt vermischt darauf und rädelt kleine viereckige Stückchen aus. Man bäckt am gefetteten Blech bei mäßiger Hitze hellgelb.

BUTTERGEBÄCK

1. Butterbögen

150 g Butter oder Margarine · 150 g Zucker · 375 g Mehl · 2 Eier · 1 Päckchen Vanillezucker oder eine Zitronenschale · 1 Teelöffel Backpulver · 1 Eigelb zum Bestreichen · geriebene Nüsse oder Mandeln

Butter oder Margarine mit Zucker und ganzen Eiern schaumigrühren, Geschmackszutat und mit Backpulver gemischtes Mehl zugeben, auf dem Brett rasch zu einem Teig kneten. Diesen gut messerrückendick ausrollen, zu zweifingerbreiten Streifen rädeln, auf befettetem Bogenblech oder Rehrückenform backen. Noch heiß bestreicht man sie mit Eigelb, das mit einem Eßlöffel Milch verrührt wurde und streut geriebene Nüsse oder Mandeln darauf.

Kleingebäck und Weihnachtsbäckereien

2. Jahresgebäck

300 g Butter oder Margarine • 200 g Zucker • 2 Vanillezucker • 4 Eigelb 2 Eßlöffel Sauerrahm • 200 g Mandeln oder Nüsse • 400 g Mehl • Marmelade zum zusammensetzen

Butter oder Margarine mit Zucker, Vanillezucker, Eigelb und Sauerrahm schaumigrühren, geriebene Mandeln oder Nüsse zugeben, rasch zusammenkneten und ½ Stunde kühl ruhen lassen. Dann nicht zu dünn ausrollen, kleine Quadrate radeln oder kleine, glatte Formen ausstechen, auf befettetem Blech hellgelb backen (180 Grad). Auf der Unterseite mit guter Marmelade bestreichen und je zwei zusammensetzen. Vollständig abgekühlt in die Gebäckdose geben.
Die verbliebenen 4 Eiweiß schlägt man zu steifem Schnee, schlägt 250 g Zucker ein, rührt über Dampf weiter bis die Masse warm ist und mischt dann 250 g grobgeriebene Mandeln oder Nüsse ein. Von der Masse kleine Häufchen auf Oblaten setzen, eine Haselnuß daraufgeben und bei 150 Grad im Rohr hellbraun backen. Abgekühlt in die Gebäckdose geben.

3. Makronenstangen

Mürbteig dünn ausrollen, zu einem Rechteck schneiden, auf das befettete Blech legen, mit Makronenmasse bestreichen, hellbraun backen, mit dünner Zitronenglasur bestreichen und zu Schnitten teilen.

4. Mürbteigplätzchen mit Krokant

125 g Butter oder Margarine • 100 g Zucker • 200 g Mehl • 1 große Messerspitze Backpulver • 1 Päckchen Vanillezucker • 1 Ei — Zum Belegen: 150 g Zucker • 75 g geschälte Mandeln • 100 g Kuvertüre

Aus Butter oder Margarine, Zucker, mit Backpulver gemischtem Mehl, Vanillezucker und Ei einen Mürbteig kneten. Dann am Brett dünn ausrollen, mit Formen gezackte Plätzchen ausstechen und diese auf befettetem Blech hellgelb backen. Zucker in einer Eisenpfanne schmelzen lassen, die geschälten, trockenen, länglich geschnittenen Mandeln zugeben und unter beständigem Umschaufeln goldgelb werden lassen. Dann mischt man unter die im Wasserbad geschmolzene und wieder kalt gerührte Kuvertüre die gerösteten Mandeln, setzt auf die gebackenen Mürbteigplätzchen ein Häufchen Mandelkrokant und läßt trocknen.

5. Pfauenauge

Mürbteig von 200 g Mehl • 2 Eiweiß • 100 g Zucker • 100 g geriebene Haselnüsse • Zitronenschale • Marmelade • Puderzucker • Arrakglasur

Mürbteig messerrückendick ausrollen, davon runde, ovale und gezackte Plätzchen ausstechen. In steifen Eischnee den Zucker einschlagen, die Haselnüsse und Zitronenschale zugeben. Die Masse in einen Spritzsack mit großer

Tülle füllen, auf die Mürbteigplätzchen ein feines Kränzchen spritzen, in die Mitte etwas Marmelade geben, mit Puderzucker übersieben, bei mäßiger Hitze backen. Dann einen Tropfen Arrakglasur auf die Marmelade geben.

6. Marschallplätzchen

Mürbteig: 125 g Butter oder Margarine · 100 g Zucker · 200 g Mehl · 1 Messerspitze Backpulver · Zitronenschale · 1 Ei — Makronenmasse: 3 Eiweiß 150 g Zucker · 150 g Mandeln · Puderzucker zum Bestreuen

Mürbteig zu runden oder ovalen Plätzchen ausstechen. Mit Makronenmasse bestreichen, mit Puderzucker bestreuen und bei mäßiger Hitze backen. — Makronenmasse: Eischnee mit Zucker 15 Minuten weiterschlagen, geriebene Mandeln oder Nüsse einrühren.

7. Schneckentörtchen

Mürbteig-Marmelade (kein Gelee) · Puderzucker

Dünn ausgerollten Mürbteig zu runden Plätzchen ausstechen, in die Mitte einen Tupfen feine Marmelade geben. Mit einem dünnen Teigröllchen schneckenförmig umlegen, goldgelb backen, mit wenig Puderzucker bestreuen.

8. Ulanenkrapferl

100 g Butter oder Margarine · 2 Eigelb · 60 g Zucker · 200 g Mehl · Zitrone Marmelade (kein Gelee) zum Bestreichen · 1 Eiweiß · 1 Eigelb · 1 Eßlöffel Milch

Am Brett alle Zutaten zu einem Teig kneten und den ausgerollten Teig zu runden Plätzchen ausstechen. Den Rand mit Eiweiß bestreichen, etwas dicke Marmelade in die Mitte geben, die Ränder zu einem Dreieck zusammendrücken, außen mit milchverrührtem Eigelb bestreichen und auf befettetem Blech bei guter Hitze backen.

9. Makronenkrapferl

Herstellung wie bei Ulanenkrapferl, nur nimmt man an Stelle der Marmelade Makronenmasse.

10. Vanille- oder Weihnachtsbrezeln

140 g Mehl · 70 g Butter oder Margarine · 70 g Zucker · 1 Päckchen Vanillezucker · 1 Ei · 1 Eigelb · 1 Eßlöffel Milch

Die Zutaten zu einem glatten Teig kneten, ziemlich dünn ausrollen, mit Form gleichmäßige Brezeln ausstechen. Diese auf gefettetem Blech bei mäßiger Hitze backen und noch heiß mit milchverrührtem Eigelb bestreichen. Oder erkaltet mit Eiweißglasur bestreichen und farbigem Zucker bestreuen.

11. Butterbrezeln

200 g Butter oder Margarine · 200 g Zucker · 4 Eigelb · Zitronenschale 400 g Mehl · 1—2 Eiweiß · geschälte Mandeln

Die Butter oder Margarine ins Mehl schneiden, gut abbröseln, dann Zucker, abgeriebene Zitronenschale und Eigelb zugeben und rasch einen glatten Teig kneten, den man über Nacht kühl ruhen läßt. Am nächsten Tag messerrückendick ausrollen, mit der Form Brezeln ausstechen, vor dem Backen noch 1 Stunde kalt stehen lassen. Die Brezeln am Blech bei mäßiger Hitze backen, noch heiß mit Eiweiß bestreichen und mit geriebenen Mandeln bestreuen.

12. Mandelbrezeln

280 g Butter oder Margarine · 280 g Zucker · 280 g Mehl · 100 g ungeschälte Mandeln · Vanillezucker

Butter oder Margarine mit Mehl abbröseln, Zucker, Vanille und die geriebenen Mandeln zugeben, rasch zu einem Teig kneten, diesen 1 Stunde ruhen lassen, dann zweimesserrückendick ausrollen, mit der Form Brezeln ausstechen, auf befettetem Blech backen, noch heiß in Vanillezucker drücken.

13. Zimtscheiben

Wie vorstehend einen Teig bereiten, 1 Stunde ruhen lassen, ausrollen, kleine Scheiben ausstechen, goldgelb backen, noch heiß in Zimtzucker wenden. Abgekühlt an der Unterseite mit guter Marmelade bestreichen und je zwei zusammensetzen.

14. Husarenkrapferl

250 g Mehl · 140 g Butter oder Margarine · 80 g Zucker · Zitronenschale — 2 Eiweiß · 50 g gehackte Mandeln · Marmelade

200 g Mehl · 140 g Butter · 70 g Zucker · 100 g geriebene Mandeln · 2 Eigelb — 2 Eiweiß · 50 gehackte Mandeln · Marmelade

Die angegebenen Zutaten des ersten oder zweiten Rezeptes rasch zu einem gehackten Mürbteig verarbeiten. Zu kleinen Kugeln formen, in die Mitte derselben eine Vertiefung drücken, in Eiweiß und anschließend in grobgehackte, mit Zucker gemischte Mandeln tauchen. Auf befettetem Blech hell backen. Die Vertiefung mit Marmelade füllen, einen Tupfen Zitronenglasur daraufgeben.

15. Nußhörnchen

200 g Butter oder Margarine · 300 g Mehl · 100 g Zucker · 100 g geschnittene Haselnüsse

Mehl mit Butter oder Margarine abbröseln, mit Zucker und den Haselnüssen mischen und über Nacht kühl stellen. Dann zu Hörnchen formen, am Blech zu schöner Farbe backen und nach dem Erkalten mit Arrakglasur überziehen.

16. Brasilianerstriezeln

100 g Butter oder Margarine · 100 g Zucker · 100 g Mehl · 100 g ungeschälte Mandeln · 2 Eigelb · 1 Päckchen Vanillezucker

Mehl mit Butter oder Margarine abbröseln, Zucker, Vanillezucker, feingeriebene Mandeln und Eigelb zugeben und zu einem glatten Teig kneten. Kleine längliche Striezeln formen, mit dem Messerrücken einen Schnitt durch die Mitte drücken und am befettetem Blech bei mäßiger Hitze backen.

17. Schwabenbrötle

500 g Zucker · 500 g Mehl · 500 g Mandeln · 250 g Butter · 1 Glas Kirschwasser

Die Mandeln reiben, mit den anderen Zutaten zu einem Teig vermengen, über Nacht stehen lassen, dann ausrollen, ausstechen, mit verquirltem Ei bestreichen, in mittlerer Hitze backen (180 Grad).

18. Mandel- oder Nußsterne

250 g Butter oder Margarine · 250 g geriebene Mandeln oder Nüsse · 250 g Mehl · 150 g Zucker · 2 Eigelb · Zitronenschale · Zimt

Butter oder Margarine mit Mehl abbröseln, Zucker, die Gewürze und Eigelb zugeben, den Teig ausrollen, zu Sternen ausstechen und auf befettetem Blech backen. Kalt mit Vanilleglasur bestreichen.

19. Rumkränzchen

280 g Mehl · 140 g Butter oder Margarine · 75 g Zucker · 140 g Haselnüsse 2 Eßlöffel Rum · 1 Eigelb · Zitronenschale · Zimt · Schokoladenglasur

Butter mit Mehl abbröseln und mit den anderen Zutaten zu einem glatten Teig kneten. Diesen zu Kränzchen formen, auf befettetem Blech bei mäßiger Hitze backen, nach dem Auskühlen mit Schokoladenglasur überziehen.

20. Mandelkränzchen

180 g Butter oder Margarine · 1 Ei · 180 g Zucker · 250 g Mehl · Zitronenschale oder Vanillezucker · Punschglasur · geschälte, geriebene Mandeln

Butter oder Margarine mit Mehl abbröseln und mit den anderen Zutaten zu einem glatten Teig kneten. Diesen zu Ringen ausstechen oder zu Kränzchen formen und auf befettetem Blech zu schöner Farbe backen. Ausgekühlt mit Punschglasur bestreichen und grobgeriebenen Mandeln bestreuen.

21. Haselnußmonde

*125 g Butter oder Margarine · 125 g Mehl · 125 g geriebene Haselnüsse
125 g Zucker · 1 Ei · 1 Eßlöffel Sauerrahm · Zitronenschale*

Butter oder Margarine mit Mehl abbröseln, dann mit den anderen Zutaten zu einem Teig kneten. Diesen gut messerrückendick ausrollen, zu Halbmonden ausstechen, auf befettetem Blech backen, mit Schokoladenguß überziehen.

22. Zimtkarten

*250 g Mehl · 150 g Butter oder Margarine · 120 g Zucker · 2 Eigelb · Schale
$^1/_2$ Zitrone · 1 Päckchen Zimt · $^1/_2$ Päckchen Nelken*

Butter oder Margarine mit Zucker, Eigelb und Gewürzen schaumig rühren, Mehl zugeben, auf dem Brett zu glattem Teig kneten. Ausrollen, gleichmäßige Vierecke schneiden, mit Eiweiß bestreichen, an den Ecken und in der Mitte mit je einer geschälten, halbierten Mandel belegen, auf befettetem Blech backen.

23. Vanillekipferl

200 g Mehl · 150 g Butter · 80 g feiner Zucker · 100 g abgezogene, geriebene Mandeln · 2 Eigelb · Vanillezucker zum Wenden

Gesiebtes Mehl mit kleingeschnittener Butter abbröseln, Zucker, abgezogene, geriebene Mandeln und Eigelb zugeben, rasch zu einem glatten Teig kneten, 30 Minuten kühl ruhen lassen. Dann von dem Teig bleistiftdicke Rollen formen, davon kleine Stückchen abschneiden, zu Kipferl biegen, auf dem befetteten Blech bei Mittelhitze lichtgelb backen. Stück für Stück vom Blech nehmen und sofort die Oberseite in feingesiebten Puderzucker, der mit Vanillezucker gemischt wurde, tauchen.

24. Schwarz-Weiß-Gebäck

*200 g Butter oder Margarine · 250 g Zucker · 2 Vanillezucker · 3 Eier
500 g Mehl · 2 Eßlöffel Kakao · 2 Eßlöffel Rum*

Butter mit Zucker, Vanillezucker und ganzen Eiern schaumig rühren, das Mehl zugeben, auf dem Brett rasch zu einem glatten Teig kneten, teilen. Die eine Hälfte hell lassen, die zweite Hälfte mit Kakao und Rum dunkel färben. *Rouladen:* Den weißen Teig zu einer rechteckigen dünnen Platte ausrollen, mit Eiweiß bestreichen, den dunklen Teig zu einer gleichgroßen Platte ausrollen, auf die weiße legen, wieder mit Eiweiß bestreichen, dicht aufrollen, kühl stellen. In feine, schräge Scheiben schneiden, mit Eiweiß bestreichen, bei Mittelhitze (180 Grad) 15 Minuten backen.

Schachbrett: Eine rechteckige helle oder dunkle Teigplatte ausrollen, aus dem restlichen weißen und dunklen Teig je acht Rollen in der Länge der vorbereiteten Teigplatte formen. Die Teigplatte mit Eiweiß bestreichen. In die Mitte der Teigplatte eine weiße Rollen legen, mit Eiweiß bestreichen, daneben eine dunkle, dann wieder eine weiße und wieder eine dunkle. Darauf versetzt weiße und dunkle Rollen, so daß man 4 Rollen breit und 4 Rollen hoch abschließt, dazwischen immer mit Eiweiß bestreichen. Das Teigblatt, auf dem die Rollen liegen, darüber schließen, kühl stellen, mit einem scharfen dünnen Messer rechtwinklige schöne Schachbrettscheiben abschneiden; mit verquirltem Eiweiß bestreichen, 15 Minuten bei Mittelhitze (180 Grad) backen.

Schwarz-Weiß-Kränzchen: Vom dunklen und hellen Teig dünne Rollen formen, zusammendrehen oder zu Zöpfchen flechten, zu Kränzchen oder Brezeln schließen, mit Eiweiß bestreichen, bei Mittelhitze (180 Grad) 15 Minuten backen.

25. Sechs Gebäcke aus einem Teig

200 g Butter oder Margarine · 180 g Zucker · 1 Päckchen Vanillezucker 3 Eier · 500—600 g Mehl · ¹/₂ Päckchen Backpulver · Kakao · Marmelade Puderzucker · Schokoladenguß · Eigelb und 1 Eßlöffel Milch

Butter oder Margarine mit Zucker, Vanillezucker und Eiern schaumig rühren. Das mit dem Backpulver gemischte Mehl zugeben, am Brett zu einem glatten Teig kneten und diesen 1 Stunde kühl ruhen lassen. Dann die Teigmasse in sechs gleiche Teile schneiden und folgendermaßen verarbeiten:

1. Man sticht vom dünn ausgerollten Teig mit Formen gleichgroße Plätzchen aus, bäckt sie auf befettetem Blech hellgelb, setzt sie erkaltet mit Marmelade zusammen und bestreut mit Puderzucker.

2. Der Teig wird in die Kuchenspritze gefüllt, die Bandtülle verwendet, gleichlange Streifen gespritzt und vor dem Backen in der Mitte dünn Hagebuttenmarmelade aufgespritzt.

3. Durch die Sterntülle spritzt man Kränzchen, auch S-Formen, und bäckt sie zu schöner Farbe.

4. Der Teig wird in zwei gleiche Hälften geteilt und ein Teil mit Kakao gut verknetet. Man rollt zwei dünne, gleichgroße Teigplatten aus, legt die dunkle auf die helle, formt mit der Hand eine Roulade, schneidet sie zu schrägen Scheiben und bäckt diese zu schöner Farbe.

5. Man sticht mit länglichen Formen aus, überzieht nach dem Backen mit Schokoladenglasur und streut Schokoladentrüffel darauf.

6. Der Teig wird messerrückendick ausgerollt, mit Brezelformen ausgestochen, hellgelb gebacken und noch heiß mit milchverrührtem Eigelb bestrichen.

26. Mailänder Schnitten

125 g Butter oder Margarine 2 Eier • 250 g Zucker • 300 g Mehl • 50 g abgezogene, geriebene Mandeln • 2 Eßlöffel Sahne • 1 Eßlöffel Arrak • Mandeln zum Verzieren • Zucker zum Bestreuen

Die Zutaten auf einem Brett zu einem Teig kneten und 1 Stunde ruhen lassen. Dann ausrollen zu Rauten oder Streifen rädeln, in die Mitte eine abgezogene halbierte Mandel drücken, backen, noch heiß mit feinem Zucker bestreuen.

27. Spitzbuben

250 g Butter oder Margarine • 200 g Zucker • 2 Eier • 400 g Mehl • 125 g geriebene Mandeln • 1 Päckchen Vanillezucker • Marmelade zum Füllen Zucker zum Bestreuen

Mehl mit Butter oder Margarine, Zucker, geriebenen Nüssen, Eiern und Vanillezucker zu einem glatten Teig kneten. Ausrollen und immer 2 gleichgroße Plätzchen ausstechen. In die eine Hälfte der Plätzchen sticht man mit einem kleinen Ausstecher oder Fingerhut 1 bis 3 Öffnungen. Die Plätzchen auf befettetem Backblech hellgelb backen. Nach dem Backen die Böden mit Marmelade bestreichen, die Deckel mit Puderzucker besieben und zusammensetzen.

28. Terrassentörtchen

Spitzbubenteig bereiten, ausrollen und daraus 3 bis 4 verschieden große Plätzchen ausstechen. Womöglich mit einem Plätzchensatz. Die Plätzchen auf befettetem Blech ganz hell backen, mit Marmelade aufeinandersetzen, mit Puderzucker bestreuen.

29. Gefüllte Ringe, Herzen, Sterne

Aus dünn ausgerolltem Spitzbubenteig Ringe, Herzen oder Sterne ausstechen, hellgelb backen, mit Marmelade zusammensetzen, mit Puderzucker übersieben.

30. Mürbes Spritzgebäck

250 g Butter oder Margarine • 250 g Zucker • 3 Eier • 500 g Mehl • Vanillezucker

Butter oder Margarine mit Zucker, Vanillezucker und Eiern schaumigrühren. Das Mehl zugeben und den Teig am Brett glattkneten. Die Masse in die Fleischmaschine mit entsprechendem Vorsatz füllen und den durchgedrehten Teig zu Streifen, Kränzchen oder S-Formen drehen. Auch Dreiecke, Hufeisen oder Herzen kann man auf das Blech bei Verwendung des entsprechenden Vorsatzes legen. Das Gebäck rasch bei guter Hitze backen. Nach dem Backen mit Puderzucker bestreuen oder zum Teil mit Schokoladenglasur überziehen.

31. Spritzgebäck mit Mandeln oder Nüssen

250 g Butter oder Margarine · 250 g Zucker, Vanillezucker · 3 Eier · 150 g Mandeln oder Nüsse · 400 g Mehl

Die Zubereitung des Teiges ist gleich wie beim mürben Spritzgebäck, nur knetet man in den Teig noch geriebene Mandeln oder Nüsse ein. Die weitere Verarbeitung des Teiges ist auch wie im vorhergehenden Rezept.

32. Spritzgebäck mit Gewürz

125 g Butter oder Margarine · 3 Eier · 200 g Zucker · 400 g Mehl · 250 g Nüsse · 50 g Zitronat · 3 Teelöffel Zimt

Butter oder Margarine mit Zucker und Eiern schaumigrühren, die geriebenen Nüsse, feingewiegtes Zitronat, Zimt und Mehl zugeben, den Teig am Brett rasch glattkneten, durch die Fleischmaschine mit Vorsatz zu verschiedenen Formen drehen und diese auf befettetem Blech bei guter Hitze backen.

33. Kastanienringe

125 g Butter oder Margarine · 2 Eigelb · 200 g Zucker · 250—300 g Mehl 250 g passierte Kastanien · 1 Päckchen Vanillezucker · Schokoladenglasur

Weichgekochte, geschälte Kastanien durch ein Sieb streichen. Butter oder Margarine mit Zucker und Eigelb schaumigrühren, die passierten Kastanien, das Mehl und Vanillezucker zugeben. Den Teig am Brett glattkneten, durch die Fleischmaschine mit Vorsatz drehen, kleine Ringe aufs Blech setzen und diese bei guter Hitze backen. Nach dem Auskühlen mit Schokoladenglasur überziehen.

34. Wolfszähne

6 Eier · 200 g Zucker · 200 g Butter oder Margarine · 375 g Mehl · 1 Päckchen Vanillezucker

Butter oder Margarine mit Zucker und Vanillezucker schaumigrühren, dann abwechselnd die Eier und das Mehl zugeben. In jede Falte des befetteten, bemehlten Faltenbleches 1 Kaffeelöffel voll Masse geben und bei mäßiger Hitze hellgelb backen. Die Wolfszähne sollen an den Enden spitz verlaufen.

35. Heidesand

125 g Butter · 100 g Zucker · 250 g Mehl · 1 Päckchen Vanillezucker · 1/2 Teelöffel Backpulver

Butter hell bräunen, unter Rühren abkühlen lassen, alle Zutaten zugeben. Ein langes, schmales Brot formen, in fingerdicke Scheiben schneiden, auf befettetem Blech bei Mittelhitze (180 Grad) backen.

36. Feines Teegebäck

250 g Butter • 250 g Zucker • 2 Vanillezucker • 3 Eigelb • 1 Ei • 500 g Mehl

Butter mit Zucker, Vanillezucker, Eigelb und Ei schaumigrühren, Mehl zugeben, auf dem Brett rasch zu einem Teig kneten. Dünn ausrollen, kleine runde Scheiben ausstechen, hell backen (10 Minuten bei 200 Grad), mit feiner Marmelade zusammensetzen, mit Puderzucker bestreuen.

37. Teegebäck ohne Ei

125 g Butter oder Margarine • 80 g Zucker • 200 g Mehl • Aprikosen- oder Himbeermarmelade zum Füllen

Butter oder Margarine mit Mehl und Zucker auf dem Brett zu einem glatten Teig kneten, messerrückendick ausrollen und zu gleichgroßen Plätzchen ausstechen. Auf befettetem Blech bei mäßiger Hitze backen, erkaltet mit feiner Marmelade bestreichen, je zwei Plätzchen zusammensetzen und mit Puderzucker bestreuen.

38. Butterzeug

250 g Butter • 50 g Butterschmalz • 100 g Zucker • 1 Ei • 500 g Mehl

Mehl mit Butter und Butterschmalz, Zucker und Ei zu einem glatten Teig kneten, 1 Stunde kühl ruhen lassen, dann nicht zu dünn ausrollen, Formen ausstechen und diese am befetteten Blech bei leichter Hitze backen. Vorsichtig vom Blech lösen und noch heiß in Zucker drücken.

39. Nürnberger Butterzeug

500 g Butter • 500 g Zucker • 4 Eier • 1 Eßlöffel Zimt • Schale 1 Zitrone 2 Eßlöffel Arrak • 1 kg Mehl

Die Butter 15 Minuten schaumigrühren, dann den Zucker, die ganzen Eier und die Gewürze zugeben und 1 Stunde rühren. Den Teig über Nacht stehen lassen, dann nicht zu dünn ausrollen, Formen ausstechen, 1 Stunde trocknen lassen, bei Mittelhitze hellgelb backen.

40. Wormser Brezeln

40 g Butter oder Margarine • 250 g Zucker • 2 Eier • 300 g Mehl • 1 Teelöffel Zimt • 1 Messerspitze Nelken • 1 Eigelb • 1 Eßlöffel Milch

Butter oder Margarine mit Zucker und Eiern verrühren, mit Mehl und den Gewürzen zu einem Teig kneten, zu Brezeln formen, diese über Nacht trocknen lassen, dann mit Eigelb bestreichen, mit Hagelzucker bestreuen und bei guter Hitze im Rohr backen.

41. Butterringe

100 g Butter oder Margarine · 2 Eier · 2 Eigelb · 200 g Zucker · ¹/₂ kg Mehl 1 Päckchen Backpulver · Schale einer ¹/₂ Zitrone · 6 Eßlöffel Sahne · Vanillezucker zum Wenden

Die Zutaten zu einem glatten Teig kneten, ausrollen, zu Ringen ausstechen, auf befettetem Blech backen, noch heiß in Vanillezucker drücken.

42. Butterblumen

200 g Butter oder Margarine · 3 Eier · 250 g Zucker · 650—750 g Mehl ¹/₂ Päckchen Backpulver · Zitrone oder Vanille · Zucker und Zimt zum Wenden

Butter oder Margarine mit Zucker und Eiern schaumigrühren, mit Backpulver gemischtes Mehl, Zitronenschale oder Vanillezucker zugeben, den Teig am Brett zusammenkneten, zugedeckt 1 Stunde kühl ruhen lassen. Den nicht zu dünn ausgerollten Teig zu Formen ausstechen, diese auf befettetem Blech backen und noch heiß in Zimtzucker drücken.

43. Kartoffelmehlkeks

200 g Butter oder Margarine · 4 Eier · 250 g Zucker · 1 Päckchen Vanillezucker · ¹/₂ kg Weizenmehl · 350 g Kartoffelmehl · 1 Päckchen Backpulver

Butter oder Margarine mit Zucker, Eiern und Vanillezucker schaumigrühren, dann das mit Backpulver vermischte, gesiebte Mehl zugeben und auf dem Brett zu einem glatten Teig kneten. Diesen dünn ausrollen, mit verschiedenen Formen Plätzchen ausstechen und diese bei Mittelhitze hellgelb backen.

44. Süße Keks

75 g Butter · 250 g Zucker · Schale ¹/₂ Zitrone · 2 Eier · 250 g Mehl

Butter mit Zucker, feingewiegter Zitronenschale und Ei schaumigrühren, dann das gesiebte Mehl zugeben, auf dem Brett rasch zu einem glatten Teig kneten, ausrollen, Keks ausstechen, auf das befettete Blech legen und bei Mittelhitze hellgelb backen.

45. Waschkorbgebäck

100 g Butter oder Margarine · 250 g Zucker · Schale 1 Zitrone · 1 Teelöffel Zimt · 2 Eier · 750 g Mehl · 1 Päckchen Backpulver · ¹/₈ l Milch oder Sahne Zum Bestreichen: Puderzuckerglasur

Butter oder Margarine mit Zucker, Zimt, Zitronenschale und Eiern schaumigrühren. Das mit Backpulver gemischte Mehl und die nötige Milch zugeben. Den Teig am Brett gut durchkneten, strohhalmdick ausrollen, ausstechen und die Kekse goldgelb backen. Erkaltet mit verschieden gewürzter Puderzuckerglasur bestreichen.

46. Braunschweiger Spekulatius

(Original-Rezept)

750 g Sirup · 375 g Butter · 375 g Butterschmalz · 250 g Zucker · 2 kg Mehl 8 g Nelken · 8 g Zimt · 8 g Kardamom · 2 Eßlöffel Rosenwasser 30 g Pottasche

Sirup mit Butter, Butterschmalz und Zucker einmal aufkochen lassen. Etwas abgekühlt das mit den Gewürzen gemischte Mehl und die in Rosenwasser aufgelöste Pottasche zugeben. 2–3 Wochen zugedeckt stehen lassen. Dann ausrollen, in Spekulatius-Model drücken, vorsichtig backen. Oder ganz dünn ausrollen und zu beliebigen Formen ausstechen und backen. Das Gebäck darf nicht bräunen.

47. Christbaumkeks

100 g Butter oder Margarine · 4 Eier · 150 g Zucker · $1/2$ kg Mehl · 1 Päckchen Vanillezucker · 1 Teelöffel Backpulver

Mit Backpulver gemischtes, gesiebtes Mehl mit Butter oder Margarine abbröseln und mit den anderen Zutaten zu einem glatten Teig kneten. Diesen nicht zu dünn ausrollen, mit dem Reibeisen ein Muster eindrücken, beliebige Formen ausstechen. Die Kekse auf befettetem Blech bei Mittelhitze schön hellgelb backen.

48. Albert-Keks

50 g Butter oder Margarine · 100 g Zucker · 1 Vanillezucker · 1 Ei · 220 g Mehl · 180 g Stärkemehl · 1 Teelöffel Backpulver · $1/8$ l Sauerrahm

Butter oder Margarine mit Zucker und Ei schaumig rühren, das mit Backpulver vermischte Mehl, Stärkemehl und Sauerrahm zugeben. Am Brett zu einem glatten Teig kneten, nicht zu dünn ausrollen, mit dem Reibeisen ein Muster aufdrücken. Formen ausstechen und die Kekse auf befettetem Blech bei Mittelhitze (180 Grad) backen.

49. Butterkeks

150 g Butter · 150 g Zucker · 2 Eier · 200 g Mehl · 1 Teelöffel Backpulver

Butter mit Zucker, Vanille und Eiern schaumigrühren, das mit wenig Backpulver gemischte Mehl zugeben, den Teig am Brett glattkneten, ziemlich dünn ausrollen, zu runden Plätzchen ausstechen und diese auf befettetem Blech hellgelb backen.

50. Englische Keks

*100 g Butter oder Margarine · 3 Eigelb · 250 g Zucker · 650 g Mehl
½ Päckchen Backpulver · Schale einer Zitrone · ⅛ l Sahne*

Unter die schaumiggerührte Butter oder Margarine gibt man nach und nach Zucker und Eigelb, dann die abgeriebene Zitronenschale, die Sahne und das mit Backpulver gemischte, gesiebte Mehl zu. Der Teig wird am Brett rasch glattgeknetet, nicht zu dünn ausgerollt, zu Formen ausgestochen und auf befettetem Blech bei mäßiger Hitze gebacken.

51. Pistazien-Brezeln

150 g Mehl · 80 g Butter · 50 g Zucker · 50 g Pistazien · 2 Eigelb · 1 Päckchen Vanillezucker

Mehl mit Butter abbröseln, Zucker, abgezogene feingehackte Pistazien, Eigelb und Vanillezucker zugeben. Kleine Brezeln formen, mit Eiweiß bestreichen, mit Zucker und zurückbehaltenen Pistazien bestreuen, vorsichtig 15 Minuten bei 180 Grad hell backen.

52. Nußhalbmonde

*100 g Butter oder Margarine · 40 g Zucker · 125 g Mehl · 80 g Nüsse
1 Teelöffel Zimt oder Vanillezucker*

Butter oder Margarine mit Mehl abbröseln, dann mit den geriebenen Nüssen, den Gewürzen und Zucker zu einem Teig kneten. Diesen ausrollen, zu Halbmonden ausstechen, auf befettetem Blech backen, noch heiß mit Puderzucker bestreuen.

53. Linzer Bäckerei

150 g Butter oder Margarine · 250 g Mehl · 110 g Zucker · 2 Eigelb · Eiweiß zum Bestreichen · Mandeln und Kandiszucker zum Bestreuen · Marmelade zum Füllen

Butter oder Margarine mit Mehl abbröseln, mit Zucker und Eigelb rasch zu einem Teig kneten, 4 mm dick ausrollen, zu runden Plätzchen ausstechen. Jede zweite Scheibe mit Eiweiß bestreichen und mit grobgehackten Mandeln und Kandiszucker bestreuen. Alle Plätzchen hellgelb backen. Erkaltet die unbestreuten Plätzchen mit Marmelade bestreichen und die bestreuten daraufsetzen.

54. Gewürzgebäck

*100 g Butter oder Margarine · 2 Eier · 2 Eigelb · 250 g Zucker · 250 g Mehl
250 g geriebene Nüsse · 50 g Zitronat · 50 g Orangeat · 1 Messerspitze
Nelken · ¼ Päckchen Backpulver · Eigelb und Milch*

Butter oder Margarine mit Zucker, Eiern und Eigelb schaumigrühren, dann Mehl mit Backpulver, geriebene Nüsse, Zitronat, Orangeat und Nelken zugeben. Auf dem Brett zu einem Teig kneten, ausrollen, verschiedene Formen ausstechen, mit milchverrührtem Eigelb bestreichen und bei guter Hitze backen.

55. Spekulatius

250 g Butter oder Margarine · 250 g Farinzucker · 2 Eier · ¹/₂ kg Mehl 100 g geriebene Mandeln · Zitronenschale · 3 Teelöffel Zimt · ¹/₂ Teelöffel Nelken · 1 Messerspitze Kardamom

Mehl aufs Brett sieben, mit der feingeschnittenen Butter oder Margarine abbröseln, mit allen anderen Zutaten zu einem glatten Teig kneten, über Nacht kühl ruhen lassen. Am nächsten Tag ausrollen, in bemehlte Spekulatiusmodel drücken, die Stückchen gleichmäßig ausrädeln und auf befettetem Blech bei Mittelhitze hellgelb backen.

56. Anisgebäck

50 g Butter oder Margarine · 125 g Zucker · 1 Ei · Zitronenschale · 200 g Mehl · 150 g Stärkemehl · 1 Kaffeelöffel gewiegtner Anis · 1 Kaffeelöffel Backpulver · 8 Eßlöffel saure Milch

Butter oder Margarine mit Zucker, Ei und feingewiegtem Anis schaumigrühren, das mit Backpulver gemischte, gesiebte Mehl und Stärkemehl und die nötige saure Milch zugeben. Auf dem Brett zu einem glatten Teig kneten, ausrollen, ausstechen, bei Mittelhitze hellgelb backen, noch heiß mit kalter Milch abpinseln.

57. Roggenmehlgebäck

50 g Fett · 100 g Zucker · 1 Ei · Zimt · Nelken · Zitronenschale · 250 g Roggenmehl · ¹/₂ Päckchen Backpulver · 6 Eßlöffel Milch

Fett mit Zucker, Ei und Gewürz schaumigrühren, mit Backpulver vermischtes Mehl und Milch zugeben, auf dem Brett zu einem glatten Teig kneten. Ausrollen, ausstechen, bestreichen und mit Hagelzucker bestreuen, bei Mittelhitze backen.

58. Haferflockenplätzchen

50 g Fett · 125 g Zucker · 1 Ei · 1 Kaffeelöffel Zimt · ¹/₄ Kaffeelöffel Nelken 125 g Mehl · 125 g gewiegte, geröstete Haferflocken · 1 Kaffeelöffel Backpulver

Haferflocken wiegen und mit etwas Fett hellbraun rösten. Aus den angegebenen Zutaten Schaummasse herstellen, die gerösteten Haferflocken und das mit Backpulver vermengte Mehl zugeben. Auf dem Brett kneten, nicht zu dünn ausrollen, ausstechen, mit Milch bestreichen, bei guter Hitze hellbraun backen.

59. Kokosflockentaler

125 g Palmin · 50 g Kakao · 250 g Kokosflocken · 200 g Mehl · 1/2 Päckchen Backpulver · 200 g Zucker · 2 Eier

Flüssiges, lauwarmes Palmin mit Kakao, Kokosflocken, gesiebtem Mehl und Backpulver, Zucker, Ei, evtl. noch etwas lauwarmer Milch mischen, zu einem Teig kneten, bleistiftdick ausrollen, glatte, runde Plätzchen ausstechen, mit zurückbehaltenem Ei bestreichen, nicht zu dunkel backen.

60. Sultaninenkrapferl

250 g Margarine · 200 g Zucker · 2 Eier · 250 g Sultaninen · 1/8 l Milch 500 g Mehl · 1 Päckchen Backpulver

Die angegebenen Zutaten zu einem Teig verkneten, 30 Minuten ruhen lassen, dann zu kleinen Kugeln formen, in großen Abständen auf ein Blech legen, einige Stunden stehen lassen, 15 Minuten bei Mittelhitze backen.

SCHOKOLADENGEBÄCK

Bei Schokoladengebäck muß man immer zuerst ein Probestück ins Rohr geben, ob die Masse nicht verläuft. In diesem Fall muß man Mehl, geriebene Nüsse oder Mandeln nachkneten.
Bei Schokoladeneiweißgebäck braucht man nur ganz leichte Hitze und das Rohr darf nicht zu früh geöffnet werden.

1. Kardinalplätzchen

2 Eiweiß · 100 g Zucker · 100 g Schokolade · 150 g geschälte, geriebene Mandeln

Den Eischnee mit Zucker noch 10 Minuten weiterschlagen, dann die geriebene Schokolade und die geriebenen Mandeln einrühren. Von der Masse kleine Häufchen auf ein mit Wachs bestrichenes Blech setzen, bei mäßiger Hitze backen und noch heiß mit einem dünnen Messer vom Blech ablösen.

2. Schokoladen-Mandelgebäck

4 Eiweiß · 250 g Zucker · 60 g Schokolade · 250 g Mandeln · 1 Teelöffel Zimt · Schokoladenglasur

Eischnee mit Zucker 10 Minuten weiterschlagen, dann die geriebenen Mandeln, die geriebene Schokolade und Zimt zugeben, gut vermischen und zu einem glatten Teig kneten. Diesen zweimesserrückendick ausrollen, Formen ausstechen und auf einem befetteten, bemehlten Blech bei leichter Hitze backen (150 Grad). Nach dem Erkalten mit Schokoladenglasur überziehen.

3. Schokoladenmuscheln

4 Eiweiß · 250 g Zucker · 250 g Mandeln · 60 g Schokolade · Vanille

Eiweiß und Zucker 15 Minuten schaumigrühren, dann die geriebenen Mandeln, die geriebene Schokolade und Vanillezucker zugeben und zu einem Teig kneten. Ist er zu weich, läßt man ihn 1 Stunde ruhen. Dann drückt man ihn in Muscheln, trocknet diese etwas und bäckt sie dann bei leichter Hitze auf befettetem, bemehlten Blech (150 Grad).

4. Schokoladenkonfekt

4 Eiweiß · 250 g Zucker · 125 g Butter · 250 g Mandeln · 250 g Schokolade 300 g Mehl · Schokoladen- oder Eiweißglasur

In den steifen Eischnee den Zucker einschlagen, die geriebene Schokolade und die geriebenen Mandeln zugeben. Die Butter mit Mehl abbröseln und zusammen mit der Schokoladenmasse am Brett zu einem Teig kneten. Messerrückendick ausrollen, Formen ausstechen, auf einem mit Wachs bestrichenen Blech bei mäßiger Hitze backen, nach dem Erkalten mit Schokoladenguß überziehen (150 Grad).

5. Schokoladenkränze

3 Eier · 180 g Zucker · 60 g Mandeln · 90 g Schokolade · 250—300 g Mehl 1 Messerspitze Zimt · 1 Teelöffel Backpulver · Arrakglasur · Pistazien

Eier mit Zucker schaumigrühren, die geriebenen Mandeln, die geriebene Schokolade, Zimt, Mehl und Backpulver zugeben und zu einem Teig kneten. Diesen durch eine Fleischmaschine mit Vorsatz drehen und zu Kränzchen formen. Das Gebäck auf befettetem Blech bei leichter Hitze backen. Nach dem Auskühlen mit Arrakglasur überziehen und mit gehackten Pistazien bestreuen.

6. Schokoladenlisteln

3 Eiweiß · 250 g Zucker · 250 g Mandeln · 125 g Schokolade

Eiweiß steif schlagen, Zucker zugeben, 10 Minuten weiterschlagen, geriebene Mandeln und geriebene Schokolade zugeben. Auf grobem Zucker ausrollen, Streifchen schneiden und bei schwacher Hitze backen (150 Grad).

7. Schokoladenplätzchen

3 Eier · 200 g Zucker · ¹/₂ kg Mehl · 80 g Schokolade · 100 g Nüsse · Vanille
¹/₂ Päckchen Backpulver · Kuvertüre · geriebene Nüsse · Schokoladenstreusel

Die Eier mit Zucker schaumigrühren, die geriebene Schokolade, die geriebenen Nüsse, Vanillezucker und das mit Backpulver gemischte Mehl zugeben. Am Brett zu einem glatten Teig kneten, zweimesserrückendick ausrollen, Plätzchen ausstechen, bei mäßiger Hitze auf bewachstem Blech backen und nach dem Auskühlen mit Kuvertüre, die man mit geriebenen Nüssen vermischt hat, bestreichen und mit Schokoladentrüffel bestreuen.

8. Schokoladenspritzgebäck

125 g Butter oder Margarine · 200 g Zucker · 4 Eier · ¹/₂ kg Mehl · 30 g Kakao · 250 g Nüsse · Schokoladenglasur

Butter oder Margarine mit Zucker und Eiern schaumig rühren, das Mehl, den Kakao und die geriebenen Nüsse zugeben und am Brett zu einem Teig kneten. Die Masse durch eine Fleischmaschine mit Formvorsatz drehen und zu Kränzchen, Brezeln u. dgl. formen. Das Gebäck auf bewachstem Blech bei mäßiger Hitze backen. Nach dem Erkalten in Schokoladenglasur tauchen.

9. Schokoladenbrezeln oder -ringe

150 g Mehl · 75 g Stärkemehl · 100 g Butter oder Margarine · 100 g Zucker
30 g Mandeln · 1 Ei · Schokoladenglasur zum Überziehen

Gesiebtes Mehl und Stärkemehl mit kleingeschnittener Butter oder Margarine abbröseln, Zucker, die mit der Schale geriebenen oder feingehackten Mandeln und das Ei zugeben und rasch zu einem Teig kneten. Dann den Teig zu dünnen Rollen formen, zu Brezeln oder Ringen drehen, goldgelb backen und mit Schokoladenglasur überziehen.

10. Schokoladenherzen

3 Eier · 300 g Zucker · 100 g Schokolade · 1 Päckchen Vanillezucker · ¹/₂ kg Mehl · 1 Päckchen Backpulver · Schokoladenglasur

Ganze Eier mit Zucker schaumigschlagen, die in Wasserbad geschmolzene Schokolade, Vanillezucker und das mit Backpulver gemischte Mehl zugeben, einen glatten Teig kneten, ausrollen, Herzen ausstechen, mit genügend Abstand auf das befettete Blech legen und bei leichter Hitze backen. Nach dem Erkalten mit Schokoladenguß überziehen.

11. Feines Schokoladengebäck

2 Eier · 1 Eigelb · 280 g Zucker · 60 g Schokolade · 1 Eßlöffel Kakao · 280 g geriebene Mandeln · Hasel- oder Walnüsse · 4 Eßlöffel Stärkemehl · ¹/₂ Teelöffel gemahlene Nelken · Oblaten

Die ganzen Eier, Eigelb und Zucker schaumigrühren, dann die geriebene Schokolade und den Kakao, die feingeriebenen Mandeln oder Nüsse, die Gewürze und das Stärkemehl zugeben, auf dem Brett zu einem Teig kneten, nach Bedarf soviel Mehl einkneten, als die Masse annimmt. Spekulatiusmodel mit feinem Zucker ausstreuen, den dick ausgerollten Teig hineindrücken, die Stückchen auf Oblaten legen und bei mäßiger Hitze backen.

12. Schokoladennußbrötchen

150 g Butter oder Margarine · 2 Eier · 250 g Zucker · 250 g Mehl · 250 g geriebene Nüsse oder Mandeln · 250 g Schokolade · Vanillezucker · ¼ Päckchen Backpulver · Schokoladenguß · Haselnüsse oder Mandeln zum Verzieren

Butter oder Margarine mit Zucker und Eiern schaumigrühren, geriebene Schokolade, Vanillezucker, Mehl und geriebene Nüsse zugeben. Am Brett zu einem glatten Teig kneten, nicht zu dünn ausrollen, Halbmonde ausstechen, auf befettetem Blech bei mäßiger Hitze backen, nach dem Auskühlen mit Schokoladenglasur überziehen und mit einer ½ Haselnuß oder mit einer geschälten, halbierten Mandel belegen.

13. Butterbrötchen

Aus dem vorstehenden Teig einen Stollen formen, kühlstellen, Scheiben abschneiden und diese auf befettetem Blech backen. Nach dem Erkalten mit Eiweißglasur, die mit Eigelb gefärbt wurde, bestreichen. Evtl. noch mit gehackten Pistazien bestreuen.

14. Walnußdessert

60 g Zucker · 3 Eigelb · 100 geriebene Walnüsse · 1 Teelöffel Bohnenkaffee 3 Eischnee — Fülle: ⅛ l süße Sahne · 100 g geriebene Walnüsse · 100 g Butter · 100 g Zucker · Schokoladenglasur

Zucker mit Eigelb schaumig rühren, feingeriebene Walnüsse, Bohnenkaffee und Eischnee einmengen. Auf gefettetem Blech nicht zu dünn auftragen und langsam backen. Zur Fülle die süße Sahne mit den feingeriebenen Nüssen aufkochen. Abgekühlt in die Schaummasse von Butter und Zucker einrühren. Die Hälfte des Kuchens mit dieser Creme bestreichen, die zweite Hälfte daraufsetzen. In kleine Würfel schneiden, mit Schokoladenglasur überziehen, mit einer halben Walnuß belegen.

15. Nußherzen

140 g Zucker · 140 g Mehl · 140 g Butter · 140 g geriebene Nüsse · 2 Eigelb etwas Zimt · Nelkenpulver · Zitronenschale

Die Zutaten zu einem Teig zusammenkneten, in Herzform ausstechen, hell backen. Mit Zitronen-Eiweiß-Glasur überziehen.

Konfekt

1. Zuckerwaren

Einfache Zuckerwaren kann man aus Fondantmasse (in einschlägigen Geschäften erhältlich) herstellen. Man erwärmt sie ohne Wasserzugabe im Wasserbad und würzt mit Arrak, Rum oder Essenz. Unter Rühren läßt man die Masse etwas abkühlen, formt kleine Stangen, Kugeln, Ringe und dergleichen, setzt sie auf Pergamentpapier und läßt sie trocknen. Hauptsächlich verwendet man Fondant zum Überziehen von Gebäck.

2. Krokantmuscheln

200 g Zucker • 100 g geschälte Mandeln oder Nüsse • Stanniol • Kleingebäck oder Konfekt

Auf einer Stielpfanne brennt man den Zucker unter beständigem Umschaufeln zu schöner rotbrauner Farbe. Die grobgehackten Mandeln oder Nüsse mischt man darunter und kleidet mit der heißen Krokantmasse zwei beölte Muschelformen aus. Nach dem Auskühlen wird die Masse herausgenommen und die Außenseite mit Stanniol überzogen. Mit Kleingebäck oder Konfekt eingefüllt, bindet man je zwei Muscheln mit einem Band zusammen.

3. Krokanthäufchen

Man zerstößt die Abfälle von den vorstehenden Muscheln und mischt sie mit geschmolzener, wieder erkalteter Kuvertüre. Von dieser Masse werden Häufchen auf beöltes Pergamentpapier gesetzt und nach dem Erstarren abgelöst.

4. Kapuzinerl

150 g Mandeln • 250 g feiner Zucker • 250 g Kuvertüre

Feinen Zucker unter häufigem Umschaufeln in einer eisernen Pfanne schmelzen und hellbraun werden lassen, dann die abgezogenen, stiftelig geschnittenen Mandeln dazugeben, verrühren und die Masse auf einem beölten Teller erkalten lassen. Dann wird sie kleingeschnitten oder gehackt in die erweichte Kuvertüre gegeben, mit einem Kaffeelöffel kleine Krapferl geformt und diese auf Pergamentpapier trocknen lassen. Nach dem Erkalten kann man sie in eine Schachtel mit leeren Konfektkapseln geben. Die Masse ergibt 30 Stück.

5. Gebrannte Mandeln

140 g große geschälte Mandeln · 100 g Zucker · 35 g Zimt

Man läßt die geschälten Mandeln am Blech im Rohr gut trocknen. Auf eine eiserne Pfanne gibt man den Zucker mit Zimt vermischt, gibt die Mandeln dazu und brennt sie unter fortwährendem Rühren zu schöner rotbrauner Farbe. Man schüttet sie auf einen beölten Teller, löst die Mandeln voneinander, läßt sie auskühlen und bewahrt sie gut verschlossen auf.

6. Arancini (verzuckerte Orangenschalen)

Orangenschalen mit dem Weißen, mit einem kleinen Ausstecher rund ausstechen, 5 Tage in Wasser legen, dieses öfter wechseln. Wasser mit Zucker sirupartig kochen, die vorbereiteten Scheibchen darin solange kochen bis die Flüssigkeit eingedickt ist. Noch warm wälzt man die Arancini in grobem Kristallzucker und läßt sie nebeneinander auf einer Platte trocknen. Nach 2—3 Tagen sind sie genießbar. Für 150 Stück Orangenscheiben rechnet man ungefähr 250 g Zucker.

7. Karamelbonbons

250 g Zucker · 2 Päckchen Vanillezucker · ¹/₂ l Sahne oder Milch

Zucker, Vanillezucker, Sahne oder Milch unter Rühren so lange kochen, bis die Masse hellbraun ist. Dann auf ein mit Öl bestrichenes Blech ¹/₂ cm dick aufgießen, mit beöltem Messer Karo einkerben und nach dem Erkalten auseinanderbrechen.

8. Marzipanmasse

150 g geschälte, geriebene Mandeln · 300 g Puderzucker · etwas Arrak

Die zweimal durch die Mühle gedrehten Mandeln mit Zucker und Arrak geschmeidig kneten. Daraus beliebige Formen, Verzierungen, Überzüge und Füllungen herstellen.

200 g Mandeln · 200 g Puderzucker · 2 Eiweiß

Süße Mandeln abziehen, zweimal durch die Mühle drehen, mit feingesiebtem Puderzucker und Eiweiß zu einem Teig verarbeiten, evtl. passieren, in Pergamentpapier eingewickelt aufheben.

9. Marzipandessert

250 g Marzipanmasse · Speisefarbe · Kuvertüre

Man teilt die Masse in drei gleiche Teile und färbt einen Teil mit einigen Tropfen Speisefarbe hellgrün, den zweiten Teil hellrot und den dritten Teil gelb. Aus jeder Farbe formt man eine kleine Rolle, legt grün und rot nebeneinander, gelb obenauf. Das Ganze wird mit Kuvertüre überzogen und nach dem Erstarren in Scheiben geteilt. Die Masse ergibt 8 bis 10 Schnitten.

10. Marzipankartoffel

125 g Marzipanmasse · Zimt oder Kakao

Man formt aus Marzipanmasse kleine Kartoffeln, die man in Zimt oder Kakao wälzt. Mit einer Spicknadel werden „Augen" und aufgesprungene Schale markiert. Die Masse ergibt 20 Stück.

11. Marzipantörtchen

250 g Marzipanmasse · Puderzucker · Kuvertüre oder Eisschokolade · Haselnüsse

Man rollt Marzipanmasse auf Puderzucker aus, sticht runde Plätzchen aus, um damit Puderzucker bestäubte, kleine Formen auszukleiden. Dann gießt man flüssige Kuvertüre oder geschmolzene Eisschokolade ein und belegt mit geschälten Haselnüssen. Zum Steifwerden stellt man die Törtchen kalt, stürzt sie heraus und setzt sie in hübsche Konfektkapseln. Die Masse ergibt 16 Stück.

12. Falsche Salami

250 g Marzipanmasse · rote Speisefarbe · 60 g geschälte Mandeln · 50 g Zitronat

Die Marzipanmasse wird leicht rosa gefärbt, mit grobgehackten Mandeln und kleinwürfelig geschnittenem Zitronat vermengt. Man formt daraus eine Wurst, die in Zimt gewälzt und halb in Staniol eingeschlagen wird. Man kann sie auch gleich in Scheiben schneiden.

13. Mandelcremebonbons

250 g geschälte, geriebene Mandeln · 250 g Puderzucker · etwas Sahne Vanille · Kuvertüre zum Überziehen

Man mischt die Zutaten zu einer formbaren, aber nicht breiigen Masse, formt daraus Kugeln, die man mit Kuvertüre überzieht und auf Pergamentpapier trocknet. Die Masse ergibt 16 Stück.

14. Nußcremebonbons

250 g geriebene Nüsse • 250 g Puderzucker • etwas starker Bohnenkaffee Kuvertüre zum Überziehen

Zubereitung wie Mandelcremebonbons.

15. Nuß- oder Kokosstangen

125 g Kuvertüre • 125 g geschnittene Nüsse oder Kokosflocken

Man mischt die Zutaten unter die flüssige, kalte Kuvertüre, setzt von dieser Masse Stangen auf Pergamentpapier und läßt sie erstarren. Die Masse ergibt 12 bis 16 Stück.

16. Schokoladennüsse

Für die Schale: 125 g Puderzucker • Schokolade oder 1–2 Eßlöffel Kakao 70 g ungeschälte Mandeln • 1 Messerspitze Zimt • etwas Zitronensaft • etwas Arrak und Vanillezucker und etwas Eiweiß — Für den Kern: 50 g geschälte Mandeln • 50 g Puderzucker • Geschmackszutaten wie für die Schale • Eiweiß

Zur Herstellung der Schokoladennüsse bedient man sich eines Nußmodels (in Spezialgeschäften erhältlich). Zucker, geschmolzene Schokolade oder Kakao, geriebene Mandeln, Zimt und die Geschmackszutaten mischt man am Brett und knetet mit dem dazu nötigen Eiweiß einen glatten Teig. Man rollt ihn ziemlich dick aus und drückt ihn in dem mit Puderzucker bestreuten, kleinen Model aus. Für den Kern verarbeitet man die Zutaten wie vorstehend. Schale und Kern setzt man mit Eiweiß zusammen. Man richtet die fertigen Nüsse in kleinen Konfektkapseln an.

17. Eisschokolade

½ kg Kokosfett • ½ kg Puderzucker • 125 g Kakao • 3 Eßlöffel Mehl 1 Päckchen Vanillin

Das Fett läßt man zerschleichen, mischt sämtliche Zutaten gut darunter und gibt dann die Masse in ganz trockene, kleine Blechformen, stellt sie sehr kalt und läßt sie erstarren. Nach dem Stürzen schlägt man die Schokoladestückchen in Stanniol ein. Die Masse schmilzt leicht, daher ihr Name. Sie kann auch auf ein Blech gegossen und nach dem Erstarren in Würfelchen geschnitten werden.

Konfekt

18. Nougatstangen

Nougat · Kuvertüre · Marzipanmasse

Man schneidet die käufliche Nougatmasse gleichmäßig in Stangen, schlägt sie in dünn ausgerollten Marzipanteig ein, taucht sie rasch in Kuvertüre und läßt sie, auf Pergamentpapier gelegt, erstarren.

19. Zitronenkonfekt

Von Zitronat schneidet man messerrückendick kleine Dreiecke oder kleine Stangen, taucht die Ecken oder Enden gleichtief in Kuvertüre und legt sie zum Trocknen auf Pergamentpapier.

20. Orangenstangerl

Man schneidet Orangeat in gleichmäßige, kleinfingerdicke Stangen, taucht sie in Kuvertüre und läßt sie, kalt gestellt, am Pergamentpapier starr werden.

21. Mandolati
(Schlesisches Originalrezept)

6 Eiweiß · $1/2$ kg Zucker · $1/8$ l Honig · 1 Päckchen Vanillezucker · 400 g schöne, große Walnüsse · Oblaten

Unter den steifgeschlagenen Eischnee gibt man löffelweise den mit Vanillezucker gemischten Zucker und schlägt noch 30 Minuten. Der Honig wird aufgekocht, erkaltet in die Schaummasse eingerührt und die geviertelten Nüsse dazugegeben. Man streicht die Masse fingerdick auf große Oblaten, jedoch nicht bis an den Rand, legt eine Oblate darauf, schwert sie gleichmäßig mit einem Brettchen und einem schweren Gegenstand ein und stellt sie an einen trockenen kühlen Ort. Nach etwa 10 bis 14 Tagen schneidet man die Ränder mit scharfem Messer und Lineal glatt und teilt in kleinfingerlange, 2 cm breite Stückchen.

22. Gefüllte Datteln

250 g schöne, große Datteln · 100 g geschälte Mandeln · 20 g geschälte Pistazien · 1 Eßlöffel Arrak oder Rum · Eiweiß · Punschglasur

Die feingeriebenen Mandeln und Pistazien feuchtet man mit Arrak oder Rum an und verknetet sie mit soviel Eiweiß, daß die Masse zusammenhält. Die Datteln schneidet man der Länge nach durch, ersetzt den Kern durch die Mandelfülle, legt die andere Dattelhälfte darauf und überzieht mit Punschglasur. — Man richtet sie in hübschen Konfektkapseln an.

23. Quittenwürstchen

Quittenpaste · 50 geschälte, geriebene Mandeln · etwas Zitronat · 1 Messerspitze Zimt

Man mischt unter ½ kg Quittenmasse die geriebenen Mandeln, nach Belieben feingewiegtes Zitronat und Zimt. Dann füllt man die steife Quittenmasse mit einer Kuchenspritze in Cellophandärme nicht zu prall ein, damit man sie mit Bändchen gut abbinden kann. Aufgehängt, trocknet man die Würstchen in einem warmen, luftigen Raum, bis sie außen nicht mehr feucht sind.

24. Schokoladenwurst

200 g Mandeln · 200 g Schokolade · 1 Ei · 120 g Zucker · 40 g Zitronat 40 g Mandeln

Abgezogene, geriebene Mandeln und geriebene Schokolade vermischen. Ei und Zucker schaumigrühren, die Mandelschokoladenmasse, würfelig geschnittenes Zitronat und abgezogene, stiftelig geschnittene Mandeln zugeben. Die Masse auf schwachem Feuer warm werden lassen. Dann gibt man sie auf ein mit Puderzucker bestreutes Brett, formt eine dicke Wurst daraus, wälzt sie in Puderzucker und läßt sie an einem kalten Ort trocknen. Am nächsten Tag wird die Wurst in dünne Scheiben geschnitten.

25. Trüffelkonfekt

125 g Kokosfett · 125 g Puderzucker · 4 Eßlöffel Kakao · 250 g Hafermark 2 Fläschchen Rumaroma

Kokosfett zerlassen, gesiebten Puderzucker und Kakao zugeben, dann Hafermark und Rumessenz. Kleine Kugeln formen, in Trüffelschokolade, buntem oder grobem Zucker wenden.

26. Dattelstangerl

3 Eiweiß · 210 g Zucker · 140 g Mandeln · 140 g Datteln · Oblaten

Eiweiß zu steifem Schnee schlagen, den Zucker nach und nach einschlagen, die abgezogenen, länglich geschnittenen Mandeln und die ebenfalls länglich geschnittenen Datteln zugeben. Die Masse auf Oblaten streichen, auf das Blech legen, bei schwacher Hitze halbfertig backen, dann in 2 cm breite Streifen schneiden und fertigbacken (150 Grad).

27. Apfelwurst

200 g Zucker · Saft 1 Orange und 1 Zitrone · 1³/₄ kg Äpfel · Schale ½ Zitrone · 30 g Mandeln · 30 g Pistazien · 30 g Zitronat · 30 g Orangeat · 2 Eßlöffel Rum

Zucker mit Orangen- und Zitronensaft dickflüssig kochen, die geschälten, in Spalten geschnittenen Äpfel hineingeben und ganz dick kochen. Die feingehackte Zitronenschale, abgezogene, stiftelig geschnittene Mandeln und

Pistazien, in Streifchen geschnittenes Zitronat und Orangeat und den Rum zugeben. Die abgekühlte Masse auf einem mit Zucker bestreuten Brett zu einer Wurst formen, einige Tage in der Wärme trocknen lassen, dann zu bleistiftdicken Scheiben schneiden.

28. Pariser Herzen

250 g Mandeln, Nüsse oder Haselnüsse · 250 g Puderzucker · 1 Eigelb · 1 Ei Glasur: 1 Eiweiß · 160 g Puderzucker · etwas Zitronensaft

Geriebene Mandeln, Nüsse oder Haselnüsse mit gesiebtem Puderzucker, Eigelb und Ei zu einem Teig kneten. Diesen auf den mit Zucker bestreuten Brett 1/2 cm dick ausrollen, kleine Herzchen ausstechen, diese mit Glasur bestreichen, aber einen Rand von 1/2 cm frei lassen. Die Herzchen auf ein bewachstes Blech legen und bei mäßiger Hitze so lange backen, bis die Glasur steinhart ist, sich aber nicht verfärbt (125–150 Grad).

29. Schokoladenkonfekt

250 g Schokolade · 250 g Zucker · 1/8 l Wasser · 100 g Mandeln 50 g Zitronat

Zucker mit Wasser bis zum Faden spinnen, die erweichte Schokolade, die mit der Schale geriebenen Mandeln und das feingeschnittene Zitronat zugeben und am Feuer so lange rühren, bis sie Straßen macht. Kleine Konfektförmchen oder eine größere Form mit feinem Öl ausstreichen, die heiße Masse hineindrücken. An einem kühlen Ort 2 bis 3 Tage trocknen lassen, dann stürzen.

30. Maraschinokugeln

100 g Schokolade · 100 g Zucker · 50 g Mandeln · 1 Eiweiß · 1 Eßlöffel Maraschino — Fülle: 20 g Butter · 1 Eigelb · 30 g Vanillezucker · 1 Teelöffel Maraschino — Zum Wenden: 30 g Trüffelschokolade

Geriebene Schokolade, Zucker, geriebene ungeschälte Mandeln, Eiweiß und Maraschino werden auf dem Brett zu einem Teig verarbeitet, zu einer Rolle geformt und daraus 24 Scheiben geschnitten. Diese werden gefüllt, Kugeln geformt und in Trüffelschokolade gewendet. Zur Fülle rührt man Butter schaumig, gibt das hartgekochte, passierte Eigelb, etwas Maraschino und Vanillezucker zu, stellt kühl und formt dann kleine Kugerln daraus.

31. Schokoladentrüffel

60 g Butter · 200 g geriebene Schokolade · 2 Eßlöffel Rum · 100 g Trüffelschokolade

Schaumiggerührte Butter mit geriebener Schokolade und Rum innig vermischen, kalt stellen. Kugeln formen, in Trüffelschokolade wenden, in Konfektkapseln legen.

32. Basler Braunes

250 g Zucker • 3 Eiweiß • 250 g Haselnüsse oder Mandeln • 250 g Schokolade • 1 Teelöffel Zimt • 1/2 Teelöffel Nelken

Zucker und Eiweiß 1/2 Stunde rühren, die mit der Schale geriebenen Nüsse, die geriebene Schokolade, Zimt und Nelken zugeben. 1/2 Stunde ruhen lassen. Dann kleine Kugeln formen, in Grießzucker wenden, in großen Abständen auf das befettete Blech legen, 15 Minuten bei schwacher Hitze backen.

33. Zwetschgenwurst

125 g Zucker • 1/16 l Wasser • 250 g getrocknete, entkernte Zwetschgen 250 g Feigen • 100 g Nüsse

Getrocknete Zwetschgen einweichen, weichkochen, entkernen und feinwiegen. Feigen in kleine Würfel schneiden, Nüsse mittelfein hacken. Zucker mit Wasser dickkochen, die Zwetschgen zugeben und zu einem Brei kochen. Dann die Feigen und Nüsse untermischen. Die abgekühlte Masse auf einem mit Zucker bestreuten Brett zu einer Wurst formen, einige Tage trocknen lassen, dann zu Scheiben schneiden.

34. Zwetschgen-Nußkonfekt

500 g getrocknete Zwetschgen • 250 g Haselnüsse oder Walnüsse • 250 g Zucker • Schale und Saft von 2 Zitronen • 6 Eßlöffel Rum

Die über Nacht eingeweichten, gut abgetropften, entkernten Zwetschgen durch die Maschine drehen, die Nüsse grob reiben, die Zitronenschale fein wiegen. Alle Zutaten mischen, zu kleinen Kugeln formen und in Buntzucker, Kristallzucker, geriebenen Nüssen oder Kokosflocken wenden.

35. Aprikosenkonfekt

500 g getrocknete Aprikosen • 250 g Kokosflocken • 250 g Zucker • Saft von 2 Zitronen • 6 Eßlöffel Arrak oder 1 Fläschchen Arrakaroma

Die über Nacht eingeweichten, gut abgetropften Aprikosen durch die Maschine drehen und mit allen angegebenen Zutaten mischen, wenn erforderlich etwas Wasser zugeben. Kleine Kugeln formen und in Kristallzucker wenden.

36. Feigenkonfekt

500 g getrocknete Feigen • 125 g Nüsse • 100 g Schokolade • Schale und Saft von 2 Zitronen • 6 Eßlöffel Rum

Die Feigen durch die Maschine drehen, die Nüsse grob, die Schokolade fein reiben. Gehackte Zitronenschale, Zitronensaft und Rum zugeben. Gut vermischen, zu kleinen Kugeln formen und in Kakao wenden. Sollte die Masse nicht geschmeidig genug zum Formen sein, etwas Wasser zugeben.

Verschiedenes für
Advent, Weihnachten und Ostern

1. Adventlichter

4 schöne Äpfel · 4 rote Kerzen · Tannenzweige

An der Blütenseite den Apfel etwas ausbohren und eine Kerze hineinstecken, wenn nötig, etwas verkeilen. Ringsum in den Apfel mit einem spitzen Messer Schlitze stechen und kleine Tannenzweiglein hineinstecken. Auf den Platz jedes Familienmitgliedes oder Gastes ein Adventlicht stellen.

2. Apfelmännlein

1 schöner, großer Apfel · 1 Walnuß · 1 Streichholz · etwas Watte · etwas Glanzpapier

Das Streichhölzchen halb in die Nuß, halb in die Blütenstelle des Apfels stecken. Aus Watte einen Vollbart auf die Nuß kleben und ein nettes Gesicht mit Tinte oder Tusche aufmalen, evtl. eine Nase aus Siegellack anbringen. Aus Buntpapier oder Stanniol eine ausgefranste oder gezackte Scheibe schneiden, an einer Stelle bis zum Mittelpunkt einen Schnitt machen, zwischen Apfel und Nuß als Kragen herumlegen und etwas übereinanderkleben.

Wieder aus Glanzpapier eine Scheibe für die Spitzmütze schneiden, wieder mit einem Einschnitt zur Mitte versehen. Die beiden Schnittstellen so weit übereinanderkleben, daß es eine Tüte ergibt, deren Öffnung man gleichmäßig abschneidet, so daß sie über den oberen Teil der Nuß und den Bartansatz gestülpt und angeklebt werden kann. Evtl. seitlich in den Apfel noch ein Tannenzweiglein stecken.

3. Feigenmännlein

3 Stück geschnittenen Blumensteckdraht (ungefähr 25 cm lang) • 1 Kranz Feigen • 1 Bodenbrettchen aus stärkerer Pappe oder Holz (10 cm : 7 cm) Buntpapier

Man nimmt 2 Steckdrahtstücke, biegt mit einer kleinen Flachzange je ein Ende hakenförmig um, sticht die beiden anderen Enden durch die flache Scheibe einer Feige durch und schiebt sie bis zu den Haken noch oben als Kopf. Der Fruchtstiel der Gesichtsfeige stellt die Nase dar. Nun nimmt man eine zweite kleinere Feige als Hals, durch deren Mitte man diesmal die Drahtenden führt. Der dritte Steckdraht wird durch die Halsfeige geschoben und rechts und links gleichmäßig 3 bis 5 mittelgroße Feigen auf den Draht gezogen und die etwas abgewickten Drahtenden wieder hakenförmig in die Feigen hineingesteckt (zum besseren Halt). Jetzt werden drei größere Feigen für den Rumpf durch das Mittelloch der Feige auf den Draht gesteckt (die Feigen dicht aneinanderschieben, damit der Oberkörper nicht zu lang wird). Nun biegt man die beiden Drahtenden als Beine auseinander und spießt auf jedes Bein wieder drei Feigenscheiben auf, diesmal also wieder seitlich in die Feigen einstechen. Als Schuh eine vierte, etwas dickliche Feige auf den rechtwinkelig abgebogenen Draht ziehen. Die zwei Drahtenden der Beine werden nun durch zwei Löcher des mit grünem Glanzpapier überzogenen Bodenbrettchens gesteckt und auf der Unterseite desselben nach rückwärts umgebogen. Mit Wattebart, Buntpapierhut oder Bischofsmütze, Papierkragen usw. kann man das Feigenmännlein weiter verzieren. In die Hand kann man eine kleine Rute mit einer Buntpapierkette oder ein Tannenzweiglein stecken. Man kann auch ein Stäbchen in den Arm stecken und an dessen oberem Ende ein kleines Kerzchen mit Wachs befestigen. Sehr nett sieht es auch aus, auf das Bodenbrettchen einen Apfel zu legen, in den ein Kerzchen gesteckt ist.

4. Zwetschgenmännlein

Wird ganz auf die gleiche Weise gemacht wie ein Feigenmännlein, nur ist es für Kinderhände etwas schwieriger herzustellen durch die beim Einschieben hemmenden Kerne. Auch anderes Dörrobst kann mitverwendet werden, z. B. Datteln, Kletzen, Aprikosen, Weinbeeren. Besonders wenn man mehrere Männlein macht, ist es hübsch, jedes etwas anders zu machen, jedes Kind hat dann gleich sein besonderes

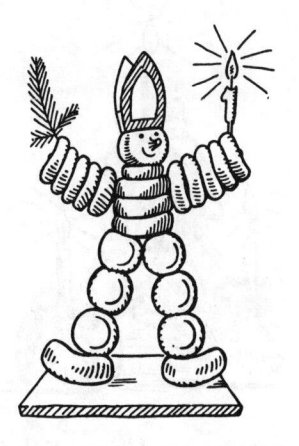

Verschiedenes für Advent, Weihnachten und Ostern

5. Nikolaus

Lebkuchenteig: 50 g Fett · 150 g Zucker · 1 Ei · 250 g Kunsthonig · 1 Päckchen Zimt · ¹/₂ Päckchen Nelken · Schale ¹/₂ Zitrone · ¹/₂ kg Mehl · 1 Backpulver — Glasur: 1 Eiweiß · einige Tropfen Zitronensaft · 250 g Puderzucker

Kunsthonig weichwerden lassen, mit Fett, Zucker und Ei schaumigrühren, Gewürze, gesiebtes Mehl und Backpulver zugeben. Einen glatten Teig kneten, ¹/₂ cm dick ausrollen, mit einer Blechform Nikolaus ausstechen, aufs befettete Blech geben und etwa 10 Minuten bei guter Hitze backen. Eiweiß mit Zitronensaft und Puderzucker zu einer glatten, spritzfähigen Masse rühren, in ein kleines, spitzes Tütchen aus Pergamentpapier füllen. Nun die Konturen des Nikolaus nachspritzen und Gesicht, Bart, Sack und Schuhe durch weiße Linien gut kenntlich spritzen.

6. Apfelleuchter

4 schöne Äpfel · 6 Stäbchen · 4 Kerzchen · Band · einige Plätzchen · 8 vergoldete Nüsse · 6 kleine Zweiglein Buchs

Drei Äpfel mit seitlich eingesteckten Hölzchen zu einem gleichmäßigen Dreieck verbinden. Dann in die Blütenstelle dieser drei Äpfel halbseitlich je ein Hölzchen stecken und auf das andere Ende dieser drei Hölzchen einen Apfel stecken. Damit ist das Gestell für den Apfelleuchter fertig. In jeden Apfel stecken wir nun oben ein Kerzchen hinein. Damit das Wachs der brennenden Kerzchen nicht auf den Apfel tropft, kann man, ehe man das Kerzchen einsteckt, eine kleine Manschette aus Metallpapier darauflegen. Von dem obersten Apfel kann man auch einige hübsche Plätzchen, an zwei bis drei Bändchen befestigt, als Schmuck des Leuchters herunterhängen lassen. Die Stäbchen, die das Gestell bilden, kann man mit roter Speisefarbe, Gold- oder Silberbronze anstreichen oder mit rotem Band umwinden. Will man den Leuchter noch festlicher gestalten, so steckt man in jeden der vier Äpfel neben die eingesteckten Hölzchen noch zwei an ein kleines Hölzchen gesteckte, vergoldete Nüsse. Rechts und links von den Nüssen steckt man je ein kleines Zweiglein Buchs.

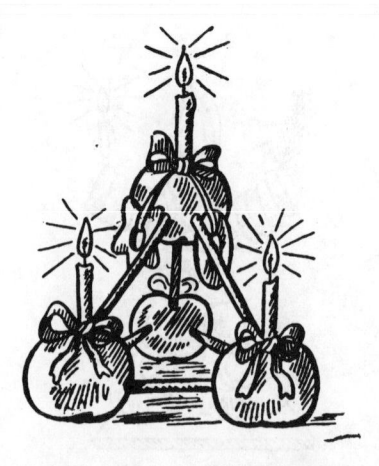

7. Hexenhäuschen

6 rechteckige Lebkuchen · 1 rechteckiger Lebkuchen, doppelt so groß wie die anderen · 250 g Puderzucker · 1 Eiweiß · 8 Eisbonbons · 200 g kleine Bonbons · Dragees · Zuckerperlen · Schokoladeplätzchen mit Streuzucker

Vorbereitungsarbeiten: Bei vier Lebkuchen die Kanten gerade abschneiden. Einen dieser Lebkuchen quer durchschneiden. Aus dem nächsten eine Tür ausschneiden. Den Dritten der Länge nach schräg zweimal durchschneiden, so daß man zwei niedere und zwei hohe Dreiecke erhält. Diese Dreiecke bilden die Giebel des Häuschens. Ob man die niederen, langen Dreiecke und damit einen vorspringenden Giebel oder die hohen, genau auf die Schmalseiten des Häuschen passenden Dreiecke wählt, bleibt dem persönlichen Geschmack überlassen. Aus diesen Dreiecken, die man später nicht verwenden will, schneidet man zwei Kamine. Das Eiweiß verrührt man mit so viel gesiebtem Puderzucker, daß man einen steifen Brei erhält. Vier kleine Hölzchen legt man sich bereit.

Ausführung: Den großen Lebkuchen, der den Boden bildet, legt man vor sich auf den Tisch. Dann nimmt man die an den Kanten glattgeschnittene Rückwand des Häuschens, bestreicht die eine Längskante dick mit Puderzuckerglasur und klebt sie auf den Lebkuchen, der den Boden bildet, auf. Nun nimmt man die beiden Schmalseiten, bestreicht sie mit Puderzuckerglasur und klebt sie an die Rückwand an. Wenn nötig, befestigt man sie vorübergehend noch mit je einem Hölzchen. Jetzt nimmt man die Vorderfront des Häuschens mit der ausgeschnittenen Türe und klebt sie mit Puderzuckerglasur an die Schmalseiten des Häuschens an. Wenn nötig, befestigt man sie vorübergehend noch mit 2 Hölzchen. Anschließend klebt man auf die Schmalseiten des Häuschens die langen flachen oder schmalen hohen Giebel auf. Die beiden an den Kanten nicht beschnittenen Lebkucken werden dann als Dach daraufgeklebt. Ein oder zwei Kamine, in der Mitte etwas eingekerbt, werden auf den Dachfirst geklebt. Die ausgeschnittene Tür klebt man so an die Türöffnung, daß die Tür halb offen wirkt. Damit ist das eigentliche Häuschen fertig, und es kann nun mit dem Verzieren begonnen werden. Zuerst klebt man die mit Puderzucker bestrichenen Eisbonbons als Doppelfenster auf. Dann bestreicht man das Dach dick mit Puderzuckerglasur und belegt es mit den verschiedenen kleinen Süßigkeiten. An den Dachrändern soll die Puderzuckerglasur wie Eiszapfen aussehen. Aus den abgeschnittenen Kanten der Lebkuchen kann man noch einen Zaun um das Häuschen machen und vielleicht mit bunten Zuckerperlen bekleben. Auf die Giebel des Häuschens und die Tür, vielleicht auch auf die Seitenwände, klebt man noch buntes Zuckerzeug. Auch ein Bänkchen aus Lebkuchen kann man an die Hauswand stellen. Aus Rosinen- und Feigenstückchen können besonders geschickte Kinder noch Hänsel und Gretel und die Hexe basteln und in das Gärtchen stellen. Die einfachen, fertig gekauften Lebkuchen sind zur Herstellung dieses Häuschens sehr gut geeignet. Bäckt man die Lebkuchen selbst, so verwendet man dazu den Teig vom Nikolaus. Das Häuschen hält sehr fest zusammen, bricht nicht leicht und macht dadurch den Kindern besondere Freude.

8. Tannenbäumchen

Keksteig: 100 g Butter oder Margarine · 200 g Zucker · 2 ganze Eier · 4 Eßlöffel sauren Rahm oder Milch · Zitronenschale · 500 g Mehl · 1/2 Päckchen Backpulver — Glasur: 250 g Puderzucker · 2 Eiweiß · einige Tropfen grüne Speisefarbe — Fertigmachen: einige Feigen · Holzstäbchen

Aus den angegebenen Zutaten einen Keksteig machen, gut messerrückendick ausrollen und mit Sternen verschiedener Größe ausstechen. In die Mitte jedes Sternes mit einem Hölzchen ein Loch bohren. Diese Sterne auf dem Blech backen. In den größten Stern nun das Hölzchen stecken. Darauf einige Feigenstückchen, die den Abstand zu dem nächsten kleineren Stern bilden. Nun wieder Feigenstückchen und wieder einen kleineren Stern. Dann nochmals Feigenstückchen und darüber den kleinsten Stern. Damit ist das Bäumchen fertig. Nun rührt man den Puderzucker mit Eiweiß zu einer dickflüssigen Glasur. Einen Teil dieser Glasur färbt man mit Speisefarbe mittelgrün und bestreicht damit die Sterne. Die restliche weiße Glasur verteilt man dann so über die getrocknete grüne, daß die Bäumchen wie beschneit und mit Eiszapfen behangen aussehen. Die angegebenen Mengen würden natürlich für einen kleinen Tannenwald reichen.

9. Hefeteighasen

1 kg Mehl · 250 g Margarine · 250 g Zucker · 2 Teelöffel Salz · Zitronenschale · 50 g Hefe · 3/8 l Milch · 1 Ei zum Bestreichen · 6 Eier

Mehl, gegangene Hefe, Zucker, Salz, gewiegte Zitronenschale, weiches Fett und lauwarme Milch zu einem glatten Hefeteig abschlagen, gehen lassen. Dann 1 cm dick ausrollen. Eine aus Packpapier geschnittene Hasenform auflegen, die Ränder mit dem Messer nachschneiden oder rädeln, den Hasen aufs befettete Blech legen. Ein rohes Ei darauflegen, ein Stückchen Mandel als Auge in den Teig drücken. Den Hasen mit verquirltem Ei bestreichen und goldbraun backen. Je nach der Form des Hasen, die man sich gezeichnet hat, drückt man das Ei in den Hinterteil des Hasen oder in das mit dem Hasen angeschnittene Körbchen. Das Ei nach dem Backen bemalen.

10. Osterlämmchen

Rührteig: 200 g Margarine · 200 g Zucker · 2 Eier · Zitronenschale · 500 g Mehl · ½ Päckchen Backpulver · ¼ l Milch (knapp) — Glasur: 250 g Puderzucker · 1 Eiweiß · einige Tropfen Zitronensaft · Bändchen · Glöckchen Fähnchen · 1 zweiteilige Lämmchenhohlform

Margarine mit Ei und Zucker schaumigrühren, feingewiegte Zitronenschale, mit Backpulver vermischtes Mehl und Milch zugeben. Den dickflüssigen Teig in gut ausgefettete, bemehlte Lämmchenformen geben, backen, durch Öffnen der Form sorgfältig aus der Form lösen. Dann mit Eiweißglasur schön spritzen, ein Bändchen mit einem Glöckchen umbinden, ein Fähnchen einstecken. Zur Glasur verrührt man den gesiebten Puderzucker mit Eiweiß und einigen Tropfen Zitronensaft zu einem dicken Brei.

11. Osternestchen

250 g Mehl · 80 g Margarine · 80 g Zucker · Zitronenschale · 1 Ei · etwas Milch · Schokoladenglasur · gehackte Pistazien · Mandeln oder Nüsse · kleine bunte Zuckereier

Aus Mehl, kleingeschnittener Margarine, Zucker, Zitronenschale, Ei und etwas Milch einen Mürbteig bereiten. ¼ cm dick ausrollen, Scheiben ausstechen, einen Rand auflegen, die Nestchen backen. Dann mit Schokoladenglasur überziehen und, so lange diese noch weich ist, an den Rändern mit gehackten Pistazien, gehackten Mandeln oder Nüssen bestreuen. Das Nestchen füllt man dann mit den kleinen, bunten Eiern.

Diät

Wohlbefinden im normalen Leben und Heilerfolg bei Krankheit ist zu einem wesentlichen Teil von der entsprechenden Ernährung abhängig.
Wird die Nahrung nach bestimmten Gesichtspunkten ausgewählt und bereitet, so ist dies Diät.
Wichtig ist, daß der *gesunde Mensch* die seinem Alter und seiner Tätigkeit entsprechende Nahrung zu sich nimmt. Dementsprechend stellt man Anforderungen an die gesunde, normale Durchschnittskost.
Aber auch mit so einer gezielten Kost, die dem jeweiligen Alter des Menschen und seiner Arbeitsweise angepaßt ist, kommt man nicht immer aus. Es gibt Menschen, die vorzeitig altern oder schwer krank werden. Für diese ist eine besondere Diätform wichtig. Man kann durch solche Hilfe ihr Leben verlängern und wieder lebenswert machen. Je nach der Aufgabe, die der einzelnen Diät zukommt, ist sie sehr verschieden. Dementsprechend gibt es verschiedene Diätformen.

ANFORDERUNGEN
AN DIE GESUNDE NORMALE DURCHSCHNITTSKOST

Im Säuglingsalter ist die beste Ernährung die Muttermilch. Sie ist nicht in allen Fällen ausreichend. Mit wachsendem Alter des Kindes genügt sie nicht. Die natürliche Ernährung muß dann durch entsprechende Milchsorten ergänzt oder wenn die Mutter aus irgendwelchen Gründen nicht stillen kann, ersetzt werden. Die für den Säugling verwendete Milch muß in ihrer Zusammensetzung der natürlichen Ernährung nahekommen, wird noch angereichert und besonders bekömmlich gestaltet. Über diese Milchernährung hinaus braucht der Säugling noch Zukost in Form von Obstsäften, Obstbrei und Gemüse.

Im Kleinkindalter, es geht bis zu 6 Jahren, können die Kinder schon am Familientisch mitessen, doch ist eine sehr eiweißreiche Kost nicht zuträglich. Viel Gemüse, Mehlspeisen und Beilagen, nicht zu viel Fleisch und Eier. Bei zu reichlicher Eiweißernährung bleiben die Kinder zart.

Für Schulkinder und heranwachsende junge Menschen ist keine besondere Auswahl in der Ernährung erforderlich, doch muß der Kohlenhydratanteil reichlich sein. Die Nahrungsmenge ebenfalls reichlich.

Für den Erwachsenen ist gesunde, gemischte Kost das Richtige. Zu fett und zu salzig ist nicht günstig.

Ab dem vierten Lebensjahrzehnt soll eine gezielte Ernährung gegeben werden.

Die zu Fettansatz neigenden Personen sollen weniger Fett und weniger Kohlehydrate zu sich nehmen, um jetzt schon zu verhüten, durch zu hohes Gewicht das Herz zu stark zu beanspruchen und dadurch den entstehenden Gesundheitsschäden vorbeugen. In diesem Alter ist eine Rücksprache mit dem Arzt, ob Bluthochdruck oder Niederdruck vorherrscht, angezeigt.

Bei Hochdruck ist Vorsicht mit Fleischeiweiß und Fett geboten. Milcheiweiß, Gemüse und Obst sind günstig. Die Nahrung soll salzarm sein. Dadurch kann der gefürchteten Arterienverkalkung vorgebeugt werden.

Für den Niederdruck, Unterdruck, ist die Frage des Essens nicht so wichtig. Der größere Prozentsatz der Bevölkerung leidet an Hochdruck und neigt zu Herz- und Kreislaufkrankheiten.

Alterskost: Das Durchschnittsalter der Bevölkerung liegt gegenwärtig bei 65–70 Jahren. Es ist sehr wichtig, durch geeignete Ernährungsformen dem natürlichen Alterungsprozeß vorzubeugen.

In diesem Stadium unterscheidet man 2 Menschentypen, den schlanken und den untersetzten Typ.

Der schlanke Typ braucht in der Auswahl der Nahrung nicht vorsichtig zu sein. Kohlenhydrate und die normalen Fettmengen belasten seinen Kreislauf nicht.

Der untersetzte Typ muß in der Kohlenhydrat- und Fettzufuhr achtsamer sein. Er kann beruhigt Eiweiß essen, besonders zarte, leicht bekömmliche Fleischsorten, Milcheiweiß und Eier.

Für beide Typen ist Kalbfleisch, Fleisch von jungem Geflügel, Fische und junges Gemüse geeignet. Von den älteren Gemüsen nur das Innere, Zarte. Die äußeren Blätter enthalten mehr Mineral- und Ballaststoffe, die keine Aufbaustoffe für ältere Menschen sind; sie haben nur Sättigungs- und Füllwert.

Diese Kostformen der beiden Typen beziehen sich nur auf den gesunden Menschen, soweit es sich also um keine hormonellen Störungen handelt.

SCHLANKHEITSDIÄT

Das Bestreben sehr vieler Mädchen und Frauen ist, möglichst schlank zu sein. Die persönliche Konstitution ist mitentscheidend dafür, ob dieser Wunsch immer erfüllbar ist.

Manche Typen können unbesorgt alles und jede Menge essen, ohne daß es zu unerwünschtem Ansatz von Fett kommt. Die andere Gruppe muß immer besorgt sein, nicht über die gewünschte Gewichtshöhe hinauszukommen. Es werden in Büchern, Broschüren, Zeitschriften und Reklamen sehr viele Möglichkeiten angegeben, wie man diese schlanke Linie behält, beziehungsweise erreicht. Viele dieser Methoden, wenn sie unüberlegt oder in schwereren Fällen ohne Kontrolle des Arztes durchgeführt werden, können schwere allgemeine Störungen im Körper mit sich bringen. Auch ist ein Gewichtsverlust nicht immer und in allen Fällen als Vorteil anzusehen. Oft leidet das Aussehen, besonders im Gesicht, darunter. Ungefährlich und auf einfachstem Wege durchzuführen sind folgende Möglichkeiten:

1. Jeden Tag eine Mahlzeit auslassen. Welche Mahlzeit dies ist, richtet sich nach der Tätigkeit, die man ausführt. Selbstverständlich darf man diese ausgefallene Mahlzeit durch doppelte Nahrungsaufnahme bei der nächsten Mahlzeit nicht wieder wettmachen. Auftretendes Hungergefühl kann unbesorgt durch Obst (Äpfel usw.) überbrückt werden.

2. Jede Woche 2—3 Tage nur Milch und trockene Semmeln essen, es entsteht kein Hungergefühl und der Erfolg ist überraschend.

3. Jede Woche zwei Apfeltage einschalten. Dazu die gewaschenen, ungeschälten Äpfel raspeln (in unbeschränkter Menge) und, mit etwas Zitronensaft beträufelt, essen — keinen Zucker beifügen.

4. Einige Tage oder Wochen nur gekochte Kartoffeln ohne Salz und Fett essen.

5. Einige Tage oder Wochen nur gekochten Reis und Salat oder schwach gesüßtes Kompott essen.

6. Ein bis zwei Tage in der Woche nur frisch ausgepreßten Kartoffelsaft trinken.

7. Jede Woche ein bis zwei Tage nur Obst- und Gemüsesäfte trinken. Dazu trockenes Weißbrot oder Knäckebrot.

8. Im allgemeinen muß bei den Personen, die zum Stärkerwerden neigen, die eiweißreiche Kost im Vordergrund stehen, während Kohlenhydrate zurücktreten. Das Eiweiß soll zur Hälfte tierisches, zur Hälfte Milch- und Gemüse-Eiweiß sein.

DIÄT FÜR KRANKE

Außer der normalen Ernährungsweise für die verschiedenen Altersstufen gibt es bestimmte Diätformen, die ausgesprochene Krankenkost sind. Krankheiten gibt es in vielen Formen und in jedem Lebensalter und die Diät ist eine der wichtigsten Komponenten in der Behandlung der Krankheiten.

Bei der Zubereitung der Krankenkost muß man sich also im vorhinein klar sein, was der Kranke nicht haben darf und was er bevorzugt haben soll. Wenn im Haushalt mehrere gesunde Personen und ein Kranker ist, stellt man seinen normalen Speisezettel zusammen und überlegt dann, wie er für den Kranken abgewandelt werden kann. Alles ist dadurch einfacher und der Kranke hat das Empfinden, am täglichen Leben teilzunehmen. Das ist auch ein ganz wichtiger, psychischer Heilungsfaktor. Immer muß ich bei der Zubereitung daran denken, daß der Kranke durch meine Mithilfe schneller gesund wird. Sorgfalt und Liebe in der Zubereitung dürfen daher auch in langwierigeren Fällen nicht nachlassen.

DIÄTFORMEN

Ich greife einige der häufigsten Diätformen heraus und möchte die wesentlichen Merkmale der Diät kennzeichnen. Wenn die Diätform richtig durchgeführt wird, ist sie ein wesentlicher Faktor im Heilungsprozess des Kranken.

1. Aufbaudiät nach überstandenen Krankheiten und Unfällen.
2. Diät bei erhöhtem Blutdruck, Kreislauf- und Herzbeschwerden.
3. Diät bei leichteren Verdauungsstörungen.
4. Diät bei Hals- und Mundschleimhaut-Entzündungen.
5. Diät bei Fieber.
6. Diät bei schwereren Magen- und Darmerkrankungen.
7. Diät bei Nierenerkrankungen.
8. Diät bei Gallen- und Lebererkrankungen.
9. Diät bei Zuckerkrankheit.

Aufbaudiät nach überstandenen Krankheiten und Unfällen

Man soll möglichst Baustoffe wie Eiweiß, Mineralstoffe, Vitamine und bei gutem Verdauungsapparat auch leichtverdauliche Fette zuführen, damit der geschwächte Organismus gestärkt, zerstörte Gewebe schneller wieder ersetzt werden können.

Besonders geeignet dafür ist:

1. Fleisch von jungen Tieren, Geflügel, Wild, besonders auch Leber,
2. Eierspeisen und eierhaltige Gerichte,
3. Gemüse, besonders grüne Gemüse, Salate,
4. Obst und Obstsäfte (Süßmost),
5. Milch, Butter, Sahne, Honig.

Ungeeignet:

1. viel Kochsalz und alle scharfen Gewürze, auch Essig und Alkohol,
2. viel Kartoffeln und Kartoffelspeisen,
3. viel mehlreiche Kost.

Diät bei erhöhtem Blutdruck, Kreislauf- und Herzbeschwerden

Man meide alles, was die Herztätigkeit übermäßig beansprucht. Leichtverdauliche Kost, schwach gewürzt, nicht blähend, kleine Flüssigkeitsmengen, wenig Alkohol und Nikotin entspricht diesen Anforderungen.
Ungeeignet ist frisches Brot, grobe Kraut- und Kohlarten, Hülsenfrüchte, frische Hefeteigspeisen, stark kohlensäurehaltiges Wasser und Fruchtsäfte.

Diät bei leichteren Verdauungsstörungen

Durchfall: Man soll den Magen und Darm nicht durch erhöhte Arbeit belasten, sondern ihn ruhig stellen, man trinkt am besten ungesüßten schwarzen Tee und ißt später Schleimsuppen. Dazwischen hinein kann man auch geschälten, rohgeriebenen Apfel geben. Gekochte, fein passierte Gelbrüben als Gemüsebrei oder etwas aufgegossen als Suppe sind ebenfalls geeignet. Brot wird immer in Form von Zwieback, Toast oder gebäht gegeben. Der Übergang zur Normalkost muß langsam erfolgen.

Verstopfung: Gemischte Kost, nicht so sehr verfeinert, sorgt für eine normale Darmtätigkeit. Ist sie jedoch gestört, so helfen im allgemeinen:
Vor dem Frühstück ungesüßtes Apfelkompott, am Vorabend eingeweichte, getrocknete Zwetschgen oder Feigen (10—20 Stück), rohe, nicht zu feingeriebene Gelbrüben oder Sellerie, rohes Sauerkraut, Buttermilch oder Joghurt in nicht zu kleinen Mengen. Zuverlässig wirkt vor dem Frühstück, wer es vertragen kann, täglich 1 Eßlöffel Olivenöl, auch während des Tages kann ab und zu Olivenöl genommen werden. Wer das Öl rein nicht nehmen kann, mischt es mit einer frischgekochten, heißen Kartoffel und etwas Salz und ißt es so. — Alle angegebenen Mittel müssen längere Zeit hindurch genommen werden, da der Darm oft erst nach einiger Zeit darauf anspricht.

Diät bei Hals- und Mundschleimhaut-Entzündungen

Das Schlucken schmerzt und macht Schwierigkeiten, die Nahrung muß daher flüssig oder fein breiförmig sein. Viele Kohlenhydrate sind zu meiden, da davon öfters Krümmelchen in den erkrankten Teilen zurückbleiben und dort zu gären beginnen. Nach dem Essen immer mit leichtgesüßtem Kamillentee spülen, der heilt und gleichzeitig alle Speisereste wegspült. Getränke nimmt der Patient oft leichter mit einem Strohhalm zu sich. Zitronensaft in Form von heißer Limonade und andere heiße Limonaden mit etwas Alkohol sind desinfizierend.

Diät bei Fieber

Fieber ist eine Begleiterscheinung der verschiedensten Krankheiten. Die Kost muß auf die spezielle Krankheit und auf die allgemeinen Anforderungen abgestimmt sein. Durch Fieber wird im Organismus viel Eiweiß abgebaut, das wieder ersetzt werden muß. Abwehrstoffe müssen zugeführt werden. Der Appetit ist im allgemeinen schwach, Zubereitung und Anrichten müssen besonders sorgfältig geschehen (niemals große Mengen, dafür öfters und kleiner). Mundspeichel ist oft wenig vorhanden, das Einspeicheln macht Schwierigkeiten, dem starken Durstgefühl muß Rechnung getragen werden. Darum sorgt man dafür, daß die Getränke nur schwach gesüßt sind und gleichzeitig durch ihren Gehalt als Nahrung dienen. Traubenzucker ist hier besonders geeignet, da er stark nährstoffreich ist, aber nur schwach süßt. Zur Bekämpfung des Durstes ist Ausspülen des Mundes mit schwachgesüßtem kalten Tee oder kohlensaurem Wasser oder das Zergehenlassen von kleinen Eisstückchen im Munde geeignet.

Geeignet:

1. Schleimsuppen, verdünnte Obstsäfte, Süßmost,
2. leichte Mehlspeisen
3. zartes Fleisch (bei leichtem Fieber)
4. Blattgemüse, Salate, Obst.

Ungeeignet:

1. alle Gewürze mit Ausnahme von wenig Salz und Zwiebel,
2. starke Fleischbrühe oder Bratensoße,
3. Alkohol,
4. alle schwere und fettreiche Kost.

Diät bei Magen- und Darmerkrankungen

Ausgesprochene Magen- und Darmerkrankungen verlangen zu ihrer Ausheilung eine länger durchgeführte Diät. Man bezeichnet sie im allgemeinen als Magen- und Darmschonkost.

Magenkatarrh: Er kann durch Mangel oder Überfluß an Magensäure im Magen verursacht werden. Man gibt häufiger kleine Mahlzeiten.

Geeignet:

1. Leichte, eiweißreiche Kost,
2. Leichtverdauliche Speisen.

Ungeeignet:

1. Alle Reizmittel,
2. Fettreiche Kost, man darf nur Butter verwenden.

Chronische Magenerkrankung: Die notwendige Diätform wird in diesen Fällen immer vom Arzt angeordnet. Als allgemeine Richtlinien gelten:

Geeignet:

1. leichte Suppen, leichte Mehlspeisen, besonders Brei,
2. ganz wenig Fleisch als Haschee,
3. viel Milch, auch Sauermilch,
4. Obst in Breiform durchpassiert, rohe, geriebene Äpfel, Bananen, Säfte, Süßmost.

Ungeeignet:

1. alle Gewürze, außer Salz in geringen Mengen,
2. alle Röstprodukte, gebratenes, gebackenes Fleisch,
3. überhaupt viel Fleisch,
4. derbe Gemüse und Obstsorten,
5. Kaffee, Kakao, Bier, Wein, Likör.

Chronische Darmerkrankungen: Die Anordnungen des Arztes sind für die Diät maßgebend. Allgemein gilt für diese Kost:

Geeignet:
1. milchreiche Nahrung,
2. eiweißreiche Kost, zartes Fleisch in Form von Laibchen, Pudding, eingemachtes Fleisch,
3. leichte Weine, alle Fruchtsäfte außer Zitronen- und Johannisbeersaft, Apfel-Süßmost,
4. leichter Zwieback,
5. zarte Gemüse in Form von Brei.

Ungeeignet:
1. alle fettreiche Kost,
2. schwere, namentlich saure Speisen,
3. Hefeteigwaren und Backpulvergebäck.

Diät bei Nierenerkrankungen

Um die kranken Nieren möglichst zu schonen, muß das Eiweiß reduziert werden, ebenso Salz und scharfe Gewürze. Bei Nierenerkrankungen ist eine weitgehende Ausheilung nur durch Diät erreichbar.

Geeignet:
1. Als Ersatz für Eiweiß, Leimstoffe, wie sie in Sülze-, Aspik- und Gelatinespeisen enthalten sind,
2. Sahne statt Vollmilch,
3. Kakao, Malzkaffee mit verdünnter Milch zubereitet und Schlagsahne,
4. Hagebuttenkern-, Zinnkraut-, Bärentraubenblättertee,
5. leichte Gemüse, viel Schnittlauch, Zwiebel, Obst roh und gekocht.

Beschränkt geeignet:
1. Milch, Butter, Quark, salzlose Käse,
2. leichte Mehlspeisen mit wenig Ei,
3. Zwieback, gebähtes Brot,
4. Kartoffelbrei in geringen Mengen,
5. leichte Weine, die man auch statt Essig in geringen Mengen verwendet, als Gewürze Zitronenschale, Küchenkräuter, ganz wenig Salz.

Ungeeignet:
1. Alle Gewürze, außer die eben angegebenen,
2. Kaffee, Tee, Alkohol.
Eventuell Hunger- und Durstpause nach Anordnung des Arztes.

Diät bei Gallen- und Lebererkrankungen

Es dauert meistens längere Zeit bis die Krankheit ganz ausgeheilt ist. Die Diät muß deshalb so abgestimmt sein, daß sie den Betreffenden voll ernährt, das erkrankte Organ jedoch schont.

Bei Lebererkrankungen z. B. Gelbsucht muß die Kost möglichst fettarm sein. Das wenige Fett das man geben darf, muß Butter oder Öl sein. — Leichtverdauliche Kohlenhydrate, reichlich Vitamine und ausreichende Flüssigkeitsmengen sind erforderlich. Bei längerer Erkrankung muß die Nahrung auch leicht verdauliche, eiweißhaltige Nahrungsmittel enthalten.

Bei Gallenerkrankungen z. B. Gallenblasenentzündung. Die Kost muß ebenfalls möglichst fettarm gehalten werden. Tierische Fette und fettreiche Fische sind unzuträglich, ebenso fetthaltige Früchte wie Nüsse. Bei der Speisenzubereitung ist alles Rösten, Braten und Backen zu vermeiden. Blähende Speisen sind ungeeignet, zu kalte und zu heiße Getränke, Alkohol und Bohnenkaffee sind zu meiden. Geeignet ist eine gemischte Kost von Kohlehydraten, Milch, Quark, zartem Fleisch, fettfreien Fischen, zarten Gemüsen, vollausgereiftem Obst, Obstsaft und Milchgetränken. Als Zubereitungsform wählt man sorgfältiges Kochen, Dünsten, Dämpfen, im Wasserbad gekochte Speisen.

Geeignet:

1. die leichte Mais-, Weizen- und Reisstärke in Form von leichten Speisen,
2. abgerahmte Milch oder Sauermilch, Obst- und Gemüsesäfte,
3. mageres Fleisch gekocht oder in der Pergamenttüte zubereitet.
4. Eiweißkuchen und Eiweißgebäck,
5. Leber in der verschiedensten Form.

Ungeeignet:

1. Alles Fette und Fettbildende,
2. alle Einbrennen,
3. Eigelb,
4. alle Gewürze mit Ausnahme von wenig Salz, Zwiebel, Zitronensaft,
5. Mandeln, Nüsse, frischer Hefeteig und frisches Brot,
6. Alkohol, Bohnenkaffee.

Diät bei Zuckerkrankheit

Über die Zuckerdiät gibt es ganz neue Ansichten. In leichten Fällen kann der Kranke durch die Verabreichung von Medikamenten eine sehr gelockerte Diät haben. In diesen Fällen werden Medikamente gegeben, die den Blutzuckerspiegel senken. Der Betroffene braucht nicht eine so streng kohlehydratarme Kost zu essen wie es früher üblich war. Er muß aber dafür seine Medikamente gewissenhaft einnehmen und in ärztlicher Überwachung bleiben. Bei schwereren und schweren Fällen der Zuckerkrankheit muß sich der Patient an die vom Arzt angegebene Diät, die einen bestimmt notwendigen Kaloriengehalt als Grundlage hat und nach Weißbroteinheiten berechnet wird, halten. Dies erfolgt nach einer genauen Untersuchung und Einstellung. Der Arzt bestimmt danach für den Patienten die täglich erforderliche Kalorienmenge, die erlaubte Kohlehydratmenge (durchschnittlich 120–200 g) und die Menge der kohlehydratarmen und kohlehydratfreien Nahrungsmittel. – Die erlaubte Kohlehydratmenge wird vom Arzt meist in Weißbroteinheiten (WBE) angegeben.

1 Weißbroteinheit = 20 g Weißbrot = 12 g Kohlenhydrate
1 Semmel = 40 g Weißbrot = 24 g Kohlenhydrate = 2 WBE

Kohlenhydrathaltige Nahrungsmittel sind: Zucker, Fruchtzucker, Traubenzucker, Getreideprodukte (Mehl, Grieß, Grütze usw.), Reis, Mais, usw., Brot und Gebäck, Hülsenfrüchte. Alle aus diesen Nahrungsmitteln hergestellten Produkte z. B. Teigwaren.

Kohlenhydratarme Nahrungsmittel: Alle Gemüse außer Wurzel- und Knollengemüse. Saure Obstarten.

Diätplan: Sind z. B. 180 g Kohlenhydrate täglich erlaubt, so entspricht dies 15 WBE. Die erlaubten Weißbroteinheiten können in Form der verschiedensten kohlenhydrathaltigen Nahrungsmittel zu sich genommen werden. Es gibt dafür entsprechende Umrechnungstabellen. Danach läßt sich dann der Diätplan leicht aufstellen.

Umrechnungstabelle
(Gleichwerttabelle, Äquivalenttabelle)

Einer Weißbroteinheit (1 WBE) = 20 g Weißbrot (1/2 Semmel) entsprechen:

Brot

Weißbrot	= 20 g
Schwarzbrot	= 25 g
Vollkornbrot	= 25 g
Pumpernickel	= 25 g
Zwieback	= 16 g

Mahlprodukte

Mehl	= 16 g
Grieß	= 16 g
Reis	= 16 g
Haferflocken	= 16 g
Sago	= 16 g
Brösel	= 16 g

Hülsenfrüchte, Kartoffeln

Hülsenfrüchte	= 25 g
Kartoffeln	= 60 g

Gemüse

Grüne Erbsen	= 100 g
Schwarzwurzeln	= 120 g
Karotten	= 125 g
Kohlrabi	= 170 g
Sellerie (gekocht)	= 480 g
Rote Rüben (gekocht)	= 480 g
Tomaten	= 200 g

Obst

Äpfel	= 120 g
Orangen	= 120 g
Kirschen, sauer	= 120 g
Weintrauben	= 70 g
Pfirsiche, Aprikosen	= 120 g
Johannisbeeren, Erdbeeren	= 180 g
Heidelbeeren, Preiselbeeren	= 100 g

Milchprodukte

Milch (1/4 l)	= 250 g
Buttermilch	= 320 g
Joghurt	= 350 g
Quark	= 300 g

Beispiele für eine Tagesverpflegung bei den verschiedenen Diätformen

1. Aufbaudiät nach überstandenen Krankheiten und Unfällen

Tagesdiät

1. Frühstück: Malzkaffee oder Milchkakao mit Brot, Butter, Honig.
2. Frühstück: Milch, Brot, Butter, Quark.

Mittagstisch: Tomatensuppe, gebackene Leber, gemischter Salat mit Zitrone angemacht, Obst und Sandkuchen.

Nachmittags: Dickmilch oder Joghurt mit Brot, Butter.

Abendtisch: Schinkennudeln mit Eiern und Salat, Butterbrot mit Tomaten.

Weitere Diätkost für den Mittagstisch:

1. Hascheesuppe, Fleischlaibchen mit Gelbrübengemüse, Vanillepudding mit gebratenem Apfel.
2. Grießnockerlsuppe, Geflügelpudding mit Tomatensauce, Salzburger Nockerl mit Kompott.
3. Lebersuppe, verlorene Eier mit Spinat, Apfelschnee mit Biskuit.
4. Tomatensuppe, Gulasch mit Semmelknödel, Zitronencreme mit Hobelspänen und Schlagsahne.
5. Hirnsuppe, gebackener Fisch mit Kartoffelkugeln, Grießauflauf mit Kirschen.
6. Leberspätzlesuppe, Kalbsschnitzel mit Salaten, Obstkuchen.

2. Diät bei erhöhtem Blutdruck, Kreislauf- und Herzbeschwerden

Tagesdiät

1. Frühstück: Tee mit Zucker und Zitronensaft, salzarmes Brot mit Butter und Honig oder Marmelade.
2. Frühstück: Obst.

Mittagessen: Italienische Gemüsesuppe (Minestrone), Kalbsleber, Kartoffelbrei, Kopfsalat mit Kräutern, Zitronensaft oder saurer Sahne angemacht, Kompott.

Nachmittags: Tee mit Weißbrot, Butter und Honig oder Marmelade.

Abends: Blumenkohl mit holländischer Sauce, Salzkartoffeln, Obstsalat.

3. Diät bei leichteren Verdauungsstörungen

Bei Durchfall

1. Tag: nur schwarzer Tee, leicht gesüßt;
2. Tag: nur Schleimsuppe und Zwieback;
3. Tag: leichte Speisen und dann meistens Übergang zur Normalkost; dazwischen geschälte, roh geriebene Äpfel.

Tagesdiät bei Verstopfung

1. Frühstück: Vollkornbrot mit Butter, Kaffee oder Tee.
2. Frühstück: 1 Glas Buttermilch.

Mittag: Fleisch oder Fisch mit Kartoffeln, Salat von rohgeriebenen Gelbrüben, Apfelmus.

Nachmittags: Joghurt.

Abends: Schweizer Müsli.

4. Diät bei Halsentzündungen

Heiße Zitronenlimonade

Sie wird wie gewöhnliche Zitronenlimonade hergestellt, nur verwendet man heißes Wasser.

Punsch

Man mischt 1/4 l heißen Tee mit 1/4 l Rotwein, dem Saft einer Orange und Zitrone, 1/4 l Zuckerlösung (50 g Zucker) und etwas Arrak und läßt dies nochmals heiß werden ohne zu kochen. Am Zucker reibt man zuerst etwas Zitronen- und Orangenschale ab.

Grog

Man kocht 1/8 l Wasser mit 50 g Zucker und gibt 1 Teelöffel Rum oder Arrak bei. Gleich auftragen.

Glühwein

Man mischt 1/8 l Rotwein mit 1/8 l Wasser, 30 g Zucker, gibt etwas Zitronenschale und Zimtrinde bei und läßt das Ganze aufkochen. Heiß auftragen.

Tagesdiät

1. Frühstück: Tee mit Zitronensaft und Biskuit.
2. Frühstück: Tee mit Arrak und Zwieback.

Mittags: Kräftige Gemüsebrühe, fein verwiegtes Fleisch in Mayonnaise, Vanillecreme.

Nachmittags: Süßmost und Zwieback:

Abends: Apfelauflauf, Tee mit Zitronensaft.

Weitere Diätkost für den Mittagstisch:

1. Grießeinlaufsuppe, Schwemmklößchen mit Tomatensauce, Zitronencreme.
2. Eiersuppe, Nudelsalat, Savarin.
3. Kräftige Fleischbrühe, weiches Rührei, Grießauflauf mit Apfelkompott.
4. Lebersuppe, Biskuitpudding, Arraksauce.

5. Diät bei Fieber

Leichte Tagesdiät bei geringem Fieber

1. Frühstück: Milch mit Zwieback und Butter.
2. Frühstück: Weiches Ei mit Zwieback.

Mittagstisch: Schleimsuppe, entbeintes Täubchen, Apfelbrei, Vanillecreme.
Nachmittags: Fruchtsaft und Biskuit oder Eis mit Waffeln.
Abends: Schaumpfannkuchen und Kompott.

Weitere Diätkost für den Mittagstisch:
1. Eiersuppe, eingemachtes Kalbfleisch, Makkaroni, Obst und Gebäck.
2. Semmelsuppe, Kalbfleischpudding mit Tomatensauce, Fruchtschnee mit Löffelbiskuit.
3. Käsegerstensuppe, Schinkennudeln und Salat, Grießauflauf mit Kompott.
4. Butternockerlsuppe, Schinkenrührei mit Kartoffelbrei, Vanillecreme und Keks.

Tagesdiät bei hohem Fieber

1. Frühstück: Tee mit etwas Milch und Zwieback.
2. Frühstück: Schleimsuppe mit gebähtem Brot.

Mittags: Kalbfleischsuppe mit Ei legiert, Flammerie mit Kompott.
Nachmittags: Fruchtsaft oder Süßmost mit Zwieback oder Eis mit Waffeln.
Abends: Schleimsuppe mit gebähtem Brot.

Weitere Diätkost für den Mittagstisch:
1. Reisschleimsuppe, Biskuittörtchen und Apfelschnee.
2. Weizenflockenschleim, Rührei und Spinat.
3. Haferschleimsuppe, leichte Klößchen und Salat mit Zitronensaft.
4. Einlaufsuppe, Nudelpudding mit Kompott.

Als Durstgetränke sind geeignet:

Limonade

Man mischt unter frisches Trinkwasser etwas Zitronensaft und Zucker oder Saft von Himbeeren, Johannisbeeren, Erdbeeren usw. und gibt ein Stückchen Eis dazu.

Dörrobstwasser

Man läßt gut gewaschenes Dörrobst, auch Feigen, 12 Stunden mit Wasser überdeckt stehen und seiht dies dann ab. Man kann das Dörrobst auch aufkochen und die abgegossene Flüssigkeit kaltstellen.

Apfelwasser

Man kocht geschälte Apfelschnitze in reichlich Wasser weich, seiht dies ab, gibt etwas Zucker dazu und stellt kalt.

Reiswasser

Man kocht 50 g Reis in 1 l Wasser gut aus, seiht ab, verbessert mit etwas Zitronensaft und Zucker und stellt kalt.

6. Diät bei schwereren Magen- und Darmerkrankungen

Tagesdiät bei Magenkatarrh

1. Frühstück: Malzkaffee mit gebähten Schnitten.
2. Frühstück: Heiße Milch mit Zwieback.

Mittags: Schleimsuppe, eingemachtes Huhn und Kartoffelbrei, gebratener Apfel.

Nachmittags: Joghurt und gebähte Schnitten.

Abends: Mehlbrei und Apfelkompott.

Weitere Diätkost für den Mittagstisch:

1. Grießsuppe, rohes Beefsteak mit Ei und Spinat, Apfelpudding.
2. Rahmsuppe, eingemachtes Hirn, gedünsteter Reis, Windbeutel und Fruchtschnee.
3. Sagosuppe, gekochtes Täubchen, Bandnudeln, Omelette.
4. Biskuitsuppe, Kalbfleischpudding, Blumenkohl, leichter Grießpudding mit Fruchtsauce.

Ist der Magenkatarrh durch zuviel Salzsäure verursacht, so gebe man vormittags und nachmittags zweimal eine ganz kleine Erfrischung.
Sondert der Magen aber zu wenig Salzsäure ab, so gebe man nicht zu häufig etwas zu essen, damit der schwache Magen sich erholen kann.

Weitere Diätkost für den Mittagstisch:

1. Eiersuppe, gedämpfter Fisch mit Kartoffelschnee, Apfelkompott.
2. Legierte, durchpassierte Semmelsuppe, Haschee mit breiten Nudeln, Obstschnee.
3. Legierte, durchpassierte Lebersuppe, eingemachtes Kalbfleisch mit leichten Semmelklößchen, Apfelkompott.
4. Schleimsuppe, Schinkenrührei mit Spinat, Pfirsichkompott.

Bei Darmerkrankung

Sie ist oft mit der Magenverstimmung verbunden, kann aber auch eine Folge von Erkältung sein. Bei Durchfall gelten die gleichen Diätregeln wie bei Magenverstimmung.

Tagesdiät

1. Frühstück: Milch mit Zwieback.
2. Frühstück: Zwiebackbrei.
Mittags: Schleimsuppe, Béchamelpudding mit Vanillesauce, Apfelwasser.
Nachmittags: Tee mit Löffelbiskuit.
Abends: Mehlbrei mit Zwieback.

Weitere Diätkost für den Mittagstisch bei eintretender Besserung:
1. Schleimsuppe, Fleischpudding mit Tomatensauce, Vanillecreme und Biskuit.
2. Rahmsuppe, Fleischlaibchen mit Kartoffelschnee, leichter Semmelpudding mit Himbeersaft.
3. Eiergerstensuppe, Kalbsleberpudding mit Spinat, Fruchtschnee mit Zwieback.
4. Tomatensuppe, Hirnpudding mit weißer Buttersauce, gebratener Apfel und Löffelbiskuit.

7. Diät bei Nierenerkrankungen

Akute Nierenerkrankung

Um den kranken Nieren möglichste Schonung angedeihen zu lassen, vermeide man Eiweiß soviel man kann. Akute Nierenentzündung ist durch richtige Diät heilbar.

Strenge Diät:

1. Frühstück: Lindenblütentee mit Zwieback.
2. Frühstück: Magermilch mit gebähten Brotschnitten und etwas Butter.
Mittags: Schleimsuppe, Apfelauflauf, Hagebuttenkerntee.
Nachmittags: Malzkaffee mit Schlagsahne und Biskuit.
Abends: Mehlmus und Fruchtgelee.

Weitere Diätkost für den Mittagstisch:
1. Reisschleimsuppe, Salzburger Nockerl und Kompott,
2. Spinatsuppe, Béchamelpudding mit Fruchtsauce,
3. Zwiebelsuppe, Butternockerl mit heller Sauce,
4. Grießsuppe, Klößchen mit Dillsauce.

Chronische Nierenerkrankung

Hier kann die Diät, wegen der langen Dauer, nicht so streng genommen werden. Es darf etwas zartes Fleisch gegeben werden.

Leichtere Diät:

1. Frühstück: Rahmkaffee mit Zwieback.
2. Frühstück: Magermilch mit Brot, Butter und Topfenkäse.
Mittags: Semmelsuppe, Forellen blau, Kartoffelbrei, Obstsalat.
Nachmittags: Obst und Zwieback.
Abends: Leichter Auflauf mit Kompott, Hagebuttenkerntee mit Zwieback.

Weitere Diätkost für den Mittagstisch:
1. Kräutersuppe, etwas Kalbfleisch in Sulze und Kartoffelbrei, Schlagsahne und Buttergebäck.
2. Zwiebelsuppe, gebackenes Hirn, Fruchtgelee mit Schlagsahne.
3. Lauch- oder Porreesuppe, Fleischpudding mit Tomatensauce, Malzkaffee mit Schlagsahne.
4. Blumenkohlsuppe, gedünsteter Fisch und Salzkartoffel, Blätterteig und Süßmost.

8. Diät bei Gallen- und Lebererkrankungen

Tagesdiät

1. Frühstück: Malzkaffee mit Zwieback.
2. Frühstück: Entrahmte Milch mit Eiweißkuchen.

Mittags: Semmelsuppe, gedämpftes Kalbfleisch, Spinat, Apfelschnee, Keks.
Nachmittags: Tee mit Zwieback.
Abends: Grießauflauf, Kompott.

Weitere Diätkost für den Mittagstisch:
1. Sagosuppe, Kalbsleberpudding mit Schwarzwurzeln.
2. Lebersuppe, Fisch blau mit Kartoffelbrei, Biskuitpudding mit Kompott.
3. Tomatensuppe, gedämpfte Kalbsleber mit Blumenkohl, Eiweißkuchen mit Obst.
4. Leberreissuppe, gedünstetes Kalbfleisch mit Gelbrüben, Apfelbrei.

9. Diät für Zuckerkranke

Tagesdiät

1. Frühstück (8.00 Uhr): Kaffee oder Tee; etwas Milch mit Süßstoff; 4 Zwieback (60 g) oder Vollkornbrot (80 g), 15 g Butter, Diabetikermarmelade.
2. Nachmittag (16.00 Uhr): Joghurt mit 1 Orange oder 1 Apfel.

Mittagessen (12.00 Uhr): Klare Tomatensuppe, gedünstetes Fleisch (150 g), 40 g Reis oder 180 g Kartoffeln, Gemüse oder Salat (300—400 g), 20 g Fett zur Zubereitung.

1. Nachmittag (14.00 Uhr): ¼ l Milch, 10 g Butter, 1 Semmel, magere Wurst.
2. Nachmittag (16.00 Uhr): Joghurt mit 1 Orange oder 1 Apfel.

Abendessen (18.00 Uhr): 2 Eier im Glas, grüne Erbsen (200 g) in 15 g Butter geschwenkt, magerer Käse, mageres Fleisch, magere Wurst zur Auswahl.
Vor dem Schlafengehen: 2 rohe Tomaten in Scheiben mit frischen Kräutern bestreut oder 1 Apfel.

Der Zuckerkranke muß täglich 6 Mahlzeiten zu sich nehmen. Die erlaubte Kohlehydratmenge muß über den ganzen Tag verteilt werden und kann gegebenenfalls nicht auf ein oder 2 Mahlzeiten zusammengezogen werden. Ein Teil der Kohlehydrate soll als Obst gegessen werden. Der Fruchtzucker belastet den Stoffwechsel weniger, außerdem sind Vitamine erforderlich.

DIÄTREZEPTE

Sobald man sich über die wesentlichen Eigenheiten einer gezielten Kost oder bestimmten Diät klar ist, kann man sehr viele Rezepte aus der Normalküche verwenden. Die notwendigen Abänderungen lassen sich bei richtiger Überlegung meist leicht durchführen. Die nachstehende Zusammenstellung bringt eine kleine Auswahl spezieller Rezepte. Die für Diabetiker geeigneten sind durch die WBE-Bezeichnung oder durch die Angabe von Süßstoff sofort kenntlich.

Die Teezubereitung

Bei der Zubereitung der verschiedenen Teesorten gelten folgende Regeln:
Tee aus Blättern und Blüten *(Lindenblüten-, Kamillen-, Pfefferminz-, Matetee)* wird nur mit kochendem Wasser überbrüht und einige Minuten zugedeckt beiseite gestellt. Dann seiht man ihn ab.
Bei *Sennesblättern* und *Baldrian* ist es jedoch günstiger, sie bloß 12 Stunden in kaltem Wasser auslaugen zu lassen, ohne zu überbrühen.
Tee aus Samen, Rinden, Wurzeln *(Faulbaumrinden-, Apfelschalentee)* läßt man 5 Minuten kochen und seiht erst dann ab. Bei *Hagebuttenkerntee* kocht man je nach Quantum 1—2 Stunden, bis er rötlich ist.

1. Schleimsuppe

2 Tassen Wasser, Brühe oder Milch · 1 Eßlöffel Haferflocken oder Reis etwas Salz · 1 Stückchen Zwiebel · 1 Zitronenscheibchen · 5 g Butter

Je nach Diät setzt man Reis oder Haferflocken mit der erlaubten Flüssigkeit kalt zu, kocht langsam 30 Minuten (eventuell nötige Flüssigkeitsmenge nachgießen). Gießt durch ein feines Sieb oder bei empfindlichen Kranken durch ein gebrühtes Tuch, kocht nochmals auf, verbessert eventuell mit Butter, legiert eventuell mit einem Eigelb und serviert sofort. (Auf der Suppe darf sich keine Haut bilden.) Die Suppe kann auch mit Zucker gesüßt werden. Auch mit etwas Zitronensaft oder Weißwein kann sie abgeschmeckt werden. Für kleine Kinder färbt und würzt man sie gerne mit Himbeersaft. In dieser Form eignet sie sich auch, namentlich gekühlt, als erfrischendes Getränk, das doch Nährstoffe enthält, besonders für Fieberkranke. Ein Zitronenscheibchen darf fast für jeden Kranken mitgekocht werden.

2. Lebercremesuppe

100 g Leber · 40 g Butter · 1 kleine Zwiebel · wenig Knoblauch · Majoran Salz · 40 g Mehl · $^1/_4$ l Milch · $^3/_4$ l Brühe · 100 g Leber

Feingeschabte, durchgedrehte Leber mit feingehackter Zwiebel, zerdrücktem Knoblauch in Butter dünsten, mit Mehl stäuben, mit Milch und Brühe aufgießen, mit etwas Salz würzen, die Suppe 20 Minuten kochen lassen, durch ein Sieb streichen und in die fertige Suppe noch 100 g feingeschabte Leber mit dem Schneebesen darunterschlagen.

3. Rohleberaufstrich

1 kleine Zwiebel · 40 g Butter · 40 g Kalbsleber · Salz · Knoblauch

Feingeschabte Zwiebel mit Butter und geschabter, passierter Leber schaumig rühren, mit wenig Salz etwas würzen. Weißbrot dick damit bestreichen, mit feingewiegter Petersilie oder Schnittlauch bestreuen.

4. Apfelpüree mit Leber

4 Eßlöffel gedünstete, passierte Äpfel · 1/4 l Weißwein · 2 Teelöffel Zucker 80 g rohe, passierte Kalbsleber · Zitronensaft

Apfelpüree, Weißwein, Zucker und Leber mischen, mit dem Schneebesen schaumigschlagen, mit Zitronensaft würzen. Dazu Zwieback.

5. Leberrahm

100 g Kalbsleber · 2 Eigelb · 2 Eßlöffel Zucker · 1 Teelöffel Cognac · 4 Eßlöffel geschlagene Sahne

Rohe, passierte Kalbsleber mit Eigelb und Zucker verrühren, mit Cognac würzen, geschlagene Sahne unterrühren. Mit Zwieback servieren.

6. Kalbfleischbrühe

Das Kalbfleisch in kleine Würfel schneiden, mit geschnittenem Suppengrün kalt zusetzen, langsam 1½ Stunden kochen lassen, durch ein feines Sieb gießen. Mit wenig Salz abschmecken.

7. Haferbrei
(1½ WBE)

30 g Haferflocken · 3/8 l Wasser · Salz

Die Haferflocken in kaltem Wasser zusetzen und auf schwachem Feuer unter öfterem Umrühren 30 Minuten langsam kochen lassen. Dann salzen und die erlaubte Buttermenge zugeben.

8. Haferflockenauflauf
(1½ WBE)

30 g Haferflocken · 1/8 l Brühe · 10 g Butter · 1 Ei · Salz · Muskat · Petersilie

Die Haferflocken mit heißer Brühe übergießen und 30 Minuten ausquellen lassen. Die Butter mit Eigelb schaumigrühren, die Haferflocken zugeben, mit feingewiegter Petersilie, Salz und Muskat würzen, den Eischnee unterziehen, die Masse in eine befettete Auflaufform füllen und 20 Minuten im Rohr backen.

9. Haferflockenschnitzel
(3 WBE)

50 g Haferflocken · 10 g Fett · 1/2 Ei · 10 g Brösel · Zwiebel · Petersilie Salz · Pfeffer · Muskat

Die Haferflocken mit 1/8 l Wasser oder Brühe zu einem dicken Brei kochen. Feingewiegte Zwiebel und Petersilie in wenig Fett andünsten, zur Haferflockenmasse geben, das Ei unterrühren, mit Salz, Pfeffer, Muskat abschmecken. Die erkaltete Masse zu Schnitzel formen, in Brösel wenden, in eine befettete Pfanne legen und im Rohr bei Mittelhitze hellbraun backen.

10. Haferflockensuppe
(1 WBE)

20 g Haferflocken · 1/4 l Gemüsebrühe · Salz

Die Haferflocken in der Gemüsebrühe weichkochen, salzen, erlaubte Buttermenge zugeben.

11. Hirnsuppe
(1 Portion)

50 g Hirn · 1/4 l Brühe · 10 g Butter · 1—2 Eßlöffel Sahne · 1/2 Eigelb

Das gewaschene, gehäutete, gehackte Hirn in Butter mit Petersilie rösten, mit Brühe aufgießen und 10 Minuten kochen lassen. Dann durchstreichen und mit Eigelb, das mit Sahne verquirlt wurde, legieren.

12. Käsesuppe
(1 Portion)

1/8 l Sahne · 1 Eigelb · 1 Eßlöffel geriebener Käse · etwas Salz

Sahne, Eigelb und 4 Eßlöffel Brühe werden am Feuer schaumiggeschlagen, geriebener Käse und, wenn nötig, noch etwas Salz untergerührt. Sofort servieren.

13. Klare Gemüsebrühe
(6 Portionen)

50 g Karotten · 30 g Petersilienwurzel · 30 g Sellerie · 1 kleiner Wirsing 1 Lauch · 2 Tomaten · 20 g Fett

Die Wurzeln gut bürsten, waschen, in Scheiben schneiden und mit Fett anrösten. Mit 2 l Wasser aufgießen, den geschnittenen Kohl und später die geviertelten Tomaten, einige Pfefferkörner, 2 Gewürznelken und 1 Lorbeerblatt zugeben und alles mitsammen langsam weiterkochen. Nach 1 1/2 Stunden Kochzeit soll die Brühe auf 1 1/2 l eingekocht sein. Die Brühe wird nun durchgegossen und eventuell als klare Brühe gegeben oder beliebig weiter verwendet.

14. Tomatensuppe
(1 Portion)

120 g Tomaten • 15 g Parmesankäse • etwas Fett • Gewürze

Die geviertelten Tomaten mit wenig Zwiebel in Fett dünsten lassen, durchstreichen, mit Fleisch- oder Gemüsebrühe auf ¼ l auffüllen, mit Salz, Muskat und Zitronensaft würzen. Den geriebenen Käse einrühren und noch einmal aufkochen lassen.

15. Kalte Tomatensuppe
(1 Portion)

200 g Tomaten • 2 Eßlöffel süße Sahne • Gewürze

Ganze reife Tomaten reinigen, vierteln, durch ein Sieb streichen, den gewonnenen Saft mit Sahne, Zitronensaft, wenig Muskat und Süßstoff gut durchschlagen und mit feingehacktem Schnittlauch bestreut servieren. Man kann die Suppe in Tassen reichen oder auf einem Teller, in dessen Mitte man eine ausgehöhlte, mit etwas Schlagsahne gefüllte Tomate setzt.

16. Brühe mit Fleischknöderl

¼ l Brühe • 100 g Fleisch • ½ Ei • Gewürze

Haut- und sehnenloses, rohes Fleisch 2mal durch die Maschine drehen, mit Zwiebel, Majoran, Muskat, Pfeffer und Salz würzen, mit dem Ei vermengen, zu einer zähen Masse abarbeiten, zu nußgroßen Kugeln formen, in schwach kochende Brühe einlegen und 10 Minuten darin ziehen lassen.

17. Rotwein mit Ei

⅛ l Rotwein • 1 Eigelb • 30 g Zucker

Die angegebenen Zutaten mitsammen schaumigschlagen, evtl. über Dampf. Kalt oder warm sofort servieren.

18. Cognacmilch

¼ l Milch • 1 Eigelb • 20 g Zucker • 2 Eßlöffel Cognac

Die angegebenen Zutaten mitsammen schaumigschlagen, evtl. über Dampf. Kalt oder warm sofort servieren.

19. Zwiebackbrei

2 Stück Zwieback • ¼ l Milch • 1 Eigelb • 10 g Butter

Zwieback in Stückchen brechen, in kalter Milch einweichen, unter Rühren einmal aufkochen lassen. Mit Eigelb legieren, Butter zugeben, mit Salz oder Zucker abschmecken, sofort servieren.

20. Geschabtes Beefsteak

100 g Ochsenfilet · Salz · 15 g Butter

Das Fleisch zweimal durch die Maschine mit feiner Lochscheibe drehen oder fertiges Tatar kaufen. Mit etwas Salz würzen, in heißer Butter auf beiden Seiten je 2 Minuten braten.

21. Kalbfleischpüree

Rohes, gekochtes oder gebratenes Kalbfleisch zweimal durch die Maschine drehen oder mixen. Mit etwas Wasser, Milch oder Bratensauce, Salz und gehackter Petersilie aufkochen. — Für Spinatpüree wird der gekochte, durchgedrehte Spinat mit Sahne und Eigelb legiert.

22. Omelette

2 Eier · Butter

1 ganzes Ei und 1 Eigelb werden mit 1 Eßlöffel Sahne und Salz gut durchgerührt und von 1 Eiweiß Schnee eingemengt. In einer Pfanne läßt man Butter heiß werden, gießt die Eiermasse hinein, rührt mit einem Löffel 3- bis 4mal durch und läßt die Omelette dann festwerden. Man schlägt sie übereinander und stürzt sie auf eine vorgewärmte Platte. — Fülle: Schinken, Braten, Käse, Champignons, Spargelspitzen.

23. Gabelbissen

1/2 Bismarckhering · 1 hartgekochtes Ei · 30 g Butter · Petersilie

Den gehäuteten, feingewiegten Hering und das hartgekochte, feinzerdrückte Eigelb mit der schaumiggerührten Butter mischen, mit Zitronensaft und Petersilie würzen. Auf rund ausgestochenes, getoastetes Weißbrot aufstreichen und mit dem gehackten Eiweiß bestreuen.

24. Fischsalat

Gekochten Fisch entgräten, in Stücke teilen, mit einer Marinade aus Zitronensaft oder Essig und Öl übergießen oder mit Sauerrahm vermengen. Gehackte Kapern untermischen.

25. Heiße Käsebrötchen

Weißbrotscheiben mit Butter bestreichen, mit dieser butterbestrichenen Seite fest in den geriebenen Schweizer Käse drücken, auf ein Blech legen, bei Mittelhitze im Rohr goldgelb backen und sofort servieren. Der Käse darf nur goldgelb, aber nicht braun werden, sonst schmeckt er bitter.

26. Fischfilet (fettlos)

150 g Fischfilet · 3 Eßlöffel Milch · Salz · Zitronensaft

Ein dünnes Filet von Seezunge, Goldbarsch oder dgl. schwach salzen, mit Zitronensaft betropfen, auf einen Teller legen, die Milch darübergießen und zudecken. Den zugedeckten Teller auf einen Topf mit kochendem Wasser stellen und das Filet so gar dämpfen (20 Minuten).

27. Alu-Fischfilet

4 Fischfilet · 1 Röhrchen Kapern · Saft einer halben Zitrone · 1 Eßlöffel süßer Senf · 1 Teelöffel Salz · 40 g Butter

Die feingewiegten Kapern, Kapernessig, Zitronensaft, Senf, Salz und flüssige Butter verrühren, die Fischfilets darin wenden. Auf die gefettete Alufolie legen, verschließen, auf das Blech legen. In das vorgeheizte Rohr einschieben, in 20 Minuten bei 180° gardünsten.

28. Alu-Fischfilet mit Apfelwürfel

1 Portion Fischfilet · Saft 1/2 Zitrone · 1 Apfel · Salz · 20 g Butter

Erst das Fischfilet im Zitronensaft wenden, etwas salzen, auf die mit Butter bestrichene Alufolie legen. Im restlichen Zitronensaft die kleinen Apfelwürfel wenden, auf den Fisch geben, mit Butterflöckchen belegen. Die Alufolie zu einem Päckchen schließen und im Dampf, in wenig Wasser oder auf dem Blech im Rohr in 10 Minuten garen.

29. Butterschnitzl in Alufolie

100 g Kalbfleisch · 1 Eigelb · 10 g Butter · 1 Eßlöffel Wasser · Salz

Haut- und sehnenfreies Kalbfleisch zweimal durch die Maschine drehen. Mit Eigelb, flüssiger Butter, etwas kaltem Wasser und Salz gut vermengen und zu einem Laibchen formen. Alufolie mit Butter bestreichen, das Fleisch darauflegen, die Seiten hochbiegen und zu einem Päckchen schließen. Im Dampf, in etwas Wasser oder in der Stielpfanne in 10 Minuten garen.

30. Alu-Kalbsleber mit Pilzen

1 Scheibe Kalbsleber · 50 g Champignons · Salz · Paprika · Petersilie · 20 g Butter

Auf die mit Butter bestrichene Alufolie die ganze oder in Streifchen geschnittene Kalbsleber und die in Blättchen geschnittenen Champignons geben. Mit Salz, Rosenpaprika und gehackter Petersilie bestreuen, mit Butterflöckchen belegen, das Päckchen nach oben zu verschließen und in 5 Minuten auf der Stielpfanne garen.

31. Backteig

(2 WBE)

1 Ei · ¹/₁₀ l Weißwein · 32 g Mehl · 1 Kaffeelöffel Öl · 20 g Parmesankäse Salz

Eigelb, Mehl, Öl, Weißwein und Salz glatt verrühren, 15 Minuten stehen lassen. Vor Gebrauch den geriebenen Käse und den Eischnee untermengen.

32. Spinat

Sorgfältig verlesenen, gewaschenen Spinat mit dem an den Blättern haftenden Wasser weichdünsten, mit Salz und Muskat würzen, auf vorgewärmter Platte anrichten und mit geriebenem Parmesankäse bestreuen.

33. Gebratene Tomaten

Mittelgroße, feste, runde Tomaten waschen, ein kleines Deckelchen abschneiden und in eine mit Butter oder Fett bestrichene Auflaufform stellen. Auf jede Tomate haselnußgroß Butter geben, mit etwas Muskat und geriebenem Käse bestreuen und bei Mittelhitze im Rohr braten.

34. Gedünstete Tomaten

Die Tomaten einige Sekunden in heißes Wasser halten, dann die Haut abziehen. Die geschälten Tomaten in Viertel schneiden, die Kerne entfernen und in etwas Butter weichdünsten. Mit etwas Salz oder Zitronensaft und Süßstoff würzen. Die gesalzenen Tomaten angerichtet mit etwas Schnittlauch bestreuen.

35. Gedünstete Sellerie

(1 WBE)

250 g Sellerie schälen und in dünne Scheiben schneiden. In heißem Fett feingewiegte Zwiebel ganz hell andünsten, die Selleriescheiben hineinlegen, anbraten lassen, mit etwas Wasser oder Brühe aufgießen und auf schwachem Feuer gardünsten.

36. Spinatomelette

150 g passierter Spinat · 2 Eier · Salz · Pfeffer · Muskat

Die gekochten Spinatblätter sehr fest auspressen und durchstreichen. Die Eiweiß zu steifem Schnee schlagen, die Eigelb und den passierten Spinat einrühren, mit Salz, Pfeffer und Muskat würzen und die Omelette in einer befetteten Pfanne auf dem Herd oder im Rohr backen. Die fertige Omelette kann man noch mit gehacktem Schinken füllen oder mit Käsesauce servieren.

37. Kartoffelpüree
(2 WBE)

100 g Kartoffeln · Butter · ¹/₁₆ l Milch · Salz

Die ohne Schale gekochten Kartoffeln durchstreichen, mit Butter und heißer Milch verrühren und über kochendem Wasser schaumigschlagen.

38. Kartoffelschnee
(2 WBE)

120 g geschälte Kartoffeln in Salzwasser mit etwas Kümmel weichkochen, abgießen, durch die Kartoffelpresse drücken und sofort servieren.

39. Kartoffelschnee

Salzkartoffeln kochen durch die Kartoffelpresse auf eine vorgewärmte Platte oder Teller drücken, mit etwas Salz bestreuen. Kleine Butterflöckchen daraufgeben.

40. Topfennudeln
(2 WBE, fettlos)

125 g Quark · 20 g Mehl · 10 g Butter · 1 Eigelb · Salz

Den passierten Quark mit den angegebenen Zutaten verkneten, zu Nudeln formen, 2 Minuten in Salzwasser kochen, herausnehmen, gut abgetropft in eine Auflaufform geben, mit flüssiger Butter betropfen, mit 2 Eßlöffel Sahne übergießen und im Rohr überbacken.

41. Käsesauce

¹/₁₆ l Sahne · 1 Velvetakäse · 1 Eigelb

Sahne mit dem kleingeschnittenen Käse und Eigelb auf kleinem Feuer zu dicklicher Creme schlagen.

42. Sahnemeerrettich

4 Eßlöffel geschlagene Sahne · 1 Eßlöffel geriebener Meerrettich · Salz

In die geschlagene Sahne den geriebenen Meerrettich einmengen, mit Salz abschmecken. — Beilage zu kaltem Fleisch.

43. Senfsauce

¹/₈ l saurer Rahm · 1 Eßlöffel Senf · Zitronensaft · Salz

Alle Zutaten mischen und mit dem Schneebesen schaumigschlagen.

44. Tomatensauce

50 g Speck • 50 g Zwiebel • 750 g Tomaten • 2 Gewürznelken • 1 Loorbeerblatt • Thymian • Salz • Muskat

Kleinwürfelig geschnittenen Speck mit der Zwiebel hell rösten, die zerteilten Tomaten und die Gewürze zugeben, alles mitsammen weichdünsten. Durch ein feines Sieb streichen, wenn nötig, etwas verdünnen und nochmals gut würzen.

45. Salatmarinade mit Sahne

3 Eßlöffel süße oder saure Sahne mit dem Saft einer ½ Zitrone gut verquirlen, feingehackten Dill oder beliebige Kräuter untermengen.

46. Salatmarinade mit Tomaten

2 Tomaten • 2 Eßlöffel süße und saure Sahne • Kräuter • Salz • Muskat

Die Tomaten durch ein Sieb streichen, mit süßer oder saurer Sahne und feingehackter Petersilie oder beliebigen anderen Kräutern mischen, mit Salz und Muskat abschmecken und mit dem Schneebesen gut durchschlagen. Statt frische Tomaten kann man auch entsprechend verdünntes Tomatenmark verwenden.

47. Salatmarinade mit Senf

Gebrauchsfertigen Essig mit reichlich süßem oder scharfem Senf und etwas Süßstoff zu einer dünnen Sauce verrühren.

48. Stachelbeersauce

120 g Stachelbeeren • ⅛ l Brühe • Salz • 2 Eßlöffel saurer Rahm

Die grünen Stachelbeeren von Stiel und Blüte befreien, halbieren, in Butter dünsten, mit Brühe aufgießen und weichkochen, mit Salz und saurem Rahm abschmecken. Sehr verbessert wird die Sauce, wenn man sie mit einem halben Eigelb legiert. Man gibt die Sauce zu gekochtem Ochsenfleisch.

49. Pfefferminzsauce

Pfefferminzkraut • Wasser • Weinessig • Süßstoff

Die abgezupften Pfefferminzblätter waschen, sehr fein wiegen, in eine Glas- oder Porzellanschüssel geben, mit 3 bis 4 Eßlöffel kochendem Wasser überbrühen und zugedeckt 30 Minuten ziehen lassen. Dann schmeckt man mit Weinessig und Süßstoff ab und läßt die Sauce gut durchziehen. — Gute Beilage zu Hammelbraten.

50. Holländische Sauce

¹/₈ l Fisch-, Gemüse- oder Gewürzsud · 2 Eigelb · 80 g Butter · Zitronensaft Salz

Fisch-, Gemüse- oder Gewürzsud (aus Zwiebeln, Pfefferkörnern und etwas Essig gekocht) mit Eigelb verquirlt und auf kleiner Flamme oder im Wasserbad dickschaumig schlagen, dann unter beständigem Weiterschlagen die Butter in kleinen Stückchen zugeben. Sofort zu Tisch geben, da die Sauce nicht zu heiß oder zu lange in der Wärme stehen darf.

51. Vanillesauce

50 g süße Sahne knapp (¹/₁₆ l) · 1 Eigelb · 2 Eßlöffel Wasser · 1 Stückchen Vanillestange · Süßstoff

Sahne mit Eigelb, Wasser oder Vanillestange über kochendem Wasser so lange schlagen, bis die Sauce gebunden ist, dann mit Süßstoff abschmecken.

52. Reisauflauf
(2 WBE)

30 g Reis · ¹/₈ l Milch · 20 g Butter · 1 Ei · Süßstoff

Den Reis in Milch weichdünsten. Butter, Eigelb und Süßstoff schaumigrühren, den abgekühlten Reis in den Eischnee untermengen, die Masse in eine befettete Auflaufform füllen und 20 Minuten bei Mittelhitze im Rohr backen.

53. Haselnußkuchen

100 g Butter · 120 g Haselnüsse · 3 Eier · ¹/₂ Teelöffel Zimt · 5 Süßstofftabletten aufgelöst

Butter, Eigelb, Süßstoff und Zimt schaumigrühren, die gerösteten, geriebenen Haselnüsse und den Eischnee untermengen. Die Masse in eine befettete, bemehlte Kastenform füllen und 45 Minuten bei Mittelhitze backen.

54. Zitronenbiskuit
(2 WBE)

4 Eier · 5 Süßstofftabletten, aufgelöst · 1 Zitrone · 40 g Mehl

Man schlägt Eischnee, mischt Eigelb und die übrigen Zutaten leicht darunter, streicht die Masse auf ein gut befettetes, mit Mehl bestreutes Blech und bäckt zu schöner Farbe. Dann teilt man in Schnitten.

55. Mandelbrot

4 Eiweiß · 250 g Mandeln, gerieben · 5 Süßstofftabletten, aufgelöst · 70 g verwiegtes Zitronat und Orangeat

Man mischt alle Zutaten in den steifen Eischnee, setzt davon Häufchen auf ein befettetes Blech und bäckt zu schöner Farbe.

56. Nußbrot

3 Eier · 250 g Nüsse, gerieben · 5 Süßstofftabletten, aufgelöst · Zitronengelb

Man schlägt steifen Eischnee, mischt Eigelb und alle übrigen Zutaten darunter, setzt längliche Häufchen auf ein befettetes Blech und bäckt.

57. Mandelkaltschale

2 bittere und 12 süße Mandeln · 1 Tasse Milch · etwas Vanille und 1 Süßstofftablette

Die abgezogenen Mandeln werden feingerieben und mit der Milch ausgekocht, dann seiht man ab, süßt, gibt Vanille bei und stellt kalt.

58. Haferflockenmakronen

(2 WBE)

40 g Haferflocken · 1 Eiweiß · 1 Süßstofftablette, aufgelöst

Die Haferflocken in einer Stielpfanne unter ständigem Rühren hell bräunen, dann fein wiegen. Das Eiweiß zu steifem Schnee schlagen, die Haferflocken und Süßstoff einmengen, auf ein gewachstes Blech Makronen setzen und hellgelb backen.

59. Mandelmakronen

2 Eiweiß · 50 g Sionon · 80 g Mandeln

In den steifen Eischnee das Sionon nach und nach einschlagen, dann die mit oder ohne Schale geriebenen Mandeln einmengen. Kleine Makronen auf ein bewachstes Blech setzen und bei schwacher Hitze im Rohr backen.

60. Käsegebäck

(1 WBE)

50 g Butter · 16 g Mehl · 40 g Parmesankäse · 40 g Mandeln · 2 hartgekochte Eigelb · 1 rohes Eigelb

Kleingeschnittene Butter mit Mehl, geriebenem Käse, abgezogenen, geriebenen Mandeln, hartgekochtem, passiertem Eigelb und dem rohen Eigelb zu einem Teig verkneten und 20 Minuten kühl ruhen lassen. Dann 1½ cm dick ausrollen, kleine, runde Formen ausstechen, mit verquirltem Ei bestreichen, mit geriebenem Käse bestreuen und bei mäßiger Hitze hellgelb backen.

61. Salzgebäck

(1 WBE)

50 g Butter · 16 g Mehl · 80 g Mandeln · 3 hartgekochte Eigelb · 1 rohes Eigelb

Kleingeschnittene Butter mit Mehl, abgezogenen, sehr feingeriebenen Mandeln, dem hartgekochten, passierten Eigelb und dem rohen Eigelb rasch zu einem Teig kneten und 30 Minuten kühl ruhen lassen. Dann 1½ cm dick ausrollen, zu kleinen runden Formen ausstechen, mit verquirltem Ei bestreichen, mit Salz und Kümmel bestreuen und bei mäßger Hitze hellgelb backen.

62. Schinkenkipferl

(4 WBE)

60 g Butter · 64 g Mehl · 30 g Parmesankäse · 7 g Hefe · 1 Eßlöffel Sahne Salz — Fülle: 100 g Schinken · 1 Eßlöffel Sauerrahm

Kleingeschnittene Butter mit Mehl, geriebenem Käse, in lauwarme Milch getauchte Hefe, der Sahne und Salz rasch zu einem glatten Teig kneten und 30 Minuten ruhen lassen. Dann 3 cm dick ausrollen, zu Quadraten rädeln, mit kleingewiegtem Schinken, der mit Sauerrahm vermengt wurde, belegen, zu Kipferl formen, mit Ei bestreichen und bei Mittelhitze im Rohr hellgelb backen. — Die Schinkenkipferl schmecken warm am besten.

63. Weinchaudeau

(2 Portionen)

⅛ l Weißwein · 2 Eigelb · 1 Süßstofftablette

Weißwein und Eigelb verquirlen, auf kleiner Flamme oder über kochendem Wasser schaumigschlagen. Mit Süßstoff abschmecken.

64. Rohgerührte Creme für Zuckerkranke

1 Eigelb · 2 Süßstofftabletten · ⅛ l Weißwein, Orangensaft, gewässerten Zitronensaft oder beliebigen anderen Obstsaft · 1½ Blatt Gelatine · 1 Eischnee · 3 Eßlöffel Schlagrahm

Die Süßstofftabletten in etwas von der Flüssigkeit auflösen, mit dem Eigelb verrühren. Die eingeweichte, ausgedrückte, aufgelöste Gelatine und die übrige Flüssigkeit zugeben. Wenn die Creme steif zu werden beginnt, Eischnee und geschlagene Sahne einrühren. In ein Glasschälchen füllen, kalt stellen.

65. Rhabarbercreme

150 g dicker, passierter Rhabarberbrei · 1 Ei · 2 Süßstofftabletten

Den dicken Rhabarberbrei mit dem ganzen Ei und Süßstoff schaumigrühren, in ein befettetes Förmchen füllen, ins Wasserbad stellen und im Rohr fest werden lassen. Nach dem Erkalten stürzen und mit Schlagsahne oder Vanillesauce zu Tisch geben.

66. Zitronencreme

(3 Portionen)

1 Zitrone · 2 Eigelb · 1 Eiweiß · 2 Süßstofftabletten, aufgelöst

Den Zitronensaft mit etwas fein abgeschälter Zitronenschale und Eigelb im Wasserbad dicklichschlagen, den Eischnee zugeben, noch kurz weiterschlagen, mit Süßstoff abschmecken, in Gläser füllen und sofort servieren.

67. Quarkcreme

(2 Portionen)

125 g Quark · 1 Eigelb · 2 Süßstofftabletten, aufgelöst · Vanille · $1/16$ l Schlagsahne

Passierter Quark mit Eigelb, Süßstoff und einigen Samen der Vanilleschote schaumigrühren, dann die steifgeschlagene Sahne unterziehen.

68. Mokkacreme

(2 Portionen)

$1/8$ l Schlagsahne · 80 g Mokka · 1 Eigelb · 2 Blatt farblose Gelatine · 2 Süßstofftabletten, aufgelöst

Die kalt eingeweichte, ausgedrückte Gelatine in 3 Eßlöffel heißem Mokka auflösen. Den restlichen Mokka mit $1/3$ der Schlagsahne, Eigelb und Süßstoff am Feuer dicklichschlagen, die aufgelöste Gelatine zugeben. Wenn die Creme beginnt dicklich zu werden, die restliche, steifgeschlagene Sahne unterziehen und die Creme in Gläser füllen.

69. Kuchen im Weckglas

Man kann Kuchenmassen in konisch geformte Sterilisiergläser, sogenannte Sturzgläser, füllen und im Sterilisiertopf kochen. Bei Bedarf wird der Kuchen gestürzt. Er ist völlig krustenlos und daher als Diätkuchen für Magen-, Leber- und Gallenkranke geeignet.

70. Biskuittorte

8 Eier · 200 g Zucker · 200 g Mehl · Schale einer halben Zitrone

Zucker mit Eigelb und feingewiegter Zitronenschale schaumig rühren, den steifen Eischnee und das gesiebte Mehl einmengen. Dreiviertelhoch in die gefetteten Gläser füllen, verschließen, 75 Minuten bei 100° kochen.

71. Englischer Kuchen

250 g Butter oder Margarine · 250 g Zucker · 4 Eier · Schale einer Zitrone 500 g Mehl · 1 Päckchen Backpulver · $1/2$ Tasse Milch · 4 Eßlöffel Rum 125 g Sultaninen

Aus den angegebenen Zutaten einen gerührten Teig bereiten, dreiviertelhoch in Gläser füllen, verschließen, 75 Minuten bei 100° kochen.

GETRÄNKE

Als Getränk für Kranke und Diabetiker sind frischgepreßte Gemüsesäfte und Obstsäfte sehr gut und durststillend.

1. Gemüsesäfte

Zur Bereitung von Gemüsesäften eignen sich besonders Gelbrüben, Spinat, Tomaten, Sellerie, rote Rüben, Rettich, Gurken und Kartoffeln.
Mit einer einfachen Saftpresse oder Saftzentrifuge können diese Säfte jederzeit bereitet werden.
Man gibt in die Presse entweder nur Gemüse einer Art, z. B. Gelbrüben oder Tomaten oder Spinat, oder mischt bei etwas herb schmeckenden Gemüsen, z. B. rote Rüben und Rettich, mit den milden Gelbrüben.
Rohe Kartoffeln können auch zu Saft ausgepreßt werden. Der Kartoffelsaft wird immer mit dem einen oder anderen Gemüsesaft gemischt.
Auch Gewürzkräuter kann man zusammen mit dem Gemüse auspressen und so den aromatischen Geschmack erhöhen. Um den Geschmack weicher zu machen, kann man den Säften etwas Sahne beigeben.
Welche Säfte man allein zubereitet oder welche man mischt und in welchem Verhältnis man mischt, richtet sich nach Geschmack und Erfahrung.
Alle Gemüsesäfte erst kurz vor Tisch zubereiten.

2. Obstsäfte

Die frisch gepreßten Säfte der Zitrusfrüchte, Zitronen, Orangen und Grapefruit, grüne Stachelbeeren, Sauerkirschen, saure Äpfel sowie aus allen anderen Obstarten sind ein gesundes, durstlöschendes Getränk.
Alle Obstsäfte erst kurz vor Tisch zubereiten.

3. Fichtenhonig

1 kg Fichtensaft · ³/₄ kg Zucker

Die jungen Maitriebe werden mit soviel kaltem Wasser angesetzt, daß sie gut bedeckt sind. Nach 2 Tagen kocht man sie 30 Minuten aus und gießt den Saft durch ein Tuch ab. Nun vermischt man in dem angegebenen Verhältnis mit Zucker und kocht ihn 20 Minuten. Er soll hellrosa sein. Dann schäumt man ihn ab und füllt ihn noch heiß in Flaschen, die gut verkorkt werden. Ein gutes Mittel bei Erkältungen.

4. Zwiebelsaft

Zubereitung wie Spitzwegerichsaft, nur mit Verwendung von rohen Zwiebeln ohne Aniszugabe.

5. Meerrettich in Bier

Malzbier und Meerrettich

Man füllt eine Flasche zwei Drittel mit Malzbier ohne Hopfen und ein Drittel mit roh geriebenem Meerrettich. Die Flasche soll 4 bis 6 Tage kühl stehen. — Ein gutes Mittel bei Erkältungen. Dreimal täglich 1 Löffel voll davon zu nehmen.

6. Spitzwegerichsaft

1 kg Spitzwegerich · 500 g Zucker · evtl. 1 Eßlöffel Anis

Der im Mai gesammelte junge Spitzwegerich wird gut gewaschen und mit abwechselnd dazwischen gestreutem Zucker in einen Steintopf geschichtet, mit einem sauberen Stein beschwert und mit einem leichten Tuch überdeckt. So stellt man ihn 10 Tage an die Sonne zum Gären. Dann preßt man den Saft durch ein Tuch ab und kocht ihn, evtl. mit Aniszusatz, 30 Minuten, füllt ihn durch ein feines Sieb noch warm in Flaschen, die man gleich gut verkorkt. Er wird löffelweise gegen Husten und Heiserkeit genommen.

7. Diabetiker-Marmeladen und -Gelees

Zur Bereitung von Marmeladen und Gelees für Diabetiker nimmt man statt der vorgeschriebenen Zuckermenge Sionon; in Apotheken und Reformhäusern erhältlich. Süßstoff kann nicht verwendet werden, denn Marmeladen und Gelees würden damit nicht gelieren.

8. Diabetikermarmelade, Einheitsrezept

250 g Fruchtbrei (feinst zerkleinert) · 250 g Sionon (keinesfalls weniger) 2¹/₂ Eßlöffel flüssiges Opekta

Fruchtbrei mit Sionon in einen entsprechend großen Kochtopf unter ständigem Rühren zum Kochen bringen, vom brausenden Aufwallen an nach der Uhr 4 Minuten bei möglichst großer Hitze durchkochen. Dann 2¹/₂ Eßlöffel flüssiges Opekta dazugeben, noch 4—5 Sekunden aufwallen lassen, heiß in Gläser füllen und sofort verschließen.

9. Diabetikergelee, Einheitsrezept

250 g Obstsaft · 250 g Sionon · 2¹/₂ Eßlöffel flüssiges Opekta

Gleiche Zubereitung wie Diabetikermarmelade.

Warme Frühstücksgetränke

KAFFEE

Allgemeine Regeln für gutes Gelingen
1. Nicht zu wenig Kaffee nehmen;
2. eine gute Sorte wählen, sie ist ausgiebiger;
3. der Kaffee soll frisch geröstet und muß luftdicht aufbewahrt sein;
4. stets nur frisch aufgekochtes Wasser verwenden;
5. das Getränk nicht mit Metall in Berührung bringen (Ausnahme Aluminium). Ausgesprungene Emailletöpfe sind zum Aufkochen des Kaffeewassers zu vermeiden;
6. die Kaffeekanne immer vorwärmen;
7. bei Verwendung von Kaffeemaschinen die Gebrauchsvorschrift genau einhalten.

Beigaben
Heiße Milch, heiße Sahne, kalte Milch, kalte Sahne, Kondensmilch, ungesüßte geschlagene Sahne, Zucker.

1. Aufgekochter Kaffee

1 l Wasser · 1/2 Würfel Karlsbader Kaffeegewürz oder 2 Kaffeelöffel Feigenkaffee · 8 gehäufte Kaffeelöffel gemahlener Kaffee (5 g je Tasse)

Frisches kaltes Wasser mit Kaffeegewürz zustellen, aufkochen lassen. Den gemahlenen Bohnenkaffee zugeben, einmal aufkochen lassen, gut unterrühren, einen ganz kleinen Schöpfer kaltes Wasser zugießen und den Kaffee zugedeckt 5 Minuten stehen lassen. Dann durch ein feines Sieb in die vorgewärmte Kanne gießen.

2. Aufgebrühter Kaffee

1 l Wasser (¹/₂ Würfel Karlsbader Kaffeegewürz oder 2 Kaffeelöffel Feigenkaffee) · 8 gehäufte Kaffeelöffel gemahlener Kaffee (5 g je Tasse)

Frisches Wasser ohne oder mit Kaffeegewürz aufkochen, in die vorgewärmte Kanne das Kaffeepulver geben, die Kannentülle mit einem Läppchen oder Papier zustopfen. Das sprudelnd kochende Wasser nach und nach oder auf einmal auf den gemahlenen Kaffee gießen. Den Kaffee einmal umrühren, dann zugedeckt 5 Minuten stehen lassen.

3. Filterkaffee

1 l Wasser · 8 Teelöffel gemahlener Kaffee

Die Kaffeekanne in einen Topf mit heißem Wasser stellen, die Kannentülle mit einem Läppchen oder Papier zustopfen. Das Porzellanfilter auf die Kaffeekanne stellen, das Papierfilter hineinlegen und den Kaffee hineingeben. Frisch aufgekochtes Wasser nach und nach darübergießen, nicht umrühren, das Filter während des Durchlaufens immer zudecken. Nach beendetem Filtern den Filteraufsatz entfernen und die Kanne zudecken. Falls erforderlich, im Wasserbad heiß halten.

4. Espresso

Der Kaffee für das aus Italien übernommene Kaffeegetränk wird besonders stark geröstet, daher der leicht bittere Geschmack. Die Zubereitung geschieht in eigenen Espressomaschinen oder wie beim Filterkaffee.

5. Pulverkaffee

1 Kaffeelöffel Kaffeepulver (Nescafé) · 1 Tasse heißes Wasser

Das Kaffeepulver in die Tasse geben, heißes Wasser daraufgießen. Wichtig ist, daß der Kaffee immer mit einem trockenen Löffel aus der Büchse genommen wird und daß diese immer luftdicht geschlossen bleibt.

6. Mokka

¹/₂ l Wasser · 6 gehäufte Kaffeelöffel gemahlenen Kaffee

Den feingemahlenen Kaffee in die vorgewärmte Kanne geben, mit sprudelnd kochendem Wasser übergießen, einmal umrühren, zugedeckt 5 Minuten stehen lassen. Mokka kann auch gefiltert werden.

7. Türkischer

¹/₂ l Wasser · 200 g Zucker · 80 g Kaffee

Wasser mit Zucker 10 Minuten kochen, feinst gemahlenen Kaffee zugeben, dreimal aufkochen lassen, 1 Eßlöffel kaltes Wasser zugeben, 5 Minuten ziehen lassen. Mit dem Satz oder durch ein feines Sieb gegossen servieren. Dazu geschlagene Sahne.

8. Einspänner

1 Tasse Mokka · 1 Löffel geschlagene ungesüßte Sahne

In ein hohes schmales Glas Mokka gießen, die Schlagsahne daraufgeben.

9. Lebensretter

2 Kaffeelöffel Kaffee · 1 Zitronenscheibe · 1 Tasse Wasser

Den gemahlenen Kaffee und die Zitronenscheibe in die vorgewärmte Kanne geben. Mit sprudelnd kochendem Wasser überbrühen. Die belebende Wirkung des Kaffees wird durch die Beigabe der Zitronenscheibe wesentlich erhöht, besonders wenn am Abend vorher der Wein zu gut geschmeckt hat.

10. Fiaker

2 Kaffeelöffel gemahlener Kaffee · 2 Kaffeelöffel Zucker · 1 Tasse Wasser
1 Gläschen weißer Schnaps (Kirschwasser, Himbeergeist und dgl.)

In starken, gezuckerten Kaffee ein Gläschen gebrannten Schnaps gießen, heiß servieren. Auch wenn man noch so durchfroren war, wird man danach wieder warm.

11. Negus

½ Rippe Schokolade · 1 Mokkatasse Kaffee · 1 Gläschen Cognac · 1 Löffel geschlagene Sahne

Die kleingeschnittene Schokolade nach und nach mit frischem heißem Mokka verrühren und auflösen, den Cognac dazugeben, eine Haube von geschlagener Sahne daraufgeben.

12. Milch- oder Rahmkaffee

40 g Kaffee · 1 l Milch oder Sahne

Milch oder Sahne bringt man zum Kochen und überbrüht damit den gemahlenen Kaffee. Den Milchkaffee zugedeckt 10 Minuten im heißen Wasserbad ziehen lassen. Dann seiht man ihn durch ein Tuch ab und serviert ihn gleich. Man reicht Zucker dazu.

13. Malzkaffee

3 gehäufte Eßlöffel Malzkaffee · 1 l Wasser

Man setzt den nicht zu feingemahlenen Malzkaffee kalt mit Wasser zum Kochen zu und läßt ihn 3 Minuten kochen. Dann stellt man ihn 3 Minuten zum Setzen zurück und gießt ihn dann vorsichtig durch ein feines Sieb vom

Satz ab. Man reicht ihn mit Milch oder Rahm und Zucker. — Malzkaffee kann man auch als Pulverkaffee kaufen. 1 Kaffeelöffel Pulver für 1 Tasse kochendheißes Wasser.

14. Milch-Malzkaffee

3 Eßlöffel Malzkaffee · 1 l Milch

Malzkaffee unter Umrühren in der Milch aufkochen, 10 Minuten ziehen lassen, durchgießen. Heiß oder gekühlt, mit Zucker gesüßt, reichen.

15. Kornkaffee

4 gehäufte Eßlöffel Kornkaffee · 1 l Wasser

Die Hälfte des feingemahlenen Kornes wird im kalten Wasser zugesetzt, beim ersten Aufkochen das übrige Korn rasch mit dem Löffel daruntergemischt, ein Schöpflöffel kaltes Wasser daraufgegossen und der Topf zugedeckt an die Herdseite gestellt. Hat sich der Kaffee am Boden gesetzt, seiht man die Flüssigkeit vorsichtig ab und gibt den Kaffee mit Milch und Zucker gleich zu Tisch.

16. Kaffeecocktail

1 Tasse starker Kaffee · 1 Eigelb · 1 Teelöffel Zucker · 1 Gläschen Cognac

Kalten, starken Kaffee, frisches Eigelb, Zucker und Cognac in den Mixbecher geben, 2 Minuten schütteln.

KAKAO UND SCHOKOLADE

17. Kakao

4 Eßlöffel (40 g) Kakao · 4 Eßlöffel Zucker · 1 l Milch

Den Kakao trocken mit Zucker mischen, mit etwas kalter Milch anrühren. Die übrige Milch zum Kochen bringen, den Kakao eingießen und einige Male aufkochen lassen.

18. Wasserschokolade

4 Eßlöffel Schokoladepulver · 1 l Wasser · Zucker · 2 Eigelb · Schlagsahne

Man rührt das Schokoladepulver mit kaltem Wasser, nach Belieben auch etwas Zucker, glatt. Läßt das übrige Wasser zum Kochen kommen, rührt die Schokolade ein und läßt einige Male aufkochen. Inzwischen verquirlt man 2 Eigelb mit etwas Wasser, fügt sie unter fleißigem Rühren bei, verquirlt noch recht gut und gibt beim Anrichten auf jede Tasse 1 Eßlöffel steifgeschlagene Sahne ohne Zucker.

Warme Frühstücksgetränke

19. Milchschokolade

100 g Schokolade · 1 l Milch · Zucker nach Bedarf · evtl. 1–2 Eigelb

Das Schokoladenpulver, zerbröckelte Schokolade oder Schokoladensirup mit Milch aufkochen, nach Belieben noch mit Eigelb legieren.

TEE

20. Schwarzer Tee

1 l Wasser · 4 Teelöffel Tee (10 g)

In die vorgewärmte Teekanne die Teeblättchen geben, mit frischem, kochendem Wasser überbrühen, 5 Minuten ziehen lassen, abgießen. Oder in die Teekanne das kochende Wasser gießen, das Tee-Ei oder den Teeaufgußbeutel hineingeben und so lange darin lassen, bis der Tee die gewünschte Farbe hat. — Sehr praktisch sind auch die Teelöffel, die man so lange in die mit kochendem Wasser gefüllte Tasse hält, bis der Tee die gewünschte Farbe hat. — Zu Tee reicht man außer Zucker, Rum, Arrak, Sahne, Milch oder Zitrone.

21. Ostfriesentee

Besonders kräftige Mischung von Java- und Assamtee. Er wird mit Kandiszucker und Sahne getrunken.

22. Milchtee

1 l Milch oder Rahm · 4 Teelöffel Tee

Man läßt die Milch zum Kochen kommen, übergießt damit den Tee und läßt ihn 5 Minuten ziehen. Dann seiht man ihn ab und reicht den Milchtee mit Zucker.

23. Sahnetee mit Ei

³/₄ l Wasser · 4 Teelöffel Tee · 3 Eigelb · 3 Eßlöffel Zucker · 1 Tasse süße Sahne

Man bereitet den Tee nach Vorschrift. Verrührt Eigelb und Zucker, gibt die kochende Sahne und den abgeseihten Tee unter beständigem Rühren bei und quirlt das Ganze, bis es recht schaumig ist. Man reicht Arrak dazu.

24. Kaisertee

35 g weißen Kandiszucker · ½ l Wasser · 2 Eigelb

Man kocht den Kandiszucker mit Wasser auf. Inzwischen verrührt man die Eigelb mit kaltem Wasser, gießt das kochende Zuckerwasser vorsichtig dazu, verquirlt sehr gut und trägt gleich auf.

25. Deutscher Tee

1 l Wasser • 4 Teelöffel Tee (Himbeer-, Brombeer-, Erdbeer- oder Heidelbeerblätter, Pfefferminztee, Kamillentee usw.)

Den Tee mit kochendem Wasser überbrühen, zugedeckt einige Minuten ziehen lassen, abseihen. — Verwendet man getrocknete Apfelschalen oder Lindenblüten, so kocht man diese einige Minuten, läßt ziehen und gießt dann ab.

26. Hagebuttentee

4 Eßlöffel Hagebuttenkerne • 1¼ l Wasser • Zucker nach Geschmack

Die Hagebuttenkerne mit dem Wasser kalt zusetzen, 15 Minuten kochen lassen, dann den Tee abseihen, mit Zucker und Milch zu Tisch geben.

27. Malventee

1 Eßlöffel Malventee • 1 l Wasser • Zucker

Die Malvenblätter in kochendes Wasser geben, ziehen lassen, bis der Tee eine kräftige, karminrote Farbe angenommen hat. Durchgießen, zuckern. Warm oder kalt ein erfrischendes Getränk, auch für Kinder.

28. Jägertee

⅓ Glas Rum • ⅓ Glas Obstschnaps • ⅓ Glas Wasser • Zitronenschale 2 Nelken • 1 Teebeutelchen • 1 Eßlöffel Zucker

Rum, Obstschnaps, Wasser, Zitronenschale und Nelken mitsammen aufkochen, ein Teebeutelchen hineingeben, 5 Minuten ziehen lassen, mit Zucker süßen.

Milchgetränke

WARME MILCHGETRÄNKE

1. Gesalzene Milch

1 l Milch · 2 Teelöffel Salz

Heiße Milch salzen, in Milchbecher gießen. Dazu Schwarzbrot oder Vollkornbrot mit Butter.

2. Gezuckerte Milch

1 l Milch · 4 Eßlöffel Zucker

Heiße Milch zuckern, in Milchbecher gießen. Dazu Schwarzbrot oder Vollkornbrot mit Butter. — Heiße Milch mit Zucker ist besonders nach sportlichen Anstrengungen stärkend.

3. Heiße Milch mit Rum
(1 Person)

¼ l Milch · 2 Eßlöffel Zucker · 1 Gläschen Rum

Heiße Milch mit Zucker und Rum mischen. Besonders nach einer Schifahrt gut.

4. Warme Schokoladenmilch

1 l Milch · 4 Eßlöffel Schokoladensirup

Heiße Milch mit Schokoladensirup verrühren, in Milchbecher gießen. Verwendet man Schokoladenpulver oder geriebene oder zerbröckelte Schokolade, so muß man diese in der Milch aufkochen und die Milch noch mit Zucker abschmecken.

5. Warme Malzmilch

1 l Milch · 4 Eßlöffel Malzextrakt

Heiße Milch mit Malzextrakt verrühren, nach Geschmack noch etwas Zucker zugeben.

6. Warme Honigmilch

1 l Milch · 4 Eßlöffel Honig

Heiße Milch mit Honig verrühren, möglichst heiß trinken. Gut gegen Heiserkeit, Husten und Erkältung. Wer den Geschmack kräftiger möchte, kann noch etwas Cognac dazugeben.

7. Warme Mandelmilch

1 l Milch · 100 g abgezogene, geriebene Mandeln · 50 g Zucker · einige Tropfen Bittermandelaroma

Die abgezogenen, geriebenen Mandeln mit der kochenden Milch übergießen, zugedeckt 15 Minuten stehen lassen, dann mit Zucker und wenig Bittermandelaroma abschmecken, durchgießen und in Milchbechern servieren. Mandelrückstände für Flammeri verwenden.

8. Warme Nußmilch

1 l Milch · 100 g Walnüsse oder Haselnüsse · 50 g Zucker

Die geriebenen Walnüsse mit der kochenden Milch übergießen, 30 Minuten zugedeckt stehen lassen, mit Zucker abschmecken, durch ein Sieb gießen und in Milchbechern servieren. — Verwendet man Haselnüsse, so röstet man diese in der trockenen Stielpfanne oder im Rohr hellbraun, reibt die Schalen ab und reibt dann die Nüsse fein. Durch die gerösteten Nüsse schmeckt die Milch besonders kräftig. — Nußrückstände für Flammeri verwenden.

9. Karamelbecher

100 g Zucker · ⅛ l Wasser · 1 l Milch · 1 Päckchen Vanillezucker · 2 Eiweiß 2 Eßlöffel Zucker

Zucker in einer eisernen, nicht emaillierten kleinen Stielpfanne flüssig und rotbraun werden lassen, mit Wasser aufgießen, so lang kochen lassen, bis der karamelisierte Zucker vollständig gelöst ist. Den Karamel zur kochenden Milch gießen, mit Vanillezucker abschmecken. Die Karamelmilch in Gläsern anrichten. Eiweiß zu steifem Schnee schlagen, den Zucker einschlagen und auf jedes Glas eine Haube von gezuckertem Eischnee geben.

10. Hoppel-Poppel

3 Eigelb · 6 Eßlöffel Zucker · 1 Päckchen Vanillezucker · 1 l kochende Milch
1/4 l Rum

Eigelb mit Zucker schaumigschlagen, langsam kochendheiße Milch zugießen, weiter schaumigschlagen. Rum zugeben, heiß in Gläsern servieren.

11. Warmes Bier

1/2 l Bier · Zitronenschale · 3 Eßlöffel Zucker · 4 Eigelb · 1/4 l Milch

Das Bier (am besten Weizenbier) mit Zitronenschale und Zucker erhitzen, Eigelb und Milch verquirlen, unter Schlagen mit dem Schneebesen nach und nach das Bier zugeben und weiterschlagen, bis es dick und schaumig ist. Sofort auftragen. — Gutes Mittel bei Erkältung und Heiserkeit.

KALTE MILCHGETRÄNKE

Am einfachsten werden diese Getränke im Mixbecher unter Zugabe von einigen Stückchen Roheis bereitet.

12. Zitronenmilch

1 l Milch · 4 Zitronen · 100 g Zucker

Den frisch ausgepreßten Saft der Zitronen unter Schlagen mit dem Schneebesen an die gekühlte Milch geben oder mixen. Mit Zucker abschmecken. Die Milch darf nur feinflockig gerinnen.

13. Orangenmilch

1 l Milch · 4 Orangen · 80 g Zucker

Den frisch ausgepreßten Orangensaft unter Schlagen mit dem Schneebesen mit der gekühlten Milch mischen oder mixen. Mit Zucker abschmecken.

14. Fruchtmilch

1/2 l Milch · 1/2 l frischgepreßten Saft von Erdbeeren, Himbeeren, roten oder schwarzen Johannisbeeren, Heidelbeeren, Sauerkirschen, Brombeeren, Weinbeeren · 50 g Zucker

In gekühlte Milch unter ständigem Schlagen mit dem Schneebesen nach und nach den Obstsaft geben oder mixen. Mit Zucker abschmecken, sofort servieren.

15. Süßmost-Milchgetränk

½ l Milch · ½ l Süßmost

Gekühlte Milch und ebensolchen Süßmost einer beliebigen Sorte mischen, mit dem Schneebesen schaumigschlagen oder mixen. Mit etwas Zucker abschmecken, sofort servieren.

16. Schokoladenmilch

Die gekühlte Milch mit dem Schokoladensirup verrühren, schaumigschlagen, sofort servieren.

17. Kalte Malzmilch

1 l Milch · 4 Eßlöffel Malzextrakt · Zucker nach Geschmack

Milch mit Malzextrakt verrühren, schaumigschlagen, mit Zucker abschmecken, womöglich etwas geschabtes Roheis zugeben.

18. Kalte Mandelmilch

1 l Milch · 100 g Mandeln · 50 g Zucker · einige Tropfen Bittermandelaroma

Die abgezogenen, geriebenen Mandeln mit der kochenden Milch übergießen, 30 Minuten zugedeckt stehen lassen, durchgießen, mit Zucker und Bittermandelaroma abschmecken. Gut gekühlt servieren. — Mandelrückstände für Flammeri verwenden.

19. Kalte Nußmilch

1 l Milch · 100 g Wal- oder Haselnüsse · 50 g Zucker · 1 Eßlöffel Rum

Geriebene Walnüsse oder geriebene, geröstete Haselnüsse mit kochender Milch übergießen und zugedeckt 30 Minuten stehen lassen. Dann durchgießen, mit Zucker abschmecken, kaltstellen, etwas Rum zugeben, in Gläsern servieren. — Nußrückstände für Flammeri verwenden.

20. Zitronenschaumgetränk

2 Eiweiß · 40 g Zucker · Saft von 2 Zitronen · ½ l Milch

Die Eiweiß zu steifem Schnee schlagen, den Zucker einschlagen, mit dem Zitronensaft und der kalten Milch mischen, sofort zu Tisch geben.

Milchgetränke

21. Milchlimonade

2 Zitronen • 60 g Würfelzucker • ¼ l Apfelsaft • ½ l Milch • ⅛ l kohlensaures Wasser

Die Zitrone mit Würfelzucker abreiben, den Saft auspressen, den Zucker im Saft auflösen, dann den Apfelsaft zugeben. Diese Saftmischung mit gekühlter Milch kräftigschlagen, das kohlensaure Wasser zugeben und sofort in Gläsern anrichten.

22. Tomatenmilch

½ l Milch • ½ l starken Tomatensaft • 1 Eigelb • Selleriesalz

Gekühlten Tomatensaft mit ebensolcher Milch und Eigelb mischen, mit dem Schneebesen gut durchschlagen. Mit Selleriesalz und Zucker abschmecken und sofort zu Tisch geben.

23. Selleriemilch

1 l Milch • ½ Sellerie • Salz

Die geschälte, rohe Sellerie fein reiben, sofort in die kalte Milch geben, 1 Stunde zugedeckt ziehen lassen. Dann die Milch durch ein feines Sieb gießen, mit wenig Salz abschmecken. Gut gekühlt in Gläsern servieren.

24. Kräutermilch

¼ l Milch • feingehackte Kräuter • Salz • Muskat

Feingehackte Kräuter feinwiegen, mit Milch übergießen, 15 Minuten ziehen lassen, dann die Milch durch ein feines Sieb gießen und mit etwas Salz und Muskat abschmecken. — Als Kräuter eignen sich sehr gut: Kerbel, grüne Sellerieblätter, Petersilie, Dill, Estragon, Zitronenmelisse, Kresse, Gurkenkraut.

25. Saure Milch

Die rohe Milch zugedeckt dickwerden lassen. Man ißt sie so mit dem Löffel oder trinkt sie verquirlt.

26. Joghurt

Dieses sehr gute und gesunde Milchgetränk kann aus Milch durch Zugabe des Joghurtpilzes selbst zubereitet werden. Meist kauft man Joghurt fertig als Molkereierzeugnis.

27. Buttermilch

Gutes, besonders während der Sommermonate beliebtes Getränk.

Milchgetränke

PORTIONS-MILCHMIXGETRÄNKE MIT FRISCHEN OBSTSÄFTEN:

Zur Bereitung der Milchmixgetränke verwendet man frische Vollmilch, aufgelöste Trockenmilch, verdünnte oder unverdünnte Kondensmilch. Die Getränke bereitet man im Handmixbecher oder im Mixbecher der Küchenmaschine zu. Alle Zutaten sollen möglichst kalt sein.

1. Johannisbeermilch

$1/8$ l Milch · 3 Eßlöffel Johannisbeersaft · 1 Eßlöffel Zucker

Mitsammen mixen.

2. Himbeermilch

$1/8$ l Milch · 3 Eßlöffel Himbeersaft · 1 Teelöffel Zitronensaft · 1 Eßlöffel Zucker

Mitsammen mixen.

3. Stachelbeermilch

$1/8$ l Milch · 3 Eßlöffel Stachelbeersaft · 1 Teelöffel Zitronensaft · 1 Eßlöffel Zucker

Mitsammen mixen.

4. Erdbeermilch

$1/8$ l Milch · 3 Eßlöffel Erdbeersaft · 1 Teelöffel Zitronensaft · 1 Eßlöffel Zucker

Mitsammen mixen.

5. Sauerkirschenmilch

$1/8$ l Milch · 3 Eßlöffel Kirschsaft · 2 Eßlöffel Zucker

Mitsammen mixen.

6. Heidelbeermilch

$1/8$ l Milch · 3 Eßlöffel Heidelbeersaft · 1 Teelöffel Zitronensaft · 1 Eßlöffel Zucker

Mitsammen mixen.

7. Mirabellenmilch

1/8 l Milch · 4 Eßlöffel Mirabellensaft · 1 Eßlöffel Zucker
Mitsammen mixen.

8. Rhabarbermilch

1/8 l Milch · 3 Eßlöffel Rhabarbersaft · 1 Eßlöffel Zucker
Mitsammen mixen.

9. Ananasmilch

1/8 l Milch · 3 Eßlöffel Ananaskompottsaft · 1 Eßlöffel Zucker
Mitsammen mixen.

10. Orangenmilch

1/8 l Milch · 3 Eßlöffel Orangensaft · 1 Teelöffel Zitronensaft · 1 Eßlöffel Zucker
Mitsammen mixen.

11. Zitronenmilch

1/8 l Milch · 2 Eßlöffel Zitronensaft · 1 Eßlöffel Zucker
Mitsammen mixen.

12. Weintraubenmilch
(weiße und blaue Weintrauben)

1/8 l Milch · 3 Eßlöffel Weintraubensaft · 1 Eßlöffel Zucker
Mitsammen mixen.

13. Brombeermilch

1/8 l Milch · 3 Eßlöffel Brombeersaft · 1 Eßlöffel Zucker
Mitsammen mixen.

14. Sanddornbeerenmilch

1/8 l Milch · 3 Eßlöffel Sanddornbeerensaft · 1 Eßlöffel Zucker
Mitsammen mixen.

MILCHMIXGETRÄNKE MIT FRUCHTSIRUP

werden auf dieselbe Art bereitet wie die mit frischen Säften. Nur muß die Saft- und Zuckerzugabe geringer sein. Etwas Zitronensaft beigegeben, erhöht Geschmack und Wert.

Limonaden und Erfrischungsgetränke

1. Zitronenlimonade, heiß oder kalt

Saft 1 Zitrone • 2 Eßlöffel Zucker • ¼ l Wasser

Zitrone auspressen, Saft durch ein Sieb in das Glas gießen. Zucker zugeben, kaltes oder kochendes Wasser zugießen. (Im letzteren Falle Löffel in das Glas geben.) Heiße Zitronenlimonade ist sehr gut bei Husten und Heiserkeit.

2. Orangenlimonade

Saft 1 Orange • 1 Eßlöffel Zucker • ¼ l Wasser

Orange auspressen, den Saft durch ein Sieb in das Glas gießen, Zucker zugeben, kaltes oder kochendheißes Wasser zugießen. Wenn nötig, etwas Zitronensaft zugeben.

3. Zitronen- oder Orangenlimonade mit Weißwein

Eine der beiden vorstehenden Limonaden gießt man statt mit Wasser mit Weißwein auf.

4. Fruchtlimonade

3 Eßlöffel Saft von Himbeeren, Johannisbeeren, Erdbeeren usw. • Zucker nach Bedarf • 1 Glas frisches Wasser

Saft und Zucker in ein Glas geben, mit möglichst frischem Wasser auffüllen. Die Limonade ist besonders erfrischend für Kranke.

Limonaden und Erfrischungsgetränke

5. Süßmost-Heißgetränk

1 l Süßmost (Apfel-, Brombeer-, Johannisbeer-, Kirsch- oder Holundersüßmost oder Traubensüßmost) · ½ l Tee · 1 Zitrone · Zimtrinde · Zucker nach Geschmack

Süßmost mit Zimtrinde und entkernten Zitronenscheiben heiß werden lassen, kochendheißen Tee zugießen, mit Zucker abschmecken, durch ein Sieb gießen, sofort servieren.

6. Apfeltrank

500 g säuerliche Äpfel · 60 g Zucker · ½ l Wasser · ⅛ l Weißwein · Saft ½ Zitrone

Die von Stiel und Blüte befreiten, geschnittenen Äpfel mit Wasser und Zucker weichkochen. Den Saft durch ein Sieb ablaufen lassen. Mit Zitronensaft und Weißwein abschmecken, gekühlt servieren.

7. Tschai

½ Teelöffel Teeblätter · ⅓ Glas kochendes Wasser · ⅓ Glas gesponnener Zucker · ⅓ Glas Rum

Die Teeblätter mit kochendem Wasser überbrühen, ziehen lassen, abgießen. Den Tee mit gesponnenem Zucker und Rum mischen, mitsammen erhitzen, sehr heiß servieren.

8. Süßmost

Beliebigen Süßmost unverdünnt oder verdünnt, kalt oder heiß in ein Glas gießen, nach Geschmack evtl. noch Zucker zugeben.

9. Orangenessig

¾ l guten Essig · Schalen von 5 Orangen

Die Schalen der Orangen ganz dünn abschälen und zu dem Essig in eine Flasche geben. Diesen Orangenessig 3 Wochen gut verkorkt an die Sonne oder an einen warmen Ort stellen, dann filtrieren und in Flaschen gut verkorkt aufbewahren. Er ist jahrelang haltbar.

10. Zitronensirup

20 Zitronen · 1 kg Zucker · ¼ l Wasser

Man reibt von 6 Zitronen das Gelbe mit Würfelzucker ab und löst ihn mit Wasser auf. Dann fügt man den Zucker und Zitronensaft bei und kocht dies gut durch. Der Zitronensirup wird am Schluß abgeschäumt und lauwarm in Flaschen gefüllt, abgekühlt gut verkorkt. Bei Gebrauch gibt man 1—2 Eßlöffel Sirup auf 1 Glas Wasser.

11. Orangensirup

$1/2$ l Orangensaft (12 Orangen) · $1/2$ kg Zucker

Man halbiert die Früchte, preßt den Saft aus und gibt ihn durch ein feines Sieb. Zu dem Saft gibt man den Zucker und kocht gut durch. Dann schäumt man den Sirup ab und gießt ihn noch heiß durch ein Sieb, in welches man die fein abgeschnittenen Orangenschalen gelegt hat. Der Sirup wird lauwarm (ohne Schalen) in Flaschen gefüllt und gut verkorkt. Bei Gebrauch gibt man 1–2 Eßlöffel auf 1 Glas Wasser.

12. Mandelsirup

$1/2$ kg Mandeln · 50 g bittere Mandeln · 2 l Wasser · 1 kg Zucker
$1/4$ l Wasser

Die Mandeln werden abgezogen, feingerieben und mit Wasser übergossen. Nach 15 Minuten preßt man die Mandelmilch durch ein Tuch ab. Inzwischen kocht man Zucker und Wasser zum Flug, gießt die Mandelmilch allmählich dazu, läßt alles noch einmal heiß werden, aber nicht kochen. Dann filtriert man den Sirup durch ein Tuch, füllt ihn lauwarm in Flaschen und verkorkt diese.

13. Eierkaffee

1 Eigelb · 20 g Zucker · 1 Eßlöffel geschabtes Roheis · $1/8$ l starker Kaffee
1 Eßlöffel Cognac

Eigelb mit Zucker, geschabtem Roheis, starkem Kaffee und Cognac mischen, 2 Minuten durchschlagen oder schütteln. Sofort servieren.

14. Gekühlter Kakao

$1/4$ l Wasser · 30 g Zucker · 1 Eßlöffel Kakao · 1 Paket Vanillezucker · einige Eisstückchen · gesüßte Schlagsahne

Kalt angerührten Kakao in das gezuckerte Wasser einkochen, mit Vanillezucker abschmecken, kaltstellen. Den gut gekühlten Kakao in hohe Gläser füllen, einige Eisstückchen hineingeben, etwas gesüßte Schlagsahne daraufspritzen.

15. Eierbier-Erfrischungsgetränk

2 Eier · 50 g Zucker · 1 Flasche Weißbier

Die ganzen Eier und Zucker mit dem Schneebesen schaumigschlagen, das gut gekühlte Bier zugießen, sofort zu Tisch geben.

Punsch und heiße Weingetränke

1. Rotweinpunsch

½ l starker Tee (4 g) • 4 Orangen (Schale und Saft) • 1 Zitrone (Saft) 250 g Zucker • 1 Flasche Rotwein • ⅛ l Rum

Die Orangenschale mit Würfelzuckerstückchen abreiben, Orangen und Zitronen auspressen. Tee mit Zucker, Saft und Rotwein bis ans Kochen erhitzen, Rum zugeben, heiß servieren.

½ l Wasser • 2 Orangen (Saft) • 1 Zitrone (Saft) • 250 g Zucker • 1 Flasche Rotwein • ⅛ l Rum

Wasser mit Orangen- und Zitronensaft, Zucker und Rotwein bis ans Kochen erhitzen, Rum zugeben, heiß servieren.

2. Weißweinpunsch

½ l starker Tee • 4 Orangen (Saft) • 1 Zitrone (Saft) • 250 g Zucker 1 Flasche Weißwein • ⅛ l Arrak

Die Orangenschale mit Würfelzuckerstückchen abreiben, Orangen und Zitronen auspressen. Tee mit Zucker, Saft und Weißwein bis ans Kochen erhitzen, Arrak zugeben, heiß servieren.

3. Apfelsaftpunsch

Zubereitung wie Weißweinpunsch

4. Arrakpunsch

*1 l Wasser · 8 g grüner Tee · 4 Orangen · 1 Zitrone · 250 g Zucker
1/2 Flasche Arrak (350 ccm)*

Die Schale einer Orange mit Würfelzucker abreiben, Orangen und Zitronen auspressen, Tee aufgießen und 5 Minuten ziehen lassen. Abgegossenen Tee mit Zucker und Saft bis ans Kochen erhitzen, Arrak zugeben, heiß servieren.

5. Teepunsch

1 l starker Tee · Saft von 2 Zitronen · 125 g Zucker · 1 Glas Rum

Tee mit Zucker und Zitronensaft bis ans Kochen erhitzen, Rum zugeben, heiß oder kalt servieren.

6. Zitronenpunsch

*3/4 l Wasser · Saft von 4 Zitronen · 300 g Zucker · 1 Flasche Weißwein
1/8 l Arrak*

Wasser mit Zitronensaft, Zucker und Weißwein bis ans Kochen erhitzen, Arrak zugeben.

7. Orangenpunsch

*1/4 l Wasser · Saft von 8 Orangen · 300 g Zucker · 1 Flasche Rotwein
1/8 l Rum*

Wasser mit Orangensaft, Zucker und Rotwein bis ans Kochen erhitzen, Rum zugeben.

8. Klosterpunsch

1 Flasche Rotwein · 2 Flaschen Weißwein · 500 g Zucker · 1/4 l Arrak

Weißwein und Rotwein mit Zucker bis ans Kochen erhitzen, Arrak zugeben.

9. Schlummerpunsch

(2 Personen)

100 ccm Cognac · 100 ccm heißes Wasser · 2 Eßlöffel Zucker · 1 Teelöffel Curaçao · 1/2 Teelöffel Zitronensaft · 2 Zitronenscheiben · 2 Teelöffel Vanillezucker

Zucker in heißem Wasser auflösen, Cognac, Curaçao, Zitronensaft zugeben. In zwei Gläser gießen. Auf jedes Glas 1 Zitronenscheibe, die mit Vanillezucker bestreut ist, geben.

10. Glühwein

1 l Rotwein • 200 g Zucker • 12 Gewürznelken • 1 Stück Zimtrinde
Zitronenscheiben

Rotwein mit Zucker, Gewürznelken und Zimtrinde rasch bis ans Kochen erhitzen, in Gläser gießen, an jedes Glas eine eingeschnittene Zitronenscheibe stecken.

11. Grog

1 Glas heißes Wasser • 1 Eßlöffel Zucker • 2 Likörgläser Rum oder Arrak
Heißes Wasser und Zucker in ein Glas geben, Rum oder Arrak zugeben. Heiß servieren.

$^1/_4$ l Wasser • Saft 1 Zitrone • 150 g Zucker • $^1/_2$ l Tee • $^1/_4$ l Rum oder Arrak

Kochendheißem Wasser Zucker und Zitronensaft zugeben, frisch aufgebrühten Tee und Rum oder Arrak zugießen. Sofort servieren.

12. Würzwein

1 l Weißwein • 1 Messerspitze Nelken • 1 Messerspitze Kardamom • 1 Messerspitze Muskatblüte • Schale $^1/_4$ Zitrone • 250 g Zucker • $^1/_8$ l Wasser

Die Gewürze in den kalten Wein geben, über Nacht zugedeckt ziehen lassen. Zucker mit Wasser aufkochen, den durch ein Tuch filtrierten Wein zugießen, bis ans Kochen erhitzen, nochmals durch ein feines Tuch gießen, heiß servieren.

13. Whist

1 l starker Tee • 1 kg Zucker • Saft von 12 Zitronen • 2 Flaschen Rotwein

Tee mit Zucker, Zitronensaft und Rotwein bis ans Kochen erhitzen. Heiß servieren.

14. Eierpunsch

$^1/_4$ l Wasser • 50 g Zucker • Saft $^1/_2$ Zitrone • 2 Eigelb • 2 Eßlöffel Wasser
2 Eßlöffel Arrak

Wasser mit Zucker und Zitronensaft aufkochen, die mit Wasser und Arrak verrührten Eigelb unter Schlagen mit dem Schneebesen an die nicht mehr kochende Flüssigkeit geben.

15. Eierwein

1 l Weißwein · Zimtrinde · 4 Eier · 4 Eigelb · 250 g Zucker

Weißwein mit einem Stück Zimtrinde bis ans Kochen erhitzen. Ganze Eier, Eigelb und Zucker mitsammen schaumigrühren, nach und nach den heißen Wein zugießen, am Feuer dickschaumig schlagen, nicht kochen. Sofort servieren.

16. Eierbier

1 l dunkles Bier · 2 Eigelb · 50 g Zucker · 2 Nelken · Zimtrinde · 1 kleine Dose Kondensmilch

Alle angegebenen Zutaten mischen, unter kräftigem Schlagen mit dem Schneebesen bis nahe ans Kochen bringen, durchgießen, heiß servieren.

17. Krambambuli

1½ l Weißwein · ¾ kg Stück- oder Würfelzucker · ⅛ l Rum (60%)
1 kleine Flasche Sekt

In eine Porzellanschüssel gibt man den Wein. Darüber legt man einen Drahtrost und auf diesen rumgetränkte Zuckerstücke. Diese werden angezündet. Der geschmolzene Zucker tropft in den Wein. Zum Schluß gießt man den Sekt zu und serviert sofort.

Bowlen und kalte Weingetränke

Für Bowlen wird als Grundflüssigkeit leichter Mosel- oder Rheinwein verwendet. Kurz vor dem Servieren fügt man dann Sekt (Schaumwein) bei. Das Getränk wird dadurch moussierend. Statt Sekt kann auch kohlensäurehaltiges Mineralwasser oder Selterswasser genommen werden.
Der Zucker wird entweder zum Saftziehen auf das Obst gestreut oder in etwas Wasser aufgelöst, aufgekocht und als kalte Zuckerlösung zum Wein gegeben.
Bowle muß immer gut gekühlt serviert werden; evtl. einige Eiswürfelchen hineingeben.

1. Maibowle von frischem Waldmeister

2 Flaschen leichter Weißwein · 2 Büschel Waldmeister ohne Blüten · 180 g Zucker · 1/8 l Wasser · 1 Flasche Schaumwein oder Selterswasser · 1 Orange

Der Waldmeister wird im Wasser ganz leicht abgeschwenkt und in ein Gefäß gelegt, das man gut verschließen kann. Man gibt den Wein darüber, läßt ihn 20—30 Minuten gut zugedeckt recht kaltgestellt ziehen und nimmt den Waldmeister wieder heraus. Inzwischen löst man Zucker mit Wasser kalt auf, fügt dies mit Schaumwein oder Selterswasser zur Bowle und stellt sie sehr kalt. Man könnte auch einige Stückchen Roheis in die Bowle geben. Beim Anrichten gibt man auf jedes Glas eine Orangenscheibe mit einer Waldmeisterblüte.

2. Frankfurter Maitrank

1 Flasche Weißwein · 1 Flasche Rotwein · 250 g Zucker · 1 Orange · 1 Sträußchen junge Schafgarbenblätter · 1 Sträußchen junger Waldmeister ohne Blüten · einige Veilchen · 6 Blätter von schwarzen Johannisbeeren · 2 Blätter von der Pfefferminze

Man wäscht die Kräuter kurz, übergießt sie mit ½ Flasche Weißwein und gibt den Zucker bei. Nach 30 Minuten gießt man durch ein Tuch ab, fügt den übrigen Wein und die Scheiben einer ungeschälten Orange dazu und läßt den Maitrank noch 15 Minuten recht kalt stehen. Man kann den Trank auch nur mit Weißwein herstellen.

3. Erdbeerbowle

500 g Wald-, Monats- oder Ananaserdbeeren · 250 g Zucker · 2 Flaschen leichter Weißwein · 1 Flasche Sekt

Die Erdbeeren (Ananaserdbeeren in Viertel geteilt) mit Zucker bestreuen, zugedeckt Saft ziehen lassen. Den Wein zugießen und zugedeckt kaltstellen. Vor dem Servieren Sekt oder Selterswasser zugießen.

4. Ananasbowle

1 Ananas · 250 g Zucker · 2 Flaschen leichter Weißwein · 1 Flasche Sekt

Die geschälte Ananas in Würfel schneiden, mit Zucker bestreuen und zugedeckt Saft ziehen lassen. Dann Wein zugießen, zugedeckt kaltstellen. Vor dem Servieren Sekt oder Selterswasser zugießen. Verwendet man Büchsenananas, so werden die Scheiben in Stückchen geschnitten, mit dem Saft in das Bowlengefäß gegeben, Wein zugegossen, evtl. mit Zucker nachgesüßt und zugedeckt kaltgestellt. Vor dem Servieren Sekt oder Selterswasser zugießen.

5. Kalter Ananaspunsch

1 Ananas · Saft von 4 Zitronen · ½ kg Zucker · 1 Flasche Rheinwein ½ Flasche Arrak

Die Ananas schälen, in kleine Stücke schneiden, in ein Glas- oder Porzellangefäß geben, mit Zucker bestreut Saft ziehen lassen. Zitronensaft, Wein und Arrak zugießen, kaltstellen.

6. Pfirsichbowle

*½ kg reife, saftige Pfirsiche · 250 g Zucker · 2 Flaschen leichter Weißwein
1 Flasche Sekt*

Die geschälten, entkernten Pfirsiche in Spalten schneiden, in die Bowle geben, mit Zucker bestreut Saft ziehen lassen. Dann den Wein zugießen und kaltstellen. Vor dem Servieren Sekt oder Selterswasser zugießen.

7. Orangenbowle

4 gute Orangen · 250 g Würfelzucker · 2 Flaschen Weißwein · 1 Flasche Selterswasser

Die Schale der Orangen mit Würfelzucker abreiben. Dann die Orangen schälen, alles Weiße entfernen, in Scheiben schneiden, die Kerne entfernen. Den Zucker in etwas Wein warm auflösen. In das Bowlengefäß die Orangenscheiben, die Zuckerlösung und den Wein geben, kaltstellen. Vor dem Servieren Selterswasser zugießen.

8. Selleriebowle

2 mittelgroße frische Sellerieknollen · 2 große Eßlöffel Zucker · 1 Flasche Moselwein · 1 Flasche Selterswasser

Die Sellerieknollen schälen und in feine Scheiben schneiden. Den Zucker darüberstreuen, zugedeckt ziehen lassen. Dann den Moselwein zugießen, zugedeckt nochmals ziehen lassen. Vor dem Anrichten die Selleriescheiben herausnehmen und das Selterswasser zugießen. Sehr kalt servieren.

9. Gurkenbowle

1 große frische Gurke · 3 Flaschen Rotwein · 3 Glas Maraschino

Die frische geschälte Gurke halbieren, in die Bowle legen, den kalten Rotwein darübergießen. 2 Stunden zugedeckt ziehen lassen. Dann die Gurke herausnehmen, in ein Tuch einschlagen, den Saft auspressen und diesen zum Rotwein geben. Den Maraschino zugießen und sehr kalt servieren.

10. Alkoholfreie Bowle

Alle vorstehenden Rezepte können statt mit Wein auch mit Apfelsaft oder Traubensaft zubereitet werden.

11. Kullerpfirsich

4 vollreife Pfirsiche · Sekt

Je einen Pfirsich in eine weite Sektschale legen, mit einer Silbergabel von allen Seiten einstechen. Mit sehr kaltem Sekt auffüllen. Die Sektbläschen bringen den Pfirsich zum Kullern.

12. Türkenblut

1 Flasche Weißwein (Mosel) · 1 Flasche roter Sekt

Die Gläser halbvoll mit Weißwein füllen, roten Sekt zugießen.

13. Kardinal mit Weißwein

250 g Zucker · 2 Orangen · 1/8 l Wasser · 2 Flaschen Weißwein · 1 Flasche Sekt

Die Schalen der Orangen mit Würfelzuckerstückchen abreiben, diese in heißem Wasser auflösen, den Orangensaft zugeben. Durch ein feines Sieb in ein Glas- oder Porzellangefäß gießen, den Wein zugeben, zugedeckt kaltstellen. Beim Servieren gekühlten Sekt zugießen.

14. Eislikör

200 g Zucker · 1/4 l Wasser · Saft von 2 Zitronen · 1/4 l Maraschino oder Arrak · 1/2 Flasche Sekt

Zucker mit Wasser zu Sirup kochen, den Zitronensaft beigeben. In den kalten Sirup den Maraschino oder Arrak geben und sehr kalt stellen. Zum Servieren Eiswürfel in kleine Splitter schlagen, in die Gläser geben, den Likör daraufgießen.

15. Kalte Ente

1 Flasche Moselwein · 1 Flasche Rheinwein · 2 Eßlöffel Zucker · 1 Zitrone

In den Bowlenkrug den Zucker und etwas Zitronensaft geben. Die sehr dünn spiralförmig geschnittene Zitronenschale am Rand des Kruges so einhängen, daß die Spirale im Krug ist. Den kalten Mosel- und Rheinwein langsam über die Spirale gießen, den Sekt zugeben. In die Gläser kleine Eisstückchen geben.

16. Amerikanische Bowle

1 kg gemischte Früchte oder 1 Dose Cocktailfrüchte · 250 g Zucker · 2 l Weißwein · 1 Flasche Sprudel oder Sekt

Gut ausgereifte Beerenfrüchte, Steinobst und evtl. noch frische Ananas in Stückchen geschnitten in einen Topf geben, mit Zucker bestreut Saft ziehen lassen, 1/4 l Wein darauf geben und zugedeckt in den Kühlschrank stellen. Bei Gebrauch den gekühlten Wein und Sprudel oder Sekt zugeben.

Liköre

Grundregeln für Likörbereitung

1. Alle Flaschen müssen tadellos sauber sein. Sie werden in warmem Prilwasser gereinigt und gut nachgespült.
2. Zum Ansetzen nimmt man am besten den 90%igen Weingeist, weil dieser den feinsten Likör ergibt. Weingeist mit geringerem Alkoholgehalt gibt leichtere Liköre.
3. Man kann bei Früchten, die hernach als Likörobst verwendet werden, zum Ansetzen gleich die Zuckerlösung zum Alkohol geben, z. B. bei Weichseln, aber nicht bei Hagebutten.
4. Der Likör wird zum Ausziehen, man sagt fälschlich „destillieren", an einen warmen Ort gestellt, entweder an die Sonne oder in die Nähe des Ofens. Er wird dabei gut verschlossen und öfter geschüttelt.
5. Hat man zum Ansetzen nur Weingeist gegeben, so fügt man nach dem Abfiltrieren vom Obst eine ausgekühlte Zuckerlösung bei.
6. Der Likör wird vor dem Einfüllen in Flaschen immer noch einmal filtriert.
7. Die Flaschen werden sehr gut verkorkt.

1. Nußlikör

20 grüne Nüsse · 1 l Weingeist · einige Nelken und Pimentkörner · Schale von 1 Orange · 1/2 kg Zucker · 1 1/2 l Wasser

Die grünen Nüsse werden im Juni gepflückt und in Scheiben geschnitten. Man gibt sie mit Nelken, Piment und Orangenschale in den Weingeist und läßt sie gut verkorkt 4 Wochen an einem warmen Ort stehen. Der Likör soll oft geschüttelt werden. Dann filtriert man ihn ab, kocht Zucker und Wasser miteinander auf, gibt dies ausgekühlt zum Weingeist und mischt es sehr gut. Nach 14 Tagen wird der Likör noch einmal filtriert und in saubere Flaschen abgefüllt, verkorkt aufbewahrt.

2. Ananaslikör

1 mittelgroße Ananas · ½ l Weingeist · 375 g Zucker · ¼ l Wasser

Eine mittelgroße Ananas wird geschält und in kleine Würfel geschnitten. Wasser und Zucker werden miteinander aufgekocht und dann wieder ausgekühlt. Nun gibt man in eine Flasche Weingeist, Ananaswürfel und Zuckerlösung und läßt dies 3 bis 4 Wochen an einem warmen Ort stehen. Der Likör wird fleißig geschüttelt. Dann filtriert man ihn ab, füllt ihn in Flaschen und bewahrt ihn gut verkorkt auf. Die zurückgebliebenen Ananas sind eine feine Likörfrucht, die man gut für süße Speisen noch verwenden kann.

3. Heidelbeerlikör

1 l Weingeist · ¼ l Heidelbeeren · ½ kg Zucker · 1 l Wasser

Man kocht Zucker mit Wasser auf und läßt dies auskühlen. Die Heidelbeeren werden verlesen und gewaschen. Dann mischt man alle Zutaten in einer Flasche, verkorkt sie gut, stellt sie 3 Wochen an einen warmen Ort und schüttelt sie fleißig. Dann wird der Likör abfiltriert und in Flaschen gefüllt. Die Heidelbeeren kann man als Likörobst sehr gut zur Verzierung von süßen Speisen verwenden.

4. Himbeerlikör

Man verfährt wie bei Heidelbeerlikör, nur verwendet man Himbeeren.

5. Weichsellikör

2 l Weichseln · 1 l Weingeist · 1 l Wasser · 1 kg Zucker

Zucker und Wasser werden gekocht und ausgekühlt. Die Weichseln werden entsteint. Dann füllt man Weingeist, Zuckerlösung und Weichseln in eine große Flasche, verkorkt sie sehr gut und läßt sie an warmem Ort oder an der Sonne 4 Wochen stehen. Dann filtriert man den Likör ab und füllt ihn in Flaschen. Die zurückgebliebenen Weichseln sind feine Likörfrüchte, die man gut zur Verzierung für Cremes, Kuchen usw. verwenden kann. Sie halten sich in einem Glas aufbewahrt sehr gut.

6. Quittenlikör

3–4 Quitten · 250 g Zucker · ¼ l Wasser · ½ l Weingeist

Die Quitten werden geschält und auf einem Reibeisen aufgerieben. Dann läßt man sie über Nacht stehen und preßt den Saft durch ein Tuch ab. Inzwischen kocht man Zucker und Wasser, gibt den Quittensaft dazu und läßt dies gut aufkochen. Dann gießt man es heiß zum Weingeist in einen reinen Topf und deckt ihn gut zu. Nach dem Auskühlen wird der Likör noch einmal filtriert und in Flaschen abgefüllt, die gut verkorkt werden.

7. Hagebuttenlikör

1 l Weingeist · ¼ l Hagebutten · ½ kg Zucker · 1 l Wasser

Man entfernt bei den Hagebutten Blüte, Stiel und Kerne und gibt sie in eine Flasche zum Weingeist. Der Likör wird warm gestellt und fleißig geschüttelt. Nach 4 Wochen filtriert man ab, mischt mit der ausgekühlten Zuckerlösung, läßt ihn noch einmal 14 Tage stehen, filtriert ihn dann wieder und füllt ihn auf Flaschen ab.

8. Magenlikör

250 g Hagebutten · 1 l Weingeist · 250 g Kandiszucker

Man befreit die Hagebutten von Stiel, Blüten und Kern und verwiegt sie fein. Dann füllt man sie mit Weingeist und Kandiszucker in eine Flasche, verkorkt sie gut und stellt sie 14 Tage an einen warmen Ort. Der Likör wird abfiltriert, bleibt noch 14 Tage stehen, wird dann wieder abfiltriert und in gut verkorkten Flaschen aufbewahrt.

9. Schlehenlikör

1 l Weingeist · ¼ l zerschnittene Schlehen · ½ kg Zucker · 1 l Wasser

Die kleingeschnittenen Schlehen in die Flasche zum Weingeist geben, 4 Wochen in die Sonne stellen und oft durchschütteln. Dann filtrieren und mit der aus Wasser und Zucker gekochten, erkalteten Zuckerlösung mischen. Nach 14 Tagen nochmals filtrieren, in Flaschen füllen und gut verkorkt aufbewahren.

10. Orangenessenz

1 l Weingeist · 50 g fein abgeschälte Orangenschalen

Die dünn abgeschälten Orangenschalen in eine Flasche geben, den Weingeist daraufgießen, die Flasche gut verkorkt 2 Monate an einen warmen Ort stellen, während dieser Zeit öfters durchschütteln. Dann filtriert man die Essenz durch ein Tuch, füllt sie in Flaschen und bewahrt gut verkorkt auf.

11. Orangenlikör

1 l Orangenessenz · 250 g Zucker · ¼ l Wasser

Zucker mit Wasser 20 Minuten langsam kochen lassen, abgekühlt zur Orangenessenz geben, den Likör filtrieren, in Flaschen füllen und gut verkorkt aufbewahren.

6 Orangen • ½ l Alkohol • ½ kg Zucker • ¼ l Wasser

Von großen, gut ausgereiften Orangen die Schale ganz dünn abschälen, so daß gar nichts Weißes anhaftet. Die Schalen in eine Flasche geben, reinen Alkohol darübergießen und verkorkt 14 Tage an einen warmen Ort stellen. 500 g Zucker mit ¼ l Wasser spinnen und abgekühlt zu dem durchgeseihten Orangenauszug geben. Mit etwas Karamel färben, damit der Likör etwas kräftiger in der Farbe wird. Er wird noch durch Filterpapier gegossen, in Flaschen gefüllt, verkorkt. Bis zur Verwendung wird er liegend aufbewahrt. Durch längere Lagerung gewinnt er an Wohlgeschmack.

12. Eierlikör

4 Eigelb • 250 g feinen Zucker • 2 Päckchen Vanillezucker • ¾ l Milch
¼ l Rum

Frische Eigelb mit Zucker und Vanillezucker schaumigrühren, die aufgekochte, erkaltete Milch und den Rum zugeben. In Flaschen füllen, kühl aufbewahren.

13. Curaçao

50 g frische Orangenschalen • 1 l Weingeist • 100 g gelber Kandis

Die Orangenschalen werden von allem Weißen befreit und in einer Flasche, gut verschlossen, mit Weingeist 2 bis 3 Wochen warm gestellt. Man schüttelt öfter durch. Dann filtriert man ab, preßt die Schalen aus, fügt den gestoßenen Kandiszucker bei, füllt wieder in die Flasche, schüttelt fleißig um, bis der Zucker gelöst ist. Der Curaçao wird dann in Flaschen filtriert und gut verschlossen aufbewahrt.

14. Anisette

2 l Wasser • 1 kg Zucker • 1 l Weingeist • 50 Tropfen Anisöl

Man kocht Wasser und Zucker auf, gibt die Zuckerlösung ausgekühlt in eine Flasche, füllt den Weingeist und das Anisöl darauf und mischt alles gut. Dann wird der Likör durch ein Tuch filtriert und in Flaschen gefüllt. Man bewahrt ihn gut verkorkt auf.

15. Vanillelikör

½ l Weingeist • 2 Vanillestangen • ½ l Wasser • ½ kg Zucker

Man gibt die kleingeschnittenen Vanillestangen in den Weingeist in eine Flasche und stellt sie 3 Wochen an einen warmen Ort. Sie wird fleißig geschüttelt. Dann kocht man eine Zuckerlösung und gibt sie erkaltet zu dem filtrierten Likör, läßt ihn noch einmal 14 Tage stehen und filtriert ihn dann auf Flaschen ab, die man gut verkorkt.

Liköre

2 Vanilleschoten · 600 g Zucker · ³/₄ l Wasser · ³/₈ l Alkohol

Die aufgeschnittenen Vanilleschoten mit Zucker und Wasser 15 Minuten langsam kochen, etwas überkühlt den Alkohol zugießen, mit Speisefarbe hellrot färben, filtrieren und den Likör gut verschlossen kühl aufbewahren.

16. Pfefferminzlikör

Pfefferminzblätter · ¹/₂ l Alkohol · 800 g Zucker · ³/₄ l Wasser

Eine Hand voll frische oder entsprechend weniger getrocknete Pfefferminzblätter mit Alkohol übergießen, zugekorkt 8 Tage in der Wärme stehen lassen, Zucker mit Wasser 15 Minuten kochen, noch warm den durchgeseihten Alkohol zugeben, mit etwas Speisefarbe hellgrün färben. Den Likör filtrieren, in Flaschen füllen, gut verkorkt kühl lagern. Nach 14 Tagen ist er trinkreif.

17. Veilchenlikör

140 g getrocknete Orangenschalen · 4—8 Veilchenwurzeln · 1 l Weingeist 1 l Wasser · ¹/₂ kg Zucker

Die Orangenschalen werden in Wasser eingeweicht. Dann entfernt man alles Weiße. Die Veilchenwurzeln werden zerschnitten. Man gibt beides zum Weingeist in eine Flasche und verschließt sie gut. Der Likör soll an warmem Ort 3 bis 4 Wochen stehen. Er wird öfter geschüttelt. Dann filtriert man ihn ab, fügt die ausgekühlte Zuckerlösung bei und läßt den Likör noch einmal 14 Tage stehen. Dann filtriert man ihn in Flaschen, welche gut verkorkt werden.

18. Kompottsaftlikör

¹/₂ l Kompottsaft · ¹/₄ l Alkohol

Aus jedem beliebigen Saft von eingeweckten Früchten kann man sehr guten Likör bereiten. Der Kompottsaft wird aufgekocht, wenn er nicht gut süß ist, noch 150 bis 250 g Zucker zugeben und mit aufkochen lassen. In den noch heißen Saft den Alkohol gießen, filtrieren, überkühlt in Flaschen füllen, zugekorkt kühl lagern.

19. Kümmellikör

60 g Kümmel · 5 g Fenchel · ¹/₂ l Alkohol · 600 g Zucker · 1 l Wasser

Kümmel und Fenchel feinwiegen, mit Alkohol übergießen, in eine Flasche geben, mit Alkohol übergießen, 10 Tage in die Wärme stellen. Zucker und Wasser 10 Minuten kochen, den durchgeseihten Alkohol langsam in den heißen Zucker gießen, noch heiß durch ein feines Tuch oder Filterpapier gießen. Den Likör in Flaschen füllen, verkorkt kühl lagern. Nach 14 Tagen ist er trinkreif.

20. Kaffeelikör

½ kg Zucker · 1 Stange Vanille · ¼ l Wasser · 100 g Kaffee · ½ l Wasser
½ l Alkohol

Zucker mit der aufgeschnittenen Vanillestange und Wasser dickkochen. In ½ l kochendes Wasser den feingemahlenen Kaffee geben, einmal aufwallen lassen, zugedeckt 10 Minuten heiß ziehen lassen, dann durch ein feines Sieb gießen. Zu dem heißen, gesponnenen Zucker den Kaffee und den Alkohol geben, filtrieren. Den vollständig erkalteten Likör in Flaschen füllen, verkorken und kühl lagern.

21. Bierlikör

2 l Starkbier · 1 kg Zucker · 2 Vanillestangen · 1¼ l Alkohol

Das Starkbier (Bock) mit dem Zucker und den zwei aufgeschnittenen Vanillestangen 15 Minuten leise kochen lassen. Abgekühlt den Alkohol dazugießen, durchseihen und in Flaschen abfüllen. Der Likör gewinnt an Geschmack, wenn er mindestens 3 Monate lagert.

½ l dunkles Bier · 250 g Zucker · 1 Vanilleschote · ¼ l Alkohol

Bier mit Zucker und der aufgeschnittenen Vanilleschote aufkochen, noch heiß den Alkohol zugießen. Erkaltet in Flaschen füllen, kühl aufbewahren.

22. Arrak

3 l Wasser · 1 kg weißer Kandiszucker · 1 l Weingeist · ¼ l Arrakessenz

Man stellt eine Zuckerlösung her, welche man filtriert und ausgekühlt mit Weingeist und Arrakessenz vermischt. Der Arrak wird in Flaschen abgefüllt und gut verkorkt.

23. Rum

2 l Wasser · 1 kg Kandiszucker · 1½ l Weingeist · 15 g Vanilleessenz · 80 g Rumessenz

Man stellt eine Zuckerlösung her, filtriert sie und mischt sie kalt mit Weingeist, Vanille- und Rumessenz. Der Rum wird in Flaschen gefüllt und gut verkorkt.

24. Maraschino

200 g Zucker · ½ l Wasser · ¼ l Weingeist · 1 Tropfen Rosenöl · 1 Tropfen Orangenblütenöl · 2 Tropfen bitteres Mandelöl

Man bereitet eine Zuckerlösung, welche man ausgekühlt mit den übrigen Zutaten vermischt. Beim Einkauf von den verschiedenen Ölen ist es am besten, sie gleich in den Weingeist geben zu lassen. Der Maraschino wird gut verkorkt aufbewahrt. — Echter Maraschino ist ein Weichsellikör.

25. Schwedenlikör

¹/₄ l Wasser • 150 g Zucker • 1 l Arrak oder Cognac • 1 Flasche Weißwein

Man läßt Zucker und Wasser kochen, gibt den Arrak oder Cognac dazu und kocht noch miteinander auf. Dann läßt man gut zugedeckt auskühlen und fügt den kalten Wein bei. Man kann die erste Mischung auch gut in Flaschen aufheben und bei Bedarf mit Weißwein mischen.

26. Bärenfang (Honigschnaps)

¹/₂ l Weingeist, Kornschnaps oder Rum • einige Gewürznelken • 250 g Honig

Alkohol mit Honig und den Gewürznelken mischen, kalt aufs Feuer stellen und einmal aufkochen lassen. Bärenfang wird meist warm getrunken. Er ist sehr stark. Durch lange Lagerung wird er zu einer Köstlichkeit, er wird dann gekühlt getrunken.

27. Liköre mit Honig

1 kg Obst • ¹/₂ l Weingeist • ¹/₂ l Wasser • ¹/₂ kg Honig • ¹/₄ kg Zucker

Obst einer beliebigen Sorte zerkleinern, in eine Flasche füllen, bei Steinobst auch einige aufgeschlagene Kerne beigeben. Den Weingeist darüber gießen, zugekorkt 14 Tage an die Sonne stellen. Wasser mit Honig und Zucker 15 Minuten kochen lassen, die noch heiße Honiglösung zum Fruchtbranntwein geben. Filtrieren und den Likör in Flaschen füllen. Nach langem Lagern wird er besonders fein.

Hausweine

Grundregeln für die Weinbereitung im Hause
1. Alle Gefäße müssen tadellos sauber sein und werden am besten in warmem Prilwasser gereinigt und gut nachgespült oder geschwefelt.
2. Setzt man den Wein mit rohem Saft an oder gibt man rohe Früchte zur Zuckerlösung (z. B. Hagebutten), so ist kein Hefezusatz nötig. Er *kann* aber gegeben werden, dann gärt der Wein rascher.
   Bei gekochtem Saft *muß* man Hefe zugeben, und zwar auf 1 l 10 g. Es gibt hier die eigene Reinhefe, man kann aber auch Bierhefe verwenden.
3. Die Gärung erkennt man an den aufsteigenden Bläschen. Der Ballon oder die Flaschen dürfen zu dieser Zeit *niemals* mit Kork ganz verschlossen werden, sondern man gibt bei kleineren Flaschen bis zu 3 l einen Wattebausch, bei größeren einen Kork mit Gärröhre darauf. Diese wird mit Wasser gefüllt. Dadurch können die Gärungsgase entweichen, im anderen Falle würden sie die Flasche zersprengen. Die Gärung dauert je nach Menge 4—8 Wochen. Der Wein wird zum Gären an einen warmen Ort gestellt.
4. Steigen keine Bläschen mehr auf, wird der Wein still, so zieht man ihn mit einem Schlauch von der sich unten abgesetzten Hefe vorsichtig ab. Der Schlauch darf ja den Bodensatz nicht aufwirbeln. Der Wein muß jetzt noch klären und kommt zu diesem Zweck wieder in den gereinigten Ballon zurück. Er darf wieder nur wie das erstemal mit Watte oder Gärröhre verschlossen werden, weil manchmal noch eine kleine Nachgärung eintritt. Man stellt ihn zum Klären kalt.
5. Nach 3—4 Wochen ist der Wein meist klar und wird mit dem Schlauch auf saubere Flaschen abgezogen. (Die Flaschen werden am besten vorher ausgekocht.) Man verkorkt sehr gut und taucht den Flaschenkopf in flüssigen Flaschenlack oder flüssiges Wachs.
   Hauswein lagert am besten stehend. Er bildet gerne einen Satz, dann kann man den Wein leichter klar abschütten, ohne ihn zu trüben.

Wer sich weiter für die Hausweinbereitung interessiert, findet darüber reichhaltige Fachliteratur.

1. Apfelwein

Der reine, rohe Apfelsaft wird in einem Ballon ohne jegliche Zutaten zum Gären angesetzt. Weitere Behandlungsvorschriften wie Seite 796.

2. Löwenzahnwein

4 l Löwenzahnblütenköpfe • gut 4 l Wasser • 2 kg Zucker • 2 Zitronen • 2 Orangen • 40 g Preßhefe oder Reinhefe

Die Blütenköpfe dürfen keinen Stiel haben und werden gut gewaschen. Dann setzt man sie mit feingeschnitzelter Zitronen- oder Orangenschale und Wasser zum Kochen zu. Man läßt sie einige Male aufkochen und gießt die Flüssigkeit durch ein Tuch ab. Nun fügt man den Zucker bei und läßt die Masse auf lauwarm abkühlen. Dann füllt man in den Ballon, gibt Zitronen- und Orangenscheiben und die feinzerdrückte Hefe dazu und verschließt nach Vorschrift, wie Seite 796 angegeben.
Der Wein wird weiter nach den Grundregeln behandelt.
Er ist wie ein ganz vorzüglicher Weißwein, der, je älter er wird, um so feineren Geschmack bekommt. Man kann ihn für einfachen Kochwein auch mit der Hälfte des Zuckers zum Gären zusetzen.

3. Johannisbeerdessertwein

5 l roher Johannisbeersaft • 10 l Wasser • 3$^{1}/_{2}$–4 kg Zucker

Man gewinnt den Saft am besten durch die Fruchtpresse. Man könnte Beeren auch schließlich roh gequetscht durch ein Tuch drücken. Der Zucker wird in lauwarmem Wasser aufgelöst und dann mit dem Saft vermischt. Ein mit Sodawasser saubergewaschener Glasballon wird mit der Flüssigkeit gefüllt und einige Tage offen in den Keller gestellt. Dann setzt man die Gärröhre oder bei kleineren Mengen einen Wattepfropfen auf und läßt den Wein mehrere Wochen gären. Darauf zieht man ihn zum Klären ab, siehe Vorschrift Seite 796. Nach 3 Wochen wird er in ganz saubere Flaschen gefüllt, gut verkorkt und *stehend* aufbewahrt. Nach 2 Jahren ist er trinkbar. Je älter er wird, desto besser wird sein Geschmack. Man kann auch Weinhefe zum Gären zusetzen.

4. Johannisbeerlikörwein

5 l roher Johannisbeersaft • 7$^{1}/_{2}$ l Wasser • 4$^{1}/_{2}$ kg Zucker

Man bereitet den Wein wie bei Nr. 3. Nur wird er durch die geringere Wassermenge und durch die größere Zuckerzugabe stärker.

5. Feiner Johannisbeerlikörwein

12 l Beeren = 3 l Saft · 6 l Wasser · 2 kg Zucker · ³/₁₀ l Weingeist

Man löst Zucker in Wasser heiß auf und läßt ihn auskühlen, dann fügt man Saft und Weingeist bei, füllt den Wein in einen Ballon und läßt ihn nach Vorschrift, siehe Seite 796, vergären. — Man kann auch an Stelle von Johannisbeersaft die verschiedensten Obstsäfte auf diese Weise vergären lassen, z. B. Stachelbeer-, Heidelbeer-, Apfelsaft.

6. Wein von schwarzen Johannisbeeren

2½ l Wasser · 2 l schwarzer Johannisbeersaft · 875 g Zucker

Man zerdrückt 5 l recht reife, schwarze Johannisbeeren mit einem Holzlöffel sehr gut, übergießt sie mit 1 l Wasser und läßt dies zugedeckt über Nacht stehen. Dan preßt man den Saft ab, es sollen 2 l sein, kocht inzwischen 1½ l Wasser mit 875 g Zucker auf und fügt dies ausgekühlt zum Saft. Der Wein wird nun in einem Ballon nach Vorschrift zum Gären angesetzt. Nach 3—4 Wochen ist die Gärung vollendet, dann wird er zum Klären abgezogen und weiter behandelt wie Seite 796 angegeben. Sollte sich beim Abpressen mehr Saft ergeben, so muß man etwas mehr Zuckerlösung beigeben.

7. Wein von weißen Johannisbeeren

2 l Beeren · 2½ l Wasser · 1 kg Zucker

Man kocht Wasser und Zucker auf, gibt es ausgekühlt in den Ballon und fügt die abgezupften, sauber gewaschenen Beeren dazu. Der Wein wird vorschriftsmäßig zum Gären verschlossen und weiter behandelt, wie Seite 796 angegeben ist. Er braucht 3—4 Wochen zur Gärung und soll noch 3 Wochen klären. Der Wein wird nach einigen Jahren Lagerung wie ein ganz vorzüglicher, schwerer Weißwein.

8. Stachelbeerwein

2 l Saft · 2 l Wasser · 1 kg Zucker

8 l Stachelbeeren werden mit einem Holzlöffel ganz zerquetscht und mit 1 l Wasser übergossen. So läßt man sie über Nacht stehen. Am nächsten Tag preßt man den Saft durch ein Tuch ab. Es sollen 3 l sein. Inzwischen kocht man Zucker und 1 l Wasser auf, läßt dies auskühlen, mischt den Saft darunter und gibt den Wein zum Gären in einen Ballon, den man nach Angaben lt. Seite 796 weiter behandelt. Er braucht 3—4 Wochen zur Gärung und soll dann noch einmal 3 Wochen klären.

9. Hagebuttenwein

1 l Hagebutten · 4 l Wasser · 1³/₄ kg Zucker

Die Hagebutten werden von Blüten und Stiel befreit und entkernt. Dann trocknet man sie auf einem sauberen Blech im warmen, ja nicht heißen Rohr. Nun kocht man Zucker und Wasser auf, läßt es auf lauwarm abkühlen, füllt es in die Flasche und gibt die Hagebutten bei. Nach Belieben verschließt man mit einer Gärröhre, die man mit Wasser füllt. Der Wein wird an einem warmen Ort zum Gären gestellt und dann weiter behandelt wie Seite 796. Nach dem Abziehen kann der Rückstand in der Flasche noch zweimal zum Weinansetzen benützt werden. Der zweite und dritte Wein wird im Geschmack noch kräftiger. Hagebuttenwein wird um so besser, je älter er ist und er bekommt dann eine schöne dunkle Färbung.

10. Hagebuttenlikörwein

4 l Hagebutten · 2 l Wasser · 1¹/₂ kg Zucker · 1 l Wasser

Die recht reifen Hagebutten werden von Blüten befreit und in der Obstmaschine oder auch in der Fleischmaschine zerquetscht. Man läßt sie, mit abgekochtem, lauwarmem Wasser angegossen, in einem gut verschlossenen Gefäß 8 Tage stehen. Dann seiht man sie ab, fügt lauwarme Zuckerlösung von 1¹/₂ kg Zucker mit 1 l Wasser bei und gibt den Wein zum Gären in einen Ballon. Er wird weiter nach Vorschrift Seite 796 behandelt und soll 3—4 Wochen gären und 3 Wochen klären. Er soll einige Jahre gelagert werden, ehe man ihn verwendet.

11. Heidelbeerwein

3 l Heidelbeersaft · 1¹/₂ l Wasser · 450—600 g Zucker

Man zerdrückt 12 l sauber gewaschene Heidelbeeren mit einem Holzlöffel sehr gut, fügt ¹/₂ l Wasser bei und läßt dies zugedeckt über Nacht stehen. Am nächsten Tag preßt man den Saft durch ein Tuch ab. Man soll 3¹/₂ l Saft erhalten. Inzwischen kocht man Zucker mit 1 l Wasser auf, läßt dies erkalten, mischt es mit dem Saft und setzt den Wein in einem Ballon nach Vorschrift Seite 796 an. Er braucht 3—4 Wochen zum Gären und soll noch 3 Wochen klären. Heidelbeerwein wird, je älter er wird, fast likörähnlich.

12. Falscher Heidelbeerwein

4 l Beeren · 1¹/₂ l Wasser · 375 g Zucker · 1 Stückchen Zimt · einige Nelken

Man sucht die Beeren aus, wäscht sie und setzt sie mit Wasser zum Kochen zu. Dann seiht man den Saft ab, fügt Zucker und die Gewürze bei und kocht ihn einige Male auf. Dann füllt man ihn noch heiß in Flaschen und verkorkt ihn gut. Er ist jahrelang haltbar und wird likörähnlich.

13. Hollerlikörwein

2 l Wasser · 2 l Holler · 1¹/₂ kg Zucker · 20 g ganze Nelken · 20 g ganzer Ingwer · 40 g verwiegte Rosinen · 20 g Bordeauxhefe

Man kocht den reifen Holler mit Zucker, Wasser und Zusatz der Gewürze 15 Minuten. Dann seiht man den Saft ab, läßt ihn auf lauwarm auskühlen und setzt ihn mit zerdrückter Bordeauxhefe zum Gären an nach Vorschrift Seite 796. Bordeauxhefe erhält man in Drogerien. Der Wein soll 3—4 Wochen gären und 3 Wochen klären. Er soll einige Jahre lagern, ehe man ihn verwendet.

14. Falscher Hollerwein

Er wird mit Holler genauso zubereitet wie falscher Heidelbeerwein Nr. 12.

15. Honigwein

1 kg Honig · 2 l Waser · einige Hollunder- und Lindenblüten · 30 g Reinhefe

Man löst den Honig in kochendem Wasser auf und läßt ihn auf lauwarm auskühlen. Dann gibt man ihn mit Zusatz von einigen Linden- und Hollunderblüten und Reinhefe in einen Ballon und verfährt weiter nach Vorschrift Seite 396. Sollte der Wein nicht gut gären, so gibt man eine Gärsalztablette bei. Reinhefe und Gärsalztabletten sind in der Apotheke oder Drogerie erhältlich und werden genau nach beiliegender Gebrauchsanweisung verwendet.

16. Weichselwein

¹/₂ kg Saft · 375 g Zucker · Weißwein

Man gewinnt den Saft, indem man die Weichseln entstielt und im Topf samt den Kernen stößt. Diese sollen dann zugedeckt 24 Stunden stehen. Darauf preßt man den Saft ab, kocht auf je ¹/₂ kg Saft 375 g Zucker zum großen Flug, gibt den Saft hinein, läßt ihn einmal mit aufkochen und schäumt ab. Nach dem Auskühlen mischt man 1 l Saft mit 2 l gutem Weißwein und füllt den Wein in Flaschen. Nach 8 Tagen ist er trinkbar und besonders für Kranke geeignet.

17. Himbeerwein

1 l Saft · ¹/₂ kg Zucker · Weißwein

Man vermeide bei der Herstellung dieses Weines jedes Metallgeschirr und Metallöffel. Die Farbe wird sonst unschön. Der Saft wird gewonnen, indem man die Himbeeren mit einem hölzernen Löffel in einem Steingefäß gut zerdrückt und dann durch ein Tuch abpreßt. Zu jedem Liter Saft gibt man ½ kg Zucker und läßt dieses unter öfterem Umrühren in einem Steinkrug 3 Tage bedeckt stehen. Dann gießt man den klaren Saft ab und gibt auf 1 l Saft 2 l guten Weißwein; der Himbeerwein wird in Flaschen gefüllt und verkorkt. Er ist nach 8 Tagen trinkbar.

18. Johannisbeerwein

½ kg Saft · ½ kg Zucker · Weißwein

Man bereitet den Johannisbeerwein wie Weichselwein Nr. 16, nur verwendet man Johannisbeersaft und etwas mehr Zucker.

19. Chinawein

30 g Chinarinde · ¼ l Kirschwasser · 1 l Weißwein

Man gibt die Chinarinde in eine Flasche und soviel Kirschwasser darüber, daß sie bedeckt ist. Dies wird 2 Tage in die Wärme gestellt, dann füllt man den Wein darauf und läßt wieder 2 Tage verkorkt stehen. Darauf wird der Wein abfiltriert, in Flaschen gefüllt und verkorkt. Man könnte auch etwas Zucker oder Malaga beigeben, dann schmeckt er nicht so herb. 1 Eßlöffel Chinawein wird vor und nach der Mahlzeit als Medizin genommen.

20. Hollersekt

7 Hollerblüten, voll aufgeblüht, samt Stiel · 7 l Wasser · 1 Zitrone in Scheiben (mit Schale) · ¼ l Essig (knapp) · 1 kg Zucker

Alle angegebenen Zutaten in einen Eimer oder große Schüssel geben, täglich zweimal umrühren. Nach drei Tagen durch ein gebrühtes Leinentuch gießen, in Flaschen mit Patentverschluß (Bier- oder Limonadenflaschen) ⅘ hoch einfüllen, verschließen, im Keller aufbewahren. Ab Herbst ist der Sekt trinkbar, durch längere Lagerung wird er noch besser.

21. Met

½ kg Honig · ½ l Wasser · ½ kg Zucker · 3 Zitronen · 3 Orangen · Zimtrinde · 10 Gewürznelken · 4 l Wasser

Honig mit ½ l Wasser, Zucker, Zitronen- und Orangenschalen und Saft, Zimtrinde und Nelken aufkochen und eine halbe Stunde kochendheiß ziehen lassen. 4 l frisches Wasser zugießen, alles mitsammen aufkochen, durchgießen, in eine große Flasche füllen, mit einem Mulläppchen zubinden, kühl gestellt ausgären lassen. In Flaschen abfüllen, verkorken und noch 8 Wochen im Keller kühl lagern.

Haltbarmachen
von Obst, Gemüse und Fleisch

Die Marktlage ermöglicht es, nahezu das ganze Jahr alles gewünschte Obst und Gemüse zu bekommen. Beerenobst und Steinobst sind allerdings immer an die Jahreszeit gebunden. Gerade diese beiden Sorten von Obst eignen sich besonders zur Herstellung von Säften, Gelees, Marmeladen und Konfitüren. Die Industrie verarbeitet diese Früchte zu hervorragenden Produkten und diese sind das ganze Jahr hindurch erhältlich. Trotzdem gibt es sehr viele Haushalte, die das Selbsteingekochte dem gekauften vorziehen. Oft wird die Hausfrau aber auch geradezu gezwungen, die Früchte des Gartens, die momentan nicht gebraucht werden können, für andere Zeiten haltbar zu machen. Der billige Obsteinkauf zu Zeiten großen Angebotes verlockt auch die Stadthausfrau immer wieder einzukochen. Darüber hinaus gibt es viele Familien, die auf die mannigfaltigen Möglichkeiten bestimmte Früchte in spezieller Geschmacksrichtung oder Zusammenstellung einzumachen nicht verzichten wollen. Die gepflegte Küche kann dadurch sehr bereichert werden. Das Haltbarmachen kann in verschiedener Form und auf verschiedene Arten erfolgen. Man wählt die der Eigenart des Nahrungsmittels und den Bedürfnissen des Haushalts am besten entsprechende.
Einkochen sollte man möglichst nicht während der Mahlzeitbereitung. Mit den modernen Methoden geht es verhältnismäßig rasch, man muß dem Einmachen aber auch die volle Aufmerksamkeit widmen.

Die Einkochgefäße müssen völlig fettfrei sein. Die Aufbewahrung kühl, aber frostfrei. Wenn nur ein feuchter Raum zur Verfügung steht, können Gelees, Marmeladen, Konfitüren nicht mit Pergamentpapier oder Cellophan zugebunden werden, sondern müssen in Gläser mit Schraubverschluß oder in sterilisierten Weckgläsern aufbewahrt werden.

Geliermittel beim Einkochen

Ob Gelee oder Marmelade beim Einkochen leicht steif wird, geliert, hängt vom sehr verschiedenen Pektingehalt der einzelnen Früchte ab. (Pektin ist ein Kohlenhydrat.) Im Haushalt mischt man deshalb gerne pektinreiche Früchte, z. B. Johannisbeeren, mit pektinarmen Früchten, z. B. Himbeeren. Pektin gewinnt man im großen aus unreifen Äpfeln. Man setzt es beim Kochen jenen Früchten zu, die selbst wenig Pektin enthalten. Pektin kommt in flüssiger und pulverisierter Form in den Handel und ist unter dem Namen „Opekta" bekannt. Das Pektin kann aber auch dem Zucker bereits beigegeben sein und kommt dann unter dem Namen „Gelierzucker" in den Handel. Die Kochzeit für Gelees und Marmeladen bei Verwendung eines Geliermittels ist sehr kurz. Die jeweils angegebenen Zuckermengen und Rezeptanweisungen müssen genau eingehalten werden. Der Kochtopf, möglichst mit dickem Boden, darf nur bis zur Hälfte gefüllt sein. Größere Mengen, als im Rezept angegeben, kann man auf einmal nicht kochen.

EINMACHARTEN FÜR OBST

1. Kompott, Früchte ganz oder zerteilt	Sterilisieren
2. Fruchtbrei, Fruchtmark	Zuckerzugabe nach Geschmack, für die Haltbarkeit unwesentlich

3. Saft
4. Gelee
5. Marmelade
6. Konfitüre
7. Fruchtpaste
8. Trocknen
9. Tiefgefrieren
10. Spezialrezepte

1. Sterilisieren — Einwecken

Man benötigt dazu:

Gläser mit passendem Gummiring und Deckel. Klammern zum Verschließen. Topf mit Einsatz oder Rillenbodentopf. Thermometer (nicht unbedingt erforderlich). Einfüllring (nicht unbedingt erforderlich).

Arbeitsvorgang:

Gläser (Massivrand- oder Rillenrandgläser) und Deckel sauber spülen, nicht abtrocknen; Tuchfasern könnten am Rand des Glases oder Deckels hängen bleiben. Gummiringe auf ihre volle Dehnbarkeit überprüfen, 10 Minuten kochen, in frisches Wasser legen. Klammern bereitlegen. Einkochtopf oder großen Koch- oder Waschtopf bereitstellen, Rost auf den Topfboden legen. Beliebiges Obst waschen, je nach Art ganz lassen, entkernen, halbieren oder vierteln, Kernhaus entfernen. Für *Fruchtbrei* mixen oder roh durchdrehen. Für *Fruchtmark* Früchte mixen, roh durchdrehen oder kochen und dann passieren. Zuckerlösung kochen, durchschnittlich rechnet man auf 1 l Wasser 250 g Zucker; nach Belieben Vanilleschote, Zitronenschale, Zimtrinde oder Nelken mit aufkochen.

Nachdem alle diese Vorbereitungen getroffen sind, stellt man die Gläser nebeneinander auf den Tisch, füllt sie bis 1 cm unter den Rand mit dem vorbereiteten Obst, legt den Einfüllring auf das Glas und gießt die Zuckerlösung bis ebenfalls 1 cm unter den Glasrand auf die Früchte. Nun legt man die nassen Gummiringe auf den Glasrand, legt den ebenfalls nassen Deckel darauf und verschließt mit der Klammer. Jetzt werden so viele Gläser in den Topf gestellt als Platz haben, ohne sich zu berühren. Bis zur halben Höhe der Gläser gießt man kaltes Wasser in den Topf, deckt zu und stellt den Topf auf die Kochstelle. Für weiche Früchte läßt man das Wasser bis nahe zum Kochen kommen und läßt den Topf 20 Minuten bei dieser Temperatur auf der Flamme (85–90°). Hat man harte Früchte, z. B. Herzkirschen oder Birnen, läßt man sie 20 Minuten richtig kochen. Nach diesem Zeitpunkt öffnet man den Deckel, nimmt die Gläser mit einem dicken Topflappen heraus, stellt sie auf ein dickes Tuch und deckt sie zu. Das Wasser aus dem Kochtopf gießt man aus und kocht die nächsten Gläser. Man kann auf diese Weise an einem Nachmittag sehr viele Gläser einwecken. Am nächsten Tag entfernt man die Klammern und versucht jedes einzelne Glas am Deckel hochzuheben. Sollte dies nicht möglich sein, muß das Glas nochmals sterilisiert werden, eventuell mit einem anderen Gummiring oder Deckel.

Sterilisieren im Rohr:

Das Blech mit einer dicken Lage feuchten Zeitungspapiers belegen. Die zugeklammerten Gläser, die sich nicht berühren dürfen, daraufstellen.
Darauf wieder eine dicke Lage feuchtes Zeitungspapier. Das Blech mit den Gläsern in das kalte Rohr einschieben, Mittelhitze (180–190°) einstellen. Wenn es im Glas zu perlen beginnt – also Luftbläschen rasch hintereinander aufsteigen –, schaltet man etwas zurück und läßt die Gläser noch 25 Minuten im Rohr stehen.

Sterilisieren in Dosen:

In großen Gutshaushalten wird das Obst meist eingedost. Die Vorbereitungsarbeiten sind ganz die gleichen. Auf die gefüllte Dose wird der Deckel, in den der Gummiring eingefalzt ist, daraufgelegt und mit einer eigenen Dosenverschlußmaschine verschlossen. Gekocht werden die Dosen in großen Kesseln, in Wasser oder Dampf.

2. Fruchtbrei — Fruchtmark

Für *Fruchtbrei* die Früchte zerdrücken, mixen oder durchdrehen. Für *Fruchtmark* den Fruchtbrei roher oder gekochter Früchte durch ein Sieb streichen, so daß Kernchen und Häute zurückbleiben. Marmeladen und Konfitüren werden aus Fruchtbrei oder Fruchtmark mit Zucker (und evtl. noch einem Geliermittel) gekocht. Als Beigabe zu Süßspeisen wird Fruchtbrei oder Fruchtmark nach Geschmack gesüßt, in Weckgläser gefüllt und 20 Minuten bei 90° sterilisiert.

3. Obstsäfte

Aus allen Obstarten kann man Saft gewinnen:
Äpfel unreif, Äpfel reif, Birnen, Brombeeren, Erdbeeren, Heidelbeeren, Himbeeren, Holunderbeeren, Johannisbeeren rot, Johannisbeeren schwarz, Kornelkirschen, Pfirsiche, Pflaumen, Preiselbeeren, Quitten, Rhabarber, Sanddornbeeren, Sauerkirschen, Schlehen, Stachelbeeren, Süßkirschen, Weintrauben, Zwetschgen, Berberitzen.

Saftgewinnung
1. Saftzentrifuge
2. Fruchtpresse
3. Zerdrückte Früchte aufkochen, auf ein gespanntes Tuch gießen
4. Dampfentsaften, sehr einfach im Dampfentsafter oder behelfsmäßig im großen, geschlossenen Kochtopf.

Als Getränk fügt man dem Saft Zucker nach Geschmack bei, durchschnittlich 100 g Zucker auf 1 l Saft. Zur Aufbewahrung wird der kochendheiße Saft in gereinigte trockene Flaschen randvoll gefüllt und sofort mit einer Gummikappe verschlossen. Eine weitere Behandlung ist nicht erforderlich.

Hat man viel Obst, das man rasch verwerten will, so ist die Bereitung von Saft am einfachsten. Außerdem billig, da man nur wenig Zucker braucht und alle Arten von Flaschen verwenden kann. Bei Bedarf kann man aus dem Saft die jeweils benötigte Menge Gelee kochen.

4. Geleebereitung

Aus allen Obstsäften kann man Gelee bereiten. Nur aus Säften pektinreicher Früchte, z. B. unreifer Äpfel, Johannisbeeren, Stachelbeeren, kann dies ohne zusätzliche Geliermittel erfolgen.

Gelee kochen ohne Geliermittel

Saft ohne Zuckerzugabe um etwa ein Drittel einkochen lassen. Abmessen oder wiegen, mit der gleichen Zuckermenge unter ständigem Rühren bis zur Geleeprobe kochen, sofort in Gläser füllen und zubinden.
Geleeprobe: Einen Tropfen auf einen Teller geben; erstarrt er schnell ohne zu zerfließen, ist der Gelee richtig.

Gelee kochen mit Geliermittel

Alle Säfte, die aus pektinarmen Früchten gewonnen werden, kann man nur mit Hilfe eines Geliermittels zu Gelee kochen.

5. Gelees mit Opekta, Einheitsrezept, 10 Minuten Kochzeit

$1^1/_4$ l Saft ($1^1/_2$ kg frische Früchte) · $1^1/_2$ kg Zucker · 10 g kristallisierte Zitronensäure · 1 Normalflasche Opekta

Saft mit Zucker und Zitronensäure in einem entsprechend großen Kochtopf — er darf nur halb gefüllt sein — unter ständigem Rühren zum Kochen bringen. Vom brausenden Kochbeginn an 10 Minuten bei möglichst großer Hitze weiterkochen lassen, dann eine Normalflasche Opekta einrühren und noch 4—5 Sekunden aufwallen lassen. Heiß in Gläser füllen und verschließen.

6. Gelees mit Opekta, Einheitsrezept, 10 Sekunden Kochzeit

$1^1/_4$ l Obstsaft · $1^3/_4$ kg Zucker · 10 g kristallisierte Zitronensäure · 1 Normalflasche Opekta

Saft mit Zucker und Zitronensäure in einem entsprechend großen Kochtopf — er darf nur halb gefüllt sein — unter ständigem Rühren zum Kochen bringen. Vom brausenden Kochbeginn an 10 Sekunden bei größter Hitze weiterkochen, dann eine Normalflasche Opekta einrühren und noch 4—5 Sekunden aufwallen lassen. Heiß in Gläser füllen und verschließen.
Bei Geleebereitung mit nur 10 Sekunden Kochzeit muß die Zuckermenge — wie angegeben — groß sein.

7. Gelees mit Gelierzucker, Einheitsrezept

$3/_4$ l Obstsaft · 1 kg Gelierzucker

Den Obstsaft mit dem Gelierzucker in einem entsprechend großen Topf unter Rühren zum Kochen bringen. Vom brausenden Kochbeginn an 1 Minute weiterkochen. In die vorbereiteten Gläser füllen und verschließen. Ergibt 4 Gläser. Aus allen Säften, ob selbst aus Obst hergestellt oder im Handel angeboten, z. B. Zitronensaft, Orangensaft, Grapefruitsaft, Johannisbeersaft usw., kann zu jeder Zeit des Jahres Gelee gekocht werden.

8. Marmeladenbereitung

Aus allen Obstarten kann man Marmelade kochen. Das Obst dazu ist frisch, kommt aus der Tiefkühltruhe oder wurde im Sommer und Herbst zu Fruchtbrei (unpassiert) oder Fruchtmark (passiert) vorbereitet und eingeweckt.

Früchte für Marmeladen:
Aprikosen, Berberitzen, Brombeeren, Erdbeeren, Heidelbeeren, Himbeeren, Holunderbeeren, Johannisbeeren rot, Johannisbeeren schwarz, Kornelkirschen, Pfirsiche, Pflaumen, Preiselbeeren, Quitten, Rhabarber, Sanddornbeeren, Sauerkirschen, Schlehen, Stachelbeeren, Süßkirschen, Weintrauben, Zwetschgen.

Die Bereitung kann ohne oder mit zusätzlichem Geliermittel erfolgen. Aus Geschmacksgründen mischt man gerne verschiedene Früchte.

Marmelade kochen ohne Geliermittel
Den *Fruchtbrei* oder das *Fruchtmark* pektinreicher Früchte ohne Zuckerzusatz in ungefähr 30 Minuten um ein Drittel einkochen. Dann abmessen oder wiegen, die gleiche Menge Zucker zugeben und unter Rühren bis zur Marmeladenprobe kochen. Heiß in Gläser füllen und verschließen.

Marmeladenprobe: Einen Tropfen auf einen Teller geben; erstarrt er schnell ohne zu zerfließen, ist die Marmelade richtig.

Marmelade kochen mit Geliermittel
Fruchtbrei oder *Fruchtmark* pektinarmer Früchte kocht man sehr viel schneller, aroma- und farberhaltend mit einem Geliermittel.

9. Marmeladen mit Opekta, Einheitsrezept, 10 Minuten Kochzeit

1³/₄ kg Früchte (entsteint gewogen) · 1³/₄ kg Zucker · 10 g kristallisierte Zitronensäure · 1 Normalflasche Opekta

Fein zerdrückte, gemixte oder durchgedrehte, evtl. passierte Früchte mit Zucker und Zitronensäure in einen entsprechend großen Kochtopf geben; er darf nur halb gefüllt sein. Auf starker Flamme unter ständigem Rühren zum Kochen bringen. Vom brausenden Kochbeginn an nach der Uhr volle 10 Minuten unter ständigem Rühren bei möglichst großer Hitze weiterkochen lassen. Dann eine Normalflasche Opekta einrühren und noch 4 bis 5 Sekunden aufwallen lassen. Heiß in Gläser füllen und sofort verschließen.

10. Marmeladen mit Opekta, Einheitsrezept, 10 Sekunden Kochzeit

1³/₄ kg Früchte (entsteint gewogen) · 2 kg Zucker · 10 g kristallisierte Zitronensäure · 1 Normalflasche Opekta

Fein zerdrückte, gemixte oder durchgedrehte, evtl. passierte Früchte mit Zucker und Zitronensäure in einen entsprechend großen Kochtopf geben; er darf nur halb gefüllt sein. Auf starker Flamme unter ständigem Rühren zum Kochen bringen. Vom brausenden Kochbeginn an 10 Sekunden bei größter Hitze gründlich durchkochen lassen. Dann eine Normalflasche Opekta einrühren, noch 4—5 Sekunden aufwallen lassen. Heiß in Gläser füllen und verschließen. — Bei Marmeladenbereitung mit nur 10 Sekunden Kochzeit muß die Zuckermenge — wie angegeben — groß sein.

11. Marmelade mit Gelierzucker, Einheitsrezept

1 kg Früchte (entsteint gewogen) · 5 Eßlöffel Wasser · 1 kg Gelierzucker

Die gereinigten Früchte fein zerdrücken, mixen oder durchdrehen. In einen entsprechend großen Kochtopf geben, Wasser und Gelierzucker beigeben, unter ständigem Rühren zum Kochen bringen. Auf stärkster Hitze 4 Minuten weiterkochen, in die vorbereiteten Gläser füllen und verschließen.

12. Konfitüre mit Opekta

(Marmelade mit Fruchtstückchen)

1¹/₂ kg Früchte (entsteint gewogen) · 1¹/₂ kg Zucker · 10 g kristallisierte Zitronensäure · 1 Normalflasche Opekta

Die Hälfte der gereinigten Früchte in 2—4 Teile schneiden, die andere Hälfte vollkommen zerkleinern. Nun die Früchte mit der vorgeschriebenen Zuckermenge schichtweise in einem zugedeckten Porzellangefäß über Nacht stehen lassen, damit der Zucker in die Fruchtstückchen eindringen kann. Am nächsten Tag die Frucht-Zuckermasse zusammen mit der Zitronensäure in einen entsprechend großen Kochtopf (nur halb gefüllt) unter ständigem Rühren zum Kochen bringen. Vom Beginn des brausenden Kochens an nach der Uhr volle 10 Minuten bei möglichst großer Hitze weiterkochen lassen. Die Normalflasche Opekta einrühren, noch 4—5 Sekunden aufwallen lassen, heiß in Gläser randvoll füllen, sofort mit Einmachcellophan verschließen. Dann ein Tellerchen auf die Oberfläche des Glases legen. Glas und Tellerchen umdrehen, damit das Glas auf dem Tellerchen kopfsteht und so über Nacht stehen lassen. Die Fruchtstücke haben das Bestreben, sich im Glas nach oben abzusetzen, sie steigen also im umgestülpten Glas zum Glasboden, und wenn das Glas später wieder aufrecht gestellt wird, sind sie im unteren Teil in eine Geleeschicht eingebettet.

13. Quittenpaste

¹/₂ kg Quittenmark (1 kg frische Früchte) · ³/₄ kg Zucker · Saft von 2 Zitronen · eine halbe Normalflasche Opekta

Apfel- oder Birnenquitten mit einem Tuch gut abreiben, mit Schale und Kernhaus in Spalten schneiden, in Dampf oder mit wenig Wasser weich kochen, passieren. Das erhaltene abgewogene Fruchtmark mit Zucker in einen entsprechend großen Kochtopf geben. Unter Rühren aufkochen, vom Moment des Kochens an 10 Minuten brausend weiter kochen, Zitronensaft und Opekta einrühren, 4—5 Sekunden aufwallen lassen. Die Masse sofort auf eine große flache Schüssel geben, wo sie schnell zu erstarren beginnt. Sobald die Paste schnittfest ist, schneidet man sie in Würfel, wälzt diese in grobem Zucker und läßt sie an einem warmen trockenen Ort trocknen. Gelegentlich wenden. Aufbewahrung in geschlossenen Gläsern oder Dosen. Die

Masse kann auch in kleine Förmchen oder eine flache Kastenform gefüllt und dann gestürzt werden.

Aus Apfelmark, Zwetschgenmark usw. kann auf dieselbe Weise Paste gekocht werden.

14. Früchte in Zucker und Essig
Kürbis in Zucker und Essig

¼ l Weinessig · Nelken · Zimtrinde · Ingwer · Zitronenschale · Orangenschale · 1 kg Zucker · 1 kg Früchte

Zucker mit Essig und beliebigen Gewürzen dicklich kochen. Die Früchte 10 Minuten darin kochen, mit einem Sieblöffel herausnehmen, in Gläser füllen. Den Saft dick einkochen und über die Früchte gießen. Am nächsten Tag den Saft nochmals abgießen, wieder dicklich kochen, lauwarm über die Früchte geben, zubinden.

Geeignet für feste Kirschen, feste Zwetschgen, Birnen, Melonen und feste *Speisekürbisse* (in Würfel geschnitten).

Fleischbeilage oder Dessert.

15. Früchte in Honig und Zucker

½ kg Honig · ½ kg Zucker · Saft von 4 Zitronen · 1 Vanilleschote · 4 Eßlöffel Rum · 1 kg Früchte

Honig mit Zucker, Zitronensaft, aufgeschnittener Vanilleschote und Rum aufkochen, die Früchte hineingeben, 10 Minuten darin kochen lassen, mit einem Sieblöffel herausnehmen und in Gläser füllen. Den Saft etwas einkochen lassen, über die Früchte gießen, die Gläser verschließen. Geeignet für Herzkirschen, Sauerkirschen, Zwetschgen, Preiselbeeren und Birnen.

16. Früchte in Wein

¼ l Weißwein oder Rotwein · 1 kg Zucker · Vanilleschote · Zimtrinde Nelken · 1 kg Früchte

Wein mit Zucker und beliebigen Gewürzen dicklich kochen, die Früchte hineingeben, 10 Minuten darin kochen lassen, mit einem Sieblöffel herausnehmen, in Gläser füllen. Den Saft dick einkochen lassen, über die Früchte gießen. Am nächsten Tag den Saft nochmals abgießen, etwas einkochen, über die Früchte geben, die Gläser verschließen. Geeignet für Johannisbeeren, Herzkirschen, Sauerkirschen, Preiselbeeren, Zwetschgen, Birnen.

17. Frischmarmelade

Sterilisiertes Fruchtmark mit beliebigem Zuckerzusatz bei Gebrauch zu Marmelade kochen. Da in diesem Fall jedesmal nur eine kleine Menge gekocht und daher auch rasch verbraucht wird, erfolgt der Zuckerzusatz nur nach Geschmack.

18. Fruchtkompott

1¹/₂ kg beliebige Früchte · 250 g Zucker · ³/₈ l Wasser · 1¹/₂ g Salizyl · 1 Eßlöffel Rum

Wasser mit Zucker dicklich kochen, die Früchte hineingeben, weich kochen, aber nicht zerkochen lassen. Den Topf vom Feuer nehmen, das in Rum aufgelöste Salizyl unterrühren. Kochend heiß in Gläser oder Steintöpfe füllen, erkaltet zubinden. Jede Art von Obst kann auf diese Weise einzeln oder als Mischkompott gekocht werden. Ist das Kompott in ein größeres Gefäß abgefüllt, kann man nach und nach herausnehmen, ohne daß das Eingekochte leidet.

19. Erdbeermarmelade, roh gerührt

500 g Walderdbeeren · 500 g feiner Grießzucker oder Puderzucker

Die sehr frischen, rasch gewaschenen und gut abgetropften Walderdbeeren mixen, durch die Fruchtpresse drehen oder durch ein feines Sieb streichen. Das erhaltene Fruchtmark mit der gleichen Gewichtsmenge Zucker in einer Porzellanschüssel 2 Stunden mit einem Holzlöffel rühren. Verwendet man den Mixaufsatz der Küchenmaschine, werden die Erdbeeren erst ohne Zucker fein püriert. Dann gibt man den Zucker nach und nach durch das Deckelloch in den Sog zu. Man läßt solange rotieren, bis der Zucker vollkommen mit dem Fruchtmark vermischt ist.
Kleine trockene Gläschen mit Alkohol ausspülen, die Marmelade einfüllen, mit Rumpapier bedecken, zubinden, kühl und trocken aufbewahren. Das feine Aroma der Walderdbeeren bleibt bei dieser Zubereitung voll erhalten.

20. Rote Birnen

1¹/₂ kg Birnen · ¹/₂ kg Preiselbeeren · 1¹/₂ kg Zucker

Die Preiselbeeren mit ganz wenig Wasser weich kochen, dann durch ein Sieb streichen. Den erhaltenen Saft mit Zucker mischen und dicklich kochen. Fehlerfreie, nicht zu weiche Birnen einer guten Sorte schälen und halbieren, vom Kernhaus befreien und im Preiselbeersaft weich kochen, mit einem Löffel herausnehmen und in Gläser legen. Den Saft dick einkochen und über die Birnen gießen, so daß diese vollständig davon bedeckt sind. Nach 2 Tagen den Saft nochmals abgießen, aufkochen, erkaltet über die Birnen gießen und zubinden. Vorzügliche Beilage zu dunklen Braten und Wild.

21. Muskateller-Birnen

2 kg Birnen · 1 kg Zucker · ¹/₂ l Essig · Zimtrinde · Nelken

Die kleinen ganzen Muskatellerbirnen oder einer anderen guten Sorte schälen, den gekürzten Stiel daranlassen. Zucker mit Essig und den Gewürzen dicklich kochen. Die vorbereiteten Birnen darin weich kochen. Am nächsten Tag die Birnen in ein Einmachglas legen, den Saft dick einkochen, lauwarm darübergießen; der Saft muß über den Birnen stehen. Nach dem Erkalten zubinden. Vorzügliche Beilage zu gekochtem Ochsenfleisch.

22. Cognac-Kirschen

1 kg feste Herzkirschen oder Sauerkirschen · 1 kg Zucker · 1/4 l Wasser 1/4 l Cognac

Die Stiele der Kirschen kürzen, die Früchte waschen, mit einer Nadel mehrmals einstechen. Zucker mit Wasser dicklich kochen, die Kirschen einige Male darin aufkochen lassen, in die Gläser füllen. Den zurückbleibenden Saft dicklich kochen, mit dem Cognac mischen, über die Kirschen geben und zubinden.

23. Rum-Aprikosen

1 kg Aprikosen · 1 kg Zucker · 1/4 l Wasser · 1/4 l hochprozentiger Rum

Zucker mit Wasser dicklich kochen, die abgezogenen ganzen oder halbierten Aprikosen 10 Minuten darin kochen, dann mit einem Sieblöffel herausnehmen und in Gläser füllen. Den Saft dick einkochen, mit Rum mischen, über die Früchte gießen und zubinden.

24. Rumtopf

1 l echten Rum oder Arrak oder 60%igen Alkohol · 250 g Kirschen · 250 g Erdbeeren · 250 g Himbeeren · 250 g entsteinte Aprikosen · 250 g entsteinte Pfirsiche · 250 g Weichseln · 250 g geschälte Zwetschgen · 250 g Mirabellen 250 g feine Birnen · 250 g Weintrauben · $2^{1}/_{2}$ kg Zucker

Man benötigt zur Bereitung des Rumtopfes ein Porzellangefäß mit sehr gut schließendem, am besten eingeschliffenem Glasdeckel. Die Früchte müssen gut ausgereift und tadellos sein. Man benötigt immer die gleiche Zuckermenge wie Obst. Der Alkohol muß über den Früchten stehen, wenn nötig muß man nachgießen, Rumverschnitt ist nicht geeignet. Heidelbeeren, Brombeeren, Stachelbeeren eignen sich nicht für den Rumtopf. Mit der Zubereitung beginnt man im Frühjahr. Man gießt den Rum in den Topf und gibt der fortschreitenden Jahreszeit entsprechend die Früchte mit der jeweils gleichen Zuckermenge hinein. Öfters vorsichtig umrühren, damit sich der Zucker löst. Den Topf immer an einem kühlen Ort aufbewahren. Nachdem die letzten Früchte eingelegt werden, kann von dem Obst gegessen werden.

25. Orangenjam

2 kg Orangen · 2 Zitronen · 2 kg Zucker

Von 4 Orangen und den 2 Zitronen die Schale mit einem Kartoffelschäler dünn abschälen und ganz fein wiegen. Alle Orangen und Zitronen so abschälen, daß vom inneren weißen Pelz nichts mehr daran ist. Die Früchte ohne Kerne in feinste Scheibchen schneiden. Fruchtfleisch, vorbereitete Schalen und Zucker mischen, unter Rühren zur Marmeladenprobe kochen, heiß in Gläser füllen und verschließen.

26. Zitronengelee

$3/8$ l Zitronensaft (evtl. etwas verdünnt) · 375 g Zucker · 1 Beutel Opektapulver

Zitronensaft mit Opektapulver verrühren, unter Rühren zum Kochen bringen, 1 Minute gründlich durchkochen. Dann den Zucker zugeben, wieder unter Rühren zum Kochen kommen lassen, noch 5 Minuten brausend durchkochen, sofort in Gläser füllen und mit Einmachcellophan verschließen.

27. Bienenhoniggelee

$1/2$ kg Bienenhonig · $3/4$ l Wasser · $3/4$ kg Zucker · Saft einer Zitrone · eine Normalflasche Opekta

Im ausreichend großen Kochtopf (nur halb gefüllt) Wasser, Zucker und Honig unter ständigem Rühren zum Kochen bringen. Vom Beginn des brausenden Kochens an 10 Sekunden bei größter Hitze gründlich durchkochen lassen. Darnach 1 Normalflasche Opekta und den Saft einer Zitrone einrühren, noch 4—5 Sekunden aufwallen lassen, in Gläser füllen, sofort mit Einmachcellophan verschließen.

28. Preiselbeerkompott

$1/2$ kg Preiselbeeren · $1/2$ kg Zucker

Gewaschene, gut abgetropfte Preiselbeeren mit Zucker mischen, unter Rühren aufkochen und 10 Minuten kochen lassen. Kaltrühren, in Gläser füllen und verschließen.

29. Moosbeeren

Die wildwachsenden Moosbeeren sind im Geschmack den Preiselbeeren ähnlich, die Haut der Früchte ist jedoch dünner. Zubereitung und Verwendung wie Preiselbeeren. Die Kalifornischen Moosbeeren, die bei uns angeboten werden, sehen wie ganz kleine Kirschen aus.

30. Schlehenmarmelade

1 kg Schlehen · $1/4$ kg Äpfel · $1 1/4$ kg Zucker

Die reifen Schlehen mit Wasser bedeckt eine Nacht stehen lassen. Am nächsten Tag auf ein Sieb gießen, gut abgetropft mit wenig frischem Wasser und den Äpfeln zustellen und weich kochen. Dann durch ein Sieb streichen, den Zucker zugeben und bis zur Marmeladenprobe kochen. Man kann zum Kochen auch noch ein Stück aufgeschnittene Vanillestange zugeben. Die heiß in Gläser gefüllte Marmelade erkaltet mit Rumpapier bedecken und zubinden.

31. Berberitzenmarmelade

½ kg Berberitzenmark · ½ kg Zucker

Vollreife Berberitzen, am besten nachdem sie einmal Frost bekommen haben, pflücken, mit ganz wenig Wasser weich kochen, durch ein Sieb streichen. Das Obstmark abwiegen, die gleiche Zuckermenge zugeben. Bis zur Marmeladenprobe kochen, heiß in Gläser füllen, erkaltet mit Rumpapier bedecken und zubinden. Die Marmelade hat einen feinen säuerlichen Geschmack und eignet sich besonders zum Zusammensetzen von feinem Kleingebäck.

32. Kornelkirschenmarmelade

Die weichen Kornel- oder Traubenkirschen roh durch ein Sieb streichen oder durch die Fruchtpresse drehen. Härtere Früchte dünstet man mit wenig Wasser etwas vor. Das erhaltene Fruchtmark mit Zucker mischen, bis zur Marmeladenprobe kochen, heiß in Gläser füllen, erkaltet mit Rumpapier bedecken und zubinden.

33. Hagebuttenmarmelade

Die Hagebutten (Früchte der wilden Rose) von Blüte und Stiel befreien, halbieren und die Kerne entfernen, dann zugedeckt an einem kühlen Ort 8 Tage stehen lassen. Während dieser Zeit täglich umrühren. Dann die weichgewordenen Hagebutten durch ein Haarsieb streichen. Sollte es nötig sein, kann man die Hagebutten nach dem Lagern noch ganz kurz kochen und dann durchstreichen. — Das erhaltene Hagebuttenmark abwiegen, mit Zucker mischen, rasch bis zur Marmeladenprobe kochen, heiß in Gläser füllen, erkaltet mit Rumpapier bedecken und zubinden. Hagebuttenmark kann man kaufen. Die Bereitung der sehr feinen Marmelade ist dann einfach.

34. Sanddornbeeren

Die Sanddornbeeren haben einen sehr hohen Gehalt an Vitamin C. Das Sammeln der Beeren geschieht wegen der stachligen Sträucher am besten mit Handschuhen. Die Beeren schmecken roh mit Zucker bestreut ausgezeichnet. Sie können durch die Saftzentrifuge oder die Fruchtpresse gegeben und als Saft getrunken werden. Der Saft kann in Flaschen eingemacht oder mit der gleichen Menge Zucker zu Gelee gekocht werden. Die ganzen Beeren einzumachen ist wegen der vielen Kerne nicht günstig. Sanddornbeerensaft setzt sich durch längeres Stehen ab. Es bildet sich unten eine dickliche, gelbrote Schicht und oben eine wässerige, helle. Der Vitamingehalt ist in beiden Schichten der annähernd gleiche. Vor der Verwendung wird Sanddornbeerensaft immer aufgeschüttelt.

35. Sanddornbeerensaft

500 g Sanddornbeerensaft · 250 g Zucker

Die Sanddornbeeren mit Zucker gemischt dampfentsaften, kochendheiß in Flaschen füllen und sofort mit einer Gummikappe verschließen.

36. Sanddornbeerengelee

500 g Sanddornbeerensaft · 500 g Zucker

Den Saft mit Zucker mischen, bis zur Geleeprobe kochen, heiß in Gläser füllen und zubinden.

37. Rosenkonfitüre

1/4 kg Rosenblätter · 1 kg Zucker · Saft einer Zitrone

Nur die roten Blätter der dunkelroten Rose werden in Streifen geschnitten, mit 1/4 kg Zucker vermischt, fest geknetet und 2 Tage stehen gelassen. 3/4 kg Zucker mit 1/4 l Wasser sirupartig kochen, die Rosenblätter hineingeben und darin bis zum Weichwerden kochen. Im kalten Zustand in Gläser füllen, Zitronensaft darüber träufeln, zubinden.

38. Grüne Nüsse

500 g Nüsse · 500 g Zucker · 1/8 l Wasser

Ende Juli — wenn die innere Schale der Nüsse noch weich ist — nimmt man diese ab, legt sie in reichlich kaltes Wasser und durchsticht sie unter Wasser öfters mit einer langen Nadel. Die Nüsse bleiben 10 Tage im Wasser liegen, dieses täglich ein- bis zweimal wechseln. Dann übergießt man die Nüsse mit kochendem Wasser und läßt sie auf einem Sieb abtropfen. Während dieser Zeit kocht man Wasser mit Zucker dicklich, gibt dann die Nüsse hinein und kocht sie darin, bis sie weich und schwarz sind. Sie werden mit einem Löffel herausgenommen, in Gläser gelegt, der Saft noch dicker eingekocht und dann lauwarm darübergegossen. Nach dem Erkalten zubinden. Die Früchte werden noch besser, wenn man sie 1—2 Jahre stehen läßt. Die auf diese Weise eingemachten Nüsse sind als Trüffelersatz sehr gut geeignet.

39. Nüsse in Branntwein

Wie vorstehend eingemachte grüne Walnüsse kochen. Nach einigen Tagen den Saft abgießen, nochmals aufkochen, abgekühlt mit der halben Menge Branntwein mischen. Über die Früchte geben. Zubinden und kühl aufbewahren.

Haltbarmachen von Obst, Gemüse und Fleisch

40. Grüne Nüsse in Essig und Zucker

50 grüne Nüsse · ³/₈ l Essig · ¹/₈ l Wasser · 1 kg Zucker · Zimtrinde · Schale einer Zitrone · 50 Nelken

Ende Juni oder Anfang Juli geerntete Nüsse, die noch weich sind und sich mit einer Nadel durchstechen lassen, nach und nach in kochendes Wasser geben, 5 Minuten darin kochen, anschließend auf ein Sieb geben und abtropfen lassen. Zucker mit Essig, Wasser, Zimtrinde und Zitronenschale dicklich kochen. Die Nüsse mit je einer Gewürznelke spicken, in einen Steintopf legen und mit dem warmen Sud übergießen. Nach 2 Tagen die Nüsse im Sud weich kochen, in Gläser füllen, zubinden, kühl aufbewahren. Nach einem Jahr schmecken die Nüsse am besten.

41. Trocknen von Obst

In Gutshaushalten trocknet man verschiedentlich noch Zwetschgen, Birnen und Apfelringe. Es geschieht in großen Backöfen, die Temperatur darin darf nicht höher wie 35° sein.
Im Privathaushalt wird Obst kaum getrocknet, außer vielleicht Heidelbeeren für Diät. Man legt sie dazu auf das Blech und trocknet sie im offenen Rohr, das nur ganz schwach erwärmt sein darf. Aufbewahrung in geschlossenen Blechdosen.

42. Tiefgefrieren von Obst

Wenn man einen Tiefkühlschrank oder eine Heimgefriertruhe hat, kann man in diese im beschränkten Umfang Obst einlegen. Es kommt dafür nur Beeren- und Steinobst in Frage. Das hochwertige trockene Obst wird mit Zucker gemischt, in gewachste Schachteln oder Becher gefüllt, mit Klebeband verschlossen und eingefroren.

EINMACHARTEN FÜR GEMÜSE, PILZE, FLEISCH

1. Sterilisieren
2. Einlegen in Essig
3. Einsalzen
4. Trocknen
5. Tiefgefrieren
6. Spezialrezepte

43. Gemüsesäfte

Liebhaber von Gemüsesäften können Tomaten, Gurken, gelbe Rüben, rote Rüben, Sellerie, Zwiebeln, Spargelabschnitte dampfentsaften, kochendheiß randvoll in Flaschen füllen und sofort mit einer Gummikappe verschließen.

44. Tomatenpüree

Die Tomaten in Stücke schneiden, im eigenen Saft weich kochen, würzen, durchstreichen, in Weckgläser oder Weckflaschen füllen, verschließen, 20 Minuten bei 90° sterilisieren. — Im Privathaushalt verwertet man die Tomaten des Gartens, die man im Augenblick nicht braucht, am besten auf diese Weise.

45. Grüne Bohnen und Wachsbohnen

Die abgezogenen Bohnen in Salzwasser einmal aufkochen, auf einem Sieb abtropfen lassen. Bis 1 cm unter den Rand in Gläser oder Dosen füllen, 1 Teelöffel Salz und frisches Wasser darauf geben. Gläser mit Gummiring, Deckel und Klammer verschließen. Dosen mit einer speziellen Dosenverschlußmaschine. Gläser und Dosen 1 Stunde im Wasserbad kochen, am nächsten Tag nochmals 1 Stunde kochen.

46. Pilze

Feste Pilze einer Sorte oder gemischte Pilze in Salzwasser 5 Minuten kochen, auf einem Sieb abtropfen lassen. In Gläser oder Büchsen füllen, mit frischem Salzwasser auffüllen, verschließen. Eine Stunde kochen, am nächsten Tag nochmals 1 Stunde kochen.

47. Fleisch

Gekochtes oder gebratenes Fleisch oder Geflügel möglichst ohne Knochen in Gläser oder Dosen füllen. Mit Brühe oder Bratensaft auffüllen, verschließen, 1 Stunde kochen, am nächsten Tag nochmals 1 Stunde kochen.

48. Trocknen von Kräutern und Pilzen

Gewürzkräuter und heimische Teeblätter sowie Heilkräuter und Samen werden in manchen Haushalten gerne selbst getrocknet. Dies muß an einem luftigen, schattigen Ort geschehen. Die Aufbewahrung erfolgt in dichtschließenden Blechbüchsen.

Dünnblättrig geschnittene Steinpilze und Pfifferlinge werden auf dieselbe Weise getrocknet und aufbewahrt.

49. Tiefgefrieren von Gemüse

Kleine Mengen von Gemüsen kann man im Privathaushalt in der Tiefkühltruhe einfrieren. Geeignet dafür sind grüne Bohnen und Wachsbohnen, Karotten und Spinat. Das sorgfältig gereinigte Gemüse einwandfreier Qualität einmal im Salzwasser aufkochen, auf einem Sieb abtropfen lassen, in gewachste Schachteln füllen, mit Klebeband verschließen, einfrieren.

Über das Tiefgefrieren von Fleisch bitte im Abschnitt „Einfrieren im Haushalt" nachlesen.

50. Schneller Gurkentopf

1¹/₂ l Wasser · 300 g Zucker · 1¹/₂ l Weinessig · 2 Eßlöffel Salz · 2¹/₂ kg Salatgurken · ³/₄ kg Perlzwiebeln · 1 Stange Meerrettich · 2 Bund Dillkraut
1 Eßlöffel Pfefferkörner · 1 Eßlöffel Senfkörner · Pfefferschoten · 1 Päckchen Gurkendoktor

Wasser mit Zucker, Essig und Salz aufkochen. Die geschälten Gurken in 4 cm dicke Scheiben schneiden, in dem Essigsud einmal aufkochen, auf einen Durchschlag gießen und abtropfen lassen. Den Essigsud mit Pfefferkörnern offen etwas einkochen lassen. Die Gurkenstücke mit den gehäuteten Zwiebeln, Meerrettichwürfeln, Dillkraut, Senfkörnern und Pfefferschoten in einen Steintopf oder Zubindeglas einschichten, das Essigwasser lauwarm darüber gießen. Die Gurken sind nach einem Tag genießbar. Will man sie längere Zeit aufbewahren, gießt man den Essigsud nach 2 Tagen ab, kocht ihn auf, gibt den Gurkendoktor zu, gießt lauwarm über die eingeschichteten Gurkenstücke und bindet zu.

51. Gewürzgurken, süßsauer

50 Stück kleine, tadellose Gurken · Salz · ¹/₂ l Weinessig · ¹/₂ l Wasser
1 Eßlöffel Salz · 200 g Zucker · 1 Büschel Dill · ¹/₂ Stange Meerrettich
4 Teelöffel Pfefferkörner · ¹/₂ Päckchen Gurkendoktor

Die gewaschenen, gebürsteten Gurken salzen, einige Stunden liegenlassen, dann abtropfen. Nun die Gurken abwechselnd mit den Gewürzen fest in Steintöpfe packen. Essig, Wasser, Salz und Zucker aufkochen, erkaltet über die Gurken gießen. Mit einem Brett und Stein beschweren, kühlstellen. Nach 8 Tagen die Lösung von den Gurken abgießen, aufkochen, mit Gurkendoktor mischen, erkaltet über die Gurken geben, zubinden und kühl aufbewahren.

52. Senfgurken

3 kg Gurken · ¹/₄ kg Salz zum Einsalzen · 1 l Weinessig · ¹/₂ l Wasser
1 Eßlöffel Salz · 3 Eßlöffel Zucker · 4 Eßlöffel Senfkörner · 4 Eßlöffel Meerrettichwürfel · 4 Eßlöffel geschälte Schalotten · 1 Eßlöffel Pfefferkörner
4 Stengel Dill · 1 Päckchen Gurkendoktor

Große, dicke, reife Gurken schälen, entkernen, alles Weiche entfernen, in fingerlange Stücke schneiden, einsalzen, in einen Steintopf schichten, beschweren, einen Tag stehenlassen. Dann auf einem Sieb abtropfen. Essig, Wasser, Salz, Zucker und die Gewürze aufkochen, die Gurkenstücke mit den übrigen Zutaten in Gläser schichten, den erkalteten Sud daraufgießen, nach 8 Tagen den Sud abgießen, aufkochen, den Gurkendoktor unterrühren, abgekühlt über die Gurken gießen, verschließen.

53. Salzgurken

20 Stück Gurken · kaltes Wasser · 125 g kleine Zwiebeln · Pfefferkörner
Lorbeerblätter · Meerrettichwürfel · Dill · Weinblätter oder Kirschblätter
Lösung: 5 l Wasser · 250 g Salz

Die Gurken bürsten und 24 Stunden in kaltes Wasser legen. Dann mit den Gewürzen und Wein- oder Kirschblättern in einen Steintopf einlegen. Wasser mit Salz aufkochen und die vollständig erkaltete Lösung über die Gurken gießen. Dann legt man ein Brettchen oder einen Teller über die Gurken, beschwert mit einem Stein und läßt die Gurken 8—14 Tage in der Wärme stehen. Will man sie länger aufbewahren, gießt man jetzt die Flüssigkeit ab, kocht sie auf, mischt sie mit einem Päckchen Gurkendoktor und gießt wieder darüber.

54. Zuckergurken

1 kg geschälte, entkernte Gurken · Essigwasser · $^1/_2$ kg Zucker · $^1/_4$ l Essig
$^1/_8$ l Wasser · Dill

Die geschälten, entkernten, in Spalten geschnittenen Gurken in kochendes Essigwasser geben, einmal aufkochen lassen, auf ein Sieb geben, kalt abspülen und gut abtropfen lassen. Zucker mit Essig, Wasser und einem Büschel Dill solange kochen, bis die Lösung dicklich wird, dann die Gurkenstücke hineingeben und nach und nach darin glasig kochen. Dann in Gläser geben und mit dem dickeingekochten Saft übergießen. In jedes Glas etwas von dem Dillkraut geben. — Zuckergurken sind eine sehr gute Beilage zu Fleisch und Aufschnitt.

55. Gurken in Sauerteig

60 Stück glatte, mittelfeste, große Gurken · 1 gehäufte Handvoll Sauerteig
1 Handvoll Salz · Dill · Weinblätter und Weichselblätter

Die sorgfältig gewaschenen Gurken der Länge nach einige Male leicht einschneiden. Dann mit den gewaschenen Kräutern und Blättern in einen Steintopf schichten. Den Sauerteig mit reichlich Wasser vollständig auflösen, das Salz unterrühren, und diese Flüssigkeit über die Gurken gießen, so daß diese davon vollständig bedeckt sind. Obenauf kommt ein reiner Holzdeckel, der mit einem sauber gewaschenen Stein beschwert wird. Man läßt den Topf 4—5 Tage in der Wärme stehen. Dann ist die Gärung beendet, und die Gurken sind genußfähig. Jetzt stellt man den Topf kühl, die Gurken halten sich 3 Wochen.

56. Paprikaschoten, eingemacht

$2^1/_2$ kg grüne, gelbe oder rote Paprikaschoten · $^3/_4$ l Essig · $^3/_4$ l Wasser
2 Eßlöffel Salz · 4 Eßlöffel Zucker · $^1/_2$ Päckchen Gurkendoktor

Die Paprikaschoten halbieren, von Stiel und Samen befreien. Essig mit Wasser, Salz und Zucker aufkochen. Die Paprikaschoten portionsweise 10 Minuten darin kochen. Mit einem Sieblöffel herausnehmen und in Gläser füllen. Den Sud etwas einkochen lassen, mit Gurkendoktor mischen, über die Paprika gießen und die Gläser verschließen.

57. Paprikakraut

Die gereinigten Paprikahälften in 1 cm breite Streifen schneiden, wie vorstehend einmachen.

58. Mixed Pickles

4 Paprikaschoten · 1/2 kg kleine Zwiebeln (Schalotten) · 250 g gelbe Rüben 250 g grüne Bohnen · 1 kleiner Blumenkohl · 1/2 l Weinessig · 1/2 l Wasser 250 g Zucker · 1 Eßlöffel Salz · 1 Teelöffel gemahlener weißer Pfeffer 1/2 Päckchen Gurkendoktor

In breite Streifen geschnittene Paprikaschoten, geschälte Schalotten, gelbe Rüben in Würfeln und Blumenkohlröschen in Salzwasser weich kochen. Essig mit Wasser, Zucker und den Gewürzen aufkochen. Die Gemüse 10 Minuten leise darin kochen lassen, mit einem Sieblöffel herausnehmen, in Gläser füllen. Den Sud etwas einkochen lassen, über die Gemüse gießen. Nach 3 Tagen den Sud abgießen, aufkochen, mit Gurkendoktor mischen. Abgekühlt über die Gemüse gießen, verschließen.

59. Schaschliksauce

8 Paprikaschoten, rot · 8 Paprikaschoten, grün · 1 kg Zwiebeln · 1/2 l Essig 500 g Zucker · 2 Eßlöffel Tomatenmark · 4 Eßlöffel Rosenpaprika · 2 Eßlöffel Salz · 1 Eßlöffel Curry · 1 Teelöffel gemahlener Pfeffer

Die halbierten entkernten Paprikaschoten klein schneiden, die geschnittenen Zwiebeln und Essig zugeben, weich kochen, passieren. Dann Zucker und alle Gewürze beifügen, langsam zu einer dicklichen Sauce kochen. Heiß in Gläser füllen.

60. Tomaten-Ketchup

2 kg reife Tomaten · 4 Zwiebeln · 2 Eßlöffel Salz · 8 Eßlöffel Zucker · 1/4 l Weinessig · 1 Stückchen Zimtrinde · 1 Teelöffel Gewürznelken · 1 Teelöffel Selleriesamen · 1/2 Päckchen Gurkendoktor

Die kleingeschnittenen Tomaten und Zwiebeln mit allen Zutaten mischen, 1 Stunde auf kleiner Flamme zu dicklicher Sauce kochen, passieren. Nach Geschmack mit etwas Zucker nachwürzen, Gurkendoktor einrühren, in Gläschen oder Flaschen füllen und verschließen.

61. Chutney

1 kg Äpfel · 250 g Sultaninen · 500 g Zwiebeln · 750 g Farinzucker · ½ l Essig · 1 gestrichener Eßlöffel Salz · 1 gestrichener Eßlöffel Curry · 1 Teelöffel Pfeffer · 1 frische Mangofrucht oder 1 Glas eingemachte Mango

In feine Scheiben geschnittene gute Äpfel mit Sultaninen, gehackten Zwiebeln, braunem Zucker, Essig, Gewürzen und der geschnittenen frischen oder eingemachten Mango 1 Stunde bei schwacher Hitze kochen. Heiß in saubere, trockene Gläschen füllen. Nach dem Erkalten verschließen. Chutney ist eine pikante Würzsauce, die besonders zu Reisgerichten schmeckt.

62. Sauerkraut, selbst eingemacht

50 kg Weißkraut · ½ kg Salz · Wacholderbeeren

Zum Einmachen von Sauerkraut verwendet man kleine Fäßchen aus Buchen- oder Eichenholz oder Steintöpfe. Diese Gefäße muß man gleich nach der Entleerung im Frühjahr gründlich ausbürsten und kalt schwenken. Dann gibt man noch eine Handvoll Wacholderbeeren in das Faß und gießt kochendes Wasser hinein und läßt es einige Zeit darin, dann wird das Faß ausgegossen, an der Luft getrocknet und umgestürzt aufbewahrt. Vor Gebrauch wird es gewässert und wieder mit Wacholderbeeren ausgebrüht oder ausgeschwefelt.

Möglichst frische, feste, weiße Krautköpfe von den äußeren Blättern befreien, die Strünke entfernen und die Köpfe im ganzen, halbiert oder geviertelt fein aufhobeln. Auf den Boden des Einmachgefäßes legt man schöne, saubere Krautblätter, darauf etwas Kraut, streut Salz darüber und drückt es mit einem hölzernen Stößel recht fest ein, bis es Wasser zieht. Darauf gibt man wieder Kraut und etwas Salz, stößt wieder ein und fährt so fort, bis alles aufgebraucht ist. Nach Belieben Wacholderbeeren, Kümmel oder Apfelschnitze mit dazwischen streuen. Die ersten Lagen Kraut dürfen nicht viel gesalzen werden, da sonst das letzte Kraut bei Gebrauch zu scharf würde. Oben auf das Kraut kommen wieder einige ganze Krautblätter, darüber ein gebrühtes Leinentuch, darauf der Holzdeckel und ein schwerer Stein. Steht nach 2–3 Tagen der Krautsaft nicht über dem Deckel, so muß man entsprechend viel abgekochtes, erkaltetes Wasser zugießen. Das Kraut an einem nicht zu kühlen Ort stehen lassen, bis nach 2–3 Wochen die Gärung vorbei ist. Dann schöpft man die trübe Flüssigkeit ab, entfernt die Krautblätter, wenn nötig etwas abgekochtes, kaltes Wasser zugießen und das Kraut mit dem sauber gereinigten Tuch, Brettchen und Stein überdecken.

Bei Entnahme das Gemüse immer ganz gleichmäßig abnehmen, so daß die Oberfläche immer glatt ist und keine Löcher entstehen. Wöchentlich muß das Kraut gereinigt werden. Dazu Stein, Brett und Tuch entfernen, die Wände des Gefäßes reinigen, wenn nötig abgekochtes, kaltes Wasser nachgießen. Tuch, Brett und Stein sauber waschen und das Gemüse wieder damit überdecken. Das Gefäß muß an einem kühlen Ort stehen, da der Inhalt sonst gärt und zu sauer würde.

63. Sauerkraut für baldigen Gebrauch

Möchte man eine kleine Menge Frühkraut schnell reif und genußfähig machen, so legt man frische, grüne Weinblätter und einen ungeschälten Birkenzweig ohne Blätter mit in das Kraut.

64. Weinkraut

50 kg Kraut · ¹/₂ kg Salz · 1 l Weißwein

Die Zubereitung ist dieselbe wie beim Sauerkraut, nur gießt man nach der Gärung an das gereinigte Kraut etwas leichten Weißwein.

65. Rübenkraut

50 kg weiße Rüben · ¹/₂ kg Salz · nach Belieben Kümmel

Die gewaschenen, geschälten Rüben auf dem Rübenhobel aufhobeln und mit Salz, nach Belieben auch Kümmel, wie Sauerkraut einmachen.

66. Grüne Bohnen

Bohnen abziehen, Feuerbohnen noch durch die Schnitzelmaschine drehen, in Salzwasser kernig weich kochen, auf einem Durchschlag abtropfen lassen. Mit Dillkraut, Bohnenkraut und Lorbeerblättern in Gläser oder Steintöpfe füllen. Weinessig und Wasser zu gleichen Teilen mischen, aufkochen, mit Salz und Zucker würzen, Gurkendoktor einrühren, lauwarm über die Bohnen gießen. Abgekühlt verschließen. Ein Päckchen Gurkendoktor reicht für 4 l Aufgußflüssigkeit.

67. Süßer Senf

125 g grünes Senfmehl · 125 g gelbes Senfmehl · 250 g Farinzucker · 1 l Weinessig

Das Senfmehl in eine Schüssel geben. Zucker mit Essig aufkochen, langsam in das Senfmehl einrühren, in einen Steintopf oder Glas füllen und zubinden.

68. Scharfer Senf

100 g grünes Senfmehl · 200 g gelbes Senfmehl · 100 g Farinzucker · 100 g Sardellen · ¹/₂ l Weinessig

Das Senfmehl in eine Schüssel geben. Feinstgehackte Sardellen mit Zucker und Weinessig aufkochen, langsam in das Senfmehl einrühren. In einen Steintopf oder in ein Glas füllen, zubinden.

69. Weinessig

250 g Sultaninen • ½ l Weinessig • 100 g Zucker • 1½ l leichten Weißwein

Sultaninen mit Weinessig und Zucker aufkochen, in eine weithalsige Flasche füllen, mit einem Mulläppchen zubinden, 3 Wochen an einen mäßig warmen Ort stellen. Den Weißwein zugießen, noch 3 Wochen mit einem Mulläppchen verschlossen stehen lassen, dann in Flaschen abfüllen.

70. Kräuteressig

1 l Weinessig • Kräuter nach Belieben, z. B. Kerbelkraut, Estragon, Pimpernelle, Bohnenkraut, Tymian, Dill, Basilikum • gehackte Zwiebeln • gehackter Knoblauch • Pfefferkörner • getrocknete Pfefferschoten

In gekauften Weinessig Kräuter der einen oder anderen Sorte geben oder auch nach Geschmack gemischt. Den Essig 3 Wochen verkorkt an die Sonne stellen, dann filtrieren. Kräuteressig ist sehr aromatisch, eignet sich besonders zum Würzen von kalten und warmen Saucen und zum Beizen von Wild- und Hammelfleisch.

71. Estragonessig

Der bekannteste Gewürzessig, die Estragonblättchen eignen sich gut zum Garnieren.

72. Obstessig

1 kg Johannisbeeren oder Himbeeren • 1 l Weinessig • ¾ kg Zucker

Die abgerebelten, zerdrückten Johannisbeeren oder zerdrückten Himbeeren mit Weinessig übergießen, zugedeckt 8 Tage stehen lassen. Dann den Saft durch ein Tuch ablaufen lassen, Zucker zugeben, solange kochen, bis es nicht mehr schäumt. Erkaltet in Flaschen füllen und verschließen.

73. Walnußessig

50 g grüne Walnüsse, feingeschnitten • 3 l Weinessig • 100 g Schalotten 1 Knoblauchzehe • 20 g Pfefferkörner • 1 Stückchen Ingwer • 5 Nelken • 30 g Salz

Alle Zutaten in einen Steintopf oder Porzellangefäß geben, gut zugedeckt 3 Wochen an die Sonne oder einen warmen Ort stellen, täglich mit einem Holzlöffel umrühren, dann die Flüssigkeit durch ein Sieb gießen, 30 Minuten kochen lassen, abschäumen. Nach dem Erkalten in kleine Flaschen füllen und gut verkorken. Zum Abschmecken von Ragouts und dunklen Saucen besonders geeignet.

74. Fett auslassen

Butter auslassen zu Butterschmalz

Durch langsames Auskochen kann die Butter von den verschiedenen Bestandteilen, die das Ranzig- und Schlechtwerden hervorrufen, befreit werden. Man gibt dazu die Butter in einen starken Topf, läßt sie langsam an der Herdseite schmelzen und dann langsam kochen. Da die Butter beim Auslassen manchmal stark steigt, darf man den Topf nur halbvoll mit Butter machen. Während des Kochens öfter umrühren, damit sich das in der Butter enthaltene gerinnende Eiweiß nicht zu früh am Topfboden festsetzt und zu stark bräunt. Wenn die Butter steigt, häufig umrühren, wenn nötig, den Topf etwas vom Feuer zurückziehen. Die Butter solange kochen lassen, bis es nicht mehr spritzt, das Wasser vollständig verdampft ist. Wenn es soweit ist, sieht man durch das vollständig klare Fett den Topfboden, auf dem sich ein hellbrauner Satz gebildet hat. Hat man einen hellen Topf gewählt, so kann man die Farbe des Satzes besonders gut kontrollieren. An der Oberfläche des Fettes hat sich ebenfalls Ausgekochtes abgesetzt. Nun gießt man das erhaltene reine Butterschmalz durch ein Sieb in einen vorgewärmten Steintopf. Während des Erkaltens rührt man öfter durch, da dann das Schmalz feiner gerinnt, ausgiebiger und haltbarer wird. Das erstarrte Butterschmalz zubinden, trocken, kühl und dunkel aufbewahren. Den Bodensatz und das Ausgekochte (Saures, Sieder) bald für Kartoffelspeisen verwenden. Hat man größere Mengen Butterschmalz auszukochen, so geht es rascher, wenn man die Butter am ersten Tag nur schmelzen läßt, am nächsten macht man in die erstarrte Fettschicht ein Loch und läßt dadurch die ausgeschiedene Buttermilch abfließen. — Aus 1 kg Butter erhält man ungefähr 750—800 g Butterschmalz.

Schweinefett auslassen

Das Rückenfett (frischer Speck) und Nierenfett häuten, in kleine Würfel schneiden oder durch die Maschine drehen, dann in einen starken Topf geben und bei anfänglich schwacher Hitze unter häufigem Umrühren auslassen, bis die Grieben hellgelb sind und das Fett klar ist. Dann nimmt man den Topf vom Feuer und gießt das etwas abgekühlte Fett durch ein Sieb in den vorgewärmten Fettopf. Während des Erkaltens öfters durchrühren, nach dem vollständigen Erkalten zubinden, trocken, kühl und dunkel aufbewahren. Das Darmfett einige Stunden in kaltes Wasser legen, dieses öfters erneuern. Dann das Fett in kleine Würfel schneiden oder durch die Maschine drehen und auslassen.

Schweinefett auslassen für Brotaufstrich

Kleinwürfelig geschnittenes oder durchgedrehtes Rückenfett (frischer Speck) zusammen mit einer ganzen geschälten Zwiebel, einem säuerlichen Apfel und etwas Majoran, Salz und Pfeffer auslassen. Das Fett durch ein Sieb gießen, während des Erkaltens häufig umrühren.

Grieben

Die beim Auslassen zurückbleibenden Grieben ausgepreßt mit Salz bestreut zu Brot geben. Oder zu gerösteten Kartoffeln, Hülsenfruchtsuppen, Sauerkraut, Griebengebäck mitverwenden.

Rinderfett auslassen

1 kg Rinderfett · ⅛ l gewässerte Milch · 1 Zwiebel

Das Rinder- oder Hammelfett häuten, durch die Maschine drehen und mit gewässerter Milch und einer ganzen Zwiebel zugedeckt langsam kochen, bis die Grieben glasig werden, dann offen bei stärkerer Hitze unter häufigem Umrühren kochen, bis das Fett still ist, alles Wasser verdampft ist und die Grieben hellgelb sind. Das überkühlte Fett in einen vorgewärmten Topf gießen, zubinden, trocken, kühl und dunkel aufbewahren. Das ausgelassene gekaufte Rinderfett ist stearinfrei. Rinderfett hat einen hohen Schmelzpunkt, ist daher allein verwendet nicht bekömmlich.

Geflügelfett auslassen

Das Fett von Gänsen, Enten, Truthähnen und Hühnern in Würfel schneiden (Darmfett vorher wässern) und wie Schweinefett auslassen. Geflügelfett immer schneiden und nie durch die Maschine drehen, da es zu weich ist. Das ausgelassene Geflügelfett ist dunkler als Schweinefett, besonders gut schmeckt es, wenn man das Abschöpffett vom Geflügelbraten mit ausläßt. Geflügelfett verwendet man als Brotaufstrich, zu Kartoffelgerichten und an Kohl- und Krautgemüse.

Ausbackfett reinigen

Durch öfteres Ausbacken dunkel gewordenes Fett kann man wieder reinigen. Man gibt zu dem Fett 2 Teile Wasser und läßt es 15 Minuten kochen. Nach dem Erstarren nimmt man die Fettschicht ab und schabt die Unterseite ab. Dieses Fett kocht man nun ohne Wasserzugabe auf schwacher Flamme solange, bis es ganz still ist und nicht mehr spritzt. Durch Zugabe einer Zwiebel oder einer Brotrinde kann man den Geschmack verbessern.

75. Einlegen von Eiern

Für kürzere Zeit bewahrt man die Eier kühl in Eierständern oder entsprechenden Packungen auf und dreht die Eier öfter um. Man erreicht dadurch, daß sich der Dotter freischwebend im Ei hält, nicht an einer Seite anlegt und dadurch leichter verdirbt. Um Eier 6 Monate frisch halten zu können, muß man sie in Flüssigkeiten einlegen, die die Poren der Eischale verschließen und dadurch das Verderben verhindern. Zum Einlegen eignen sich nur vollständig frische Eier; sie werden durchleuchtet, wenn erforderlich gewaschen. Zum Einlegen nimmt man einen Steintopf oder Eimer. Man legt am besten an dem frostfreien Ort, wo der Eiertopf später stehen soll, die Eier in den Topf hinein, womöglich mit der Spitze nach unten. Die Eier nur bis 5 cm unter dem Rand einschlichten. Die vorbereitete Lösung darüber gießen, sie muß 3 cm hoch über den Eiern stehen.

Einlegen in Wasserglas

1 l Wasserglas · 9 l Wasser

Das Wasserglas mit kaltem Wasser sehr gut verrühren und über die eingeschichteten Eier gießen. Die Menge reicht zum Einlegen von 200 Eiern.

Einlegen in Kalkmilch

1 kg gelöschter Kalk · 9 l Wasser

Den gelöschten Kalk langsam mit kaltem Wasser anrühren, einige Zeit stehen lassen, öfters umrühren, dann durch ein Sieb über die eingeschichteten Eier gießen.

Einlegen in Eierkonservierungsmitteln

Die Eier genau nach der auf jedem Päckchen angegebenen Gebrauchsanweisung einlegen.

Tiefgefrieren, Tiefkühlkost
Einfrieren im Haushalt

TIEFGEFRIEREN – TIEFKÜHLKOST

Das Verfahren, Nahrungsmittel mit tiefen Temperaturen schnell zu gefrieren und sie dadurch unter Erhalten der Wertstoffe des Erntezeitpunktes haltbar zu machen, nimmt immer größeren Umfang an.

Das Tiefgefrieren von Nahrungsmitteln und die Herstellung von Tiefkühlkost wird in hervorragender, werterhaltender Art von den großen einschlägigen Fabriken zum küchenfertigen Produkt durchgeführt und der Hausfrau zeitraubende Vorarbeit abgenommen.

Der Einkauf tiefgekühlter Nahrungsmittel und tiefgekühlter Fertiggerichte ist für viele Haushalte schon zur Selbstverständlichkeit geworden. Vor der Verwendung liest man jeweils die auf der Packung angegebenen Anweisungen.

EINFRIEREN IM HAUSHALT

Sehr viele Haushalte sind dazu übergegangen, neben dem Kühlschrank mit Tiefkühlfach einen gesonderten Tiefkühlschrank (Tiefkühltruhe) zu verwenden. Dieser Tiefkühlschrank (Tiefkühltruhe) dient hauptsächlich der Vorratshaltung von gekauften Tiefkühlprodukten.

In beschränktem Umfang kann er zum Eigeneinfrieren noch verwendet werden, z. B. kleine Mengen aus dem Garten oder der Hausschlachtung. Auch günstig gekaufte größere Fleischportionen, in die für eine Mahlzeit benötigten Stücke geteilt, können so eingefroren und sinnvoll auf längere Zeit verteilt werden. Dies gilt auch für Jäger und Fischer in der Familie, deren Jagd- bzw. Fangergebnisse sich nach dem Bedarf verteilen lassen.

Soll laufend selbst eingefroren werden und handelt es sich um größere Mengen, ist unbedingt die Anschaffung einer Heimgefriertruhe oder die Benutzung eines Faches in einer Gemeinschaftskühlanlage anzuraten.

Sehr praktisch ist es auch, gelegentlich ein Essen nicht nur für eine Mahlzeit zuzubereiten, sondern gleich für 2 oder 3 Mahlzeiten, z. B. Gulasch, Schmorbraten, Rehbraten usw. Fleisch und Sauce gibt man mitsammen in die Packung. Gedünstetes Gemüse, gekochten Reis, Knödel, Spätzle, Kuchen, Torten, Weiß- und Schwarzbrot kann man in die Tiefkühltruhe geben.

Für größere Feste oder Einladungen kann man den größten Teil der Gerichte schon vorher zubereiten, so daß am Festtag selbst nur verhältnismäßig wenig Arbeit bleibt. Der Geschmack ist nach dem Auftauen wie vorher.

Niemals darf man in die Tiefkühltruhe noch warme Sachen geben. Wenn möglich sind sie im Tiefkühlfach des Kühlschranks vorzukühlen.

Als Verpackungsmaterial verwendet man Aluminium-Folie, extra stark, Zellophan und Polyäthylen. Man bekommt dieses Verpackungsmaterial von der Rolle, als Beutel und Schlauch. Zum Verschließen nimmt man Klebestreifen, Gummiringe oder Planoklip. Zum Verpacken von breiigen, saftreichen und flüssigen Speisen nimmt man gewachste Kartons und Becher (nicht warm auftauen!), Plastikgefäße mit Deckel, Aluminiumdosen.

Beim Verpacken legt man das Verpackungsmaterial möglichst dicht an das Lebensmittel an, streift noch vorhandene Luft aus und verschließt möglichst luftdicht mit Gummiringen oder Klebestreifen.

Gefäße füllt man möglichst randvoll. Verschließt mit Deckel und Klebestreifen. Inhalt und Einlagerungsdatum gibt man an.

Im bäuerlichen Haushalt ist die entsprechend große Gefriertruhe oder das Fach in der Gemeinschaftskühlanlage nahezu bereits unentbehrlich. Nach dem Schlachten wird das von den Knochen gelöste Fleisch in bedarfsgroße Stücke geteilt — nie größer als 2 kg —, verpackt und eingefroren. Schlachtreifes Geflügel wird nicht länger als nötig gefüttert, sondern geschlachtet, vorbereitet und eingefroren.

Allgemein gilt: Lebensmittel sind nur dann zum Gefrieren geeignet, wenn sie durch den Gefriervorgang nicht oder nur wenig verändert werden. Lebensmittel, welche gekocht oder gebraten werden, eignen sich zum Einfrieren besser als solche, die roh gegessen werden, mit Ausnahme von Beerenfrüchten und Steinobst.

Einwandfreie Verpackung ist mit ausschlaggebend für verlustlose Aufbewahrung.

Die Lagerung im Tiefkühlschrank und Gefriertruhe sollte 2—3 Monate nicht übersteigen.

GEFRIERTROCKNUNG

(Vakuum-Frost-Herstellung)

Eine der modernsten Arten der Konservierung ist die Gefriertrocknung. Dabei werden die Nahrungsmittel und Genußmittel, wie Fleisch, Gemüse, Obst, Kaffee, Obstsäfte usw., erst tiefgefroren. In diesem Zustand wird den Nahrungsmitteln im Vakuum behutsam das Wasser entzogen. Die Nahrungsmittel verändern sich kaum in Form und Farbe, sind nur durch den Wasserentzug sehr leicht.

Bei dieser schonenden Konservierungsart bleiben viele Wertstoffe und das Aroma nahezu voll erhalten.

Bei der Verwendung nimmt das Nahrungsmittel das ihm entzogene Wasser wieder auf und wird wie ein frisches Nahrungsmittel zubereitet.

Diese Konservierungsart kann zur Zeit nur im industriellen Maßstab mehr oder weniger wirtschaftlich durchgeführt werden.

Die Aufbewahrung geschieht bei normaler Temperatur in Dosen, die evakuiert oder mit einem inerten Gas, Stickstoff, begast sind.

Besondere Bedeutung des geringen Gewichtes wegen bei der Wehrmacht- und Touristenverpflegung.

STRAHLUNGSKONSERVIERUNG

In der Entwicklung befindet sich die Sterilisierung von Lebensmitteln durch ionisierende Elektronen- oder Gammastrahlen. Der generellen, großtechnischen Anwendung der Strahlungskonservierung sind jedoch noch lebensmittelrechtliche und wirtschaftliche Grenzen gesetzt. Nur für einzelne Lebensmittel, deren Strahlungsveränderungen man genau kennt bzw. deren gesundheitliche Unbedenklichkeit feststeht, läßt man jetzt allmählich die Strahlenkonservierung großtechnisch zu. In den europäischen Staaten ist die Anwendung der Strahlenkonservierung noch grundsätzlich verboten.

Familie und Gäste

Überlegung, Sorgfalt und Liebe, wie bei der Zubereitung der Speisen, müssen auch beim Anrichten und Anbieten walten.

Ein aufgeräumter, gut gelüfteter Raum, der ordentlich gedeckte Tisch, die ohne Störung aufgetragene Mahlzeit, im Rahmen des Möglichen genügende Zeit und das Vermeiden von unerfreulichen Tischgesprächen gehören dazu. Nur dann können die verschiedenen Mahlzeiten ihre biologisch wichtige Aufgabe erfüllen und eine erholsame Zeitspanne im meist sehr anstrengenden Tagesablauf darstellen.

Im kleineren Rahmen übernimmt die Hausfrau bei Tisch die Arbeit des *Anbietens*, Abnehmen der Platten usw. *Im größeren Rahmen* geschieht dies durch Personal, in diesem Fall spricht man von *Servieren*. Wie für den privaten Kreis, für kleinere und größere Einladungen vorbereitet, angerichtet, gedeckt und durch die Hausfrau jene undefinierbare Atmosphäre geschaffen wird, die jedem Beisammensein innewohnt, ist sehr verschieden. Darüber hinaus aber gibt es bestimmte Grundkenntnisse, die man wissen und beherrschen muß und die für einen gut geführten Haushalt selbstverständlich sind. Im Familienleben und in der Geselligkeit sind sie ein Bestandteil unserer Kultur.

1. Tischdecken

Es gibt heute, geschaffen durch die modernen Möbel, Kunstoffe und Textilien sehr viele verschiedene Möglichkeiten immer wieder anders, praktisch und geschmackvoll zu decken.

2. Tisch

Der Speisetisch soll bequem, also weder zu hoch noch zu niedrig und vor allem so groß sein, daß alle Familienmitglieder oder Gäste gut Platz haben. Wackelt er, genügt oft das Unterkleben eines kleinen Korkplättchens unter das betreffende Tischbein. Ist die Tischplatte poliert, so legt man eine Unterlage aus Filz, Molton oder Flanell darauf, sie schont die Tischplatte und verhindert den Lärm beim Aufsetzen der Teller und Platten. Stühle müssen zur Höhe des Tisches passen. Welche Tischform man beim Einkauf wählt ist Geschmacksache. An ovalen oder runden Tischen kann man im Bedarfsfalle mehr Personen unterbringen.

3. Tischwäsche

Tischtücher sollen in Form und Größe zu den Tischen passen. Sie müssen einwandfrei rein und gut gebügelt sein. Servietten sollen aus dem gleichen Material und Muster wie die Tischtücher sein. Für den täglichen Gebrauch sind sie angenehmer und zu festlichen Anlässen passen sie besser als die für kleine Einladungen gebräuchlichen Papierservietten. Die rechte Seite des Tischtuches gehört nach oben. Der Mittelbug nach außen gepresst, verläuft genau in der Mitte des Tisches. Bei runden Tischen müssen die Tischtuchecken an den Tischbeinen herunterhängen. (Falls man keine runden Tischtücher verwendet.) Die Kanten sollen nicht über $1/3$ der Tischhöhe herabhängen. Reicht ein Tischtuch nicht aus, so ist ein zweites gleichgemustertes so über das erste zu legen, daß dieses ungefähr 20 cm überdeckt wird und die Bügelfalten genau ineinander laufen. — Zum Stil vieler moderner Wohnungen passen gut bunte Tischtücher. Dabei sehen einfarbige besser aus als karierte oder gemusterte. Bei niedrigen Tischen ist es schöner, wenn das Tischtuch nur die Tischfläche bedeckt. Die Form des Tisches kommt dadurch besser zur Geltung. Hat man einen Tisch mit einer unempfindlichen Platte, z. B. Resopal oder Glas, so kann man auf jeden Platz eine Strohmatte oder ein Leinendeckchen legen und darauf das Gedeck stellen. Die Farben können dafür auch dunkel gewählt werden, z. B. starkes Blau, Lila, kräftiges Rosa. Mit dieser Art von Sets kann man mit einfachen Mitteln viel Abwechslung in den Alltag bringen. Das Material dafür darf nicht zu leicht sein, sonst haften sie nicht genügend auf der Tischplatte und es sieht rasch unordentlich aus. Die Servietten wählt man passend dazu. Hat man viele Gäste, ist ein Tischtuch geeigneter.

4. Geschirr

Gutes Porzellan ist im Gebrauch dankbarer als solches aus Steingut. Markenware ermöglicht bei Bruch meist immer den Nachkauf von Einzelstücken. Porzellan wird heiß gespült, heiß nachgespült und getrocknet, anschließend poliert. Bei der Auswahl des Geschirrs bedenke man, daß es mit den Speisen harmonieren soll. Zu ausgeprägte oder laute Muster machen nur kurze Zeit Freude. Ausgefallene Formen und Farben sind für spezielle Feste, Parties und dgl. geeignet.

5. Glasgeschirr

Gutes Glas ist dünnwandig, wasserklar, fehlerlos und meist geschliffen. Preßglas ist dicker. Glas wird warm gewaschen, warm nachgespült und poliert.

Besteckformen

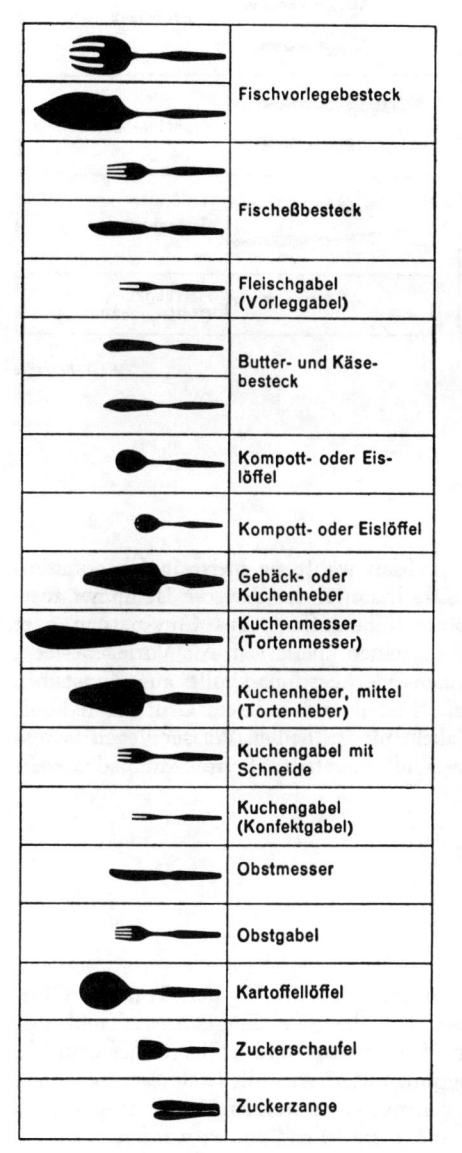

	Fischvorlegebesteck			Kinderbesteck
	Fischeßbesteck			Rahmlöffel (Sahnelöffel)
	Fleischgabel (Vorleggabel)			Tassenlöffel
	Butter- und Käsebesteck			Tomatenmesser
				Buttermesser
	Kompott- oder Eislöffel			Buttergabel
	Kompott- oder Eislöffel			Nußknacker
	Gebäck- oder Kuchenheber			Sardinengabel
	Kuchenmesser (Tortenmesser)			Spaghettizange
	Kuchenheber, mittel (Tortenheber)			Servierzange
	Kuchengabel mit Schneide			Eiszange
	Kuchengabel (Konfektgabel)			Schneckenzange
	Obstmesser			Vorleggabel
	Obstgabel			Vorleggabel
	Kartoffellöffel			Abstoßgabel
	Zuckerschaufel			Hummergabel
	Zuckerzange			Gebäckzange

●	Tafellöffel
●	Tafelgabel
●	Tafelmesser
●	Dessertlöffel
●	Dessertgabel
●	Dessertmesser
●	Kaffeelöffel
●	Kaffeelöffel (Teelöffel)
●	Mokkalöffel

●	Suppenschöpfer (Vorleger)
●	Gemüselöffel
●	Saucelöffel
●	Salatbesteck
●	Tranchierbesteck
●	Bratenbesteck
●	Fleischgabel, (Vorleggabel)

WMF-Bestecke

6. Besteck

Die Besteckformen sind verschieden. Man wählt sie meist in Übereinstimmung mit Geschirr, Gläsern usw. Das Material der Bestecke ist immer rostfrei. Ob man Bestecke mit 90%iger Silberauflage, aus Chròmargan oder rostfreiem Stahl wählt, bleibt dem Einzelnen überlassen. Als Vorlegebestecke entweder die zum Besteck passenden oder geschmackvolle aus Kunststoff, Keramik, Holz oder kombiniert aus Metall und anderem Griff. Besteckteile mit eingekitteten Messern oder Gabeln nie im heißen Wasser liegen lassen. Zur Aufbewahrung der Bestecke sind eingeteilte Besteckschubladen sehr übersichtlich und praktisch.

7. Silbergeschirr

Im allgemeinen findet es nur als Anrichtegeschirr für den Teetisch, Obst- und Gebäckschalen, Serviettenständer, Salz- und Zuckerstreuer und dgl. Verwendung. Es erfordert außer Heißwaschen und Polieren gelegentliche Reinigung mit einem guten Silberputzmittel. Anschließend muß es immer heiß gespült, eventuelle Verzierungen mit einer weichen Bürste ausgebürstet und mit warmen Wasser gespült und anschließend poliert werden.

8. Tischschmuck

Auf eine Übereinstimmung von Wohnung, Möbeln, Tischwäsche, Geschirr, Gläsern, Besteck und den zusätzlichen Dingen wie Schalen, Vasen usw. ist man schon beim Einrichten des Haushaltes bedacht. Ruhige, gediegene Formen sehen als Tischschmuck immer gut aus. Um den Tisch im Alltag und bei besonderen Gelegenheiten festlicher zu gestalten, stellt man Blumen auf. Diese ordnet man am besten in flache, niedere Schalen, auch Bänder und Ranken sind als Schmuck geeignet. Menükarten, Platzkarten, hübsch aber einfach gelegte Servietten schmücken ebenfalls. Ist der Tisch klein und würden die Blumen das Gegenüber verdecken oder sonst zuviel Platz beanspruchen stellt man sie besser auf einen Nebentisch, das Buffet, Kaminsims. Auch hier erfüllen sie ihren Zweck: einen festlichen Rahmen zu schaffen.

9. Benehmen bei Tisch

Pünktliches Erscheinen zur angegebenen Zeit, gepflegtes Aussehen. Beim Platznehmen wird der Stuhl mit der rechten Hand nach halbrechts zurückgeschoben und Platz genommen. Die Serviette legt man halb entfaltet auf die Knie. Die Mahlzeit beginnt die Hausfrau oder der Gastgeber. Beim Essen sitzt man gerade, Ellbogen nicht auf den Tisch gestützt, sondern leicht an den Körper angelegt, die Beine nicht gekreuzt. Der nicht zu volle Suppenlöffel wird mit der Spitze zum Mund geführt, den Rest der Suppe durch vorsichtiges Neigen des Suppentellers gegen die Tischmitte ausessen, die Suppentasse kann man evtl. austrinken. Das Messer hält man mit der rechten Hand am Griff, Zeigefinger nach oben. Man verwendet es nur bei Speisen, die man nicht mit der Gabel zerteilen kann. Die Gabel hält man in der linken Hand. Nur bei Speisen, welche ausschließlich mit der Gabel gegessen werden, hält man sie in der rechten Hand. Fische ißt man mit dem Fischbesteck, zwei Gabeln oder einer Gabel und einem Stückchen Brot. Das Messer wird nur zum Schneiden, niemals zum Essen benützt. Knödel und Kartoffeln werden niemals mit dem Messer geschnitten. Leicht zerteilbare Speisen, wie Rührei, Gemüsespeisen u. dgl. ißt man nur mit der Gabel. Beim Herausnehmen der Speisen auch an die anderen Gäste denken. Keine Speisenreste auf dem Teller liegen lassen. Knochen, Gräten, Obstkerne von Steinobst auf ein bereitgestelltes Tellerchen legen. Brotschnitten nicht schneiden, sondern brechen. Die Kaffee- oder Teetasse niemals mit dem darin befindlichen Löffel zum Munde führen. Der Löffel bleibt nach dem Auflösen des Zuckers u. dgl. auf dem Unterteller liegen. Möchte man noch nachserviert haben, so legt man Messer und Gabel gekreuzt auf den Teller. Hat man die Mahlzeit beendet, läßt man das Besteck mit dem Griff nach rechts auf dem Teller liegen. Das Tischgespräch wird von der Hausfrau oder dem Gastgeber geleitet. Aufgehoben wird die Tafel ebenfalls von der Hausfrau oder dem Gastgeber.

10. Das Decken des Tisches

Allgemeine Regeln

Personenzahl feststellen. — *Speisen- und Getränkefolge* festlegen.

Tisch aufstellen, wenn nötig unterlegen, evtl. ausziehen, belegen mit einer Flanell- oder Moltondecke. — *Auflegen des Tischtuches.*

Geschirr, Gläser und Bestecke einwandfrei *nachpolieren.*

Auflegen von Geschirr, Bestecken und Gläsern.

Aufstellen der Gedeckteller. Der Abstand zwischen den einzelnen Tellern soll 60—70 cm betragen. Über den Tischbeinen darf kein Gedeck liegen. Der Gedeckteller wird 2 cm vom Tischrand entfernt nach innen zu aufgestellt.

Das Messer wird senkrecht, rechts vom Tellerrand, die Schneide mit diesem abschneidend, gelegt. Wird ein zweites Messer aufgelegt, gehört es knapp daneben in gleiche Höhe. Fischmesser legt man anschließend rechts. Der Suppenlöffel liegt in gleicher Höhe rechts daneben mit dem Rücken nach unten.

Die Gabel liegt links vom Tellerrand mit diesem abschneidend, die Zinken nach oben. Liegt eine zweite Gabel auf, liegt diese links daneben etwas erhöht. Bei drei Gabeln liegt die mittlere erhöht.

Es werden selbstverständlich nur diejenigen Bestecke aufgelegt, die tatsächlich bei der jeweiligen Mahlzeit benötigt werden. Sie liegen in der Reihenfolge ihres Gebrauches von außen nach innen.

Für den Nachtisch wird meist nur eine Dessertgabel und Dessertlöffel aufgelegt. Oft genügt eine Kuchengabel, die mit dem oberen Tellerrand abschneidend, Griff nach rechts, Schneidezinke nach unten gelegt wird. Werden Dessertgabel und -löffel aufgelegt, so liegt die Gabel in Höhe des oberen Tellerrandes mit dem Griff nach links, und der Dessertlöffel knapp oberhalb mit dem Griff nach rechts. Das Dessertmesser wird nur zu Käse oder Kuchen mit harter Kruste aufgelegt. Es liegt dann waagrecht oberhalb des Tellerrandes, Schneide mit diesem abschneidend, Griff nach rechts. Darüber die Dessertgabel, mit Griff nach links und dann, wenn nötig, der Dessertlöffel mit Griff nach rechts.

Obst- und Spezialbestecke werden jeweils kurz vor Gebrauch aufgelegt.

Wird ein *Butter- oder Gebäckteller* aufgestellt, gehört er links vom Hauptteller, neben oder auf diesen legt man das Butter- oder Dessertmesser.

Der Salatteller steht etwas erhöht, links vom Hauptteller. Wird Salat zu einer Speise, die nur mit der Gabel gegessen wird, z. B. Rührei, gereicht, gehört der Salatteller rechts.

Wird an Stelle von Salat *Kompott* gereicht, z. B. zu Wildbraten, so stellt man den Kompotteller ebenfalls links etwas erhöht vom Hauptteller. Für Steinobstkompott stellt man unter den Glasteller einen Porzellanteller, auf welchen die Kerne gelegt werden.

Das Tischinventar (Salz- und Pfefferstreuer, Essig- und Ölkaraffe, Zuckerstreuer) so aufstellen, daß es von allen Gedecken leicht erreichbar ist. Bei Festtafeln stellt man es mehrfach auf. Es kann auch ganz weggelassen werden.

Das Wasserglas steht oberhalb der Messerspitze. Wird ein Bier- oder Weinglas dazugestellt, kommt dieses schräg, halbrechts nach unten zu stehen. Bei drei oder mehreren Gläsern kann man die Schräg- oder Kreuzstellung wählen. Die Gläser stehen hierbei in der Reihenfolge ihrer Verwendung von rechts nach links. Bier- oder Likörgläser stellt man meist erst bei Gebrauch auf.

Die Servietten liegen sauber, einfach gefaltet auf oder links neben dem Teller. Serviettenringe legt man mit dem Monogramm nach oben links neben das Gedeck. Serviettentaschen werden ebenfalls links gelegt.

Gebäck wird in ein Brotkörbchen oder in einer Brotschale, die mit einer kleinen Serviette ausgelegt wurden, gegeben; das Körbchen für alle Gäste leicht erreichbar auf den Tisch gestellt.

Einige hübsche *Blumen* in niederen Vasen vervollständigen den gedeckten Tisch.

Aschenbecher stellt man erst nach dem Dessert oder beim Mokka ein.

Das zum Anrichten nötige Geschirr, Platten, Schüsseln usw. stellt man rechtzeitig in der Küche bereit, evtl. warm. Genügend Vorlege- und Wechselbestecke, kleine Teller, einige Servietten hält man auf dem Anrichttisch bereit.

Das Speisezimmer muß gut gelüftet und angenehm temperiert sein. Helle Lampen geben der Abendtafel festliches Aussehen.

11. Serviettenfalten

Die Servietten sollen so wenig wie möglich berührt werden. Aus diesen hygienischen Gründen ist man von dem kunstvollen Falten der Servietten, das früher sehr gebräuchlich war, ziemlich abgekommen. Die einfach gelegte oder gefaltete Serviette wirkt allein durch ihr Material.

Einige einfache, hübsche Serviettenformen

1. *Viereck:* Nur für kleine Servietten oder Teeservietten möglich. Das Monogramm steht in der oberen oder unteren Ecke.
2. *Dreieck:* Das zu einem Quadrat gelegte Serviett schräg über Eck nochmals zusammenlegen.
3. *Rechteck:* Das zu einem Quadrat gelegte Serviett nochmals zusammenlegen, und zwar so, daß die untere Kante etwas vorsteht.
4. *Verschobenes Rechteck:* Die normal gefaltete Serviette auf die Spitze stellen, Monogramm nach oben, dann die rechte und linke Ecke leicht darunterbiegen, so daß man ein verschobenes Rechteck erhält.
5. *Dreiteilig:* Die in der Mitte geknickte Serviette durch zwei Falten dreiteilig zusammenlegen.

Familie und Gäste

1. Viereck und eingeschlagene Teeserviette   2. Dreieck   3. Rechteck

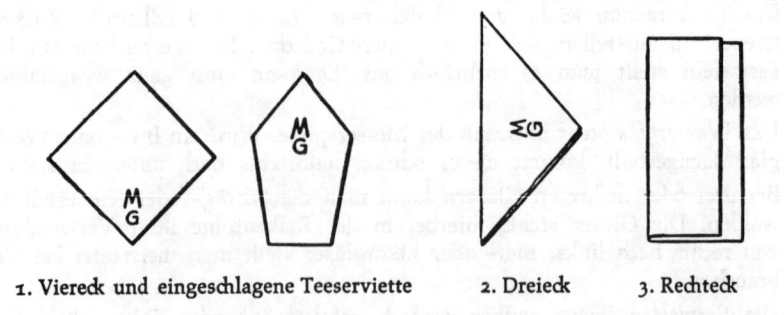

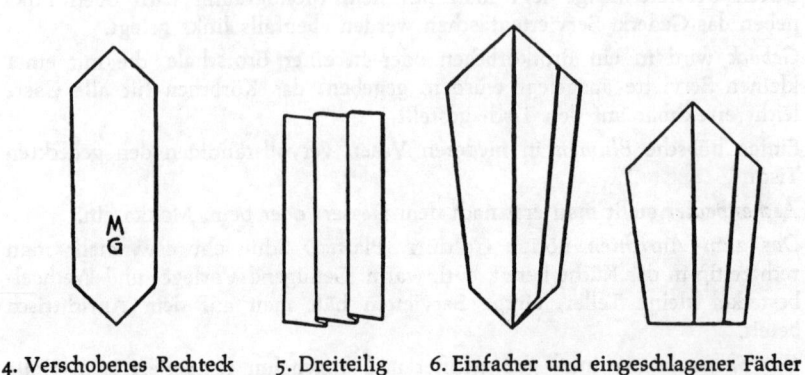

4. Verschobenes Rechteck   5. Dreiteilig   6. Einfacher und eingeschlagener Fächer

6. *Einfache Fächer:* **Die zu einem Quadrat gelegte Serviette auf die Spitze stellen, die offenen Kanten nach rechts. Das Deckblatt der Serviette schräg übers Eck zurückbiegen. Das darunterliegende doppelte Blatt der Serviette halb nach unten einbiegen. Den untersten rechten Teil der Serviette leicht schräg nach unten biegen, dann den linken Teil ebenfalls leicht schräg nach unten einschlagen. Die Serviette kann so auf dem Teller liegen bleiben oder im unteren Drittel geknickt und auf den Teller gestellt werden. In den liegenden und stehenden Fächer kann man ein Myrtenzweiglein oder dgl. stecken.**

Die Grundform für alle vorstehend angegebenen Serviettenformen ist die dreiteilig oder, bei sehr großen Servietten, vierteilig zusammengelegte Serviette. Teeservietten haben nur einen Mittelbug.

12. Servierregeln

Unter Servieren versteht man das Auftragen, Einstellen, Anbieten der Speisen und Getränke und das Abtragen des gebrauchten Geschirrs. Auf den gedeckten Tisch stellt man erst die Platte mit dem Hauptgericht, z. B. Fleisch oder Fisch, und dann die Beilagen ein. Werden die Speisen angeboten, geschieht dies in derselben Reihenfolge. Das Einstellen der Platten und

Schüsseln geschieht immer mit der rechten Hand, beim Anbieten hält diejenige Person, die serviert, die Platten und Schüsseln in der linken Hand und stellt sich auf die linke Seite des Gastes, so daß sich dieser bequem bedienen kann.

Der gefüllte Suppenteller wird von rechts eingestellt, ebenso evtl. auf dem Anrichtetisch aufgelegte Speisen oder eingegossene Getränke von rechts.

Wird serviert, so beginnt man mit dem Anreichen der Speisen bei der Hausfrau oder beim Ehrengast. In großen Gesellschaften beginnt man beim Ehrengast und serviert dann der Reihe nach weiter. Einmal links und beim nächsten Gang rechts beginnend.

Von rechts mit der rechten Hand wird eingestellt:

Suppe in Tellern oder Tassen, auf dem Anrichtetisch aufgelegte Speisen.

Platten und Schüsseln, die oberhalb der Teller zur Tischmitte gestellt werden.

Gefüllte Gläser, leere Gläser.

Messer und Löffel, die nicht vorher aufgelegt wurden, auch Gabeln, wenn eine Speise nur mit der Gabel gegessen wird.

Von links mit der linken Hand wird angeboten und eingestellt:

Alle Speisen, die angeboten werden.

Alle Getränke, die der Gast selbst von dem dargereichten Tablett nimmt.

Alle Bestecke, die auf der linken Seite des Tellers zu liegen kommen und die vorher nicht aufgelegt wurden.

Ehe man den Nachtisch serviert, wird alles Tischinventar abgenommen, evtl. auf dem Tischtuch liegende Brösel mit einem Tischbürstchen abgekehrt.

Beim Abservieren nimmt man immer erst die Platten und Schüsseln ab und dann erst die Teller.

Servieren der Suppe

Im Familienhaushalt kommt der Suppentopf auf den Tisch und die Hausfrau teilt die Suppe mit einem Schöpfer für die einzelnen Familienmitglieder aus. Bei größeren Essen wird die Suppe an der Anrichte in die Teller gefüllt und diese dann von rechts eingestellt. Wird die Suppe in Tassen gereicht, so wird sie nebst dem Unterteller und einem kleinen Löffel von rechts eingestellt. Niemals darf man in diesem Fall einen Suppenlöffel dazugeben. Die Suppe kann mit dem Löffel gegessen oder getrunken werden.

Servieren der Vorspeise

Kalte Vorspeisen reicht man vor der Suppe, warme nach der Suppe. Sie werden fast immer eingestellt. Salate und Rohkost werden auf einem Glasteller mit darunterstehendem Dessertteller serviert. Muscheln mit kalter oder warmer Vorspeise ebenfalls immer mit einem darunterstehendem Dessertteller servieren.

Servieren der Fleischspeisen mit Beilagen

Im Haushalt werden die Fleischplatte, die Beilagen-, Gemüse- und Salatschüssel eingestellt. Wird serviert, so hält man die Platte oder Schüssel in der linken Hand und bietet dem Gast von links an. Der Plattenrand liegt dabei knapp über dem linken Tellerrand, der Handrücken des Servierenden kann die Tischplatte leicht berühren. Alle Platten, Schüsseln, Saucièren werden in derselben Weise gereicht.

Servieren des Nachtisches

Es geschieht erst, wenn das ganze Inventar des vorhergehenden Ganges abserviert ist, auch wenn als Nachtisch Käse gereicht wird. Als Vorlegbesteck gibt man zu Torten den Tortenheber, zu Kuchen und Gebäck evtl. die Gebäckzange.

Servieren des Mokkas

Er wird meist auf einem Nebentischchen getrunken. Vielfach wird er mit der entsprechenden Maschine bei Tisch zubereitet. Er kann auch auf der Anrichte eingegossen werden und dem Gast nebst Unterteller und Mokkalöffelchen von rechts eingestellt werden. Gleichzeitig mit dem Mokka wird Cognac, Likör und die Rauchsachen eingestellt.

13. Getränke

Getränke sind zur Ergänzung der Mahlzeit wichtig. Welches Getränk gewählt wird, richtet sich nach der Tageszeit, nach der Art der Mahlzeit oder des Festessens und nach den persönlichen Gepflogenheiten. Bei größeren Essen müssen die Getränke in Übereinstimmung mit den gebotenen Speisen gebracht werden.

Wahl der Gläser

Farblose, dünnwandige, geschliffene Gläser sind am schönsten. Die Größe des Glases richtet sich nach der Art des Getränkes, für das es verwendet wird.

Weißweine im Weißweinglas, *Rhein- und Pfalzweine* können auch im Römer serviert werden. Für *Rotwein* eignet sich nur farbloses Glas. Zum *Sekt* kann man die Schale, den Becher oder den Kelch verwenden.

Für *Süßweine* nimmt man das Dessertweinglas.

Schnäpse werden gewöhnlich in etwas dickwandigeren Likörgläsern serviert, *Liköre* in dünnwandigen Likörgläsern.

Die *Cognacschwenkschale* wird nur für Cognac oder Weinbrand verwendet. Eingegossen wird nur ein kleines Gläschen voll.

Für *Bowlen* hat man eigene Bowlengläser, die zur Bowlenterrine passen, Alle Gläser dürfen nur am Stiel oder Griff angefaßt werden.

Übereinstimmung von Getränken und Speisen

Der Wert des Getränkes und die spezielle Eigenheit des Weines muß mit der Speise, zu der es gereicht wird, übereinstimmen, andernfalls wird der Wert des Getränkes oder der Speise herabgemindert.

Bei einem reichhaltigen Essen kann die Folge der Getränke so aussehen:

Aperitif, z. B. Wermut,
leichter Weißwein,
schwerer Weißwein,
Rotwein,

Sekt,
Dessertwein,
Likör.

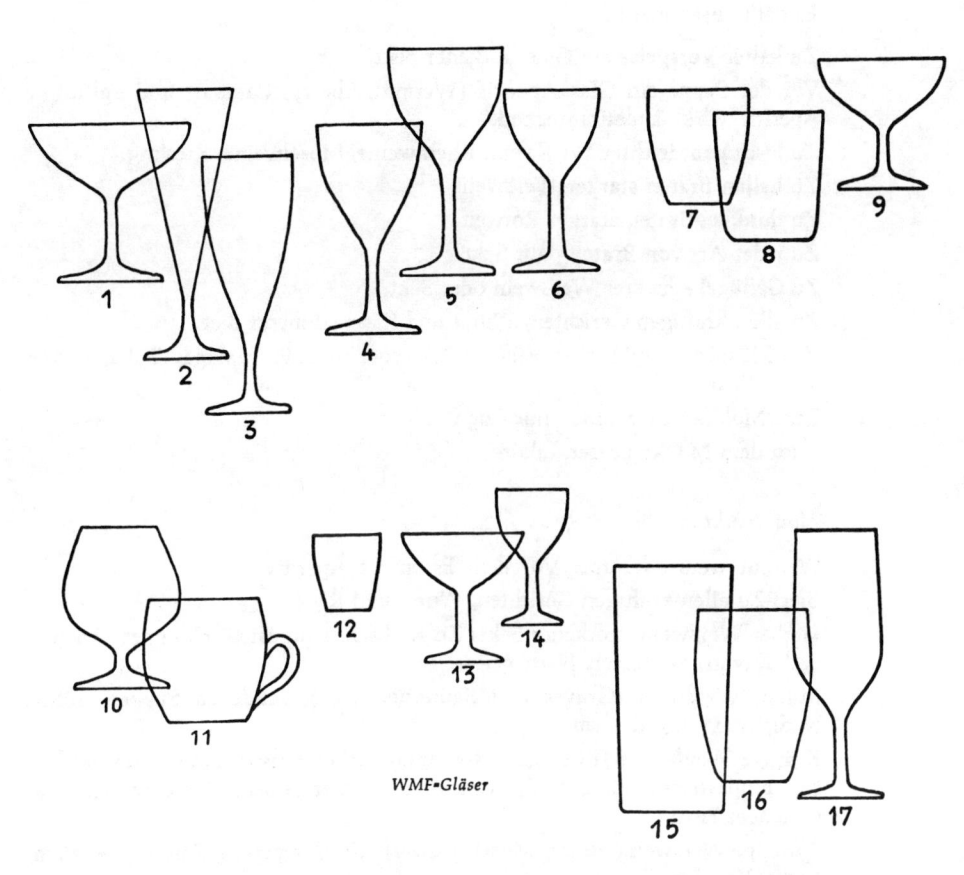

WMF-Gläser

1. Sektschale, 2. und 3. Sektkelch, 4. Weißweinkelch, 5. Rotweinkelch, 6. Süßweinkelch, 7. Cocktailbecher, 8. Cocktail-/Limonadebecher, 9. Cocktailschale, 10. Cognacschwenker, 11. Bowlenglas, 12. Likörbecher, 13. Likörschale, 14. Likörkelch, 15. Bierbecher, 16. Bier-/Limonade-/Wasserbecher, 17. Biertulpe.

Leichte Weine gehören vor schwere Weine.
Weiße Weine vor rotem Wein.
Trockene Weine nimmt man vor dem Rotwein.
Süße Weine nach dem Rotwein.
Zu leichten Speisen nimmt man leichte Weine.
Zu säuerlichen Speisen herbe Weine.
Zu würzigen Speisen würzige oder starke Weine.
Zu hellem Fleisch Weißweine.
Zu dunklem Fleisch Rotweine.

Es paßt zusammen:
Zu kalter Vorspeise ein Glas trockener Sekt.
Vor der Suppe ein Glas Aperitif (Wermut, Sherry, Campari und dgl.). Aperitif wirkt appetitanregend.
Zu Fisch paßt leichter Weißwein, Rheinweine, Moselweine, Riesling.
Zu hellen Braten starker Weißwein.
Zu dunklen Braten starker Rotwein.
Zu jeder Art von Braten paßt Sekt.
Zu Geflügel schwerer Weißwein oder Sekt.
Zu allen kräftigen Gerichten, Wurst und Käse, schmeckt Bier.
Zu Süßspeisen gibt man süßen Dessertwein, z. B. Malaga, Tokajer oder süßen Sekt.
Zum Mokka serviert man nur Cognac.
Nach dem Mokka passen Liköre.

Man trinkt ...
Wermut weiß oder rot: Vor dem Essen als Aperitif.
Bier: Zu allen kräftigen Gerichten, Wurst und Käse.
Herber Weißwein, trockener Sekt: Zu Krebsen, Langusten, Hummer, Austern und Kaviar, zu feinen Nachspeisen.
Milder Weißwein (Graves und Sauterne): Zu gebundenen Suppen, süßen Nachtischen und Kuchen.
Kräftige Weißweine (Rheingau, Rheinpfalz, Rheinhessen, Frankenweine): Zu Königinpasteten, Spargel, Schwarzwurzeln, Eierspeisen, Fleischspeisen, gebratenem Fisch.
Spritzige Weißweine (Saar, Mosel, Ruwer): Zu Vorspeisen, Forellen, Renken, Lachs, Karpfen.
Leichte Rotweine (Pfalz, Tirol): Zu Wildpasteten, dunklen Ragouts.
Leichte Rotweine oder schwere Weißweine (Rheinwein, Rheinpfalz, Niederösterreich): Zu gebratenem Geflügel, Kalbsbraten, Lammbraten, Schinkengerichten, Gänseleber.

Schwere Rotweine (Aßmannshauser, Burgunder [Beaujolais]): Zu Ochsenfleisch, Hammel- und Schweinefleisch, Gans, Ente, alle Arten von Wild, Käse.

Tokajer: Zu warmen und kalten Süßspeisen.

Cognac, Weinbrand, Slibowitz, Kirschwasser, Himbeergeist; Liköre: Zu Kaffee, Mokka und Konfekt.

Sekt: Passend ab Braten (Wein darf dann nicht mehr gereicht werden). Sekt kann auch als alleiniges Getränk serviert werden.

Weinsorten:

Rheingau (Rüdesheim, Geißenheim, Östrich)

Rheinhessen (Nierstein, Oppenheim)

Frankenweine (Würzburg, Escherndorf, Randersacker)

Rheinpfalz (Deidesheim, Forst, Wachenheim)

Saarwein (Ürzig)

Moselwein (Bernkastel)

Ruwer (Trier)

14. Temperatur der Getränke

Schlecht temperierte Getränke beeinträchtigen deren Güte.

Trinkwasser und Bier sind mit 8—10 Grad und Weißwein ist mit 10—12 Grad Celsius richtig gekühlt.

Leichte Rotweine schmecken bei 15—17 Grad Celsius am besten.

Schwere Rotweine müssen immer Zimmertemperatur haben, das ist 17 bis 18 Grad Celsius. Man stellt den Wein dazu rechtzeitig in einen entsprechenden Raum, niemals darf er im warmen Wasserbad gewärmt werden.

Sekt wird immer unter 9 Grad Celsius gekühlt. Die tiefen Temperaturen erreicht man im Kühlschrank oder durch Stellen, evtl. Drehen in kleingehacktem Eis. Die Kühlung erfolgt rascher, wenn das Eis noch gesalzen wird.

Leichte Weißweine wird man kälter als schwere Weißweine servieren.

Weißweine kälter als Rotweine servieren.

Im Sommer hält man sich im allgemeinen an die niedere, im Winter an die höhere Grenze der angegebenen Temperaturen.

15. Servieren der Getränke

Das Einschenken erfolgt von der rechten Seite mit der rechten Hand. Das Bierglas und Sektglas nimmt man dazu in die Hand, das Weinglas bleibt immer stehen. Beim Eingießen aus der Weinflasche wird diese kurz vor dem Abheben leicht um ihre Längsachse gedreht, damit sich der evtl. hängende Tropfen am Flaschenrand verteilen kann und am Abfallen gehindert wird. Die Gläser werden erst nachgegossen, wenn sie leergetrunken sind. Als erstes wird dem Hausherrn ungefähr ein Drittel des Glases eingeschenkt, dann erst den Gästen in der entsprechenden Reihenfolge. Das Glas wird ungefähr bis 1 cm unter dem oberen Glasrand vollgeschenkt. Rotweinflaschen werden meist auf einen Untersatz gestellt, auch für Likörgläser hat man vielfach kleine Untersätze. Beim Öffnen der Flaschen wird die Metallkappe beim nächsten Flaschenring abgeschnitten, der Kork abgewischt, dann der Korkzieher soweit eingedreht, daß der Korkboden nicht durchlöchert wird, dann wird der Kork herausgezogen. Zum Einschenken muß der Flaschenhals knapp über dem Glasrand gehalten werden, darf diesen aber nicht berühren.

16. Der Frühstückstisch

Man verwendet meist ein hellgrundiges, gemustertes oder kariertes Tischtuch mit den dazu passenden Servietten oder einfach Sets. Auf jeden Platz stellt man den Dessertteller, rechts daneben die Tasse mit Unterteller und Löffel. Der Stiel des Löffels muß mit dem Henkel der Tasse übereinstimmend halbrechts nach unten stehen. Rechts neben dem Dessertteller, mit der Schneide zum Teller, legt man das Dessertmesser. Die Serviette legt man links neben oder auf den Teller. In die Mitte des Tisches stellt man das Körbchen oder die Schale mit Gebäck und Brot. Die Zuckerdose, Salzstreuer, Butter und Marmelade oder Honig stellt man ebenfalls auf den Tisch. Die Kaffee-, Milch-, Kakao- oder Teekanne stellt man mit einem Untersatz auf den Tisch, stülpt evtl. eine Wärmehaube darüber. Wird zum Frühstück, bedingt durch die durchgehende Arbeitszeit, reichlicher gegessen, so deckt man dementsprechend, z. B. Messer und Gabel, Eierbecher u. dgl. Ein Blumensträußchen gibt dem Frühstückstisch freundlichen Charakter.

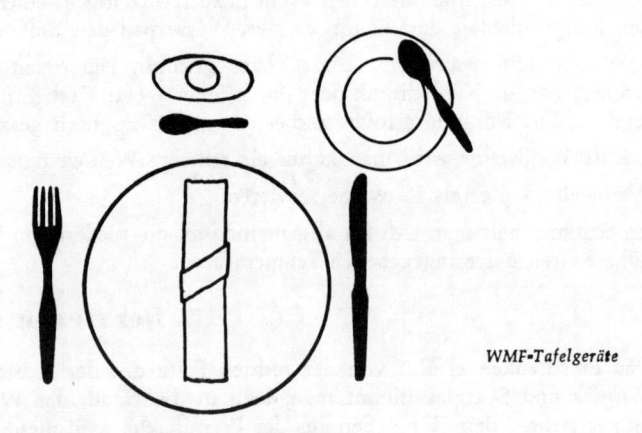

WMF-Tafelgeräte

Frühstück: Brot, Butter, Aufschnitt, Ei, Kaffee.
Gedeckt wird Mittelteller, Tasse mit Untertasse und Kaffeelöffel, dazu kleines Besteck. (Falls kein Aufschnitt gegessen wird, entfällt die Gabel.) Eierbecher und Eierlöffel kommen ans Kopfende des Tellers. Dort kann auch ein Löffel für Müsli liegen.

Familie und Gäste

17. Der Mittagstisch

Das Mittagessen ist die Hauptmahlzeit des Tages. In sehr vielen Familien wird jedoch das eigentliche Mittagessen erst am Abend gereicht, da erst dann alle Familienmitglieder anwesend sein können. Das Mittagessen besteht meist aus Suppe, Fisch- oder Fleischspeise, Kartoffeln, Knödel oder Teigwarenbeilage und Gemüse oder Salat. Als Nachtisch Kompott, Obst oder eine Süßspeise. Statt der Suppe wird auch Rohkost, Salat, Obst oder eine kleine Vorspeise gegeben.

Auf den Tisch legt man ein weißes Tischtuch mit den dazupassenden Servietten. Auf jeden Platz kommt der flache Teller und darauf der Suppenteller. Rechts davon das Messer, links die Gabel, quer oberhalb des Tellers der Suppenlöffel oder Dessertlöffel. Gibt es Fisch, deckt man statt des Fleischbesteckes Fischbesteck. Gibt es statt der Suppe eine Vorspeise, so deckt man statt des Suppenlöffels eine Dessertgabel, die man rechts außen neben das Messer legt. Gibt man als ersten Gang Obst, legt man rechts neben das Tischmesser das Obstmesserchen. Vielfach legt man das Obstmesserchen auch quer auf den eingestellten Dessertteller. Gibt es zum Essen Salat, so stellt man links oberhalb des Gedeckes ein Glastellerchen. Die Serviette liegt links vom Gedeck.

Wird bei Tisch Wasser, Wein oder Bier getrunken, so steht das entsprechende Glas rechts oberhalb des Gedeckes. In die Mitte des Tisches stellt man ein Körbchen mit Gebäck oder Brotschnitten, nach Belieben auch ein Salzfäßchen, Essig- und Ölkaraffe.

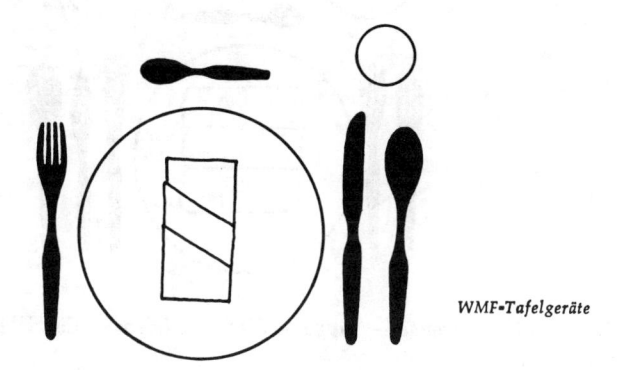

WMF-Tafelgeräte

Mittagessen: Suppe — Fleisch, Kartoffeln, Gemüse — Nachspeise.
Auch diese Anordnung ist möglich. Rechts vom Teller Tafelmesser und Tafellöffel, links Tafelgabel, oben quer Dessertlöffel.

Familie und Gäste

WMF-Tafelgeräte

Mittag- oder Abendessen: Suppe — Fleisch, Kartoffeln, Salat — Käse.
Rechts vom Teller Messer und Tafellöffel, links die Tafelgabel. Oben quer, mit den Griffen nach rechts, Dessertmesser und Dessertgabel für den Käse. Der Salatteller steht halblinks.

WMF-Tafelgeräte

Das Menü: Vorspeise — Suppe — Fisch — Fleisch — Eis. Weißwein, Rotwein, Sekt.
Rechts von außen nach innen Tafellöffel, Fischmesser, Tafelmesser, links Fischgabel, Tafelgabel. Oben quer Kaffeelöffel. Halblinks oben ein Dessertteller als Brotteller mit Dessertmesser und Brötchen. Die Gläser in schräger Linie.

Familie und Gäste

WMF-Tafelgeräte

Hier gibt es: Vorspeise (Toast) — Fisch — Fleisch — warmen Pudding. Getränke: Weißwein, Rotwein, Sekt.

Das Vorspeisen-Besteck — Dessertmesser und Dessertgabel — liegt mit im Gedeck. Die Gläser sind hier im Dreieck aufgestellt. (Übrigens: Warme Süßspeisen werden mit Dessertgabel und -löffel gegessen.)

Richtig gelegtes Besteck
nach beendeter Mahlzeit

Falsch gelegtes Besteck
nach beendeter Mahlzeit

18. Der Kaffeetisch

Man verwendet meist ein hellgrundiges, gemustertes, kariertes oder mit einer Kante versehenes Tischtuch mit den dazu passenden Servietten oder Sets. Auf jeden Platz stellt man den Dessertteller, rechts daneben die Tasse mit Unterteller und Löffel. Der Stiel des Löffels muß mit dem Henkel der Tasse übereinstimmend halbrechts nach unten stehen. Rechts neben den Dessertteller legt man die Kuchengabel, Zinken nach oben. Die Serviette legt man links neben den Dessertteller oder leicht gefaltet auf diesen. In die Mitte des Tisches stellt man ein Körbchen mit Gebäck oder Brotschnitten,

Zuckerdose, Butter, Marmelade oder eine Platte mit Kuchen oder Torte. Kalte oder heiße Milch, Kondensmilch, ungeschlagene oder geschlagene Sahne stellt man ebenfalls auf den Tisch. Den Kaffee stellt man auf einen Untersatz, überdeckt ihn evtl. mit einer Wärmehaube. Zum Nehmen der Torte oder weicher Kuchenstücke legt man einen Tortenheber bereit.

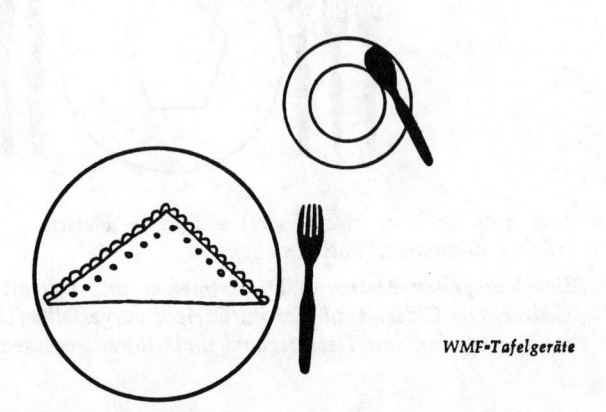

WMF-Tafelgeräte

Nachmittags-Kaffee oder Tee mit Kuchen.
Gedeckt wird ein Dessert- oder Kuchenteller, dazu Kaffee- oder Teetasse. Die Kuchengabel kann schräg auf den Teller, aber auch rechts daneben oder oben quer gelegt werden. Papier- oder Stoffservietten kommen auf den Teller oder links daneben.

19. Der Teetisch

Ein helles, zartgemustertes Tischtuch mit den dazu passenden Servietten oder Papierservietten auflegen. Auf jeden Platz einen Dessertteller und rechts daneben die Teetasse mit Unterteller und Löffel stellen. Auf den Teller oder links daneben die leicht gefaltete Serviette. Rechts neben den Dessertteller die Kuchengabel, evtl. noch Dessertmesser und Löffelchen. In die Mitte des Tisches stellt man Zuckerschale, Kännchen mit Zitronensaft, Rum und Milch. Statt des Zitronensaftes kann man auch in Scheiben geschnittene, entkernte Zitrone hübsch auf einem Tellerchen anrichten. Eine kleine Gabel zum Herausnehmen wird daraufgelegt. Zum Tee gibt es meist feine belegte Brötchen, Käsegebäck oder dgl. und süße leichte Kuchen und ebensolches Gebäck. Nach dem Essen der salzigen Leckerbissen werden meist die Teller gewechselt. Den Tee gießt immer die Hausfrau oder Gastgeberin in die mit dem Unterteller bereitgehaltenen Tassen. Brötchen und Gebäck und Kuchen werden auf den Tisch eingestellt oder von links angeboten. Eine flache Schale mit Blumen gibt dieser gemütlichen Stunde des Tages noch eine freundlichere Note.

Familie und Gäste

20. Der Abendtisch

Weißes Tischtuch mit passenden Servietten auflegen. Ist das Abendessen die Hauptmahlzeit des Tages, so wird wie für den Mittagstisch gedeckt. Gibt man ein einfaches, warmes Abendessen, so deckt man entsprechend der gebotenen Speisen. Wird am Abend kalt gegessen, so deckt man flache Teller oder Dessertteller und Dessertbesteck. Links neben den Teller deckt man in vielen Haushalten noch ein Porzellan- oder Holzbrettchen. In die Mitte des Tisches stellt man das Körbchen mit Gebäck und Brotschnitten, Salzfäßchen, Butterdose und die appetitlich angerichtete Platte. Die Teetasse oder das Bierglas stellt man rechts oberhalb des Tellers.

21. Die Festtafel

Wenn man die Grundregeln des Tischdeckens kennt, bedeutet das Decken einer Festtafel keine Schwierigkeiten mehr. Damit der Tisch auch wirklich festlich aussieht, muß dem Aufstellen desselben, der Tischwäsche, dem gut polierten Geschirr, Gläsern und Bestecken sowie dem Schmuck des Tisches, der Beleuchtung, der Temperatur des Raumes besondere Sorgfalt gewidmet werden. Bevor man mit dem Decken beginnt, muß man über die Anzahl der zu erwartenden Personen, die Speisen- und Getränkefolge genau unterrichtet sein. Die Einladungen zu einer Festtafel werden 14 Tage vorher schriftlich ausgesandt.

1. Aufstellen der Tafel. Die der Anzahl der Gäste und dem Raume am besten angepaßte Tafelform wählen. Je breiter der Tisch, um so leichter kann er geschmückt werden.
2. Auflegen der Tischtuchunterlage (Filz, Molton usw.). Auflegen des großen Tafeltuches oder der Tischtücher (von oben beginnend).
3. Auflegen der Gedeckteller, Bestecke, Gläser, Servietten, der Salzfäßchen, Gebäckkörbchen, der Menü- und Tischkarten.

4. Schmücken des Tisches. Entsprechend dem Charakter des Festes.
5. Auf einer Anrichte oder auf einem Tischchen Bereitlegen der notwendigen Vorleg- und Wechselbestecke, Salatteller, Kompotteller usw.
6. Genaue Anweisungen an das Servierpersonal geben. Während des Essens sollen keine Anweisungen mehr gegeben werden müssen. Besonders wenn mehrere Personen zur Bedienung da sind, muß die genaue Arbeitseinteilung festgelegt sein. Das Servieren beginnt beim Ehrengast.
7. Festreden werden meist nach dem Braten gehalten. Es muß dafür gesorgt sein, daß zu diesem Zeitpunkt alle Gläser gefüllt sind; während der Rede darf das Servierpersonal nicht tätig sein.
8. Wird an der Festtafel Mokka serviert, so ist vorher alles Unnötige abzuräumen, der Tisch abzubürsten und dann erst alles Nötige für den Mokka und zum Rauchen einzustellen.
9. Das vollständige Abräumen der Tafel erfolgt erst, wenn alle Gäste den Raum verlassen haben.

22. Tafelformen

Bei der Aufstellung der Festtafel hat man verschiedenes zu überlegen und dann die günstigste Tafelform zu wählen.

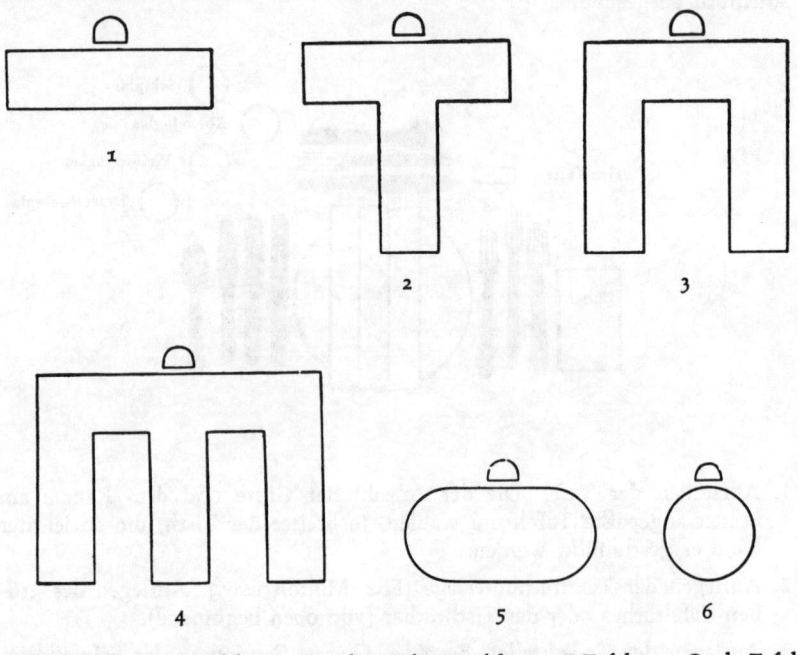

1. Längstafel 2. T=Tafel 3. U= oder Hufeisentafel 4. E=Tafel 5. Ovale Tafel 6. Runde Tafel

Familie und Gäste

Die Form des Raumes, die Anzahl der zu erwartenden Gäste, der Charakter des Festes, natürliche und künstliche Lichtquellen, die Türen usw. sind dafür entscheidend. Die Tafel soll mindestens 1 m breit sein. Beim Aufstellen der Stühle und Auflegen der Gedecke muß daran gedacht werden, daß bei U-, T- oder E-Tafeln an den inneren Winkeln jeweils 2 Gedecke wegen Platzmangel wegfallen müssen.

Die Tafel muß so stehen, daß alle Gäste bequem Platz haben und sich das Servierpersonal entsprechend bewegen kann. Der Ehrenplatz befindet sich immer in der Mitte der Haupttafel. Bei Tag ist er am besten gegenüber den Fenstern, abends unter dem Hauptbeleuchtungskörper. Ist es aus Raumgründen nicht möglich, eine große Tafel aufzustellen, sondern mehrere kleine, so muß man besonders auf die Sitzordnung achten, da die Gemeinsamkeit einer großen Tafel in diesem Falle nicht erreicht werden kann.

23. Die Sitzordnung

Sie wird vom Gastgeber festgelegt. Von ihr hängt vielfach der harmonische Verlauf des Festes ab. Ehrengäste sitzen immer in der Mitte der Haupttafel, rechts vom Ehrengast ist der zweithöchste Platz, links von ihm der dritte.

Die weitere Sitzordnung in möglichst bunter Reihe so einteilen, wie man denkt, daß alle Gäste ihnen liebe oder gewünschte Partner in ihrer Nähe finden. Für die Kinder deckt man meist einen gesonderten Tisch. Durch aufgestellte Tischkärtchen kann jeder Gast seinen Platz leicht finden.

Sitzordnung bei geladenen Gästen (Beispiel 1).

Sitzordnung bei geladenen Gästen (Beispiel 2).

Beispiel 1

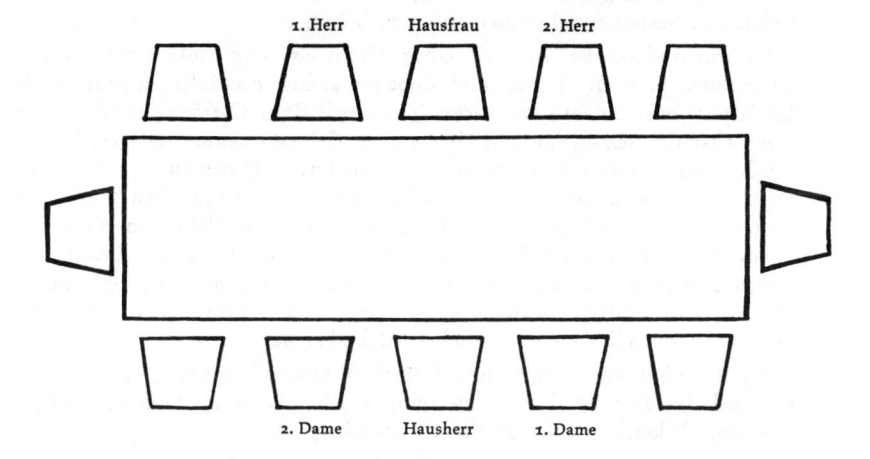

Familie und Gäste

Beispiel 2 2. Herr 1. Dame

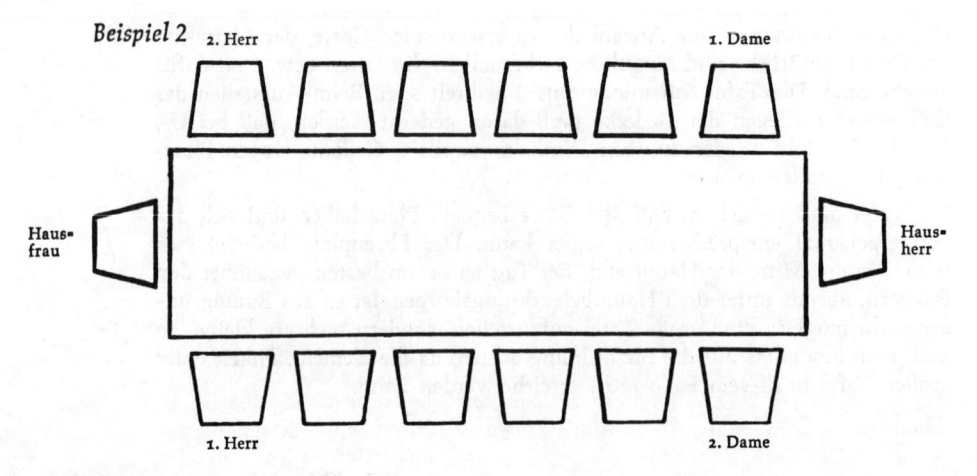

Hausfrau Hausherr

1. Herr 2. Dame

24. Das Büfett

Will man bei einer Einladung oder einem anderen festlichen Anlaß, z. B. Hauskonzert, Hausball, keine geschlossene Festtafel decken, so richtet man ein Büfett. Es eignet sich dafür jedes Möbelstück in Tischhöhe mit glatter Oberfläche. Ein oder mehrere zusammengesetzte Tische eignen sich ebenfalls.

Wichtig ist, daß das Büfett so steht, daß es leicht zugänglich ist. Der Tisch oder das als Büfett gewählte Möbelstück wird mit einem weißen Tischtuch überdeckt. Die Tischtuchecken werden an den Tischkanten umgeschlagen und mit einem Reißnagel festgesteckt. In der Mitte oder rückwärts kann man einen kleinen Aufbau anbringen. Auf dem Büfett und dem Aufbau verteilt man Platten mit belegten Brötchen oder kaltem Geflügel, Aufschnitt, Schinken, Fischgabelbissen, Käse, Salatplatten, portionierter Butter, Weißgebäck, Pumpernickel, Brotschnitten, Käsegebäck, Salzgebäck. Torten, Kuchen und Kleingebäck werden ebenfalls auf einer Seite des Büfetts aufgestellt, ebenso Obst. Auf dem Büfett oder einem Tischchen daneben stehen genügend Tellerchen, Bestecke und Papierservietten bereit.

Die warmen Getränke, wie Tee, Grog, Glühwein oder Mokka mit den entsprechenden Gläsern, Tassen und Zubehör stehen ebenfalls an einer Stelle des Büfetts oder einem gesonderten Tischchen. Kalte Getränke werden ebenfalls nebst den dazugehörigen Gläsern zur Selbstbedienung aufgestellt. Die Rauchwaren befinden sich immer auf gesonderten Tischchen. Ein Platz, wo der Gast das benützte Geschirr abstellen kann, muß vorgesehen sein. Meist nimmt der Gast ein Tellerchen, belegt dies nach Belieben und nimmt an einem in der Nähe des Büfetts befindlichen Tischchen Platz. An diesen Platz holt er sich auch das Getränk. Auch im Stehen kann gegessen und getrunken werden. Werden von den Gästen Mixgetränke bevorzugt, so stellt man die dazu notwendigen Zutaten nebst Mixbecher auf.

Soll das Büfett einen besonders festlichen Eindruck machen, so muß das Tischtuch bis fast an den Boden reichen. Man kann es dann mit grünen Zweigen, Girlanden und ähnlichem schmücken.

Familie und Gäste

25. Tischdekoration

Die Tischdekoration richtet sich nach der Art des Festes. Immer muß sie mehr flach gehalten werden, damit die Sicht nicht zu sehr gestört wird. Sie muß sauber aufgelegt, harmonisch in den Farben und geschmackvoll ausgeführt sein.

Blumenteppiche aus Streublumen sind nicht geeignet, da sie schnell verwelken und am Ende der Mahlzeit nicht mehr gut aussehen. Asparagus, grüne Ranken, Myrten, Bänder und Blumen in Schalen oder flachen Vasen sind gegeinet. In geschlossenen Räumen vermeide man zu stark duftende Blumen, z. B. Jasmin. Man achte darauf, die verschiedenen Blumen in entsprechende Vasen oder Schalen zu stellen. Kurzstielige Blumen legt man am besten in eine Schale, langstielige stellt man in Glaskugeln oder hohe Vasen. Auch die Schalen mit Einsätzen, in die man die Blumen einzeln stellen kann, sehen gut aus. Niemals dürfen die Blumen zu sehr beengt in einer Vase stehen. Für Blumen, wie Astern, Dahlien, Margeriten, Zinnien usw., die das Wasser schnell trüben, eignen sich keine durchsichtigen Vasen. Nur frische, locker in die passende Vase gestellte Blumen, sind ein Schmuck.

Beim Pflücken von Feld-, Wiesen- und Alpenblumen sei man bescheiden, wenige, schön in eine Vase gestellte Blumen sind wirkungsvoller als ein dicht zusammengepreßter Strauß.

Blumenschmuck für das Frühjahr

Forsythien, Schneeglöckchen, Palmkätzchen, Haselkätzchen (stauben sehr rasch), Krokusse, Trollblumen, Narzissen, Osterglocken, Märzenbecher, Veilchen, Leberblümchen, Buschwindröschen, Vergißmeinnicht, Blütenzweige, Maiglöckchen, Flieder, Pfingstrosen usw.

Blumenschmuck für den Sommer

Feld- und Wiesenblumen, Kornblumen und Mohn, Margeriten, Rosen, Nelken, Zinnien, Löwenmäulchen und viele andere Gartenblumen.

Blumenschmuck für den Herbst

Wein- und Efeuranken, buntes Laub, Crysanthemen, Astern, Dahlien, Zweige mit roten Beeren.

Schmuck für den Winter

Tannengrün, Immergrün, Efeuranken, Föhren- und kleine Tannenzapfen, Strohblumen, Schneerosen und Mistelzweige.
In guten Blumengeschäften kann man nahezu während des ganzen Jahres alle Arten von Blumen bekommen und für jede Gelegenheit das Passende und den persönlichen Wünschen Entsprechende aussuchen.

26. Tische für besondere Anlässe

Geburtstagstisch

Weißes Tischtuch, Geburtstagstorte mit der entsprechenden Anzahl von Kerzen oder buntem Kerzenreif. Meist wird der Frühstückstisch als Geburtstagstisch gedeckt.

Namenstagstisch

Weißes Tischtuch, Festtorte mit aufgespritztem Namen. Das Decken des Tisches richtet sich danach, ob am Mittag, Nachmittag oder Abend gefeiert wird. Dem Namenstagskind wird meist seine Lieblingsspeise aufgetischt.

Verlobungstafel

Man wählt ein weißes Tischtuch oder eines in zarter Pastellfarbe. Die Feier findet am Nachmittag oder Abend statt, dementsprechend wird gedeckt, immer mit etwas reichhaltiger Speisen- und Getränkefolge. Dem Tischschmuck widmet man besondere Aufmerksamkeit. Hat die Braut Lieblingsblumen, so wählt man diese.

Hochzeitstafel

Blütenweißes Tischtuch und ebensolche Stoffservietten. Helles Porzellangeschirr, dünnwandige, geschliffene Gläser, gut poliertes, glänzendes Silberbesteck, Ranken von Asparagus, Myrten, Immergrün und helle Blumen wählt man als Tischschmuck. Den Platz der Braut und des Bräutigams schmückt man noch besonders.

Silberhochzeitstafel

Sie wird gleich wie die grüne Hochzeitstafel gedeckt. Zwischen die Blumen kann man Silberbänder, eine Ranke aus Silberblättern oder auch die silberne Zahl 25 legen.

Goldene Hochzeitstafel

Der Tischschmuck dieser festlichen Tafel besteht aus Goldbändern, goldenen Blättern und einer goldenen Zahl 50.

Kindertisch

Buntes Tischtuch, wenn möglich, fröhliches Kindergeschirr. Bunte Tischkärtchen mit lustigen Zeichnungen und kleine Figürchen erfreuen die Kinder. Für den kindlichen Geschmack verzierte Torte oder Kuchen oder Gebäck mit kleinen eingebackenen Scherzartikeln bereiten immer Freude und Überraschung. Meist macht ein Kind am Tisch das Hausmütterchen und kümmert sich um das Wohl seiner kleinen Gäste.

Gartentisch

Er wird in einer Laube, unter einem schattigen Baum oder einem aufgestellten großen Sonnenschirm gedeckt. Man wählt ein grobes, buntkariertes oder bedrucktes Leinentuch mit dazupassenden Papierservietten und buntes Keramikgeschirr. Feldblumen oder Gartenblumen bilden den Tischschmuck.

Der Ostertisch

Weißes Tischtuch, auf jedes Gedeck ein Nestchen mit bunten Ostereiern. Als Tischschmuck werden Frühlingsblumen aufgestellt. Sehr nett sieht auch ein Strauß mit Weidenkätzchen aus, in den man an bunten Bändchen befestigte, ausgeblasene, hübsch bemalte Eier hängt. Kleine Häschen oder Küken sehen ebenfalls sehr nett aus. Auf jeden Platz kann man auch hübsches, selbst zubereitetes Osterformgebäck (Hasen oder Lämmchen) legen oder stellen.

Nikolaustisch

Dunkles, rot oder blau gemustertes Tischtuch. Auf jeden Platz einen Teller mit Nikolausgaben, als Blumenstrauß eine Rute mit roten Bändchen und Süßigkeiten. Der Nußknacker auf dem Tisch darf nicht fehlen.

Adventstisch

Weißes Tischtuch, den Adventskranz auf einem Ständer in die Mitte des Tisches stellen, den Tisch mit Tannengrün und roten Bändchen schmücken. Vielfach wird statt des Adventkranzes auch ein Adventleuchter aufgestellt oder es wird ein Adventkranz an der Lampe angebracht. Am ersten Adventsonntag wird das erste Kerzchen angezündet, ein Teller mit Weihnachtsgebäck erhöht die vorweihnachtliche Stimmung.

Weihnachtstisch

Weißes Tischtuch und ebensolche Stoffservietten. Gedeck für die Abendtafel auflegen, Tannengrün als Tischschmuck und silberne Kerzenleuchter mit roten Kerzen aufstellen. Meist deckt man den Tisch im Wohnzimmer oder in dem Raum, wo der geschmückte Tannenbaum und der Gabentisch sich befindet.

Silvestertisch

Weißes Tischtuch und ebensolche Stoffservietten. Gedeck für die Abendtafel auflegen, als Tischschmuck nimmt man kleine Glücksschweinchen und ähnliche Scherzartikel. Unter der Lampe hängt man oft einen Mistelzweig auf. Zum Bleigießen hält man eine entsprechende Anzahl von Zinnlöffeln bereit. Man sorgt dafür, daß eisgekühlter Sekt, heißer Punsch oder eine Feuerzangenbowle für Mitternacht bereitstehen.

Fastnachtstisch

Buntes Tischtuch oder Sets, Papierschlangen als Tischdekoration, auf jeden Platz einen lustigen Scherzartikel, kalte Platten und belegte Brötchen werden serviert oder zur Selbstbedienung auf den Tisch oder die Anrichte gestellt. Getränke und Rauchwaren dürfen nicht fehlen.

Party

Die häufigste Form für private und offizielle größere Einladungen ist heute die Party.

Während es früher ausschließlich Brauch war seine Gäste bei Tisch zu bewirten, ist dies bei der Party nicht der Fall. Man kann auf diese Weise in 2–3 Räumen vier- bis fünfmal mehr Gäste empfangen und bewirten als dies sonst möglich wäre. An dem aufgestellten kalten Büfett kann sich jeder selbst mit Speisen und Getränken versorgen. Essen und Trinken geschieht im Stehen und nur gelegentlichem Sitzen. Diese zwanglose Form gibt die Möglichkeit, sich mit sehr viel mehr Gästen zu unterhalten als bei fester Sitzordnung.

Die Party kann stattfinden:

a) Am Vormittag, Zeit 11–13 Uhr, z. B. zur Hauseinweihung, Jubiläum, Beförderung, Verlobung, Silberhochzeit, Konfirmation.

b) Als Cocktailparty, Zeit 18–20 Uhr.

c) Als Dinnerparty, Zeit 19 Uhr.

d) Als Abendparty, Zeit ab 20 Uhr.

e) Teenagerparty, Zeit 18–22 oder 24 Uhr.

f) Tanzparty, Zeit ab 20,30 Uhr.

Die Vorbereitungen für den Gastgeber sind einfach auszuführen. Die im Raum stehenden Möbel werden an die Wände gerückt. Da es keine gemeinsame Mahlzeit gibt, ist die Frage der Sitzgelegenheiten nicht so wichtig. Ein größerer Tisch oder entsprechendes Möbelstück wird als kaltes Büfett vorgesehen. Darauf stellt man in hübscher Anordnung all das, was man zum Essen und Trinken vorgesehen hat. Dazu die erforderliche Anzahl von Tellern, Gläsern, Bestecken (womöglich in doppelter Anzahl der zu erwartenden Gäste), Trinkhalme, Papierservietten, ein Glas mit Eiswürfeln und dgl.

Für das kalte Büfett kann man vorbereiten:
Verschiedene Salate, kalte Platten, Spießchen, kleine belegte Brötchen, Salz- und Käsegebäck, Crackers, Pommes chips, Salzmandeln, Oliven und dgl. Von Süßem und Obst sieht man ab.

Getränke
Limonaden (evtl. mit kleingehackten Eisstückchen), Grapefruit-, Orangen-, Tomatensaft, Coca, Süßmost, Milchgetränke.

Allein und zum Mixen geeignet:
Wermut, Sherry, Gin, Whisky, Angostura, Campari, Weinbrand, Cognac, Liköre, Sodawasser.

Als Mixgetränk sind geeignet:
Cocktails, Aperitifs, Fizzio, Cobblers, Crustas, Flips, Egg-Nogg, Sorbets, Milchcocktails.

1. Empfang am Vormittag

Zu einem kleineren oder größeren Empfang am Vormittag wird nur bei offiziellen Anlässen eingeladen, z. B. Hauseinweihung, Jubiläum, Beförderung, Silberne Hochzeit, Verlobung, Konfirmation. Die schriftlichen Einladungen dafür müssen mindestens eine Woche vorher versandt werden. Für diese Cocktailparty am Morgen, zu der immer Gratulationsgäste kommen, ist die beste Zeit zwischen 11 und 13 Uhr. Man richtet ein kaltes Büfett, verteilt auf verschiedenen Tischen süßes und salziges Gebäck, belegte Brötchen usw. Getrunken wird entweder Portwein, Süßwein, Sekt oder nur Cocktails, alkoholfreie Getränke sind bereitzuhalten. Die Getränke werden in der Küche oder in einem Nebenraum in Gläser gegossen, auf ein Tablett gestellt und angeboten. Das kalte Büfett soll keine schweren Mayonnaisen-Salate usw. enthalten. Bouillon in Tassen oder warme, gefüllte Pastetchen können dagegen serviert werden.

2. Cocktailparty

Zeit 18—20 Uhr. Diese häufige Form der Geselligkeit eignet sich sowohl für den privaten Kreis wie auch für den offiziellen als Abschluß von Besprechungen, Sitzungen usw.

3. Dinnerparty

Lädt man Gäste zum Abendessen ein, so spricht man von einer Dinnerparty. Hierfür muß die Hausfrau ein warmes Essen vorbereiten, für genügend Sitzgelegenheiten, Geschirr, und Bestecke sorgen. In den modernen Wohnungen wird es nicht immer möglich sein, eine größere Anzahl von Personen an eine Tafel zu setzen. Eine gute Ausweichmöglichkeit besteht nun darin, daß man in der Anzahl der zu erwartenden Gäste bunte Plastiktabletts kauft, mit einem Leinendeckchen belegt und für die einzelnen Gäste je so ein Tablett richtet. Hat man bei kleineren Essen nur einen Gang, genügt es, einmal die Tabletts zu richten, bei mehreren Gängen werden sie dementsprechend oft gerichtet. Es können warme und kalte Speisen auf diese Weise serviert werden. Die Gäste nehmen ihr Tablett, setzen sich damit an den Tisch oder, wofür es im Grunde gedacht ist, auf die Couch oder in einen Sessel und halten das Tablett auf den Knieen. Selbstverständlich können nur Speisen gereicht werden, deren Zerteilen keine besonderen Schwierigkeiten macht. Serviert man keine warmen Speisen, so kann man für jeden Gast das Tablett mit Aufschnitt, Salat, Kompott, Brötchen und dgl. so frühzeitig fertigmachen, daß der Hausfrau vor dem Eintreffen der Gäste noch Zeit zur Entspannung bleibt. Besonders bei jungen Ehepaaren sind diese Tablett-Parties sehr beliebt. — Für eine feierliche Einladung ist die vorstehende Form nicht geeignet, da das Verbindende einer Tafel: das gemeinsame Gespräch, das Zutrinken und die Tischrede fehlen.

4. Tanzparty

Für eine Tanzparty muß für genügend Raum und einwandfreie Musikübertragung durch Platten, Tonband und evtl. Lautsprecher gesorgt werden. Bandübertragung ist ebenfalls sehr geeignet. Man kann das Gerät und Band in einem Musikaliengeschäft für den Abend ausleihen. — Die Getränke sollen durstlöschend und nicht stark alkoholhaltig sein. Da eine Tanzparty immer länger dauert, muß für ein kaltes Büfett zur Selbstbedienung gesorgt werden. Als Abschluß gibt man meist Mokka.

5. Teenagerparty

Eine Teenagerparty dauert meist von 18—22 oder 24 Uhr. Außer leichten alkoholischen Getränken müssen genügend Fruchtsäfte, Limonaden, Coca, Milchmischgetränke vorbereitet sein. Zum Essen sind warme Würstchen mit Kartoffelsalat, belegte Brötchen, Salzstangen, gesalzene Erdnüsse beliebt und geeignet. Da zu einer Teenagerparty meist sehr viele junge Leute kommen, ist es oft üblich eine sog. *Bottleparty* zu veranstalten, d. h. jeder Eingeladene bringt etwas zum Trinken mit. Die Mutter des Gastgebers oder der Gastgeberin sollte darauf aufmerksam machen, daß zueinanderpassende Getränke mitgebracht werden.

6. Abendparty

Jede Einladung bei der man voraussetzt, daß die Gäste nach ihrer Abendmahlzeit kommen, bezeichnet man als Abendparty. Der Gastgeber muß sich im vorhinein klar sein wie er den Abend gestalten will. Als Diskussions-, Karten- oder Schachabend usw. oder nur als geselliges Beisammensein. Meist kühlt man dafür Wein ein und richtet Sandwiches. Für Damen hält man Likör und kleine Leckereien bereit. Herren trinken gerne einen Cognac oder ähnliches. Alkoholfreie Getränke müssen in jedem Fall bereitgehalten werden.

7. Einladung in die Appartementwohnung

Die kleine Wohnung der berufstätigen Frau kann ein reizender Mittelpunkt gepflegter Geselligkeit sein. Erfolgt sie während der Woche nach Büroschluß, müssen die Überlegungen und Einkäufe immer schon am Tage vorher erledigt werden. Meist wird es eine Einladung zum Abendessen sein, da die Freundin oder der Freund auch berufstätig sind. Man kann etwas vorkochen, z. B. einen schönen salzigen Auflauf, der dann am Abend nur gebacken zu werden braucht (30 Minuten) und gar keine Arbeit mehr beansprucht. Nur noch den Salat dazu anmengen. Oder eine gute Suppe vorbereiten und anschließend verschiedene pikante kalte Dinge. Oder als Beginn der Mahlzeit einen mit Mayonnaise oder Sauerrahm gebundenen Salat und hinterher eine warme süße Speise z. B. einen Kaiserschmarren, Omelette oder süßen Auflauf mit Kompott oder Fruchtsauce.

Mixgetränke

Zum Mixen der Getränke benötigt man:

Verschiedene Arten von Alkohol, Eiswürfel, Sodawasser, einen Mixbecher, Schüttelbecher, Shaker oder eine Küchenmaschine.

Die Cocktailgläser haben einen Inhalt von durchschnittlich $1/10$ l. Sie werden immer nur halb gefüllt. Die Rezepte sind dementsprechend berechnet. Für Getränke, die man mit Soda aufspritzt oder die reichlich Eis enthalten, braucht man größere Gläser ($1/8$ bis $1/4$ l Inhalt). Meist verwendet man dafür becherförmige Gläser. Einen Bar- oder Limonadenlöffel (Kaffeelöffel mit langem Stiel), braucht man zum Umrühren. Oliven und eingemachte Früchte für verschiedene Getränke.

Abkürzungen, die in Cocktailrezepten oft vorkommen:

BL	=	Barlöffel.
D	=	Dash, unter Dash versteht man 1 Spritzer Alkohol, evtl. aus einer Spritzflasche (Dashbottle).
s	=	seihen.
K	=	Kirsche.
O	=	Olive.
Sch. B	=	Schüttelbecher (Shaker).
sh	=	shaken, schütteln.

Unter einer Orangen- oder Zitronenspirale versteht man die in einem Stück dünn abgeschälte Orangen- oder Zitronenschale.

Aus einer Literflasche gießt man 20 Cocktailgläschen halbvoll.

Es ist davon abzuraten, auf *einer* Party zu viele Arten von Getränken zu mixen, lieber auf jeder Party etwas anderes.

Mixgetränke

Cocktails

Man versteht darunter zumeist ein aus verschiedenen Arten von Alkohol gemixtes kurzes Getränk; short drink (der Inhalt eines Cocktailglases ist 65 ccm bis 100 ccm, die Rezepte sind meist auf 50 ccm abgestimmt).

Aperitifs

Es sind Cocktails (short drinks) oder mit reichlich Sodawasser vermengte Getränke (long drinks). Sie sollen appetitanregend und durststillend sein. Z. B. Wermut-Soda.

Fizzes

Fizzes sind bekömmliche Erfrischungsgetränke. Das Schäumen wird durch kräftiges Schütteln im Schüttelbecher und durch Aufspritzen mit Sodawasser erreicht. Die Zubereitung geschieht, indem man in den Schüttelbecher 5—6 walnußgroße Eisstückchen, die im Rezept angegebene Menge Zucker, darauf den Fruchtsaft (zumeist Zitrone) und den Alkohol gibt. Kräftig schütteln, in ein Limonadenglas seihen und mit Sodawasser auffüllen. Mit Trinkhalm servieren.

Cobblers

Cobblers sind Erfrischungsgetränke mit wenig Alkohol und viel Früchten und müssen kleinzerschlagenes Eis enthalten. Als Früchte eignen sich besonders Ananas, Pfirsiche, Aprikosen, Sauerkirschen, Erdbeeren, Weintrauben, Bananen, Orangen und Mandarinen. Ein Cobbler wird bereitet, indem man ein Cobblerglas (kleines Limonadenglas) dreiviertelvoll mit kleingeschlagenem Eis füllt. Darauf gießt man entsprechend dem Rezept die Alkoholingredienzen, verrührt mit einem langstieligen Löffel und garniert mit den ganzen oder zerkleinerten Früchten. Mit Strohhalm und Kaffeelöffel servieren.

Crustas

Darunter versteht man Mixgetränke, die man in ein Glas mit glitzerndem Zuckerrand gießt. Dafür wird der Rand des Glases mit einer halbierten Zitrone eingerieben und dann auf einen Teller mit Zucker getaucht. Der Zucker bleibt am Zitronensaft kleben. — Man kann auch den Saft 1 Zitrone auf einen kleinen Teller geben und den Glasrand eintauchen.

Flips

Sie bestehen aus frischem Trinkei oder Eigelb, Zucker und Alkohol. Man serviert sie in Rotweingläsern.

Egg-Noggs

Es sind flipähnliche Getränke. Sie werden mit kalter oder auch mit heißer Milch aufgefüllt.

Sorbets

Sorbets sind aus dem Orient stammende halbgefrorene, wenig gesüßte Kühlgetränke. Sorbet wird am einfachsten aus fertigem Fruchteis bereitet. Man gibt davon 2 Eßlöffel Erdbeereis, Himbeereis usw. in ein Sektglas und füllt mit Sekt auf. Langsam einmal umrühren, damit sich Eis und Sekt vermischen und halbgefrieren.

Milchcocktails

Sie können in verschiedenen Arten hergestellt werden. Entweder halb Sahne, halb süßen Alkohol; oder ein Drittel Sahne, ein Drittel süßen, ein Drittel herben Alkohol, oder Cremeeis, Sahne und süßen oder herben Alkohol.

1. Cocktails

White-Lady

¹/₃ Gin · ¹/₃ Cointreau · ¹/₃ Zitronensaft · Eiswürfel

¹/₂ Minute mixen, in ein Cocktailglas seihen.

Ohio

¹/₂ Glas Cognac · ¹/₂ Glas Curaçao · 2 Spritzer Angostura · Eiswürfel

¹/₂ Minute mixen, in ein Glas seihen, mit Sekt auffüllen.

Katergift

1 Glas Sherry · 4 Spritzer Angostura · 1 Teelöffel Zucker · Eiswürfel

¹/₂ Minute mixen, in ein Glas seihen, eine Kirsche zugeben.

Balalaika

¹/₂ Glas Wodka · ¹/₄ Glas Cointreau · 1 Eßlöffel Zitronensaft · 1 Eßlöffel Orangensaft · Eiswürfel

¹/₂ Minute mixen, in ein Cocktailglas seihen.

Davos

¹/₃ Glas Whisky · ¹/₃ Glas Cointreau · ¹/₃ Glas Orangensaft · Eiswürfel

¹/₂ Minute mixen, in ein Glas seihen, eine Orangenspirale dazugeben.

Manhattan-Cocktail

¹/₃ Glas Gin · ²/₃ Glas Soda · 1 Olive

In das Glas die auf einen Zahnstocher gesteckte, gefüllte Olive und den Gin geben, mit Soda aufspritzen.

Sidecar-Cocktail

¹/₂ Glas Cognac · ¹/₂ Glas Cointreau · Saft von 2 Zitronen · 4 Eiswürfel

Im Krug oder Shaker mixen, in Cocktailgläsern servieren. (4 Portionen).

Coca mit Cognac

In das Glas ein Gläschen Cognac geben, mit Coca auffüllen.

Süd-Cocktail

1 Eßlöffel Himbeersaft · 1 Glas Wermut · Eiswürfel

Zusammen mixen, in ein Cocktailglas seihen.

2. Aperitifs

Wermut-Soda

²/₃ Glas Wermut · ¹/₃ Glas Soda · ¹/₄ Zitronenscheibe

Wermut und Zitronenscheibe ins Glas geben, mit Soda aufspritzen.

Wermut-Champagner

In Sektgläser ¹/₃ Wermut und 1 Eiswürfel geben, mit Sekt aufgießen.

Whisky-Soda

¹/₃ Glas Whisky · ²/₃ Glas Soda

Whisky in das Glas gießen, mit Soda aufspritzen.

Wodka-Drink

¹/₃ Glas Wodka · ¹/₄ Zitronenscheibe · ²/₃ Glas Soda

Wodka und Zitronenscheibe in das Glas geben, mit Soda aufspritzen.

Mixgetränke

3. Fizzes

Gin-Fizz

1/3 Gin · Saft einer halben Zitrone · 2/3 Soda

Gin und Zitronensaft in das Glas geben, mit Soda aufspritzen.

Brandy

2 Likörgläser Cognac · Saft einer halben Zitrone · 2 Teelöffel Zucker

In ein Glas geben, mit Sodawasser aufspritzen.

Cream

1/3 Gin · 1/3 frische Sahne · 1/3 Zitronensaft. 2 Teelöffel Zucker

In ein Glas geben, mit Sodawasser aufspritzen.

Helvetia

1/3 Kirschwasser · 1/3 frische Sahne · 1/3 Zitronensaft · 2 Teelöffel Zucker

In ein Glas geben, halb mit frischem Wasser, halb mit Sodawasser auffüllen.

4. Cobblers

Imperial

Klein geschlagenes Eis · 1 Likörglas Kirschwasser · 1 Likörglas frische Sahne 1 Spritzer Sodawasser · 1 Teelöffel Zucker

Alles in ein Glas geben, mit Aprikosen garnieren, etwas geriebene Schokolade darüberstreuen.

Madeira

Klein geschlagenes Eis · 1 Glas Madeira · 2 Teelöffel Orangensaft · 3 Spritzer Cognac

Alles in ein Glas geben, mit Bananenscheiben garnieren.

Royal

Klein geschlagenes Eis · 1 Glas Weißwein · 1 Glas Cointreau · Sekt

In das Glas Eis, Weißwein und Cointreau geben, mit Sekt auffüllen, mit Ananas, Erdbeeren, Pfirsich garnieren.

Feodora

Klein geschlagenes Eis · ½ Glas Cognac · ½ Glas Curaçao · ½ Glas Rum
1 Teelöffel Zucker

Alles in ein Glas geben, mit Sodawasser aufspritzen, mit Bananenscheiben garnieren.

5. Crustas

Brandy-Crusta

1 Glas Cognac · 3 Spritzer Wermut · 2 Spritzer Angostura · Saft einer halben Zitrone · Eiswürfel

Zusammen mixen, in ein Crustaglas seihen.

Gin-Crusta

1 Glas Gin · 2 Spritzer Maraschino · 2 Spritzer Angostura · Saft einer halben Zitrone · Eiswürfel

Mitsammen mixen, in ein Crustaglas seihen.

Rum-Crusta

2 Gläser Rum · Saft einer halben Zitrone · Eiswürfel

Mitsammen mixen, in ein Crustaglas seihen.

Sekt-Crusta

½ Glas Curaçao · Saft einer halben Orange · 3 Spritzer Maraschino. Eiswürfel · Sekt

Alle Zutaten, mit Ausnahme des Sekts, mixen, in ein Crustaglas seihen, mit Sekt auffüllen.

6. Flips

Ei-Drink

1 kleines Ei · 1 Eßlöffel Zucker · Saft einer halben Zitrone · 1 Glas Cognac

Das ganze Ei mit Zitronensaft und Zucker eine Minute mixen, Cognac zugießen, sofort servieren.

Nes-Drink

1 kleines Ei · 1 Teelöffel Neskaffee · Saft einer Zitrone · 2 Eßlöffel Zucker

Alles mitsammen eine Minute mixen, sofort servieren. (Wenn man abgespannt ist, stärkend und anregend.)

Schlaftrunk

4 Eigelb · 4 Eßlöffel Zucker · 1 Flasche Weißwein

Eigelb und Zucker schaumigrühren. Unter Schlagen mit dem Schneebesen den heißen Wein zugießen, sofort servieren.

Portwein-Flip

1 Ei · 1 Teelöffel Zucker · 1 Glas Portwein · Eiswürfel

1 Minute mixen, in ein Glas seihen. Bekömmlich für Kranke und Rekonvaleszenten.

Cherry-Brandy-Flip

1 Ei · 1^1/$_2$ Likörglas Cherry Brandy · Eiswürfel

1 Minute mixen, in ein Glas seihen.

Medoc-Flip

1 Eigelb · 2 Teelöffel Zucker · 2 Teelöffel Mandarinensaft · 1 Glas Rotwein
5 Spritzer Medoc · Eiswürfel

1 Minute mixen, in ein Glas seihen.

Flip-Flap

1 Ei · 2 Teelöffel Zucker · 1 Teelöffel Zitronensaft · ^{1}/$_2$ Glas Sherry · Eiswürfel

1 Minute mixen, in ein Glas seihen, mit Sekt auffüllen.

7. Egg-Noggs

Baltimore

1 Ei · 1 Teelöffel Zucker · ^{1}/$_2$ Glas Curaçao · 1 Glas Madeira · ^{1}/$_8$ l Milch

Alle Zutaten, mit Ausnahme der Milch, 1 Minute mixen, in ein ^{1}/$_4$-Liter-Glas geben, mit kalter Milch auffüllen, Muskatnuß daraufreiben.

Charly

1 Ei · 1 Teelöffel Zucker · 1 Glas Sherry · Milch

Alle Zutaten, mit Ausnahme der Milch, 1 Minute mixen, in ein ¼-Liter-Glas gießen, mit kalter Milch auffüllen; sehr erfrischend und stärkend.

8. Sorbets

Alle Arten von Fruchtmark kann man mit Zuckerlösung und leichtgeschlagener Sahne verrühren, in der Eisschale des Kühlschranks gefrieren lassen und zur Herstellung von Sorbets verwenden.

Himbeer-Sorbet

Große Sektgläser halbvoll mit Himbeereis füllen, kalten Sekt daraufgießen, langsam einmal umrühren, damit sich Eis und Sekt vermischen und halb gefrieren.

Aprikosen-Sorbet

Aprikoseneis mit Weißwein verrühren, in vorgekühlten hohen Gläsern anrichten, sofort servieren.

9. Milchcocktails

Bel Ami

⅓ Apricot Brandy · ⅓ Sahne · ⅓ Weinbrand · Eiswürfel
½ Minute mixen, in ein Glas seihen.

Alexandra

⅓ Weinbrand · ⅔ Milch oder Sahne · 1 Eßlöffel Schokoladencreme (aus der Dose) · Eiswürfel

½ Minute mixen, in ein Glas seihen.

Little Girl

⅔ Sahne oder Milch · ⅓ Curaçao · 2 Teelöffel Orangensaft · Eiswürfel
½ Minute mixen, in ein Glas seihen.

Violetta

⅓ Sahne · ⅓ Cherry Brandy · ⅓ Weinbrand · Eiswürfel
½ Minute mixen, in ein Glas seihen, Kirsche hineingeben.

10. Limonaden

Erdbeerlimonade

Frisches Erdbeermark mit Zitronensaft, Zuckerlösung, Wasser und klein geschlagenem Eis mischen.

Zitronenlimonade

Zuckerlösung mit Zitronensaft und auf Zucker abgeriebener Zitronenschale ziehen lassen. Mit Wasser auffüllen, kleine Eisstückchen hinzutun.

11. Alkoholfreie Milchgetränke

Schwarze Johanna

1/3 schwarzer Johannisbeer-Süßmost · 2/3 Joghurt

Eine 1/2 Minute mixen.

Sanddorn

1/8 l Joghurt · 1 Eßlöffel Ovomaltine · 1 Eßlöffel Sanddornsaft

Eine 1/2 Minute mixen.

Banane

1/8 l Vollmilch · 1/2 Banane · 1 Ei · 1 Eßlöffel Sahne · 3 Eßlöffel Sanddornsaft 2 Eiswürfel

1/2 Minute mixen, in ein Glas seihen.

Mandelmilch

1/4 l Milch mit 40 g abgezogenen, feingeriebenen Mandeln und 1 Eßlöffel Zucker 1/2 Minute mixen, 2 Eßlöffel geschlagene Sahne untermischen.

Hollywood-Cocktail

1/2 Glas Orangensaft · 1/2 Glas Gelbrübensaft · 1 Eßlöffel Zitronensaft

Die frischausgepreßten Säfte 1/2 Minute mixen, sofort servieren.

Zusammenstellung der Speisenfolge

Die Auswahl und Zusammenstellung der Speisen für den täglichen und für den festlichen Tisch erfordern Kenntnisse und Überlegung.
Das Essen muß dem Körper die notwendigen Stoffe zum Aufbau, zum Wachstum, zur Erhaltung und für den körperlichen und geistigen Kraftverbrauch zuführen. Dazu muß es den notwendigen Ersatz für die verbrauchten Energien schaffen.

Bei der Zusammenstellung berücksichtigt man

1. Ernährungswissenschaftliche Anforderungen
2. Gesundheitliche Anforderungen
3. Finanzielle Gegebenheiten
4. Altersstufe
5. Tageszeit
6. Arbeitsweise
7. Kalorienbedarf
8. Jahreszeit, Marktlage
9. Sättigungswert
10. Abwechslung
11. Geschmackliche Übereinstimmung und persönliche Wünsche
12. Farbliche Zusammenstellung.

Komplette Menüvorschläge sind in diesem Buch nicht enthalten, da die heutige Lebensweise zu verschieden ist, um allgemeine Pläne aufstellen zu können: Die Hauptmahlzeit wird zu unterschiedlichen Stunden des Tages eingenommen. Gezielte Ernährung und die Diätfrage spielen in vielen Fällen eine große Rolle. Ebenso ist die Geld- Bedürfnis- und Geschmacksfrage beteiligt. Oft wird von einem kompletten Essen überhaupt abgesehen. Dafür gibt es nur Suppe und eine größere Portion Nachtisch oder ein kaltes Vorgericht und ein Fleischgericht mit Beilagen, Salat oder Gemüse und anschließend eine salzige oder süße Mehlspeise. Einen Auflauf oder warmen Pudding mit Sauce oder Kompott kann man ebenfalls reichen oder Suppe, Kompott und Gebäck. Auch ein warmes Vorgericht und anschließend eine Quarkcreme oder Sahne mit frischen Beerenfrüchten kann man servieren. Viel Rohkost, Gemüse, Obst- und Milchspeisen sind passend.
Das aufgegliederte Inhaltsverzeichnis gibt jeder Hausfrau die Möglichkeit, sich ihren individuellen Speisezettel zusammenzustellen.

Bei einer festlichen Speisenfolge berücksichtigt man

1. Tageszeit
2. Anlaß des Festessens (Geburtstag, Hochzeit, Taufe usw.)
3. Art der Gäste
4. Anzahl der Gäste

Beispiel für eine reichliche Speisenfolge

1. Suppe
2. Warme Vorspeise oder Zwischengericht (als Regel gilt: Kalte Vorspeise *vor* der Suppe, warme Vorspeise *nach* der Suppe)
3. Fleischspeise mit Beilagen
4. Süßspeise
5. Käse, Obst
6. Kaffee.

Beispiel für eine große Speisenfolge

1. Kalte Vorspeise
2. Suppe
3. Fisch
4. Geflügel mit Beilagen
5. Braten mit Beilagen
6. Süßspeise
7. Käse, Obst
8. Eisbombe
9. Kaffee

Das Tranchieren
Schneiden, Zerlegen, Zerteilen

Als Unterlage zum Tranchieren nimmt man ein festes Holzbrett. Zum Teilen benötigt man für Braten ein scharfes dünnes Messer, für Geflügel ein scharfes starkes Messer oder noch besser eine Geflügelschere, außerdem eine zweizinkige Gabel.

Beim Tranchieren beachte man: Jedes Stück muß ein gefälliges Aussehen bekommen. Die Fleischfaser soll möglichst immer quer durchschnitten werden. Die Fleischstücke sollen gleichmäßig groß und nicht zerfasert sein.

Die Arbeit muß rasch und sicher geschehen, damit wenig Saft verlorengeht und das Fleisch nicht kalt wird. Das geschnittene Fleisch immer auf vorgewärmter Platte anrichten.

Gekochtes Ochsenfleisch: Das Fleisch quer zur Faser in halbfingerdicke Scheiben schneiden, angerichtet mit etwas Salz und Schnittlauch überstreuen und etwas heiße Brühe darübergießen.

Roastbeef und Filetbraten: Wenn das Fleisch aus dem Rohr oder vom Grill kommt, kurze Zeit stehen lassen, dann erst mit einem scharfen dünnen Messer zu feinen Scheiben schneiden, diese auf vorgewärmter Platte wieder dicht zusammengeschoben anrichten, etwas von dem Bratensaft oder Sauce darübergießen.

Kalbs- oder Hammelschlegel: Das Fleisch in 3 Teilen vom Knochen ablösen und dann jedes der Fleischstücke in schöne dünne Scheiben schneiden. Man kann auch vom ausgelösten ganzen Schlegel schräge, gleichmäßig dünne Scheiben schneiden. Über das angerichtete Fleisch gibt man etwas Bratensaft oder Sauce.

Bei Hammelfleisch muß man besonders rasch arbeiten und das Anrichte- und Eßgeschirr sehr gut vorwärmen.

Nierenbraten: Man löst zuerst die Niere ab und schneidet sie in Scheiben, dann schneidet man den Braten in gleichmäßige Stücke und legt auf jedes derselben immer ein Nierenscheibchen. Der gerollte Nierenbraten wird in 1 cm dicke Scheiben geschnitten.

Brustbraten: Die Kalbsbrust, die meist gefüllt wird, teilt man so, daß auf jedes Stück auch Fülle trifft; ist die Oberhaut fest, schneidet man sie entsprechend der Portionen mit einer Schere durch, die Fülle und das untere Fleischstück mit dem Messer.

Spanferkel: Man steckt die Gabel unmittelbar hinter den Kopf, hackt diesen ab und schneidet ihn in 2 Teile. Dann hackt man das Achselstück (Kränzchen) zweifingerbreit ab und löst die Vorderfüße weg. Aus dem Rücken teilt man 3—4 Stücke. Die Hinterschenkel werden abgelöst und je in zwei Teile geschnitten.

Tauben: Die ungefüllte, meist aber gefüllte Taube der Länge nach in zwei Hälften teilen.

Brathähnchen: Das gebratene Hähnchen der Länge nach in zwei Teile teilen. Ist das Hähnchen größer, teilt man jedes Stück nochmals quer durch, so daß man vier Stücke erhält.

Suppenhuhn: Von dem gekochten Huhn erst die Flügel und Schenkel ablösen, dann das Huhn halbieren und in vier Rücken- und vier Bruststücke schneiden.

Kapaun, Poularde: Erst die Schenkel und Flügel ablösen, dann das Geflügel der Länge nach durchteilen und jede Hälfte in drei Stücke schneiden.

Truthahn: Erst die Schenkel und Flügel ablösen, dann das Geflügel der Länge nach durchteilen und in Portionsstücke teilen; das abgelöste Brustfleisch in Scheiben schneiden.

Gans oder Ente: Erst die Schenkel und Flügel ablösen, dann das Geflügel der Länge nach durchteilen und jede Hälfte in vier Teile schneiden. Die Gans nach dem Halbieren in Portionsstücke schneiden.

Gefülltes Geflügel wird immer so tranchiert und angerichtet, daß zu jeder Portion auch Fülle kommt.

Hase: Die Schlegel teilt man in zwei Teile, den Rücken der Quere nach in eine beliebige Anzahl von Stücken.

Rehschlegel: Das Fleisch in dünne schräge Scheiben schneiden.

Rehziemer: Man macht am Rückgrat an beiden Seiten der Länge nach einen Schnitt, löst das Fleisch vorsichtig ab und schneidet es dann quer in feine Scheiben. Die auf der Innenseite liegenden Filets werden ebenfalls abgelöst und dann in feine Scheiben geschnitten.

Rebhühner, Fasan, Schnepfe, Haselhuhn werden wie Hühner zerlegt.

Auerhahn und Birkhahn werden wie Truthahn zerlegt.

Wachteln und Krammetsvögel kommen ganz zu Tisch.

Portionsfische z. B. Forellen, Schleien, Renken werden immer ganz zubereitet und ebenso serviert, das Ablösen des Fleisches von den Gräten macht jeder Tischgast selbst. Seezungen, Schollen und Flundern werden ganz gebraten oder gegrillt (meist allerdings ohne Kopf und Randflossen). Das Ablösen des Filets besorgt jeder Gast selbst.

Größere Fische z. B. Karpfen, Hecht werden möglichst im ganzen zubereitet und angerichtet. Für Gastbetriebe werden große Karpfen meist roh gespalten (vom Kopf zum Schwanz entlang der Mittelgräte durchgeschnitten) und evtl. noch in Portionsstücke geteilt. Karpfen, Hecht, Waller schneidet man häufig zu Fischkotelettes und bereitet diese dann beliebig zu.

Kabeljau, Schellfisch, Seehecht, Goldbarsch usw. werden vielfach im ganzen zubereitet (mit Haut, aber ohne Kopf und Flossen) und angerichtet oder zu Fischkotelettes geschnitten und dann zubereitet.

Steinbutt und andere große Plattfische werden in Portionsstücke geteilt oder die Filets abgelöst und dann zubereitet.

Fischfilets im zubereiteten Zustand sind sehr einfach zu zerteilen.

Worterklärungen

Aspik: Klare saure Sulze aus Kalbs- und Schweinskopf, Kalbs- und Schweinsfüßen, Fisch oder Gelatine.

Abschrecken: Gekochte Nahrungsmittel rasch mit kaltem Wasser überbrausen z. B. Eier, Teigwaren.

Backen: Garmachen in heißer Luft im Backrohr, Kuchen usw. Panierte Gerichte auf der Stielpfanne in heißem Fett backen. Gerichte in schwimmendem Fett backen.

Binden: Dicken oder nur Sämigmachen durch Mehl, Stärkemehl oder Eigelb.

Bähen: Trocknen von Schwarzbrot-, Weißbrot- oder Gebäckschnitten in heißer Luft, hauptsächlich im Backrohr, ohne Zugabe von Fett. Meist verbunden mit leichter Bräunung.

Backteig: Dicklicher Eierkuchenteig aus Milch, Bier oder Wein.

Brat: Fertige Wurstmasse, zum Einfüllen in die Wursthaut und für Hackfleischgerichte.

Bardieren: Die Brust, besonders von Wildgeflügel, mit Speckscheiben belegen und diese festbinden.

Béchamel: Helle Buttereinbrenne, die mit Milch aufgegossen wird.

Blanchieren: Ein Nahrungsmittel mit kochendem Wasser übergießen und dieses wieder abgießen.

Bœuf à la mode: Gekochtes Ochsenfleisch in brauner, saurer Sauce.

Bouillon: Fleischbrühe.

Braten: Garmachen der Nahrungsmittel in heißem Fett auf dem Herd oder im Rohr, evtl. unter Zugabe von etwas Flüssigkeit.

Caquelon: Keramikpfanne für Käsefondue.

Chaudeau: Schaumsauce von Eiern, Zucker, Milch oder Wein.

Cocotte: Feuerfeste Formen aus Porzellan oder Steingut. Für Eiergerichte, Aufläufe, Ragouts.

Cornichons: Kleine, würzig eingelegte Gurken.

Crêpes: Sehr kleine dünne Eierkuchen.

Croutons: In Butter oder Öl gebackene, meist dreieckig geschnittene Weißbrotschnitten als Beilage oder Garnitur.

Creme: Warme oder kalte lockere Speise von Eiern, Zucker, Milch, Kaffee, Wein, evtl. Stärkemehl, Gelatine, Schlagsahne.

Dämpfen: Garmachen der Nahrungsmittel, zugedeckt in Dampf.

Dressieren: Dem Geflügel eine gefällige Form geben.

Dünsten: Garmachen der Nahrungsmittel im eigenen Saft, evtl. unter Zugabe von etwas Fett und wenig Flüssigkeit bei geschlossenem Topf.

Einbrenne: In Fett geröstetes Mehl. Je nachdem welches Nahrungsmittel dadurch gebunden wird, bleibt das Mehl hell oder wird dunkler geröstet. Jede Einbrenne muß mit Flüssigkeit aufgegossen werden.

Filets: Die unter den Rippen rechts und links der Wirbelsäule liegenden Rückenmuskeln von Schlachtvieh und Wildbret. Beim Geflügel bezeichnet man das Brustfleisch als Filet, bei Fischen das Rückenfleisch.

Friture: Backgeschirr mit Backfett zum Schwimmendbacken z. B. von Pommes frites. Häufig elektrisch mit eingebautem Thermostat.

Farinzucker: Gelber bis bräunlicher Rohzucker, der für Lebkuchen, Pfefferkuchen, Honigkuchen und Spezialgerichte verwendet wird.

Flammeri: Eine gekochte, kalte, gestürzte Speise auf Mehl- oder Nährmittelgrundlage, wird vielfach als Pudding bezeichnet.

Flambieren: Eine fertige, salzige oder süße Speise mit hochprozentigem Cognac oder dgl. begießen und anzünden.

Frikandeau: Inneres Schlegelstück von Kalb, Hirsch und Reh, wird meist gespickt.

Frikadellen: Fleischküchlein von gekochtem oder gebratenem, durchgedrehtem Fleisch oder Fisch.

Frikassee: Gekochtes helles Fleisch, hauptsächlich Kalbfleisch oder Geflügel in heller Buttersauce, in Reisrand oder Blätterteig angerichtet.

Garen: Kochen, dämpfen, dünsten, braten, schmoren, backen, grillen. Ein Nahrungsmittel vom rohen in zubereiteten (garen) Zustand bringen.

Garnieren: Das Aussehen der angerichteten Speise durch entsprechende, richtig gewählte Beigabe verschönern.

Gelatine: In Blatt- oder Pulverform erhältlicher, geschmackloser Gallertstoff. Bei Gebrauch in heißer Flüssigkeit auflösen.

Gelee: Süße Sulze aus pektinreichem Obstsaft und Zucker gekocht oder eine beliebige, klare, gesüßte Flüssigkeit mit entsprechender Gelatinemenge gesteift.

Glasur: Schokoladen- oder Zuckerüberzug über Torten, Kuchen und Gebäck.

Gratinieren: Eine Speise im Rohr kurz überbacken.

Grillen: Garmachen durch Infrarotstrahlen in offenem Bratrohr, in einer Spezialpfanne, auf dem Rost oder am Spieß.

Haschee: Breiförmige Speise von gekochtem oder gebratenem, feingewiegtem oder durchgedrehtem Fleisch.

Jus: Der klare Bratensaft, der nach dem Erkalten geliert.

Kochen: Garmachen der Nahrungsmittel in wallender Flüssigkeit.

Kompott: In Zuckerlösung gekochte Früchte.

Konfitüre: In dicker Zuckerlösung eingemachte ganze Früchte oder Fruchtstücke.

Kotelettes: Auf der Pfanne oder dem Grill gebratene Rippenstücke.

Legieren: Eigelb mit etwas Wasser, Milch oder Sahne glattrühren und in die fertige, nicht mehr kochende Suppe oder Sauce einrühren.

Karamel: In einem Eisenpfännchen trocken erhitzter und gebräunter Zukker, mit Wasser aufgegossen und glatt gekocht.

Marinieren: Gekochte, für Salat bestimmte Nahrungsmittel oder rohen Seefisch vor der Weiterverwendung in Zitronensaft, Essig, Wein oder saurem Obstsaft gut durchziehen lassen, ohne Salz.

Menü: Speisenfolge.

Mixen: Eine Flüssigkeit mit verschiedenen Zutaten in ein Gefäß geben, verschließen und gut durchschütteln oder im Mixaufsatz der Küchenmaschine kurz laufenlassen.

Pafesen: Gefüllte Semmeln oder Weißbrote, die paniert und in Fett gebacken werden.

Panieren: Fleisch-, Fisch- oder Gemüsestücke in Mehl, verquirltem Ei und Semmelbröseln wenden. (Mehl, Ei, Bröseln = Panade).

Passieren: Durch ein Sieb streichen.

Pudding: Eine salzige oder süße, im Wasserbad gekochte, warme Speise; vgl. Flammeri.

Ragout: Kleingeschnittenes Fleisch in Sauce.

Rösten: Ein Nahrungmittel ohne oder mit Fett im offenen Topf unter ständigem Rühren auf der Kochstelle lassen bis es gebräunt ist.

Stauben: Binden von Nahrungsmitteln durch Überstäuben mit Mehl.

Schwenken: Gekochte Nahrungsmittel in heißem Fett durchschütteln oder Salatzutaten in Salatsauce.

Schalotten: Kleine würzige Zwiebeln.

Schmoren: Nahrungsmittel durch Anbraten in heißem Fett im offenen Topf und nach anschließender Flüssigkeitszugabe zugedeckt gar werden lassen.

Soufflé: Ganz leichter Eierauflauf.

Spicken: Durchziehen von feinen Speckstreifchen oder Hineinstecken von keilförmigen Speckstückchen in Fleisch oder Fisch. Aus Geschmacksgründen kann auch mit geschnittener Essiggurke, Sardellen u.dgl. gespickt werden.

Sengen: Die Flaumhärchen von bereits vorbereitetem Geflügel über einer Gas- oder Spiritusflamme abbrennen.

Tränken: Durchfeuchten oder Anfeuchten von Gebäckstücken oder Kuchen mit aromatischer Flüssigkeit oder Alkohol.

Toast: Trinkspruch.

Toast: Nicht zu dünne Weißbrotscheiben, die an der Oberfläche getrocknet und hell gebräunt sind, innen aber weich.

Toasten: Zubereiten von Toast, meist im elektrischen Toaströster oder direkt auf der Elektroplatte.

Topfen: Quark.

Tranchieren: Gares Fleisch, Geflügel, Fisch form- und sachgerecht in Portionsstücke schneiden, bzw. zerlegen, zerteilen.

Wasserbad: Topf mit kochendem oder heißem Wasser zum Garmachen oder Heißhalten von Speisen, auch zum Wärmen.

Zucker läutern: Zucker mit wenig Wasser bis zu verschiedenen Graden kochen. Breitlauf: die Zuckerlösung fällt in breitem Tropfen vom Löffel. Spinnen: ein Tropfen, der vom Löffel fällt, zieht einen Faden nach sich. Kettenflug: über eine eingetauchte Drahtschlinge spannt sich ein feines Häutchen von dem beim daraufblasen kettenförmig gebundene Blasen wegfliegen. Karamel: das Wasser ist verkocht, der Zucker bräunt.

Nährstoffgehalt und Kalorien- bzw. Joulewert der wichtigsten Nahrungsmittel

100 g Lebensmittel enthalten	Eiweiß	Fett	Kohlenhydrate	Kalorien	Joule
Milch, Milchprodukte, Fette, Eier					
Vollmilch	3.4	3	5	62	260
Buttermilch	4	1	4	42	176
Joghurt	5	3	4	65	272
Kondensmilch (10%)	8	10	12	175	733
Magermilch	3.5	—	5	35	147
Schlagsahne	3	30	3	300	1256
Butter	1	80	1	750	3140
Margarine	0,8	78	—	725	3035
Pflanzliche Fette und Öle	—	100	—	930	3893
Mayonnaise	1.5	78	3	744	3114
Schweinefett	—	99	—	925	3872
Quark	17	1	4	95	398
Käse (45% Fettgehalt)	32	30	2	415	1737
Magerkäse	37	3	3	190	795
Eier (2 Stück)	12	11	1	156	653
Eigelb	16	32	—	360	1507
Eiweiß	13	—	1	57	239
Fisch, Fischwaren, Fleisch, Wurst, Wild, Geflügel					
Schellfisch, Kabeljau, Rotbarsch (Filet)	17	—	—	70	293
Aal, geräuchert	14	20	0,6	246	1030
Bückling, Matjeshering	14	10	—	150	628
Sardinen	24	14	1	232	971
Krabben	18	1	1	85	356
Forelle, Hecht	10	1	—	50	209
Karpfen	8	4	—	70	293
Kalbfleisch	21	3	0,5	116	486

Nährstoffgehalt und Kalorien- bzw. Joulewert der wichtigsten Nahrungsmittel

100 g Lebensmittel enthalten	Eiweiß	Fett	Kohlen= hydrate	Kalorien	Joule
Ochsenfleisch, mager	22	6	—	146	611
Schweinefleisch, mager	18	8	—	148	620
Hammelfleisch, mager	15	8	—	136	569
Gelatine	85	—	—	348	1457
Zunge	12	11	0.5	154	645
Leber	20	4	3	130	544
Niere	18	5	—	120	502
Schinken	22	22	—	295	1235
Speck, fett	2	90	—	845	3537
Speck, durchwachsen	14	51	—	530	2219
Wurst, Frischwurst	12	22	—	254	1063
Wurst, Dauerwurst	17	41	—	451	1888
Wild	19	2	—	95	398
Ente	18	4	—	115	481
Gans	12	36	—	385	1612
Huhn	17	4	—	108	452
Mehl, Brot, Teigwaren, Nährmittel, Kartoffeln, Hülsenfrüchte					
Weizenmehl	11	2	71	355	1486
Stärkemehl	1	—	86	355	1486
Grieß	9	1	73	345	1444
Reis	7	1	79	360	1507
Haferflocken	14	7	67	397	1662
Teigwaren	10	1	76	360	1507
Schwarzbrot	6	1	51	243	1017
Mischbrot	7	1	52	251	1051
Vollkornbrot	7	1	48	235	984
Knäckebrot	10	1.5	77	371	1553
Zwieback	10	4	76	390	1633
Weißbrot	7	1	50	245	1026
Kartoffeln	2	—	16	74	310
Bohnen, getrocknet	23	2	61	360	1507
Erbsen, getrocknet	24	2	57	360	1507
Linsen, getrocknet	25	1	60	360	1507
Sojamehl	43	20	24	460	1926

Nährstoffgehalt und Kalorien- bzw. Joulewert der wichtigsten Nahrungsmittel

100 g Lebensmittel enthalten	Eiweiß	Fett	Kohlen-hydrate	Kalorien	Joule
Gemüse, Pilze					
Blumenkohl	2	—	3	21	88
Erbsen, grüne	3	—	5	33	138
Gelbe Rüben	1	—	7	33	138
Grüne Bohnen	3	—	6	37	155
Gurken	1	—	1	8	33
Kohlrabi	2	—	4	25	105
Kopfsalat	1	—	1	9	38
Lauch	2	—	4	25	105
Paprikaschoten	1	—	5	25	105
Rettich	1	—	6	29	121
Rhabarber	1	—	2	13	54
Rosenkohl	5	—	6	45	188
Schwarzwurzeln	1	—	5	25	105
Rote Rüben	1	—	8	37	155
Sellerie	1	—	5	25	105
Spargel	1	—	2	13	54
Spinat	2	—	1	15	63
Tomaten	1	—	3	17	71
Weißkraut, Blaukraut	1	—	3	17	71
Wirsing	2	—	4	25	105
Zwiebeln	1	—	9	41	172
Sauerkraut	1	—	3	17	71
Tomatenmark	2	—	25	110	460
Oliven, mit Stein	4	40	—	388	1624
Champignons	3	—	3	24	100
Pfifferlinge	2	—	3	21	88
Steinpilze	4	—	4	33	138
Obst, Trockenobst, Nüsse					
Äpfel	0,4	—	13	55	230
Aprikosen	0,9	—	11	49	205
Birnen	0,4	—	13	55	230
Kirschen	0,8	—	15	65	272
Pfirsiche	0,7	—	13	56	234

Nährstoffgehalt und Kalorien- bzw. Joulewert der wichtigsten Nahrungsmittel

100 g Lebensmittel enthalten	Eiweiß	Fett	Kohlen= hydrate	Kalorien	Joule
Pflaumen, Zwetschgen	0,8	—	16	69	289
Brombeeren	1,1	—	9	43	180
Erdbeeren	1,3	—	8	38	159
Hagebutten	4,1	—	25	120	502
Heidelbeeren	0,8	—	12	52	218
Himbeeren	1,4	—	7	35	147
Johannisbeeren, rot und schwarz	1,3	—	7	34	142
Preiselbeeren	0,7	—	12	62	260
Stachelbeeren	0,9	—	9	41	172
Weintrauben	1	—	17	74	310
Ananas	0,3	—	9	38	159
Orangen	0,6	—	9	39	163
Bananen	1	—	20	86	360
Grapefruit (Pampelmusen)	0,6	—	3	15	63
Zitronen	0,5	—	6	27	113
Getrocknete Äpfel	1,4	1	55	240	1005
Getrocknete Aprikosen	4	—	54	238	996
Getrocknete Pflaumen, Zwetschgen	2	1	51	217	908
Sultaninen	1,6	1	66	286	1197
Feigen	3,3	1	59	265	1109
Datteln	2,1	0,5	58	250	1047
Erdnüsse, ohne Schale	28	45	16	590	2470
Haselnüsse, ohne Schale	17	63	7	685	2867
Mandeln, ohne Schale	21	53	13	635	2658
Walnüsse, ohne Schale	11	39	9	445	1863
Süßwaren					
Bienenhonig	—	—	81	332	1390
Kakao	18	14	51	415	1737
Schokolade	7	26	62	525	2198
Marmelade	6,7	—	65	275	1151
Zucker	—	—	100	410	1716
Obstsäfte, Alkoholische Getränke					
Apfelsaft	—	—	11	45	188
Himbeersaft, gezuckert	—	—	69	283	1185

Nährstoffgehalt und Kalorien- bzw. Joulewert der wichtigsten Nahrungsmittel

100 g Lebensmittel enthalten	Eiweiß	Fett	Kohlenhydrate	Kalorien	Joule
Johannisbeersaft, schwarz, rot	—	—	12	49	205
Traubensaft	1	—	14	62	260
Orangensaft	0.8	—	10	44	184
Grapefruitsaft	0.6	—	9	39	163
Weißwein, deutsch				61	255
Rotwein, deutsch				69	289
Bier				45	188
Weinbrand, im Durchschnitt				220	921

Sachverzeichnis

A

Aal 149
Aal, blaugekocht 149
Aal in Dillsauce 149
Aal, gebackener 150
Aal, gedünsteter auf Salbei 149
Aal in Gelee 150
Aal, marinierter 150
Aalraupe 150
Aalsuppe, Hamburger 105
Ackersalat 343
Adventlichter 729
Äpfel, gebratene 487
Äpfel, gedünstete 426
Äpfel, gedünstete, gefüllte 426
Äpfel, gefüllte, gebackene 574
Äpfel, gefüllte auf Weißbrot 47
Äpfel mit Gelee 488
Äpfel, gespickte 487
Äpfel, gratinierte 488
Äpfel, Pariser 643
Äpfel im Schlafrock, Blätterteig 631
Äpfel, überzogene 487
Äschen 141
Albert=Keks 714
Almnüsse 578
Alu=Fischfilet 39
Alu=Kalbsleber 23
Alu=Schinken=Äpfel 47
Ambrosiacreme 498
American Toast 66
Amsterdamer Kuchen 607
Ananas=Bananen=Salat 62
Ananasbombe 544
Ananasbowle 786
Ananascreme 51
Ananasdessert 50
Ananaseis 538
Ananaseis mit Büchsenananas 538
Ananas, gegrillte 256
Ananasgelee 501
Ananasgelee mit Schlagsahne 502
Ananaskompott 430
Ananaskraut 318
Ananaslikör 790
Ananasmilch 777
Ananas=Orangen=Dessert 51
Ananaspunsch 549
Ananaspunsch, kalter 786
Ananas=Roulade 635
Ananastorte 645
Anisbrot 612
Anisette 792
Anisgebäck 716
Aniskranz 585
Anislaibchen 687
Aniszwieback 612
Anschovisbutter 80
Anschovissauce, kalte 408
Aperitifs 861
Apfelauflauf 456, 459
Apfelbrei 425
Apfelcharlotte 441
Apfelcreme, feine 643
Apfelförmchen 50
Apfelhälften, gedünstete, gefüllte 426
Apfelkompott 425
Apfelkuchen, bayerischer 625
Apfelkuchen, gedeckter, Hefe= teig 621
Apfelkuchen mit Makronenguß 625
Apfelkuchen, schwedischer 625
Apfelkuchen, umgedrehter 623
Apfelküchel in Bierteig 574
Apfelküchel in Pfannkuchenteig 573
Apfelküchel in Weinteig 573
Apfelküchel, Wiener 573
Apfel=Leberwurst=Toast 256
Apfelleuchter 731
Apfelmännlein 729
Apfelmayonnaise 410
Apfelmeerrettich 409
Apfelmus 426
Apfelmusnachspeise 483
Apfelmus, warmes mit Reis 45
Apfelnudeln 439
Apfelomelette 51
Apfelpfannkuchen 420
Apfelpüree mit Leber 268
Apfelraspel 36
Apfelreis 436, 481
Apfelreis, überbackener 454
Apfelsaftpunsch 781
Apfelsago mit Himbeergelee 489
Apfelsalat 62
Apfelsauce, kalte 413
Apfelsauce, pikante kalte 410
Apfelscheiben, gebackene 45
Apfelscheiben, gegrillte 256
Apfelschindeln 48
Apfelschmarren 443
Apfelschnee 493, 494
Apfelschnitten, braune 640
Apfel=Selleriecreme=Suppe 118
Apfelsineneis, spanisches 543
Apfelsinentorte 659
Apfelspeise 440
Apfelspeise mit Makronen 451
Apfelspeise, rote 501
Apfelspeise mit Schnee 440
Apfelstrudel, ausgezogener 446
Apfelstrudel, Wiener 446
Apfeltorte, Schwarzwälder 651
Apfeltrank 779
Apfelwein 797
Apfelwurst 726
Aprikosenbombe 545
Aprikosendessert 484
Aprikoseneis 536
Aprikoseneis mit Creme 537
Aprikoseneis mit Schlagsahne 536
Aprikosengateau 624
Aprikosengelee 500
Aprikosenkompott 428
Aprikosenkonfekt 728
Aprikosenkuchen, feiner 628
Aprikosen auf Makronen 52
Aprikosen=Maraschino=Eis 541
Aprikosensauce 414
Aprikosenschaum 492
Aprikosenschnee 493
Aprikosen=Toast 67
Arabertorte 662
Arancini 722
Arrak 794

Sachverzeichnis

Arrakcremefülle 666
Arrak=Cremespeise 514
Arrakglasur 669
Arrakpunsch 782
Arrakreis 480
Arrakspeise 516
Artischocken 311
Artischockenböden 312
Artischockenböden, überkrustet 64
Artischockenherzen 312
Aspik 288
Aspikbecher 35
Aspik, gestürztes, mit Einlage 288
Auberginen 317
Auberginen, gefüllte 283
Auerhähne, vorrichten 235
Auerhahn 249
Auerhahn, gefüllter 249
Auerhühner einlegen 237
Auflauf, Karlsbader 457
Ausgezogene Nudeln 568
Austern 55, 168
Austern, falsche 262
Austern, frische 168
Austern, gebackene 169
Austern, überkrustete 169
Austern, verhüllte 169
Austern, warme 169
Avocados 48
Avocados=Salat 434

B

Backblechkartoffeln 388
Backhühner, Wiener 178
Bällchen 578
Bärenfang 795
Bärenpratzerl 700
Baisers 637
Baisergebäck 691
Baisertorte 660
Baklawa 452
Balkan=Spieß 253
Bananenbrei 51
Bananenbutter 8c
Bananenfenster 49
Bananen, gegrillte 256

Bananengelee 501
Bananengemüse 319
Bananenkompott 433
Bananenplatte 485
Bananenreis 480
Bananensalat 62
Bananenscheiben 48
Bananenschiffchen 51
Bananen=Schinken=Toast 41
Bananen im Schlafrock 642
Bananenspeise 485
Bananentoast 41, 66
Bandnudeln 378
Barbe 142
Barbecue 30
Barsch 142
Basler Braunes 728
Baseler Lebkuchen 677
Basler Schnitten 685
Basler Schokoladengebäck 691
Bauernkrapfen 689
Bauernomelette 130
Baumkuchenstreifen 607
Baumkuchentorte 652
Baumstamm 634
Bayrischkraut 313
Bayerischer Apfelkuchen 625
Bayerische Creme 528
Béchamelauflauf 459
Béchamelkartoffeln 392
Béchamelsauce 403
Becherpasteten, römische 69
Beefsteaks, deutsche 208
Beefsteak mit Sardellen 209
Beefsteak à la Tatare 208
Beeftea 94
Beerensahneeis 541
Bekassine 250
Bekassinen, vorrichten 236
Belgrader Brot 699
Belgrader Kränzchen 689
Berberitzenmarmelade 813
Bergamotteeis 537
Berghühner, vorrichten 235
Berghuhn 249
Berliner Pfannkuchen 570
Beuschel 273
Bienenhoniggelee 812

Bienenkorb 73
Bienenstich 586
Bier, warmes 773
Bierkäse 91
Bier=Kaltschale 120
Bierkarpfen 145
Bierlikör 794
Bier=Meerrettich=Sauce 410
Biersuppe 118
Bircher Müsli 367
Birkhahn, gebratener 248
Birkhahn, vorrichten 235
Birkhühner einlegen 237
Birne Helene 539
Birnen=Chiffon 642
Birnen, gedünstete 427
Birnenkompott 426
Birnen mit Mandelkaramel 642
Birnen, rote 810
Birnen=Spalten 61
Bischofsbrot 608
Biskuits, englische 703
Biskuits, salzige 561
Biskuitauflauf 460
Biskuitbögen 687
Biskuitdalken 437
Biskuiteiscreme 543
Biskuit=Gugelhupf 608
Biskuitkuchen mit Mandeln und Sultaninen 610
Biskuitmassen mit Butter 560
Biskuitmasse für Rouladen 560
Biskuitmasse für Tortenblätter 560
Biskuitmasse mit Wasser 560
Biskuitmasse ohne Wasser 559
Biskuitnadeln 686
Biskuitpudding 469
Biskuitroulade 634
Biskuitschnitten 635, 701
Biskuit=Soufflé 422
Biskuitspeise mit Creme 460
Biskuitstangen 687
Biskuitwürfel 121
Biskuitzwieback 613
Blätterspinat, italienischer 318
Blätterteig 562
Blätterteig, süßer 562

884

Blätterteigapfelstrudel 448
Blätterteig=Fleisch=Schnitten 466
Blätterteig=Mandeltorte 53
Blätterteigpasteten 68
Blätterteigpastete, große 70
Blätterteigtorte 660
Blättertorte, französische 650
Blaukraut 313
Blaukraut mit Äpfeln 313, 363
Blaukrautsalat 346, 359
Bleichsellerie 38, 59, 320
Blitzkuchen, kleine 702
Blumenkohl mit Bröseln und Butter 309
Blmenkohl in Buttersauce 309
Blumenkohl, gebackener 322
Blumenkohl, gedünsteter 309
Blumenkohl mit holländischer Sauce 321
Blumenkohl mit Käseguß 321
Blumenkohl mit Rahm 34
Blumenkohl mit Sauerrahm 321
Blumenkohlauflauf 463
Blumenkohlomelette 130
Blumenkohl=Reis=Suppe 118
Blumenkohlrohkost 358
Blumenkohlsalat 348
Blumenkohlsalat mit Tomaten 361
Blumenkohlsuppe 101
Blut, geröstetes 275
Blutwürste 300
Blut= und Leberwürste, geröstete 296
Blut= und Leberwürste, heiße 296
Böhmische Dalken 437
Böhmische Knödel 384
Böhmische Krapfen 570
Boeuf à la mode 201
Boeuf à la Nesselrode 201
Bohnen, grüne, Einmachen 816, 821
Bohnen, junge grüne 308
Bohnen, grüne, mit Räucherspeck 23

Bohnen, grüne, mit Sauerrahm 318
Bohnen, grüne, in saurer Sauce 309
Bohnengemüse 308
Bohnensalat mit Gurken und Tomaten 362
Bohnensuppe 100
Bohnentorte 657
Bohnen, weiße, Brei 317
Borschtsch 39
Bouillon 93
Bouillon mit Ei 95
Bouillon mit Käsebrötchen 117
Bouillon, kalte 95
Bouillon mit Tatarbrötchen 117
Bowle, alkoholfreie 787
Bowle, amerikanische 788
Brachsen 142
Brandteig 558
Brandteig=Apfelauflauf 462
Brandteigklößchen 121
Brandteigkrapfen, Regensburger 571
Brandteigkrapferl mit Himbeersaft 637
Brandteigkrapferl mit Schokoladensauce 637
Brandteig=Soufflé 422
Brasilianerstriezeln 707
Brathähnchen, entbeinte gefüllte 178
Brathähnchen, gefüllte in Cognacsauce 177
Bratheringe 161
Brathühnchen mit Curryreis gefüllt 177
Bratkartoffeln 389
Bratwürste, blaugekochte 297
Bratwürste, gebratene 297
Bratwürstchen in Hefeteig 598
Bratwurst=Pastete, warme 72
Braune Lebkuchen 679
Braunschweiger Spekulatius 714
Breite Nudeln 378
Bremer Klöben 607
Brennesselspinat 305

Brennesselsuppe 101
Brennsuppe 98
Brezeln 583
Brezeln, Wormser 712
Bries, gebackenes 261
Bries, gebratenes, mit Rühreiern 261
Brieskößchen 112
Briespudding 477
Bries=Schinkenaspik, feines 293
Briessuppe 106
Brillen 583
Broccoli 320
Bröseltorte 655
Brombeerkuchen 624
Brötchen, belegte 81
Brötchen, bunte 82
Brötchen, pikante 83
Brombeermilch 777
Brotaufstrich, pikanter 80
Brote, belegte 81
Brotlaibtorte 53
Brotsuppe, verkochte 97
Brunch 24
Buchteln 580
Büchsengemüse 317
Bückling mit Rührerei 163
Bücklingsbrötchen 83
Bulgarentoast 256
Buntwürfelsuppe 117
Burgunderbraten 201
Busserl, Nürnberger 684
Butter, braune 401
Butter, zerlassene 401
Butter, zerlassene, mit Petersilie 401
Butter, zerlassene, mit Sardellen 401
Butter, zerlassene, mit Senf 401
Butter, zerlassene, mit Zitronensaft 401
Butteräpfel mit Biskuitguß 485
Butteräpfel, gebratene 487
Butterbananen mit Himbeersaft 49
Butterblumen 713

Butterbögen 703
Butterbrezeln 706
Butterbrötchen 720
Buttercreme 663
Buttercreme, gemischte 664
Butterfülle, leichte, mit
 Eierschnee 664
Butterkartoffeln 390
Butterkastanien 371
Butterkeks 714
Butterkuchen 585
Buttermilch 775
Buttermilch=Kaltschale 120
Buttermilchspeise 498
Buttermilchstangen 577
Buttermilchsuppe 97
Butternockerlsuppe 110
Butterringe 713
Butterschnitzel 194
Butterwaffeln 564
Butterzeug 712
Butterzeug, Nürnberger 712

C

Cabinetpudding 469
Canapés 81
Cantaloupe 59
Capri=Feigen 59
Cevapcici 466
Champignons, junge 335
Champignons, junge, roh 336
Champignons, roh 35
Champignons, überzogene 335
Champignons in Blätterteig=
 schiffchen 66
Champignoncremesuppe 104
Champignonragout 65
Champignonsalat 37, 339, 355
Champignonschnitten 40
Champignonschnitzel 196
Charlotte russe 517
Chateaubriand 207
Chaudfroidsauce 405

Cheeseburgers 399
Cherimoya 48
Chicorée 311
Chicorée=Blätter, gefüllt 33
Chicorée mit Sauerrahmcreme 355
Chicoréesalat 345
Chicorée=Schinken 66
Chinakohl 325
Chinawein 801
Chinesentrank 548
Christbaumkeks 714
Christinencreme 527
Chutney 820
Cobblers 862
Cocktails 860
Cocktailkirschen=Obstsalat 52
Cognaccreme mit Erdbeeren 518
Cognac=Kirschen 811
Cordon bleu 197
Crab meat Canapés 58
Crab meat Cocktail 32
Crab meat=Törtchen 56
Creme, bayerische, mit
 Himbeermark 528
Creme, gemischte gefrorene 528
Creme Nikolaschka 521
Cremepudding 471
Cremeschnitten 632
Creme=Soufflé 421
Cremespeise, gebackene 517
Cremeüberzug 673
Crepes, flambiert 28
Crepes, gesüßter Teig 418
Crepes, Teig 28
Crepes Cherry Brandy 419
Crepes Flambées mit Grand
 Marnier 423
Crepes mit Roquefort 419
Crepes Suzette 419
Crustas 863
Cumberlandsauce 407
Cumberlandsauce mit
 Hagebuttenmark 408
Cumquats 49
Curaçao 792

Currybutter 80
Currysuppe, indische 98
Custardapple 48

D

Dalken, böhmische 437
Dampfnudeln 579
Dampfnudeln mit Obst 579
Datteln, gefüllte 725
Dattelblüten 52
Dattelcreme, gefrorene 526
Dattelmakronen 694
Dattelsalat 367
Dattelstangerl 695, 726
Datteltorte 654
Dauerkuchen 605
Decksauce, braune 405
Decksauce, feine weiße 405
Deutsche Beefsteaks 208
Diät=Alu=Fischfilet 755
Diät=Alu=Fischfilet mit
 Apfelwürfel 755
Diät=Alu=Kalbsleber mit
 Pilzen 755
Diät=Apfelpüree mit Leber 751
Diät=Backteig 756
Diät=Beefsteak, geschabtes 754
Diät=Biskuittorte 762
Diät=Brühe mit Fleisch=
 knöderl 753
Diät=Butterschnitzel in
 Alufolie 755
Diät=Cognacmilch 753
Diät=Creme, rohgerührte 761
Diät=Diabetikergelee,
 Einheitsrezept 764
Diät=Diabetikermarmelade,
 Einheitsrezept 764
Diät=Diabetiker=Marmeladen
 und =Gelees 764
Diät=Fichtenhonig 763
Diät=Fischfilet, fettlos 755
Diät=Fischsalat 754
Diät=Gabelbissen 754
Diät=Gemüsebrühe, klare 752
Diät=Gemüsesäfte 763

Sachverzeichnis

Diät=Haferbrei 751
Diät=Haferflockenauflauf 751
Diät=Haferflockenmakronen 760
Diät=Haferflockenschnitzel 752
Diät=Haferflockensuppe 752
Diät=Haselnußkuchen 759
Diät=Hirnsuppe 752
Diät=Käsebrötchen, heiße 754
Diät=Käsegebäck 760
Diät=Käsesauce 757
Diät=Käsesuppe 752
Diät=Kalbfleischbrühe 751
Diät=Kalbfleischpüree 754
Diät=Kartoffelpüree 757
Diät=Kartoffelschnee 757
Diät=Kuchen, englischer 762
Diät=Kuchen im Weckglas 762
Diät=Lebercremesuppe 750
Diät=Leberrahm 751
Diät=Mandelbrot 759
Diät=Mandelkaltschale 760
Diät=Mandelmakronen 760
Diät=Meerrettich in Bier 764
Diät=Mokkacreme 762
Diät=Nußbrot 760
Diät=Obstsäfte 763
Diät=Omelette 754
Diät=Pfefferminzsauce 758
Diät=Quarkcreme 762
Diät=Reisauflauf 759
Diät=Rhabarbercreme 761
Diät=Rohleberaufstrich 751
Diät=Rotwein mit Ei 753
Diät=Sahnemeerrettich 757
Diät=Salatmarinade mit Sahne 758
Diät=Salatmarinade mit Senf 758
Diät=Salatmarinade mit Tomaten 758
Diät=Salzgebäck 760
Diät=Sauce, holländische 759
Diät=Schinkenkipferl 761
Diät=Schleimsuppe 750
Diät=Sellerie, gedünstete 756
Diät=Senfsauce 757
Diät=Spinat 756

Diät=Spinatomelette 756
Diät=Spitzwegerichsaft 764
Diät=Stachelbeersauce 758
Diät=Tomaten, gebratene 756
Diät=Tomaten, gedünstete 756
Diät=Tomatensauce 758
Diät=Tomatensuppe 753
Diät=Tomatensuppe, kalte 753
Diät=Topfennudeln 757
Diät=Vanillesauce 759
Diät=Weinchaudeau 761
Diät=Zitronenbiskuit 759
Diät=Zitronencreme 762
Diät=Zwiebackbrei 753
Diät=Zwiebelsaft 763
Dillinger Waffeln 565
Dillkartoffeln 392
Dillsauce 404
Dip 25
Diplomatenpudding 469
Diplomatentorte 516
Djuez 278
Dotschen 315
Doughnuts 576
Dreifarbenbombe 546
Dreifarbengelee 499
Dresdner Stollen 589
Dukatennudeln 581
Dunstgemüse mit Leber=
 schnitten 328

E

Eberswalder Spritzkuchen 572
Eclairs 637
Egg=Noggs 864
Eier in Aspik 293
Eier, bayerische 129
Eier, Einlegen 824
Eier, Florentiner 131
Eier, gebackene 124
Eier, gefüllte 88
Eier, gefüllte, mit Krabben=
 mayonnaise 89
Eier, gekochte in Béchamel=
 sauce 129
Eier im Glas 123

Eier, harte 124
Eier in Mayonnaise 131
Eier mit Meerrettich 130
Eier, poschierte 125
Eier in Ragoutschälchen 124
Eier in Rahm 129
Eier, russische 88
Eier mit Senf 130
Eier in Tomaten 128
Eier in Tomatenaspik 89
Eier, verlorene 125
Eier, verlorene, in französischer Zwiebelsauce 128
Eier als Verzierung zu kalten Platten 86
Eier, wachsweiche 123
Eier, weiche 123
Eierbier 784
Eierbier=Erfrischungsgetränk 780
Eierbutter 79
Eierflaumsuppe 99
Eierförmchen 131
Eierfrüchte 317
Eierfrüchte, gefüllte 283
Eiergerstensuppe 98
Eierkaffee 780
Eierkränzchen 688
Eierkuchen 416
Eierkuchen, feine, mit Roquefort 419
Eierkuchen, flambierte 419
Eierkuchen, süße 416
Eierlikör 792
Eiermilch=Weißbrotwürfel, geröstete 45
Eieromelette 125
Eierpfannkuchen, feine, gesüßter Teig 418
Eierpunsch 783
Eiersalat 38, 131
Eierspätzle 45
Eierstich, gezuckerter 50
Eierwaffeln 564
Eierwein 784
Eigelbkuchen 626
Einlaufsuppe 99
Einspänner 767

887

Einwecken 803
Eisbecher Alpspitz 549
Eisbecher mit Biskuit 540
Eisbecher Coupe Dänemark 549
Eisbecher mit Erdbeeren 539
Eisbecher Paris 540
Eisbecher Sylvia 540
Eisbecher Venus 540
Eisbein 219
Eischneezwieback 611
Eiscreme=Soda 549
Eisdessert Désirée 549
Eisgebäck 640
Eiskaffee 547
Eislikör 788
Eispunsch, römischer 549
Eisquick 549
Eissalat 344
Eisschokolade 548
Eisschokolade (Konfekt) 724
Eistee 548
Eiweißbiskuit 688
Eiweißglasur 671
Eiweiß=Spritzglasur 671
Elisen=Honiglebkuchen 676
Elisenlebkuchen auf Oblaten 680
Endiviensalat 344
Englische Biskuits 703
Englische Keks 715
Englischer Kuchen 603
Ente, gebratene 182
Ente, gebratene gefüllte 182
Ente, gebratene mit Orangensauce 182
Ente, gefüllte entbeinte 182
Entrecote 206
Erbsbrei, gelber 317
Erbsbrei, grüner 317
Erbsen, gebackene 122
Erbsen, grüne gedünstete 307
Erbsenschälchen 45
Erbsensuppe 100
Erdartischocken 39, 320
Erdbeeren, gefüllte 52
Erdbeerbombe 544
Erdbeerbowle 786

Erdbeercreme 505
Erdbeercreme, gefrorene 526
Erdbeercreme, kalte 518
Erdbeercremetorte 519
Erdbeerdelikatesse 49
Erdbeereis 533
Erdbeereis mit Creme 534
Erdbeereis mit Eierlikör 549
Erdbeereis mit ganzen Erdbeeren 534
Erdbeereis mit Milch 534
Erdbeereis mit Wein und Schlagsahne 533
Erdbeergelee 499
Erdbeerkompott 427
Erdbeermarmelade, roh gerührt 810
Erdbeermilch 776
Erdbeer=Rhabarber=Creme=Torte 654
Erdbeersahneeis 541
Erdbeer=Sahne=Roulade 635
Erdbeersauce, kalte 414
Erdbeerschnee 494
Erdbeerschnee mit Schlagsahne 494
Erdbeer=Soufflé 423
Erdbeerspeise 485
Erdbeertorte 630
Erdbeer=Vanille=Bombe 546
Erdkohlraben 315
Erdnußplätzchen 394
Espresso 766
Essiggurken als Verzierung zu kalten Platten 86
Essigkren 409
Esterházy=Rostbraten 202
Estragonessig 822
Euter, gebackenes 275

F

Farinlebkuchen auf Oblaten 682
Fasan, gedünsteter, in Weinkraut 248
Fasan, gebratener 248

Fasan „Rheingold" 248
Fasan, überglänzt 293
Fasanen, vorrichten 235
Fasanenpastete 77
Faschingskrapfen 569
Feigen, grüne 59, 434
Feigen mit Sahne 434
Feigen, als Vorspeise 434
Feigenkonfekt 728
Feigenmännlein 730
Feigentorte 659
Feinschmeckerbrötchen 83
Felchen 141
Felchen, gebratene 141
Feldsalat 343
Fenchelgemüse 311
Fensterküchel 570
Fett auslassen 823
Feuerbohnen mit Bröseln und brauner Butter 316
Feuerzangenbowle 29
Fiaker 767
Filet, Frankfurter 204
Filet, auf italienische Art 203
Filet Stroganoff 209
Filet Wellington 204
Filetbeefsteak 207
Filetbraten 202
Filetbraten, Wiener 203
Filetbraten mit Champignons 203
Filetschnitten 207
Filetschnitten mit Madeira und Oliven 208
Filetschnitten auf Wiener Art 208
Filterkaffee 766
Fingernudeln 438
Finocchi 311
Fischauflauf, feiner mit Blumenkohl 155
Fischauflauf mit Sauerkraut 156
Fischbeefsteaks 156
Fischbraten 153
Fischbraten, gefüllter 153
Fischbraten mit Speck, Gurken und Zwiebeln 153

Sachverzeichnis

Fischfiletbraten 154
Fischfiletbraten mit Käse 154
Fischfilets in Bierteig 155
Fischfilets, gebackene 155
Fischfilets, gebratene 154
Fischfilets, gefüllte mit Schinken 157
Fischfilets, gerollte 157
Fischfilets mit Senfchaudeau 158
Fischfrikadellen 156
Fischgulasch 157
Fischkartoffeln 137
Fischmayonnaise 160
Fischpudding 156
Fischsalat 160
Fischsulze 289
Fischsuppe, italienische 105
Fizzes 862
Flambierte Crepes 28
Flambierte Fleischgerichte 28
Flambiertes Obst 28, 53
Flambiertes Obst mit Eis 29
Flambierte Omelettes 28
Flambieren am Tisch 27
Fleisch in Aspik 292
Fleisch mit Eiern 276
Fleisch, Einmachen 816
Fleisch mit Käse 276
Fleisch mit Reis 276
Fleischbeize 201
Fleischbrühe 93
Fleisch=Gemüse=Gericht, jugoslawisches 278
Fleischkäse, gekochter 302
Fleisch=Kartoffelauflauf 284
Fleischklößchen, feine 112
Fleischkrapfen 285
Fleischkrapferlsuppe 115
Fleischkücherl 285
Fleischkuchen, Kurländer 598
Fleischpastete 73
Fleischpastetchen, warme 71
Fleischpfanzerl 279
Fleischpfanzerl, panierte 280
Fleischpfanzerl mit Rahm 279
Fleischpudding 475
Fleischpüree 280

Fleischsalat 353
Fleischsalat in Mürbteig= schiffchen 601
Fleischwurst=Toast 255
Fliederbeersuppe 119
Flips 863
Florentiner 639
Fogas 146
Fondantglasur 672
Fondue Bourguignonne 26
Fondue Chinoise 27
Fondue, Käse 26
Fondue mit Kalbsleber 27
Fondue mit Rehfleisch 27
Forellen in Aspik 294
Forellen, blau gekocht 139
Forellen, gebackene 141
Forellen, gebratene 140
Forellen, gedünstete, in Dill- butter 23
Forellen mit Kräutern 139
Forellen mit Rahm 140
Forellen, am Rost gebraten 141
Forellen, überzogene 62
Forellen in Weißwein 140
Frankfurter Kranz 606
Frankfurter Maitrank 786
Frankfurter Printen 698
Frankfurter Pudding 471
Frankfurter Speise 513
Französischer Salat 352
Frikadellen 280
Frischling, gebratener 245
Frischlingskotelett 246
Frischmarmelade 809
Froschschenkel 170
Froschschenkel, gebackene 170
Froschschenkel in Sauce 170
Fruchtbombe 545
Fruchtbrei 805
Fruchtcocktail 58
Fruchtcremefülle 667
Frucheis 533
Fruchtkaltschale, feine 121
Fruchtkompott 810
Fruchtlimonade 778
Fruchtmark 805

Fruchtmilch 773
Fruchtsahneeis 533
Fruchtsalat 365, 366
Fruchtsalat mit Honig und Wein 366
Fruchtsauce 413
Fruchtschaum 365
Fruchtschneeüberzug 672
Fruchtschnitten 700
Früchteauflauf 460
Früchtebrot 596
Früchte, besondere 355
Früchte, gezuckerte 365
Früchte, gezuckerte, mit Quark 365
Früchte=Gitterkuchen, bunter, Hefeteig 622
Früchte mit Honig und Zucker 809
Früchte in Wein 809
Früchte in Zucker und Essig 809
Frühlingsbraten 204
Frühlingseier 88
Frühlingssuppe 100
Füllung für Apfelkuchen 643
Füllung für Gebäck 643
Füllung für Torten 643
Fürst=Pückler=Bombe 547

G

Gänsebraten 183
Gänsehals, gefüllter 184
Gänseklein, pommersches 184
Gänseleber in Aspik 292
Gänseleber mit Aspik 56
Gänseleber in Buttersauce 267
Gänseleber, gebackene 267
Gänseleber, gebratene 183, 267
Gänseleber, gedünstete 267
Gänseleber, gekochte 266
Gänseleber=Pastete 75
Gänseleber=Pastete mit Schweinefleisch 75
Gänseleberpain mit Wein= trauben 67

Gänse=Schwarzsauer 184
Gänse=Weißsauer 184
Galantine 182
Gans, gefüllte gebratene 183
Gartengrill 30
Gebackene Mäuse 570
Gebackenes Gefrorenes 540
Gebäck aus Blätterteig 633
Geburtstagskaffeekuchen 607
Geflügel in Aspik 292
Geflügel, gekochtes, in Sulze 292
Geflügelpastetchen 72
Geflügelpudding 476
Geflügelsalat 56
Geflügelsalat mit Sultaninen 32
Gefrorenes, gebackenes 540
Gelbrüben, glasierte 307
Gelbrüben mit grünen Erbsen 307
Gelbrüben=Gemüse 306
Gelbrüben mit Nüssen 492
Gelbrübenfrischkost 358, 492
Gelbrübensaft 364
Gelbrübensalat 348
Gelbrübensalat, roher 346, 357
Gelbrübentorte 656
Gelee aus Aprikosenmarmelade 500
Geleebereitung 805
Gelees mit Gelierzucker 806
Gelees mit Opekta 806
Gemsbraten, marinierter, gebeizter 245
Gemse in Buttermilchbeize 238
Gemse in Essigbeize 237
Gemse in trockener Beize 238
Gemse in Weinbeize 238
Gemsenkeule, gebratene 245
Gemsenziemer, gebratener 245
Gemüse=Aspik 293
Gemüse mit Fisch 157
Gemüse, Tiefgefrieren 816
Gemüseauflauf 323
Gemüseauflauf mit Käsegitter 464

Gemüsebrühe 94
Gemüsegulyas, rumänisches 327
Gemüsepastete 73
Gemüse=Rohkostplatte, bunte 361
Gemüsesäfte, Einmachen 815
Gemüsesalat in Aspik 351
Gemüsesalat, gemischter 349
Gemüsesuppe, feingemischte 102
Gemüsesuppe, italienische 106
Gemüsetimbale 73
Gemüsetopf mit Eiflocken 323
Germknödel 384
Geröstete Kartoffeln 390
Gervais=Bananen 63
Gervais=Meerrettich in Lachsröllchen 399
Gervais=Nestchen mit Eigelb 35
Gesundheitskuchen 604
Gewürze für Wildbret 237
Gewürzgebäck 715
Gewürzgurken, süßsauer 817
Gewürzgurkensauce 44
Gewürzkuchen 609
Gewürzmakronen 693
Gewürzmarzipan 689
Gewürztorte 653
Gewürzzwieback 612
Giraffenglasur 672
Giraffentorte 658
Glühwein 783
Götterspeise 547
Goldwürfelsuppe 116
Grammel=Pogatscherl 600
Granatäpfel 48, 355
Grapefruit 434
Grapefruit=Escorial 57
Graupensuppe 96
Grenadilla 355
Griebensalzgebäck 600
Grießauflauf 453
Grießbrei 435
Grießflammeri 478
Grießflammeri mit Eiern 478

Grießflammeri mit Früchten 479
Grießflammeri mit Mandeln 478
Grießflammeri mit Marmelade 478
Grieflammeri mit Schlagsahne 479
Grießflammeri mit Schokolade 478
Grießklößchen 121
Grießknödel 382
Grießkuchen 609
Grießnockerl, gebackene 438
Grießnockerlsuppe 111
Grießpudding 468
Grießschaum 479
Grießschmarren mit Eiern 443
Grießschmarren ohne Ei 443
Grießschnitten 437
Grieß=Soufflé 422
Grießsuppe 95
Grießsuppe, geröstete 95
Grießtorte, einfache 657
Grillwurst mit Speck 255
Gröstl, Tiroler 285, 392
Grog 783
Grünkernsuppe 96
Grütze, rote 481
Gugelhupf 588
Gulyas, Szegediner 218
Gulyas, ungarisches 210
Gulyassuppe 109
Gurken, gefüllte 282
Gurken in Sauerteig 818
Gurkenbowle 787
Gurkengemüse 316
Gurkensalat 344, 359
Gurkenschiffchen 602
Gurken=Tomaten=Sauce 409
Gurkentopf, schneller 817

H

Hackbraten 278
Hackfleischbrote 40
Hackstöckl 398, 438

Hähnchen, gebratene 176
Haferflocken, geröstete 494
Haferflockenauflauf 455
Haferflockenbrei 436
Haferflocken=Käsegebäck 601
Haferflockenmakronen 701
Haferflockenplätzchen 716
Haferflockenrühreier 127
Haferflockenschmarren 443
Haferflockensuppe, geröstete 96
Haferflockentorte 655
Haferschleimsuppe 96
Hagebuttenlikör 791
Hagebuttenlikörwein 799
Hagebuttenmakronen 694
Hagebuttenmarmelade 813
Hagebuttenschnee 493
Hagebuttentee 770
Hagebuttenwein 799
Hagebutten=Sauce 410
Hahnenkämme 583
Halbrohkostsalate 361
Hammelbraten 225
Hammelcurry 227
Hammelfleisch, gedünstetes 225
Hammelfleisch mit Gurken 227
Hammelkeule, Bayonner 226
Hammelkotelette 226
Hammelkotelette, spanische 229
Hammelleber, gebraten 228
Hammelnieren, gebratene 228
Hammelpilaw, türkischer 227
Hammelragout 228
Hammelschlegel als Gems=
braten 225
Hammelsteaks, englische 226
Hannoverkuchen 587
Harlekinbraten 204
Hartwurst 302
Haschee 280
Haschee=Pfannkuchen 281
Hase in Buttermilchbeize 238
Hase in Essigbeize 237
Hase, gedünsteter 239
Hase in trockener Beize 238
Hase in Zitronenbeize 238

Hase, vorrichten 234
Haselhühner 249
Haselhühner, vorrichten 235
Haselnußauflauf 461
Haselnußcreme 518
Haselnußcreme mit
Äpfeln 518
Haselnußgelee 499
Haselnußlebkuchen auf
Oblaten 682
Haselnußmonde 708
Haselnußstangen 696
Hasenbraten 239
Hasenbraten in Aspik 294
Hasenbraten, gebeizter in
Rahmsauce 239
Hasenleber, gebratene 240
Hasenöhrl 575
Hasenpastete mit
Gänseleber 76
Hasenpfeffer mit Kastanien
240
Hasenragout 239
Hausbrot 593
Haustorte 54
Havannatorte 653
Hawaiibananen 43
Hecht 142
Hecht, badischer 143
Hecht, gebratener mit
Sardellen 142
Hecht, gekochter auf
italienische Art 142
Hecht, gespickter 143
Hecht in Sulze 294
Hecht, überbackener 143
Hefeblätterteig 552, 563
Hefeblechkuchen mit Äpfeln
621
Hefehörnchen 583
Hefehörnchen, feine 591
Hefeklöße 384
Hefemehlspeise 437
Hefemürbteig 552
Hefepfannkuchen 420
Hefesuppe 98
Hefeteig mit Ei 551
Hefeteig ohne Ei 551

Hefeteig, einfacher 551
Hefeteig, gerührt 551
Hefeteig, salziger 598
Hefeteighasen 733
Hefeteigzopf, dreiteiliger 581
Hefeteigzopf, feiner 582
Hefeteigzopf, mehrteiliger 582
Hefetopfkuchen, gerührter 588
Hefewaffeln 564
Hefezwieback 611
Heidelbeer=Kaltschale 119
Heidelbeerkuchen 623
Heidelbeerlikör 790
Heidelbeermilch 776
Heidelbeerspeise 367
Heidelbeerwein 799
Heidelbeerwein, falscher 799
Heidesand 711
Heilbuttschnitten 159
Herbstgoldsuppe 103
Heringe 160
Heringe, grüne, gebraten 161
Heringe, grüne, gekocht 161
Heringe, grüne, mariniert 161
Heringe auf Hausfrauenart 161
Heringskartoffeln 162
Heringsplatte 90
Heringssalat 162, 353
Heringssalat, feiner 162
Heringssalat, russischer 162
Herz, gedünstetes 272
Herzen, gefüllte 710
Herzen, Pariser 727
Heu und Stroh 576
Hexenhäuschen 732
Hexenschaum 494
High=Tea 25
Himbeerbombe 545
Himbeercreme 505
Himbeercreme, gefrorene 526
Himbeereis 534
Himbeereis mit Milch 534
Himbeergelee 499
Himbeerkompott 428
Himbeerlikör 790

Himbeermilch 776
Himbeer=Parfait 642
Himbeersauce 414
Himbeertorte 630
Himbeerwein 800
Himmel und Erde 393
Hipperln 688
Hirn in Buttersauce 258
Hirn mit Ei 258
Hirn, gebackenes 258
Hirn, geröstetes 258
Hirn nach Römer Art 260
Hirn, überkrustetes 259
Hirn, überkrustetes,
  mit Rühreiern 259
Hirn mit Spiegelei 258
Hirn, in Vinaigrettesauce 260
Hirnauflauf 465
Hirnkotelette 259
Hirnpafesensuppe 116
Hirnpudding 477
Hirnröstschnitten 259
Hirnschiffchen 260
Hirnsuppe 106
Hirsch in Buttermilchbeize 238
Hirsch in Essigbeize 237
Hirsch in trockener Beize 238
Hirsch in Weinbeize 238
Hirschbraten 242
Hirschbraten mit Grünkohl 243
Hirschkalb in Zitronenbeize 238
Hirschleber auf Jägerart 244
Hirschling 338
Hirschrouladen 243
Hirschziemer, überkrusteter 243
Holländer Kirschschnitten 632
Holländische Sauce 402
Hollerküchel 574
Hollerlikörwein 800
Höllerröster 429
Hollersekt 801
Hollerwein, falscher 800
Holunderbeer=Kaltschale 120
Holunderkompott 429
Holundersaft 368

Holzknechtmus 385
Honigbusserl 684
Honiglebkuchen 676
Honiglebkuchen, einfache 676
Honigleckerl 686
Honigmandellebkuchen auf
  Oblaten 681
Honigmilch, warme 772
Honigschnaps 795
Honigschnitten 685
Honigwein 800
Hopfenspargel 310
Hopfenspargelsalat 347
Hoppel=Poppel 773
Hors d'oeuvres 60
Huchen 148
Hühner, junge gedünstete 179
Hühner, junge gedünstete auf
  italienische Art 179
Hühner, junge gefüllte 177
Hühnerbouillon 107
Hühnerbrüstchen mit fran=
  zösischer Zwiebelcreme 32
Hühnerfrikassee 180
Hühnerreis 278
Hühnersuppe 107
Huhn, gekochtes 179
Hummer 167
Hummer in Aspik 295
Hummer mit Mayonnaise 55, 167
Hummermayonnaise 56
Hummer=Cocktail 56
Hummer=Törtchen 56
Husarenkrapferl 706
Hutzelbrot 595

I

Igel 662
Irish stew 228
Italienische Pizza 597
Italienischer Pudding 472
Italienischer Salat 353

J

Jägerbraten 278
Jägerschmarren 444
Jägerschnitzel 197
Jägerspieß 254
Jägertee 770
Jägerwecken 85
Jahresgebäck 704
Joghurt 775
Joghurtspeise 498
Johannisbeerbombe 545
Johannisbeerdessertwein 797
Johannisbeereis mit
  Weichseln 536
Johannisbeergelee 500
Johannisbeer=Kaltschale 119
Johannisbeerkompott 428
Johannisbeerkuchen, Hefeteig 622
Johannisbeerkuchen, schwäbi=
  scher 623
Johannisbeerlikörwein 797
Johannisbeerlikörwein, feiner 798
Johannisbeermilch 776
Johannisbeersaft, roher 368
Johannisbeersauce 414
Johannisbeersauce, warme 410
Johannisbeerschnee 494
Johannisbeertorte 629
Johannisbeerwein 801
Jungfern, trunkene 577

K

Käsebiskuit 561
Käsebouillon 117
Käsebrandteigmasse 558
Käsebrötchen, holländische 84
Käsebutter 79
Käsecreme, amerikanische 295
Käsecremeeier 396
Käsecremesuppe 98
Käse=Fondue 26
Käsegebäck, feines 599
Käseklößchen 110

892

Sachverzeichnis

Käsekuchen, Schweizer 601
Käsekugeln 602
Käsemahlzeit 34
Käse=Omelette 417
Käseplatte 88
Käseplatte, kleine 87
Käsepudding 474
Käserollen 602
Käsesalat, Schweizer 355
Käsesauce 404
Käseschichtschnitten 84
Käseschiffchen 601
Käse=Schinken=Toast 41
Käse=Soufflé 400
Käsespatzen 396
Käsespeise mit Semmeln 397
Käsespeise mit Tomaten 397
Käsetomaten, gratinierte 46
Käse=Windbeutel, gefüllte 600
Käsewindbeutel mit Gemüse 326
Käsewürfel 34
Kaffee, aufgebrühter 766
Kaffee, aufgekochter 765
Kaffee=Auflauf, feiner 458
Kaffeecocktail 768
Kaffeecreme 504, 506
Kaffeecreme, gefrorene 526
Kaffeecremefülle 667
Kaffee=Eis 532
Kaffeeflammeri 483
Kaffeegebäck aus Hefe= blätterteig 591
Kaffeeglasur 669
Kaffeekuchen 608
Kaffeelikör 794
Kaffeepudding 471
Kaffeesahneeis 533
Kaiserschmarren 442
Kaisertee 769
Kakao 768
Kakao, gekühlter 780
Kakaoglasur, gekochte 670
Kakaokuchen 609
Kakaotorte 656
Kakifrüchte 434
Kaktusfeigen 48
Kalbfleisch, gedünstetes 191

Kalbfleisch, geschnetzeltes 194
Kalbfleischfrikassee 192
Kalbfleischragout, feines 192
Kalbsbratauflauf 466
Kalbsbratpudding 476
Kalbsbraten 187
Kalbsbraten, Niederländer 191
Kalbsbratenpudding 476
Kalbsbries, gratiniertes 261
Kalbsbries in heller Sauce 261
Kalbsbrust, gefüllte 189
Kalbsbrust, gefüllte gerollte 190
Kalbsfrikandeau 188
Kalbsgekröse, eingemachtes 274
Kalbsgekröse, gebackenes 274
Kalbsgulyas 191
Kalbshaxe, gebackene 193
Kalbshaxe, gebratene 198
Kalbshaxe, gekocht, in Sauce 193
Kalbsherz, gebraten 273
Kalbsherz, gefülltes 272
Kalbsherz, gegrillt 273
Kalbshirn in Aspik 293
Kalbskopf, abgebräunter 193
Kalbskopf en tortue 192
Kalbskopfragout 192
Kalbskotelette, gebacken 194
Kalbskotelette, natur 194
Kalbsleber, im ganzen gebraten 263
Kalbsleber, gebackene 264
Kalbsleber, gebratene 263
Kalbsleber, Tiroler 265
Kalbsleber auf Wildbretart 265
Kalbsleberbrot 86
Kalbsleberpastete 74
Kalbsleberpastete mit Schinken 74
Kalbslunge, saure 273
Kalbsmedaillon mit Champi= gnons 197
Kalbsnetz mit Leberfülle 270
Kalbsnetz mit Milzfülle 270
Kalbsniere, gebratene 270
Kalbsnierenbraten, gerollter 189

Kalbsrücken 188
Kalbsschnitzel, natur 194
Kalbssteak mit Ananas und Bananen 198
Kalbssteak mit Orangen 198
Kalbsvögerl 196
Kalbszüngerl, eingemachte 257
Kalbszunge in Kapernsauce 193
Kaldaunen 274
Kalte Ente 788
Kaninchen, gebackenes 231
Kaninchen, gebratenes 230
Kaninchen, gedünstetes, in Rahmsauce 230
Kaninchen auf Wildbretart 231
Kaninchengulyas, ungarisches 231
Kaninchenragout, helles 231
Kapaun, gebratener 180
Kapernbraten 190
Kapernsauce 403
Kapernschnitzel 196
Kapuzinerl 721
Karamelauflauf 457
Karamelbecher 772
Karamelbonbons 722
Karamelcreme 504, 506
Karamelcreme, kalte 509
Karamelcremefülle 666
Karameldessert 522
Karameleis 531
Karamelpudding, Schweizer 472
Karamelsauce 411
Karamelsauce, feine 412
Kardinal mit Weißwein 788
Kardinalplätzchen 717
Karlsbader Auflauf 457
Karotten, gebratene 318
Karotten, glasierte 307
Karpfen 143
Karpfen, blaugekochter 144
Karpfen, böhmischer 146
Karpfen, gebackener 144
Karpfen, gebratener 144
Karpfen, gebratener, gefüllter mit Rahmsauce 144

893

Karpfen, polnischer 145
Karpfen in Sulze 294
Kartäuser Klöße 441, 572
Kartoffeln, gebackene 389
Kartoffeln, gedünstete 390
Kartoffeln, gefüllte 282
Kartoffeln, geröstete 390
Kartoffeln mit Speck 392
Kartoffelauflauf, süßer 394
Kartoffelbrei 388
Kartoffelbrot 595
Kartoffel=Chips 389
Kartoffeleinlaufsuppe 103
Kartoffelgemüse, saures 391
Kartoffelgemüsesuppe 103
Kartoffelgulyas 391
Kartoffelklöße, fränkische 384
Kartoffelklöße, rohe 383
Kartoffelknödel, gekochte 382
Kartoffelknödel mit Kartoffel=
  mehl 383
Kartoffelkroketten 393
Kartoffelkücherl 393
Kartoffelkücherl mit Grieben 394
Kartoffelkücherl mit
  Topfen 393
Kartoffelmehlkeks 713
Kartoffelnestchen 389
Kartoffelnudeln 393
Kartoffel=Omelette, spanische 395
Kartoffelplätzchen mit Salz
  und Kümmel 394
Kartoffelpudding 475
Kartoffelpuffer 394
Kartoffelsalat 349
Kartoffelsalat mit Mayonnaise 350
Kartoffelsalat mit Speck 349
Kartoffelschmarren 391, 444
Kartoffelschnee 388
Kartoffelschnitz mit Zwiebel
  und Bröseln 390
Kartoffelsterz 391
Kartoffelsuppe, fränkische 104
Kartoffelsuppe, saure, mit
  Rahm 103

Kartoffeltorte 656
Kasseler Rippespeer,
  gebratenes 220
Kastanien mit Äpfeln 371
Kastanien, eingemachte 377
Kastanien, flambierte 376
Kastanien als Fülle für
  Geflügel 371
Kastanien, gebackene 373
Kastanien, gebratene 369, 370
Kastanien, gedünstete 370
Kastanien, gekochte 369, 370
Kastanien, gekochte
  glasierte 370
Kastanien mit Schlagsahne 375
Kastanienauflauf 373, 459
Kastanienauflauf mit Äpfeln 374
Kastanienberg 374
Kastanienbombe 545
Kastanienbonbons 377
Kastanienbrei 370
Kastanienbrei, gebacken 372
Kastanienbrei, süß 372
Kastaniencreme 375, 512
Kastanieneis 375, 532
Kastanienkompott 372
Kastanienküchel 374
Kastanienkugeln 376
Kastanienmakronen 376
Kastanienpudding 374
Kastanienringe 711
Kastaniensalat 372
Kastanienschnee 374
Kastanienspeise 525
Kastanienspeise, feine 375
Kastaniensuppe 370
Kastanienstrudel, salzig 373
Kastanienstrudel, süß 373
Kastanientorte 376, 657
Kastenbrot, englisches 596
Katenschinken 33
Katharinenkuchen 605
Katzenzungen 638
Kaviar Canapés 58
Kaviar auf Toast 82

Keks, englische 715
Keks, süße 713
Kindermehlkuchen 610
Kirchweihküchel, Regens=
  burger 568
Kirchweihnudeln, ober=
  bayerische 568
Kirschbombe 545
Kirscheis 536
Kirschenauflauf 456, 459
Kirschenmichel 456
Kirschenschmarren 443
Kirschenspeise 440
Kirschenstrudel 447
Kirschkompott 427
Kirschkuchen, feiner brauner 627
Kirschkuchen, getränkter 628
Kirschkuchen, versunkener 627
Kirschsauce 414
Kirschschnitten, Holländer 632
Kirschtorte, Schwarzwälder 673
Kitz, gebackenes 229
Kitz, gebratenes 229
Kiwi 355
Kletzenbrot, steirisches 595
Klippfisch 163
Klippfisch mit
  Kräuterkartoffeln 164
Klöben, Bremer 607
Klößchen aus Fruchtschnee 122
Klöße, Kartäuser 572
Klopse, Königsberger 280
Klosterpunsch 782
Knochenbrühe 94
Knöcherlsulz 290
Knödel, böhmische 384
Knödel, Tiroler 381
Kochsalami 301
Königinpastetchen 70
Königinsuppe 107
Königsberger Klopse 280
Königscreme 511, 527
Königskuchen 605
Königsschnitten 702
Kohlrabi 308

Kohlrabi, gefüllte 283
Kohlrabigemüse 308
Kohlrabisalat 358
Kohlrabisalat, roher 346
Kokosflockenlebkuchen auf
  Oblaten 683
Kokosflockenmakronen 694
Kokosflockentaler 717
Kokosstangen 724
Kompott, gemischtes 430, 431
Kompott von Hagebutten und
  Sultaninen 430
Kompott mit Honig 432
Kompott, tiefgekühltes 434
Kompottsaftlikör 793
Konfitüre mit Opekta 808
Kopfsalat 343, 358
Kopfsalat mit Meerrettich 44
Kopfsalat mit Roquefort 44
Kopfsalat mit Speck 343
Kornelkirschenmarmelade 813
Kornkaffee 768
Krabben mit
  Apfelmayonnaise 33
Krabben=Cocktail 57, 168
Krabbensalat 167
Krabben=Vorspeise 58, 168
Kräuter, trocknen 816
Kräuterbutter 79, 255
Kräuteressig 822
Kräutermilch 775
Kräutersauce 407
Kräutlsuppe 100
Kränzchen, Belgrader 689
Kraftbrühe 94
Krambambuli 784
Krammetsvögel 250
Krammetsvögel, trocken
  einlegen 236
Krammetsvögel, vorrichten 236
Krankenbrühe 94
Kranz, Frankfurter 606
Kranzkuchen 584
Kranzkuchen, getränkter 586
Kranzkuchen aus Hefe=
  blätterteig 590
Kranzkuchen aus Plunderteig
  590

Krapfen, böhmische 570
Krapfen aus Quarkteig 570
Krauskohl 306
Krautsuppe 102
Krautwickerl 281, 323
Krebse 166
Krebse, gekochte 166
Krebse mit Mayonnaise
  55, 167
Krebse in Weißbier 166
Krebsbutter 167
Krebsnasen, gefüllte 166
Krebsschwänze in Aspik 295
Krebssuppe 108
Krenfleisch 214
Kresse 345
Krokantbombe 546
Krokanteis 531
Krokanthäufchen 721
Krokantmuscheln 721
Krümper 703
Kuchen, Amsterdamer 607
Kuchen, englischer 603
Kuchenresteauflauf 462
Kuchenschneeberg 461
Kümmelgebäck von Plunder=
  teig 600
Kümmellaibchen 594
Kümmellikör 793
Kürbis=Beignets 323
Kürbisbraten 328
Kürbisgemüse 316
Kürbis in Zucker und Essig
  809
Kugelkartoffeln 388
Kullerpfirsich 787
Kunsthoniglebkuchen 678
Kurländer Fleischkuchen 598
Kuttelfleck 274
Kutteln 274
Kuvertüre mit Kokosfett 671
Kuvertüreglasur 671

L

Laberdan 164
Lachs 148

Lachs, gebratener 148
Lachs, gekochter 148
Lachs mit Mayonnaise 148
Lachsforelle 141
Lachsrollenplatte 90
Lachsschinken 221
Lachstütchen, gefüllte 59
Lachstüten mit Pfirsichen 32
Lamm in heller Sauce 223
Lammbraten 223
Lammfleisch, gebackenes 224
Lammfleisch, gedünstetes 223
Lammfleisch, gekochtes 223
Lammkotelette 224
Lammschlegel mit Pilzen 223
Lammviertel, gefülltes 224
Languste 167
Languste mit Mayonnaise
  55, 167
Langusten=Cocktail 56
Langustenmayonnaise 56
Laubfrösche 282
Lauch mit Bröseln und brauner
  Butter 306
Lauch, roh 358
Lauchgemüse 306
Lebensretter 767
Leber, Berliner 264
Leber, geröstete 264
Leber, gerollte, auf
  russische Art 265
Leber, saure 265
Leberauflauf 465
Leberbrötchen 268
Leberfülle 190
Leberkäse, einfacher 301
Leberkäse, feiner 301
Leberknödel 381
Leberknödelsuppe 112
Lebernockerln 263
Leberpfannkuchen 40
Leberpolpetti 266
Leberpudding 477
Leberrahm 268
Leberrisotto 266
Leberschnitten 263
Leberschöberl 262
Leberspätzlesuppe 99

Sachverzeichnis

Leberspatzensuppe 110
Leberstreichwurst 302
Lebersuppe 106
Leberwürste 299
Leberwurst=Apfel=Toast 41
Lebkuchen, Baseler 677
Lebkuchen, braune 679
Lebkuchen, Nürnberger 675
Lebkuchen, Nürnberger, auf Oblaten 683
Lebkuchen, weiße 678
Lebkuchen, weiße, auf Oblaten 681
Lebkuchenglasur 672
Lebkuchentorte 656
Leipziger Allerlei 307
Lendenbraten 205
Lendenschnitten 206
Lendenschnitten, gebratene mit Zwiebeln 207
Liköre mit Honig 795
Limonaden 866
Linsengemüse 316
Linsensalat 350
Linsensuppe 100
Linzer Bäckerei 715
Linzer Torte 649
Linzertorte, bayerische 660
Liptauerkäse 91
Löffelbiskuit 686
Löffelbiskuittorte 662
Löwenzahnwein 797
Lorcheln, gedünstete 335
Lukullus 610
Lungenbraten mit Rahmsauce 203
Lychee (Litchi) 355
Lyoner, gegrillte 255
Lyoner, panierte gebackene 298

M

Madeira=Gelee 289
Madeira=Kastanien 372
Mäuse, gebackene 570
Magenbrot 683

Magenlikör 791
Maibombe 544
Maibowle von frischem Wald=meister 785
Mailänder Schnitten 710
Maiskolben, junge, mit Butter 312
Mais=Salat 62
Maitrank, Frankfurter 786
Majorankartoffeln 392
Makkaroni mit Käse 396
Makkaroni mit Käsecreme 397
Makkaroni mit Schinken 285
Makkaronipudding 475
Makkaronischüsselpastete 73
Makrelen 161
Makrelen, gebraten 161
Makrelen, gekocht 161
Makrelen, mariniert 161
Makronen, dunkle 693
Makronen, gefüllte 692
Makronenbombe 545
Makronenkrapferl 705
Makronenmus 436
Makronenrauten 695
Makronenspeise mit Schnee 460
Makronenstangen 704
Makronenzwieback 613
Malakofftorte 661
Malteser Reis 479
Malventee 770
Malzkaffee 767
Malzmilch, kalte 774
Malzmilch, warme 772
Mandarinenschälchen 47
Mandeln, gebrannte 722
Mandelauflauf 461
Mandelblättertorte 649
Mandelbogen 695
Mandelbombe 546
Mandelbrezeln 706
Mandelbrot 613
Mandelcreme, feine 513
Mandelcremebonbons 723
Mandelcremefülle 666
Mandelcremetorte 649
Mandeleis 532

Mandelgelee 498
Mandelgelee mit Schokolade 498
Mandelkränzchen 707
Mandelkuchen 587
Mandelkuchen, weißer 609
Mandelkugeln 696
Mandellaibchen 693
Mandellebkuchen 677
Mandellebkuchen auf Oblaten 680
Mandelmakronen 692
Mandelmilch, warme 772
Mandelnußmakronen 692
Mandel=Omelette 418
Mandelpudding 472
Mandelringe 698
Mandelsauce 411
Mandelschnitten 613
Mandelschnitzel 195
Mandelsirup 780
Mandelsterne 707
Mandelstiftchen 697
Mandeltorte, weiße 648
Mandelwaffeln mit Wein=beeren 565
Mandelzwieback 613
Mandolati 725
Mango 48
Mangold 305
Mangoldstiele mit Bröseln und brauner Butter 305
Maracuja 355
Maraschino 794
Maraschinocreme, feine 516
Maraschinoeis 538
Maraschinokugeln 727
Marillenknödel 383
Markschnitten, süße 440
Marmeladenbereitung 806
Marmeladen mit Gelierzucker 808
Marmeladen mit Opekta 807
Marmeladensauce 413
Marmeladenschnee 494
Marmeladenstrudel 451
Marmorkuchen 604
Marokkanertorte 654

Sachverzeichnis

Marschallplätzchen 705
Marzipan, Nürnberger 690
Marzipandessert 723
Marzipankartoffel 723
Marzipanmasse 722
Marzipantörtchen 723
Matjesbissen 163
Matjes=Cocktail 57
Matjesfilet auf Eis 162
Matjesfilet in dänischer Remouladensauce 35
Matrosenfleisch 209
Maulbeere 355
Maultaschen 449
Maultaschen mit Äpfeln 450
Maultaschen aus Hefe= blätterteig 591
Maultaschen mit Kirschen 450
Maultaschen mit Zwetschgen 450
Mayonnaise mit Aspik 408
Mayonnaise, gekochte, mit Öl und Mehl 406
Mayonnaise, gekochte, mit Palmin und Mehl 406
Mayonnaise, gerührte 405
Mayonnaise, schnelle 406
Mayonnaise, warmgeschlagene 406
Meerrettich 315
Meerrettich mit Äpfeln 360
Meerrettich mit Schlagsahne 360
Meerrettichkartoffeln 395
Meerrettichsalat 345, 360
Meerrettichsauce 404
Meerrettichsulze 290
Meerrettichtörtchen 92
Mehlbrei 435
Mehlknödel, fränkische 382
Mehlschmarren 442
Melanzane 317
Melanzane, gefüllte 283
Melanzane mit Speck 319
Melone 59
Melone, gefüllte 433
Melonenspalten 430
Meringen 637

Met 801
Mettwurst 302
Milch, gesalzene 771
Milch, gezuckerte 771
Milch, heiße, mit Rum 771
Milch, saure 775
Milchcocktails 865
Milchgetränke, alkoholfreie 866
Milchkaffee 767
Milchlimonade 775
Milch=Malzkaffee 768
Milchnudeln 444
Milchrahmstrudel 448
Milchschokolade 769
Milchsuppe 118
Milchtee 769
Mild=Salate 37
Milzpfannkuchen 269
Milzreis 269
Milzroulade 269
Milzschnitten 263
Milzschöberl 262
Milzsuppe 106
Milzwurst 269
Minestrone 106
Mirabellenkompott 428
Mirabellenmilch 777
Mischgemüse, serbisches 324
Mixed Pickles 819
Mohnbeugel, Preßburger 592
Mohnkuchen 614
Mohnschnitten, feine 640
Mohnstollen 590
Mohnstrudel 451
Mohnzopf 587
Mohr im Hemd 473
Mohrenköpfe 635
Mokka 766
Mokkabombe 544
Mokkacremefülle 667
Mokkacreme, feine 512
Mokkacreme, kalte 509
Mokka=Cremespeise 515
Mokkacremetorte 645
Mokka=Cremetorte, franzö= sische 673
Mokkaeiscreme 541

Mokka=Eiskaffee 548
Mokka=Mandelgebäck 699
Moosbeeren 812
Moostorte 648
Morchelgemüse 335
Mosaikbrot 85
Münchner Wiesenhendl 177
Mürbteig, salziger 554
Mürbteige für Blechkuchen 553
Mürbteige für Tortenböden 553
Mürbteigapfelstrudel 449
Mürbteigböden 554
Mürbteigpasteten 68
Mürbteigplätzchen mit Krokant 704
Muscheln 169
Muscheln, gebratene 170
Muscheln mit Käse 171
Muscheln in Kräutersauce 170
Muschelcocktail 171
Muschelsuppe 171
Muskateller=Birnen 810
Musstrudel 451
Muzenmandeln 576
Myrtenkränzchen 688

N

Napfkuchen mit Quark 606
Naturschnitzel 194
Nektarinen 355
Negerküsse 699
Negertorte, gefüllte 658
Negus 767
Nesselrodecreme 512
Netzbraten 279
Nieren, geröstete 271
Nieren, geröstete, mit Pilzen 271
Nieren, saure 271
Nierenbraten 188
Nierenspießchen 272
Nikolaus 731
Nisselsalat 343, 359
Nockerl, Salzburger 50

897

Nougatbusserl 700
Nougatcreme 511
Nougateis 532
Nougatstangen 725
Nudeln, ausgezogene 568
Nudeln, breite 378
Nudelauflauf 456
Nudelauflauf mit Fleischresten 464
Nudelsuppe 99
Nudelsuppe mit Huhn 107, 179
Nürnberger Busserl 684
Nürnberger Butterzeug 712
Nürnberger Lebkuchen 675
Nürnberger Lebkuchen auf Oblaten 683
Nürnberger Marzipan 690
Nürnberger Pfefferkuchen 678
Nürnberger Plätzchen 684
Nüsse in Branntwein 814
Nüsse, gebackene 122
Nüsse, grüne 814, 815
Nußbeugel, Preßburger 592
Nußbutter 80
Nußcremebonbons 724
Nußcremefülle 666
Nußeis 541
Nußhalbmonde 715
Nußherzen 720
Nußhörnchen 706
Nußhörnchen auf Oblaten 696
Nußkranz 586
Nußkuchen mit Guß 608
Nußkugeln 696
Nußlaibchen 693
Nußlebkuchen 677
Nußlikör 789
Nußmilch, kalte 774
Nußmilch, warme 772
Nußpudding 470
Nußroulade 635
Nuß=Sauce, feine 410
Nußschnitten, feine 640
Nußstangen 724
Nußsterne 707
Nußstrudel 452
Nuß=Tomaten 63

Nußtörtchen 639
Nußtorte 648
Nußwaffeln mit Weinbeeren 565

O

Oberbayerische Kirchweih=nudeln 568
Oblatenküchel 572
Obst, flambiertes 18
Obst, flambiertes, mit Eis 29
Obst, gebackenes, in Pfann=kuchenteig 574
Obst, Tiefgefrieren von 815
Obst, Trocknen von 815
Obstcreme 521
Obstcremefülle 667
Obstessig 822
Obstgelee, gestürztes, mit Schlagsahne 502
Obstkuchen mit Baisermasse 620
Obstkuchen mit Biskuitboden 619
Obstkuchen mit Biskuitguß 620
Obstkuchen mit Fruchtschnee 620
Obstkuchen mit Hefeteig 616
Obstkuchen mit Makronenguß 626
Obstkuchen mit Mürbteig 616
Obstkuchen mit Rahmguß 619
Obstkuchen mit Rührteig 617
Obstkuchen mit Schlagrahm 620
Obstkuchen mit klarem Überguß 619
Obstkuchen, versunkene 618
Obstmarkfruchtschnee 493
Obstsäfte 805
Obstsaftcreme 521
Obstsaftflammeri 481
Obstsaftgelee 496
Obstsalat 431, 433
Obstsalat mit Cocktailkirschen 52

Obstsalat von Kernobst 432
Obstsalat von Steinobst 432
Obstsalat mit Tomaten 366
Obstsalat von Trockenobst 368
Obstsalat mit Wein=trauben 366
Obstschaum in Gläsern 484
Obstsuppe 119
Obstteller, bunter 365
Obsttorte mit Waffel=röllchen 566
Ochsenfleisch, gedünstetes 200
Ochsenfleisch, gekochtes 200
Ochsengaumen in saurer Sauce 274
Ochsenmaulsalat 350
Ochsennieren, saure 272
Ochsenschwanz, gedünsteter 210
Ochsenschwanzsuppe, gebundene 109
Ochsenschwanzsuppe, klare 109
Okra 320
Omelette mit Champignons 126, 416
Omelette Confiture 417
Omelettes, flambiert 28
Omelette mit Käse 126
Omelette mit feinen Kräutern 416
Omelette mit Leber 126
Omelette mit Schinken 125
Omelette Soufflé 418
Omelette mit Spargel 417
Omelette, Tiroler 126
Orangen, gegrillte 256
Orangenbombe 546
Orangenbowle 787
Orangenbusserl 697
Orangencreme 504, 507
Orangencreme, kalte 510
Orangencreme, kaltgerührte 520
Orangencremetorte 645
Orangeneis 535
Orangeneis mit Schlagsahne 535

Orangenessenz 791
Orangenessig 779
Orangengelee 497
Orangenjam 811
Orangenköpfchen 486
Orangenkörbchen 519
Orangenlikör 791
Orangenlimonade 778
Orangenlimonade mit Weißwein 778
Orangen=Medaillon 67
Orangen=Meerrettich 367
Orangenmilch 773, 777
Orangenpunsch 782
Orangensalat 432
Orangensauce 409
Orangenschälchen, gefüllte 32
Orangenschalen, verzuckerte 722
Orangenscheiben, heiße 47
Orangensirup 780
Orangenstangerl 725
Orangentorte 629
Orangenwürfel mit Eierlikör 52
Osterbrot 595
Ostereier färben 131
Osterlämmchen 734
Osternest, buntes 489
Osternestchen 734
Ostfriesentee 769

P

Palmenherzensalat 33
Palminkekstorte mit Kaffee 610
Pampelmuse 434
Panadelsuppe 117
Panamatorte 659
Papaya (Baummelone) 355
Paprika mit Debrezinern und Rühreiern 327
Paprika, gefüllte 63, 284
Paprika mit Weintrauben 319
Paprikaeier 326
Paprika=Gemüse 319

Paprikahühner 178
Paprikakalbsleber 264
Paprikakraut 819
Paprikanieren 271
Paprikarouladen 42
Paprika=Sahnefleisch 191
Paprikasalat 345, 359
Paprikasalat mit Tomaten 346
Paprika=Schellfisch 154
Paprikaschnitzel 196
Paprikaschoten, eingemacht 818
Paprikastreifen 64
Paprika=Tomatenplatte 35
Pariser Äpfel 643
Pariser Herzen 727
Pariser Kartoffeln 388
Parlamentszöpfe 571
Parmaschnitzel 195
Parmesaneier 128
Parmesanpudding 473
Parmesanstreifen 36
Passionsfrucht 355
Pasta asciutta 277
Pastetchen mit Bratenresten 70
Pastetchen mit Fleischsalat 72
Pastetchen mit Geflügelmayonnaise 72
Pastetchen mit Rührei 70
Pasteten, römische mit Wildragout 72
Pasteten mit Stärkemehl 69
Pasteten, süße 463
Pastetenfülle 190
Patolio 224
Petersilienkartoffeln 390
Petersiliensauce 403
Petits Fours 641
Pfannkuchen 419
Pfannkuchen, Berliner 570
Pfannkuchensuppe 115
Pfannkuchen=Semmel= schmarren 444
Pfannkuchenstrudel mit Obst 450

Pfannkuchenstrudel mit Quark 450
Pfauenauge 704
Pfefferkuchen 678
Pfefferkuchen, Nürnberger 678
Pfefferminzlikör 793
Pfeffernüsse 690
Pfeffersteak 36
Pfeffersteak mit grünem Pfeffer 36
Pfirsiche, heiße, in Alufolie 50
Pfirsichbowle 787
Pfirsichdessert 484
Pfirsicheis 537
Pfirsichgelee 500
Pfirsichkompott 428
Pfirsich Melba 539
Pfirsichspeise 485
Pflastersteine 685
Pflaumen, pikante 59
Pflaumenkompott 429
Physalis (Kapstachelbeere) 355
Pichelsteiner Fleisch 281
Pignolibusserl 691
Pignolistangerl 696
Pilze, Einmachen 816
Pilze in Essig 341
Pilze, gebratene 334
Pilze, gedünstete 333
Pilze, gefüllte 91
Pilze, gegrillte 334
Pilze, geröstete 334
Pilze, getrocknete 340
Pilze mit Gurken 336
Pilze in Muscheln 337
Pilze, sterilisierte 341
Pilze mit Semmeln 337
Pilze, Trocknen 816
Pilze auf gerösteten Weiß= brotscheiben 339
Pilzauflauf 465
Pilzessenz 340
Pilzgemüse, saures 335
Pilzgulyas 336
Pilzknödel 337
Pilzkücherl 337

Pilzmayonnaise 338
Pilzmayonnaise in
 Paprikaschoten 339
Pilzmayonnaise in Tomaten 339
Pilzpfannkuchen 338
Pilzpichelsteiner 338
Pilzpulver 340
Pilzrouladen 42
Pilzsalat 339
Pilzsalat, gemischter 339
Pilzschnitzel 334
Pilzwürze, flüssige 340
Pilzwürze mit Wein 341
Pischinger Torte 661
Pistazien=Brezeln 715
Pistazien=Streifen 695
Pizza, italienische 597
Plätzchen, Nürnberger 684
Plattfische, gekochte 158
Plumpudding 470
Plunderteig 552, 563
Pökelfleisch 220
Polenta 380
Polsterzipfel 576
Pomeranzenlaibchen 701
Pommes frites 389
Pommes paille 389
Porree 306
Porree, roter 319
Porreesalat 347
Poularde, gebratene 180
Poularde, gefüllte 181
Pralinenbombe 545
Preiselbeerkompott 812
Preiselbeerkuchen 628
Preiselbeer=Quarkspeise 490
Preiselbeersauce 413
Preiselbeerschnee 493
Preßburger Mohnbeugel 592
Preßburger Nußbeugel 592
Preßsack 300
Printen, Frankfurter 698
Prinzessinnenreis 481
Prinzesskartoffeln 393
Prinzregententorte 646
Prophetchen 703
Pudding, Frankfurter 471

Pudding, italienischer 472
Puderzuckerglasur 669
Puderzuckerglasuren mit
 Fett 670
Puderzucker=Schokoladenglasur 670
Pulverkaffee 766
Pumpernickel 701
Pumpernickelauflauf 456
Pumpernickelschnitten 84
Punschauflauf 457, 458
Punschcreme 510
Punschcremefülle 666
Puncheis 535
Puncheis mit Creme 535
Punschgelee 497
Punschglasur 669
Punschtorte 644
Puszta=Schnitten 67

Q

Quark s. auch Topfen
Quark=Apfelauflauf 457
Quark=Apfelspeise 491
Quarkblätterteig 563
Quarkblechkuchen 613
Quarkcreme mit eingemachten
 Früchten 490
Quarkcreme mit rohen
 Früchten 490
Quarkcreme mit Marmelade 491
Quarkcreme mit Obstmark 491
Quarkcremetorte 566
Quarkeierkuchen 399
Quark=Haferflockenspeise 491
Quarkkartoffeln 398
Quark=Kinderspeise 491
Quarkkuchen 614
Quarkmayonnaise 90
Quark=Ölteig 563
Quark=Pasteten 399
Quark=Sagospeise 491
Quarkscheiterhaufen 439
Quarkspeise mit
 Pumpernickel 490
Quarkspeise, süße 490

Quarkstollen 590
Quarktorte 650
Quitteneis 538
Quittengelee 501
Quittenkompott 430
Quittenlikör 790
Quittenpaste 808
Quittenstangerl 695
Quittenwürstchen 725

R

Radetzky=Reis 455
Radicchio 61
Radieschen mit Butter 89
Radieschenrohkost 359
Rädergebackenes 575
Räucherfisch 163
Räucherfisch mit
 Kartoffeln 163
Räucherfisch auf
 Sauerkraut 163
Räucherfisch=Salat 354
Ragout von Bratenresten 286
Ragout fin 65, 192
Rahmapfel 48
Rahmkaffee 767
Rahmkartoffeln 391
Rahm=Pfirsiche 60
Rahmschnitzel 195
Rahmsuppe 97
Rahmwaffeln, einfache 565
Rahmwaffeln, feine 565
Rapunzelsalat 343
Ravioli 286
Rebhühner, gebratene, mit
 Ananaskraut 247
Rebhühner, gedünstete, mit
 Specklinsen 247
Rebhühner, überglänzt 293
Rebhühner, vorrichten 235
Rebhühnerpastete 77
Regensburger, gebackene 298
Regensburger, gebratene 297
Regensburger, gegrillte 255
Regensburger Brandteig=
 krapfen 571

Sachverzeichnis

Regensburger Kirchweih=
  küchel 568
Reh in Buttermilchbeize 238
Reh in Essigbeize 237
Reh in trockener Beize 238
Reh in Weinbeize 238
Reh in Zitronenbeize 238
Rehbraten in Aspik 294
Rehbraten, gebeizter 240
Rehbraten, Münchner 241
Rehbraten mit
  Sauce Cumberland 241
Rehleber, gebratene 244
Rehleber auf Jägerart 244
Rehmedaillons mit
  Fruchtsalat 242
Rehrücken 606
Rehrücken, gebratener mit
  Kastanien 241
Rehschnitzel, gespickte, mit
  Pfifferlingen 242
Rehsteaks mit Bananen und
  Ananas 242
Reibekuchen, süße 395
Reiberdatschi 394
Reineclaudenkompott 429
Reis 379
Reis, gedämpft 380
Reis, gedünstet 380
Reis, gekocht 379
Reis, kalter, mit Früchten 454
Reis, Malteser 479
Reis, rumänischer 44
Reisauflauf 454
Reisberg mit Früchten 436
Reisbrei 435
Reis=Essen 29
Reisflammeri 479
Reisflammeri mit Eiern 479
Reisflammeri mit Orangen 480
Reisfleisch 277
Reisküchel 573
Reispudding 468
Reissalat 354
Reisschleimsuppe 95
Reis=Soufflé 422
Reisspeise mit Schnee 454
Reissuppe 95

Reis Trautmannsdorf 480
Remouladensauce 407
Renken 141
Rettich mit Gurken 345
Rettichsalat 345, 359
Rhabarber, gedünsteter 427
Rhabarberauflauf 456
Rhabarbercreme, kalte 519
Rhabarberflammeri 482
Rhabarber=Kaltschale 119
Rhabarberkompott 427
Rhabarberkuchen mit
  Schlagsahne 625
Rhabarberkuchen,
  umgedrehter 626
Rhabarbermilch 777
Rhabarberpfannkuchen 420
Rhabarber=Pie 639
Rhabarbersalat 433
Rhabarberstrudel 447
Rinderbraten, gerollter 202
Rinderfilet Wellington 204
Rinderzunge, gebackene 211
Rinderzunge, gebratene mit
  Sauerrahm 210
Rinderzunge, gekocht 210
Rinderzunge, gepökelt 211
Rinderzunge, gepökelte
  gekocht 211
Rindfleischsuppe, russische 39
Rindsherz, gespicktes 273
Rindsrouladen 209
Rindsschnitzel 202
Ringe, gefüllte 710
Rippespeer, Kasseler,
  gebratenes 220
Risotto 380
Risotto, italienischer 277
Rissolen 285
Roastbeef 205
Roggenmehlgebäck 716
Rohkompott 431
Rohkompott von Beeren=
  früchten 432
Rohkostblumenkohl 363
Rohkostsalat mit Dill 61
Rohkost=Tomaten 363
Rohleberaufstrich 268

Rohrnudeln mit Äpfeln 580
Rohrnudeln, gefüllte 580
Rohrnudeln mit Kirschen 580
Rohrnudeln mit Weinbeeren
  580
Rohrnudeln mit Zwetschgen
  580
Roquefortbirnen 49
Roquefortnüsse 34
Roquefortwürfel mit
  Johannisbeergelee 52
Rosen, gebackene 575
Rosenkohl mit Bröseln und
  brauner Butter 312
Rosenkohl, in Butter
  geschwenkt 312
Rosenkohl in heller Sauce 312
Rosenkohl mit Kastanien 318
Rosenkohlsalat, pikanter 351
Rosenkonfitüre 814
Rosenkuchen 582
Rosenküchel 574
Rostbraten 207
Rostbraten Esterházy 202
Rote Beete=Salat 348
Rote Grütze 481
Rote=Rüben=Rohkost 358
Rote=Rüben=Saft 364
Rote=Rüben=Salat 348
Rote=Rüben=Salat mit
  geriebenem Meerrettich 362
Rotweinbirnen 48
Rotweinbraten, italienisch 215
Rotweinkarpfen 145
Rotweinpunsch 781
Rotweinsauce 414
Rotwild, eingeschmalzenes
  234
Rotwild auf polnische Art 243
Rotwild, vorrichten 234
Rübchen, Teltower 315
Rüben, weiße 314
Rübenkraut 314
Rübenkraut, Einmachen 821
Rühreier 125
Rühreier auf Apfelscheiben 47
Rühreier mit Pfifferlingen 126
Rühreier mit Semmeln 127

Rühreier mit Spargel 126
Rührteig für versunkene Obstkuchen 555, 556
Rührteigmassen, verschiedene 555
Rum 794
Rum=Aprikosen 811
Rumcreme 504, 507
Rumcreme, kalte 509
Rumkränzchen 707
Rum=Omelette 417
Rumpsteak 206
Rumtopf 811
Rumwaffeln 566
Russischer Salat 352
Rutte 150

S

Sacherkäse 91
Sachertorte 648
Sachsenkuchen 587
Safransauce 44
Sagoauflauf 454
Sagobrei 436
Sagoflammeri 481
Sagopudding 468
Sagosuppe 96
Sahnegrieß mit gebratenen Bananen 483
Sahnetee mit Ei 769
Sahne=Tee=Eis, russisches 542
Sahne=Tütchen 641
Salami, falsche 723
Salat, Budapester 38
Salat, bunter 351
Salat, französischer 352
Salate, gekochte 347
Salat, gemischter, von Früchten 368
Salat von gekochtem Ochsenfleisch 350
Salat mit getrockneten weißen Bohnen 350
Salat von grünen Feuerbohnen 349

Salat, italienischer 353
Salat, japanischer 61
Salat von jungen gelben Bohnen 349
Salat von jungen grünen Bohnen 349
Salate, milde 37
Salat, römischer 320
Salate, rohe 342
Salate, rohe, mit Mayonnaise 347
Salat, russischer 352
Salat, Veroneser 61
Salatäpfel 363
Salatplatten anrichten 352
Salat=Rohkostplatte, bunte 361
Salatsauce 343
Salatsauce mit Honig 411
Salm 148
Salm, falscher 190
Salmi 237
Salmi=Sauce 409
Salzburger Nockerl 50
Salzgebäck von Plunderteig 600
Salzgurken 818
Salzheringe, eingelegte 161
Salzkartoffeln 388
Salzmandeln 92
Sanddornbeeren 813
Sanddornbeerengelee 814
Sanddornbeerenmilch 777
Sanddornbeerensaft 814
Sandmassen 556
Sandpudding 469
Sandschnitten 702
Sandwiches 81
Sandwiches, englische 596
Sandzwieback 612
Sardellenbrötchen 83
Sardellenbutter 80
Sardellen=Cocktail 57
Sardellenomelette 130
Sardellenplatte 89, 90
Sardellensauce 404, 409
Sardellenschnitzel 196
Sardinenplatte 90

Sauce Béarnaise 402
Sauce Choron 402
Sauce, dunkle 403
Sauce, dunkle, mit Zucker 403
Saucen, geeignete zu Teigwaren 379
Sauce, helle 403
Sauce, holländische 402
Sauce holländische, einfach 402
Sauce Mousseline 402
Sauce tatar 407
Sauerampfer 305
Sauerampfersoufflé 400
Sauerampfersuppe 100
Sauerbraten 200
Sauerfleisch 201
Sauerkirschenkompott 427
Sauerkirschenmilch 776
Sauerkraut 314
Sauerkraut, Einmachen 820, 821
Sauerkraut, ungarisches 314
Sauerkrautauflauf 327, 465
Sauerkrautkrapferl 327
Sauerkrautsalat 358
Sauermilcheis 539
Sauerrahmcreme 520
Savarin 437
Scampi, gebackene 65, 168
Scampi=Sauce 409
Sechs Gebäcke aus einem Teig 709
Seefisch, blaugekocht 150
Seefisch, gebacken 152
Seefisch, gebraten 152
Seefisch, gedämpft 151
Seefisch, gedünstet 151
Seefisch, gegrillt 152
Seefisch in Sulze 295
Seefisch in der Tüte 151
Seezunge mit Kräuterbutter 159
Seezungenfilets, gratinierte 159
Seezungenfilets mit holländischer Sauce 160
Sekt mit tiefgekühlten Himbeeren 52

Sellerie mit Bröseln und
 brauner Butter 309
Sellerie, gedünstete 309
Sellerie, gefüllte 283
Sellerie mit Schlagsahne 360
Selleriebowle 787
Selleriecremesuppe 105
Selleriemilch 775
Sellerierohkost 358
Selleriesalat 348
Selleriesalat, roher 346
Selleriesalat mit rohen
 Äpfeln 362
Selleriesalat mit Tomaten 361
Selleriesauce, kalte 44
Selleriescheiben, gebackene
 323
Selleriescheiben, gebratene
 322
Sellerietörtchen 92
Semmelauflauf 455
Semmelfülle 189
Semmelknödel 381
Semmelknödel mit Hefe 382
Semmelkren 408
Semmeln 594
Semmelnudeln 439
Semmelpudding 468
Semmelpudding mit
 Kirschen 468
Semmelschmarren 442
Semmelschnitten, gebackene
 439
Semmelsuppe, geröstete 97
Senf, scharfer 821
Senf, süßer 821
Senfbutter 79
Senfeier auf Toast 128
Senfgurken 817
Senfhammelkeule 226
Senfsauce 403
Senfsauce, feine 402
Serviettenknödel 384
Setzeier 124
Shrimps Cocktail 32
Snack 25
Sojakeime mit
 Kalbfleisch 43

Sojakeimling=Salat 355
Soleier 124
Sonnentorte 654
Sorbets 865
Soufflé mit Früchten 423
Spätzle 379
Spätzle, schwäbische 396
Spaghettisalat 354
Spanferkel, gebratenes 219
Spanferkel, geräuchert 219
Spanischer Wind 691
Spargel mit Butter 310
Spargel in Buttersauce 310
Spargel mit französischer
 Eiercreme 64
Spargelaspik 326
Spargel=Cocktail 57
Spargelcremesuppe 101
Spargelmischgericht 324
Spargelpudding 474
Spargelsalat 347
Spargelsalat mit Tomaten 362
Speckkartoffeln 390
Speckkartoffelknödel 383
Speckknödel 381
Specklinsen 317
Spekulatius 716
Spekulatius, Braunschweiger
 714
Spiegeleier 124, 127
Spiegeleier mit
 Frühstücksspeck 127
Spiegeleier mit Käse 127
Spiegeleier im Kartoffelrand
 128
Spiegeleier mit Schinken 127
Spiegeleier, süße 486
Spiegeleier, türkische 127
Spieß, bunter 254
Spieß, Hamburger 254
Spieß, Schweizer 254
Spießchenplatte, pikante 84
Spinat 304
Spinat, mit Schinken und
 Käse 324
Spinatauflauf 325, 463
Spinatauflauf mit
 Pfannkuchen 463

Spinatkrapferlsuppe 115
Spinatpfannkuchen 324
Spinatpudding 474
Spinatsaft 364
Spinatsalat 357
Spinatschnitten 40
Spinatspätzlesuppe 99
Spitzbuben 710
Springerle 690
Spritzgebäck mit Gewürz 711
Spritzgebäck mit Mandeln 711
Spritzgebäck, mürbes 710
Spritzgebäck mit Nüssen 711
Spritzkuchen, Eberswalder 572
Stachys (Erdartischocke) 320
Stangensellerie 59
Staudensellerie 320
Süßkartoffeln 39
Süßmost 779
Süßmostcreme 521
Süßmost=Heißgetränk 779
Süßmost=Milchgetränk 774
Süßwasserfisch in Aspik 139
Süßwasserfisch, blau gekocht
 136
Süßwasserfisch, gebacken 138
Süßwasserfisch, gebraten 138
Süßwasserfisch, gedämpft 137
Süßwasserfisch, gedünstet 137
Süßwasserfisch, gegrillt 138
Süßwasserfisch, geräuchert
 138
Süßwasserfisch in Rahm 139
Süßwasserfisch in der Tüte
 137
Sultaninenkrapferl 717
Sulze aus Bratensauce 289
Sulze, einfache 289
Sulze in Essig und Öl 291
Sulze in Förmchen 291
Sulze, geklärte 288
Sulze, rasche 289
Sulze, saure 288
Suppe mit Biskuitwürfeln 113
Suppe mit Brandteig=
 klößchen 111
Suppe mit gefüllten
 Brandteigkrapferln 114

Suppe mit Bratklößchen 111
Suppe mit Champignon=
  klößchen 113
Suppe mit Eierstich 112
Suppe mit Fleischkäse 114
Suppe mit gebackenen Tropf=
  teigerbsen 117
Suppe von grünen Erbsen
  und Karotten 101
Suppe mit Hirnklößchen 111
Suppe mit Hirnreis 110
Suppe mit Hirnwürfeln 114
Suppe mit Käsebiskuit 113
Suppe mit Käseklößchen 113
Suppe mit Leberroulade 116
Suppe mit Leberwürfeln 114
Suppe mit Markklößchen 111
Suppe mit Milzschnittchen 115
Suppe mit Parmesanreis 110
Suppe mit Schinkenbiskuit
  113
Suppe mit Schinken=
  klößchen 112
Suppenhuhn, gedünstetes mit
  Tomaten 180
Suppenmakronen 122
Suppe, ungarische 39
Surbraten 220
Surhaxe 221
Surhaxe, geräuchert 221
Szegediner Gulyas 218

Sch

Schaffleisch, gedünstetes 225
Schalenkartoffeln 387
Schaschlik 253
Schaschliksauce 819
Schaum=Omelette 418
Schaumüberzug 672
Scheiterhaufen 439
Schellfisch, dänischer 152
Schellfisch, gebratener mit
  Sardellenbutter 153
Schellfisch, überkrusteter 154
Schichttorte 651
Schildkröten 602

Schildkrötensuppe, klare
  falsche 108
Schill 146
Schinken in Burgunder 221
Schinken im Schlafrock 601
Schinkenauflauf mit Käse 464
Schinkenblumenkohl 322
Schinkenfülle 189
Schinkenkipfel 599
Schinkenkraut 319
Schinken=Omelette 417
Schinkenpastetchen, warme 71
Schinkenpudding 474
Schinkenrollenplatte 90
Schinkenroulade 36
Schinkenrührei in Tomaten 46
Schinkenscheiben, gefüllte 43
Schinkenspinat mit
  Tomatenbutter 46
Schinkensteak mit
  Orangen 43
Schinkensteak mit Preisel=
  beeren 43
Schinkentascherl 286
Schlagsahne mit
  Erdbeeren 524
Schlagsahne, gefrorene 542
Schlagsahne mit Kaffee 524
Schlagsahne mit Kastanien
  524
Schlagsahne mit Maraschino
  524
Schlagsahne mit Pumpernickel
  525
Schlagsahne mit
  Schokolade 524
Schlagsahne mit Vanille 524
Schlagsahnetorte 661
Schlagsahneüberzug 673
Schlehenlikör 791
Schlehenmarmelade 812
Schleie 146
Schleien, blaugekochte 146
Schleien mit Sauerrahm 146
Schlemmertoast 256
Schlotfeger 638
Schlummerpunsch 782
Schmorbraten 200

Schnecken 171
Schnecken (Hefeteig) 584
Schneckennudeln 581
Schneckensuppe 108
Schneckentörtchen 705
Schneeballen 577
Schneehühner 249
Schneehühner, vorrichten 235
Schneeklößchen 122
Schneenockerl 488
Schnellbiskuit 53
Schnepfen, gebratene 250
Schnepfen, vorrichten 236
Schnitten, Basler 685
Schnitten, Mailänder 710
Schnittlauchsauce 407
Schnittlebkuchen 679
Schnittsalat 344
Schnitzel „Allgäu" 198
Schnitzel, Florentiner 197
Schnitzel, Pariser 195
Schnitzel, Wiener 195
Schnurkrapfen 575
Schönbrunner Torte 653
Schöpsernes, steirisches 227
Schokoladenauflauf 458
Schokoladenbiskuit 611
Schokoladenbrezeln 719
Schokoladenbusserl 691
Schokoladen=Buttercremefülle
  665
Schokoladen=Butterfülle 664
Schokoladen=Butterfülle mit
  Eierschnee 665
Schokoladencreme 503, 506
Schokoladencreme, feine 512
Schokoladencreme, gefrorene
  525
Schokoladencreme, kalte 508
Schokoladencremefülle 665
Schokoladen=Cremespeise 515
Schokoladencremetorte 646,
  647
Schokoladeeis 531
Schokoladenflammeri, feiner
  482
Schokoladenfülle mit
  Kokosfett 665

Schokoladengebäck, Basler 691
Schokoladengebäck, feines 719
Schokoladengelee 498
Schokoladenglasur, gekochte 670
Schokoladenherzen 719
Schokoladen=Honigkuchen 675
Schokoladen=Kaltschale 120
Schokoladenkonfekt 718, 727
Schokoladenkränze 718
Schokoladenkrapferl, Wiener 641
Schokoladenlebkuchen auf Oblaten 682
Schokoladenlisteln 718
Schokoladenmakronen 694
Schokoladen=Mandelgebäck 717
Schokoladenmilch 774
Schokoladenmilch, warme 772
Schokoladenmuscheln 718
Schokoladennüsse 724
Schokoladennußbrötchen 720
Schokoladennußfülle 665
Schokoladennußtorte 647
Schokoladen=Pitta 452
Schokoladenplätzchen 719
Schokoladenpudding 473
Schokoladenringe 719
Schokoladenrollen 638
Schokoladenroulade 636
Schokoladensauce 411
Schokoladensauce, feine 412
Schokoladen=Schlagsahnefülle 667
Schokoladenspeise 489
Schokoladenspritzgebäck 719
Schokoladentrüffel 727
Schokoladenwurst 726
Schokosahneeis 542
Schollen, gebratene 158
Schotengemüse von Zucker=erbsen 307
Schrotbrot 593
Schürzkuchen 575
Schwabenbrötle 707
Schwäbische Spätzle 396
Schwäne 637

Schwalbennester 92, 196
Schwammerl mit Knödel 334
Schwammerlreis 337
Schwammerlsauce 405
Schwammerlsuppe 104
Schwartenmagen 300
Schwarzbeerkompott 428
Schwarzbeerkuchen, Hefeteig 622
Schwarzbrot 592
Schwarzbrotauflauf 455
Schwarzbrotpudding 473
Schwarzbrotspeise mit Äpfeln 441
Schwarzbrotsuppe mit Bratwürstchen 97
Schwarzbrottorte 658
Schwarzwälder Apfeltorte 651
Schwarzwälder Kirschtorte 673
Schwarz=Weiß=Gebäck 708
Schwarzwild, eingeschmalzenes 234
Schwarzwild im Sud aufbewahren 235
Schwarzwurzeln mit Bröseln und brauner Butter 310
Schwarzwurzeln in Buttersauce 310
Schwarzwurzeln, gebackene 322
Schwarzwurzelsalat 348
Schwedeneis 542
Schwedenlikör 795
Schwedenplatte 87
Schwedensalat 61
Schweinebraten 213
Schweinebraten, gedämpft 214
Schweinebraten mit Senf 214
Schweinebrust, gefüllte 215
Schweinefleisch, gekochtes 214
Schweinefleisch, geröstetes 218
Schweinelendenbraten 216
Schweineschnitzel, gebacken 217
Schweineschnitzel natur 217
Schweineschnitzel, ungarische 217
Schweinesteaks 216

Schweinsfilet 215
Schweinsfilets, gebackene 216
Schweinsfilets, gedünstete 216
Schweinsgulyas 217
Schweinshaxe, gebratene 221
Schweinskoteletts, Elsässer 217
Schweinskoteletts, gebacken 217
Schweinskoteletts natur 217
Schweinsleberpastete 74
Schweinsohren 583
Schweinsrippchen in Sulz 291
Schweinsrüssel mit Kren 219
Schweinsschlegel, Nürnberger 215
Schweinsstelzen, gebratene 218
Schweinsstelzen, gedünstete 218
Schweinssülze 291
Schweinszüngerl, eingemachte 257
Schweizer Käsesalat 355
Schweizer Vorgericht 63

St

Stachelbeercreme, englische 51
Stachelbeerflammeri 482
Stachelbeergelee 499
Stachelbeerkompott 428
Stachelbeerkuchen 628
Stachelbeermilch 776
Stachelbeer=Sauce 410
Stachelbeerwein 798
Stachys 39
Stangensellerie 38, 59
Steaks 36
Steakwürze 206
Steckrüben 315
Stefanie=Omelette 418
Steinbutt 158
Steinbutt, gekochter 158
Steinbutt auf italienische Art 159
Steinpilzgemüse 336
Sterilisieren 803
Sterne, gefüllte 710

Stockfisch 163
Stockfisch mit
  Kräuterkartoffeln 164
Stollen 589
Stollen, Dresdner 589
Storchennester 577
Straßburger Zwiebelkuchen 597
Strauben 571
Streuselkuchen 585
Strohkartoffeln 389
Strudel, ausgerollte 449
Strudel, ausgezogener 445
Strudel, Tiroler 448

T

Tannenbäumchen 733
Tatar=Auster 55, 169
Tauben, entbeinte gebratene 176
Tauben, gebratene 174
Tauben, gedünstete,
  in weißer Sauce 175
Tauben, gefüllte 174
Tauben, gekochte,
  in brauner Sauce 175
Tauben auf Wildbretart 175
Taubenauflauf 176
Taubenfrikassee 176
Tee, deutscher 770
Tee, schwarzer 769
Teeblätter, falsche 584
Teebrötchen 81
Teebrötchen mit Schinken 83
Tee=Eis 536
Teegebäck, feines 712
Teegebäck ohne Ei 712
Teegelee 497
Teepunsch 782
Teig für Crepes 28
Teigwarensuppe 99
Tellermenüs von A—Z 13
Tellersulz 290
Teltower Rübchen 315
Terrassentörtchen 710
Thunfischsalat, portugiesischer 37

Thunfisch in Tomatencreme 34
Thunfisch=Tomatensalat 38
Tiefgefrieren von Obst 815
Tiefkühlfisch 164
Tiefkühlforellen mit
  Vinaigrettesauce 164
Tiefkühlfrüchte auf Kuchen 643
Tiefkühlgemüse 320
Tiefkühl=Hefeteig 563
Tiefkühlschollenfilet in
  Champignonsauce 164
Tiroler Gröstl 285, 392
Tiroler Knödel 381
Tiroler Strudel 448
Toast 82
Toastplatte, gemischt 41
Toffee=Eis 531
Tomaten, gedünstete 315
Tomaten, gefüllte 284
Tomaten, gefüllt mit
  holländischem Salat 89
Tomaten, gegrillte 255
Tomaten, grüne 315
Tomaten, Holländer 64
Tomaten mit Meerrettich 360
Tomaten, mit Schinken
  gefüllt 283
Tomaten, warme gefüllte 66
Tomaten mit Weizen=
  flocken 362
Tomatenbouillon 117
Tomatenbouillon, kalte 95
Tomateneierkuchen 40
Tomateneis 364
Tomatenfilets 155
Tomatenhaferflocken 367
Tomatenkartoffeln 395
Tomaten=Ketchup 819
Tomatenkraut 318
Tomatenmark mit Schlag=
  sahne 360
Tomatenmilch 775
Tomatenpudding 475
Tomatenpüree, Einmachen 816
Tomatenreis 325
Tomatensaft 364
Tomatensalat 344, 359
Tomatensalat mit Nüssen 363

Tomatensauce 404
Tomatensauce, feine 402
Tomatensauce, kalte 44
Tomatensauce, kalte scharfe 410
Tomatenscheiben mit Apfel=
  Schinken=Salat 33
Tomaten=Spaghetti 385
Tomatensulze 289
Tomatensuppe 102
Tomatensuppe, klare 102
Topfen s. auch Quark
Topfenbutter 80
Topfen=Haluska 398
Topfen=Knödel 385
Topfen=Knödel mit
  Semmeln 385
Topfenkücherl 397
Topfenmaultaschen 450
Topfenmayonnaise 90, 407
Topfennudeln 398, 438
Topfennudeln mit Hefe 398
Topfennudeln, gebackene 577
Topfenscheiterhaufen 398
Topfenschmarren 444
Topfenstrudel 446
Topfenstrudel mit Äpfeln 447
Topfkuchen 588
Topinambur 39, 320
Torte, einfache 657
Torte mit Halbäpfeln 629
Torte „Williamsbirne" 54
Tortelettes, warme gefüllte 65
Tortillas, mexikanische 399
Tournedos 207
Traubeneis 537
Traubenkompott 433
Traubensaft 368
Trockengemüse 318
Trockenmilchmayonnaise 406
Trockenobstcreme 521
Trockenobstkompott 431
Trocknen von Obst 815
Trüffeln zubereiten 336
Trüffelkonfekt 726
Trunkene Jungfern 577
Truthahn, gebratener 181
Truthahn, gefüllter
  gebratener 181

Tschai 779
Türkenblut 788
Türkischer 766
Tutti=Frutti 488
Tutti=Frutti=Becher 539
Tutti=Frutti=Bombe 546
Tutti=Frutticreme 511
Tutti=Frutti=Eis 538

U

Ulanenkrapferl 705
Ulmer Brot 594
Ungarisches Gulyas 210
Ungarische Schweine-
  schnitzel 217

V

Vanilleauflauf 462
Vanillebrezeln 705
Vanille=Butterfülle 664
Vanillechaudeau 412, 522
Vanillecreme 503, 506
Vanillecreme, kalte 508
Vanille=Cremespeise 515
Vanilleeis 530
Vanilleeis mit Schlagsahne 530
Vanilleflammeri 481
Vanilleglasur 669
Vanillekipferl 708
Vanillelaibchen 688
Vanillelikör 792
Vanillesauce 411
Vanillesauce, feine 412
Vanilleschaum mit
  Johannisbeersauce 483
Vanillesterne 698
Vanillewaffeln 566
Vanillezwieback 612
Vanillezwieback,
  Kufsteiner 612
Veilchenlikör 793
Vinaigrettesauce 407
Vogerlsalat 343

W

Wacholderbeersauce 408
Wachsbohnen, Einmachen 816
Wachteln 250
Wachteln auf italienische
  Art 250
Wachteln, trocken einlegen 236
Waffel=Kartoffeln 389
Waldmeisterbowle 785
Waldmeistereis 537
Waldorfsalat 60
Waldorftörtchen 92
Waller 147
Wallerschnitzel 148
Walnußdessert 720
Walnußessig 822
Warmes Büfett 29
Waschkorbgebäck 713
Wassermarzipan 689
Wasserschokolade 768
Wasserteigpastete 69
Weichselflammeri 482
Weichselkompott 427
Weichselkuchen, feiner 624
Weichsellikör 790
Weichselspeise 441
Weichselwein 800
Weihnachtsbrezeln 705
Weihnachtstorte 650
Wein von schwarzen
  Johannisbeeren 798
Wein von weißen
  Johannisbeeren 798
Weinbecher 514
Weinchaudeau 413, 522
Weincreme 504, 507
Weincreme, feine 514
Weincreme, kalte 510
Weincreme, kaltgerührte 520
Weincremefülle 666
Weinessig 822
Weingelee 496
Weingelee mit Früchten 496
Wein=Kaltschale 120
Weinkaltschale mit
  Pfirsichen 121
Weinkraut 313
Weinkraut, Einmachen 821
Weinkuchen 638
Weinnudeln 577
Weinpudding 471
Weinsauerkraut=Salat 38
Weinschnitten 572
Weinsuppe 118
Weintrauben, gedünstete 42
Weintrauben, warme 320
Weintraubencreme 522
Weintrauben=Eiscreme 527
Weintraubenkuchen 627
Weintraubenkuchen mit
  Bananen 627
Weintraubenmilch 777
Weintrauben=Olivensalat 355
Weißbrot 593
Weißbrot mit
  Bratenfülle 85
Weißbrot, gefülltes 85
Weißbrotscheiben, geröstete,
  mit Tomaten und
  Pilzen 339
Weiße Lebkuchen 678
Weiße Lebkuchen auf
  Oblaten 681
Weißgebäck 594
Weißkrautsalat 346, 359
Weißkraut auf
  Wirsingart 313
Weißweinpunsch 781
Weißwürste 300
Weizenkeime 368
Wels 147
Welsh Rarebits 256
Westfälisches Blindes Huhn 325
Whist 783
Wiener Apfelküchel 573
Wiener Apfelstrudel 446
Wiener Backhühner 178
Wiener Schnitzel 195
Wiener Schokoladenkrapferl 641
Wiener Soufflé 422
Wiesenhendel, Münchner 177
Wild in Essigbeize 237

907

Sachverzeichnis

Wild in Weinbeize 238
Wildbret, Gewürze für 237
Wildbretsalat 351
Wildente 249
Wildente, gefüllte, gebratene 250
Wildenten, vorrichten 235
Wildessenz 237
Wildgans 249
Wildgänse, vorrichten 235
Wildgeflügel, älteres, einlegen 237
Wildgeflügel in Buttermilchbeize 238
Wildgeflügel in Essigbeize 237
Wildgeflügel, trocken einlegen 236
Wildgeflügel in trockener Beize 238
Wildgeflügel in Weinbeize 238
Wildhaschee mit verlorenen Eiern 244
Wildpastete 76
Wildpastete mit Gänseleber 76
Wildragout, Tiroler 243
Wildsauce 408
Wildschwein in Burgundersauce 246
Wildschwein in Buttermilchbeize 238
Wildschwein in Essigbeize 237
Wildschwein, gekochtes 246
Wildschwein in Sulze 294
Wildschwein in trockener Beize 238
Wildschwein, vorrichten 234
Wildschwein in Weinbeize 238
Wildschweinkeule, gebratene 246
Wildschweinrippchen mit Pumpernickel 247
Wildschweinsrücken, gebratener 246
Wildsuppe 107
Wildtaube 249
Wildtauben, vorrichten 235
Windbeutel 636
Windbeutel mit Spargel 63

Windmühlen 583
Winterkohl 306
Wirsing 305
Wirsing mit Brösel und brauner Butter 306
Wirsing, geschmorter 306
Wirsingrollen 328
Wirsingsuppe 102
Wirsingwickerl 328
Witwenküsse 699
Wolfszähne 711
Wormser Brezeln 712
Würfelbrühe 94
Würstchen, Berner 255
Würstchen in Blätterteig 598
Würstchen, gegrillte 254
Würstchen im Schlafrock 298
Würstchen=Toast 255
Würste, geschwollene 297
Würste, heiße 297
Würzwein 783
Wurstkücherl 298
Wurstsalat 298, 351
Wurstsalat, Frankfurter 38
Wurstschüsserl mit Spinat und Spiegelei 298
Wursteier 129

Z

Zahnstocher 699
Zander 146
Zander, gebratener 147
Zander, gekochter 147
Zander, gespickter gebratener 147
Zander auf Matrosenart 147
Zigeunersalat 60, 395
Zigeuner=Spieß 254
Zimtglasur 670
Zimtkarten 708
Zimtnudeln 581
Zimtscheiben 706
Zimtsterne 698
Zimtwaffeln 565
Zitronen als Verzierung zu kalten Platten 87

Zitronenauflauf 458
Zitronenbögen 687
Zitronenbombe 544
Zitronenbutter 80
Zitronen=Cognac=Creme 528
Zitronencreme 505
Zitronencreme, kaltgerührte 520
Zitronen=Crepes 419
Zitroneneis 535, 542
Zitroneneis mit Schlagsahne 535
Zitronengelee 497, 812
Zitronenkompott 432
Zitronenkonfekt 725
Zitronenlimonade, heiß 778
Zitronenlimonade, kalt 778
Zitronenlimonade mit Weißwein 778
Zitronenmilch 773, 777
Zitronenpudding 469
Zitronenpunsch 782
Zitronensauce, feine 412
Zitronenschaumgetränk 774
Zitronenschnitten 697
Zitronensirup 779
Zucchini mit Parmesankäse 46
Zuckerglasur, gekochte 670
Zuckergurken 818
Zuckerkranz 585
Zuckersterne, gebackene 578
Zuckerwaren 721
Zunge in Aspik 292
Zunge mit geeister Tomaten- und Meerrettichcreme 212
Zunge in Gelee 212
Zungenragout, feines 211
Zungenwurst 301
Zwergorangen 49
Zwetschgen, abgezogene, in Wein 429
Zwetschgen, pikante 47
Zwetschgendatschi 621
Zwetschgeneis 537
Zwetschgenknödel 383
Zwetschgenkompott 429
Zwetschgenkuchen 621

Zwetschgenkuchen,
   verkehrter 624
Zwetschgenmännlein 730
Zwetschgen=Nußkonfekt 728
Zwetschgen=Pafesen 572
Zwetschgenröster 429
Zwetschgensauce mit
   Mandeln 413
Zwetschgenschmarren 443
Zwetschgenschnee 493
Zwetschgenstrudel 447
Zwetschgenwurst 728
Zwieback 611
Zwiebackmus 436
Zwiebackspeise 462
Zwiebel, glasierte 311
Zwiebelfleisch 209
Zwiebelgemüse 311
Zwiebelkuchen, Straßburger
   597
Zwiebelsauce 404
Zwiebelsuppe, französische
   105

Raum für eigene Rezepte

Raum für eigene Rezepte

Raum für eigene Rezepte